U0684297

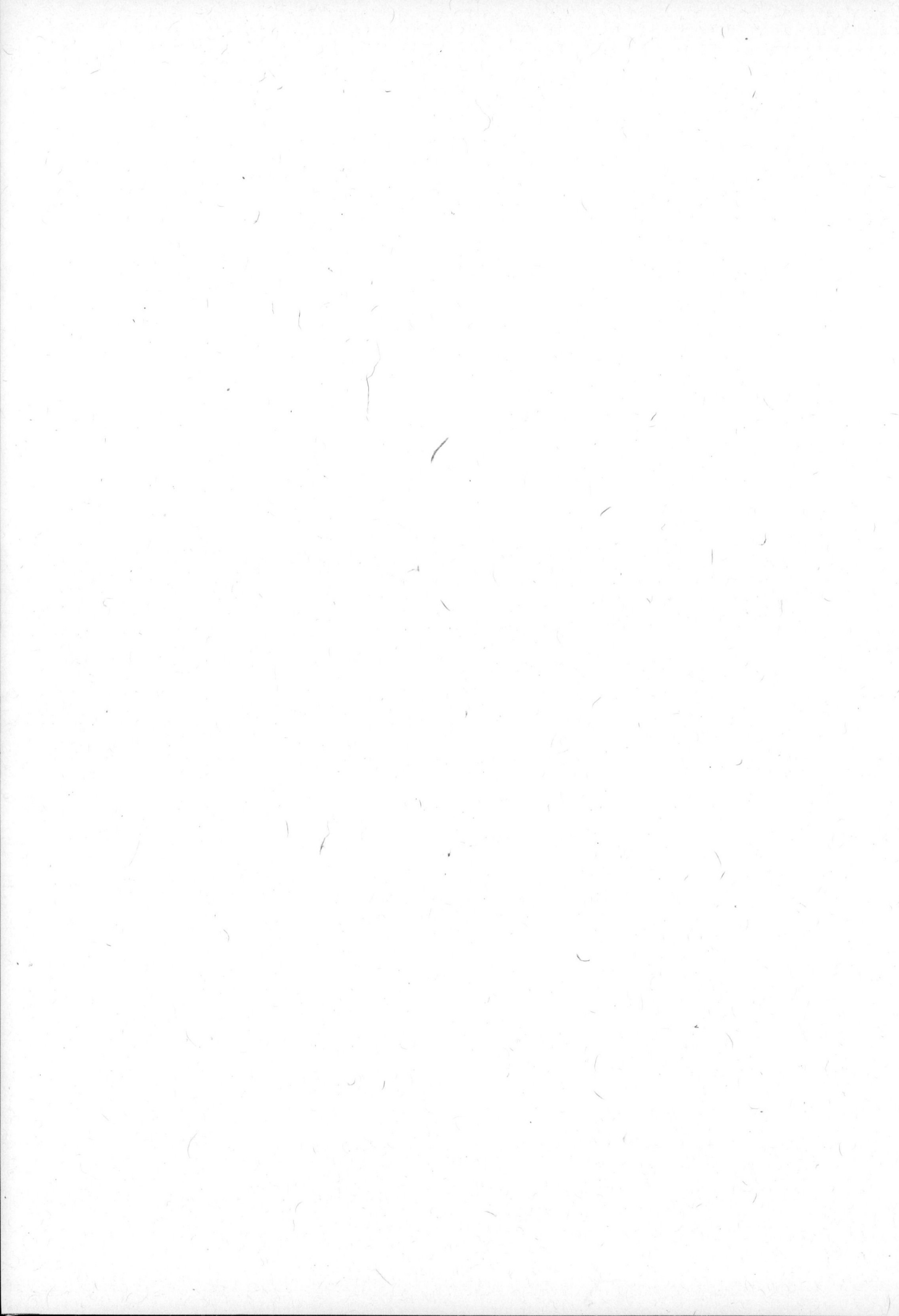

三苏文化研究资料索引

（1911—2017）

乐山师范学院图书馆 编

国家图书馆出版社

图书在版编目（CIP）数据

三苏文化研究资料索引 : 1911-2017 / 乐山师范学院图书馆编. — 北京 : 国家图书馆出版社, 2020.10

ISBN 978-7-5013-7085-6

Ⅰ. ①三… Ⅱ. ①乐… Ⅲ. ①苏洵（1009-1066）—人物研究—研究资料—索引②苏轼（1036-1101）—人物研究—研究资料—索引③苏辙（1039-1112）—人物研究—研究资料—索引 Ⅳ. ①Z89：K825.6

中国版本图书馆CIP数据核字（2020）第207396号

书　　名 三苏文化研究资料索引（1911—2017）
著　　者 乐山师范学院图书馆 编
责任编辑 张　颀　邓咏秋
装帧设计 翁　涌

出版发行 国家图书馆出版社（北京市西城区文津街7号 100034）
（原书目文献出版社　北京图书馆出版社）
010-66114536　63802249　nlcpress@nlc.cn（邮购）
网　　址 http://www.nlcpress.com
排　　版 北京旅教文化传播有限公司
印　　装 河北鲁汇荣彩印刷有限公司
版次印次 2020年10月第1版　2020年10月第1次印刷

开　　本 889mm×1194mm　1/16
印　　张 53
书　　号 ISBN 978-7-5013-7085-6
定　　价 480.00元

顾　问： 杨胜宽　杜学元

主　编： 于天乐　张　静

副主编： 胡　瑛　蒋　玲　刘子金

编　委（以姓氏笔画排序）：

于天乐　王　菁　吉仕梅　朱俊波　任志萍　刘子金
刘举平　刘清泉　许军林　杜学元　杨　虹　杨胜宽
邹　敏　张　静　陈晓春　罗国荣　胡　瑛　秦　红
徐惠枝　卿玉弢　梁光德　彭　翔　蒋　玲

前　言

苏洵、苏轼、苏辙合称“三苏”，一门三父子在唐宋散文八大家中雄踞三席，他们辉煌的文学成就在璀璨的中国文学殿堂里占有举足轻重地位，是中国文学史上最具生命力并且对后世产生极大影响的作家。“三苏文化”，是苏轼、苏洵、苏辙乃至苏门人士共同创造的文化成果。它不仅是宋代文化的重要组成部分，还是巴蜀文化的精华所在。其同时代人就已经开始了对他们的接受与研究，形成了一部长达九百多年的三苏文化研究史。近百年以来，尤其是近三十年来，围绕三苏文化的研究无论是纵向还是横向都在不断地延伸和扩展，涉及政治学、哲学（经学）、美学（文艺思想）、文学（诗、词、文）、书学、画学、史学、宗教学（释、道）、医学、军事学乃至自然科学等不同领域，研究形式灵活多样，研究成果汗牛充栋。

纵观文化研究史，任何文化研究的基础首先是文化研究文献资料的搜集和整理。而探究三苏文化研究史，关于三苏文化研究文献资料的整理远不足以反映和适应三苏文化研究的需要和发展。21 世纪以来，全面的、总结性的学术研究已成学术时尚，对“三苏文化”的研究也呈现出向深层次、多角度推进的趋势。为适应这一趋势，全面收集和系统整理“三苏文化”研究文献势在必行。

三苏所生活成长的眉山，其行政区划归属屡有变动，自 1953 年眉山专区撤销划归乐山专区管辖，到 1997 年独立设置眉山地区，其间四十余年眉山都是乐山的属县之一。那时，“古有苏东坡，今有郭沫若”成为乐山妇孺皆知、时常挂在嘴边的靓丽“文化名片”。乐山师范学院自 1978 年建校以来，一直坚持以弘扬地方文化为己任，致力于依托乐山丰富文化资源推动学校特色学科建设，围绕三苏研究、郭沫若研究，校内各单位分工协作，发挥所长，取得了一些工作成绩。在师专时代，中文系就建立了苏轼和郭沫若研究室，引导广大教师尽量将研究方向往研究室集中；《乐山师范学院学报》自 2000 年正式开辟“三苏研究”栏目，吸引海内外学者在该栏目刊发学术论文，是迄今为止公开发行的期刊中发表三苏研究论文数量最多的学术阵地，先后三次被评为全国高校社科期刊“特色栏目”。

乐山师范学院图书馆充分利用自身的文献富集优势，始终围绕学校的特色学科建设不断完善文献咨询服务。从 2002 年起，运用现代通信技术、网络技术、计算机技术和文献信息检索技术，对百年来林林总总的三苏文化研究资料加以系统的搜集、整理，进行规范的分类和主题标注，建成能提供多种检索途径的“百年三苏文化研究资料数据库”，并长期进行数据维护、补充和更新，使其成为具有鲜明个性化特色和地方特色的“三苏文化研究”信息资料库。数据库为三苏文化研究和地方文化研究提供了不受时代变迁、影响与干扰的文献信息咨询服务，是传之久远的苏学文献建设基础工程。本索引即在此数据库的基础上编辑而成。

本书的意义与价值在于填补三苏文化研究领域关于三苏文化研究文献整理的空白，汇集我国三苏文化研究方方面面的成果与信息，及时反映三苏文化研究的最新学术动态，为三苏文化研究者提供检索便利。与此同时，进一步完善、补充与数据库相关联的文献资源，逐步把乐山师范学院图书馆建成三苏文化研究文献咨询服务中心，是我们一直努力追求的目标。

本索引的编制是一项集体工程，在乐山师范学院图书馆 4 任分管校领导和 5 届领导班子对三苏研究文化的高度重视与持续支持下，历经 18 年编制完成，是凝聚乐山师范学院图书馆集体智慧的一项成果。

本书的主要参与人员分工如下：

全书的组织统筹，制定资料搜集、栏目设置、分类方法、著录及体例原则由于天乐、张静负责；资料搜集由于天乐、胡瑛、蒋玲等负责；资料分类主要由于天乐、张静、胡瑛、蒋玲等负责；数据库软件开发、管理由彭翔负责；索引数据转换及订正、统稿、校对工作由于天乐、张静负责；出版招标等工作主要由刘子金牵头。

一部索引的使用价值，很大程度上取决于其信息收集的“全”与编排体例的“准”。本书在信息收集面上，力求无所偏废；在编排体例上，力求类目清晰，以便按图索骥。本书离我们的目标还存在一定差距，恳切希望专家、学者及广大读者在使用过程中给我们提出宝贵意见，以便不断修正和完善。

《三苏文化研究资料索引》编委会

杨胜宽执笔

二〇二〇年九月

凡　例

一、本书分为研究论文资料索引和研究图书目录两部分。

研究论文资料索引收录1911—2017年间发表的有关三苏文化研究的论文、资料题录数据约24000余条，论文资料主要来源于国内报刊及论文集，CNKI、读秀、万方、维普等文献数据库；图书目录收录同一时期国内出版发行的三苏文化研究专著和有专题章节研究三苏的图书题录数据近2000条。

二、索引采取分类编排方式，按文献内容研究对象的学科属性或事物性质设置多级分类类目。分类标引采取从总到分、从一般到具体的原则，充分体现研究对象的事物性质或学科隶属关系和族性关系。二级分类设置依据《中国图书馆分类法》立类原则，按文献研究对象（内容）的学科属性设置，其中文学的下位类按文学体裁细分。

三、研究论文资料索引同一类目下的资料大致按照出版年编排；同一资料分别有多个出处的，以其首次发表的时间录入。研究图书目录先按人物再以专著出版时间编排，同一时段下再按图书题名的汉语拼音顺序排列。

四、索引正文条目著录格式主要参考国家标准《检索期刊条目著录规则》（GB 3793—83），在此基础上增加了文献类型代码著录项目。

1. 基本格式

序号　题名：副题名或说明文字［文献类型］/ 责任者，其他责任者 // 原载出处

例：11500　随物赋形：苏轼贬谪际遇下的生存哲学与文学观念［J］/ 吴增辉 // 乐山师范学院学报，2016（3）

2. 期刊论文

序号　题名：其他题名［J］/ 责任者，其他责任者 // 来源出版物，年，卷（期）

例：12142　对仕宦人生的深刻反省：谈苏轼诗歌风格发展的三个阶段［J］/ 孙民 // 沈阳师范学院学报（社会科学版），1985（2）

3. 学位论文

序号　题名：其他题名［D］/ 责任者．—来源或学位授予单位（学位级别），发布时间

例：15388　试论苏轼的词学思想及其创作实践［D］/ 苏志敏．—陕西师范大学（硕士论文），2002

4. 会议论文

序号　题名：其他题名 / 责任者，其他责任者 // 来源（论文集名）/ 论文集责任者．—出版地：出版者，出版年

例：04371　苏东坡成长经历之要素及其对当代中国教育之启示：苏轼对“情圣”杜甫的接受与情感教育实践略论［C］/ 徐希平 // 长江流域区域文化的交融与发展：第二届巴蜀·湖湘文化论坛论文集 / 徐希平．—成都：四川大学出版社，2014

5. 报纸

序号　题名：其他题名［N］/ 责任者，其他责任者 // 报纸名，出版日期

例：21894　苏辙的齐州三年［N］/ 吕玉华 // 济南时报，2015-01-09

6. 图书

序号　题名：副题名及说明文字［M］/ 责任者，其他责任者及责任方式；其他形式责任者及责任方式．—出版地：出版社，出版时间（丛书名）

例：0028　唐宋词鉴赏集［M］/ 人民文学出版社编辑部编．—北京：人民文学出版社，1983（中国古典文学鉴赏丛刊）

五、本索引可与乐山师范学院图书馆自建“三苏文化研究数据库”配套使用，乐山师范学院图书馆可提供全文查阅服务。

目　录

第一部分　三苏文化研究论文资料索引

第二部分 三苏文化研究图书目录

第一部分

三苏文化研究论文资料索引

三苏研究

总　论

00001　三苏名耀青史［N］/ 平甬 // 青年战士报，1967-11-08

00002　三苏学养探源［J］/ 黄淑贤 // 新埔学报，1976（2）

00003　三苏学养之关连性［J］/ 谢武雄 // 台中师专学报，1981（10）

00004　苏洵与苏轼、苏辙［J］/ 林景华 // 福建青年，1983（6）

00005　我们是如何编写《三苏坟数据汇编》的［J］/ 郏县档案馆 // 档案管理，1987（1）

00006　试论“三苏”政治思想中的改良主义特色［J］/ 舒大刚 // 南充师范学院学报（哲学社会科学版），1988（3）

00007　苏门、苏学与苏体：兼论北宋的党争与文学［J］/ 薛瑞生 // 文学遗产，1988（5）

00008　朱熹评议苏氏蜀学：立足于《朱子语类》的考察［J］/ 粟品孝 // 宋代文化研究，1996

00009　论苏氏蜀学的学派特征［J］/ 肖永明 // 学术论坛，1999（1）

00010　《三苏研究》［J］/ 曾枣庄 // 宋代文化研究，2000

00011　论苏学：纪念苏轼逝世 900 周年［J］/ 曾枣庄 // 四川大学学报（哲学社会科学版），2001（4）

00012　三苏全书叙录［J］/ 曾枣庄，舒大刚 // 宋代文化研究，2001

00013　山水人文说三苏［N］/ 王干 // 中国图书商报，2002-04-25

00014　洋洋巨制 巍巍丰碑：读《三苏全书》［J］/ 李冬梅 // 四川大学学报（哲学社会科学版），2002（1）

00015　论苏氏蜀学与洛学的歧异［J］/ 萧永明 // 云梦学刊，2002（2）

00016　试论“三苏”蜀学的思想特征［J］/ 冷成金 // 福建论坛（人文社会科学版），2002（3）

00017　《三苏全书》一瞥［J］/ 刘尚荣 // 书品，2002（6）

00018　朱熹论三苏之学［D］/ 涂美云 . —东吴大学（博士论文），2003

00019　《三苏全书》［N］/ 不详 // 吐哈石油报，2004-04-07

00020　当代三苏研究集成之作［N］/ 阎慰鹏 // 中国新闻出版报，2005-03-15

00021　三苏研究论著目录（1913—2003）：下［J］/ 谢佩芬 // 书目季刊，2005，39（1）

00022　三苏研究论著目录（1913—2003）：上［J］/ 谢佩芬 // 书目季刊，2005，38（4）

00023　说不尽的三苏［N］/ 不详 // 光明日报，2006-07-26

00024　重评《三苏全书》［J］/ 朱靖华 // 黄冈师范学院学报，2006（1）

00025　三苏祠藏眉州清代道光刻版《三苏全

集》［J］/ 徐丽 // 苏轼研究，2006（2）

00026 论韩学与苏学中的“海”“潮”之变［J］/ 杨子怡 // 河南教育学院学报（哲学社会科学版），2006（4）

00027 三苏祠藏宋元苏诗集注类刊本简析［J］/ 徐丽 // 苏轼研究，2006（4）

00028 《三苏全书》［J］/ 不详 // 宋代文化研究，2006

00029 三苏文化研究突出学术性和实践性［N］/ 陈德胜，朱丽 // 眉山日报，2007-06-02

00030 读《眉山苏轼》深入发掘三苏文化［N］/ 廖文凯 // 眉山日报，2007-12-22

00031 《眉山苏轼》——一本弘扬三苏文化的精品读物［N］/ 廖文凯 // 眉山日报，2007-12-25

00032 关于三苏祠藏清代眉州刻版《三苏全集》［J］/ 徐丽 // 文史杂志，2007（1）

00033 从金源文论看“苏学北行”［J］/ 张惠民 // 乐山师范学院学报，2007（4）

00034 苏学北行与金代文人画［J］/ 邓乔彬 // 中华艺术论丛，2007

00035 祭三苏：为了逝去的怀念［N］/ 周静璐，姚永亮 // 眉山日报，2008-04-04

00036 浅论三苏文化的核心［J］/ 蔡心华 // 苏轼研究，2008（1）

00037 也论“苏学盛于北”［J］/ 魏崇武 // 民族文学研究，2008（1）

00038 关于“三苏”资料收集的致函［J］/ 眉山市三苏文化研究院 // 苏轼研究，2008（3）

00039 琴台客聚：三苏的人生哲学书［N］/ 黄仲鸣 // 文汇报（香港），2009-07-26

00040 挥毫泼墨纪念三苏南行 950 周年［N］/ 易可可 // 眉山日报，2009-11-14

00041 三苏祠藏清代道光眉州刻版《三苏全集》考［J］/ 徐丽 // 蜀学，2009（00）

00042 关于创立苏学发展学的构想与建议［J］/ 孟昭全 // 苏轼研究，2009（3）

00043 玲珑鲜活说三苏:《眉山苏洵》、《眉山苏轼》、《眉山苏辙》三书小序［J］/ 张志烈 // 西华大学学报（哲学社会科学版），2009（4）

00044 三苏漫话：“兴衰无不本于闺门”［N］/ 计亚男，柳霞 // 中华读书报，2010-04-14

00045 时名谁可嗣 父子尽贤良：三苏父子在中国文化史上的地位［N］/ 曾枣庄 // 光明日报，2010-04-15

00046 博求“三通”：苏氏蜀学的形神与风骨［J］/ 彭华 // 苏轼研究，2010（4）

00047 湖沧王氏与宋刻《三苏先生文粹》［N］/ 不详 // 东阳日报，2011-09-21

00048 “三苏”之颂［N］/ 郭光豹 // 潮州日报，2011-12-07

00049 孟昭全编著《苏学发展学初探》序言［J］/ 蔡心华 // 苏轼研究，2011（4）

00050 《三苏文集》与南宋三苏选本［J］/ 李建军 // 河南科技学院学报，2011（9）

00051 李景新先生及其苏学研究［J］/ 徐建 // 苏轼研究，2012（1）

00052 博求“三通”：苏氏蜀学的形神与风骨［J］/ 彭华 // 孔子研究，2012（4）

00053 “三苏”父子［N］/ 冉启成 // 广安日报，2013-05-19

00054 《大写三苏》出版座谈会召开［N］/ 刘寅 // 眉山日报，2013-07-31

00055 两宋之际苏学与程学关系新变［J］/ 郭庆财 // 北方论丛，2013（2）

00056 清嘉庆眉州本《三苏全集》惊现西安［J］/ 赵克礼 // 收藏，2013（13）

00057 熊朝东百万字《大写三苏》［N］/ 赖正和 // 四川日报，2014-02-28

00058 从“三曹”“三苏”到“三沈”［N］/ 王

涛 // 汉阴宣传，2014-05-30

00059 《重编三苏〈南行集〉》序：上［N］/ 不详 // 眉山日报，2014-07-28

00060 《重编三苏〈南行集〉》序：下［N］/ 不详 // 眉山日报，2014-08-04

00061 中西视野下文学史对“三苏”的书写：以《中国文学史新著》与《剑桥中国文学史》为例［J］/ 何李 // 山东社会科学，2014（A2）

00062 晚明湘潭张燧《千百年眼》征引苏轼、苏辙著述关系考［C］/ 朱志先 // 长江流域区域文化的交融与发展：第二届巴蜀·湖湘文化论坛论文集 / 徐希平．—成都：四川大学出版社，2014

00063 三苏文化［N］/ 张魁兴 // 潮州日报，2015-04-14

00064 一门父子三大家，三苏文章天下传［N］/ 岳蔚敏 // 开封日报，2015-06-05

00065 文章三苏［N］/ 徐建融 // 文汇报（上海），2015-12-15

00066 《重编三苏〈南行集〉》序［J］/ 张志烈 // 西华大学学报（哲学社会科学版），2015（6）

00067 少儿人格的培养：读《三苏年谱》［J］/ 顾冰峰 // 教育视界，2016（Z1）

00068 山高月明话“三苏”［J］/ 王炫懿，邢巧丽 // 教育家，2017（28）

家世、生平、社会活动研究

00069 琼崖民间传说里头的名人逸事二则：苏小妹和东坡先生［J］/ 黄有琚 // 民俗，1930（101）

00070 苏东坡兄弟之慕［J］/ 象乳 // 北洋画报，1937，31（1514）

00071 瀛海珍闻：三苏后裔［J］/ 不详 // 时兆月报，1944，2（11）

00072 苏东坡兄弟（苏轼、苏辙）［N］/ 潮音 // 台湾新闻报，1965-08-14

00073 三苏父子［J］/ 柳定生 // 四川文献，1973，134

00074 三苏父子［J］/ 黄伟达 // 文艺复兴，1978（98）

00075 宋苏适墓志及其他［J］/ 李绍连 // 文物，1973（7）

00076 欧阳修与三苏的交谊［J］/ 江正诚 // 艺文志，1979（164/165）

00077 学仕官名类释：苏轼、苏辙、黄庭坚、秦观、周邦彦［J］/ 李慕如 // 今日中国，1980（116）

00078 三苏字号释考［J］/ 刘少泉 // 四川图书馆学报，1981（专刊 3）

00079 从苏小妹填字说起［J］/ 周崇坡 // 江西教育，1982（6）

00080 苏轼在徐州［J］/ 冒炘，刘长源 // 人物杂志，1982（6）

00081 苏小妹与苏东坡的互嘲诗［J］/ 薛宜之 // 语文月刊，1983（8）

00082 秦少游与苏小妹关系考辨［J］/ 季续 // 宁波大学学报（教育科学版），1984（2）

00083 苏轼与徐州［J］/ 田秉锷，张俊之 // 文物天地，1984（4）

00084 增加馆藏内容 体现地方特点：郏县档案馆收集三苏坟资料［J］/ 田贵 // 档案管理，1984（4）

00085 蜀中多才子，三苏天下奇［N］/ 徐华西 // 光明日报，1985-11-17

00086 郏县峨眉三苏坟［J］/ 石友仁 // 许昌史

志通讯，1985（1）
00087 苏轼苏辙名字的由来［J］/ 文奎 // 新青年，1985（4）
00088 苏轼兄弟就试［J］/ 不详 // 人物杂志，1985（5）
00089 三苏到过耀县质疑［J］/ 阎凌 // 人文杂志，1986（1）
00090 三苏后代考略［J］/ 曾枣庄 // 古籍整理与研究，1986（1）
00091 苏轼苏辙从未到洋州探望文同［J］/ 刘泰焰 // 乐山史志资料，1986（4）
00092 苏小妹考略［J］/ 黄震云 // 汕头大学学报（人文科学版），1986（4）
00093 中原郏山瘗三苏［J］/ 不详 // 河南画报，1986（5）
00094 关于“苏小妹”的民间形象探讨［J］/ 郑伯成 // 黄冈师范学院学报，1987（1）
00095 苏轼、苏辙在戎州的诗歌创作活动考述［J］/ 凌受勋 // 宜宾史志，1987（3）
00096 略谈苏轼父子成才与苏门教子［J］/ 包玉兰 // 郧阳师范高等专科学校学报，1989（2）
00097 从《苏氏族谱》中首次发现“三苏”世系表及其佚文［J］/ 王文章 // 图书情报通讯，1990（4）
00098 略谈三苏的史论［J］/ 蔡崇榜 // 文史杂志，1991（2）
00099 别开生面 独树一帜：浅谈苏轼诗歌的艺术个性［J］/ 蒲丽田 // 中山大学学报论丛，1991（11）
00100 三苏新传［J］/ 陈雄勋 // 中国工商学报，1991（12）
00101 中州峨眉眠三苏［J］/ 柳宇 // 时代青年，1992（1）
00102 苏小妹十岁讽苏轼等三篇［J］/ 佚名 // 青少年读书指南，1992（9）
00103 郏县三苏坟［J］/ 郭廷珍 // 平顶山工学院学报，1993（1）
00104 雷简夫慧眼荐“三苏”［J］/ 邓剑 // 理论导刊，1994（3）
00105 苏小妹试夫［J］/ 陈阿细 // 农家之友，1994（3）
00106 雷简夫慧眼识贤荐“三苏”［J］/ 李克明 // 渭南师专学报（社会科学版），1994（4）
00107 苏小妹其人［J］/ 郭文卿 // 中国物资再生，1995（6）
00108 中国古代士人的消闲意识［J］/ 王学泰 // 传统文化与现代化，1996（6）
00109 苏轼兄弟考制科［J］/ 王窓贤 // 国文天地，1997，13（5—7）
00110 眉山五苏与阆中［J］/ 刘友竹 // 成都大学学报（社会科学版），1997（1）
00111 宋代眉山苏氏家族经济生活试探［J］/ 马斗成 // 临沂师范学院学报，1997（2）
00112 才女苏小妹［J］/ 程翔章 // 语文教学与研究，1997（8）
00113 《叶氏宗谱序》与《像赞》非苏轼、苏洵作辨［J］/ 薛瑞生 // 人文杂志，1998（1）
00114 眉山苏氏家族教育探析：以三苏时代为中心［J］/ 马斗成，李希运 // 史学集刊，1998（3）
00115 三苏后代补考［J］/ 舒大刚 // 宋代文化研究，1998
00116 略论宋代眉山苏氏家学［J］/ 李希运，马斗成 // 聊城师范学院学报（哲学社会科学版），1999（4）
00117 文风习习三苏坟［J］/ 刘会昌，吴画 // 牡丹，1999（4）
00118 魂牵梦绕 情有独钟：三苏在河南平顶山的活动和创作［J］/ 贾彩云，刘继增，王盘根 // 中州今古，1999（5）
00119 栾城：“三苏”的故乡［J］/ 杨梅山，王荣菊 // 乡音，1999（5）

00120 雷简夫慧眼识贤荐“三苏”［J］/ 李克明，黄万和，邹念宗 // 陕西档案，1999（6）

00121 苏小妹的真伪［J］/ 于景祥 // 社会科学辑刊，1999（6）

00122 宋代眉山苏氏家法试探［J］/ 马斗成 // 山东大学学报（哲学社会科学版），2001（1）

00123 宋代眉山苏氏婚姻与党争［J］/ 马斗成 // 烟台大学学报（哲学社会科学版），2001（2）

00124 文同与二苏的交游及交往诗文系年考［J］/ 罗琴 // 西南民族学院学报（哲学社会科学版），2001（10）

00125 手足之爱，平生一人：苏轼、苏辙兄弟情深［J］/ 陶晋生 // 历史月刊，2001（162）

00126 三苏历史评论研究［D］/ 唐晶．—陕西师范大学（硕士论文），2001

00127 宋代眉山苏氏婚姻圈试探［J］/ 马斗成，马纳 // 天津社会科学，2002（2）

00128 从少公之客到长公之徒：论张耒与二苏的关系［J］/ 崔铭 // 求是学刊，2002（3）

00129 苏姓与中原历史渊源初探［J］/ 张新斌，宋琦 // 许昌师专学报，2002（4）

00130 郏县三苏坟相关问题辩证［J］/ 谢照明，潘民中 // 平顶山师专学报，2002（6）

00131 由苏母教子想到［J］/ 梅桑榆 // 家庭与家教，2002（8）

00132 苏小妹试夫［J］/ 丽容 // 高中生，2002（11）

00133 苏轼与苏辙的兄弟情［J］/ 夏国珍 // 语文天地，2002（20）

00134 《毗陵苏氏宗谱》宋代部分事迹考辨［J］/ 舒大刚 // 宋代文化研究，2002

00135 常州民间惊现东坡家谱“三苏”画像极具研究价值［N］/ 悟道人 // 美术报，2003-02-15

00136 雷简夫荐“三苏”［N］/ 李克明 // 光明日报，2003-08-19

00137 秦少游无缘苏小妹 破铜镜日后能重圆［J］/ 丁定 // 武汉文史资料，2003（11）

00138 “轼”与“辙”何解：谈苏老泉为二子取名的用心与实际效应［J］/ 罗建中 // 历史月刊，2003（187）

00139 苏小妹智戏众“婿”：三难新郎［J］/ 严无忌 // 初中生学习（中文阅读新概念），2003（C1）

00140 秦少游考“三苏”［N］/ 吴玲 // 合肥晚报，2004-02-15

00141 宋代眉山苏氏家族与风水试探［J］/ 马斗成 // 青岛大学师范学院学报，2004（1）

00142 学学苏小妹的观“心”法［J］/ 魏信德 // 癌症康复，2004（1）

00143 苏轼、苏辙之名有何寓意［J］/ 卓厚宝，张鹏 // 语文知识，2004（3）

00144 苏轼苏辙名字的含意［J］/ 周晓玲 // 语文教学通讯（初中刊），2005（1）

00145 宋代眉山苏氏的家庭教育［J］/ 马斗成 // 文史杂志，2005（6）

00146 败下考场亦英雄［J］/ 李奇 // 龙门阵，2005（9）

00147 眉山苏氏家族名字号与宋代士大夫社会生活［J］/ 马斗成，马纳 // 青岛大学师范学院学报，2006（1）

00148 三苏父子［J］/ 佚名 // 追梦，2006（2）

00149 中国古代士大夫家族研究的新收获：读《宋代眉山苏氏家族研究》［J］/ 许慈青 // 青岛大学师范学院学报，2006（2）

00150 书里书外的苏小妹［J］/ 汪燕岗 // 古典文学知识，2006（5）

00151 《宋代眉山苏氏家族研究》印象［J］/ 孟天运 // 东方论坛，2006（6）

00152 功成苏门三父子：苏轼母亲程氏夫人浅

论［J］/ 卓瑞娟，苏海燕 // 陕西教育（理论版），2006（8）
00153 佛印妙对苏小妹［J］/ 林冠 // 孩子天地，2006（C1）
00154 苏轼与苏辙［N］/ 李默尔 // 文化艺术报，2007-05-23
00155 发现元代古碑 史证“二苏”葬郏［N］/ 聂世超，李朝锋，王自行 // 河南日报，2007-07-23
00156 论苏氏文学家庭［J］/ 王毅 // 中国文学研究，2007（1）
00157 三苏与陕西［J］/ 葛祥邻 // 苏轼研究，2007（1）
00158 苏小妹试夫［J］/ 云海 // 民间文学（经典版），2007（1）
00159 苏小妹拟联东坡续［J］/ 不详 // 作家天地（中旬刊），2007（2）
00160 苏东坡没有苏小妹这个妹妹［J］/ 王燕岗 // 中年读者，2007（5）
00161 瞻仰三苏祠［J］/ 苏兴良 // 台湾源流，2007（38）
00162 三苏散传研究［D］/ 林尔．—浙江师范大学（硕士论文），2007
00163 苏洵、苏轼和苏辙成功背后的女人是谁［N］/ 不详 // 淮海晚报，2008-04-19
00164 郏县三苏坟相关问题辩证［J］/ 谢照明，潘民中 // 苏轼研究，2008（2）
00165 苏洵家族墓地公祭三苏［J］/ 周静璐 // 苏轼研究，2008（2）
00166 《王𡠗墓志》《江氏墓志》考［J］/ 谢飞，张志忠 // 文物，2008（2）
00167 北宋时期的四川［J］/ 不详 // 苏轼研究，2008（3）
00168 一代奇女照汗青［J］/ 孙开中 // 苏轼研究，2008（3）
00169 是处青山可埋骨［J］/ 寇宝刚 // 国家电网，2008（6）
00170 郏县“三苏坟”成因研究述考［J］/ 张天星 // 乐山师范学院学报，2008（7）
00171 苏小妹对联考苏轼［J］/ 裴焕君 // 小读者，2008（9）
00172 文人与车［J］/ 陈雄，小西 // 出版参考：新阅读，2008（12）
00173 地虽郏鄏 山曰峨眉：苏东坡葬郏县上瑞里原因新探［J］/ 李达 // 作家，2008（16）
00174 二苏手足情［J］/ 曹春龙 // 语文天地，2008（20）
00175 苏轼苏辙手足情深［N］/ 宋慧敏 // 大河报，2009-09-30
00176 探密郏县三苏坟［J］/ 乔建功 // 苏轼研究，2009（2）
00177 三苏父子的出生地［J］/ 何家治 // 苏轼研究，2009（4）
00178 河南郏县的“三苏坟”［J］/ 王祖远 // 龙门阵，2009（7）
00179 女人何止半边天［J］/ 一夜清梦 // 意林（原创版），2009（8）
00180 苏小妹智考二才子［J］/ 梅小红 // 读读写写，2009（9）
00181 文人与车［J］/ 陈雄 // 安全与健康，2009（10）
00182 苏轼苏辙后代研究［D］/ 朱佳鸣．—浙江大学（硕士论文），2009
00183 苏轼苏辙名字的用意［N］/ 不详 // 内江日报，2010-04-05
00184 苏轼、苏辙的出生地绝不是眉山纱縠行［N］/ 王琳祥 // 中国文物报，2010-06-04
00185 苏轼苏辙兄弟与高安的旷世情缘［N］/ 不详 // 宜春日报，2010-10-31
00186 苏轼苏辙的真朋友［N］/ 不详 // 荆门晚报，2010-11-20
00187 苏小妹助夫对东坡［J］/ 不详 // 新作文

（小学4、5、6年级版），2010（1）

00188 浅谈“三苏”父子名号[J]/莫娟娟，傅嘉明//语文天地（初中），2010（3）

00189 《三苏年谱》辨正[J]/杨松冀//乐山师范学院学报，2010（6）

00190 何为真友[J]/周汉兵//做人与处世，2010（10）

00191 三苏为什么葬在郏县？[J]/刘继增//文史知识，2010（11）

00192 苏小妹巧对苏东坡[J]/林盛//红蕾·快乐读写（中旬），2010（11）

00193 苏小妹巧改诗句[J]/不详//小作家选刊（小学版），2010（12）

00194 三苏为何葬河南[J]/王祖远，孔祥辉//晚霞，2010（21）

00195 欧阳修掀北宋“三苏旋风”[N]/不详//江汉商报，2011-08-02

00196 三苏父子与凌云寺[N]/胡方平//三江都市报，2011-10-13

00197 二苏与章惇元祐交疏考[J]/刘昭明//人文与社会研究学报，2011，45（1）

00198 三苏为官的职能及相关情况[J]/胡先酉//苏轼研究，2011（1）

00199 三苏在京城开封的寓所、宅院、府邸和别业初探[J]/刘继增//苏轼研究，2011（1）

00200 在郏县，怀苏洵、苏轼、苏辙[J]/汗漫//星星诗刊，2011（2）

00201 苏小妹智考二才子[J]/徐继立//小学生·新读写，2011（5）

00202 一棒子打出兄弟情[J]/贾晔，马开峰//中国少年儿童，2011（12）

00203 论三苏父子兄弟间的和谐亲情[J]/赵捷，赵英丽//历史文献研究，2011

00204 苏轼苏辙千里共婵娟[N]/不详//新商报，2012-09-29

00205 有质量地成长[J]/白朴//小学生导刊（高年级），2012（3）

00206 苏轼与苏辙的名字说[J]/李锡琴//作文新天地（初中版），2012（4）

00207 兄妹戏丑[J]/若云//青少年书法，2012（7）

00208 苏氏兄弟墓志中“姑”的形象解读[J]/李映君//有凤初鸣年刊，2012（8）

00209 明月几时来相会[J]/刘权//走向世界，2012（27）

00210 苏轼苏辙的兄弟之情及对苏轼文学创作的影响[D]/梁益萍.—宁波大学（硕士论文），2012

00211 夜雨对床：苏氏兄弟所期望的理想将来[J]/加纳留美子//新国学，2012

00212 宋代苏轼父子三人诗文碑刻[N]/张青//三峡晚报，2013-11-03

00213 文化传播与国家安全：苏轼、苏辙对宋朝文化信息安全的谋划[J]/谭平//中华文化论坛，2013（3）

00214 三苏坟究竟葬几人[J]/乔建功//平顶山学院学报，2013（6）

00215 李开周：苏东坡买房[J]/本刊编辑部//头等舱，2013（7）

00216 苏东坡与苏小妹趣闻两则[J]/刘成锋//小学生学习指导（高年级），2013（9）

00217 苏轼、苏辙名字的来历[J]/王辰霞//辅导员（中旬刊），2013（11）

00218 小苏大苏在济南[J]/李耀曦//走向世界，2013（17）

00219 苏东坡与苏小妹点菜[J]/本刊编辑部//作文评点报（小学版），2013（47）

00220 想多看多与想空看空评析：苏东坡兄妹一段对话的启示[J]/石侃//股市动态分析，2013（50）

00221 苏轼兄弟在熙宁二年的政治作为及人生命运[J]/杨胜宽//地方文化研究辑刊，2013

00222 苏轼苏辙葬郏毋庸置疑［N］/ 丁需学，温书功 // 河南日报（农村版），2014-01-15

00223 “三苏”能扬名 雷姓人是“伯乐”［N］/ 雷简夫 // 河南商报，2014-06-07

00224 了不起的配角［J］/ 赵允芳 // 才智（才情斋版），2014（1）

00225 宋代士大夫的饥荒对策刍议［J］/ 杨果，赵治乐 // 武汉大学学报（人文科学版），2014（2）

00226 苏小妹故事文本演变及其文化内涵［J］/ 王晓南 // 天中学刊，2014（4）

00227 《三苏年谱》指瑕［J］/ 喻世华 // 四川图书馆学报，2014（5）

00228 三苏父子的“不能不为之为工”价值新解：兼谈巴金等人“作家要写自己熟悉的”观点［J］/ 王启鹏 // 乐山师范学院学报，2014（6）

00229 一条必然的路［J］/ 陈启文 // 中国作家，2014（9）

00230 论二苏交往对当代大学生的启示意义［J］/ 张明会 // 大众文艺，2014（11）

00231 油灯定穴出三苏［J］/ 本刊编辑部 // 神州民俗（上半月），2014（11）

00232 油灯定穴出三苏［C］/ 不详 //2014 年民俗非遗研讨会论文集 / 广东省民俗文化研究会，2014

00233 欧阳修慧眼识“三苏”［N］/ 王吴军 // 郑州日报，2015-08-20

00234 从“三苏时代”看苏氏家教的特点［J］/ 吴迪，王林均 // 兰台世界（下旬），2015（1）

00235 苏轼苏辙兄弟情结浅析［J］/ 王宏武 // 九江学院学报（社会科学版），2015（3）

00236 心目两自闲 长啸忘千忧：论苏轼父子“斜川之游”及相关文化现象［J］/ 王昭，舒韶雄 // 乐山师范学院学报，2015（3）

00237 才女苏小妹是苏轼姐姐［J］/ 刘绍义 // 晚报文萃，2015（12）

00238 东坡兄弟的东江情缘［N］/ 陈雪 // 惠州日报，2016-03-20

00239 苏轼苏辙诗文中的兄弟情［N］/ 李书沛 // 华西都市报，2016-07-24

00240 听道德讲堂领略“三苏”风采［N］/ 杜文婷 // 成都日报，2016-08-28

00241 试探三苏的成器与天地人的内在联系［J］/ 赖正和 // 乐山师范学院学报，2016（2）

00242 与君世世为兄弟：苏轼与苏辙的宦海浮沉［J］/ 袁津琥 // 文史知识，2016（4）

00243 以苏氏兄弟为中心的姻亲集团与党争［J］/ 李云根 // 兰台世界，2016（7）

00244 苏轼、苏辙缘何葬在郏县？［N］/ 潘民中 // 平顶山日报，2017-09-13

00245 论三苏赴汴应试之缘由及荐举者张方平之推荐［J］/ 江澄格 // 蜀学，2017（1）

00246 “三苏”家风研究［J］/“三苏家风研究”课题组 // 中华文化论坛，2017（1）

00247 欧阳修与“三苏”［J］/ 吴婷 // 职业教育（下旬刊），2017（12）

思想、文化研究

00248 论三苏的思想［J］/ 罗根泽 // 学识，1947（10）

00249 苏轼、苏辙的庐山真面目［J］/ 武汉师院中文系古典文学教研组 // 湖北大学学报（哲学社会科学版），1974（1）

00250 青山玉瘗眠三苏［J］/ 永志，君献 // 旅

游经济，1981（6）

00251 二苏论“道”及蜀学学风［J］/ 蔡方鹿 // 社会科学研究，1987（3）

00252 《两苏经解》刊者毕氏顾氏考［J］/ 卿三祥 // 文献，1992（2）

00253 是“气节”过人 还是不知“义理”：从苏轼兄弟评价李白的分歧谈起［J］/ 杨胜宽 // 西华师范大学学报（哲学社会科学版），1993（1）

00254 宋元史学的正统之辨［J］/ 王晓清 // 中州学刊，1994（6）

00255 论苏氏蜀学衰隐的原因［J］/ 粟品孝 // 社会科学研究，1995（1）

00256 老庄哲学的精华和意义［J］/ 邵建寅 // 厦门大学学报（哲学社会科学版），1996（4）

00257 宋初学术的文化整合倾向［J］/ 刘宗贤 // 哲学研究，1996（11）

00258 北宋理学思潮散论［J］/ 徐洪兴 // 浙江社会科学，1997（3）

00259 苏氏蜀学之经学考察［J］/ 郝明工 // 成都大学学报（社会科学版），1998（3）

00260 三苏与北宋进士科举改革［J］/ 李希运 // 山东大学学报（社会科学版），1999（2）

00261 略论三苏出处进退的思想矛盾［J］/ 闫笑非 // 佳木斯大学社会科学学报，1999（4）

00262 苏氏二杰的楼观情结［J］/ 刘嗣传 // 中国道教，2000（3）

00263 苏氏蜀学文艺思想的巴蜀文化特征［J］/ 李凯 // 四川师范大学学报（社会科学版），2001（5）

00264 一门三父子，都是大文豪：眉山三苏［J］/ 毛建华 // 文史知识，2001（7）

00265 三苏与诸葛亮［J］/ 伊藤晋太郎 // 宋代文化研究，2001

00266 苏洵与王安石思想异同论［J］/ 徐文明 // 清华大学学报（哲学社会科学版），2002（2）

00267 北宋诗文革新中“农商皆利”与“重农抑商”的两种思潮［J］/ 陈书录 // 南京师范大学学报（社会科学版），2003（3）

00268 三苏与诸葛亮［J］/ 马斗成 // 历史教学，2004（4）

00269 苏轼兄弟的军事思想及边防策略［J］/ 杨胜宽 // 乐山师范学院学报，2004（7）

00270 苏轼苏辙对荆公新学的批判［J］/ 王书华 // 河北大学学报（哲学社会科学版），2005，30（3）

00271 苏轼兄弟役法改革异同论［J］/ 杨胜宽 // 四川师范大学学报（社会科学版），2005，32（5）

00272 苏氏蜀学的学术渊源［J］/ 王书华 // 中华文化论坛，2005（3）

00273 三苏史论初探［D］/ 白瑞明 . —南昌大学（硕士论文），2005

00274 三苏蜀学思想研究［D］/ 叶平 . —南开大学（博士论文），2005

00275 宋代士大夫社会控制思想及其实践［J］/ 马斗成，马纳 // 青岛大学师范学院学报，2006（3）

00276 苏氏兄弟对李白态度的认识［J］/ 陈善巧 // 成都教育学院学报，2006（11）

00277 三苏史论研究［D］/ 陈秉贞 . —台湾师范大学（硕士论文），2006

00278 论苏洵苏轼父子的用人思想［J］/ 白雪梅，李大鹏 // 湖南人文科技学院学报，2007（3）

00279 论苏氏蜀学三教合一的学风与重人情的特征［J］/ 蔡方鹿 // 苏轼研究，2008（1）

00280 苏轼苏辙交游异同略辨［J］/ 陈蔚蔚 // 福建广播电视大学学报，2008（1）

00281 论三苏的经学活动［J］/ 金生杨 // 苏轼研究，2008（2）

00282 良好的家教成就了三苏父子［J］/ 胡先西 // 苏轼研究，2008（4）

00283 三苏论管仲的异同及形成原因［J］/ 蓝慧敏，孙清涌 // 管子学刊，2008（4）

00284 宋朝古道［J］/ 邸玉超 // 知识就是力量，2008（4）

00285 文学与经学的相融：论二苏的《诗经》学思想［J］/ 刘茜 // 文学遗产，2008（5）

00286 三苏社会建设思想初探［J］/ 王莎莎 // 山东省农业管理干部学院学报，2008（6）

00287 从《管仲论》看三苏史论文的相互关系［J］/ 刘弘逵 // 文教资料，2008（28）

00288 北宋书信研究［D］/ 金传道．—复旦大学（博士论文），2008

00289 三苏论管仲［D］/ 蓝慧敏．—山东大学（硕士论文），2008

00290 “三苏”社会建设思想研究［D］/ 王滨．—青岛大学（硕士论文），2008

00291 三苏长寿秘方：“茯苓粥”［N］/ 不详 // 老年生活报，2009-06-05

00292 三苏蜀学的“人情为本”论［J］/ 叶平 // 河南理工大学学报（社会科学版），2009（3）

00293 “三苏”是琴棋书画皆通的艺术家［N］/ 不详 // 文摘报，2010-04-15

00294 宋代三苏的史论［J］/ 粟品孝 // 西华大学学报（哲学社会科学版），2010（1）

00295 苏洵、苏轼《太玄》学浅析［J］/ 金生杨 // 苏轼研究，2010（2）

00296 苏氏蜀学的经学成就及其在经学史上的地位［J］/ 肖永明，吴增礼 // 湘潭大学学报（哲学社会科学版），2010（4）

00297 苏轼、苏辙的“性命之学”［J］/ 叶平 // 中国人民大学学报，2010（6）

00298 论苏氏蜀学的儒学思想［J］/ 王莹 // 湖北社会科学，2010（8）

00299 宋代三苏的史论［J］/ 粟品孝 // 地方文化研究辑刊，2010

00300 浩然之气：试探苏轼、苏辙兄弟人格力量之精粹［J］/ 陈慧君 // 苏轼研究，2011（2）

00301 北宋蜀学三教融合的思想倾向［J］/ 蔡方鹿 // 江南大学学报（人文社会科学版），2011（3）

00302 论“三苏”产生的政治文化生态［J］/ 潘殊闲 // 西华大学学报（哲学社会科学版），2011（6）

00303 苏氏蜀学的嬗变轨迹及其核心理念［J］/ 范琐哲 // 求索，2011（7）

00304 用意志去改变困境［J］/ 王九洲 // 北京支部生活，2011（9）

00305 苏轼苏辙李杜比较观述评［C］/ 潘殊闲 // 中国古代文学理论学会第十七届年会暨国际学术研讨会论文集 / 中国古代文学理论学会，2011

00306 论三苏经学的得失［J］/ 张力 // 蜀学，2012（00）

00307 三苏道情性话题的论辩［J］/ 张立文 // 社会科学研究，2012（2）

00308 三苏经学与文学论略［J］/ 高明峰 // 文艺评论，2012（4）

00309 《四书章句集注》苏氏考［J］/ 申淑华 // 渤海大学学报（哲学社会科学版），2012（6）

00310 苏轼、苏辙的学术追求及其启示［J］/ 喻世华 // 南京理工大学学报（社会科学版），2013，26（6）

00311 论三苏蜀学的哲学思想［J］/ 蔡方鹿 // 四川师范大学学报（社会科学版），2013，40（6）

00312 苏氏兄弟的食疗养生经［J］/ 刘亮 // 健身科学，2013（1）

00313 三苏经学与文学述论［J］/ 高明峰 // 国学学刊，2013（3）

00314 三苏的神祇崇拜[J]/许外芳，张睿//世界宗教文化，2013(6)

00315 大小苏文艺思想与苏氏《春秋》家学[J]/高方//大庆师范学院学报，2014(4)

00316 王安石与“三苏”的恩恩怨怨[J]/卢英宏//云梦学刊，2014(6)

00317 宋代眉山苏氏家族家庭教育研究[D]/盛晓文.—东北师范大学(硕士论文)，2014

00318 试论三苏史论的文学化[J]/胡静//内蒙古大学学报(哲学社会科学版)，2015，47(4)

00319 时代造就的丰碑：试析三苏治史背景[J]/李哲//南昌师范学院学报，2015(1)

00320 苏氏家庭教育对当前家庭教育的启示[J]/李艳，曾英，苏圣丰//地方文化研究辑刊，2015(2)

00321 三苏与酒[J]/曾枣庄//地方文化研究辑刊，2016(1)

00322 三苏父子的蜀道之旅及其影响[J]/梁中效//成都大学学报(社会科学版)，2017(1)

00323 苏洵、苏轼的《太玄》学[J]/金生杨//乐山师范学院学报，2017(2)

00324 论苏洵的经史观及苏辙《春秋集解》的阐释特征[J]/刘茜//哲学研究，2017(3)

00325 苏轼、苏辙《论语》诠释探微[J]/乔芳//齐鲁学刊，2017(4)

00326 “三苏家学”：中国古代家庭文化的绝代典范[J]/谈祖应//乐山师范学院学报，2017(11)

00327 秉承“三苏”文化 给孩子快乐童年[J]/刘帅//教育家，2017(28)

00328 三苏与道家道教[D]/吴琳.—四川大学(博士论文)，不详

文学、文艺学研究

00329 三苏的改革文学意见[J]/罗根泽//经世，1941，1(4)

00330 三苏的文学思想[J]/苏雨//建设，1963，12(7)

00331 苏洵、苏辙“六国论”[J]/刘中和//中国语文，1969，24(2)

00332 苏老泉其人其书[J]/陈宗敏//中华文化复兴月刊，1973，6(12)

00333 宋代散文简论[J]/张志烈//四川大学学报(哲学社会科学版)，1979(1)

00334 苏轼、苏辙集拾遗:《永乐大典》诗文辑佚之三[J]/栾贵明//文学评论，1981(5)

00335 既可意会，也可言传：讲读古典散文例解[J]/张寿康//语文教学与研究，1981(6)

00336 略谈三苏散文中的“论”[J]/王淑均//语文学习，1982(5)

00337 略谈三苏散文中的“记”[J]/王淑均//语文学习，1982(6)

00338 略谈三苏散文中的“书”[J]/王淑均//语文学习，1982(9)

00339 北宋的古文运动[D]/何寄澎.—台湾大学(博士论文)，1983

00340 三苏合著《南行集》初探[J]/曾枣庄//文学评论，1984(1)

00341 苏洵、苏辙文学简评[J]/刘乃昌//齐鲁学刊，1985(5)

00342 试论唐宋八大家散文的美学歧异及其影响[J]/万陆//赣南师范学院学报，

1987（1）

00343　三苏散文之美学观照［J］/ 万陆 // 抚州师专学报，1988（2）

00344　试论古代巴蜀文学特征［J］/ 李凯 // 中华文化论坛，1988（4）

00345　欧曾王苏散文比较［J］/ 吴小林 // 文史哲，1988（5）

00346　宋代散文理论的一个高峰："三苏" 浅论之一［J］/ 余辛 // 福建师范大学学报（哲学社会科学版），1990（2）

00347　苏轼与苏辙嘉祐年间赠答诗简论［J］/ 王连儒 // 聊城大学学报（社会科学版），1990（4）

00348　三苏散文美学研究札记［J］/ 东麓 // 盐城师范学院学报（人文社会科学版），1992（1）

00349　三苏散文研究［D］/ 李李．—中国文化大学（博士论文），1992

00350　三苏《六国论》比较［J］/ 陈忠义 // 中文自修，1994（1）

00351　宋代散文简述［J］/ 余庆安 // 广州大学学报（社会科学版），1994（2）

00352　从 "文以载道" 到 "抒写性灵"：唐宋散文的传承与拓展［J］/ 成松柳 // 长沙水电师范学院社会科学学报，1995（1）

00353　三苏三篇同名作比较［J］/ 李李 // 中国文化大学中文学报，1995（3）

00354　禅宗美学思想对中国传统音乐文化的影响［J］/ 王东涛 // 齐鲁艺苑，1996（2）

00355　北宋诗学中 "写意" 课题研究［D］/ 谢佩芬．—台湾大学（博士论文），1996

00356　二苏论杜比较［J］/ 李凯 // 内江师专学报（社会科学版），1997（1）

00357　从《岁寒堂诗话》看两宋之际理学文学观的演进［J］/ 罗玉舟 // 四川师范大学学报（社会科学版），1997（2）

00358　小议三苏的早期小说［J］/ 袁良骏 // 台港与海外华文文学评论和研究，1997（2）

00359　论苏轼与苏辙的同题分咏诗［J］/ 蔡秀玲 // 台中商专学报，1999（31）

00360　北宋诗歌论政研究［D］/ 林宜陵．—辅仁大学（博士论文），1999

00361　三篇《六国论》比较［J］/ 陈友冰 // 国文天地，2000，15（9）

00362　韩愈和三苏干谒书信辨异［J］/ 李强，李霞 // 山东农业大学学报（社会科学版），2000（4）

00363　北宋山水小品文研究［D］/ 张瑞兴．—玄奘人文社会学院（硕士论文），2000

00364　苏文熟，吃羊肉［N］/ 洪顺 // 中国教育报，2001-12-20

00365　宋代书院与宋代蜀学［J］/ 胡昭曦 // 四川大学学报（哲学社会科学版），2001（1）

00366　从二苏题画诗看元祐文人心态［J］/ 郦波 // 苏州铁道师范学院学报（社会科学版），2002（1）

00367　一门三父子，峨嵋共比高：唐宋八大家中的 "三苏" 父子［J］/ 韩书文 // 北京宣武红旗业余大学学报，2003（3）

00368　宋人对诗歌中义理成分的探索与《周易》的关系［J］/ 张思齐 // 西南交通大学学报（社会科学版），2003（5）

00369　文学史上的 "三苏"［J］/ 王忠文，龙凤 // 中学课程辅导（初二版），2003（11）

00370　苏轼兄妹戏联拾趣［J］/ 不详 // 良都侨刊，2003（42）

00371　二苏及 "苏门四学士" 唱和诗研究［D］/ 蔡爱芳．—南京师范大学（硕士论文），2003

00372　一片丹心天日下　数行清泪岭云南：苏东坡父子三人与虔州［J］/ 刘信波 // 语文学刊（高等教育版），2004（10）

00373　一副对联知识多［J］/ 张国学 // 中学生，2005（1）

00374 二苏“五经论”归属考[J]/顾永新//文献，2005(4)

00375 试论苏轼、苏辙唱和诗(一)[J]/魏建嘉//昌吉学院学报，2005(4)

00376 大国争谋 前事后师：三苏《六国论》对读的启示[J]/罗浩波//喀什师范学院学报，2005(5)

00377 北宋文人的饮食书写：以诗歌为例的考察[D]/陈素贞.—东海大学(博士论文)，2005

00378 论三苏史论文[C]/陈晓芬//第四届宋代文学国际研讨会论文集/沈松勤.—杭州：浙江大学出版社，2006

00379 苏轼与苏辙《水调歌头》唱和词析论[J]/陈钟琇//中国语文，2006，98(6)

00380 略论苏洵、苏轼史论散文的艺术特色及价值[J]/何玉兰//乐山师范学院学报，2006(2)

00381 苏东坡兄妹联对[J]/庞德君//思维与智慧，2006(4)

00382 一副对联学十点知识[J]/李军//老友，2006(10)

00383 苏洵苏辙之《六国论》比较[J]/庄国岳//现代语文(文学研究版)，2007(1)

00384 夜雨对床：苏轼与苏辙的诗歌对话[J]/付定裕//文史杂志，2007(3)

00385 论北宋天圣年间四川仕风的嬗变：三苏文章汇入北宋古文运动的地域背景[J]/冯志弘//上海大学学报(社会科学版)，2007(6)

00386 二苏《五经论》考[J]/吴叔桦//国文学报，2007(7)

00387 二苏唱和次韵诗研究[D]/李艳杰.—郑州大学(硕士论文)，2007

00388 二苏唱和诗研究[D]/卓瑞娟.—兰州大学(硕士论文)，2007

00389 论苏轼、苏辙唱和诗[D]/赵晓星.—吉林大学(硕士论文)，2007

00390 宋代巴蜀《诗经》学浅谈：尤以三苏、魏了翁为重[J]/李冬梅//儒藏论坛，2007

00391 苏轼、苏辙和“苏门四学士”辞赋研究综述[J]/曹栓姐//巢湖学院学报，2008(4)

00392 论苏氏文艺思想的哲理依据[J]/李学辰//井冈山学院学报，2008(6)

00393 苏轼、苏辙巧对佛印[J]/不详//小作家选刊(小学生版)，2008(8)

00394 一副对联知识多[J]/李登云//老年教育(老年大学)，2008(10)

00395 一副文史知识甚丰的对联[J]/王峰//写作，2008(18)

00396 包容并蓄的苏氏蜀学[J]/贾大泉//宋代文化研究，2008

00397 苏轼苏辙兄弟唱和诗研究[D]/黄莹.—广西大学(硕士论文)，2008

00398 “三苏”咏史怀古诗研究[D]/刘宾红.—陕西师范大学(硕士论文)，2008

00399 苏轼、苏辙和苏门四学士同题辞赋论[J]/曹栓姐//淮北煤炭师范学院学报(哲学社会科学版)，2009，30(5)

00400 苏州狮子林《听雨楼法帖》考略[J]/张恨无//东南文化，2009(3)

00401 论三苏干谒文：兼与唐代干谒文比较[J]/杜霖//宿州教育学院学报，2009(6)

00402 论三苏散传的学古与创新[J]/俞樟华，林尔//荆楚理工学院学报，2009(6)

00403 三苏与苏门诗人咏史诗的文化品位[J]/吴德岗//名作欣赏，2009(6)

00404 一副对联，十点知识[J]/文丰//读读写写，2009(7)

00405 相似归隐系心间 昆仲情谊万古传：苏轼与苏辙寄远词研究[J]/王佳琳//魅力中国，2009(26)

00406 论三苏散传的艺术成就[J]/俞樟华，

林尔 // 浙江师范大学学报（社会科学版），2010（1）

00407 二苏“五经论”归属再考证：兼与顾永新先生商榷［J］/ 刘倩 // 洛阳师范学院学报（哲学社会科学版），2010（4）

00408 宋代二苏两首唱和茶诗述评［J］/ 李贵荣 // 高餐通识教育学刊，2010（6）

00409 宋代眉山苏氏家族书法略论：兼谈苏轼书法渊源补遗问题［J］/ 徐晓洪 // 文史杂志，2010（8）

00410 北宋文坛的举荐风气［J］/ 鲁先圣 // 思维与智慧，2010（10）

00411 唐宋八大家的台阁名胜记散文研究［D］/ 王海苗．—山西师范大学（硕士论文），2010

00412 苏轼苏辙李杜比较观述评［J］/ 潘殊闲 // 蜀学，2011（00）

00413 试论苏轼、苏辙《岐梁唱和诗》的意义［J］/ 葛祥邻 // 苏轼研究，2011（2）

00414 三苏与杜诗［J］/ 左汉林 // 北京青年政治学院学报，2012（3）

00415 苏轼兄弟思乡作品简析［J］/ 王丽梅 // 文艺生活（文海艺苑），2012（4）

00416 兄弟情深话苏词［J］/ 洪琳琳 // 文艺生活（文海艺苑），2012（4）

00417 苏轼、苏辙、苏过贬谪岭南时期心态与作品研究［D］/ 严宇乐．—复旦大学（博士论文），2012

00418 二苏唱和寄怀诗中“夜雨对床”意象的内涵［J］/ 郑若萍 // 华中师范大学研究生学报，2013（4）

00419 出新意于法度之中：从苏辙评价看苏轼和陶诗［J］/ 杨岚 // 乐山师范学院学报，2013（8）

00420 各出机杼 异曲同工：三苏《六国论》之比较［J］/ 沈还斌 // 语文天地（高中版），2013（8）

00421 三苏咏襄阳诗歌论略［J］/ 高新伟 // 湖北文理学院学报，2013（10）

00422 宋六大家文话研究［D］/ 李佳．—兰州大学（硕士论文），2013

00423 苏轼与苏辙唱和诗分类研究［J］/ 赵晓星 // 文学教育（中），2014（5）

00424 苏东坡兄妹趣对［J］/ 刘太品 // 中华活页文选（七年级），2014（8）

00425 横看成岭侧成峰：三苏《六国论》的优劣比较［J］/ 韩忠彧，屠雯 // 无线互联科技，2014（11）

00426 一副妙联常识多［J］/ 姚荣启 // 小学生导读，2014（Z1）

00427 三苏文论源于田锡说［J］/ 王益鸣，王仿生 // 宋史研究论丛，2015（2）

00428 试论“三苏”《六国论》的异同［J］/ 袁猛 // 蚌埠学院学报，2015（2）

00429 苏轼苏辙祭欧阳修文比较［J］/ 林尔 // 才智，2015（36）

00430 北宋诗与韩愈的互文性研究［D］/ 陈凯伦．—淡江大学（硕士论文），2015

00431 三苏《南行集》同题作品研究［J］/ 杨胜宽 // 蜀学，2016（00）

00432 苏东坡兄妹趣味诗话［J］/ 秋君 // 老友，2016（3）

00433 苏轼与苏辙书法艺术之比较［J］/ 秦琴 // 安徽科技学院学报，2016（5）

00434 苏轼与苏辙送别诗思情异同研究［J］/ 闫续瑞，王婷婷 // 华侨大学学报（哲学社会科学版），2017（1）

00435 三苏《南行集》所见宋代士大夫的行旅活动与旅行书写［J］/ 吴雅婷 // 中山大学学报（社会科学版），2017（2）

苏洵研究

总　论

00436　苏洵及其“嘉祐集”[J]/陆以霖//出版与研究，1978(21)

00437　苏洵佚诗辑考[J]/刘尚荣//文学遗产，1982(3)

00438　关于苏洵佚诗系年的补正[J]/刘尚荣//文学遗产，1983(3)

00439　苏洵佚诗系年商榷[J]/曾枣庄//文学遗产，1983(3)

00440　现存苏洵著述考[J]/李李//中国文化大学中文学报，1993(1)

00441　苏洵[J]/不详//中文自修，1998(2)

00442　大器晚成的苏洵[J]/丁毅//应用写作，2001(11)

00443　持布衣操守　作豪纵文章：苏洵为人为文特征论略[J]/崔际银//东方丛刊，2002(3)

00444　二十世纪以来苏洵研究论著目录补遗[J]/沈章明//书目季刊，2006，40(2)

00445　苏洵佚文[J]/孔凡礼//乐山师范学院学报，2007(2)

00446　20世纪以来苏洵研究综述[J]/巩本栋，沈章明//文学遗产，2007(5)

00447　苏洵[J]/程滨//作文通讯(个性阅读)，2007(11)

00448　苏洵研究[D]/沈章明.—南京大学(硕士论文)，2007

00449　千年苏洵尽在无限思念中[N]/巨源//眉山日报，2009-04-28

00450　行者苏洵与学者苏洵[N]/刘川眉//眉山日报，2009-05-19

00451　平民“文豪”苏洵刍议[J]/孙开中//苏轼研究，2009(2)

00452　苏洵的历史贡献[J]/曾枣庄//苏轼研究，2009(2)

00453　苏洵文集编刻流传献疑[J]/沈章明//古典文献研究，2009

00454　苏洵[N]/岳杰//开封日报，2010-02-09

00455　苏洵[J]/岳杰//诗刊，2010(16)

00456　大器晚成的文学大家：苏洵[J]/不详//老年教育(老年大学)，2012(1)

00457　苏洵[J]/不详//学苑教育，2015(19)

00458　《苏洵》[J]/叶毓山//美术，2016(4)

家世、生平、社会活动研究

00459　苏洵发愤读书论[J]/张惠民//青年杂志(松江)，1915(4)

00460　文艺录：苏洵发愤读书论[J]/张惠民//青年杂志(松江)，1915(4)

00461 苏洵像（南熏殿历代圣贤名人像之一）［J］/ 夏 // 故宫周刊，1933（233）
00462 老泉非苏洵别号辨正［J］/ 姜克涵 // 学术论坛，1957（3）
00463 怀才不遇的苏老泉［J］/ 张朴民 // 反攻，1973（381）
00464 知遇：欧阳修得胥偃 苏洵得欧阳修［N］/ 王静芝 // 中华日报，1978-12-17
00465 老泉·东坡赘语［J］/ 周本淳 // 南京师范大学学报（社会科学版），1979（4）
00466 学仕官名类释（8）——宋：范仲淹、张先、晏殊、欧阳修、苏洵［J］/ 李慕如 // 今日中国，1980（114）
00467 苏洵年谱［J］/ 曾枣庄 // 四川大学学报（哲学社会科学版），1981（4）
00468 苏洵不是号老泉［J］/ 常义谦 // 语文教学与研究，1981（6）
00469 苏洵年谱［J］/ 关贤柱 // 贵阳师范学院学报（社会科学版），1982（3）
00470 苏洵生平事迹考辨：对关贤柱同志《苏洵年谱》有关系年的几点商榷［J］/ 曾枣庄 // 贵阳师范学院学报（社会科学版），1983（1）
00471 老泉非苏洵考［J］/ 曾枣庄 // 社会科学研究，1985（3）
00472 苏洵三次落榜不灰心［J］/ 不详 // 新闻爱好者，1986（2）
00473 《苏洵评传》补正［J］/ 高克勤 // 四川大学学报（哲学社会科学版），1987（4）
00474 苏洵之生平及其著作考述［J］/ 谢武雄 // 警专学报，1988（创刊号）
00475 试解苏洵《名二子说》［J］/ 蒋介夫 // 语文知识，1995（4）
00476 中学国文作家趣闻掌故：中年发愤成名的苏老泉［J］/ 宋裕 // 国文天地，1996，11（11）
00477 从苏洵等才子落第看科举制选才的有限性［J］/ 唐群 // 咸阳师范专科学校学报，1996（1）
00478 苏洵成才之路的启示［J］/ 佚名 // 农家致富顾问，2000（7）
00479 苏洵的性情与吏治［J］/ 陈正雄 // 崇右学报，2004（10）
00480 试论徽州谱牒的体与魂［J］/ 王鹤鸣 // 复旦学报（社会科学版），2006（2）
00481 苏洵家族墓地公祭三苏［N］/ 不详 // 眉山日报，2008-04-04
00482 苏洵生年、生月初考［J］/ 颜苏 // 苏轼研究，2008（3）
00483 苏洵生卒年月日释析［J］/ 苏士福 // 苏轼研究，2008（4）
00484 苏洵发愤［J］/ 不详 // 作文周刊（小学中年级版），2008（20）
00485 苏洵大器晚成的启示［J］/ 潘殊闲 // 蜀学，2009（00）
00486 苏洵交游考［J］/ 曾枣庄 // 蜀学，2009（00）
00487 苏洵对族谱学的贡献［J］/ 陈子彬 // 苏轼研究，2009（3）
00488 苏洵不得志［J］/ 新开铺 // 中学生百科，2009（27）
00489 苏洵焚稿［J］/ 佚名 // 作文周刊（小学四年级版），2009（47）
00490 问道蟆颐：苏洵求子［N］/ 易可可 // 眉山日报，2010-02-07
00491 想起了苏洵［N］/ 花之兰 // 颍州晚报，2011-06-16
00492 苏洵“藏”书不给儿子看［N］/ 不详 // 哈尔滨日报，2010-11-09
00493 再论苏洵族谱理论之宗旨［J］/ 陈子彬 // 苏轼研究，2011（4）
00494 老来发奋的苏洵［J］/ 赵畅 // 数学大王（智力快车），2012（4）
00495 苏洵为学［J］/ 不详 // 快乐语文（低幼

版），2012（9）

00496 赣南隐士钟子翼与苏洵的一段奇缘［N］/ 不详 // 赣州晚报，2013-02-23

00497 苏老泉缘何被误认为是苏洵［J］/ 刘绍义 // 文学教育（下半月），2013（6）

00498 苏洵发奋为学［J］/ 不详 // 少儿科技，2014（9）

00499 苏洵起名［N］/ 覃福香 // 今晚报，2015-11-14

00500 特立独行的少年苏洵［N］/ 张玉 // 眉山日报，2016-02-28

00501 欧阳修苏洵奠定家谱体例格局［N］/ 不详 // 本溪日报，2016-06-26

00502 苏洵焚稿，奋发有为［J］/ 风信子 // 初中生学习（低），2016（4）

00503 苏洵谱法探析［J］/ 吴兆龙 // 安徽史学，2016（6）

00504 也谈苏洵的“老泉”之号［J］/ 张培锋 // 文史知识，2016（12）

00505 顽主苏洵的育儿经［J］/ 雁春秋 // 方圆，2016（16）

思想、文化研究

00506 苏洵的辨奸［J］/ 适之 // 吴淞月刊，1929（1）

00507 读苏洵管仲论书后［J］/ 赖达五 // 学生文艺丛刊，1934（2）

00508 苏洵权书心术篇书后［J］/ 顾宝琪 // 浙江教育，1941，3（8）

00509 “苏洵管仲论”辩［J］/ 江聪平 // 文风，1962（1）

00510 苏洵之军学修养［J］/ 周力行 // 军事杂志，1963，31（12）

00511 宋代佃农所受地租剥削及其抗租斗争［J］/ 朱瑞熙 // 历史教学，1965（10）

00512 试论苏洵的革新主张［J］/ 曾枣庄 // 西南师范大学学报（人文社会科学版），1981（4）

00513 苏洵思想新探［J］/ 吴孟复，詹亚园 // 安徽大学学报（哲学社会科学版），1982（3）

00514 苏洵思想新探［J］/ 吴孟复，詹亚园 // 中国哲学史，1982（11）

00515 苏洵的军事思想［J］/ 曾枣庄 // 湖北师范学院学报（哲学社会科学版），1983（3）

00516 战争实践与军事理论：从苏洵评说孙武的“三失”想到的［J］/ 孙兢，拓荒 // 军事，1983（4）

00517 苏洵权书心术篇书后［J］/ 顾宝琪 // 浙江教育，1984（1）

00518 苏洵教子的故事［J］/ 能原 // 妇女，1984（4）

00519 苏洵苏轼苏辙与木假山［J］/ 张应之 // 旅游，1984（4）

00520 苏洵的人才管理思想［J］/ 徐培华 // 教育与开发，1985（10）

00521 我国古代考绩制度述论［J］/ 阎德民，王西昆 // 齐鲁学刊，1989（2）

00522 从《嘉祐集》看苏洵的人才管理思想［J］/ 胡建华 // 史学月刊，1990（1）

00523 管仲被责与为政荐贤［J］/ 严平 // 领导科学，1991（9）

00524 苏洵及其辨奸论［J］/ 吴武雄 // 台中商专学报，1992（24）

00525 析“破灭”“迁灭”“革灭”［J］/ 高广丰 // 南通师专学报（社会科学版），1993（3）

00526 苏洵之心态探索［J］/ 吴武雄 // 兴大中

文学报，1993（6）
00527 苏洵《六经论》意蕴［J］/ 吴武雄 // 台中商专学报（文史社会篇），1993（25）
00528 苏洵之性格及其交游情形［J］/ 吴武雄 // 兴大中文学报，1994（7）
00529 司马迁的“互见法”及其渊源［J］/ 孙以昭 // 安徽大学学报，1995（6）
00530 由“六国破灭”所想到的［J］/ 玫昆仑 // 会计之友，1996（6）
00531 苏洵的经济思想［J］/ 张守军，杜艳萍 // 财经问题研究，1996（8）
00532 苏洵教子［J］/ 何少君 // 早教育，1997（C1）
00533 苏洵《六经论》次第与经学思想探析［J］/ 陈致宏 // 孔孟月刊，1998，37（3）
00534 苏洵的“长议论”与“好权术”［J］/ 高克勤 // 苏州大学学报（哲学社会科学版），1998（2）
00535 苏洵与释道［J］/ 吴琳 // 宗教学研究，1999（2）
00536 宋代科举的弊端：张九成中状元与苏洵、陆游的心酸［J］/ 金诤 // 中国高校招生，2000（3）
00537 苏洵易学浅论［J］/ 金生杨 // 宋代文化研究，2000
00538 苏洵兵法与炒股［N］/ 尹怀山 // 经济导报，2002-11-23
00539 苏洵教子的启示［J］/ 张艳娜 // 中国职工教育，2003（A1）
00540 两种性情 别样文章：《上宰相书》与《上欧阳内翰书》比较［J］/ 李亦凡 // 漳州职业大学学报，2004（4）
00541 苏洵的想法有点儿简单［J］/ 于海澎 // 语文教学与研究（读写天地），2005（5）
00542 六国破灭并非弊在赂秦［J］/ 缪芸蓉 // 语文教学与研究，2005（9）
00543 《权书》与《孙子兵法》异同探论［J］/ 魏鸿 // 军事历史研究，2006（2）
00544 苏洵的管理学思想论析［J］/ 韩然 // 新疆财经学院学报，2006（2）
00545 读《管仲论》［J］/ 赵秀臣 // 中国审计，2006（9）
00546 劳则善心生：论苏洵的劳动价值观［C］/ 徐文明 // 价值理论方法学术研讨会论文集 / 北京师范大学，2006
00547 苏洵的政绩观［N］/ 不详 // 解放军报，2007-04-01
00548 宋元画学著作的剽袭与“言公”说献疑［J］/ 韦宾 // 美术研究，2007（3）
00549 苏洵：伟大的父亲［J］/ 竹之静 // 中国校园文学（中学版），2007（5）
00550 反弹琵琶论功过：苏洵《管仲论》赏读［J］/ 鄢明定 // 秘书工作，2007（8）
00551 从文人画原型论苏雪林画趣［J］/ 吴荣富 // 成大中文学报，2007（16）
00552 苏洵经论的《荀子》渊源［D］/ 袁铭．—上海大学（硕士论文），2007
00553 孩子不爱看书 试试苏洵的办法［N］/ 不详 // 新文化报，2008-03-16
00554 苏洵《嘉祐集》卷九《史论序》［J］/ 不详 // 古典文学知识，2008（2）
00555 苏洵政治思想述论［J］/ 王锐 // 经济与社会发展，2008，6（2）
00556 苏洵“父子知音”说考论：兼谈苏序、苏涣对苏洵的教育和影响［J］/ 刘静 // 乐山师范学院学报，2008（8）
00557 学学苏洵教子［N］/ 不详 // 科教新报，2009-09-16
00558 宋初思想背景下的苏洵《史论》考察［J］/ 毕红刚 // 传奇·传记文学选刊（理论研究），2009（1）
00559 饮泉就饮苏老泉［J］/ 方永江 // 苏轼研究，2009（2）
00560 论苏洵的“人情”观及苏、王关系［J］/

杨胜宽 // 西华大学学报（哲学社会科学版），2009（3）

00561 欧阳修喻苏洵文为荀子文问题［J］/ 祁和晖 // 西华大学学报（哲学社会科学版），2009（3）

00562 苏洵："藏"书教子［N］/ 不详 // 克拉玛依日报，2010-03-05

00563 论苏洵人才管理思想对高校学生教育管理工作的启示［J］/ 毛德胜 // 华中人文论丛，2010（2）

00564 苏洵历史哲学思想刍议［J］/ 唐晶 // 中国矿业大学学报（社会科学版），2010（4）

00565 从王羲之和苏洵说起［N］/ 花之兰 // 潮州日报，2011-09-20

00566 苏洵教子［J］/ 不详 // 中学生议论文经典论据，2011（1）

00567 苏洵怎能"六国封相"［J］/ 忻达理 // 咬文嚼字，2011（2）

00568 苏洵历史学说研究［J］/ 秦文 // 社科纵横，2011（5）

00569 王羲之和苏洵的"教子经"［J］/ 花之兰 // 云南教育（中学教师），2011（10）

00570 别番滋味读苏洵［J］/ 李晓芳 // 魅力中国，2011（16）

00571 从王羲之和苏洵教子说起［J］/ 花之兰 // 师道，2011（7A）

00572 合法性与冠名权：明清时期关于"唐宋八大家"名称之争［J］/ 付琼 // 北方论丛，2012（5）

00573 苏洵"蜀学"内涵及对我国学术文化贡献谫论［J］/ 张国荣 // 乐山师范学院学报，2012（6）

00574 王羲之与苏洵如何教子［J］/ 不详 // 启迪与智慧（成人版上半月），2012（8）

00575 苏洵《管仲论》评议［J］/ 沈灵超 // 卷宗，2012（9）

00576 苏洵论礼蠡测：兼论其经史观［J］/ 蒋义斌 // 台湾师大历史学报，2012（47）

00577 浅谈苏洵的"臣道"［J］/ 赖筱倩 // 群文天地，2013（10）

00578 论苏洵《六经论》中的圣人观［J］/ 李哲 // 商丘师范学院学报，2013（11）

00579 苏洵的文学造诣与天赋述略［J］/ 王恒来 // 兰台世界，2013（27）

00580 苏洵苦读 大器晚成［N］/ 张步云 // 沧州晚报，2014-04-16

00581 苏洵发愤［N］/ 李玉丽 // 农村大众，2014-12-19

00582 论苏洵的士人精神［J］/ 毛德胜 // 国文天地，2014，30（1）

00583 苏洵哲学思想研究［J］/ 韩鼎基 // 四川文理学院学报，2015（1）

00584 驳《管仲论》：也谈齐国祸乱的根源［J］/ 张懋学 // 济宁学院学报，2015（4）

00585 论苏洵伦理思想的三重蕴含［J］/ 古屿鑫 // 儒道研究，2015

00586 苏洵社会控制思想研究［D］/ 韩鼎基．—重庆师范大学（硕士论文），2015

00587 苏洵教子［N］/ 董改正 // 西安晚报，2016-05-29

00588 苏洵的教子方式［N］/ 高中梅 // 深圳特区报，2016-06-30

00589 苏洵《嘉祐集·史论》初探［J］/ 常征江 // 史学史研究，2016（1）

00590 苏洵《权书》中的为将用兵之道［J］/ 金剑 // 武警工程大学学报，2016（1）

00591 苏洵：文名遍天下，壮心醉中求［J］/ 叶之秋 // 金秋，2016（2）

00592 寻绎苏洵的文化信仰：一种以历史理性精神为视角的阐释［J］/ 古屿鑫 // 世界宗教研究，2016（3）

00593 苏洵的教子方式［J］/ 高中梅 // 黑龙江教育（小学），2016（9）

文学、文艺学研究

00594 赞苏洵管仲论书后［J］/ 叶中才 // 同南，1917（6）

00595 反苏洵管仲论［J］/ 李锡全 // 东中学生文艺，1920（1）

00596 读苏洵六国论书后［J］/ 陈妙仙 // 墨梯，1921（4）

00597 苏洵名二子说书后［J］/ 徐德仙 // 南汇县立城南女校校友会杂志，1922（2）

00598 读王安石苏洵论书后［J］/ 陶荫仁 // 竞志，1923（12）

00599 书苏洵辨奸论后［J］/ 陈凤威 // 商兑（无锡），1926（4）

00600 读苏洵管仲论书后［J］/ 赖达五 // 学生文艺丛刊，1930，6（5）

00601 王庆麟论王安石苏洵书后［J］/ 甘世玲 // 翊教，1935，3（8）

00602 读苏洵六国论后（附照片）［J］/ 夏乃铨 // 华童公学校刊，1937（7）

00603 书苏洵管仲论后［J］/ 龙继志 // 湘中学生，1937（9）

00604 中华国宝：宋苏洵与提举监丞书［J］/ 不详 // 中国一周，1958（405）

00605 “无使为积威之所劫”：重读苏洵《六国》有感［N］/ 臧克家 // 人民日报，1962-12-15

00606 谈苏洵的《六国论》［J］/ 黄立业 // 广西师范学院，1973（6）

00607 《六国论》浅析［J］/ 王冰 // 安徽教育，1979（1）

00608 谈苏洵的《六国论》［J］/ 徐应佩 // 语文教学研究，1979（1）

00609 苏洵之文论［J］/ 黄盛雄 // 静宜学报，1979（2）

00610 浅谈《六国论》的写作特点［J］/ 冯元方 // 四川师范大学学报（社会科学版），1979（3）

00611 论史・刺时・讽谏：读苏洵的《六国论》［J］/ 童勉之 // 语文教学与研究，1979（4）

00612 读苏洵的《六国论》［J］/ 胡念五 // 中学语文，1979（6）

00613 略谈苏洵的《六国论》［J］/ 罗宜辉 // 广东教育，1979（11）

00614 读苏洵《六国》有感［N］/ 不详 // 人民日报，1980-03-11

00615 联合抗霸是维护和平的保障：读苏洵《六国论》有感［J］/ 霍印章 // 延边大学学报（社会科学版），1980（1）

00616 怎样看《六国论》中的反秦态度［J］/ 王尔龄 // 天津师范学院学报，1980（6）

00617 苏洵文章结构之探究［J］/ 谢武雄 // 静宜学报，1981（4）

00618 《六国论》教学后记［J］/ 朱册 // 大理学院学报，1982（1）

00619 千载文章属此人：苏洵文论初探［J］/ 金国永 // 西华师范大学学报（哲学社会科学版），1982（1）

00620 说苏洵的《六国论》［J］/ 黄进德 // 文史知识，1982（1）

00621 《类编老苏大全文集》初探［J］/ 刘尚荣 // 社会科学战线，1983（1）

00622 喻之以理 动之以情：浅谈苏洵的《六国论》［J］/ 朱云腾 // 中学语文教学参考，1983（1）

00623 苏洵学非出于战国纵横辩：兼论两宋品评人物之差异［J］/ 金国永 // 南充师范

学院学报(哲学社会科学版),1983(2)
00624 苏洵诗文系年[J]/曾枣庄//四川师范大学学报(社会科学版),1983(3)
00625 苏洵《六国论》的逻辑结构[J]/郭潮//大众逻辑,1984(3)
00626 古文赏析:苏洵《名二子说》[J]/赵广成//中学时代,1984(11)
00627 苏洵《六国论》试析[J]/薛德民//文艺欣赏,1984(12)
00628 苏洵学术渊源辨析[J]/夏露//华中师范大学学报(哲学社会科学版),1986(5)
00629 持之有故 言之成理:《六国论》第二自然段分析[J]/鲍志伸//语文教学与研究,1987(9)
00630 苏洵《六国论》非上乘之作[J]/张绪芳//中学语文,1988(2)
00631 苏洵散文与《战国策》[J]/王水照//宁波大学学报(人文科学版),1988(2)
00632 再论苏洵《六国论》非上乘之作[J]/张绪芳//中学语文,1990(3)
00633 苏洵"六国论"[J]/江举谦//明道文艺,1990(173)
00634 苏洵《六国论》篇旨探讨[J]/黄文莺//人文及社会学科教学通讯,1992,13(4)
00635 苏洵文章的议论色彩[J]/贺圣逮//上海工会管理干部学院学报,1993(1)
00636 豪杰之文论:苏洵文学理论批评初探[J]/顾易生//阴山学刊(社会科学版),1993(3)
00637 苏洵六国论等文关键词句论[J]/杨鸿铭//孔孟月刊,1994,32(11)
00638 讽谕名作 各领风骚:《过秦论》《阿房宫赋》《六国论》之比较[J]/赵书声//周口师范学院学报,1994(S4)
00639 意义重大的苏洵全诗文注释:《嘉祐集笺注》[J]/笕文生,郭声波//宋代文化研究,1994
00640 苏洵六国论等文设问论[J]/杨鸿铭//孔孟月刊,1995,33(8)
00641 谈《六国论》课文的一条注释[J]/郑宝升//福州大学学报(社会科学版),1995(4)
00642 《六国论》段落层次的划分[J]/田绍基//语文教学与研究,1995(9)
00643 苏洵"六国论"背景试析[J]/叶庆贤//明道文艺,1995(233)
00644 试析《六国论》的修辞艺术[J]/成建明//吴中学刊,1996(1)
00645 苏洵文艺思想散论[J]/李凯//内江师专学报(社会科学版),1996(1)
00646 《六国论》的中心论点是什么[J]/吕其憨//语文教学通讯,1996(6)
00647 纵横上下 出入驰骤:论苏洵的散文艺术[J]/张玉璞//枣庄师专学报,1997(1)
00648 两篇《六国论》的比较[J]/刘继印//语文学习,1997(7)
00649 苏洵书信体散文研究[J]/李李//华冈文科学报,1997(21)
00650 苏洵文章论[J]/周楚汉//中国语言文学数据信息,1998(1)
00651 苏洵散文艺术论[J]/韩俐华,魏福惠//社会科学辑刊,1998(2)
00652 有王佐之才 存战国遗风:论苏洵的散文[J]/沈惠乐//上海教育学院学报,1998(2)
00653 《六国论》教学一得[J]/程远才//长江水利教育,1998(3)
00654 苏洵《六国论》的逻辑试析[J]/黄宣永//德阳教育学院学报(综合版),1998(3)
00655 名二子说[J]/许锡强//语文月刊,1998(7)

00656 “六国”一文之相关问题刍议［J］/ 郑立中 // 国文天地，1999，14（10）
00657 从《六国论》看苏洵的老辣笔法［J］/ 王兆生，黎汉春 // 阅读与写作，1999（8）
00658 断然自为一家之文：苏洵政论文选读［J］/ 马赫 // 中华活页文选（成人版），1999（13）
00659 苏洵《六国论》疑难词句精讲（上）［J］/ 黄春贵 // 国文天地，2000，15（9）
00660 苏洵“六国论”篇旨探析［J］/ 钱玉兰 // 国文天地，2000，15（10）
00661 苏洵《六国论》疑难词句精讲（下）［J］/ 黄春贵 // 国文天地，2000，15（10）
00662 谈苏洵六国论中的“迁灭”与“革灭”［J］/ 黄锦鋐 // 中国语文，2000，87（1）
00663 苏洵《六国论》白璧之瑕［J］/ 刘宗祥 // 安徽广播电视大学学报，2000（2）
00664 试论苏洵“风水相遭”说对苏轼的影响［J］/ 王启鹏 // 惠州大学学报，2000（3）
00665 论宋金诗学对诗情表达理论的探索［J］/ 张思齐 // 烟台大学学报（哲学社会科学版），2001（2）
00666 纵横捭阖论古今：苏洵《六国论》导读［J］/ 沈维荣，陆燕飞 // 语文天地，2001（5）
00667 《六国论》读解拾遗［J］/ 王曙 // 语文教学通讯，2001（8）
00668 瑕瑜互见《六国论》［J］/ 狄保寿 // 语文教学通讯，2001（8）
00669 《木假山记》解读［J］/ 沈盈 // 中文自修，2001（11）
00670 苏洵《六国论》篇旨探讨［J］/ 黄文莺 // 人文及社会学科教学通讯，2002，13（4）
00671 博辩宏伟 文采斐然：苏洵《六国论》赏读［J］/ 杨道麟 // 阅读与鉴赏（高中版），2002（2）
00672 从《六国论》看苏洵史论文风特点［J］/ 王云江 // 华夏文化，2002（2）
00673 苏洵与“纵横”［J］/ 熊宪光 // 西南师范大学学报（人文社会科学版），2002（3）
00674 试论苏洵“风水相遭”说对写作学的启示［J］/ 王启鹏 // 韶关学院学报（社会科学版），2002（5）
00675 人以文传何以传：读苏洵《丹棱杨君墓志铭》［J］/ 邵登瀛 // 文史杂志，2002（6）
00676 苏洵散文特色之研究［J］/ 卓伯翰 // 东吴中文研究集刊，2002（9）
00677 苏洵政论散文研究［D］/ 朱乃洁．—台北市立师范学院（硕士论文），2002
00678 求同存异 深入理解：《过秦论》、《阿房宫赋》、《六国论》比较［J］/ 孙丽华 // 中学语文园地（初中版），2003（10）
00679 名二子说［J］/ 苏洵，赵晋全 // 阅读与鉴赏（高中版），2003（C2）
00680 有苏洵的题词、刘伯温宋濂的诗作、赵匡胤的诏书 兰溪惊现 17 米千年手卷宝籙［N］/ 不详 // 浙江工人日报，2004-07-28
00681 从《过秦论》《六国论》看古代史论的特点［J］/ 杨发清 // 六盘水师范高等专科学校学报，2004（1）
00682 苏洵“杂学”特色及其文艺思想［J］/ 李凯 // 四川师范大学学报（社会科学版），2004（2）
00683 苏洵杂文的艺术特征［J］/ 周林晶 // 福建广播电视大学学报，2004（2）
00684 苏洵散文研究［D］/ 段慧媛．—北京师范大学（硕士论文），2004
00685 是借古喻今，还是借古讽今：对苏洵《六国论》写作意图和艺术特色的探讨［J］/ 高炜 // 延安教育学院学报，2005（1）

00686 指事类情 凝练隽永：苏洵《木假山记》赏析[J]/何传跃//语文月刊，2005(1)
00687 六国论[J]/周鹏，徐星龙，尹贡白//地图，2005(2)
00688 苏洵散文与“纵横”之风[J]/朱根//沧州师范专科学校学报，2005(3)
00689 同中有异 异中见妙:《过秦论》与《六国论》比较鉴赏[J]/颜辉荣，严德本//现代语文(高中读写版)，2005(4)
00690 《六国论》对中学政治课教学的启示[J]/李晓文//石油教育，2005(5)
00691 《六国论》借古明今缺乏依据[J]/喻航//语文教学与研究，2005(6)
00692 《木假山记》赏析[J]/周晓玲//考试(高考语文版)，2005(8)
00693 《六国论》复习概要例析[J]/李帅毅//考试(高考语文版)，2005(11)
00694 读《六国论》有感[J]/孟令国//全国优秀作文选(高中)，2005(Z1)
00695 苏洵的散文理论及其创作[D]/韩枫.—华中师范大学(硕士论文)，2005
00696 《六国论》中“速”字一解[J]/周波//现代语文(语言研究版)，2006(1)
00697 析《六国论》的为文造情[J]/李建洋//语文教学与研究，2006(2)
00698 博辩宏伟 纵横驰骤：论苏洵议论文的艺术特色[J]/梁俊娜//沧桑，2006(5)
00699 苏洵《木假山记》赏析[J]/何传跃，蔡静//阅读与作文(高中版)，2006(9)
00700 苏洵《六国论》的重新解读[J]/梁桂//语文教学之友，2006(12)
00701 论苏洵散文的渊源及文学史定位[J]/吴肖丹//江西行政学院学报，2006(S2)
00702 苏洵散文研究[D]/李亦凡.—华东师范大学(硕士论文)，2006
00703 古典瞬间：典型文人苏洵[N]/不详//文汇报(香港)，2007-06-13
00704 析一字而巧解《六国论》作者之本意[J]/武学银//学语文，2007(1)
00705 一字值千金，只为太用心：重新解读《六国论》[J]/施正江//学语文，2007(1)
00706 巴蜀文化与苏洵散文艺术风格[J]/黄莹，裴宏江//乐山师范学院学报，2007(7)
00707 苏洵《六国论》之管窥[J]/卢全明//现代语文(教学研究)，2007(7)
00708 苏洵杂文的艺术特征[J]/刘鹏程//辽宁教育行政学院学报，2007(7)
00709 《六国论》新用[J]/刘清华，伍巧明//语文教学之友，2007(12)
00710 从《六国论》看苏洵的幼稚病[J]/蔡雪琴//课外语文(初中)，2007(Z1)
00711 苏洵的散文理论、创作及其对苏轼的影响[D]/梁俊娜.—山西大学(硕士论文)，2007
00712 苏洵文学思想探究：以其文论与政论分析为例[D]/刘文辉.—中国文化大学(硕士论文)，2007
00713 宋代唱和诗的深层语境与创变诗思：以北宋两次白兔唱和诗为例[J]/吕肖奂//四川大学学报(哲学社会科学版)，2008(2)
00714 苏洵《名二子说》细读[J]/沈还斌//文学教育(下)，2008(6)
00715 对苏洵《六国论》的一点质疑[J]/周丁力//文学教育(下)，2008(10)
00716 《六国论》“速”字别解[J]/朱海娟//辽东学院学报(社会科学版)，2008(10)
00717 言词恳切 意蕴深长：读苏洵《名二子说》[J]/沈还斌//语文天地，2008(15)
00718 苏洵古文研究[D]/王圣友.—明道大学(硕士论文)，2008
00719 苏洵《名二子说》赏析[J]/刘凌云//大

众文艺（理论），2009（1）

00720 赵灭“代”续：苏洵《六国论》赵国灭亡时间考［J］/ 徐成辉 // 语文学习，2009（1）

00721 如何处理必修与选修教材重合的选文：以《六国论》教学设计为例［J］/ 黄丽君 // 语文建设，2009（3）

00722 苏洵文章创作分期论［J］/ 何婵娟，周霞辉 // 淮南师范学院学报，2009（4）

00723 《六国论》导学设计［J］/ 刘变荣 // 科学之友（B 版），2009（10）

00724 论巴蜀文化对苏洵散文创作的影响［D］/ 刘小龙 . —山西大学（硕士论文），2009

00725 别样风采：苏洵杂文解读［J］/ 杨小曼 // 乐山师范学院学报，2010（3）

00726 苏洵与欧阳修的文章之交及其对当时文风的影响［J］/ 杨胜宽 // 西华大学学报（哲学社会科学版），2010（6）

00727 《六国论》抓“六要”［N］/ 李青 // 学知报，2011-09-26

00728 读苏洵《辨奸论》［N］/ 躲斋 // 新民晚报，2011-11-15

00729 六国论［J］/ 不详 // 美文（少年散文），2011（1）

00730 守正出新：我教苏洵《六国论》［J］/ 汤丽萍 // 语文教学通讯，2011（1）

00731 《六国论》教学设计［J］/ 杨丽妃 // 文学教育（下），2011（2）

00732 务出己见为至文：读苏洵《仲兄字文甫说》《名二子说》［J］/ 熊宪光 // 古典文学知识，2011（2）

00733 论苏洵古文的奇气［J］/ 毛德胜 // 求索，2011（4）

00734 苏洵奇崛幽峭的古文风格［J］/ 毛德胜 // 湖南大学学报（社会科学版），2011，25（6）

00735 从《六国论》看苏洵的幼稚［J］/ 马应发 // 新课程学习（上），2011（9）

00736 名中有深意 字中见真情：读苏洵《名二子说》有感［J］/ 范晓静 // 新课程（教育学术），2011（12）

00737 苏洵古文研究［D］/ 毛德胜 . —华中师范大学（博士论文），2011

00738 读苏洵《心术》［N］/ 躲斋 // 新民晚报，2012-11-03

00739 苏洵散文艺术风格及形成论［J］/ 潘丽霞，苏佩军 // 大家，2012（12）

00740 关于苏洵《六国论》的几点质疑［J］/ 赵海亭 // 中学语文，2012（Z1）

00741 苏洵政论文研究［D］/ 李团结 . —东北师范大学（硕士论文），2012

00742 被冷落的文学瑰宝：苏洵散文［J］/ 寇昌宁 // 今日湖北（中旬刊），2013（8）

00743 苏洵一主二从生死观略论：基于苏洵杂文的探讨［J］/ 赖筱倩 // 广西教育（职业与高等教育版），2013（8）

00744 苏洵的文学造诣与天赋述略［J］/ 王恒来 // 兰台世界（下旬），2013（9）

00745 苏洵诗歌的研究［J］/ 吴海东 // 现代阅读（教育版），2013（22）

00746 《名二子说》鉴赏［J］/ 查洪德 // 新高考（高二语文），2014（2）

00747 大器晚成的“唐宋八大家”苏洵的文学创作［J］/ 何好 // 兰台世界（下旬），2014（8）

00748 立象尽意，自然成文：苏洵《仲兄字文甫说》［J］/ 刘青海 // 文史知识，2014（11）

00749 苏洵《六国论》和贾谊《过秦论》（上篇）比较［J］/ 冯军帅 // 语文学刊，2014（1B）

00750 苏洵文风溯源论略［J］/ 杨胜宽 // 江苏科技大学学报（社会科学版），2015，

15（1）

00751 从社会促进效应看高中语文教学：从《六国论》教学说开去［J］/王媛媛//求知导刊，2015（8）

00752 策士之文：论魏禧散文对苏洵文的继承与新变——以议论文为中心［J］/朱泽宝//乐山师范学院学报，2015（11）

00753 文章誉大家 书法老有成：苏洵《致提举监丞帖》［J］/李佳//老年教育（书画艺术），2016（2）

00754 对立统一的平衡美：论苏洵散文的艺术追求［J］/李亦凡//江西社会科学，2016（5）

00755 苏洵的历史局限性：《六国论》教学后感［J］/李承统//课外语文（上），2016（7）

00756 苏洵散文研究综述［J］/刘慧//青年文学家，2016（24）

苏轼研究

总 论

00757 苏东坡[J]/何致明//少年(上海 1911),1925,15(3)

00758 苏东坡序[J]/郝广盛//国学月刊,1926(2)

00759 苏轼的生平及其作品[J]/刘琼芳//五中周刊,1931(111)

00760 苏东坡[J]/铨//福建民众,1932,2(15)

00761 关于苏东坡的几句话:栗坪随笔之一[J]/傲文//协大学生,1932(8)

00762 中国大文豪苏东坡的生平及其作品[J]/勖吾//海滨文艺,1932

00763 东坡的研究:苏轼评传之一章[J]/金晴川//苏中校刊,1933,3(87)

00764 随笔:苏东坡[J]/不详//东华(东京),1934(68)

00765 关于苏东坡[J]/沈治琳,徐雅贞,李泽恭//振华季刊,1935,1(4)

00766 苏东坡[J]/缪宏//三三月刊,1935,3(4)

00767 苏东坡先生诞生九百年纪念并论纪念先代学者名人的方法[J]/心丝//图书展望,1937,2(4)

00768 苏东坡[J]/浪迹//真快乐,1940(4)

00769 关于苏东坡[J]/秋山//新学生,1942(5)

00770 梅园杂记:朱子与吕东莱论苏学[J]/童寿//大陆杂志,1954,8(10)

00771 苏轼的生平、思想和艺术成就:纪念苏轼诞生920周年[N]/雷履平//四川日报,1957-01-21

00772 北宋匠宗苏东坡[N]/心恒//公论报,1960-06-18

00773 关于苏轼的讨论[J]/展葱//江汉论坛,1962(4)

00774 为苏轼辩一语[J]/陈肃//文艺报,1963(1)

00775 闲话苏东坡[N]/林语堂//台湾日报,1965-05-17

00776 闲话苏东坡[N]/胡居仁//台湾新闻报,1965-05-28

00777 苏轼研究[J]/费海玑//教与学,1968,2(3)

00778 多才多艺的苏轼[N]/张朴民//中华日报,1972-02-02

00779 闲话苏东坡[N]/林语堂//台湾“中央日报”,1976-05-17

00780 乐观才子:苏东坡[N]/彭歌//联合报,1977-06-10

00781 苏轼学术讨论会简况[J]/佚名//文学研究动态,1981(1)

00782 苏轼研究学会举行学术讨论会[N]/今海//人民日报,1982-11-24

00783 苏轼研究学会第二次学术讨论会在黄

州召开[J]/师文//黄冈师范学院学报，1982(2)

00784 苏轼研究学会第二次学术讨论会：开幕词[J]/胡国瑞//黄冈师专学报，1982(3)

00785 苏轼研究学会第二次学术讨论会在黄州举行[J]/钟岚//黄冈师范学院学报，1982(3)

00786 苏轼研究学会第二次学术讨论会综述[J]/雪港//黄冈师专学报，1982(3)

00787 在苏轼研究学会第二次学术讨论会上的讲话[J]/李晓明//黄冈师范学院学报，1982(3)

00788 在苏轼研究学会第二次学术讨论会上的讲话[J]/吴于廑//黄冈师范学院学报，1982(3)

00789 在苏轼研究学会第二次学术讨论会上的讲话[J]/杨明照//黄冈师范学院学报，1982(3)

00790 全国第二次苏轼学术讨论会观点综述[J]/樊凡//武汉大学学报(哲学社会科学版)，1983(1)

00791 全国苏轼研究会第二次学术讨论会综述[J]/张仲良//江汉论坛，1983(1)

00792 苏东坡[N]/茆伟农//宁波日报，1984-03-18

00793 全国苏轼研究会第三次年会在惠州举行[J]/惠文联//学术研究，1984(6)

00794 苏轼学术讨论会侧记[J]/华音//古籍整理出版情况简报，1984(133)

00795 黄庭坚学术讨论会评述[J]/朱安群//九江师专学报(哲学社会科学版)，1985(4)

00796 全国首届宋代文学讨论会情况综述[J]/周裕锴//文学遗产，1985(4)

00797 全国首届宋代文学讨论会综述[J]/周裕锴//成都大学学报(社会科学版)，1986(1)

00798 黄庭坚学术讨论会评述[J]/朱安群//文学评论，1986(2)

00799 全国苏轼研究学会第四次学术讨论会综述[J]/彭功智，高培华//河南师范大学学报(哲学社会科学版)，1986(4)

00800 苏轼研究会第四次学术讨论会观点述要[J]/黄圭//四川社联通讯，1986(5)

00801 把苏轼研究推向一个新阶段：全国苏轼研究学会第四次学术讨论会综述[J]/育青//学术资料，1986(6)

00802 全国苏轼研究学会第四次学术讨论会在河南召开[J]/双丰//文学遗产，1986(6)

00803 苏轼研究学会第四次学术讨论会侧记[J]/李博//古籍整理出版情况简报，1986(168)

00804 海南纪念苏轼贬儋890年[N]/郭泽福，杨宗生//人民日报，1987-12-21

00805 苏轼研究[J]/不详//天府新论，1987(2)

00806 文学史上的多面手苏轼：纪念苏轼诞辰九百五十周年[J]/杨明照//四川大学学报(哲学社会科学版)，1987(4)

00807 中国苏轼研究学会第五次学术讨论会在杭召开[J]/钟闻//浙江大学学报(人文社会科学版)，1988(2)

00808 苏轼研究会1—4次学术讨论会综述[J]/吴庚舜//黄冈师专学报，1988(3)

00809 海外研究苏轼简介[J]/唐凯林//黄冈师范学院学报，1988(4)

00810 苏东坡其它方面的研究[J]/不详//黄冈师范学院学报，1988(4)

00811 苏东坡作品及其综合研究[J]/不详//黄冈师范学院学报，1988(4)

00812 苏轼研究会第二次学术讨论会综述[J]/雪港//黄冈师范学院学报，1988(4)

00813　苏轼研究会第三次学术讨论会概况［J］/苏秘//黄冈师范学院学报，1988（4）

00814　苏轼研究会第四次学术讨论会综述［J］/豫青//黄冈师范学院学报，1988（4）

00815　苏轼研究会第一次学术讨论会简况［J］/吴庚舜//黄冈师范学院学报，1988（4）

00816　在纪念苏轼贬儋八百九十周年大会上的讲话［J］/邱俊鹏//儋县修志通讯，1988（专辑）

00817　中国苏轼研究会第六次学术讨论会在凤翔县召开［J］/不详//宝鸡文理学院学报（社会科学版），1990（4）

00818　苏轼研究会第六届学术讨论会综述［J］/周涂//天府新论，1990（5）

00819　苏轼研究会第六次讨论会综述［J］/傅承洲//文学遗产，1991（1）

00820　苏轼学术讨论会观点概述［J］/谢愚谷//天府新论，1992（6）

00821　第七届中国苏轼学术讨论会述评［J］/鲁乡声//文史哲，1993（1）

00822　中国第七届苏轼学术讨论会在山东烟台市召开［J］/文日//文学遗产，1993（1）

00823　中国第七届苏轼学术讨论会综述［J］/王水照//齐鲁学刊，1993（1）

00824　中国第八次苏轼学术讨论会在儋州举行［J］/许山河//文学遗产，1996（1）

00825　关于苏学之辩：回顾朱熹对苏轼的批评［J］/谢桃坊//孔孟月刊，1997，36（2）

00826　一蓑烟雨任平生：论苏轼的人生哲学与文学创作［J］/马银华//烟台师范学院学报（哲学社会科学版），1997（3）

00827　一蓑烟雨任平生：略谈东坡居士的人生境界［J］/释云峰//岭南文史，1997（4）

00828　苏轼及其用人思想［N］/不详//东营日报，1999-02-13

00829　再接再厉，更广阔深入地研究苏东坡：中国苏轼学会第十届学术研讨会论文综述［J］/张志烈//乐山师范高等专科学校学报，1999（2）

00830　中国第十届苏轼学术研讨会在山东诸城召开［J］/邹金祥//文学遗产，1999（2）

00831　苏轼研究的回顾［J］/曾枣庄//中华文化论坛，1999（3）

00832　中国第十届苏轼学术研讨会综述［J］/李增坡//山东文学，1999（5）

00833　东坡逝世九百年纪念学术研讨会［J］/不详//国文天地，2000，16（7）

00834　中国第十一届苏轼学术研讨会综述［J］/惠光启，王湘琴//淮海文汇，2000（2）

00835　第十二届中国苏轼学术研讨会在河北栾城举行［J］/小文//文学遗产，2000（6）

00836　中国第十二届苏轼学术研讨会观点综述［J］/清扬//天府新论，2000（6）

00837　《苏轼研究史》序［J］/曾枣庄//宋代文化研究，2000

00838　《苏轼研究史》序［J］/陈新雄//宋代文化研究，2000

00839　《苏轼研究史》序［J］/王水照//宋代文化研究，2000

00840　诗魂的祭奠［N］/杨义//中华读书报，2001-11-28

00841　常州苏轼研究概述［J］/陈弼//龙城春秋，2001（3）

00842　苏轼学术讨论会观点概述［J］/清扬//天府新论，2001（6）

00843　中国·黄冈纪念苏轼逝世九百周年暨东坡文化学术研讨会综述［J］/范道济，余艳军//黄冈师范学院学报，2001（6）

00844　文学史上的多面手苏轼［J］/杨明照//文史知识，2001（11）

00845　苏轼逝世九百周年祭［J］/曾枣庄//宋代文化研究，2001

00846　郏县研讨苏东坡［N］/不详//大河报，

2002-08-23

00847 国家社会科学基金项目“苏轼研究的历史进程”简介［J］/不详//湘潭师范学院学报（社会科学版），2002（5）

00848 从苏东坡谈起：在全国第十五届中华诗词研讨会上的讲话［J］/李锐//中华诗词，2003（2）

00849 一蓑烟雨任平生：论苏轼的人格与文学创作［J］/南补习//青海师范大学学报（哲学社会科学版），2003（2）

00850 一蓑烟雨任平生：感受苏东坡［J］/冯丽娟//江苏税务，2003（4）

00851 一蓑烟雨任平生：论苏轼的思想构成［J］/范建华//南通大学学报（教育科学版），2003（4）

00852 以学术为东坡立传［N］/木斋//中华读书报，2004-03-03

00853 一蓑烟雨任平生［J］/亓龙//清明，2004（4）

00854 近十年来苏轼散文研究述评［J］/杨鑫//新亚论丛，2005（7）

00855 明代苏文研究史稿［D］/江枰．—复旦大学（博士论文），2005

00856 忠实再现原生态的苏东坡［N］/周俊芳//三晋都市报，2006-10-11

00857 再议苏东坡［N］/不详//青年报，2006-11-25

00858 一蓑烟雨任平生［J］/吴昊雯//青少年日记，2006（1）

00859 西方汉学界的苏轼研究（一）［J］/唐凯琳//苏轼研究，2006（2）

00860 一蓑烟雨任平生［J］/王博文//青少年书法（青年版），2006（3）

00861 一蓑烟雨任平生：解悟苏轼的人生理念［J］/张翼//美与时代，2006（3）

00862 苏轼研究学会第二次学术讨论会综述［J］/雪港//苏轼研究，2006（4）

00863 西方汉学界的苏轼研究（三）［J］/唐凯琳//苏轼研究，2006（4）

00864 一蓑烟雨任平生［J］/程郁缀//北京大学学报（哲学社会科学版），2006（6）

00865 涨涨跌跌苏东坡［N］/不详//重庆晚报，2007-01-03

00866 苏东坡［N］/张五常//安徽商报，2007-08-11

00867 座谈纪念东坡终老常州906周年［N］/不详//常州晚报，2007-09-13

00868 苏东坡［N］/不详//鲁中晨报，2007-10-21

00869 我市举行纪念苏东坡诞辰970周年座谈会［N］/不详//常州日报，2007-12-18

00870 西方汉学界的苏轼研究（四）［J］/唐凯琳//苏轼研究，2007（1）

00871 一蓑烟雨任平生 也无风雨也无晴：苏轼逆境歌吟中的审美人生［J］/徐定辉//湖北民族学院学报（哲学社会科学版），2007（2）

00872 一蓑烟雨任平生：从黄州词看苏轼的旷达人生［J］/赵桂君//辽宁教育行政学院学报，2007（3）

00873 一蓑烟雨任平生：苏轼内心和谐探秘［J］/戴永夏//当代小说（下半月），2007（4）

00874 智者在苦难中超越：苏轼与如梦人生［J］/文玉红//现代语文（文学研究），2007（5）

00875 一蓑烟雨任平生：论苏轼作品的生命美学意识［J］/郭莉洁//成都大学学报（教育科学版），2007（12）

00876 论清代苏轼研究的几个特点［J］/莫砺锋//人文中国学报，2007（13）

00877 昨天，苏东坡970周岁了［N］/不详//眉山日报，2008-01-09

00878 徐州苏轼文化研究会昨揭牌，计划于

今年9月承办全国第十六届苏轼研究会[N]/朱静//都市晨报，2008-03-17

00879 常州市苏东坡研究会产生新一届理事会[N]/李寿生//常州日报，2008-03-24

00880 市政协举行“东坡精神”研讨会[N]/赵会//眉山日报，2008-04-08

00881 中国苏轼文化研究学会理事会召开[N]/蒋新会//徐州日报，2008-06-11

00882 东坡漫谈[N]/莫砺锋//南京大学报，2008-06-20

00883 苏东坡学术报告会在徐举办[N]/蒋新会//徐州日报，2008-07-28

00884 市民社科讲堂昨讲述“苏东坡与赣州”[N]/石建，吴迪//赣南日报，2008-10-21

00885 一代文人苏东坡[N]/不详//大地，2008-11-01

00886 我市将举行苏东坡人文精神暨苏东坡酒文化研讨会[N]/不详//眉山日报，2008-11-04

00887 苏东坡人文精神酒文化研讨会举办[N]/不详//华夏酒报，2008-11-10

00888 西方汉学界的苏轼研究（五）[J]/唐凯琳//苏轼研究，2008（2）

00889 中国苏轼研究学会召开理事会议[J]/本刊//苏轼研究，2008（2）

00890 一蓑烟雨任平生[J]/范玉亮//山东文学，2008（3）

00891 中国苏轼研究学会关于在徐州举办“全国第十六届苏轼文化学术研讨会”有关事项的通知[J]/中国苏轼研究学会//苏轼研究，2008（3）

00892 千年绝版苏东坡[J]/不详//苏轼研究，2008（4）

00893 西方汉学界的苏轼研究（六）[J]/唐凯琳//苏轼研究，2008（4）

00894 一蓑烟雨任平生：解读苏轼的旷达[J]/兰世辉//商情（科学教育家），2008（6）

00895 论苏东坡在明代文学家中的接受：以《明文海》作为考察对象[C]/方星移//明代文学与科举文化国际学术研讨会论文集/武汉大学中国传统文化研究中心，中国明代文学学会（筹），武汉大学文学院，黄冈师范学院文学院，武汉大学出版社，2008

00896 苏轼学术研讨会9月9日在徐召开[N]/不详//彭城晚报，2009-01-11

00897 研究东坡文化两书首发[N]/不详//常州日报，2009-03-06

00898 畅谈中东坡文化迸发思想火花：康震在东坡故里与苏学专家学者研讨东坡文化[N]/何凯//眉山日报，2009-08-11

00899 苏轼学术研讨会在徐举办[N]/朱静//都市晨报，2009-09-10

00900 弘扬苏轼文化展示靓丽山水[N]/秦建莉//徐州日报，2009-09-11

00901 弘扬苏轼文化展示靓丽山水：全国第十六届苏轼学术研讨会在我市召开 曹新平刘忠达等出席开幕式[N]/秦建莉//徐州日报，2009-09-11

00902 苏轼遗址旅游论坛在徐州召开[N]/不详//新华日报，2009-09-11

00903 徐州举行苏轼研讨会[N]/不详//新民晚报，2009-09-15

00904 我市组团参加全国第十六届苏轼学术研讨会[N]/王国平//黄冈日报，2009-09-17

00905 “联盟”高唱大江东[N]/江山//眉山日报，2009-09-22

00906 我市举行苏东坡研究交流会[N]/朱海涛//常州日报，2009-12-22

00907 西方汉学界的苏轼研究[J]/唐凯琳//苏轼研究，2009（2）

00908 在改革开放的春风里行进:《东坡赤壁诗词》百期回顾与展望[J]/雷于怀//东坡赤壁诗词，2009(2)

00909 一蓑烟雨任平生：浅谈禅宗对苏轼人生态度的影响[J]/杨昭昭//湖南第一师范学报，2009(3)

00910 日本苏轼研究述略一[J]/池泽兹子//苏轼研究，2009(4)

00911 西蜀岷江流万古 东坡皓月照千秋：苏东坡其人其文掠影[J]/不详//时代教育，2009(7)

00912 高丽中期苏东坡热与陶渊明文学的接受：以李仁老、陈华、李奎报为中心[D]/李红燕.—延边大学(硕士论文)，2009

00913 弘扬东坡文化丰富国际旅游岛文化内涵[N]/李关平，郭树护//海南日报，2010-01-21

00914 市东坡文化研究会召开会议：部署东坡文化国际论坛等工作[N]/梅卓慧//黄冈日报，2010-01-26

00915 苏轼文化研究会首届三次理事会举行[N]/不详//徐州日报，2010-02-01

00916 苏东坡来黄州周年纪念大会在黄州举行[N]/不详//黄冈日报，2010-03-15

00917 纪念苏轼南贬黄州九百三十周年[N]/不详//黄冈日报，2010-03-23

00918 东湖柳岸忆东坡：陕西文化户外大讲堂第十五集纪实[N]/不详//三秦都市报，2010-05-23

00919 东湖柳岸忆东坡云游记[N]/不详//国际航空报，2010-05-24

00920 神奇飞英塔悠悠东坡遗韵:“东坡文化万里行”昨到达第二站湖州[N]/不详//东江时报，2010-05-29

00921 跨15座城市觅东坡足音:“东坡文化万里行”活动剪影[N]/姚木森//惠州日报，2010-06-11

00922 市首届东坡文化研讨会在黄州召开[N]/梅卓慧//黄冈日报，2010-07-26

00923 共尝东坡文化盛宴：市首届东坡文化研讨会讨论侧记[N]/姜宽//黄冈日报，2010-08-04

00924 苏东坡[N]/黄庆纯//汕头特区晚报，2010-08-08

00925 激情回望 苏轼研究30年：写在中国苏轼研究学会成立三十周年之际(上)[N]/廖文凯//眉山日报，2010-08-24

00926 苏轼创新理念与实践：写在中国苏轼研究学会成立三十周年之际(下)[N]/廖文凯//眉山日报，2010-08-31

00927 我市苏东坡研究会举行座谈[N]/朱海涛//常州日报，2010-09-17

00928 市民创作苏公遗迹胜景图剪纸共35幅，其中12幅以我市的苏轼遗迹为题材[N]/不详//都市晨报，2010-09-25

00929 火炬惠州传递走苏东坡足迹[N]/王治郅//宝安日报，2010-10-20

00930 热烈祝贺2010东坡文化国际论坛隆重举行[N]/不详//黄冈日报，2010-10-23

00931 东坡遗韵翰墨香[N]/胡祥修，范步，孔祥福//湖北日报，2010-10-27

00932 全球百余学者聚焦东坡文化[N]/不详//发展导报，2010-11-02

00933 且在东坡说东坡：中国·黄冈东坡文化国际论坛综述[N]/涂普生，姜宽，陈晓明//湖北日报，2010-11-18

00934 18位学者将出席东坡国际论坛[N]/不详//海南日报，2010-12-18

00935 专家在东坡文化论坛提出：苏轼是中国近代诗歌奠基人[N]/不详//深圳商报，2010-12-22

00936 儋州市东坡文化研究会成立[J]/韩子//

苏轼研究，2010（1）

00937 日本苏轼研究述略二［J］/ 池泽兹子 // 苏轼研究，2010（1）

00938 一蓑烟雨任平生［J］/ 任艳军 // 学习月刊，2010（1）

00939 次韵赠黄耀武先生 黄冈市东坡文化研究会成立感赋 读《麻城赋》致李开寿同志 贺东坡文化研究会成立 题同学聚会合影照 赠田幸云诗友［J］/ 罗辉，涂普生，黄耀武，胡庆宏，石卓成，李明 // 东坡赤壁诗词，2010（2）

00940 日本苏轼研究述略三［J］/ 池泽兹子 // 苏轼研究，2010（2）

00941 日本苏轼研究述略四［J］/ 池泽兹子 // 苏学研究，2010（3）

00942 在中国苏轼研究学会成立 30 年纪念活动上的讲话［J］/ 周成仕 // 苏轼研究，2010（3）

00943 中国苏轼研究学会成立 30 年总结报告［J］/ 张志烈 // 苏轼研究，2010（3）

00944 日本苏轼研究述略五［J］/ 池泽兹子 // 苏学研究，2010（4）

00945 在东坡文化国际论坛开幕式上的致辞［J］/ 刘善桥 // 苏轼研究，2010（4）

00946 在东坡文化国际论坛上的讲话［J］/ 曾枣庄 // 苏轼研究，2010（4）

00947 大家风采 北宋文学家、书画家苏轼［J］/ 不详 // 大阅读（中学生综合文摘），2010（5）

00948 一蓑烟雨任平生［J］/ 马伟平 // 新语文学习（初中），2010（10）

00949 市东坡文化研究会成果丰硕［N］/ 梅卓慧 // 黄冈日报，2011-01-25

00950 按中国传统记岁法苏轼享年 66 岁［N］/ 陈羿帆 // 都市晨报，2011-05-04

00951 苏东坡与美好女性：辛卯年五月“三苏文化沙龙”综述［N］/ 廖文凯 // 眉山日报，2011-06-14

00952 “苏东坡与佛教”论坛在惠举行［N］/ 杨剑辉，杨智伟 // 惠州日报，2011-06-05

00953 苏东坡黄州遗址遗迹研讨会将专题探讨［N］/ 不详 // 黄冈日报，2011-07-27

00954 苏东坡学术研究会喜迎十周年［N］/ 不详 // 江阴日报，2011-07-27

00955 纪念苏东坡仙逝常州 910 周年：200 余专家和苏氏后裔来常参加景苏诗文笔会［N］/ 何媛 // 常州日报，2011-08-29

00956 苏祠公祭纪念苏东坡逝世 910 周年［N］/ 卫琳霞 // 眉山日报，2011-08-29

00957 继承东坡精神 弘扬苏轼文化［N］/ 不详 // 宜兴日报，2011-09-02

00958 苏东坡黄州遗址遗迹研讨会召开［N］/ 梅卓慧 // 黄冈日报，2011-10-17

00959 开创中华苏学文化发展繁荣的新局面［N］/ 苏俊七 // 人民政协报，2011-12-16

00960 苏东坡［N］/ 不详 // 中山日报，2011-12-17

00961 在东坡学校与东坡文化传播交流活动开幕式上的致辞［J］/ 张志烈 // 苏轼研究，2011（3）

00962 第 17 届苏轼学术研讨会论文综述［J］/ 杨胜宽 // 苏轼研究，2011（4）

00963 全国第 17 届苏轼学术研讨会致辞［J］/ 张志烈 // 苏轼研究，2011（4）

00964 天下 版图 代表 冲突：在纪念苏轼仙逝 910 周年笔会上的讲话［J］/ 张戬炜 // 苏轼研究，2011（4）

00965 文星落处天地泣［J］/ 苏慎 // 苏轼研究，2011（4）

00966 智者在苦难中超越［J］/ 姚芳 // 才智，2011（6）

00967 传承苏轼研究 发扬传统文化［J］/ 丁卿

峰，程红战 // 科学导报，2011（8）

00968 第十七届苏轼学术研讨会论文综述［J］/ 杨胜宽 // 乐山师范学院学报，2011（10）

00969 苏东坡［N］/ 不详 // 梧州日报，2012-02-05

00970 我市隆重纪念苏东坡“二赋一词”创作930周年［N］/ 梅卓慧 // 黄冈日报，2012-09-23

00971 苏学专家聚集黄州纵论东坡文化：我市隆重纪念苏东坡“二赋一词”创作930周年［N］/ 不详 // 鄂东晚报，2012-09-24

00972 苏轼“中秋词”暨中秋文化研讨会举行［N］/ 孙克义 // 潍坊日报，2012-09-30

00973 山东诸城举办苏轼“中秋词”研讨会［N］/ 张志勇 // 中国艺术报，2012-10-12

00974 暨阳大讲坛解读“永远的苏东坡”［N］/ 不详 // 江阴日报，2012-11-26

00975 日本苏轼研究述略六［J］/ 池泽兹子 // 苏轼研究，2012（1）

00976 苏轼研究杂谈［J］/ 刘尚荣 // 乐山师范学院学报，2012（1）

00977 一蓑烟雨任平生［J］/ 任艳军 // 学习月刊，2012（1）

00978 日本苏轼研究述略七［J］/ 池泽兹子 // 苏轼研究，2012（2）

00979 一蓑烟雨任平生：浅谈苏轼的“儒佛道”自救思想体系［J］/ 肖小霞 // 现代阅读（教育版），2012（4）

00980 东北苏轼研究述评［J］/ 胡元翎，宋学达 // 天中学刊，2012（6）

00981 一蓑烟雨任平生：苏轼艺术人生研究与赏析［J］/ 黄凌云 // 数位时尚（新视觉艺术），2012（6）

00982 析论朱子和弟子程洵思想的异同：以两人对苏学的看法为讨论核心［J］/ 王奕然 // 东华人文学报，2012（21）

00983 苏氏后裔及学者共贺东坡976岁生日［N］/ 张建华 // 成都商报，2013-01-31

00984 遗爱美景里寻苏子 东坡文化中话发展：品读市委书记刘雪荣在黄冈讲坛上开讲《东坡逸事说遗爱》［N］/ 不详 // 鄂东晚报，2013-06-17

00985 浪沙淘不尽的苏东坡［N］/ 尹晓东 // 潍坊学院报，2013-07-12

00986 国内外专家云集乐山探讨三苏文化传承与地方文化建设［N］/ 不详 // 三江都市报，2013-07-27

00987 第十八届苏轼国际学术研讨会在我市举行［N］/ 文婷 // 乐山日报，2013-07-28

00988 四川乐山召开苏轼研讨会［N］/ 不详 // 中国社会科学报，2013-07-31

00989 史话苏轼［N］/ 叶佩锋 // 今日永嘉，2013-08-02

00990 此心安处是吾乡 一蓑烟雨任平生：从莫砺锋教授《漫话东坡》看苏轼历经坎坷后的平淡心态［J］/ 凌朝栋 // 渭南师范学院学报，2013（3）

00991 一蓑烟雨任平生：小议苏轼［J］/ 王晓莉 // 陕西教育（行政版），2013（3）

00992 第18届苏轼国际学术研讨会综述［J］/ 陈晓春，申东城 // 四川社科界，2013（5）

00993 一剪梅·贺东坡赤壁诗社成立30周年［J］/ 孙宇璋 // 东坡赤壁诗词，2013（6）

00994 论历史真实与文学虚构“度”的把握：以《水浒传》中与苏轼有关的描写为例［J］/ 喻世华 // 武汉理工大学学报（社会科学版），2013，26（6）

00995 第18届苏轼国际学术研讨会在四川眉山、乐山两地召开［J］/ 本刊编辑部 // 中州学刊，2013（8）

00996 传承苏轼文化 弘扬苏轼精神“第十八届苏轼国际学术研讨会”在我校隆重召开［J］/ 不详 // 乐山师范学院学报，2013（9）

00997 日本五山文学中的“苏轼”［J］/ 林瑶 // 乐山师范学院学报，2013（9）

00998 传统文化黄冈教育论坛暨全国第二届东坡学校与东坡文化传播交流活动在黄州举行［J］/ 张华英，石胜军 // 湖北教育（综合信息），2013（11）

00999 市苏东坡研究会召开代表大会［N］/ 不详 // 常州晚报，2014-06-30

01000 我市苏东坡研究会召开三次代表大会：卢晓光当选会长［N］/ 不详 // 常州日报，2014-07-01

01001 苏轼逝世当年曾两至镇江：兼纪念苏轼并为其辩诬［N］/ 乔长富 // 镇江日报，2014-09-05

01002 苏东坡别离黄州 930 周年学术研讨会召开［N］/ 向春 // 黄冈日报，2014-10-17

01003 我市举行研讨会纪念苏东坡离别黄州 930 周年［N］/ 不详 // 鄂东晚报，2014-10-17

01004 热烈庆祝首届东坡文化艺术研讨会成功举行［N］/ 殷婷 // 鄂东晚报，2014-12-18

01005 英语世界苏轼研究综述［J］/ 万燚 // 国际汉学，2014（2）

01006 一蓑烟雨任平生：苏轼人生的进取与退隐［J］/ 梁刚 // 湖北函授大学学报，2014（4）

01007 巴蜀学术的旷代宗师苏轼［J］/ 青萍 // 文史杂志，2014（5）

01008 苏轼：一蓑烟雨任平生［J］/ 子规 // 文史杂志，2014（5）

01009 二十世纪九十年代以来日本学者对苏轼研究述略［J］/ 冯宇环 // 青年与社会（上），2014（11）

01010 全国第 28 届中华诗词研讨会暨苏轼王佐诗词研讨会在海南举行 常务理事会决定明年上半年召开中华诗词学会全国第四次会员代表大会［J］/ 林峰，刘庆霖，何云春，何鹤 // 中华诗词，2014（12）

01011 英语世界中的苏轼研究［D］/ 许磊．—苏州大学（硕士论文），2014

01012 纪念苏轼知密州 940 周年座谈会有感［N］/ 李增坡 // 今日诸城，2015-02-11

01013 雨果与苏东坡［N］/ 孙琴安 // 解放日报，2015-02-05

01014 平城讲坛 7 月主讲苏轼诗词［N］/ 崔莉英 // 大同晚报，2015-07-02

01015 专家聚西华研讨苏轼与地域文化［N］/ 不详 // 四川日报，2015-10-20

01016 全国第十九届苏轼研究学术会议在西华大学举行［N］/ 程宇瀚，林澍 // 西华大学报，2015-10-30

01017 苏轼学术会议问答［N］/ 潘殊闲 // 西华大学报，2015-10-30

01018 苏东坡［N］/ 不详 // 广东科技报，2015-11-20

01019 苏东坡［N］/ 耕夫 // 鄂东晚报，2015-11-30

01020 惠欲借“脑”布展苏东坡祠：将聘请一批苏学研究专家来指导［N］/ 侯县军 // 东江时报，2015-12-03

01021 惠州传承创新东坡文化注入发展新动能：第六届东坡文化节暨第八届惠州旅游节举行［N］/ 王彪 // 南方日报，2015-12-03

01022 惠州苏东坡祠陈列布展将对外“借脑”［N］/ 徐乐乐，李文轩 // 南方日报，2015-12-03

01023 苏东坡代表宋型文化与惠州经历分不

开：东坡文化研究成果发布［N］/张斐，游璇钰，雷钦健//惠州日报，2015-12-03

01024 苏东坡文化研究成果信息发布［N］/张斐//惠州日报，2015-12-03

01025 苏学大咖齐聚惠州汤泉论东坡：我市发布东坡研究最新成果［N］/不详//东江时报，2015-12-03

01026 中国（河北）苏东坡文化艺术研究会［J］/不详//党史博采（纪实），2015（1）

01027 一蓑烟雨任平生［J］/钟方航//广西教育学院学报，2015（2）

01028 蝶恋花·冬雨广场儋州东坡文化节开幕式［J］/涂普生//东坡赤壁诗词，2015（3）

01029 论明人对苏轼形象的重构及原因：以冯梦龙所辑轶事为例［J］/宋春光//河南社会科学，2015（7）

01030 洪迈的东坡阅读经验研究［D］/吴荞安．—台湾师范大学（硕士论文），2015

01031 苏轼作品在日本中世的流布与影响［D］/冯宇环．—浙江工商大学（硕士论文），2015

01032 放达超拔苏东坡［N］/宋慧敏//新商报，2016-01-16

01033 苏东坡：清风过一生［N］/徐海蛟//鄞州日报，2016-04-08

01034 苏东坡民本思想与文化成就研讨会与会专家莅眉参观［N］/张玉//眉山日报，2016-06-07

01035 苏东坡民本思想与文化成就研讨会在眉举行［N］/段小锋//眉山日报，2016-06-08

01036 全国第二十届苏轼国际学术研讨会举行［N］/熊莉//眉山日报，2016-06-13

01037 第二十届苏轼国际学术研讨会举行［N］/王子墨//光明日报，2016-06-15

01038 横岗街道：本土作家谈苏轼［N］/王成波//南方都市报，2016-06-16

01039 苏东坡［N］/不详//张家港日报，2016-07-15

01040 纪念苏东坡仙逝常州915周年［N］/不详//常州日报，2016-08-20

01041 东坡遗爱千古颂 黄梅飘香永流芳：热烈祝贺第七届中国（黄冈）东坡文化节暨第九届湖北黄梅戏艺术节隆重举行［N］/不详//湖北日报，2016-09-06

01042 说点苏东坡［N］/黄少青//揭阳日报，2016-10-30

01043 中秋之夜忆东坡［N］/黄海蛟//惠州日报，2016-10-03

01044 中国三苏诗会在郏县举行［N］/孙书贤//平顶山晚报，2016-11-19

01045 永远的东坡［N］/周兰兰//大江晚报，2016-12-20

01046 我市举行纪念苏东坡诞辰980周年学术报告会［N］/范小翠//黄冈日报，2016-12-23

01047 全国第十九届苏轼研究学术会议暨苏轼与地域文化学术研讨会综述［J］/刘清泉//西华大学学报（哲学社会科学版），2016（1）

01048 全国第二十届苏轼国际学术研讨会在中国人民大学举行［J］/不详//黄冈职业技术学院学报，2016（3）

01049 苏轼的风雨叫“烟雨”：对“一蓑烟雨任平生”的解读［J］/张训海//美文（下半月），2016（6）

01050 小学生做苏轼研究，是不是摆噱头搞炒作［N］/宰飞//解放日报，2017-10-13

01051 黄州的苏轼与苏轼的黄州：在黄州纪念苏轼诞辰980周年学术报告会上的讲话［J］/潘殊闲//蜀学，2017（2）

01052 启迪人生的大文豪：苏轼［J］/杨春燕//

湖南税务高等专科学校学报，2017（3）
01053 《苏轼〈赠刘景文〉》书法［J］/徐锡澄//中国文艺评论，2017（3）
01054 苏轼［J］/徐传武//现代语文（学术综合版），2017（5）
01055 翟理斯译介苏轼考［J］/徐华//西南民族大学学报（人文社会科学版），2017（5）
01056 《世界文学史》中"苏轼叙述"的缺失及其原因［J］/邹建军//学术评论，2017（6）
01057 对"大数据苏轼"莫"东施效颦"［J］/许朝军//甘肃教育，2017（20）

苏轼文献整理与研究

01058 海外出版界：苏东坡集选译［J］/吴世昌，李高洁译//新月，1932，4（3）
01059 东坡乐府笺序［J］/叶恭绰//词学季刊，1935（3）
01060 东坡乐府笺出版［J］/时旸//词学季刊，1936，3（1）
01061 增刊校正王状元集注分类东坡先生诗校勘托［J］/樊漱圃//图书月刊，1945（3）
01062 东坡手卷流落日本［J］/可人//一周间（上海 1946），1946（2）
01063 林语堂撰苏东坡传［J］/不详//现代周刊（槟榔屿），1947，复版（74）
01064 全面地历史地评价苏轼：对"苏轼试论"与"几点意见"的意见［J］/艾治平//学术研究，1959（6）
01065 林语堂的《苏东坡与小二娘》［J］/徐复观//中华杂志，1965，3（10）
01066 林语堂的《苏东坡与小二娘》［J］/徐复观//民主评论，1965，16（18）
01067 苏东坡著述版本考［D］/王景鸿．—台湾大学（硕士论文），1968
01068 苏东坡著述版本考［J］/王景鸿//书目季刊，1969，4（2）
01069 《东坡乐府》校订笺注［D］/郑向恒．—台湾师范大学（硕士论文），1969
01070 宋刊施顾注苏东坡诗概述［J］/郑骞//台湾"中央图书馆"馆刊，1970，3（1）
01071 《苏东坡与海南》［N］/吴为//台湾新生报，1973-11-30
01072 吴为著《苏东坡与海南》的辨正［N］/高越天//台湾新生报，1973-12-16
01073 影印宋刊施顾注东坡诗要旨［J］/郑骞//书和人，1973（211）
01074 影印宋刊施顾注苏东坡诗说明［J］/严一萍//书和人，1973（211）
01075 影印宋刊施顾注苏东坡诗缘起［J］/翁万戈//书和人，1973（211）
01076 林语堂笔下的苏东坡［J］/陆以霖//出版与研究，1977（5）
01077 林语堂著宋碧云译苏东坡传的欣赏与补正［J］/王保珍//书评书目，1977（55）
01078 《苏东坡传》（林语堂著）的欣赏与补正［J］/王保珍//书评书目，1977（55）
01079 我读林语堂《苏东坡传》［N］/饶汉宾//中华日报，1978-11-23
01080 林语堂《苏东坡传》推介［N］/许少川//中华日报，1979-01-01
01081 读林语堂著《苏东坡传》摘记［N］/黄明//自立晚报，1979-03-25
01082 刘维崇《苏轼评传》摘误［J］/钟馗//出版与研究，1979，4（5）
01083 平原走马不系之舟［J］/亮轩//书评书

目，1979（72）

01084 评介三本苏东坡传［J］/ 陈香 // 书评书目，1980（86）

01085 邱新民撰《苏东坡》［J］/ 陈香 // 书评书目，1980（86）

01086 关于《全宋词》的辑补［J］/ 孔凡礼 // 文学遗产，1981（2）

01087 林语堂《苏东坡传》舛误一则［J］/ 林世芳 // 福建师范大学福清分校学报，1982（2）

01088 苏轼和《苏东坡集》［J］/ 伍鸣 // 中学语文教学，1982（8）

01089 苏轼和《苏东坡集》［J］/ 不详 // 出版工作（图书评介），1982（10）

01090 关于苏轼"轶诗"的几个问题：与李门同志商榷［J］/ 杨海中 // 中州学刊，1983（4）

01091 读《苏轼新论》［J］/ 陈迩冬 // 读书杂志，1983（6）

01092 林著宋译《苏东坡传》质正［J］/ 张之淦 // 艺文志，1983（214）

01093 林著宋译《苏东坡传》质正［J］/ 张之淦 // 艺文志，1983（215）

01094 关于苏轼一首佚诗的考证［J］/ 谢先模 // 南昌大学学报（人文社会科学版），1985（1）

01095 略谈林语堂《苏东坡传》的得失［J］/ 王瑞明，夏露 // 社会科学研究，1985（1）

01096 情真文美的故事：推荐《苏东坡的故事》［J］/ 陈明刚 // 书刊导报，1985（1）

01097 吴世昌论词学研究［J］/ 施议对 // 福建论坛（文史哲版），1985（5）

01098 求真、求新的成功尝试：朱靖华的《苏轼新论》简评［J］/ 丁永淮，黄海鹏，饶学刚 // 书刊导报，1985（6）

01099 林语堂与苏东坡：我读《苏东坡传》［J］/ 丘荣襄 // 文讯，1985（16）

01100 东坡乐府笺补正（一）［J］/ 王松龄 // 上海师范大学学报（自然科学版），1986（3）

01101 试评严羽的东坡论［J］/ 朱靖华，王洪 // 文学遗产，1986（3）

01102 苏轼研究的一项新成果：评颜中其同志的《苏轼论文艺》［J］/ 蔡印明 // 东北师范大学学报（哲学社会科学版），1986（4）

01103 一本值得大学文科研读的好书：评《苏轼论文艺》［J］/ 杜小均 // 大学文科园地，1986（5）

01104 美国汉学家厄根论苏轼和黄庭坚的题画诗［J］/ 蓝玉 // 文学研究参考，1986（12）

01105 东坡乐府笺补正（二）［J］/ 王松龄 // 上海师范大学学报（哲学社会科学版），1987（1）

01106 苏轼佚文多隽语：读《苏轼佚文汇编》［N］/ 不详 // 人民日报，1988-04-27

01107 东坡词索引序［J］/ 马兴荣 // 图书馆杂志，1988（1）

01108 苏轼居琼时期的一篇佚文［J］/ 朱玉书 // 华南师范大学学报（社会科学版），1988（2）

01109 苏轼"行琼儋间"踪迹考辨：兼谈苏轼佚文《致梦得秘校》［J］/ 朱玉书 // 华南师范大学学报（社会科学版），1988（2）

01110 以史为鉴：读《苏东坡出山》［J］/ 张国瀛 // 博览群书，1988（2）

01111 关于《苏东坡一代风流》致王扶林的一封信［N］/ 李厚基 // 天津日报，1989-06-23

01112 王国炎的《东坡新论》［J］/ 王能昌 // 南昌大学学报（人文社会科学版），1989（2）

01113 关于苏轼的佚诗《赠傅岩公》［J］/ 杨方

箴 // 文学遗产，1989（3）

01114 中华版《苏轼诗集》错误举例［J］/ 周本淳 // 古籍整理研究学刊，1989（3）

01115 读《东坡新论》［J］/ 李民 // 书林，1989（8）

01116 试析《夜读东坡》［J］/ 林泉 // 蓝星诗刊，1989（19）

01117 赵瓯北的文学批评：论苏轼［J］/ 王建生 // 中国文化月刊，1989（111）

01118 山谷戎州诗三考［J］/ 陈维国 // 宜宾学院学报，1990（1）

01119 一本“述”而且“作”的好书：读朱靖华先生《苏东坡寓言评注》［J］/ 鲍延毅 // 中国出版，1990（1）

01120 自出新意 不践前人：评《东坡新论》［J］/ 洪波 // 江西社会科学，1990（2）

01121 苏轼佚诗真伪辨：关于苏轼的补编计互见诗及其真伪的研究与评介［J］/ 刘尚荣 // 宝鸡师范学院学报（哲学社会科学版），1990（4）

01122 一部具有独到见解的学术专著：钟来因的《苏轼与道家道教》读后［J］/ 蒋兆生 // 学海，1990（4）

01123 读《东坡新论》［J］/ 李锦全 // 哲学动态，1990（9）

01124 明代手抄《东坡乐府》残卷［J］/ 孙民 // 沈阳教育学院学报，1991（1）

01125 林语堂英译六首苏轼词赏析［J］/ 郭正枢 // 外语教学与研究，1991（3）

01126 阎笑非著《苏轼的思想及创作新探》简评［J］/ 丛人 // 北方论丛，1991（3）

01127 苏轼诗注举正：兼论《苏轼诗集》的校勘［J］/ 郭天祥 // 古籍整理研究学刊，1991（4）

01128 苏轼五篇名文订正［J］/ 于景样 // 辽宁教育学院学报，1991（4）

01129 新版《苏轼诗集》断句标点纠误［J］/ 吴雪涛 // 古籍整理研究学刊，1991（4）

01130 《栾城集拾遗》商榷［J］/ 文丹 // 天府新论，1991（6）

01131 意义深远的文化工程：喜读《中国书法全集·苏轼卷》［N］/ 徐无闻，刘石 // 人民日报，1992-07-22

01132 一部具有独到见解的学术专著：钟来因的《苏轼与道家道教》读后［J］/ 蒋兆生 // 中国书目季刊，1992，26（1）

01133 苏东坡词辑佚和辨伪的历史考察［J］/ 刘石 // 文献，1992（3）

01134 关于《苏轼评传》的对话［J］/ 曾枣庄 // 古典文学知识，1992（6）

01135 颇富学术价值的《新编东坡海外集》［J］/ 朱靖华 // 出版工作、图书评介，1992（12）

01136 《东坡琼州诗研究》析介［J］/ 韩介光 // 丘海季刊，1992（32-33）

01137 九江发现朱熹苏东坡佚诗［N］/ 徐平华，胡荣彬 // 人民日报，1993-11-20

01138 第一部苏词研究专著面世［J］/ 东麓 // 盐城师范学院学报（人文社会科学版），1993（3）

01139 苏轼诗趣补遗［J］/ 陈长义 // 四川教育学院学报，1993（4）

01140 综观通论 幽寻深探：评崔海正《东坡词研究》［J］/ 丰志 // 江西社会科学，1993（4）

01141 忽然一夜清香发：《东坡情趣录》读后［J］/ 沈嘉达 // 中国图书评论，1994（1）

01142 两部有价值的传记著作：评林语堂的《苏东坡传》和《武则天传》［J］/ 刘炎生 // 语文辅导，1994（1）

01143 苏轼画目汇录［J］/ 卿三祥 // 文献，1994（1）

01144 评林语堂著《苏东坡传》［J］/ 万平近 // 福建论坛（人文社会科学版），1994（2）

01145 《苏轼人格研究》出版［J］/不详//乐山师专学报(社会科学版)，1994，9(3)

01146 东坡人格的文化学阐释：读《苏轼人格研究》［J］/刘明华//乐山师专学报(社会科学版)，1994(4)

01147 杭州西湖苏轼书迹著录若干疑误考辨［J］/陈汉民，洪尚之//浙江学刊，1994(4)

01148 性灵的诱惑：读林语堂《苏东坡传》［N］/陈勇//宁波日报，1995-05-11

01149 体会作者 体会作品 体会形象：关于朱靖华著《苏轼新评》的两封信［J］/靳极苍//语文学刊，1995(1)

01150 深入文化巨人心灵的成功尝试：读杨胜宽《苏轼人格研究》［J］/曹继建//西南师范大学学报(哲学社会科学版)，1995(3)

01151 东坡不死：读林语堂《苏东坡传》［J］/周迅//新闻爱好者，1995(7)

01152 王永照著《苏轼论稿》序［J］/张健//国文天地，1995，10(8)

01153 苏诗旧注补正(一)［J］/马德富//宋代文化研究，1995

01154 苏文系年补正［J］/周裕锴//四川大学学报(哲学社会科学版)，1996(1)

01155 苏轼研究的新开拓：朱靖华著《苏轼新评》读后［J］/饶学刚//东岳论丛，1996(3)

01156 用现代文化意识阐释苏轼［J］/张海鸥//文学遗产，1996(4)

01157 苏轼研究的新开拓：朱靖华著《苏轼新评》读后［J］/饶学刚//出版工作、图书评介，1996(7)

01158 苏学研究中的一项盛举：《苏东坡黄州作品全编》评介［J］/崎峻//黄冈师范学院学报，1997(2)

01159 对苏轼佚文《叶氏宗谱序》的考证［J］/叶瑞汶//文学遗产，1997(3)

01160 评林语堂《苏东坡传》［J］/张瑞君//太原师范学院学报(社会科学版)，1997(3)

01161 苏文系年补正(续)［J］/周裕锴//四川大学学报(哲学社会科学版)，1997(3)

01162 茅坤《唐宋八大家文钞》述评［J］/黄毅//古典文学知识，1997(4)

01163 苏轼佚文《叶氏宗谱序》质疑［J］/岳珍//四川大学学报(哲学社会科学版)，1997(4)

01164 苏文辨正举隅［J］/王文龙//乐山师专学报(社会科学版)，1997(4)

01165 一部融汇学术研究与地方文化的力作：评《苏轼在密州》［J］/王文龙//东岳论丛，1997(6)

01166 评元好问的东坡词论［J］/赵维江//南京师范大学学报(社会科学版)，1998(1)

01167 求真、求新、求深的成功尝试：王文龙《东坡诗话全编笺评》读后［J］/饶晓明，饶学刚//盐城师范学院学报(哲学社会科学版)，1998(1)

01168 苏轼佚文《叶氏宗谱序》质疑［J］/方建新//杭州大学学报(哲学社会科学版)，1998(1)

01169 写在凝固的瞬间［J］/黄秋实//章回小说，1998(1)

01170 1996—1997年苏轼研究论文索引［J］/卿玉韬，陈艳莉，宋芳//乐山师范学院学报，1998(2)

01171 高品位的地方文化史籍:《苏轼在密州》出版［J］/孔凡礼//山东文学，1998(2)

01172 黄庭坚词系年考证［J］/胡可先//文献，1998(4)

01173 细心出精品:《唐宋八大家文钞校注集评》序［J］/傅璇琮//中国文化研究，

1998（4）

01174 “宋刊施顾注苏东坡诗”题左小传考证［J］/ 许子滨 // 岭南大学中文系系刊，1998（5）

01175 一部翔实博洽的年谱新著：评介《苏轼年谱》［J］/ 朱靖华 // 文学遗产，1998（6）

01176 评日本赖山阳《东坡诗钞》［J］/ 曾枣庄 // 四川大学学报（哲学社会科学版），1999（1）

01177 张道《苏亭诗话》及其版本考察［J］/ 汪长林 // 安庆师范学院学报（社会科学版），1999（1）

01178 论纪昀的苏诗评点［J］/ 王友胜 // 中国韵文学刊，1999（2）

01179 论宋人笔记《瓮牖闲评》的理性精神［J］/ 周亮 // 贵州师范大学学报（社会科学版），1999（2）

01180 苏诗旧注补正（四）［J］/ 马德富 // 宋代文化研究，1999

01181 林语堂的《苏东坡传》［N］/ 不详 // 大河报，2000-01-14

01182 苏轼佚文多隽语：读《苏轼佚文汇编》［N］/ 伍立杨 // 北京日报，2000-10-25

01183 吕叔湘与《苏轼诗集》的不解之缘［J］/ 刘尚荣，宁德伟 // 书品，2000（1）

01184 张道与《苏亭诗话》［J］/ 王友胜 // 湘潭师范学院学报（社会科学版），2000（1）

01185 理想化的人格精神标本：读王启鹏《苏东坡寓惠探幽》［J］/ 汤岳辉 // 惠州大学学报，2000（2）

01186 一部超越古今的新编年谱：评孔凡礼的《苏轼年谱》［J］/ 朱靖华 // 惠州大学学报，2000（2）

01187 论林语堂《苏东坡传》的文献取向［J］/ 萧庆伟 // 漳州师范学院学报（哲学社会科学版），2000（3）

01188 汪师韩的《苏诗选评笺释》［J］/ 曾枣庄 // 文学遗产，2000（3）

01189 翁方纲与《苏诗补注》［J］/ 王友胜 // 古籍研究，2000（4）

01190 我校馆藏古籍中的两种元刻残本［J］/ 舒和新 // 六安师专学报，2000（4）

01191 学术史研究的力作：王友胜教授《苏诗研究史稿》评介［J］/ 陈道贵 // 古籍研究，2000（4）

01192 探苏海之壶奥 示学人以津梁：《苏诗研究史稿》读后［J］/ 刘梦初 // 常德师范学院学报（社会科学版），2000（6）

01193 走近苏轼：读《苏轼传：智者在苦难中的超越》［J］/ 张璟 // 博览群书，2000（8）

01194 书海神游：林语堂的《苏东坡传》［N］/ 不详 // 文汇报（香港），2001-01-22

01195 林语堂的《苏东坡传》［N］/ 李国涛 // 团结报，2001-01-23

01196 《万古风流苏东坡》成功首发［N］/ 东风 // 中国图书商报，2001-10-04

01197 传记小说《万古风流苏东坡》引发争议：苏东坡是问题少年吗？［N］/ 不详 // 北京青年报，2001-10-10

01198 人格的盲点：从《苏东坡突围》看文化人格的二重性［J］/ 李丹 // 中学语文，2001（2）

01199 台港苏轼研究论著目录（1949—1999）［J］/ 衣若芬 // 汉学研究通讯，2001，20（2）

01200 莫友芝精读的《施注苏诗》管窥［J］/ 李连昌 // 贵州文史丛刊，2001（4）

01201 万古风流苏东坡［J］/ 孔凡礼 // 博览群书，2001（12）

01202 焚膏继晷，泽惠学林：读《苏轼研究史》［J］/ 王许林 // 中华读书报，2001（21）

01203 《后山诗话》中对苏轼诗词的评论[J]/江惜美//台北市立师范学院学报，2001(32)

01204 《苏轼研究史》[J]/曾枣庄//宋代文化研究，2001

01205 《苏轼诗集》校勘工作琐忆[N]/孔凡礼//光明日报，2002-04-09

01206 评杨胜宽教授《苏轼与苏门人士文学概观》[J]/赵章超//乐山师范学院学报，2002(1)

01207 施元之等《注东坡先生诗》平议[J]/王友胜//中国韵文学刊，2002(1)

01208 《苏轼研究史》序[J]/王水照//中华文化论坛，2002(1)

01209 苏轼佚诗三首[J]/吴宗海//江苏大学学报(社会科学版)，2002(1)

01210 它山之石可以为错：就苏词编年答保苅佳昭与曾枣庄君[J]/薛瑞生//西北大学学报(哲学社会科学版)，2002(1)

01211 试由"文体论"探析陈秀明《东坡文谈录》之学术价值[J]/李慕如//永达学报，2002，3(2)

01212 论汪师韩的苏诗选评[J]/王友胜//船山学刊，2002(4)

01213 苏诗版本源流考述[J]/刘尚荣//文史，2002(4)

01214 苏轼佚诗辨正[J]/马德富//文学遗产，2002(5)

01215 《全宋诗》重出现象小析[J]/吴宗海//江海学刊，2002(6)

01216 苏东坡的个性和魅力：用两点一线法略读《苏东坡传》序》[J]/罗进近，林语堂//中学语文(大语文论坛)，2002(6)

01217 王文诰《苏诗编注集成》得失论[J]/王友胜//湘潭师范学院学报(社会科学版)，2002(6)

01218 神祇的笑容：读《苏东坡传》[J]/杨子云//出版广角，2002(12)

01219 余秋雨突围：读《苏东坡突围》有感[J]/侯佃庆，王洁//山东教育，2002(C4)

01220 成都发现苏东坡真迹？如为真迹价值超过8位数[N]/不详//重庆晚报，2003-10-04

01221 成都老太藏苏东坡手迹[N]/不详//文汇报(香港)，2003-10-04

01222 苏词研究的新收获：读《苏轼词编年校注》[J]/孔凡礼//书品，2003(3)

01223 写在《苏轼词编年校注》出版之后[J]/邹同庆，王宗堂//书品，2003(3)

01224 苏轼佚诗考论[J]/谢世洋//南昌大学学报(人文社会科学版)，2003(4)

01225 完备 严密 科学 精美：评《苏轼词编年校注》[J]/饶晓明，饶学刚//河南社会科学，2003(4)

01226 《苏东坡创世纪》一边流泪一边笑[N]/不详//北京青年报，2004-10-28

01227 《东坡禅喜集》的文化价值[N]/张伯伟//中华读书报，2004-12-22

01228 《全宋诗·黎廷瑞诗》点校献疑[J]/黄新光//南昌大学学报(人文社会科学版)，2004(1)

01229 翁方纲评点《山谷外集》辑考[J]/周兴陆//古籍研究，2004(1)

01230 东坡用典指谬[J]/王胜明//新疆大学学报(社会科学版)，2004(3)

01231 明刻百十五卷《东坡全集》版本考[J]/黄天禄//图书情报工作，2004(7)

01232 于细微处见文心：评邹同庆、王宗堂《苏轼词编年校注》[J]/薛瑞生//南阳师范学院学报，2004(7)

01233 施顾注苏诗(善本故事)[N]/唱春莲//人民日报海外版，2005-09-23

01234 浩然千古苏东坡[J]/林语堂//课堂内

外（高中版），2005（2）

01235 《石鼓文新解》辩［J］/ 杨宗兵 // 故宫博物院院刊，2005（2）

01236 苏轼研究的一种“范式”：论《朱靖华古典文学论集》的特点及对中国古代作家研究的意义［J］/ 冷成金，高云鹏 // 惠州学院学报（社会科学版），2005（4）

01237 一以贯之：读陈中浙《苏轼书画艺术与佛教》［J］/ 李虎群 // 中国书法，2005（4）

01238 《苏轼资料汇编》编后琐言［J］/ 刘尚荣 // 书品，2005（6）

01239 罕见的元刻本《东坡先生往还尺牍》［J］/ 冯金牛 // 图书馆杂志，2005（8）

01240 《百家注分类东坡诗》评价之再商榷：以王文诰注家分类说为中心的讨论［J］/ 李贞慧 // 台大文史哲学报，2005（63）

01241 苏诗旧注补正（七）［J］/ 马德富 // 宋代文化研究，2005

01242 《苏东坡游传》［N］/ 聂作平 // 重庆晚报，2006-01-21

01243 《苏东坡》出版［N］/ 不详 // 解放军报，2006-03-26

01244 《西湖太守苏东坡》首发：作家期望姜文演苏东坡［N］/ 不详 // 今日早报，2006-04-26

01245 《西湖太守苏东坡》昨首发［N］/ 不详 // 钱江晚报，2006-04-26

01246 《西湖太守苏东坡》昨在杭签售［N］/ 不详 // 钱江晚报，2006-05-07

01247 《解读苏东坡：女性情感卷》［N］/ 不详 // 重庆晚报，2006-10-07

01248 关于苏轼大麦岭题名刻石真实性的商榷［J］/ 钮因莉，张珏 // 杭州文博，2006（1）

01249 苏轼《木兰花令》（霜余已失）创作时间新考［J］/ 李景新 // 古籍研究，2006（1）

01250 为“思想者的苏轼”立传：简论王水照、朱刚《苏轼评传》［J］/ 崔海正，冯莹 // 乐山师范学院学报，2006（1）

01251 苏东坡游传：宋朝第一玩家的别致人生［J］/ 不详 // 投资北京，2006（2）

01252 存在的和湮没的：读林语堂《苏东坡传》［J］/ 段学俭 // 书城，2006（2）

01253 黄庭坚诗歌在宋代的传播与刊刻［J］/ 郑永晓 // 南都学坛，2006（3）

01254 论《集注东坡先生诗前集》的文献价值［J］/ 何泽棠 // 图书馆论坛，2006（3）

01255 苏轼四六文集版本考［J］/ 施懿超 // 西南民族大学学报（人文社会科学版），2006（3）

01256 苏轼《与张嘉父书》佚文及其《春秋》学［J］/ 金生杨 // 苏轼研究，2006（4）

01257 苏轼黄州文献及其研究刍论［J］/ 魏蔚，杨莉 // 农业图书情报学刊，2006（6）

01258 馆藏苏轼《苏长公合作》板本述略［J］/ 谢莺兴 // 东海大学图书馆馆讯，2006（59）

01259 馆藏苏轼《苏文奇赏》板本概述［J］/ 谢莺兴 // 东海大学图书馆馆讯，2006（60）

01260 馆藏苏轼《坡仙集》板本述略［J］/ 谢莺兴 // 东海大学图书馆馆讯，2006（61）

01261 苏轼词四首编年考［J］/ 保苅佳昭 // 宋代文化研究，2006

01262 漫话东坡（连载之一）［N］/ 莫砺锋 // 人民政协报，2007-02-12

01263 漫话东坡（连载之二）［N］/ 莫砺锋 // 人民政协报，2007-02-26

01264 漫话东坡（连载之三）［N］/ 莫砺锋 // 人民政协报，2007-03-26

01265 元刻《东坡乐府》二卷（善本掌故）［N］/ 陈红彦 // 人民日报（海外版），2007-03-26

01266 漫话东坡（连载之四）［N］/ 莫砺锋 //

人民政协报，2007-04-09

01267 读《苏东坡传》[N]/不详//莱芜日报，2007-08-08

01268 林语堂的苏东坡传[N]/李国涛//深圳商报，2007-08-08

01269 《苏东坡研究》第2辑出版[N]/不详//常州日报，2007-11-14

01270 《千年英雄：苏东坡图传》一书出版[N]/不详//四川政协报，2007-11-15

01271 东坡970岁诞辰唱响《千古东坡》[N]/不详//华西都市报，2007-11-19

01272 《千年英雄》图说苏东坡一生[N]/不详//中国新闻出版报，2007-11-23

01273 一部别开生面的苏轼传：评《千年英雄苏东坡图传》[N]/曾枣庄//眉山日报，2007-12-11

01274 世界大同的理想文明：评林语堂《苏东坡传》[J]/兰芳//语文学刊，2007(1)

01275 说明和商榷[J]/孔凡礼//苏轼研究，2007(1)

01276 关于《苏东坡盘陀画像碑》的一些考察[J]/孔凡礼//乐山师范学院学报，2007(3)

01277 万古不朽的快乐：读林语堂的《苏东坡传》[J]/俞炜//课堂内外.创新作文(高中版)，2007(4)

01278 析钟惺评选的《东坡文选》[J]/郑艳玲//广州大学学报(社会科学版)，2007(9)

01279 《一代旷世奇才苏东坡》课堂实录[J]/宋晓云//网络科技时代，2007(11)

01280 《瀛奎律髓》选评东坡诗的视角探析：兼及纪昀评点视野[J]/廖宏昌//文与哲，2007(11)

01281 馆藏苏轼《重编东坡先生外集》板本述略[J]/谢莺兴//东海大学图书馆馆讯，2007(64)

01282 论林语堂笔下的苏东坡形象[D]/兰芳.—福建师范大学(硕士论文)，2007

01283 《天涯守望》：全方位解读东坡晚年在海南的岁月[N]/梁昆//海南日报，2008-01-20

01284 王启鹏《苏轼文艺美论》面世[N]/不详//惠州日报，2008-01-26

01285 《康震评说苏东坡》出版[N]/张弘//豫北新闻，2008-01-30

01286 《康震评说苏东坡》出版 康震：苏东坡适合在野[N]/不详//今日安报，2008-01-30

01287 康震评说苏东坡[N]/刘婷//北京晨报，2008-01-31

01288 读《苏轼传》[N]/不详//吉林日报，2008-02-11

01289 《康震评说苏东坡》[N]/康震//独山子石化报，2008-02-26

01290 《康震评说苏东坡》：告诉我们真实的苏轼[N]/不详//新消息报，2008-03-01

01291 康震评说苏东坡[N]/康震//广州日报，2008-03-10

01292 苏东坡的快乐哲学：读《苏东坡传》[N]/宋海珊//都市晨刊，2008-04-23

01293 苏东坡的快乐哲学：读《苏东坡传》第十五章有感[N]/宋海珊//皖江晚报，2008-05-15

01294 东坡拾瓦砾：苏东坡这个人[N]/孙涛//徐州日报，2008-05-20

01295 《苏东坡传》[N]/不详//彭城晚报，2008-06-03

01296 《苏东坡大传》[N]/不详//彭城晚报，2008-06-03

01297 康震带您走近苏东坡[N]/不详//扬州晚报，2008-06-13

01298 有趣的行走：读《东坡拾瓦砾》[N]/

林子木 // 都市晨报，2008-07-01

01299 《漫话东坡》讲述一个真实的苏东坡［N］/ 不详 // 惠州日报，2008-07-12

01300 《苏东坡的常州情缘》出版［N］/ 钱月航 // 常州日报，2008-07-19

01301 《苏东坡传》［N］/ 不详 // 都市消费晨报，2008-07-30

01302 《苏东坡的常州情缘》出版［N］/ 陈征 // 常州晚报，2008-08-05

01303 苏轼九章［N］/ 周纲 // 三江都市报，2008-08-08

01304 一部具有学术价值的长篇纪实文学：读周纲新著《苏轼九章》［N］/ 邹健明 // 乐山日报，2008-08-10

01305 《苏东坡的常州情缘》［N］/ 张乃英 // 常州晚报，2008-08-19

01306 《漫话东坡》拒绝“戏说”［N］/ 徐颖 // 新闻晨报，2008-08-23

01307 《苏轼诗词书法集》出版［N］/ 不详 // 揭阳日报，2008-08-31

01308 黄玉峰《说苏轼》［N］/ 不详 // 珠江晚报，2008-09-21

01309 文史资料《苏轼与宜兴》首发［N］/ 木子，汪玮奕 // 宜兴日报，2008-09-27

01310 品读《苏轼九章》［N］/ 胡太玉 // 三江都市报，2008-12-13

01311 汪辟疆手批《苏诗选评笺释》述论［J］/ 胡可先 // 文学遗产，2008（1）

01312 杜诗、苏诗、黄诗中“吏隐”注的澄清：辑本《汝南先贤传》学术价值初探［J］/ 吕友仁，李慧玲 // 淮北煤炭师范学院学报（哲学社会科学版），2008，29（1）

01313 一代文豪的别样人生：《康震评说苏东坡》［J］/ 不详 // 文史知识，2008（2）

01314 孤守寒窗 乐读东坡：评饶学刚先生的苏东坡研究［J］/ 方星移 // 黄冈职业技术学院学报，2008（4）

01315 高丽大学所藏《精刊补注东坡和陶诗话》及其价值［J］/ 金程宇 // 文学遗产，2008（5）

01316 苏东坡诗性人生的精湛描述与阐释：两部苏东坡传记之比较研究［J］/ 邹晓玲 // 安徽文学（下半月），2008（5）

01317 胡仔《苕溪渔隐丛话》论苏轼探析［J］/ 庄千慧 // 汉学研究集刊，2008（6）

01318 邵博论苏诗用典之误［J］/ 邓昭祺 // 阜阳师范学院学报（社会科学版），2008（6）

01319 论清人整理宋人别集的贡献［J］/ 巩本栋 // 东华汉学，2008（7）

01320 析王国维断“东坡赏其后二语，尤为皮相”之因［J］/ 苏丽 // 韶关学院学报，2008（7）

01321 由“校勘”到“生成论”：有关宋代诗文集的注释特别是苏黄诗注中真迹及石刻的利用［J］/ 浅见洋二 // 东华汉学，2008（8）

01322 智慧的交往和相互的照亮：读林语堂《苏东坡传》［J］/ 刘淑惠 // 福建教育（中学版），2008（9）

01323 只因为喜爱：方方《喜欢苏东坡（节选）》赏析［J］/ 杨继光 // 阅读与鉴赏（高中版），2008（11）

01324 苏东坡的快乐哲学：读《苏东坡传》［J］/ 宋海珊 // 小区，2008（20）

01325 苏东坡的旷达与悲悯：读莫砺锋《漫话东坡》［J］/ 艾里香 // 小区，2008（32）

01326 《艺文精魂 苏轼》序［J］/ 孔凡礼 // 苏轼研究，2008

01327 《东坡常州奇缘》出版［N］/ 不详 // 常州晚报，2009-01-23

01328 当苏东坡遇到林语堂［N］/ 不详 // 老年日报，2009-03-11

01329 《苏东坡传》［N］/ 不详 // 国家电网报，

2009-03-13
01330 《纵横天下话东坡》出版[N]/不详//常州晚报，2009-03-16
01331 5元淘到明版《东坡诗话》[N]/徐洁玮，宋峤摄//扬子晚报，2009-03-17
01332 品中国文人：以苏东坡为例[N]/刘小川//眉山日报，2009-05-26
01333 别样解读苏轼从政之路:《苏东坡这个人》[N]/史钧//泰山晨刊，2009-08-28
01334 335篇，苏轼在徐诗文又有最新统计[N]/不详//彭城晚报，2009-09-07
01335 徐州苏轼研究著作[N]/董治祥//彭城晚报，2009-09-07
01336 《苏东坡研究》第三辑出版[N]/苏研//常州晚报，2009-09-15
01337 《东坡乐府笺》51年后再付印[N]/不详//出版商务周报，2009-10-25
01338 当苏东坡遇到林语堂：读《苏东坡传》之后[N]/艾里香//太原晚报，2009-11-19
01339 读林语堂《苏东坡传》[N]/杜雪峰//保定晚报，2009-11-28
01340 风雨中的礁石：读《苏东坡传》有感[N]/宋媛媛//太原理工大学报，2009-12-14
01341 《苏东坡突围》之后设论述[J]/蔡志鸿//国文天地，2009，25(1)
01342 论林语堂《苏东坡传》的“自传”取向[J]/赖勤芳//社会科学辑刊，2009(2)
01343 与《苏轼九章》作者周纲商榷[J]/赖正和//苏轼研究，2009(2)
01344 《叶梦得与苏轼》[J]/张志烈//苏轼研究，2009(3)
01345 沈祖棻著《东坡与词乐》解读[J]/刘成志//苏轼研究，2009(4)
01346 论通俗文学中苏轼形象的塑造：以《五戒禅师私红莲记》为引[J]/李萌昀//辽宁师范大学学报(社会科学版)，2009(5)
01347 千古旷达一东坡：读《苏东坡传》[J]/赵太国//军事记者，2009(5)
01348 大师情怀：苏东坡传[J]/任爱玲，林语堂//中学生阅读(高考版)，2009(7)
01349 苏文选本在明清时期的刊刻和流行：兼评明代苏轼研究“中熄”说[J]/付琼//兰州学刊，2009(7)
01350 有感于余秋雨的《苏东坡突围》[J]/王立鹏//金色年华(下)，2009(7)
01351 在目的论框架下的宋辞翻译：刍议苏轼《江城子》的杨益宪译本[J]/柯军//安徽文学(下半月)，2009(8)
01352 清初注释学视野下的《苏诗补注》[J]/何泽棠//广州大学学报(社会科学版)，2009(9)
01353 王十朋与《百家注东坡诗》[J]/黄启方//东华汉学，2009(10)
01354 林语堂《苏东坡传》的写作策略[J]/不详//语文学刊(基教版)，2009(12)
01355 历史沧桑与人生情怀的诗意展绘：读秦岭雪的《苏东坡》[J]/胡冬梅//语文学刊，2009(10B)
01356 谈谈陈澄中先生旧藏宋刻本《注东坡先生诗》[C]/赵前//国家图书馆第十次科学讨论会论文集/国家图书馆，2009
01357 汪辟疆《苏诗选评笺释》批语辑录[J]/胡可先//古典文献研究，2009
01358 苏东坡在常州有多少故事？——名人研究会编了本7万字的书[N]/陈征//常州晚报，2010-01-06
01359 不为人知的东坡[N]/不详//周口晚报，2010-01-20
01360 千年回望苏东坡[N]/不详//郴州日报，2010-02-04

01361 《苏轼为官之道》第二次印刷发行［N］/王莉茹//眉山日报，2010-04-08

01362 《苏轼为官之道》再版［N］/王莉茹//人民政协报，2010-04-17

01363 《如果苏东坡考上EMBA》［N］/林子铭//西安晚报，2010-05-16

01364 《东坡寓惠文化》具独特创意和鲜明特色：市政协主席刘耀辉为《东坡寓惠文化》作序［N］/不详//惠州日报，2010-05-28

01365 《东坡寓惠文化》：献给省运会的扛鼎之作［N］/李靖国//惠州日报，2010-05-28

01366 循东坡宦游足迹交流东坡文化：《东坡寓惠文化》首发式暨“东坡文化万里行”活动启动仪式举行［N］/不详//惠州日报，2010-05-28

01367 愤而创业不足取：《如果苏东坡考上EMBA》［N］/不详//竞报，2010-07-02

01368 苏轼佚文多妙语［N］/伍立杨//太原日报，2010-07-19

01369 做个旷达的人：读林语堂《苏东坡传》［N］/不详//河北日报，2010-08-27

01370 《苏轼全集校注》问世［N］/武小森//河北日报，2010-09-23

01371 《东坡黄州五年间》出版［N］/梅卓慧//黄冈日报，2010-10-16

01372 清雄旷汉品苏轼［N］/不详//河北青年报，2010-10-19

01373 别样苏东坡［N］/陈倩雯//颍州晚报，2010-11-15

01374 耗时20余年共计800万字《苏轼全集校注》出版［N］/不详//人民日报，2010-11-15

01375 《苏轼全集校注》出版座谈会昨举行［N］/不详//北京青年报，2010-11-15

01376 《苏轼全集校注》河北出版填补研究空白［N］/付聪//河北青年报，2010-11-15

01377 最权威《苏轼全集校注》出版［N］/王大庆//光明日报，2010-11-15

01378 20卷《苏轼全集校注》出版［N］/不详//汕头特区晚报，2010-11-16

01379 《苏轼全集校注》出版［N］/崔立秋//燕赵都市报，2010-11-16

01380 《苏轼全集校注》出版座谈会在京召开［N］/崔立秋//河北日报，2010-11-16

01381 二十余载成就苏轼研究最权威版本：许嘉璐及阎晓宏聂辰席等出席《苏轼全集校注》出版座谈会［N］/王玉娟//中国新闻出版报，2010-11-18

01382 《苏轼全集校注》历时20年出版［N］/不详//出版商务周报，2010-11-21

01383 《苏轼全集校注》出版［N］/不详//今日镇海，2010-11-22

01384 告诉你一个不一样的苏东坡［N］/陈四四，孙琪//四川日报，2010-12-24

01385 论沈钦韩《苏诗查注补正》的考据价值［J］/何泽棠//图书馆理论与实践，2010（1）

01386 《全宋诗》苏轼卷辨正辑补［J］/阮堂明//殷都学刊，2010（1）

01387 苏词研究的新探索：《苏轼全集校注·苏轼词集校注》一瞥［J］/潘殊闲//西华大学学报（哲学社会科学版），2010（1）

01388 《天涯守望：苏东坡晚年的海南岁月》前言［J］/阮忠//苏轼研究，2010（1）

01389 《增刊校正王状元集注分类东坡先生诗》版本考［J］/李咏梅//苏轼研究，2010（1）

01390 施宿《注东坡诗》题注的诠释方法与历史地位［J］/何泽棠//中国韵文学刊，

2010(2)

01391 施宿与“以史证诗”[J]/何泽棠//华南农业大学学报(社会科学版),2010(2)

01392 《苏轼全集校注》前言[J]/周裕锴//苏轼研究,2010(2)

01393 翁方纲《苏诗补注》的文献价值与注释成就[J]/何泽棠//图书与情报,2010(2)

01394 萧奇中手批《王注苏诗》简论[J]/樊庆彦,刘铭//文学评论丛刊,2010(2)

01395 徐庆庚大师的苏轼情节:解读粉彩人物《赤壁怀古》[J]/向尚瞰//景德镇陶瓷,2010(2)

01396 语言分析与作品意义:美籍学者孙康宜的柳永、苏轼词研究探微[J]/陈颖,成松柳//湖南社会科学,2010(2)

01397 秉性难改的乐天派:读林语堂《苏东坡传》[J]/刘强//全国优秀作文选(高中),2010(3)

01398 读《苏东坡传》有感[J]/李方国//新作文(初中版),2010(3)

01399 论王文诰对纪批苏诗的继承与驳难[J]/赵超//文艺理论研究,2010(3)

01400 浅述钱钟书对苏东坡赋的英文评论[J]/龚刚//中国比较文学,2010(3)

01401 苏诗十注之傅、胡考[J]/何泽棠//乐山师范学院学报,2010(3)

01402 王文诰苏诗编年平议[J]/赵超//中国典籍与文化,2010(3)

01403 杜诗“伪苏注”产生时间、地域新考[J]/杨经华//图书馆理论与实践,2010(4)

01404 语言分析与作品意义:美籍学者孙康宜的柳永、苏轼词研究探微[J]/陈颖,成松柳//教育探索,2010(5)

01405 自我说服的旷达:对话理论视野中的苏轼“旷达”形象问题:兼谈林语堂《苏东坡传》的中西文化观[J]/潘建伟//杭州师范大学学报(社会科学版),2010(5)

01406 集成与创新:评《苏轼全集校注》[J]/夏静//四川大学学报(哲学社会科学版),2010(6)

01407 人间有味是清欢:读《苏东坡传》有感[J]/不详//博客族,2010(8)

01408 月夜徘徊者:读《苏东坡传》有感[J]/王一卜//美文·少年散文,2010(8)

01409 做教育的承当者和享受者:读《苏东坡传》有感[J]/朱慧//福建教育(中学版),2010(9)

01410 性灵派诗人张问陶论苏轼[J]/温秀珍,李丽宁//新闻爱好者(上半月),2010(10)

01411 本色东坡:读林语堂《苏东坡传》有感[J]/赖玉莹//特区教育·中学生,2010(11)

01412 郑文焯手批《东坡乐府》[J]/邓子勉//江苏教育学院学报,2010,26(11)

01413 操纵理论视角下苏轼词英译对比研究[D]/胡静.—复旦大学(硕士论文),2010

01414 阐释学视角下的苏轼诗词英译研究:以许渊冲与Burton Watson两译本为例[D]/孙丽丽.—南京工业大学(硕士论文),2010

01415 《苏东坡传》与林语堂社会文化思想[D]/石军.—华侨大学(硕士论文),2010

01416 《苏东坡黄州作品全编》再版发行[N]/梅卓慧//黄冈日报,2011-01-10

01417 遂昌王氏族谱内惊现苏轼千年之著《三槐堂铭并叙》:王氏先人曾与苏轼同朝为官[N]/蓝义荣//处州晚报,2011-01-10

01418 诗人虽去浩气长存：读《苏轼选集》有感［N］/ 贾凯 // 河南城建学院报，2011-01-15

01419 遂昌惊现苏轼《三槐堂铭并叙》：在整理一册王氏族谱时被发现［N］/ 蓝义荣 // 新民晚报，2011-01-25

01420 首部苏轼全集问世记对继承传统文化意义重大［N］/ 周裕锴 // 汕头日报，2011-02-12

01421 读林语堂的《苏东坡传》［N］/ 申朝虹 // 北海日报，2011-02-26

01422 灵魂的升华：读余秋雨《山居笔记》之《苏东坡突围》有感［N］/ 任静 // 滕州日报，2011-05-18

01423 《中国印 · 惠州缘 · 东坡情：李建忠书法篆刻、惠州博物馆馆藏名家作品展》作品选登：第六届惠州国际（休闲文化）旅游节暨第二届东坡节［N］/ 不详 // 惠州日报，2011-07-15

01424 《写不尽的苏东坡》面世［N］/ 何俊 // 常德晚报，2011-08-13

01425 《千古东坡面面观》［N］/ 不详 // 镇江日报，2011-08-27

01426 定州市政协编纂出版《苏轼故事选》［N］/ 黄桂英 // 保定日报，2011-09-02

01427 市政协编纂出版《苏轼故事选》［N］/ 黄桂英，杨梦来 // 定州日报，2011-09-28

01428 关于苏轼的两篇佚文：兼论《重编东坡先生外集》对苏文研究的价值［C］/ 江枰 //2010 林语堂笔下的苏东坡传奇［N］/ 不详 // 山西日报，2011-10-24

01429 读《苏轼传》所想到的［N］/ 不详 // 鲁中晨刊，2011-11-10

01430 我市苏轼文化研究会会刊《雪浪石》创刊［N］/ 王建强，黄桂英 // 定州日报，2011-11-24

01431 《苏轼全集校注》：善本基础之上的升级［N］/ 半夏 // 中华读书报，2011-11-30

01432 历史沧桑与人生情怀的诗意展绘：读秦岭雪的《苏东坡》［J］/ 胡冬梅 // 语文学刊，2011（1）

01433 《苏轼全集校注》出版［J］/ 不详 // 郭沫若学刊，2011（1）

01434 我之东坡印象：读《康震评说苏东坡》之得［J］/ 张钟 // 中国教育教研，2011（1）

01435 一个杰出而伟大的灵魂：读苏有恒著长篇历史小说《苏轼》［J］/ 苏兴良 // 苏轼研究，2011（1）

01436 郭福彬、郭文英编著《苏轼故事选》序［J］/ 蔡心华 // 苏轼研究，2011（4）

01437 王水照推荐《苏轼全集校注》［J］/ 张志烈，马德富，周裕锴 // 文学遗产，2011（4）

01438 林语堂的《苏东坡传》中古诗词翻译的归化策略［J］/ 程霞，杨艳 // 赤峰学院学报（哲学社会科学版），2011（7）

01439 夜读苏东坡［J］/ 周国平 // 中国青年，2011（7）

01440 失意在所难免，且把心放宽：读余秋雨《苏东坡突围》有感［J］/ 朱永明 // 新课程学习（中），2011（9）

01441 《苏轼小故事》拓展阅读［J］/ 不详 // 少年写作（小学六年级版），2011（11）

01442 论王文诰苏诗注的时代创新与历史意义［J］/ 赵超 // 文艺评论，2011（12）

01443 胡仔《苕溪渔隐丛话》对东坡词的评论［J］/ 杨良玉 // 醒吾学报，2011（43）

01444 《苏东坡梦会朝云》：粤剧与粤曲［J］/ 刘祖农 // 戏曲品味，2011（125）

01445 干笔，焦墨，东坡渴求诗意：石涛《东坡诗意图册》的渴笔风格与流传史析论

[J]/廖尧震//典藏古美术，2011(224)

01446 《千年东坡》《吴广誉与陈瑸》两书首发[N]/邓亚明，朱海湛//湛江日报，2012-01-22

01447 翁方纲与宋椠《施顾注东坡先生诗》[N]/刘佳，樊庆彦//光明日报，2012-02-13

01448 “苏轼文集”校注：苏轼研究史上的重大事件[N]/莫砺锋//中华读书报，2012-04-04

01449 长篇历史小说《苏东坡和他的大宋朝》首发[N]/吴璟//四川日报，2012-04-15

01450 《苏东坡和他的大宋朝》昨首发[N]/不详//成都商报，2012-04-15

01451 《苏东坡和他的大宋王朝》全国首发式在眉举行[N]/卫琳霞//眉山日报，2012-04-16

01452 两年写下40万字《苏东坡传》：省“五个一工程”文艺类图书奖参评作品系列报道[N]/不详//东江时报，2012-04-24

01453 “四位一体”笔法写成《苏东坡传》[N]/不详//惠州日报，2012-04-24

01454 刘小川新作《苏东坡传》出版[N]/不详//南方日报，2012-05-13

01455 《苏东坡和他的大宋王朝》一个知识分子的家国情怀[N]/陆新之//北京晚报，2012-05-26

01456 《苏东坡传》传神达意[N]/不详//南国都市报，2012-05-28

01457 苏东坡、王安石和改革及新旧党争：读徐棻《苏东坡和他的大宋朝》[N]/不详//新京报，2012-06-02

01458 读《苏东坡和他的大宋朝》[N]/徐棻//温州都市报，2012-06-10

01459 《苏东坡的传说与故事》面世[N]/何俊//常德日报，2012-06-16

01460 我读《苏东坡传》[N]/不详//工学周报，2012-07-05

01461 《东坡谈艺录》(附照片)[N]/蔡国黄//文汇报(上海)，2012-07-07

01462 弘扬东坡文化我市举行长篇传记小说《苏东坡》研讨会[N]/刘寅//眉山日报，2012-07-12

01463 刘小川新作《苏东坡》出版[N]/黄里//四川日报，2012-07-12

01464 “雄鸡公”写进东坡传：刘小川加的“眉山味”[N]/不详//华西都市报，2012-07-14

01465 苏东坡黄州遗址遗迹专家论证会召开:《东坡临皋亭定惠院考证报告》通过专家认定[N]/梅卓慧//黄冈日报，2012-07-19

01466 刘小川传记小说《苏东坡》出版[N]/不详//四川政协报，2012-07-21

01467 吾丧我 庄子与东坡：读王蒙《庄子的享受》[N]/吴洪生//武进日报，2012-08-08

01468 别开生面《苏东坡》[N]/刘寅//人民日报，2012-10-05

01469 跨越时空感知苏东坡[N]/韩浩月//深圳商报，2012-10-10

01470 林语堂生前唯一授权《苏东坡传》译本上市[N]/不详//渭南日报，2012-12-02

01471 韩愈与苏轼研究的新开拓：读杨子怡《韩愈刺潮与苏轼寓惠比较研究》[J]/王富鹏//苏轼研究，2012(1)

01472 论《集注分类东坡诗》的历史阐释[J]/何泽棠//北京化工大学学报(社会科学版)，2012(1)

01473 论《苏诗佚注》中的赵次公注[J]/何泽棠//华北电力大学学报(社会科学版)，

2012（1）

01474 苏轼著作整理研究的集大成之作：评《苏轼全集校注》[J]/张忠纲//河北学刊，2012（1）

01475 学术批评不能置学术规范于不顾：就《东坡词笺注补正》答陈永正[J]/薛瑞生//南京师范大学文学院学报，2012（1）

01476 论《施注苏诗》的邵长蘅补注[J]/何泽棠//南京航空航天大学学报（社会科学版），2012（2）

01477 苏轼与润州有关的诗文篇目考[J]/喻世华//江苏科技大学学报（社会科学版），2012（2）

01478 《苏轼与苏门文人集团研究》出版弁言[J]/杨胜宽//苏轼研究，2012（2）

01479 因为"睫在眼前长不见"：王十朋为《百家注东坡诗》编者之内证[J]/李晓黎//中国韵文学刊，2012（2）

01480 翻译伦理研究的方向 构建翻译共同体：《苏东坡传》译本回译问题所引发的思考[J]/吴慧坚//澳门理工学报（人文社会科学版），2012，15（2）

01481 论日本苏诗注本《四河入海》的学术价值[J]/董舒心//古典文学知识，2012（3）

01482 王文诰与《苏文忠公诗编注集成》的成书过程[J]/赵超//兰台世界，2012（3）

01483 校书二札[J]/胡俊俊，胡琼//晋城职业技术学院学报，2012（3）

01484 新见《精刊补注东坡和陶诗话》残本文献价值初探[J]/杨焄//文学遗产，2012（3）

01485 菩提本无树 明镜亦非台：读林语堂著《苏东坡传》有感[J]/王珊珊//新读写，2012（4）

01486 读《苏东坡传》有感[J]/李子璇//少先队小干部，2012（5）

01487 邵伯温、邵博父子的苏轼评价论略[J]/杨胜宽//甘肃社会科学，2012（5）

01488 读《苏轼文集校注》献疑[J]/莫砺锋//文艺研究，2012（6）

01489 乐天旷达一东坡：读林语堂《苏东坡传》[J]/徐鲲//江苏教育（职业教育），2012（7）

01490 从语义对等的角度对《苏东坡传》两个中译本的对比研究[J]/时小蕾//文学界（理论版），2012（8）

01491 茅坤编选《八大家文钞》与明时文取士关系考[J]/刘昶//求索，2012（10）

01492 宋刻龙川略志六卷别志四卷[J]/李致忠//收藏家，2012（12）

01493 演绎的风流：南宋笑话书《东坡问答录》之编纂基调与叙事原理考论[J]/黄东阳//兴大人文学报，2012（48）

01494 读宋版书如见东坡翁："千古风流人物：苏东坡"展品中有关宋椠元刻善本略述[J]/黄文德，张围东//全国新书信息月刊，2012（164）

01495 国家图书馆"千古风流人物：苏东坡"古籍展览图录序[J]/曾淑贤//全国新书信息月刊，2012（164）

01496 苏门子嗣编纂苏轼文集考[J]/原田爱//新国学，2012（00）

01497 M.巴斯曼诺夫的苏轼词作俄译本研究[D]/田露.—北京大学（硕士论文），2012

01498 改写理论视角下《苏东坡传》研究[D]/马国华.—天津科技大学（硕士论文），2012

01499 林语堂之中西文化观的文学抒写：以《京华烟云》和《苏东坡传》为例[D]/张军蓉.—西安外国语大学（硕士论文），2012

01500 论中国题材英文文学作品中的回译：以林语堂所著《苏东坡传》两个中文译本为例［D］/ 杨晶．—华中师范大学（硕士论文），2012

01501 张振玉翻译思想研究：基于张译《京华烟云》和《苏东坡传》的讨论［D］/ 焦肖雅．—浙江师范大学（硕士论文），2012

01502 "一网打尽"东坡琼州诗文［N］/ 不详 // 海口晚报，2013-01-11

01503 苏东坡和他的大宋朝［N］/ 徐 // 张家口晚报，2013-04-12

01504 刘敬堂新作《苏东坡别传》出版［N］/ 雪梅 // 鄂州日报，2013-04-18

01505 感受真性情的苏东坡：读《东坡谈艺录》［N］/ 李岸 // 包头日报，2013-04-19

01506 《苏东坡传》里的王安石变法［N］/ 不详 // 澳门日报，2013-04-19

01507 《苏东坡诗意画》首展现已开启［N］/ 林卫峰 // 信息时报，2013-05-16

01508 《东坡岭南情》：一部历史版的"印象惠州"［N］/ 钟畅新 // 惠州日报，2013-05-21

01509 读刘敬堂长篇历史小说《苏东坡别传》：在"苏海"中游弋［N］/ 庞良君 // 鄂州日报，2013-06-27

01510 《苏东坡在定州》出版［N］/ 不详 // 保定日报，2013-07-25

01511 李占才历史文学《苏东坡在定州》由河北大学出版社出版［N］/ 郝丹凤 // 定州日报，2013-07-26

01512 《苏东坡咏花木》出版［N］/ 不详 // 常州晚报，2013-08-30

01513 《苏东坡咏花木》一书面世［N］/ 不详 // 常州日报，2013-08-31

01514 《苏轼定州作品汇编》出版［N］/ 黄桂英，王玉敏 // 定州日报，2013-09-06

01515 李占才《苏东坡在定州》出版［N］/ 张宏 // 保定晚报，2013-09-12

01516 写一个文化的苏东坡：访《东坡》编剧熊文祥先生［N］/ 方琛 // 鄂东晚报，2013-09-13

01517 李盛华新作《东坡之——我本儋耳人》出版［N］/ 不详 // 国际旅游岛商报，2013-09-16

01518 东坡不幸定州幸［N］/ 不详 // 河北日报，2013-10-11

01519 李延青：还原一个真实的苏东坡［N］/ 刘畅 // 中国科学报，2013-11-01

01520 《苏东坡传》［N］/ 不详 // 宜兴日报，2013-11-06

01521 东坡祠将进行地下考古挖掘：全市各县区古村落维修问题亦在加紧研究［N］/ 不详 // 东江时报，2013-11-06

01522 文豪苏轼"发现"儒将彭玉麟"复活"石钟山［N］/ 王安琪 // 三湘都市报，2013-11-06

01523 苏氏宗亲共话"东坡文化"［N］/ 不详 // 中国文化报，2013-11-12

01524 东坡不幸定州幸：评李占才先生长篇历史叙事文学《苏东坡在定州》［N］/ 郑新芳 // 保定日报，2013-11-17

01525 读林语堂《苏东坡传》［J］/ 俞品宪 // 心潮诗词，2013（1）

01526 论沈钦韩的"以考证注诗"方法：以《苏诗查注补正》为例［J］/ 何泽棠 // 西安电子科技大学学报（社会科学版），2013，23（1）

01527 宋人自编集的文体分类编次意义：以欧、苏、周、陆别集为例［J］/ 张海鸥，罗婵媛 // 河北师范大学学报（哲学社会科学版），2013（2）

01528 也谈翁方纲与宋椠《施顾注东坡先生

诗》[J]/王长民//中国典籍与文化，2013(2)

01529 弥纶群言而研精一理：论艾朗诺的苏轼研究[J]/万燚//中外文化与文论，2013(3)

01530 文人就那么回事：读李亚伟《苏东坡和他的朋友们》[J]/黄土层//新诗，2013(3)

01531 论王文诰《苏诗编注集成》的历史解释[J]/何泽棠//燕山大学学报(哲学社会科学版)，2013(4)

01532 论查慎行《苏诗补注》的历史解释方法[J]/何泽棠//大连海事大学学报(社会科学版)，2013，12(4)

01533 对比修辞学视角下的翻译实践：以苏轼词英译本为例[J]/蒋丽平//湖北第二师范学院学报，2013(5)

01534 追溯苏轼在江浙豫的因缘、行状和归宿：从苏轼后裔苏泽民的《苏东坡在江苏》谈起[J]/单汝鹏//普洱学院学报，2013(5)

01535 基于"中国知网""复印报刊数据"数据库的苏轼研究情况分析[J]/喻世华//乐山师范学院学报，2013(7)

01536 关于洪迈《容斋随笔》评价苏轼的几个问题[J]/杨胜宽//乐山师范学院学报，2013(8)

01537 林语堂美学思想观照下的苏东坡诗词英译研究[J]/曹琳//首都教育学报，2013(10)

01538 林语堂笔下的苏东坡[J]/杜家和//初中生优秀作文，2013(11)

01539 《晦庵先生朱文公文集》中评论苏轼之文考释[J]/裴云龙//新亚论丛，2013(14)

01540 东坡游美：2013年"台湾汉学讲座"及古籍文献展筹办纪要[J]/耿立群，俞小明//国家图书馆馆讯，2013(138)

01541 时空穿越·余韵绕梁：东坡先生在旧金山[J]/卢慧芬//国家图书馆馆讯，2013(138)

01542 善本留真·古籍复刻系列二：嘉定本《注东坡先生诗》复刻始末[J]/俞小明//全国新书信息月刊，2013(178)

01543 追溯苏轼在江苏的因缘、行状和归宿：从苏轼后裔苏泽民的《苏东坡在江苏》谈起[J]/单汝鹏//江海纵横，2013(C1)

01544 林语堂译者主体性研究：以《苏东坡传》为例[D]/陈代娟.—四川师范大学(硕士论文)，2013

01545 《东坡魂》精品展陵水举行[N]/陈蔚林//海南日报，2014-02-13

01546 清雅恬淡是东坡：读《东坡文集》有感[N]/不详//大庆日报，2014-02-08

01547 《苏东坡传》读后感[N]/何婷//三门峡日报，2014-04-01

01548 《苏东坡传》：林语堂最得意的作品[N]/不详//北大荒日报，2014-04-19

01549 李居明新作《情话苏东坡》爆满[N]/不详//文汇报(香港)，2014-05-06

01550 徐康《"东坡志林"百篇赏析》出版[N]/不详//眉山日报，2014-05-12

01551 有一种境界叫苏东坡[N]/不详//姑苏晚报，2014-06-08

01552 一个真实而多彩的苏东坡形象：《苏东坡寓惠传》展现苏轼贬谪惠州的思想、生活和文学创作[N]/不详//惠州日报，2014-06-29

01553 东坡不死：读林语堂《苏东坡传》[N]/迅歌//洞庭之声，2014-07-09

01554 苏东坡传说、黄梅岳家拳入选国家级非物质文化遗产名录[N]/殷元元，方琛//鄂东晚报，2014-07-17

01555 利川发现清重刻宋本《东坡文集》[N]/牟凡//恩施日报，2014-08-07

01556 苏东坡的魔力[N]/王艺桦//太原日报，2014-08-29

01557 《苏东坡寓惠传奇》历时10年四易其稿[N]/不详//东江时报，2014-10-12

01558 《苏东坡寓惠传奇》昨首发[N]/张斐//惠州日报，2014-10-12

01559 东坡寓惠传奇故事将搬上荧屏[N]/申平//东江时报，2014-10-12

01560 《苏东坡寓惠传奇》剧本首发[N]/江月华//信息时报，2014-10-16

01561 《与苏东坡分享创造力》昨日在蓉首发[N]/不详//天府早报，2014-11-10

01562 读《苏东坡传》有感[N]/不详//奉化日报，2014-11-14

01563 请到惠州博物馆看《苏东坡在惠州》油画展：纪念苏东坡寓惠920周年系列活动明日开幕[N]/刘建威//东江时报，2014-11-21

01564 苏轼式人生智慧有待传播：评《苏轼哲学思想研究》[N]/吕振君//保定日报，2014-11-23

01565 《美丽儋州》与东坡先生的艺术回响：房企遐中国画作品集在海南举行首发仪式[N]/叶旭蓉//慈溪日报，2014-12-10

01566 “有味道”的苏东坡[N]/游宇明//东营日报，2014-12-14

01567 四城代表纵论东坡文化[N]/不详//海南日报，2014-12-08

01568 王文诰《苏诗总案》作品编年指误[J]/彭文良//华南理工大学学报(社会科学版)，2014，16(1)

01569 诗意的寄兴：论宋代文本中对东坡日常生活的书写[J]/郭茜//河南师范大学学报(哲学社会科学版)，2014，41(6)

01570 从《苏东坡传》的两个汉译本看翻译策略下的忠实和改写[J]/刘婉婷//疯狂英语(教师版)，2014(1)

01571 妙笔未必生花[J]/潘春华//政工学刊，2014(1)

01572 宋、元时代“和陶集”考略：历代“和陶集”研究之一[J]/邓富华//九江学院学报(社会科学版)，2014(1)

01573 苏诗文献整理的硕果：王友胜校点《苏诗补注》评介[J]/李德辉//湖南人文科技学院学报，2014(1)

01574 论清代鄂东状元陈沆的《东坡赤壁赋》[J]/刘飙//东坡赤壁诗词，2014(2)

01575 明董其昌撰书《重修云龙山放鹤亭碑记》[J]/于康唯//文物世界，2014(2)

01576 明清黄州的东坡文化[J]/赖玉芹//中华文化论坛，2014(2)

01577 新书架《苏诗补注》[J]/不详//古典文学知识，2014(2)

01578 郑文君苏轼诗歌研究探微：以《诗歌，政治，哲学：作为东坡居士的苏轼》为例[J]/许磊//教育观察(上旬)，2014(2)

01579 论毛奇龄对《惠崇春江晓景》的评价[J]/戎默//齐齐哈尔大学学报(哲学社会科学版)，2014(3)

01580 苏轼乐山遗迹考[J]/唐长寿//乐山师范学院学报，2014(3)

01581 忆秦娥·缅怀苏东坡：为自己合作的《东坡居士》布贴画配词[J]/卢华//东坡赤壁诗词，2014(3)

01582 林语堂《苏东坡传》文化专有项的回译研究[J]/郗明月，冯智强//唐山学院学报，2014(4)

01583 司马光年谱中的若干事迹补正[J]/向有强//运城学院学报，2014(4)

01584 苏黄佚札六则辑考[J]/马梅玉//文献，

2014(4)

01585 苏诗注本整理研究的重要成果：王友胜校点《苏诗补注》评介[J]/阮堂明//中国韵文学刊，2014(4)

01586 评价理论下林语堂的古诗词英译评析：以苏轼的《水调歌头》为例[J]/王小济//鸡西大学学报，2014(5)

01587 周汝昌与顾随《苏辛词说》的故事[J]/周伦玲//文学教育(下)，2014(5)

01588 美国学者苏珊·布什的苏轼画论研究[J]/杨玉英，廖进，//乐山师范学院学报，2014(6)

01589 诸城市档案馆深入挖掘苏轼文化[J]/王增强，//山东档案，2014(6)

01590 中国英语在林语堂《苏东坡传》中的体现[J]/安悦悦//安徽文学(下半月)，2014(8)

01591 苏诗《编年总案》的体例创新与学术价值[J]/赵超//文艺评论，2014(10)

01592 敬观真赏：翁方纲旧藏本《施顾注东坡诗》研究[J]/衣若芬//清华中文学报，2014(11)

01593 眉山人的东坡情怀[J]/棱子，若若，巨源//中国西部，2014(19)

01594 当伟大成为一种责任：读《苏东坡传》有感[J]/林菁扬//中文自修，2014(28)

01595 做人要做苏东坡 推荐一本值得一读的好书《苏东坡传》[J]/黄玉峰//上海教育，2014(36)

01596 许渊冲译《卜算子·黄州定慧院寓居作》简评[J]/沈悦//山西师范大学学报(社会科学版)，2014(S4)

01597 曲阳《宋苏轼题名》石刻与所阙人名试补[N]/李占才//保定晚报，2015-01-18

01598 《百家讲坛·说赤壁》走进东坡赤壁[N]/梅卓慧//黄冈日报，2015-01-28

01599 陪你了解苏东坡[N]/不详//颍州晚报，2015-01-30

01600 东坡文化有望打开儋州旅游新格局[N]/易宗平，谢振安//海南日报，2015-02-06

01601 《华夏地理》专题宣传苏东坡[N]/冯扬//黄冈日报，2015-03-18

01602 习近平用典为何最青睐苏东坡[N]/不详//济南时报，2015-03-02

01603 名家登坛开讲传播东坡文化[N]/林书喜//南国都市报，2015-04-24

01604 台湾天文学家来宁说“追星”苏轼《赤壁赋》有天文错误[N]/王秀良//东方卫报，2015-05-07

01605 晚明文人抬举苏东坡[N]/李月//宿迁日报，2015-07-02

01606 听历史学家讲“三苏”与“三苏祠”[N]/安羽//成都日报，2015-07-26

01607 《苏东坡传》序(节选)[N]/不详//西安晚报，2015-08-20

01608 探秘苏东坡与伟人零距离:《探秘苏东坡》座谈会举行[N]/张玉//眉山日报，2015-08-02

01609 探寻苏东坡成长婚恋轨迹:《苏东坡与青神》[N]/不详//姑苏晚报，2015-08-28

01610 借东坡文化助城市营销[N]/袁丽霞//四川日报，2015-09-07

01611 百家讲坛主讲人讲解三苏文化[N]/岳金宏，李明发//石家庄日报，2015-09-17

01612 读《苏东坡传》感受苏轼魅力[N]/不详//海西晨报，2015-09-22

01613 东坡文化构建惠州文化核心：专家建议树立东坡文化品牌[N]/徐乐乐，李文轩，陶然，黄沁//南方日报，2015-

10-26

01614 《不合时宜：东坡人文地图》让你读懂苏东坡［N］/骆阳//青年时报，2015-11-25

01615 地域性苏轼作品研究新成果：读周新华等编著《苏轼定州诗文评注》［N］/梁跃民//河北日报，2015-11-27

01616 赏惠州美景看东坡大戏：《千年之约》11月30日至12月2日连续三天公演［N］/不详//东江时报，2015-11-27

01617 这个时代仍非常需要东坡文化［N］/游璇钰，雷钦健//惠州日报，2015-12-03

01618 学者专家呼吁恢复东坡钓矶石：惠州苏东坡祠复原工程未将钓矶石纳入工程范围［N］/不详//东江时报，2015-12-03

01619 东坡文化对惠州意味着什么［N］/王彪//南方日报，2015-12-07

01620 读《苏东坡传》，谈法律人之精神［J］/段明//月读，2015(1)

01621 浅析余秋雨笔下苏轼形象解读［J］/任志华//吉林工程技术师范学院学报，2015(1)

01622 四川博物院藏苏轼小字《归去来兮辞》拓本赏析［J］/胡蔚//文物天地，2015(1)

01623 《苏东坡传》两个中译本对照应衔接的处理［J］/滕梅，秦薇//翻译论坛，2015(1)

01624 范仲淹、苏轼、黄庭坚轶诗辑考：以方志文献为中心［J］/李成晴//重庆师范大学学报(哲学社会科学版)，2015(2)

01625 试析东坡的快乐：林语堂《苏东坡传》解读［J］/韩丽霞//科教文汇(下旬刊)，2015(2)

01626 东坡赤壁碑刻文化传承与保护研究［J］/陈慧//知识文库，2015(3)

01627 林语堂笔下的苏东坡形象［J］/孙良好，张璐//闽台文化研究，2015(3)

01628 吴世昌解词一例［J］/吴令华//南京师范大学文学院学报，2015(3)

01629 凌刻本《东坡书传》考述［J］/倪永明，卞丽芳//江苏大学学报(社会科学版)，2015(4)

01630 浅析黄冈东坡文化发展现状、意义与构想［J］/左国华，谢鸽//教育教学论坛，2015(4)

01631 《寻访东坡踪迹》序评［J］/张志烈//阿坝师范高等专科学校学报，2015(4)

01632 《四库提要辨证》对《东坡别集》的误解［J］/江枰//文献，2015(5)

01633 论华兹生的苏轼诗译介［J］/万燚//琼州学院学报，2015(6)

01634 审美人生：现代人亟需的处世哲学：评《苏轼哲学思想研究》［J］/甄巍然//采写编，2015(6)

01635 论苏东坡诗词英译：概念整合理论视角［J］/王启伟，王翔//长江大学学报(社会科学版)，2015(7)

01636 做人要做苏东坡 推荐一本值得一读的好书《苏东坡传》［J］/黄玉峰//基础教育论坛，2015(8)

01637 桂棹兰桨溯流光 明月清风无尽藏：读《苏东坡传》［J］/祁峰//中国机关后勤，2015(12)

01638 宋人笔记中苏轼文学批评轶事及其价值［J］/宋娟//文艺评论，2015(12)

01639 名人文化在学校教育中的传承和发展：以东坡文化为例［J］/周吉群//教育科学论坛，2015(24)

01640 基于语料库的《苏东坡传》两汉译本比较研究［J］/施建刚//名作欣赏，2015(35)

01641 东坡诗的顾沅读校本［J］/居然//收

藏·拍卖，2015（C1）

01642 《苏东坡传》读后有感［J］/王筱涵//现代语文（教学研究），2015（Z1）

01643 基于意象图式理论的诗歌意象翻译补偿研究：以许渊冲《苏轼诗词选》英译本为例［D］/王志慧．—江苏大学（硕士论文），2015

01644 基于语料库的《苏东坡传》汉译本译者风格比较研究［D］/霍郭浩．—安徽大学（硕士论文），2015

01645 中学语文教材"苏轼选文"研究［D］/关健．—哈尔滨师范大学（硕士论文），2015

01646 《苏东坡传》［N］/不详//海口日报，2016-01-03

01647 韩国强新版《寻访东坡踪迹》面世：系国内外首部以游记还原东坡历程的著述［N］/易宗平//海南日报，2016-01-12

01648 饱蘸东坡文墨，点染"西游"美卷［N］/不详//海南日报，2016-01-29

01649 日藏宋刊《东坡集》回"家"［N］/刘继增//平顶山日报，2016-02-03

01650 读刘君敬堂撰著的《苏东坡别传》［N］/叶贤恩//鄂州日报，2016-02-17

01651 东坡文化与新时代红利［N］/涂普生//黄冈日报，2016-02-27

01652 《苏东坡传》伴我援藏行［N］/畲明杰//亳州晚报，2016-02-29

01653 海南省图书馆首展苏东坡古籍［N］/不详//中国文化报，2016-03-04

01654 海南首展苏东坡古籍［N］/不详//文学报，2016-03-10

01655 一代文宗与东坡书院［N］/刘长海//松江报，2016-04-14

01656 日本"苏轼迷"与东坡书院情深：二十年来捐赠物品百余件［N］/不详//宜兴日报，2016-05-24

01657 别样东坡［N］/付川询//资阳日报，2016-08-02

01658 《千年东坡百家赞》出版［N］/不详//常州日报，2016-08-24

01659 读《苏东坡传》［N］/袁俐敏//天津日报，2016-08-25

01660 读徐康著《"东坡志林"百篇赏析》［N］/徐炜//华西都市报，2016-08-27

01661 东坡曾三记游赤壁［N］/雪涅//阜阳日报，2016-09-03

01662 苏东坡诗中的西湖有多美：孙敏强开讲《苏东坡与西湖》［N］/不详//姑苏晚报，2016-09-04

01663 弘扬东坡文化促进文化大发展大繁荣［N］/朱矾//黄冈日报，2016-09-08

01664 立足史料重塑苏轼：读林语堂的《苏东坡传》一书［N］/左先勋//大理日报，2016-09-19

01665 苏轼寓惠让西湖声名鹊起：他的生花妙笔和巨大影响力为惠州西湖增添风采［N］/不详//东江时报，2016-09-28

01666 在水墨里感受苏东坡：刘克宁《问墨苏东坡》在徐州美术馆开展［N］/刘苏//徐州日报，2016-11-14

01667 《苏东坡传》读后感［N］/不详//射阳日报，2016-11-22

01668 《苏东坡传》：一生流离［N］/宋爱娟//丹阳日报，2016-11-23

01669 东坡祠风雨八百年修葺卅余次［N］/不详//东江时报，2016-12-09

01670 "一门三苏"塑造城市灵魂［N］/方小虎，张守帅，袁丽霞//四川日报，2016-12-22

01671 模因论视角下林语堂《苏东坡传》编译的研究［J］/周志会，顾毅//牡丹江大学学报，2016（1）

01672 基于语料库的汉语译文翻译共性研究：

以《苏东坡传》汉译本为例[J]/施建刚，邵斌//外国语言文学，2016(2)

01673 明代天启《苏米志林》刻本漫谈[J]/万波//文物天地，2016(2)

01674 浅析林语堂翻译苏轼词中的创造性叛逆[J]/崔小欢//校园英语(下旬)，2016(2)

01675 苏轼《和陶诗》版本考述[J]/王永波//铜仁学院学报，2016(2)

01676 翁同龢与严虞惇、钱廷锦手批苏诗[J]/樊庆彦//中国典籍与文化，2016(2)

01677 朱熹对苏轼《易传》《书传》不同评价原因的探析[J]/段天姝//学术探索，2016(2)

01678 读《苏轼全集校注》札记："三花""三鬃"两相呼，御马颈饰修剪成[J]/冉万里//大众考古，2016(3)

01679 苏轼诗词在西方的英译与出版[J]/戴玉霞，成瑛//中国社会科学院研究生院学报，2016(3)

01680 苏轼书[J]/不详//古籍整理研究学刊，2016(3)

01681 西川伯俊兄南游苏轼贬谪地惠州感赋[J]/杨建文//现代语文·文学研究(上旬)，2016(3)

01682 似与不似之间的流转：叙事视角下的译者与隐含作者研究——以苏轼诗词的英译为例[J]/戴玉霞，侯爱华//人文杂志，2016(4)

01683 数据化决策：常州东坡文化内容创意与整合营销[J]/苗贵松//常州工学院学报(社会科学版)，2016(5)

01684 漂泊海外的宋刊《东坡集》回"家"：徐州老土捐赠日藏宋刊《东坡集》管窥[J]/刘继增//乐山师范学院学报，2016(6)

01685 浅论苏轼文化精神对眉山的影响[J]/蒋兴满//魅力中国，2016(6)

01686 咏东坡先生[J]/王纪波//中华诗词，2016(6)

01687 象似性视角下的苏轼诗词英译研究：以《念奴娇·赤壁怀古》为例[J]/于艳青//语文学刊，2016(8)

01688 挖掘苏轼文化底蕴 打造苏轼特色校园[J]/刘国栋，马厚海//华人时刊·校长，2016(10)

01689 徐州市铜山区利国实验小学 挖掘苏轼文化底蕴 打造苏轼特色校园[J]/刘国栋，马厚海//平安校园，2016(10)

01690 永远璀璨的恒星：解读《苏东坡传》[J]/付秋会//读与写，2016(11)

01691 醉困华阴洞 一梦过千年：青州市博物馆藏苏轼题诗醉道士石[J]/鞠志海//收藏家，2016(12)

01692 论宋代雕版印刷对苏轼及其作品刊刻与传播的影响[J]/张锦辉//中国出版史研究，2017(2)

01693 学术失范，还是门户之见——清代王文诰与冯应榴的苏轼诗歌注本关系探究[J]/赵超//中国韵文学刊，2017(2)

01694 基于地域文化保护传承引领城市更新策略研究：以三苏祠历史片区规划设计为例[J]/白璐，田家兴//小城镇建设，2017(7)

01695 苏轼《东坡乐府》版本考略[J]/王永波//铜仁学院学报，2017(11)

01696 弘扬苏轼精神 培养时代新人[J]/刘国栋，韩翠侠//教育家，2017(28)

01697 传媒视角，求真精神：读内山精也《传媒与真相：苏轼及其周围士大夫的文学》[J]/杨曦//文学研究，2017

家世、生平、社会活动研究

总　论[①]

01698　风风雨雨：东坡善射［J］/ 不详 // 民国汇报，1913，1（4）

01699　松牕漫笔：东坡旷达［J］/ 静厂 // 大共和日报，1913（12）

01700　蓝水书塾东坡生庚八字［J］/ 何则贤 // 文艺杂志：上海，1914（10）

01701　东坡不能棋［J］/ 瓶庵 // 中华小说界，1915，2（3）

01702　苏东坡李氏山房藏书记［J］/ 叶顺 // 国文周刊，1917（6）

01703　东坡玉带［J］/ 齐 // 达德周刊，1917（21）

01704　东坡逸事［J］/ 杨学诗 // 旅杭嘉善学会集志，1919（1）

01705　东坡雅谑［J］/ 不详 // 俭德储蓄会月刊，1920，1（1）

01706　笑话：东坡戏妹［J］/ 叶不秋 // 广东女学校学生自治会年报，1922（1）

01707　容斋四笔摘钞：东坡盖公堂记［J］/ 杨百城，赵意空 // 医学杂志，1922（5）

01708　苏东坡［J］/ 何致明 // 少年：上海 1911，1925，15（3）

01709　萍庐随笔：东坡竹［J］/ 不详 // 真光，1925，24（5）

01710　东坡的故事（译文）［J］/ 郝广盛 // 国学月刊，1926（2）

01711　还读我书斋笔记：东坡讲民主［J］/ 缅诲 // 青年进步，1926（92）

01712　苏东坡戏妹［J］/ 深儒 // 少年（上海 1911），1927，17（2）

01713　苏东坡故事［J］/ 钟梅山 // 民俗，1929（66）

01714　苏东坡的老子［J］/ 为彬 // 民众教育半周刊，1930，1（13）

01715　古今名人轶事：苏东坡游赤壁故事［J］/ 不详 // 青天汇刊，1930（1）

01716　名人逸事录：罪人苏轼［J］/ 南涧山农 // 俭德储蓄会会刊，1930（2）

01717　苏东坡之玉带［J］/ 不详 // 游历，1930（2）

01718　名人逸事录（续）：苏轼自比垫龙［J］/ 南涧山农 // 俭德储蓄会会刊，1930（3）

01719　苏小妹和东坡先生、张之洞送书约潘存［J］/ 黄有琚 // 民俗，1930（101）

01720　苏东坡玉带现藏镇江金山寺：［照片］［J］/ 符恼武 // 图画时报，1930（627）

01721　苏东坡的故事（续）［J］/ 刚主 // 农民，1931，6（23）

01722　苏东坡的呆气［J］/ 为彬 // 武汉文艺，1932，1（1）

01723　苏东坡轶事［J］/ 咏卿 // 慈溪民众，1933（17）

01724　善于支配生活费的先进苏东坡［J］/ 伯羽 // 机联会刊，1933（67）

01725　苏轼史略［J］/ 不详 // 新会沙堆侨安月报，1933（82）

① 有关人物家世、生平、社会活动研究总论入此

01726 滑稽的苏东坡［J］/白文//小朋友，1933（569）

01727 从擦背想到苏东坡［N］/若虚//上海宁波日报，1934-06-23

01728 东坡铁事［J］/不详//湘西农村建设月刊，1934，1（1）

01729 苏东坡抑别人之错乎？［J］/不详//文通，1934，3（54）

01730 食古斋随笔：苏东坡之酬酢［J］/泥公搜//社会新闻，1934，9（1）

01731 笑话：东坡题词［J］/不详//摄影画报，1934，10（26）

01732 东坡的逸事［J］/刘寿松//国闻周报，1934，11（35）

01733 智慧的苏东坡［J］/枢//兴华，1934，31（5）

01734 东坡先生言行［J］/不详//云南旅平学会季刊，1935，2（1）

01735 东坡与滕达道书［J］/不详//云南旅平学会季刊，1935，2（1）

01736 都是妇人、诗、苏东坡论食、智士说、酒［J］/泥公搜//社会新闻，1935，11（3）

01737 食古斋随笔：苏东坡三事［J］/泥公搜//社会新闻，1935，11（5）

01738 苏东坡戴绿头巾［J］/惠//北平交大周刊，1935（65）

01739 东坡在西湖（一）（附图）［J］/苏斋//京沪沪杭甬铁路日刊，1935（1227）

01740 东坡在西湖（二）（附照片）［J］/苏斋//京沪沪杭甬铁路日刊，1935（1228）

01741 东坡在西湖（三）［J］/苏斋//京沪沪杭甬铁路日刊，1935（1229）

01742 东坡在西湖（四）［J］/苏斋//京沪沪杭甬铁路日刊，1935（1230）

01743 东坡在西湖（五）（附照片）［J］/苏斋//京沪沪杭甬铁路日刊，1935（1231）

01744 东坡在西湖（六）（附照片）［J］/苏斋//京沪沪杭甬铁路日刊，1935（1233）

01745 东坡在西湖（七）［J］/苏斋//京沪沪杭甬铁路日刊，1935（1234）

01746 东坡在西湖（八）（附书法）［J］/苏斋//京沪沪杭甬铁路日刊，1935（1236）

01747 东坡在西湖（九）（附照片）［J］/苏斋//京沪沪杭甬铁路日刊，1935（1238）

01748 东坡在西湖（十）［J］/苏斋//京沪沪杭甬铁路日刊，1935（1240）

01749 东坡在西湖（十一）［J］/苏斋//京沪沪杭甬铁路日刊，1935（1243）

01750 东坡在西湖（十二）［J］/苏斋//京沪沪杭甬铁路日刊，1935（1245）

01751 东坡在西湖（十三）（附图）［J］/苏斋//京沪沪杭甬铁路日刊，1935（1247）

01752 东坡在西湖（十四）［J］/苏斋//京沪沪杭甬铁路日刊，1935（1248）

01753 东坡在西湖（十五）（附图、照片）［J］/苏斋//京沪沪杭甬铁路日刊，1935（1249）

01754 苏东坡的幽默［J］/篷//广州陆川学会学报，1935（创刊号）

01755 苏东坡雅谑［J］/不详//兴华，1936，33（25）

01756 东坡戏妹［J］/白驹荣，吕文成//粤曲，1936（2）

01757 苏东坡的幽默［J］/湘如//论语，1936（85）

01758 苏东坡坟“在陕县西”：［照片］［J］/周庠//保安半月刊，1937，2（11）

01759 东坡行实录（未完）［J］/张尊五//国专月刊，1937，5（3）

01760 东坡行实录（续完）［J］/张尊五//国专月刊，1937，5（4）

01761 苏东坡怕死轶事［J］/如愚//北洋画报，1937，31（1530）

01762 苏轼传略[J]/不详//江苏广播周刊，1937(31)

01763 一个恃才傲世卖弄小聪明的教训：王安石与苏东坡[J]/迪森//职业与修养，1940，3(5)

01764 风流多情的苏东坡[J]/青青//半壁，1941(6)

01765 杂拌之叶：苏东坡逸事[J]/公//新进，1942，1(6)

01766 名人趣话：苏东坡妙笔止讼[J]/不详//国民杂志(北京)，1942，2(8)

01767 苏轼幼时即显奇才后为宋朝文学家[J]/文//北京市政旬刊，1942(112)

01768 苏东坡的故事(附图)[J]/敏孝//新儿童，1943，3(4)

01769 东坡腻事谈[J]/谭雯//杂志，1945，14(5)

01770 苏东坡致狱吏[J]/立选//书简杂志，1946(4)

01771 三毳饭：苏东坡的故事[J]/李罗美//文藻月刊，1948，新1(6)

01772 苏东坡的故事：附图画[J]/李罗美//文藻月刊，1948，新1(6)

01773 苏东坡传(一)[J]/林语堂，何文基//好文章(上海1948)，1948(1)

01774 苏东坡传(二)[J]/林语堂，何文基//好文章(上海1948)，1948(2)

01775 苏东坡传[J]/林语堂//中学生阅读(高考版)，1948(3)

01776 苏东坡传(三)[J]/林语堂，何文基//好文章(上海1948)，1948(3)

01777 苏东坡传(四)[J]/林语堂，何文基//好文章(上海1948)，1949(4)

01778 徐州旧府署内一位大文豪：苏轼[J]/钱用和//畅流，1952，6(5)

01779 苏东坡的少年时代[J]/雪涛//畅流，1955，12(3)

01780 苏东坡的浪漫时代[J]/雪涛//畅流，1955，12(5)

01781 苏东坡的黄金时代[J]/雪涛//畅流，1955，12(9)

01782 苏东坡与鬼故事[N]/俞素//中国时报，1956-02-07

01783 关于苏东坡[J]/杜呈祥//自由青年，1956，15(3)

01784 苏东坡轶事[N]/刘孝推//中国时报，1958-08-10

01785 对王季思先生的《苏轼试论》的几点意见[J]/黄昌前//文学研究，1958(4)

01786 苏东坡故事辑[N]/陈中和//台湾"中央日报"，1960-07-27

01787 东坡生日话东坡[J]/寿苏//畅流，1961，22(11)

01788 东坡生日[N]/毛一波//台湾"中央日报"，1961-04-25

01789 与费友仁先生谈苏东坡[J]/洪鹍//大学生活，1962，7(24)

01790 苏东坡的传说[J]/刘艺亭//民间文学，1963(5)

01791 全才文学家苏东坡[J]/刘文娟//文海，1964，1(5)

01792 东坡居士：苏轼[J]/慧炬月刊社资料室//慧炬，1964，革新(4-5)

01793 苏东坡评传[J]/梁容若//文坛，1965，65(11)

01794 苏东坡的逸闻和轶事[J]/味根//古今谈，1968(39-40)

01795 才气横溢的苏轼[J]/顾孟坪//生力月刊，1970，4(38)

01796 "大江东去"话东坡[J]/琦君//纯文学，1970，7(3)

01797 坎坷忧患中乐天知命[J]/朴人//自由谈，1970，21(11)

01798 苏东坡轶事[N]/衣谷石//台湾日报，

1970-02-20

01799 苏老泉叫东坡问题[N]/丛静文//自立晚报，1970-08-06

01800 多才多艺的苏东坡[J]/那志良//中央月刊，1971，3(4)

01801 读苏东坡墓志铭及宋史苏轼传札记[J]/林政华//书目季刊，1971，6(2)

01802 谈苏东坡[J]/杜崇法//醒狮，1971，9(3)

01803 苏东坡的轶事[N]/刘光兴//自立晚报，1973-11-02

01804 苏东坡的生活与嗜好[J]/陈宗敏//民主宪政，1973，45(2)

01805 苏东坡的生平事迹[J]/陈宗敏//花莲师专学报，1973(5)

01806 文坛怪杰：苏东坡[J]/菊韵//今日中国，1973(32)

01807 苏东坡[J]/黄癸楠//中国文选，1973(70)

01808 全能文豪：苏东坡[J]/唐润钿//文坛，1973(161)

01809 全能作家苏轼[J]/林宗霖//励进，1973(332)

01810 苏东坡传自序[N]/陈宗敏//中华日报，1974-04-01

01811 意境超迈的苏东坡[J]/胡信田//狮子吼，1974，13(11)

01812 苏东坡二三事[N]/汪仁玉//自立晚报，1975-12-12

01813 漫谈苏轼[J]/江正诚//畅流，1975，51(12)

01814 苏轼轶事二三[N]/碧兰//自立晚报，1975-01-17

01815 戏致苏东坡[J]/余中生//中外文学，1975，3(10)

01816 闲话东坡[J]/洪慧贞//文艺月刊，1975(68)

01817 苏东坡的多彩多姿生活[J]/陈香//明道文艺，1977(18)

01818 通达自适的苏东坡[J]/朱荣智//明道文艺，1977(18)

01819 苏东坡的造化[N]/墨人//台湾新生报，1978-06-20

01820 苏轼[J]/张隆延//中国文学史论集，1978(2)

01821 东坡居士遗事[J]/林葱//台中商专学报，1978(10)

01822 天容海色—东坡[J]/张垣铎//台南工专学报，1979(1)

01823 《苏东坡传记》：老泉·东坡赘语[J]/周本淳//南京师范学院学报(社会科学版)，1979(4)

01824 《苏东坡传记》：苏老泉究竟是谁?[J]/一水//南京师范学院学报(社会科学版)，1979(4)

01825 《苏东坡传记》：苏老泉是苏东坡补证[J]/刘法绥//南京师范学院学报(社会科学版)，1979(4)

01826 谈谈苏轼和有关苏轼的传记[J]/程之行//出版与研究，1979(53)

01827 诗治野马(苏东坡的故事)[J]/朱玉书//故事会，1980(1)

01828 初探苏东坡对科学的贡献[J]/刘德仁//西南民族大学学报(人文社会科学版)，1980(2)

01829 苏轼[J]/李世坤//安徽教育，1980(4)

01830 宋代文豪苏东坡[J]/黄清乐//建设，1980，29(5)

01831 苏轼评传[J]/宋丘龙//中华文化复兴月刊，1980，13(10)

01832 苏轼(文学人物志)[J]/吴志达//芳草，1980(12)

01833 苏东坡评传[J]/方延豪//中华文化复兴月刊，1981，14(1)

01834 苏轼与河北之关系考［J］/ 吴雪涛 // 河北学刊，1982（2）

01835 论苏轼：纪念苏轼逝世八百五十年［J］/ 杨刚 // 福建师范大学学报（哲学社会科学版），1982（3）

01836 欧阳修过关 苏东坡让道 石达开明志［J］/ 田家振 // 山海经，1982（3）

01837 东坡传之疑古精神［J］/ 林丽真 // 孔孟月刊，1982，21（3）

01838 苏轼［J］/ 李世坤 // 安徽教育，1982（4）

01839 论苏轼家庭生活与其文学创作的关系［J］/ 孙兰廷 // 语文学刊，1982（5）

01840 中国历代书画家雅闻奇事：苏轼［J］/ 黄世仲 // 自由青年，1982，68（5）

01841 从艺术看人生（6）：苏东坡的美丽谎言［J］/ 李霖灿 // 雄狮美术，1982（142）

01842 苏轼家庭轶闻［J］/ 方晴 // 家庭，1983（1）

01843 苏轼在琼州的生活及创作［J］/ 陈继明 // 中南民族学院学报，1983（3）

01844 东坡轶事二篇［J］/ 周子瑜 // 大众文艺，1983（5）

01845 人物传说：观音难苏轼［J］/ 周政文，陈德来 // 晋阳文艺，1983（9）

01846 读苏小札［J］/ 枣庄 // 四川大学学报（哲学社会科学版），1984（3）

01847 东坡亭上怀东坡［J］/ 鲁原 // 语文园地，1984（6）

01848 如何评价苏轼［J］/ 王季思 // 学术研究，1984（6）

01849 千古奇才的苏轼为啥没考中状元［J］/ 罗寒松 // 四川青年，1984（9）

01850 苏轼与颍州西湖［J］/ 澄心 // 颍州志讯，1985（2）

01851 苏东坡体壮才高［J］/ 达戈 // 知识，1985（4）

01852 通达自适的苏东坡［J］/ 黄博靖 // 反攻，1985（447）

01853 海南时期的苏东坡形象：关于《东坡笠屐像》［N］/ 任仆 // 羊城晚报，1986-02-26

01854 苏轼诗中的故乡情［J］/ 毛永龄 // 乐山师范学院学报，1986（1）

01855 苏东坡与水利建设［J］/ 不详 // 中国水利，1986（3）

01856 东坡三章［J］/ 林清玄 // 幼狮文艺，1986，64（3）

01857 宁可食无肉 不可居无竹：漫谈苏东坡植树造林［J］/ 杨永节 // 甘肃林业，1986（4）

01858 苏轼赤壁作寿 李委乔装索诗［J］/ 林克仁 // 乐器，1986（7）

01859 论东坡之母程太夫人［J］/ 黄振民 // 教学与研究，1986（8）

01860 苏轼传［J］/ 陈雄勋 // 中国工商学报，1987（8）

01861 天下第一苏东坡［J］/ 傅申 // 大成，1987（161）

01862 北宋文豪苏东坡［J］/ 戴丽珠 // 幼狮月刊，1987（411）

01863 东坡生平及其岭南诗研究［D］/ 张尹炫. —成功大学（硕士论文），1988

01864 苏轼与黄楼［J］/ 赵凯 // 治淮，1989（1）

01865 苏轼在惠、儋时的创作心态、生活和思想［J］/ 郁思 // 文学遗产，1989（1）

01866 一代文宗苏东坡［J］/ 谢燕鸣 // 广东文献季刊，1989，19（1）

01867 苏东坡与滕县考略［J］/ 李祥麟 // 枣庄学院学报，1989（3）

01868 关于苏轼生平的若干资料［J］/ 孔凡礼 // 文学遗产，1989（6）

01869 苏东坡［J］/ 钱锦方 // 鸭绿江，1989（7）

01870 苏东坡坎坷人生［J］/ 书友编辑室 // 书友，1989（29）

01871 苏东坡专辑：千古风流苏东坡［J］/ 书友编辑室 // 书友，1989（29）
01872 苏东坡［J］/ 刘金水 // 中国语文，1990，66（2）
01873 苏东坡与瑞草桥遗址［J］/ 鲁树泉 // 四川文物，1990（2）
01874 评苏轼初仕凤翔的思想和政绩［J］/ 任朝第 // 宝鸡文理学院学报（社会科学版），1990（3）
01875 巴山鹭水情相系 闽蜀英杰载青史：话说苏轼与苏颂［J］/ 刘青泉 // 文史杂志，1990（6）
01876 与君世世为兄弟：论东坡作品中的手足深情［J］/ 廖振富 // 台中商专学报，1990（22）
01877 由东坡先生“戏颜回”所想到……［J］/ 肖菁 // 会计之友（上旬刊），1991（5）
01878 十项全能才子：苏东坡的风流韵事［J］/ 熊芝山 // 高雄四川同乡会年刊，1991（11）
01879 从苏诗的名篇看苏轼的一生［J］/ 陈新雄 // 孔孟月刊，1991，29（11）
01880 东坡传［J］/ 王建生 // 中国文化月刊，1991（135）
01881 东坡·东湖与西湖［J］/ 张骅 // 陕西水利，1992（1）
01882 劝君来绘东坡图［J］/ 渠成 // 水利天地，1992（2）
01883 论苏轼［J］/ 李洋 // 海南大学学报（人文社会科学版），1992（4）
01884 苏东坡真容考［J］/ 彭泽良 // 西南旅游，1992（5）
01885 谬为画卷添新绿［J］/ 卞成友 // 水利天地，1992（6）
01886 评论不妨学点苏轼［N］/ 徐中玉 // 人民日报，1993-11-13
01887 苏轼是旷世无双的全能文士［J］/ 朱靖华 // 语文学刊，1993（4）
01888 试谈苏轼的秘书风采［J］/ 利瓦伊江 // 秘书之友，1994（2）
01889 苏东坡的节用［J］/ 肖木 // 秘书之友，1994（2）
01890 青山玉瘗眠三苏：苏东坡葬于郏县之谜［J］/ 罗世军 // 中州统战，1994（4）
01891 中学国文作家趣闻掌故：千古风流苏东坡［J］/ 宋裕 // 国文天地，1995，10（10）
01892 千古花仙苏东坡［J］/ 季聪 // 上海采风，1995（1）
01893 苏东坡（选载之一）［J］/ 徐棻，羽军 // 四川戏剧，1995（1）
01894 苏轼的婚姻与情感生活［J］/ 杨胜宽 // 川东学刊（社会科学版），1995（1）
01895 苏轼的婚姻与情感生活［J］/ 杨胜宽 // 达县师范高等专科学校学报，1995（1）
01896 苏轼与白居易比较研究［J］/ 蔡正发 // 思茅师范高等专科学校学报，1995（1）
01897 苏轼的为父之道［J］/ 孙民 // 沈阳教育学院学报，1995（2）
01898 苏东坡与清风明月［J］/ 章尚正 // 古典文学知识，1995（3）
01899 苏东坡的母亲［J］/ 陶晋生 // 历史月刊，1995（90）
01900 民间传说：苏轼改对联［N］/ 沈燕 // 宁波日报，1996-10-26
01901 改革与人生：苏轼、张耒的共同话题——兼论黄州之贬对二人的影响［J］/ 杨胜宽 // 黄冈师专学报，1996（1）
01902 略论苏轼谪居黄州时期的“功业”：兼论黄州时期的东坡居士形象［J］/ 梅大圣 // 黄冈师范学院学报，1996（1）
01903 苏轼与东坡书院［J］/ 林开鸿，林壮标 // 海南史志，1996（1）
01904 寄我无穷境：苏轼贬儋期间的生命体验

[J]/ 唐玲玲 // 文学遗产，1996(4)
01905 苏轼命名的三个快哉亭及其间的一个微妙问题[J]/ 萨进德 // 黄冈师范学院学报，1996(4)
01906 读书随笔：从苏轼诞辰说起[N]/ 桂心权 // 宁波日报，1997-01-15
01907 名人的诗教[J]/ 黄文 // 河南科技，1997(2)
01908 了缘：苏轼晚年定居终老常州始末之二[J]/ 邵玉健 // 龙城春秋，1997(3)
01909 中英旅游诗意境及表现手法的相似性[J]/ 程立初 // 宁德师专学报(哲学社会科学版)，1997(4)
01910 苏轼论：一个诗人的毕生追求[J]/ 郑熙亭 // 长城，1997(5)
01911 善谑[J]/ 张福勋 // 文史知识，1997(10)
01912 一位天才的、全能的文化巨人：苏轼[J]/ 李居取 // 高市文教，1997(60)
01913 从“风流才子苏东坡”谈起[J]/ 华敏 // 新闻镜周刊，1997(430)
01914 苏轼之死的教训[J]/ 周一谋 // 健康世界杂志，1998(1)
01915 苏东坡人生机智初探[J]/ 陈志平 // 甘肃教育学院学报(社会科学版)，1998(2)
01916 苏东坡寓惠生活探幽[J]/ 王启鹏 // 惠州大学学报(社会科学版)，1998(2)
01917 苏轼与亭[J]/ 陈福季 // 贵州文史丛刊，1998(2)
01918 感受苏东坡：悲剧人生[J]/ 周迎芬 // 山东工会论坛，1998(3)
01919 苏东坡小传[J]/ 沉舟 // 春秋，1998(3)
01920 苏东坡[J]/ 王廷兆 // 科学养生，1998(10)
01921 我国古代的十位圣人[J]/ 陈中原 // 建筑工人，1998(12)
01922 有请苏东坡复活：二南堂[J]/ 米雪 // 苏活杂志，1998(16)
01923 苏东坡的母亲[J]/ 林芷茵 // 家庭教育(婴幼儿家长)，1998(Z1)
01924 苏东坡小传[J]/ 沉舟 // 春秋，1999(1)
01925 论佛禅对苏轼旷达自适个性形成之影响[J]/ 魏静 // 德州学院学报，1999(3)
01926 苏轼与杭嘉湖三州人文景观[J]/ 程伊权 // 嘉兴高等专科学校学报，1999(3)
01927 千禧快乐才子：苏东坡[J]/ 蔡文婷 // 光华，1999，24(12)
01928 苏东坡的成熟风范[J]/ 李振亚 // 影音年代，1999(56)
01929 西方人眼中的苏东坡[N]/ 不详 // 人民日报，2000-12-08
01930 试论苏轼在宋代文坛上的地位[J]/ 欧阳鹏 // 学术论丛，2000(1)
01931 司马光、苏东坡、朱熹与池州[J]/ 方既明 // 池州师专学报，2000(1)
01932 苏东坡小传[J]/ 沉舟 // 春秋，2000(1)
01933 巧改唐诗[J]/ 程林华 // 价格月刊，2000(3)
01934 苏东坡小传[J]/ 沉舟 // 当代杂志，2000(3)
01935 苏轼与山西的文字缘[J]/ 王志超 // 晋阳学刊，2000(5)
01936 论苏东坡的隐逸情结[D]/ 贾喜鹏. —内蒙古大学(硕士论文)，2000
01937 苏轼人生悲剧解析[D]/ 周亮. —复旦大学(博士论文)，2000
01938 另一个苏东坡[N]/ 修众 // 中华读书报，2001-10-17
01939 感谢苏轼[N]/ 汪贵林 // 人民日报(海外版)，2001-11-13
01940 廿年龙吟磨一剑万古风流苏东坡[N]/ 孔凡礼 // 中国青年报，2001-11-14
01941 名人教子数法[J]/ 周圣 // 家教博览，

2001(2)

01942 苏东坡办学[J]/石平//传媒，2001(2)

01943 苏轼曾任常州团练副使考：纪念坡翁终老于常州九百周年[J]/谢忱//常州工学院学报，2001(3)

01944 关于随遇而安[J]/杨槐亮//山西高等学校社会科学学报，2001(10)

01945 旷世奇才：苏东坡[J]/姚白芳//经典，2001(36)

01946 千古风流人物苏东坡[J]/朝云//历史月刊，2001(162)

01947 学士老饕苏东坡[J]/朱振藩//历史月刊，2001(162)

01948 苏东坡守岁[N]/不详//中华读书报，2002-01-23

01949 潇洒苏东坡[N]/不详//文汇报(香港)，2002-07-15

01950 感悟苏东坡[J]/严桂根//思维与智慧，2002(1)

01951 读不完的苏东坡[J]/于昌海//师道，2002(3)

01952 苏东坡死后怎样[J]/武守志//兰州教育学院学报，2002(4)

01953 千年梳妆[J]/豆春明//阅读与鉴赏(高中版)，2002(12)

01954 东坡情思[J]/韩国强//中华活页文选(成人版)，2002(16)

01955 苏东坡是问题少年吗[N]/南山种豆//北京青年报，2003-06-01

01956 苏东坡贬廉州与“狗罗罗花”[N]/周謇//北海日报，2003-12-05

01957 千古文豪：苏轼[J]/不详//巴蜀史志，2003(1)

01958 八斗才子[J]/不详//发现，2003(2)

01959 东坡苏南后裔[J]/周逸敏，苏叶//江苏地方志，2003(2)

01960 苏轼：一个文人的宏壮与悲凉[J]/张孝锋//中州今古，2003(3)

01961 东坡居士的由来[J]/张建华//文史杂志，2003(6)

01962 再识经典：解读苏轼[J]/李家秀//审计月刊，2003(8)

01963 司马光·王安石·苏东坡[J]/侯尔楼//安徽统一战线，2003(10)

01964 东坡四题[J]/唐先田//明道文艺，2003(325)

01965 与苏东坡有关的两个成语[N]/不详//大河报，2004-01-03

01966 苏轼“徐州情结”获得印证：徐州发现其4万后裔[N]/胡连俊//扬子晚报，2004-04-18

01967 苏东坡与成都[J]/潘素梅//文史杂志，2004(1)

01968 苏东坡传[J]/林语堂//同学月刊，2004，1(2)

01969 苏东坡[J]/王靖城//上海集邮，2004(3)

01970 生活的添加剂：幽默与自嘲[J]/秦珍//老人天地，2004(5)

01971 你爱的是什么呢？[J]/不详//学子，2004(7)

01972 慎静以处忧患[J]/王兴鹏//语文教学与研究(综合天地)，2004(10)

01973 一场春梦感悟深：苏东坡与一位农妇的邂逅[J]/尚璞//历史月刊，2004(193)

01974 妙笔可言：东坡作弊也风雅[N]/不详//文汇报(香港)，2005-04-09

01975 东坡居士与岭南佛教的因缘事略[J]/潮地俊//广东佛教，2005(1)

01976 关于“蚌”的“借意”[J]/杨国玉//文学遗产，2005(2)

01977 说不尽的苏轼[J]/李远山//社会学家茶座，2005(2)

01978 苏东坡的“内功”[J]/范方兴//中学生

读写（高中），2005（2）

01979 苏东坡在国外［J］/饶学刚//黄冈师范学院学报，2005（2）

01980 写意人生：苏轼生命状态与艺术全才［J］/孙芳//西南科技大学学报，2005（2）

01981 红颜似水伴东坡［J］/李锋//书屋，2005（3）

01982 知错就改的苏轼［J］/不详//阅读与作文（小学低年版），2005（4）

01983 从“定风波”看苏轼的生命突围［J］/黄美铃//中国语文，2005，96（4）

01984 苏轼与读书［J］/郑西伟//现代教育，2005（5）

01985 多情却被无情恼：苏轼命运新论［J］/刘丽珈//乐山师范学院学报，2005（7）

01986 幽默的苏轼［J］/云风//快乐语文，2005（7）

01987 难倒丘书柜 苏东坡要什么［J］/不详//智力（普及版），2005（9）

01988 名人读书趣话［J］/邵建新//阅读与作文（高中版），2005（C1）

01989 宋代墓志铭的虚与实及其反映的历史变化：苏轼乳母任采莲墓志铭探微［C］/柳立言//北京论坛（2005）文明的和谐与共同繁荣：全球化视野中亚洲的机遇与发展——“历史变化：实际的、被表现的和想象的”历史分论坛论文或摘要集（上）/北京大学、韩国高等教育财团，北京市教育委员会，2005

01990 孤苦的苏轼［N］/杨兴品//雅安日报，2006-07-15

01991 苏轼的南国生活［N］/不详//中国中学生报，2006-08-16

01992 龙吟著书曝苏东坡情史［N］/龙吟//青年报，2006-10-09

01993 历史与空间：苏轼出川［N］/不详//文汇报（香港），2006-10-13

01994 苏东坡嘲笑古人［N］/不详//文汇报（香港），2006-11-10

01995 苏轼评传［J］/不详//复旦学报（社会科学版），2006（1）

01996 苏东坡真酷［J］/武桂桥//少年读者，2006（2）

01997 千古风流人物之苏轼篇［J］/李浩//四川文学，2006（3）

01998 如果苏东坡是商人［J］/许盘//大众商务（创业版），2006（3）

01999 千古江山千古情：黄州时期的苏轼［J］/刘祥//高中生之友，2006（4）

02000 苏轼与凤翔东湖［J］/张文利//古典文学知识，2006（4）

02001 胸中东坡百卷书［J］/李升旗//苏轼研究，2006（4）

02002 浅析苏轼归老常州而又未葬于常州的原因［J］/乔蕾//山东商业职业技术学院学报，2006（5）

02003 苏东坡真酷［J］/武桂桥//青年博览，2006（5）

02004 公元1084年的一个细节［J］/周长城//文学港，2006（6）

02005 巧于藏悲抑苦的苏轼［J］/王歆晨//美文（少年散文），2006（6）

02006 守正不阿放任不羁的苏东坡［J］/林语堂//中国钢笔书法，2006（9）

02007 东坡居士［J］/吴晓军//语文月刊，2006（10）

02008 悲情苏东坡文拣尽寒枝［N］/不详//江西师大报，2006

02009 品苏轼［N］/刘沛//齐鲁晚报，2007-01-26

02010 我爱苏东坡［N］/不详//温州日报，2007-01-05

02011 “想之当然”的苏东坡［N］/不详//大河

报，2007-04-10

02012 苏东坡的祖父是文盲[N]/不详//大众日报，2007-05-25

02013 东坡趣联[N]/劳周//中国石化报，2007-05-28

02014 古典瞬间：苏东坡爱竹情深[N]/陈雄//文汇报（香港），2007-10-20

02015 一部别开生面的苏轼传[N]/不详//眉山日报，2007-12-11

02016 来生便嫁苏东坡[J]/刘艳琴//苏轼研究，2007（1）

02017 少年成名天下知：苏轼年少科举路[J]/本刊编辑部//青春男女生（妙语），2007（1）

02018 苏轼爱情诗文创作中的最重要女人[J]/李景新//苏轼研究，2007（1）

02019 苏轼的婚姻与爱情：兼议其对女性之态度[J]/陈慧君//济宁师范专科学校学报，2007（1）

02020 读王水照、朱刚著《苏轼评传》[J]/周裕锴//文学评论，2007（2）

02021 南宋初中期东坡词接受背景探源[J]/张春义//湖北大学学报（哲学社会科学版），2007（2）

02022 百姓之友苏东坡[J]/不详//文史参考，2007（3）

02023 男人当如苏东坡[J]/常河//今日文摘（下半月），2007（3）

02024 古人炼字趣谈[J]/闫忠新//语文天地，2007（4）

02025 千古文人苏东坡[J]/秋雨//今日海南，2007（4）

02026 大宋文臣的非正常生活[J]/王镜轮//报刊荟萃，2007（5）

02027 东坡情话[J]/王镜轮//老年博览，2007（5）

02028 苏东坡[J]/刘小川//小说界，2007（5）

02029 苏轼[J]/不详//中华活页文选（高一版），2007（7）

02030 苏东坡[J]/刘冲//作文成功之路（高中版），2007（10）

02031 苏轼，我心中的星光[J]/刘周安琪//初中生阅读世界，2007（10）

02032 大智若愚[J]/不详//青春男女生（妙语），2007（11）

02033 情系短松冈[J]/刘洋//新课程（初中版），2007（11）

02034 诗意地栖居苏东坡的诗词宦海路[J]/王辰，黄涛绘图//博物杂志，2007（11）

02035 说不全的苏东坡[J]/王水照//中华活页文选（初三版），2007（11）

02036 苏轼[J]/程滨//作文通讯（个性阅读），2007（12）

02037 朱熹的苏轼论[D]/刘伟.—中国人民大学（硕士论文），2007

02038 古典瞬间：苏东坡与沉香[N]/吴思强//文汇报（香港），2008-01-15

02039 走近苏轼[N]/不详//淮海晚报，2008-02-26

02040 苏东坡的祖籍在栾城[N]/不详//燕赵晚报，2008-02-28

02041 苏轼一举成名天下知[N]/不详//中国新闻出版报，2008-02-29

02042 东坡忏悔[N]/林凤鸣//眉山日报，2008-03-11

02043 苏东坡拜访辩才的时间及其他[N]/陈颖//杭州日报，2008-03-11

02044 苏轼的出现决不是偶然[N]/不详//眉山日报，2008-03-11

02045 你能听懂苏东坡吗？[N]/不详//宝安日报，2008-03-22

02046 苏轼[N]/不详//苏州日报，2008-03-27

02047 苏东坡巧借乐山城[N]/不详//老年日

报，2008-03-08

02048 康震解读苏轼：少年成名［N］/ 不详 // 黄石日报，2008-04-11

02049 巴山蜀水东坡谜［N］/ 不详 // 天天新报，2008-05-18

02050 苏轼［N］/ 不详 // 城市快报，2008-06-07

02051 苏东坡观潮［N］/ 不详 // 眉山日报，2008-06-23

02052 浅议苏东坡［N］/ 阿斌 // 乐山晚报，2008-06-26

02053 东坡趣对［N］/ 小白 // 衡阳日报，2008-07-13

02054 吴越漫话苏东坡：高俅原是苏轼秘书？［N］/ 不详 // 新闻午报，2008-07-20

02055 刘艳琴：来生便嫁苏东坡［N］/ 不详 // 彭城晚报，2008-07-29

02056 东坡墨鱼打工记［N］/ 郑光鲚 // 三江都市报，2008-09-26

02057 东坡夜游：此赤壁非彼赤壁［N］/ 不详 // 深圳特区报，2008-10-25

02058 苏东坡的人生际遇［N］/ 不详 // 安徽商报，2008-11-04

02059 续写"苏东坡"传奇［N］/ 席涓 // 眉山日报，2008-11-14

02060 苏轼的一次高邮之行［N］/ 不详 // 新华日报，2008-11-27

02061 苏轼［N］/ 不详 // 中国中医药报，2008-12-03

02062 美女粉丝狂追苏东坡［N］/ 不详 // 北方新报，2008-12-12

02063 走近苏东坡［N］/ 艾里香 // 重庆晚报，2008-12-16

02064 西湖·苏轼·白居易［N］/ 阳子 // 毕节日报，2008-12-27

02065 苏轼碑记文承上启下的关键地位［J］/ 杨茹惠 // 国文天地，2008，24（1）

02066 东坡母舅程氏家族漫谈［J］/ 孙开中 // 苏轼研究，2008（1）

02067 苏东坡的潇洒人生［J］/ 康震 // 中华遗产，2008（1）

02068 苏东坡与成都［J］/ 刘小川 // 苏轼研究，2008（1）

02069 小苏轼写诗［J］/ 孙铭 // 少年读者·学语文（小学 3—6 年级），2008（1）

02070 苏东坡投石［J］/ 周正，叶之羽 // 快乐童话故事，2008（3）

02071 小苏轼学改诗［J］/ 邱成立 // 阅读与作文（小学高年级版），2008（3）

02072 爱别离与求不得［J］/ 高慧然 // 跨世纪（时文博览），2008（4）

02073 东坡情话［J］/ 不详 // 山花（智言），2008（4）

02074 湖南武冈州苏氏源流考略［J］/ 苏是嵋 // 苏轼研究，2008（4）

02075 面对贬谪，如何抉择？［J］/ 孙燕 // 新课程（教研版），2008（4）

02076 名人读书趣话［J］/ 孙铭 // 小学生作文辅导·作文与阅读，2008（4）

02077 浅析苏轼词的内在美［J］/ 尤培成 // 山东文学（下半月），2008（4）

02078 小苏轼写诗［J］/ 孙铭 // 作文成功之路（小学版），2008（4）

02079 爱读东坡［J］/ 臧竹韵 // 新作文（高中版），2008（5）

02080 风雨苏东坡［J］/ 张兴吉 // 新作文（高中版），2008（6）

02081 古人"补诗"拾趣［J］/ 马莉 // 龙门阵，2008（7）

02082 东坡情话［J］/ 不详 // 今日文摘，2008（8）

02083 苏轼"抄书"［J］/ 佚名 // 作文世界（中学版），2008（8）

02084 家教范例：苏东坡爹娘这样教育儿子

[J]/康震//共鸣，2008(10)

02085 苏轼的童趣[J]/陈雄//启迪(下半月)，2008(10)

02086 真骨傲霜 超旷高远：论苏轼的人生态度[J]/杨俭//作家，2008(10)

02087 知人论世话东坡：与徐江老师商榷[J]/王爱民//语文学习，2008(12)

02088 苏东坡和他的三个女人[J]/郦波//法制博览，2008(19)

02089 历代"传说"中的苏东坡形象[D]/胡永志.—北京大学(硕士论文)，2008

02090 我眼中的苏东坡[N]/康震//北京师范大学校报，2009-02-28

02091 苏门女眷[N]/丁琪//西安晚报，2009-03-20

02092 苏东坡这个人[N]/孙涛//徐州日报，2009-03-24

02093 苏轼[N]/不详//美术报，2009-04-11

02094 梦里祸福苏东坡[N]/常琳//吉林日报，2009-06-03

02095 苏东坡坐塌交椅[N]/不详//鄂州日报，2009-06-19

02096 走进苏东坡[N]/邹家钰//抚州日报，2009-06-23

02097 道大不容才高为累[N]/任崇岳//光明日报，2009-08-04

02098 苏东坡选址的村庄[N]/符安平//湛江日报，2009-08-31

02099 苏东坡与环保[N]/不详//白城日报，2009-08-31

02100 苏轼在徐经历(上)[N]/不详//彭城晚报，2009-09-07

02101 苏轼在徐经历(下)[N]/不详//彭城晚报，2009-09-07

02102 在这里，读懂苏轼[N]/不详//彭城晚报，2009-09-07

02103 苏轼的科举成名之路[N]/邹春秀//人民政协报，2009-10-12

02104 苏东坡轶闻[N]/刘家友//徐州矿工报，2009-10-27

02105 苏东坡的三次婚恋[N]/不详//达州日报，2009-12-16

02106 "一树梨花压海棠"苏东坡诗戏张先[N]/许禾钢//大河报，2009-12-17

02107 东坡这觉睡得真值 一觉化解杀头之祸[N]/不详//城市商报，2009-12-23

02108 巧分田产[J]/周启东//中学生数理化(七年级数学·华师大版)，2009(1)

02109 大师的足迹[J]/白水//苏轼研究，2009(2)

02110 男人当如苏东坡[J]/李南//躬耕，2009(2)

02111 千年文明史上第一才子：苏轼[J]/不详//中学生(高中作文版)，2009(2)

02112 足智多谋的苏轼[J]/杨大为//少年智力开发报(九年级数学·人教版)，2009(2)

02113 苏东坡的政治人生：一[J]/雷金贵//苏轼研究，2009(3)

02114 苏轼与江苏[J]/高峰//江苏社会科学，2009(3)

02115 小苏轼学改诗[J]/邱成立//小学生文摘，2009(3)

02116 多才·倒霉·超然的苏东坡[J]/吴琪//中学生阅读(高中教研版)，2009(4)

02117 是巧合还是天意：浅谈苏东坡家族与二十七、二十八的难解之缘[J]/王琳祥//苏轼研究，2009(4)

02118 苏东坡的政治人生：二、三[J]/雷金贵//苏轼研究，2009(4)

02119 知错能改的苏东坡[J]/豆豆//学生天地(小学低年级)，2009(4)

02120 苏东坡的母校[J]/郑林森//中国当代教育科研，2009(5)

02121 王蒙与苏轼之比较：对王蒙五言绝句《东坡故居并朝云墓》的解读［J］/ 丁玉柱，牛玉芬，方伟 // 佳木斯大学社会科学学报，2009（6）

02122 热恋东坡［J］/ 邹芳 // 文艺生活·艺术中国，2009（7）

02123 苏东坡和他的三个女人［J］/ 不详 // 民间故事选刊·秘闻，2009（7）

02124 苏东坡传（四）［J］/ 林语堂，何文基 // 好文章（上海），2009（7）

02125 缺心眼的苏东坡［J］/ 顾伯冲 // 散文百家，2009（8）

02126 说不尽的苏东坡：台湾版(《苏东坡新传》)自序［J］/ 洪亮 // 文学界（专辑版），2009（8）

02127 一代骏才苏东坡［J］/ 不详 // 雨花（青少刊），2009（8）

02128 古今名人劝读联拾萃［J］/ 野夫 // 对联·民间对联故事（上半月），2009（9）

02129 人生一世觅知音 唯向伴侣抒真情：从苏轼写给伴侣的诗文看其爱情悲剧［J］/ 田珍平 // 现代语文（文学研究版），2009（9）

02130 也谈苏轼少谀墓之作的原因［J］/ 许锡强 // 书屋，2009（9）

02131 苏东坡讨说法［J］/ 申生 // 读读写写，2009（11）

02132 好心的苏轼［J］/ 不详 // 获奖作文选萃（中学版），2009（12）

02133 沈括为何要陷害苏轼？［J］/ 李万刚 // 传奇故事（下半月），2009（16）

02134 中国工程界先贤苏东坡［J］/ 姚关穆 // 技师月刊，2009（53）

02135 苏东坡故事形象研究［D］/ 张惠珍．—东海大学（硕士论文），2009

02136 “载酒问字”说东坡［N］/ 陈永坚 // 汕头日报，2010-01-30

02137 苏轼：除夜大雪留潍州［N］/ 邹德祥 // 齐鲁晚报，2010-02-09

02138 苏东坡轶事［N］/ 刘家友 // 徐州矿工报，2010-02-23

02139 保镖苏东坡［N］/ 周笑纹 // 都市周报，2010-04-01

02140 苏轼的清明人生［N］/ 不详 // 西部晨风，2010-04-02

02141 苏轼的功业［N］/ 不详 // 青岛日报，2010-04-06

02142 苏东坡与妒才［N］/ 润山 // 四平日报，2010-04-30

02143 想起苏东坡［N］/ 郭亨渠 // 汕头日报，2010-06-12

02144 登青神中岩寺 走东坡求学路［N］/ 杜艳 // 眉山日报，2010-06-01

02145 苏轼为父母求“冥福”捐释迦舍利［N］/ 不详 // 中国劳动保障报，2010-06-02

02146 东坡与菜根［N］/ 不详 // 先驱报，2010-06-05

02147 走近苏东坡［N］/ 陈依云 // 今日临安，2010-08-12

02148 苏轼［N］/ 不详 // 浙江法制报，2010-08-26

02149 文人爱读苏东坡［N］/ 不详 // 盐阜大众报，2010-08-31

02150 俗人苏东坡［N］/ 不详 // 乌鲁木齐晚报，2010-09-16

02151 中秋夜怀念苏轼［N］/ 吴广川 // 都市晨报，2010-09-22

02152 文人爱读苏东坡［N］/ 荆墨 // 太原日报，2010-09-02

02153 苏东坡的三大俗［N］/ 梅玉荣 // 石油管道报，2010-09-03

02154 苏轼的爱情［N］/ 不详 // 辽沈晚报，2010-11-07

02155 苏东坡的如梦人生［N］/ 彭国忠 // 华东

师范大学报，2010-11-09

02156 俗人苏东坡[N]/梅玉荣//京江晚报，2010-11-21

02157 苏东坡的前世今生[N]/孙涛//深圳特区报，2010-11-22

02158 我更推荐大家去读苏东坡[N]/不详//泰州日报，2010-11-22

02159 苏轼[N]/王伟//北海日报，2010-12-02

02160 天涯倦客苏东坡[N]/王妍欢//鄂尔多斯日报，2010-12-03

02161 十里锦心苏东坡[N]/不详//彭城晚报，2010-12-06

02162 探解苏轼的快意人生[N]/刘千圣//新疆日报，2010-12-14

02163 苏轼老妻王闰之[N]/陈雄//青岛日报，2010-12-16

02164 你看东坡这觉睡得[J]/陈长林//醒狮国学，2010(1)

02165 屈原与苏轼：不朽的江神——析论余光中对屈原与苏轼的形象塑造[J]/郑祯玉//云梦学刊，2010(1)

02166 苏东坡的政治人生：四[J]/雷金贵//苏轼研究，2010(1)

02167 苏轼小时候[J]/不详//看图说话，2010(1)

02168 苏东坡的政治人生：五[J]/雷金贵//苏轼研究，2010(2)

02169 苏公祠考[J]/臧伟腾//苏轼研究，2010(2)

02170 苏东坡的政治人生：六[J]/雷金贵//苏轼研究，2010(3)

02171 古铜镜：苏轼小节识人[J]/张雨//知识窗，2010(4)

02172 生不同归死同穴：论王闰之在苏轼婚姻生活中的地位[J]/喻世华//南京邮电大学学报(社会科学版)，2010(4)

02173 史上第一全才苏东坡(上)[J]/庄老周我//课堂内外(初中版)，2010(4)

02174 苏东坡的政治人生：七[J]/雷金贵//苏轼研究，2010(4)

02175 苏轼在岭海时期的文化人格魅力与其对岭南文化的影响[J]/李雪梅//商业文化(下半月)，2010(4)

02176 史上第一全才苏东坡(下)[J]/庄老周我//课堂内外(初中版)，2010(5)

02177 思佳客·纪念苏东坡来黄州930周年[J]/程菊仙//东坡赤壁诗词，2010(5)

02178 苏轼[J]/栾恒国//东坡赤壁诗词，2010(5)

02179 文化巨人苏东坡[J]/夏元贞//东坡赤壁诗词，2010(5)

02180 苏东坡的三任妻子[J]/赵新民//新语文学习(教师)，2010(6)

02181 苏轼[J]/不详//儿童大世界(小学版)，2010(6)

02182 浅析苏轼人生中第二个巅峰的诗歌创作[J]/张赟赟//华章，2010(8)

02183 苏轼“老妻”王闰之[J]/陈雄//文史月刊，2010(8)

02184 苏轼：不世出的人杰[J]/周扬波//小学生天地(高年级)，2010(11)

02185 观音点化苏东坡[J]/本刊编辑部//小天使(六年级语文，人教版)，2010(12)

02186 浅析苏轼的思想性格与诗词的风格[J]/刘佳//边疆经济与文化，2010(12)

02187 三苏园的月光：致苏轼[J]/鲜圣//诗刊，2010(16)

02188 苏轼传[J]/不详//作文周刊(高中，人教版)，2010(19)

02189 冷眼热肠看成功突围的苏轼[J]/张安杰//中学课程辅导(教学研究)，2010(24)

02190 试论百科全书式人物：苏轼[J]/刘国

欣 // 科技信息，2010（25）

02191 古典瞬间：苏轼不藏书［N］/ 青丝 // 文汇报（香港），2011-01-19

02192 东坡辞纸佛印拒妓［N］/ 不详 // 镇江日报，2011-02-18

02193 致苏轼：洒脱阔达的一代文豪［N］/ 不详 // 楚天时报，2011-02-25

02194 苏轼与超然台［N］/ 王春玲 // 湖南工人报，2011-03-04

02195 我心中的东坡［N］/ 赵沙沙 // 河北师大报，2011-05-25

02196 苏轼：一蓑烟雨任平生［N］/ 不详 // 株洲晚报，2011-07-24

02197 孤寡老妇陷绝境 苏轼仁掘"孝母井"［N］/ 谢达茂 // 武进日报，2011-09-01

02198 苏东坡的人生漫游［N］/ 不详 // 彭城晚报，2011-09-05

02199 非常道"扒灰"之于苏东坡与王安石［N］/ 不详 // 新快报，2011-09-22

02200 苏轼"不嚼面"［N］/ 杜学峰 // 光明日报，2011-09-30

02201 惟一的苏东坡［N］/ 不详 // 延边日报，2011-10-19

02202 东坡之"痒"［N］/ 姜仲华 // 保定晚报，2011-11-06

02203 学苏东坡划船［N］/ 何国顺 // 鄂东晚报，2011-11-12

02204 苏轼［N］/ 不详 // 赣西晚报，2011-11-26

02205 惠州方言困惑苏轼父子［N］/ 不详 // 深圳晚报，2011-11-27

02206 苏轼教子求实［N］/ 不详 // 大同晚报，2011-12-26

02207 秉大义而疏小节［J］/ 朱国勇 // 奋斗，2011（1）

02208 名人戒酒录［J］/ 杨鸿泽 // 养生月刊，2011（1）

02209 浅谈苏轼的人才观［J］/ 韩鸿伟，苏萌 // 成功（教育），2011（1）

02210 说不尽的苏东坡［J］/ 不详 // 中学语文教学参考（初中生版），2011（1）

02211 苏东坡剔羊［J］/ 孙雅彬 // 百家讲坛（下旬），2011（1）

02212 苏轼［J］/ 不详 // 获奖作文选萃（小学版），2011（1）

02213 苏轼曾任常州团练副使考［J］/ 谢忱 // 苏轼研究，2011（1）

02214 苏轼与赣州的文化认同［J］/ 李云彪 // 苏轼研究，2011（1）

02215 当苏轼变成苏东坡后［J］/ 蒋醺 // 知识窗，2011（2）

02216 漫谈苏轼葬郏探因之旅［J］/ 乔建功，王宪斌 // 苏轼研究，2011（2）

02217 闹元宵 唱东坡［J］/ 黄耀武 // 东坡赤壁诗词，2011（2）

02218 苏东坡的政治人生：八［J］/ 雷金贵 // 苏轼研究，2011（2）

02219 悲天悯人的平民情怀［J］/ 徐康 // 晚霞，2011（3）

02220 风晓月残蝶恋花：中国古代文人的精神避难所（三）［J］/ 刘小妮 // 中华活页文选（教师版），2011（3）

02221 苏轼的家世环境与其"隐"之情结探讨［J］/ 王雪萍，贾喜鹏 // 长治学院学报，2011（3）

02222 东坡终老地藤花旧馆变迁考：纪念苏东坡仙逝 910 周年［J］/ 戴博元 // 苏轼研究，2011（4）

02223 凤翔东湖拜苏公［J］/ 刘川眉 // 苏轼研究，2011（4）

02224 蓬莱阁上念东坡［J］/ 黄健 // 党的生活（河南），2011（4）

02225 苏轼的海南故事［J］/ 尚可 // 海洋世界，2011（4）

02226 苏轼族类生命意识的来源与特征［J］/惠鹏//太原师范学院学报（社会科学版），2011（4）

02227 岷江与青衣江之子苏东坡［J］/詹静//黄河黄土黄种人·水与中国，2011（5）

02228 浅析苏东坡的创作经历与艺术风格［J］/张牧如//赤峰学院学报（科学教育版），2011（5）

02229 时人藏书不为读 苏轼力戒弊端不藏书［J］/青丝//东方收藏，2011（5）

02230 史上不二全才苏东坡［J］/不详//满分阅读（高中版），2011（6）

02231 一代文豪义焚房契［J］/不详//兵团建设，2011（6）

02232 漫话苏东坡［J］/仞之//七彩语文（中年级），2011（7）

02233 国窖秘史：苏东坡笑断泸州大酒纷争［J］/毛晓雯//环球人文地理，2011（8）

02234 老兵评东坡［J］/不详//语文教学与研究·读写天地，2011（8）

02235 千古风流人物只识苏轼［J］/本刊编辑部//生活之友·益寿文萃，2011（8）

02236 多情苏东坡［J］/张晓惠//莫愁·天下男人，2011（9）

02237 不打伞的苏轼［J］/胡修江//作文周刊（初二·人教·同步辅导版），2011（11）

02238 文化偶像型名宦祠的特质：以杭州西湖苏轼祠为例［J］/成荫//宜宾学院学报，2011（11）

02239 名人教子艺术拾趣［J］/聂晓瑞//山西老年，2011（12）

02240 生存困境中的挣扎与超脱［J］/刘明国，周娟//高中生学习（高一版），2011（12）

02241 大才子苏东坡［J］/陈百川//小区，2011（17）

02242 谁识“东坡初恋”真面目［J］/伍松乔//晚霞，2011（17）

02243 第十一讲 手足情深［J］/黄玉峰//当代学生，2011（18）

02244 苏轼与南宋士大夫对临安城市空间的塑造：以苏堤、六桥为中心［J］/成荫//飞天，2011（20）

02245 试论北宋后期士风之转变：以苏轼“乌台诗案”为中心［J］/刘兴亮//珞珈史苑，2011

02246 逸闻趣事中的苏轼形象［D］/陈子露．—天津师范大学（硕士论文），2011

02247 朱熹眼中的苏轼［D］/徐榴．—首都师范大学（硕士论文），2011

02248 苏东坡与小孤山［N］/唐先田//市场星报，2012-01-16

02249 苏轼晚年为何没有女人相伴？（之一）［N］/亚瑟//澳门日报，2012-01-23

02250 苏轼晚年为何没有女人相伴？（之二）［N］/亚瑟//澳门日报，2012-01-24

02251 东坡巧对食咸蛋［N］/不详//松原日报，2012-02-22

02252 我眼中的苏轼［N］/尚凡童//云南经济日报，2012-03-05

02253 一蓑烟雨任平生：王兆鹏谈“东坡境界”［N］/不详//楚天都市报，2012-03-05

02254 苏东坡的浪漫壮举［N］/不详//新华每日电讯，2012-03-23

02255 我眼中的东坡［N］/方逸青//皖北晨刊，2012-03-28

02256 苏东坡不曾离去［N］/程俊煌//黄冈日报，2012-05-18

02257 苏轼贬官后的“节俭”生活［N］/江娜//曲靖日报，2012-05-18

02258 苏东坡传［N］/不详//城乡导报，2012-05-23

02259　苏轼：微笑面对生活［N］/ 牟霞 // 日照日报，2012-05-26

02260　猜想苏轼荐高俅［N］/ 关捷 // 沈阳日报，2012-06-03

02261　苏东坡和宋朝（1）［N］/ 徐棻 // 新闻晚报，2012-06-03

02262　苏东坡和宋朝（2）［N］/ 徐棻 // 新闻晚报，2012-06-04

02263　欲问东坡学种松［N］/ 不详 // 扬子晚报，2012-06-04

02264　苏东坡和宋朝（3）［N］/ 徐棻 // 新闻晚报，2012-06-05

02265　苏东坡做官境界比诗词豪放［N］/ 不详 // 新商报，2012-06-30

02266　东坡取水［N］/ 不详 // 汕头都市报，2012-07-26

02267　苏东坡是一面镜子［N］/ 不详 // 四川日报，2012-07-27

02268　苏轼不可能书写“嘉定坊”：［N］/ 张维清 // 三江都市报，2012-08-02

02269　苏东坡的神鬼故事［N］/ 韩志宽 // 西安晚报，2012-08-14

02270　苏轼贬官后并不节俭［N］/ 江娜 // 湖南工人报，2012-08-22

02271　苏东坡是生活的布道者［N］/ 朱玺 // 眉山日报，2012-08-25

02272　风流苏东坡［N］/ 胡晨澄 // 大江晚报，2012-09-12

02273　在苏东坡初恋的地方：眉山青神中岩记趣［N］/ 陈柴 // 四川经济日报，2012-09-15

02274　苏轼的前世［N］/ 王巍 // 北海日报，2012-09-02

02275　东坡先生［N］/ 不详 // 姑苏晚报，2012-10-13

02276　苏轼的明月［N］/ 郑萍萍 // 青岛日报，2012-10-16

02277　东坡银山书铁壁［N］/ 羽羊 // 黄石日报，2012-11-08

02278　历史名人志・苏轼［J］/ 本刊编辑部 // 小樱桃（好少年），2012（1）

02279　苏东坡的明星范儿［J］/ 丁启阵 // 满分阅读（高中版），2012（1）

02280　苏东坡的政治人生：九［J］/ 雷金贵 // 苏轼研究，2012（1）

02281　苏轼于陶渊明的“旷世之恋”探析［J］/ 洪玉凤 // 陕西理工学院学报（社会科学版），2012（1）

02282　面对人生的苦难：“苏轼与黄庭坚吃面条”材料作文导练［J］/ 曹保顺 // 中学语文・读写新空间，2012（2）

02283　苏东坡的政治人生：十［J］/ 雷金贵 // 苏轼研究，2012（2）

02284　苏东坡剔羊［J］/ 孙雅彬 // 民间故事选刊・秘闻，2012（2）

02285　奇才苏东坡［J］/ 杨振华 // 古今谈，2012（3）

02286　浅析苏轼被贬谪黄州时期的思想特点［J］/ 王建军 // 现代语文（教学研究版），2012（3）

02287　苏东坡［J］/ 不详 // 知识窗・往事文摘，2012（3）

02288　苏轼，我想对你说［J］/ 唐敬业 // 考试・新语文，2012（3）

02289　苏轼三万棵松树打造的爱情壮举［J］/ 水银河 // 文史博览，2012（3）

02290　全能家：苏轼［J］/ 张翠红 // 快乐阅读（中旬刊），2012（4）

02291　浅议中学课本苏轼词中的“仕”［J］/ 区鹏飞 // 广西教育（中教版），2012（6）

02292　生命中的唯一：苏轼生命中的四位女性［J］/ 王金川 // 新课程（上），2012（6）

02293　苏东坡黄州清廉生活浅谈［J］/ 胡燕 // 黄冈职业技术学院学报，2012（6）

02294 苏学士义藏嫩蕊茶[J]/九斗//传记文学选刊，2012(6)

02295 《明悟禅师赶五戒》中苏东坡的前世今生：从传说、话本到小说的寓意探究[J]/黄守正//有凤初鸣年刊，2012(8)

02296 谦虚的苏轼[J]/白凯南//开心学语文(小学版)，2012(8)

02297 千古伯乐欧阳修[J]/晏建怀//老年人，2012(9)

02298 苏轼诗中的自画像：以其学者形象为例[J]/唐海英//剑南文学·经典教苑，2012(9)

02299 访苏轼遗址遗迹系列之一：苏轼系舟宿牛口[J]/欧忠剑//苏轼研究，2012(10)

02300 过目成诵的苏东坡[J]/不详//天天爱学习(二年级)，2012(10)

02301 浅析苏东坡幽默的主要形式及根源[J]/马列//名作欣赏(中旬)，2012(11)

02302 三苏园的月光：悼苏轼[J]/鲜圣//星星诗刊，2012(11)

02303 苏轼[J]/刘德福//作文与考试(初中版)，2012(11)

02304 风雨人生话苏轼[J]/陈银银//作文周刊(高考版)，2012(12)

02305 平生生死梦 三者无劣优：苏轼海南诗中的人生体验[J]/施志咏//文史知识，2012(12)

02306 走进课本中的人物：苏轼[J]/不详//英语角·英文小读者(绿版)，2012(12)

02307 我眼中的苏东坡[N]/不详//温州晚报，2013-01-13

02308 我代东坡检一生：1097年农历六月渡海前夕[N]/梁思奇//北海日报，2013-01-24

02309 苏东坡猜诗谜[N]/不详//寿光日报，2013-02-01

02310 苏东坡的生活方式[N]/不详//自贡日报，2013-02-23

02311 苏东坡传[N]/不详//中华工商时报，2013-02-25

02312 东坡书话[N]/王晋川 搜集整理//定州日报，2013-03-08

02313 苏东坡简介[N]/不详//南岛晚报，2013-03-10

02314 我心目中的苏东坡[N]/刘重琴//潍坊学院报，2013-04-02

02315 苏轼葬在霍山？[N]/苏勇，方荣刚//安徽商报，2013-04-20

02316 与苏轼被贬有关的植物：“五犬卧花心”[N]/素素//三亚晨报，2013-05-12

02317 北宋年间苏轼赴京赶考留宿阆中[N]/不详//南充日报，2013-06-16

02318 苏东坡看车[N]/不详//都市快报，2013-07-31

02319 苏轼：考试牛人与文艺天才[N]/贾飞//社科新书目，2013-08-05

02320 真名士苏东坡[N]/不详//北京青年报，2013-08-09

02321 苏轼的绯闻[N]/郝金红//深圳商报，2013-08-16

02322 邂逅海棠话苏轼[N]/不详//宜兴日报，2013-08-19

02323 俗人苏轼[N]/袁诗琪//科教新报，2013-08-21

02324 古代高温苏轼郑成功中暑而死[N]/不详//东亚经贸新闻，2013-08-25

02325 东坡楼联趣事[N]/马斗全//太原日报，2013-09-09

02326 苏东坡“应试”[N]/不详//内江日报，2013-09-16

02327 东坡与和尚斗哑谜：故事2 老惠州讲中秋吃田螺典故[N]/不详//东江时报，

2013-09-20
02328　东坡庐山缘［N］/ 封强军 // 长江周刊，2013-09-27
02329　苏轼的两次睡觉［N］/ 不详 // 信阳日报，2013-10-11
02330　苏东坡常州咏花木［N］/ 陈弼 // 常州日报，2013-10-12
02331　苏轼深夜造访［N］/ 周春燕 // 杭州日报，2013-11-08
02332　东坡戏刘攽［N］/ 李金鹏 // 皖西日报，2013-12-06
02333　苏轼别具慈悲胸怀［N］/ 不详 // 新商报，2013-12-07
02334　苏轼的慈悲心［N］/ 乐朋 // 西安晚报，2013-12-17
02335　苏轼［J］/ 王顺中 // 作文周刊（综合版），2013（2）
02336　读苏东坡的四部传记［J］/ 王春霞 // 新余学院学报，2013（3）
02337　世间已无苏东坡［J］/ 刘诚龙 // 文史天地，2013（3）
02338　《苏东坡》：英国汉学对苏轼的最早接受［J］/ 薛超睿 // 中国文学研究，2013（3）
02339　苏东坡讨说法［J］/ 不详 // 小百科（多元宝宝），2013（5）
02340　念东坡赤壁诗社［J］/ 王杨 // 东坡赤壁诗词，2013（6）
02341　山林隐者的空静澄明：苏轼黄州时的文学艺术创造［J］/ 朱赟 // 北方文学（下旬），2013（6）
02342　幸福着的苏东坡［J］/ 刘诚龙 // 晚报文萃（下半月真情版），2013（7）
02343　你所不知道的苏东坡［J］/ 张笑 // 时代青年（上半月），2013（8）
02344　念东坡（诗三首）［J］/ 念山 // 今日海南，2013（8）
02345　浓妆淡抹总相宜：我读苏东坡诗词［J］/ 刘默林 // 现代阅读（教育版），2013（9）
02346　史上第一全才苏东坡（下）［J］/ 庄老周，易水寒 // 海峡儿童（读写，7—9年级），2013（10）
02347　嫁给苏轼还是李白［J］/ 佚名 // 中华活页文选（高二、高三年级），2013（12）
02348　苏轼追“逃税”有绝招儿［J］/ 萧良有 // 乡音，2013（12）
02349　万里瞻天忆东坡［J］/ 彭匈 // 人事天地，2013（12）
02350　苏轼［J］/ 本刊编辑部 // 作文评点报（作文素材初中版），2013（33）
02351　品其文，学其人［J］/ 沈建军 // 教书育人，2013（34）
02352　赤壁面前的东坡［J］/ 高敏 // 作文周刊（高一版），2013（40）
02353　苏东坡的故事［J］/ 卢继宝，蔡宗礼 // 海翁台语文学，2013（143）
02354　成语故事：东坡画扇［N］/ 不详 // 武汉科技报（少年科普），2014-01-14
02355　我爱苏东坡［N］/ 连清川 // 鄂尔多斯日报，2014-03-18
02356　苏轼人生哲学［N］/ 胡中柱 // 新民晚报，2014-03-23
02357　苏东坡式的男人安意如最欣赏［N］/ 不详 // 现代快报，2014-03-30
02358　苏轼贬官后“不差钱”［N］/ 江娜 // 老年生活报，2014-04-16
02359　苏轼四十岁［N］/ 周淑娟 // 徐州日报，2014-04-28
02360　永远的苏轼［N］/ 王婧 // 南京大学报，2014-05-20
02361　苏东坡心疼大黑锅［N］/ 李金鹏 // 通辽日报，2014-05-28
02362　两位母亲滋润苏轼成长［N］/ 不详 // 新

商报，2014-06-07

02363 苏轼和苏辙的兄弟情缘［N］/ 不详 // 淮海晚报，2014-07-06

02364 苏东坡的帽子及其他［N］/ 雪涅 // 阜阳日报，2014-07-12

02365 致敬东坡［N］/ 陈鹏 // 黔西南日报，2014-07-30

02366 苏东坡吞咽阳光［N］/ 不详 // 新商报，2014-08-09

02367 苏轼的“中隐”［N］/ 王建湘 // 南昌日报，2014-08-10

02368 苏轼一句话捧高韩愈［N］/ 不详 // 广州日报，2014-08-13

02369 苏子由：东坡哥哥的守护神［N］/ 不详 // 大河报，2014-09-09

02370 琴台客聚：苏轼紫微陷罗网［N］/ 潘国森 // 文汇报（香港），2014-09-15

02371 苏轼的乡月（上）［N］/ 方永江 // 眉山日报，2014-09-22

02372 苏轼的乡月（下）［N］/ 方永江 // 眉山日报，2014-10-13

02373 苏东坡轶事［N］/ 周俊麒 // 乐山师院报，2014-10-30

02374 古往今来说东坡［N］/ 吴慈 // 奉化日报，2014-11-05

02375 连载：苏东坡帖求无核枣［N］/ 朱殿封 // 乐陵市报，2014-11-13

02376 一代文豪苏轼为啥葬在郏县［N］/ 不详 // 河南商报，2014-11-15

02377 苏东坡的数字人生［N］/ 韩震 // 阜阳城市周报，2014-11-27

02378 心忧黎民苏东坡［N］/ 不详 // 长白山日报，2014-12-08

02379 苏东坡“欺负”人［N］/ 许石林 // 太原晚报，2014-12-18

02380 被苏东坡守护的海南沉香［N］/ 不详 // 新商报，2014-12-26

02381 文坛巨匠柳宗元和苏轼的“水晶人生”［N］/ 不详 // 皖江晚报，2014-12-28

02382 何须出处［J］/ 王开林 // 国学，2014（1）

02383 苏轼［J］/ 林峰 // 东坡赤壁诗词，2014（1）

02384 苏轼：才情似海 胸襟无边［J］/ 陈碧君 // 中文自修，2014（1）

02385 名家笔下的苏东坡［J］/ 张光茫 // 天津社会保险，2014（3）

02386 情话苏东坡［J］/ 金龙，陈庆忠 // 南国红豆，2014（3）

02387 如影随形苏东坡［J］/ 王童 // 广州文艺，2014（3）

02388 苏东坡［J］/ 王德虎 // 东坡赤壁诗词，2014（3）

02389 苏轼［J］/ 蔡维忠 // 中华诗词，2014（3）

02390 风雨东坡［J］/ 阿平 // 华北电业，2014（4）

02391 古人的洁癖趣事［J］/ 张泓 // 华夏文化，2014（4）

02392 浅析苏轼黄州、惠州、儋州时期的人生观［J］/ 周子建 // 河北广播电视大学学报，2014（4）

02393 人间有味是清欢：读苏轼［J］/ 张君钰 // 当代学生（读写），2014（4）

02394 如果在苏东坡时代就有互联网的话，他肯定是“微博达人”，为什么？［J］/ 不详 // 中华活页文选（高二、高三年级），2014（4）

02395 苏轼与海明威“硬汉形象”的分析与思考［J］/ 徐本来 // 时代文学，2014（4）

02396 浅谈苏轼［J］/ 管雯 // 新高考（高二语文），2014（5）

02397 学霸苏轼的“八面受敌”读书法［J］/ 清风慕竹 // 意林（原创版），2014（5）

02398 横看成岭侧成峰：苏轼与王安石（一）［J］/ 不详 // 学苑教育，2014（8）

02399 两位母亲滋润苏轼成长［J］/ 林颐 // 晚报文萃（下半月真情版），2014（9）

02400 《三言》三“话”东坡［J］/ 刘鹏 // 名作欣赏（中旬），2014（9）

02401 求实：苏东坡家教故事［J］/ 雪飞 // 党课，2014（10）

02402 学霸苏轼的“八面受敌”读书法［J］/ 清风慕竹 // 国学，2014（10）

02403 苏轼［J］/ 不详 // 学苑教育，2014（12）

02404 感悟苏东坡［J］/ 江芮 // 作文周刊（高二版），2014（26）

02405 真实的苏东坡［J］/ 林语堂 // 作文周刊（高一版），2014（45）

02406 东坡趣事（随笔）［N］/ 陈文华 // 红河日报，2015-01-08

02407 苏轼那把秘钥［N］/ 马军 // 河北日报，2015-01-09

02408 苏轼的秘钥［N］/ 不详 // 宜兴日报，2015-02-02

02409 最是可爱苏东坡［N］/ 王干荣 // 法制日报，2015-02-08

02410 古代名人逸事之苏轼：东坡鱼［N］/ 不详 // 平潭时报，2015-02-12

02411 古代名人逸事之苏轼：水果和药［N］/ 不详 // 平潭时报，2015-02-19

02412 宋朝好声音苏轼当评委［N］/ 郝金红 // 新商报，2015-04-04

02413 苏东坡的容安轩［N］/ 甘桂芬 // 汴梁晚报，2015-04-04

02414 苏轼母亲教子背后的深刻含义［N］/ 不详 // 中国妇女报，2015-04-09

02415 “劳骂”苏东坡［N］/ 不详 // 内蒙古日报，2015-04-13

02416 青神与苏轼［N］/ 刘小川 // 眉山日报，2015-04-14

02417 段子大王苏东坡打趣聪明人，调侃傻瓜蛋［N］/ 不详 // 吴忠日报，2015-04-15

02418 苏轼的吝啬和慷慨［N］/ 李玉林 // 中国经济时报，2015-06-12

02419 心怀天下的苏轼［N］/ 李波 // 宝鸡日报，2015-06-12

02420 东坡相田趣事［N］/ 王静 // 黄冈日报，2015-07-25

02421 古代“热死”的名人：苏轼郑成功皆因中暑而去世［N］/ 不详 // 江南保健报，2015-07-30

02422 古代被“热死”的名人：苏轼郑成功皆因中暑离世［N］/ 不详 // 济南时报，2015-07-31

02423 其实是苏轼的姐姐［N］/ 不详 // 奉化日报，2015-08-08

02424 东坡创办孤儿院［N］/ 不详 // 黄冈日报，2015-09-05

02425 东坡千古韵 赤壁未了情［N］/ 不详 // 鄂东晚报，2015-09-10

02426 唐相苏味道及三苏文化［N］/ 蒙曼 // 石家庄日报，2015-09-23

02427 潇洒苏东坡［N］/ 刘伯毅 // 通州日报，2015-10-19

02428 苏轼一诗救命［N］/ 佚名 // 临汾日报（晚报版），2015-10-22

02429 苏东坡堪称“广告大王”：一首《猪肉颂》改变猪的命运［N］/ 不详 // 海南特区报，2015-11-19

02430 吾写吾得：东坡历尽风波岂只心系家事［N］/ 不详 // 文汇报（香港），2015-11-20

02431 东坡那夜不进城［N］/ 不详 // 常州晚报，2015-11-26

02432 吾写吾得：寄我相思千点泪 多情苏轼长怀妻［N］/ 不详 // 文汇报（香港），2015-12-04

02433 苏轼人生历程惠州站最具现代意义：苏学大咖在惠纵论东坡［N］/ 不详 // 东江

时报，2015-12-06

02434 苏轼不取埋藏之物[N]/不详//新商报，2015-12-26

02435 苏东坡的官、文、书之道[J]/康震//中华活页文选(教师)，2015(1)

02436 苏轼苏轼[J]/马亚伟//北极光，2015(1)

02437 以图证史：苏轼的真实长相[J]/梁培先//中国书画，2015(2)

02438 最潇洒自在的文学达人：苏轼(上)[J]/红马童书//智力(普及版)，2015(3)

02439 览胜无如此得多：苏东坡表海赋诗赞青州[J]/李森//博览群书，2015(5)

02440 试论苏轼在文学史上的成就[J]/苟大霞//文学教育(下)，2015(5)

02441 立志读尽人间书[J]/君良//家庭教育(幼儿版)，2015(6)

02442 苏轼[J]/不详//东坡赤壁诗词，2015(6)

02443 苏轼与杭州休闲文化[J]/康保苓//齐齐哈尔大学学报(哲学社会科学版)，2015(6)

02444 宋代曾禁止迷恋苏东坡[J]/叶之秋//晚报文萃，2015(8)

02445 虚舟：苏轼展演[J]/陈义芝//滇池，2015(9)

02446 千古风流人物，只识苏轼[J]/郭延筠//初中生学习，2015(11)

02447 苏轼的平生功业[J]/刘诚龙//月读，2015(12)

02448 美文相与析：从“一词两赋”看苏轼赤壁人生[J]/董月萍//新教育时代电子杂志(教师版)，2015(14)

02449 儒道释三种思想对苏轼童年的影响[J]/周子建//山海经(故事)，2015(17)

02450 苏轼[J]/不详//学苑教育，2015(22)

02451 我论苏东坡[J]/杨凡//小作家选刊，2015(28)

02452 苏轼，我多想成为你[J]/陈一萌//新作文(初中版)，2015(Z2)

02453 千古风流，数苏轼[N]/王德仁//闽北日报，2016-01-05

02454 品梅中聆听东坡故事：“红棉雅事”详解梅花如何转化为“人文符号”[N]/不详//东江时报，2016-01-10

02455 东坡日课[N]/陈修兰//黄冈日报，2016-01-16

02456 东坡先生的足迹[N]/不详//常州晚报，2016-02-04

02457 苏东坡小传[N]/不详//杭州日报，2016-03-03

02458 苏东坡与海[N]/刘义杰//深圳晚报，2016-03-11

02459 苏轼的诗酒人生[N]/不详//三江都市报，2016-03-12

02460 我眼中的苏东坡[N]/不详//精品导报，2016-03-24

02461 苏轼(1037—1101)[N]/不详//科技鑫报，2016-04-05

02462 苏轼的清明情怀[N]/刘杰//阳江日报，2016-04-12

02463 苏轼诞生环境初探[N]/张玉//眉山日报，2016-04-24

02464 苏东坡的无恨人生[N]/王志林//滕州日报，2016-05-10

02465 苏轼的密州明月(一)[N]/魏辉//潍坊日报，2016-05-13

02466 永远的苏轼[N]/唐潇潇//达州日报，2016-05-14

02467 古运河畔忆东坡[N]/不详//常州晚报，2016-05-19

02468 苏轼的密州明月(二)[N]/魏辉//潍坊日报，2016-05-20

02469 潇洒东坡[N]/王宁远//湖南工人报，

2016-05-20
02470 苏轼的密州明月（三）[N]/魏辉//潍坊日报，2016-05-27
02471 苏东坡和他的海獒犬[N]/宋立民//湛江日报，2016-06-15
02472 在知识分子最喜欢的时代，苏东坡却度过悲剧一生[N]/不详//松原日报，2016-06-30
02473 旅游版的苏轼（一）[N]/渠志冰//滕州日报，2016-07-16
02474 旅游版的苏轼（二）[N]/渠志冰//滕州日报，2016-07-23
02475 古人中暑那些事儿：苏轼、郑成功皆因中暑去世[N]/不详//鹤壁日报，2016-07-27
02476 旅游版的苏轼（三）[N]/渠志冰//滕州日报，2016-07-30
02477 走近苏轼[N]/郑曾洋//漯河日报，2016-08-02
02478 走进苏轼[N]/陈泽雨//皖东晨刊，2016-08-04
02479 旅游版的苏轼（四）[N]/渠志冰//滕州日报，2016-08-06
02480 东坡赏月[N]/李喜庆//中国商报，2016-08-11
02481 苏东坡的“多重身份”[N]/不详//农村大众，2016-08-17
02482 古来考霸数苏轼[N]/邬时民//新商报，2016-08-20
02483 苏东坡新传奇[N]/欧阳树华//云浮日报，2016-08-21
02484 在宜兴想起了苏东坡[N]/叶兆言//辽宁日报，2016-08-24
02485 东坡赏月[N]/许亮//铜川日报，2016-09-17
02486 走近苏东坡[N]/李德铭//眉山日报，2016-09-29
02487 东坡雅谑[N]/乐朋//解放日报，2016-11-03
02488 我心中的苏东坡[N]/青菜//扬中日报，2016-11-03
02489 苏轼的冷幽默[N]/兰陵翁//今晚报，2016-11-13
02490 苏轼的感情驿路[N]/刘雅萍//宝鸡日报，2016-12-03
02491 《苏东坡》[J]/梁寄尧//广西文史，2016（1）
02492 诗歌、政治、哲理：作为东坡居士的苏轼[J]/郑文君，卞东波，郑潇潇，等//中国苏轼研究，2016（1）
02493 世间已无苏东坡[J]/刘诚龙//文存阅刊，2016（1）
02494 苏轼[J]/刘德福//作文与考试（初中版），2016（1）
02495 多情苏轼[J]/邱一夔//作文通讯（初中版），2016（2）
02496 苏东坡[J]/鞠元卿//企业与文化，2016（2）
02497 《苏东坡》[J]/林超程//福州大学厦门工艺美术学院学报，2016（2）
02498 苏轼，苏轼[J]/马亚伟//散文诗（下半月，校园文学），2016（2）
02499 张问陶的家世、经历及个性论略：兼与李白、杜甫、苏轼及袁枚比较[J]/郑家治//地方文化研究辑刊，2016（2）
02500 起舞弄清影，何似在人间：说苏东坡[J]/徐晋如//社会科学论坛，2016（3）
02501 说不尽的苏东坡[J]/木易//中学生阅读（高考版），2016（3）
02502 苏公祠：心安之处[J]/刘建林//台声，2016（4）
02503 苏轼与西湖[J]/高峰，王金伟//江苏社会科学，2016（4）
02504 浅析苏东坡的生命体验及摆脱人生困境

的策略［J］/ 刘佰昌 // 当代教育实践与教学研究（电子刊），2016（5）

02505 三问苏轼：赴一回精神的宴请［J］/ 戴跃明 // 教育研究与评论（课堂观察），2016（7）

02506 苏东坡传［J］/ 林语堂 // 新高考·语文学习（高一高二），2016（7）

02507 苏轼传［J］/ 不详 // 中华活页文选（初二），2016（7）

02508 人生智者苏东坡［J］/ 王开林 // 中华活页文选（高二、高三年级版），2016（8）

02509 我叫苏轼，我爱过很多人［J］/ 刘自强 // 视野，2016（10）

02510 时光未远，别样的苏轼［J］/ 张月芳 // 职业教育（下旬刊），2016（11）

02511 风流苏东坡［J］/ 胡晨澄 // 小区，2016（17）

02512 蒲石山海 盆盎登莱：从苏轼以蓬莱弹子涡石植菖蒲说起［J］/ 夏靖尧 // 走向世界，2016（31）

02513 多情人不老：试析苏轼对待感情的态度［J］/ 吴晨璐 // 考试周刊，2016（45）

02514 苏轼与青神王氏家族姻亲关系初考［J］/ 周云容 // 国学，2017（1）

02515 天涯何处无芳草：简论苏轼的贬谪生涯［J］/ 莫砺锋 // 文史知识，2017（2）

02516 漫谈苏轼［J］/ 金显威 // 审计月刊，2017（4）

02517 爱文学，更爱生活的苏轼［J］/ 亚亚 // 课堂内外（小学低年级），2017（6）

02518 一代文豪苏轼在惠州［J］/ 韶子 // 少男少女，2017（20）

政治活动研究

02519 苏东坡遇仙回朝：台山的传说［J］/ 李锡芳 // 民俗，1929（47）

02520 贬谪奔波的东坡［J］/ 史奇生 // 江苏学生，1935，5（6）

02521 东坡轶闻［N］/ 不详 // 商情日报，1936-06-04

02522 东坡先生在杭事迹［J］/ 张其昀 // 黄钟，1937（4）

02523 东坡先生在杭事迹［J］/ 张其昀 // 史地杂志，1937（创刊号）

02524 东坡诗案［J］/ 云峯 // 黄陂月刊，1943，3（6）

02525 苏东坡的文字狱［J］/ 谭雯 // 杂志，1943，10（6）

02526 苏东坡三杀三宥（慎斋随笔之二）［J］/ 孟公 // 大陆杂志，1951，2（7）

02527 苏东坡的文字狱［J］/ 韩名铜 // 畅流，1955，11（2）

02528 苏轼与言祸［N］/ 朱传誉 // 台湾“中央日报”，1966-07-31

02529 苏东坡的贬谪生活［J］/ 胡信田 // 醒狮，1969，7（6）

02530 苏东坡感恩知遇哭神宗［J］/ 陈应龙 // 艺文志，1969（49）

02531 东坡家庭与乌台诗案［J］/ 胥端甫 // 中华诗学，1970，3（6）

02532 东坡家庭与乌台诗案［J］/ 胥端甫 // 中华诗学，1970，4（1）

02533 东坡家庭与乌台诗案［J］/ 胥端甫 // 中华诗学，1971，4（2）

02534 苏东坡的一生厄运［J］/ 蒋励材 // 建设，1972，21（3）

02535 从苏轼的“忍耐”看林彪的“韬晦”之计［N］/ 中共黄冈地委大批判组 // 湖北日报，1974-09-01

02536 重勘“乌台诗案”［J］/ 王毅 // 武汉文艺，

1975（1）
02537 夙夜求治的苏东坡［J］/ 费海玑 // 醒狮，1976，14（2）
02538 苏东坡的政治成就［J］/ 陈克环 // 中央月刊，1977，10（2）
02539 为苏轼鸣不平：关于苏轼给王安石“续诗”的故事［J］/ 陈又钧 // 湘潭大学学报（哲学社会科学版），1979（2）
02540 为苏轼申辩二三事：兼斥极左思潮的模式［J］/ 徐致远 // 咸宁学院学报，1979（2）
02541 苏东坡“超然台”题名小记［J］/ 徐自强，吴梦麟 // 文物，1979（6）
02542 论眉山诗案［J］/ 曾枣庄 // 四川师范大学学报（社会科学版），1980（3）
02543 苏东坡写奏议（历史小说）［J］/ 徐清祥 // 太原文艺，1980（5）
02544 亮节何由令世惊：关于“乌台诗案”的一点看法［J］/ 王树芳 // 湖州师范学院学报，1981（1）
02545 苏东坡贬谪惠州［J］/ 叶明镜 // 惠州学院学报，1981（1）
02546 苏东坡错读《题菊诗》［J］/ 李国兴 // 知识窗，1981（1）
02547 从王安石和苏轼的争执谈起：谈谈矛盾的特殊性［J］/ 牟心海 // 理论与实践（沈阳），1981（10）
02548 苏东坡被贬［J］/ 东方，既白 // 新时，1981（11）
02549 醉笑一杯同：苏东坡与海南黎族［J］/ 弋戈 // 中国民族，1981（11）
02550 苏东坡年谱（1036—1101 年）［J］/ 周宪文 // 四川文献，1981（179）
02551 中华民族历史上的杰出人物（三）［J］/ 薛季文 // 齐齐哈尔大学学报（哲学社会科学版），1982（1）
02552 菊花及“为苏东坡辨冤”辨［N］/ 朱茂玉 // 天津日报，1983-05-17
02553 苏轼宜兴买田不在熙宁七年：与宗典同志商榷［J］/ 曲德来 // 丹东师专学报，1983（1）
02554 西湖与苏轼［J］/ 宋宪章 // 历史知识，1983（1）
02555 乌台诗案［J］/ 曹正文 // 新村，1983（3）
02556 从“乌台诗案”看封建专制主义对宋代诗歌创作的影响［J］/ 王学泰 // 文学遗产，1983（A16）
02557 元祐蜀洛党争和苏轼的反道学斗争（上）［J］/ 何满子 // 吉林师范大学学报（人文社会科学版），1984（2）
02558 元祐蜀洛党争和苏轼的反道学斗争（上）［J］/ 何满子 // 松辽学刊（社会科学版），1984（2）
02559 贬谪岭南的苏轼［J］/ 陈启汉 // 开放时代，1984（3）
02560 论苏轼与理学之争［J］/ 金诤 // 学术月刊，1985（2）
02561 北宋“乌台诗案”起因管见［J］/ 苏培安 // 贵州文史丛刊，1985（3）
02562 苏轼知密州新探［J］/ 刘奉光 // 东岳论丛，1985（4）
02563 苏东坡梦醒儋州路［J］/ 王大勤，于水 // 连环画报，1985（5）
02564 苏轼与文字狱［J］/ 薛万林 // 语言学习与研究，1985（6）
02565 苏东坡坐牢［J］/ 陈祖贤 // 历史学习，1986（2）
02566 苏轼知颍州主要政绩考评［J］/ 刘奕云 // 阜阳师范学院学报（社会科学版），1986（3）
02567 苏东坡提倡节俭［J］/ 孙恒年 // 文史知识，1986（4）
02568 苏轼出知定州前后［J］/ 韩进廉 // 河北师范大学学报（社会科学版），1986（4）

02569　苏轼在颍州治水与救灾中的贡献述评［J］/ 刘奕云 // 淮河志通讯，1986（4）

02570　想起了乌台诗案［J］/ 牧惠 // 现代作家，1986（9）

02571　"乌台诗案"是怎么回事［J］/ 王学太 // 文史知识，1986（12）

02572　乌台诗案研究［D］/ 江惜美．—东吴大学（硕士论文），1986

02573　苏轼贬黄州与王安石无关［N］/ 不详 // 人民日报，1987-02-22

02574　宋代的文字狱：乌台诗案［J］/ 朱政德 // 中学历史，1987（3）

02575　苏东坡杭州兴水利［J］/ 汪宝树 // 水利天地，1987（3）

02576　苏东坡和"菊花公案"［J］/ 高原 // 园林，1987（6）

02577　关于"乌台诗案"［J］/ 不详 // 瞭望，1987（44）

02578　忧国爱民以天下为己任的苏轼［J］/ 王振泰 // 鞍山师专学报（社会科学版），1988（1）

02579　伫立望原野，悲歌为黎元：试论苏轼的"乌台诗"［J］/ 牛振民 // 宁夏教育学院学报（社会科学版），1988（3）

02580　苏东坡的官衔：庄申《苏东坡在海南岛》读后［J］/ 宋定 // 历史月刊，1988（4）

02581　由苏东坡先生诗文迹其谪黄泥爪［J］/ 奚遥 // 湖北文献，1988（86）

02582　刘恕、二苏与"乌台诗案"［J］/ 彭石居 // 赣中史志，1988（3-4）

02583　谈赵孟頫画苏轼像［J］/ 王耀庭 // 故宫文物月刊，1990，8（1）

02584　苏轼与王安石的取士论争［J］/ 周全 // 人事月刊，1990，10（4）

02585　试论苏东坡的意隐［J］/ 黄建华 // 上海大学学报（社会科学版），1990（2）

02586　苏轼乌台诗案及其他［J］/ 欧阳洲 // 传记文学，1991（3）

02587　东坡出守杭州府［J］/ 丁永淮，熊文祥 // 今古传奇，1992（4）

02588　西湖虽好莫吟诗［J］/ 曹彭 // 读书杂志，1992（8）

02589　苏东坡为何服王安石［J］/ 周映秋 // 中国人才，1993（2）

02590　苏东坡突围［J］/ 余秋雨 // 收获，1993（4）

02591　诗案一例：乌台诗案（又称眉山诗案）［J］/ 扬之水 // 读书，1993（7）

02592　苏东坡突围（散文）［J］/ 余秋雨 // 新华文摘，1993（12）

02593　苏轼与神哲二宗的关系［J］/ 杨胜宽 // 达县师专学报（社会科学版），1994（1）

02594　乌台诗案［J］/ 郑熙亭 // 长城，1994（3）

02595　论洛蜀党争的性质和意义［J］/ 王水照 // 河北师范学院学报（社会科学版），1995（1）

02596　诗人治水：苏轼的水利活动和诗歌［J］/ 水天 // 四川水利，1995（1）

02597　苏东坡突围［J］/ 秋雨 // 出版广角，1995（2）

02598　苏轼宜兴买田事考辨［J］/ 曲德来 // 辽宁大学学报（哲学社会科学版），1995（3）

02599　洛蜀党争辨析［J］/ 诸葛忆兵 // 南京师范大学学报（社会科学版），1996（4）

02600　苏东坡坐牢［J］/ 易照峰 // 红豆，1996（5）

02601　苏东坡的最终流放［J］/ 李国文 // 文学自由谈，1997（1）

02602　苏轼策题之谤与洛蜀党争［J］/ 萧庆伟 // 漳州师范学院学报（哲学社会科学版），1997（1）

02603　乌台诗案［J］/ 李国文 // 随笔，1997（3）

02604　有话还须好好说：与李国文先生论苏东

坡［J］/ 张耀杰 // 东方艺术，1997（4）
02605 东坡与刚峰［J］/ 鲁枢元 // 山花，1997（8）
02606 苏轼晚年别号“苏老泉”［J］/ 王琳祥 // 历史月刊，1997（118）
02607 苏东坡突围［J］/ 秋雨 // 普门，1997（209）
02608 试论“乌台诗案”对苏轼思想及创作的影响［J］/ 李继华 // 周口师专学报，1997（S3）
02609 体制和灵魂的大展示：乌台诗案剖视［J］/ 郑秉谦 // 东方文化，1998（1）
02610 试论苏轼的思想对苏词的影响［J］/ 卢燕 // 甘肃教育学院学报（社会科学版），1998（2）
02611 苏轼“高风绝尘”的内涵和意义［J］/ 谭玉良 // 成都大学学报（社会科学版），1998（3）
02612 北宋台谏制度与党争［J］/ 沈松勤 // 历史研究，1998（4）
02613 苏东坡的“服务意识”［J］/ 谷叶 // 军队政工理论研究，1998（6）
02614 苏轼的水缘［J］/ 高长亮 // 治淮，1998（11）
02615 释“鏖糟陂里叔孙通”［J］/ 漆侠 // 河北大学学报（哲学社会科学版），1999（3）
02616 乌台诗案：北宋湖州知府苏轼［J］/ 简究岸 // 观察与思考，1999（12）
02617 乌台诗案研究［D］/ 温泽远．—复旦大学（博士论文），1999
02618 黄楼登临好风景 千年还忆苏使君：苏东坡在徐州政绩述评［J］/ 董治祥，郝思瑾 // 中国矿业大学学报（社会科学版），2000（1）
02619 苏东坡被捕［J］/ 余秋雨 // 领导文萃，2000（1）
02620 论苏轼初仕凤翔的“惠民之政”［J］/ 任朝第 // 西部论坛，2000（3）
02621 苏轼流放海南北归病逝与昭雪［J］/ 谭玉良 // 康定民族师范高等专科学校学报（哲学社会科学版），2000（3）
02622 乌台诗案纵横谈［J］/ 王文龙 // 盐城师范学院学报（哲学社会科学版），2000（3）
02623 谢景温诬奏苏轼“贩私”的原因探析［J］/ 周亮 // 中州学刊，2000（6）
02624 苏东坡选才［J］/ 牛亭，小民 // 民间故事选刊，2000（9）
02625 文人与做官［J］/ 徐怀谦 // 领导文萃，2000（11）
02626 从“黄州安国寺记”探索东坡谪黄时之心灵世界［J］/ 古苓光 // 源远学报，2000（12）
02627 竹西诗案［C］/ 陈新雄 // 千古风流：东坡逝世九百年纪念学术研讨会论文集 / 辅仁大学，2000
02628 乌台诗案纵横谈（续）［J］/ 王文龙 // 盐城师范学院学报（人文社会科学版），2001（1）
02629 遥远的诗案：乌台案中的苏东坡［J］/ 曹铁娟 // 昆明师范高等专科学校学报，2001（1）
02630 苏东坡义为陈曙平反［J］/ 蒙成干 // 心桥，2001（3）
02631 苏轼知定州的业绩与创作［J］/ 邱俊鹏 // 天府新论，2001（3）
02632 苏轼知密州［J］/ 王慧，刘军 // 齐鲁文史，2001（4）
02633 徐州煤田与苏东坡［J］/ 胡世忠 // 地球，2001（4）
02634 苏轼因词得迁官［J］/ 毕宝魁 // 语文世界（小学版），2001（12）
02635 神宗惜才容苏轼［J］/ 王琳祥 // 历史月刊，2001（162）

02636 为政之道，务厥适中：苏轼的政治改革主张［J］/邱俊鹏//历史月刊，2001（162）

02637 苏轼“乌台诗案”述评［J］/何正泰//四川教育学院学报，2001（S2）

02638 李白苏轼政治生命悲剧多元透视比较［D］/曾竞艳.—重庆师范学院（硕士论文），2001

02639 苏东坡的贬谪生涯［D］/张凤兰.—玄奘人文社会学院（硕士论文），2001

02640 苏轼在王安石变法运动中的阶段性表现［J］/万斌生//江西社会科学，2002（2）

02641 苏东坡与乌台诗案［J］/施川迎//浙江人大，2002（5）

02642 关于苏轼“乌台诗案”的几种刊本［J］/刘德重//上海大学学报（社会科学版），2002（6）

02643 洛学、新学、蜀学异同论［J］/卢连章//中州学刊，2002（6）

02644 乌台诗案研究［D］/周克勤.—西南师范大学（硕士论文），2002

02645 一首被严重歪曲过的好诗：苏轼险丧命［N］/刘光前//光明日报，2003-02-12

02646 北宋党争与苏轼的陶渊明情结［J］/丁晓，沈松勤//浙江大学学报（人文社会科学版），2003（2）

02647 横空出世苏东坡：上［J］/丛玉//家庭与家教，2003（2）

02648 从“乌台诗案”看苏氏兄弟的出版活动［J］/周宝荣//河南科技大学学报（社会科学版），2003（3）

02649 横空出世苏东坡：中［J］/丛玉//家庭与家教，2003（3）

02650 横空出世苏东坡：下［J］/丛玉//家庭与家教，2003（4）

02651 论苏轼与“新旧党争”［J］/蔡静波//雁北师范学院学报，2003（4）

02652 论宋人对苏轼的批评［J］/曾枣庄//中华文史论丛，2003（74）

02653 从新旧党争论苏东坡的从政生涯［D］/吴秀蓉.—台湾师范大学（硕士论文），2003

02654 乌台诗案与苏诗的传播：漫话“禁书”之七［J］/甄士龙//书品，2004（1）

02655 御史台狱后苏轼多作迦语探［J］/刘金柱//中国监狱学刊，2004（1）

02656 官场规律：淘汰苏东坡［J］/刘小峥//雨花，2004（4）

02657 湖州与苏轼“乌台诗案”［J］/沈慧//中国地名，2004（4）

02658 论苏轼的诗性人格［J］/马银华//山西大学学报（哲学社会科学版），2004（4）

02659 人民的市长苏东坡［J］/不详//新世纪，2004（6）

02660 苏东坡杭州治水传佳话［J］/华红安//陕西水利，2004（6）

02661 苏轼治杭的民本思想与实践［J］/段昆仑//中共杭州市委党校学报，2004（6）

02662 苏东坡济困与郑板桥救危［J］/不详//新作文（高考在线），2004（7）

02663 岭南人文图说之十：苏轼［J］/不详//学术研究，2004（7）

02664 苏轼出狱［N］/不详//靖江日报，2005-08-31

02665 古为今鉴：东坡化解烦恼［N］/不详//文汇报（香港），2005-10-07

02666 古典瞬间：东坡判案别具风采［N］/不详//文汇报（香港），2005-12-20

02667 千方百计学刑评：苏东坡在凤翔的司法实践［J］/葛祥邻//宝鸡社会科学，2005（1）

02668 高俅原是苏东坡的小吏［J］/若蒙//作文教学研究，2005（2）

02669 放逐中的喜悲情怀［J］/项香女//语文

教学通讯，2005（3）

02670 王安石诬陷苏轼运售私盐始末考：兼论苏轼与程之才之恩怨情仇［J］/ 刘昭明，黄嘉伶 // 文与哲，2005（7）

02671 东坡与苏堤［J］/ 綦国瑞 // 散文百家，2005（11）

02672 苏东坡突围［J］/ 孔楠 // 高中生，2005（23）

02673 苏过斜川集研究［D］/ 杨景琦 .—中国文化大学（博士论文），2005

02674 历史与空间：苏轼陕西行踪［N］/ 章雋 // 文汇报（香港），2006-10-14

02675 古典瞬间：一篇序言引发的乌台诗案［N］/ 不详 // 文汇报（香港），2006-12-05

02676 苏东坡治理河湖环境和赏石轶事［J］/ 杨志坚 // 资源调查与环境，2006（1）

02677 堤以姓传 人间天堂在苏堤 地因人杰 西湖风月属东坡：苏东坡与杭州、颍州、惠州西湖［J］/ 王英 // 机电兵船档案，2006（4）

02678 苏轼迁谪内缘因素之探求［J］/ 施淑婷 // 万窍（中华通识教育学刊），2006（4）

02679 乌台诗案与苏轼词风新变［J］/ 张帆 // 西华大学学报（哲学社会科学版），2006，25（5）

02680 苏东坡突围［J］/ 余秋雨 // 文苑，2006（8）

02681 文人不政［J］/ 王敏思 // 语文天地，2006（10）

02682 高俅报恩苏轼［N］/ 王东峰 // 今晚报，2007-07-05

02683 苏东坡成就“定州秧歌”［N］/ 不详 // 燕赵晚报，2007-07-16

02684 “苏轼在凤翔”研讨会达成共识：凤翔是苏轼光辉的起点［N］/ 不详 // 宝鸡日报，2007-10-10

02685 苏轼改诗惹祸［N］/ 王文正 // 徐州日报，2007-11-15

02686 高俅不忘苏轼举荐之恩［N］/ 王东峰 // 新商报，2007-12-23

02687 古人拒贿九例［J］/ 连召波 // 刊授党校（学习特刊），2007（1）

02688 苏轼参加进士考试何以第二？［J］/ 汪树民 // 贵州社会主义学院学报，2007（1）

02689 苏轼四次遇“难”［J］/ 刘小华 // 中学语文教学参考·学语文（高中生版），2007（1）

02690 苏轼知徐州：文言文阅读训练［J］/ 王善 // 中学语文教学参考·学语文（高中生版），2007（1）

02691 从“苏东坡突围”谈受挫后的心理自我调节［J］/ 来斓，王庆生，黄南燕 // 保健医学研究与实践，2007（2）

02692 苏轼与程颐之争：以苏轼论礼观之［J］/ 谢淑容 // 岭东通识教育研究学刊，2007，2（2）

02693 涨涨跌跌苏东坡［J］/ 吴昊 // 法制博览·经典杂文，2007（2）

02694 韩愈、苏轼岭南行政方式比较［J］/ 陈咏红 // 广州大学学报（社会科学版），2007（3）

02695 杭州西湖历代疏治史（下）［J］/ 林正秋 // 现代城市，2007（4）

02696 苏东坡突围［J］/ 余秋雨 // 当代文萃，2007（4）

02697 苏轼在长安行实四考［J］/ 张文利 // 西北师范大学学报（社会科学版），2007（4）

02698 乌台诗案史话之一：阴谋的出笼［J］/ 莫砺锋 // 古典文学知识，2007（4）

02699 乌台诗案史话之二：柏台霜气夜凄凄［J］/ 莫砺锋 // 古典文学知识，2007（6）

02700 乌台诗案与苏东坡[J]/董敬民//海内与海外，2007(8)

02701 苏东坡兄弟的高考[J]/青藤//中学生百科(文综理综)，2007(10)

02702 乌台诗案[J]/不详//高中生(快乐阅读)，2007(10)

02703 东坡治杭[J]/鲁晋野//学习月刊，2007(19)

02704 苏东坡肖像承传记[J]/王琳祥//历史月刊，2007(238)

02705 从陶渊明、李白、苏轼的政治表现与文学创作谈性情文人与政治[D]/蒋琛.—武汉大学(硕士论文)，2007

02706 蜀党与北宋党争[D]/李真真.—山东大学(硕士论文)，2007

02707 不合时宜的苏东坡[N]/林来生//安徽商报，2008-01-20

02708 康震评说苏东坡：步入仕途(1)[N]/康震//广州日报，2008-03-08

02709 康震评说苏东坡：初涉官场饱经磨炼[N]/不详//半岛都市报，2008-03-13

02710 不见东坡精神只见张扬的官场权力[N]/不详//时代信报，2008-03-14

02711 苏东坡落魄时如何解决吃住问题[N]/黄文//中山商报，2008-04-28

02712 沈括陷害苏东坡[N]/不详//温州都市报，2008-07-16

02713 苏东坡，无论穷达皆兼济天下[N]/不详//彭城晚报，2008-08-03

02714 苏东坡和王安石的恩怨[N]/不详//中华读书报，2008-08-20

02715 高俅原是苏轼秘书[N]/不详//新知讯报，2008-08-21

02716 苏东坡和王安石的恩怨(连载一)[N]/不详//华兴时报，2008-08-26

02717 苏东坡和王安石的恩怨(连载二)[N]/不详//华兴时报，2008-08-27

02718 历史与空间？苏轼写检讨[N]/刘诚龙//文汇报(香港)，2008-09-06

02719 不合时宜的苏轼[N]/不详//西藏商报，2008-09-19

02720 开封乌台苏轼受审[N]/王吴军//大河报，2008-09-26

02721 苏东坡的诗才和诗祸[N]/薛琨开//中国石化报，2008-11-10

02722 古典瞬间：乌台诗案中的苏轼[N]/陶琦//文汇报(香港)，2008-12-31

02723 乌台诗案史话之三：营救与出狱[J]/莫砺锋//古典文学知识，2008(1)

02724 苏轼的敌人[J]/莫砺锋//学术界，2008(2)

02725 乌台诗案史话之四：涉案作品的文本分析[J]/莫砺锋//古典文学知识，2008(2)

02726 古人机智拒贿[J]/连召波//文艺生活(智慧幽默版)，2008(3)

02727 苏轼的“乌台诗案”[J]/吴蔚//知识窗，2008(3)

02728 苏轼知颍政绩考之一：以民为本，阻开八丈沟[J]/刘尚荣//阜阳师范学院学报(社会科学版)，2008(4)

02729 苏轼诗案[J]/不详//世界文艺，2008(5)

02730 东坡在岭南之一：南迁途中[J]/莫砺锋//文史知识，2008(6)

02731 玉局观不是掌琢磨之工的官署[J]/文史成//文史杂志，2008(6)

02732 东坡在岭南之二：“报道先生春睡美”[J]/莫砺锋//文史知识，2008(7)

02733 苏轼退隐心态之曲折[J]/李进//求索，2008(7)

02734 东坡在岭南之三：从惠州到儋州[J]/莫砺锋//文史知识，2008(8)

02735 东坡在岭南之四：“梦里似曾迁海外”

［J］/ 莫砺锋 // 文史知识，2008（9）
02736　古人拒贿趣谈［J］/ 连召波 // 爱情·婚姻·家庭（冷暖人生版），2008（9）
02737　说文论道［J］/ 郑凤贤 // 社科纵横，2008（9）
02738　东坡在岭南之五：“细和渊明诗”［J］/ 莫砺锋 // 文史知识，2008（10）
02739　乌台诗案与苏轼“以诗托讽”［J］/ 周宝荣 // 史学月刊，2008（10）
02740　古代秘书任免逸闻（五）［J］/ 眭达明 // 办公室业务，2008（11）
02741　苏轼写检讨：不“咬别人”只“咬自己”［J］/ 刘诚龙 // 报刊荟萃，2008（12）
02742　苏过随父贬居岭海之生命情怀［J］/ 李燕新 // 大同技术学院学报，2008（16）
02743　苏轼与辽事关系几个问题的探讨［J］/ 蒋武雄 // 中国历史学会史学集刊，2008（40）
02744　乌台诗案与车盖亭诗案之比较研究［D］/ 张伟涛．—暨南大学（硕士论文），2008
02745　苏东坡在郑州［N］/ 马承钧 // 郑州日报，2009-01-15
02746　苏东坡王安石岱庙斗诗［N］/ 不详 // 泰山晨刊，2009-02-06
02747　琴台客聚？苏东坡有此论［N］/ 吴羊璧 // 文汇报（香港），2009-04-21
02748　东坡义举惠及千秋：苏堤玩月［N］/ 不详 // 东江时报，2009-04-07
02749　千古文士潇洒苏轼［N］/ 东卿 // 新商报，2009-05-02
02750　东坡治杭［N］/ 不详 // 日照日报，2009-06-06
02751　舒亶与“乌台诗案”［N］/ 不详 // 宁波晚报，2009-11-29
02752　苏东坡杭州判案之趣闻［N］/ 不详 // 华东旅游报，2009-12-01
02753　欧阳修提拔王安石苏东坡［N］/ 王青笠 // 邢台日报，2009-12-22
02754　苏轼的报复美学：以《论行遣蔡确札子》为例［J］/ 张忠智，康全诚，庄桂英 // 远东学报，2009，26（4）
02755　通透：苏轼的治学特点［J］/ 田义勇 // 开封大学学报，2009（2）
02756　乌台诗案新探［J］/ 李裕民 // 宋代文化研究，2009（2）
02757　出处之间：论苏轼初入仕途时的思想矛盾［J］/ 段永强，李娴 // 河南机电高等专科学校学报，2009（3）
02758　苏东坡与“乌台诗案”［J］/ 赵洪涛 // 语文教学研究，2009（3）
02759　苏轼与经济危机［J］/ 高峰 // 江苏社会科学，2009（3）
02760　人生道路的转折［J］/ 郭杏芳，刘红星 // 苏轼研究，2009（4）
02761　苏东坡的最后岁月［J］/ 余耀中 // 金山，2009（4）
02762　《苏轼为官之道》序［J］/ 曾枣庄 // 苏轼研究，2009（4）
02763　苏东坡突围［J］/ 余秋雨 // 中华活页文选（高一版），2009（5）
02764　岭南人文图说之六十八：居惠时期的苏轼［J］/ 王可 // 学术研究，2009（8）
02765　苏轼与宋皇室关系考［J］/ 李真真 // 乐山师范学院学报，2009（8）
02766　乌台诗案与苏东坡获救［J］/ 赵明信 // 当代人，2009（8）
02767　苏东坡突围［J］/ 余秋雨 // 作文通讯（初中版），2009（9）
02768　苏东坡为何两面都不讨好？［J］/ 酷奇 // 百家讲坛，2009（9）
02769　苏东坡审案［J］/ 不详 // 法制博览·名家讲坛（上半月），2009（10）
02770　东坡治杭［J］/ 不详 // 中华传奇（月末

版），2009（11）

02771 百日救赎［J］/ 不详 // 百家讲坛，2009（12）

02772 苏轼与经济危机［J］/ 马化福 // 文史天地，2009（12）

02773 文字狱的先河：乌台诗案［J］/ 胡素文 // 兰台世界，2009（13）

02774 想起了苏东坡断案……［J］/ 李庆年 // 商周刊，2009（15）

02775 苏东坡为何两面都不讨好？［J］/ 不详 // 传奇故事（下半月），2009（18）

02776 乌台诗案诠释问题的再思考［D］/ 萧名娍．—淡江大学（硕士论文），2009

02777 苏轼因“大嘴”吃尽苦头［N］/ 不详 // 半岛晨报，2010-01-02

02778 苏东坡谏税献言为民生［N］/ 张谷清 // 宁夏日报，2010-01-07

02779 苏东坡观潮治水［N］/ 不详 // 中国海洋报，2010-01-22

02780 人间绝版苏东坡［N］/ 刘雪荣 // 中国社会科学报，2010-03-02

02781 苏轼贬谪黄州真正原因探究［N］/ 不详 // 黄冈日报，2010-03-10

02782 不可救药的苏东坡［N］/ 不详 // 西江日报，2010-04-20

02783 不打伞的苏轼［N］/ 胡修江 // 青岛日报，2010-05-04

02784 不捞钱的苏东坡只能借房子让儿子结婚［N］/ 李开周 // 东亚经贸新闻，2010-05-05

02785 勤廉趣话苏轼讲寓言婉辞厚礼［N］/ 不详 // 南通日报，2010-06-09

02786 甜蜜的贬谪：苏轼被贬惠州［N］/ 不详 // 内江日报，2010-06-10

02787 苏轼的“乌台诗案”［N］/ 不详 // 华兴时报，2010-07-14

02788 苏轼抓工业［N］/ 魏鹏 // 都市晨报，2010-07-30

02789 朝廷欠三年俸钱苏东坡很苦恼［N］/ 不详 // 半岛晨报，2010-08-01

02790 古代官员“晒薪”：苏轼苦恼朝廷欠三年工资［N］/ 不详 // 劳动午报，2010-08-05

02791 苏轼治水：让人与自然和谐共生［N］/ 不详 // 城市晚报，2010-08-05

02792 苏东坡创建合资医院［N］/ 邬时民 // 中国中医药报，2010-08-18

02793 苏轼勤政爱民［N］/ 李杰 // 清远日报，2010-08-22

02794 擅长造“势”的苏东坡［N］/ 不详 // 澳门日报，2010-09-15

02795 “水利专家”苏轼［N］/ 不详 // 三门峡日报，2010-09-22

02796 苏东坡乱改菊花诗［N］/ 不详 // 德州日报，2010-10-22

02797 读史新说苟利民生何惧贫：苏轼在密州的生活片段［N］/ 戴永夏 // 齐鲁晚报，2010-11-19

02798 苏东坡和王安石论字［N］/ 不详 // 郑州日报，2010-12-02

02799 “水利专家”苏轼［N］/ 不详 // 中国石油报，2010-12-03

02800 匆匆五日 风韵长存：论苏轼登州之任及其对登州风物的歌咏［J］/ 曲树程，蔡玉臻 // 苏轼研究，2010（2）

02801 宋人“党”观念探析［J］/ 李真真 // 北华大学学报（社会科学版），2010（2）

02802 苏东坡的官场生涯［J］/ 不详 // 法制博览·名家讲坛（上半月），2010（3）

02803 富民之路竟在何方：苏轼关于国家财富分配的思考与困惑［J］/ 杨胜宽 // 乐山师范学院学报，2010（4）

02804 论苏轼被贬时期的功绩［J］/ 杜勍妹 // 语文学刊，2010（4）

02805 苏东坡的民本理念及现实意义［J］/ 苏灿 // 中国政协，2010（4）

02806 苏东坡为何一生不受重用［J］/ 颜玉明 // 群文天地，2010（5）

02807 苏东坡贬惠时期的压弹机制研究［J］/ 饶淑园 // 广西社会科学，2010（6）

02808 苏轼：想当然耳［J］/ 傅嘉明 // 阅读与写作，2010（7）

02809 文豪苏轼的“经济危机”［J］/ 不详 // 中国金融家，2010（7）

02810 苏东坡和王安石想当然与因言获罪［J］/ 不详 // 知识窗（往事文摘），2010（8）

02811 苏轼为何拯救杭州妓女［J］/ 不详 // 华声，2010（8）

02812 苏东坡为何总是易地做官［J］/ 王伟 // 文史博览，2010（9）

02813 苏轼妙对斥奸佞［J］/ 倪培森 // 阅读与写作，2010（10）

02814 苏东坡的政治短板［J］/ 顾伯冲 // 现代领导，2010（11）

02815 苏轼为政亦风流［J］/ 云边客 // 海峡通讯，2010（11）

02816 东坡悔续菊花诗［J］/ 不详 // 科海故事博览·高考作文素材，2010（12）

02817 苏东坡出狱［J］/ 杨涛 // 学习之友，2010（12）

02818 从元祐党争看苏轼学禁及其发展［J］/ 涂美云 // 东吴中文学报，2010（19）

02819 第三讲 初登仕途［J］/ 黄玉峰 // 当代学生，2010（22）

02820 苏东坡 史上的“牛”市长［J］/ 南钦 // 民生周刊，2010（46）

02821 自爱铿然曳杖声：浅析“杖”在苏轼诗词中的运用［J］/ 刘佳 // 河南教育（下旬），2010（Z1）

02822 苏轼备荒赈灾研究［D］/ 谢佳妤．—东吴大学（硕士论文），2010

02823 苏东坡的五起四落［N］/ 冯殿洲 // 北海日报，2011-10-18

02824 苟利民生何惧贫［N］/ 戴永夏 // 大公报（香港），2011-01-10

02825 再说“乌台诗案”［N］/ 不详 // 忻州日报教育周刊，2011-01-10

02826 杭州“父母官”苏轼曾住“楼歪歪”［N］/ 不详 // 常州晚报，2011-01-17

02827 苏轼为何主动要求从“天堂”杭州到贫困山区任职［N］/ 不详 // 豫北新闻，2011-01-21

02828 宋神宗限令苏轼大年初一离京［N］/ 王镫令 // 文汇报（上海），2011-02-08

02829 苏轼输在哪里？［N］/ 王章云 // 信阳日报，2011-02-15

02830 初露锋芒的苏东坡［N］/ 王吴军 // 北海日报，2011-04-10

02831 沈括与乌台诗案:［N］/ 杜勇 // 中老年时报，2011-04-11

02832 欧阳修为避嫌误判苏轼第二名［N］/ 不详 // 吉林工人报，2011-04-22

02833 不合时宜的苏东坡［N］/ 不详 // 河北工人报，2011-04-27

02834 欧阳修为“避嫌”忍痛割爱判苏轼第二名［N］/ 不详 // 华兴时报，2011-04-29

02835 苏轼发“微博”自爆“私逃”《临江仙》［N］/ 不详 // 华兴时报，2011-06-02

02836 苏东坡廉州纪事：北海历史文化话题之五十九（1）［N］/ 范翔宇 // 北海日报，2011-06-12

02837 蓬莱阁上怀苏轼［N］/ 不详 // 齐鲁晚报，2011-06-16

02838 欧阳修为“避嫌”判了苏轼第二名［N］/ 不详 // 阳江日报，2011-06-18

02839 苏东坡廉州纪事：北海历史文化话题之五十九（2）［N］/ 范翔宇 // 北海日报，2011-06-19

02840 苏东坡廉州纪事：北海历史文化话题之五十九（3）[N]/范翔宇//北海日报，2011-06-26

02841 苏轼初入官场先受挫折教育[N]/不详//世界新闻报，2011-06-28

02842 苏东坡廉州纪事：北海历史文化话题之五十九（4）[N]/范翔宇//北海日报，2011-07-03

02843 守护变法天平保全苏轼[N]/不详//宜宾日报，2011-07-05

02844 苏东坡廉州纪事：北海历史文化话题之五十九（5）[N]/范翔宇//北海日报，2011-07-10

02845 苏东坡廉州纪事：北海历史文化话题之五十九（6）[N]/范翔宇//北海日报，2011-07-17

02846 "苏东坡当官总是报忧不报喜"[N]/陈河清//惠州日报，2011-07-18

02847 守护变法保全苏轼的曹皇后[N]/不详//豫北新闻，2011-07-18

02848 苏东坡廉州纪事：北海历史文化话题之五十九（7）[N]/范翔宇//北海日报，2011-07-24

02849 苏轼徐州任上的23个月[N]/不详//徐州日报，2011-08-16

02850 苏轼大杀风景[N]/刘诚龙//西安晚报，2011-08-23

02851 贤良苏轼与勤政为民[N]/不详//泰安日报，2011-09-14

02852 东坡的气[N]/章原//东方早报，2011-11-05

02853 好一个苏轼[N]/不详//南京晨报，2011-11-06

02854 "乌台诗案"祸起《三槐堂铭》[N]/不详//大河报，2011-11-07

02855 苏轼错改菊花诗[N]/方本昌//今日千岛湖，2011-11-19

02856 苏轼不折腾百姓他本人注定被折腾[N]/不详//新商报，2011-11-26

02857 判苏轼第二名[N]/不详//阳江日报，2011-12-17

02858 苏轼与挫折教育[N]/不详//科技鑫报，2011-12-24

02859 海南万里真吾乡[J]/熊朝东//苏轼研究，2011（1）

02860 浅析苏轼乐观的人生态度[J]/韩雪//北方文学（下半月），2011（1）

02861 再说苏东坡当过常州团练副使吗[J]/赖正和//苏轼研究，2011（1）

02862 多情丈夫真豪杰[J]/金鑫//新语文学习（高中），2011（2）

02863 苏东坡狱中打呼噜[J]/本刊编辑部//民间故事选刊·秘闻，2011（2）

02864 苏轼签判凤翔时期政绩述评[J]/任永辉//苏轼研究，2011（2）

02865 苏东坡的政治短板[J]/顾伯冲//党政论坛·干部文摘，2011（3）

02866 散谈乌台诗案：福兮祸之所伏，祸兮福之所倚[J]/江澄格//苏轼研究，2011（4）

02867 苏东坡政治主张的和谐追求[J]/赖正和//苏轼研究，2011（4）

02868 态度决定高度：论苏轼的官场成败[J]/张靓静//商丘职业技术学院学报，2011（4）

02869 苏轼与经济危机[J]/昆荣//中外故事，2011（5）

02870 第六讲 乌台诗案（上）[J]/黄玉峰//当代学生，2011（6）

02871 苏东坡的至善[J]/游宇明//做人与处世，2011（6）

02872 苏轼遭贬的原因[J]/王万里//咬文嚼字，2011（6）

02873 第七讲 乌台诗案（下）[J]/黄玉峰//

当代学生，2011（8）

02874　苏轼的赤壁豪杰风流和智者风流之梦［J］/孙绍振//国文天地，2011，26（8）

02875　苏东坡的至善［J］/游宇明//科海故事博览·作文素材，2011（9）

02876　闲话“乌台诗案”始作俑者沈括［J］/翟传海//躬耕，2011（9）

02877　东坡悔续菊花诗［J］/不详//小学教学研究·新小读者（学生版），2011（10）

02878　惜才救东坡［J］/方宇飞//全国优秀作文选（小学综合阅读），2011（10）

02879　关于“沈括陷害苏东坡”质疑［J］/王同顺//金山，2011（12）

02880　苏轼泄题李廌考辨［J］/刘昭明//文与哲，2011（18）

02881　高俅也曾知恩图报［J］/余竞跃//晚报文萃，2011（19）

02882　东坡闲话 第十四讲 风光风波［J］/黄玉峰//当代学生，2011（24）

02883　北宋党争与党人碑志研究［D］/罗昌繁.—华中师范大学（硕士论文），2011

02884　苏轼治水也有一手［N］/郑连根//宝安日报，2012-01-07

02885　假如苏轼做了宰相之一［N］/亚瑟//澳门日报，2012-01-09

02886　假如苏轼做了宰相之二［N］/亚瑟//澳门日报，2012-01-10

02887　苏轼的东湖情缘［N］/李波//宝鸡日报，2012-01-20

02888　苏东坡的政治誓言：以直臣为榜样［N］/虞圣强//常州日报，2012-02-05

02889　苏轼的成就与生活［N］/不详//常州日报，2012-02-05

02890　苏轼知定州的业绩与创作（下）［N］/邱俊鹏//定州日报，2012-03-02

02891　乌台诗案对苏轼诗作的影响［N］/胡善兵//澳门日报，2012-04-05

02892　苏轼：“乌台诗案”之谜（一）［N］/向飞//华兴时报，2012-05-07

02893　苏轼：“乌台诗案”之谜（二）［N］/向飞//华兴时报，2012-05-08

02894　绵里藏针的苏东坡如何巧骂贪官［N］/不详//双鸭山日报，2012-05-17

02895　欧阳修误判苏轼［N］/黄英//温州都市报，2012-05-18

02896　苏东坡：海南万里真吾乡［N］/不详//海南日报，2012-05-21

02897　高俅并非奸臣曾经帮过苏东坡［N］/不详//城市信报，2012-05-22

02898　鲜为人知苏东坡与香泉井［N］/不详//吉林工人报，2012-06-01

02899　苏轼的敌人［N］/张晓林//开封日报，2012-06-29

02900　关于苏轼任命的争论［N］/不详//大河报，2012-07-17

02901　东坡本是西湖长：苏轼与颍州西湖［N］/王秋生//颍州晚报，2012-08-02

02902　苏东坡坐监［N］/不详//宿迁晚报，2012-08-02

02903　苏东坡：登州五日风范映千秋［N］/陈文念//眉山日报，2012-08-07

02904　答苏轼《私试策问·人与法并用》［J］/刘欢//青年文学家，2012（1）

02905　苏轼的得时幸遇［J］/徐建芳//重庆工商大学学报（社会科学版），2012（1）

02906　从苏东坡的“政绩工程”看为官之道［J］/春天的三角梅//资治文摘，2012（3）

02907　东坡与苏堤［J］/赵晋//素材视野，2012（3）

02908　乌台诗案始末［J］/李炜光//读书，2012（3）

02909　浅析苏轼论体文中的思想［J］/王志刚//大江周刊·论坛，2012（4）

02910 苏东坡杭州救灾治理[J]/李平//生命与灾害，2012(4)

02911 从乌台诗案看北宋新旧党争之始[J]/曾瑜//西江月，2012(5)

02912 苏东坡为何只给司马光留面子[J]/阿瑟//工会博览，2012(6)

02913 问汝平生功业 黄州惠州儋州：探索湖州风暴与儋耳海啸的远因原由[J]/江澄格//乐山师范学院学报，2012(6)

02914 乌台诗案始末[J]/李炜光//各界，2012(6)

02915 东坡与苏堤[J]/不详//满分阅读(初中版)，2012(7)

02916 平生文字为吾累[J]/任和平//群言，2012(7)

02917 浅析“乌台诗案”对苏轼思想之影响[J]/宋一雪//文学界(理论版)，2012(8)

02918 苏轼太忠直官场吃不开[J]/不详//知识窗·往事文摘，2012(10)

02919 苏轼倅杭心态浅析[J]/张璐//南阳师范学院学报，2012(10)

02920 熙宁变法与新旧党争[J]/易中天//国学，2012(10)

02921 古代官员“晒薪”：苏轼苦恼朝廷欠俸三年[J]/不详//上海企业，2012(12)

02922 欧阳修：放苏轼出一头地[J]/本刊编辑部//中华活页文选(高二版)，2012(12)

02923 闲笔不“闲”：“小乔初嫁了”的深层解读[J]/李波//散文百家·新语文活页，2012(12)

02924 苏轼仕宦生涯中的谏亲戒友[J]/施淑婷//万窍，2012(15)

02925 苏轼知杭州治西湖研究[J]/宋品璇//中正历史学刊，2012(15)

02926 由苏轼贬谪生涯看宋代贬责中的安置[J]/马建红//中小企业管理与科技，2012(15)

02927 高俅曾为苏轼打小工[J]/武先屏//初中生，2012(19)

02928 苏东坡之敌：心中有一枝抵挡肮脏的梅[J]/王芳芳//百家讲坛，2012(19)

02929 苏轼与王安石政治关系研究[D]/刘森.—吉林大学(硕士论文)，2012

02930 苏东坡德政在杭州[N]/苏太勋//浙江日报，2013-01-25

02931 乌台诗案，最后伤到谁？[N]/付秀成//北海日报，2013-03-09

02932 苏轼巧妙应对[N]/不详//燕赵老年报，2013-03-29

02933 苏轼经历的官场[N]/不详//太行日报，2013-04-14

02934 苏东坡的判词[N]/不详//老年日报，2013-05-02

02935 谁救了苏东坡的命[N]/不详//北京青年报，2013-05-17

02936 苏轼的为官之道[N]/不详//中国劳动保障报，2013-06-05

02937 苏轼与王安石的“幸与不幸”[N]/不详//海南日报，2013-06-24

02938 苏轼与乌台诗案[N]/张兆新//汴梁晚报，2013-07-20

02939 超然台上思东坡[N]/王畔政//潍坊日报，2013-09-27

02940 人间绝版苏东坡[N]/不详//湖北日报，2013-10-18

02941 达人苏东坡[N]/许金妹//盐阜大众报，2013-10-30

02942 苏轼治西湖的启示[N]/不详//余姚日报，2013-11-05

02943 沈括《梦溪笔谈》为何少有苏轼记载：《百家讲坛》主讲人钱斌为合肥市民讲解“乌台诗案”[N]/星级，余琛，牛国梁//合肥晚报，2013-11-17

02944 乌台诗案（上）[J]/张梦//青少年书法（少年版），2013（2）

02945 五日登州太守苏东坡[J]/不详//走向世界，2013（4）

02946 苏东坡的两个世界[J]/柏峰//月读，2013（5）

02947 苏轼谪宦岭南与北宋后政治变迁[J]/章深//广东社会科学，2013（5）

02948 乌台诗案（下）[J]/张梦，张九玉//青少年书法，2013（5）

02949 所以自用者实难：苏轼《贾谊论》评析[J]/严凌//华人时刊（下旬刊），2013（7）

02950 乌台诗案前苏轼诗歌创作情志的基本特征分析[J]/桂天寅//名作欣赏（中旬），2013（7）

02951 苏轼治西湖[J]/郑凛//七彩语文·写字与书法，2013（8）

02952 徐州知州苏东坡与《石炭歌》[J]/孟子寻//读与写·教育教学版，2013（9）

02953 富国与裕民之争：王安石与苏轼的政治理念考论[J]/何晓苇//求索，2013（11）

02954 苏轼治水传佳话[J]/于莹//黄河黄土黄种人·水与中国，2013（12）

02955 苏轼治水启示录[J]/胡峰，胡晓静，胡广明//河南水利与南水北调，2013（17）

02956 乌台诗案前苏轼诗歌中的归隐心态分析[J]/桂天寅//名作欣赏，2013（17）

02957 浅谈文字狱之："乌台诗案"[J]/肖皇波//青年文学家，2013（35）

02958 彭汝砺与北宋党争[D]/张立羊.—南昌大学（硕士论文），2013

02959 苏东坡：敢为老百姓讲话与办实事[N]/宋秀杰//株洲日报，2014-02-16

02960 苏东坡：敢为老百姓办实事[N]/不详//青海法制报，2014-02-19

02961 以民为本话苏轼[N]/刘琦//阜阳日报，2014-02-27

02962 五日知州苏东坡[N]/王英杰//四川师大报，2014-03-14

02963 苏东坡破中毒案[N]/不详//都市时报，2014-03-25

02964 古代官员"晒薪"：苏轼苦恼朝廷欠三年俸钱[N]/不详//河南法制报，2014-04-09

02965 国民苏东坡[N]/不详//今晚报，2014-04-24

02966 乌台诗案:[N]/不详//平原晚报，2014-06-14

02967 苏轼智开"惠民药局"[N]/不详//中国中医药报，2014-07-10

02968 东坡到处是西湖[N]/李同振//保定日报，2014-08-03

02969 晁补之两次写信拜入苏轼门下[N]/不详//齐鲁晚报，2014-08-11

02970 前杭州知府苏轼追复端明殿学士[N]/不详//青年时报，2014-08-27

02971 苏东坡断案[N]/不详//中国石油报，2014-09-27

02972 苏轼笑对被捕[N]/青丝//中老年时报，2014-10-10

02973 苏轼仕途多舛：被一贬再贬直到贬到海南岛[N]/秦海//白城日报，2014-10-15

02974 贬琼东坡的百姓情结[N]/林志向//海南日报，2014-11-27

02975 从苏东坡看文人参政[J]/范玉兰//读与写（教育教学版），2014（1）

02976 从乌台诗案看北宋官员犯罪司法程序的特点[J]/郭艳婷//常州大学学报（社会科学版），2014，15（1）

02977 苏轼向南[J]/林那北//福建文学，2014（1）

02978 1079年的诗歌与政治：苏轼乌台诗案新论［J］/蔡涵墨，卞东波//励耘学刊（文学卷），2014（2）

02979 宋代齐鲁文化高地：密州超然台的变迁［J］/王增强，娄红//山东档案，2014（2）

02980 苏轼"遭遇"王安石［J］/韩闻//职业（上旬刊），2014（2）

02981 贬谪与苏轼：人生的分水岭［J］/龙南慧//文艺生活·文海艺苑，2014（3）

02982 试论苏轼知徐州期间的功绩［J］/孟子寻//史志学刊，2014（3）

02983 苏轼的官德述评［J］/王林//领导科学，2014（3）

02984 苏东坡坐监［J］/王吴军//小学教学研究·新小读者，2014（4）

02985 苏轼和"乌台诗案"［J］/周宏//初中生学习·七彩，2014（4）

02986 苏轼与密州超然台的命运交融［J］/张海平//唐山师范学院学报，2014（6）

02987 苏轼治水思想述论［J］/陈伟庆//华北水利水电大学学报（社会科学版），2014，30（6）

02988 性格与苏轼的政治悲剧：以因"洛蜀党争"被贬惠州为例［J］/姜和//名作欣赏·文学研究（下旬），2014（7）

02989 修衣正冠史为镜［J］/肖根胜//人大建设，2014（9）

02990 论苏轼在徐州的从政情怀：主要从表、奏、书、启展开分析［J］/喻世华//乐山师范学院学报，2014（10）

02991 吞咽阳光的苏东坡［J］/汤园林//芳草·经典阅读，2014（11）

02992 好国民苏东坡［J］/平原马//青年博览，2014（16）

02993 苏轼"遭遇"王安石［J］/韩闻//文苑，2014（16）

02994 绍圣后苏轼心境鸟瞰［C］/潘明，唐瑛//长江流域区域文化的交融与发展：第二届巴蜀·湖湘文化论坛论文集/徐希平.—成都：四川大学出版社，2014

02995 苏轼发"微博"自爆私逃？［N］/不详//皖江晚报，2015-01-11

02996 密州三曲与苏轼知密州的心路历程［N］/不详//潍坊日报，2015-03-06

02997 苏轼与"乌台诗案"［N］/不详//内蒙古日报，2015-03-09

02998 苏轼与王安石的南京往事［N］/陈繁//南京日报，2015-03-31

02999 乌台诗案遭厄运［N］/不详//黄冈日报，2015-04-18

03000 苏轼仕途多舛：被一贬再贬到海南岛［N］/不详//福建老年报，2015-05-14

03001 东坡像前说担当［N］/王慧敏//人民日报，2015-05-22

03002 苏轼仕途多舛：再三被贬，远至海南岛［N］/不详//平顶山晚报，2015-05-25

03003 苏东坡误续《菊花诗》［N］/不详//黄冈日报，2015-06-13

03004 欧阳修"避嫌"误判苏轼［N］/不详//茂名日报，2015-07-01

03005 "能上能下"的苏东坡：［N］/赵柒斤//曲靖日报，2015-07-10

03006 "棋盲"苏轼观棋养性［N］/章原//今晚报，2015-07-17

03007 苏东坡吃牢饭［N］/李开周//南方都市报，2015-07-27

03008 躬耕东坡［N］/彭昭源//黄冈日报，2015-08-01

03009 苏轼的成熟［N］/温钧博，刘琳琳//赣州晚报，2015-08-13

03010 苏东坡"收礼"示廉［N］/不详//德周刊，2015-08-28

03011 勤修火政的苏东坡［N］/不详//安阳日

报，2015-09-06

03012 苏东坡在海南［N］/ 不详 // 汴梁晚报，2015-09-12

03013 苏东坡“雪灾应急”［N］/ 不详 // 宜宾晚报，2015-12-07

03014 苏东坡的“雪灾应急机制”［N］/ 赵柒斤 // 曲靖日报，2015-12-11

03015 苏轼抗洪［J］/ 不详 // 中华活页文选（初一年级版），2015（1）

03016 从苏轼之生命态度谈提升抗压性之可能：以“乌台诗案”前之词作为例［J］/ 王晓雯 // 远东通识学报，2015，9（2）

03017 从“乌台诗案”到“车盖亭诗案”［J］/ 罗强烈 // 各界，2015（2）

03018 北宋密州的灾荒与官方应对：基于苏轼知密州时的考察［J］/ 古帅，牛俊杰，王尚义 // 农业考古，2015（3）

03019 从“从公已觉十年迟”看苏轼王安石之恩怨［J］/ 方蔚 // 文学教育，2015（4）

03020 漫说“乌台诗案”［J］/ 涂普生 // 黄冈职业技术学院学报，2015（4）

03021 乌台诗案前后苏轼用典态度的变化［J］/ 魏伯河 // 现代语文（学术综合版），2015（5）

03022 苏东坡蒙冤记［J］/ 徐吟秋 // 章回小说，2015（9）

03023 苏轼的政治遭遇及其平和心态［J］/ 任美玲 // 考试与评价，2015（10）

03024 苏轼“可废”的四条理由［J］/ 宋志坚 // 唯实，2015（12）

03025 苏东坡不仅是大文豪［J］/ 吴钩 // 作文与考试（高中版），2015（21）

03026 占得人间一味愚［J］/ 草予 // 思维与智慧，2015（23）

03027 东坡治湖对领导决策践行的启示［J］/ 何艳娜 // 领导科学，2015（27）

03028 洛蜀党争的学统之辨与朱熹对苏轼的接受［C］/ 张申平 // 全球化与中文学科建设的新方向国际学术研讨会论文集 / 清华大学中文系，2015

03029 闾邱坊巷里的东坡情［N］/ 不详 // 城市商报，2016-01-22

03030 苏东坡知扬州［N］/ 不详 // 扬州晚报，2016-01-30

03031 苏轼智铺磨盘街［N］/ 不详 // 咸阳日报，2016-02-03

03032 东坡原是西湖长，一蓑烟雨任平生：艺林漫步之走进苏东坡纪念馆［N］/ 陈友望 // 杭州日报，2016-03-03

03033 苏东坡知颍烧的“第一把火”［N］/ 不详 // 颍州晚报，2016-03-11

03034 苏东坡巧解惠州农户纳粮难［N］/ 王启鹏 // 惠州日报，2016-04-10

03035 苏轼的官场沉浮［N］/ 邬时民 // 湖南工人报，2016-04-13

03036 林语堂书说苏东坡的为官之道［N］/ 不详 // 闽南日报，2016-06-14

03037 “乌台诗案”与苏轼《游净居寺诗并叙》［N］/ 不详 // 信阳日报，2016-06-29

03038 黄楼记载苏轼抗洪［N］/ 赖晨 // 新商报，2016-07-09

03039 从苏轼“五天登州府”说开去［N］/ 沈栖 // 中老年时报，2016-07-13

03040 乌台诗案及其流毒［N］/ 傅炳熙 // 安阳日报，2016-07-13

03041 苏轼智慧治水［N］/ 不详 // 黄石日报，2016-07-14

03042 苏东坡与“竹寺题诗案”［N］/ 陆志成 // 颍州晚报，2016-07-15

03043 东坡功与名深藏杭州城［N］/ 丁永勋 // 新华每日电讯，2016-09-02

03044 百姓的苏东坡［N］/ 陈雪 // 惠州日报，2016-10-09

03045 苏东坡：关乎常山总是情［N］/ 毕建

国 // 今日常山，2016-10-26

03046 苏东坡外任过芜湖［N］/ 朱建平 // 大江晚报，2016-11-13

03047 苏东坡“枉法”救书生［N］/ 沙宇飞 // 洛阳日报，2016-12-28

03048 北宋党争中的温情：君子政治与胸怀［J］/ 王英 // 边疆经济与文化，2016（1）

03049 从对苏轼的接受看宋代诗话的党争立场［J］/ 周萌 // 汉语言文学研究，2016（1）

03050 苏轼的凄楚仕途与伟大贡献［J］/ 董鹏昭 // 神州（中旬刊），2016（1）

03051 论科举制度对苏轼人生的影响［J］/ 朱秋德，司方圆 // 石河子大学学报（哲学社会科学版），2016（2）

03052 清风苏轼［J］/ 唐州 // 当代检察官，2016（2）

03053 苏轼因词得福［J］/ 毕宝魁 // 老年教育・书画艺术，2016（2）

03054 苏轼的官场沉浮［J］/ 邬时民 // 文史春秋，2016（3）

03055 苏东坡杭州治水（上）［J］/ 何江南，可敬 // 中国减灾，2016（4）

03056 苏东坡杭州治水（下）［J］/ 何江南，可敬 // 中国减灾，2016（6）

03057 苏轼写诗惹祸［J］/ 王开林 // 中华活页文选（初二），2016（6）

03058 随苏轼登超然台［J］/ 陈融 // 时代文学，2016（6）

03059 心欢可向东坡求：爱民篇・豆叶儿时黄［J］/ 盖龙云 // 东坡赤壁诗词，2016（6）

03060 苏轼的官德［J］/ 陈琼琪 // 时事报告，2016（8）

03061 苏东坡“乌台诗案”浅思（外一篇）［J］/ 刘福智 // 躬耕，2016（10）

03062 乌台诗案：思想者的厚赠［J］/ 李冬君 // 国家人文历史，2016（10）

03063 苏东坡被贬儋州的往事［J］/ 秦嵩宁 // 中国集体经济，2016（14）

03064 苏东坡差点被刻上奸党碑［J］/ 张鸣 // 廉政瞭望，2016（17）

03065 从“乌台诗案”管窥造成苏轼仕途坎坷的主观因素［J］/ 付国锋 // 人间，2016（21）

03066 苏轼与北宋科举制度的关系研究［D］/ 司方圆．—石河子大学（硕士论文），2016

03067 乌台诗案相关法律问题研究［D］/ 赵斐．—山东大学（硕士论文），2016

03068 改革：苏轼与王安石之争［N］/ 祝勇 // 沈阳日报，2017-10-09

03069 《乌台诗案》与苏轼的讥讽之作［J］/ 刘帼超 // 新国学，2017（1）

03070 仕隐情结与庐山面目：苏轼的仕隐两难与人生求索［J］/ 张爱东 // 中国苏轼研究，2017（1）

03071 苏轼的为官之道［J］/ 周颖 // 党员干部之友，2017（9）

03072 政治操守与仕途坎坷：苏轼的三次被贬谪再探讨［D］/ 陈羽枫．—河北大学（硕士论文），2017

社会活动研究

03073 苏东坡与大通禅师［J］/ 存悔 // 上海泼克，1918（1）

03074 苏东坡管夫人印章［J］/ 小说月报 // 小说月报，1920（11）

03075 戴东原与苏东坡［N］/ 甘蛰仙 // 晨报副刊，1924-06-17

03076 苏东坡，黄山谷，佛印三人在杭州……［J］/ 不详 // 爱国报，1924（27）

03077 苏东坡理想的美人［J］/ 陈蝶生 // 紫罗兰，1926，1(18)

03078 苏东坡对不起他的夫人［J］/ 不详 // 交通大学日刊，1929(32)

03079 短篇故事：滑稽的苏东坡［J］/ 白文 // 小朋友，1933(569)

03080 昔贤语妙：东坡与佛印［J］/ 胡徇遒 // 华美，1934，1(2)

03081 东坡挥泪哭朝云［J］/ 灵犀 // 风月画报，1936，7(6)

03082 东坡梦朝云［J］/ 肖丽章，白驹荣 // 粤曲，1936(3)

03083 关于苏东坡与木牛流马［J］/ 范皕晦，王振宇，胡怀深 // 逸经，1937(30)

03084 鲁直戏东坡曰："昔王右军字为换鹅字……"［J］/ 冯大光，老虬 // 立言画刊，1939(64)

03085 东坡留戒公［J］/ 不详 // 同愿月刊，1943(4)

03086 苏东坡的风流韵事（上）［J］/ 探幽 // 中国周报，1944(122)

03087 萍雪斋随笔：苏东坡害了朝云［J］/ 天化 // 光化，1945，1(6)

03088 古今事谈：苏东坡是阿Q的祖宗［J］/ 斯人 // 飘，1946(1)

03089 苏轼居儋之友生［J］/ 冼玉清 // 岭南学报，1947，7(2)

03090 滑稽的苏东坡（附图）［J］/ 不详 // 儿童画报（上海 1947），1947(1)

03091 苏东坡懂得生意经［J］/ 今如 // 商友（南昌），1947(4)

03092 苏东坡执行预算［J］/ 不详 // 物调旬刊，1947(6)

03093 苏东坡与王介甫［N］/ 不详 // 宁波日报，1948-11-18

03094 佛印与东坡［J］/ 普信 // 台湾佛教，1957，11(1)

03095 苏东坡的一条玉带［N］/ 不详 // 光明日报，1957-03-31

03096 苏东坡与佛印禅师［J］/ 曾普信 // 中国佛教，1958，3(4)

03097 中国音乐故事：朝云与苏东坡［N］/ 向日 // 联合报，1958-04-18

03098 苏东坡与刘贡父［N］/ 王光仪 // 中国时报，1958-05-03

03099 苏东坡错了［N］/ 王慈洲 // 宁波大众，1961-06-04

03100 东坡与朝云［N］/ 朴人 // 台湾"中央日报"，1963-02-08

03101 苏东坡与秦少游［N］/ 刘孝推 // 中国时报，1963-03-10

03102 苏东坡与女人［N］/ 李里 // 自立晚报，1963-07-13

03103 苏东坡与小二娘［N］/ 林语堂 // 联合报，1965-10-04

03104 苏东坡与小二娘［N］/ 林语堂 // 青年战士报，1965-10-04

03105 苏东坡与小二娘［N］/ 林语堂 // 中国时报，1965-10-04

03106 苏东坡与小二娘［N］/ 林语堂 // 台湾"中央日报"，1965-10-04

03107 苏门及其学派［J］/ 孙秉杰 // 畅流，1969，40(8)

03108 范滂与苏轼［J］/ 陶希圣 // 中原文献，1970，2(10)

03109 纪东坡先生与吴复古［J］/ 陈瞻园 // 中华诗学，1970，3(6)

03110 范滂与苏轼［J］/ 李声庭 // 民主潮，1970，20(9)

03111 几位北宋文人的男女关系（苏东坡与王子霞、秦少游与李师师）［J］/ 朴人 // 自由谈，1970，21(3)

03112 范滂与苏轼［N］/ 陶希圣 // 台湾"中央日报"，1970-03-29

03113 苏东坡与秦少游[D]/何金兰.—台湾大学(硕士论文),1970

03114 东坡、常州、和扬州题诗案[J]/徐道邻//东方杂志,1971,4(11)

03115 贬谪南荒的苏东坡[J]/杜若//台肥月刊,1972,13(12)

03116 苏东坡的画友:文同[J]/陈宗敏//生力,1973,6(71)

03117 宋苏适墓志及其他[J]/李绍连//文物,1973(7)

03118 包青天与苏东坡[N]/宇航//台湾日报,1974-11-11

03119 纪东坡与吴复古[J]/陈瞻园//广东文献,1976,6(2)

03120 东坡遗事[J]/忆清//四川文献,1976(159)

03121 墨竹画大家文同与苏轼[J]/方延豪//艺文志,1977(147)

03122 东坡与佛印[N]/程宗岳//台湾新生报,1978-07-08

03123 王朝云传(东坡妾)[J]/江生//浙江月刊,1979,11(5)

03124 文同是四川盐亭人[J]/许联炳,何增鸾//四川大学学报(哲学社会科学版),1979(3)

03125 终古相伴海与山:苏东坡与王安石的人和文[J]/高大鹏//书评书目,1979(75)

03126 苏东坡罗浮二三事[N]/谢华//广州日报,1980-03-28

03127 苏东坡买住房[J]/王宾如编写//少年文艺,1980(6)

03128 苏东坡的故事(民间故事)[J]/莫高//文化娱乐,1980(8)

03129 苏东坡尚友陶靖节[J]/吴颐平//辅仁学志(文学院之部),1980(9)

03130 苏东坡与"落英"[J]/吴汝煜//雨花,1980(9)

03131 影响苏东坡最大的四位女性[J]/陈香//明道文艺,1980(53)

03132 读诗偶记(续)[J]/蒋逸雪//扬州大学学报(人文社会科学版),1981(1)

03133 苏东坡的故事[J]/不详//山海经,1981(1)

03134 苏东坡出山(历史小说)[J]/曹晓波/小说界,1981(2)

03135 苏东坡月夜探石钟[J]/沙宗岳//书林,1981(3)

03136 苏轼同王安石的交往[J]/刘乃昌//东北师范大学学报(哲学社会科学版),1981(3)

03137 苏东坡认错[J]/白木//新村,1981(4)

03138 苏东坡误断三峡水[J]/黄立言//科普天地,1981(4)

03139 从苏东坡投石说开去[J]/耕夫//湖南教育,1981(5)

03140 西山·寒溪[J]/石见//语文教学与研究,1981(5)

03141 苏轼的称谓[J]/子冉//语文园地,1981(6)

03142 热心奖掖后进的欧阳修[J]/邹良志//江西教育,1981(8)

03143 苏轼与梧州苏山[J]/骆鉴清//广西文学,1981(11)

03144 苏东坡的故事(四则)[J]/吴华//山海经,1981(创刊号)

03145 东坡先生笠屐图[J]/黎国器//旅游,1982(2)

03146 苏东坡何时到过小峨眉?[J]/姚海拴//今昔谈,1982(2)

03147 苏东坡和他的海南学生[J]/朱玉书//黄金时代,1982(2)

03148 赤壁声声颂东坡:有关苏轼黄州生活的两本元杂剧简介[J]/鲜述文//黄冈师

范学院学报，1982（3）

03149 苏东坡轶事［J］/ 不详 // 河南工人，1982（3）

03150 苏东坡与耶律楚材家族的关系［J］/ 孟广耀 // 民族研究，1982（3）

03151 瘴雨海棠写归魂：谈宋代词人秦观在广西［J］/ 毛水清 // 学术论坛，1982（3）

03152 苏轼乎？欧阳修乎［J］/ 潘慎 // 山西青年，1982（9）

03153 东坡塑像［J］/ 蓝幽 // 星星诗刊，1982（11）

03154 欧阳修荐才一例［J］/ 旭然 // 湖南城市学院学报，1983（1）

03155 苏东坡载酒亭［J］/ 毛西旁 // 旅游天府，1983（1）

03156 连县夏湟村黄庭坚疑冢辩［J］/ 莫仲予 // 岭南文史，1983（2）

03157 苏东坡难倒辽使的故事［J］/ 赵国伟 // 山西民间文学，1983（2）

03158 东坡猜路（小连环画）［J］/ 梅春林，张宇雄 // 布谷鸟，1983（3）

03159 苏东坡的故事［J］/ 梁义三 // 乡音，1983（3）

03160 东坡买屋（连环画）［J］/ 肖亮，宓风光 // 山海经，1983（4）

03161 苏轼在凤翔的趣闻民间传说（四则）［J］/ 星光 // 群众艺术（西安），1983（4）

03162 东坡轶事（二篇）［J］/ 周子瑜 // 大众文艺，1983（5）

03163 苏东坡与佛印和尚［J］/ 李白珩 // 洞庭湖，1983（5）

03164 从苏东坡救婴说起［J］/ 段逢昌 // 妇女杂志，1983（10）

03165 苏东坡写秧歌［J］/ 赵云雁 // 俱乐部，1983（10）

03166 苏轼轶事（二则）［J］/ 李守静 // 陕西青年，1983（10）

03167 苏轼与三苏坟［J］/ 陈显泗 // 青年文摘（红版），1983（11）

03168 苏东坡抄书［J］/ 马允伦 // 少年文艺，1983（12）

03169 管窥苏轼与黎舞（上）［J］/ 吴名辉 // 舞蹈研究，1984（1）

03170 苏东坡猜谜［J］/ 曾庆明 // 大众文艺，1984（1）

03171 苏东坡妙笔斥群丑［J］/ 李青葆 // 山海经，1984（1）

03172 苏东坡索物［J］/ 欢欢 // 欢天喜地，1984（1）

03173 苏东坡与黎族士人黎子云［J］/ 韩敏 // 海南大学学报（社会科学版），1984（1）

03174 管窥苏轼与黎舞（下）［J］/ 吴名辉 // 舞蹈研究，1984（2）

03175 苏东坡爱鱼［J］/ 陆鼎言 // 科学 24 小时，1984（2）

03176 苏东坡与姜唐佐［J］/ 韩敏 // 海南大学学报（社会科学版），1984（2）

03177 修辞趣话两侧［J］/ 王俊衡 // 当代修辞学，1984（2）

03178 黄庭坚与文学青年：兼谈黄庭坚在四川的文学活动［J］/ 刘昭棠 // 西南师范大学学报（人文社会科学版），1984（3）

03179 苏轼为何葬在郏城小峨眉山［J］/ 刘英照 // 中州今古，1984（3）

03180 东坡笠屐踏桂东［J］/ 高雷 // 旅游经济，1984（5）

03181 苏轼焚券还居［J］/ 不详 // 语文教学，1984（5）

03182 苏轼和他的学生［J］/ 不详 // 中学语文教学，1984（5）

03183 东坡笠履［J］/ 李耕 // 福建论坛（人文社会科学版），1984（6）

03184 苏轼在岭南的社会和文学活动［J］/ 杨应彬 // 学术研究，1984（6）

03185 欧阳修慧眼识“三苏”[J]/叶世昌//文化与生活，1985(3)

03186 苏东坡黄州轶事[J]/汪洋//春秋，1985(3)

03187 苏东坡索物(谜语故事)[J]/傅培昌//人才天地，1985(3)

03188 苏东坡吟诗戏“活宝”[J]/周启福//年轻人，1985(3)

03189 苏轼与毛滂[J]/曾枣庄//文学评论，1985(3)

03190 秦观与苏轼的交往[J]/于翠玲//扬州师范学院学报(社会科学版)，1985(4)

03191 苏轼妻子的笑[J]/田迎五//新疆艺术，1985(5)

03192《苏轼巧分田》等六则[J]/齐树娟//东西南北，1985(6)

03193 一生尊师的黄庭坚[J]/子西//人民教育，1985(12)

03194 苏轼与道潜[J]/陈香//东方杂志，1986，19(9)

03195 苏东坡好友庞安时[J]/余彦文//黄冈师范学院学报，1986(1)

03196 苏东坡在海南的学生与朋友(二)[J]/韩敏//琼州乡音，1986(1)

03197 黄庭坚父子史实考辨(三则)[J]/詹八言//九江师专学报(哲学社会科学版)，1986(4)

03198 苏轼谪居海南事迹系年[J]/韩敏//海南大学学报(人文社会科学版)，1986(4)

03199 吴复古与苏东坡[J]/吴晓东//历史大观园，1986(5)

03200 苏东坡徐州防洪[J]/刘耕荒//人民黄河，1986(6)

03201 苏轼与道潜[J]/陈香//中国文学研究，1986(10)

03202 峨眉天下秀，苏坟夜雨奇[J]/蔡景和//中学生文史，1986(12)

03203 苏东坡在遂溪的传说二则[J]/肖良泰//湛江乡情，1986(4/5)

03204 苏东坡在海南的学生与朋友(一)[J]/韩敏//琼州乡音，1986( )

03205 东坡办学[J]/柯宜，邓予劳//琼州乡音，1987(1)

03206 苏东坡在海南的学生与朋友(三)[J]/韩敏//琼州乡音，1987(1)

03207 苏门的后起之秀：苏籀[J]/周子瑜//天府新论，1987(1)

03208 表现与再现：苏轼与柳宗元游记的比较[J]/王立群//天府新论，1987(2)

03209 梦断春去愁如海：秦观贬官处州时期生活与创作述评[J]/赵治中//丽水师专学报，1987(2)

03210 苏东坡在海南的学生与朋友(四)[J]/韩敏//琼州乡音，1987(2)

03211 东坡遥祭石徂徕[J]/周颖//乐山市地方志通讯，1987(3)

03212 苏东坡被贬不忘栽树[J]/林缘//绿色天地，1987(3)

03213 苏东坡画扇解争讼[J]/茂倚//知识窗，1987(4)

03214 司马光与苏轼[J]/颜仲其//东北师范大学学报(哲学社会科学版)，1987(5)

03215 苏东坡批诗(连环画)[J]/小隽，光荣//老人，1987(5)

03216 张元幹能认识苏轼吗[J]/申章文//史学月刊，1987(5)

03217 村姑难东坡[J]/亚方//梅县侨声，1987(9)

03218 苏门四学士[J]/张鸣//文史知识，1987(9)

03219 黄鲁直和苏轼是什么关系？[J]/李文刚//河北教育，1987(7/8)

03220 东坡与朝云[J]/刘昭明//国文天地，1988，4(6)

03221 苏轼与常州［J］/ 李奇雅 // 四川文物，1988（1）

03222 曾巩的历史命运：代序［J］/ 王水照 // 抚州师专学报，1988（4）

03223 黄庭坚贬宜山及在宜创作［J］/ 谭绍鹏 // 学术论坛，1988（4）

03224 苏东坡初恋的地方［J］/ 叶簇 // 旅游天地，1988（4）

03225 苏轼父子与许昌［J］/ 李彬凯 // 许昌师专学报（社会科学版），1988（4）

03226 朝云妙联难东坡［J］/ 李月恒 // 退休生活，1988（5）

03227 苏轼何故葬郏城［J］/ 朱玉书 // 历史大观园，1988（7）

03228 苏东坡智擒凶犯［J］/ 沈贵忠 // 人民警察，1988（8）

03229 苏轼与王安石的私谊［J］/ 周懋昌 // 语文月刊，1988（43416）

03230 秦观遗迹述略［J］/ 金实秋 // 东南文化，1989（1）

03231 苏轼遗命葬"嵩山下"原因新解［J］/ 苏光玉 // 重庆文理学院学报（自然科学版），1989（1）

03232 苏轼与常州之补遗［J］/ 陆士伟 // 常州方志，1989（2）

03233 曾巩与王安石变法［J］/ 王琦珍 // 河南大学学报（社会科学版），1989（4）

03234 苏门隐逸邵康节［J］/ 张靖兴 // 平原大学学报，1989（4）

03235 苏轼母教子爱树惜鸟［J］/ 樊增效 // 绿色天地，1989（4）

03236 苏轼在杭州的方外之交［J］/ 黄云生，项冰如 // 浙江师范大学学报（社会科学版），1989（4）

03237 苏轼在黄州的日用钱问题及其他［J］/ 何忠礼 // 杭州大学学报（哲学社会科学版），1989（4）

03238 晁补之三事考辨［J］/ 乔力 // 山东社会科学，1989（6）

03239 苏轼与秧马［J］/ 刘清荣 // 历史大观园，1989（9）

03240 海南文化的拓荒者：苏东坡［J］/ 骆奇南 // 老人天地，1989（12）

03241 苏东坡不改乡音［J］/ 周正举 // 语文月刊，1989（11/12）

03242 黄庭坚的名号［J］/ 夏桂林 // 南方文物，1990（1）

03243 苏轼治水徐州［J］/ 甘章成 // 水利天地，1990（1）

03244 徐州煤田与苏东坡［J］/ 王仁农 // 当代矿工，1990（1）

03245 米芾与苏黄蔡三家交游考略［J］/ 曹宝麟 // 中国书法，1990（2）

03246 苏东坡煤乡行［J］/ 吴昭谦 // 地球，1990（2）

03247 姑溪居士杂考［J］/ 曾枣庄 // 四川大学学报（哲学社会科学版），1990（3）

03248 佛印与苏轼［J］/ 袁士良 // 中学语文教学参考，1990（6）

03249 试谈苏轼与王安石的关系［J］/ 阎笑非 // 齐齐哈尔大学学报（哲学社会科学版），1990（6）

03250 苏东坡画扇济人急［J］/ 金昆年 // 历史大观园，1990（10）

03251 略论王安石苏轼友谊的基础：金陵之会的思考［J］/ 周本淳 // 淮阴师范学院学报（哲学社会科学版），1991（1）

03252 苏东坡道歉赔银［J］/ 陈守兴 // 上海采风，1991（2）

03253 苏轼与陆贽［J］/ 俞纪东 // 绥化学院学报，1991（3）

03254 佛印三难苏东坡［J］/ 林富杰 // 读写月报（高中版），1991（4）

03255 倾心诲教 情深谊长：从苏东坡《答秦

太虚书》看苏、秦的特殊关系[J]/于翠玲//黄冈师专学报，1991(4)

03256 观音难苏轼[J]/东土搜集//山海经，1991(5)

03257 苏轼与道潜的交游探微[J]/于翠玲//文学遗产，1992(2)

03258 东坡机趣和智者乐水[J]/顾承甫//今日生活，1992(3)

03259 张方平与苏轼的契心之交[J]/杨胜宽//中国文学研究，1992(4)

03260 苏东坡挥毫连鳌山[J]/舒华//西南旅游，1992(6)

03261 苏轼与徐州黄楼[J]/韩茂林//中国水利，1992(9)

03262 苏东坡为何不游湖光岩[J]/杨建国//民间文学，1992(11)

03263 苏东坡诲人不倦[J]/志逖//人才，1992(12)

03264 苏东坡巧堵后门[J]/王法理//中学历史教学参考，1992(43102)

03265 苏东坡轶事[J]/周兆望//知识窗，1993(1)

03266 苏东坡画扇断案[J]/王忠涛//中国军法，1993(2)

03267 苏东坡与陈梦英的传说[J]/陈连//湛江乡情，1993(2)

03268 苏轼徐州抗洪[J]/余春水，侯月华//水利天地，1993(2)

03269 苏轼因何选择常州为终老地[J]/邵玉健//历史大观园，1993(2)

03270 苏东坡咏石轶事[J]/俞莹//历史大观园，1993(4)

03271 苏轼与黄庭坚行谊考[J]/杨庆存//齐鲁学刊，1993(4)

03272 张耒的家世生平与著述版本[J]/周雷//安徽大学学报，1993(4)

03273 从苏东坡“屁风”不禁谈起[J]/明竞//政工理论与实践，1993(6)

03274 吴复古与苏东坡[J]/张维明//通讯，1993(6)

03275 章惇、苏轼交往考[C]/马力//岳飞研究：第4辑——岳飞暨宋史国际学术研讨会论文集，1993/岳飞研究会.—北京：中华书局，1993

03276 苏轼筑堤美西湖[N]/不详//东营日报，1994-12-10

03277 苏东坡捐带造桥[J]/朱才//中国公路，1994(1)

03278 苏东坡夜探石钟山[J]/杨志坚//科学大众(中学版)，1994(1)

03279 黄庭坚[J]/市川桃子，李寅生//河池师专学报(社会科学版)，1994(2)

03280 苏东坡海南设馆授徒[J]/陈朝志//琼州乡音，1994(2)

03281 苏东坡妙对[J]/不详//河北自学考试，1994(2)

03282 苏轼检讨得“龙尾”[J]/朱泽//志苑，1994(3)

03283 苏轼与柳永的关系问题兼论苏词创作的心理因素[J]/刘石//中国文化研究所学报，1994(3)

03284 苏东坡画扇断案[J]/孙承民，力戈//美术大观，1994(6)

03285 东坡轶事[J]/鲁櫓//阅读与写作，1994(8)

03286 苏东坡巧骂贪官[J]/曾罩稳//老人天地，1994(10)

03287 一桩历史的公案：西园雅集[J]/衣若芬//中国文哲研究集刊，1994(10)

03288 苏轼为张掞题“读书堂”大字碑[J]/韩明祥//龙语文物艺术，1994(22)

03289 苏东坡和育王大觉禅师[N]/徐季子//宁波日报，1995-05-03

03290 论东坡与朝云的爱情基础：兼探东坡的

情爱观[J]/周云龙//云梦学刊，1995(1)

03291　苏黄友谊与宋代文化建设[J]/杨庆存//传统文化与现代化，1995(1)

03292　寻梦者的脚印(五首)[J]/沙白//诗刊，1995(1)

03293　苏东坡植树轶事[J]/许治钰//中国林业，1995(4)

03294　苏东坡退房[J]/郑钦南//语文世界，1995(5)

03295　苏东坡的少见多怪及其他[J]/丁毛//四川党的建设(城市版)，1995(6)

03296　苏东坡寻找诗僧[J]/梁大和//大众文艺，1995(6)

03297　东坡轶事[J]/张德宽//中国监察，1995(8)

03298　苏东坡巧堵后门[J]/梁大和//知识窗，1995(8)

03299　苏东坡和佛印禅师[J]/梁大和//故事大观，1995(9)

03300　苏东坡和沈娟姑娘[J]/梁大和//大众文艺，1995(12)

03301　苏东坡与袁子才[J]/风雨//书屋，1996(1)

03302　苏东坡的家教[J]/马斗成//历史学习，1996(2)

03303　苏东坡丢丑[J]/孙昌旭//语文世界，1996(2)

03304　苏东坡读书、抄书[J]/杨恩生//学习月刊，1996(2)

03305　合浦东坡亭记[J]/李国文//文学自由谈，1996(3)

03306　苏东坡出谜断案[J]/穆志强//山海经，1996(3)

03307　苏东坡的幽默[J]/张学彬//阅读与写作，1996(4)

03308　苏轼命名的三个快哉亭及其间的一个微妙问题[J]/萨进德//黄冈师专学报(社会科学版)，1996(4)

03309　苏东坡巧骂贪官[J]/白杨//南方论刊，1996(6)

03310　苏东坡挨骂·正经书生·假货太多·一问三不知美味汤·形影相随·王八上岸·猴头与猪蹄[J]/不详//民间故事选刊秘闻，1996(7)

03311　说米芾[J]/刘涛//文史知识，1996(11)

03312　欧阳修《六一居士传》与苏轼《书六一居士传后》[J]/衣若芬//辅仁国文学报，1996(12)

03313　苏东坡与陈季常友谊探索[J]/杨宗莹//国文学报，1996(25)

03314　司马光与苏东坡[J]/顾全芳//历史月刊，1996(96)

03315　苏东坡轶事趣闻[J]/梁大和//传记文学，1996(1/2)

03316　东坡与朝云[J]/李慕如//思辨集，1997(1)

03317　晁补之与苏轼交游考[J]/刘焕阳//江西师范大学学报(哲学社会科学版)，1997(2)

03318　悠悠九百年 世人怀“三苏”：郏县“三苏坟”简介[J]/郏县文化局//平顶山工学院学报，1997(2)

03319　文人传说 佛印巧戏苏东坡[J]/许志明//民间文学，1997(5)

03320　苏东坡的轶闻趣事[J]/杨法宝//中国人才，1997(7)

03321　苏东坡一生爱松[J]/夏民安//中国林业，1997(7)

03322　苏东坡巧劝求官亲[J]/王松平//上海采风月刊，1997(8)

03323　欧阳修荐才佳话[J]/小力//中国人才，1997(11)

03324　苏东坡让道[J]/王栋祥//农家科技，

1997(11)

03325 东坡药房[J]/陈鹤庭//管理杂志,1997(277)

03326 东坡佚闻[J]/孙洁先//中国语文,1998,83(1)

03327 苏东坡退房[N]/萧方//宁波日报,1998-01-24

03328 苏东坡可能没到过靖江[N]/不详//靖江日报,1998-03-20

03329 苏东坡让道[N]/不详//宁波日报,1998-04-05

03330 苏东坡与禅师[J]/彭印川//禅,1998(1)

03331 苏东坡赠马立券[J]/梁大和//知识窗,1998(2)

03332 苏轼与蒋之奇[J]/邢侃//江苏地方志,1998(2)

03333 文游台记[J]/周游//中国地名,1998(3)

03334 苏轼斩吏[J]/佚名//新聊斋,1998(6)

03335 苏轼与文同情谊探索[J]/杨宗莹//国文学报,1998(27)

03336 苏东坡与曲江三古寺之缘[J]/杨志坚//粤北乡情,1998(36)

03337 东坡谐闻趣谈[J]/沈淦//历史月刊,1998(122)

03338 苏轼与王安石[J]/王琳祥//历史月刊,1998(130)

03339 纱縠坊里访三苏[J]/陈雪丹//明道文艺,1998(268)

03340 苏轼汝州三事[N]/不详//大河报,1999-04-13

03341 佛印斥苏轼说起[J]/韩太明//石油政工研究,1999(1)

03342 高俅的发迹与苏轼[J]/李秉不详//读写月报(综合版),1999(1)

03343 苏东坡出对考小妹[J]/淮湘//山海经,1999(1)

03344 苏轼改对联[J]/张以新//广西市场与价格,1999(1)

03345 欧阳修脱鞋追苏轼[J]/周国雄//山海经,1999(3)

03346 试论秦观的政治思想和哲学思想:苏秦异同论之一[J]/杨胜宽//绵阳师范高等专科学校学报,1999(3)

03347 苏门弟子的黄庭坚[J]/张传旭//书法研究,1999(3)

03348 苏轼为何葬于汝州[J]/胡铁军//苏州教育学院学报,1999(3)

03349 苏轼与潮州高士吴子野[J]/庄义青//韩山师范学院学报,1999(3)

03350 苏东坡成才与中岩书院[J]/艾泽飞,雷建民//西南旅游,1999(4)

03351 苏东坡与禅[J]/公孙木//中国气功科学,1999(4)

03352 苏东坡在凤翔的收藏活动[J]/葛祥邻//收藏,1999(4)

03353 黄庭坚妙对苏东坡[J]/龚岳青,崔钢兵//对联·民间对联故事,1999(5)

03354 苏东坡的自惭[J]/裘真//吉林畜牧兽医,1999(5)

03355 苏轼与李廌关系考[J]/赵国蓉//中山中文学刊,1999(5)

03356 苏东坡修花园[J]/李德魁//山海经,1999(7)

03357 苏东坡和佛印禅师[J]/梁大和,刘启华//民间故事选刊,1999(9)

03358 《苏东坡在海南》的民族特色[J]/符实//文化月刊,1999(11)

03359 苏轼情缘剪录:东坡与朝云[J]/周懋昌//阅读与写作,1999(11)

03360 苏东坡看大选[J]/公孙策//商业周刊,1999(629)

03361 苏轼祖籍在河北栾城[N]/不详//光明

日报，2000-08-26

03362 苏东坡与奇石收藏［N］/ 叶石健 // 中国矿业报，2000-12-21

03363 苏轼与苏门文人集团的形成［J］/ 杨胜宽 // 乐山师范高等专科学校学报，2000（1）

03364 黄庭坚是否参加了元祐元年的学士院考试［J］/ 崔铭 // 古籍研究，2000（2）

03365 论苏门门风［J］/ 杨胜宽 // 乐山师范高等专科学校学报，2000（2）

03366 张载、苏轼的“实体”论与佛老之学［J］/ 黄德昌 // 宗教学研究，2000（2）

03367 踵武东坡 自成一家：“苏门学士”晁补之［J］/ 雷旭华 // 古典文学知识，2000（3）

03368 苏轼与吴复古之交往［J］/ 陈泽泓 // 广东史志，2000（4）

03369 正内心之“佛”，感世界之象［J］/ 李关怀 // 作文成功之路（高中版），2000（4）

03370 才气飘逸的苏门学士晁补之［J］/ 诸葛忆兵 // 文史知识，2000（5）

03371 李之仪与苏轼［J］/ 任连巨 // 春秋，2000（5）

03372 朝云续禅缘［J］/ 黄志强 // 南国红豆，2000（6）

03373 苏轼的“恶毒攻击”［J］/ 俊峰 // 政府法制，2000（12）

03374 关于苏东坡与高俅：无意于考据的考据［C］/ 杨建文 // 水浒争鸣：第六辑——2000 年水浒学会年会暨学术研讨会论文集 / 中国水浒学会 .—北京：光明日报出版社，2000

03375 苏门研究［D］/ 崔铭 .—复旦大学（博士论文），2000

03376 苏轼黄庭坚之交游及其唱和诗研究［D］/ 刘雅芳 .—台湾师范大学（硕士论文），2000

03377 苏东坡的环保意识［N］/ 任泽健 // 滕州日报，2001-09-28

03378 论欧阳修与苏轼的师传相承关系［J］/ 汤岳辉 // 惠州大学学报，2001（1）

03379 论苏门门风［J］/ 杨胜宽 // 乐山师范高等专科学校学报，2001（2）

03380 论苏门之立［J］/ 萧庆伟，陶然 // 浙江大学学报（人文社会科学版），2001（2）

03381 苏东坡巧拒谋官者［J］/ 不详 // 浙江档案杂志，2001（2）

03382 晁补之初入“苏门”论析：“苏门研究”系列之一［J］/ 崔铭 // 石油大学学报（社会科学版），2001（5）

03383 李昭与苏轼交游考述［J］/ 杨胜宽 // 乐山师范学院学报，2001（5）

03384 苏东坡巧拒谋官者［J］/ 刘严 // 民间故事选刊，2001（7）

03385 苏东坡与斯坦福［J］/ 李秋生 // 做人与处世，2001（10）

03386 东坡戏佛印［J］/ 孙钧沛 // 东镇侨刊，2001（67）

03387 倾诉与聆听：试论东坡与参寥的情谊［J］/ 王隆升 // 历史月刊，2001（162）

03388 天涯已惯逢人日［N］/ 木斋 // 中华读书报，2002-02-27

03389 聊天室：苏轼与文同“戏言”润笔［N］/ 不详 // 文汇报（香港），2002-07-11

03390 李之仪与苏轼交谊散论［J］/ 杨胜宽，黄永一 // 乐山师范学院学报，2002（1）

03391 苏轼与张耒交谊考［J］/ 马斗成，马纳 // 泰安师专学报，2002（1）

03392 补给站：苏轼畏避［J］/ 不详 // 国文天地，2002，18（5）

03393 从政敌到文学挚友：苏东坡与王安石［J］/ 蒋谱成 // 牡丹，2002（2）

03394 试论“苏子瞻于四学士中最善少游”［J］/ 崔铭 // 唐都学刊，2002（2）

03395 苏颂与苏轼交谊考述［J］/ 管成学，王

兴文 // 清华大学学报（哲学社会科学版），2002（2）

03396 陶渊明在宋代的地位及其与苏轼、朱熹之关系［J］/ 张映梦 // 内蒙古社会科学（汉文版），2002（2）

03397 晁补之研究综述［J］/ 沈耀峰 // 黑龙江教育学院学报，2002（4）

03398 黄庭坚号"山谷"考辨［J］/ 陈建法 // 江苏图书馆学报，2002（5）

03399 秦观思想体系简论［J］/ 汤川安 // 阜阳师范学院学报（社会科学版），2002（5）

03400 苏轼与米芾交往述评［J］/ 杨胜宽 // 乐山师范学院学报，2002（5）

03401 苏东坡与文字（二则）［J］/ 鲁富彪 // 初中生必读，2002（9）

03402 苏轼与"苏门四学士"的相识与相知［J］/ 崔铭 // 文史知识，2002（10）

03403 苏轼在杭州遗迹综述［J］/ 刘春慧 // 社科与经济信息，2002（10）

03404 大师之隙：苏轼与王安石恩怨录［J］/ 戴庆华 // 书屋，2002（12）

03405 环绕"苏门"起始兴盛的几个问题［C］/ 巩本栋 // 第二届宋代文学国际研讨会论文集 / 宋代文学学会，2002

03406 苏门六君子研究［D］/ 马东瑶．—北京大学（博士论文），2002

03407 苏门学士砚铭初探［C］/ 卢庆滨 // 第二届宋代文学国际研讨会论文集 / 宋代文学学会．—南京：江苏教育出版社，2003

03408 是处青山埋忠骨："文豪归宿三苏坟"系列之一［N］/ 许笑雨 // 大河报，2003-11-11

03409 东坡缘何葬中原："文豪归宿三苏坟"系列之二［N］/ 许笑雨 // 大河报，2003-11-12

03410 也有风雨也有晴："文豪归宿三苏坟"系列之三［N］/ 许笑雨 // 大河报，2003-11-13

03411 苏门六君子眼中的苏轼［J］/ 马东瑶 // 四川大学学报（哲学社会科学版），2003（2）

03412 苏东坡急智服使者［J］/ 张有军 // 应用写作，2003（3）

03413 苏轼、佛印故事在戏曲小说中的流传及演变［J］/ 胡莲玉 // 南京师范大学文学院学报，2003（3）

03414 苏轼与历城籍同僚刘庭式［J］/ 李秉楹 // 春秋，2003（3）

03415 从《淮海词》结句之特色看秦观艺术人格的构建［J］/ 张利亚 // 西安石油学院学报（社会科学版），2003（4）

03416 惠洪与换骨夺胎法：一桩文学批评史公案的重判［J］/ 周裕锴 // 文学遗产，2003（6）

03417 文坛上的名师高徒［J］/ 王兴玉 // 语文月刊，2003（6）

03418 元祐六年后的苏、秦关系及其他：试论秦观《踏莎行》的曲折寄托［J］/ 程怡 // 华东师范大学学报（哲学社会科学版），2003（6）

03419 哑对［J］/ 孙建国 // 咬文嚼字，2003（12）

03420 苏轼与徐君猷交游考［J］/ 邱宝慧 // 东方人文学志，2004，3（2）

03421 玉壶春的传说［J］/ 伊泠 // 陶瓷研究，2004，19（1）

03422 古代人物火花与扬州（续）［J］/ 宋继先 // 火柴工业，2004（1）

03423 苏轼葬郏县上瑞里原因臆探［J］/ 饶学刚 // 黄冈师范学院学报，2004（1）

03424 略论苏轼对青年士子的教诲［J］/ 方星移 // 惠州学院学报，2004（2）

03425 陈师道与苏轼交谊考论［J］/ 杨胜宽 // 乐山师范学院学报，2004（3）

03426 苏东坡轶事考证三则［J］/ 林云 // 晚霞，2004（3）

03427 追忆：一种特殊的潜在交往——“苏门”晚期交游考述［J］/ 崔铭 // 中国韵文学刊，2004（3）

03428 欧阳修上书致仕 苏东坡写信祝贺［J］/ 丁书亭 // 老人天地，2004（4）

03429 苏轼与大慈寺宝月大师惟简［J］/ 冯修齐 // 文史杂志，2004（4）

03430 论东坡与朝云的爱情基础：且探东坡的情爱观［J］/ 张国华 // 辽宁师专学报（社会科学版），2004（5）

03431 析论东坡与李公择之交游诗［J］/ 吕瑞萍 // 翠岗学报，2004（6）

03432 苏东坡之友“文伦叙”？［J］/ 王佳伟 // 咬文嚼字，2004（7）

03433 情若弟兄 患难与共：苏轼与范纯仁的交往和友谊［J］/ 东方龙吟 // 中华文化画报，2004（9）

03434 东坡与小妹［J］/ 不详 // 今日科苑，2004（11）

03435 李之仪交游考论［D］/ 付嘉豪 . —宁夏大学（硕士论文），2004

03436 论辛词之用坡典兼论苏辛关系［D］/ 夏宁 . —吉林大学（硕士论文），2004

03437 东坡与佛印［N］/ 不详 // 北京青年报，2005-04-29

03438 亦有可闻：苏东坡的爱情与“唤鱼池”［N］/ 不详 // 文汇报（香港），2005-08-02

03439 晁说之年谱简编［J］/ 李朝军 // 西南交通大学学报（社会科学版），2005（1）

03440 论北宋诗僧道潜［J］/ 成明明 // 宗教学研究，2005（1）

03441 论苏轼与王朝云的爱情［J］/ 邱雯宇 // 惠州学院学报，2005（1）

03442 艺文馨百世 风义炳双星：文同和苏轼的友谊［J］/ 文伯伦 // 文史杂志，2005（1）

03443 赵令畤与苏轼交往述评［J］/ 杨胜宽 // 宜宾学院学报，2005（1）

03444 宗骚与慕陶：苏门学士之一晁补之论［J］/ 杨胜宽 // 乐山师范学院学报，2005（1）

03445 晁氏文人与苏轼交游考［J］/ 李朝军 // 聊城大学学报（社会科学版），2005（2）

03446 苏轼：叙事一种［J］/ 刘小川 // 小说界，2005（2）

03447 天涯海角终为伴 情痴情种王朝云：苏轼与朝云的动人情爱［J］/ 张福勋，温斌 // 集宁师专学报，2005，27（2）

03448 四学士与六君子［J］/ 马东瑶 // 文史知识，2005（3）

03449 苏东坡借地［J］/ 何洪金，达理 // 民间传奇故事（A 卷），2005（3）

03450 苏轼与道潜交谊述论［J］/ 杨胜宽 // 乐山师范学院学报，2005（3）

03451 苍颜之恋：苏东坡与王朝云情事考［J］/ 马振凯 // 山东教育学院学报，2005（4）

03452 河东狮吼考源［J］/ 冯国栋 // 中国典籍与文化，2005（4）

03453 苏门学士廖正一考略［J］/ 慈波 // 兰州学刊，2005（5）

03454 像佛像粪，皆由心生［J］/ 潘国本 // 思维与智慧，2005（5）

03455 想想东坡［J］/ 杨岷 // 河北企业，2005（6）

03456 想想东坡［J］/ 杨岷 // 新一代，2005（6）

03457 中国历代书法家：米芾［J］/ 万方 // 书屋，2005（7）

03458 从苏适墓葬形制看苏轼家族川俗之保持［J］/ 曾劲 // 江汉论坛，2005（8）

03459 黄庭坚的定力［J］/ 刘长春 // 中国书画，2005（8）

03460 名人寿字菜[J]/袁秀芬//东方食疗与保健，2005(10)

03461 用心读诗 慧眼览胜[J]/不详//中学生阅读(高中版)，2005(10)

03462 苏轼佛印湖上吟诗谜[J]/吴玲//山海经，2005(12)

03463 论“苏门六君子”的典范化[J]/马東瑶//中华文史论丛，2005(79)

03464 李廌研究[D]/陈云芊.—西华师范大学(硕士论文)，2005

03465 苏门六君子交谊考论[D]/张丽华.—浙江大学(博士论文)，2005

03466 龙吟著书曝苏东坡情史[N]/不详//青年报，2006-10-09

03467 龙吟解密苏东坡爱情秘史[N]/不详//北京青年报，2006-10-12

03468 “苏轼”“杜甫”登台吟诗[N]/不详//珠江商报，2006-10-17

03469 崇拜苏东坡[N]/不详//河北日报，2006-01-07

03470 张耒交游与仕宦二考[N]/韩文奇//光明日报，2006-06-02

03471 苏东坡焚房契[N]/不详//靖江日报，2006-07-12

03472 东方龙吟解密苏轼爱情[N]/不详//京华时报，2006-09-22

03473 苏轼与宝月大师的交往[J]/梁银林//文史杂志，2006(1)

03474 苏东坡二戏佛印[J]/马志国//思维与智慧，2006(2)

03475 苏轼同王安石的交往[J]/刘乃昌//苏轼研究，2006(2)

03476 苏轼与杨绘交游考[J]/程美珍//有凤初鸣年刊，2006(2)

03477 苏轼与宝月大师的交往[J]/唐黎标//佛教文化，2006(3)

03478 苏门“后四学士”考论[J]/祝尚书//江海学刊，2006(4)

03479 叶梦得与苏过[J]/潘殊闲//乐山师范学院学报，2006(4)

03480 谒东坡墓记[J]/陈云岗//西北美术，2006(4)

03481 秦少游情史别传[J]/巨凯//创作，2006(5)

03482 文人的相争与相亲：从王安石和苏轼的恩怨说开去[J]/张军//学习月刊，2006(5)

03483 舞女刺东坡[J]/方修//民间传奇故事(A卷)，2006(6)

03484 重读苏东坡轶事[J]/李慧琴//教书育人·高教论坛，2006(6)

03485 北宋文人饮食书写的南方经验[J]/张蜀蕙//淡江中文学报，2006(14)

03486 苏东坡戏佛印[J]/叶雪梅//故事林，2006(20)

03487 过溪二老：苏轼次辩才和尚韵诗与书法[J]/何传馨//故宫文物月刊，2006(279)

03488 论苏轼与其“南迁二友”[D]/赵雅娟.—汕头大学(硕士论文)，2006

03489 苏东坡的人情味[N]/毛华//人民日报，2007-01-30

03490 苏轼与高俅[N]/李之亮//天津日报，2007-04-09

03491 苏东坡与穷书生[N]/陈雪//惠州日报，2007-06-17

03492 “苏东坡初恋的地方”[N]/蔡树农//美术报，2007-06-23

03493 苏东坡难道是畜生和怪物吗？[N]/卓介庚//城乡导报，2007-08-11

03494 豆棚闲话：苏轼的门客们[N]/不详//文汇报(香港)，2007-09-01

03495 不能这样恶搞苏轼[N]/李成仁//中华读书报，2007-09-12

03496　苏轼讲寓言婉辞厚礼［N］/不详//天津日报，2007-11-02
03497　东坡的妻子［N］/莫砺锋//人民政协报，2007-11-19
03498　米芾与苏轼［N］/张晓//西部晨风，2007-11-23
03499　古人面目：苏轼识人［N］/不详//文汇报（香港），2007-11-27
03500　苏东坡有没有苏小妹这个妹妹？［N］/汪燕岗//河池日报，2007-11-27
03501　古典瞬间：禅韵东坡［N］/不详//文汇报（香港），2007-11-28
03502　苏东坡：重爱情的奇男子［N］/张军//常州日报，2007-11-30
03503　苏轼巧言拒客与贪官受贿“有理”［N］/夏贵勋//中国民航报，2007-12-04
03504　苏轼识人［N］/陈雄//珠海特区报，2007-12-13
03505　苏轼每天花多少钱［N］/李开周//半岛晨报，2007-12-16
03506　苏轼之堤［N］/不详//贵阳日报，2007-12-19
03507　苏轼一天花多少钱［N］/李开周//大河报，2007-12-24
03508　苏东坡的心灵知己［J］/吴正修//中国语文，2007，101（1）
03509　苏东坡与王朝云［J］/赖正和//苏轼研究，2007（1）
03510　“我家有一只河东狮”片中之史事释疑［J］/林宜陵//中国语文，2007，101（1）
03511　佛印禅师与东坡居士［J］/曹敬三//海潮音，2007，88（2）
03512　想想苏东坡［J］/杨岷//老年教育（长者家园版），2007（2）
03513　谒东坡墓记［J］/陈云岗//雕塑，2007（2）
03514　黄庭坚拜船工为师［J］/张镛//养生月刊，2007（3）
03515　漫话《李氏山房藏书记》［J］/朱志远//河南图书馆学刊，2007（3）
03516　苏东坡与佛印［J］/王世鹏//民间文学经典 上半月，2007（3）
03517　叶梦得与苏轼：兼与王安石比较［J］/潘殊闲//宁夏大学学报（人文社会科学版），2007（3）
03518　黄庭坚到舒州略考［J］/孔凡礼//安庆师范学院学报（社会科学版），2007（4）
03519　秦观交游考略［J］/张立华//石家庄理工职业学院学术研究，2007（4）
03520　苏轼与禅僧思聪交游考述［J］/施淑婷//中华人文社会学报，2007（6）
03521　文人的较量［J］/李国文//文学自由谈，2007（6）
03522　苏轼郊游识人［J］/不详//博客族，2007（7）
03523　苏轼郊游识人［J］/王磊//中学生读写·博客，2007（7）
03524　苏轼郊游识人［J］/王者归来//辽宁青年（A版），2007（8）
03525　曹国舅与苏东坡［J］/方修，安玉民//民间传奇故事，2007（9）
03526　忽闻河东狮子吼［J］/青丝//北京纪事·纪实文摘（下半月刊），2007（9）
03527　一点浩然气，千里快哉风：论苏轼与张怀民之贬谪情怀［J］/赵皖君//国文天地，2007，22（9）
03528　自由是饮一杯毒酒［J］/王芳芳//晚报文萃，2007（9）
03529　苏轼与杭僧道潜初会考［J］/李俊//兰州学刊，2007（10）
03530　惠州西湖与苏东坡的爱情［J］/不详//广东民政，2007（11）
03531　苏、黄订交考［J］/刘昭明，黄子馨//

文与哲，2007(11)
03532 苏东坡以谬制谬驳倒王安石[J]/不详//演讲与口才，2007(11)
03533 天遣朝云护东坡[J]/杨闻宇//丝绸之路，2007(11)
03534 谢民师与苏东坡之交情[J]/聂晓琴//文史天地，2007(11)
03535 苏轼与陈襄之情谊研究[J]/李立明//东吴中文研究集刊，2007(14)
03536 苏轼郊游识人[J]/不详//书报文摘，2007(33)
03537 苏轼书信研究[D]/张洁.—武汉大学(硕士论文)，2007
03538 苏轼与罗浮梅花仙事[C]/程杰//第五届宋代文学国际研讨会论文集/中国宋代文学、暨南大学中文系，2007
03539 苏轼与秦观交游述略[D]/张欣然.—吉林大学(硕士论文)，2007
03540 文同和苏轼关系研究[D]/库万晓.—吉林大学(硕士论文)，2007
03541 张耒与苏轼交谊及其文艺思想初探[D]/张爱平.—首都师范大学(硕士论文)，2007
03542 陈襄与苏轼之友情[N]/不详//福州日报，2008-01-09
03543 苏轼一天花多少钱[N]/不详//城市快报，2008-01-29
03544 苏轼识人[N]/谢景温//中国铁道建筑报，2008-02-28
03545 不能这样恶搞苏轼[N]/李成仁//自贡日报，2008-02-29
03546 苏东坡垦荒：劳动者最快乐[N]/不详//广州日报，2008-03-05
03547 苏东坡不如沈万二[N]/孙玉祥//羊城晚报，2008-03-19
03548 苏轼之堤[N]/不详//宿迁日报，2008-04-13
03549 苏轼"以诗识人"[N]/不详//牛城晚报，2008-06-18
03550 苏东坡有泄题之嫌？[N]/张森奉//老年日报，2008-06-21
03551 "汉嘉"：东坡借来之名？[N]/刘仲华//乐山日报，2008-07-04
03552 苏东坡与房子[N]/刘建武//太原晚报，2008-07-09
03553 苏轼与常州[N]/不详//常州日报，2008-07-15
03554 来生便嫁苏东坡[N]/刘艳琴//彭城晚报，2008-07-29
03555 苏轼佛印逗趣联[N]/不详//中国中学生报，2008-08-16
03556 李之仪和苏轼[N]/不详//德州晚报，2008-08-21
03557 苏东坡借地[N]/不详//三江都市报，2008-09-05
03558 爱妾饿死苏东坡怀中[N]/马婷//信息时报，2008-09-17
03559 苏东坡情史上舞台[N]/不详//侨报，2008-09-19
03560 苏轼与德清的情缘[N]/钮智芳//今日德清，2008-10-08
03561 秦淮海"冒名"苏东坡[N]/不详//扬州晚报，2008-10-11
03562 幽默如东坡"放"韩愈一马[N]/不详//东南快报，2008-10-20
03563 来鸿：东坡与佛印故事多半不可当真[N]/龚敏迪//文汇报(香港)，2008-11-04
03564 东坡与朝云[N]/申平//惠州日报，2008-11-09
03565 吴复古给苏轼寄赠建茶[N]/郭伟明//揭阳日报，2008-11-10
03566 "汉嘉"不是东坡借来之名[N]/张碧秀//乐山日报，2008-12-26

03567 评欧阳修与苏轼的忘年交契［J］/ 刘尚荣 // 乐山师范学院学报，2008（1）
03568 叶梦得：苏门渊源与学术旨趣［J］/ 潘殊闲 // 南昌大学学报（人文社会科学版），2008（2）
03569 苏东坡与王安石［J］/ 刘小川 // 苏轼研究，2008（3）
03570 探疑苏轼葬郏之种种［J］/ 乔建功 // 苏轼研究，2008（3）
03571 苏东坡诗钓五柳鱼［J］/ 不详 // 老年教育·长者家园，2008（4）
03572 苏轼郊游识人［J］/ 王磊 // 做人与处世杂志，2008（4）
03573 小妹选字填空［J］/ 陈同坤，冰样柠檬 // 阅读，2008（4）
03574 秦观与青楼女的生死恋［J］/ 安广禄 // 文史天地，2008（5）
03575 苏东坡的患难知己王朝云［J］/ 其其 // 法制博览（名家讲坛），2008（5）
03576 苏轼和王安石［J］/ 杨涛 // 科海故事博览（智慧文摘），2008（5）
03577 《王適墓志铭》考释［J］/ 谢飞，张志忠 // 河北大学学报（哲学社会科学版），2008（6）
03578 苏轼与文同交谊刍谈［J］/ 朱安义 // 乐山师范学院学报，2008（6）
03579 朝云崇拜现象的文化阐释［J］/ 杨子怡 // 乐山师范学院学报，2008（8）
03580 苏东坡有泄题之嫌［J］/ 不详 // 现代交际，2008（8）
03581 佛印东坡［J］/ 余耀中 // 金山，2008（9）
03582 苏轼与张耒［J］/ 孔凡礼 // 乐山师范学院学报，2008（9）
03583 北宋大家黄庭坚［J］/ 张蕾 // 美术大观，2008（10）
03584 奸臣高俅曾是苏东坡的“小史”［J］/ 不详 // 中外书摘，2008（10）
03585 言说八风吹不动 为何一屁打过江［J］/ 不详 // 老友，2008（10）
03586 历史上的“六君子”知多少［J］/ 张法和 // 语文天地，2008（11）
03587 苏轼佛印逗趣联［J］/ 李新军 // 课外语文（初中），2008（11）
03588 苏东坡“巧改”对联［J］/ 郭来坪 // 阅读与鉴赏（初中），2008（12）
03589 西湖·朝云［J］/ 黄玲琳 // 新作文（高中版），2008（12）
03590 长伴你身边［J］/ 高慧然 // 跨世纪·时文博览，2008（24）
03591 苏东坡与王朝云［J］/ 王琳祥 // 历史月刊，2008（246）
03592 拜石［J］/ 张晓林 // 少年文艺（阅读前线），2008（C1）
03593 苏轼巧联考小妹［J］/ 宋彦和 // 课外语文，2008（Z1）
03594 李之仪交游考略暨作品研究［D］/ 刘秀梅．—首都师范大学（硕士论文），2008
03595 李之仪与苏轼交游考［D］/ 吴文敏．—中山大学（硕士论文），2008
03596 古典瞬间：苏轼与马盼盼［N］/ 陈雄 // 文汇报（香港），2009-02-04
03597 多情东坡［N］/ 不详 // 周口晚报，2009-02-18
03598 苏轼和名妓［N］/ 不详 // 温州都市报，2009-02-25
03599 苏轼识人：细节决定成败［N］/ 不详 // 华兴时报，2009-03-16
03600 苏轼交友之道［N］/ 丁琪 // 西安晚报，2009-04-10
03601 苏轼郑州别胞弟［N］/ 马承钧 // 大河报，2009-04-10
03602 苏东坡和他的朋友们［N］/ 不详 // 经济观察报，2009-04-27
03603 苏轼“细节”识人［N］/ 不详 // 老年生

活报，2009-05-15

03604 苏轼笑王祈［N］/王京川//潮州日报，2009-05-31

03605 苏轼与盼盼［N］/不详//周末报，2009-07-03

03606 东坡与朝云［N］/不详//中国旅游报，2009-07-13

03607 苏门学士宜阳客怀才不遇寿安尉［N］/不详//洛阳晚报，2009-07-20

03608 苏轼在徐州［N］/高云天，颜长生//徐州日报，2009-07-21

03609 王安石与苏轼［N］/不详//濮阳日报，2009-07-22

03610 闲话苏东坡和文与可［N］/不详//佛山日报，2009-08-01

03611 苏轼细节识人［N］/不详//报刊文摘，2009-08-21

03612 苏轼和秦观在雷州永别［N］/谢清科//湛江日报，2009-08-27

03613 苏轼“细节”识人［N］/谢景温//合肥晚报，2009-09-14

03614 苏东坡让文［N］/赵航//太原晚报，2009-09-15

03615 东坡留痕［N］/朱丹枫//成都晚报，2009-09-27

03616 苏轼如何应对“经济危机”［N］/不详//羊城晚报，2009-10-28

03617 苏轼提升老妻审美趣味［N］/陈雄//新商报，2009-11-14

03618 东坡放“虎”［N］/射虎//合肥晚报，2009-11-15

03619 苏轼和五位丽人［N］/李之亮//天津日报，2009-11-23

03620 到苏东坡初恋处体验古典情怀：眉山青神中岩记趣［N］/不详//四川工人日报，2009-11-27

03621 苏东坡与和尚的故事［N］/不详//淮海晚报，2009-11-29

03622 惠州：苏轼与朝云［N］/不详//大江晚报，2009-12-03

03623 苏东坡情结无定河［N］/姜良贵//榆林日报，2009-12-07

03624 苏轼识人［N］/浅水//西部晨风，2009-12-18

03625 苏轼定远吊虞姬［N］/熊熊石//江淮时报，2009-12-22

03626 试论秦观的个性特征及其演变过程［J］/刘尊明//吉林师范大学学报（人文社会科学版），2009（1）

03627 苏轼参访寺院之因缘［J］/施淑婷//新竹教育大学人文社会学报，2009，2（1）

03628 朝堂之外：北宋东京士人走访与雅集——以苏轼为中心［J］/梁建国//历史研究，2009（2）

03629 苏东坡和他的朋友们［J］/李亚伟//作文通讯（个性阅读版），2009（2）

03630 一个刚强正直、平淡超然的灵魂：黄庭坚人格魅力简论［J］/张剑敏//南方文物，2009（2）

03631 论秦观对东坡词的接受［J］/彭文良，木斋//盐城工学院学报（社会科学版），2009，22（3）

03632 苏东坡如何拒绝别人［J］/不详//学生阅读世界，2009（3）

03633 苏东坡与佛印斗嘴［J］/清音//读读写写，2009（3）

03634 苏轼与曾巩兄弟交往关系考述：立足于进士同年关系的考察［J］/祁琛云//井冈山大学学报（社会科学版），2009（3）

03635 苏轼与李廌师友关系论析［J］/祁琛云//青岛大学师范学院学报，2009（3）

03636 相濡以沫 生死与共［J］/管成学//苏轼研究，2009（3）

03637　沈括的三张面孔［J］/ 周民锋 // 国学，2009（4）
03638　苏轼与李荐［J］/ 孔凡礼 // 苏轼研究，2009（4）
03639　苏轼与王适［J］/ 谢飞 // 苏轼研究，2009（4）
03640　李之仪与苏轼交游详考［J］/ 付嘉豪 // 衡水学院学报，2009（5）
03641　苏轼与“政敌”王安石［J］/ 朱晖 // 知识窗，2009（5）
03642　高山流水任我行：苏轼、黄庭坚、米芾的战略伙伴关系［J］/ 不详 // 书法，2009（6）
03643　苏东坡不如沈万二［J］/ 孙玉祥 // 剑南文学·经典阅读，2009（6）
03644　苏东坡与佛印斗智［J］/ 马毅 // 文史月刊，2009（6）
03645　王朝云形象与中国传统女性文化透视［J］/ 孙艳红 // 社会科学战线，2009（6）
03646　苏轼交友之道［J］/ 不详 // 名家讲坛（上半月刊），2009（7）
03647　沈括为何要陷害苏轼？［J］/ 李万刚 // 百家讲坛，2009（8）
03648　皛饭与毳饭［J］/ 不详 // 雨花（青少刊），2009（9）
03649　苏东坡如何拒绝别人［J］/ 李辉 // 经典阅读（小学版），2009（10）
03650　苏东坡逸闻趣事［J］/ 本刊编辑部 // 小天使（语数英初二版），2009（10）
03651　坚持为母洗便桶的大诗人［J］/ 刘彦庆 // 读写月报（高中版），2009（11）
03652　苏东坡与王弗［J］/ 杨兴文 // 意林（原创版），2009（11）
03653　王朝云：苏东坡患难中的红颜知己［J］/ 向文凯 // 文史博览，2009（11）
03654　米芾与苏轼对饮挥毫［J］/ 杨振中 // 当代学生，2009（12）
03655　苏轼交友之道［J］/ 丁琪 // 法制博览，2009（13）
03656　苏轼细节识人［J］/ 老生 // 共产党员，2009（17）
03657　苏轼与高俅［J］/ 佚名 // 甘肃教育，2009（19）
03658　苏轼细节识人［J］/ 陈雄 // 政府法制，2009（24）
03659　李之仪研究［D］/ 孙烨．—吉林大学（硕士论文），2009
03660　苏东坡诗戏张先［N］/ 不详 // 三明日报，2010-01-06
03661　苏东坡与文友［N］/ 智秀琏 // 太原晚报，2010-01-14
03662　苏东坡诗戏张先晚年艳福［N］/ 不详 // 牡丹晚报，2010-01-17
03663　苏轼理财［N］/ 不详 // 闽北日报，2010-01-23
03664　苏东坡奇对结挚友［N］/ 不详 // 扬子晚报，2010-01-28
03665　苏东坡与佛印的玉带奇缘［N］/ 不详 // 扬子晚报，2010-02-05
03666　一树梨花压海棠：苏东坡诗戏张先晚年艳福［N］/ 不详 // 农村新报，2010-02-06
03667　苏东坡常州太平寺讥讽势利僧［N］/ 不详 // 扬子晚报，2010-02-09
03668　牛屎相伴的苏东坡［N］/ 不详 // 包头晚报，2010-02-24
03669　苏轼的植树情结［N］/ 不详 // 彭城晚报，2010-03-08
03670　米芾：苏轼的同行者［N］/ 不详 // 巢湖晨刊，2010-03-15
03671　杨杰：与苏轼是好朋友［N］/ 不详 // 巢湖晨刊，2010-03-15
03672　苏东坡及其红颜知己［N］/ 不详 // 南湖晚报，2010-03-21

03673 “南海佳士”姜唐佐与苏东坡的文化因缘［N］/ 不详 // 海南日报，2010-03-22

03674 林希与苏轼的恩怨［N］/ 不详 // 福州日报，2010-03-27

03675 巧：苏东坡［N］/ 不详 // 牡丹晚报，2010-03-28

03676 苏东坡买房［N］/ 刘文起 // 温州晚报，2010-04-04

03677 苏轼小节识人［N］/ 张雨 // 蚌埠日报，2010-04-15

03678 苏轼宠爱马盼盼［N］/ 陈雄 // 新商报，2010-05-15

03679 苏轼与马盼盼［N］/ 不详 // 安徽商报，2010-06-17

03680 东坡恋［N］/ 刘干超 // 天津师范大学报，2010-06-01

03681 李之仪和苏轼的深厚交谊［N］/ 不详 // 滨州日报，2010-07-13

03682 苏轼与朝云［N］/ 不详 // 劳动报，2010-07-18

03683 苏东坡持家有道［N］/ 不详 // 包头晚报，2010-07-29

03684 东坡好“戏”［N］/ 不详 // 鄂州日报，2010-07-30

03685 苏东坡也曾遭遇欠薪［N］/ 不详 // 绵阳晚报，2010-07-31

03686 揭秘苏东坡与黄庭坚的前世今生［N］/ 不详 // 宿迁晚报，2010-08-02

03687 苏东坡晒凄凉 白居易啥都晒［N］/ 不详 // 生活报，2010-08-10

03688 苏轼在余杭的三个足印［N］/ 朱海洋 // 城乡导报，2010-08-14

03689 苏东坡晒凄凉 白居易最爱晒俸禄［N］/ 不详 // 延安日报，2010-08-15

03690 苏东坡只能借房子让儿子结婚［N］/ 不详 // 太行晚报，2010-08-21

03691 苏轼和他的五位丽人［N］/ 不详 // 宿迁晚报，2010-09-20

03692 苏轼和他的五位红颜知己［N］/ 顾祖年 // 常州晚报，2010-11-14

03693 迫害苏轼的章惇果然是个狠角色［N］/ 不详 // 城市商报，2010-12-05

03694 苏东坡的关门弟子［N］/ 之文 // 徐州日报，2010-12-14

03695 李之仪与苏轼的文缘友情［N］/ 卞文超 // 大众日报，2010-12-15

03696 苏轼在惠州凄然悼朝云［N］/ 刘黎平 // 广州日报，2010-12-29

03697 苏轼与章惇交游考［J］/ 徐丽 // 蜀学，2010（00）

03698 吕大防与苏轼［J］/ 李如冰 // 文史知识，2010（1）

03699 青松与丝苓：苏轼与其门生的师友情：上［J］/ 陈慧君 // 苏轼研究，2010（1）

03700 苏轼与欧阳修的师生情谊浅识［J］/ 朱安义 // 长江师范学院学报，2010（1）

03701 苏轼与秦观的交往略考［J］/ 孔凡礼 // 文史，2010（1）

03702 苏轼与青神陈公弼父子情缘［J］/ 吴梁红 // 苏轼研究，2010（1）

03703 朝云祭拜尊崇现象文化根源探赜［J］/ 杨子怡 // 汕头大学学报（人文社会科学版），2010（2）

03704 此身三到旧黄州 人生沧桑诗便工［J］/ 宋彩凤 // 黄冈师范学院学报，2010（2）

03705 关于苏轼晚年挚友陆元光行实问题的两点看法［J］/ 陆岩 // 常州工学院学报（社会科学版），2010（2）

03706 青松与丝苓：苏轼与其门生的师友情（下）［J］/ 陈慧君 // 苏轼研究，2010（2）

03707 苏东坡与乐山大佛寺［J］/ 魏奕雄 // 中共乐山市委党校学报，2010（2）

03708 苏轼与六位梦得的交谊［J］/ 周云容 // 苏轼研究，2010（2）

03709　苏轼与王蘧［J］/ 谢飞 // 苏轼研究，2010（2）

03710　异代才子的心性契合：苏东坡与贾平凹［J］/ 田子爽 // 长城，2010（2）

03711　惠州：苏轼与朝云［J］/ 黄东成 // 太湖，2010（3）

03712　苏东坡误续咏菊诗［J］/ 紫棘，蔡欣 // 阅读，2010（4）

03713　苏东坡与佛印［J］/ 高国飞 // 中国少年儿童（小记者版），2010（4）

03714　苏轼与李之仪［J］/ 孔凡礼 // 乐山师范学院学报，2010（4）

03715　苏轼与名妓的一段不了情［J］/ 不详 // 新闻选刊（旧闻新读），2010（4）

03716　沈括的劣迹及其他［J］/ 刘法绥 // 书屋，2010（5）

03717　王诜与苏轼之交游（上）［J］/ 张荣国 // 荣宝斋，2010（5）

03718　言行不一：人性的一大弱点［J］/ 沈者寿 // 杭州（下旬刊），2010（6）

03719　沧海何曾断地脉："南海佳士"姜唐佐与苏东坡的文化因缘［J］/ 蒙乐生 // 椰城，2010（7）

03720　佛印如何巧答苏东坡［J］/ 不详 // 学生阅读世界，2010（7）

03721　苏东坡和他的朋友们［J］/ 李亚伟 // 文苑，2010（7）

03722　苏东坡替儿孙求婚［J］/ 不详 // 民间故事选刊·秘闻，2010（7）

03723　苏轼小节识人［J］/ 张雨 // 智慧少年（润），2010（7）

03724　智对动物联［J］/ 李枫 // 可乐，2010（7）

03725　苏东坡获救的言语策略［J］/ 枫泾客 // 语文新圃，2010（8）

03726　苏东坡轶事［J］/ 不详 // 党课，2010（8）

03727　浅论苏轼与僧人的交往对其诗歌的影响［J］/ 李瑞杰，刘鑫 // 文学界（理论版），2010（9）

03728　苏东坡"一屁"过江遇尴尬［J］/ 不详 // 知识窗·往事文摘，2010（9）

03729　苏东坡切瓜待客［J］/ 不详 // 演讲与口才（学生读本），2010（9）

03730　王弗与"东坡肘子"［J］/ 覃铸鑫，巴山 // 龙门阵，2010（9）

03731　王诜与苏轼之交游（下）［J］/ 张荣国 // 荣宝斋，2010（9）

03732　苏东坡诗戏张先［J］/ 不详 // 今日文摘，2010（11）

03733　苏轼细节识人［J］/ 不详 // 作文与考试（高中版），2010（11）

03734　苏轼与秦观相知相契探因［J］/ 李显根 // 求索，2010（11）

03735　文坛大佬欧阳修提拔苏东坡［J］/ 许禾钢 // 中华传奇·大历史，2010（11）

03736　元好问与苏坟［J］/ 潘民中 // 文史知识，2010（11）

03737　明月当空叫，黄犬卧花心［J］/ 不详 // 天天爱学习（二年级），2010（12）

03738　苏东坡讥讽势利僧［J］/ 不详 // 知识窗·往事文摘，2010（12）

03739　苏轼被道士忽悠［J］/ 陈雄 // 百家讲坛（下旬），2010（12）

03740　黄庭坚的艺术人生［J］/ 刘浪 // 文史参考，2010（13）

03741　阎活：《食老才知的代志》之 31 苏东坡坐捷运［J］/ 李勤岸 // 新地文学，2010（14）

03742　古代房地产"开发商"也疯狂 白居易苏东坡如何买房［J］/ 戎丹妍 // 老区建设，2010（15）

03743　黄庭坚戏苏轼［J］/ 贺静 // 半月选读，2010（15）

03744　苏东坡买房［J］/ 刘文起 // 晚报文萃，2010（17）

03745 文人相轻亦相亲［J］/ 叶海锐 // 中学生百科，2010（27）

03746 东坡戏小妹［J］/ 不详 // 实用文摘（中学版），2010（10 下）

03747 苏门四学士与苏轼交游研究［D］/ 萧绮慧 .—屏东教育大学（硕士论文），2010

03748 苏轼治水及相关作品考论［D］/ 梁惠兰 .—台湾中山大学（硕士论文），2010

03749 陈慥：苏轼题诗河东狮吼［N］/ 不详 // 淇河晨报，2011-01-04

03750 苏轼的钟情［N］/ 不详 // 皖北晨刊，2011-01-04

03751 古代女粉丝弹筝征服苏东坡［N］/ 不详 // 半岛晨报，2011-01-26

03752 苏门才艺格高韵清［N］/ 不详 // 松江报，2011-01-27

03753 苏轼在惠州凄然悼朝云:《西江月梅花》［N］/ 不详 // 绵阳日报，2011-01-28

03754 佛印两斗苏东坡［N］/ 王巍苏 // 燕赵晚报，2011-02-19

03755 苏轼也是“租屋族”［N］/ 不详 // 赣东都市，2011-03-07

03756 苏东坡也为房子发愁［N］/ 不详 // 商务时报，2011-03-26

03757 让苏东坡心动的女人［N］/ 老狼 // 牛城晚报，2011-04-21

03758 东坡好“戏”［N］/ 不详 // 江汉商报，2011-04-29

03759 苏东坡情动杭州朝云［N］/ 梁迎春 // 重庆晚报，2011-05-06

03760 令苏东坡心动的“西子”究竟是谁［N］/ 不详 // 呼和浩特晚报，2011-05-10

03761 苏轼也是“租房族”长年蜗居在胡同里［N］/ 马佳 // 广西工人报，2011-05-20

03762 苏轼与佛印对诗的法律隐喻［N］/ 不详 // 法制日报，2011-06-08

03763 欧阳修与苏东坡［N］/ 若白 // 商洛日报，2011-07-16

03764 苏东坡牧守杭州时恋上雏妓纳妾［N］/ 不详 // 华东旅游报，2011-07-19

03765 苏东坡情动杭州雏妓王朝云［N］/ 不详 // 音体美报，2011-08-04

03766 苏轼与文同［N］/ 不详 // 佛山日报，2011-08-13

03767 苏轼妙语拒友［N］/ 不详 // 山西科技报，2011-08-31

03768 李之仪的情感世界［N］/ 徐洪义 // 德州日报，2011-09-02

03769 苏轼兄弟的中秋节［N］/ 曾繁利 // 三门峡日报，2011-09-09

03770 苏东坡与三秀才［N］/ 不详 // 泉州晚报，2011-09-19

03771 苏轼“献身”高丽寺换来硬泥筑苏堤［N］/ 不详 // 钱江晚报，2011-09-20

03772 “扒灰”之于苏东坡与王安石［N］/ 不详 // 新快报，2011-09-22

03773 苏东坡晚年为何没有女人相伴？［N］/ 不详 // 太仓日报，2011-10-14

03774 名僧佛印与苏东坡的猜谜交往［N］/ 不详 // 宜春日报，2011-11-13

03775 东坡居黄遗址遗迹之我见［N］/ 余彦文 // 鄂东晚报，2011-11-19

03776 苏轼与秦观［N］/ 青丝 // 温州都市报，2011-11-24

03777 多情最数苏东坡［N］/ 不详 // 今日镇海，2011-12-02

03778 东坡的尴尬事儿［N］/ 赵杰 // 彭城晚报，2011-12-05

03779 王安石调侃苏东坡：你该到基层锻炼一下［N］/ 不详 // 桂林晚报，2011-12-11

03780 坚守与宽容：苏轼与章惇的交往及身后两极化评价探析［J］/ 喻世华 // 扬州大学学报（人文社会科学版），2011（1）

03781 苏东坡剔羊［J］/ 孙雅彬 // 百家讲坛，

2011（1）

03782 苏轼与秦观的师友情谊［J］/ 张忠智，康全诚，张宝贵 // 应用伦理教学与研究学刊，2011，6（1）

03783 苏轼与章惇交往关系初探［J］/ 王连旗 // 开封大学学报，2011（1）

03784 黄庭坚［J］/ 刘小川 // 小说界，2011（2）

03785 毛滂与苏轼交游考辨［J］/ 田金霞 // 殷都学刊，2011（2）

03786 苏东坡与三位妻子的情恋［J］/ 郦波 // 法制博览，2011（3）

03787 唐宋变革视野下的进士同年关系与党争：立足于苏轼与章惇关系考述［J］/ 祁琛云 // 青岛大学师范学院学报，2011（2）

03788 黄庭坚的艺术人生［J］/ 刘浪 // 东方收藏，2011（3）

03789 欧阳修扶持苏轼［J］/ 黎云 // 新长征（党建版），2011（3）

03790 苏东坡：我对章惇恨不起来［J］/ 王芳芳 // 传奇故事·百家讲坛，2011（3）

03791 谒三苏坟苏轼持卷雕像［J］/ 林兴鸿 // 中华诗词，2011（3）

03792 自来水的由来：大文豪苏东坡的功劳等［J］/ 不详 // 少男少女，2011（3）

03793 北宋姜唐佐端砚：兼叙苏东坡与姜唐佐的师生谊［J］/ 王团华 // 南方文物，2011（4）

03794 北宋神宗时期徐州文人活动研究：以苏轼、秦观、陈师道为中心［J］/ 宋荟彧 // 江苏广播电视大学学报，2011，22（4）

03795 秦观［J］/ 孟桂红 // 北京宣武红旗业余大学学报，2011（4）

03796 说说苏东坡之妾［J］/ 孙开中 // 苏轼研究，2011（4）

03797 宋人对秦观其人的批评［J］/ 朱艳波 // 群文天地，2011（5）

03798 不珍惜自己生命的人，也不会珍惜别人的生命［J］/ 张雨 // 文史月刊，2011（6）

03799 秦观的相貌和名字［J］/ 黄志浩 // 古典文学知识，2011（6）

03800 苏东坡与佛印禅师［J］/ 高潮 // 大众文艺，2011（7）

03801 苏东坡与醉眠石［J］/ 丰廷华 // 宝藏，2011（7）

03802 古代“晒薪族”：苏东坡晒凄凉 白居易最爱晒俸禄［J］/ 丁锐 // 少年写作·小作家，2011（8）

03803 苏东坡与佛印［J］/ 吴言生 // 经典阅读（中学版），2011（10）

03804 苏东坡“呵呵”［J］/ 快刀洪七 // 半月选读，2011（11）

03805 苏东坡教作文：再谈作文的立意［J］/ 刘保法 // 小学生之友（下旬刊），2011（11）

03806 佛印两斗苏东坡［J］/ 不详 // 文苑·经典选读，2011（12）

03807 论苏轼金山诗的禅宗因缘［J］/ 赵丹琦 // 前沿，2011（12）

03808 秦观：他的相貌和名字［J］/ 黄志浩 // 文史知识，2011（12）

03809 苏东坡“坑人”［J］/ 不详 // 传奇故事·百家讲坛，2011（12）

03810 苏轼与苏坚之情谊研究［J］/ 陈庆容 // 新亚论丛，2011（12）

03811 倾听行云流水中的禅音［J］/ 张丽柔 // 文华学报，2011（18）

03812 苏轼“不嚼面”［J］/ 杜学峰 // 领导科学，2011（19）

03813 与苏轼有关的成语［J］/ 王志利 // 语文天地，2011（22）

03814 苏东坡吐苍蝇［J］/ 林明良 // 中华书道，2011（74）

03815 北宋士大夫阶层对城市园林兴废的作用：以苏轼、王安石整治西湖、玄武湖

为例[D]/王倩.—南京大学(硕士论文),2011

03816 宋人的秦观批评研究[D]/朱艳波.—内蒙古师范大学(硕士论文),2011

03817 苏轼贬谪期间书信研究[D]/马明玉.—延边大学(硕士论文),2011

03818 苏轼与佛僧[D]/刘成成.—中央民族大学(硕士论文),2011

03819 苏轼两位隐士挚友在车湖[N]/叶贤恩//鄂州日报,2012-01-05

03820 苏轼最后的红颜知已[N]/高方//中国社会科学报,2012-01-09

03821 苏东坡和王安石论字[N]/王昊军//自贡日报,2012-01-12

03822 苏轼生命里的真情女子[N]/不详//市场星报,2012-01-15

03823 苏东坡为何只给司马光留面子? [N]/阿瑟//澳门日报,2012-01-16

03824 苏轼晚年为何没有女人相伴? [N]/阿瑟//澳门日报,2012-01-23

03825 苏东坡晚年流放中的春节[N]/不详//北京社区报,2012-02-02

03826 王朝云:苏轼最后的红颜知已[N]/不详//宿迁晚报,2012-02-10

03827 苏东坡有个聪明的小妹[N]/启阵//澳门日报,2012-02-15

03828 并非乌有的“东坡初恋”[N]/伍松乔//中国文化报,2012-02-16

03829 潮汕先贤吴复古与苏轼的友情[N]/谢惠如//汕头特区晚报,2012-02-17

03830 秦观出联难苏轼[N]/李豫//大河报,2012-03-02

03831 苏轼种树[N]/单昌学//今日临安,2012-03-12

03832 东坡好“戏”[N]/不详//内蒙古晨报,2012-03-13

03833 笑时犹带岭梅香[N]/不详//长沙晚报,2012-03-15

03834 趣谈:王安石一开始在南京买不起房[N]/不详//金陵晚报,2012-03-20

03835 “苏东坡初恋”并非子虚乌有[N]/蒲兰//成都日报,2012-04-01

03836 苏轼种树[N]/徐文婷//酒泉日报,2012-04-01

03837 苏轼的贤内助[N]/不详//安徽商报,2012-04-05

03838 苏轼建房[N]/单昌学//皖东晨刊,2012-04-16

03839 在杭州宋城,听苏轼、张先“调侃”[N]/安丰金//大连晚报,2012-04-18

03840 佛印戏东坡[N]/林况//石油管道报,2012-04-27

03841 王安石辨水考苏轼[N]/不详//德州日报,2012-05-18

03842 苏轼哭穷有点夸张[N]/江娜//北京青年报,2012-05-21

03843 苏东坡政经加强版[N]/陆新之//经济观察报,2012-06-04

03844 巫山一段云·吊苏东坡[N]/崔惠斌//劳动午报,2012-06-04

03845 王安石为什么输给苏东坡? [N]/汗青//作家文摘报,2012-06-12

03846 苏轼兄弟的渑池情怀[N]/陈留成//三门峡日报,2012-06-13

03847 东坡与朝云[N]/楚竹//澳门日报,2012-07-07

03848 来生嫁给苏轼[N]/梁衡//钦州日报,2012-07-17

03849 苏东坡晒“三公经费”[N]/不详//作家文摘报,2012-07-31

03850 有个叫“朝云”的姑娘,和苏东坡有过那么一段情[N]/不详//钱江晚报,2012-08-01

03851 苏东坡与儋州老妪的故事[N]/不详//

国际旅游岛商报，2012-08-16

03852 王安石宴请苏东坡［N］/ 不详 // 大河报，2012-08-21

03853 苏轼“讨教”王安石《字说》［N］/ 不详 // 大河报，2012-08-29

03854 男人当如苏东坡［N］/ 不详 // 南岛晚报，2012-09-15

03855 苏东坡与苏佛儿［N］/ 不详 // 北海日报，2012-10-23

03856 苏轼绝交与轻贱生命的人［N］/ 不详 // 临汾日报（晚报版），2012-11-12

03857 苏轼与轻贱生命的人绝交［N］/ 不详 // 莱西市情，2012-11-21

03858 苏东坡与佛印和尚［N］/ 不详 // 黄冈日报，2012-11-24

03859 苏东坡的住房简历［N］/ 赵国平 // 扬州晚报，2012-11-29

03860 “苏东坡与佛印”故事一则［N］/ 不详 // 镇江日报，2012-12-07

03861 佛印请苏东坡吃鱼苏东坡回请阳光［N］/ 不详 // 西南商报，2012-12-07

03862 千里祭拜苏东坡［N］/ 不详 // 四川政协报，2012-12-20

03863 苏轼的大和章惇的小［N］/ 阿丁 // 新侨报，2012-12-21

03864 几多爱恨几多愁：略观唐宋文人的爱情故事［J］/ 周国奇 // 躬耕，2012（1）

03865 秦观晚年和临终心态窥测：从元祐七年后与大苏的关系说起［J］/ 王昊 // 词学，2012（1）

03866 苏东坡与王安石的私交［J］/ 佚名 // 文史月刊，2012（1）

03867 苏轼识人［J］/ 不详 // 知识窗·往事文摘，2012（1）

03868 苏轼与惟简［J］/ 宏禅 // 苏轼研究，2012（1）

03869 佛印戏东坡之闻风过江［J］/ 不详 // 少年写作·小作家，2012（2）

03870 论苏轼的为师之道：以李廌为例［J］/ 喻世华 // 河南科技大学学报（社会科学版），2012（2）

03871 奇笔传异人 短文记平生：读苏轼《方山子传》［J］/ 陆精康 // 中学语文教学，2012（2）

03872 苏东坡的大嘴巴［J］/ 梵狮子 // 国学，2012（2）

03873 苏东坡与佛印斗智［J］/ 马毅 // 中华活页文选（初三版），2012（2）

03874 苏轼识人［J］/ 曲爱静 // 中年读者，2012（2）

03875 苏轼葬郏探因［J］/ 乔建功 // 平顶山学院学报，2012（3）

03876 尊师重道 薪火相传：论苏轼与欧阳修的三代交谊［J］/ 喻世华 // 南京航空航天大学学报（社会科学版），2012（3）

03877 从明人的记载看柳永的生卒年及其与苏轼的关系［J］/ 邓子勉 // 古典文学知识，2012（4）

03878 论苏轼与陈公弼、陈季常父子的交谊［J］/ 喻世华 // 重庆邮电大学学报（社会科学版），2012（4）

03879 苏轼识人［J］/ 浅水 // 新校园（阅读版），2012（4）

03880 论苏轼与鲜于侁的忘年交谊［J］/ 喻世华 // 南京晓庄学院学报，2012（5）

03881 苏东坡与王安石的交情［J］/ 不详 // 晚报文萃（下半月真情版），2012（5）

03882 亦师亦友亦兄亦弟：论苏轼与文同的忘年交谊［J］/ 喻世华 // 重庆交通大学学报（社会科学版），2012（5）

03883 秦观妙写回文诗［J］/ 刘思源 // 新语文学习（小学中年级版），2012（7）

03884 醉卧古藤阴下，了不知南北［J］/ 苏文健 // 中国研究生，2012（9）

03885 苏东坡与救儿会[J]/陆茂清//作文素材，2012(10)

03886 苏东坡赠马立券[J]/易俊杰//炎黄世界，2012(10)

03887 文学的苏轼，哲学的佛印[J]/黄艾娇//作文成功之路，2012(10上)

03888 他从大宋走来[J]/刘权，周乾坤//走向世界，2012(24)

03889 从放鹤亭到燕子楼：苏东坡在徐州的故事[J]/孙震//全国新书信息月刊，2012(164)

03890 《山谷诗集》三家注研究[D]/郑剑丽.—广州大学(硕士论文)，2012

03891 苏轼与欧阳修关系研究[D]/张昶.—吉林大学(硕士论文)，2012

03892 王庠与苏轼交谊考述[J]/杨胜宽//地方文化研究辑刊，2012

03893 苏轼与佛印交游考[J]/喻世华//江苏大学学报(社会科学版)，2013，15(4)

03894 苏东坡与伦文叙[N]/不详//文汇报(香港)，2013-01-10

03895 苏东坡与王安石的交情[N]/不详//西部晨风，2013-01-16

03896 苏轼勤俭节约过日子[N]/不详//咸阳日报，2013-01-16

03897 苏轼与朝云[N]/陈雄//安徽商报，2013-01-17

03898 钟芳先祖与苏洵苏轼父子奇缘[N]/陈耿//海南日报，2013-01-28

03899 苏东坡与王安石的私交[N]/岑燮钧//青岛日报，2013-01-29

03900 佛印东坡"庆"有鱼[N]/马君桐//深圳晚报，2013-02-01

03901 米襄阳六会苏东坡[N]/不详//襄阳日报，2013-02-05

03902 苏东坡热心自建住房[N]/李敏//新商报，2013-03-09

03903 苏轼讲故事巧拒求官者[N]/不详//南鄂晚报，2013-03-16

03904 苏东坡入狱不忘开导妻子[N]/不详//梅州日报，2013-03-30

03905 苏轼慧能张九龄容闳冯如林则徐，如何排座次？[N]/吴广宇//南方都市报，2013-04-03

03906 苏轼仁掘"孝母井"[N]/不详//沧州晚报，2013-04-17

03907 苏轼秦观雷州相会[N]/张春生//湛江日报，2013-04-20

03908 苏东坡年过半百才买房[N]/李开周//广州日报，2013-04-29

03909 苏东坡的读书故事[N]/姚展雄//平凉日报，2013-05-08

03910 苏东坡与佛印[N]/不详//燕赵老年报，2013-05-10

03911 一份与苏东坡有关联的房契[N]/不详//武进日报，2013-05-16

03912 东坡恋笔的传说[N]/唐成刚//眉山日报，2013-05-21

03913 苏东坡与佛印[N]/吴言生//张家口晚报，2013-06-13

03914 苏东坡与道潜的故事[N]/张发平//今日临安，2013-07-03

03915 苏东坡拒宴想起[N]/郭亨渠//汕头日报，2013-07-07

03916 苏轼与朝云的那些故事[N]/陆琴华//济宁日报，2013-08-16

03917 苏轼绯闻：最爱的女人竟是歌女[N]/不详//城市快报，2013-08-21

03918 苏轼和郑成功竟都是热死的[N]/不详//辽沈晚报，2013-08-28

03919 苏轼的中秋[N]/马亚伟//安康日报，2013-09-19

03920 佛印反将苏东坡[N]/陈甲取//潮州日报，2013-10-09

03921 苏轼身后的三个女人［N］/ 徐正之 // 东方今报，2013-10-16
03922 苏东坡奇遇名医庞安时［N］/ 张卫，张瑞贤 // 鄂东晚报，2013-10-19
03923 东坡居的霞与味［N］/ 公输于兰，王震坤 // 新民晚报（美国版），2013-11-15
03924 嫁给苏轼还是嫁给李白［N］/ 王玮琦 // 武汉晚报，2013-11-27
03925 秦观巧对苏轼［N］/ 不详 // 燕赵老年报，2013-12-27
03926 秀美惠州西湖见证东坡情爱［N］/ 不详 // 海西晨报，2013-12-27
03927 苏轼与犍为王氏书楼［N］/ 王鹏 // 三江都市报，2013-12-28
03928 苏东坡的乐事［J］/ 佚名 // 意林（下半月），2013（1）
03929 苏轼与江苏士人的交游［J］/ 曾枣庄 // 江苏科技大学学报（社会科学版），2013（1）
03930 有感于东坡投石［J］/ 王识途 // 祖国（教育建设），2013（1）
03931 东坡让道［J］/ 若云 // 青少年书法（少年版），2013（2）
03932 黄庭坚的诗文与砚石［J］/ 文甡 // 中国文房四宝，2013（2）
03933 林希与苏轼［J］/ 林秋明 // 福建乡土，2013（2）
03934 论苏轼与同僚的相处及启示：以杭州为例［J］/ 喻世华 // 西南石油大学学报（社会科学版），2013（2）
03935 休戚相关 荣辱与共：论苏轼与王巩的交谊［J］/ 喻世华，朱广宇 // 江苏科技大学学报（社会科学版），2013（2）
03936 衣冠取人，东坡诗讽［J］/ 不详 // 人力资源，2013（2）
03937 苏东坡和他的朋友们［J］/ 李亚伟 // 新诗，2013（3）
03938 谒三苏坟怀苏轼［J］/ 王小娟 // 中华诗词，2013（3）
03939 与轻贱生命的人绝交［J］/ 赵元波 // 高中生（青春励志），2013（3）
03940 东坡风采与海南情缘［J］/ 王建国 // 新东方，2013（4）
03941 苏东坡的“贬游”［J］/ 蒋元明 // 前线，2013（4）
03942 苏东坡与湖州秀才贾收的往来［J］/ 余方德 // 湖州职业技术学院学报，2013（4）
03943 由六拜苏轼看李廌其人［J］/ 梁萌 // 枣庄学院学报，2013（4）
03944 东坡“骂”贪官［J］/ 不详 // 老年教育·长者家园，2013（5）
03945 东坡逸事说遗爱［J］/ 刘雪荣 // 东坡赤壁诗词，2013（5）
03946 苏东坡义助穷考生［J］/ 张宇 // 新长征（党建版），2013（5）
03947 苏轼巧拒求官者［J］/ 夏一 // 党建文汇（下半月版），2013（5）
03948 黄庭坚词集版本及其互见存疑词作考略［J］/ 郑永晓 // 绍兴文理学院学报（哲学社会科学），2013（6）
03949 欧阳修是怎样发现苏轼才华的？［J］/ 本刊编辑部 // 中老年健康，2013（6）
03950 苏东坡趣话［J］/ 苍茫 // 躬耕，2013（7）
03951 苏东坡与佛印斗嘴［J］/ 不详 // 小百科·多元宝宝，2013（7）
03952 苏轼与王弗的结发之情［J］/ 本刊编辑部 // 现代阅读，2013（7）
03953 休将白发唱黄鸡（上）［J］/ 张梦，张九玉 // 青少年书法，2013（7）
03954 东坡兄弟对佛印［J］/ 本刊编辑部 // 中华活页文选（快乐读与写），2013（8）
03955 东坡与佛印［J］/ 介子平 // 名作欣赏，2013（25）
03956 苏东坡问字［J］/ 李梵 // 开心学堂（二

年级语文)，2013(9)

03957 休将白发唱黄鸡(下)[J]/张梦，张九玉//青少年书法，2013(9)

03958 苏东坡巧骂贪官[J]/本刊编辑部//数学大王(智力快车)，2013(10)

03959 苏轼的聪明误(外二篇)[J]/乐朋//雨花，2013(10)

03960 黄庭坚：笔下烟云任平生[J]/王宏//文艺生活(艺术中国)，2013(11)

03961 苏东坡妙笔做广告[J]/不详//百家讲坛，2013(12)

03962 苏东坡与歌妓[J]/林清峰，本刊资料//文史月刊，2013(12)

03963 苏轼巧对联[J]/李旭//大家健康，2013(12)

03964 苏轼巧对联[J]/周月霞//南国博览，2013(12)

03965 "东坡居士"与"山谷道人"[J]/黄启方//人文社会学报，2013(14)

03966 愚人不如愚己[J]/汪亭//思维与智慧，2013(14)

03967 东坡画扇[J]/何远//学习报(七年级语文人文阅读)，2013(18)

03968 苏东坡巧猜半句唐诗谜[J]/不详//天天爱学习(六年级)，2013(19)

03969 苏轼的绯闻[J]/本刊编辑部//华夏关注，2013(21)

03970 苏东坡"应试"[J]/曾昭安//晚报文萃，2013(24)

03971 东坡与朝云[J]/介子平//名作欣赏，2013(31)

03972 苏轼与王诜交游考述[J]/苏淑芬//辅仁国文学报，2013(37)

03973 苏东坡毋惊鬼[J]/森子//海翁台语文学，2013(141)

03974 苏东坡烧房契[N]/不详//华兴时报，2014-01-10

03975 四川发掘北宋"土豪"墓墓主或与苏东坡有关系[N]/不详//鄂东晚报，2014-01-08

03976 为民办实事的苏东坡[N]/不详//华兴时报，2014-02-13

03977 苏东坡买房[N]/刘建武//太原日报，2014-02-17

03978 同心池见证了苏轼和王朝云的爱情[N]/不详//都市晨报，2014-02-20

03979 苏轼的三场爱情[N]/潘志远//皖南晨刊，2014-02-27

03980 苏东坡与《六祖功德塔疏》[N]/李振林//韶关日报，2014-03-01

03981 东坡提梁壶的传说[N]/不详//临汾日报(晚报版)，2014-03-03

03982 苏轼与欧阳修的师生缘[N]/不详//淮海晚报，2014-03-09

03983 苏轼旅途劳顿中暑[N]/不详//黄河晨报，2014-03-18

03984 苏东坡的幽默[N]/秦四晃//西安日报，2014-03-19

03985 苏轼苦恼朝廷欠三年工资[N]/丁锐//鹤壁日报，2014-03-19

03986 苏轼逃婚那件事[N]/不详//潍坊日报，2014-03-21

03987 苏轼也是租房族[N]/马佳//新民晚报，2014-03-22

03988 安意如：选古代文豪做老公，一定选苏轼[N]/安意如//南京晨报，2014-03-30

03989 安意如："嫁人当嫁苏东坡"[N]/安意如//东方卫报，2014-03-31

03990 苏东坡爱种树[N]/林颐//太原日报，2014-03-31

03991 苏东坡与韶州太守狄咸[N]/李振林//韶关日报，2014-04-05

03992 苏轼种茶[N]/不详//香城都市报，

2014-04-09

03993　苏轼：借房给儿子办喜事［N］/ 不详 // 鹤壁日报，2014-04-11

03994　从苏东坡抄书谈起［N］/ 陈广玲 // 图书馆报，2014-04-18

03995　苏轼靠呼呼大睡捡回一条命［N］/ 不详 // 新商报，2014-05-01

03996　苏东坡为何烧了“房产证”［N］/ 陆承 // 株洲日报，2014-05-18

03997　铜锡呼应：苏福龙“绝对”苏东坡［N］/ 赵俊峰 // 红河日报，2014-05-18

03998　苏东坡与高俅的那点“瓜葛”［N］/ 周生 // 铜仁日报，2014-05-20

03999　黄庭坚：与苏东坡比肩的文化大家［N］/ 不详 // 每日新报，2014-06-08

04000　感情不专的苏轼［N］/ 张勇 // 宝安日报，2014-06-10

04001　苏轼爱心救弃婴［N］/ 戴永夏 // 济南日报，2014-06-16

04002　苏东坡与佛印禅师［N］/ 周遵鹏 // 毕节日报，2014-07-03

04003　苏东坡的妻子也是诗人［N］/ 启阵 // 澳门日报，2014-07-06

04004　苏东坡怪石供佛印［N］/ 王琳祥 // 黄冈日报，2014-08-23

04005　苏轼：房梁挂钱［N］/ 不详 // 石嘴山日报，2014-08-28

04006　苏轼难倒欧阳修［N］/ 不详 // 通辽日报，2014-08-28

04007　绝交后的苏轼和章惇［N］/ 邹金灿 // 学习时报，2014-09-01

04008　苏轼的中秋［N］/ 不详 // 皖北晨刊，2014-09-01

04009　千年“瑞草桥”东坡爱情见证地［N］/ 不详 // 四川日报，2014-09-02

04010　苏轼的中秋［N］/ 马亚伟 // 中国国门时报，2014-09-05

04011　中岩寺：苏东坡的初恋之地［N］/ 不详 // 华西都市报，2014-09-07

04012　苏轼：借房给儿子办喜事：［N］/ 陈琦 // 株洲日报，2014-09-14

04013　苏轼在惠州凄然悼王朝云［N］/ 不详 // 皖江晚报，2014-09-14

04014　苏东坡借房给儿子办喜事［N］/ 不详 // 梅州日报，2014-09-20

04015　朱熹与苏轼的俭朴生活［N］/ 罗日荣 // 郑州日报，2014-10-31

04016　玲珑山上再现“苏东坡”与“琴操”［N］/ 郑逸菲，黄丁宁 // 今日临安，2014-11-10

04017　东坡居士的方外之友［N］/ 不详 // 大河报，2014-11-25

04018　苏轼妙拒求官者［N］/ 不详 // 通辽日报，2014-12-01

04019　苏轼的豪爽［N］/ 智秀琏 // 太原日报，2014-12-08

04020　苏轼有个表哥叫文同［N］/ 李北山 // 齐鲁晚报，2014-12-17

04021　苏轼曾为徒弟打广告：使“苏门四学士”名闻天下［N］/ 不详 // 鄂尔多斯晚报，2014-12-19

04022　东坡朝云西湖情［N］/ 不详 // 东江时报，2014-12-21

04023　京琼专家讲授苏东坡在琼故事［N］/ 不详 // 海口晚报，2014-12-29

04024　黄庭坚与香［J］/ 邱美琼 // 文史杂志，2014（1）

04025　苏东坡焚券还宅［J］/ 赖晨 // 民间故事选刊（下），2014（1）

04026　苏东坡忽悠王安石［J］/ 南山居 // 芳草・经典阅读，2014（1）

04027　苏轼的尴尬［J］/ 余显斌 // 知识窗．往事文摘，2014（1）

04028　苏轼和他的堂妹小二娘［J］/ 张琦 // 北

方文学（下旬刊），2014（1）

04029 苏轼与江苏士人的交游（续）[J]/曾枣庄//江苏科技大学学报（社会科学版），2014（1）

04030 紫荆、梅、竹与老友[J]/柯雪//初中生世界，2014（1）

04031 东坡戏弄老方丈[J]/不详//老年教育（长者家园），2014（2）

04032 苏轼趣闻：年少轻狂[J]/树人//人才资源开发，2014（2）

04033 重谒儋州东坡书院中途车坏竟不果至（外一首）[J]/张志烈//岷峨诗稿，2014（2）

04034 东坡与佛印[J]/岳帅//佛教文化，2014（3）

04035 黄庭坚：与苏东坡比肩的文化大家[J]/王爱军//文史天地，2014（3）

04036 苏轼流寓人生的"最后一次行程"：兼探苏轼灵柩从常州移至今河南郏县的路径节点[J]/刘继增，刘彩平//平顶山学院学报，2014（3）

04037 苏轼葬郏之选：事件、观念与哲学意蕴[J]/王维玉//平顶山学院学报，2014（3）

04038 苏东坡的"恕道"[J]/风云聚散//第二课堂（高中版），2014（4）

04039 王存生平考：兼论王存与苏轼的交游[J]/喻世华//镇江高专学报，2014（4）

04040 苏轼的慈悲胸怀[J]/大江东去//晚报文萃（下半月真情版），2014（5）

04041 苏轼妙语拒友[J]/本刊编辑部//开心学堂（五年级语文），2014（5）

04042 苏轼择葬郏城经由考[J]/王维玉//山西档案，2014（5）

04043 古代房地产也疯狂：白居易租房 苏东坡借房[J]/戎丹妍//老年健康，2014（6）

04044 李白苏轼都曾是"矿老板"[J]/刘继兴//理财（市场版），2014（6）

04045 苏、黄和陶渊明[J]/张宗子//书屋，2014（6）

04046 苏东坡的幽默[J]/秦四晃//时代青年（上半月悦读），2014（6）

04047 文游台秋风[J]/莫云//江苏地方志，2014（6）

04048 黄庭坚：与苏东坡比肩的大家[J]/清风慕竹//各界，2014（7）

04049 倾肺腑之言 嘱相知之意：论元祐时苏轼与毕仲游的"相知"之谊[J]/吴明琦//文理导航·教育研究与实践，2014（7）

04050 于细微处识人[J]/张勇//文史春秋，2014（7）

04051 大文豪苏轼的糗事[J]/路卫兵//小品文选刊，2014（8）

04052 苏东坡切瓜应对[J]/不详//同学少年，2014（8）

04053 苏轼改对联[J]/易水，陈景国//百柳·简妙作文小学生必读，2014（8）

04054 作死不成反被气死[J]/刘诚龙//百家讲坛，2014（8）

04055 晁补之传[J]/不详//中华活页文选（高二、高三年级版），2014（9）

04056 苏东坡的苏堤情[J]/冉自春//黄河黄土黄种人·水与中国，2014（9）

04057 苏轼发愤"识遍天下字"[J]/严丽//阅读（中年级），2014（9）

04058 代价高昂的笑话[J]/马军//思维与智慧（上半月），2014（10）

04059 苏东坡的成长故事[J]/孟祥凯//影响孩子一生的经典阅读（小学版），2014（10）

04060 苏轼 五位红颜醉和春[J]/良月，碧云天//东方藏品，2014（10）

04061 苏轼的节俭之风［J］/ 戴永夏 // 时代发现，2014（10）

04062 苏轼三抄《汉书》［J］/ 孙晓利 // 初中生优秀作文，2014（10）

04063 苏轼戏对高僧佛印［J］/ 徐世举 // 对联·民间对联故事（下半月），2014（10）

04064 爱“抄”书的苏东坡［J］/ 薛海荣 // 青少年书法，2014（11）

04065 论黄庭坚的“引陶入禅”［J］/ 陈婷婷 // 现代语文（学术综合版），2014（11）

04066 苏东坡焚券还宅济穷贫［J］/ 孙建勇 // 青春岁月（校园版），2014（11）

04067 苏轼义救弃婴［J］/ 戴永夏 // 晚报文萃（下半月真情版），2014（11）

04068 话东坡山谷亦师亦友［J］/ 欧阳军 // 艺术品，2014（12）

04069 苏轼批文章［J］/ 不详 // 幽默与笑话（成人版），2014（12）

04070 苏轼和章惇［J］/ 邹金灿 // 南方人物周刊，2014（14）

04071 给心灵一个家［J］/ 付秀宏 // 思维与智慧，2014（15）

04072 苏东坡“应试”趣事［J］/ 曾昭安 // 小学生阅读报（高年级），2014（17）

04073 苏东坡赶考［J］/ 本刊编辑部 // 小猕猴学习画刊（低年级版），2014（20）

04074 苏东坡大腹便便，是一肚子的不合时宜［J］/ 林语堂 // 共鸣，2014（21）

04075 苏东坡赠云［J］/ 那秋生 // 做人与处世，2014（22）

04076 戏讽狱卒［J］/ 蓬儒 // 民间传奇故事，2014（29）

04077 知人论世论少游：兼与苏东坡比较［J］/ 周茓竹 // 名作欣赏，2014（30）

04078 苏东坡改诗羞师（下）［J］/ 张新华，吕鸿群 // 小雪花（小学生成长指南），2014（Z2）

04079 苏东坡与高俅［C］/ 过承祁 // 第二届杭州与水浒学术研讨会暨中国水浒文化富阳高峰论坛论文集 / 浙江省建德市文联，2014

04080 苏轼的交游与文学［D］/ 叶翔羚．—复旦大学（硕士论文），2014

04081 苏轼书信研究［D］/ 杨银娥．—暨南大学（硕士论文），2014

04082 苏轼与章粢关系研究［D］/ 孙春艳．—吉林大学（硕士论文），2014

04083 王巩与苏轼交谊考论［J］/ 杨胜宽 // 地方文化研究辑刊，2014

04084 苏东坡也讲“鬼故事”［N］/ 张军霞 // 每日新报，2015-01-01

04085 东坡情痴朝云哀［N］/ 楚竹 // 澳门日报，2015-01-10

04086 苏东坡的陵州情［N］/ 王影聪 // 眉山日报，2015-01-08

04087 苏东坡的最后日子［N］/ 不详 // 常州日报，2015-01-09

04088 苏轼与苏颂的生死情缘［N］/ 不详 // 海口晚报，2015-01-09

04089 苏轼与王安石的争执和友谊［N］/ 不详 // 沧州晚报，2015-02-09

04090 王巩与苏轼的诗文交游［N］/ 祝伟康 // 聊城日报，2015-02-10

04091 苏东坡讲的段子［N］/ 王开林 // 羊城晚报，2015-03-04

04092 苏轼与章惇：从朋友到政敌［N］/ 不详 // 沧州晚报，2015-03-09

04093 苏东坡的“歌妓情缘”［N］/ 不详 // 鄂尔多斯晚报，2015-03-11

04094 苏东坡是段子大王［N］/ 不详 // 宿迁晚报，2015-03-17

04095 苏轼的气度［N］/ 文志 // 汴梁晚报，2015-03-21

04096 苏东坡智拒故人托情求职［N］/ 杨皓 //

羊城晚报，2015-03-25

04097 苏轼王安石的晚年相见[N]/不详//淮海晚报，2015-04-05

04098 苏轼秦观师徒情[N]/王开林//羊城晚报，2015-04-15

04099 苏轼身边的西子[N]/张春生//湛江日报，2015-04-15

04100 东坡坐禅[N]/不详//今日黄岩，2015-04-23

04101 苏轼会秦观与关公战秦琼及其他[N]/唐有伯//湛江日报，2015-04-23

04102 苏东坡义助“李鬼”[N]/刘错//曲靖日报，2015-05-08

04103 苏东坡与佛法僧[N]/不详//黄冈日报，2015-05-09

04104 苏轼识人凭细节[N]/陈雄//新商报，2015-05-09

04105 苏轼命中的“三王”[N]/范方启//春城晚报，2015-05-12

04106 周敦颐与苏轼[N]/不详//华西都市报，2015-05-16

04107 苏轼还屋[N]/不详//抚州日报，2015-05-21

04108 苏东坡与吴复古的深情厚谊[N]/陈创义//汕头特区晚报，2015-05-22

04109 苏东坡的交际艺术[N]/不详//西部晨风，2015-06-10

04110 苏轼与他的三爱[N]/不详//都市女报，2015-07-09

04111 苏轼与王安石的晚年相见[N]/史飞翔//滕州日报，2015-07-10

04112 有感于苏东坡不修官衙[N]/顾飞//中国石化报，2015-07-16

04113 热死的名人：苏轼暑热中去世 赵明诚中暑病倒[N]/不详//福建老年报，2015-07-28

04114 苏轼与范滂[N]/陆志成//颍州晚报，2015-08-06

04115 东坡提梁壶[N]/初澜//中国石油报，2015-08-07

04116 心灵之歌：兼说孔子、东坡、佛印[N]/游子//先驱报，2015-08-08

04117 苏轼也讲鬼故事[N]/张军霞//新商报，2015-08-29

04118 苏轼表哥文同：诗词书画“四绝”[N]/不详//华西都市报，2015-09-12

04119 苏轼的中秋[N]/马亚伟//揭阳日报，2015-09-27

04120 苏东坡巧用伯夷叔齐的品德：读《史记》笔记[N]/傅启芳//常德日报，2015-10-03

04121 苏东坡的穷日子[N]/刘东华//忻州晚报，2015-10-09

04122 苏东坡游亭[N]/不详//珠海特区报，2015-10-11

04123 苏东坡的“绝招”[N]/沈淦//石家庄日报，2015-10-16

04124 苏东坡一生酷爱植树[N]/李援朝//颍州晚报，2015-10-17

04125 苏东坡与君子泉[N]/冯俊君//黄冈日报，2015-10-17

04126 苏东坡谦逊答张洲[N]/陈慧//黄冈日报，2015-10-24

04127 苏东坡画扇还债[N]/陶芳敏//黄冈日报，2015-10-31

04128 苏轼与黄庭坚的书法调侃：蛇与蛤蟆[N]/杨加深//马鞍山日报，2015-11-13

04129 苏东坡与王闰之[N]/陶芳敏//黄冈日报，2015-11-21

04130 苏轼的寂寞[N]/刘诚龙//石家庄日报，2015-11-23

04131 苏轼是中暑去世的？[N]/不详//临汾日报（晚报版），2015-11-26

04132 张耒颍州祭奠苏东坡［N］/陆志成//颍州晚报，2015-11-26

04133 苏轼与佛印对话的启示［N］/邓子萱//福州日报，2015-12-03

04134 苏轼兄弟与长安山水的不解之缘［N］/不详//西安晚报，2015-12-07

04135 东坡初恋地［N］/姚正安//高邮日报，2015-12-11

04136 苏东坡和他的朋友们［J］/叶舟//西部，2015（1）

04137 苏东坡巧骂贪官［J］/不详//中华活页文选（小学版），2015（1）

04138 苏轼制墨与海南松烟［J］/单憬岗，张晓甜//海南档案，2015（1）

04139 苏轼智开"惠民药局"［J］/刘永加//人才资源开发，2015（1）

04140 西部头题·西部中国小说联展（四）苏东坡和他的朋友们［J］/叶舟//西部，2015（1）

04141 一代文豪苏轼缘何埋骨郏县［J］/宏剑//侨园，2015（1）

04142 从黄、苏关系看黄庭坚对苏轼的敬慕之情：以两人诗歌往来为例［J］/杨胜宽//地方文化研究辑刊，2015（2）

04143 苏东坡"还债"［J］/华伟英//影响孩子一生的经典阅读（小学版），2015（2）

04144 苏东坡的风趣与幽默述评［J］/彭文良//黄冈职业技术学院学报，2015（2）

04145 苏轼与李廌交游考［J］/彭文良//乐山师范学院学报，2015（2）

04146 苏轼在润州的交游考［J］/喻世华//江苏科技大学学报（社会科学版），2015（2）

04147 古城留胜迹 苏轼会秦观［J］/苏兴良//秘书，2015（3）

04148 苏轼还屋［J］/费衮//时事报告，2015（3）

04149 苏东坡和佛印之茶盘［J］/陈浩如，吴为平//缤纷，2015（5）

04150 苏东坡讲的段子［J］/王开林//时代发现，2015（5）

04151 苏东坡认错［J］/曹玉雪//招生考试通讯（高考版），2015（5）

04152 苏东坡特爱用呵呵［J］/刘俏到//小品文选刊，2015（5）

04153 苏轼的浮沉人生与佛缘［J］/张家提//佛教文化，2015（5）

04154 苏轼和米芾的"无赖"［J］/姜仲华//阅读与作文（高中版），2015（5）

04155 苏轼见农民为何紧张［J］/葛闪//传奇故事·百家讲坛（下旬），2015（5）

04156 一生怀抱百忧中：说秦观［J］/徐晋如//读书，2015（5）

04157 模棱两可［J］/洛梅//前线，2015（6）

04158 苏轼的尴尬［J］/冰虹//文化月刊（下旬刊），2015（6）

04159 一代文豪苏轼缘何埋骨郏县［J］/张参军//黄河黄土黄种人，2015（6）

04160 从《文与可画筼筜谷偃竹记》探究文与可与苏轼的友情空间［J］/何俊//课外语文（下），2015（8）

04161 苏东坡与王安石的恩怨［J］/不详//机构与行政，2015（8）

04162 苏东坡代徒姻联［J］/汪志//对联·民间对联故事（上半月），2015（10）

04163 听苏东坡讲段子［J］/不详//天津支部生活，2015（10）

04164 苏东坡的吝啬和慷慨［J］/李玉林//百家讲坛（中旬），2015（11）

04165 杨绘仕杭前与苏轼的交游考述：兼与马里扬先生商榷"眉山记忆"［J］/柯贞金//广州大学学报（社会科学版），2015（11）

04166 苏东坡的幽默［J］/晏建怀//小品文选

刊，2015(12)

04167 苏东坡与佛印[J]/不详//东方养生，2015(12)

04168 苏轼和章惇[J]/邹金灿//视野，2015(13)

04169 苏轼认错[J]/丕德//环球人物，2015(21)

04170 苏东坡讲的段子[J]/王开林//课外阅读，2015(22)

04171 苏轼的自难忘和不同梦[J]/章可颖//青年文学家，2015(29)

04172 道理贯心肝，忠义填骨髓：苏轼与李常之交游[J]/宋静//东吴中文在线学术论文，2015(32)

04173 苏轼交游定量研究[D]/陈川云.—江西师范大学(硕士论文)，2015

04174 元丰五年苏轼文学研究[D]/吴嘉敏.—吉林大学(硕士论文)，2015

04175 黄庭坚与苏东坡的神秘会诗之地[N]/不详//华西都市报，2016-01-08

04176 胸有成竹：文同画竹羡煞东坡[N]/李贵平//华西都市报，2016-01-16

04177 苏东坡为犍为人写春联[N]/不详//三江都市报，2016-01-23

04178 苏轼的最后一个春节[N]/不详//老年生活报，2016-02-03

04179 听苏轼讲辟谷的故事[N]/陈旭照//洛阳晚报，2016-02-22

04180 苏东坡颍州祈雨纪事[N]/陆志成//颍州晚报，2016-03-09

04181 苏东坡喜欢植树[N]/不详//中国石油报，2016-03-19

04182 苏东坡爱植树[N]/王吴军//滕州日报，2016-03-22

04183 苏东坡打虎的传说[N]/不详//老年生活报，2016-03-23

04184 苏东坡扔飞石相助[N]/不详//南国都市报，2016-04-03

04185 苏东坡是个好农夫[N]/不详//新商报，2016-04-09

04186 东坡游罗浮泊岸处添新史证：专家撰文《苏东坡游罗浮山泊岸博罗园洲泊头镇考》公布研究成果[N]/不详//惠州日报，2016-04-12

04187 苏东坡让路[N]/不详//中国石油报，2016-04-16

04188 苏东坡踏足处重修“东坡桥”[N]/卓小畤，黄振生，石建华//清远日报，2016-04-20

04189 脑洞大开的苏东坡令人哭笑不得[N]/佚名//临汾日报(晚报版)，2016-04-21

04190 爱种树的苏东坡[N]/林颐//乌兰察布尔日报，2016-04-22

04191 苏轼与第一山[N]/不详//淮安日报，2016-04-27

04192 中岩：苏东坡初恋之地[N]/不详//四川政协报，2016-04-30

04193 苏轼：生活就算再难也要含笑看雪[N]/不详//黄河晨报，2016-05-03

04194 苏轼与武昌“秧马”[N]/樊小庆，严金云//鄂州日报，2016-05-18

04195 东坡请客：桌上一无所有[N]/不详//新商报，2016-05-21

04196 王安石辨水考苏轼[N]/不详//生活晚报，2016-06-03

04197 叶祖洽：苏东坡不让他当状元[N]/卢美松//海峡都市报，2016-06-08

04198 东坡提梁壶[N]/南帆//新华日报，2016-06-14

04199 王安石苏轼怜弱惜贫[N]/不详//新商报，2016-06-18

04200 “门外汉”最初指苏轼[N]/不详//鹤壁日报，2016-06-24

04201 苏轼与他的慈善事业［N］/ 张玉 // 眉山日报，2016-07-03
04202 苏轼买房险涉交易纠纷［N］/ 江丹 // 济南时报，2016-07-08
04203 暗恋苏东坡［N］/ 刘东华 // 深圳商报，2016-07-18
04204 苏东坡徐州抗洪救灾［N］/ 赖晨 // 四川经济日报，2016-07-18
04205 蓝颜知己苏东坡［N］/ 南柯子 // 今日临安，2016-07-21
04206 苏轼与高密［N］/ 槐常辉 // 潍坊日报，2016-07-29
04207 吴复古与苏东坡（一）［N］/ 孙淑彦 // 揭阳日报，2016-07-31
04208 苏东坡提梁壶的传说［N］/ 不详 // 华商报（今日汉中），2016-08-04
04209 苏轼往来芜湖僧［N］/ 不详 // 大江晚报，2016-08-07
04210 苏东坡与王安石［N］/ 不详 // 安阳日报，2016-08-12
04211 东坡赤壁的由来［N］/ 冯扬 // 黄冈日报，2016-08-13
04212 苏东坡扇上作画为民还债［N］/ 不详 // 衡阳晚报，2016-08-20
04213 苏东坡巧吃佛印鱼［N］/ 不详 // 中国石油报，2016-08-27
04214 吴复古与苏东坡（二）［N］/ 孙淑彦 // 揭阳日报，2016-08-28
04215 王安石与苏东坡的恩怨人生［N］/ 不详 // 发展导报，2016-08-30
04216 东坡观砚图［N］/ 侯军 // 今晚报，2016-09-07
04217 王安石与苏东坡的恩怨人生（上）［N］/ 不详 // 农村大众，2016-09-07
04218 王安石与苏东坡的恩怨人生（下）［N］/ 不详 // 农村大众，2016-09-14
04219 银汉赏月纪念苏轼留居此地［N］/ 不详 // 南充晚报，2016-09-18
04220 吴复古与苏东坡（三）［N］/ 孙淑彦 // 揭阳日报，2016-09-25
04221 东坡遗踪［N］/ 不详 // 中国旅游报，2016-09-28
04222 苏东坡 50 岁才买首套房［N］/ 不详 // 东莞时报，2016-09-28
04223 苏东坡与黄庭坚的文人雅趣［N］/ 不详 // 马鞍山日报，2016-10-14
04224 苏东坡买房记［N］/ 不详 // 揭阳日报，2016-10-16
04225 “东坡到处有西湖”：苏东坡为西湖留下胜迹［N］/ 田铁流 // 惠州日报，2016-10-18
04226 女人当嫁苏东坡［N］/ 不详 // 阳泉晚报，2016-10-20
04227 苏轼 & 黄庭坚［N］/ 不详 // 科技鑫报，2016-10-26
04228 东坡提梁壶的传说［N］/ 藏家 // 韶关日报，2016-10-29
04229 黄庭坚与苏轼的笔墨心情［N］/ 不详 // 中国文化报，2016-11-13
04230 苏东坡为何称司马光为“司马牛”［N］/ 莫砺峰 // 扬子晚报，2016-11-14
04231 苏东坡为父还债救济穷人不买房［N］/ 不详 // 老年生活报，2016-11-21
04232 苏东坡与王安石在南京半山园的相会［N］/ 不详 // 扬子晚报，2016-11-21
04233 秦少游是苏东坡的妹婿吗［N］/ 不详 // 扬子晚报，2016-11-28
04234 苏东坡讲故事却请托［N］/ 不详 // 新商报，2016-12-17
04235 栾城“三苏”遗踪［N］/ 杨惠玲 // 石家庄日报，2016-12-20
04236 王安石苏东坡金陵释前嫌谱写“卿相和”［N］/ 不详 // 金陵晚报，2016-12-22
04237 蜀中名士文与可：兼论对苏轼影响

[J]/刘晓凤//蜀学，2016(00)

04238 陈寅恪与苏东坡[J]/杨玉华//成都行政学院学报，2016(1)

04239 苏东坡定州轶事[J]/仲邱//老年教育(书画艺术)，2016(1)

04240 苏东坡让道[J]/不详//作文通讯，2016(1)

04241 苏东坡式的笑话[J]/王开林//中华活页文选(小学版)，2016(1)

04242 苏轼礼物馈赠往还考[J]/彭文良//黄冈职业技术学院学报，2016(1)

04243 苏轼巧名修缮杭州府[J]/吴钩//山海经，2016(1)

04244 苏轼葬郏经由辩证：臆测、考据与义理[J]/王维玉//中国苏轼研究，2016(1)

04245 苏轼壮游三峡的时间书写[J]/章滁中//中国语文，2016，119(1)

04246 改革开放以来苏轼与王安石关系研究综述[J]/任贵菊，俞兆良//散文百家(新语文活页)，2016(2)

04247 苏东坡安眠地考略[J]/萧鲁阳//中原文化研究，2016(2)

04248 苏东坡徐州“抗洪”[J]/何江南，可敬//中国减灾，2016(2)

04249 苏轼不取埋藏之物[J]/唐宝民//财会月刊(上)，2016(2)

04250 重读苏轼[J]/陈泰山//共产党员，2016(2)

04251 苏轼的科举成名之路[J]/邹春秀//人才资源开发，2016(3)

04252 苏轼发奋识遍天下字[J]/本刊编辑部//学苑创造(A版)，2016(3)

04253 苏轼与山东农事[J]/沈广斌，丁燕燕//农业考古，2016(3)

04254 从苏东坡租房说起[J]/凤晓龙//中国房地产金融，2016(4)

04255 苏东坡，戏说方丈“势利眼”[J]/赵雪峰//快乐作文(中年级)，2016(4)

04256 苏东坡趣事[J]/不详//写作(下旬刊)，2016(4)

04257 苏东坡让道[J]/不详//写作(下旬刊)，2016(4)

04258 苏轼不“舒适”[J]/吉笑雨//中国故事(虚构版)，2016(4)

04259 四才子补缺字[J]/宫锐//小学生(新读写)，2010(1)

04260 北宋思想家周敦颐与文学家苏轼之关系考[J]/周庆//文史杂志，2016(6)

04261 苏轼的家庭教育初探[J]/张珊//课程教育研究：新教师教学，2016(6)

04262 王朝云与苏轼：西湖是一段情缘的开始[J]/高方//山海经，2016(6)

04263 东坡画扇[J]/不详//学生天地(小学低年级)，2016(7)

04264 苏轼：城市治水传佳话[J]/不详//河北水利，2016(7)

04265 苏轼身边的西子[J]/张春生//黄金时代(下半月)，2016(7)

04266 苏东坡“应试”趣事[J]/曾昭安//影响孩子一生的经典阅读(小学版)，2016(8)

04267 苏东坡与王朝云[J]/不详//民间传奇故事(A辑)，2016(8)

04268 苏东坡徐州抗洪救灾[J]/赖晨//当代老年，2016(9)

04269 苏东坡与“劲敌”佛印[J]/王开林//中华活页文选(小学版)，2016(9)

04270 苏轼曾为徒弟打广告[J]/李可//南国博览，2016(9)

04271 苏轼抗洪：死守徐州45天[J]/赖晨//文史博览，2016(9)

04272 政敌亦有情[J]/邹金灿//政府法制，2016(11)

04273 尊体意识与典范追求：以清词序跋为中

心［J］/ 沙先一 // 文艺研究，2016（12）

04274 苏东坡：一位多面性天才［J］/ 李贵平 // 晚霞，2016（15）

04275 苏东坡与佛印［J］/ 赵芳 // 党课，2016（16）

04276 苏轼“弄假成真”［J］/ 宋桂奇 // 做人与处世，2016（18）

04277 东坡与佛印互嘲［J］/ 不详 // 中学语文教学参考，2016（19）

04278 苏东坡也讲鬼故事［J］/ 张军霞 // 作文通讯，2016（20）

04279 晁补之对苏轼创作模式的继承与拓展［J］/ 曹伦 // 山西青年，2016（24）

04280 东坡吃草［J］/ 佚名 // 高中生，2016（28）

04281 苏轼交游研究［D］/ 胡珍．—延安大学（硕士论文），2016

04282 北宋文豪苏轼的归处：郏县三苏祠和墓［N］/ 曹晋 // 中国文物报，2017-05-26

04283 苏轼铭砚教子［N］/ 马军 // 中国纪检监察报，2017-05-29

04284 王安石主动拜访苏轼［N］/ 不详 // 黄河晨报，2017-09-26

04285 变法激流中的王安石与苏轼［N］/ 毕宝魁 // 沈阳日报，2017-11-06

04286 苏轼被捕时的一把“匕首”［J］/ 韩立平 // 书屋，2017（1）

04287 苏轼在海南［J］/ 周俊 // 文史知识，2017（2）

04288 北宋“奸相”章惇与苏轼的交游新论［J］/ 吴肖丹 // 海南大学学报（人文社会科学版），2017（3）

04289 苏轼“往来有白丁”的朋友圈［J］/ 刘诚龙 // 廉政瞭望（上半月），2017（3）

04290 黄州耕作：苏轼接受陶渊明历程中的关键因素——在北宋诗学背景下考察［J］/ 宋皓琨 // 中国韵文学刊，2017（4）

04291 苏轼交往金山寺圆通长老、宝觉禅师考［J］/ 吴海萍 // 世界宗教文化，2017（4）

04292 苏轼与道士的交游［J］/ 韩鑫，金身佳 // 江苏第二师范学院学报，2017（5）

04293 苏轼乳母任氏墓址考：兼订正光绪《黄州府志》的两处误记［J］/ 梁敢雄 // 黄冈职业技术学院学报，2017，19（6）

04294 苏轼侍妾王朝云死因考［J］/ 彭文良，杨基瑜 // 黄冈职业技术学院学报，2017（6）

04295 欧阳修与苏轼的“颍州情结”兼论苏轼的《祷雨帖》［J］/ 张鹤 // 书法，2017（7）

04296 苏轼妙语拒友［J］/ 不详 // 语数外学习（高中版，中旬），2017（7）

04297 苏轼“弄假成真”［J］/ 宋桂奇 // 中学生，2017（8）

04298 苏轼轶闻趣事［J］/ 王志加 // 课外语文，2017（17）

04299 苏轼“往来有白丁”［J］/ 刘诚龙 // 小学教学研究，2017（24）

文学活动研究

04300 少年修养组字画（七月）：接天莲叶无穷碧映日荷花别样红［J］/ 不详 // 少年，1919，9（7）

04301 苏东坡续鬼诗［J］/ 卢希圣 // 阳春小报，1936（43）

04302 东坡妙语［J］/ 念祖 // 论语，1936（89）

04303 苏东坡的错误和取巧［J］/ 王振宇 // 逸经，1937（26）

04304 觉分居士话录：东坡欲作志林而未成……［J］/ 安陆陈氏 // 三六九画报，

1941，12（17）

04305 风雅颂室遮谭：东坡曾有“一肚皮不合时宜”一语……［J］/ 风月罪人 // 三六九画报，1942，13（3）

04306 东坡夜登燕子楼……［J］/ 词客 // 三六九画报，1942，14（3）

04307 梦桐室词话：程垓非东坡中表［J］/ 唐圭璋 // 中国文学（重庆），1944，1（2）

04308 梦桐室词话：东坡改乐天诗词［J］/ 唐圭璋 // 中国文学（重庆），1944，1（2）

04309 梦桐室词话：东坡调陈季常词［J］/ 唐圭璋 // 中国文学（重庆），1944，1（2）

04310 苏东坡如何处理手稿［N］/ 费海玑 // 台湾日报，1976-07-07

04311 苏轼对北宋古文革新运动的贡献［J］/ 宁可 // 四川师范大学学报（社会科学版），1978（4）

04312 歌迷苏轼［J］/ 林葱 // 艺文志，1978（149）

04313 东坡撰典［N］/ 王志光，丁宁 // 宁波报，1980-09-07

04314 苏东坡活用古典［J］/ 剑鸣 // 知识窗，1981（4）

04315 北宋古文运动的曲折过程［J］/ 曾枣庄 // 文学评论，1982（5）

04316 少年英才的奇文［J］/ 邓长风 // 云南师范大学学报（哲学社会科学版），1985（4）

04317 宋词革新与古文运动［J］/ 季续 // 宁波大学学报（教育科学版），1986（2）

04318 苏轼与古籍整理［J］/ 肖鲁阳 // 图书馆，1987（5）

04319 苏东坡日享三白［J］/ 陆茂清 // 文史知识，1988（7）

04320 苏轼与北宋古文运动［J］/ 谢桃坊 // 西南师范大学学报（人文社会科学版），1993（4）

04321 入仕向出世的转型异说：苏轼黄州作品的出世倾向的思考［J］/ 叶松林 // 荆门大学学报（哲学社会科学版），1994（3）

04322 东坡误断石钟山［J］/ 陈跃春 // 政工学刊，1994（4）

04323 东坡先生黄州时期文学探究［J］/ 蓝丽春 // 嘉南学报，1994（20）

04324 白居易对苏轼的影响［J］/ 蔡正发 // 古今艺文，1995，21（3）

04325 理论与旗帜：欧阳修的文坛领袖人格［J］/ 陈书良 // 中国文学研究，1995（3）

04326 北宋古文运动发微［J］/ 黄宝华 // 上海师范大学学报（哲学社会科学版），1995（4）

04327 苏轼在宋代古文运动中的矛盾心态［J］/ 沈元林 // 社会科学研究，1998（2）

04328 论苏轼黄州时期的文学创作［D］/ 陈冰清 .—北京大学（硕士论文），1998

04329 杜诗“伪苏注”研究［J］/ 莫砺锋 // 文学遗产，1999（1）

04330 苏东坡在合浦［J］/ 周家干，周謇 // 文史春秋，1999（1）

04331 琼州文学史话（二则）［J］/ 海湖 // 今日海南，2000（12）

04332 少年苏东坡妙答老秀才［J］/ 李先亮 // 幽默与笑话，2001（9）

04333 论北宋时期的交流之诗与诗之交流：以欧阳修、苏轼为代表的文人集团的交游及诗歌创作［D］/ 邹颖 .—北京大学（硕士论文），2001

04334 苏轼与元祐初期诗坛：以苏轼知馆职试与贡举试为中心［J］/ 唐春生 // 重庆师范大学学报（哲学社会科学版），2005（6）

04335 苏东坡有没有苏小妹这个妹妹？［N］/ 不详 // 人民日报（海外版），2006-11-30

04336 岂意残年踏朝市，有如疲马畏陵陂：从

尺牍文看元祐时期苏轼的创作心态[J]/李红叶//湛江师范学院学报，2006(2)

04337 难联试对[J]/吴廷吏//对联(民间对联故事)，2006(9)

04338 苏轼评《文选》考论[J]/方星移//乐山师范学院学报，2007(8)

04339 苏东坡对“绝对”[N]/不详//长江信息报，2008-05-30

04340 少年苏轼改对联[J]/知非//作文教学研究，2008(2)

04341 苏轼戒诗[N]/不详//银川晚报，2009-03-23

04342 夜半醉酒歌一曲[J]/不详//获奖作文选萃(小学版)，2009(3)

04343 师范渊明，唯取一适：苏轼为什么要写和陶诗[J]/薛天纬//古典文学知识，2009(5)

04344 论苏轼在徐州期间的文学创作[D]/陈晓.—南京师范大学(硕士论文)，2009

04345 唐宋时期文人的岭南意象：以宋之问、韩愈、苏轼为中心[C]/李荣华//“新材料、新方法、新视野：中国古代国家和社会变迁”研究生学术论坛论文集/北京师范大学历史学院中国古代史研究中心，2009

04346 杜诗“伪苏注”与宋文化关系管窥[J]/杨经华，周裕锴//四川师范大学学报(社会科学版)，2010，37(4)

04347 论苏轼对韩愈的接受[J]/全华凌//湖南科技学院学报，2010(2)

04348 趣味汉语：苏东坡嘲笑古人[J]/李月//课外语文，2010(3)

04349 试论苏东坡与燕赵文化之关系[J]/不详//大家，2010(5)

04350 西园雅集[J]/不详//商业文化，2010(12)

04351 苏东坡为曲阳人写诗[N]/张文玲//保定日报，2011-08-21

04352 苏东坡堪称微博鼻祖：到哪儿都爱写一段[N]/不详//银川晚报，2011-10-15

04353 苏东坡开创“微博”：到哪儿都爱写一段[N]/不详//南鄂晚报，2011-12-24

04354 北宋神宗时期徐州文人活动研究[J]/宋荟彧//江苏广播电视大学学报，2011(4)

04355 少年苏轼妙改《鹭鸶》诗[J]/贾素平//读读写写，2011(9)

04356 北宋骈文散化历程[J]/蔡业共//飞天，2011(20)

04357 苏东坡抄书曾手抄过三遍《汉书》[N]/不详//宿迁晚报，2012-06-07

04358 苏东坡“一屁过江南”的启示[N]/不详//山西日报，2012-07-13

04359 苏东坡写“微博”[N]/草央//深圳商报，2012-08-31

04360 苏东坡写过郴州吗？[N]/张式成//郴州日报，2012-12-30

04361 令苏轼“执笔辄罢”的一篇文章[J]/陆精康//新语文学习(中学教学)，2012(1)

04362 雪片落蒹葭[J]/岑燮钧//第二课堂(高中版)，2012(3)

04363 是苏东坡还是王安石？[N]/蒋元明//新民晚报(美国版)，2013-01-03

04364 苏东坡可称“微博之祖”：到哪儿都爱写上一段[N]/不详//潍坊日报，2013-06-07

04365 苏东坡写对联[N]/不详//快乐老人报，2013-07-29

04366 士人贬谪与文学创作：宋神宗至高宗五朝文坛新取向[J]/沈松勤//中华文史论丛，2013(4)

04367 苏轼“圣化”杜甫背景、内涵及对“宋

调”形成之意义[J]/张国荣//乐山师范学院学报，2013(8)

04368 诗、画、禅与苏轼[J]/张高评//人文中国学报，2013(19)

04369 论白居易、苏轼的杭州创作[D]/张璐.—陕西师范大学(硕士论文)，2013

04370 苏轼文人集团研究：以诗词书画为中心[D]/于广杰.—河北大学(博士论文)，2013

04371 苏东坡成长经历之要素及其对当代中国教育之启示：苏轼对“情圣”杜甫的接受与情感教育实践略论[C]/徐希平//长江流域区域文化的交融与发展：第二届巴蜀·湖湘文化论坛论文集/徐希平.—成都：四川大学出版社，2014

04372 昭昭令誉垂千古，耿耿清风播九垓：遥想当年苏轼桐庐行[J]/王顺庆//古今谈，2015(2)

04373 论宋人同题文章与师门文学交流、传播[J]/汪超//兰州学刊，2015(11)

04374 轻风细柳里[J]/付秀宏//思维与智慧，2015(23)

04375 寻迹苏东坡的手书巽寮[J]/王童//海内与海外，2016(10)

04376 东坡讲“鬼穷”[J]/陆春祥//新一代，2016(12)

04377 论苏轼的艺术人生[D]/郭梦雅.—上海师范大学(硕士论文)，2016

04378 苏轼元祐时期创作心态研究[D]/郭伟玲.—兰州大学(硕士论文)，不详

宦游行迹研究

04379 东坡浪迹[J]/不详//真光，1926，25(3)

04380 苏东坡黄山谷佛印三人……[J]/不详//农趣，1926(20)

04381 小龙泓洞在杭州西泠印社相传苏东坡尝弈棋于此(照片)[J]/白如滢//精武画报，1927(6)

04382 苏东坡遇仙回朝：台山的传说[J]/李锡芳//民俗，1929(47)

04383 苏东坡浪迹摭志：岭南的[J]/冠张英//民俗，1929(66)

04384 东坡生日晓浦移官黄州赋别[J]/陈衍//国学商兑，1933，1(1)

04385 苏东坡游迹[J]/不详//结晶，1934(10)

04386 东坡先生在杭事迹：二十六年三月十四日在杭市作者协会演讲[J]/张其昀//黄钟，1937，10(4)

04387 东坡行实录[J]/张尊五//国专月刊，1937(3)

04388 东坡先生在杭事迹：二十六年三月十四日在杭市作者协会演讲(未完)[J]/张其昀//国立浙江大学日刊，1937(140)

04389 东坡先生在杭事迹(续)[J]/张其昀//国立浙江大学日刊，1937(141)

04390 海南岛蕴藏极富：苏东坡海外奇纵(附照片)[J]/川崎荣藏//华文大阪每日，1939，3(6)

04391 苏东坡与海南岛[J]/巴丁//吾友，1942，2(43)

04392 苏轼与海南动物[J]/冼玉清//岭南学报，1948，9(1)

04393 东坡居士的庐山三偈[J]/无碍//台湾佛教，1959，13(12)

04394 苏轼卜居宜兴考[J]/宗典//中华文史论丛，1959(7)

04395 苏东坡月夜探石钟山[N]/韩少华//人民日报，1961-03-25

04396 苏东坡在徐州[J]/蒋立峰//雨花，1962(12)

04397 东坡先生在杭事迹[J]/张其昀//宋史研究集，1964(2)

04398 苏轼:《游白水书付过》[J]/于在春//文字改革，1964(9)

04399 苏东坡与海南[J]/林斌//畅流，1968，38(5)

04400 苏东坡之游赤壁[N]/李振华//台湾“中央日报”，1969-06-24

04401 苏东坡游庐山[N]/李振华//台湾“中央日报”，1969-08-13

04402 东坡与西湖[J]/仲立//浙江月刊，1970，2(7)

04403 堤上花枝尽姓苏[J]/阮毅成//中华诗学，1970，3(6)

04404 黄州终古属东坡[J]/于清远//中华诗学，1970，3(6)

04405 苏东坡与西湖[J]/陈宗敏//中华文化复兴月刊，1970，3(12)

04406 苏东坡在惠州[J]/王志恒//畅流，1970，40(11)

04407 苏轼与杭州及其诗[J]/敖培才//浙江月刊，1973，5(6)

04408 东坡与黄州[J]/游国琛//湖北文献，1973(26)

04409 苏东坡与红莲[J]/柳庵//中国文选，1973(76)

04410 苏轼在广东[J]/易君左//中华诗学，1974，4(1)

04411 苏东坡在儋耳[J]/王彦//广东文献季刊，1974，4(3)

04412 苏轼在广东[J]/易君左//广东文献季刊，1974，4(4)

04413 东坡谪居黄州后的心境[J]/蔡英俊//鹅湖，1976，2(4)

04414 西湖春：苏轼的故事[J]/方祖燊//中央月刊，1976，8(6)

04415 粤海旧闻录(6)：苏东坡在琼州的故事[J]/祝秀侠//中外杂志，1976，19(5)

04416 粤海旧闻录(11)：琼州妇女与苏东坡[J]/祝秀侠//中外杂志，1976，20(4)

04417 苏轼在密州及徐州[J]/江正诚//畅流，1976，53(6)

04418 苏东坡在海南[J]/王万福//广东文献季刊，1977，7(2)

04419 苏轼在廉州[J]/周胜//广东文献，1977，7(4)

04420 苏东坡与杭州西湖[J]/沈纯英//浙江月刊，1977，9(1)

04421 苏东坡与杭州[J]/戴朴庵//浙江月刊，1978，10(1)

04422 苏轼在山东[J]/刘乃昌//齐鲁学刊，1978(5)

04423 苏东坡在儋州[N]/郑定荣//海南日报，1979-10-27

04424 东坡居士在宜兴补记[J]/荫祥//江苏文物，1979，3(4)

04425 苏东坡与徐州[J]/吴汝煜//徐州师范大学学报(哲学社会科学版)，1979(4)

04426 东坡在宜兴[J]/韦木//群众，1979(9)

04427 苏东坡谪居海南岛的传说[J]/黎国器//天涯，1980(1)

04428 苏轼在黄州[J]/曾枣庄//江汉论坛，1980(1)

04429 雾绕征衣滴翠岚[J]/林建征//天涯，1980(1)

04430 苏东坡在海南[J]/曹思彬//人物杂志，1980(2)

04431 苏东坡在杭州[J]/朱宏达//杭州大学学报(哲学社会科学版)，1980(2)

04432 苏东坡《灵璧张氏园亭记》考[J]/张良元//安徽大学学报(哲学社会科学版)，1980(4)

04433 苏东坡在杭德政拾零［J］/ 徐清祥，顾志兴，章楚藩 // 西湖，1980（8）
04434 苏东坡在儋耳［J］/ 韩国强 // 随笔，1980（12）
04435 一蓑烟雨任平生：苏轼来黄州的前前后后［J］/ 黄海鹏 // 黄冈师专学报，1981（1）
04436 湖州与苏轼的思想演变［J］/ 王树芳 // 嘉兴师专学报，1981（2）
04437 苏东坡在儋州［J］/ 朱玉书 // 天涯，1981（2）
04438 苏轼"迂道由新会"往海南考辨［J］/ 管林 // 华南师范大学学报（社会科学版），1981（2）
04439 苏东坡在陶都宜兴［J］/ 韩其楼 // 群众论丛，1981（3）
04440 苏东坡在黎村［J］/ 林冠群 // 民族文学，1981（4）
04441 苏东坡在陶都［J］/ 韩其楼 // 旅游天地，1981（4）
04442 苏东坡在儋州［J］/ 朱玉书 // 群众文化，1981（6）
04443 苏东坡与玲珑山［N］/ 潘海生 // 浙江日报，1982-05-16
04444 略论苏轼在广西的活动及其创作［J］/ 毛水清 // 南宁师范学院学报，1982（1）
04445 苏东坡与海南黎族文化［J］/ 朱玉书 // 民族文化，1982（1）
04446 苏东坡与惠州西湖［J］/ 韦轩 // 广东妇女，1982（1）
04447 汤泉飞瀑，东坡三游［J］/ 陈师旅 // 惠州学院学报，1982（1）
04448 苏东坡黄州活动年月表［J］/ 丁永淮 // 黄冈师范学院学报，1982（2）
04449 苏东坡与凤翔东湖［J］/ 佟裕哲 // 城乡建设，1982（2）
04450 苏东坡与西湖［J］/ 朱宏达 // 知识窗，1982（2）
04451 苏东坡在第二故乡［J］/ 蓝青 // 旅游，1982（2）
04452 苏东坡海角遗踪［J］/ 黄福林 // 广西民族学院学报（哲学社会科学版），1982（3）
04453 苏东坡与凤翔东湖：中国古代城市环境学史一例［J］/ 佟裕哲 // 中国地理，1982（8）
04454 苏东坡在海南岛的故事［J］/ 朱玉书 // 民间文学，1982（8）
04455 苏东坡与海南岛［J］/ 慕容欣 // 东方杂志，1983，17（6）
04456 对《汤泉飞瀑，东坡三游》的两点质疑［J］/ 孙书南 // 惠州学院学报，1983（1）
04457 苏东坡在江苏［J］/ 陈德溥 // 江苏青年，1983（3）
04458 苏东坡游览石钟山路线图［J］/ 杨赤宇，罗书生，袁作 // 语文学习，1983（6）
04459 苏轼在廉州［J］/ 周胜皋 // 东方杂志，1984，17（10）
04460 苏东坡在密州［J］/ 青川 // 山东青年，1984（1）
04461 苏轼徐州交游考略［J］/ 萧立岩 // 徐州师范大学学报（哲学社会科学版），1984（1）
04462 苏东坡在海南故事四则［J］/ 朱玉书 // 琼州乡音，1984（2）
04463 苏东坡三到富春江［J］/ 白冰 // 文化娱乐，1984（3）
04464 苏轼由黄赴汝的路线问题［J］/ 何子健 // 教学通讯（文科版），1984（9）
04465 东坡井·王朝云墓［J］/ 吴亮华 // 惠州学院学报，1984（S1）
04466 东坡在惠州谪居生活探［J］/ 吴仕端 // 惠州学院学报，1984（S1）
04467 苏东坡与广东荔枝［J］/ 苏信 // 岭南文史，1985（1）

04468 苏东坡在颍州［J］/舒传文//颍州志讯，1985（1）

04469 东坡底事贬黄州［J］/樱宁//语文学习，1985（11）

04470 苏东坡二下杭州城［J］/辽宁，吴英俊//历史知识，1986（1）

04471 苏东坡与定州［J］/张建军，任振焦//旅游，1986（1）

04472 苏东坡与黄州安国寺［J］/刘洪//黄冈师专学报，1986（1）

04473 苏东坡在浠水［J］/徐汉明//春秋，1986（2）

04474 苏东坡在宝鸡行迹述略［J］/张志春//宝鸡今古，1986（3）

04475 苏东坡在杭州［J］/毕秋艳//英语画刊（高中版），1986（6）

04476 苏东坡在广东合浦［J］/周胜皋//书和人，1986（554）

04477 浅论苏轼贬谪时期的山水游记和风景小品［J］/侯孝琼//徐州教育学院学报（哲学社会科学版），1987（1）

04478 苏东坡南迁［J］/陆游//中国微型小说选刊，1987（1）

04479 七律 纪念苏轼知徐州九百一十周年［J］/郭殿崇//徐州师范大学学报（哲学社会科学版），1987（2）

04480 苏东坡在徐州的遗迹［J］/阎慰鹏//旅游，1987（6）

04481 东坡黄州时期思想探略［J］/李阳明//阿坝师专学报（综合版），1988（1）

04482 齐安放怀自得：苏东坡与黄州潘家交往简述［J］/陈礼生//黄冈师范学院学报，1988（1）

04483 苏东坡与南海金山寺的传说［J］/孔宪雅//南海乡音，1988（3）

04484 苏东坡在海南岛［J］/庄申//历史月刊，1988（3）

04485 苏轼与钟山丹霞观［J］/莫测境//桂海春秋，1988（3）

04486 东坡在黄州［J］/刘昭明//国文天地，1988，4（4）

04487 东坡居士的贬谪生涯［J］/左锋//退休生活，1988（11）

04488 苏东坡在海南岛［J］/［台湾］庄申//新观察，1988（12）

04489 东坡居儋生活简述［J］/韩国强//儋县修志通讯，1988（专辑）

04490 苏轼与儋州人［J］/吴铁成//儋县修志通讯，1988（专辑）

04491 苏东坡游峨眉山初考［J］/周聪//乐山史志，1989（1）

04492 苏东坡与淮阴［J］/荀德麟//淮阴师范学院学报（哲学社会科学版），1989（1）

04493 苏东坡与江苏［J］/苏贵庆//盐城师范学院学报（人文社会科学版），1989（3）

04494 从儋州到常州：苏轼的晚年生活［J］/李奇雅//常州教育学院学刊（文科版），1989（4）

04495 苏东坡与宜兴［J］/史志鹏//中国老年，1989（9）

04496 苏东坡在御史台狱［J］/刘昭明//国文天地，1989，4（12）

04497 东坡日月长：苏轼在黄州［J］/王保珍//故宫文物月刊，1990，8（1）

04498 苏东坡贬谪黄州的生活与心境［J］/黄宽重//故宫文物月刊，1990，8（1）

04499 苏东坡在儋耳［J］/郁树村//中央民族大学学报（哲学社会科学版），1990（1）

04500 《苏东坡在海南岛》考辨［J］/林冠群//海南师范学院学报（社会科学版），1990（2）

04501 匆匆五日 风韵长存：论苏轼的登州之任和对登州风物的歌咏［J］/梁自洁，曲树程//山东社会科学，1990（2）

04502 苏轼游山赴筠先后谈［J］/ 周九成 // 四川师范大学学报（哲学社会科学版），1990（2）

04503 东坡鄂东行踪考［J］/ 饶学刚 // 黄冈师范学院学报，1990（4）

04504 苏轼游石钟山行踪探索［J］/ 王余成 // 安徽教育，1990（6）

04505 苏东坡与海南［J］/ 陈曾渼 // 民族杂志，1990（8）

04506 海南岛苏东坡遗迹及其轶事［N］/ 金台 // 团结报，1991-09-21

04507 冰茧庵札记：苏东坡黄州贬谪文化现象探微［J］/ 缪钺 // 中国文化，1991（1）

04508 元遗山《台山杂咏》之四详解：苏东坡和五台山的关系［J］/ 靳极苍 // 五台山研究，1991（2）

04509 临江《东坡写经台》考［J］/ 黄冬梅 // 南方文物，1991（3）

04510 苏轼在密州［J］/ 李坤元 // 民间故事选刊，1991（3）

04511 超越困境：苏轼在海南［J］/ 蒲友俊 // 四川师范大学学报（哲学社会科学版），1992（2）

04512 流放者的心路历程：苏轼在海南［J］/ 周伟民 // 海南大学学报（社会科学版），1992（2）

04513 苏东坡在惠州［J］/ 梁大和 // 惠阳师专学报（社会科学版），1992（2）

04514 苏东坡在常州［J］/ 王朝庭 // 文史杂志，1992（3）

04515 东坡谪黄研究［D］/ 吴淑华．—中国文化大学（硕士论文），1992

04516 苏轼岭南谪居时之心态蠡讨：兼论唐、宋名家处于逆境时之心态与风格（上）［J］/ 韩介光 // 丘海季刊，1993（35）

04517 苏轼岭南谪居时之心态蠡讨：兼论唐、宋名家处于逆境时之心态与风格（下）［J］/ 韩介光 // 丘海季刊，1993（36）

04518 苏东坡在仁和［N］/ 姚兴文 // 余杭报，1994-12-29

04519 1084：苏东坡在淮阴［J］/ 方一日 // 江苏地方志，1994（1）

04520 苏轼与杭僧参寥交游考述［J］/ 李越深 // 浙江大学学报（人文社会科学版），1994（1）

04521 谪琼三载 遗泽千秋：苏东坡贬琼三年的思想和功业［J］/ 张显生 // 琼州大学学报，1994（1）

04522 东坡贬居黄州考［J］/ 饶学刚 // 黄冈师范学院学报，1994（2）

04523 东坡贬居黄州考（续）［J］/ 饶学刚 // 黄冈师范学院学报，1994（3）

04524 苏东坡缘何钟情常州乞居终老于此［J］/ 羊淇 // 常州工学院学报，1994（3）

04525 苏轼在陕西［J］/ 上官铁 // 陕西文史，1995（1）

04526 苏北旅游明珠：云龙山［J］/ 路宗甫，张惠 // 中国园林杂志，1995（2）

04527 苏东坡在广西［J］/ 梁德林 // 文史春秋，1995（2）

04528 苏东坡在广西的胜迹［J］/ 廷瑜 // 文史春秋，1995（2）

04529 走出庐山看庐山［J］/ 李贤 // 文史春秋，1995（3）

04530 苏轼与黄庭坚交游考述［J］/ 杨庆存 // 齐鲁学刊，1995（4）

04531 苏轼密州遗迹考［J］/ 宋惠国 // 山东教育学院学报，1995（5）

04532 苏东坡在惠州［J］/ 梁大和 // 岭南文史，1996（2）

04533 前缘：苏轼中年定居常州始末［J］/ 邵玉健 // 龙城春秋，1996（4）

04534 苏轼贬儋期间的生命体验［J］/ 唐玲玲 // 文学遗产，1996（4）

04535 苏轼在山东［J］/ 不详 // 山东画报，1996（5）

04536 苏东坡与定州龙凤双槐［J］/ 陈鹏 // 乡音，1996（6）

04537 苏轼黄州时期的生活方式及社会意义［J］/ 梅大圣 // 江汉论坛，1996（7）

04538 苏轼贬官黄州的原因［J］/ 廖汉奎 // 语文教学与研究，1996（12）

04539 苏东坡与径山寺［N］/ 吴彬森 // 余杭报，1997-06-16

04540 苏东坡为什么不再游罗浮山：兼驳有关谬论［J］/ 梁大和，苗庆庚 // 惠州大学学报（社会科学版），1997（1）

04541 北归：苏轼晚年定居终老常州始末之一［J］/ 邵玉健 // 龙城春秋，1997（2）

04542 赖有江山慰诗才：苏轼在徐州［J］/ 朱孝文 // 彭城职业大学学报，1997（2）

04543 苏东坡的“常州情结”：缘份、选择及其他［J］/ 钱璱之 // 常州教育学院学报，1997（3）

04544 东坡坎坷黄州路［J］/ 王冰 // 安徽统一战线，1997（5）

04545 放鹤亭与东坡石床［J］/ 张子杰 // 水利天地，1997（5）

04546 苏轼在徐州事迹编年考证［J］/ 郑广智，张仲谋 // 淮海文汇，1997（8）

04547 苏东坡与黄州赤壁［J］/ 王琳祥 // 黄冈师专学报，1997（A01）

04548 苏东坡与临安竹［J］/ 徐江森，孙其旭 // 浙江林业，1998（4）

04549 超越与重构：苏轼黄州时期散论［J］/ 徐蔚 // 齐齐哈尔大学学报（哲学社会科学版），1998（6）

04550 苏东坡与惠州汤泉［J］/ 纪平 // 风景名胜，1998（6）

04551 苏东坡在海南［J］/ 李放 // 剧本，1998（8）

04552 人道是黄州东坡赤壁：寻踪苏轼“念奴娇·赤壁怀古”故地［J］/ 黄东成 // 幼狮文艺，1998（536）

04553 苏轼在黄州时期的悲剧情感论［J］/ 刘庆华，梅大圣 // 黄冈师专学报，1998（B7）

04554 苏东坡的海南元宵夜［J］/ 庄永康 // 今日海南，1999（3）

04555 一蓑烟雨任平生：黄州时期的苏轼［J］/ 王茜 // 中州大学学报，1999（3）

04556 东坡贬儋［J］/ 张波 // 中国石化，1999（9）

04557 苏东坡疏浚西湖 910 周年［J］/ 晋谷 // 今日浙江，1999（10）

04558 气势豪迈神气横［N］/ 田歌 // 中国教育报，2000-09-19

04559 黄州之贬对苏轼的影响刍议［J］/ 陈琳 // 娄底师专学报，2000（2）

04560 苏轼在徐州［J］/ 杜吉华 // 江苏地方志，2000（2）

04561 苏东坡与北海石［J］/ 吴忠波 // 收藏，2000（7）

04562 走近东坡［J］/ 梅春燕 // 中学语文，2000（8）

04563 从《黄州安国寺记》探索东坡谪黄时之心灵世界［J］/ 古苓光 // 源远学报，2000（12）

04564 苏东坡常州之缘［J］/ 陈雅娟 // 苏州铁道师范学院学报（社会科学版），2001（1）

04565 苏轼与毕仲游交谊考述［J］/ 杨胜宽 // 乐山师范学院学报，2001（1）

04566 苏轼的宦游生涯与诗词创作［J］/ 张元 // 北京教育学院学报，2001（2）

04567 苏轼灌口、青城之游详考［J］/ 刘友竹 // 成都大学学报（社会科学版），2001（2）

04568 苏轼与太白山［J］/ 李润干 // 陕西水利，

2001(4)

04569 一蓑烟雨任平生：试析苏轼贬谪黄州时的人生态度[J]/程海英//甘肃教育学院学报(社会科学版)，2001(A1)

04570 苏轼在徐州[C]/方健//中国古都研究(第十七辑)：中国古都学会2000年学术年会暨中华古都徐州历史文化资源开发研讨会论文集/中国古都学会、徐州古都学会.—西安：三秦出版社，2001

04571 苏东坡在广东的足迹[N]/谭子荣//中山日报，2002-04-08

04572 走近苏东坡[J]/梅春燕//作文成功之路(高中版)，2002(1)

04573 苏东坡与杭州的情缘[J]/林道茵//古今谈，2002(2)

04574 苏轼当涂行踪交游考[J]/赵子文//安徽工业大学学报(社会科学版)，2002(2)

04575 试论宋朝谪官对雷州文化发展的影响[J]/谭月清//社科与经济信息，2002(3)

04576 苏轼过歧亭[J]/刘宏//湖北档案，2002(7)

04577 苏轼并未“流放”[J]/陆如//咬文嚼字，2002(8)

04578 苏轼在杭州遗迹综述[J]/刘春慧//社科与经济信息，2002(10)

04579 苏东坡与成都[N]/潘素梅//四川政协报，2003-10-28

04580 天柱山与苏东坡[N]/吴晓彬//萧山日报，2003-12-19

04581 词赋外的天空：苏轼在黄州六年[J]/倪同刚//语文知识，2003(1)

04582 苏东坡与定州料敌塔[J]/翔之//文物春秋，2003(1)

04583 出处穷达三十年 未尝一日忘吾州：苏轼与常州[J]/苏慎//江苏地方志，2003(2)

04584 东坡留痕[J]/寿明，文冰//江苏地方志，2003(2)

04585 东坡泗州行[J]/莫云//江苏地方志，2003(2)

04586 苏轼的杭州情结[J]/黄益庸//当代旅游，2003(2)

04587 试论苏轼贬谪期间与当地人民的深厚情谊[J]/李显根//湖南行政学院学报，2003(3)

04588 苏东坡的心路历程：浅论苏轼在黄州时期的思想与散文创作[J]/施建平//苏州市职业大学学报，2003(3)

04589 苏轼与扬州的情缘述略[J]/许卫平//巴蜀史志，2003(5)

04590 苏东坡与苏州两丘[J]/陈其弟//江苏地方志，2003(6)

04591 慧眼 慧心[J]/雪梅//作文大王(中学版)，2003(10)

04592 苏东坡的黄州[N]/古清生//中国审计报，2004-03-19

04593 苏东坡：为惠州文化“点睛”[N]/郭珊//南方日报，2004-04-12

04594 苏东坡与镇江[J]/蔡宽萍，魏志文//档案与建设，2004(1)

04595 苏东坡魂归常州[J]/傅志泉//前进论坛，2004(3)

04596 他年谁作舆地志，海南万里真吾乡：苏轼贬居海南的生活和功业[J]/巩善鑫//中州大学学报，2004(3)

04597 苏轼与苏州[J]/姜光斗//无锡南洋学院学报，2004(4)

04598 试论苏东坡寓惠三年的业绩与影响[J]/袁学军//孔学与人生，2004(30)

04599 苏轼：浪淘尽冠平生[J]/阮鸿骞//中华书道，2004(45)

04600 惟有东坡居士好，姓名高挂在黄州：苏轼谪居黄州时期的生存样态及其文学、

书法创作［D］/ 白锐．—陕西师范大学（硕士论文），2004

04601 圈地保护苏轼命名“荔蒲”［N］/ 不详 // 广州日报，2005-03-16

04602 苏轼游龙井留下“一片云”［N］/ 不详 // 文汇报（香港），2005-04-26

04603 东坡谪琼时期的华夷之辨［N］/ 林冠群 // 海南日报，2005-07-24

04604 苏东坡疏浚西湖［N］/ 朱长超 // 人民日报（海外版），2005-10-29

04605 苏东坡与海南黎族［J］/ 梁银林 // 民族文学研究，2005（2）

04606 苏轼何以夜探石钟山［J］/ 邵建林 // 阅读与鉴赏（教研），2005（2）

04607 自笑平生为口忙［J］/ 陈长林 // 新闻世界，2005（2）

04608 黄州时苏轼的人生及思想浅论［J］/ 赵伟东 // 学术交流，2005（3）

04609 苏东坡在广西［J］/ 梁德林 // 广西文史，2005（3）

04610 苏轼与齐鲁名士晁补之李格非的交游［J］/ 刘乃昌 // 乐山师范学院学报，2005（6）

04611 苏东坡与江门［N］/ 不详 // 江门日报，2006-08-19

04612 苏东坡与镇江［J］/ 不详 // 金山，2006（1）

04613 苏东坡与苏州“二丘”之缘［J］/ 黄泳 // 文史杂志，2006（2）

04614 以彼无限景 寓我有限年：论苏轼贬惠期间的“仙居”生活［J］/ 杨子怡 // 乐山师范学院学报，2006（2）

04615 苏东坡曾否到过龙川？［J］/ 黄义 // 广东史志（窗口），2006（3）

04616 苏东坡的西湖情结［J］/ 项冰如 // 古今谈，2006（4）

04617 苏东坡与太湖［J］/ 汤泉 // 苏州杂志，2006（4）

04618 海南怀东坡［J］/ 王玉祥 // 海内与海外，2006（5）

04619 诗意的栖息地：苏轼被贬途中的住所［J］/ 刘玉海 // 当代人，2006（6）

04620 苏东坡与圣散子方［J］/ 刘果，宋乃光 // 北京中医，2006（6）

04621 诗人例穷苦 天意遣奔逃：苏轼南贬入粤路线图考论［J］/ 杨子怡 // 乐山师范学院学报，2006（8）

04622 苏轼到宜兴考略［J］/ 汤虎君 // 档案与建设，2006（11）

04623 苏轼的凤翔［J］/ 李国锋 // 新作文（高中版），2006（11）

04624 坐残明月［J］/ 东方樵 // 湖北招生考试，2006（14）

04625 一蓑烟雨任平生：苏轼贬黄州思想分析［J］/ 钟志斌 // 文教资料，2006（17）

04626 苏轼在长安行实四考［C］/ 张文利 //2006 年海峡两岸古典文献学国际学术会议论文集 / 西北大学，2006

04627 独古庄苏东坡“到此一游”［N］/ 不详 // 河北青年报，2007-10-11

04628 苏轼贬儋期间的生命体验［J］/ 陈淑美 // 中国语文，2007，101（1）

04629 苏东坡在黄州［N］/ 不详 // 文汇报，2007-01-10

04630 苏轼到过崂山吗［N］/ 不详 // 青岛日报，2007-02-27

04631 苏东坡与临城［N］/ 银安运宽安邦 // 牛城晚报，2007-07-13

04632 苏轼黄庭坚在东方山［N］/ 陈世娟 // 黄石日报，2007-09-26

04633 苏东坡与定州料敌塔［J］/ 谢飞，刘向阳，李朋，苗卫钟 // 河北画报，2007（1）

04634 苏东坡与黄州［J］/ 涂普生 // 黄冈职业

技术学院学报，2007(2)

04635 游海南有感东坡流放事[J]/何永沂//岷峨诗稿，2007(2)

04636 苏轼“六次过苏”考：兼与姜光斗教授商榷[J]/施建平//苏州科技学院学报(社会科学版)，2007(3)

04637 大词人苏轼在山东[J]/刘书龙//齐鲁文史，2007(4)

04638 韩愈与苏轼谪粤对后世影响比较[J]/孙营叶//广东史志(窗口)，2007(5)

04639 从尺牍看苏轼谪黄生涯[J]/林颜瑜//山西广播电视大学学报，2007(6)

04640 苏轼过栾城考[J]/苏文珠//河北自学考试，2007(7)

04641 苏轼过都昌考辨[J]/李俊//乐山师范学院学报，2007(8)

04642 苏东坡的海南[J]/断弋//传奇故事(百家国学讲坛，下旬)，2007(10)

04643 苏轼广东行实考[D]/卢捷.—中山大学(硕士论文)，2007

04644 续骚·和陶·追柳：苏轼黄州辞赋经典转化与困境写真之一侧面[C]/邓乔彬.—广州：暨南大学出版社，2009

04645 苏东坡登临海南[N]/不详//海南日报，2008-06-02

04646 东坡过雷州[N]/张鼎//湛江日报，2008-07-05

04647 苏东坡与苏州[N]/不详//苏州日报，2008-07-09

04648 苏东坡与淮安[N]/王卫华//淮海晚报，2008-07-27

04649 苏东坡的常州情缘[N]/张乃英//常州晚报，2008-08-17

04650 苏东坡的常州情结：毗陵缘[N]/吴伯瑜//常州日报，2008-09-13

04651 讲述苏东坡的赣州情结[N]/石建，罗珺//赣州晚报，2008-10-18

04652 苏轼与藕花洲[N]/不详//城乡导报，2008-10-24

04653 苏轼瘦马残月离郑州[N]/不详//大河报，2008-12-05

04654 苏东坡住过苏二村[N]/符安平，陈保强，苏秋养//湛江日报，2008-12-11

04655 便为齐安民，何必归故丘：苏东坡黄州贬谪文化现象探微[J]/饶学刚//黄冈职业技术学院学报，2008(1)

04656 雨洗东坡月色清：浅析苏轼黄州心态[J]/邓妙慈//汕头大学学报(人文社会科学版)，2008(1)

04657 戏剧重构中的“东坡贬黄州”[J]/郭茜//中国古代小说戏剧研究丛刊，2008(2)

04658 黄州东坡史话之一：缥缈孤鸿影[J]/莫砺锋//古典文学知识，2008(3)

04659 论苏轼寓居定惠院之生活与心境[J]/傅含章//高医通识教育学报，2008(3)

04660 苏东坡的常州情缘[J]/陈弼//常州工学院学报(社会科学版)，2008(4)

04661 黄州东坡史话之三：黄州风月[J]/莫砺锋//古典文学知识，2008(5)

04662 黄州东坡史话之四：“东坡五载黄州住”[J]/莫砺锋//古典文学知识，2008(6)

04663 苏东坡真的“不辞长作岭南人”[J]/袁昕//传奇故事(百家国学讲坛，下旬)，2008(9)

04664 从政治家苏轼到华西村老书记吴仁宝[J]/锟吾山人//中国农村科技，2008(11)

04665 苏轼阳羡行踪考[J]/朱文明//科技信息，2008(28)

04666 论苏轼的阳羡情结[D]/朱文明.—东南大学(硕士论文)，2008

04667 苏堤：苏东坡寓惠的永恒馈赠[N]/不详//东江时报，2009-01-12

04668 苏轼与盱眙[N]/不详//淮海晚报，

2009-03-01
04669 苏东坡与钱塘江观潮［N］/ 苏有恒 // 马鞍山日报，2009-03-13
04670 东坡足迹定州行［N］/ 不详 // 四川政协报，2009-04-14
04671 苏东坡与庐山［N］/ 苏有恒 // 马鞍山日报，2009-05-08
04672 苏东坡在松明［N］/ 苏水琼 // 湛江日报，2009-06-19
04673 苏东坡的“苏州情缘”［N］/ 不详 // 扬子晚报，2009-08-13
04674 东坡遗爱满黄州［N］/ 不详 // 黄冈日报，2009-08-19
04675 苏轼邀我到惠州［N］/ 不详 // 大江晚报，2009-10-31
04676 苏轼与张氏园亭［N］/ 不详 // 安徽商报，2009-11-20
04677 苏东坡与苏拱村的故事［N］/ 华一元 // 韶关日报，2009-12-06
04678 苏轼与息县［N］/ 徐泽林 // 信阳日报，2009-12-14
04679 苏东坡至少来过常州 14 次［N］/ 秦坚毅 // 常州晚报，2009-12-22
04680 苏轼与秭归边城牛口［N］/ 梅子 // 三峡日报，2009-12-31
04681 苏东坡游赤壁考［J］/ 不详 // 新语文学习（中学教学），2009（1）
04682 黄州赤壁话苏轼［J］/ 叶向阳 // 青春，2009（3）
04683 姑妄言之，姑妄听之［J］/ 鹂鸣 // 椰城，2009（4）
04684 生死两西湖［J］/ 李元洛 // 海燕，2009（4）
04685 下岭独徐行，艰险未敢忘：苏轼北归行实［J］/ 卢捷 // 青年文学家，2009（4）
04686 头虽长低气不屈：也谈苏轼在黄州［J］/ 雷于怀 // 东坡赤壁诗词，2009（5）
04687 苏轼与古北岳［J］/ 王丽敏 // 文物春秋，2009（6）
04688 苏轼是如何惜福延寿的［J］/ 不详 // 中华百科知识精华，2009（7）
04689 我行西北隅，如度月半弓：记苏轼惠州到儋州行程［J］/ 卢捷 // 长春理工大学学报（高教版），2009（7）
04690 苏东坡旅游线路图［J］/ 不详 // 走遍世界，2009（8）
04691 苏东坡与西湖［J］/ 怀清 // 花卉，2009（9）
04692 论苏轼谪居黄州时的人生态度及现实意义［J］/ 刘红星，郭杏芳 // 安徽文学（下半月），2009（12）
04693 一蓑烟雨任平生 也无风雨也无晴：“坡仙”的黄州人生［J］/ 姜建新 // 中小学教育（下半月），2009（12）
04694 苏东坡旅游线路图［J］/ 清风徐来 // 视野，2009（24）
04695 苏东坡遇仙的传说［J］/ 不详 // 大江侨刊，2009（55）
04696 东坡黄州时期的生活与作品［D］/ 蔡婷芳 .—淡江大学（硕士论文），2009
04697 苏轼黄州文献及其研究刍论［C］/ 魏蔚 // 湖北省图书馆学会 2009 年学术年会论文集 / 湖北省图书馆学会，2009
04698 讲述苏东坡与常州 50 个故事［N］/ 沈芸 // 常州日报，2010-01-13
04699 苏轼做客杏花村［N］/ 不详 // 黄冈日报，2010-01-20
04700 苏东坡的江苏缘［N］/ 陈耀 // 京江晚报，2010-02-03
04701 苏东坡与增城荔枝［N］/ 温敏崇 // 增城日报，2010-03-05
04702 苏东坡：千古笑谈五祖寺［N］/ 不详 // 黄冈日报，2010-03-24
04703 东坡居处有西湖［N］/ 韵清 // 吉林日报，

2010-04-13

04704 苏东坡北海轶事［N］/耿法禹//北海日报，2010-04-22

04705 苏东坡的脚印［N］/不详//中国经营报，2010-05-03

04706 苏轼在登州5天干了啥［N］/不详//老年生活报，2010-05-17

04707 苏轼：默数淮中十往来［N］/不详//扬州晚报，2010-05-25

04708 苏东坡的雪窦梦［N］/不详//奉化日报，2010-08-13

04709 九龙潭边忆东坡［N］/不详//南方日报，2010-08-18

04710 苏轼西行赴任经郑州［N］/宋宗祧//大河报，2010-08-27

04711 惠州西湖忆苏轼［N］/黄东成//人民日报（海外版），2010-09-02

04712 苏东坡千古缘结黄州城［N］/邓思华//黄冈日报，2010-09-22

04713 苏轼在黄州［N］/路来森//湖南工人报，2010-10-01

04714 苏轼父子同探石钟山［N］/不详//哈尔滨日报，2010-10-12

04715 苏东坡数度被贬寄情惠州汤泉［N］/不详//南鄂晚报，2010-10-16

04716 苏东坡与滕县［N］/不详//滕州日报，2010-10-19

04717 苏东坡生命之旅城市首聚黄冈［N］/孔祥福，胡祥修，范步，余赤//湖北日报，2010-10-27

04718 苏轼游圭峰仅是传说［N］/不详//南方日报，2010-11-16

04719 苏轼的海南［N］/何继岗//温州晚报，2010-11-30

04720 惠州西湖忆苏轼［N］/不详//白城日报，2010-11-04

04721 黄州苏轼历沉浮［N］/刘磊//河北师大报，2010-12-05

04722 千年风雨话苍茫［N］/丁静，谢振安//海南日报，2010-12-17

04723 黄州：成就苏东坡“千古第一文人”［N］/不详//海南日报，2010-12-18

04724 东坡与海南［N］/王致兵//南岛晚报，2010-12-24

04725 苏东坡与黄州梅花［J］/冯扬//苏轼研究，2010（1）

04726 苏东坡在惠州的三重突围［J］/王启鹏//惠州学院学报（社会科学版），2010（1）

04727 寻找东坡［J］/张龙飞//苏轼研究，2010（1）

04728 苏东坡与增城荔枝［J］/温敏崇//文史纵横，2010（2）

04729 苏轼在杭期间与同年友人的交游活动［J］/祁琛云//宁波大学学报（人文科学版），2010（2）

04730 苏轼与禅师的交游［J］/彭印川//苏轼研究，2010（3）

04731 此心安处是吾乡：苏轼不归故里的文化考察［J］/刘龙//剑南文学，2010（5）

04732 嘉兴的“苏东坡煮茶亭”［J］/崔泉森//农业考古，2010（5）

04733 论苏东坡的黄州精神［J］/李林//黄冈师范学院学报，2010（5）

04734 题《东坡黄州五年间》［J］/王静平//东坡赤壁诗词，2010（5）

04735 苏轼与第归边城牛口［J］/梅子//散文百家，2010（6）

04736 苏轼前世曾来过［J］/不详//游遍天下，2010（7）

04737 苏拱村的来历［J］/华一元//源流，2010（11）

04738 苏东坡与惠州［J］/李文忠//源流，2010（17）

04739 回首向来萧瑟处：品读苏轼的诗意人生

［J］/ 张翠枝 // 山东教育，2010（Z1）

04740 苏轼被贬黄州时期的生活图景及其思想的转变与超越［D］/ 朱耘 .—北京师范大学（硕士论文），2010

04741 苏轼思想中的“游”及其特征［D］/ 张蓝溪 .—中山大学（硕士论文），2010

04742 苏轼在黄州的日常生活研究［D］/ 程曦 .—武汉大学（硕士论文），2010

04743 苏轼的海南［N］/ 何继岗 // 安阳日报，2011-01-12

04744 苏轼在密州［N］/ 不详 // 中国劳动保障报，2011-01-12

04745 苏轼抑怒返瓜洲［N］/ 高惠年 // 扬州晚报，2011-01-19

04746 东坡的黄州［N］/ 理洵 // 西安晚报，2011-03-20

04747 惠州西湖想东坡［N］/ 王友明 // 临汾日报，2011-03-24

04748 儋州寻迹苏东坡［N］/ 黄东成 // 人民日报（海外版），2011-03-31

04749 苏东坡与无锡［N］/ 不详 // 无锡日报，2011-06-05

04750 “天涯”“海角”东坡牵［N］/ 不详 // 北海日报，2011-07-12

04751 黄州成就了苏东坡［N］/ 王谨 // 人民日报（海外版），2011-07-08

04752 苏轼的凤翔［N］/ 杨焕亭 // 西安商报，2011-08-01

04753 苏轼在黄州［N］/ 焦洋洋 // 长春理工大学报，2011-10-31

04754 民间儋州［J］/ 方永江 // 苏轼研究，2011（1）

04755 苏轼与庐山［J］/ 胡迎建 // 九江学院学报（哲学社会科学版），2011（1）

04756 新时期以来关于贬谪黄州时期的苏轼研究综述［J］/ 潘炜 // 黄冈师范学院学报，2011（1）

04757 在惠州遇见苏东坡［J］/ 谢有顺 // 中学生阅读（高中版，上半月），2011（1）

04758 宋代的岭南贬官［J］/ 何以端，成有子 // 中国三峡，2011（2）

04759 季札挂剑 苏东坡不识“五花狗”［J］/ 不详 // 阅读与作文（小学高年级版），2011（3）

04760 黄州东坡遗址及北宋东坡时黄州城风貌考论：在地图上找到黄州宋城及东坡遗址［J］/ 周刚 // 黄冈师范学院学报，2011（4）

04761 回首向来萧瑟处：品读苏轼的诗意人生［J］/ 张翠枝 // 醒狮国学，2011（4）

04762 苏东坡的诗意之旅［J］/ 刘小川 // 苏轼研究，2011（4）

04763 苏东坡雷州行迹考辨［J］/ 张学松，彭洁莹 // 文学遗产，2011（4）

04764 苏东坡在海南［J］/ 史飞翔 // 椰城，2011（4）

04765 艺术为美而说谎：略论文学艺术的真实性［J］/ 孙文莲，汤文菲 // 长城，2011（4）

04766 论苏东坡的黄州“功业”［J］/ 谈祖应 // 黄冈师范学院学报，2011（5）

04767 去往古城儋耳［J］/ 黑陶 // 文学与人生，2011（5）

04768 苏东坡何以感动儋州一千年［J］/ 阮忠 // 今日海南，2011（5）

04769 苏公堤［J］/ 不详 // 中华活页文选（高二、高三年级），2011（6）

04770 《雪堂记》与苏轼黄州“适意”的贬谪生活［J］/ 杨胜宽 // 乐山师范学院学报，2011（7）

04771 苏东坡与江苏的不解之缘：苏轼后裔苏泽民的《苏东坡在江苏》谈片［J］/ 单汝鹏 // 金陵瞭望，2011（8）

04772 黄州东坡，两相和［J］/ 马亚红 // 新语

文学习(高中版),2011(9)

04773 苏东坡与临城的文化姻缘[J]/苦茶//当代人,2011(10)

04774 苏东坡:海南的月亮好不好看?[J]/在彼//百家讲坛,2011(11)

04775 苏东坡晚年流放中的春节[J]/不详//小学语文一点通,2011(11)

04776 光山净居寺考[J]/麻天祥,王照权//哲学与文化,2011,38(12)

04777 迁客生命中的山水自然:苏轼与黄州的融合与崛起[J]/谢锦文//青年文学家,2011(12)

04778 苏东坡与黄州[J]/余秋雨//作文周刊(高一版),2011(49)

04779 苏轼在儋州的身份认同[J]/陈金现//国文学报,2011(49)

04780 苏轼诗文中的洪泽湖情韵[J]/张锦瑞,邵晓慧//文学教育,2011(9C)

04781 宋代黄州谪宦研究[D]/熊星宇.—华中师范大学(硕士论文),2011

04782 苏东坡与承天寺[N]/不详//中国民族报,2012-01-03

04783 苏东坡夜过松江[N]/唐胜利//奉贤报,2012-02-21

04784 苏轼三来湖口[N]/袁作//浔阳晚报,2012-02-22

04785 苏东坡在定州(上)[N]/韩进廉//定州日报,2012-03-30

04786 苏东坡在定州(下)[N]/韩进廉//定州日报,2012-04-06

04787 生活在苏轼的邢台[N]/英树//邢台日报,2012-06-12

04788 一生至少结缘吴中六个地方 苏州为苏东坡抚平心灵创伤[N]/不详//苏州日报,2012-07-18

04789 苏轼与苏子坡[N]/不详//忻州日报(文化旅游周刊),2012-09-02

04790 东坡与黄州的完美呈现[N]/不详//鄂东晚报,2012-09-22

04791 苏东坡没对宜兴说的话[N]/不详//宜兴日报,2012-09-28

04792 苏轼促板桥镇成北方第一大港后来在战争中被烧成废墟[N]/不详//城市信报,2012-10-25

04793 东坡先生的常州情结[N]/孙丹青//南京林业大学报,2012-11-30

04794 道不行,乘桴浮于海:雷州苏轼符号诠释[J]/刘清泉//苏轼研究,2012(1)

04795 孄版诒祥:苏东坡终老常州的前前后后[J]/陆岩//常州工学院学报(社会科学版),2012(1)

04796 苏东坡与扬州[J]/曾学文//扬州文化研究论丛,2012(1)

04797 苏轼由黄州至高安的行迹考[J]/吴健//苏轼研究,2012(1)

04798 苏轼与十八滩[J]/李云彪//苏轼研究,2012(1)

04799 苏轼诗文中"关山""春风岭"考释:兼论苏轼入麻城路线[J]/凌礼潮//北京科技大学学报(社会科学版),2012(2)

04800 论苏轼被贬黄州时的心路历程[J]/刘巍巍//新课程·教育学术,2012(3)

04801 苏东坡才子情性的官场之鉴[J]/莫培军//领导科学,2012(3)

04802 寻找生命的"东坡"[J]/何银基//中学语文·读写新空间,2012(6)

04803 黄州回首天地远 赤壁遥想性情真[J]/金墨莉//新高考(高一语文),2012(7)

04804 苏轼在密州对生活困境的超越[J]/张海平//乐山师范学院学报,2012(7)

04805 苏东坡的常州与淹城[J]/张蓉//散文百家,2012(9)

04806 论苏轼的贬谪经历和创作成就[J]/聂伟//短篇小说(原创版),2012(10)

04807　苏轼与范镇交游述略［J］/ 彭敏 // 芒种，2012（14）

04808　苏东坡与清远北归辨疑［N］/ 潘煜池 // 清远日报，2013-01-06

04809　苏轼的庐陵情结［N］/ 李宗江 // 井冈山报，2013-02-26

04810　还原东坡寓惠的历史瞬间［N］/ 阎瑜 // 惠州日报，2013-03-25

04811　苏东坡与密州的故事［N］/ 张梅贺 // 潍坊学院报，2013-04-19

04812　你所不知道的苏东坡［N］/ 张笑 // 检察日报，2013-05-07

04813　学者重要发现：阆中有苏轼生活史迹［N］/ 不详 // 巴中晚报，2013-06-07

04814　苏东坡与萧县圣泉寺［N］/ 王明东 // 淮北晨刊，2013-06-18

04815　苏东坡在杭州［N］/ 不详 // 天津日报，2013-07-24

04816　绮罗香里的苏轼［N］/ 韩健畅 // 美术报，2013-09-07

04817　超然台上聆听苏轼的声音［N］/ 岳锡玉 // 潍坊晚报，2013-09-10

04818　多情雷州遇东坡［N］/ 张春生，田殷华 // 湛江日报，2013-10-14

04819　苏轼和余杭［N］/ 不详 // 城乡导报，2013-10-19

04820　东坡，不只是东坡［N］/ 向远军 // 黄冈日报，2013-11-02

04821　苏轼到此一游：散落在西湖山水间的才情与胸怀［N］/ 方舒，毛剑杰，蔡郦 // 青年时报，2013-11-07

04822　苏东坡访带溪［N］/ 漆跃庆 // 宜春日报，2013-11-15

04823　苏东坡与曲阳［N］/ 不详 // 莲池周刊，2013-12-13

04824　苏东坡在贵港的遗踪［N］/ 杨旭乐 // 贵港日报，2013-12-15

04825　东坡“下放”到惠州［N］/ 邓刚 // 惠州日报，2013-12-22

04826　论苏轼与广西的情缘及意义［J］/ 喻世华 // 惠州学院学报（社会科学版），2013（1）

04827　毗陵舣舟［J］/ 何梅俊 // 江苏地方志，2013（1）

04828　苏东坡与惠州文化两题［J］/ 陈友乔 // 惠州学院学报（社会科学版），2013（1）

04829　明朝酒醒还独来 雪落纷纷哪忍触：站在转折点上的苏轼［J］/ 苏文健 // 中国研究生，2013（2）

04830　宋词中的镇江魅力［J］/ 李金坤 // 苏州科技学院学报（社会科学版），2013（3）

04831　苏轼的舒州卜居梦［J］/ 琚小飞 // 唐山师范学院学报，2013（3）

04832　苏轼游庐山考略［J］/ 封强军 // 九江学院学报（哲学社会科学版），2013（4）

04833　英雄东坡 名邦黄州：兼谈贬谪文化对黄州发展的历史性贡献［J］/ 饶学刚 // 黄冈职业技术学院学报，2013（5）

04834　苏轼三访文长老与嘉兴名胜三过堂［J］/ 梁银林 // 云南社会科学，2013（6）

04835　苏东坡与惠州西湖［J］/ 唐颐 // 炎黄纵横，2013（7）

04836　苏轼徙知徐州［J］/ 不详 // 刊授党校，2013（7）

04837　苏轼与儋州［J］/ 丁晓东 // 旅游纵览（行业版），2013（7）

04838　月下东坡［J］/ 仇媛媛 // 文学与人生，2013（7）

04839　论苏轼的贬谪心态与作品分析［J］/ 马鑫，任天宇，孟鑫 // 神州（下旬刊），2013（8）

04840　《千年等一回：苏东坡在廉州》校本课程设计案例［J］/ 杨迅 // 语文教学通讯（高中，A），2013（9）

04841 时空穿越 余韵绕梁：东坡先生在旧金山[J]/卢慧芬//国家图书馆馆讯，2013(11)

04842 黄州苏轼心态浅析[J]/曹文进//新课程学习(下)，2013(12)

04843 苏轼与蓬莱[J]/王媛//华章，2013(32)

04844 苏轼黄州时期休闲活动研究[D]/刘飞.—河南大学(硕士论文)，2013

04845 苏轼与山东农业灾害治理[C]/沈广斌//2013山东省农业历史学会年会论文集/山东农业大学文法学院，2013

04846 从超然台到盖公堂：从苏轼在密州的建筑说起[J]/侯桂运//潍坊学院学报，2014，14(5)

04847 东坡先生富阳点滴[N]/不详//富阳日报，2014-01-25

04848 苏轼与临城的情缘[N]/张志忠//邢台日报，2014-02-15

04849 苏东坡的东莞[N]/林汉筠//文艺报，2014-03-26

04850 话说当年东坡曾来过……[N]/林良锋，张锋锋//湛江晚报，2014-03-30

04851 苏东坡赞信阳“风骨”[N]/不详//信阳晚报，2014-03-31

04852 东坡雪堂的沉醉[N]/胡靖//黄冈日报，2014-04-05

04853 苏轼与他的“东坡”忠州[N]/秦勇//北部湾晨报，2014-07-07

04854 苏轼与太白山[N]/杨烨琼//宝鸡日报，2014-07-15

04855 苏东坡游兴国大冶[N]/不详//黄石日报，2014-08-14

04856 讲座：苏东坡无锡情愫[N]/不详//无锡日报，2014-08-22

04857 苏轼与临城的文化姻缘[N]/不详//邢台日报，2014-08-30

04858 青牛岭寻找苏东坡留下的足迹[N]/橄榄//富阳日报，2014-09-06

04859 苏东坡颍州遗迹与祠祀[N]/陆志成，李兴武//颍州晚报，2014-09-16

04860 苏东坡在惠州苦中作乐[N]/黄明钢，陶林//深圳晚报，2014-09-22

04861 苏轼的桐庐之行[N]/不详//今日桐庐，2014-10-11

04862 苏东坡与黄州相互成就[N]/不详//黄冈日报，2014-11-08

04863 苏轼八次过南都[N]/汉聚明杰//商丘日报，2014-12-12

04864 论苏轼黄州贬谪生涯对其诗文创作的影响[J]/瓮晓璐//剑南文学，2014(1)

04865 诉衷情·黄州通爱湖东坡问稼[J]/陈东成//东坡赤壁诗词，2014(1)

04866 去海南，遥想东坡当年[J]/一凡//小资旅游，2014(2)

04867 黄州胜处之于苏东坡的人生意义[J]/涂普生//黄冈职业技术学院学报，2014(4)

04868 苏东坡谪居黄州的山水情结[J]/王琳祥//黄冈职业技术学院学报，2014(4)

04869 试问平生功业，黄州惠州儋州：苏轼寓惠期间思想浅析[J]/李昌娟//中共济南市委党校学报，2014(5)

04870 千古遗爱 百姓情怀：纪念苏东坡离别黄州930周年[J]/王立兵//黄冈职业技术学院学报，2014(6)

04871 苏东坡与仇池石[J]/罗卫东//档案，2014(6)

04872 苏轼的休闲旅游观及其成因[J]/张文瑞//作家(下半月)，2014(6)

04873 论苏轼“黄州三绝”中的黄州情怀[J]/陈丽娟//兰州教育学院学报，2014(8)

04874 浅谈苏东坡对黄州文化发展的影响[J]/赵品生//小作家选刊·教学交流

（下旬），2014（9）

04875 黄州访东坡行迹记［J］/ 阿来 // 人民文学，2014（10）

04876 自笑平生为口忙：苏轼的黄州贬谪生活［J］/ 李剑锋 // 中国书法，2014（10）

04877 临高县苏来村：东坡遗风今犹在［J］/ 李佳飞，吴孝俊 // 神州民俗，2014（11）

04878 浅析苏轼密州时期的矛盾人生态度［J］/ 张海平 // 乐山师范学院学报，2014（11）

04879 苏轼宦游经历与其饮食题材的关系［J］/ 尹良珍 // 成都师范学院学报，2014（11）

04880 苏东坡的“远游”（节选）［J］/ 蒋元明 // 作文周刊（高二版），2014（19）

04881 苏轼与龙山［N］/ 周红兵 // 鄂州日报，2015-01-01

04882 苏东坡在定州（连载）［N］/ 不详 // 定州日报，2015-01-16

04883 讲述苏东坡与常州的 14 次“情缘”［N］/ 苏雁，许学建 // 光明日报，2015-01-22

04884 苏东坡与常州的 14 次“情缘”［N］/ 不详 // 文摘报，2015-01-31

04885 东坡点赞琼西群峰［N］/ 陈耿 // 海南日报，2015-03-01

04886 苏轼是否到过诸城你知道吗［N］/ 不详 // 半岛都市报，2015-03-04

04887 苏东坡与儋州［N］/ 不详 // 南方电网报，2015-03-17

04888 苏东坡与海会寺［N］/ 陶福贤 // 今日临安，2015-04-13

04889 苏轼与阳新石田驿［N］/ 不详 // 黄石日报，2015-04-30

04890 苏东坡与丫山［N］/ 不详 // 赣州晚报，2015-05-20

04891 苏东坡情系洪雅［N］/ 王影聪 // 眉山日报，2015-06-06

04892 东坡雪堂的故事［N］/ 冯俊君 // 黄冈日报，2015-06-20

04893 苏东坡为何对净居寺情有独钟［N］/ 老春 // 河南日报（农村版），2015-07-08

04894 苏东坡寄情河北故土［N］/ 不详 // 燕赵晚报，2015-07-31

04895 苏东坡眼中的两个西湖［N］/ 黎秀敏 // 南方都市报，2015-12-02

04896 苏东坡与正定［N］/ 不详 // 石家庄日报，2015-12-11

04897 不辞长作岭南人：苏轼与惠州［N］/ 江宝章 // 惠州日报，2015-12-20

04898 苏东坡：黎民百姓的好朋友（上）：纪念苏东坡知颍 925 周年［N］/ 陆志成 // 颍州晚报，2015-12-22

04899 苏东坡：黎民百姓的好朋友（中）：纪念苏东坡知颍 925 周年［N］/ 陆志成 // 颍州晚报，2015-12-24

04900 苏东坡：黎民百姓的好朋友（下）：纪念苏东坡知颍 925 周年［N］/ 陆志成 // 颍州晚报，2015-12-26

04901 试析苏轼在岭南的医疗活动［J］/ 丁书云 // 乐山师范学院学报，2015（1）

04902 苏轼的海南情谊［J］/ 周俊 // 文史知识，2015（1）

04903 苏轼宿州行踪交游考［J］/ 汪黎 // 安徽工业大学学报（社会科学版），2015，32（1）

04904 苏东坡的东莞［J］/ 林汉筠 // 北京文学，2015（2）

04905 暮年浮海的澄明之境：苏东坡流寓雷州诗文的情感世界［J］/ 张学松，彭洁莹 // 铜仁学院学报，2015（3）

04906 苏轼与程之才交游考［J］/ 彭文良 // 攀枝花学院学报，2015（3）

04907 苏轼与润州柳氏三代交游考［J］/ 喻世

华 // 镇江高专学报，2015（3）
04908 此心安处是吾乡：苏轼之迁谪历程与谪居心态［J］/ 张玉璞 // 齐鲁学刊，2015（6）
04909 苏轼岭南行迹考补［J］/ 刘晓生 // 肇庆学院学报，2015（6）
04910 苏轼游踪与皖江人文景观［J］/ 汪黎 // 安徽工业大学学报（社会科学版），2015（6）
04911 论苏轼贬谪时的超然境界与诗意人生［J］/ 马琳 // 青年时代，2015（11）
04912 苏东坡与惠州西湖［J］/ 王童，范曾 // 海内与海外，2015（11）
04913 论贬谪黄州对苏轼心态及文学创作的影响［J］/ 邹阳 // 牡丹，2015（12）
04914 宋朝贬谪官生活研究［D］/ 王进．—四川师范大学（硕士论文），2015
04915 苏轼游端州的踪迹和烙印［N］/ 不详 // 西江日报，2016-01-05
04916 东坡足迹耀庐陵［N］/ 剑鸿 // 吉安晚报，2016-02-18
04917 苏轼离不开黄州［N］/ 不详 // 京江晚报，2016-02-18
04918 第一山与苏轼的清欢［N］/ 杨绵发 // 淮海晚报，2016-02-21
04919 苏东坡游罗浮山泊岸遗址找到了［N］/ 秦仲阳 // 广州日报，2016-03-03
04920 苏轼与褒城牛头寺［N］/ 沙建国 // 汉中日报，2016-03-23
04921 古籍中的苏东坡海南印迹［N］/ 不详 // 中国文化报，2016-04-08
04922 苏东坡一生到过几个西湖［N］/ 柳友娟 // 解放日报，2016-04-12
04923 苏东坡：到过几个西湖？［N］/ 不详 // 北方新报，2016-04-16
04924 苏东坡顺德在等你［N］/ 梁新平 // 珠江商报，2016-04-19
04925 广东英德重建东坡桥［N］/ 范哲 // 中国旅游报，2016-05-02
04926 东坡的理想和阳羡的原色［N］/ 李滇敏 // 江西日报，2016-05-20
04927 苏东坡与黄州［N］/ 史智鹏 // 鄂东晚报，2016-06-16
04928 苏轼曾纵马陶醉于章丘山水［N］/ 不详 // 老年生活报，2016-07-27
04929 与苏轼一起抗洪［N］/ 艾兴君 // 劳动时报，2016-08-02
04930 生动演绎“拓荒者”苏东坡［N］/ 不详 // 今晚报，2016-08-11
04931 华藏寺里千年荔枝树传说苏东坡亲手栽［N］/ 不详 // 四川日报，2016-09-02
04932 东坡寓惠惠州之福［N］/ 不详 // 黄冈日报，2016-09-06
04933 讲讲苏轼在徐那些事［N］/ 林刚 // 彭城晚报，2016-09-22
04934 东坡之问和诸城之幸［N］/ 不详 // 潍坊日报，2016-09-23
04935 苏东坡在黄州［N］/ 金涛 // 中国科学报，2016-10-14
04936 跟着“东坡”游儋州［N］/ 不详 // 国际旅游岛商报，2016-11-10
04937 苏东坡突围［N］/ 不详 // 周口晚报，2016-11-10
04938 苏东坡到底有没有来过遂川［N］/ 刘述涛 // 井冈山报，2016-11-27
04939 东坡贬黄州创作遣情怀［N］/ 不详 // 文汇报（香港），2016-12-16
04940 苏轼：虽杀风景 免造业也［N］/ 不详 // 扬州晚报，2016-12-17
04941 论苏东坡黄州脱困智慧［J］/ 方星移 // 地方文化研究辑刊，2016（1）
04942 苏轼途经润州次数及在润州之交游考：兼论《三苏年谱》有关记载存在的问题［J］/ 喻世华 // 中国苏轼研究，2016（1）

04943 苏轼途经润州次数考辨［J］/ 喻世华 // 江苏科技大学学报（社会科学版），2016（1）

04944 苏东坡晚年流放中的春节［J］/ 信研 // 老年教育·书画艺术，2016（2）

04945 试论苏东坡贬逐间的文化回归［J］/ 郑秉谦 // 黄冈职业技术学院学报，2016（3）

04946 苏轼南贬儋州经行路线考论［J］/ 王友胜 // 湖南科技大学学报（社会科学版），2016（3）

04947 广东出土古码头遗址：确证为苏东坡游罗浮泊岸处［J］/ 本刊编辑部 // 艺术品鉴，2016（4）

04948 行旅三峡的时空书写：谈苏轼的壮游经验［J］/ 章滌中 // 国文天地，2016，32（4）

04949 会挽雕弓如满月：我的密州档案缘［J］/ 王增强 // 中国档案，2016（10）

04950 自笑平生为口忙［J］/ 赖学香 // 内蒙古林业，2016（11）

04951 苏轼在黄州：论苏轼从“子瞻”向“东坡”的转变［J］/ 张璐 // 现代交际，2016（20）

04952 书由心发，意随书走：苏轼知密州时期书风探析［J］/ 周茂全 // 考试周刊，2016（58）

04953 苏轼和扬州［N］/ 匡天龙 // 丹东日报，2017-10-20

04954 论泗州时期苏轼的诗心佛缘［J］/ 张毫 // 知与行，2017（1）

04955 苏轼在金山举行水陆法会考辨：兼论苏轼与米芾在润州的交游［J］/ 喻世华 // 乐山师范学院学报，2017（1）

04956 眉州功业推黄州：苏轼在黄州［J］/ 袁津琥 // 文史知识，2017（2）

04957 苏轼在润州留下的人生轨迹［J］/ 喻世华 // 文史知识，2017（2）

04958 对话与突围：苏轼在黄州的空间书写［J］/ 夏明宇 // 青海师范大学学报（哲学社会科学版），2017（4）

04959 明清诸城县志对苏轼有关密州作品的辑录和引用［J］/ 张海平 // 乐山师范学院学报，2017（9）

年谱（表）、图谱

04960 东坡先生小像:［画图］［J］/ 不详 // 四川国学杂志，1912（3）

04961 东坡姓秤［J］/ 绿天翁 // 小说月报（上海 1910），1913，3（12）

04962 蓝水书塾笔记：东坡生庚八字［J］/ 何则贤 // 文艺杂志（上海 1914），1914（10）

04963 苏东坡管夫人印章［J］/ 不详 // 小说月报（上海 1910），1920，11（1）

04964 东坡姓秤［J］/ 绿天翁 // 中正，1920（1）

04965 苏东坡小像：图［J］/ 不详 // 民众文学，1927，15（18）

04966 东坡玩砚图:［画图］［J］/ 不详 // 蜀镜画报，1928，1（28）

04967 清宫珍藏之苏东坡绘像:［照片］［J］/ 鼎章 // 大亚画报，1929（150）

04968 思齐随笔（八）：东坡避祖讳［J］/ 不详 // 国货月报（上海 1934），1934，1（9）

04969 东坡号印［J］/ 黄宾虹 // 学术世界，1935，1（3）

04970 宋苏轼（东坡）像（参见苏东坡先生诞生九百年纪念）:［画图］［J］/ 薛 // 图书展望，1937，2（4）

04971 苏轼生辰考［J］/ 易苏民 // 实践家政学报，1969（2）

04972 刘少泉《苏老泉年谱》商榷［J］/ 曾枣庄 // 四川图书馆学报，1983（4）

04973 苏轼年谱考略［J］/ 谢巍 // 四川图书馆学报，1984（3）

04974 苏轼书法年表［J］/ 段成桂 // 书法研究，1985（2）

04975 苏东坡家谱与发现始末［J］/ 苏贵庆 // 盐城师范学院学报（人文社会科学版），1988（2）

04976 知人论世话年谱：由三部老舍年谱的出版想到的［J］/ 晓文 // 中国出版，1992（5）

04977 苏东坡贬惠年表［J］/ 梁大和 // 惠州大学学报，1994（1）

04978 苏东坡的容貌特征、冠服习惯及像祠流布（上）［J］/ 鲍志成 // 杭州研究，1997（1）

04979 东坡黄州生活创作系年［J］/ 饶学刚 // 黄冈师范学院学报，1997（2）

04980 苏东坡的容貌特征、冠服习惯及像祠流布（下）［J］/ 鲍志成 // 杭州研究，1997（2）

04981 独立不羁的苏轼：温昌绪《苏轼像》雕塑欣赏［J］/ 黄光新 // 西南旅游，1998（6）

04982 苏东坡铭文天祥跋通许发现《王氏家乘》［N］/ 不详 // 大河报，2000-08-05

04983 韩国词文学研究现状及韩国所藏《诗文清话》中有关秦观资料［J］/ 金贞熙 // 古籍研究，2001（2）

04984 台港苏轼研究论著目录（1949—1999）［J］/ 衣若芬 // 汉学研究通讯，2001（2）

04985 宋人所撰苏轼年谱研究［J］/ 王友胜 // 常德师范学院学报（社会科学版），2001（5）

04986 历代苏轼年谱、词集苏词一览表［J］/ 保苅佳昭 // 宋代文化研究，2001

04987 话说新编《苏轼年谱》［J］/ 冉休丹 // 书品，2002（1）

04988 苏轼年谱［J］/ 刘兆彬 // 书法研究，2003（2）

04989 苏东坡家族族谱、谱柜离散数十年后又重逢［N］/ 不详 // 兰州日报，2006-01-20

04990 苏轼家谱［N］/ 不详 // 赣东都市，2008-04-02

04991 苏轼年谱大宴［J］/ 纵兆敏，韩勇健 // 中国烹饪，2009（11）

04992 读《宋僧惠洪行履著述编年总案》［J］/ 朱刚 // 中华文史论丛，2011（1）

04993 苏东坡嫡系子孙栖身西山岛新编苏氏族谱赠市方志馆［N］/ 不详 // 苏州日报，2012-07-18

04994 苏东坡明代家谱现身［N］/ 不详 // 发展导报，2012-12-14

04995 武宁现苏轼家谱［N］/ 不详 // 长江周刊，2012-12-14

04996 苏东坡家谱手抄本面世：江西省武宁县发现490年前苏氏家谱，内有文天祥方孝孺等名家赠文［N］/ 曹诚平，苏先光 // 西部时报，2013-01-08

04997 宋人编苏轼年谱佚文钩沉：以《精刊补注东坡和陶诗话》为中心［J］/ 杨焄 // 新国学，2016（1）

别名、笔名研究

04998 苏东坡余音：东坡号の由来［J］/ 矢板宽 // 辽东诗坛，1932（77）

04999 苏东坡别号的由来［J］/ 谭正璧 // 新都周刊，1943（7）

05000 苏老泉就是苏东坡［J］/ 周本淳 // 南京师范大学学报（社会科学版），1979（2）

05001 《苏老泉就是苏东坡》小议［J］/ 闻虞 // 南京师范学院学报（社会科学版），1979（4）

05002 苏老泉是苏东坡补证［J］/ 刘法绥 // 南京师范学院学报（社会科学版），1979（4）

05003 苏轼为何号东坡［J］/ 向尚瞰 // 江苏教育，1980（8）

05004 苏轼号东坡居士自有缘故［J］/ 劳章 / 牡丹江师范学院学报（哲学社会科学版），1981（3）

05005 苏轼称谓［J］/ 子冉 // 语文园地，1981（6）

05006 苏轼为什么号东坡［J］/ 有川 // 许昌史志通讯，1983（1）

05007 苏老泉的传说［J］/ 赵云雁 // 民间文学，1983（2）

05008 苏老泉就是苏东坡吗？［J］/ 常振国 // 广州师范学院学报（社会科学版），1983（4）

05009 苏老泉应该是苏轼［J］/ 冬子 // 求索，1983（4）

05010 关于"东坡"［J］/ 不详 // 文教数据简报，1983（6）

05011 到底谁是"苏老泉"［J］/ 赵继颜 // 编辑之友，1984（4）

05012 雅号最多的苏轼［J］/ 何润身 // 龙门阵，1985（2）

05013 苏轼为何号"东坡"［J］/ 不详 // 宣传导报，1985（6）

05014 有用的"附录"［J］/ 戎椿年 // 读书杂志，1985（11）

05015 苏轼自号"鏖糟陂里陶靖节"［J］/ 周正举 // 四川大学学报（哲学社会科学版），1986（2）

05016 苏轼自号东坡居士的原由［J］/ 白刃 // 教学月刊（中学文科版），1986（4）

05017 古代"居士"知多少？［J］/ 希文 // 内蒙古电大学刊，1987（1）

05018 苏轼的"名"、"字"、"号"［J］/ 易志仲 // 中学语文教学，1987（8）

05019 苏轼何以号"东坡"［J］/ 吴稚甫 // 文学知识，1988（4）

05020 苏轼何以号"东坡"［J］/ 周纯 // 历史大观园，1989（7）

05021 宋代官民的称谓［J］/ 朱瑞熙 // 上海师范大学学报（哲学社会科学版），1990（3）

05022 苏轼因何号"东坡"［N］/ 不详 // 齐鲁石化报，1992-04-06

05023 苏轼"东坡"缘于黄州［J］/ 郑伯成 // 理论月刊，1992（9）

05024 苏轼是苏武的后代［J］/ 陈钧 // 盐城师专学报（哲学社会科学版），1995（1）

05025 苏轼缘何号"东坡"［J］/ 张克 // 呼兰师专学报，1996（3）

05026 苏轼自号东坡居士的原由［J］/ 郭茂清 // 语文知识，1997（12）

05027 苏东坡的称谓［N］/ 张进 // 三亚晨报，1998-11-07

05028 情系东坡：文人雅号摭谈［J］/ 刘江田，黄复俊 // 语文世界（小学版），1998（3）

05029 苏轼号"东坡居士"的原因［J］/ 陈金现 // 国文天地，1998，14（7）

05030 "苏轼"不是"苏东坡"？［N］/ 不详 // 大河报，2000-01-20

05031 苏轼缘何号"东坡"［J］/ 李廉 // 工程建设与档案，2000（1）

05032 苏轼称谓考略［J］/ 孙孟明 // 语文知识，2001（9）

05033 三千一瓢：苏轼为何自号"东坡"［N］/ 不详 // 文汇报（香港），2005-06-01

05034 苏东坡名号知多少［J］/ 史世辉 // 语文

知识，2005（1）
05035 我甚似乐天，惟无素与蛮：为“东坡”寻注求解［J］/ 江澄格 // 四川文学，2005（4）
05036 难解的别号［J］/ 张戬 // 语文知识，2005（9）
05037 苏轼名号的由来［J］/ 王晓顶 // 中学生读写（高中），2005（11）
05038 苏轼为什么自号东坡居士［J］/ 不详 // 现代教育，2005（11）
05039 古人别号十二问［J］/ 不详 // 咬文嚼字，2005（12）
05040 东坡雪堂［N］/ 不详 // 青岛早报，2006-12-30
05041 苏轼之名究竟何义［J］/ 吴国梁 // 语文知识，2006（2）
05042 文同诗文中的“苏子平秘丞”不是苏轼［J］/ 孔凡礼 // 乐山师范学院学报，2006（8）
05043 苏轼为何号“东坡”？［J］/ 周晓瑜 // 现代语文（文学研究版），2006（10）
05044 东坡雪堂［N］/ 包光潜 // 温州晚报，2007-01-19
05045 东坡雪堂［N］/ 不详 // 宁夏日报，2007-08-13
05046 苏轼称谓考略［J］/ 朱安义 // 四川教育学院学报，2007（3）
05047 苏轼缘何自号“东坡居士”［N］/ 不详 // 周末报，2008-04-17
05048 东坡居士的由来［N］/ 陈少华 // 今日普陀，2009-08-25
05049 “东坡居士”的由来［N］/ 陈少华 // 人民公安报，2009-10-24
05050 苏轼为何自号“东坡居士”［J］/ 才国贤 // 咬文嚼字，2009（6）
05051 东坡雪堂［N］/ 不详 // 安庆晚报，2010-01-28
05052 东坡居士的由来［N］/ 不详 // 包头晚报，2010-04-21
05053 子瞻·东坡［N］/ 不详 // 华商报，2010-08-22
05054 苏轼自号“东坡居士”的由来［J］/ 才国贤 // 阅读与写作，2010（2）
05055 东坡符号［J］/ 刘清泉 // 苏轼研究，2010（4）
05056 古人别号缘由多［J］/ 吴士千 // 语文天地，2010（16）
05057 我甚似乐天，但无素与蛮：为“东坡”寻注求解［J］/ 江澄格 // 乐山师范学院学报，2011（9）
05058 苏轼为啥叫“东坡”［J］/ 陈晓秀 // 作文周刊（小学四年级版），2011（36）
05059 “东坡居士”的由来［N］/ 夏爱华 // 清远日报，2012-02-25
05060 苏老泉到底是苏洵还是苏轼［N］/ 不详 // 北京青年报，2012-11-27
05061 苏老泉到底是苏洵还是苏轼［N］/ 刘绍义 // 人民公安报，2012-11-30
05062 苏轼也叫苏东坡，“东坡”一名是怎么来的呢？［J］/ 不详 // 小樱桃（童年阅读），2012（1）
05063 苏老泉是苏轼而非苏洵［J］/ 谨空 // 中国钢笔书法，2012（2）
05064 苏轼为何自号“东坡居士”［J］/ 赵海英 // 新语文学习（教师版），2012（5）
05065 苏老泉是苏轼不是苏洵［N］/ 不详 // 西安晚报，2013-04-28
05066 东坡居思无邪［N］/ 不详 // 珠海特区报，2013-07-21
05067 “苏老泉”应指苏轼，而非其父苏洵［N］/ 不详 // 揭阳日报，2013-09-22
05068 “苏辙”不是“苏澈”［N］/ 高玉林 // 沈阳晚报，2013-11-19
05069 苏轼称谓说略［J］/ 陆精康 // 新语文学

习（中学教学），2013（2）
05070 有关苏轼称谓的三个问题[J]/陆精康//中学语文教学，2013（2）
05071 苏轼名、字、号的由来[N]/李学开//黄冈日报，2015-04-11
05072 苏东坡，“东坡”两字的来历[J]/赵雪峰//快乐作文（中年级），2015（3）
05073 苏轼与东坡[N]/周伟摄//黄冈日报，2016-08-20
05074 “东坡居士”的由来[N]/钱浩宇//榆林日报，2016-11-25
05075 苏轼何以成为苏东坡[J]/张春生//黄金时代（学生族），2016（3）
05076 苏轼号“东坡”与白居易之关联[J]/贾琪//重庆第二师范学院学报，2016（5）

子女及后人研究

05077 苏叔党的《斜川集》[J]/曾枣庄//四川师范大学学报（社会科学版），1982（2）
05078 苏轼一后裔印象（速写）[J]/韩青//人间，1985（10）
05079 东坡后裔画艺精[J]/卢继传//退休生活，1995（2）
05080 《斜川集》三补[J]/舒大刚//宋代文化研究，1996
05081 苏轼31代孙苏国荣学问做得很苦[J]/陈培仲//今日名流，2000（9）
05082 苏轼第三十一代孙：苏国荣[J]/陈培仲//作家文摘，2000（96）
05083 苏东坡后裔的家[J]/不详//焦点，2001（11）
05084 昨日，苏轼24代孙认祖归宗[N]/不详//华西都市报，2003-08-25
05085 苏轼后裔千里认宗[N]/不详//文汇报，2003-09-02
05086 苏宁其人[J]/舒夫//中国书画，2003（12）
05087 苏过《斜川集》与关怀社会现实[J]/杨景琦//立德学报，2004，2（1）
05088 谜一样的女人周璇竟是苏轼后人[N]/不详//江门日报，2004-04-08
05089 周璇是苏轼76代后裔？[N]/不详//华西都市报，2004-04-09
05090 苏轼32世孙苏慎访谈[N]/不详//靖江日报，2004-08-04
05091 苏宁其人[J]/舒夫//东方艺术，2004（S3）
05092 东坡遗韵 画坛之魂：记我国著名书画艺术家苏德忠先生[J]/张启振//中国政协，2005（1）
05093 惠、儋瘴地上的特殊逐臣：岭海时期之苏过论[J]/李景新//海南大学学报（人文社会科学版），2005（2）
05094 论苏过的诗[J]/陈中群//湖南工程学院学报（社会科学版），2005（4）
05095 东坡后人办起“苏家网”[N]/不详//现代快报，2006-11-10
05096 论文同诗中之“子平”为苏轼[J]/库万晓，木斋//乐山师范学院学报，2006，21（6）
05097 苏家围，寻访苏东坡的后裔[J]/姚德荣，李晔//旅游，2006（1）
05098 寻访苏东坡的后裔[J]/姚德荣，李晔//旅游，2006（1）
05099 湖南苏轼后裔考[J]/苏太潮//苏轼研究，2006（2）
05100 苏轼遗风德忠传：苏德忠汉字融画艺术欣赏[J]/杨莉//中国政协，2006（S）
05101 苏东坡裔孙熟背诗词2万字[N]/徐毅//

信息时报，2007-03-13

05102 苏东坡后裔背古诗 50 年［N］/ 不详 // 青岛早报，2007-03-14

05103 东坡的儿子［N］/ 莫砺锋 // 人民政协报，2007-12-03

05104 苏东坡后裔大摆千人宴［J］/ 林海 // 穗郊侨讯，2007（1）

05105 苏过及其诗歌研究［D］/ 丁沂璐．—兰州大学（硕士论文），2007

05106 浏阳有三千苏轼后代［N］/ 不详 // 浏阳日报，2008-01-25

05107 苏轼后人鸭蛋拜山［N］/ 不详 // 羊城晚报，2008-04-08

05108 苏轼后裔在安庆［N］/ 胡同怀 // 安庆日报，2008-07-27

05109 苏轼后裔坚持背古文 50 年：藏身车陂数十年［N］/ 郭晓燕 // 新快报，2008-11-26

05110 苏轼第 33 代子孙折桂［N］/ 明小莉 // 海峡导报，2009-03-30

05111 苏轼第 33 代子孙成为厦大“校花”［N］/ 不详 // 羊城地铁报，2009-03-31

05112 苏苏自称苏轼第 33 代子孙［N］/ 不详 // 西藏商报，2009-03-31

05113 论苏过及其创作的审美内涵［J］/ 陈素娥 // 广西民族大学学报（哲学社会科学版），2009（3）

05114 苏东坡是怎样为儿孙求婚的［J］/ 不详 // 中华传奇（真相），2009（12）

05115 东坡有后嗣在嵊州［N］/ 苏成夫 // 法治新报，2010-01-13

05116 “苏轼后人”上《百里挑一》［N］/ 不详 // 天天新报，2010-07-29

05117 万年苏桥乡有 500 多名苏轼后裔：辈分最小的为第 37 代 苏氏典故村民烂熟于心［N］/ 徐黎明，陈风华 // 江西日报，2010-10-21

05118 苏轼的“私生子”做太监［N］/ 不详 // 青年商旅报，2011-07-19

05119 东坡遗韵［J］/ 邓思华 // 东坡赤壁诗词，2011（4）

05120 苏过研究［D］/ 庞明启．—西南大学（硕士论文），2011

05121 西山岛传下苏东坡一脉［N］/ 不详 // 城市商报，2012-03-25

05122 数百名苏轼后裔居住在保健村［N］/ 不详 // 无锡日报，2012-05-28

05123 千年之约，苏东坡后裔与诸葛亮子民携手扎根岭南［N］/ 姚伟 // 新快报，2012-10-18

05124 苏东坡后裔现武宁［N］/ 张雷，兰森松 // 九江日报，2012-11-23

05125 苏过的生平行事与文学成就考论［J］/ 蒋宗许，舒大刚 // 西南科技大学学报（哲学社会科学版），2012（6）

05126 苏东坡嫡系后裔族谱入藏苏州市档案馆［J］/ 毛鹂鹂 // 档案与建设，2012（8）

05127 柳宗元苏轼后人为何蛰居江阴 辛弃疾是江阴人的女婿［N］/ 宋超 // 江南晚报，2013-07-15

05128 东坡后裔两度拒官一心从教 一门三杰工笔花鸟名震画坛［N］/ 林波 // 新快报，2013-11-19

05129 苏过诗歌中的“陋室”情结［J］/ 庞明启，王侠 // 德州学院学报，2013（1）

05130 论苏过对陶渊明接受过程中的个性异同［J］/ 谢江祎 // 商，2013（15）

05131 苏东坡后裔迁入南充？清代牌匾揭秘“苏氏史迹”［N］/ 不详 // 南充晚报，2014-02-19

05132 西充住着苏东坡后人？文史专家：真实性很高［N］/ 不详 // 南充晚报，2014-02-22

05133 苏东坡后裔苏百揆画展［N］/ 梁志钦 //

新快报，2014-06-15
05134 东坡后裔在温岭？［N］/ 黄晓慧 // 浙江日报，2014-08-28
05135 白云山上的是苏轼孙子的坟墓吗？［N］/ 章深 // 羊城晚报，2014-11-19
05136 天教一星伴孤月：苏过其人其诗［J］/ 袁津琥 // 古典文学知识，2014（2）
05137 我写祖书 告慰祖宗：苏氏后裔苏喜亮与东坡墨缘［J］/ 不详 // 文史杂志（收藏人物），2014（3）
05138 石门县：苏东坡 28 代孙向县档案馆捐赠档案［J］/ 张友亮，陈冬林，李星云，吴荒云 // 档案时空，2014（4）
05139 苏过的道教情结与诗歌创作［J］/ 卢晓辉 // 文教资料，2014（17）
05140 苏东坡嫡亲长子后裔在台州［N］/ 陆晓明 // 台州晚报，2015-05-09
05141 东坡之子在儋州：海南作家李盛华写苏过［N］/ 赵汶 // 国际旅游岛商报，2015-06-25
05142 星华裔阅家谱惊觉为苏东坡后人［N］/ 不详 // 文汇报（香港），2015-10-23
05143 苏过的文艺创作观［J］/ 庞明启 // 开封大学学报，2015（1）
05144 苏过诗歌的地域文化特色［D］/ 仝芳川．—西南交通大学（硕士论文），2015
05145 苏过至纯至孝东坡季子的别样人生［N］/ 张玉 // 眉山日报，2016-09-18
05146 惠州西湖朝云墓历史沿革与现状研究：兼论朝云崇拜对惠州城市文化的意义［J］/ 侯慧梅 // 神州民俗，2016（11）

思想研究

总　论

05147 谐谑成性的苏东坡［J］/ 洪为法 // 青年界，1934，5（3）
05148 谐谑成性的苏东坡［J］/ 洪为法 // 文化月刊，1934（3）
05149 随笔：苏东坡［J］/ 不详 // 东华（东京），1934（68）
05150 美髯诗人苏东坡［J］/ 王德箴 // 文艺月刊，1936（6）
05151 苏东坡评价（待续）［J］/ 暑堂 // 先导，1942（2）
05152 苏东坡评价（续）［J］/ 暑堂 // 先导，1942（3）
05153 东坡之豪放［J］/ 草间 // 津津月刊，1943（4）
05154 东坡先生的人生观［J］/ 周贵善 // 嘉兴青年中学校刊，1946（6）
05155 三苏的思想：宋议论派的立意达辞文学说第一节［J］/ 罗根泽 // 学识，1947，1（10）
05156 幽默谈苏东坡的幽默［N］/ 木鱼 // 民声报，1947-09-07
05157 不要美化苏轼［J］/ 何明 // 文学遗产，1958（216）
05158 略谈关于苏轼的评价问题［N］/ 曹冷泉 // 陕西日报，1959-07-24
05159 苏东坡是一位革命思想家［J］/ 费友仁 // 大学生活，1962，7（21）
05160 苏轼在海南岛时期的思想和创作［N］/

曹思彬 // 光明日报，1962-02-04

05161 苏轼的政治思想和苏诗的艺术成就［J］/ 谢善继 // 江汉学报，1962（3）

05162 苏轼思想简论［J］/ 杨运泰 // 新建设（哲学社会科学），1962（7）

05163 苏东坡襟怀浩落［N］/ 李里 // 自立晚报，1963-07-27

05164 苏东坡的人生观［J］/ 费海玑 // 幼狮月刊，1967，26（3）

05165 由苏东坡的诗文看他的思想［J］/ 张秀璃 // 台大青年，1970，59（1）

05166 论苏东坡的哲学思想［J］/ 周世辅 // 建设，1972，21（3）

05167 苏东坡的性格与人格［J］/ 陈宗敏 // 中华文化复兴月刊，1973，6（4）

05168 苏东坡的性格与为人［J］/ 胡信田 // 内明，1974（27）

05169 东坡谪居黄州后的心境［J］/ 蔡英俊 // 鹅湖月刊，1976（4）

05170 试谈苏轼的思想［J］/ 解锡三，何凤奇 // 齐齐哈尔大学学报（哲学社会科学版），1978（3）

05171 试谈有关苏轼评价的几个问题［J］/ 刘乃昌 // 河南大学学报（社会科学版），1979（2）

05172 苏轼的政治思想和他对待人民的态度［J］/ 匡扶 // 甘肃师范大学学报（哲学社会科学版），1979（4）

05173 论苏轼“言必中当世之过”的创作思想［J］/ 徐中玉 // 社会科学战线，1980（3）

05174 人品·创作·风格：从宋词“豪放派”领袖苏轼谈起［J］/ 朱捷 // 山西师范大学学报（社会科学版），1980（4）

05175 郭沫若与苏东坡［J］/ 王锦厚，伍加伦 // 郭沫若研究，1980（6）

05176 从苏轼的性格谈来［J］/ 郭因 // 读书，1980（11）

05177 苏东坡对科学的贡献初探（摘要）［J］/ 季元龙，刘德仁，刘佳寿 // 四川师范学院学报（自然科学版），1981（1）

05178 湘州与苏轼的思想演变［J］/ 王树芳 // 嘉兴师专学报，1981（2）

05179 文哲零缣：苏东坡的心灵世界［J］/ 袁保新 // 鹅湖，1982，7（12）

05180 从谪黄诗作看苏轼思想［J］/ 曾俊伟 // 黄冈师范学院学报，1982（3）

05181 论苏轼：纪念苏轼逝世八百五十年［J］/ 杨刚 // 福建师范大学学报（哲学社会科学版），1982（3）

05182 有关对苏轼评价的几个问题：苏轼研究学会全国第二次学术讨论会主要观点简介［J］/ 谢桃坊 // 天府新论，1982（6）

05183 话说苏轼的“闲情”［J］/ 田迎五 // 教学与研究（中学物理版），1983（1）

05184 积极乐观才是苏轼的本色［J］/ 丛鉴 // 昭乌达蒙族师专学报，1983（1）

05185 杂谈：苏东坡的处贫妙方［J］/ 田丁 // 财务与会计，1983（1）

05186 苏轼，豪放、婉约两擅其长［J］/ 不详 // 语文教学与研究，1983（2）

05187 论苏轼“悲歌为黎元”的精神［J］/ 夏露 // 华中师范学院（研究生学报），1983（5/6）

05188 从苏轼与苏辙的唱和诗词看苏轼的思想［J］/ 姚学贤 // 信阳师范学院学报（哲学社会科学版），1984（1）

05189 执着热爱生活的苏轼［J］/ 康建常 // 安阳师专学报（哲学社会科学版），1984（1）

05190 苏东坡的个性［J］/ 不详 // 读者文摘，1984（4）

05191 苏轼灵感论初探［J］/ 金谄净 // 江淮论坛，1984（6）

05192 让东坡居士含笑九泉［J］/ 冯肇怡 // 惠

州学院学报，1984（S1）

05193 苏轼历史观论略：苏轼研究之四［D］/夏露．—华中师范学院（硕士论文），1984

05194 试论苏轼的寓惠思想［J］/王启鹏//惠阳师专学报（社会科学版），1985（1）

05195 试论苏轼历史人物论的特色［J］/樊德三//淮北煤师范学院学报（社会科学版），1985（2）

05196 从三件事看苏东坡的务实精神［J］/坚白//甘肃社会科学，1985（4）

05197 苏轼的“士气”论［J］/黄鸣奋//厦门大学学报（哲学社会科学版），1985（4）

05198 苏轼的尚静思想［J］/黄鸣奋//晋阳学刊，1985（4）

05199 从“洛蜀之争”看文、道之争［J］/金诤//江汉论坛，1985（9）

05200 略论苏轼的意义［J］/谢桃坊//社会科学研究，1986（1）

05201 苏轼的风格论［J］/程千帆，莫砺锋//成都大学学报（社会科学版），1986（1）

05202 通潮阁：东坡渡海处［J］/冯仁鸿//文史杂志，1986（1）

05203 试论苏轼早期人生思想的发展及其在诗歌中的表现［J］/阎笑非//北方论丛，1986（2）

05204 苏轼论陶渊明［J］/龚斌//九江师专学报（哲学社会科学版），1986（4）

05205 从苏东坡的三首词看苏东坡对人生奥秘探求的三个境界［J］/梁福根//河池学院学报，1987（2）

05206 苏东坡与林则徐［J］/周轩//社会科学研究，1987（2）

05207 苏轼思想“大杂烩”论辨［J］/李庆皋//辽宁师范大学学报（社会科学版），1987（3）

05208 苏轼的“观物必造其质”说：苏轼如何认识、观察、表现生活？［J］/徐中玉//文艺理论研究，1987（4）

05209 从苏东坡的臆断看观察障碍［J］/何强威//大众心理学杂志，1987（6）

05210 试论苏轼的人生观［J］/王金昌//文史知识，1987（8）

05211 苏东坡不悔做诗人［J］/刘隆有//决策与信息，1987（9）

05212 苏轼的人性论的特色［J］/彭久松//中国哲学史研究，1988（2）

05213 苏东坡生平思想研究［J］/冯媛，贾婵林，饶学刚//黄冈师范学院学报，1988（4）

05214 苏东坡文艺思想研究［J］/不详//黄冈师范学院学报，1988（4）

05215 漫说苏轼《纵笔》诗［J］/周先慎//北京大学学报（哲学社会科学版），1988（5）

05216 论苏轼岭海时期的思想与创作［J］/张海滨//宁夏大学学报（人文社会科学版），1989（1）

05217 妙联组成东坡传［J］/刘瑞明//文史杂志，1989（1）

05218 论苏轼文化人格的独立性［J］/张惠民//汕头大学学报（人文社会科学版），1989（3）

05219 思无邪：苏轼美学的逻辑起点［J］/涂道坤//中国人民大学学报，1989（3）

05220 苏轼、叶适人口思想之比较［J］/董淮平//人口学与计划生育，1989（3）

05221 苏东坡的书论与禅悦之风［J］/王南溟//书法研究，1989（4）

05222 苏轼岭海时的心态模式［J］/李越深//北方论丛，1989（4）

05223 苏轼熙宁赴杭时期的文化意识初探［J］/唐玲玲//海南大学学报（人文社会科学版），1989（4）

05224 多情总被无情恼：小议苏轼［J］/梅白//

语文学刊，1989(5)

05225 《钱塘集》罹祸苏东坡[J]/李晚成//知识窗，1989(5)

05226 试论苏轼黄州时期的思想及有关作品[J]/阎笑非//北方论丛，1989(5)

05227 苏轼的人生思考和文化性格[J]/王水照//文学遗产，1989(5)

05228 论苏轼《书传》的政治思想[J]/邓潭洲//求索，1989(6)

05229 苏轼的悲剧[J]/伍伟民//方法，1989(6)

05230 苏轼"人生如梦"辨析[J]/李兆群//中文自学指导，1989(8)

05231 用舍俱无碍，飘然不系舟：略论苏轼的旷达[J]/越彤//文科教学，1989(3-4)

05232 试论苏轼居海南时期的思想与影响[J]/韩介光//广东文献季刊，1990，20(1)

05233 论苏轼的悲剧意义[J]/尹占华//天府新论，1990(1)

05234 试论苏轼的文化"原型"意义[J]/张海鸥//烟台师范学院学报(哲学社会科学版)，1990(1)

05235 论苏轼崇尚的容忍[J]/赵炳耀//殷都学刊，1990(4)

05236 试论苏轼贬谪时期的思想与创作[J]/张晶//中州学刊，1990(6)

05237 寻求超越的苦痛灵魂：苏轼[J]/彭宇//齐齐哈尔师范学院学报(哲学社会科学版)，1990(6)

05238 从苏诗的用典看苏轼晚年"忠君"思想的变化[J]/张福庆//江汉论坛，1990(7)

05239 苏东坡切问近思创新风[J]/金家乃//人才，1990(11)

05240 论苏轼的性格特质[J]/阚乃虎，华素华//安徽技术师范学院学报，1991(1)

05241 词人苏轼思想心态探析[J]/张金同//固原师专学报，1991(2)

05242 试论苏轼的幽默艺术[J]/吴家和//福建教育学院学报，1991(2)

05243 苏、辛退居时期的心态平议[J]/王水照//文学遗产，1991(2)

05244 苏轼思想的三个时期[J]/高明泉//固原师专学报，1991(3)

05245 对传统士大夫人格的超越：论苏轼黄州时的思想与实践[J]/冷成金//中国人民大学学报，1991(4)

05246 苏轼谪儋时期的心态与文风[J]/陈祖美//江海学刊，1991(6)

05247 苏轼的人生苦难和精神境界[J]/张金同//固原师专学报，1992(1)

05248 庄子与古典浪漫主义论略[J]/张碧波，吕世纬//学习与探索，1992(1)

05249 试论苏轼的"行云流水"创作观[J]/王启鹏//惠阳师专学报，1992(2)

05250 论苏轼的人生态度及与儒道释的交融[J]/常为群//南京师范大学学报(社会科学版)，1992(3)

05251 心灵深处的炼狱：苏轼黄州时期的精神境界[J]/张金同//青海民族学院学报，1992(3)

05252 屈原与苏轼人生价值观浅探[J]/童肇勤，喻斌//郧阳师范高等专科学校学报，1992(4)

05253 苏轼论"身与竹化"的审美意象[J]/王世德//西南师范大学学报(人文社会科学版)，1992(4)

05254 苏轼与仇池[J]/宁世忠//社科纵横，1992(4)

05255 郝斌·苏东坡才智溶于"善"[J]/不详//学习与人，1992(春季号)

05256 浅谈宋初社会文化氛围对苏轼人格的影响[J]/田龙过//汉中师范学院学报(哲

学社会科学版），1993（1）

05257 苏轼的人格思想［J］/ 杨胜宽 // 乐山师范学院学报，1993（1）

05258 苏轼岭海时期的思想与实践［J］/ 冷成金 // 中国人民大学学报，1993（2）

05259 漫谈苏轼思想在被谪黄州前后的发展［J］/ 任访秋 // 语文学刊，1993（4）

05260 大文人苏轼［J］/ 邢海珍 // 北方文学，1993（10）

05261 苏轼的幽默［J］/ 不详 // 文史知识，1994（1）

05262 论苏轼的人格风貌与魅力［J］/ 张仲谋 // 扬州师范学院学报社会科学版，1994（2）

05263 人生在世需豁达［J］/ 韦钦云 // 政工学刊，1994（2）

05264 道德人格与艺术生命的契合点：试论苏轼之气的表现特征［J］/ 杨胜宽 // 社会科学研究，1994（3）

05265 论苏轼旷达人生风格的基本内容［J］/ 王兰 // 齐鲁学刊，1994（3）

05266 浅谈儒、道、佛的碰撞对中国古代文学名家的影响［J］/ 赵彩芬 // 邢台师专学报，1994（3）

05267 论苏东坡的人生幽默及其文化内蕴［J］/ 刘尊明 // 湖北大学学报（哲学社会科学版），1994（4）

05268 苏轼的人生境界［N］/ 徐中玉 // 文汇报，1995-04-18

05269 我也逢场作戏莫相疑：苏东坡思想谈片［J］/ 张承鹄 // 安顺师范高等专科学校学报，1995（1）

05270 试论苏轼的艺术追求与人格境界的统一［J］/ 杨胜宽 // 四川大学学报（哲学社会科学版），1995（2）

05271 苏轼的另一面与我们［J］/ 翟国选 // 新闻爱好者，1995（2）

05272 东坡幽默诙谐性格论［J］/ 庆振轩 // 兰州大学学报（自然科学版），1995（3）

05273 苏东坡的灵魂拯救：苏东坡思想论［J］/ 程光泉 // 东方论坛，1995（3）

05274 浅析苏轼的旷达［J］/ 王其垲 // 新乡师范高等专科学校学报，1995（4）

05275 苏东坡丧妻之痛［J］/ 王琳祥 // 知识窗，1995（4）

05276 苏轼朱熹文化人格之比较［J］/ 张毅 // 文学遗产，1995（4）

05277 苏轼对待挫折的一面镜子［J］/ 梁山 // 健康天地，1995（6）

05278 苏轼的品性与词风［J］/ 庞小鸽 // 玉林地区教育学院学报（综合版），1995（34）

05279 苏轼的人生哲学［J］/ 程林辉 // 中国文化月刊，1995（192）

05280 直抒胸臆、纯任自然：从东坡的诗词文看东坡的人格［J］/ 郑向恒 // 宋代文化研究，1995

05281 惠儋时期的苏轼人格［J］/ 田龙过，李颖 // 枣庄师范专科学校学报，1996（1）

05282 浅说苏轼悲剧的个人因素［J］/ 卢定虎 // 杭州师范学院学报（自然科学版），1996（1）

05283 苏东坡：传统批判与环状思维：关于中国的“近代”问题［J］/ 马树德 // 中国文化，1996（1）

05284 苏轼人格的文化内涵与美学特征［J］/ 邹志勇 // 山西大学学报（自然科学版），1996（1）

05285 苏轼诗中的品格美［J］/ 张尹炫 // 菏泽师范专科学校学报，1996（1）

05286 天真烂漫是吾师：苏东坡的悲剧精神［J］/ 程武 // 黄梅戏艺术，1996（1）

05287 人生目的的阙失与灵魂拯救：苏东坡思想综论［J］/ 程光泉 // 济南大学学报（社

会科学版），1996（2）

05288 苏东坡的嘲讽艺术［J］/ 王志 // 思维与智慧，1996（2）

05289 略论黄州时期的苏轼人格［J］/ 田龙过 // 唐都学刊，1996（3）

05290 苏轼易学与其人格［J］/ 耿亮之 // 周易研究，1996（3）

05291 论苏轼的人生哲学［J］/ 马银华 // 山东省工会管理干部学院学报，1996（5）

05292 无怨无悔苏东坡［J］/ 徐恒足 // 文史春秋，1996（5）

05293 东坡超然文化与密州儒商文化再显辉煌:《苏轼在密州》编纂出版之贡献［J］/ 饶学刚 // 甘肃社会科学，1996（6）

05294 苏轼史学思想述论［J］/ 王云飞 // 史学月刊，1996（6）

05295 天地精神境界：评苏轼岭海时的人生反思［J］/ 朱靖华 // 新东方，1996（6）

05296 苏轼诗词中“人生如梦”观探微［J］/ 侯兴维 // 吉林师范学院学报，1996（7）

05297 苏轼黄州时的生活方式及社会意义［J］/ 梅大圣 // 江汉论坛，1996（7）

05298 突破前人 突出密州：评《苏轼在密州》［J］/ 景高 // 文史知识，1996（7）

05299 苏东坡：传统批判与环状思维：关于中国的“近代”问题［J］/ 顾彬 // 中国文化·风云时代，1996（13）

05300 “五天登州府，千年苏公祠”［N］/ 赵相如 // 人民日报，1997-07-04

05301 从诗和禅联姻的流变解读谢榛的禅悟说［J］/ 李庆立 // 苏州大学学报（哲学社会科学版），1997（1）

05302 论苏轼崇尚的容忍品德［J］/ 任雪浩 // 天津职业技术师范学院学报，1997（1）

05303 苏轼躬耕的苦与乐［J］/ 杨胜宽 // 乐山师范学院学报，1997（1）

05304 才思过人的苏东坡等［J］/ 胡文凯 // 知识窗，1997（2）

05305 试论苏轼文学创新精神的成因［J］/ 丁睿 // 贵州教育学院学报（社会科学版），1997（2）

05306 苏轼：睿智文人的人生感悟与处世态度［J］/ 杨海明 // 吴中学刊（社会科学版），1997（2）

05307 苏轼黄州时期思想情绪浅测［J］/ 胡娅 // 开封大学学报，1997（2）

05308 苏轼史学思想述论［J］/ 王云飞 // 历史学，1997（2）

05309 庄子与中国启蒙文学源流［J］/ 赵稀方 // 南京大学学报（哲学·人文科学·社会科学版），1997（3）

05310 北宋朝野人士对西夏的看法［J］/ 李华瑞 // 安徽师范大学学报（哲学社会科学版），1997（4）

05311 论陶渊明“固穷节”对苏轼晚年“处穷”生活的影响［J］/ 梅大圣 // 乐山师专学报（社会科学版），1997（4）

05312 苏轼性格特征的文化阐释［J］/ 王建平 // 河南社会科学，1997（6）

05313 论苏东坡的人生观［J］/ 蔡秀玲 // 台中商专学报，1997（29）

05314 人生目的的阙失与灵魂拯救：苏东坡思想综论［D］/ 程元泉．—中国人民大学（硕士论文），1997

05315 论陶渊明“固穷节”对苏轼晚年“处穷”生活的影响［J］/ 梅大圣 // 九江师专学报，1998（1）

05316 苏轼的人生态度与人生体味［J］/ 杨胜宽 // 文史哲，1998（1）

05317 苏轼寓惠思想的三个飞跃［J］/ 王启鹏 // 惠州大学学报（社会科学版），1998（1）

05318 名人研究·苏轼［J］/ 不详 // 中国语言文学数据信息，1998（2）

05319 浅析苏轼人生幽默观的形成和特征

［J］/ 王昭 // 珠海教育学院学报综合版，1998（2）

05320 苏轼的生存智慧与生命智慧［J］/ 邓立勋 // 船山学刊，1998（2）

05321 谪贬的“孤鸿”：论苏轼黄州时期的思想和创作［J］/ 舒韶雄 // 黄石教育学院学报，1998（2）

05322 超然：苏东坡思想的精髓［J］/ 王启鹏 // 惠州大学学报（社会科学版），1998（3）

05323 自是先生游物外，非关此地独超然：论苏轼超然精神的哲理内涵［J］/ 杨胜宽 // 乐山师范学院学报，1998（3）

05324 苏轼乐观精神的由来［J］/ 任京生 // 华夏文化，1998（4）

05325 苏轼文化“原型”研究［J］/ 谭玉良 // 川东学刊（社会科学版），1998（4）

05326 闲话苏东坡［J］/ 老丁 // 文物天地，1998（5）

05327 苏东坡与晚明个性解放思潮［C］/ 武守志 //《国学论衡》第一辑：甘肃中国传统文化研究会学术论文集 / 甘肃中国传统文化研究会，1998

05328 苏东坡与晚明个性解放思潮［J］/ 武守志 // 国学论衡，1998

05329 密州的文化氛围与苏轼知密州时期思想与创作的转变［J］/ 张崇琛 // 齐鲁学刊，1999（1）

05330 苏轼早期思想嬗变概要［J］/ 谭玉良 // 康定民族师范高等专科学校学报，1999（1）

05331 从苏词看苏轼的人生感悟与处世态度［J］/ 杨海明 // 山西大学学报（哲学社会科学版），1999（2）

05332 回归宁静：中国古代文人追求宁静的心路历程［J］/ 王建 // 贵州社会科学，1999（2）

05333 民族文学交流的使者：苏轼：兼论民族文学交流史上的“精神互补”［J］/ 邓敏文 // 民族文学研究，1999（3）

05334 试论苏轼文化人格的建构［J］/ 温斌 // 阴山学刊，1999（3）

05335 苏轼岭海时的遭遇和人生反思［J］/ 谭玉良 // 康定民族师范高等专科学校学报，1999（3）

05336 苏轼不朽的文学精灵［J］/ 沈伯俊 // 今日四川，1999（4）

05337 向苏东坡敬酒［J］/ 汪文镛 // 作文通讯，1999（7）

05338 一位儒学实践者的悲喜剧：苏轼的个性与时代精神的冲突与融合［J］/ 方志远 // 文史知识，1999（9）

05339 不识苏轼犹自可［J］/ 牧惠 // 北京观察，1999（10）

05340 苏东坡的南华情缘［J］/ 吴孝斌 // 粤北乡情，1999（41）

05341 李白与苏轼性格命运之比较［D］/ 李霜琴 . —安徽大学（硕士论文），1999

05342 试论苏轼与中国传统文化精神［J］/ 苏蔓 // 四川教育学院学报，2000，16（9）

05343 乐观的情怀、旷达的气概［N］/ 葛江军 // 河北科技报（城市版），2000-07-26

05344 论苏轼迁谪期间的精神胜利法：兼探封建士大夫的文化心态［J］/ 周云龙 // 中国文学研究，2000（1）

05345 论苏武的诗性人格［J］/ 王向峰 // 沈阳大学学报，2000（1）

05346 苏轼的幽默和生存艺术［J］/ 谭玉良 // 达县师范高等专科学校学报，2000（1）

05347 苏轼少年时期思想探微［J］/ 邱俊鹏 // 文学遗产，2000（1）

05348 苏轼史论文中的人格思考［J］/ 陈晓芬 // 吉安师专学报，2000（1）

05349 苏轼思乡情结散论［J］/ 张震，蒋雪艳 //

泰安教育学院学报岱宗学刊，2000(1)

05350 一尊儒术与三教杂糅：试论苏轼斑驳复杂的世界观[J]/汤岳辉//惠州大学学报(社会科学版)，2000(1)

05351 审美主体的生成与人生意义的实现：苏轼人生魅力论[J]/陈友康//东方丛刊，2000(2)

05352 苏轼生命意识片论[J]/赵章超，王远明//乐山师范高等专科学校学报，2000(2)

05353 出世态度入世业：对苏轼人生态度的一点思考[J]/张尹炫//齐鲁学刊，2000(3)

05354 浅论苏东坡的人格魅力[J]/赵勇//河南商业高等专科学校学报，2000(3)

05355 试论苏轼的"平民化"[J]/廖秀勇//德阳教育学院学报，2000(3)

05356 宋代《史记》人物史评与诗评之比较举隅[J]/黄秀坤//北华大学学报(社会科学版)，2000(3)

05357 从《和陶诗》看苏轼晚年心态[J]/韩国强//琼州大学学报，2000(4)

05358 苏轼饮酒词人生思索浅析[J]/马丁良//苏州教育学院学报，2000(4)

05359 一肚皮不合入时宜：苏轼不遇的性格原因探析[J]/黄小蓉//广西师范学院学报(哲学社会科学版)，2000(4)

05360 再论苏轼学陶"固穷节"的文化内涵：兼谈陶渊明与苏轼理想人格模式[J]/梅大圣//鄂州大学学报，2000(4)

05361 冲突与和解：试论王安石与东坡之情谊[C]/王隆升//千古风流：东坡逝世九百年纪念学术研讨会论文集/辅仁大学，2000

05362 生命的悲剧意识：苏轼"梦"研究[D]/武建富.—兰州大学(硕士论文)，2000

05363 苏轼贬儋时期的精神支柱与自我排遣[C]/邱俊鹏//千古风流：东坡逝世九百年纪念学术研讨会论文集/辅仁大学，2000

05364 苏东坡的灵活变通[N]/周仁旺//广东公安报，2001-06-02

05365 从和陶诗看苏轼晚年心态[J]/韩国强//盐城师范学院学报(人文社会科学版)，2001(1)

05366 苏轼论士君子人格及其履践[J]/张进，张惠民//唐都学刊，2001(1)

05367 从"声无哀乐论"到"书初无意于佳乃佳"[J]/金玉甫//书法研究，2001(2)

05368 东坡居士及其家人眷属[J]/许美中//广东佛教，2001(2)

05369 豁达与执着：苏东坡的生命哲思[J]/张晨//社会科学辑刊，2001(2)

05370 儒道互补 自适其性：从李白、苏轼等看封建文士的处世心态[J]/王宝琴//牡丹江大学学报，2001(2)

05371 真者无畏 善者无私 智者无忧——论李白·杜甫·苏轼的人格精神[J]/胡萍//湖南社会科学，2001(2)

05372 从苏轼在海南的诗文究其晚年的人生观[J]/陈丽//琼州大学学报，2001(3)

05373 戚戚怨嗟与安土忘怀：韩愈苏轼岭表处穷及其人格意识比较谈[J]/杨子怡//周口师范高等专科学校学报，2001(3)

05374 从题咏赤壁图诗解读明代前期知识分子的心灵痛苦[J]/郭春萍//中国矿业大学学报(社会科学版)，2001(4)

05375 苏东坡：不是思想家的思想家[J]/武守志//兰州教育学院学报，2001(4)

05376 苏轼超然思想探析[J]/陈冬梅//聊城师范学院学报(哲学社会科学版)，2001(5)

05377 苏轼的人生智慧[J]/张进//人文杂志，2001(5)

05378 心灵的故事：析苏轼的个性魅力[J]/吕晓英//浙江师范大学学报(社会科学版)，2001(5)

05379 苏轼的创造及其人格魅力：纪念苏轼逝世900周年[J]/朱靖华//黄冈师范学院学报，2001(6)

05380 吞山川之浩气 接生民之朴直：从苏轼的词作看苏轼人格的魅力[J]/张海红//赤峰教育学院学报，2001(6)

05381 试论苏轼的名实思想[J]/许吟雪，许孟青//西南民族学院学报(哲学社会科学版)，2001(7)

05382 中国传统文人的三种生命情调：以屈原、陶渊明、苏东坡为例[J]/朱荣智//国文天地，2001，16(11)

05383 苏轼《书传》的思想义涵[J]/李云龙//孔孟学报，2001(79)

05384 生活经典：分享苏东坡豁达的人生观[J]/马铭浩//张老师月刊，2001(285)

05385 宋苏轼清正廉明百姓爱戴[N]/周桂仙//天津日报，2002-05-13

05386 惟将翰墨留染濡[N]/京夫//陕西日报，2002-07-26

05387 基本人生取向与人格理想：论苏轼与黄庭坚的内在契合[J]/崔铭//南京师范大学学报(社会科学版)，2002(1)

05388 永远的东坡[J]/阿郎//草地，2002(1)

05389 论苏轼的人格魅力[J]/周先慎//北京大学学报(哲学社会科学版)，2002(2)

05390 苏轼人生的基质及审美度向[J]/赵冬梅，苗田//齐鲁学刊，2002(2)

05391 苏轼外任或谪居时期的疏狂心态[J]/张海鸥//中国文化研究，2002(2)

05392 试析苏轼思想的旷达与矛盾[J]/程美华，肖付华//阜阳师范学院学报(社会科学版)，2002(3)

05393 苏轼的综合论及综合研究苏轼[J]/朱靖华//中国人民大学学报，2002(3)

05394 苏轼论创造成功的七要素:《苏轼创造奥秘》之一章[J]/朱靖华//井冈山师范学院学报，2002(3)

05395 苏轼论为学之道[J]/张进//唐都学刊，2002(3)

05396 试论苏轼认同陶渊明却终未归隐之原因[J]/朱秋德//石河子大学学报(哲学社会科学版)，2002(4)

05397 真骨傲霜：浅论苏轼的文化性格内核[J]/许外芳，黄清发//中州学刊，2002(4)

05398 对传统文化的反思与建构：论苏轼思想的“自己构成自己”[J]/朱靖华//惠州学院学报，2002(5)

05399 苏轼与士大夫趣味[J]/黄建华//上海大学学报(社会科学版)，2002(5)

05400 论苏轼复杂矛盾的世界观[J]/杨艳梅，杨晖//社会科学战线，2002(6)

05401 微苦的旷达：浅析苏轼非隐即隐的精神境界[J]/王晓莉//天中学刊，2002(6)

05402 从北宋学术思潮看苏氏之学[J]/涂美云//东吴中文学报，2002(8)

05403 也谈苏轼的人生态度：与谭荣、王永烈二先生商榷[J]/丁日宏//中学语文(教师版)，2002(9)

05404 论韩愈苏轼岭表处穷及其人格精神[J]/杨子怡//中国文化月刊，2002(267)

05405 从苏东坡的涵养谈情绪控制[N]/言凤鸣//卫生与生活报，2003-03-24

05406 泛系相对性：苏轼庐山悟：一种认知模式[J]/李永礼//凉山大学学报，2003(1)

05407 论苏轼出世与入世的矛盾情结[J]/杨汉瑜//重庆社会工作职业学院学报，2003(1)

05408 苏轼：苦难的智者，不羁的心灵：漫步苏轼的内心世界［J］/ 高巧苹 // 西北成人教育学报，2003（1）

05409 从超越自我到超越士人：论黄州时期苏轼人格的超越［J］/ 赵伟东 // 学习与探索，2003（2）

05410 论苏轼的生命价值选择及其消解痛苦的方式［J］/ 方星移 // 韩山师范学院学报（社会科学版），2003（2）

05411 论苏轼岭海时期学陶情结［J］/ 梅大圣 // 韩山师范学院学报，2003（2）

05412 论元曲家笔下的苏轼形象［J］/ 赵义山，田欣欣 // 中国文学研究，2003（2）

05413 苏轼人生观的形成及文化意义［J］/ 林光华 // 乐山师范学院学报，2003（2）

05414 苏轼审美人生论［J］/ 王洪 // 乐山师范学院学报，2003（2）

05415 苏轼诗文“因物赋形”精神探微［J］/ 李显根 // 甘肃行政学院学报，2003（2）

05416 从苏轼作品看其时代精神［J］/ 朱梅芳 // 青海师专学报，2003（3）

05417 论苏轼对屈原精神的承继与新变［J］/ 邓莹辉 // 西南民族大学学报（人文社会科学版），2003（3）

05418 世事饱谙思缩手，主恩未报耻归田：苏轼谪居黄州期间思想的变化［J］/ 方星移 // 荆州师范学院学报，2003（3）

05419 庄学之生命观及文学中的反对与理解［J］/ 陈引驰 // 学术月刊，2003（3）

05420 达·芬奇的“镜子”说与苏轼的“随物赋形”说［J］/ 赵炜 // 文史杂志，2003（4）

05421 黄州时期苏轼的精神创新及其人格魅力［J］/ 李显根 // 湖湘论坛，2003（4）

05422 论苏轼文化人格的矛盾与统一［J］/ 张进 // 唐都学刊，2003（4）

05423 苏东坡的客家情［J］/ 冬儿 // 福建乡土，2003（4）

05424 外枯而中膏 似淡而实美：试论苏轼的“枯淡论”［J］/ 金灵芝，韩光明，樊世春 // 伊犁教育学院学报，2003（4）

05425 论苏轼的处世哲学［J］/ 邓立勋 // 湖湘论坛，2003（6）

05426 试论苏轼的“师陶情怀”与精神创新［J］/ 李显根 // 江汉论坛，2003（8）

05427 苏东坡的“三养”［J］/ 唐沁奎 // 源流，2003（9）

05428 善待自己，快乐为本：谈苏东坡的快乐之道［J］/ 姜仲华 // 思维与智慧，2003（10）

05429 零距离接触苏轼：从作品走进苏轼孤独的内心世界［J］/ 周道琴 // 语文教学通讯（高中刊），2003（11）

05430 苏轼专题学习的实践与思考［J］/ 倪岗，陈秋影 // 中学语文（教师版），2003（11）

05431 中国传统文人的三种生命情调：以屈原、陶渊明、苏东坡为例［J］/ 朱荣智 // 出版界，2003（68）

05432 读东坡［J］/ 李红 // 语文世界（高中版），2003（C2）

05433 从王维到苏轼［J］/ 曹明亮，潘寨民 // 景德镇高专学报，2004（1）

05434 论苏轼人格境界的庄学渊源［J］/ 王渭清，杨海明 // 榆林学院学报，2004（1）

05435 试论苏轼黄州时期的思想和创作［J］/ 胡秋宏 // 常州工学院学报（社会科学版），2004（1）

05436 从《东坡易传》看苏轼的情本论思想［J］/ 冷成金 // 福建论坛（人文社会科学版），2004（2）

05437 谈苏轼政治思想的进步性［J］/ 张福庆 // 外交评论·外交学院学报，2004（2）

05438 论苏东坡的归田情结［J］/ 邵明珍 // 文艺理论研究，2004（3）

05439 论苏轼的旷达与宋代文人的理性人生态度［J］/ 梁银林 // 西南民族大学学报（人文社会科学版），2004（3）

05440 苏轼的慈爱之心［J］/ 宫锐 // 初中生学习指导（二年级），2004（3）

05441 苏轼的审美心理经验管窥［J］/ 黄贞权 // 社会科学家，2004（3）

05442 苏轼黄州时期作品中的"人生如梦"探析［J］/ 徐峰 // 高等函授学报（哲学社会科学版），2004（3）

05443 自得与自适：陶潜与苏轼的心态比较［J］/ 张陈 // 涪陵师范学院学报，2004（3）

05444 从作品看苏轼的内心世界［J］/ 周道琴 // 语文知识，2004（4）

05445 达则兼济天下 穷则独善其身：论苏轼的自由人格［J］/ 马银华 // 聊城大学学报（社会科学版），2004（4）

05446 论苏轼的"心安"境界及其深层思想结构［J］/ 曹志平 // 西北师范大学学报（社会科学版），2004（4）

05447 试论苏东坡的睿达人生［J］/ 吕艳 // 珠海教育学院学报，2004（4）

05448 对传统士大夫人格的超越：论苏轼寓惠思想［J］/ 陈思君 // 惠州学院学报，2004（5）

05449 论苏轼精神［J］/ 汤克勤，汪平秀 // 温州大学学报，2004（5）

05450 试论苏东坡对常州地域文化的影响［J］/ 刘勇刚 // 常州工学院学报，2004（5）

05451 亦智亦勇苏东坡：浅析苏东坡的文化性格和人生态度［J］/ 宋爱荣 // 哈尔滨学院学报，2004（5）

05452 泛谈苏轼的淑世精神与旷放襟怀［J］/ 刘乃昌 // 中国韵文学刊，2004（6）

05453 苏轼的悲剧意识及其价值［J］/ 杜霖 // 扬州大学学报（人文社会科学版），2004（6）

05454 苏轼的创造［J］/ 李名隼 // 咬文嚼字，2004（7）

05455 苏轼的悲剧［J］/ 潘向彬，邱玉芬 // 内江师范学院学报，2004（S1）

05456 《周易》与苏轼蜀学［J］/ 范立舟 // 暨南史学，2004（1）

05457 从无处可逃到随缘自适［D］/ 郑子春．—东北师范大学（硕士论文），2004

05458 东坡诗文中的思想及其对生命教育的启示［D］/ 吴淑瑞．—明道管理学院（硕士论文），2004

05459 试论庄子对苏轼的影响［D］/ 孙明哲．—中山大学（硕士论文），2004

05460 苏轼的思想与文艺观［D］/ 薛松华．—新疆大学（硕士论文），2004

05461 真者无畏·善者无私·智者无忧：李白、杜甫、苏轼人格理想研究［D］/ 王宁宁．—西南师范大学（硕士论文），2004

05462 苏东坡：乐观处世［N］/ 不详 // 解放军报，2005-03-10

05463 重情豁达的苏轼［N］/ 袁洁敏 // 中山日报，2005-03-16

05464 妙笔可言：苏轼的幽默人生［N］/ 不详 // 文汇报，2005-09-10

05465 历史与空间：苏东坡的无奈［N］/ 不详 // 文汇报（香港），2005-09-24

05466 苏东坡：不可救药的乐天派［N］/ 岳晓东 // 北京科技报，2005-12-07

05467 东坡的灵感论［J］/ 朱靖华 // 惠州学院学报，2005（1）

05468 对人生的执着和超越：谈苏轼词的人生哲学［J］/ 李红萍 // 福建广播电视大学学报，2005（1）

05469 苏轼诗中"归"意识探析［J］/ 孙桂丽 //

河南工业大学学报（社会科学版），2005（1）

05470 塑造一个“真苏轼”:《中国苏轼研究》创刊词［J］/ 刘尚荣 // 黄冈师范学院学报，2005（1）

05471 子在川上曰，逝者如斯夫：论苏轼的时间诠释［J］/ 贾喜鹏 // 长治学院学报，2005，22（1）

05472 苏东坡的心［J］/ 不详 // 法制博览：下半月，2005（2）

05473 苏轼科技思想初探［J］/ 彭少辉 // 淮北煤炭师范学院学报（哲学社会科学版），2005（2）

05474 走进苏东坡的精神世界:《苏东坡的“内功”》赏读［J］/ 时鹏寿 // 中学生读写（高中），2005（2）

05475 别被“苏东坡效应”牵着鼻子走［J］/ 小禾 // 医药保健杂志，2005（3B）

05476 黄州时期苏轼的人生及思想浅论［J］/ 赵伟东 // 学术交流，2005（3）

05477 蜀学派文学家与《庄子》［J］/ 张爱民 // 兰州学刊，2005（3）

05478 宋代文学家与《庄子》［J］/ 张爱民 // 德州学院学报（哲学社会科学版），2005（3）

05479 遥想东坡［J］/ 张佐香 // 中国道路运输，2005（3）

05480 苏轼与我国民族文化性格的成熟：试论苏轼的文化意义［J］/ 吕特 // 船山学刊，2005（4）

05481 从《东坡易传》看苏轼的理想人格［J］/ 杨庆波，李秀原 // 黑龙江教育学院学报，2005（5）

05482 苏东坡人格特点剖析［J］/ 汪太云，张玲 // 淮南师范学院学报，2005（5）

05483 苏轼的文化人格分析［J］/ 刘刚 // 咸阳师范学院学报，2005（5）

05484 苏轼人格魅力的现代启示［J］/ 李鑫 // 西安文理学院学报（社会科学版），2005（5）

05485 苏轼超旷之生命观想及其内在实质析探［J］/ 林融婵 // 文学前瞻，2005（6）

05486 苏轼诗中的“病兽”意象研究［J］/ 高云鹏 // 乐山师范学院学报，2005（7）

05487 真放与旷达：李白苏轼人生态度和诗风比较［J］/ 何念龙 // 乐山师范学院学报，2005（8）

05488 东坡先生，有时候生命的真谛和情调，唯有寂寞的人才知道［J］/ 杨明 // 联合文学，2005，21（8）

05489 感受苏轼的苦痛与旷达［J］/ 张晓春 // 中外教学研究，2005（9）

05490 通变与通才：从“水”意象看苏轼的文化品格［J］/ 杨胜宽 // 乐山师范学院学报，2005（9）

05491 赤壁月明苏子心［J］/ 陶和洋 // 中学语文，2005（10）

05492 苏轼的人格与吏治［J］/ 陈正雄 // 崇右学报，2005（11）

05493 有容乃大，无欲则刚：简论苏轼独特的人格魅力［J］/ 苏晓红 // 中国科技信息，2005（15A）

05494 至情至性的苏轼［J］/ 袁玉干 // 作文周刊（综合版），2005（41）

05495 东坡的心［J］/ 姚牧云 // 全国优秀作文选（初中），2005（C1）

05496 我们崇敬您：苏东坡［J］/ 杨子丹 // 四川教育，2005（C1）

05497 读懂苏轼［J］/ 黎文雄 // 腾龙，2005（春华版）

05498 论苏轼的旷适人生［D］/ 杨翠琴．—内蒙古大学（硕士论文），2005

05499 苏东坡处世态度融入生命教育之教学研究［D］/ 曾千芳．—高雄师范大学（硕

士论文），2005

05500 通才的智慧：苏轼思维特征研究［D］/田义勇.—郑州大学（硕士论文），2005

05501 引苏轼名句，喻执着乐观［N］/徐海炜//文汇报（香港），2006-10-12

05502 东坡诗酒情［N］/不详//长春理工大学报，2006-11-29

05503 风趣苏东坡［N］/不详//青岛早报，2006-12-04

05504 从苏东坡的“胸有成竹”到郑板桥的“胸无成竹”看中华民族的创新精神［J］/金荷仙，彭镇华，华海镜，等//世界竹藤通讯，2006（1）

05505 论佛教对苏轼思想及人生态度的影响［J］/黄昭寅//现代语文（文学研究版），2006（1）

05506 论苏轼的“归隐情结”及其文化心态［J］/曹志平//齐鲁学刊，2006（1）

05507 论苏轼的超越态度［J］/王晶冰//山西高等学校社会科学学报，2006（1）

05508 论苏轼诗词中的思乡、归隐意蕴［J］/韦卫妮//广西教育学院学报，2006（1）

05509 别样的视角 别样的天空［J］/郭世轩//苏轼研究，2006（2）

05510 典范、对位、自我书写：论苏轼集中的《和陶拟古》九首［J］/李贞慧//清华学报，2006，36（2）

05511 青年苏轼的人生思考［J］/徐宇春//山西师范大学学报（社会科学版），2006（2）

05512 他年犹得作茶神，品茶品文品人生：茶和苏东坡的生活、文学及人生初探［J］/杨晓燕//农业考古，2006（2）

05513 陶渊明、苏轼生活态度和人生追求比较［J］/杨岳华//科教文汇（下半月），2006（2）

05514 小心避祸而又谨慎为义：论苏轼寓惠期间的心态及作为［J］/杨子怡//湛江师范学院学报，2006（2）

05515 论苏轼之动态心灵模式［J］/苑慧香//辽宁师范大学学报（社会科学版），2006（3）

05516 人生的感悟者：苏东坡［J］/边玙//河西学院学报，2006（3）

05517 外涉世而中遗物：禅宗思想影响下的苏轼人格精神［J］/马丁良//苏州教育学院学报，2006（3）

05518 也无风雨也无晴：解读苏轼的文化性格［J］/姚华//陕西教育学院学报，2006（3）

05519 长恨此身非我有：从苏轼看文学史对思想史规约的漫溢［J］/夏宏//文艺理论文摘卡，2006（3）

05520 庄子对苏轼谪居时期处世态度影响浅探［J］/赵彩芬//邢台学院学报，2006（3）

05521 韩愈苏轼民本意识比较谈［J］/杨子怡//苏轼研究，2006（4）

05522 论“苏、辛”并称的民族文化意义［J］/赵晓岚//苏州大学学报（哲学社会科学版），2006（4）

05523 论苏轼的人生态度［J］/郑苏淮，王长辉，陶耀辉，黄丽丽//南昌高专学报，2006（4）

05524 论苏轼的文化意义［J］/陈威行，王启鹏//惠州学院学报，2006（4）

05525 苏东坡的人情味［J］/遐思//高中生之友，2006（4）

05526 苏轼审美人生论［J］/木斋//苏轼研究，2006（4）

05527 文士悲情：高亢与清怨的抉择［J］/沈茂生//阜阳师范学院学报（社会科学版），2006（4）

05528 超越·自动·主我：苏轼人格思想取向阐释［J］/桓晓虹//南都学坛，2006（5）

05529 论苏轼的《春秋》学[J]/金生杨//西华大学学报(哲学社会科学版),2006(5)

05530 论苏轼的生活态度和人生追求[J]/杨岳华//黑河学刊,2006(5)

05531 苏东坡与当代大学生的理想[J]/孟云梅//科技信息(学术版),2006(5)

05532 论空静观在苏轼文艺创作中的表现[J]/李学珍//内蒙古电大学刊,2006(6)

05533 论苏轼的民胞物与思想及其产生的根源[J]/梁桂芳//枣庄学院学报,2006(6)

05534 浅论苏轼的人格精神[J]/李蓉//成都教育学院学报,2006(6)

05535 苏轼性格的双重性[J]/郑永祥//文学教育,2006(6)

05536 现实的话语权,一种贯通的精神:从苏轼和赵树理想到的[J]/贾喜鹏//长治学院学报,2006(6)

05537 柳宗元对苏轼的思想及其创作影响刍议[J]/王玮//乐山师范学院学报,2006(8)

05538 苏轼的实用理性表现及溯源[J]/王淑春//现代语文(文学研究版),2006(8)

05539 品读苏轼[J]/孟楠//同学少年,2006(10)

05540 苏轼文化人格之新探[J]/李志灵//现代语文(文学研究版),2006(10)

05541 苏轼的傲气与傲骨[J]/苏晋云//艺术评论,2006(11)

05542 东坡易传及其词中易境之诠释[J]/陈素英//国文学志,2006(12)

05543 耿直清廉的苏轼[J]/杨子才//中国监察,2006(12)

05544 苏东坡的人道主义精神[J]/郭杏芳//文学教育,2006(17)

05545 苏轼多元和谐的生命范式[J]/徐定辉//文学教育,2006(21)

05546 苏轼的人格魅力初探[J]/赵艳//文学教育,2006(23)

05547 苏轼黄州时期的归隐情结[J]/徐峰//文学教育,2006(23)

05548 苏东坡的幸福哲学[J]/张国庆//小区,2006(10Z)

05549 浅论苏轼在黄州时的人生思考[J]/陆蓉华//三江学院学报(综合版),2006(Z2)

05550 长恨此身非我有:从苏轼看文学史对思想史规约的漫溢[J]/夏宏//三峡大学学报(人文社会科学版),2006(1)

05551 苏轼对生命的科学感悟[N]/不详//科学时报,2007-04-06

05552 苏东坡心系黎民百姓的诸多事迹丰富了东坡寓惠文化内涵:大力弘扬东坡寓惠民生文化[N]/不详//惠州日报,2007-08-13

05553 历史与空间:“东坡居士”的生命意识[N]/不详//文汇报(香港),2007-11-06

05554 “不合时宜”的苏东坡[N]/陈家萍//华商报,2007-11-30

05555 学习苏东坡乐观看生活[N]/不详//安徽日报(农村版),2007-12-14

05556 向苏东坡学乐观[N]/不详//洛阳晚报,2007-12-15

05557 “不合时宜”的苏东坡[N]/不详//济南时报,2007-12-25

05558 向苏东坡学乐观(一)[N]/岳晓东//老年日报,2007-12-25

05559 乐观的生命舞者:苏东坡[J]/陈彩霞//山西广播电视大学学报,2007(1)

05560 浅论苏轼的独立文化性格[J]/王敏锐//牡丹江师范学院学报(哲学社会科学版),2007(1)

05561 苏轼对史事本意的追求:从《省试刑赏

忠厚之至论》谈起［J］/ 王基伦 // 长江学术，2007（1）

05562 志士的情怀和永不沉沦的人生：由《大江东去》看苏轼的旷达［J］/ 张虹 // 沧州师范专科学校学报，2007（1）

05563 从山水诗词看苏轼达观旷放的人格［J］/ 李艳 // 吕梁教育学院学报，2007（2）

05564 对苏轼旷达人生的粗浅解读［J］/ 程竞逸 // 安徽文学（下半月），2007（2）

05565 论苏轼积极入世的人生理念［J］/ 陈弼 // 常州工学院学报（社会科学版），2007（2）

05566 苏轼的孝道观念及表现［J］/ 贾喜鹏 // 语文学刊（基础教育版），2007（2）

05567 苏轼文化人格价值分析［J］/ 沈丽红 // 贵州民族学院学报（哲学社会科学版），2007（2）

05568 一肚皮不合时宜的苏东坡［J］/ 廖保平 // 新语文学习（教师版 中学专辑），2007（2）

05569 自然与淡泊：安道苦节的生命救赎——苏东坡黄州时诗词文赋映现的人生气象［J］/ 黄恩鹏 // 解放军艺术学院学报，2007（2）

05570 白居易与苏轼的忠州奇缘［J］/ 郑敬东 // 今日重庆，2007（3）

05571 韩愈苏轼人格意识和文化精神比较论［J］/ 杨子怡 // 天府新论，2007（3）

05572 试探苏轼乐观旷达的人生态度［J］/ 不详 // 青年文艺，2007（3）

05573 我国古代文人的进退观：从苏轼的诗词看其思想的转变［J］/ 于志强 // 时代文学（双月版），2007（3）

05574 从东坡作品中看苏轼的旷达人生［J］/ 谭淑红 // 辽宁师范大学学报（社会科学版），2007（4）

05575 浅析苏轼家书的三种互动［J］/ 李立臣，刘少坤 // 科学大众，2007（4）

05576 苏轼的人格魅力［J］/ 王亦敏 // 读与写（高中版），2007（4）

05577 苏轼隐逸思想浅析［J］/ 李蕊芹，许勇强 // 运城学院学报，2007（4）

05578 嫁人当嫁苏东坡［J］/ 彭素虹 // 文学港，2007（5）

05579 说苏轼［J］/ 不详 // 阅读与作文（初中版），2007（5）

05580 苏东坡的个性［J］/ 林语堂 // 中华活页文选（高一版），2007（5）

05581 苏轼“夜雨对眠”意象阐释［J］/ 姚明今，徐宇春 // 海南大学学报（人文社会科学版），2007（5）

05582 苏轼的孤独与美丽［J］/ 张慧敏 // 阅读与鉴赏（教研版），2007（5）

05583 中国古代性情文人的入仕情结：以陶渊明、李白、苏轼为例［J］/ 蒋琛 // 衡阳师范学院学报，2007（5）

05584 从“立德”“立功”“立言”的层面看苏轼所取得的成就［J］/ 王琴 // 乐山师范学院学报，2007（6）

05585 从苏轼词看其出世倾向的发展脉络［J］/ 肖培民 // 菏泽学院学报，2007（6）

05586 苏轼的人品与词风［J］/ 聂雪琴 // 科教文汇（中旬刊），2007（6）

05587 苏轼向苏东坡转变［J］/ 冯扬 // 前进论坛，2007（6）

05588 指归在批评：苏轼人生价值取向对当代知识分子的影响［J］/ 李思民 // 学术探索，2007（6）

05589 苏轼：痴情与薄幸的合体怪物［J］/ 佚名 // 精品 探索・发现，2007（7）

05590 大书家本真诗人［J］/ 孙稼阜 // 书法，2007（8）

05591 忧郁心绪与赤子情怀：苏轼贬官黄州时期的心态解析［J］/ 刘青山 // 现代语文

（文学研究版），2007（8）

05592 试论《超然台记》在苏轼思想发展中的地位［J］/王启鹏//乐山师范学院学报，2007（9）

05593 苏东坡的魅力［J］/樊庆林//青少年书法（青年版），2007（9）

05594 瞻仰苏轼［J］/付继枢//作文成功之路（高中版），2007（9）

05595 万物并育而不相害 道并行而不相悖——论苏轼的自然与人性观念［J］/杨胜宽//乐山师范学院学报，2007（10）

05596 苏东坡的性格与困境［J］/董敬民//海内与海外，2007（11）

05597 现实经验与文本经验的真实：由欧阳修、苏轼作品探究北宋地志书写与阅读［J］/张蜀蕙//东华人文学报，2007（11）

05598 略论苏轼的人格观［J］/龙路//文学教育（下），2007（12）

05599 生之于死：王羲之、苏轼生命观比较［J］/张建良//语文天地，2007（16）

05600 谈苏轼旷达的人生观［J］/朱江//语文天地，2007（16）

05601 苏东坡的人情味［J］/不详//清风苑（法律文摘），2007（22）

05602 儒、道、佛思想对苏轼人格魅力的影响［J］/翟玉肖//文教资料，2007（25）

05603 苏轼的人生观：月圆月缺是生命的二重奏［J］/不详//益寿文摘（合订本），2007（1332-1340）

05604 天才苏轼创新之谜［J］/赵军//阅读与作文（高中版），2007（C1）

05605 浮云世事改 孤月此心明：苏轼晚期心态论［D］/张馨心.—兰州大学（硕士论文），2007

05606 试论苏轼的生命体悟及现实价值［D］/杜美玲.—内蒙古大学（硕士论文），2007

05607 苏轼旷达新论［J］/曹智//文学前沿，2007

05608 苏轼书道初探［D］/宋德樵.—东吴大学（硕士论文），2007

05609 朱砂痣与明月光：试论苏轼生平境遇及其人格思想［D］/阿茹娜.—内蒙古大学（硕士论文），2007

05610 向苏东坡学乐观（二）［N］/不详//老年日报，2008-01-01

05611 向苏东坡学乐观（三）［N］/岳晓东//老年日报，2008-01-08

05612 向苏东坡学乐观：挫折能激发创造力乐观的生命更顽强［N］/不详//老年生活报，2008-01-11

05613 康震：苏东坡适合在野［N］/张弘//新京报，2008-01-29

05614 康震评说苏东坡人格魅力［N］/刘婷//北京晨报，2008-01-29

05615 康震评说苏东坡：勤于学习巧于读书少年成名（2）［N］/康震//广州日报，2008-03-06

05616 康震评说苏东坡［N］/康震//广州日报，2008-03-07

05617 康震评说苏东坡（5）［N］/康震//广州日报，2008-03-10

05618 康震评说苏东坡（6）［N］/康震//广州日报，2008-03-11

05619 康震：苏东坡十分孩子气［N］/不详//现代快报，2008-03-23

05620 “东坡精神”［N］/不详//钱江晚报，2008-03-31

05621 “东坡精神”就是以人为本［N］/陈慧君//眉山日报，2008-04-01

05622 看煞苏东坡［N］/施亮//深圳特区报，2008-04-14

05623 康震解读苏轼：东坡印象［N］/不详//黄石日报，2008-04-18

05624 看煞苏东坡[N]/施亮//安徽商报，2008-04-30

05625 苏轼被贬饮酒高歌[N]/不详//城市晚报，2008-04-30

05626 东坡精神光耀千秋[N]/蔡心华//眉山日报，2008-05-06

05627 康震带您走近苏东坡[N]/陶敏//扬州晚报，2008-06-13

05628 苏东坡是一堵墙[N]/不详//新京报，2008-07-10

05629 “知味”高人苏东坡[N]/不详//吉林日报，2008-07-17

05630 苏东坡的旷达与悲悯[N]/不详//大众日报，2008-08-29

05631 像苏轼一样幽默[N]/青丝//合肥晚报，2008-09-10

05632 历史与空间？东坡把酒邀月的失意人生[N]/张敬伟//文汇报（香港），2008-09-13

05633 “不合时宜”的苏轼[N]/梅桑榆//合肥晚报，2008-09-15

05634 苏东坡太中国人了[N]/不详//姑苏晚报，2008-09-17

05635 苏东坡：一个有趣人的几件不有趣的事[N]/不详//皖南晨刊，2008-09-18

05636 苏东坡的悲悯与旷达[N]/荆墨//牛城晚报，2008-09-18

05637 “一肚皮不合时宜”：苏轼人格漫谈[N]/不详//时代商报，2008-09-25

05638 “荆溪欲归老，浮玉偶同游”：苏轼与宜兴的旷世情缘[N]/不详//宜兴日报，2008-10-15

05639 “不合时宜”的苏轼[N]/不详//宿迁日报，2008-11-23

05640 苏轼的天真彰显智慧[N]/黄亚明//京华时报，2008-11-24

05641 朱靖华：苏轼的创作与其人格魅力[N]/不详//山西日报，2008-12-02

05642 苏轼人生智慧的五大妙招[N]/陈远岸//桂林晚报，2008-12-08

05643 风趣的苏东坡：古傲狂生[N]/不详//河池日报，2008-12-12

05644 一生为民的苏东坡[N]/王建锋//三江都市报，2008-12-13

05645 文友沙龙品读“苏东坡”[N]/不详//乐山日报，2008-12-14

05646 从东坡先生民本思想想到当代的和谐社会[J]/姚广圻//苏轼研究，2008(1)

05647 东坡精神光耀千秋[J]/心华//苏轼研究，2008(1)

05648 东坡文化精神永放光芒[J]/孙开中//苏轼研究，2008(1)

05649 激情讴歌东坡精神[J]/王世德//苏轼研究，2008(1)

05650 了悟人生 超越烦恼：论苏轼闲适观的形成[J]/张翠爱//西安文理学院学报（社会科学版），2008(1)

05651 略谈苏轼“辞达”说的学术背景[J]/许外芳//古籍整理研究学刊，2008(1)

05652 民间文学中的苏轼晚年形象[J]/朱宇晖//苏轼研究，2008(1)

05653 苏东坡的“如月人生”[J]/余耀中//金山，2008(1)

05654 苏轼的婉约词的人生理念[J]/不详//苏轼研究，2008(1)

05655 苏轼的“因物赋形”论[J]/马兴祥//河北科技大学学报（社会科学版），2008(1)

05656 苏轼人生观的文化解析[J]/刘彦斌//三门峡职业技术学院学报，2008(1)

05657 苏轼审美人生论[J]/王木斋//苏轼研究，2008(1)

05658 至真 至善 至美：苏轼人性化的光辉[J]/曾安源//怀化学院学报，2008(1)

05659 百姓的苏东坡[J]/刘艳琴//苏轼研究，2008(2)

05660 论苏轼的和谐精神世界[J]/肖胜云//时代文学(上半月)，2008(2)

05661 论苏轼以人为本的礼制观：兼论其合祭天地之主张[J]/杨胜宽//西华大学学报(哲学社会科学版)，2008(2)

05662 论朱熹对苏轼的批评与接受[J]/张进//唐都学刊，2008(2)

05663 浅谈苏轼为官中的百姓情感[J]/宋明刚//苏轼研究，2008(2)

05664 试与《走近东坡》编写者商榷[J]/梅芝子//苏轼研究，2008(2)

05665 也谈苏轼[J]/佚名//苏轼研究，2008(2)

05666 北宋全才苏东坡[J]/胡普信//中国酒，2008(3)

05667 不息于济世 超然于庄禅：浅析苏轼的文化人格[J]/刘刚//长春理工大学学报(高教版)，2008(3)

05668 从东坡词文看苏轼的人生思考[J]/徐峰//延安教育学院学报，2008(3)

05669 从苏轼词看其逆境中的乐观旷达[J]/姜扬//边疆经济与文化，2008(3)

05670 从苏轼作品欣赏其丰富而独立的人格魅力[J]/刘保庆//河南工业大学学报(社会科学版)，2008(3)

05671 从“吾学而仕”到“我愿天公怜赤子”：苏东坡民本思想的源流发展轨迹[J]/饶晓明//乐山师范学院学报，2008(3)

05672 “第六节思想：儒、释、道”[J]/不详//苏轼研究，2008(3)

05673 试论城市经济影响下苏轼词的价值取向[J]/于志鹏，史萌//绥化学院学报，2008，28(3)

05674 苏轼的管子学浅析[J]/王莉//现代语文(文学研究版)，2008(3)

05675 苏轼的文化人格分析[J]/刘刚//长春理工大学学报(高教版)，2008(3)

05676 苏轼对孔子人格思想的继承与发展[J]/刘倩//湖北经济学院学报(人文社会科学版)，2008(3)

05677 北宋史论文的资鉴精神：以欧阳修、司马光、苏轼为例[J]/卢奕璇//东方人文学志，2008，7(4)

05678 定州，永远的苏东坡[J]/韩振京//乡音，2008(4)

05679 魂出苏东坡 今朝更风流[J]/赵乐城//苏轼研究，2008(4)

05680 流徙琼岛，与远嫁法兰西[J]/程宝林//美文(上半月)，2008(4)

05681 论苏轼的“中国式独立品格”[J]/吴炫//文艺理论研究，2008(4)

05682 浅析禅宗思想对苏词创作的影响[J]/蔡薇//湖南工业职业技术学院学报，2008(4)

05683 人生咏叹中的旷达与从容[J]/王炜东//开封教育学院学报，2008(4)

05684 苏轼幽默人生的文化个性[J]/杨胜宽//西南民族大学学报(人文社会科学版)，2008(4)

05685 论苏氏寂感说的文学意义[J]/李学辰，肖英//大连大学学报，2008(5)

05686 苏轼：一个神奇的“倒霉蛋”[J]/王莹//作文世界(小学版)，2008(5)

05687 走近东坡：探究学习汇报交流课[J]/叶鸿雁//读与写(教育教学刊)，2008(5)

05688 汲取《庄子》思想精髓超旷对待苦涩人生：解读苏轼的文化品格[J]/王亚红//作家，2008(6)

05689 论苏轼的“真率”本性及影响[J]/王秀娟//运城学院学报，2008(6)

05690 死生契阔，与子成悦：论李白、苏轼的婚姻及其情爱观[J]/李芳，王友

胜 // 湘潭师范学院学报（社会科学版），2008，30（6）

05691 苏轼“物”“我”观的当代文化意义［J］/ 何玉兰 // 乐山师范学院学报，2008（6）

05692 苏轼“自我超越”人文精神生成的多重因素［J］/ 刘若斌 // 山东社会科学，2008（6）

05693 苏轼诗歌中的理趣特征［J］/ 杨忠伟 // 东北农业大学学报（社会科学版），2008（6）

05694 苏轼性格的双重性及其整合［J］/ 余锐金 // 成功（教育版），2008（6）

05695 浅论苏轼的“平淡”论及其思想渊源［J］/ 齐晓章 // 安徽文学（下半月），2008（7）

05696 我本海南民 寄生西蜀州：试析苏轼的故乡观［J］/ 冯小禄 // 乐山师范学院学报，2008（7）

05697 浅析苏轼在黄州的别样心理［J］/ 刘晓 // 中华活页文选（教师版），2008（8）

05698 凡圣无异居 心中有桃源：苏轼对桃花源的新解及其现实意义［J］/ 马强才 // 乐山师范学院学报，2008（9）

05699 苏东坡的快意人生［J］/ 杜晓平 // 现代语文（文学研究），2008（9）

05700 苏东坡幸亏生在宋朝［J］/ 李国文 // 同舟共进，2008（9）

05701 苏轼贬谪岭南时期童心分析及“思与无所思”的临界点考察［J］/ 李黎 // 乐山师范学院学报，2008（9）

05702 苏轼黄州诗词中的“月情摇曳”［J］/ 邱红 // 语文学刊（基础教育版），2008（9）

05703 有缺陷的天才们［J］/ 雍容 // 杂文选刊（上旬刊），2008（9）

05704 东坡精神 万古流芳［J］/ 饶学刚 // 乐山师范学院学报，2008（10）

05705 隔代觅知音：论陶渊明与苏轼的躬耕生活［J］/ 叶丽媛 // 现代语文（文学研究版），2008（10）

05706 苏轼：文化史上罕见的奇才和全才［J］/ 刘光前 // 新东方，2008（10）

05707 苏轼的人格魅力浅论［J］/ 李红艳 // 文学教育（上），2008（10）

05708 浅论苏轼生命观的哲学内涵以及现代意义［J］/ 戴干明 // 山东文学（下半月），2008（11）

05709 人生一场大梦：解读东坡“春梦婆”故事［J］/ 郭茜 // 兰州学刊，2008（11）

05710 苏东坡幸亏生在宋朝［J］/ 李国文 // 杂文月刊（选刊版），2008（11）

05711 苏轼词中悲剧意识的弱化及其同道家思想的关系［J］/ 宋颖 // 理论月刊，2008（11）

05712 苏轼黄州诗词中的“如梦人生”［J］/ 邱红 // 现代语文（文学研究版），2008（11）

05713 苏轼饮酒诗及其文化精神探视［J］/ 鄢嫣 // 文史博览（理论），2008（11）

05714 高职创业教育与苏轼人格的学习借鉴［J］/ 陈明宝 // 中国成人教育，2008（14）

05715 儒道释的结晶与升华：论苏轼旷达的人格境界［J］/ 申明秀 // 名作欣赏，2008（22）

05716 苏轼人格“天地境界”说的再认识［J］/ 陈明宝 // 电影文学，2008（24）

05717 论苏轼谪居黄州期间的心灵历程［J］/ 帅杨 // 黄冈师范学院学报，2008（S1）

05718 苏轼作品中的人生思索［J］/ 井春妹，叶宁 // 大众文艺（理论），2008（C1）

05719 浅析苏轼人生观念中儒释思想的互补性［J］/ 张强 // 陕西师范大学学报（哲学社会科学版），2008（S2）

05720 论苏轼“人格”与“文格”的庄学渊源［D］/ 王怡波．—中国人民大学（硕士论

文），2008

05721 论苏轼黄州时期的自我调适：兼论调适对于元祐时期苏轼转变的影响［D］/李娜．—北京师范大学（硕士论文），2008

05722 论苏轼以人为本的礼制观：兼论其合祭天地主张［J］/杨胜宽//地方文化研究辑刊，2008

05723 宋代士人心态研究［D］/蒲宏凌．—西北师范大学（硕士论文），2008

05724 苏轼"自我超越"的人文精神初探［D］/刘若斌．—山东师范大学（硕士论文），2008

05725 苏轼的人生境界与中学生的人生观教育［D］/曹红波．—华中师范大学（硕士论文），2008

05726 苏东坡教我们这样做人:《永远的苏东坡》讲座摘录［N］/不详//姑苏晚报，2009-01-19

05727 行者东坡［N］/林默//阳泉晚报，2009-02-20

05728 苏东坡走近杭州百姓［N］/不详//中国文化报，2009-03-11

05729 梦里东坡［N］/不详//扬子晚报，2009-03-26

05730 苏轼的境界［N］/不详//四川政协报，2009-03-26

05731 风流千古苏东坡［N］/周小平//宜宾晚报，2009-03-29

05732 苏轼的乐天生活观［N］/李之亮//天津日报，2009-04-20

05733 看透生死话东坡［N］/不详//侨报，2009-05-01

05734 苏轼的赏心乐事［N］/不详//苏州日报，2009-07-30

05735 苏轼的天真是智慧［N］/不详//寿光日报，2009-08-15

05736 苏轼精神传徐州［N］/惠光启，孟昭全//彭城晚报，2009-09-07

05737 亦有可闻？从苏轼的"意"谈起［N］/李业成//文汇报（香港），2009-09-23

05738 苏东坡旷达背后是坚毅［N］/不详//北京青年报，2009-09-29

05739 对月品苏轼［N］/不详//苏州日报，2009-10-12

05740 苏轼之仁［N］/米舒//新民晚报，2009-10-21

05741 文摘：苏轼之仁［N］/不详//甘肃日报，2009-11-03

05742 苏轼的幽默［N］/成家//太原日报，2009-11-13

05743 苏轼的幽默［N］/不详//江城日报，2009-11-19

05744 苏轼的幽默［N］/不详//牛城晚报，2009-12-01

05745 澄心浩然苏子瞻［J］/王芸//海燕，2009（1）

05746 从苏轼词中"梦"的意象看苏词的审美意蕴［J］/戴如意//黔西南民族师范高等专科学校学报，2009（1）

05747 几经苦难痴心不改：谈苏东坡的真性情［J］/张西爱//内蒙古农业大学学报（社会科学版），2009（1）

05748 论苏轼人格对诗格的制约［J］/霍志军//西安建筑科技大学学报（社会科学版），2009（1）

05749 浅析苏轼诗意化的生命价值观［J］/李娟//安徽农业大学学报（社会科学版），2009，18（1）

05750 苏东坡：美的体验者，陈述者和创造者［J］/杨键//名作欣赏（中学版），2009（1）

05751 苏轼的两难选择［J］/林继中//宋代文化研究，2009（1）

05752 苏轼的文化品格解读［J］/ 卢惠平 // 文学教育（上半月），2009（1）

05753 苏轼仕隐情结原因初探［J］/ 李东亮 // 文学教育（上半月），2009（1）

05754 苏轼研撰《周易》的文化因缘［J］/ 徐建芳 // 社会科学评论，2009（1）

05755 潇洒东坡［J］/ 不详 // 中学教学参考（语英版），2009（1）

05756 正气常驻心底［J］/ 徐昱程，樊曦 // 当代学生（读写版），2009（1）

05757 追寻"求实重情"的教育之旅：苏轼教育思想解读［J］/ 范琐哲 // 成都航空职业技术学院学报，2009（1）

05758 彼岸之花与浮光掠影：对比苏轼与阿Q人生痛苦的消解［J］/ 宋兰 // 青年文学家，2009（2）

05759 冥想，与苏轼有关［J］/ 谢红 // 苏轼研究，2009（2）

05760 苏东坡人格魅力底蕴暨平民意识漫议［J］/ 周九成 // 苏轼研究，2009（2）

05761 苏东坡幸亏生在宋朝［J］/ 李国文 // 小区，2009（2）

05762 苏轼黄州时期思想嬗变探析［J］/ 戚荣金 // 大连大学学报，2009（2）

05763 苏轼论春秋名臣：苏轼春秋人物史论平议之一［J］/ 杨金平 // 乐山师范学院学报，2009（2）

05764 苏轼诗词禅学思想及人生观［J］/ 陈希 // 沈阳农业大学学报（社会科学版），2009（2）

05765 吾安往而不乐：苏轼人生智慧之一瞥［J］/ 王晶冰 // 山西高等学校社会科学学报，2009（2）

05766 一个悲观主义的乐观主义者：苏东坡人生境界探微［J］/ 徐金城 // 作家，2009（2）

05767 翼翼归鸟：论陶渊明的生命境界及宋词人的心仪瓣香［J］/ 周建梅 // 学理论，2009（2）

05768 应当重视研究苏轼的水学思想［J］/ 周子瑜 // 苏轼研究，2009（2）

05769 把苏东坡"养"在心里［J］/ 王钟秀 // 中学生（高中作文版），2009（3）

05770 从赤壁看苏东坡人生［J］/ 不详 // 当代教育，2009（3）

05771 东坡调谑亦雅谑［J］/ 许植基 // 苏轼研究，2009（3）

05772 感悟东坡［J］/ 李蕴慧 // 金融博览，2009（3）

05773 激情讴歌东坡精神：自主创新·奋发为民［J］/ 王世德 // 美与时代（上半月），2009（3）

05774 苏东坡的豪情与无奈［J］/ 茹桂 // 各界，2009（3）

05775 苏轼"道统"论的文化史意义［J］/ 高云鹏 // 沈阳师范大学学报（社会科学版），2009（3）

05776 苏轼生命精神之探讨［J］/ 周诚明 // 中台学报，2009，20（3）

05777 用俗世之火煎旷世之茶：新议苏轼之旷达［J］/ 张祯 // 濮阳职业技术学院学报，2009（3）

05778 终极与社会两种视角的互补：苏轼的精神奥秘［J］/ 胡山林 // 殷都学刊，2009（3）

05779 曹溪一滴水：苏轼在岭南及其心灵的安顿［J］/ 张海沙，赵文斌 // 华南师范大学学报（社会科学版），2009（4）

05780 从李白、杜甫、苏轼看中国文人的入仕与归隐思想［J］/ 杨银娥 // 语文学刊（高等教育版），2009（4）

05781 蚍蜉撼大树，可笑不自量［J］/ 高纯林 // 苏轼研究，2009（4）

05782 品亭台双璧 悟大气人生：谈苏轼的

洒脱与雅致[J]/李绪平//教育艺术，2009(4)

05783 苏轼人生思想探析[J]/高卫红//郑州大学学报(哲学社会科学版)，2009(4)

05784 陶潜和苏轼的子女观[J]/芦笛//世界文艺，2009(4)

05785 陶渊明与苏轼归田情怀之比较[J]/何阿珺//中国文化研究，2009(4)

05786 写不尽的苏轼[J]/不详//时代青年(哲思)，2009(4)

05787 苏轼出川——一个四川人和他改写的中国性格[J]/刘永峰//时代教育(先锋国家历史)，2009(5)

05788 苏轼的意义[J]/李泽厚//中华活页文选(高一版)，2009(5)

05789 苏轼诗化雅词的精神之旅[J]/伍桂蓉//湖南文理学院学报(社会科学版)，2009，34(5)

05790 归去，也无风雨也无晴：苏轼与陶渊明归隐思想的探析[J]/徐红芬//中学语文教学参考(教师版)，2009(6)

05791 仁者爱人，关注人权：贬臣苏东坡在黄州的人性光辉[J]/饶晓明，饶学刚//乐山师范学院学报，2009(6)

05792 苏东坡以诗为词的佛禅背景[J]/邵静//兰州学刊，2009(6)

05793 苏轼赤壁之游精神自救方法分析[J]/胡家忠//文学教育(下半月)，2009(6)

05794 苏轼的文化人格对当代文化人的启示[J]/金丹元，侯文婷//文艺理论研究，2009(6)

05795 苏轼与吉北岳[J]/王丽敏//文物春秋，2009(6)

05796 孤独的旷世奇才：苏轼——由作品窥探苏轼的内心世界[J]/陈卫华//中学语文，2009(7)

05797 苏轼心态探微[J]/蔡海强//语文新圃，2009(7)

05798 《周易》乾健精神与苏轼[J]/徐建芳//社会科学论坛(学术研究卷)，2009(8)

05799 苏轼的潇洒[J]/廖小勤//新西部(下半月)，2009(8)

05800 三教合一潮流是苏轼思想矛盾的根源[J]/高朝阳//华章，2009(9)

05801 试论李白和苏轼的月与酒意象的异同[J]/孙淑华，廖志炎//湖南科技学院学报，2009(9)

05802 苏东坡：豁达人生[J]/岳晓东//现代班组，2009(9)

05803 苏轼"大全之道"之学[J]/叶平//求索，2009(9)

05804 横看成岭侧成峰：由诗文探苏轼的精神世界[J]/郭雅梅//中国人民教师，2009(10)

05805 试从苏轼贬谪经历寻觅其文化人格[J]/李瑞//名作欣赏(中旬)，2009(10)

05806 苏东坡文学中的女子[J]/张森凤//诗歌月刊，2009(10)

05807 悲情苏东坡[J]/毛国应，鲍承荣//中国电子商务，2009(11)

05808 辩论赛场：是是非非话苏轼[J]/赵福海//阅读与作文(高中版)，2009(11)

05809 浅析苏轼思想的复杂性[J]/穆国库//剑南文学(经典教苑)，2009(11)

05810 苏东坡与明月[J]/何泽琼//散文百家，2009(11)

05811 论苏轼的文化人格塑造及当代意义[J]/董以平//名作欣赏，2009(12)

05812 生活的智者：我眼中的苏轼[J]/钟名栩//新课程学习(学术教育)，2009(12)

05813 随物赋形 善利万物：由"水"意象看苏轼晚年[J]/徐宏勋//飞天，2009(14)

05814 苏轼旷达精神再议[J]/曹智//文教资料，2009(15)

05815 论苏轼超然的人生态度［J］/ 刘若斌，娄峰，吕文明 // 科教导刊，2009（20）

05816 试论苏轼生平思想及文学成就［J］/ 杨艳，黄君 // 魅力中国，2009（21）

05817 仙姿翩翩：论李白和苏轼自由超举的美丽人生［J］/ 周建梅 // 学理论，2009（30）

05818 两面东坡［J］/ 不详 // 作文周刊（高考版），2009（49）

05819 古代文艺史上的通才：北宋乐天派苏东坡［J］/ 刘俊昌 // 初中生辅导，2009（C3）

05820 健与随：苏轼易学影响下的人格理想与文艺理想［C］/ 程刚 // 古代文学理论研究（第三十一辑）：中国文论的方与圆 / 中国古代文学理论学会，2009

05821 苏轼的“寄寓”与“怀归”：以时间、空间为主轴的考察［D］/ 李天祥 . —台湾大学（博士论文），2009

05822 东坡的凡心［N］/ 李晓巧 // 南岛晚报，2010-01-19

05823 苏东坡的成才之路［N］/ 不详 // 达州日报，2010-01-20

05824 至情至性苏东坡［N］/ 不详 // 长治日报，2010-01-27

05825 快乐苏东坡［N］/ 不详 // 寿光日报，2010-01-30

05826 苏东坡为什么那么幽默？［N］/ 丁启阵 // 新快报，2010-02-21

05827 苏东坡之仁［N］/ 李秋生 // 盐城晚报，2010-03-06

05828 学学苏东坡的豁达［N］/ 吕秀娟 // 郑州日报，2010-03-27

05829 苏东坡与海棠［N］/ 常跃强 // 萧山日报，2010-03-29

05830 幽人苏轼［N］/ 费粟 // 温州晚报，2010-04-10

05831 苏轼的幽默［N］/ 不详 // 老年日报，2010-04-17

05832 追寻苏轼［N］/ 不详 // 烟台日报，2010-05-07

05833 苏东坡的翅膀［N］/ 张峪铭 // 宁夏日报，2010-07-13

05834 夜读苏轼［N］/ 不详 // 保定晚报，2010-07-24

05835 古典瞬间：东坡好“戏”［N］/ 路来森 // 文汇报（香港），2010-07-29

05836 苏轼大度：宦海风波恶文心两相知［N］/ 不详 // 温州都市报，2010-07-29

05837 吴明林论苏轼［N］/ 吴明林 // 信报财经新闻，2010-07-30

05838 柔情苏轼［N］/ 贺婧灏 // 成都晚报，2010-08-06

05839 苏东坡：旷达超脱的人生智慧［N］/ 余少雄 // 黄冈日报，2010-08-18

05840 苏东坡在黄州浴火重生［N］/ 谈祖应 // 黄冈日报，2010-09-01

05841 偶像苏东坡［N］/ 刘雅丽 // 台州晚报，2010-09-26

05842 苏轼豁达心境来自母亲［N］/ 不详 // 快乐老人报，2010-10-11

05843 苏轼，其实没那么豪放［N］/ 不详 // 天天新报，2010-10-12

05844 亦仙亦佛苏东坡［N］/ 不详 // 国家电网报，2010-11-05

05845 向苏东坡学习乐观［N］/ 不详 // 黄冈日报，2010-11-06

05846 执手苏轼［N］/ 不详 // 都市消费晨报，2010-11-27

05847 独行特立苏东坡［N］/ 袁春干 // 西安晚报，2010-12-07

05848 东坡先生传千古［N］/ 不详 // 海南日报，2010-12-13

05849 康震解读苏东坡的魅力［N］/ 朱采菊 //

南通日报，2010-12-13

05850 苏轼的山水情怀与故乡情结［J］/屈小强//蜀学，2010(00)

05851 苏轼与大爱［J］/潘殊闲//蜀学，2010(00)

05852 丑怪显坚美，萧淡寓涌动［J］/徐晓洪//苏轼研究，2010(1)

05853 回首向来萧瑟处［J］/张翠枝//山东教育(小学刊)，2010(1)

05854 激荡人生永不言悔：从苏轼的性格与人生中得到启迪［J］/齐文//文艺生活(文艺理论)，2010(1)

05855 论苏轼的《史记》研究［J］/余祖坤//史学史研究，2010(1)

05856 论苏轼的批判创新精神［J］/王启鹏//苏轼研究，2010(1)

05857 苏东坡魅力和精神的探讨［J］/陈弼//常州工学院学报(社会科学版)，2010(1)

05858 苏轼：月亮人生［J］/赵军//苏轼研究，2010(1)

05859 苏轼的幽默［J］/青丝//大阅读(中学生综合文摘)，2010(1)

05860 苏轼凤翔时思想评述［J］/段永强//咸阳师范学院学报，2010(1)

05861 当哈姆莱特遇到苏东坡［J］/轩袁祺//安徽文学(下半月)，2010(2)

05862 论陶渊明对苏轼贬谪生活之影响［J］/赵雅娟//滁州职业技术学院学报，2010(2)

05863 苏轼的幽默［J］/不详//启迪(上半月)，2010(2)

05864 苏轼多元和谐思想初探［J］/郑川//吉林省教育学院学报(学科版)，2010(2)

05865 苏轼伦理思想的基本特征［J］/刘祎//伦理学研究，2010(2)

05866 苏轼诗文悲剧意识的特质［J］/冷成金//社会科学战线，2010(2)

05867 与苏轼对话［J］/不详//岁月，2010(2)

05868 草野文化的力作［J］/孙开中//苏轼研究，2010(3)

05869 论苏东坡对陶渊明和白居易的继承与超越：兼论苏轼贬寓黄州后人生思想的重大转变［J］/王启鹏//苏轼研究，2010(3)

05870 论苏轼对白居易“闲适”人生观的受容［J］/毛妍君//江淮论坛，2010(3)

05871 论中隐与酒隐：以白、苏为中心论审美文化嬗变下的隐逸［J］/郝美娟//广西大学学报(哲学社会科学版)，2010(3)

05872 试论苏轼的养生之道［J］/潘海强，郭启超，杨涛，吴鸿洲//中国民族民间医药杂志，2010(3)

05873 苏东坡初到黄州的心态［J］/杨娟//长安学刊(哲学社会科学版)，2010(3)

05874 王安石与苏轼的世界观再解读［J］/姚磊//文学教育(下半月)，2010(3)

05875 由《论武王》看苏轼海外《志林》的诠释问题［J］/李贞慧//文学遗产，2010(3)

05876 从张衡、陶渊明、苏轼一窥中国古代文人的归隐思想［J］/赖友//时代文学(下半月)，2010(4)

05877 多情才子苏东坡［J］/何玲霞//黄冈职业技术学院学报，2010(4)

05878 论苏轼在杭州时期的文化性格［J］/周晓音//浙江师范大学学报(社会科学版)，2010(4)

05879 浅析苏轼“慧心和善心”的人格魅力［J］/周科良//教育教学论坛，2010(4)

05880 人间绝版苏东坡［J］/刘雪荣//苏轼研究，2010(4)

05881 苏轼的女人观［J］/青丝//传奇故事·百家讲坛(下旬)，2010(4)

05882 苏轼“近情”论［J］/杨胜宽//乐山师范学院学报，2010(4)

05883 苏轼人格魅力的文化解读［J］/ 高华 // 郑州大学学报（哲学社会科学版），2010（4）

05884 一往情深苏东坡［J］/ 常文艳 // 阅读与写作，2010（4）

05885 自嘲与自豪：从《自题金山画像》看苏轼的“功业”［J］/ 喻世华 // 常州大学学报（社会科学版），2010（4）

05886 论苏轼赤壁的豪杰风流之梦［J］/ 孙绍振 // 文学遗产，2010（5）

05887 品读苏轼［J］/ 张翠枝 // 醒狮国学，2010（5）

05888 浅谈苏轼“超然”的人格［J］/ 李海科 // 科学大众（科学教育），2010（5）

05889 苏东坡寓惠心境和压弹机制探微［J］/ 饶淑园 // 广州大学学报（社会科学版），2010（5）

05890 由东坡诗词透视苏轼的人格风骨［J］/ 贾蕊 // 时代文学（下半月），2010（5）

05891 穿越时光，去邂逅苏东坡［J］/ 张庆生 // 商周刊，2010（6）

05892 淡味苏东坡［J］/ 蒋醺 // 影响孩子一生的经典阅读（小学版），2010（6）

05893 论苏轼的可贵人格［J］/ 陈桂华 // 辽宁教育行政学院学报，2010（6）

05894 论苏轼人格精神中的积极因素［J］/ 文小灯 // 长城，2010（6）

05895 略论苏轼的人格观：“君子如水，因物赋形”［J］/ 龙路 // 江西教育（综合版），2010（6）

05896 苏轼：最潇洒自在的文学达人［J］/ 红马文化 // 儿童大世界（小学版），2010（6）

05897 从《和子由渑池怀古》看苏轼为何性情超脱［J］/ 李希，曹炎 // 当代小说（下半月），2010（7）

05898 从苏轼题跋《书后》解读出的宋人世界［J］/ 不详 // 名作欣赏（中旬刊），2010（7）

05899 苏轼的独特认知与心理自适［J］/ 马桂启 // 大众文艺，2010（7）

05900 苏轼真的超然了吗［J］/ 刘娥 // 文学教育下半月，2010（7）

05901 浅淡苏轼诗文中的人生哲理对学生的教育作用［J］/ 郑嵘 // 新课程学习（基础教育），2010（8）

05902 殊途同归的旷达之风：论陶渊明与苏轼的人生态度［J］/ 方静 // 赤峰学院学报（哲学社会科学版），2010（8）

05903 关于苏轼对司马迁的评价问题［J］/ 杨胜宽 // 乐山师范学院学报，2010（9）

05904 论苏轼的“人生如梦”［J］/ 郑群辉 // 社会科学，2010（9）

05905 超脱现实的高歌呐喊与回归生活的坦然苦笑［J］/ 李华香 // 阅读与鉴赏（学术版），2010（10）

05906 苏东坡的和谐人生［J］/ 张志学 // 读与写（下旬），2010（10）

05907 苏轼：失败和挫折成就了理想人格［J］/ 梅桂 // 中华活页文选（高一年级版），2010（10）

05908 向苏东坡学习 在逆境中乐观前行［J］/ 不详 // 培训，2010（11）

05909 幽人苏轼［J］/ 费粟 // 长江文艺（纪实版），2010（11）

05910 驾驭压力，笑对人生——苏轼驾驭压力的心理因素［J］/ 袁谋典，陈云芳 // 现代语文（文学研究），2010（12）

05911 苏东坡的个性魅力［J］/ 袁和平，袁娇萍 // 文学教育（下半月），2010（12）

05912 苏轼的幽默［J］/ 成家 // 中华活页文选（初三），2010（12）

05913 幽人夜赏花［J］/ 吕玉华 // 文史知识，2010（12）

05914 论苏轼对白居易“闲适”人生观的受容[J]/毛妍君//西江月，2010(15)

05915 幽人苏轼[J]/费粟//晚报文萃，2010(15)

05916 超然其外的淡泊 高出其上的洒脱：论苏轼生命意识的自我超越[J]/胡翠琴//经营管理者，2010(17)

05917 苏东坡亲情题材作品中的内心世界[J]/童声思，严鑫华//文学教育，2010(19)

05918 苏东坡：悲观和乐观交织的“文学天才”[J]/黄蔓//魅力中国，2010(20)

05919 论苏轼的诗化人格[J]/徐定辉//名作欣赏，2010(23)

05920 风流旷达人，潇洒自由仙：苏东坡性情赏析[J]/俞建校//文教资料，2010(24)

05921 苏轼，其实没那么豪放[J]/刘扬忠//环球人物，2010(24)

05922 通过感悟苏轼人生来赏读其作品[J]/朱启明//职业，2010(29)

05923 不识时务的俊杰：苏东坡[J]/朱红霞//中国科技博览，2010(30)

05924 谈苏轼对政治品格的自我评价[J]/周斌//魅力中国，2010(31)

05925 论“反向教学理念”：兼谈苏轼的多种人生观[J]/梅燕//考试周刊，2010(41)

05926 苏轼的经济状况及其思想、创作[J]/吕斌//三峡大学学报(人文社会科学版)，2010(S1)

05927 从苏轼黄州词论其思想境遇[D]/杜皖琪.—台湾政治大学(硕士论文)，2010

05928 苏轼“清欢”生活美学研究[D]/方小凤.—南京师范大学(硕士论文)，2010

05929 苏轼“适”的人生境界之形成与表现特征[J]/杨胜宽//地方文化研究辑刊，2010

05930 苏轼休闲审美思想研究[D]/陆庆祥.—浙江大学(博士论文)，2010

05931 苏东坡的现代性[N]/刘小川//眉山日报，2011-01-18

05932 赏苏文，悟人生[N]/苟晓君//学知报，2011-01-24

05933 苏东坡的悲哀[N]/不详//天水日报，2011-04-17

05934 通才苏东坡[N]/罗骁//解放军报，2011-05-07

05935 苏东坡任职黄州时的菊花情结[N]/不详//新商报，2011-06-03

05936 风趣的苏东坡[N]/古傲狂生//贵池新闻，2011-07-21

05937 苏轼:“奇茶妙墨俱香”[N]/不详//汕头都市报，2011-08-02

05938 从“乐”的人生观念看苏轼的社会和谐思想[N]/杨胜宽//常州日报，2011-08-24

05939 领略东坡心境[N]/林继宗//汕头特区晚报，2011-08-28

05940 苏轼：把一生修养成一阵清风[N]/赵林云//大众日报，2011-09-01

05941 苏东坡代言酿悲剧[N]/不详//广东科技报健康养生周刊，2011-10-09

05942 苏轼也写“微博”[N]/刘亮//春城晚报，2011-10-11

05943 苏轼其实很快乐[N]/陆一帆//铜都晨刊，2011-10-26

05944 苏轼的天柱情缘[N]/储北平//安庆晚报，2011-10-28

05945 风趣的苏东坡[N]/张天野//邵阳晚报，2011-12-06

05946 浅析苏东坡之“乐天派”精神[J]/滕联英//青年作家(中外文艺版)，2011(1)

05947 苏东坡的现代意义[J]/刘小川//苏轼研究，2011(1)

05948 苏轼的历史人物论说及其批评格调[J]/阮忠//新东方，2011(1)

05949 苏轼多元生命情感的意象解析［J］/ 张丽媛，魏李立 // 大众文艺（理论版），2011（1）

05950 苏轼梦的悲剧意识［J］/ 周丽杰 // 文学界（理论版），2011（1）

05951 苏轼诗词中的"清凉世界"及其思想根源［J］/ 都昕蕾 // 新课程（教研），2011（1）

05952 苏轼"史论文"简论［J］/ 花妮娜 // 渭南师范学院学报，2011（1）

05953 文化巨人精神特质的契合：简谈杜甫与苏东坡［J］/ 张志烈 // 杜甫研究学刊，2011（1）

05954 吾身如寄耳：苏轼生命意识概述［J］/ 白静 // 湖南工业职业技术学院学报，2011（1）

05955 永远的苏轼：千年苏轼接受的历史描述［J］/ 王友胜 // 苏轼研究，2011（1）

05956 《周易》谦德对苏轼的影响［J］/ 徐建芳 // 山西师范大学学报（社会科学版），2011（2）

05957 从苏轼的词作议其超然心态的形成［J］/ 韩志宏 // 河南机电高等专科学校学报，2011（2）

05958 杜甫与苏轼沉郁风格比较［J］/ 梁金霞 // 聊城大学学报（社会科学版），2011（2）

05959 高道蹇拱辰的修炼思想及其对苏轼的影响［J］/ 吴国富 // 中国道教，2011（2）

05960 试论苏轼"超然"思想的成因［J］/ 兰芳方 // 青年文学家，2011（2）

05961 苏东坡的旷达［J］/ 陈洪海 // 语文教学与研究（综合天地），2011（2）

05962 苏轼的道德人格内涵之探析［J］/ 梁蓉蓉，刘韵清 // 南华大学学报（社会科学版），2011（2）

05963 苏轼的政治人格研究［J］/ 刘宇辉 // 文学教育（下），2011（2）

05964 随风入俗放飞鸽：漫谈苏轼与鸽［J］/ 钱邦伦 // 苏轼研究，2011（2）

05965 谈东坡"重复自己"［J］/ 郑秉谦 // 苏轼研究，2011（2）

05966 仰慕苏东坡［J］/ 淑磬 // 宝鸡社会科学，2011（2）

05967 从亭台馆阁记看苏轼的自由［J］/ 黄余娟 // 剑南文学（经典阅读），2011（3）

05968 柳宗元与苏轼贬谪心态对比观［J］/ 王细芝 // 湖南民族职业学院学报，2011（3）

05969 论东坡文化的学校传播理念："随风潜入夜，润物细无声"［J］/ 刘清泉 // 苏轼研究，2011（3）

05970 墨宝堂记 三点导读［J］/ 张明 // 语文教学与研究，2011（3）

05971 浅谈选修课"苏轼研究"的教与学［J］/ 朱安义 // 苏轼研究，2011（3）

05972 人生有味是清欢：苏东坡的幸福观和实践及其对当今的启示［J］/ 黄玉峰 // 苏轼研究，2011（3）

05973 苏东坡移汝而居常的哲学考虑［J］/ 涂普生 // 黄冈职业技术学院学报，2011（3）

05974 苏轼的无选之选［J］/ 田蕾 // 中学生阅读（高中版·读写），2011（3）

05975 苏轼诗文的现实主义特色及形成根源［J］/ 乔瑞雪 // 南昌教育学院学报，2011（3）

05976 苏轼享乐主义的浪漫情怀和苏格拉底个人主义的浪漫情结［J］/ 姜春霖 // 安徽文学（下半月），2011（3）

05977 永远的苏东坡［J］/ 王水照 // 苏轼研究，2011（3）

05978 试论苏轼精神世界的内涵及其现代意义［J］/ 张立新 // 学术探索·理论研究，2011（4）

05979 苏轼"旷达"背后的文化内涵［J］/ 陈

玮 // 剑南文学·经典阅读，2011(4)

05980 苏轼的审美世界[J]/ 董庆涛 // 美术教育研究，2011(4)

05981 苏轼的审美世界[J]/ 孙晓君 // 美术大观，2011(4)

05982 苏轼对生命的科学感悟[J]/ 王建堂 // 国学，2011(4)

05983 常理与常形：浅谈“苏轼”形神论[J]/ 耿纪朋，郑小红 // 北方文学(下半月)，2011(5)

05984 读苏轼[J]/ 袁宗玲 // 小雪花(初中高分作文)，2011(5)

05985 论苏轼的“以人论书”观[J]/ 戚荣金 // 河南大学学报(社会科学版)，2011(5)

05986 论苏轼在密州的思想[J]/ 乔云峰 // 大庆师范学院学报，2011(5)

05987 苏东坡：把酒赤壁醉明月[J]/ 金鑫 // 传奇故事(上半月)，2011(5)

05988 苏东坡内心调适之道[J]/ 郭杏芳 // 黄冈职业技术学院学报，2011(5)

05989 探寻苏轼的精神世界[J]/ 李秀梅 // 阅读与鉴赏(下旬)，2011(5)

05990 永远乐观的苏轼[J]/ 申丽君 // 新课程(上)，2011(5)

05991 从“不适”到“适”的精神突围：论黄州时期苏轼的思想及其心态[J]/ 张利华 // 大家，2011(6)

05992 论白居易吏隐思想及其对宋代文人的影响：以苏轼为考察物件[J]/ 汪国林 // 求索，2011(6)

05993 浅析东坡面对逆境的人生态度[J]/ 李克虎 // 读写算(教研版)，2011(6)

05994 永远的淑世精神：苏轼逆境下的人格文化煅造[J]/ 贾佃海 // 现代语文(文学研究)，2011(6)

05995 幽人苏轼[J]/ 费粟 // 妙笔：阅读经典，2011(6)

05996 论苏轼与辛弃疾文化人格之差异[J]/ 蒙丹阳 // 文艺生活(文艺理论)，2011(7)

05997 陶渊明、苏轼人格特征异同浅析[J]/ 蒋泽洪 // 课外阅读(中旬刊)，2011(7)

05998 走近苏轼：从词赋中解读其人格魅力[J]/ 辛群英 // 陕西教育(行政版)，2011(7)

05999 百川看人物 苏轼[J]/ 陈百川 // 东西南北，2011(8)

06000 论苏东坡性格中的超越与世俗性[J]/ 蒙丹阳 // 群文天地，2011(8)

06001 浅论苏轼文化性格的形成[J]/ 高诗翔 // 现代语文(学术综合版)，2011(8)

06002 生平多少事 都付笑谈中：苏轼诗词文中的情感探索[J]/ 陈希凤 // 散文百家(新语文活页)，2011(8)

06003 初露锋芒的苏东坡[J]/ 不详 // 知识窗：往事文摘，2011(9)

06004 从苏东坡的生命转型看回归自然[J]/ 玉晗 // 新天地，2011(9)

06005 东坡不是鬼神[J]/ 仞之 // 七彩语文(中年级)，2011(9)

06006 苏轼旷达情怀的成因[J]/ 付娟 // 高中生学习(高二版)，2011(9)

06007 陶渊明与苏轼归隐情结之比较[J]/ 陈腾飞 // 洛阳师范学院学报，2011(9)

06008 还原中学语文作品里的苏轼[J]/ 孙良军 // 新课程学习(中)，2011(10)

06009 苏东坡舣舟亭：文化景观、文人精神与权力纠葛[J]/ 叶舟 // 乐山师范学院学报，2011(10)

06010 从苏东坡的“一堆牛屎”看团队合作[J]/ 郭特利 // 销售与市场(渠道版)，2011(11)

06011 从苏轼词看苏轼对人生的思考[J]/ 秦星 // 华章，2011(11)

06012 当苏轼变成苏东坡后［J］/ 蒋勋 // 感悟，2011（11）

06013 从“斯文有传”看苏轼对儒家思想的继承与弘扬［J］/ 管仁福 // 中国学术研究，2011（12）

06014 从苏东坡的“生命转型”说开去［J］/ 蔡绪俊 // 党政论坛，2011（12）

06015 苏轼：大士何曾有生死［J］/ 陈才智 // 炎黄世界，2011（12）

06016 苏轼“梦”的解读［J］/ 丁雅诵，袁劲 // 群文天地，2011（12）

06017 一蓑风雨任平生：向苏轼学习乐观与豁达［J］/ 李云辉 // 青年文学家，2011（17）

06018 论苏轼儒、道、佛的真率人生［J］/ 润玖杰 // 青年文学家，2011（18）

06019 苏轼的生命历程［J］/ 白佩琼 // 城市建设理论研究，2011（23）

06020 以苏轼的性格浅析苏轼的诗词风格［J］/ 王震慧 // 青年文学家，2011（23）

06021 苏轼的幽默［J］/ 叶成家 // 政府法制，2011（32）

06022 超然物外而又自强不息：试论苏轼在黄州间人生追求的蜕变［J］/ 汪彩虹 // 读写算（教育教学研究），2011（39）

06023 苏轼的赤壁豪杰风流和智者风流之梦［J］/ 孙绍振 // 国文天地，2011（308）

06024 论苏东坡的人格美［J］/ 谈祖应 // 华中师范大学学报（人文社会科学版），2011（A2）

06025 由东坡诗词看苏轼的人格风骨［J］/ 王芳 // 现代教育，2011（C2）

06026 苏轼：无可救药的乐天派［J］/ 冯渊 // 新语文学习（高中版），2011（Z2）

06027 “无所思”与“无邪思”：苏轼、朱熹“思无邪”阐释之比较［C］/ 邓乔彬，程刚 // 中国古代文学理论学会第十七届年会暨国际学术研讨会论文集 / 中国古代文学理论学会，2011

06028 “吾安往而不乐”：论苏轼之乐［D］/ 黄丽双．—中南民族大学（硕士论文），2011

06029 读懂了你，苏东坡［N］/ 不详 // 聊城晚报，2012-01-07

06030 苏东坡的“痒”［N］/ 不详 // 扬子晚报，2012-02-16

06031 苏东坡忍不住的“痒”［N］/ 不详 // 新华每日电讯，2012-02-24

06032 读破苏轼一片心［N］/ 不详 // 南湖晚报，2012-04-04

06033 由苏轼的心境说开去［N］/ 吕萍 // 石家庄日报，2012-05-21

06034 每一代都有人真心崇拜苏东坡［N］/ 徐菉 // 生活报，2012-06-10

06035 “千古一人”苏东坡［N］/ 罗敏 // 四川政协报，2012-06-16

06036 苏轼的人才观［N］/ 王伯军，邵良明 // 组织人事报，2012-07-03

06037 苏东坡与“新大陆”［N］/ 朱靖华 // 邵阳日报，2012-07-13

06038 文史杂谈：东坡是个“乐活族”［N］/ 不详 // 辽沈晚报，2012-07-18

06039 通才苏东坡［N］/ 杨键 // 深圳特区报，2012-08-15

06040 苏轼为求雨曾撰文“以理服神”［N］/ 不详 // 辽沈晚报，2012-08-22

06041 戏说苏东坡之余勿忘其精神［N］/ 韩浩月 // 大连晚报，2012-10-15

06042 苏东坡的物质观［N］/ 李海燕 // 大众日报，2012-11-02

06043 “菊残犹有傲霜枝”：苏轼关注的是菊花的品格［N］/ 不详 // 长江日报，2012-11-13

06044 苏轼的天真［N］/ 不详 // 学生导报，2012-12-03

06045 柳宗元苏轼“水晶人生”[N]/不详//广州日报，2012-12-26

06046 从“乐”的人生观念看苏轼的社会和谐思想[J]/杨胜宽//西华大学学报(哲学社会科学版)，2012(1)

06047 从作品看苏轼的多情与超然[J]/刘会敏//信息教研周刊，2012(1)

06048 苏东坡人生思考三部曲：兼谈高等院校人文通识教育课程建设问题[J]/路成文//孝感学院学报，2012(1)

06049 苏东坡是大英雄[J]/元波//西南航空，2012(1)

06050 苏轼和星座：浅谈唐宋之际的星命术[J]/李天飞//韩旭乐山师范学院学报，2012(1)

06051 苏轼与人生[J]/莫砺锋//玉林师范学院学报，2012(1)

06052 苏轼在桓山石室中的感悟：兼论苏轼的生死观[J]/陆明德，彭振雷//苏轼研究，2012(1)

06053 智者在苦难中的超脱：浅谈苏轼在黄州时的思想和创作[J]/蔡燕盈//科技信息，2012(1)

06054 蝉蜕尘埃外 蝶梦水云乡：汝州路上观苏轼[J]/夏文先//江苏科技大学学报(社会科学版)，2012(2)

06055 从苏轼词中数字“一”观其旷达的人生境界[J]/丛何//牡丹江大学学报，2012(2)

06056 品读东坡[J]/李飞//语文教学与研究，2012(2)

06057 苏东坡知足常乐的自处之道[J]/江澄格//乐山师范学院学报，2012(2)

06058 苏轼：此心安处是吾家[J]/佚名//中华活页文选(初三年级)，2012(2)

06059 苏轼，心灵归隐的精神丰碑[J]/刘胜利//现代语文(学术综合版)，2012(2)

06060 苏轼与洪泽湖的诗文情缘[J]/陈斯金，张锦瑞//陇东学院学报，2012(2)

06061 永远的苏东坡[J]/刘桂玲//新课程(中旬)，2012(2)

06062 从苏轼的儋州散文看其晚年的生活状态[J]/任晓凡//长治学院学报，2012(3)

06063 从苏轼岭南诗看其出世与入世思想的一致性[J]/蔡照波//岭南文史，2012(3)

06064 从苏轼诗词看苏轼天地人生之境界[J]/张美丽//山西师范大学学报(社会科学版)，2012(3)

06065 当苏轼变成苏东坡[J]/蒋勋//初中生学习：新概念中考，2012(3)

06066 黄州诗词与苏轼品格[J]/宋蓓，林茜//新西部(理论版)，2012(3)

06067 浪迹心灵之涯：僧肇《肇论》与苏轼蜀学间的传承与呼应[J]/张兆勇//淮北职业技术学院学报，2012(3)

06068 乐观看东坡居士[J]/洋洋兔//天天爱学习(三年级)，2012(3)

06069 论王安石与苏轼孟学思想之差异[J]/胡金旺//华北电力大学学报(社会科学版)，2012(3)

06070 破译苏东坡文化性格的思想密码[J]/谈祖应//黄冈职业技术学院学报，2012(3)

06071 苏东坡在贬居地的惠民思想和惠民之术[J]/涂普生//黄冈职业技术学院学报，2012(3)

06072 云门宗在北宋的兴盛和贡献[J]/杨曾文//韶关学院学报，2012(3)

06073 智者在苦难中的超越：论苏轼的AQ(逆境商)对其文学创作的影响[J]/董朝霞//南阳理工学院学报，2012(3)

06074 从理想走向现实、保守的苏轼对外思想[J]/张云筝//北京教育学院学报，2012(4)

06075 论《红楼梦》对苏东坡文化精神的相通与传承［J］/ 周新华 // 名作欣赏（文学研究版），2012（4）

06076 浅谈苏轼的人生观［J］/ 陈桂梅，杨华勇 // 旅游纵览（行业版），2012（4）

06077 苏轼诗歌的现实主义精神［J］/ 王艳辉 // 开封教育学院学报，2012（4）

06078 探微苏轼心中的孤寂与解脱［J］/ 石明，于淑杰 // 语文教学之友，2012（4）

06079 仰慕苏东坡［J］/ 上官吉庆 // 时代人物，2012（4）

06080 知己之感　知音之赏：苏轼妇女观散论［J］/ 庆振轩，牛思仁 // 乐山师范学院学报，2012（4）

06081 卜算子·缅怀苏轼［J］/ 刘少民 // 东坡赤壁诗词，2012（5）

06082 穿越时空：从苏轼作品感受现代生活启迪［J］/ 李敏 // 神州（下旬刊），2012（5）

06083 论元杂剧中苏轼形象的价值［J］/ 蒋迪 // 商，2012（5）

06084 勤奋好学的苏轼［J］/ 不详 // 启迪与智慧（少年彩图版），2012（5）

06085 人间有味是清欢［J］/ 刘文波 // 内蒙古林业，2012（5）

06086 苏轼诗词中的人生哲理［J］/ 文俊沣 // 文学界（理论版），2012（5）

06087 苏轼咏月诗文中的人格魅力［J］/ 王金川 // 名作欣赏（文学研究版），2012（5）

06088 文豪的旷达［J］/ 陈美者 // 福建乡土，2012（5）

06089 从苏轼词看苏轼丰富的内心世界［J］/ 潘程环 // 长城，2012（6）

06090 古典文学对大学生人格精神的熏陶：以屈原、陶渊明、杜甫、苏轼为例［J］/ 曹霞 // 时代文学，2012（6）

06091 论苏轼谪居黄州期间的心灵历程［J］/ 帅杨 // 传承，2012（6）

06092 苏轼视域下的筮卦变占［J］/ 王新春 // 周易研究，2012（6）

06093 苏轼与程颐在性情论上的分歧［J］/ 胡金旺 // 电子科技大学学报（社会科学版），2012（6）

06094 学会乐观处世：苏轼与《浣溪沙》（山下兰芽短浸溪）［J］/ 曲向红 // 中华活页文选（高二高三版），2012（6）

06095 从读苏轼的文品其人［J］/ 张宇峰 // 基础教育论坛，2012（7）

06096 苏轼旷达新论［J］/ 余颖 // 作家（下半月），2012（7）

06097 两个相反的苏东坡［J］/ 高成鸢 // 法制博览（经典杂文），2012（8）

06098 苏轼黄州诗书的多元情感论析［J］/ 戚荣金 // 湖北社会科学，2012（8）

06099 古代小说中百态苏东坡［J］/ 夏小菲 // 大众文艺，2012（9）

06100 宋代孟子升格运动境域下之苏轼论孟子［J］/ 伍宝娟 // 乐山师范学院学报，2012（9）

06101 苏轼学陶却未归隐的原因探析［J］/ 葛昌璘 // 兰台世界（下旬），2012（9）

06102 从苏轼的诗词看他的人生态度和艺术风格［J］/ 唐地瑶，唐长青 // 祖国（教育版），2012（10）

06103 论苏东坡的人生姿态［J］/ 方星移 // 乐山师范学院学报，2012（10）

06104 略论苏轼的悲悯情怀［J］/ 张丹瑞 // 青春岁月，2012（10）

06105 浅谈苏轼后创作心理的转变［J］/ 曹根生 // 师道（教研），2012（10）

06106 苏东坡的赤子之心［J］/ 赵莉 // 新一代，2012（10）

06107 苏轼正统论中的名实观［J］/ 李哲 // 重庆社会科学，2012（10）

06108 忠而见谤　从政为民：韩愈、柳宗元、

苏轼思想的比较[J]/李锦全//乐山师范学院学报，2012(10)

06109 论苏轼执着坚守的精神[J]/李明敏//渭南师范学院学报，2012(11)

06110 浅谈苏轼的处世情怀与旷达人生[J]/蒋丽//中国科教创新导刊，2012(11)

06111 苏轼“人生如梦”详解[J]/徐颖瑛//课外阅读(中旬)，2012(11)

06112 苏轼的“兼济”与“独善”[J]/郭倩茹//山西青年，2012(11)

06113 雍容大度苏东坡[J]/晏建怀//文史春秋，2012(11)

06114 豁达乐观苏东坡[J]/于莹//黄河黄土黄种人，2012(12)

06115 苏轼的人格魅力与人文关怀[J]/赵东文，江荣福//语文教学与研究(综合天地)，2012(12)

06116 苏轼人生观在词作中的体现[J]/李慧//文史月刊，2012(12)

06117 兹游奇绝冠平生：从苏轼贬谪间的诗文创作看其文化心态[J]/郭灿灿//北方文学(下旬)，2012(12)

06118 读苏轼[J]/魏丕植//黄河之声，2012(13)

06119 从三咏黄州赤壁看苏轼的情感突围[J]/王海宁//文教资料，2012(14)

06120 苏轼咏月诗文中的人格魅力[J]/王金川//名作欣赏，2012(14)

06121 从赤壁三部曲探苏轼之情志底蕴[J]/陈德翰//问学，2012(16)

06122 苏轼的旷达人生[J]/吴雪君//西江月，2012(16)

06123 苏东坡忍不住的“痒”[J]/姜仲华//今日文摘，2012(20)

06124 东坡的豪放与婉约[J]/李瑞珍//学知报(教师版)，2012(27)

06125 宦海风波恶，文心两相知[J]/不详//新作文(金牌读写高中生适读)，2012(C2)

06126 论苏轼的人生境界及其文化底蕴[D]/阮延俊.—华中师范大学(博士论文)，2012

06127 苏东坡积极心理分析[D]/李锦.—北京师范大学(硕士论文)，2012

06128 苏东坡是个乐天派[N]/不详//淮海晚报，2013-01-27

06129 苏东坡的小心眼[N]/不详//大众日报，2013-02-08

06130 “风流才子”苏东坡的情缘[N]/不详//潍坊日报，2013-03-08

06131 “苏东坡”的文化正能量有多大？[N]/不详//四川日报，2013-03-08

06132 展示东坡造福百姓的博大情怀：惠州学院教授李靖国:[N]/不详//惠州日报，2013-03-25

06133 追忆苏东坡[N]/杨新路//潍坊学院报，2013-03-26

06134 苏东坡的胸怀[N]/王云奎//郑州日报，2013-06-25

06135 浅析苏轼的人格精神[N]/冬梅//吕梁日报，2013-06-26

06136 东坡先生的胸怀[N]/王云奎//中国财经报，2013-07-04

06137 苏公堤上忆东坡[N]/不详//黔南日报，2013-09-12

06138 苏东坡逸事[N]/不详//老人报，2013-09-18

06139 苏东坡的胃口与心胸[N]/不详//首都建设报，2013-10-30

06140 回归自我的苏东坡[N]/不详//牛城晚报，2013-10-31

06141 苏东坡一笑泯恩仇[N]/不详//老年生活报，2013-11-01

06142 苏轼与曾国藩[N]/不详//三晋都市报，

2013-11-06

06143 苏东坡给我的人生启示［N］/李岸峰//红河日报，2013-12-06

06144 东坡喝［N］/且庵//羊城晚报，2013-12-12

06145 苏东坡为官箴言［N］/不详//宿迁日报，2013-12-20

06146 残菊飘零满地金：东坡错怪王安石［J］/李晓玲//新语文学习（小学中年级），2013（1）

06147 论大慧宗杲对苏轼的接受［J］/方新蓉//西华大学学报（哲学社会科学版），2013（1）

06148 苏轼散文中的士林理想人格管窥：以司马光形象的塑造为中心［J］/关四平//学术交流，2013（1）

06149 苏轼叙写“气”的语意蕴涵辩证［J］/管仁福//齐鲁学刊，2013（1）

06150 苏轼寓惠研究综述［J］/王启鹏//惠州学院学报（社会科学版），2013（1）

06151 论苏轼的《春秋》学思想［J］/李哲//甘肃理论学刊，2013（2）

06152 论苏轼的人格魅力［J］/赵晋飞//中国教育与教学研究杂志，2013（2）

06153 苏轼的人品与词风［J］/周力雁//开封教育学院学报，2013（2）

06154 苏轼的作家修养论［J］/徐建芳//当代文坛，2013（2）

06155 谈谈苏轼的旷达情怀［J］/何涛//中国教师汇，2013（2）

06156 闲谈苏轼［J］/张志扬//语文教学与研究（读写天地），2013（2）

06157 庄学思想影响下的苏轼人格与文格［J］/王楚，王瑞兵//文学教育（中），2013（2）

06158 行到水穷处，坐看云起时：中国古代悲怨情怀的别样释放［J］/薛俊霞//语文教学通讯（D刊·学术刊），2013（3）

06159 论元杂剧对“乌台诗案”的叙事重写：以苏轼形象为中心研究［J］/胡玉平//江西青年职业学院学报，2013（3）

06160 浅谈尼采的快乐哲学和苏轼的快乐哲学［J］/温金娜//北方文学（中旬刊），2013（3）

06161 宋代居士的“三教融合”思想及其影响［J］/颜冲//江西社会科学，2013（3）

06162 苏东坡“经学”三书提要［J］/舒大刚//湖湘论坛，2013（3）

06163 苏轼“雌黄史迹”说献疑［J］/边利丰//新疆大学学报（哲学·人文社会科学版），2013，41（3）

06164 苏轼“经世济民”的儒家思想初探［J］/李琳//管理学家，2013（3）

06165 苏轼的豪放，怎一个“旷达”了得［J］/陈洪团//语文教学通讯，2013（3）

06166 苏轼艺术创作思想之“形”与“神”［J］/汪倩//乐山师范学院学报，2013（3）

06167 以苏轼的姿态生活［J］/佟晨绪//中国工运，2013（3）

06168 出于仁恕 严而不残［J］/王泽//人才资源开发，2013（4）

06169 略论宋代苏轼的经济管理思想［J］/方宝璋//高等财经教育研究，2013（4）

06170 苏轼黄州时期词作的思想意蕴［J］/钟云瑞//湖北职业技术学院学报，2013（4）

06171 苏轼是不可超越的［J］/陆欣雨//作文通讯（初中版），2013（4）

06172 论元散曲中的苏轼形象塑造［J］/张文利//山西大学学报（哲学社会科学版），2013（5）

06173 苏轼出处思想矛盾探微［J］/王贱琴//剑南文学（经典阅读），2013（5）

06174 苏轼：人生几度新凉［J］/雷恩海//读

者欣赏，2013(5)

06175 苏轼文学作品的别样解读[J]/范敏//文学教育，2013(5)

06176 心有多大舞台就有多大：漫谈柳宗元、苏轼、范仲淹的人生境界[J]/王伟，王海燕//新课程学习(上旬)，2013(5)

06177 超然台的"时空位移"：析苏轼超然思想的影响[J]/王晓磊//乐山师范学院学报，2013(6)

06178 苏轼 大江东去淘不尽的风流人物[J]/陈思阳//人物周刊，2013(6)

06179 苏轼故乡情结的特点与成因[J]/彭敏//芒种(下半月)，2013(6)

06180 苏轼作品中禅宗思想的渗透与挖掘[J]/陈建忠，张保太//现代语文(学术综合版)，2013(6)

06181 由移情、入境到生命节律的交感共振——苏轼与自然的和谐关系及其当代意义[J]/周进珍//湖北理工学院学报(人文社会科学版)，2013(6)

06182 大江东去苏东坡[J]/林语堂//书摘，2013(7)

06183 苏轼的风俗观[J]/李哲//兰台世界(下旬)，2013(7)

06184 苏轼的乐天情怀[J]/吴建萍//课外语文(教研版)，2013(7)

06185 苏轼的诗意人生[J]/赵乔红//中学语文(大语文论坛)，2013(7)

06186 豁达苏轼悲底色[J]/刘书杰//新课程(中旬)，2013(8)

06187 苏轼悲凉赴定州[J]/程雪莉//老人世界，2013(8)

06188 苏轼诗词中的人生哲思[J]/朱凤荣，王子铭//芒种，2013(8)

06189 浅议苏轼的情感世界[J]/贾彦国//西江月(下旬)，2013(9)

06190 人间正道是沧桑：读《东坡词》有感[J]/靳扬扬//戏剧之家(上半月)，2013(9)

06191 苏轼诗论的生态叙事[J]/李月媛//作家(下半月)，2013(9)

06192 当代大学生豁达人生观的培养：从苏轼的人生经历和豁达人生观看起[J]/潘云//青年与社会(上)，2013(10)

06193 苏轼，一轮精神的明月[J]/袁翠莲//时代文学(上半月)，2013(10)

06194 苏轼：高士何处不胜寒[J]/王宏//文艺生活(艺术中国)，2013(10)

06195 从《春渚纪闻》等宋元明时期作品看苏轼的历史形象[J]/陈建萍，段宏广//芒种，2013(11)

06196 论苏轼文化人格的旷达超然[J]/范学刚//芒种(下半月)，2013(11)

06197 苏轼的意义[J]/不详//岁月(醒狮国学)，2013(11)

06198 也无风雨也无晴：浅析苏轼的豁达胸襟[J]/何晓梅//东方教育，2013(11)

06199 苏轼：好家教多奇才[J]/非也//健康生活(下半月)，2013(12)

06200 也无风雨也无晴：论苏轼在黄州时的思想[J]/郭益//中学语文(大语文论坛)，2013(12)

06201 苏轼：乐观旷达的人生态度[J]/本刊编辑部//学习报(中考语文人文阅读)，2013(15)

06202 魅力苏轼：观"百家讲坛"有感[J]/迟凤霞//学苑教育，2013(18)

06203 苏轼告诉我们什么：与生活讲和[J]/倪新春，郑军//商情，2013(18)

06204 心悦则物美[J]/钟芳//思维与智慧，2013(20)

06205 论苏轼三次贬谪后的心态变化[J]/路迪//青年文学家，2013(21)

06206 苏轼处世哲学初探[J]/吴卿//俪人(教

师），2013（22）

06207 在沉重的苦难之中走向超然：论苏轼旷达的人生态度［J］/刘彬//中国科技投资，2013（22）

06208 由苏轼的信仰看宋代士人的信仰问题［J］/吴昊天//青年文学家，2013（27）

06209 苏轼知定州时的思想状貌［J］/刘燕飞//华章，2013（29）

06210 苏轼思想浅探［J］/郭蓓//西江月，2013（32）

06211 心有相印情各有托：论失意人生中的陶潜与苏轼［J］/张璐//才智，2013（32）

06212 曾巩的历练：唐宋八大家札记（三）［J］/陈占敏//名作欣赏，2013（34）

06213 儒、道、佛思想对苏轼人生的影响［J］/王建//青年文学家，2013（35）

06214 浅谈苏轼的人格魅力［J］/崔梁//中学生导报（教学研究），2013（47）

06215 平淡从容才是真：观苏轼"定风波"词探其人生哲学［J］/李莉娜//东海大学图书馆馆讯，2013（142）

06216 翻阅冷漠档案中见至情至性苏东坡［J］/邹宁宁//兰台世界，2013（S2）

06217 论《庄子》对苏轼人生境界的影响［D］/冉冬梅.—重庆师范大学（硕士论文），2013

06218 双重身份认同的矛盾与超越：苏轼心理传记学研究［D］/王世明.—闽南师范大学（硕士论文），2013

06219 苏东坡的生命观与生命教育的对话［D］/黄秀琴.—台北教育大学（硕士论文），2013

06220 苏东坡的批判精神［N］/郁土//邵阳日报，2014-01-03

06221 对话苏轼［N］/王琛懿//今晨6点，2014-01-11

06222 面对东坡先生犯错时［N］/陈钦廷//北海日报，2014-02-13

06223 有感苏轼的参悟［N］/沈峰//阜阳日报，2014-03-20

06224 任磨难重重苏轼不失其乐［N］/不详//新商报，2014-05-10

06225 时代呼唤"东坡精神"（图）［N］/程磊//天津日报，2014-05-28

06226 滴水藏海苏轼的胸怀［N］/高晓松//甘肃日报，2014-06-04

06227 苏东坡说三个祖师［N］/不详//通辽日报，2014-06-11

06228 苏东坡的灵魂［N］/王童//惠州日报，2014-06-22

06229 苏轼对自然景物的挪移法［N］/不详//广州日报，2014-06-25

06230 苏轼的胸怀［N］/高晓松//蚌埠日报，2014-06-26

06231 进退舍得的东坡精神［N］/冷成金//南方日报，2014-06-28

06232 苏轼的真实［N］/蒋勋//文摘报，2014-06-07

06233 苏轼的宽恕之道［N］/张燕峰//九江日报，2014-07-10

06234 苏东坡最后的辉煌［N］/黄开才//黄石日报，2014-07-17

06235 苏东坡的达观人生［N］/不详//中国石油报，2014-07-19

06236 苏轼的绝境"三乐"［N］/不详//宜兴日报，2014-07-21

06237 苏轼的真性情［N］/俞东升//三亚日报，2014-07-27

06238 乐观的苏东坡［N］/张奇//西部商报，2014-08-10

06239 苏轼自然观的精髓：师法自然［N］/李赓扬//大众日报，2014-08-20

06240 学学苏东坡和苏格拉底［N］/王波//图书馆报，2014-08-29

06241 苏轼式旷达[N]/刘诚龙//解放日报，2014-09-07

06242 亦文亦医苏东坡[N]/谭健锹//澳门日报，2014-10-10

06243 苏东坡的酷评[N]/晏建怀//光明日报，2014-10-11

06244 苏轼也有看走眼的时候[N]/不详//通辽日报，2014-12-03

06245 豪放 宽容 豁达：读苏东坡[J]/向淑丽//作文，2014(1)

06246 聆听东坡的心灵之歌：从《六月二十日夜渡海》谈起[J]/张冉冉//名作欣赏(下旬)，2014(1)

06247 热爱生活者得天下：通过苏轼文章看其心性形成[J]/凌霄，张清莹//吉林广播电视大学学报，2014(1)

06248 苏轼《书传》的解经与解经的文学性[J]/郭玉//内蒙古财经大学学报，2014(1)

06249 苏轼的旷达情怀[J]/史马双，沈赟斐//小作家选刊·教学交流(下旬)，2014(1)

06250 苏轼的启示[J]/曹敏//语文周报：高中教研版，2014(1)

06251 苏轼农业思想浅论[J]/郝二旭//平顶山学院学报，2014(1)

06252 苏轼以佛教治心养气与其书法之气的建构[J]/连超//文史杂志，2014(1)

06253 苏轼元丰元年的节庆感怀[J]/林宜陵//乐山师范学院学报，2014(1)

06254 永远的苏东坡[J]/张志烈//阿坝师范高等专科学校学报，2014(1)

06255 从苏轼谪游南海神庙看其放达人生[J]/张晓鸣//广州航海学院学报，2014，22(2)

06256 诞生在黄州的苏东坡[J]/刘开国//黄冈职业技术学院学报，2014(2)

06257 论苏轼的旷达及其思想根源[J]/薛炜//兰台世界，2014(2)

06258 论苏轼文化人格的旷达放逸、乐观超脱：中学语文教材中苏轼作品的教育意义[J]/毛军梅//新课程学习(上旬)，2014(2)

06259 论苏轼在苦难中的生命超越[J]/宫立华//学园，2014(2)

06260 浅谈苏轼复杂的性格特征[J]/曹萍//飞(素质教育版)，2014(2)

06261 苏轼的快乐秘籍：超然物外[J]/周作菊//中学语文(教学大参考)，2014(2)

06262 苏轼的政治思想浅谈[J]/刘琦//沧桑，2014(2)

06263 苏轼的政治思想浅谈[J]/刘琦//史志学刊，2014(2)

06264 苏轼的自然观[J]/张伟//中学课程辅导：教师通讯，2014(2)

06265 苏轼仕隐矛盾的心理传记学研究[J]/王世明，陈顺森//生命叙事与心理传记学，2014(2)

06266 从“乌台诗案”看苏轼应对苦难的人生智慧[J]/叶璐//濮阳职业技术学院学报，2014，27(3)

06267 豪情与多情：借两首词感受苏轼的人格魅力[J]/马晓英，荆晓艳//赤子(中旬)，2014(3)

06268 苏轼的品质与气度[J]/董成家//党员文摘，2014(3)

06269 苏轼枯木情结探微[J]/徐晓洪//文史杂志，2014(3)

06270 从苏轼嬗变为苏东坡研究[J]/王启鹏//黄冈职业技术学院学报，2014(4)

06271 眉山苏轼符号[J]/刘清泉//乐山师范学院学报，2014(4)

06272 苏东坡和他的百姓情怀[J]/涂普生//东坡赤壁诗词，2014(4)

06273 苏轼治学思想探析［J］/范亚光//安顺学院学报，2014（4）

06274 中国古代文人的赤壁情结［J］/刘磊//寻根，2014（4）

06275 论苏轼旷达与超脱的人生哲学［J］/薛姗//现代妇女·理论前沿，2014（5）

06276 略论苏轼的典型意义［J］/章澄//江苏开放大学学报，2014（5）

06277 略论苏轼的人品与文化性格［J］/李芳张蓉//中华文化论坛，2014（5）

06278 浅议利用苏轼诗词培养学生乐观的性格［J］/钱卫清//语数外学习（高中语文教学），2014（5）

06279 陆游论苏评述［J］/杨胜宽//广东技术师范学院学报，2014（6）

06280 苏东坡的B面［J］/罗强烈//贵阳文史，2014（6）

06281 苏东坡了不起的地方：虽在风雨摧打中，仍能超逸潇洒［J］/叶嘉莹//共鸣，2014（6）

06282 苏轼贬谪后的“自我”维度［J］/周春辉//兰台世界（下旬），2014（6）

06283 试析苏轼的家园情结［J］/俞天鹏//乐山师范学院学报，2014（7）

06284 苏轼诗词折射出的人格魅力［J］/赵晨阳//语文教学与研究，2014（7）

06285 东坡“贬黄”时“自适”心态之折射：以元丰五年作品为例［J］/马高丽//名作欣赏（文学研究·下旬），2014（8）

06286 浅谈儒释道三家思想对苏轼词作的影响［J］/王婧博//课外语文，2014（8）

06287 从苏轼两次仕杭词看其人生态度之转变［J］/孙琳//参花（法制故事），2014（9）

06288 论苏轼的文化人格对当代校园文化建设的意义［J］/肖志远，周恋，陈梦琳，胡玉婷//艺术时尚（下旬刊），2014（9）

06289 论苏轼休闲思想对陶渊明的超越［J］/陆庆祥//乐山师范学院学报，2014（9）

06290 苏东坡：我在庐山懂了王安石［J］/倾蓝紫//传奇故事·百家讲坛（中旬），2014（9）

06291 苏轼的胸怀［J］/高晓松//红蕾·教育文摘（下旬），2014（9）

06292 苏轼诗文中的松意象解析［J］/俞天鹏//乐山师范学院学报，2014（9）

06293 李白、苏轼之豪放［J］/姚红飞//语文教学通讯（D刊·学术刊），2014（10）

06294 论苏轼在黄州时的“闲而不适”［J］/李勤//语文周报（初中教研版），2014（10）

06295 潇洒走一回：苏轼人生观浅析［J］/刘淑婷//新课程（中学），2014（10）

06296 苏轼学陶探因［J］/吕维//大众文艺，2014（11）

06297 坦荡苏翁，多情东坡［J］/宋倩如//读书文摘（青年版），2014（11）

06298 随缘而安：豁达随缘的苏东坡［J］/刘晨//作文通讯（高中版），2014（12）

06299 苏轼的幽默［J］/路卫兵//晚报文萃，2014（13）

06300 也无风雨也无晴：苏轼的快乐人生［J］/姜惦非//企业导报，2014（18）

06301 论苏轼的博爱雅艺［J］/施春晖//文学教育，2014（19）

06302 基于苏轼的旷达及思想根源的研究［J］/梁燕//芒种，2014（20）

06303 苏轼逆境中旷达的人生态度［J］/黄曙//品牌研究，2014（20）

06304 苏轼文化人格及其成因再探讨［J］/孙旭东//短篇小说（原创版），2014（20）

06305 东坡风骨［J］/张永芳//中国老年，2014（22）

06306 论苏轼“幽人”形象及其文化内涵［J］/崔冶//时代文学，2014（22）

06307 北宋散文对苏轼书论创作的内部孕育[J]/刘永丰//青年文学家，2014(32)
06308 从苏轼的史评看苏轼的道德理念[J]/王晓红//青年文学家，2014(32)
06309 至情至性之苏东坡[J]/刘丽姣//中学生导报(教学研究)，2014(37)
06310 从苏轼词看其生命意识[J]/罗森波，朱存红//铜仁学院学报，2014(B7)
06311 生命在真与美的境域中绽放：关于苏轼人生思想的思考[J]/罗盈//陕西教育(高教版)，2014(Z1)
06312 从书信看苏轼之心态：以“乌台诗案”之前书信为例[D]/封国霞.—中央民族大学(硕士论文)，2014
06313 苏轼的死亡意识研究[D]/李芬芳.—暨南大学(硕士论文)，2014
06314 近乎完美的苏东坡[N]/张丽娜//三门峡日报，2015-01-14
06315 苏轼被贬广东后感悟快乐在当下[N]/刘黎平//广州日报，2015-01-14
06316 苏东坡的金钱观[N]/晏建怀//学习时报，2015-01-19
06317 罹难当学苏东坡[N]/不详//齐鲁晚报，2015-02-04
06318 面对困境不妨学学苏轼[N]/不详//海南农垦报，2015-02-04
06319 因为舍得，苏轼潇洒超脱[N]/余显斌//新商报，2015-02-07
06320 苏东坡乐观的背后[N]/陈雪//羊城晚报，2015-02-25
06321 隔岸是否有苏轼[N]/张瑜娟//中国文化报，2015-03-06
06322 苏东坡靠啥活着？[N]/陈鲁民//今晚报，2015-03-10
06323 东坡魂[N]/聂仪千//安徽青年报，2015-03-13
06324 世间已无苏东坡[N]/钱恬楠//浙江工人日报，2015-03-13
06325 热爱生活的苏东坡[N]/钱浩宇//湖南工人报，2015-03-18
06326 苏东坡的自信[N]/朱非//绍兴日报，2015-03-19
06327 致苏东坡[N]/刘福智//大河健康报，2015-03-27
06328 苏东坡的魅力[N]/卢翠莲//九江日报，2015-04-07
06329 苏东坡官往低处去心向宽处行[N]/钱浩宇//新商报，2015-04-11
06330 苏轼：兴趣要“寓意于物”[N]/不详//今日嵊州报，2015-04-15
06331 苏轼的“得”“道”观[N]/不详//中国劳动保障报，2015-04-22
06332 苏东坡少小立志奋厉有当世志[N]/不详//眉山日报，2015-05-17
06333 魅力四射苏东坡[N]/北芳//烟台晚报，2015-05-27
06334 苏东坡的美政理想[N]/张玉，熊莉//眉山日报，2015-06-07
06335 苏轼何以成为苏东坡[N]/张春生//湛江日报，2015-06-25
06336 苏东坡的魅力之源[N]/不详//启东日报，2015-07-03
06337 不妨学学苏东坡[N]/程建明//黄冈日报，2015-08-08
06338 苏东坡：人间难能有其二[N]/不详//社科新书目，2015-08-10
06339 苏轼的“豪放”与“婉约”[N]/张寅秋//青岛日报，2015-09-23
06340 苏东坡的精神遗产[N]/不详//扬州日报，2015-10-08
06341 东坡先生的情商[N]/不详//宜兴日报，2015-10-12
06342 东坡的直言[N]/金星//嘉兴日报(平湖版)，2015-10-23

06343 豪放东坡之似水柔情［N］/ 周燕兵 // 眉山日报，2015-10-26

06344 乐天才子苏东坡［N］/ 张振宇 // 中原商报，2015-11-20

06345 啃“老”，不妨多点东坡精神［N］/ 林奶花 // 东江时报，2015-12-04

06346 苏东坡呵呵呵呵［N］/ 宋慧敏 // 汴梁晚报，2015-12-12

06347 对话苏轼［N］/ 张燕君，路光 // 延安日报，2015-12-13

06348 我喜欢苏轼的豁达［N］/ 卞晓雯 // 安阳日报，2015-12-25

06349 读懂东坡［N］/ 欧阳茗荟 // 北方新报，2015-12-30

06350 李白与苏轼豪放之区别［J］/ 关茂 // 武汉工程职业技术学院学报，2015（1）

06351 论苏轼自省与自嘲的形成原因及影响［J］/ 王娟 // 新西部（中旬刊），2015（1）

06352 试析苏轼的安民思想［J］/ 官性根 // 地方文化研究辑刊（第八辑），2015（1）

06353 苏轼的“出世”“入世”［J］/ 王巍 // 读写月报（高中版），2015（1）

06354 苏轼的“观物要审”说具有理性思维内涵［J］/ 童庆炳 // 学术界，2015（1）

06355 苏轼的“中隐”［J］/ 王建湘 // 思维与智慧（下半月），2015（1）

06356 苏轼惠州时期的思想变迁与会通［J］/ 王基伦 // 惠州学院学报，2015（1）

06357 唐宋之际道教的变化对文人创作的影响：以李白和苏轼为例［J］/ 刘政 // 河北工程大学学报（社会科学版），2015，32（1）

06358 泰戈尔与苏轼诗歌宗教思想比较分析［J］/ 卢迪 // 长春大学学报（社会科学版），2015（1）

06359 王阳明心学与早年郭沫若同苏轼思想的承变关系研究［J］/ 申东城 // 郭沫若学刊，2015（1）

06360 论东坡文化精神之核心与惠州文化软实力之提升［J］/ 杨子怡 // 惠州学院学报，2015（2）

06361 论苏轼的人生态度和诗词风韵［J］/ 王彩霞 // 华人时刊（下旬刊），2015（2）

06362 浅论白居易、苏轼对袁宗道的影响［J］/ 刘云霞，邢满 // 短篇小说（原创版），2015（2）

06363 宋代的东坡热：福建仙溪傅氏家族与宋代的苏轼研究［J］/ 卞东波 // 南京大学学报（哲学·人文科学·社会科学版），2015，52（2）

06364 苏东坡人文精神泽及黄州惠州［J］/ 郭杏芳 // 惠州学院学报，2015（2）

06365 苏轼贬谪生涯中的乐观旷达心态成因分析［J］/ 张海娇 // 文学教育（下半月），2015（2）

06366 苏轼超然思想的精神内涵及其演进［J］/ 张馨心，庆振轩 // 甘肃社会科学，2015（2）

06367 苏轼的“想当然”［J］/ 宋桂奇 // 做人与处世，2015（2）

06368 永远的苏东坡:《寻访东坡踪迹》序［J］/ 张志烈 // 地方文化研究辑刊，2015（2）

06369 苏轼躬耕力田思想探析［J］/ 杨晓慧 // 宝鸡文理学院学报（社会科学版），2015（3）

06370 苏轼：平生功业［J］/ 陈世旭 // 红岩，2015（3）

06371 名人楼 最潇洒自在的文学达人 苏轼（下）［J］/ 红马童书 // 智力（普及版），2015（4）

06372 试论苏轼对元代士人精神之影响［J］/ 刘伟 // 内蒙古师范大学学报（哲学社会科学版），2015（4）

06373 苏轼诗性人格成因探微[J]/刘晗//中州大学学报，2015(4)

06374 东坡超然思想探论之一：以密州时期为中心[J]/庆振轩牛思仁//福建师范大学学报(哲学社会科学版)，2015(5)

06375 读苏轼[J]/丁朝玉//诗词月刊，2015(5)

06376 民初遗民诗词中的苏轼意象[J]/罗惠缙//中南大学学报(社会科学版)，2015(5)

06377 浅议公安三袁对苏轼品行的追随[J]/黄关蓉//芒种(下半月)，2015(5)

06378 苏轼对前代学者人性论的批评及其人性观[J]/赵蕊//乐山师范学院学报，2015(5)

06379 不一样的苏轼[J]/曾蕾//作文通讯(高中版)，2015(6)

06380 苏轼的流寓生涯与文化自觉[J]/杨胜宽//西华大学学报(哲学社会科学版)，2015(6)

06381 苏轼对儒释道思想的接受和吸收研究[J]/陈刚，姜云霞//作文教学研究，2015(6)

06382 从苏轼到苏东坡[J]/赵允芳//中国作家，2015(7)

06383 从"吾生本无待"到"思我无所思"：苏轼理趣诗一解[J]/荆楠//东岳论丛，2015(7)

06384 浅谈苏轼的人生哲学[J]/梁春芳//新一代，2015(7)

06385 论析苏轼"儒道合一"的经济思想[J]/杨忠伟//贵州社会科学，2015(9)

06386 苏东坡的魔力[J]/王艺桦//中学生，2015(9)

06387 苏轼《书传》所体现的社会政治思想略论[J]/张建民//兰台世界(中旬)，2015(9)

06388 乌台诗案之前苏轼的人生观[J]/周子建//山海经(故事)，2015(9)

06389 读东坡文状 学秘书之道[J]/姚刚//秘书之友，2015(10)

06390 试论苏轼贬逐期间的精神支撑[J]/郑秉谦//乐山师范学院学报，2015(10)

06391 苏轼为官之成功、坎坷与从容[J]/李延玲//领导科学，2015(10)

06392 苏东坡的见解[J]/赵元波//青年博览，2015(12)

06393 苏轼：神仙中人，诗意人生[J]/幽篁弹筝//作文与考试(初中版)，2015(12)

06394 追忆"轼"水年华：论东坡本色[J]/吴诗漫//老区建设，2015(12)

06395 舌尖上的东坡与他的人生观[J]/李春明//北方文学，2015(15)

06396 浅论苏轼旷达的人生观[J]/齐丽丽//人间，2015(18)

06397 凡人苏轼[J]/王洞明//文苑，2015(19)

06398 椰风海韵，向阳生活："东坡式"生活态度浅析[J]/黄珊//新教育，2015(21)

06399 只有坦然，才能诗意的栖居：浅析苏轼超越人生痛苦之道[J]/侯聪颖//青年文学家，2015(24)

06400 苏东坡的涵养[J]/高峰//文化月刊，2015(26)

06401 苏轼本心之细察[J]/彭志力//课程教育研究(学法教法研究)，2015(26)

06402 从统计语言学视角看苏轼的俯仰人生[J]/刘希乐//中学语文教学参考，2015(28)

06403 浅论苏轼的生活观[J]/韩博//企业文化，2015(30)

06404 从苏轼到东坡居士：旷达背后的生命轨迹[J]/王静博//人间，2015(33)

06405 苏轼的文化人格［J］/ 洪紫薇 // 南风，2015（35）

06406 苏轼对《论语》“辞达说”的继承及创新［J］/ 徐天韵 // 文教资料，2015（36）

06407 苏轼旷达乐观的人生态度探析［J］/ 杨清艳 // 考试周刊，2015（79）

06408 诗人之笠 杜甫和苏轼戴笠肖像史及其文化意蕴：兼论唐宋士人文化精神之异［D］/ 梁慧敏 .—华东师范大学（硕士论文），2015

06409 苏轼风范，豪迈冲云天［N］/ 不详 // 中山商报，2016-01-03

06410 亦有可闻：苏东坡的想当然耳［N］/ 不详 // 文汇报（香港），2016-02-13

06411 苏轼的精神偶像［N］/ 罗日荣 // 石家庄日报，2016-02-19

06412 苏轼：无法抚慰的乡愁［N］/ 张家旗 // 宝鸡日报，2016-03-03

06413 苏轼的田园情怀［N］/ 王长昆 // 中国商报，2016-03-03

06414 苏轼在盱眙的清欢［N］/ 不详 // 淮海晚报，2016-03-14

06415 苏轼从庐山所获得的感悟［N］/ 桂良尉 // 九江日报，2016-03-24

06416 亦庄亦谐话东坡［N］/ 胡武生 // 光明日报，2016-04-08

06417 苏轼：用一生把别人的苟且活成潇洒［N］/ 不详 // 浙江工人日报，2016-04-09

06418 东坡的人格［N］/ 徐晋如 // 今晚报，2016-04-12

06419 苏东坡的人文精神及现代意义［N］/ 不详 // 黄冈日报，2016-04-14

06420 苏东坡生活再难也要含笑看雪［N］/ 佚名 // 临汾日报（晚报版），2016-05-10

06421 追寻苏东坡［N］/ 佟晨绪 // 皖江晚报，2016-05-19

06422 专家学者齐聚畅谈苏东坡民本思想与文化成就［N］/ 张玉，熊莉 // 眉山日报，2016-06-08

06423 苏东坡巧拒请托［N］/ 不详 // 靖江日报，2016-06-15

06424 苏东坡的扬州情［N］/ 不详 // 扬州晚报，2016-06-18

06425 苏轼的超然处世态度［N］/ 不详 // 安阳日报，2016-06-24

06426 “苏轼是我做人的‘百科全书’”［N］/ 屠明娟 // 扬州晚报，2016-07-09

06427 是什么成就了苏轼［N］/ 不详 // 马鞍山日报，2016-07-28

06428 苏轼的天真［N］/ 不详 // 黄河口晚刊，2016-08-11

06429 弘扬东坡文化继承东坡精神［N］/ 不详 // 黄冈日报，2016-09-06

06430 苏东坡独具卓见的史识与史胆［N］/ 熊召政 // 鄂东晚报，2016-09-08

06431 苏轼的人生智慧值得现代人学习［N］/ 周裕锴 // 鄂东晚报，2016-09-08

06432 苏轼：以清净安命［N］/ 荆墨 // 太原晚报，2016-12-01

06433 对整体人生的空幻感，成就了嬉笑怒骂的苏轼［N］/ 李泽厚 // 新快报，2016-12-11

06434 “千古一人”苏东坡［N］/ 陶武先 // 四川日报，2016-12-30

06435 《周易》与苏轼的审美鉴赏论［J］/ 徐建芳 // 中国苏轼研究，2016（1）

06436 超然物外：苏轼人生思考成熟的标志［J］/ 王启鹏 // 黄冈职业技术学院学报，2016（1）

06437 从苏词中简析苏轼谪居之心路历程［J］/ 陈薇 // 语文教学通讯（D 刊·学术刊），2016（1）

06438 陆游评述苏轼刍议［J］/ 崔际银 // 福州

大学学报（哲学社会科学版），2016（1）
06439 论苏轼的多情人生［J］/何丹丽，付晶玮//地方文化研究辑刊，2016（1）
06440 浅论苏轼对于生命本体的态度［J］/张倩倩//赤峰学院学报（汉文哲学社会科学版），2016（1）
06441 苏轼的爱民情怀［J］/彭文良//攀枝花学院学报，2016（1）
06442 苏轼的审美与休闲境界［J］/陆庆祥//中国苏轼研究，2016（1）
06443 苏轼流寓人生的三个意象［J］/张学松//珠江论丛，2016（1）
06444 由《竹院品古图》浅解晚明苏州地区文人眼中的苏轼［J］/田超//武夷学院学报，2016（1）
06445 宋 苏东坡 老饕在路上［J］/游北君//中华遗产，2016（2）
06446 苏轼贬谪黄州时期的心态转变历程［J］/彭文良//乐山师范学院学报，2016（2）
06447 苏轼的人品与词风［J］/姚丽//山西青年，2016（2）
06448 《庄子》抒情传统的后代回响［J］/陈鼓应//哲学研究，2016（2）
06449 从广西作品看苏轼晚年的本色人生［J］/吴敬玲//名作欣赏（中旬刊），2016（3）
06450 论蜀地地理环境对苏轼人格形成的影响［J］/韩凯//太原师范学院学报（社会科学版），2016（3）
06451 晚明的崇苏之风［J］/曾萍//宿州教育学院学报，2016（3）
06452 读苏轼《贾谊论》［J］/蔡浩彬//诗词月刊，2016（4）
06453 剖析苏轼在密州的文学创作意识［J］/肖亚琛//芒种（下半月），2016（4）
06454 苏轼的豁达［J］/刘明洁//高中生（青春励志），2016（4）
06455 苏轼的审美趣味［J］/胡中柱//语文教学与研究（读写天地），2016（4）
06456 苏轼的“修炼”［J］/杨卫国//参花（下），2016（4）
06457 论苏轼的史学成就［J］/李哲//南昌师范学院学报，2016（5）
06458 论元杂剧中苏轼戏的结尾［J］/李世佳//太原师范学院学报（社会科学版），2016（5）
06459 浅析苏东坡民本思想［J］/张成明//文史杂志，2016（5）
06460 不敢说东坡［J］/钱声广//文史杂志，2016（6）
06461 苏东坡的快乐［J］/陈恒舒//中学生阅读（上半月），2016（6）
06462 苏东坡精神及其对后世的影响［J］/杨常沙//文史杂志，2016（6）
06463 苏轼的经子之学与叶梦得的追慕之趣［J］/潘殊闲//吉林师范大学学报（人文社会科学版），2016（6）
06464 苏东坡是个好农夫［J］/大江东去//时代青年（上半月），2016（7）
06465 论苏轼的闲适诗词及其闲适生活［J］/杜霖//牡丹江大学学报，2016（8）
06466 苏轼与儒、释、道三家思想［J］/高安琪//文艺生活（文海艺苑），2016（9）
06467 从苏轼词中的酒、月、水意象看苏轼的人品追求［J］/肖亚琛//剑南文学，2016（10）
06468 从苏轼作品看其人格精神［J］/林瑊//中学语文（大语文论坛），2016（10）
06469 浅谈唐宋八大家之苏轼的“适”字情怀［J］/唐丽//知音励志，2016（10）
06470 人生如梦：论《红楼梦》《聊斋志异》和宋词人苏轼、朱敦儒生命梦观之同异［J］/周建梅//现代语文（文学研究版），2016（10）

06471 苏轼的“命”观[J]/徐建芳//理论月刊，2016(10)

06472 苏轼的超脱[J]/余显斌//美文(下半月)，2016(10)

06473 归去，也无风雨也无晴：透过高中语文教材解读苏轼的人生态度[J]/徐秋//云南教育(中学教师)，2016(11)

06474 苏东坡的旷达[J]/彭程//美文(上半月)，2016(11)

06475 读懂苏轼 告诉你一个不一样的苏东坡[J]/陈清华//南腔北调，2016(12)

06476 品诗文 悟其情 识其人：由苏轼作品看其人生态度[J]/夏素艳//中华活页文选(教师版)，2016(12)

06477 浅谈苏轼的人格魅力[J]/周晓波//知音励志，2016(12)

06478 人生起伏，狷狂依旧：在初中教材里品苏轼人格魅力[J]/唐德云//中学课程辅导(教师通讯)，2016(13)

06479 苏东坡：用一生把别人的苟且活成诗和远方[J]/大老振读经典//课外阅读，2016(14)

06480 从苏轼词管窥其人生态度[J]/黄永莉//才智，2016(20)

06481 苏轼，用一生把别人的苟且活成潇洒[J]/大老振读经典//作文与考试(高中版)，2016(20)

06482 论逆境中苏轼的人生态度及其对当代大学生的启示[J]/王艳//经营管理者，2016(29)

06483 浅析苏轼“以苦为乐”精神的内涵[J]/刘宬成//学园，2016(30)

06484 论苏轼的人生境界及其文化底蕴[J]/王敏//学周刊，2016(34)

06485 苏轼的魅力也是传统文化的魅力[N]/李公羽//汉中日报，2017-08-08

06486 “浩然天地间，惟我独也正”：论苏轼“独正观”及其意义[J]/杨松冀//中国苏轼研究，2017(1)

06487 李白与苏轼隐逸思想比较[J]/张慧//文学教育(上)，2017(1)

06488 论交际语境下的“袁宏道为苏轼后身”说[J]/张志杰//新国学，2017(1)

06489 试论苏轼生态型人格特征[J]/刘晗//苏州大学学报(哲学社会科学版)，2017(1)

06490 论“静观”与“唐宋互参”之间的理论渊源——从苏轼到查慎行[J]/张金明//燕山大学学报(哲学社会科学版)，2017(5)

06491 “人生如梦”：苏轼的价值追求与自我超越[J]/韩玺吾//三峡大学学报(人文社会科学版)，2017(5)

06492 苏轼的神仙信仰及其《水调歌头》中秋词的长生贵命思想[J]/易思平//乐山师范学院学报，2017(5)

06493 苏轼与“离铅坎汞”说[J]/胡金旺//江西师范大学学报(哲学社会科学版)，2017(6)

06494 第一人称代词视角下苏轼的主体意识和独立人格[J]/刘希乐//教育研究与评论(中学教育教学)，2017(7)

06495 苏轼的“中隐”[J]/王建湘//读写月报，2017(8)

06496 聚焦主客对照 读出立体苏轼[J]/钱昌武//中学语文，2017(10)

06497 试论苏轼“任圣”人格精神的典范意义[J]/罗建军//现代语文(学术综合版)，2017(11)

06498 苏轼的人格魅力分析[J]/王闽红//开封教育学院学报，2017(12)

06499 苏轼的人生智慧对当代大学生人生观的启迪[J]/曹丽萍//新课程研究(中旬刊)，2017(12)

06500 论苏轼“我”之意蕴[J]/方桦//中学语文教学参考，2017(24)

06501 引领学生走近苏轼[J]/李松//教育家，2017(28)

06502 苏轼的情怀和操守[J]/不详//高考，2017(Z1)

06503 苏轼音乐美学思想研究述评：兼论其儒、道、释的三重内涵[J]/毕乙鑫//艺术教育，2017(Z2)

06504 苏轼史论研究[D]/吴健鹏.—曲阜师范大学(硕士论文)，2017

06505 审美与人生：对苏轼思想的解释学分析[D]/陈东旸.—武汉大学(硕士论文)，不详

哲学思想研究

06506 苏东坡戒杀论[J]/不详//聂氏家语旬刊，1926(110)

06507 苏东坡戒杀论[J]/不详//世界佛教居士林林刊，1927(17)

06508 苏东坡的历史哲学(从斐儿康提教授评论议会制度联想到苏东坡战果任侠论中的历史哲学)[J]/从吾//留德学志，1930(2)

06509 苏东坡的佛教思想[J]/井上秀天//海潮音，1933，14(3)

06510 宋苏东坡静安县君许氏绣观音赞[J]/不详//慈航画报，1933(6)

06511 宋苏东坡观世音菩萨颂(并引)[J]/不详//慈航画报，1933(7)

06512 宋苏东坡观音赞[J]/不详//慈航画报，1933(8)

06513 东坡之佛学[J]/不详//国闻周报，1933(33)

06514 东坡佛印语录摘记[J]/寥真子//风月画报，1934，3(20)

06515 东坡之佛学[J]/江寄萍//国闻周报，1934，11(33)

06516 修补宋版苏东坡书大乘妙法莲华经序[J]/张心若//佛学半月刊，1935(103)

06517 苏东坡为伽蓝神[N]/黑驼//商情日报，1936-05-22

06518 东坡之佛学[J]/竺慧渊//觉有情，1941(42/43)

06519 苏东坡与佛教[J]/印泉//中流(镇江)，1943，2(3)

06520 印公塔院落成纪念赞诗续刊：题江易园老居士东坡禅学诗文要解[J]/圆瑛//弘化月刊，1948(80)

06521 东坡禅学诗文要解序[J]/齐朝章//弘化月刊，1948(83)

06522 苏东坡肚子里的禅宗骨董[J]/融熙//人生，1954，7(7)

06523 苏东坡与佛法结了深厚的因缘[J]/曾普信//台湾佛教，1961，15(2/3)

06524 苏轼与朱震的易学[J]/戴君仁//孔孟学报，1973(26)

06525 东坡禅偈传[J]/清风//狮子吼，1977，16(7)

06526 论《庄子》对苏轼艺术思想的影响[J]/项楚//四川大学学报(哲学社会科学版)，1979(3)

06527 关于苏轼《念奴娇·赤壁怀古》的主题：与段国超同志商榷[J]/颜中其//齐鲁学刊，1980(2)

06528 佛老思想对苏轼文学的影响[J]/不详//文教数据简报，1981(2)

06529 苏轼哲学思想探讨[J]/刘真伦//西华师范大学学报(哲学社会科学版)，1981(2)

06530　凌虚台：苏轼在凤翔[J]/张东良//绿原，1981(4)

06531　苏轼哲理诗三首浅说[J]/王文龙//盐城师专学报(社会科学版)，1982(2)

06532　苏东坡·佛教[J]/杜若//中国佛教，1982，26(4)

06533　漫议苏轼寓惠时的佛老思想[J]/陈师旅//惠阳师专学报，1983(1)

06534　苏轼事佛简论[J]/夏露//江汉论坛，1983(9)

06535　苏轼历史哲学观探微[J]/夏露//社会科学研究，1984(4)

06536　苏轼谈“钱”及其“了然”说[J]/王梦鸥//东方杂志，1984，17(11)

06537　论苏轼对释道态度的前后一致性[J]/曾枣庄//天府新论，1985(2)

06538　苏轼论庄子[J]/陶白//江海学刊(文史哲版)，1985(3)

06539　论黄庭坚作品的哲学基础[J]/涂又光//江西师范大学学报，1986(2)

06540　道家思想与苏轼[J]/王开文//丽水师范专科学校学报，1986(4)

06541　道家思想与苏轼的创作理论[J]/李艳//丽水师范专科学校学报，1986(4)

06542　试论苏轼三教合一的思想[J]/蔡保兴//淮北煤炭师范学院学报(哲学社会科学版)，1986(4)

06543　论苏轼与理学[J]/夏露//河北学刊，1987(1)

06544　东坡与道教[J]/王国炎//南昌大学学报(人文社会科学版)，1987(2)

06545　论苏轼哲学的历史地位[J]/王国炎//江西大学研究生学刊，1987(2)

06546　苏轼反对理学[J]/不详//史学情报，1987(3)

06547　苏轼哲学为什么长期被埋没[J]/王国炎//江西社会科学，1987(5)

06548　苏轼的诗与禅[J]/彭曼青//华声报，1987(9)

06549　苏轼认识论述评[J]/王国炎//南昌大学学报(人文社会科学版)，1988(3)

06550　佛禅思想是苏轼文学理论[J]/刘石//天府新论，1989(2)

06551　苏轼何时开始接触佛教[J]/刘石//文史知识，1989(2)

06552　禅宗与苏轼[J]/黄宝华//上海师范大学学报(哲学社会科学版)，1989(4)

06553　苏轼认识论初探[J]/吴雪涛//河北学刊，1989(5)

06554　即数以得其妙：苏轼传神理论的科学基点[J]/高岭//美术，1989(11)

06555　仁行佛心一文豪：苏东坡在岭南的佛教因缘[J]/刘昭明//慧炬，1989(304)

06556　苏轼与佛教三辨[J]/刘石//北京师范大学学报，1990(3)

06557　关于台湾版《苏轼与道家道教》[J]/钟来因//社科信息，1990(9)

06558　苏轼矛盾观探析[J]/王国炎，王能昌//九江师专学报，1991(1)

06559　也知造化有深意，故遣佳人在空谷：苏东坡与禅[J]/林清玄//国文天地，1991，7(2)

06560　苏轼的生命意识及其特征[J]/刘焕阳//烟台师范学院学报(哲学社会科学版)，1991(3)

06561　苏东坡与白玉蟾[J]/秦彦士//天府新论，1991(4)

06562　苏轼：儒道佛美学思想的融合[J]/王世德//云南教育学院学报(社会科学版)，1991(4)

06563　苏轼论形理传神与象外意境[J]/王世德//重庆教育学院学报，1991(4)

06564　试论佛道对苏轼的影响[J]/王俊华//求是学刊，1991(5)

06565 苏轼“寓意于物”论与儒道佛思想［J］/王世德//求是学刊，1991（5）

06566 更全面地把握苏轼［J］/董乃斌//中国社会科学，1991（6）

06567 苏东坡的佛教因缘［J］/斯朋锡//法音，1991（7）

06568 禅与苏轼［J］/余愚//文史知识，1991（9）

06569 试论苏轼的朴素辩证法思想［J］/王国炎，王能昌//中国哲学史，1991（12）

06570 苏轼禅诗研究［D］/朴永焕．—成功大学（硕士论文），1991

06571 略论儒释道思想对苏轼创作的影响［J］/邹志勇//晋中师专学报，1992（2）

06572 苏轼《论语说》钩沉［J］/卿三祥//孔子研究，1992（2）

06573 阅世走人间 观身卧云岭：论苏轼倾心向禅［J］/张弛//社会科学辑刊，1992（2）

06574 东坡习禅刍议［J］/张弛//烟台大学学报（哲学社会科学版），1992（4）

06575 苏轼《论语说》钩沉［J］/马德富//四川大学学报（哲学社会科学版），1992（4）

06576 佛教思想与苏轼的创作理论［J］/陈晓芬//文艺理论研究，1992（6）

06577 东坡谪居黄州时期与释道关系之研究［J］/王淳美//南台工商专校学报，1992（15）

06578 苏东坡与道教［J］/朱宇炎//中国道教，1993（1）

06579 苏轼和道家（道教）［J］/孔繁//世界宗教研究，1993（1）

06580 苏轼融合儒道佛的特色［J］/王世德//重庆师范大学学报（哲学社会科学版），1993（1）

06581 苏轼与理学家的性情之争：兼论儒家性情观的历史演变［J］/杨胜宽//四川大学学报（哲学社会科学版），1993（1）

06582 苏轼和佛教［J］/毕素娟//中国历史文物，1993（2）

06583 论中国诗画艺术中的禅趣［J］/刘庆华//现代哲学，1993（3）

06584 佛道思想与苏轼仕途生涯［J］/杨胜宽//西南民族学院学报（哲学社会科学版），1993（4）

06585 苏轼文学创作与佛学［J］/刘石//世界宗教研究，1993（4）

06586 苏轼与理学家的性情之争：兼论儒家性情观的历史演变［J］/杨胜宽//中国哲学史，1993（5）

06587 博喻与哲理：苏轼《百步洪》（其一）试析［J］/张晶//文史知识，1993（10）

06588 苏轼与佛教［J］/孙昌武//文学遗产，1994（1）

06589 苏轼之尚书学［J］/蔡根祥//台北工专学报，1994，27（1）

06590 佛禅的人生观和苏轼生命历程的审美化［J］/王树海//齐鲁学刊，1994（3）

06591 略论佛教对苏轼的影响［J］/胡新中//学术交流，1994（3）

06592 佛学与哲理、禅趣诗刍议［J］/何懿//安徽教育学院学报（哲学社会科学版），1994（4）

06593 宋明理学家何以轻视文学［J］/李春青//南方文坛，1994（4）

06594 试论苏轼的佛老思想［J］/曾广开//周口师专学报，1994（S3）

06595 禅宗对苏轼思想及其创作的影响［J］/薛亚康//解放军外国语学院学报，1995（1）

06596 道家思想与苏轼的审美心理论［J］/杨存昌//山东理工大学学报（社会科学版），1995（1）

06597 苏东坡居士与佛教禅理［J］/张效机//

广东佛教，1995（1）
06598 柳宗元与苏轼崇佛心理比较［J］/ 陈晓芬 // 社会科学战线，1995（2）
06599 试论苏轼的佛教观念及其影响［J］/ 栾睿 // 新疆师范大学学报（哲学社会科学版），1995（2）
06600 苏轼诗论与诗作的禅宗化特点［J］/ 邝文 // 广西教育学院学报，1995（2）
06601 烟雨任平生：苏东坡处逆境的哲学［J］/ 张立伟 // 人才与现代化，1995（2/3）
06602 论苏轼之"道"［J］/ 韩婷婷 // 山东电大学报，1995（3）
06603 略论苏轼的禅宗思想及对其诗论诗作的影响［J］/ 邝文 // 华南师范大学学报（社会科学版），1995（3）
06604 论苏轼的艺术哲学［J］/ 崔承运 // 北京大学学报（哲学社会科学版），1995（6）
06605 道教的发展与"三教合一"［J］/ 陈翠芳 // 厦门大学学报（哲学社会科学版），1996（1）
06606 苏东坡与杭州佛教［J］/ 冷晓 // 风景名胜，1996（1）
06607 以儒治世　以佛治心　以道治身：浅析苏轼复杂矛盾的世界观［J］/ 杨艳梅 // 松辽学刊（社会科学版），1996（1）
06608 苏轼与道教［J］/ 李豫川 // 中国道教，1996（2）
06609 佛教文物的研究与收藏［J］/ 金申 // 美术观察，1996（3）
06610 论苏轼的艺术哲学［J］/ 崔承运 // 中国语言文学数据信息，1996（3）
06611 苏轼与禅［J］/ 李豫川 // 禅，1996（3）
06612 论儒家"风骨"的清虚化［J］/ 韩经太 // 中国社会科学，1996（4）
06613 佛之梦魇与禅之忧伤：岭南时期苏轼的禅佛情结［J］/ 覃召文 // 文史知识，1996（6）
06614 苏轼的"虚""静""明"观：论庄子的"心斋"思想对苏轼后期思想的影响［J］/ 周小华 // 学术月刊，1996（9）
06615 文以载道：韩柳欧苏之道学与文学［D］/ 朱刚 .—复旦大学（博士论文），1996
06616 从儒家思想论屈陶杜苏的相通境界［J］/ 胡晓明 // 安徽师范大学学报（哲学社会科学版），1997（1）
06617 论禅家对苏词的影响［J］/ 杨罗生 // 云梦学刊（社会科学版），1997（1）
06618 苏东坡的人生哲学及其文化价值［J］/ 张秀枝 // 开封大学学报，1997（1）
06619 禅与唐宋诗人心态［J］/ 张晶 // 文学评论，1997（3）
06620 从死亡学层面看中国古代诗哲薄人事厚自然的审美襟怀［J］/ 张文初 // 郑州大学学报（哲学社会科学版），1997（3）
06621 道教艺术美论三题［J］/ 潘显一 // 宗教学研究，1997（3）
06622 佛老思想与苏轼词的创作［J］/ 张玉璞 // 齐鲁学刊，1997（3）
06623 宋明医易学散论［J］/ 徐仪明 // 周易研究，1997（3）
06624 苏轼诗歌感喟人生的哲理特征［J］/ 张尹炫 // 文史哲，1997（3）
06625 宋代文人的谪居心态［J］/ 张海鸥 // 求索，1997（4）
06626 苏轼散文中的禅［J］/ 赵仁珪 // 北京师范大学学报（哲学社会科学版），1997（4）
06627 禅宗的审美意义及其历史内涵［J］/ 谢思炜 // 文艺研究，1997（5）
06628 东坡与道家道教［J］/ 李慕如 // 屏东师院学报，1997（10）
06629 苏轼与庄子［J］/ 简光明 // 古典文学，1997（14）
06630 东坡诗文中道家道教思想之玄蕴［J］/

李慕如 // 中国学术年刊，1997（18）

06631 苏轼论“营度”［J］/ 张德文 // 中国文化月刊，1997（207）

06632 佛教的文学家：寄妙理于豪放之外的东坡居士［J］/ 吉广舆 // 普门，1997（217）

06633 佛教的文学家：伤心一念弹指三生的东坡居士［J］/ 吉广舆 // 普门，1997（218）

06634 浅论苏轼的人生哲学及其渊源［J］/ 马银华 // 镇江师专学报（社会科学版），1998（1）

06635 苏轼的诗与禅理［J］/ 张效机 // 普陀山佛教，1998（1）

06636 落脚红尘：浅析苏轼的学佛之路［J］/ 莫文 // 南京理工大学学报（社会科学版），1998（2）

06637 苏轼与佛教人物的交往［J］/ 彭印川，刘庆刚 // 华夏文化，1998（2）

06638 谈东坡思想生活入禅之启迪［J］/ 李慕如 // 屏东师院学报，1998（11）

06639 苏轼与经学［J］/ 谢桃坊 // 中国文化月刊，1998（21）

06640 苏轼的庄子学［D］/ 姜声调 .—台湾师范大学（博士论文），1998

06641 苏轼和陶诗的庄学思想［D］/ 金汶洙 .—东海大学（硕士论文），1998

06642 黄庭坚与佛教［J］/ 彭印川，刘庆刚 // 华夏文化，1999（1）

06643 诗性智慧的和弦：儒释道与苏轼的艺术人生［J］/ 张志烈 // 河池师范高等专科学校学报，1999（1）

06644 苏轼哲理词研究［J］/ 陈庆安 // 河南教育学院学报（哲学社会科学版），1999（1）

06645 执迷者悟：看东坡情到深处［J］/ 魏超 // 河北师范大学学报（哲学社会科学版），1999（1）

06646 苏东坡与道家方术［J］/ 饶学刚 // 民间文化，1999（2）

06647 思维转换与跳脱：也释苏轼的思维方式和人生哲学之形成［J］/ 郭春萍 // 徐州教育学院学报，1999（4）

06648 苏轼《东坡书传》研究［D］/ 李云龙 .—台湾政治大学（硕士论文），1999

06649 张载、苏轼的“实体”论与佛老之学［C］/ 黄德昌 // “张载关学与实学”国际研讨会论文集 / 中国实学研究会 .—1999

06650 苏轼与道［J］/ 刘文刚 // 四川大学学报（哲学社会科学版），2000（1）

06651 对程颐和苏轼争论的哲学分析［J］/ 何江南 // 四川大学学报（哲学社会科学版），2000（2）

06652 苏轼后期诗歌创作的感伤心理［J］/ 张小明 // 黄山高等专科学校学报，2000（2）

06653 诗性智慧的和弦：儒释道与苏轼的艺术人生［J］/ 张志烈 // 西南师范大学学报（哲学社会科学版），2000（3）

06654 苏轼《书传》的解经方法（上）［J］/ 李云龙 // 孔孟月刊，2000，39（4）

06655 论佛教哲学与苏轼的“人生如梦”思想［J］/ 谢建忠 // 西南民族学院学报（哲学社会科学版），2000（6）

06656 苏轼《东坡易传》考论［J］/ 谢建忠 // 文学遗产，2000（6）

06657 苏轼与佛教［J］/ 何林军 // 郴州师范高等专科学校学报，2000（21）

06658 东坡的“柔道”：解析《东坡易传》的思维结构［C］/ 赵中伟 // 千古风流：东坡逝世九百年纪念学术研讨会论文集 / 辅仁大学，—2000

06659 论苏氏蜀学对佛道之学的汲取［J］/ 萧永明 // 广西师范大学学报（哲学社会科学版），2001（1）

06660 佛家中道思想对苏轼的影响［J］/王渭清//宝鸡文理学院学报（社会科学版），2001（2）

06661 试论苏轼的民族意识［J］/潘定武//西北农林科技大学学报（社会科学版），2001（2）

06662 苏轼与齐文化［J］/朱丽霞//南昌高专学报（综合版），2001（2）

06663 梦幻与真如：苏、黄的禅悦倾向与其诗歌意象之关系［J］/周裕锴//文学遗产，2001（3）

06664 苏轼《论语说》辑补［J］/舒大刚//四川大学学报（哲学社会科学版），2001（3）

06665 从苏轼赋看其人生哲学的内部构成［J］/薛亚康//周口师范高等专科学校学报，2001（4）

06666 黄州苏轼思想嬗变论略［J］/张一之//江西财经大学学报，2001（4）

06667 苏轼《书传》的解经方法（下）［J］/李云龙//孔孟月刊，2001，39（5）

06668 苏轼《论语说》流传存佚考［J］/舒大刚//西南民族学院学报（哲学社会科学版），2001（6）

06669 苏轼与《楞伽经》［J］/张宏生//人文中国学报，2001（8）

06670 《苏氏易传》研究［J］/金生杨//宋代文化研究，2002（00）

06671 《苏氏易传》究［J］/刘彬//周易研究，2002（3）

06672 从政治到理学：三种宋人“尚书”学综合研究［J］/林登昱//国文学志，2002（6）

06673 却后五百年 骑鹤返故乡：论苏轼的道教神仙审美人格理想［J］/雷晓鹏//中国道教，2002（6）

06674 试论苏轼的人生态度［J］/杨小燕//山西高等学校社会科学学报，2002（8）

06675 论苏轼的净土信仰［J］/许外芳//法音，2002（11）

06676 唐代中后期和宋代前期的易学发展：以《周易集解》与《东坡易传》为例［D］/陈仁仁.—武汉大学（硕士论文），2002

06677 苏轼抄写佛经动因初探［J］/刘金柱//佛学研究，2003（00）

06678 苏轼与道教［J］/贾喜鹏//晋东南师范专科学校学报，2003（1）

06679 苏轼哲学思想管窥［J］/王云飞//开封教育学院学报，2003（1）

06680 也论《东坡易传》的作者和系年：与谢建忠先生商榷［J］/金生杨//文学遗产，2003（1）

06681 东坡赋与儒道意识之消长［J］/林天祥//人文与社会学报，2003（3）

06682 论苏轼人生哲学的庄学特质［J］/程梅花//阜阳师范学院学报（社会科学版），2003（3）

06683 圣人之道始于人情：论苏轼的儒学思想［J］/王莹//中国哲学史，2003（3）

06684 苏轼“黄州突围”的超然文化空间［J］/南基守，闵定庆//东方文化，2003（3）

06685 苏轼的参禅活动与禅学思想［J］/董雪明，文师华//南昌大学学报（人文社会科学版），2003（3）

06686 苏轼独特的人生艺术及现代阐释［J］/杜霖//徐州师范大学学报（哲学社会科学版），2003（3）

06687 苏轼佛教行事略考［J］/许外芳，张君梅//浙江师范大学学报（社会科学版），2003（3）

06688 超越人生的困境：论苏东坡对佛学如是观的认识［J］/邓立勋//伦理学研究，2003（5）

06689 绚烂之极，归于平淡：论苏轼“平淡”诗风与老庄道家辩证思想［J］/刘春霞//新乡师范高等专科学校学报，2003（6）

06690 苏轼与经学[J]/张承凤//南阳师范学院学报，2003(7)

06691 吾心独喜苏东坡[J]/刘平//鸭绿江(上半月)，2003(10)

06692 《东坡易传》中的性命之说[J]/杨淑琼//鹅湖，2003，28(11)

06693 论苏轼的艺术哲学[D]/许外芳.—复旦大学(博士论文)，2003

06694 苏轼的哲学观与文艺观[D]/冷成金.—中国人民大学(博士论文)，2003

06695 苏轼及其文学作品中之道家风格[D]/萧长志.—中国文化大学(硕士论文)，2003

06696 试论佛禅思想对宋代文化整合会通的影响[J]/熊江梅，张璞//湖南行政学院学报，2004(1)

06697 苏轼与禅宗[J]/胡中柱//上海金融学院学报，2004(1)

06698 般若中道智慧与苏轼的人格境界[J]/王渭清//贵州文史丛刊，2004(2)

06699 佛禅意趣与苏轼词风[J]/段永强//西安教育学院学报，2004(2)

06700 试论苏轼儒道禅思想的整合[J]/王靖懿//中国矿业大学学报(社会科学版)，2004(2)

06701 苏轼诗歌中的禅风禅骨[J]/寇鸿顺//佛教文化，2004(3)

06702 苏轼的仙气[J]/陈德武//上海道教，2004(4)

06703 中国传统文化的经典体现：论中国文人苏东坡[J]/原绍锋//中央社会主义学院学报，2004(4)

06704 此心安处是吾乡：论苏轼随缘自适的人生哲学[J]/马银华//东岳论丛，2004(5)

06705 论《苏氏易传》的“卦合爻别”说[J]/陈仁仁//周易研究，2004(5)

06706 苏轼人生哲学中的“随”[J]/傅满仓，米文佐//甘肃高师学报，2004(6)

06707 苏轼晚年的科学哲学思想初探[J]/吕变庭//社会科学论坛，2004(8)

06708 试论苏轼之经学[J]/吴德育//辅大中研所学刊，2004(14)

06709 《东坡书传》研究[D]/刘威.—华东师范大学(硕士论文)，2004

06710 东坡与佛教[D]/黄学明.—南京大学(博士论文)，2004

06711 试论历代诗人对《庄子》的创造性接受：以陶渊明、李白和苏轼为例[D]/解桂芳.—山东大学(硕士论文)，2004

06712 此岸彼岸：居易东坡参禅机[N]/不详//文汇报(香港)，2005-08-09

06713 散作人间万窍风[N]/徐雪梅//文艺报，2005-12-08

06714 此心安处是吾乡：从词看庄子对苏轼的影响[J]/陈代湘，鞠巍//乐山师范学院学报，2005(1)

06715 浅说中国佛教文化[J]/张惠民//汕头大学学报(人文社会科学版)，2005(1)

06716 苏轼词中的庄子思想[J]/吴琪霞//陕西师范大学继续教育学报，2005(1)

06717 苏轼与佛学[J]/梁银林，项楚//四川大学，2005(1)

06718 道家的“虚静”说与审美创造自由心态论[J]/詹艾斌//中国社会科学院研究生院学报，2005(2)

06719 论作为诗学范畴的“空”[J]/张秋婵//安庆师范学院学报(社会科学版)，2005(2)

06720 佛光禅影下的精神救赎[J]/胡建舫//乌鲁木齐成人教育学院学报，2005(3)

06721 佛教“水观”与苏轼诗[J]/梁银林//西南民族大学学报(人文社会科学版)，2005(3)

06722 试论苏轼宗教观念的价值取向［J］/张丽华//语文学刊，2005（3）

06723 苏轼诗文创作与佛经譬喻：兼论《日喻》之佛典渊源［J］/李最欣//甘肃社会科学，2005（3）

06724 论苏轼对《文心雕龙》文学理论的继承和发展［J］/韩湖初//华南师范大学学报（社会科学版），2005（4）

06725 儒、道、佛思想对苏轼的影响［J］/段文旭，段朝霞//湘潮（理论版），2005（6）

06726 散作人间万窍风：浅谈禅宗对苏轼的影响［J］/徐雪梅//前沿，2005（6）

06727 苏轼《论语说》三题［J］/杨胜宽//达县师范高等专科学校学报，2005（6）

06728 苏轼的仙气［J］/陈德武//中国道教，2005（6）

06729 苏东坡心中的牛粪［J］/不详//特区教育（中学生），2005（7/8）

06730 苏轼黄州佛禅“功业”述论［J］/梁银林//西南民族大学学报（人文社会科学版），2005（10）

06731 例说佛老思想对苏轼的影响［J］/董红梅//语文教学与研究（综合天地），2005（11）

06732 回转与高飞：从《南华长老题名记》探讨苏轼对儒、佛理论的会通［J］/王郦玉//社会科学家，2005（S1）

06733 谈谈苏轼的哲理诗［J］/侯广文//内蒙古科技与经济，2005（S1）

06734 《东坡易传》易学思想研究［D］/刘兴明．—山东大学（硕士论文），2005

06735 东坡文字禅研究［D］/黄玉真．—高雄师范大学（硕士论文），2005

06736 苏轼与佛学［D］/梁银林．—四川大学（博士论文），2005

06737 论佛教对苏轼思想及人生态度的影响［J］/黄昭寅//现代语文（文学评论版），2006（1）

06738 试论苏轼诗词中的哲学思想［J］/刘宗朝//新疆广播电视大学学报，2006（1）

06739 从“赤壁”诗文看苏轼的儒、佛、道思想［J］/刘波//延安教育学院学报，2006（2）

06740 关于苏轼论韩愈［J］/孙民//乐山师范学院学报，2006（2）

06741 论苏轼人格中儒家思想的主导作用［J］/高菊梅，许社丽//长江工程职业技术学院学报，2006，23（2）

06742 苏东坡文学表现中的道家哲思［J］/高龄芬//北台通识学报，2006（2）

06743 苏轼的道教审美人格理想［J］/雷晓鹏//安徽大学学报（哲学社会科学版），2006（2）

06744 宋代佛教与官府财政的关系：以曾巩与苏轼的见解为例［J］/崔勇//河北学刊，2006（3）

06745 《毗陵易传》的思想理论特征［J］/冷成金//苏轼研究，2006（4）

06746 苏轼的民本思想及其体现（上）［J］/胡先酉//苏轼研究，2006（4）

06747 苏轼的哲学思想（上）［J］/周伟民//苏轼研究，2006（4）

06748 苏轼诗歌的哲理特征［J］/黄卉//焦作师范高等专科学校学报，2006（4）

06749 苏轼与佛禅［J］/杨小莉//咸阳师范学院学报，2006（5）

06750 苏轼人格气象的易学解读［J］/齐磊，刘兴明//周易研究，2006（6）

06751 道家思想与苏轼书法创作［J］/邹建雄//乐山师范学院学报，2006（8）

06752 苏轼矛盾思想例谈［J］/程良友//语文教学与研究（综合天地），2006（9）

06753 《东坡易传》及其词中易境之诠释［J］/

陈素英 // 国文学志，2006(12)

06754 从苏轼《前赤壁赋》变与不变的观念浅谈儒家人生观的启发[J]/ 蒋亿琴 // 育达学报，2006(20)

06755 宋代老子学“以佛解《老》”析论[J]/ 江淑君 // 中国学术年刊，2006，春(28)

06756 浅析儒、佛、道思想的融合对苏轼“寓意于物”论的影响[J]/ 李亚静 // 青海师专学报，2006(S1)

06757 《东坡易传》研究[D]/ 杨子萱.—台湾政治大学(硕士论文)，2006

06758 论苏轼的佛教思想及其诗词中的般若空意识[D]/ 刘丽娟.—东北师范大学(硕士论文)，2006

06759 苏轼《春秋》经传研究论稿[D]/ 杨金平.—西南民族大学(硕士论文)，2006

06760 苏轼黄州时期作品中的佛学思想研究[D]/ 陈淑芬.—彰化师范大学(硕士论文)，2006

06761 苏轼的民本思想及其体现(下)[J]/ 胡先西 // 苏轼研究，2007(1)

06762 苏轼的哲学思想(中)[J]/ 周伟民 // 苏轼研究，2007(1)

06763 苏轼与程颐易学动静观的比较[J]/ 郭庆财 // 太原理工大学学报(社会科学版)，2007(1)

06764 苏轼的生命意识及其历史背景[J]/ 刘元东 // 廊坊师范学院学报，2007(2)

06765 苏轼佛教音乐美学思想初探[J]/ 苗建华 // 佛教文化(北京)，2007(2)

06766 怎一个“杂”字了得：苏轼尊儒好道杂禅论[J]/ 杨子怡 // 黄冈师范学院学报，2007(2)

06767 黄庭坚的《发愿文》与《华严经》[J]/ 孙海燕 // 文学遗产，2007(3)

06768 水月清明 情有独钟：苏轼作品中的“水”意象探微[J]/ 陈冬根 // 乐山师范学院学报，2007(3)

06769 苏轼《论书》解读[J]/ 不详 // 青少年书法：青年版，2007(3)

06770 论道家思想对苏轼“辞达”说的影响[J]/ 郭红欣 // 咸宁学院学报，2007(4)

06771 浅谈儒道思想对我国古代诗人的影响[J]/ 田俊萍 // 太原理工大学学报(社会科学版)，2007(4)

06772 随心入禅境 旷达对人生：禅宗对苏轼创作的影响[J]/ 黎小冰 // 成都大学学报(教育科学版)，2007(4)

06773 于心灵中寻找桃源：苏轼对桃花源的新解及其道教思想渊源[J]/ 马强才 // 上海道教，2007(4)

06774 苏轼书画创作中的禅风意韵[J]/ 祝国红 // 国画家，2007(5)

06775 苏轼长清真相院塔铭中的儒释道思想[J]/ 普武正 // 春秋，2007(5)

06776 《苏轼易传》的变化观[J]/ 王世德 // 文史杂志，2007(6)

06777 苏轼《论书》解读[J]/ 梁德水 // 青少年书法，2007(6)

06778 苏轼的生死观略论[J]/ 贾喜鹏 // 韶关学院学报，2007(7)

06779 对《苏轼易传》“天行健”等解的思索：老年学《易》所得启发之二[J]/ 王世德 // 美与时代(下半月)，2007(8)

06780 论苏轼对《庄子》“物化”视角的继承和发展[J]/ 王怡波 // 乐山师范学院学报，2007(8)

06781 道家——苏东坡黄州突围之道[J]/ 饶学刚 // 乐山师范学院学报，2007(10)

06782 佛教思想对苏轼黄州时期文学创作的影响[J]/ 王红升 // 电影评介，2007(10)

06783 苏轼的老庄情结：道家思想对苏轼的影响[J]/ 刘勤英 // 职业时空(下半月版)，2007(10)

06784　试论佛教哲学与苏轼［D］/ 韩梅．—内蒙古大学（硕士论文），2007

06785　试论苏轼的《禹贡》学成就［J］/ 王小红 // 儒藏论坛，2007

06786　苏轼文学与佛禅之关系：以苏轼迁谪诗文为核心［D］/ 施淑婷．—台湾师范大学（博士论文），2007

06787　唐宋八大家与佛教［D］/ 刘金柱．—山东大学（硕士论文），2007

06788　古典瞬间：苏轼与释道文化［N］/ 陶琦 // 文汇报（香港），2008-11-26

06789　《周易》“报应”观念与苏轼的处世哲学［J］/ 徐建芳 // 社会科学评论，2008（1）

06790　佛禅与元祐词坛［J］/ 彭国忠 // 华东师范大学学报（哲学社会科学版），2008（1）

06791　宋代的形神分裂论及随后的反拨［J］/ 石朝辉 // 中国文学研究，2008（1）

06792　苏东坡的儒家思想促进了海南的文明［J］/ 张西爱 // 时代文学（双月），2008（1）

06793　苏东坡民本思想述评［J］/ 孙开中 // 苏轼研究，2008（1）

06794　苏轼：中国士人苦难命运的表征［J］/ 李戎 // 英才高职论坛，2008（1）

06795　苏轼的民本思想及其体现［J］/ 胡先西 // 苏轼研究，2008（1）

06796　苏轼与《周易》之“贞”观［J］/ 徐建芳 // 求索，2008（1）

06797　《维摩诘经》对中国传统文化影响举要［J］/ 刘华山，李世伟 // 西昌学院学报（社会科学版），2008（2）

06798　苏东坡的佛教思想特色［J］/ 达亮 // 五台山研究，2008（2）

06799　苏轼贬惠前后儒释道思想之变化论［J］/ 杨子怡 // 苏轼研究，2008（2）

06800　苏轼贬谪思想初探［J］/ 任苑 // 湖南广播电视大学学报，2008（2）

06801　诗意栖息：苏轼生命哲学之寻绎［J］/ 吴阳林 // 长春工业大学学报（社会科学版），2008（3）

06802　苏东坡论孔、孟和中庸之道［J］/ 冯士彦 // 苏轼研究，2008（3）

06803　苏轼《论语说》辑佚补正［J］/ 谷建 // 孔子研究，2008（3）

06804　试从《苏轼易传》的“思无邪”探究其性命之学（4）［J］/ 张晓芬 // 孔孟月刊，2008，47（3-4）

06805　论苏轼的民本思想［J］/ 王启鹏 // 惠州学院学报（社会科学版），2008（4）

06806　苏东坡论孔、孟和中庸之道［J］/ 冯士彦 // 常州工学院学报（社会科学版），2008（4）

06807　未尝一念忘此心：解读苏东坡的道家情结［J］/ 王琳祥 // 黄冈师范学院学报，2008（4）

06808　苏轼的儒道人格［J］/ 余显斌 // 传承，2008（5）

06809　《周易》“变易”思想与苏轼的处世哲学［J］/ 徐建芳，杨恩成 // 贵州社会科学，2008（5）

06810　论苏轼与程颐在道论和性情论上的差别［J］/ 孔涛 // 齐鲁学刊，2008（6）

06811　浅论苏轼赋中的佛老思想［J］/ 索明堂 // 昭通师范高等专科学校学报，2008（6）

06812　宋代佛教与苏轼创作［J］/ 卢红霞 // 科学大众，2008（6）

06813　苏轼小品及哲学思想片论［J］/ 蒋扬帆 // 云梦学刊，2008（6）

06814　略论儒释道思想与苏轼的创作［J］/ 张玉琴 // 文学教育（上半月），2008（7）

06815　论苏轼对佛禅思想的扬弃［J］/ 刘继红 // 长春师范学院学报（人文社会科学版），2008（9）

06816 苏轼人生哲学的三重门[J]/章桂周//现代语文(文学研究),2008(11)

06817 《东坡易传》研究[D]/刘亦农.—北京大学(硕士论文),2008

06818 苏轼的道论及其美学思想[D]/邓宏.—贵州大学(硕士论文),2008

06819 苏轼易学研究[D]/邢春华.—福建师范大学(硕士论文),2008

06820 苏轼与《周易》[D]/徐建芳.—陕西师范大学(博士论文),2008

06821 宗教对中国文人的影响[J]/李景新//苏轼研究,2008

06822 苏东坡论禅"一平三负"[N]/陈章//羊城晚报,2009-01-10

06823 多彩东坡也关禅[N]/不详//潮州日报,2009-05-31

06824 苏轼与释道文化[N]/青丝//温州都市报,2009-08-15

06825 苏东坡出川[N]/朱通华//新华日报,2009-10-13

06826 禅宗的心性论对苏轼词的影响[J]/刘渝霞//新闻爱好者,2009(1)

06827 道家、道教与春梦婆故事[J]/郭茜//古典文学知识,2009(1)

06828 论苏轼的文道观与宋诗的个性化回归[J]/高智//巢湖学院学报,2009(1)

06829 人性"可见"吗? :《东坡易传》对传统人性理论的批评[J]/赵清文//周易研究,2009(1)

06830 苏轼子由诗研究[J]/兰玉英//青海师范大学民族师范学院学报,2009(1)

06831 论"儒道佛"思想在苏轼人生中的作用[J]/张承启//现代语文(文学研究),2009(2)

06832 论儒道佛思想在苏轼人生中的作用[J]/张承启//现代语文(文学研究),2009(2)

06833 苏轼"随物赋形"说新论[J]/高云鹏//南京师范大学学报(社会科学版),2009(2)

06834 苏轼诗歌的哲性智慧摭论[J]/杨守国//陕西教育学院学报,2009(2)

06835 禅解苏诗三首[J]/曾红英//和田师范专科学校学报,2009,28(3)

06836 浅谈苏轼人格理想中的儒学元素[J]/方菲//中国新技术新产品,2009(3)

06837 影响苏轼儒家思想的主导因素[J]/顾勤//琼州学院学报,2009(3)

06838 永恒的兼济天下[J]/不详//教育前沿(理论版),2009(3)

06839 苏轼佛禅诗的审美意蕴[J]/刘伟//青岛大学师范学院学报,2009(4)

06840 苏轼诗风及其"禅喜"旨趣辨证[J]/王树海,宫波//北方论丛,2009(4)

06841 永恒的兼济天下[J]/邱红//湖南中学物理:教育前沿,2009(4)

06842 《庄子》对苏轼诗歌文学影响诹论[J]/刘倩,崔妍//安徽文学(下半月),2009(4)

06843 苏轼与程颐易学思想之比较[J]/姜海军//周易研究,2009(5)

06844 妙指闲闲发妙音[J]/一道//美术观察,2009(8)

06845 浅论苏轼思想中儒释道特征的表现[J]/吴丹//知识窗(教师版),2009(9)

06846 人间正味是清欢:浅析苏轼诗歌中"清"字与其性格形成之关系[J]/张正良//经营管理者,2009(9)

06847 儒学视野下苏轼哲学探究[J]/范琐哲//求索,2009(10)

06848 人生境遇下的苏轼辛弃疾词风之比较[J]/唐继添//太原城市职业技术学院学报,2009(11)

06849 灵魂皈依之所:苏轼的佛禅思想[J]/穆国库//文学与艺术,2009(12)

06850 苏轼的政治态度及有关作品［J］/ 陈奕博 // 美文（下半月），2009（12）

06851 未传佳画 绝妙好辞:《惠崇春江晓景》新解［J］/ 钱立静 // 飞天，2009（12）

06852 论苏轼儒道互释的人格特征及其创作意境［J］/ 周杰 // 飞天，2009（22）

06853 苏轼诗文中的道家情怀［J］/ 杨彦 // 河南农业，2009（22）

06854 试分析苏轼亭台散文中“姿态横生”的特点［J］/ 王芳 // 科技信息，2009（29）

06855 苏东坡的道家情结［J］/ 王琳祥 // 历史月刊，2009（263）

06856 《东坡易传》及其哲学研究［D］/ 蔡杰．—北京大学（硕士论文），2009

06857 论庄子处世思想对苏轼的影响［D］/ 邢爽．—湖南大学（硕士论文），2009

06858 “三教合一”与宋代士人心态及文学呈现［D］/ 张玉璞．—曲阜师范大学（博士论文），2009

06859 苏东坡与南华寺卓锡泉［N］/ 李振林 // 韶关日报，2010-01-03

06860 苏东坡与禅师论道甘拜下风［N］/ 不详 // 浙江老年报，2010-02-24

06861 苏东坡与禅师论道遇尴尬［N］/ 不详 // 鄂州日报，2010-02-06

06862 苏东坡与禅师论道［N］/ 不详 // 克拉玛依日报，2010-05-12

06863 从苏东坡禅悟想到的［N］/ 不详 // 鲁南晨刊，2010-07-16

06864 苏轼与禅师的交往及其影响：兼论苏氏蜀学与三教会通［J］/ 彭华 // 宋代文化研究，2010（00）

06865 不要被苏东坡误导［J］/ 李永林 // 法人杂志，2010（1）

06866 汇入浩浩大江的清溪：谈道家思想对苏轼的影响［J］/ 高纯林 // 常州工学院学报（社会科学版），2010（1）

06867 苏轼凤翔时期思想评述［J］/ 段永强 // 咸阳师范学院学报，2010（1）

06868 苏轼和陶而不和柳的佛教原因探析［J］/ 吴增辉 // 浙江学刊，2010（1）

06869 苏轼入世之美［J］/ 常锋 // 深交所，2010（1）

06870 苏轼诗与《楞严经》［J］/ 梁银林 // 社会科学研究，2010（1）

06871 苏轼书学君子小人评骘观郄视［J］/ 徐见 // 太原师范学院学报（社会科学版），2010（1）

06872 苏轼与《黄庭经》［J］/ 张振谦 // 宗教学研究，2010（1）

06873 未尝一念忘此心（上）：解读苏东坡的道家情结［J］/ 王琳祥 // 苏轼研究，2010（1）

06874 苏轼伦理思想的基本特征［J］/ 刘祎 // 伦理学研究，2010（2）

06875 苏轼与《金刚经》［J］/ 张海沙赵文斌 // 中国文学研究，2010（2）

06876 苏轼与程颐易学思想之比较［J］/ 姜海军 // 中国哲学，2010（2）

06877 未尝一念忘此心（下）：解读苏东坡的道家情结［J］/ 王琳祥 // 苏轼研究，2010（2）

06878 苏轼礼佛的现实性倾向探论［J］/ 王文章 // 长江大学学报（社会科学版），2010（3）

06879 苏轼三教思想探微［J］/ 贾来生 // 天水师范学院学报，2010（3）

06880 论苏轼程颐在困境中的文化思路：以《苏氏易传》、《程氏易传》为比照［J］/ 孟琢 // 台州学院学报，2010（4）

06881 试论苏轼的排佛［J］/ 崔文彬 // 安徽广播电视大学学报，2010（4）

06882 苏轼的诗意哲学［J］/ 不详 // 各界，2010（4）

06883 浅议二苏对“思无邪”的心性阐释[J]/谷建//孔子研究，2010(5)

06884 逍遥齐物追庄周：试论苏词对道家思想的继承与超越[J]/王一涵//辽宁教育行政学院学报，2010(5)

06885 《周易》在苏轼治学中的地位[J]/徐建芳//重庆工商大学学报(社会科学版)，2010(5)

06886 佛教八苦在苏轼词作中的体现[J]/宋文婕//广州广播电视大学学报，2010(6)

06887 论苏轼“以禅解陶”[J]/程磊//乐山师范学院学报，2010(6)

06888 论庄子思想对苏轼人生境界的影响[J]/张瑞君//山西大学学报(哲学社会科学版)，2010(6)

06889 苏轼与禅宗：以苏轼为朝云所作诗文为切入点[J]/杜伟强//延安职业技术学院学报，2010(6)

06890 论苏轼在惠州间对佛学的接受[J]/刘成成//语文学刊(高等教育版)，2010(7)

06891 从“和陶诗”看苏轼思想[J]/张瑞芳//太原城市职业技术学院学报，2010(8)

06892 苏轼人品与词风[J]/不详//剑南文学·经典教苑，2010(8)

06893 论佛教思想对苏轼杭州时期诗歌的影响[J]/杨晓玲//现代语文·文学研究(上旬)，2010(10)

06894 苏轼赋的庄子印痕及其人生境界[J]/阮忠//江汉论坛，2010(11)

06895 《周易》“时”观与苏轼的处困态度[J]/徐建芳//兰州学刊，2010(12)

06896 论苏轼在惠州期间对佛学的接受[J]/刘成成//语文学刊，2010(13)

06897 透过禅宗文化看苏轼[J]/郑雅琳//文教资料，2010(13)

06898 论《东坡易传》“同而异”的处世思想[J]/许仲南//东吴中文研究集刊，2010(16)

06899 《东坡易传》文学特色与文学思想研究[D]/常卫红.—广西师范大学(硕士论文)，2010

06900 论苏轼及其门人的庄子学思想[D]/余中梁.—华东师范大学(硕士论文)，2010

06901 苏轼伦理思想研究[D]/刘祎.—湖南师范大学(博士论文)，2010

06902 苏轼人性论研究[D]/陈义军.—陕西师范大学(硕士论文)，2010

06903 苏东坡移汝而居常的哲学考虑[N]/不详//黄冈日报，2011-08-09

06904 哲学：思想的移居(下)[N]/孙利天//中国社会科学报，2011-08-09

06905 东坡佛缘[N]/不详//揭阳日报，2011-09-14

06906 苏东坡的儒家人格[N]/李书磊//江苏教育报，2011-09-15

06907 放得佛心下“得道”苏东坡[N]/温景祥//广州日报，2011-12-17

06908 王安石与苏轼的庄子观[J]/韩焕忠//佛学研究，2011(00)

06909 《周易》同人卦与苏轼贬琼期间处世哲学[J]/陈建锋//乐山师范学院学报，2011(1)

06910 道家思想对苏轼黄州时期文学创作的影响[J]/王璇//内蒙古电大学刊，2011(1)

06911 道家思想对苏轼批评文体的影响[J]/周美华//泰安教育学院学报(岱宗学刊)，2011(1)

06912 灯火阑珊人孤独：东坡居士的学佛路[J]/戒航//佛教文化，2011(1)

06913 佛禅诗话五则[J]/张培锋//古典文学知识，2011(1)

06914 苏轼“走进”儒释道，又超越儒释道

[J]/杜美玲//南腔北调，2011(1)

06915 苏辙“示疾而病”的禅学思想[J]/达亮//五台山研究，2011(1)

06916 禅解赤壁[J]/陈宁//文山学院学报，2011(2)

06917 禅解赤壁：从赤壁词赋中看苏轼的禅宗思想[J]/陈宁//文山学院学报，2011(2)

06918 从苏轼的禅诗词看其禅思想的发展[J]/康国军//语文教学通讯(D刊·学术刊)，2011(2)

06919 略论苏轼早期对佛教的接受[J]/王树海，李明华//山西大学学报(哲学社会科学版)，2011(2)

06920 儒家思想对苏轼批评文体的影响[J]/周美华//现代交际，2011(2)

06921 苏轼对待“小人”的态度及哲学依据[J]/徐建芳//重庆工商大学学报(社会科学版)，2011(2)

06922 禅境与诗境[J]/王伟//苏州科技学院学报(社会科学版)，2011(3)

06923 化为千风：佛教与文学在生死上的交会[J]/蔡淑慧//中国语文，2011，108(3)

06924 论苏轼的民本思想[J]/陈宁//菏泽学院学报，2011(3)

06925 浅析禅宗对苏轼的影响[J]/宫臻良//文学界(理论版)，2011(3)

06926 浅析苏轼文艺创作中体现出来的快乐哲学[J]/刘丽颖//辽宁师专学报(社会科学版)，2011(3)

06927 儒家思想对陶渊明、苏轼、李白的影响之比较[J]/传红//重庆工贸职业技术学院学报，2011(3)

06928 黄州看“道”话苏子：从苏轼“赤壁三唱”看他的道家精神[J]/邱海潮//南方论刊，2011(4)

06929 论焦竑文学思想与苏轼易学的渊源[J]/吴正岚//厦门教育学院学报，2011(4)

06930 论《庄子》对苏轼散文创作的影响[J]/崔花艳//合肥学院学报(社会科学版)，2011(4)

06931 诗画与禅宗[J]/郭舒，陈金清，//美术大观，2011(4)

06932 试探苏轼和谐理念的内涵[J]/陈弼//苏轼研究，2011(4)

06933 苏轼与《周易》阴阳观[J]/徐建芳//文艺评论，2011(4)

06934 苏轼中正思想视域下企业家精神的构建[J]/陈建锋//中国集体经济，2011(4)

06935 北宋非性命学的兴起与转变[J]/金生杨//西华师范大学学报(哲学社会科学版)，2011(5)

06936 常理与常形[J]/耿纪朋，郑小红//北方文学(下半月)，2011(5)

06937 韩国古代李睟光的苏轼哲学思想批判探析[J]/邹志远//延边教育学院学报，2011(5)

06938 浅谈苏轼与道教的情缘[J]/陈慧//剑南文学·经典阅读，2011(5)

06939 宋代大文豪苏东坡师生关系的构建[J]/韩鸿伟，卢运霞//才智，2011(5)

06940 苏轼贬琼间践行《周易》中正观初探[J]/陈建锋//海南大学学报(人文社会科学版)，2011(5)

06941 苏轼黄州作品中透射出的佛理禅义[J]/吴雄英//中学语文教学参考(高中版)，2011(5)

06942 苏轼情本哲学论[J]/陆庆祥//乐山师范学院学报，2011，26(7)

06943 论苏轼贬谪黄州时期杂糅儒释道的思想特色[J]/杨烈炎//青少年日记(教育教学研究)，2011(8)

06944 浅析道家思想对苏轼人生的影响[J]/高健龙//科技致富向导，2011(8)

06945 宦海沉浮 淡定从容：苏轼谪居黄州期间的思想探索[J]/曹淑芬//中学语文(下旬)，2011(9)

06946 论苏轼的自我形象：以苏词为例[J]/孙南//学理论(上旬刊)，2011(9)

06947 内在的自我与外在的自然：论苏轼作品的环境哲学意蕴[J]/朱丹琼，李垣//经济与社会发展，2011(9)

06948《苏氏易传》“十二消息卦”义理析论[J]/王诗评//台北大学中文学报，2011(9)

06949 达则兼济天下：苏轼词作中体现的儒家思想[J]/张强，张丽霞//新课程学习(中)，2011(11)

06950 苏轼：“也无风雨也无晴”人生之路[J]/徐心华//魅力中国，2011(11)

06951 论苏轼民本思想体系的几大理论要点[J]/肖胜云//山花，2011(14)

06952 试析苏轼人生分期的儒释道思想及其成因[J]/张瑜//文教资料，2011(19)

06953 浅析“雪泥鸿爪”蕴含的禅宗文化[J]/王俊方//中国城市经济，2011(23)

06954 论苏轼的自我形象[J]/孙南//学理论，2011(25)

06955 从王安石、苏轼的拟寒山诗看宋诗的佛教底色及其演进[J]/夏帅波//文教资料，2011(36)

06956 论苏轼的儒家思想影响下的情感世界[J]/刘丽玲//中国校外教育·理论，2011(Z2)

06957 苏轼贬谪时期饮食书写之道家思想研究[D]/张晓月.—屏东教育大学(硕士论文)，2011

06958 苏轼易学中的“和而不同”与其文艺思想[C]/程刚//古代文学理论研究(第三十三辑)：中国文化的经典与文体/中国古代文学理论学会，2011

06959 苏轼哲学思想研究[D]/刘燕飞.—河北大学(博士论文)，2011

06960《庄子》对苏轼的影响探析[D]/王荣林.—辽宁师范大学(硕士论文)，2011

06961 东坡佛缘千年回眸承天重辉功德千秋：湖北佛协论证勘定黄州承天寺遗址妙乐法师首捐1亿元恢复千年道场[N]/不详//中国民族报，2012-01-03

06962 苏东坡与“禅”[N]/欧阳宜//中国畜牧兽医报，2012-05-28

06963 苏轼的哲理诗妙不可言[N]/贾锡信//辽宁日报，2012-07-07

06964 东坡禅思[N]/不详//鄂东晚报，2012-10-27

06965 苏东坡信中的法治情怀[N]/沉静如水//西藏法制报，2012-11-13

06966 苏轼论养士[N]/徐岑//中老年时报，2012-11-13

06967 北宋苏东坡与韶州南华寺的结缘[J]/李明山//韶关学院学报，2012(1)

06968 苏东坡论禅与诗[J]/黄春//文史杂志，2012(1)

06969 苏轼的易象与意象：以《苏氏易传·井》卦释义与“井”象为中心[J]/程刚//西华大学学报(哲学社会科学版)，2012(1)

06970 苏轼与成都大慈寺[J]/魏奕雄//苏轼研究，2012(1)

06971 佛教典籍与苏轼诗歌创作探微：以《金刚经》为中心[J]/丁庆勇，阮延俊//社会科学论坛，2012(2)

06972 浅析苏轼少年时期的禅佛因缘[J]/司聃//中国佛学，2012(2)

06973 道在易中：苏轼哲学体系略论[J]/胡金旺//中州学刊，2012(3)

06974 苏轼“对佛教的真正态度”辨[J]/胡梁//文学界(理论版)，2012(3)

06975 从相生相待到平等不二：苏轼融通佛道路径及其局限性论析［J］/左志南//中南大学学报（社会科学版），2012（4）

06976 论苏轼交佛、辟佛、融佛及禅学思想对他的影响［J］/杨子怡//船山学刊，2012（4）

06977 浅谈苏轼与道家思想的不解之缘［J］/许迅//文艺生活（文海艺苑），2012（4）

06978 苏轼佛教治心养气与其书法之气的建构［J］/连超//书法赏评，2012（4）

06979 苏轼书画创作中的禅风意韵［J］/陈英俊//国画家，2012（4）

06980 禅宗的幽默与苏轼谐谑贬谪诗［J］/梁梅//巢湖学院学报，2012（5）

06981 佛教东传与传统诗学尚空思想的建立［J］/田淑晶//北方论丛，2012（5）

06982 苏轼《论语》说拾遗［J］/许家星//兰台世界（下旬），2012（5）

06983 苏轼作品的显著特色：善于说理［J］/张杏丽//小作家选刊·教学交流，2012（5）

06984 无所思与无邪思：苏轼与朱熹关于“思无邪”的对立阐释［J］/程刚//安徽师范大学学报（人文社会科学版），2012（5）

06985 人格在道、政、学之间挺立：北宋儒学思想史视域中的苏轼刍论［J］/王渭清//宝鸡文理学院学报（社会科学版），2012（6）

06986《周易》“不易”思想与苏轼的处世态度［J］/徐建芳//理论与现代化，2012（6）

06987 浅谈苏轼诗歌中的禅风［J］/王春燕//课外语文（教研版），2012（7）

06988 在苏轼身上，融合了儒释道［J］/不详//当代学生·信息，2012（7）

06989 浅谈苏轼诗文的禅佛意趣［J］/高华超//首都教育学报，2012（8）

06990 从道教炼养方式看苏轼的道教信仰：兼及在道教传播史上的地位［J］/贾喜鹏，王建弼//乐山师范学院学报，2012（9）

06991 佛家思想使苏东坡晚年的人生价值得到升华［J］/王启鹏//乐山师范学院学报，2012（9）

06992 从贬谪看苏轼佛学［J］/方莉//文学界（理论版），2012（11）

06993 试析苏轼禅诗的理趣美［J］/孙艳秋//商丘师范学院学报，2012（11）

06994《东坡易传》特色举要［J］/邓秀梅//台北大学中文学报，2012（12）

06995 张载“和乐为端”的和谐思想对北宋文人的影响［J］/张荣玉//剑南文学（经典阅读），2012（12）

06996 苏轼《论语说》拾遗［J］/许家星//兰台世界，2012（15）

06997 读苏轼作品 看道家修心养性的养生之道［J］/李琳//科学时代，2012（19）

06998 苏东坡的佛缘［J］/张琪//佛学研究，2012（21）

06999 苏轼“曾子传道”观探微［J］/宋健//名作欣赏，2012（23）

07000《东坡易传》释易方法与义理分析［J］/邓秀梅//东海中文学报，2012（24）

07001 论苏轼文人禅的哲理意蕴［D］/李楠.—西安交通大学（硕士论文），2012

07002 苏轼的道论与心性之学［D］/杜秉俊.—复旦大学（硕士论文），2012

07003 禅心透悟苏东坡［N］/冯梅//沧州日报，2013-04-09

07004 苏轼艺术哲学思想特色［N］/刘燕飞//中国社会科学报，2013-09-04

07005《宋元学案·蜀学略》辨正［J］/谢桃坊//西华大学学报（哲学社会科学版），2013（1）

07006 变通与执守：苏轼与朱熹哲学、史学思

想差异探析[J]/裴云龙//励耘学刊(文学卷),2013(1)

07007 苏轼出川前佛教因缘探析[J]/司聃//内蒙古师范大学学报(哲学社会科学版),2013(1)

07008 苏轼的易学与朋党论:兼与欧阳修、司马光、程颐“朋党”观比较[J]/程刚//北方论丛,2013(1)

07009 苏轼文学艺术作品中的道德教化思想[J]/焦强//山东行政学院学报,2013(1)

07010 朝鲜文人对苏轼儒道释思想的接受与批判[J]/曹春茹//云南民族大学学报(哲学社会科学版),2013(2)

07011 论《东坡梦》中佛性与人性的冲突:以其对佛教素材的摄入为视角[J]/汪文国//西安文理学院学报(社会科学版),2013,16(2)

07012 论黄州东坡居士的思想[J]/徐迎迎,吴巧巧//剑南文学·经典阅读,2013(2)

07013 论宋代的“文人之易”及其解易方法[J]/程刚//中州学刊,2013(2)

07014 苏轼的道家思想对大学生心理健康教育工作的启示[J]/赵建章,陈家麟//职业教育(下旬),2013(2)

07015 论佛禅对苏轼文学观念的影响[J]/陈真一//剑南文学·经典阅读,2013(3)

07016 苏轼的道家心路历程[J]/杨玉春//太原大学学报,2013(3)

07017 苏轼哲学思想探析:超然自适的人生哲学观[J]/潘昱州//兰台世界(上旬),2013(4)

07018 苏轼的人生哲学对提升现代人幸福感的启示[J]/楼天宇//社科纵横,2013(5)

07019 苏轼人物史论与儒家政治思想[J]/胡建民//创新,2013(5)

07020 佛教对苏轼文学创作的影响[J]/高洁//商品与质量·理论研究,2013(6)

07021 论苏轼禅偈及其对禅宗思想的接受[J]/张硕,赵德高//平顶山学院学报,2013(6)

07022 苏轼作品中神宗思想的渗透与挖掘[J]/陈建忠,张保太//现代语文·文学研究,2013(6)

07023 《伊川易传》对党争的反思及对“天理”的皈依:兼论与《东坡易传》的思想歧异[J]/吴增辉,李晓朋//中华文化论坛,2013(7)

07024 论欧阳修、苏轼的“斯文”道统[J]/张佩//理论月刊,2013(8)

07025 苏轼与儒释道:兼论儒释道在宋朝的融合[J]/徐佳俐//青年科学(教师版),2013(8)

07026 苏轼诗歌的哲理思辨倾向[J]/马德富//乐山师范学院学报,2013(9)

07027 苏轼书画创作中的佛教意蕴[J]/唐付丽//艺海,2013(10)

07028 当东坡遇见摩诘[J]/王云//中国收藏,2013(11)

07029 苏轼思想中的儒释道精神[J]/杨晓//文教资料,2013(32)

07030 从李贽对苏轼学术之评价考察其思想之建树:以《九正易因》对《东坡易传》之征引讨论为核心[J]/袁光仪//成大中文学报,2013(43)

07031 大文豪苏轼笃行儒学的价值观[J]/江惜美//孔学与人生,2013(66)

07032 苏轼对儒家思想的实践[J]/江惜美//孔孟学报,2013(91)

07033 从东坡摩羯命格谈黄道十二宫在中国的流播[J]/廖藤叶//东海大学图书馆馆讯,2013(143)

07034 论苏东坡儒道思想的生命化境[D]/洪

忆如．—明道大学（硕士论文），2013

07035 苏东坡修禅真如禅寺［N］/ 孟令伟 // 人民日报（海外版），2014-02-18

07036 苏轼的人生哲学［N］/ 不详 // 文摘报，2014-04-01

07037 苏轼的人生哲学［N］/ 不详 // 太行日报，2014-05-20

07038 弘扬东坡佛教文化五百年古寺换新颜［N］/ 不详 // 番禺日报，2014-10-01

07039 伴随苏东坡后半生的净土信仰［J］/ 达亮 // 佛教文化，2014（1）

07040 苏轼“庄子助孔子”说及其影响［J］/ 简光明 // 诸子学刊，2014（1）

07041 苏轼的时间观念以及与雪莱《时间》思想的比较［J］/ 张鸿 // 今日湖北（中旬刊），2014（1）

07042 庄子“安时处顺”思想对宋代词人的影响［J］/ 张翠爱 // 北方论丛，2014（1）

07043 论佛禅思想对东坡词创作的影响［J］/ 林文贤 // 速读（上旬），2014（2）

07044 论苏轼对儒家思想精神困境的超脱［J］/ 田瑞雪，郭艳华 // 鄂州大学学报，2014（2）

07045 苏轼出川前的道家因缘初探［J］/ 司聃 // 经济与社会发展，2014（2）

07046 苏轼诗文中的失意与归真［J］/ 徐雅丽 // 剑南文学 · 经典阅读，2014（2）

07047 当代北宋《论语》诠释研究概论［J］/ 乔芳 // 南通大学学报（社会科学版），2014（3）

07048 道家思想对陶渊明、苏轼、李白的影响之比较［J］/ 传红 // 重庆工贸职业技术学院学报，2014（3）

07049 佛禅事典与苏轼诗［J］/ 梁银林 // 贵州社会科学，2014（3）

07050 苏轼与曾国藩［J］/ 林振宇 // 闽南风，2014（3）

07051 苏轼《尚书》的诠释学思想［J］/ 梁丹丹 // 江淮论坛，2014（4）

07052 苏轼“庄实助孔”观点探因［J］/ 田甘 // 孔子研究，2014（4）

07053 虽不适中，要以为贤：论苏轼对屈原的接受［J］/ 何新文，丁静 // 湖北大学学报（哲学社会科学版），2014（5）

07054 赞东坡居士礼佛［J］/ 涂怀埕 // 东坡赤壁诗词，2014（5）

07055 论道教对苏轼诗歌创作的影响［J］/ 卢晓辉 // 滁州学院学报，2014（6）

07056 以佛救心：苏东坡与禅学的辩证延伸［J］/ 刘红星 // 重庆三峡学院学报，2014（6）

07057 东坡精神：儒佛道的融汇调和［J］/ 杨晓萍 // 新课程（上旬），2014（7）

07058 人生如梦 异趣疏狂 乌台诗案以后苏轼诗文中的禅宗思想［J］/ 李问香 // 中学生导报 · 教学研究，2014（7）

07059 从宋词看苏轼的人生哲学［J］/ 孙瑛琦 // 青年文学家 · 城市读本，2014（8）

07060 佛教思想对苏轼诗词的影响［J］/ 牛廷顺 // 剑南文学（下半月），2014（8）

07061 论苏轼及其门人的庄子学思想［J］/ 李依蒙 // 青年时代，2014（10）

07062 论黄庭坚的“引陶入禅”［J］/ 陈婷婷 // 现代语文 · 学术综合，2014（11）

07063 苏轼与程颐在道论和性情论上的差别［J］/ 胡子凡 // 青年与社会，2014（23）

07064 发孔氏之秘：苏轼《论语说》的辩孟思想［J］/ 陈盈瑞 // 成大中文学报，2014（44）

07065 苏轼书画题跋中的禅宗思想渊源［J］/ 孟宪伟 // 吉首大学学报（社会科学版），2014（Z1）

07066 苏轼眼中的管子［C］/ 戴立轩 //2014 第九届全国管子学术研讨会交流论文集 /

安徽省管子研究会，2014

07067 苏轼眼中的管子（二）[C]/戴立轩//2014第九届全国管子学术研讨会交流论文集/安徽省管子研究会，2014

07068 《东坡易传》性情论刍议[D]/李文红.—山东大学（硕士论文），2014

07069 苏轼孟学思想研究[D]/李翠.—湘潭大学（硕士论文），2014

07070 “门外汉”最初说的是苏轼：批评其对于佛学很外行[N]/不详//生活报，2015-02-06

07071 苏轼：庄子是孔子的粉丝？[N]/刘黎平//广州日报，2015-06-17

07072 苏轼禅理诗的人生哲学[N]/左福生//中国社会科学报，2015-12-07

07073 苏轼的君子小人论[J]/孙君恒，孙宇辰//人文论谭，2015（00）

07074 从道家思想看苏轼的人生历程和处世之道[J]/高安琪//时代文学（下半月），2015（1）

07075 二十一世纪苏轼创作与佛教思想研究综述[J]/符梦强//广西职业技术学院学报，2015（2）

07076 佛学影响与苏轼的情爱观[J]/张雪梅//浙江万里学院学报，2015（2）

07077 论《和子由渑池怀旧》兼论苏轼的佛学思想[J]/耿纪朋，郑小红//牡丹，2015（2）

07078 论苏轼对儒释道三家的调和[J]/马波玲//科教导刊（电子版·下旬），2015（2）

07079 论苏轼易学与王弼易学之同异[J]/史少博//天中学刊，2015（2）

07080 苏轼的《庄子祠堂记》与庄子故里[J]/李飞//大众文艺，2015（2）

07081 苏轼慕白情结的文化阐释[J]/左志南//武汉理工大学学报（社会科学版），2015（2）

07082 体悟和哲思：苏轼对抗忧虑的法宝[J]/彭勋//文艺生活·文艺理论，2015（2）

07083 《苏氏易传》中的形而上学思想[J]/安文研//中国哲学史，2015（3）

07084 佛教对苏词的影响[J]/关茂//忻州师范学院学报，2015（3）

07085 李睟光的苏轼哲学批判[J]/邹志远//东疆学刊，2015（3）

07086 苏轼《论语说》的诠释特色[J]/唐明贵//东岳论丛，2015（3）

07087 暂借诗文消永夜，每逢佳处辄参禅：东坡与“说参请”散论[J]/张馨心庆振轩//学术交流，2015（3）

07088 《维摩诘经》对苏轼的影响[J]/杨瑰瑰//黄冈职业技术学院学报，2015（4）

07089 苏轼晚年诗歌中的道教环境分析[J]/安丽霞//现代语文·学术综合，2015（4）

07090 苏轼《苏氏易传》的文学思想[J]/赵映蕊//重庆电子工程职业学院学报，2015（5）

07091 从《桃花源记》和《和陶桃花源（并序）》看陶渊明和苏轼的处世哲学[J]/盛芳//青春岁月，2015（6）

07092 由《壶中九华诗》看苏轼与道[J]/范海艳//青春岁月，2015（6）

07093 儒道兼济的东坡文化精神[J]/李若白//青年文学家，2015（7）

07094 透过作品看苏轼的佛学印迹[J]/朱文娟//课外语文，2015（8）

07095 谋道从来不计身：从《陆龙图诜挽词》看苏轼的人生理念[J]/唐瑛，周洪林//乐山师范学院学报，2015（9）

07096 苏轼的形而上世界:《苏轼哲学思想研究》简评[J]/吕振君//文化学刊，2015（10）

07097 禅意人生与苏轼书法美学思想的禅境

[J]/张萍//名作欣赏，2015(11)

07098 回首向来萧瑟处 也无风雨也无晴：试从苏轼的诗歌看其佛禅思想[J]/聂建坤//新校园(中旬)，2015(11)

07099 苏轼与佛学：以其咏妻妾诗文为主[J]/林雪云//乐山师范学院学报，2015(11)

07100 苏轼虔州诗风格论[J]/赵小荣//语数外学习(高中版)，2015(12)

07101 浅论苏轼与禅[J]/李开慧//戏剧之家，2015(16)

07102 浅谈苏轼与佛[J]/马莉//才智，2015(19)

07103 论苏轼对净土信仰的接受[J]/黄惠菁//文与哲，2015(27)

07104 苏轼诗文对儒家“道”的体认[J]/江惜美//孔孟学报，2015(93)

07105 东坡参禅[N]/姜璃敏//今晚报，2016-11-12

07106 苏东坡与道家[N]/胡君鑫//武进日报，2016-01-23

07107 苏轼的人生哲学[N]/不详//贺州晚报，2016-01-26

07108 融通儒道释酷毙苏东坡(上)[N]/张伟//包头日报，2016-08-31

07109 融通儒道释酷毙苏东坡(下)[N]/张伟//包头日报，2016-09-02

07110 “门外汉”最初说的是苏轼[N]/不详//扬州时报，2016-09-09

07111 论苏轼交佛、辟佛、融佛及禅学思想对他的影响[J]/杨子怡//中国苏轼研究，2016(1)

07112 苏轼道本论与工夫论关系探微[J]/胡金旺//南昌大学学报(人文社会科学版)，2016(1)

07113 黄庭坚禅宗活法与元符变法[J]/许永福//南京艺术学院学报(美术与设计)，2016(2)

07114 试论苏轼对于传统儒家和谐理念的接受[J]/李新，李韩喆//乐山师范学院学报，2016(2)

07115 苏轼对庄子思想的接受简论[J]/杜鹏飞//名作欣赏(下旬刊)，2016(2)

07116 刍议北宋初中叶时期的儒家天命观：从欧阳修、王安石、苏轼看儒家天命观在北宋初中叶的理论走向[J]/钱小玲//学子(理论版)，2016(3)

07117 佛法大意知何似？应似春来草自青[J]/周裕锴//古典文学知识，2016(3)

07118 苏轼辨孟考[J]/安文研//云南大学学报(社会科学版)，2016(3)

07119 苏轼散文与《周易》[J]/杜佳悦//佳木斯职业学院学报，2016(3)

07120 从苏轼诗词中透视其哲学思想[J]/黄瑾//探索科学，2016(4)

07121 苏轼的石头哲学[J]/祝勇//长江文艺，2016(4)

07122 《南行集》中的江水意象与苏轼哲学思考发轫[J]/刘亚文//陕西学前师范学院学报，2016(5)

07123 苏东坡民本思想与文化成就研讨会综述[J]/郭俊铎，李金朋//文史杂志，2016(5)

07124 苏轼的君子小人论[J]/孙君恒，孙宇辰//博览群书，2016(5)

07125 从三个诗学命题看苏东坡文论的佛教背景[J]/高云鹏//西华大学学报(哲学社会科学版)，2016(6)

07126 东坡的渐悟与修行[J]/余林颖//知音励志，2016(6)

07127 庐山清赏与东坡禅悟[J]/张爱东//吉林师范大学学报(人文社会科学版)，2016(6)

07128 论中国古代文人的“维摩诘”情结：以魏晋士人、王维、苏轼等为例[J]/余

颖 // 散文百家（新语文活页），2016（6）

07129 佛教对东坡诗及其人生观的影响［J］/ 赵晶 // 速读（上旬），2016（9）

07130 苏轼被贬时期的佛禅思想［J］/ 弓芊 // 现代语文（学术综合版），2016（10）

07131 道教与道家思想对苏轼的影响研究［J］/ 陆雪卉 // 乐山师范学院学报，2016（11）

07132 论泗州时期苏轼的诗心佛缘［J］/ 李静，董宏钰 // 学术交流，2016（12）

07133 浅谈禅宗思想对苏轼的影响［J］/ 杜娟 // 青年文学家，2016（12）

07134 有为与无为下的境界论［J］/ 于春云 // 人间，2016（19）

07135 苏轼与庄子思想的契合［J］/ 谭明鹏，段欣 // 青年时代，2016（23）

07136 佛心尘中人：读苏轼［J］/ 陈文萱 // 小作家选刊，2016（29）

07137 以《子平粹言》论苏轼［J］/ 汪掵名 // 东吴中文在线学术论文，2016（33）

07138 以无生之觉悟成就有生之事业：从儒释道思想论苏轼的超然［J］/ 马小凤 // 小作家选刊，2016（34）

07139 论苏轼《易》与王弼《易》、伊川《易》之异同［J］/ 杨自平 // 中国学术年刊，2016，38（春）

07140 《东坡易传》的生命思想研究［D］/ 陈泓嘉 .—曲阜师范大学（硕士论文），2016

07141 论安国寺对苏轼的精神引领：兼论苏轼对佛道的态度［J］/ 方星移 // 中国苏轼研究，2017（1）

07142 论苏轼"心理本体"的情理结构［J］/ 宋颖 // 中国苏轼研究，2017（1）

07143 苏轼的佛教修行观［J］/ 许外芳 // 中国苏轼研究，2017（1）

07144 苏轼佛教思想研究：从苏轼三教作品看宋代士大夫的思想特色［J］/ 陆雪卉 // 宗教学研究，2017（2）

07145 禅桨荡漾心灵歌：苏轼耽禅原因考略［J］/ 刘伟 // 平顶山学院学报，2017（3）

07146 从佛典语境看苏轼的佛教居士形象［J］/ 萧丽华 // 长江学术，2017（3）

07147 苏轼的佛禅因缘与般若智慧［J］/ 周裕锴 // 中华文化论坛，2017（3）

07148 苏轼黄州时期的佛禅精神与思想变迁［J］/ 陆雪卉 // 乐山师范学院学报，2017（3）

07149 苏轼与佛禅研究百年述评［J］/ 吴光正 // 社会科学研究，2017（4）

07150 "性无善恶"与"穷理尽性"：苏轼的《中庸》诠释解析［J］/ 张培高，张华英 // 哲学动态，2017（4）

07151 苏轼"空故纳万境"与般若空观［J］/ 周燕明 // 理论月刊，2017（6）

07152 "苏化的面目"：苏轼以佛禅和陶［J］/ 秦蓁 // 乐山师范学院学报，2017（10）

07153 苏轼的积极心理学思想初探［J］/ 韦志中 // 生命世界，2017（11）

07154 从《东坡易传》看苏轼的创作主体论［D］/ 杨庆波 .—吉林大学（硕士论文），不详

07155 佛禅的人生观和苏轼生命历程的审美化［D］/ 王树梅 .—吉林大学（硕士论文），不详

07156 论苏轼与佛教［D］/ 刘石 .—四川大学（硕士论文），不详

07157 论庄子对苏轼的影响［D］/ 刘雪燕 .—上海师范大学（不详），不详

07158 试论苏轼的佛教观念及其影响［D］/ 栾睿 .—北京师范大学（硕士论文），不详

07159 苏辛与佛教及词中佛境比较［D］/ 赵汇万 .—北京师范大学（硕士论文），不详

07160 庄子和苏轼：论庄子对苏轼哲学和生活的影响［D］/ 何江南 .—四川大学（硕士论文），不详

政治学研究

07161　论说：东坡自述修养之法有曰安分以养福省费以养财试申论之［J］/ 曹贤馨 // 青年镜，1926（45）

07162　东坡养士论书后［J］/ 黄鸣山，叶浦荪 // 丽泽艺刊，1936（1）

07163　论变法与苏轼作品评价的关系［N］/ 高怀玉 // 光明日报，1961-03-12

07164　“辨奸论”的伪造为北宋末党争缩影说［N］/ 张家驹 // 文汇报，1961-04-04

07165　关于苏轼的政治态度问题的讨论［N］/ 聪 // 光明日报，1961-07-23

07166　关于苏轼的政治态度问题的讨论［J］/ 不详 // 文学遗产，1961（373）

07167　湖北讨论苏轼反对王安石变法等问题［N］/ 苏中 // 人民日报，1962-04-24

07168　法学家苏东坡［J］/ 徐道邻 // 东方杂志，1971，4（9）

07169　苏轼与辽事关系几个问题的探讨［J］/ 蒋武雄 // 中国历史学会史学集刊，1972（4）

07170　林彪为什么看中苏轼［J］/ 师众城 // 陕西师范大学学报（哲学社会科学版），1974（2）

07171　王安石的《河北民》和苏轼的《山村》［J］/ 唐骥 // 朔方，1974（5）

07172　苏轼和他的《省试刑赏忠厚之至论》［J］/ 不详 // 华北民兵，1974（S2）

07173　北宋尊儒反法的反动政客苏轼［J］/ 丁一文 // 湖北文艺，1975（2）

07174　顽固派的赌咒发誓靠不住：从苏轼的“忍”与“吼”谈起［J］/ 黄刚 // 武汉大学学报（哲学社会科学版），1976（3）

07175　评苏轼的政治态度和政治诗［J］/ 王水照 // 文学评论，1978（3）

07176　试论苏轼的政治态度和文学成就［J］/ 马积高 // 湖南师范大学社会科学学报，1978（3）

07177　论苏轼政治思想的发展：兼驳罗思鼎的谬论［J］/ 朱靖华 // 历史研究，1978（8）

07178　苏轼政治思想初探［J］/ 朱大成 // 沈阳师范学院学报（哲学社会科学版），1979（1）

07179　略论苏轼的政治道路［J］/ 杨运泰 // 学习与探索，1979（3）

07180　论苏轼政治主张的一致性［J］/ 曾枣庄 // 文学评论丛刊，1979（3）

07181　苏轼政治思想管见［J］/ 邱俊鹏 // 四川大学学报（哲学社会科学版），1979（4）

07182　论苏轼的政治革新主张［J］/ 曾枣庄 // 社会科学研究，1980（2）

07183　苏轼《与滕达道书》是“忏悔书”吗?［J］/ 曾枣庄 // 文学评论，1980（4）

07184　论苏轼的政治革新主张［J］/ 曾枣庄 // 中国古代史，1980（11）

07185　关于苏轼《与滕达道书》的系年和主旨问题［J］/ 王水照 // 文学评论，1981（1）

07186　宋、元、明人口思想初探［J］/ 吴申元 // 复旦学报（社会科学版），1981（1）

07187　论苏轼的政治态度［J］/ 王伯英 // 学习与探索，1981（2）

07188　苏轼《与滕达道书》系年、主旨之探讨：与王水照先生商榷［J］/ 张海滨 // 宁夏大学学报（人文社会科学版），1981（2）

07189　苏轼与王安石、司马光的异同：兼论当前评价苏轼的几个问题［J］/ 朱靖华 // 青海社会科学，1981（2）

07190　敢忤秦桧的“小东坡”［J］/ 江初 // 历史知识，1981（3）

07191 从苏轼的散文和诗看他的政治态度[J]/苏者聪//湘潭大学社会科学学报，1981(4)

07192 苏轼的爱国思想和乐观性格[N]/曹思彬//光明日报，1982-10-05

07193 苏轼的政治态度剖析[J]/陈启汉//学术论坛，1982(3)

07194 苏轼《议学校贡举状》并非熙宁四年奏上[J]/冀洁//北京大学学报(哲学社会科学版)，1982(5)

07195 文学家苏轼论执法[J]/季文//并州文化，1983(2)

07196 苏东坡挥毫难辽使[J]/新文//新村，1983(5)

07197 王安石三难苏东坡[J]/童辑//新村，1983(5)

07198 理论批评民族化浅说[J]/顾与林//湘江文学，1983(11)

07199 试论苏轼的改革思想[J]/虞师//襄阳师专学报，1984(1)

07200 不以个人恩怨定是非：由苏轼撰写《王安石赠太傅敕》想到的[J]/李东文//秘书之友，1984(2)

07201 苏轼与王安石变法[J]/夏露//华中师范大学学报(人文社会科学版)，1984(2)

07202 王安石三难苏东坡[J]/不详//青年文摘(红版)，1984(3)

07203 东坡卜居阳羡[J]/李枫，杨福音绘//连环画报，1984(6)

07204 漫谈苏轼重视人才的发现与培植[J]/陈师旅//惠州学院学报，1984(S1)

07205 评苏轼论圯上老人[J]/周光廓//云梦学刊，1985(1)

07206 论苏轼的嘉祐《进策》[J]/陈启汉//中国史研究，1985(2)

07207 浅说黄庭坚的社会政治观[J]/方良//九江师专学报(哲学社会科学版)，1985(3)

07208 浅议《教战守策》的中心论点[J]/刘立思//语文教学与研究，1985(4)

07209 说《教战守策》[J]/赵仁珪//北京师范大学学报(社会科学版)，1986(1)

07210 苏轼反青苗法诗的历史背景[J]/苏宏潮//温州师范学院学报，1986(1)

07211 黄庭坚与“新旧党争”[J]/钱志熙//温州师范学院学报，1986(2)

07212 苏轼民本、仁政思想及渊源[J]/夏露//北京师范大学学报(社会科学版)，1987(1)

07213 苏轼与水利[J]/轩辕彦，徐海亮//水利史志专利，1987(1)

07214 从苏轼的人口论看北宋人口的几个问题[J]/夏毅辉//历史教学问题，1987(5)

07215 试论苏轼政治态度的转变及其原因[J]/王顺岐//渭南师范学院学报，1988(2)

07216 苏东坡的《栽松法》[J]/郑发//云南林业，1988(2)

07217 也谈苏轼政治诗[J]/毛永龄//乐山师范学院学报，1988(2)

07218 苏颂与苏轼[J]/颜中其//东北师范大学学报(哲学社会科学版)，1988(4)

07219 苏轼居儋思想与功业述评[J]/谢良鼐//儋县修志通讯，1988(专辑)

07220 推广中和之政 抚绥疲瘵之民：也谈苏轼的思想和政治态度[J]/牛振民//宁夏教育学院银川师专学报(社会科学版)，1989(3)

07221 试论熙宁元祐期间苏辙的政治思想[J]/范为之//上海师范大学学报(哲学社会科学版)，1990(1)

07222 苏轼有关人口与人才的经济思想研究[J]/叶坦//经济科学，1990(4)

07223　一生坚持从实际出发进行改革的苏轼［J］/鲁尧贤//安庆师范学院学报（社会科学版），1991（3）

07224　一代文豪 廉洁奉公：苏东坡廉政事迹拾掇［J］/学文//民主，1991（7）

07225　东坡“画扇判案”［J］/李志东//领导科学，1991（10）

07226　东坡“画扇判案”的启迪［J］/倪凤霞//领导科学，1991（10）

07227　东坡“画扇判案”的随想［J］/李志东//学习与思考，1991（11）

07228　为民办实事的苏东坡［J］/振如//瞭望，1991（33）

07229　苏轼经济思想研究：立足于商品经济观念的考察［J］/叶担//经济科学，1992（2）

07230　宋代改革中的左、中、右三派［J］/徐庆全//炎黄春秋，1992（5）

07231　试论苏轼二度守杭的心态变化［J］/吴惠娟//北方论丛，1992（6）

07232　苏轼高丽观之探讨［J］/陈飞龙//台湾政治大学学报，1992（64）

07233　观民·悯民·爱民：读苏轼描写人民的诗作［J］/林正龙//喀什师范学院学报，1993（3）

07234　宋代科举制度与苏轼青年时代［J］/杨胜宽//乐山师专学报（社会科学版），1993（3）

07235　浅谈苏轼的世界观［J］/王治业//徐州师范大学学报（哲学社会科学版），1994（1）

07236　苏轼与京东农民起义［J］/萧立岩//中国史研究，1994（1）

07237　试论苏轼凤翔时期的政治思想［J］/李俊//宁夏教育学院银川师专学报（社会科学版），1994（2）

07238　从“六国互丧”看古代副词“互”字的意义和用法，并兼谈颜师古对“互”、“更”词义训释的贡献［J］/林海权，黄淮//闽江学院学报，1994（3）

07239　苏轼与司马光的役法之争［J］/杨胜宽//重庆三峡学院学报，1994（4）

07240　苏轼奉使高丽一事考略［J］/吴熊和//杭州大学学报（哲学社会科学版），1995（1）

07241　苏轼与苏堤［J］/张广雷//治淮，1995（2）

07242　苏轼贬儋时期的理想追求与自我排遣［J］/邱俊鹏//天府新论，1996（5）

07243　苏东坡在密州治绩［J］/宋惠国//山东教育学院学报，1996（6）

07244　苏轼与淮河［J］/冯守均//治淮，1996（12）

07245　赏析苏轼《乞减价粜常平米赈济状》［J］/岭北客//中国粮食经济，1997（1）

07246　论苏轼是个改革派［J］/刘敦纲//吉首大学学报（社会科学版），1997（3）

07247　试论“洛蜀会同”［J］/粟品孝//西南师范大学学报（哲学社会科学版），1997（3）

07248　苏东坡阻遏王安石变法的心理学考察［J］/陈国生//吉首大学学报（社会科学版），1997（3）

07249　苏轼贬居黄州心态探微［J］/林斌//社科纵横，1997（3）

07250　苏轼利民思想刍议［J］/杨胜宽//乐山师范学院学报，1997（3）

07251　千古妙文吊贾生：读苏轼《贾谊论》［J］/封家骞//阅读与写作，1997（5）

07252　苏东坡反省［J］/单晓华//农村天地，1997（12）

07253　苏轼曾替崖州人民要“米酱”［N］/蔡明康//三亚晨报，1998-09-12

07254　试论苏轼的高丽观［J］/刘素琴//韩国

学论文集，1998(00)

07255 在矛盾运动状态中研究作家思想：从苏轼的政治和人生思想评价说起[J]/闫笑非//佳木斯大学社会科学学报，1998(1)

07256 人生交响曲中的双重旋律：论苏轼仁政爱民的政治思想和随缘放旷的人生态度[J]/文师华//南昌大学学报(社会科学版)，1998(2)

07257 苏东坡诗文中的高丽国[J]/王振泰//当代韩国，1998(2)

07258 苏轼：主张革新的政治家[J]/赖正和//乐山师范学院学报，1998(2)

07259 从苏轼赤壁泛舟看中国士人的解脱之途[J]/陈晓春//乐山师范学院学报，1998(4)

07260 古代选才拔仕的唯物辩证法思想初探[J]/王绍诚//组织人事学研究，1998(5)

07261 楼中老人日清新：浅析晚年苏轼的政治思想[J]/崔宝玲//语文学刊，1998(6)

07262 苏轼利民思想刍议[J]/杨胜宽//中国文化研究所学报，1998(7)

07263 苏东坡治理环境二三事[J]/杨慎德//环境杂志，1998(8)

07264 苏轼翻案文章探究[J]/李斐雯//云汉学刊，1999(6)

07265 东坡谑使客[J]/苏鸯//山海经，1999(7)

07266 苏东坡巧拒谋官者[N]/刘严//法制日报，2000-10-06

07267 如何看待苏东坡在高丽国问题上的外交观点[J]/张玄平//鞍山师范学院学报，2000(1)

07268 略论苏轼的命运及其文化意义[J]/赵玲，王渭清//呼兰师专学报(哲学社会科学版)，2000(4)

07269 东坡《二赋》劫后新生[J]/李志贤//书法，2000(6)

07270 苏轼的人口论[J]/刘树军//中学历史教学参考，2000(8)

07271 谈谈“自用”之道[J]/黎耀成//政策，2000(8)

07272 苏轼《正统论》及其思想问题析论[C]/赵世伟//千古风流：东坡逝世九百年纪念学术研讨会论文集/辅仁大学，2000

07273 苏东坡何时“发达”(金台随感)[N]/宋志坚//人民日报，2001-08-02

07274 王安石变法时期苏轼不属于保守派：王安石、苏轼经济思想之比较[J]/曾征平//重庆教育学院学报，2001(1)

07275 评苏轼的人物史论[J]/周国林//长沙电力学院学报(社会科学版)，2001(2)

07276 苏轼贬逐心态研究[J]/张进，张惠民//苏州大学学报(哲学社会科学版)，2001(2)

07277 领导者要善于自用其才：读苏轼的《贾谊论》[J]/祁茗田//领导文萃，2001(4)

07278 苏轼“蜀学”与程颐“洛学”在思想领域中的对立[J]/漆侠//河北学刊，2001(5)

07279 南荒鸿爪：苏轼谪儋逸事[J]/张锦寿//今日海南，2001(6)

07280 苏门与元祐文化[D]/盖琦纾.—台湾大学(博士论文)，2001

07281 百日归期恰及春：苏东坡的难眠除夜[N]/木斋//中华读书报，2002-02-06

07282 苏轼“省试刑赏忠厚之至论”阐释史一隅[J]/郑芳祥//东方人文学志，2002，1(3)

07283 问汝平生功业，黄州、惠州、儋州：仕宦经历与苏轼思想的转变[J]/马得禹//甘肃教育学院学报(社会科学版)，

2002（4）

07284　论苏轼的政治品格及知密州的政绩［J］/ 陈冬梅 // 潍坊学院学报，2003（1）

07285　苏轼与北宋选举［J］/ 赵维平 // 河南广播电视大学学报，2003（1）

07286　苏轼是循理无私主张渐变的改革家［J］/ 王家楼 // 巴蜀文化研究通讯，2003（3）

07287　苏轼前后贬谪思想之异同［J］/ 成杰 // 河北理工学院学报（社会科学版），2003（4）

07288　一点浩然气 千古快哉风（上）：兼论苏轼的政治思想［J］/ 苏培安 // 西南科技大学学报（哲学社会科学版），2003（4）

07289　如何评论贾谊［J］/ 周桂钿 // 湖南社会科学，2003（6）

07290　苏轼乃为国士论［J］/ 付嘉豪，袁法周 // 新乡师范高等专科学校学报，2003（6）

07291　奋厉有当世志：谈苏轼初期之儒家政治思维［J］/ 郑雅文 // 吴凤学报，2003（11）

07292　论北宋文人入仕：以范、欧、王、苏为例［J］/ 聂政 // 中山大学学报论丛，2004（1）

07293　一点浩然气 千古快哉风（下）：兼论苏轼的政治思想［J］/ 苏培安 // 西南科技大学学报（哲学社会科学版），2004（1）

07294　苏轼熙宁科制变革时的议论［J］/ 李山 // 山西大学学报（哲学社会科学版），2004，27（2）

07295　苏轼与利国：学习《徐州上皇帝书的》的体会［J］/ 孟昭全 // 淮海文汇，2004（2）

07296　苏轼在变法运动中［J］/ 汤岳辉 // 惠州学院学报，2004（2）

07297　苏东坡的政绩［J］/ 赵化南 // 党员干部之友，2004（3）

07298　苏轼归隐向往新解［J］/ 曹志平 // 商丘师范学院学报，2004（4）

07299　苏轼何曾任“大学士”［J］/ 凌乙 // 咬文嚼字，2004（4）

07300　论苏轼“应物无累”思想的形成［J］/ 卢毅 // 咸阳师范学院学报，2004（5）

07301　论苏轼贬谪岭南时期的文化意义［J］/ 周奎生 // 郑州航空工业管理学院学报（社会科学版），2004（5）

07302　正统与政见之争：论北宋中后期苏氏蜀学对荆公新学之批评［J］/ 刘成国 // 四川大学学报（哲学社会科学版），2004（5）

07303　苏轼济世救民的精神［N］/ 杨艳梅 // 吉林日报，2005-06-04

07304　历史与空间：苏东坡的无奈［N］/ 张若兰 // 文汇报（香港），2005-09-24

07305　苏东坡审案［N］/ 不详 // 靖江日报，2005-12-28

07306　从苏轼巧分田产说起［J］/ 周启东 // 数理天地（初中版），2005（1）

07307　论苏轼的政治质量及知定州的政绩［J］/ 王晓薇，王丽娅 // 河北软件职业技术学院学报，2005（4）

07308　王安石与苏轼各抒己见［J］/ 张宏星 // 语文知识，2005（7）

07309　苏轼吃官司［J］/ 潘焕新 // 知识窗，2005（10）

07310　苏轼与宋代市政建设［J］/ 崔铭 // 西南民族大学学报（人文社会科学版），2005（10）

07311　正人君子在多事之秋的人生壮歌：苏轼一生政治态度和处世原则析微［J］/ 赵维平 // 鹤壁职业技术学院学报，2005，4（12）

07312　论苏轼熙丰、元祐年间的政治取向［J］/ 肖庆伟 // 中国韵文学刊，2006（1）

07313 苏轼是深受人民喜爱的政治家（上）：苏轼的人生理念和从政实践的再认识［J］/ 惠光启 // 淮海论坛，2006（2）

07314 苏轼是深受人民喜爱的政治家（中）：苏轼的人生理念和从政实践的再认识［J］/ 惠光启 // 淮海论坛，2006（3）

07315 仁政思想与文学风格的传承：从《刑赏忠厚之至论》说起［J］/ 孙佳嶷 // 北京教育学院学报，2006（4）

07316 苏颂、苏轼任职杭州造福人民之考述［J］/ 管成学 // 杭州研究，2006（4）

07317 朱熹与苏轼出处态度之比较［J］/ 张进 // 福建论坛（人文社会科学版），2006（4）

07318 东坡为官六事：慈、俭、勤、慎、诚、明［J］/ 张福勋 // 文史知识，2006（12）

07319 《苏轼文集》之社会经济思想［J］/ 陈金城 // 空大人文学报，2006（15）

07320 苏轼这样做官［N］/ 不详 // 湖北电力报，2007-03-09

07321 苏轼不应该成为道德审判的对象［N］/ 不详 // 文汇报，2007-09-06

07322 苏轼贬惠与韩愈贬潮影响比较谈［J］/ 王启鹏 // 周口师范学院学报，2007（1）

07323 苏轼的士大夫特质［J］/ 孙民 // 沈阳教育学院学报，2007（1）

07324 苏轼是深受人民喜爱的政治家：苏轼的人生理念和从政实践的再认识［J］/ 惠光启，洪海，郭吉明 // 苏轼研究，2007（1）

07325 韩愈苏轼民本意识研究［J］/ 杨子怡 // 乐山师范学院学报，2007（2）

07326 历史环境的鉴戒：略论苏轼的高丽政策［J］/ 赵炳林 // 文化中国，2007（2）

07327 苏轼是深受人民喜爱的政治家（下）［J］/ 惠光启 // 淮海论坛，2007（2）

07328 论苏轼签判凤翔时的政治思想［J］/ 任永辉，熊裕民 // 现代语文（文学研究版），2007（3）

07329 士大夫文化的两种模式:《虔州学记》与《南安军学记》［J］/ 朱刚 // 江海学刊，2007（3）

07330 苏轼的挡驾艺术［J］/ 孙玉伟 // 秘书，2007（3）

07331 苏轼平民管理理念的形成［J］/ 施建平 // 苏州市职业大学学报，2007（3）

07332 北宋政坛一个敏感而沉重的话题：欧阳修、苏轼朋党观论析［J］/ 杨胜宽 // 乐山师范学院学报，2007（4）

07333 苏轼救荒思想述略［J］/ 张喜琴 // 山西大学学报（哲学社会科学版），2007，30（4）

07334 超越与执着：张耒与秦观贬谪心态之比较［J］/ 刘红红 // 哈尔滨学院学报，2007（5）

07335 何来“党锢之争”［J］/ 何立洲 // 咬文嚼字，2007（5）

07336 苏轼贬居岭海时的复杂心态［J］/ 罗莹 // 理论界，2007（9）

07337 司法的宽容［J］/ 彭志新 // 江淮法治，2007（10）

07338 苏轼巧解灾情［J］/ 王静者 // 山海经（上半月），2007（10）

07339 苏轼贬谪心态面面观［J］/ 辛文 // 当代文化与教育研究，2007（12）

07340 王安石惜才救东坡［J］/ 特儿 // 学生天地（初中版），2007（5A）

07341 苏东坡王安石税改之争［N］/ 伏杰 // 中国税务报，2008-02-15

07342 苏东坡坐塌交椅［N］/ 不详 // 周末报，2008-04-03

07343 历史与空间：苏东坡的功业［N］/ 龚敏迪 // 文汇报（香港），2008-05-28

07344 苏东坡与苏堤［N］/ 许阳 // 衡阳日报，2008-06-01

07345 苏轼王安石税改之争［N］/ 莫名 // 财会信报，2008-10-20

07346 爱民是东坡精神的重要内容［J］/ 赖正和 // 苏轼研究，2008（1）

07347 浅谈苏轼青少年时期民本思想的形成［J］/ 何家治 // 苏轼研究，2008（1）

07348 苏轼贬谪心态面面观［J］/ 辛文 // 无锡商业职业技术学院学报，2008（1）

07349 苏轼对“春秋三传”的比较研究［J］/ 杨金平 // 乐山师范学院学报，2008（1）

07350 以民为本，是苏轼一以贯之的政治思想［J］/ 韩国强 // 苏轼研究，2008（1）

07351 国本与民本［J］/ 李景新 // 苏轼研究，2008（2）

07352 论东坡的廉政思想及启示［J］/ 华雁 // 苏轼研究，2008（2）

07353 试析影响苏轼政治主张的原因［J］/ 王丽 // 乐山师范学院学报，2008（2）

07354 苏轼民本思想的渊源［J］/ 邱俊鹏 // 乐山师范学院学报，2008（2）

07355 苏轼民本思想的渊源、特点及其实践浅谈［J］/ 邱俊鹏 // 乐山师范学院学报，2008（2）

07356 苏轼小贬大崇司马相如［J］/ 祁和晖 // 乐山师范学院学报，2008（2）

07357 苏轼与王安石的万言书之比较［J］/ 徐娥 // 文学教育（上半月），2008（2）

07358 试论苏轼的政治主张及其形成原因［J］/ 王丽 // 许昌学院学报，2008（3）

07359 苏东坡论秦及其他［J］/ 冯士彦 // 苏轼研究，2008（3）

07360 苏轼元祐三年科场舞弊辨伪：兼论李廌落第原因［J］/ 钱建状 // 浙江大学学报（人文社会科学版），2008（3）

07361 王安石三难苏东坡［J］/ 雅敏 // 小学生作文辅导·作文与阅读，2008（3）

07362 浅论苏轼的外交思想［J］/ 冒志祥 // 河南师范大学学报（哲学社会科学版），2008（4）

07363 浅论苏轼的外交思想：基于苏轼关于高丽的“状”文［J］/ 冒志祥 // 河南师范大学学报（哲学社会科学版），2008（4）

07364 少壮欲及物，老闲余此心［J］/ 杨子怡 // 苏轼研究，2008（4）

07365 苏轼贬惠与柳宗元贬永之比较研究［J］/ 王启鹏 // 乐山师范学院学报，2008（4）

07366 苏轼的赏罚观及与其改革思想的内在联系［J］/ 杨胜宽 // 四川文理学院学报，2008（4）

07367 苏轼任职汝州期间［J］/ 刘继增 // 苏轼研究，2008（4）

07368 王安石两“难”苏东坡［J］/ 鲍亚民辑 // 初中生（一年级），2008（4）

07369 熙丰元祐间东坡立朝事迹述评［J］/ 林冠群 // 苏轼研究，2008（4）

07370 苏轼《晁错论》品析［J］/ 蒋红梅 // 文学教育（下），2008（7）

07371 莫将“录用”代“酬劳”［J］/ 顾伯冲 // 中国人才，2008（9）

07372 苏轼论春秋时代的土地赋税制度平议［J］/ 杨金平 // 乐山师范学院学报，2008（10）

07373 略论苏轼的亲民意识［J］/ 殷素敏 // 现代语文（文学研究），2008（11）

07374 苏轼与王安石［J］/ 杨涛 // 国学，2008（11）

07375 王安石与苏东坡的恩恩怨怨［J］/ 子金山 // 各界，2008（12）

07376 王安石苏东坡与茶的故事［J］/ 李不 // 语文教学与研究（学生版），2008（33）

07377 苏轼与辽事关系几个问题的探讨［J］/ 蒋武雄 // 中国历史学会史学集刊，2008（40）

07378 评苏东坡议贾谊[J]/周桂钿//宋代文化研究，2008

07379 苏东坡 黄楼[J]/不详//苏轼研究，2008

07380 宋丽政治关系演变与苏轼的高丽观[D]/张犁.—山东大学(硕士论文)，2008

07381 在徐州的苏轼[N]/李响//徐州矿工报，2009-01-09

07382 苏东坡狱中打呼噜[N]/王吴军//大河报，2009-04-22

07383 苏东坡心太软[N]/不详//苏州日报，2009-05-29

07384 苏东坡捐玉带造桥[N]/不详//华东旅游报，2009-09-01

07385 苏轼首倡徐州小康社会[N]/不详//彭城晚报，2009-09-07

07386 苏轼徐州抗洪的三大秘密[N]/不详//彭城晚报，2009-09-07

07387 人文世相：苏轼的政治观[N]/青丝//文汇报(香港)，2009-11-04

07388 苏轼的政治观[N]/青丝//温州都市报，2009-11-07

07389 苏轼《庄子祠堂记》“楚公子微服出亡”寓言试解[J]/简光明//诸子学刊，2009(1)

07390 苏轼论春秋时代的礼制[J]/杨金平//乐山师范学院学报，2009(1)

07391 王安石与苏轼赋税思想浅议[J]/赵书晨，张熙霖//经营管理者，2009(1)

07392 因法便民，为民自重：苏轼人本法律理念的现代解读[J]/秦文//理论月刊(武汉)，2009(1)

07393 政治漩涡中的士人心态：对苏轼“乌台诗案”诗文的政治文化解读[J]/刘学斌//黄冈师范学院学报，2009(2)

07394 《苏轼的为官之道》绪论[J]/苏灿//苏轼研究，2009(3)

07395 东坡“神智”戏辽使[J]/不详//智力(提高版)，2009(4)

07396 流动的生命经验与空间对话：从苏轼“历杭”作品看其南方意识的形成[J]/张蜀蕙//苏轼研究，2009(4)

07397 苏东坡主政杭州面面观：实践科学发展观的典范[J]/乔建功//苏轼研究，2009(4)

07398 苏颂、苏轼造福杭州人民之考述[J]/邹彦群//苏轼研究，2009(4)

07399 王安石苏东坡与茶的故事[J]/吴爱丽//写作，2009(4)

07400 苏轼与俳优传统[J]/李永平//陕西师范大学学报(哲学社会科学版)，2009，38(5)

07401 苏门词人与北宋党争[J]/曹丽芳//东岳论丛，2009(6)

07402 苏轼不惧“经济危机”[J]/戴永夏//小品文选刊，2009(7)

07403 苏轼的治水之才[J]/勿汆//中国减灾，2009(7)

07404 苏轼变法思想探论[J]/王文章//四川教育学院学报，2009(10)

07405 苏轼为官一任，造福一方[J]/高继宗//中国减灾，2009(10)

07406 苏轼与北宋海船[J]/曹凛//中国船检，2009(11)

07407 苏轼三联对辽国使臣[J]/王吴军//法制博览，2009(21)

07408 苏轼的“谪居文化”及其范式[J]/魏垂忠//考试周刊，2009(38)

07409 以民为本的苏东坡[J]/苏灿//政协天地，2009(Z1)

07410 从苏轼的文翰解读宋丽关系[D]/丁元淞.—延边大学(硕士论文)，2009

07411 试论苏轼的仁政爱民思想及其实践

［D］/张慧敏.—内蒙古大学（硕士论文），2009

07412 苏轼与“密州市舶司”之设立［N］/邹德祥//齐鲁晚报，2010-03-05

07413 苏轼婉言拒贿［N］/不详//老人报，2010-06-02

07414 苏轼婉言拒贿：文泽［N］/不详//自贡日报，2010-06-29

07415 苏东坡在徐州的石炭情结（上）［N］/张国良//徐州矿工报，2010-08-27

07416 苏东坡在徐州的石炭情结（下）［N］/张国良//徐州矿工报，2010-09-03

07417 苏东坡是改革的最大呼吁者［N］/刘小川//东江时报，2010-12-16

07418 从苏轼两兄弟对阿里骨的态度看其边防思想［J］/方新蓉//西藏大学学报（社会科学版），2010（1）

07419 苏轼首度贬谪深层原因探究［J］/涂普生//黄冈职业技术学院学报，2010（1）

07420 王安石推行免役法与改革兵制兵役无关：苏轼也主张改革宋朝的差役制和募兵制［J］/赖正和//黄冈职业技术学院学报，2010（1）

07421 苏轼与弓箭社探析［J］/林友标//体育文化导刊，2010（2）

07422 千秋功罪任评说：苏轼与王安石关系及其评价的审视［J］/喻世华//南京林业大学学报（人文社会科学版），2010（3）

07423 问汝平生功业，黄州惠州儋州：从三地作品中看苏轼旷达的历变［J］/李海瑞//开封教育学院学报，2010（4）

07424 遥想当年 人生如梦［J］/重羊//中国收藏，2010（4）

07425 流放者的归来：苏轼［J］/向阳//中华活页文选（初三），2010（12）

07426 试论熙丰时期苏轼的民本思想［J］/郭志敏//安徽文学（下半月），2010（12）

07427 王安石的“仇将恩报”［J］/陈鲁民//政府法制，2010（17）

07428 蜀党与北宋党争研究［D］/李真真.—山东大学（博士论文），2010

07429 苏东坡与“自来水”［N］/邬时民//汕头特区晚报，2011-03-25

07430 “恃才”勤政今与之鉴［N］/罗骁//经理日报，2011-04-26

07431 苏东坡与“自来水”［N］/不详//中国建设报，2011-04-29

07432 宋朝后宫里的传奇皇后［N］/凤凰//宜宾日报，2011-07-05

07433 想起修堤的苏东坡［N］/不详//都市快报，2011-07-19

07434 苏东坡知扬州二三事［N］/不详//太原日报，2011-10-31

07435 苏轼太忠直官场吃不开［N］/不详//新商报，2011-12-17

07436 关于章惇历史定位的再认识：兼论苏轼与章惇几方面的异同［J］/喻世华//广西师范大学学报（哲学社会科学版），2011（1）

07437 惠州知州考略：北宋篇［J］/张小平//惠州学院学报（自然科学版），2011（1）

07438 苏轼的治水地图［J］/任红//中国三峡，2011（2）

07439 文豪苏东坡的政治理念［J］/谢晓先//南昌高专学报，2011（3）

07440 论李之仪的政治倾向［J］/王玉，付嘉豪//现代语文（文学研究），2011（4）

07441 起衰济溺韩昌黎：解读苏轼话语体系中的韩愈［J］/刘智航//顺德职业技术学院学报，2011（4）

07442 论苏轼对大禹的接受与传播［J］/潘殊闲//乐山师范学院学报，2011（8）

07443 苏东坡的廉政观［J］/苏灿//中国政协，2011（8）

07444 西湖三堤与三朝“西湖长”：浅析白居易、苏轼、杨孟瑛对西湖保护的历史功绩[J]/陈培新//杭州(周刊)，2011(8)

07445 由乌台诗案看苏轼的政治观[J]/田韦君//文艺生活(中旬刊)，2011(10)

07446 齐桓称霸的历史诠释：以荀卿、韩非、司马迁、苏轼为中心[J]/耿振东//哈尔滨学院学报，2011(12)

07447 王安石为何救苏轼[J]/朱国勇//民间故事选刊秘闻，2011(12)

07448 有感于苏轼的廉政思想[J]/刘宝华，李玉森//先锋队，2011(16)

07449 贤良苏轼与勤政为民[J]/杨明//政府法制，2011(29)

07450 苏东坡对策评点[J]/不详//瞭望东方周刊，2011(36)

07451 苏轼的吏治法改革论[J]/姜吉仲//中国历史学会史学集刊，2011(43)

07452 朱熹对苏轼政治作为的评价[J]/徐榴//首都师范大学学报(社会科学版)，2011(A1)

07453 苏轼与司马光《中庸》诠释比较研究[D]/赵兴余.—陕西师范大学(硕士论文)，2011

07454 论苏轼的政治品质及知定州的政绩[N]/王晓薇，王丽娅//定州日报，2012-01-21

07455 苏轼巧治西湖[N]/不详//云南经济日报，2012-03-30

07456 从苏轼处理偷税案看如何化解征纳矛盾[N]/兰芳//中国税务报，2012-04-09

07457 苏东坡与政绩工程[N]/不详//中国组织人事报，2012-04-09

07458 苏东坡与广州“自来水”[N]/不详//老人报，2012-05-16

07459 苏东坡巧对辽国使臣[N]/吴军//郑州日报，2012-07-04

07460 五十万言，道尽苏东坡平生功业[N]/不详//眉山日报，2012-07-24

07461 苏轼广州最早的自来水工程倡议者[N]/不详//劳动午报，2012-08-17

07462 苏轼的政治生命从徐州开始[N]/何爱平//徐州矿工报，2012-11-16

07463 论苏轼的“辨孟”思想[J]/胡金旺//北京化工大学学报(社会科学版)，2012(1)

07464 漫说苏东坡惠民的“空手道”[J]/涂普生//苏轼研究，2012(1)

07465 泉清靠自洁，人正靠自廉：苏东坡的廉政思想与实践扫描[J]/饶晓明，饶学刚//黄冈职业技术学院学报，2012(1)

07466 苏轼对大禹的接受与传播[J]/潘殊闲//苏轼研究，2012(1)

07467 苏轼诗词传播与接受的控制研究：以两宋“党争”时为例[J]/白冰//商情，2012(1)

07468 秦观的治世思想初探[J]/侯春慧//华章，2012(2)

07469 我读苏轼《新城道中》[J]/郑春梅//语文教学与研究，2012(2)

07470 浅析东坡书论中的“新意”与“法度”[J]/侯西旺//西江月(下旬)，2012(3)

07471 苏轼官德浅议[J]/干旭敏//中共乐山市委党校学报，2012(3)

07472 苏轼与同僚的相处之道及其启示：以居官杭州期间为例[J]/喻世华//徐州师范大学学报(哲学社会科学版)，2012(4)

07473 历史上最早的“希望工程”[J]/张贤超//成才与就业，2012(5)

07474 论苏轼《策别》的教化理想[J]/张帆//西华大学学报(哲学社会科学版)，2012(5)

07475 论“东坡文化”对于学校教育理念的启

示［J］/ 李新，刘昊旸 // 商丘职业技术学院学报，2012（6）
07476 北宋官员苏轼的经济状况探析［J］/ 薛颖 // 历史教学（下半月刊），2012（8）
07477 从民族融合的视角看苏轼对金朝上层人物的特殊影响［J］/ 谭平 // 长江文明，2012（12）
07478 苏轼社会思想研究［D］/ 王慧子 .—重庆师范大学（硕士论文），2012
07479 苏东坡劝农［N］/ 冯雁军 // 大江晚报，2013-04-03
07480 苏轼为官箴言［N］/ 杨明 // 东莞日报，2013-06-26
07481 略论苏轼的民生思想［J］/ 林海 // 河套学院学报，2013（1）
07482 苏轼兴治水利考［J］/ 陈伟庆 // 乐山师范学院学报，2013（1）
07483 苏东坡从政为官的人格文化及其时代价值［J］/ 李锡炎 // 党政研究，2013（3）
07484 苏轼与章惇之恩怨述略［J］/ 朱飞镝 // 乐山师范学院学报，2013（3）
07485 苏东坡对策评点［J］/ 李书磊 // 公务员文萃，2013（4）
07486 历经磨难的超脱者：从宦海沉浮中看苏轼［J］/ 杨明清 // 新作文 · 中学作文教学研究，2013（5）
07487 苏轼与办公危房十八年斗争史：古代修衙门为何这么难？［J］/ 吴钩 // 意林文汇，2013（6）
07488 享利与任患［J］/ 本刊编辑部 // 党建，2013（6）
07489 叶祖洽的状元风波［J］/ 李正洪 // 福建乡土，2013（6）
07490 苏轼的政治态度［J］/ 段艳波 // 才智，2013（12）
07491 苏轼生活的时代［J］/ 介子平 // 名作欣赏（鉴赏版），2013（12）
07492 两次“站错队”断了苏东坡仕途［J］/ 张晓刚 // 政府法制，2013（17）
07493 苏轼遭遇最严苛“官邸制”［J］/ 江蓠 // 民生周刊，2013（29）
07494 论苏轼的法律思想［D］/ 周奇仕 .—西南政法大学（硕士论文），2013
07495 文章太守说东坡［N］/ 不详 // 扬州晚报，2014-03-29
07496 听鲁枢元点评苏轼与海瑞［N］/ 史瑞丽 // 海口晚报，2014-04-15
07497 苏轼在杭州做什么官［N］/ 不详 // 皖南晨刊，2014-07-19
07498 苏轼遭遇最严苛“官邸制”［J］/ 本刊编辑部 // 共产党员（下），2014（1）
07499 苏轼诗词之旅的“旷达跌宕”与“珠琲”［J］/ 刘丽娟 // 芒种（下半月），2014（3）
07500 论“元祐赋”：以苏门文士为中心［J］/ 许瑶丽 // 天府新论，2014（5）
07501 由《喜雨亭记》看苏轼的民本思想［J］/ 李晓倩 // 大众文艺，2014（5）
07502 历史上最早的“希望工程”［J］/ 张贤超 // 新校园（阅读版），2014（6）
07503 现代观照下的传统士人政治精神：以苏轼为典型案例［J］/ 刘学斌 // 重庆交通大学学报（社会科学版），2014（6）
07504 苏轼与章惇曾经的挚友后半生的惊梦［J］/ 张宗子 // 国学，2014（7）
07505 苏轼在杭州做什么官［J］/ 叶才林 // 咬文嚼字，2014（7）
07506 苏轼论为官［J］/ 本刊编辑部 // 月读，2014（11）
07507 关心人、关心民间疾苦，是苏东坡一生的底色［J］/ 宗璞 // 共鸣，2014（21）
07508 苏轼清淤［N］/ 不详 // 周闻天下，2015-01-09
07509 苏轼在杭州做什么官［N］/ 不详 // 阜宁日报，2015-07-03

07510 苏东坡雪天思赈灾［N］/不详//珠海特区报，2015-12-06

07511 苏轼与灾荒［J］/王焕然//井冈山大学学报（社会科学版），2015（1）

07512 苏轼对宋丽关系的基本态度及其原因分析［J］/王友胜，侯娟娟//华夏文化论坛，2015（2）

07513 以民为本以廉为首：浅谈苏东坡从政操守的现实意义［J］/洪利民//民族大家庭，2015（2）

07514 浅析东坡书论中的“法”［J］/王鹏//教育（文摘版），2015（3）

07515 苏东坡的“政治学”［J］/林语堂//新高考·语文学习（高一高二），2015（3）

07516 略论苏辙治水思想［J］/喻学忠，周浩//华北水利水电大学学报（社会科学版），2015（4）

07517 苏轼对王安石变法的理性批判：以《上神宗皇帝书》为中心［J］/丁建军，陈羽枫//大连大学学报，2015（4）

07518 赵抃与苏轼：兼谈传统中国雅文化与清官循吏产生之关系［J］/谭平//中华文化论坛，2015（4）

07519 黄庭坚贬谪心态新探［J］/姚菊//学术交流，2015（5）

07520 一个“廉”字走天下［J］/高斌//前线，2015（5）

07521 苏轼反对王安石“以钱代税（役）”“变法”的思想研究［J］/沈端民//湖南财政经济学院学报，2015（6）

07522 论苏轼的平等民族观［J］/詹贤武//兰台世界（下旬），2015（11）

07523 苏轼的政声［N］/彭忠富//清远日报，2016-02-23

07524 苏东坡当主考［N］/不详//中国经营报，2016-06-20

07525 调动禁军筑苏堤治水［N］/不详//江南时报，2016-07-05

07526 智降洪水的苏东坡［N］/不详//通辽日报，2016-08-11

07527 论苏轼科举管理主张的民本观［J］/张帆//蜀学，2016（00）

07528 问汝平生功业，黄州惠州儋州：论三次贬谪对苏轼思想的影响［J］/刘敏//蜀学，2016（00）

07529 《宋史·苏轼传》与宋人笔记对苏轼的塑造及其文化机制：以苏轼与王安石关系为中心［J］/宋春光//中国苏轼研究，2016（1）

07530 苏轼对河北地域文化的贡献［J］/李占才//地方文化研究辑刊，2016（1）

07531 苏轼论宋夏关系［J］/陈伟庆//西夏研究，2016（2）

07532 苏轼与水［J］/刘晗//华北水利水电大学学报（社会科学版），2016（2）

07533 略论苏辙的财政思想及启示［J］/黄文德，方宝璋//江西财经大学学报，2016（4）

07534 苏轼是一位工程师［J］/吴钩//读书文摘（文史版），2016（4）

07535 苏轼民本思想与中国传统文化的渊源及启示［J］/汤建平//文史杂志，2016（5）

07536 论苏轼“安于为善”的教化理念［J］/王梁宇//乐山师范学院学报，2016（10）

07537 为官当效苏东坡［J］/柯雪//初中生世界，2016（18）

07538 论苏轼对青苗法的认识［J］/谢智飞//农业考古，2017（1）

07539 苏轼的民本思想和优秀品质［J］/徐志福//文史杂志，2017（1）

07540 苏轼对宋代“海上丝路”贸易法规建设的贡献：以苏轼有关高丽的状文为例［J］/冒志祥//南京师范大学文学院学报，2017（1）

07541 基于党争和人性的双重反思：论苏轼的“君子小人观”与易学思想［J］/ 黄小珠 // 周易研究，2017（4）

07542 浅论苏轼对宋与高丽“海上贸易”典型案件的查处：以苏轼有关高丽的状文为例［J］/ 冒志祥 // 东吴学术，2017（6）

07543 大文豪苏轼的刑法思想［J］/ 韩伟 // 公民与法（综合版），2017（12）

民俗学研究

07544 苏轼的读书方法［N］/ 黄春贵 // 中华日报，1977-03-17

07545 苏轼用“八面受敌法”研究历史是怎么回事？［J］/ 佩之 // 历史教学，1979（2）

07546 自学之友：苏东坡的“八面受敌”读书法［J］/ 杨鸿德 // 中国青年报，1982（11）

07547 苏轼与民俗［J］/ 黎国器 // 海南大学学报（社会科学版），1983（1）

07548 欲问东坡学种松（漫谈苏轼植树）［J］/ 赵焱森，周国林 // 湘江文学，1983（6）

07549 苏东坡论创作［J］/ 东方既白 // 青春，1983（7）

07550 苏东坡与月［J］/ 周福如 // 知识杂志：课外学习，1984（12）

07551 苏轼笔下的月色［J］/ 唐玲玲 // 中国古典文学鉴赏，1985（1）

07552 苏东坡与月［J］/ 不详 // 青年文摘（红版），1985（4）

07553 苏轼的“求一法”［J］/ 邹俊博 // 新闻与成才，1986（2）

07554 苏轼在宋代文学革新中的领袖地位［J］/ 姜书阁 // 文学遗产，1986（3）

07555 宋代石刻著录书与所著录石刻的价值［J］/ 刘昭瑞 // 河南大学学报（哲学社会科学版），1987（1）

07556 苏轼的“八面受敌”读书法［J］/ 赵宏成 // 新闻知识，1988（5）

07557 浅谈苏轼作文思想［J］/ 肖远骑 // 语文学刊，1988（6）

07558 苏轼及其门人在广西的文事活动［J］/ 文丘 // 广西教育学院学报（综合版），1990（2）

07559 苏东坡的反语［J］/ 吴志实 // 三月风，1991（6）

07560 论苏东坡对小说戏曲的影响［J］/ 王利器 // 香港中文大学中国文化研究所学报，1991（22）

07561 苏轼的“八面受敌”读书法［J］/ 浅文 // 语文学刊，1993（4）

07562 苏轼的古文献学［D］/ 顾永新 .—北京大学（硕士论文），1994

07563 苏东坡：惠州文化的特殊现象［J］/ 王启鹏 // 惠州大学学报（社会科学版），1996（2）

07564 也论宋代文人的高丽文化观［J］/ 孙建民 // 解放军外语学院学报，1997（3）

07565 飘逸不群与空妙自然：李白与苏轼的文化意义［J］/ 王定璋 // 九江师专学报，1998（2）

07566 略论“静空”观对苏轼的影响［J］/ 任爽 // 辽宁大学学报（哲学社会科学版），1998（6）

07567 社长的话：苏东坡亦是红唇族［J］/ 张光雄 // 明通医药，1998（262）

07568 闪光的人格风彩和深沉的社会意蕴：宋代文化概观［J］/ 刘乃昌 // 高校理论战线，1999（1）

07569 宋代为何凝聚起一座文化高峰？：读《苏东坡及其同时代人》联想［J］/ 吴江 // 文汇读书周报，1999（9）

07570 东坡 东坡肉 东坡药方［J］/ 陆永璋 // 化工之友，2000，19（1）

07571 苏轼作品中的音乐世界［J］/ 张志烈 // 乐山师范学院学报，2000（4）

07572 苏东坡与民俗文化［J］/ 何大课 // 昭乌达蒙族师专学报（汉文哲学社会科学版），2001（1）

07573 苏东坡的水情结［J］/ 干鸣丰 // 乐山师范学院学报，2001（2）

07574 苏轼论《文选》琐议［J］/ 穆克宏 // 福建师范大学学报（哲学社会科学版），2001（2）

07575 我家江水初发源：苏东坡与三峡［J］/ 孙善齐 // 中国三峡建设，2001（6）

07576 劳动筋骨，节制贪欲：苏东坡的养生之道［J］/ 郑晓江 // 历史月刊，2001（162）

07577 苏轼的“八面受敌”读书法［J］/ 李鹏 // 档案天地，2002（1）

07578 对传统文化的反思与建构：论苏轼思想的“自己构成自己”［C］/ 朱靖华 // 中国传统文化与21世纪国际学术研讨会论文集 / 中华书局 .—2002

07579 苏东坡与九龙文化［C］/ 郑林森 //2002中国未来与发展研究报告 /《未来与发展》杂志社、中国未来研究会未来研究所，2002

07580 《庐陵学案》研究：论欧阳修与北宋中期学术思想的发展［D］/ 方南波 .—苏州大学（硕士论文），2002

07581 试析论东坡《以议论为诗》之理论与实证［J］/ 李慕如 // 永达学报，2003，4（2）

07582 苏轼紫金砚千年再现［J］/ 野行 // 典藏古美术，2003（125）

07583 静故了群动 空故纳万境：苏轼写作主体论初探［D］/ 谢翊 .—福建师范大学（硕士论文），2003

07584 苏轼超旷情怀与文化关系研究［D］/ 林融婵 .—南华大学（硕士论文），2004

07585 传承东坡文化之我见［N］/ 李茂成 // 眉山日报，2005-01-22

07586 苏轼的创新意念［N］/ 余全立 // 中山日报，2005-02-21

07587 苏轼的灵感论［J］/ 朱靖华 // 乐山师范学院学报，2005（1）

07588 苏轼的灵感论（续）［J］/ 朱靖华 // 乐山师范学院学报，2005（2）

07589 《岁寒三友》的由来［J］/ 重影 // 北方音乐，2005（3）

07590 苏东坡用过“我们”吗［J］/ 潭人 // 咬文嚼字，2005（4）

07591 苏轼与“八面受敌法”［J］/ 佚名 // 天津人大，2005（10）

07592 苏东坡的文学创造力与静坐效能之研究［D］/ 黄俊仁 .—玄奘大学（硕士论文），2005

07593 论苏轼的形神养生［J］/ 盖琦纾 // 高医通识教育学报，2006（1）

07594 执着与通变：屈原、苏轼文化范型辨异［J］/ 何念龙 // 乐山师范学院学报，2006（6）

07595 苏东坡效应［J］/ 王梅 // 校园心理，2006（8）

07596 徐州弘扬苏东坡文化再掀热潮［N］/ 刘峰 // 徐州日报，2007-07-01

07597 苏轼论“为文”［J］/ 方星移 // 沙洋师范高等专科学校学报，2007（2）

07598 东坡读书楼［J］/ 李跃平 // 当代小说（下半月），2007（8）

07599 浅论苏轼的创造力［J］/ 王晶冰 // 山西高等学校社会科学学报，2007（11）

07600 苏轼品菜作诗谜［N］/ 不详 // 中国铁道

建筑报，2008-08-30

07601 苏轼属于哪一派［J］/ 楚欣 // 炎黄纵横，2008（4）

07602 苏轼“抄书”［J］/ 不详 // 作文世界（中学版），2008（8）

07603 苏轼作品的文化精神［J］/ 储兆文 // 辽宁教育行政学院学报，2008（9）

07604 古代的“粉丝”［J］/ 张巍然 // 中学生百科，2008（12）

07605 苏轼与鸡毛笔［J］/ 何炎泉 // 故宫文物月刊，2008（298）

07606 苏轼在广东的文化遗存［D］/ 林蕴妍．—中山大学（硕士论文），2008

07607 品读苏轼［N］/ 不详 // 半岛晨报，2009-06-13

07608 文学家的数学才能［J］/ 爽翔 // 数学大王（五六年级），2009（3）

07609 青衫沽酒闲走马 红袖添香夜读书：论苏轼的业余爱好［J］/ 曾安源 // 湖南科技学院学报，2009（6）

07610 苏东坡效应［J］/ 马加力 // 时事报告，2009（8）

07611 苏轼的山水情结与赏石抒怀［J］/ 文甡 // 中华奇石，2009（11）

07612 东坡文化特质初识［N］/ 涂普生 // 黄冈日报，2010-08-12

07613 苏东坡的“高考作文”［N］/ 王淦生 // 三门峡日报，2010-08-13

07614 品读苏东坡［N］/ 董仲舒 // 桂林日报，2010-11-04

07615 儋州是东坡创作风格的转折点［N］/ 李关平，李诗波 // 海南日报，2010-12-17

07616 论宋代苏轼文化现象［J］/ 潘殊闲 // 宁夏大学学报（人文社会科学版），2010（2）

07617 心理学视野下苏轼教育行为的探究［J］/ 范琐哲 // 西南农业大学学报（社会科学版），2010（4）

07618 试论苏轼的文房四宝癖好［J］/ 田建平，武娜 // 宋史研究论丛，2010（11）

07619 苏东坡是微博高手［J］/ 叶开 // 传奇故事·百家讲坛（下旬），2010（11）

07620 苏东坡效应［J］/ 不详 // 心理医生，2010（11）

07621 苏东坡效应［J］/ 暮宇 // 兵团建设，2010（16）

07622 苏东坡《琴诗》与法螺妙音［J］/ 不详 // 文艺报（周一版），2010（31）

07623 苏轼科技活动探析［C］/ 朱欢欢 // 第三届全国科技哲学暨交叉学科研究生论坛论文集 / 中国自然辩证法研究会，2010

07624 东坡文化走进校园［N］/ 不详 // 中国文化报，2011-08-01

07625 从苏轼及其诗文视角看惠州文化的包容性［J］/ 陈更海，崔凌云，张莉 // 广东广播电视大学学报，2011（1）

07626 苏轼：唐宋古文运动的解构者［J］/ 马茂军，黄云 // 中国文学研究，2011（1）

07627 论北宋谪官文化的形成［J］/ 方星移 // 社会科学战线，2011（7）

07628 北宋中后期士大夫的女性观［D］/ 张波．—河北大学（硕士论文），2011

07629 苏轼的思乡情怀［D］/ 陈敬雯．—台湾大学（硕士论文），2011

07630 苏轼教育思想研究［D］/ 韩鸿伟．—河南大学（硕士论文），2011

07631 苏轼科技活动研究［D］/ 朱欢欢．—北京师范大学（硕士论文），2011

07632 传承东坡文化之韵铸造核心价值之魂［N］/ 不详 // 四川法制报，2012-07-20

07633 苏东坡效应［J］/ 本刊编辑部 // 老区建设，2012（1）

07634 苏轼居惠期间的文研究［J］/ 陶原珂 // 中国古代散文研究论丛，2012（1）

07635 雅兴、豪情与生命的喟叹：平山堂之于

扬州的意义［J］/ 崔铭 // 扬州大学学报（人文社会科学版），2012（1）

07636 游杭二题［J］/ 赵良冶 // 四川文学，2012（1）

07637 北宋宜州的“沐浴”习俗：以黄庭坚《宜州家乘》为例［J］/ 苏勇强，任皓 // 文史知识，2012（4）

07638 谈苏轼的和谐博弈观［J］/ 刘清泉，王晋川 // 乐山师范学院学报，2012（8）

07639 苏东坡是微博鼻祖？［J］/ 本刊编辑部 // 华夏关注，2012（10）

07640 苏轼：害人的经验主义［J］/ 廖钦能 // 百家讲坛，2012（10）

07641 苏轼音乐美学思想的形成与演变［D］/ 衡蓉蓉．—南京艺术学院（博士论文），2012

07642 东坡文化助力［N］/ 不详 // 中国质量报，2013-11-08

07643 苏东坡：无可救药的文人：全球“千年十二英杰”评传［J］/ 舒星，让－皮埃尔·朗日里耶 // 宋代文化研究，2013（00）

07644 苏轼的文学理念创新与文化基因的生成机制（下）［J］/ 杨胜宽 // 蜀学，2013（00）

07645 苏东坡黄州创作井喷现象探析［J］/ 涂普生 // 黄冈职业技术学院学报，2013（3）

07646 苏东坡与佛教寺院的诗书文化：游广州六榕寺、湖北当阳玉泉寺［J］/ 陈世和 // 贵阳文史，2013（5）

07647 苏东坡与中国大雅堂［J］/ 郑林森 // 新经济，2013（17）

07648 李白苏轼与采矿［C］/ 邱家骧 // 中国地质大学 / 中国地质学会地质学史专业委员会第25届学术年会论文汇编，2013

07649 苏轼科学思想与科学活动初探［D］/ 王诗洋．—山西大学（硕士论文），2013

07650 大文豪苏东坡［N］/ 不详 // 常州晚报，2014-10-23

07651 宋代古文批评之论“奇”［J］/ 张天骐 // 辽宁教育行政学院学报，2014（5）

07652 苏东坡是最早开微博的人［J］/ 叶开 // 文理导航·阅读与作文，2014（12）

07653 论苏轼对墨的认识［J］/ 高巍 // 青年文学家，2014（36）

07654 从苏轼的风俗思想看文化秩序的建构［C］/ 刁长昊 // 民间文化青年论坛2014年会论文集 / 北京联合大学北京学研究基地、《民间文化论坛》.—2014

07655 西夏“东坡巾”初探［C］/ 魏亚丽，杨浣 // 西夏学（第九辑）：第三届西夏学国际学术论坛暨王静如先生学术思想研讨会专辑（上）/ 宁夏大学西夏学研究院．—2014

07656 苏轼音乐美学思想探微［D］/ 胡霜霜．—江西师范大学（硕士论文），2014

07657 平生功业说东坡：困厄中的光芒［N］/ 陈世旭 // 惠州日报，2015-11-22

07658 俭是一粒种［J］/ 卜庆萍 // 人事天地，2015（1）

07659 苏轼的“八面受敌”读书法［J］/ 风慕竹 // 政府法制，2015（2）

07660 苏轼转化《诗经》“思无邪”为“思无所思”的断思［J］/ 陈金现 // 诗经研究丛刊，2015（2）

07661 苏轼归隐江苏后的文学创作［J］/ 王慧香，包红梅，赵翠萍 // 兰台世界（上旬），2015（3）

07662 苏轼与海南文化研究现状及相关思考［J］/ 刘亮徐莹 // 名作欣赏（下旬），2015（6）

07663 苏轼的“八面受敌”读书法［J］/ 侯兴锋 // 小学教学研究，2015（15）

07664 从苏轼的风俗思想看文化秩序的建构

［D］/ 刁长昊．—辽宁大学（硕士论文），2015

07665 试论中学语文教材中的作者知识分子形象：以孟子、屈原、苏轼、鲁迅为例［D］/ 苏婉谊．—华中师范大学（硕士论文），2015

07666 制墨酿酒快意东坡［N］/ 不详 // 海南日报，2016-03-14

07667 品菜，还是赏诗？苏东坡样样玩得溜［N］/ 不详 // 鄂东晚报，2016-06-01

07668 全才苏轼［N］/ 不详 // 江门日报，2016-06-13

07669 苏东坡的“高考”［N］/ 不详 // 扬州日报，2016-06-30

07670 融入民众生活的东坡文化［N］/ 不详 // 黄冈日报，2016-09-08

07671 苏东坡：中国文化样本（一）［J］/ 张伟 // 阴山学刊，2016（1）

07672 苏东坡与荆楚民歌的情缘和嬗变［J］/ 饶学刚 // 乐山师范学院学报，2016（1）

07673 苏轼对地方特色文化的推扬与受容（系列研究之一）：以家乡眉山为例［J］/ 杨胜宽 // 地方文化研究辑刊，2016（1）

07674 苏东坡：中国文化样本（二）［J］/ 张伟 // 阴山学刊，2016（2）

07675 苏东坡：中国文化样本（三）［J］/ 张伟 // 阴山学刊，2016（3）

07676 苏东坡：中国文化样本（四）［J］/ 张伟 // 阴山学刊，2016（4）

07677 大家眼中的大家：以关于苏轼的八则文献为中心［J］/ 邢沛 // 剑南文学，2016（6）

07678 著名“广告人”苏轼［J］/ 丘铧 // 小猕猴学习画刊，2016（10）

07679 苏东坡学无止境［J］/ 展辰 // 作文与考试（小学版），2016（17）

07680 苏轼与磁州窑［J］/ 夏文峰 // 东方收藏，2017（9）

07681 论苏轼的文化人格［D］/ 冷成金．—中国人民大学（硕士论文），不详

07682 文化走向上的苏东坡［D］/ 涂道坤．—中国人民大学（硕士论文），不详

食文化研究

07683 益智丛录：荀厨珍闻（二）：改良东坡肉［N］/ 知白子 // 通问报（耶稣教家庭新闻），1926-12-23

07684 东坡肉的制造法［J］/ 陈幼颜 // 成都常识周刊，1928，1（18）

07685 东坡肉之公案［J］/ 江悟瑞 // 莲池会闻，1943（11）

07686 古今小吃：东坡待客［J］/ 寒羽斋 // 南北（北平），1946，1（6）

07687 酱肉与苏东坡［J］/ 阿蒙 // 新上海，1946（11）

07688 东坡肉［J］/ 王存义 // 沙漠周报，1947（10）

07689 苏东坡的饮食艺术（1—17）［N］/ 陈香 // 大华晚报，1975-08-06

07690 苏东坡的饮食［N］/ 吉人 // 中华日报，1979-08-17

07691 苏东坡吃山芋［J］/ 蒋星煜 // 新华文摘，1980（6）

07692 从《东坡煮肉歌》谈煮肉要诀［J］/ 张素心 // 中国食品，1980（10）

07693 东坡鱼［J］/ 吴华搜集整理 // 山海经，1981（1）

07694 苏轼与吃［J］/ 邓运佳，张志烈 // 文明，1981（1）

07695 诗人趣事：“东坡肘子”的来历［J］/ 刘

少泉 // 星星诗刊，1981(7)
07696 苏东坡吃的是芋头[J]/ 赵德馨，彭传彪 // 农业考古，1982(2)
07697 东坡肉、眉公豆腐[J]/ 不详 // 中国烹饪，1982(3)
07698 苏东坡与饮食[J]/ 吴申元 // 中国食品，1982(6)
07699 苏轼与宋代川菜[J]/ 渝实 // 中国烹饪，1983(1)
07700 西山·古寺·东坡饼[J]/ 曾令甫 // 湖北青年，1983(3)
07701 从"东坡肉"谈到宋元肉食的烹调[J]/ 刘秋英 // 中国烹饪，1983(5)
07702 名胜食谭：苏东坡与乐山墨鱼[J]/ 龚兴才，熊应明 // 中国烹饪，1983(5)
07703 东坡羹与菜羹赋[J]/ 彭玉兰 // 中国烹饪，1984(1)
07704 东坡肉[J]/ 周幼马摄 // 中国建设，1985(1)
07705 东坡鱼的故事[J]/ 刘少泉 // 旅游天府，1985(1)
07706 东坡肉[J]/ 不详 // 今日中国(中文版)，1985(2)
07707 关于"东坡肉"[J]/梁焕环//烹调知识，1985(2)
07708 请做"东坡肉"一试[J]/ 刘步 // 知识，1985(2)
07709 东坡鲫鱼[J]/ 余海明 // 烹调知识，1985(4)
07710 关于"小炒肉"和"东坡肉"[J]/ 桃丹 // 烹调知识，1985(4)
07711 苏东坡与黄州菜[J]/ 丁永淮 // 春秋，1985(6)
07712 苏东坡与黄州菜点[J]/ 丁永淮 // 中国烹饪，1986(5)
07713 谈徽式东坡肉的制作[J]/ 徐永胜 // 烹调知识，1986(5)
07714 美食家苏东坡[J]/ 覃亮生 // 历史大观园，1986(6)
07715 东坡墨鱼和它的传说[J]/ 周仰璟 // 农村科学，1986(7)
07716 苏轼的"烧猪肉"诗[J]/ 明尧 // 肉类工业，1986(7)
07717 地方名菜东坡青山鸡[J]/ 曹传伟 // 江苏商论，1986(S1)
07718 躬亲庖厨的苏东坡[J]/ 车明正 // 科学24小时，1987(6)
07719 苏东坡的《炖肉歌》[J]/ 查竹生 // 中国食品信息，1987(8)
07720 苏东坡喜得黄耳蕈[J]/ 刘亚 // 烹调知识，1987(11)
07721 东坡与猪肉[J]/ 祥林 // 龙门阵，1988(3)
07722 苏轼的热粥诗[J]/ 刁成忠 // 中国食品，1988(4)
07723 苏东坡日享三白[J]/ 不详 // 文史知识，1988(7)
07724 文华盖世东坡肉[J]/ 梁琼白 // 家庭月刊，1989(151)
07725 名厨讲古：东坡肉[J]/ 罗建怡 // 美食世界，1990(1)
07726 喜啖蜂蜜的苏东坡[J]/ 颜坤琰 // 中国食品，1991(2)
07727 东坡鱼和东坡肉[J]/ 严忠浩 // 上海科学生活，1991(5)
07728 《苏东坡食事略》补述[J]/ 邢湘臣 // 四川烹饪，1992(2)
07729 美食家苏东坡与鱼[J]/ 邢湘臣 // 四川烹饪，1992(5)
07730 苏轼出谜讨茶[J]/ 金遇奇 // 山海经，1992(5)
07731 东坡肘子与东坡肉[J]/ 赤兔 // 海峡两岸，1992(8)
07732 东坡驴肉[J]/ 孙怀洲搜集 // 民间文学，

1992（10）

07733 苏东坡一爵一肉［J］/ 顾迈南 // 瞭望，1992（12）

07734 苏东坡一爵一肉［J］/ 振如 // 瞭望，1992（12）

07735 苏东坡与墨头鱼［J］/ 邢湘臣 // 中国土特产，1993（2）

07736 苏轼食“烤羊脊”［N］/ 伏琛 // 人民日报，1994-06-21

07737 黄州名点：东坡饼［J］/ 沁洋 // 风景名胜，1994（3）

07738 以“东坡”命名的菜肴［J］/ 李光寅 // 烹调知识，1994（6）

07739 大千亦是美食家［J］/ 贾杏年 // 食品与健康，1995（1）

07740 大诗人苏轼的烹调实践［J］/ 廖新德 // 烹调知识，1995（2）

07741 美食与美诗：苏东坡的饮食诗撷珍［J］/ 竺一苹 // 课堂内外（高中版），1995（7/8）

07742 东坡肉的传说［J］/ 吴国良编绘 // 中国连环画，1995（10）

07743 漫画讲古：东坡肉［J］/ 不详 // 幼狮少年，1995（22）

07744 红烧肉的极品：东坡肉［J］/ 朱振藩 // 行遍天下，1995（42）

07745 台、港口味最好的东坡肉［J］/ 朱振藩 // 吃在中国，1995（65）

07746 劝君莫畏东坡肉［J］/ 王赤才 // 解放军健康杂志，1996（2）

07747 黄州的东坡肉 东坡饼 东坡烧梅［J］/ 汪从元 // 四川烹饪，1996（3）

07748 东坡肉［J］/ 不详 // 健康生活，1996（7）

07749 健康药膳食谱：东坡画竹千里传香［J］/ 不详 // 光华，1996，21（12）

07750 梁琼白中央食谱：东坡肉、腐皮鱼卷、百果鲜贝、鲨鱼白菜羹［J］/ 梁琼白 // 中央综合月刊，1997，30（7）

07751 春来荠菜忽忘归［J］/ 曹涤环 // 中国土特产，1997（1）

07752 苏东坡“吃事”一则［J］/ 江洛一 // 青年博览，1997（3）

07753 苏东坡巧言吃狗肉［J］/ 周廷湘 // 思维与智慧，1997（3）

07754 苏东坡与五柳鱼［J］/ 宋宪章 // 中国保健营养，1997（7）

07755 香糯不腻东坡肉［J］/ 不详 // 家庭科技，1997（7）

07756 薤姜蜜粥东坡创［J］/ 熊四智 // 中国烹饪，1997（11）

07757 干锅更戛甘瓜羹的苏东坡［J］/ 陈新雄 // 国文学报，1997（26）

07758 东坡吃肉［J］/ 李国文 // 吃在中国，1997（75）

07759 中国传统美食典故（二）：年糕、“东坡肉”、肉松的来由之说［J］/ 欧阳军 // 营养与食品卫生，1998（1）

07760 11 世纪的美食家：苏东坡的食谱［J］/ 吴迎春 // 康健杂志，1998（2）

07761 东坡风味趣谈［J］/ 容小翔 // 药膳食疗研究，1998（2）

07762 东坡故里啖鲜肘［J］/ 陈思逊 // 四川烹饪，1998（2）

07763 东坡豆腐［J］/ 吴迎宾 // 食品与生活，1998（3）

07764 苏东坡与东坡肉［J］/ 不详 // 中国土特产，1998（4）

07765 苏轼推崇清淡素雅的饮食［J］/ 张远桃 // 中国保健营养，1998（4）

07766 东坡风味趣谈［J］/ 容小翔 // 农家之友，1998（5）

07767 东坡蛤蜊［J］/ 朱培宏 // 四川烹饪，1998（8）

07768 苏东坡点心［J］/ 柯宣，温绍南 // 民间

故事选刊秘闻，1998(11)

07769 东坡《食疗歌》[J]/姚勇文//家庭医学，1998(12)

07770 啖荔枝与东坡肉：苏轼诗文中的饮食文化[J]/朱希祥//食品与生活，1999(1)

07771 苏东坡、陆游、张岱与茶文化[J]/蒋星煜//浦江同舟，1999(4)

07772 苏东坡与东坡膳[J]/姜薇//上海调味品，1999(4)

07773 苏东坡与果蔬食疗[J]/立明//中国果菜，1999(6)

07774 东坡肉[N]/李莎//北京日报，2000-10-24

07775 杭州三名肉[J]/苏泽//肉品卫生，2000(1)

07776 苏轼狱中食鱼鲊[J]/任野//四川烹饪高等专科学校学报，2000(1)

07777 鄂地品尝“东坡饼”[J]/黑振江//中国保健营养，2000(2)

07778 苏东坡终生不忘“三白饭”[J]/张家恕//饮食科学，2000(4)

07779 东坡菜系列[J]/邱伟坚//食品与生活，2000(5)

07780 苏东坡与鱼[J]/张世镕//中国钓鱼，2000(6)

07781 典故与传统名菜(三)：“东坡”名肴知多少[J]/孙其旭//中国食品，2000(8)

07782 典故与传统名菜(四)：“东坡”名肴知多少[J]/孙其旭//中国食品，2000(9)

07783 再说“一直以来”[J]/叶景烈//咬文嚼字，2000(10)

07784 稻番酒清东坡宴[J]/沈嘉禄//中国烹饪，2000(12)

07785 翁政义的东坡肉“说服”陈振荣[J]/许淑晴//商业周刊，2000(654)

07786 中国名菜代表品种略识：宋代大文豪苏轼喜食的“东坡肉”[J]/谢定源//中国饮食文化基金会会讯，2001，7(1)

07787 佳肴“东坡肉”琐谈[J]/周佐铮//肉类研究，2001(1)

07788 东坡肉[J]/王宇，尚弓//中华魂，2001(2)

07789 古代文人的狡黠：对戒杀与好味矛盾的解决[J]/丁全，张松辉//中国文学研究，2001(4)

07790 苏东坡的美食经[J]/红儿//中国保健营养，2001(6)

07791 戏说“东坡肉”[J]/林万春//福建文学，2001(8)

07792 苏东坡的胃口[J]/李国文//中国食品，2001(11)

07793 东坡冬瓜[J]/不详//食品信息，2001(15/16)

07794 东坡肉千年余香犹存[J]/薛兴国//亚洲周刊，2001，15(30)

07795 东坡肉与麻婆豆腐[J]/童世璋//明道文艺，2001(298)

07796 知味善尝苏东坡[N]/不详//中山日报，2002-07-09

07797 东坡与小巢[J]/孙旭升//美食，2002(1)

07798 苏轼饮食文化述论[J]/康保苓，徐规//浙江大学学报(人文社会科学版)，2002(1)

07799 苏轼作品选[J]/不详//中国书法，2002(1)

07800 名人与名吃名人与鲜花美食，东坡食趣宗泽与“金华火腿”，林则徐与“太极芋泥”[J]/不详//数据卡片杂志，2002(2)

07801 东坡之吃[J]/车辐//四川烹饪高等专科学校学报，2002(4)

07802 鄂州东坡饼[J]/宋哲先//美食，2002(4)

07803 宋代饮食风尚[J]/何立波，宋凤英//中州今古，2002(6)

07804 五柳鱼和东坡肉[J]/刘国信//食品与健康，2002(9)

07805 西山东坡饼[J]/杜政宁//烹调知识，2002(10)

07806 我吃，我吃，我吃吃吃：这是鲔鱼肚还是东坡肉？[J]/卢秀芳//婴儿与母亲，2002(308)

07807 “东坡肘子”夭亡谁之过[N]/曾民逸西//南方周末，2003-01-09

07808 东坡肉由来[N]/王国荣//人民日报海外版，2003-05-07

07809 “东坡肘子”案十年终昭雪[N]/喻宁//经理日报，2003-06-16

07810 枣香东坡肉[J]/何帅//四川烹饪，2003(1)

07811 东坡绣球[J]/小倩//农村·农业·农民，2003(3)

07812 趣谈东坡肉[J]/蒋金妹//烹调知识，2003(3)

07813 千载饕客数东坡[J]/朱振藩//联合文学，2003，19(7)

07814 西山东坡饼的传说[J]/江北雪//烹调知识，2003(7)

07815 苏东坡的黄州[J]/古清生//风景名胜，2003(9)

07816 苏东坡自兴食趣自解嘲[J]/黑振江//中国保健营养，2003(9)

07817 食笋趣闻[J]/李鸿秋//中国烹饪，2003(11)

07818 苏东坡与吴山酥油饼不相干及其他[J]/宪章//烹调知识，2003(12)

07819 北京嘉州东坡酒楼中秋套餐[J]/陈绪荣，祝全平//中国食品，2003(17)

07820 北京嘉州东坡酒楼火爆菜[J]/祝全平//中国食品，2003(20)

07821 苏东坡创名菜[J]/牧溪子，胡伟峰//青少年书法，2003(21)

07822 东坡肉[N]/不详//安徽经济报，2004-10-21

07823 东坡肉的来历[J]/兮兮//故事大王，2004(2)

07824 郭沫若和东坡墨鱼[J]/唐长寿//文史杂志，2004(2)

07825 苏东坡与酒文化[J]/林正秋//饮食文化研究，2004(2)

07826 苏轼的饮食制作和饮食文化[J]/刘文刚//中国饮食文化基金会会讯，2004，10(2)

07827 中华奇景美食传说系列之二 东坡肉的来历[J]/兮兮//故事大王，2004(2)

07828 东坡先生与馔食[J]/邢力伟//农村实用工程技术绿色食品，2004(3)

07829 《美食》十载未了缘[J]/张士魁//美食，2004(3)

07830 苏东坡嗜鱼遗篇[J]/姜存楷//海鲜世界，2004(3)

07831 杭州东坡肉[J]/徐士清//养猪，2004(6)

07832 诗书奇绝冠平生 烧煮肴馔芳后来：东坡菜点小识[J]/于壮//东方食疗与保健，2004(6)

07833 红烧之祖：苏东坡[J]/吴正格//餐饮世界，2004(25)

07834 “东坡肘子”案尘埃落定[N]/廖文凯，王青山//四川日报，2005-08-11

07835 东坡先生的椰味番薯粥[N]/不详//大河报，2005-11-15

07836 吃出来的境界：苏轼食品诗管窥[J]/陈芳//安徽警官职业学院学报，2005(2)

07837 东坡肉[J]/小李//雨花，2005(4)

07838 东坡的四季[J]/严越君//现代语文(高

中读写版)，2005(6)

07839 左公柳·东坡肉·牛玉儒砖[J]/陈鲁民//楚天主人，2005(6)

07840 东坡鱼[J]/李道远，王立东//青少年书法(少年版)，2006(2)

07841 漫话苏轼与饮食文化[J]/刘文刚//文史杂志，2006(2)

07842 苏东坡以面入诗[J]/不详//读书文摘，2006(2)

07843 东坡诗钓五柳鱼[J]/佚名//中国粮食经济，2006(7)

07844 苏东坡食事三则[J]/胡献国//中国保健食品，2006(10)

07845 当苏东坡遇到“眉州东坡”[J]/张国文//餐饮世界，2006(2S)

07846 百种宋人笔记所见饮食文化史料辑考[D]/胡艳红.—华东师范大学(硕士论文)，2006

07847 苏东坡与红烧肉[N]/不详//济南日报，2007-06-14

07848 苏东坡与五柳鱼[N]/不详//福州晚报，2007-06-21

07849 桂东全力打造“东坡花豆”品牌[N]/不详//郴州日报，2007-07-17

07850 美食家苏东坡[N]/石鹏飞//温州晚报，2007-07-21

07851 东坡稻草鸭 香飘千万家[N]/不详//洛阳晚报，2007-07-30

07852 苏东坡吃出一种境界[N]/不详//北京青年报，2007-07-31

07853 美食家苏东坡[N]/朱辉//河池日报，2007-08-21

07854 苏东坡首创东坡豆腐[N]/单守庆//健康时报，2007-08-30

07855 从“苏东坡的肘子”说起[N]/马九器//华商报，2007-08-31

07856 不用油炒的东坡五花肉[N]/不详//青岛晚报，2007-09-18

07857 东坡牛肉[N]/不详//厦门商报，2007-12-11

07858 苏东坡与“玉糁羹”[N]/不详//北京青年报，2007-12-18

07859 苏轼与荔枝[N]/不详//江西日报，2007-12-28

07860 苏东坡与五柳鱼[N]/李澄波//羊城晚报，2007-12-01

07861 谈苏轼诗中的日常饮食之趣[J]/陈芳//滁州学院学报，2007(2)

07862 像东坡先生那样炖肉[J]/米依//新天地，2007(2)

07863 东坡鱼[J]/黄志伟//阅读与鉴赏(初中版)，2007(3)

07864 东坡鱼[J]/王晋川，黄志伟//阅读与鉴赏(初中)，2007(3)

07865 苏东坡眼中最营养的一道菜[J]/郑天云//开心老年，2007(3)

07866 浅说东坡泡菜的东坡美食文化内涵[J]/不详//川菜，2007(4)

07867 美食高手苏东坡[J]/单守庆//养生大世界，2007(7)

07868 东坡肉[J]/不详//人口文摘，2007(8)

07869 趣说“东坡鱼”[J]/吴尧//祝您健康，2007(9)

07870 粗粝涩口的面条[J]/不详//语文教学与研究·读写天地，2007(10)

07871 东坡留香[J]/贺喜儿//川菜，2007(10)

07872 杭州名菜：东坡肉[J]/张铁婷//小学生作文(中高年级适用·上半月)，2007(10)

07873 芡实：苏东坡的养生“宝物”[J]/胡献国//新闻世界·健康生活，2007(10)

07874 食祭东坡[J]/吴正格//四川烹饪，2007(10)

07875 苏东坡与红烧肉[J]/不详//新高考·政治历史地理，2007(10)

07876 东坡鱼的故事[J]/平原//新长征，2007(24)

07877 美食高手苏东坡[J]/单守庆//中外健康文摘，2007(10B)

07878 苏轼与荔枝核[N]/不详//温州日报，2008-01-06

07879 东坡吃法[N]/陈文邦//自贡日报，2008-01-08

07880 苏轼与荔枝[N]/程应峰//郑州日报，2008-02-19

07881 东坡的味道[N]/范心池//金华晚报，2008-04-30

07882 东坡红烧肉[N]/不详//温州晚报，2008-05-04

07883 苏东坡食疗方[N]/不详//中国中医药报，2008-06-16

07884 黄州菊花误苏轼[N]/黄国建//燕赵晚报，2008-07-30

07885 苏东坡与肉[N]/衣殿臣//老年日报，2008-07-30

07886 茄子菜谱：东坡茄子[N]/不详//威海晚报，2008-08-12

07887 “东坡美食三绝”的传说[N]/不详//眉山日报，2008-11-19

07888 东坡食汤饼[N]/不详//城市快报，2008-11-19

07889 苏东坡与东坡肉[N]/不详//清远日报，2008-11-19

07890 东坡汉阳香酥鸡·酥蚕蛹的传说[N]/不详//眉山日报，2008-12-24

07891 东坡喜食沙井蚝[N]/不详//宝安日报，2008-12-30

07892 黄州东坡肉[J]/不详//中国猪业，2008(2)

07893 来自家的温暖气息：东坡肉[J]/王利华//烹调知识，2008(2)

07894 春江水暖话东坡：趣谈苏东坡的食鱼佳话[J]/王文彬//科学养鱼，2008(3)

07895 东坡羊肉[J]/不详//山西农业(畜牧兽医版)，2008(3)

07896 苏东坡与“玉糁羹”[J]/王云峰//餐饮世界(大众版)，2008(5)

07897 苏东坡与东坡肉[J]/不详//中国猪业，2008(8)

07898 东坡肉[J]/不详//食品与健康，2008(11)

07899 西湖“东坡鱼”的典故[J]/叶子燕//保健与生活，2008(11)

07900 趣说西山美点“东坡饼”[J]/杨同宝//医药与保健，2008(12)

07901 一代文豪苏东坡竟也是美食家[N]/不详//周口晚报，2009-01-16

07902 沙古萝卜，苏东坡赞不绝口[N]/符安平，苏秋养//湛江日报，2009-02-08

07903 苏轼诗中的密州饮食文化[N]/不详//潍坊晚报，2009-03-19

07904 350道菜和面点都与苏轼有关[N]/林刚//彭城晚报，2009-03-21

07905 西湖东坡鱼[N]/不详//今晨6点，2009-03-22

07906 苏东坡带你去尝鲜[N]/吴琼//海峡导报，2009-03-31

07907 苏东坡与茯苓饼[N]/畲自强//南方日报，2009-04-02

07908 苏东坡最喜欢南京的什么[N]/不详//现代快报，2009-04-11

07909 苏东坡的口福[N]/不详//北京晚报，2009-07-08

07910 据说苏东坡去重庆，跟朋友吃传统火锅，时值酷暑，火锅太热，就创出了这种又冷又热的“折中”吃法：盛夏举筷冷锅鱼[N]/不详//姑苏晚报，2009-

07-23

07911 川菜跟苏东坡有啥关系？［N］/ 不详 // 先驱报，2009-08-04

07912 苏东坡的口福［N］/ 李国文 // 深圳特区报，2009-08-31

07913 送给东坡的鱼［N］/ 钟哲平 // 羊城晚报，2009-12-26

07914 略论苏轼对中国饮食文化的贡献［J］/ 刘朴兵 // 历史文献研究，2009

07915 诗书奇绝冠平生，烧煮肴馔芳后人（一）：漫话东坡菜点［J］/ 于壮 // 烹调知识，2009（1）

07916 苏轼与“东坡肉”［J］/ 不详 // 养猪，2009（1）

07917 东坡肉［J］/ 李玄 // 中学生（初中作文版），2009（2）

07918 话说东坡肉［J］/ 王云，岳伟 // 中老年保健，2009（2）

07919 苏东坡与他诗中的饮食［J］/ 潘学军 // 绵阳师范学院学报，2009（2）

07920 东坡肉［J］/ 张轶婷 // 小学生文摘，2009（3）

07921 浅谈苏轼食之艺术［J］/ 庄舒卉 // 崇仁学报，2009（3）

07922 诗书奇绝冠平生，烧煮肴馔芳后人（二）：漫话东坡菜点［J］/ 于壮 // 烹调知识，2009（3）

07923 苏东坡的口腹之欲［J］/ 沙莹 // 乐龄时尚，2009（3）

07924 自制东坡肉［J］/YOYO// 医食参考，2009（3）

07925 杭州名菜东坡肉的荤菜素做［J］/ 吴强 // 浙江旅游职业学院学报，2009（4）

07926 苏轼借联讨鱼吃等［J］/ 不详 // 今古传奇，2009（4）

07927 东坡肉［J］/ 苏义吉 // 宝藏，2009（5）

07928 垂涎欲滴东坡肉［J］/ 徐佳妮，崔丽珍，肖振铎 // 中国少年儿童（小记者版），2009（6）

07929 彭城苏轼大宴［J］/ 王文正，刘勇 // 中国烹饪，2009（6）

07930 东坡肉［J］/ 黄亦磊，邢晓璐 // 小主人报，2009（7）

07931 东坡肉［J］/ 不详 // 中外食品工业，2009（8）

07932 东坡肉的故事［J］/ 佚名 // 国学，2009（9）

07933 鲜为人知的东坡食疗秘方［J］/ 陈宝生 // 中老年保健，2009（11）

07934 苏东坡的口福［J］/ 余言 // 满分阅读 . 初中版，2009（12）

07935 苏轼和佛印智吃“东坡鱼”［J］/ 张林 // 畅销书摘，2009（12）

07936 西湖边 东坡肉［J］/ 凉月满天 // 中国烹饪，2009（12）

07937 苏东坡的口福［J］/ 李国文 // 晚报文萃，2009（17）

07938 苏东坡好口福［J］/ 不详 // 作文与考试（高中版），2009（20）

07939 苏轼拼死吃河豚［J］/ 朱振藩 // 历史月刊，2009（259）

07940 东坡回赠肉［N］/ 不详 // 徐州矿工报，2010-01-15

07941 美食家苏东坡［N］/ 石鹏飞 // 都市时报，2010-01-16

07942 苏东坡与美食［N］/ 不详 // 济南时报，2010-01-22

07943 苏东坡常州孔秀才家吃河豚［N］/ 不详 // 扬子晚报，2010-02-25

07944 东坡美食：品文化吃生态［N］/ 熊火苗，古笑言 // 眉山日报，2010-04-27

07945 川菜跟苏东坡有何关系：来自丁启阵的博客［N］/ 不详 // 都市女报，2010-04-30

07946 知味善尝苏东坡［N］/ 董仲舒 // 惠州日报，2010-05-02
07947 “东坡羹”与韶关［N］/ 李振林 // 韶关日报，2010-06-06
07948 苏东坡的食疗之道［N］/ 黄连珍 // 大众科技报，2010-06-08
07949 川菜与苏东坡［N］/ 不详 // 科技文摘报，2010-06-24
07950 东坡羹［N］/ 焦桐 // 深圳商报，2010-06-30
07951 苏东坡的“酒囊饭袋”［N］/ 不详 // 鄂州日报，2010-07-16
07952 苏东坡的恐怖美食［N］/ 丁锐 // 湛江日报，2010-08-14
07953 苏东坡在海南“吃”出野趣［N］/ 不详 // 三亚晨报，2010-08-17
07954 苏东坡的恐怖美食［N］/ 不详 // 重庆晚报，2010-10-15
07955 苏东坡吃独食［N］/ 不详 // 辽沈晚报，2010-10-24
07956 冬吃东坡肘粑和又暖心［N］/ 不详 // 四川工人日报，2010-11-19
07957 苏轼与美食［N］/ 汪桦 // 颍州晚报，2010-11-30
07958 东坡肉［J］/ 不详 // 大江周刊（生活），2010（1）
07959 东坡肉的由来［J］/ 叶枫 // 协商论坛，2010（1）
07960 苏东坡与东坡肘子［J］/ 辛芹 // 中国保健食品，2010（1）
07961 苏东坡的菜味谜趣诗［J］/ 陈抗美 // 文史天地，2010（2）
07962 智吃东坡鱼［J］/ 张林 // 可乐，2010（2）
07963 从饮食诗看苏轼的贬谪生活［J］/ 萧欣浩 // 扬州大学烹饪学报，2010（4）
07964 东坡煎茶图［J］/ 李世南 // 岭南文史，2010（4）
07965 石趣：东坡肉［J］/ 李兆安 // 花卉，2010（4）
07966 苏东坡的口福［J］/ 不详 // 江淮（文摘），2010（4）
07967 苏东坡锅里那点事儿（上）［J］/ 不详 // 家有大厨，2010（4）
07968 苏东坡锅里那点事儿（下）［J］/ 不详 // 家有大厨，2010（5）
07969 西湖边，东坡肉［J］/ 凉月满天 // 半月选读，2010（7）
07970 苏东坡与东坡肉［J］/ 王小波 // 可乐，2010（8）
07971 《西湖》之东坡肉［J］/ 宜晴 // 食品与健康，2010（9）
07972 苏东坡与东坡肉［J］/ 施萍 // 花卉，2010（9）
07973 择肥而噬的本能［J］/ 叶特生 // 跨世纪（时文博览），2010（9）
07974 东坡肉［J］/ 不详 // 小学语文一点通，2010（10）
07975 戈壁玛瑙“东坡肉”［J］/郭建民//收藏，2010（10）
07976 苏轼惠州时期饮食重蔬食因素探论［J］/ 林宜陵 // 东吴中文学报，2010（19）
07977 苏东坡写诗救“环饼”［J］/ 徐继立 // 新语文学习（小学中年级版），2010（C1）
07978 中国传统养生：以北宋苏轼为例［D］/ 林馨仪．—成功大学（硕士论文），2010
07979 豆棚闲话：苏东坡的能吃［N］/ 龚敏迪 // 文汇报（香港），2011-01-13
07980 苏东坡吃河豚：［N］/ 志高 // 扬州晚报，2011-01-22
07981 豆棚闲话：火锅·东坡骨董羹［N］/ 倪国荣 // 文汇报（香港），2011-01-28
07982 苏轼的“徐州迎客宴”［N］/ 故里张成

珠 // 徐州矿工报，2011-02-11

07983 红炉东坡羹［N］/ 雄哥 // 澳门日报，2011-02-21

07984 “东坡鱼”的由来［N］/ 苏玉 // 怒江报，2011-03-16

07985 中和美食东坡风骨［N］/ 不详 // 海南日报，2011-03-28

07986 “学一回苏东坡”［N］/ 不详 // 扬中快报，2011-04-06

07987 苏轼：茶禅数典自三过［N］/ 不详 // 南湖晚报，2011-04-17

07988 苏东坡激赏扬州美食［N］/ 尚志 // 扬州晚报，2011-05-14

07989 东坡肉与苏轼［N］/ 不详 // 寿光日报，2011-05-20

07990 苏东坡开发“绿色食品”［N］/ 孙涛 // 深圳特区报，2011-06-14

07991 苏轼与东坡肉［N］/ 阿良 // 京九晚报，2011-06-22

07992 中国苏轼（年谱）大宴在徐问世：根据苏轼文集整理历时 4 年共 350 道菜品［N］/ 王漱玉 // 彭城晚报，2011-06-30

07993 七星欲尝箭地仙 老饕巧烹“东坡宴”［N］/ 不详 // 武进日报，2011-07-21

07994 游苏东坡古道品湘溪葡萄［N］/ 不详 // 富阳日报，2011-08-25

07995 苏东坡的食疗主张［N］/ 不详 // 保健时报，2011-10-20

07996 苏东坡的烹饪发明［N］/ 丁启阵 // 渤海早报，2011-10-22

07997 东坡的肉［N］/ 章原 // 东方早报，2011-10-29

07998 东坡玉糁羹［N］/ 不详 // 南国都市报，2011-10-31

07999 产妇佳食：东坡阴米［N］/ 裘影萍 // 三明日报，2011-11-14

08000 苏轼笔下“饕餮”成为美食家［N］/ 不详 // 华东旅游报，2011-12-20

08001 原来“盖浇饭”是苏东坡发明的［N］/ 不详 // 武汉晚报，2011-12-30

08002 东坡肉［J］/ 不详 // 学生阅读世界，2011（1）

08003 浅谈苏轼的创新人生：以东坡美食为例［J］/ 周云容 // 黄冈职业技术学院学报，2011（1）

08004 苏轼吃鱼趣闻多［J］/ 林蒲田 // 农业考古，2011（1）

08005 苏轼早期饮食文学与仕宦关系之探究［J］/ 洪丽玫 // 艺见学刊，2011（2）

08006 点菜的门道：东坡肘子［J］/ 本刊编辑部 // 饮食与健康：下旬刊，2011（3）

08007 情悟“东坡肉”［J］/ 张士魁，李苏豫 // 餐饮世界，2011（3）

08008 向苏东坡学厨艺［J］/ 陈林 // 意林（下半月），2011（4）

08009 东坡豆腐［J］/ 本刊编辑部 // 三联生活周刊，2011（5）

08010 东坡肘子味之腴［J］/ 向东 // 四川烹饪，2011（5）

08011 人间有味是清欢［J］/ 刘伟华 // 农业考古，2011（5）

08012 向苏东坡学厨艺［J］/ 陈林 // 青年文摘（彩版），2011（5）

08013 人间美味是春盘［J］/ 郑艳，崔远东 // 生命世界，2011（6）

08014 苏东坡的美食经［J］/ 本刊编辑部 // 中老年健康，2011（6）

08015 苏轼的地理美食经［J］/ 王溯 // 博物，2011（6）

08016 苏东坡食事三则［J］/ 南方 // 东方食疗与保健，2011（8）

08017 《水浒传》与古代饮食［J］/ 通庆楼主 // 食品与健康，2011（9）

08018 苏轼吃鱼趣闻［J］/ 林蒲田 // 中华活页

文选（初二年级），2011（9）
08019 中国苏轼（年谱）大宴连载之二［J］/ 不详 // 美食，2011（9）
08020 苏东坡美食趣闻［J］/ 孔润常 // 川菜，2011（10）
08021 中国苏轼（年谱）大宴连载之三［J］/ 不详 // 美食，2011（10）
08022 苏东坡开发“乐观食品”［J］/ 本刊编辑部 // 民间故事选刊秘闻，2011（11）
08023 中国苏轼（年谱）大宴连载之四［J］/ 不详 // 美食，2011（11）
08024 中国苏轼（年谱）大宴连载之五［J］/ 不详 // 美食，2011（12）
08025 讽刺小品的精炼之作：读苏轼《措大吃饭》与《三老语》［J］/ 徐康 // 晚霞，2011（15）
08026 文人雅食竹滋味［J］/ 游叶 // 烹调知识，2011（15）
08027 苏轼烧鱼［J］/ 邢精达 // 作文周刊（综合版），2011（17）
08028 东坡肉：重口味，小清新［J］/ 南在南方 // 时代周报，2011（49）
08029 苏东坡与美食之间的那些事儿［J］/ 不详 // 黄河黄土黄种人，2011（5 上）
08030 黄州东坡肉加工及特征参数的表征［D］/ 陈琳 . —华中农业大学（硕士论文），2011
08031 苏东坡文集之饮食文化研究［D］/ 徐嫈娸 . —玄奘大学（硕士论文），2011
08032 苏轼美食的哲理思考［D］/ 吴玉容 . —湖南师范大学（硕士论文），2011
08033 东坡排骨［N］/ 不详 // 鹰潭日报，2012-02-03
08034 苏东坡与客家美食［N］/ 赖晨 // 人民日报（海外版），2012-02-10
08035 东坡羹［N］/ 诸凡 // 新闻晚报，2012-02-22
08036 东坡猪蹄儿［N］/ 不详 // 华东旅游报，2012-02-28
08037 苏东坡的“盖浇饭”［N］/ 不详 // 半岛都市报，2012-02-28
08038 美食达人苏东坡［N］/ 夏爱华 // 人民公安报，2012-03-09
08039 耐人咀嚼的“炒东坡”［N］/ 何小军 // 都市晨报，2012-03-09
08040 把苏东坡“请”进厨房［N］/ 青果 // 金华晚报，2012-03-15
08041 东坡猪蹄［N］/ 不详 // 天台报，2012-03-16
08042 苏东坡的“换羊书”［N］/ 仇润喜 // 今晚报，2012-04-09
08043 厨房里的“苏东坡”［N］/ 赵柒斤 // 无锡日报，2012-04-12
08044 苏东坡与新宗熏肉［N］/ 不详 // 定州日报，2012-04-13
08045 厨房里的“苏东坡”［N］/ 不详 // 山西日报，2012-04-27
08046 苏东坡不用“肉宝王中王”［N］/ 潘江忠 // 右江日报，2012-05-17
08047 苏东坡与“炒东坡”［N］/ 何小军 // 赣南日报，2012-05-18
08048 两个相反的苏东坡［N］/ 高成鸢 // 今晚报，2012-05-23
08049 东坡啃羊脊［N］/ 不详 // 黄冈日报，2012-05-25
08050 苏东坡：海南也作美食仙［N］/ 不详 // 海南日报，2012-06-04
08051 苏东坡的菜［N］/ 何松 // 春城晚报，2012-06-13
08052 苏东坡最得意的烹饪发明［N］/ 启阵 // 澳门日报，2012-06-13
08053 苏轼的美味人生［N］/ 不详 // 宿迁日报，2012-06-17
08054 东坡菜［N］/ 不详 // 太原晚报，2012-

06-30

08055 东坡爱情粉：爽口又好吃[N]/王燕珍//南国都市报，2012-07-02

08056 海南东坡油馓子[N]/不详//银川晚报，2012-07-03

08057 舌尖上的苏东坡[N]/苗连贵//渤海早报，2012-07-23

08058 东坡·美食[N]/不详//安庆日报，2012-07-28

08059 厨房里的“苏东坡”[N]/不详//中国食品报，2012-07-31

08060 苏东坡之吃[N]/陈龄//珠海特区报，2012-08-19

08061 盖浇饭，东坡发明的！[N]/赵耀光//韶关日报，2012-08-21

08062 比扣肉还好吃的茄子做法：东坡茄子[N]/不详//城乡导报，2012-10-03

08063 回味苏轼烧肉月饼[N]/不详//可乐生活，2012-10-04

08064 苏东坡的竹笋和菜薹[N]/不详//深圳特区报，2012-10-10

08065 假如歌德与苏轼共进美食[N]/不详//姑苏晚报，2012-10-28

08066 冷锅鱼只尝一口便与东坡结缘[N]/王薇，李丹//重庆商报，2012-11-14

08067 东坡饼为何而酥[N]/春晓//湖北日报，2012-11-17

08068 苏东坡吃鱼趣谈[N]/不详//长春晚报，2012-12-19

08069 苏东坡首创东坡豆腐[J]/单守庆//小区，2012(1)

08070 中国苏轼(年谱)大宴连载之六[J]/不详//美食，2012(1)

08071 厨房里的“苏东坡”[J]/赵柒斤//老人春秋，2012(2)

08072 老饕东坡的饮食世界[J]/王仁湘//人物，2012(2)

08073 浅析苏轼诗中的禅趣[J]/岳之渊//文学界(理论版)，2012(2)

08074 苏东坡的烹饪发明[J]/丁启阵//老来乐，2012(2)

08075 寓意于物，造平淡于绚烂中：论苏轼饮食题材作品的创作风格[J]/陈喜珍//名作欣赏(文学研究版)，2012(2)

08076 春笋肉丝：苏轼钟爱的时令菜[J]/刘亮//医食参考，2012(3)

08077 苏轼饮食文学创作漫论[J]/王友胜//古典文学知识，2012(3)

08078 略论苏轼对中国饮食文化的贡献[J]/刘朴兵//农业考古，2012(6)

08079 老饕东坡的饮食世界“采得百花成蜜后，不知辛苦为谁甜”[J]/王仁湘//读书文摘，2012(7)

08080 老饕东坡的饮食世界 从“皛饭”到“毳饭”[J]/王仁湘//读书文摘，2012(7)

08081 老饕东坡的饮食世界 拼死吃河豚[J]/王仁湘//读书文摘，2012(7)

08082 老饕东坡的饮食世界 晚年节食制欲力倡蔬食养生[J]/王仁湘//读书文摘，2012(7)

08083 舌尖下的苏轼曾尝尽奇珍异味[J]/白马晋一//现代青年(细节版)，2012(8)

08084 苏东坡还是“美食发明家”[J]/本刊编辑部//华夏关注，2012(9)

08085 老饕东坡的饮食世界[J]/王仁湘//新阅读，2012(10)

08086 中南海菜谱东坡肉[J]/李训刚//烹调知识，2012(10)

08087 东坡牛蹄髈[J]/文佳,RID，四喜丸子，李莹//天下美食，2012(11)

08088 美食家苏轼[J]/莲蓬//第二课堂(高中版)，2012(11)

08089 趣话苏轼的“绿色食品”[J]/刘亮//安全与健康，2012(14)

08090 东坡食之艺术［J］/陈媛艳//东海大学图书馆馆讯，2012(130)

08091 苏轼与饮食制作和饮食文化［J］/刘文刚//地方文化研究辑刊，2012

08092 绵软东坡茄子［N］/不详//南宁日报，2013-01-08

08093 苏东坡与泡菜［N］/文铭权//四川日报，2013-01-11

08094 苏东坡开发“绿色食品”［N］/小敏//郴州日报，2013-03-21

08095 向苏东坡学厨艺［N］/不详//通辽日报，2013-03-25

08096 东坡食螺［N］/不详//大江晚报，2013-04-02

08097 红烧肉里忆东坡［N］/不详//北方新报，2013-04-15

08098 苏东坡的食品［N］/赵健雄//富阳日报，2013-04-25

08099 中国火腿最早的文字记载出自苏东坡［N］/李洪源//大连日报，2013-04-25

08100 走进苏东坡的“厨房”［N］/吕峰//北京晚报，2013-06-07

08101 你不知道的苏东坡：“吃货鼻祖”［N］/不详//中国劳动保障报，2013-06-19

08102 东坡菜·惠州审美之考虑［N］/不详//东江时报，2013-07-07

08103 苏轼少吃多餐陆游最爱豆粥［N］/不详//大连法制报，2013-08-06

08104 苏东坡与廉州龙眼［N］/周家干//北海日报，2013-09-04

08105 苏东坡的好胃口［N］/林颐//羊城晚报，2013-10-09

08106 东坡好吃［N］/不详//太原晚报，2013-10-24

08107 厨房里的苏东坡［N］/不详//揭阳日报，2013-10-27

08108 苏东坡的美食人生［N］/不详//珠海特区报，2013-11-10

08109 一枚吃货苏东坡［N］/杨雷//大众日报，2013-11-29

08110 传统名菜：东坡肘子［J］/不详//保健医苑，2013(1)

08111 自创自制成佳肴：苏东坡与美食［J］/欧阳军//川菜，2013(1)

08112 隐藏的美味 探索古城美食文化：寻味黔阳［J］/不详//建筑与文化，2013(2)

08113 论苏轼诗文中的食文化［J］/顾慧//金田，2013(3)

08114 东坡肉［J］/不详//新疆农垦科技，2013(5)

08115 美食达人苏东坡［J］/夏爱华//晚报文萃(下半月·真情版)，2013(6)

08116 苏东坡与美食有关的那些事［J］/杨同宝//烹调知识(原创版)，2013(6)

08117 夏日常吃豆腐好处多［J］/郭庆伟//开卷有益·求医问药，2013(6)

08118 东坡好吃［J］/介子平//名作欣赏(鉴赏版·上旬)，2013(7)

08119 东坡肉［J］/赵日新//中华诗词，2013(7)

08120 苏东坡：长盛不衰“东坡菜”［J］/单守庆//家庭中医药，2013(7)

08121 不可居无竹［J］/宋笑三//收藏，2013(8)

08122 从“烧”字说到苏东坡［J］/吴正格//中国烹饪，2013(8)

08123 东坡肉［J］/秦林//饮食与健康(下旬刊)，2013(8)

08124 东坡嗜鱼有遗篇［J］/姜存楷//中国水产，2013(8)

08125 美食达人苏东坡［J］/潘春华//绿化与生活，2013(8)

08126 东坡食汤饼［J］/陆游，夏棣//中学生阅读初中·读写，2013(9)

08127 苏东坡与美食有关的那些事［J］/ 钱桂华 // 烹调知识（原创版），2013（9）
08128 论苏轼《论语说》的新异与特色［J］/ 贾喜鹏，王建弼 // 乐山师范学院学报，2013（10）
08129 爱吃猪肉的苏东坡［J］/ 李奇宝 // 健身科学，2013（11）
08130 东坡墨头鱼［J］/ 秦林 // 饮食与健康（下旬刊），2013（11）
08131 梅干菜扣肉“资深吃货”东坡先生传世名作干香与肥美的完美结合［J］/ 魏瀚 // 健康管理，2013（11）
08132 武昌鱼 东坡肉 黄州猪［J］/ 尚昱 // 创业天下，2013（11）
08133 东坡肉［J］/ 丘为 // 快乐语文（上旬），2013（12）
08134 苏东坡与美食的故事［J］/ 林颐 // 文学教育（下），2013（12）
08135 苏东坡与中华饮食［J］/ 春晓 // 炎黄纵横，2013（12）
08136 苏东坡的竹笋和菜薹［N］/ 不详 // 长江商报，2014-01-07
08137 酒香东坡鸭：借鉴了东坡肉的创意［N］/ 不详 // 绍兴县报，2014-01-09
08138 苏轼诗中的美味“江瑶柱”［N］/ 不详 // 宁波晚报，2014-01-19
08139 “肉食者”最爱“东坡如”［N］/ 不详 // 都市时报，2014-01-24
08140 苏东坡是个“吃货”［N］/ 刘炯 // 常熟日报，2014-03-04
08141 美食达人苏东坡［N］/ 张文波 // 洞庭之声，2014-03-17
08142 有来历的“东坡鱼”［N］/ 张剑 // 国际旅游岛商报，2014-03-22
08143 东坡炸牡丹［N］/ 孟晖 // 长江日报，2014-04-01
08144 苏东坡爱吃的“炸牡丹”［N］/ 不详 // 重庆晨报，2014-04-04
08145 东坡饼的由来［N］/ 不详 // 鄂东晚报，2014-04-12
08146 东坡菜［N］/ 吴浣 // 闽西日报，2014-04-15
08147 从北京出发“东坡味道”香飘四海：眉山生态农副产品组团进京迈出助农增收新步伐［N］/ 不详 // 四川经济日报，2014-04-22
08148 东坡菜录［N］/ 朱千华 // 桂林日报，2014-05-19
08149 苏东坡与羹［N］/ 王卫 // 深圳商报，2014-06-04
08150 苏东坡初恋地江团尝出“接吻感觉”［N］/ 不详 // 华西都市报，2014-06-08
08151 苏轼诗作“炸牡丹”成明清流行小吃［N］/ 文欣 // 吉安晚报，2014-06-09
08152 一个饮食文化的代言人：苏东坡［N］/ 不详 // 淄博财经新报，2014-06-11
08153 玉糁羹：苏东坡命名的美食［N］/ 不详 // 临汾日报（晚报版），2014-07-09
08154 大厨展示“东坡菜点”［N］/ 不详 // 苏州日报，2014-07-19
08155 “吃货”苏东坡［N］/ 晏建怀 // 西安晚报，2014-08-12
08156 菜品名东坡岂只味蕾美［N］/ 李少莲 // 新商报，2014-08-16
08157 舌尖上的“东坡”［N］/ 崔瑶 // 北海日报，2014-10-04
08158 苏东坡帖求无核枣［N］/ 不详 // 乐陵市报，2014-10-23
08159 吃货苏东坡［N］/ 沈仲亮 // 中国旅游报，2014-11-12
08160 苏东坡的胃口［N］/ 不详 // 山东科技报，2014-11-21
08161 由“烧肝花”想到东坡文化［N］/ 侯琪 // 东江时报，2014-12-02

08162 东坡肉［J］/ 小瑜儿 // 影响孩子一生的经典阅读（小学版），2014（1）

08163 那些调味史上的名人［J］/ 宋健华 // 食品与生活，2014（1）

08164 全能“吃货”苏东坡［J］/ 晏建怀 // 蓝盾，2014（1）

08165 苏轼在黄州的饮食之乐［J］/ 程曦 // 戏剧之家（下半月·理论版），2014（1）

08166 无上妙品“东坡肉”［J］/ 董仲舒 // 生活与健康，2014（1）

08167 老饕东坡的饮食世界［J］/ 王仁湘 // 新校园（阅读版），2014（2）

08168 为什么苏东坡说冬季白菜似熊掌［J］/ 杨俊琴，鲁梅 // 食品指南，2014（2）

08169 苏东坡和东坡肉［J］/ 本刊编辑部 // 开心学堂（二年级语文），2014（4）

08170 文豪苏东坡的美味人生［J］/ 张卫 // 中国食品，2014（4）

08171 吃货苏东坡［J］/ 杨雷 // 北方人，2014（6）

08172 东坡腿最开胃［J］/ 春晓 // 医食参考，2014（8）

08173 说笋二帖［J］/ 宇文正 // 台声，2014（8）

08174 苏东坡不入席［J］/ 匡天龙 // 做人与处世，2014（8）

08175 最近故乡味② 酥锅与苏东坡［J］/ 段崇政 // 齐鲁周刊，2014（8）

08176 东坡创意美食二则［J］/ 刘学治 // 川菜，2014（10）

08177 饮食苏轼论［C］/ 尹波 // 长江流域区域文化的交融与发展：第二届巴蜀·湖湘文化论坛论文集 / 四川大学，湖南大学，湘潭大学，西南民族大学．—成都：四川大学出版社，2014

08178 谈学论文：食馔书写与东坡情怀［N］/ 不详 // 文汇报（香港），2015-03-04

08179 东坡饮膳诗话［N］/ 钱婉约 // 澳门日报，2015-04-03

08180 请苏东坡吃饭肉菜不能超 3 个［N］/ 不详 // 老年生活报，2015-05-06

08181 苏东坡与海南美食［N］/ 林志向 // 海南日报，2015-05-24

08182 桂东东坡花豆［N］/ 王洪灿 // 湖南日报，2015-06-04

08183 东坡饼的故事［N］/ 不详 // 黄冈日报，2015-06-06

08184 东坡酥肉［N］/ 崔大嘴，周璀璇，阮胜，傅震茂，徐云鸯 // 衢州晚报，2015-07-03

08185 李开周专栏：东坡鱼［N］/ 李开周 // 南方都市报，2015-08-17

08186 “好吃佬”苏东坡［N］/ 不详 // 长沙晚报，2015-08-18

08187 苏东坡为何“减肥”［N］/ 佚名 // 临汾日报（晚报版），2015-08-31

08188 苏轼舌尖上的才情［N］/ 不详 // 天津工人报，2015-09-19

08189 登莱鲍鱼与苏轼《鳆鱼行》［N］/ 殷成明 // 烟台晚报，2015-09-24

08190 东坡居士的“吃”趣［N］/ 蒋忠平 // 劳动报，2015-10-15

08191 原来苏轼也是吃货［N］/ 佚名 // 临汾日报（晚报版），2015-10-15

08192 传统东坡焖鸡［N］/ 不详 // 每日商报，2015-10-23

08193 苏东坡与“东坡羹”［N］/ 不详 // 华西都市报，2015-10-24

08194 “东坡味道”何以香飘海内外［N］/ 文铭权，袁丽霞 // 四川日报，2015-10-31

08195 东坡食芋考［N］/ 林冠群 // 海南日报，2015-11-02

08196 苏轼饮食论［N］/ 尹波王允保 // 四川大学报，2015-11-30

08197 苏东坡发明“椒麻鱼”，你吃过吗？

[N]/柳扬//扬子晚报，2015-12-22

08198 苏东坡与东坡砚[N]/张宏书//中老年时报，2015-12-29

08199 东坡饼：咬一口酥脆，吃一口回味[N]/不详//鄂东晚报，2015-12-30

08200 苏东坡请客吃半鲁[J]/不详//中华活页文选(初二)，2015(1)

08201 五味杂陈东坡肉[J]/王景瑞//供电企业管理，2015(1)

08202 东坡菜里的田园味道[J]/江有汜//现代妇女，2015(3)

08203 东坡风骨东坡肉[J]/张永芳//金秋，2015(4)

08204 苏轼诗词中的饮食文化[J]/朱红华，张晴//西昌学院学报(社会科学版)，2015(4)

08205 宋朝人很少吃海鲜[J]/赵炎//文史博览，2015(6)

08206 苏东坡与泡菜[J]/刘清泉//中华文化论坛，2015(6)

08207 东坡肉[J]/卷耳//影响孩子一生的经典阅读(中学版)，2015(9)

08208 苏东坡的美食人生[J]/王新禧//中华活页文选(教师版)，2015(10)

08209 苏东坡的竹笋和菜薹[J]/小引//龙门阵，2015(10)

08210 苏轼黄州时饮食文章的艺术特色探究[J]/杨紫晨//北方文学，2015(11)

08211 东坡是位美食家[J]/王艳，安利//优品，2015(12)

08212 苏轼的猪肉美食[J]/唐家//中国畜牧业，2015(14)

08213 无上妙品“东坡肉”[J]/董仲舒//现代食品，2015(22)

08214 东坡肉[J]/不详//快乐语文，2015(33)

08215 苏轼与“美食”[N]/郭华悦//忻州晚报，2016-01-08

08216 苏东坡如何让猪肉在中国复兴[N]/不详//松原日报，2016-01-13

08217 苏轼与腊八粥[N]/晓悦//羊城晚报，2016-01-13

08218 苏轼为何把煮腊八粥当成娱乐？[N]/晓悦//生活报，2016-01-14

08219 苏东坡喜尝咸肉笋[N]/印振武//今日临安，2016-01-18

08220 苏轼与腊八粥[N]/佚名//临汾日报晚报版，2016-01-18

08221 传承东坡特色名菜感受黄州餐饮文化[N]/不详//鄂东晚报，2016-01-27

08222 古代没“春晚”？看苏东坡咋过年：没得春晚、没得手机、没得机麻……古代人咋过年？[N]/不详//华西都市报，2016-02-01

08223 苏东坡如何过年？[N]/不详//西南商报，2016-02-05

08224 那些苏东坡的新年记忆[N]/李幸//眉山日报，2016-02-06

08225 “吃货”苏东坡如何过年？[N]/不详//汕头都市报，2016-02-07

08226 “吃货”苏东坡[N]/王丽娜//劳动报，2016-02-16

08227 东坡菜系列[N]/不详//鄂东晚报，2016-02-17

08228 让“东坡味道”香飘万里[N]/彭明霞//四川政协报，2016-02-23

08229 被苏东坡点赞的海鲜[N]/沈仲亮//中国海洋报，2016-04-05

08230 品“东坡羹”话荠菜[N]/马冠生//人民政协报，2016-04-06

08231 “吃货”苏东坡和他的旷达人生[N]/南乔//南方法治报，2016-04-08

08232 苏轼妙联讨鱼吃[N]/不详//生活晚报，2016-04-08

08233 苏东坡与元修菜[N]/孙清鼎//齐鲁晚

报，2016-05-22

08234 东坡之味，人生三味［N］/ 冷梅 // 生活周刊，2016-05-24

08235 苏轼酒令夺全席［N］/ 不详 // 中国石油报，2016-05-28

08236 大宋年间那碗东坡肉［N］/ 张吾愚 // 深圳特区报，2016-05-31

08237 东坡饼［N］/ 朱亚平 // 咸宁日报，2016-06-03

08238 破译苏轼的美食快乐密码：读沙爽新作《味道东坡》［N］/ 黄荣才 // 太原晚报，2016-06-05

08239 漫谈苏东坡美食人生［N］/ 张玉 // 眉山日报，2016-06-19

08240 漫谈苏东坡美食人生（下）［N］/ 不详 // 眉山日报，2016-06-19

08241 破译东坡的快乐人生密码［N］/ 不详 // 安徽商报，2016-07-10

08242 我市创建“中国东坡美食文化之乡”［N］/ 徐丰收，陶四海 // 黄冈日报，2016-08-02

08243 我市获评首个“中国东坡美食文化之乡”［N］/ 汪欢 // 黄冈日报，2016-08-15

08244 苏东坡晒美食［N］/ 不详 // 东南早报，2016-08-18

08245 东坡称赞“肥美如羔”：罗浮仙菜［N］/ 不详 // 东江时报，2016-09-01

08246 “东坡菜就是好吃！”［N］/ 李奕漫，周伟 // 鄂东晚报，2016-09-08

08247 东坡二红饭［N］/ 不详 // 鄂东晚报，2016-09-08

08248 东坡酱菜［N］/ 不详 // 鄂东晚报，2016-09-08

08249 东坡甜烧梅［N］/ 不详 // 鄂东晚报，2016-09-08

08250 东坡与美食的那些事［N］/ 不详 // 鄂东晚报，2016-09-08

08251 激赏东坡文化饱尝儋州美食［N］/ 袁才 // 海南日报，2016-09-30

08252 坛泡川菜文化味道东坡天下［N］/ 不详 // 成都商报，2016-10-28

08253 黄州东坡肉 细火慢炖的慢手年菜［J］/ 吴钩 // 湖北画报·湖北旅游，2016（1）

08254 苏东坡的酒肉人生与他的豁达情怀：以东坡酒和东坡肉为例［J］/ 俞兆良，方丽萍 // 乐山师范学院学报，2016（1）

08255 伊秉绶与东坡菜［J］/ 连允东 // 烹调知识，2016（1）

08256 东坡黄州美食诗中的美味与生活情趣［J］/ 郭杏芳 // 东坡赤壁诗词，2016（2）

08257 苏东坡和他身后的东坡泡菜［J］/ 单守庆 // 家庭中医药，2016（2）

08258 运河宴遇“东坡羊方”［J］/ 孔明珠 // 食品与生活，2016（2）

08259 东坡肉［J］/ 兰梦醒 // 小学生之友（低），2016（3）

08260 东坡肉［J］/ 郎盛开 // 宝藏，2016（4）

08261 论晚清民国报刊诗词中的东坡生日雅集［J］/ 焦宝 // 社会科学研究，2016（4）

08262 苏东坡爱吃猪肉［J］/ 吕冠兰 // 传奇故事·百家讲坛（下旬），2016（4）

08263 苏东坡的黄州饮食生活及黄州东坡菜系的形成［J］/ 史智鹏 // 黄冈职业技术学院学报，2016（5）

08264 苏东坡劝诫吃素的泣泪谏言诗：我哀篮中蛤［J］/ 小曼 // 驾驶园，2016（5）

08265 论苏东坡黄州间的饮食文学［J］/ 方星移 // 吉林师范大学学报（人文社会科学版），2016（6）

08266 苏东坡与东坡肉［J］/ 种方 // 中华活页文选（小学版），2016（7）

08267 东坡羹［J］/ 李开周 // 中国烹饪，2016（8）

08268 美食家苏东坡［J］/ 王开林 // 中华活页

文选(初一年级版),2016(9)

08269 舌尖上的黄州:苏轼与东坡肉、东坡羹[J]/谭若丽//北方文学,2016(9)

08270 论苏轼的“味”文艺批评:兼谈宋人饮食譬喻批评风尚[J]/苏梓龄//成都师范学院学报,2016(10)

08271 东坡肉[J]/季明//小说月刊(上半月),2016(12)

08272 美食家苏东坡[J]/苗连贵//侨园,2016(C2)

08273 苏轼诗文中的饮食文化述析[D]/吴丹.—浙江工商大学(硕士论文),2016

08274 苏轼与东坡肉[J]/姜霞//小学生作文,2017(Z2)

酒文化研究

08275 苏东坡与酒[N]/酸汉//中华日报,1958-04-14

08276 评苏轼的词[N]/陶唐//公论报,1965-08-20

08277 红裙白酒醉东坡[J]/陈香//畅流,1975,52(1)

08278 东坡酿酒[J]/犁闲//旅游天府,1983(5)

08279 说“泉香而酒洌”[J]/刘璞//辽宁师范大学学报(社会科学版),1983(6)

08280 东坡酿酒记有制法[J]/熊四智//旅游天府,1984(1)

08281 东坡蜜酒[J]/周老高//萍乡市志通讯,1984(2)

08282 从苏东坡的醒酒药谈起[J]/洋渺//开卷有(求医问药),1986(1)

08283 苏轼笔下的几种酒及其酿酒技术[J]/周嘉华//自然科学史研究,1988(1)

08284 扬雄的《酒箴》与苏轼[J]/漳本正史著,赵刚译//长春师范学院学报(社会科学版),1989(1)

08285 苏东坡与酒文化[J]/原所贤//历史大观园,1990(9)

08286 从《东坡酒经》看黄酒的生产工艺[J]/包启安//酿酒,1992(2)

08287 少饮辄醉的苏东坡[J]/李祥林//中国食品,1992(5)

08288 东坡酒量[J]/黄启方//国文天地,1992,7(9)

08289 从苏轼看宋代酒文化[J]/梁建民//咸阳师范专科学校学报,1994(4)

08290 杜甫嗜酒与东坡好饮[J]/戈纪敏//商业文化,1995(1)

08291 苏东坡饮酒[J]/李国文//散文选刊,1995(1)

08292 说《东坡酒经》[J]/李生春//甘肃轻纺科技,1995(3)

08293 苏轼与酒[J]/成镜深//川北教育学院学报,1995(3)

08294 苏轼与宋代酒文化[J]/梁建民//西北大学学报(哲学社会科学版),1995(3)

08295 从《东坡酒经》看目前黄酒的生产工艺[J]/包启安//中国酿造,1995(6)

08296 苏东坡饮酒趣话[J]/李祥林//四川烹饪,1996(3)

08297 苏东坡与黎族酒文化[J]/吴名辉//民族团结,1996(6)

08298 苏东坡饮酒[J]/李国文//经贸导刊,1997(1)

08299 东坡与酒[J]/马德富//中国典籍与文化,1997(2)

08300 中朝诗人:苏轼与金时习《和饮酒二十首》之比较[J]/吴绍//延边大学学报(社会科学版),1999(4)

08301 苏东坡饮酒轶事［N］/ 李先党 // 大河报，2000-12-28

08302 苏轼钟情美酒［J］/ 叶舟 // 四川烹饪高等专科学校学报，2001（1）

08303 中国古代文人与酒之关系略论［J］/ 高建新 // 内蒙古大学学报（人文社会科学版），2001（1）

08304 苏轼与酒、茶文化［J］/ 张进，张惠民 // 陕西师范大学学报（哲学社会科学版），2001（4）

08305 论苏轼“和陶诗”之闲适与饮酒主题［J］/ 李欢喜 // 草原艺坛，2002（2）

08306 苏东坡是历史上第一位沟通川鲁酒艺的学者［J］/ 王星魁 // 山东食品发酵，2002（3）

08307 苏东坡与酒文化［N］/ 李为健 // 大众科技报，2004-08-19

08308 论苏轼“和陶诗”之安贫固穷与饮酒主题［J］/ 李欢喜 // 河套大学学报，2004（1）

08309 苏东坡与酒文化［J］/ 李望 // 淮海文汇，2004（1）

08310 细览精品词与诗 酒洒行间成文章［J］/ 郭尽江 // 职大学报，2004（3）

08311 陶渊明与苏东坡饮酒之异同［J］/ 鲁克兵 // 玉溪师范学院学报，2004（4）

08312 琴台客聚：东坡醉酒宜居安思危［N］/ 不详 // 文汇报（香港），2005-02-03

08313 琴台客聚：东坡藏酿得贤妻［N］/ 不详 // 文汇报（香港），2005-07-21

08314 苏东坡与酒［J］/ 潘庆宏，怡然 // 文史杂志，2005（1）

08315 论苏轼“和陶诗”之安贫固穷与饮酒主题［J］/ 李欢喜，亚琴 // 内蒙古大学艺术学院学报，2005（4）

08316 意趣、情趣、理趣：苏轼与酒［J］/ 张崇琛 // 兰州大学学报（社会科学版），2005，33（5）

08317 我饮不尽器，半酣味尤长：苏轼诗酒人生的哲学诠释［J］/ 万伟成 // 佛山科学技术学院学报（社会科学版），2005，23（6）

08318 苏东坡与酒［J］/ 孔润常 // 东方食疗与保健，2005（9）

08319 眉山酒业与苏东坡［J］/ 刘俊升 // 中国西部，2006（3）

08320 东坡酒韵乃儒雅［J］/ 苏开源 // 数据通讯，2006（6）

08321 文人与酒［J］/ 商器，曹保顺 // 中学语文，2006（24）

08322 苏东坡与酒［J］/ 潘庆宏，怡然 // 中文自修，2006（C1）

08323 苏轼的饮酒情结［N］/ 不详 // 华夏酒报，2007-06-15

08324 苏轼笔下的酒名［J］/ 杨欣 // 西华大学学报（哲学社会科学版），2007（1）

08325 苏东坡诗词中的禅酒意境（上）［J］/ 不详 // 酒世界，2007（8）

08326 苏轼饮酒探因［J］/ 朱安义 // 四川教育学院学报，2007（9）

08327 苏东坡诗词中的禅酒意境（下）［J］/ 不详 // 酒世界，2007（10）

08328 苏轼与酒略议［J］/ 杨欣 // 中国俗文化研究，2007

08329 密州春与苏东坡的故事［N］/ 不详 // 潍坊晚报，2008-07-14

08330 苏东坡与《酒经》［N］/ 不详 // 中国旅游报，2008-07-14

08331 酒勿嫌浊人当取醇：苏东坡的人生际遇［N］/ 不详 // 嘉兴日报，2008-08-15

08332 告诉你一个崭新的“苏东坡”［N］/ 熊火苗 // 眉山日报，2008-12-31

08333 汉字在酒包装设计中运用的思考［J］/ 夏三鳌 // 中国包装，2008（1）

08334 从苏轼和陶诗的酒主题看其思想轨迹[J]/舒耘华//佳木斯大学社会科学学报，2008(2)

08335 苏东坡自酿自饮著《酒经》[J]/不详//旅游生活，2008(3)

08336 古道热肠东坡醉[J]/刘清泉//苏轼研究，2008(4)

08337 苏轼茶事小考[N]/不详//中华合作时报，2009-03-03

08338 苏东坡皇帝恩师酒[N]/不详//眉山日报，2009-04-23

08339 苏东坡推介荔枝酒[N]/不详//羊城晚报，2009-07-06

08340 苏东坡与荔枝酒[N]/戴永夏//汕头特区晚报，2009-07-08

08341 诗·酒·苏东坡[N]/范怀烈//中山日报，2009-08-25

08342 苏东坡的饮酒艺术[N]/不详//新商报，2009-09-06

08343 明月长醉东坡[N]/不详//福州晚报，2009-10-10

08344 苏东坡与苏东坡酒[N]/不详//眉山日报，2009-11-19

08345 苏轼的饮酒德性观[J]/岳力//餐饮世界，2009(2)

08346 东坡与酒[J]/曾枣庄//中国典籍与文化，2009(3)

08347 好酒误终身[J]/掌柜，陈科//中学生百科，2009(30)

08348 苏东坡与“甘陵春”酒[N]/刘石营//燕赵晚报，2010-03-09

08349 乐山情苏东坡酒[N]/不详//乐山日报，2010-07-30

08350 苏轼迷上造酒[N]/杜昌宏//大河报，2010-12-07

08351 共享为义 适度即尊：论北宋黄州酒业与苏东坡酒趣[J]/周金平，童菁//苏轼研究，2010(3)

08352 苏东坡与甘陵春[N]/不详//衡水晚报，2011-04-02

08353 苏轼与酒的故事[N]/不详//皖北晨刊，2011-05-12

08354 跟随东坡醉千年[N]/不详//都市晨报，2012-10-20

08355 苏东坡与酒文化[N]/不详//经理日报，2012-10-29

08356 东坡的酒[N]/章原//东方早报，2011-11-12

08357 梦回喜雨亭，苏轼饮西凤[N]/不详//陕西日报，2011-12-07

08358 苏东坡创制的岭南名酒：真一法酒[N]/张文波//洞庭之声，2012-12-17

08359 大俗大雅东坡肉[J]/李响//文史参考，2012(1)

08360 苏东坡酒文化高峰论坛[J]/王伟//苏轼研究，2012(1)

08361 文人与酒[J]/赵克红//牡丹，2012(6)

08362 秉承传统又充满创新的茶酒[J]/范凯，王德恒//中国高新技术企业，2012(8)

08363 文人·诗·酒[J]/乐叟//开卷有益(求医问药)，2012(10)

08364 酒仙东坡：自拨床头一瓮云[N]/李景新//海南日报，2013-01-07

08365 陪苏轼买酒[N]/不详//佛山日报，2013-02-24

08366 东坡醉酒[N]/不详//企业家日报，2013-03-15

08367 美酒成就苏东坡[N]/王辉//新商报，2013-06-01

08368 苏东坡：自酿自饮著《酒经》[N]/不详//中国中医药报，2013-07-19

08369 苏东坡只喝成熟的茶叶[N]/李开周//株洲日报，2013-08-18

08370 “诗酒流年”说李白论东坡：于丹“酒

话”也是诗［N］/ 不详 // 贵州都市报，2013-09-18

08371 李开周专栏：苏轼的鸡尾酒［N］/ 李开周 // 南方都市报，2013-12-09

08372 苏轼的鸡尾酒［N］/ 李开周 // 余姚日报，2013-12-13

08373 苏东坡饮酒［J］/ 李国文 // 中华活页文选（教师版），2013（1）

08374 东坡赋与中国酒文化［J］/ 万燚，欧阳俊杰 // 中华文化论坛，2013（4）

08375 于杯酒中相见［J］/ 潘姝苗 // 饮食科学，2013（5）

08376 美酒成就苏东坡［J］/ 黑王辉 // 中华传奇，2013（6）

08377 论苏轼不善饮酒的原因［J］/ 彭文良 // 兰州教育学院学报，2013（9）

08378 苏东坡：自酿自饮著《酒经》［J］/ 欧阳军，孟祥海 // 饮食与健康（下旬刊），2013（12）

08379 苏东坡与酒文化［N］/ 不详 // 生活日报，2014-04-18

08380 苏东坡自调的“鸡尾酒”［N］/ 不详 // 牛城晚报，2014-08-16

08381 苏东坡把剩酒倒进大缸阴差阳错制成最早“鸡尾酒”［N］/ 李开周 // 宜宾晚报，2014-08-18

08382 苏东坡制出最早“鸡尾酒”［N］/ 不详 // 城市信报，2014-08-26

08383 苏东坡与岭南酒文化［N］/ 王建玲 // 珠江时报，2014-09-04

08384 饮者东坡与北宋的酒［J］/ 祁建青 // 中国作家，2014（9）

08385 苏轼的鸡尾酒［J］/ 李开周 // 小区，2014（23）

08386 苏东坡杨万里点赞客家黄酒［N］/ 不详 // 梅州日报，2015-06-08

08387 赏书画瓷器品“东坡酒”：东坡文化节 3 场预热活动昨起举行［N］/ 不详 // 惠州日报，2015-11-29

08388 苏东坡“饮酒养生”［N］/ 傅军 // 新民晚报，2015-11-29

08389 苏东坡的酒道酒德［J］/ 志成 // 中国老年，2015（3）

08390 博罗桂酒及其传承价值：“苏轼《东江酒经》与客家酒文化产业研究”之三［J］/ 张英明 // 客家研究辑刊，2016（1）

08391 齐鲁酒文化与苏轼命运的交融［J］/ 陆雪卉 // 乐山师范学院学报，2017（7）

茶文化研究

08392 次和钝遗东坡生日诗［J］/ 前人 // 铁路协会月刊，1933（2）

08393 东坡煮雪［J］/ 俞永贵搜集整理 // 山海经，1981（1）

08394 苏轼咏茶［J］/ 林漱峰 // 福建茶叶，1982（1）

08395 苏东坡烹茶要诀（知识小品）［J］/ 姜桂平 // 科学天地，1984（3）

08396 苏东坡的茶诗［J］/ 胡坪，黄婺 // 中国茶叶，1984（5）

08397 苏东坡与茶［J］/ 钱时霖 // 茶叶通讯，1985（2）

08398 宋代闽茶书综览［J］/ 林又元 // 福建茶叶，1986（1）

08399 黄山谷与茶［J］/ 钱时霖 // 福建茶叶，1986（2）

08400 苏东坡与茶（续）［J］/ 钱时霖 // 茶叶通讯，1986（3）

08401 苏子由与茶［J］/ 钱时霖 // 福建茶叶，1987（4）

08402 苏轼“煎茶水”诗赏析［J］/钱时霖//茶业通报，1989（3）

08403 苏轼诗中的茶文化［J］/张连举//唐都学刊，1990（1）

08404 东坡提梁壶的由来［J］/不详//农业考古，1991（2）

08405 世界之最的东坡壶［J］/陈渭//旅游天地，1991（2）

08406 茶的诗韵：从咏茶诗看古代茶风茶德［J］/祝毓桄//杭州大学学报（哲学社会科学版），1991（4）

08407 从来佳茗似佳人：谈谈苏轼的咏茶诗词［J］/周树斌//农业考古，1992（2）

08408 苏东坡品茶趣话［J］/李样林//四川烹饪，1992（3）

08409 宋代江西名茶：焦坑茶［J］/黄长椿//农业考古，1992（4）

08410 苏东坡与茶［J］/李祥林//农业考古，1992（4）

08411 古人对饭后茶的认识：从苏轼的饭后茶经验谈起［J］/俞为洁//农业考古，1993（2）

08412 黄庭坚与双井茶［J］/侯杰//农业考古，1994（4）

08413 苏东坡与阳新茶［J］/沈振国//农业考古，1994（4）

08414 女人如茶［J］/陈蔚文//雨花，1994（11）

08415 黄庭坚与茶［J］/吴晟//农业考古，1995（4）

08416 也谈苏东坡与桃花茶：与陈世佑先生商榷［J］/彭祖法//农业考古，1995（4）

08417 茶的别号［J］/马舒//文史知识，1995（9）

08418 苏东坡爱茶传佳话［J］/缪士毅//烹调知识，1996（1）

08419 苏东坡一首茶诗中的疑问［J］/汪从元//农业考古，1996（2）

08420 苏轼的几首茶诗［J］/罗家庆//农业考古，1996（2）

08421 《苕溪渔隐丛话》所记苏轼与茶［J］/赖功欧//农业考古，1997（4）

08422 诗人笔下茶生辉［J］/魏朝卿//中国保健营养，1997（9）

08423 苏东坡与茶［J］/章明斐//茶叶，2000（3）

08424 苏轼所誉第七泉［J］/楚天舒//农业考古，2000（4）

08425 天下第一泉 茶香留远客［J］/星海//茶报，2000（4）

08426 苏轼的茶缘［J］/孙利育//汉家杂志，2000（63）

08427 茗香似青春［J］/孟洁//税收与社会，2003（4）

08428 石铫与东坡提梁壶［J］/徐丽//文史杂志，2003（4）

08429 苏轼《叶嘉传》中的茶文化解析（续）［J］/丁以寿//茶业通报，2003（4）

08430 苏东坡“讨”茶［J］/刘慧文//幽默与笑话 上半月，2003（11）

08431 苏东坡茶诗的养生之道［J］/吴秋登//养生月刊，2003（11）

08432 茶墨皆香［N］/张伯元，张大为//中华合作时报，2004-09-15

08433 关于“竹符调水”［J］/陈松年//农业考古，2004（2）

08434 东坡名品提梁壶［J］/张玉林//河南农业，2004（4）

08435 茶事多多有东坡［J］/范凡//烹调知识，2004（9）

08436 苏轼“讨茶”［J］/山里人//语文月刊，2005（4）

08437 啜墨看茶：2004茶与艺国际学术研讨会：宋苏轼茶艺美学初探［J］/熊宜中//

艺文荟粹，2006（1）

08438 茶与茶事：苏东坡的茶事与茶缘［J］/屈先泽//乡间小路，2006，32（5）

08439 黄庭坚与双井茶［J］/李海燕，许小轩//江西画报，2006（5）

08440 东坡石瓢［J］/老紫砂//海峡茶道，2006（6）

08441 啜墨看茶［J］/熊宜中//艺文荟粹，2006（12）

08442 北宋茶诗与文士情趣［D］/冯文开.—南昌大学（硕士论文），2006

08443 苏轼茶文学研究［D］/黄信荣.—台湾师范大学（硕士论文），2006

08444 他年犹得作茶神，品茶品文品人生：茶和苏东坡的生活、文学及人生初探［C］/杨晓燕//第二届婺源国际茶会论文集/世界茶文化交流协会、江西省茶叶协会，2006

08445 到底是苏东坡［N］/不详//新民晚报，2007-04-06

08446 苏轼美茶思想的理解与阐发［J］/龚永新//长江大学学报（社会科学版），2007（4）

08447 从来佳茗似佳人——论苏轼咏茶诗词的开拓与新变［J］/张玉芳//元培学报，2007（14）

08448 到底是苏东坡［J］/潘向黎//阅读与作文（高中版），2007（C2）

08449 苏东坡和宜兴紫砂壶［N］/不详//淮海晚报，2008-11-07

08450 苏轼与茶［N］/不详//城市快报，2008-06-11

08451 历史与空间？苏轼与茶［N］/青丝//文汇报（香港），2008-06-03

08452 苏轼的茶缘［N］/夏雨//中华合作时报，2008-08-12

08453 述论茶与苏轼的生命历程［J］/施由明//农业考古，2008（2）

08454 茶人的人性与神性：从《叶嘉传》看中国茶人精神的文化结构［J］/陈剑熙//广东茶业，2008（3）

08455 东坡茶缘［J］/孙云//茶叶科学技术，2008（3）

08456 东坡茶缘［J］/张娴静，孙云//茶叶科学技术，2008（3）

08457 东坡饮茶［J］/一曲//内蒙古林业，2008（7）

08458 乳瓯十分满 人世真局促：记茶人苏东坡［J］/不详//茶叶世界，2008（8）

08459 苏轼：凉尽处人生快［N］/刘诚龙//中华合作时报，2009-03-03

08460 苏东坡与密云龙［N］/吴思强//保定晚报，2009-05-09

08461 东坡与茶［N］/不详//检察日报，2009-07-24

08462 苏东坡与茶［N］/不详//姑苏晚报，2009-10-06

08463 茶可涤浮躁之气［N］/赵西岳//中华合作时报，2009-11-17

08464 王安石、苏东坡与茶的故事［J］/吴爱丽//新语文学习（教师版），2009（2）

08465 从秦观咏茶诗词管窥宋代茶文化［J］/许丽雯//农业考古，2009（4）

08466 茶的身意与心意［J］/周重林，连文荣//普洱，2009（6）

08467 东坡茶经东坡壶［N］/不详//扬子晚报，2010-01-27

08468 东坡茶［N］/柴晓娟//中华合作时报，2010-07-20

08469 苏东坡品茗趣闻［N］/孙淑蓉//韶关日报，2010-11-14

08470 苏东坡饮茶趣闻［N］/不详//赣南日报，2010-11-19

08471 苏东坡煮茶亭嘉兴雅致的饮茶文化

[N]/不详//南湖晚报，2010-12-12

08472 茶叶品牌塑造与商战：苏东坡字间“三境界”[J]/常磬//科技与企业，2010(1)

08473 苏轼与“东坡提梁壶”[J]/刘真沁//茶·健康天地，2010(2)

08474 从苏轼的茶诗中看宋代茶文化的特点[J]/闫谨//四川民族学院学报，2010(3)

08475 北宋吟茶诗与西坝窑“紫瓯”“大汤氅”[J]/张天琚//东方收藏，2010(8)

08476 苏东坡的煮茶经[J]/吴思强//茶博览，2010(11)

08477 饮茶的性情与境界[J]/黄卓越//中华文化画报，2010(11)

08478 苏东坡：禅为诗家切玉刀[N]/不详//劳动午报，2011-02-16

08479 走近宜兴苏轼紫砂壶[N]/苗兴林//西部时报，2011-07-15

08480 苏东坡的煮茶经[N]/吴思强//中华合作时报，2011-07-26

08481 饮一碗茶汤：苏轼[N]/马嘉善//中华合作时报，2011-11-01

08482 从中华茶道美学品格看苏轼的精神世界[J]/刘瑾//农业考古，2011(2)

08483 东坡·茶·诗词[J]/杭生//杭州(生活质量版)，2011(2)

08484 论茶与宋代文人的生活情趣[J]/施由明//农业考古，2011(2)

08485 苏东坡的品茶之道[J]/谭媛元//巴蜀史志，2011(4)

08486 苏轼与茶[J]/周贻海//炎黄纵横，2011(4)

08487 人间有味是清欢：也谈苏轼的茶禅人生[J]/刘伟华//农业考古，2011(5)

08488 宋人饮茶：风流飘逸[J]/李育霖//养生月刊，2011(7)

08489 苏东坡的品茶之道[J]/谭媛元//资源与人居环境，2011(7)

08490 苏轼与大冶桃花茶[N]/汪红光//今日大冶，2012-05-10

08491 东坡禅茶十八道[N]/不详//鄂东晚报，2012-08-11

08492 大麦茶救了苏东坡[N]/卢一鸣//丹阳日报，2012-08-29

08493 东坡与茶[N]/孟白衣//沧州晚报，2012-09-25

08494 《水经注》“东坡禅茶”游记[N]/不详//鄂东晚报，2012-10-13

08495 东坡爱茶有多深[J]/王伟//苏轼研究，2012(1)

08496 苏轼咏茶诗词浅论[J]/李雯//常州工学院学报(社会科学版)，2012(1)

08497 苏东坡与茶的故事[J]/不详//天天爱学习(五年级)，2012(6)

08498 苏东坡的调水符[J]/不详//初中生世界(初二年级)，2012(7)

08499 苏东坡与南屏谦师的茶事交往：“天台乳花”“得其三昧”之典故出处[J]/竺济法//茶博览，2012(7)

08500 幽幽茶香飘越数千年[J]/雪飞//科学之友(上旬)，2012(7)

08501 元净茶聚两太守[J]/竺济法//中国茶叶，2012(9)

08502 司马光苏东坡斗茶[J]/陈勇//财会月刊(会计版)，2012(11)

08503 从品茗饮茶到赋诗遣兴：试析苏轼的茶诗创作[J]/尹绪彪//文艺生活·文海艺苑，2012(12)

08504 北宋茶俗掠影：以苏轼茶词为主的探讨[J]/陈金英//屏东教育大学学报(人文社会类)，2012(38)

08505 宋代文人的茶诗生活与交谊：以苏轼及同时代人为视点[D]/邓敏．—南昌大

学（硕士论文），2012

08506 苏东坡与紫砂壶的故事［N］/不详//梅州日报，2013-04-04

08507 苏东坡后山饮桃花茶［N］/汪翔//连云港日报，2013-05-16

08508 一代文豪与东坡提梁壶［N］/初澜//青年时报，2013-06-04

08509 苏东坡与“东坡翠竹”［N］/不详//四川日报，2013-06-07

08510 苏轼笔下的闽茶“叶嘉”［N］/不详//厦门日报，2013-07-05

08511 苏东坡的品茶之道［N］/不详//中国中医药报，2013-07-31

08512 苏轼与茶［N］/不详//宜宾晚报，2013-08-08

08513 苏东坡与宜兴紫砂壶［N］/张明强//南通日报，2013-10-16

08514 茶禅一味苏东坡［N］/林颐//羊城晚报，2013-10-02

08515 苏东坡品清远茶留佳句［N］/董兴宝//清远日报，2013-11-14

08516 浅谈苏轼茶诗的丰富性［J］/杨蓓蓓//作家（下半月），2013（1）

08517 苏东坡饮茶有道［J］/石柱国//养生月刊，2013（2）

08518 所谓伊人，在茶一边［J］/锥子//茶博览，2013（7）

08519 苏轼茶文学交流论述［J］/陈金英//南台学报，2014，39（4）

08520 苏东坡说：淮南茶，信阳第一［N］/不详//信阳晚报，2014-02-10

08521 苏轼与茶［N］/何傻记//成都日报，2014-04-08

08522 深谙茶道的苏东坡［N］/不详//揭阳日报，2014-04-13

08523 苏轼与茶［N］/不详//皖江晚报，2014-04-20

08524 苏轼善品茶、煎茶、磨茶，曾移栽百年老茶树［N］/不详//济南时报，2014-06-27

08525 苏东坡居儋论茶［N］/王全//海南日报，2014-07-24

08526 苏轼也是爱茶人［N］/不详//温州都市报，2014-08-04

08527 苏东坡家酿“鸡尾酒”［N］/李开周//新商报，2014-09-27

08528 品茶赏茶联［J］/钟芳//贵州茶叶，2014（3）

08529 苏东坡后山饮桃花茶［J］/飞翔//现代养生（上半月），2014（4）

08530 王安石与苏东坡的一碗茶［J］/任万杰//至爱，2014（4）

08531 饮桃花茶苏东坡后山［J］/飞翔//现代养生，2014（4）

08532 浅论苏轼茶诗艺术特色［J］/梁珍明，//语文知识，2014（5）

08533 浅析苏轼茶诗词与海南茶文化融旅游的思考［J］/谢艳，徐仲溪//福建茶叶，2014（6）

08534 苏东坡以浓茶护齿［J］/赵青新//家庭百事通·健康一点通，2014（7）

08535 苏轼与茶［N］/徐成文//黄石日报，2015-06-25

08536 苏轼品茶追求“静中无求，虚中不留”［N］/不详//衡阳晚报，2015-07-02

08537 苏东坡与东坡提梁壶［N］/李训刚//闽南日报，2015-07-13

08538 苏轼斗茶西湖畔［N］/不详//汴梁晚报，2015-10-24

08539 在安溪喝茶想到苏东坡［N］/王必胜//北海日报，2015-11-28

08540 黄庭坚：宁为茶客，不为俗官［J］/段钱龙//传奇故事·百家讲坛（中旬），2015（1）

08541 苏东坡居儋论茶[J]/任飞翔//海南人大，2015(1)

08542 苏东坡《七绝一首》茶诗文化负载词英文转换解读[J]/陈文慧，朵云峰//昆明学院学报，2015(5)

08543 苏轼，中国茶艺术之魂[J]/雷杰龙//普洱，2015(9)

08544 宋代赣南的橘与茶[J]/李云彪//大众文艺，2015(14)

08545 苏东坡酒量小茶瘾大(上)[N]/刘小川//成都晚报，2016-01-06

08546 苏东坡酒量小茶瘾大(中)[N]/刘小川//成都晚报，2016-01-13

08547 苏东坡酒量小茶瘾大(下)[N]/刘小川//成都晚报，2016-01-20

08548 北苑，东坡唱佳人[N]/王德仁//闽北日报，2016-03-02

08549 杭州为何吸引苏东坡[N]/董联桥//北京晨报，2016-04-28

08550 到底是苏东坡(外一篇)[N]/潘向黎//黄山日报，2016-05-11

08551 司马光、苏东坡斗茶斗智[N]/不详//生活晚报，2016-05-27

08552 苏轼最是茶知音[N]/赵柒斤//新商报，2016-06-11

08553 苏轼和“密云龙”[N]/韩健畅//西安日报，2016-07-13

08554 苏轼造过提梁壶？[N]/刘婷//洛阳晚报，2016-09-30

08555 苏东坡先生的“下午茶”[N]/不详//呼和浩特晚报，2016-10-14

08556 茶禅一味苏东坡[J]/林颐//中国茶叶，2016(1)

08557 茶与苏东坡写茶作品的研究[J]/亓元//福建茶叶，2016(3)

08558 浅谈宋代咏茶文学[J]/阳璐西//福建茶叶，2016(3)

08559 苏轼茶诗的文化品格(上)[J]/刘岳耘//茶叶，2016(3)

08560 茶与人生：基于苏东坡写茶作品的具体分析[J]/梁美亚//福建茶叶，2016(4)

08561 苏轼茶诗的文化品格(下)[J]/刘岳耘//茶叶，2016(4)

08562 论茶与苏东坡的人生情怀[J]/孔雪燕//福建茶叶，2016(7)

08563 苏轼茶道美学探析[J]/康保苓//齐齐哈尔大学学报(哲学社会科学版)，2016(8)

08564 论品茗对苏轼诗词创作的影响[J]/韩阳//北方文学(中)，2016(9)

08565 新火发茶乳，温风散粥饧：谈苏轼词中茶文化[J]/蔡璇//文理导航(上旬)，2017(6)

08566 探究中华茶艺技能竞赛对大学生人文素养和创新能力的培养：以创新茶艺表演“苏轼如茶”为例[J]/叶娜//福建茶叶，2017(7)

08567 超以象外 得其环中：有感于苏轼自由驰骋在名茶的审美领域[J]/龚永新//中国茶叶，2017(12)

其他文化研究

08568 东坡砚[J]/尤志//小说海，1917(3)

08569 苏东坡像砚[J]/小说月报//小说月报，1920，11(6)

08570 题东坡笠屐图(七右并序)[J]/不详//竹秀园月报，1926(71)

08571 定县宋苏东坡寿星图石刻[J]/不详//河北月刊，1936，4(8)

08572 海南临高的“苏东坡话”[J]/黄家教//

兰州大学学报（社会科学版），1957

08573 苏东坡的花癖［N］/磊庵//台湾“中央日报”，1959-04-23

08574 东坡玩砚（石湾陶塑）［J］/不详//美术杂志，1961（4）

08575 苏东坡评“佳句”［J］/不详//中国劳动，1962（17）

08576 苏东坡棠棣情深［N］/冷洲斐之//大华晚报，1974-01-12

08577 批判苏轼之流攻击秦始皇统一文字的谬论［N］/鲁谷瑶//光明日报，1974-09-01

08578 苏东坡的“八面受敌”法［J］/汪家熔//读书，1979（3）

08579 东坡·老泉赘语［J］/周本淳//南京师范学院学报（社会科学版），1979（4）

08580 何时泉中天，复照泉上人［N］/陈正宽//大众日报，1980-08-31

08581 郭沫若与苏东坡［J］/王锦厚，伍加伦//武汉大学学报（哲学社会科学版），1980（3）

08582 苏轼论写作［J］/不详//邵阳师专·教与学（文科），1980（4）

08583 苏轼教人如何作文［J］/徐中玉//语文学习，1980（5）

08584 苏轼的读书及其“八面受敌”法［J］/徐中玉//语文教学通讯，1980（7）

08585 苏轼三诵赤壁［J］/李玮//语文学习，1980（7）

08586 从苏东坡改诗谈起［J］/孙喆//海鸥，1980（8）

08587 苏东坡读《阿房宫赋》［J］/定康//文化娱乐，1980（11）

08588 苏轼与音乐［J］/朱舟，罗永明//音乐、舞蹈研究，1980（16）

08589 苏东坡的借鉴［N］/夏振亚//人民日报，1981-02-09

08590 东坡猜谜（两则）［J］/徐清祥//山海经，1981（1）

08591 苏轼戏汇考:《文苑人物戏汇考》摘刊之一［J］/冬尼//川剧艺术，1981（1）

08592 苏轼评诗［J］/董文楠//知识，1981（2）

08593 东坡石床［J］/章云福//新村，1981（6）

08594 关于苏轼书简版本的一点数据［J］/孔凡礼//文学评论，1981（6）

08595 东坡砚［N］/胡昌福//人民日报，1982-04-02

08596 宁化发现苏东坡的砚台［N］/新华社//人民日报，1982-08-07

08597 苏东坡的“诗教”［J］/周笃文//湘江文学，1982（1）

08598 苏东坡与海南民族民间音乐［J］/朱玉书//音乐爱好者，1982（1）

08599 为民间写作，协民间乐律：苏东坡与民间音乐之二［J］/朱玉书//民族民间音乐研究，1982（1）

08600 关于“酸馅气”［J］/蒋亮//辞书研究，1982（2）

08601 宁化发现的苏东坡砚台［J］/郭成荣//科学与文化，1982（3）

08602 苏东坡与筝［J］/金建民//音乐爱好者，1982（3）

08603 关于“文人画”一词［J］/李福顺//社会科学战线，1982（4）

08604 苏东坡笔下的海南妇女［J］/朱玉书//广东妇女，1982（5）

08605 苏东坡的猜想［J］/唐昊苏//科学与生活，1982（5）

08606 苏东坡讲作文之法［J］/不详//人物杂志，1982（5）

08607 苏东坡反难袁公济［J］/徐清祥//文化娱乐，1982（9）

08608 苏东坡“推广普通话”［J］/谭风//人民教育，1982（10）

08609 苏东坡抄《汉书》[J]/施梅//文化娱乐，1982(10)

08610 苏东坡读书法[J]/王坚//人才，1982(11)

08611 苏东坡的处贫妙方[J]/田丁//财务与会计，1983(1)

08612 苏东坡的“八面受敌”读书法“破天荒”的来历 历届高考作文题一览[J]/不详//知识窗，1983(3)

08613 从苏东坡抄书谈起[J]/刘怀银//科学生活，1983(4)

08614 苏东坡抄《汉书》[J]/陆茂清//夜读，1983(4)

08615 苏东坡抄《汉书》[J]/肖继虎//中国青年，1983(4)

08616 苏轼与音乐[J]/苏培安，汪珞//音乐爱好者，1983(4)

08617 苏东坡教子学艺[J]/蔡新芝//布谷鸟，1983(5)

08618 苏轼与西蜀海棠[J]/谷莺//社会科学研究，1983(6)

08619 苏轼撰书《齐州长清县真相院释迦舍利塔铭并引》刻石[J]/韩明祥//文物，1983(6)

08620 从苏轼的所为析诗人相重[J]/丁国成//朔方，1983(9)

08621 观音难苏轼[J]/周政文讲述，陈德来整理//晋阳文艺，1983(9)

08622 苏东坡这一石投得好[J]/何长民//福建教育，1983(10)

08623 苏东坡与四川“卓筒井”[J]/张学君//井盐史通讯，1984(1)

08624 苏轼两赋卷墨迹照片[J]/柴景舜//图书馆学研究，1984(1)

08625 苏轼两赋卷真品在我省发现[J]/钟铭//图书馆学研究，1984(1)

08626 苏轼灵感论初探[J]/金净//江淮论坛，1984(1)

08627 苏东坡谈立意[J]/宁今//思维与智慧，1984(2)

08628 苏轼拘泥形似的艺术批评初探[J]/郑诗群//中南民族学院学报(哲学社会科学版)，1984(2)

08629 答秦太虚书[节录](苏轼)[J]/杨应芬//中学生之友，1984(4)

08630 东坡玉带输佛印[J]/郭维庚//山海经，1984(4)

08631 苏东坡作文不拟前人[J]/城晓//作文，1984(4)

08632 苏东坡夔州遇杜甫(民间故事)[J]/杜礼臣//大众文艺，1984(6)

08633 东坡唤鱼[J]/苏玉玲//大众文艺，1984(9)

08634 关于苏轼由黄赴汝路线的几个问题[J]/何子健//中学语文教学，1984(9)

08635 苏东坡与古银杏[J]/齐宪文，苏俊//中国林业，1984(11)

08636 古银杏与苏东坡[J]/齐宪文//河南林业，1985(1)

08637 四骚客填字查据[J]/文晓//档案时空，1985(2)

08638 苏东坡妙语题对[J]/维骏//少年作文辅导，1985(3)

08639 苏东坡与大海[J]/江更生，沈瑞华//航海杂志，1985(4)

08640 苏轼与音乐[J]/林克仁//乐府新声：沈阳音乐学院学报，1985(4)

08641 谈苏轼对古籍的整理研究[J]/刘国珺//古籍整理研究学刊，1985(4)

08642 苏东坡的“日课”(历史故事)[J]/文静//东方少年，1985(5)

08643 东坡二题[J]/黄裳//群言，1985(6)

08644 东坡夜探石钟山(人物故事)[J]/凤翔//东方少年，1985(7)

08645 鲁索读书法·苏轼读书法·王汶石“三遍”读书法·快速读书法·有效读书法［J］/不详//中学语文教学参考，1985（9）

08646 苏东坡手植的海棠［J］/周惠成//文化娱乐，1985（9）

08647 苏轼袍服玉带为何留在金山寺［J］/戴志恭//旅游，1985（9）

08648 苏东坡要什么？［J］/不详//青年文摘（红版），1985（11）

08649 苏东坡也是科学家［J］/不详//新华社新闻稿，1985（5592）

08650 苏东坡抄书［J］/宋笑信//河南图书馆学刊，1986（1）

08651 苏东坡“鸡鸣歌”考证辨释［J］/饶学刚//黄冈师专学报，1986（2）

08652 苏东坡“鸡鸣歌”考证辨释：兼谈田歌《秧歌》的源流［J］/饶学刚//黄冈师专学报，1986（2）

08653 苏东坡注《八阵图》［J］/一波//甘肃社会科学，1986（2）

08654 苏轼改对联（剪纸连环画）［J］/彭峻//知识，1986（2）

08655 东坡改句［J］/袁啸波//中文自修，1986（3）

08656 东坡让路［J］/赵青//山西民间文学，1986（3）

08657 苏东坡的精读法［J］/浦保清//图书馆工作与研究，1986（3）

08658 苏东坡写字［J］/不详//中学语文教学参考，1986（3）

08659 苏东坡在科学方面的重要贡献［J］/张进苍//中学语文教学，1986（3）

08660 苏轼到过洋州［J］/谢开云//陕西理工学院学报（社会科学版），1986（3）

08661 东坡看画［J］/邢志有//东北民兵，1986（4）

08662 苏轼的人口思想［J］/程绍珉//郑州大学学报（哲学社会科学版），1986（5）

08663 读《东坡日课》有感［J］/郑维庆//理论探讨，1986（6）

08664 一座族氏的丰碑：苏轼曾为之序的谢氏族谱［J］/钟玉如//图书馆，1986（6）

08665 苏东坡的科学建树［J］/张演生//课外学习，1986（7）

08666 从苏东坡投石谈起［J］/张景孔//甘肃教育，1986（8）

08667 苏东坡的读书法［J］/不详//青年科学，1986（9）

08668 东坡《琴诗》不是诗［J］/子冉//语文园地，1986（10）

08669 王安石与苏东坡诀别半山园［J］/周锡公，李允武//历史大观园，1986（10）

08670 苏东坡的眼力［J］/张宿东//新闻知识，1986（11）

08671 从“王安石三难苏东坡”谈起［J］/史超礼//航空知识，1987（1）

08672 谈谈学习古代公文的意义［J］/李振龙//江汉大学学报（社会科学版），1987（1）

08673 苏东坡“系风捕影”说发微［J］/吕永//湘潭大学学报（社会科学版），1987（2）

08674 苏轼题诗改滩名［J］/杨竹森//知识窗，1987（2）

08675 苏轼与科技［J］/郭媛//文史知识，1987（2）

08676 丰都岂是为方平：苏东坡与平都山［J］/王兴平//涪陵地区地方志通讯，1987（2/3）

08677 苏东坡出山［J］/王丽，沈远绘//富春江画报，1987（4）

08678 苏轼自编《东坡集》毁于靖康之乱说辩误［J］/刘孔伏//赣图通讯，1987（4）

08679 苏轼评诗与细节描写 陕西［J］/刘忠革//当代中学生，1987（12）

08680 苏东坡和海上美石［N］/朱靖宇//人民

日报，1988-09-15

08681 苏东坡做“日课”的启示［J］/杨军//大连陆军学院学报，1988（2）

08682 苏东坡“鸡鸣歌”考证辨释：兼谈田歌（秧歌）的源流［J］/饶学刚//民间文艺季刊，1988（4）

08683 苏轼与UFO［J］/萧传坤//龙门阵，1988（4）

08684 苏轼错改菊花诗［J］/江南//中国花卉盆景，1988（7）

08685 东坡鸳鸯砚的传说故事［J］/王耘彰//乐山史志，1989（1）

08686 苏轼的音乐修养［J］/谢宗良//民族民间音乐，1989（1）

08687 苏东坡的健身术［J］/朱大钧//中老年保健杂志，1989（3）

08688 苏东坡改文［J］/方勺//编辑之友，1989（4）

08689 有关苏轼的音乐活动［J］/陈四海//民族民间音乐，1989（4）

08690 苏东坡说棋［J］/周本淳//老人天地，1989（6）

08691 苏轼的商业经济思想［J］/姚家华//财经研究，1989（11）

08692 苏东坡名砚传奇［J］/刘琪成//广东档案，1990（2）

08693 苏轼与围棋小考［J］/虫蚁//成都大学学报（社会科学版），1990（2）

08694 苏轼指导写作文［J］/高岩//课堂内外（初中版），1990（2）

08695 竹的文化意蕴［J］/王建//人文杂志，1990（4）

08696 东坡戏作索砚歌［J］/包广//黄山旅游，1990（5）

08697 苏东坡借地［J］/张承业//民间故事选刊，1990（5）

08698 关于苏轼《与鲜于子骏简》的写作时地［J］/杨佐义//古籍整理研究学刊，1990（6）

08699 苏东坡画像浅识［J］/陈行一//四川文物，1990（6）

08700 东坡误断石钟“声”［J］/文禾//辽宁青年，1990（13）

08701 苏轼两次任杭思想之比较［J］/柯大课//昭乌达蒙族师专学报，1991（1）

08702 和苏东坡夜泛赤壁的是谁？［J］/高伟//中学语文教学，1991（3）

08703 苏东坡抄书（连环画）［J］/笑隽编，王黎明画//老人，1991（5）

08704 苏轼所说的“元轻白俗，郊寒岛瘦”指的是什么［J］/吴小如//文史知识，1991（7）

08705 苏东坡的警世之言［J］/王建华//国防，1991（8）

08706 东坡二题［J］/艾思//包头教育学院学报（社会科学与中学教育版），1992（1）

08707 苏东坡的山水癖［J］/万木春//老人天地，1992（1）

08708 苏轼论“辞达”的审美表现［J］/王世德//青海社会科学，1992（1）

08709 苏东坡与赣南客家文化［J］/林晓平//赣南师范学院学报（社会科学版），1993（2）

08710 苏轼科技活动简论［J］/庆振轩，车安宁//甘肃社会科学，1993（2）

08711 苏轼的旅游审美观［J］/章尚正//旅游经济，1993（3）

08712 苏轼论“有所不为”的教育思想［J］/戴续威//西南师范大学学报（人文社会科学版），1993（3）

08713 苏轼遇才童［J］/范风廷搜集//民间文学，1993（9）

08714 苏轼戏笔小令解妓困［J］/傅利民//语文知识，1994（1）

08715 宋·元·明琵琶曲史料拾零［J］/郑祖襄//中央音乐学院学报，1994（2）
08716 苏轼与西山九曲亭［J］/岳平//风景名胜，1994（3）
08717 佛印僧智胜大学士 苏东坡赌输玉腰带［J］/张镛//园林，1994（4）
08718 宋代诗人对‘周郎赤壁’及‘华容’地理位置的认识［J］/蕴之//中国典籍与文化，1994（4）
08719 从苏东坡“投小石于水中”说起［J］/张俊英//人生杂志，1994（5）
08720 苏东坡与“贬谪文化”［J］/谢狱//书与人，1994（5）
08721 苏轼的商品经济观［J］/汤标中//商业经济研究，1994（5）
08722 苏东坡对秘书的批评［J］/周照明//秘书，1994（8）
08723 苏东坡见过“无射”钟 吗？［J］/刘继鹏//读写月报（高中版），1994（9）
08724 李白读书法 苏东坡的“八面受敌”读书法 李清照典衣治学［J］/不详//数据卡片杂志，1994（18）
08725 苏东坡黄州抵逆境［J］/志逖//人才，1995（1）
08726 苏东坡与海棠花［J］/赵兴华//花木盆景，1995（1）
08727 苏东坡抄汉书［J］/宋发庆//教师博览（文摘版），1995（4）
08728 苏东坡珠玑巷“戏砚泼墨”（传说）［J］/姚庆彩//穗郊侨讯，1995（6）
08729 东坡二题［J］/不详//读者，1995（8）
08730 苏东坡抄汉书［J］/不详//语文世界，1995（11）
08731 苏东坡梅关“戏砚”［J］/姚庆彩//粤北乡情，1995（23）
08732 苏东坡的鱼文化［J］/朱振东//中国渔业经济研究，1996（1）
08733 东坡速写［J］/不详//濮阳教育学院学报，1996（2）
08734 苏东坡戒诗［J］/李国文//随笔，1996（3）
08735 苏东坡、张爱玲及其它［J］/止水//雨花，1996（4）
08736 文如其人初解读［J］/陈方柱//学习月刊，1996（7）
08737 苏轼错了吗？［J］/刘石金//语文教学之友，1996（8）
08738 东坡元丰与日本元丰［J］/李江//西安金融，1996（9）
08739 苏东坡的健康观［J］/不详//数据卡片杂志，1997（1）
08740 苏东坡是收藏家［J］/李烈初//收藏，1997（1）
08741 读《王安石三难苏学士》所想到的［J］/向思才//统计教育，1997（2）
08742 《难老泉》的“散”与“聚”［J］/李书新//青少年文学，1997（2）
08743 苏东坡犯了什么错误：由戴嵩《斗牛图》所想起的［J］/张玉庭//美与时代，1997（2）
08744 此心安处是吾乡：“东坡”名号考［J］/洪亮//创作评谭，1997（3）
08745 苏轼为张掞题“读书堂”碑［J］/韩明祥//齐鲁文史，1997（4）
08746 苏东坡的“妙对”［J］/邓琳//思维与智慧，1997（6）
08747 苏东坡犯了错误吗？：与张玉庭同志商榷［J］/林坤成//美与时代，1997（6）
08748 苏轼戏和尚［J］/余禾，毕树//学与玩，1997（6）
08749 苏东坡要什么？脑筋急转弯［J］/不详//民间故事选刊，1997（9）
08750 苏东坡给海南带来文化［J］/杜光辉//新世纪，1997（10）

08751 琴与琴枕：苏轼与琴之二[J]/[日]池泽滋子//中国典籍与文化，1998(2)

08752 苏轼对柳永评价的复杂心态[J]/闵军//黑龙江社会科学，1998(3)

08753 苏东坡的奇石情[J]/杨志达//珠宝科技，1998(4)

08754 东坡书简人物辨[J]/张志烈//社会科学研究，1998(6)

08755 宋苏轼从星砚[J]/郑家瑋//故宫文物月刊，1999，17(8)

08756 湮没九百年一朝见天日虞城发现苏东坡"天砚"[N]/不详//大河报，1999-01-09

08757 河南发现苏东坡"天砚"[N]/不详//人民日报，1999-01-25

08758 我市藏品苏轼"雪堂"砚[N]/吴彬森//余杭报，1999-03-18

08759 东坡砚的经历[J]/伊昭浩//客家魂，1999(1)

08760 论东坡尺牍的文献价值[J]/王文龙//乐山师范高等专科学校学报，1999(1)

08761 苏东坡与曹雪芹的石文化品格[J]/林方直//集宁师专学报，1999(1)

08762 东坡书简人物辨(之二)[J]/张志烈//黄冈师范学院学报，1999(2)

08763 苏东坡科考透题给门生[J]/黄文章//语文世界，1999(2)

08764 张耒诗歌特点及优劣之我见[J]/湛芬//贵州师范大学学报(社会科学版)，1999(2)

08765 苏东坡庙中绝对[J]/杨子江//山海经，1999(3)

08766 苏东坡与森林文化[J]/蒋红星//甘肃林业，1999(3)

08767 苏轼文章曾"害人"[J]/牛德录//大众健康，1999(3)

08768 东坡书院狗仔花[J]/黄传惕//森林与人类，1999(4)

08769 东坡的"恶谑"及其他：语言游戏必须得体[J]/陈新//阅读与写作，1999(6)

08770 苏东坡与素质教育[J]/滕玉洁，顾宗良//教育艺术，1999(7)

08771 不纯师 不囿古 姿丰腴 肆有度：读苏轼《致梦得秘校》尺牍[J]/亦工//青少年书法，1999(10)

08772 苏东坡专题读书法[J]/宫殿华//语文世界，1999(11)

08773 苏轼与王安石误改诗[J]/柏文华//南京师范大学文学院学报，1999(11)

08774 苏轼尺牍六首作年考[J]/何江南//新国学，1999

08775 定州东坡雪浪石[N]/方祺//中国企业政工信息报，2000-09-06

08776 宋代的西湖游船[J]/何东玲//风景名胜，2000(3)

08777 苏东坡聪明反被聪明误[J]/原所贤//大众医学杂志，2000(3)

08778 四川唐代佛教造像与长安样式[J]/罗世平//文物，2000(4)

08779 苏东坡夜行观星[J]/虢侗//天文爱好者，2000(4)

08780 苏东坡夜行观星[J]/郑光中//邓卫天文爱好者，2000(4)

08781 苏轼与皖籍文人的交游[J]/韩西山//江淮论坛，2000(5)

08782 东坡与竹[J]/梁远辉//广西林业，2000(6)

08783 东坡栽松说[J]/何勇//中国林业，2000(6)

08784 文人树的造型探索[J]/曾宪烨//中国花卉盆景，2000(6)

08785 苏东坡聪明反被聪明误[J]/原所贤//科技文萃，2000(7)

08786 苏东坡的健康观[J]/高洪波//科学养生，2000(7)

08787　韩国苏轼研究述略［J］/ 洪瑀钦 // 宋代文化研究，2000

08788　一笑、呵呵、绝倒：东坡尺牍中笑的探索［C］/ 杨宗莹 // 千古风流：东坡逝世九百年纪念学术研讨会论文集 / 辅仁大学，2000

08789　苏轼教子求实［N］/ 孙顺其 // 家庭教育导报，2001-02-22

08790　苏东坡巧骂贪官［N］/ 不详 // 中国建设报，2001-06-15

08791　江西吉安发现苏东坡用砚［N］/ 不详 // 光明日报，2001-10-14

08792　苏轼的人口思想［J］/ 李瑜，张静 // 财经问题研究，2001（1）

08793　论苏轼与民族器乐：纪念苏轼逝世 900 周年［J］/ 陈四海 // 音乐探索，2001（2）

08794　苏轼书简中所论“晁君骚辞”之“晁君”考辨［J］/ 周小兵 // 古籍整理研究学刊，2001（2）

08795　《历代地理指掌图》作者之争及我见［J］/ 郭声波 // 四川大学学报（哲学社会科学版），2001（3）

08796　苏东坡的“专利”［J］/ 君人 // 小百科，2001（3）

08797　苏东坡巧骂贪官［J］/ 褚双林 // 语文世界（蓝 B 版），2001（3）

08798　苏东坡巧骂贪官［J］/ 葛敏 // 民间故事选刊，2001（3）

08799　苏轼与常州［J］/ 李春梅 // 江苏石油化工学院学报（哲学社会科学版），2001（3）

08800　苏东坡巧猜半句谜［J］/ 细雨 // 公共关系，2001（4）

08801　苏轼抄“汉书”［J］/ 陈鹄 // 中文自修（中学版），2001（4）

08802　苏轼与民间音乐［J］/ 陈四海 // 四川大学学报（哲学社会科学版），2001（4）

08803　苏轼“一日为二日”［J］/ 解玉泉 // 中华魂，2001（5）

08804　苏东坡追弟至梧州［J］/ 黄志强 // 南国红豆，2001（6）

08805　苏轼改联读后感［J］/ 张明仁 // 广西审计，2001（6）

08806　苏轼巧治无赖［J］/ 裴淼 // 幽默与笑话，2001（6）

08807　苏东坡认输［J］/ 谢少萍搜集 // 民间文学，2001（8）

08808　生活经典：分享苏东坡豁达的人生观［J］/ 马铭浩，陈衍宏 // 张老师月刊，2001（9）

08809　苏东坡与赏石［J］/ 石伟华 // 花木盆景（盆景赏石版），2001（11）

08810　苏轼巧诗骂贪官［J］/ 坚毅，风琴 // 知识窗，2001（11）

08811　《万古风流苏东坡》“突围”盗版［J］/ 吴超 // 出版广角，2001（11）

08812　王安石与苏东坡在南京［J］/ 尹最良 // 江苏政协，2001（11）

08813　东坡投石与少游顿悟［J］/ 李天翔 // 吉林教育，2001（12）

08814　苏东坡创作轶事三则［J］/ 陈晓龙 // 语文天地，2001（19）

08815　关于苏东坡与高俅：无意于考据的考据［J］/ 杨建文 // 水浒争鸣，2001

08816　苏轼《省试刑赏忠厚之至论》阐释史一隅［J］/ 郑芳祥 // 东方人文学志，2002，1（3）

08817　国图藏珍：宋嘉定刻本《注东坡先生诗》［J］/ 卢锦堂 // 国家图书馆馆讯，2002，91（3）

08818　东坡砚［N］/ 邹晓明 // 中国文物报，2002-01-04

08819　“东坡砚”的篆印“思无邪斋”与相关史实［N］/ 俞丰 // 中国文物报，2002-01-23

08820 苏东坡与雪浪石［N］/ 张玉橙 // 人民日报（海外版），2002-05-16

08821 东坡孙白鹤翁墓考［J］/ 高文 // 四川文物，2002（1）

08822 苏东坡的健身功［J］/ 石雅友 // 养生大世界，2002（1）

08823 论苏轼与古琴艺术：兼论其音乐美学思想［J］/ 陈四海 // 文艺研究，2002（2）

08824 苏东坡作书解酒［J］/ 许琦 // 民间故事选刊，2002（2）

08825 陶都宜兴的陶土、紫砂陶器与东坡壶［J］/ 杨志坚 // 资源调查与环境，2002（2）

08826 苏东坡钟情雪浪石［J］/ 李俊健 // 知识窗，2002（3）

08827 苏东坡拜师的故事［J］/ 吴海燕 // 金色少年，2002（4）

08828 苏轼如何面对他人的死亡［J］/ 郑芳祥 // 中正大学中国文学研究所研究生论文集刊，2002（4）

08829 四才子补缺字［J］/ 秦川 // 咬文嚼字，2002（5）

08830 苏轼与士大夫趣味［J］/ 黄建华 // 上海大学学报（社会科学版），2002（5）

08831 苏轼三访文长老始末考略［J］/ 朱家祎 // 浙江方志，2002（6）

08832 苏东坡的读书轶事［J］/ 陈伯安 // 语文教学与研究，2002（8）

08833 天才苏东坡“八面受敌”读书法［J］/ 蒋凡 // 文史知识，2002（8）

08834 苏东坡后代：本店不卖“东坡肉”［J］/ 白桑 // 风流一代（下半月），2002（9）

08835 从苏东坡的“创新”说起王立常［J］/ 不详 // 中国政协，2002（10）

08836 发扬《东坡居》精神，推动地景复育［J］/ 王鑫 // 地景保育通讯，2002（17）

08837 苏东坡画扇解纠纷［J］/ 叶舟 // 新少年，2002（C1）

08838 苏轼的经济思想［D］/ 李瑜．—东北财经大学（硕士论文），2002

08839 费滢滢与苏东坡［N］/ 不详 // 中国青年报，2003-07-14

08840 苏东坡说蜀盐“筒井”［N］/ 何家治 // 眉山日报，2003-12-18

08841 城东不斗少年鸡［J］/ 李国文 // 当代杂志，2003（1）

08842 苏东坡与钱币［J］/ 吴保华 // 安徽钱币，2003（4）

08843 苏轼的徐州书简［J］/ 王万里 // 淮海文汇，2003（4）

08844 苏轼菊前露丑［J］/ 张在军，李志刚 // 小学生作文向导，2003（4）

08845 苏东坡与音乐［J］/ 文婷 // 文史天地，2003（6）

08846 苏轼的故事［J］/ 邓富华 // 语文月刊，2003（6）

08847 苏轼改联［J］/ 肖菁 // 中国工会财会，2003（11）

08848 苏东坡是同性恋？［J］/ 闻亦道 // 商业周刊，2003（836）

08849 以数入联妙趣生［N］/ 叶青 // 南宁日报，2004-04-09

08850 东坡与赏石［J］/ 郭建民 // 领导之友，2004（1）

08851 苏轼与竹［J］/ 赵晓红 // 云南财贸学院学报（社会科学版），2004，19（2）

08852 谈谈文化营销策略：从苏东坡画扇结案说起［J］/ 张平 // 经营与消费（经济纵横·下半月版），2004（2）

08853 中国古代先哲对数学的哲学思考［J］/ 代钦 // 内蒙古师范大学学报（哲学社会科学版），2004（2）

08854 苏、阳二公的“廉泉夜话”［J］/ 曾峥 // 神州，2004（3）

08855 苏轼素描［J］/ 柳菁华 // 语文教学与研究，2004（3）

08856 苏轼与牡丹［J］/ 陈平平 // 南京晓庄学院学报，2004（3）

08857 四才子补缺字［J］/ 平阳木 // 初中生学习指导（一年级），2004（4）

08858 苏东坡巧取无核法［J］/ 向洋 // 幽默与笑话，2004（4）

08859 苏轼的文人画观二题［J］/ 程明震 // 东南大学学报（哲学社会科学版），2004（5）

08860 苏轼与砚［J］/ 朱思红，徐蕊 // 文博，2004（5）

08861 苏东坡巧骂和尚［J］/ 窦楠 // 思维与智慧，2004（6）

08862 苏东坡断案（外一篇）［J］/ 海滨 // 文艺生活（精品故事），2004（7）

08863 苏东坡给老师改诗句［J］/ 俞国英 // 学生之友（小学版），2004（7）

08864 苏东坡与黄花狗［J］/ 谈俊杰 // 花卉，2004（8）

08865 苏东坡智审失盗案［J］/ 向洋 // 幽默与笑话，2004（8）

08866 苏轼评诗［J］/ 不详 // 小作家选刊（小学生版），2004（8）

08867 苏轼是马大哈吗［J］/ 张寓茗 // 咬文嚼字，2004（8）

08868 东坡妙语［J］/ 不详 // 小学语文教师，2004（9）

08869 苏轼教作文［J］/ 廖海法 // 小学生之友，2004（10）

08870 《又答王庠书》助读［J］/ 胡俊华 // 中学语文园地（初中版），2004（10）

08871 苏轼写诗［J］/ 不详 // 作文周刊（低幼版），2004（18）

08872 苏东坡画扇判案［N］/ 不详 // 甘肃法制报，2005-02-23

08873 东坡卧石图（图）［N］/ 不详 // 光明日报，2005-05-13

08874 苏东坡巧遇刘三姐于公益渡口［N］/ 蔡锋 // 江门日报，2005-10-19

08875 苏东坡的月光曲［J］/ 宋奇 // 辽河，2005（1）

08876 苏东坡行医的故事［J］/ 不详 // 亚太传统医药，2005（1）

08877 苏东坡与定州秧歌［J］/ 中山 // 乡音，2005（3）

08878 苏东坡与奇石［J］/ 徐刚 // 文史杂志，2005（3）

08879 不一样的“胜利”不一样的解脱：苏轼人生智慧之于阿Q精神胜利法［J］/ 孙艳红 // 包头职业技术学院学报，2005（4）

08880 苏东坡骗人吗？［J］/ 刘兴诗 // 素质教育博览（中高年级），2005（4）

08881 苏轼作品计数动量词研究［J］/ 陈颖 // 乐山师范学院学报，2005（4）

08882 张耒吟诗教子［J］/ 王震亚 // 家庭教育（中小学生家长），2005（4）

08883 宁化的伊秉绶和苏东坡“古砚”［J］/ 王宜椿 // 福建史志，2005（5）

08884 苏东坡赋予定州文化千年内涵［J］/ 张海志 // 科技与企业，2005（5）

08885 苏东坡泡小蜜［J］/ 张担 // 大众文艺·快活林，2005（5）

08886 苏轼填句［J］/ 田功，辛夷绘画 // 连环画报，2005（5）

08887 不怕鬼的苏东坡［J］/ 韩志宽 // 科学与无神论，2005（6）

08888 苏东坡画扇断案［J］/ 潘启雯 // 文教资料（初中版），2005（6）

08889 苏东坡的待妾之道［J］/ 招福 // 青年文摘（彩版），2005（7）

08890 苏轼“一意求之”读书法［J］/ 张伦 // 小作家选刊（小学），2005（7）

08891 苏东坡的故事[J]/由维梓//中学生读写(初中)，2005(9)

08892 苏东坡让路[J]/不详//青少年科技博览，2005(9)

08893 苏轼评咏竹诗[J]/文珊//小作家选刊(小学生版)，2005(10)

08894 苏东坡穿西服[J]/安勇//微型小说选刊，2005(11)

08895 苏东坡画扇判案[J]/马玉良供稿//幽默与笑话(上半月)，2005(12)

08896 苏轼在贬谪中调节心理的方法[J]/方星移//文学教育，2005(15)

08897 苏轼认识论思想初探[J]/张嘉升//成才之路，2005(26)

08898 翰墨笔香润古彭[J]/古风//科教文汇，2005(Z1)

08899 苏轼夜游及其对现代夜间旅游审美的启示[D]/宋雪茜.—四川师范大学(硕士论文)，2005

08900 东坡与竹[N]/苏群，苏宏旭//南京大学报，2006-02-28

08901 东坡提梁壶(紫泥丹青)[N]/不详//人民日报(海外版)，2006-05-11

08902 苏轼三抄《汉书》[N]/不详//中国中学生报，2006-06-02

08903 “东坡剽诸葛”？慎着说！[N]/孙彦杰//中国教育报，2006-06-22

08904 苏东坡也玩博客[N]/卢兴强//珠江商报，2006-08-26

08905 “苏轼酹江月”雕塑凤翔建成[N]/张华刚//三秦都市报，2006-11-08

08906 苏东坡巧猜半句唐诗谜[J]/胡辉//当代老年，2006(1)

08907 宋代文人自称“老子”的文学文化学解析[J]/沈金浩//求是学刊，2006(2)

08908 苏东坡巧骂贪官[J]/王震亚//山西老年，2006(2)

08909 苏轼断案[J]/张永赤，张红霞//剧作家，2006(2)

08910 苏轼与鹤[J]/朱天助//漳州职业技术学院学报，2006(2)

08911 苏轼与砚文化(下)[J]/卢庆滨//苏轼研究，2006(2)

08912 苏轼教育思想初探[J]/陈元，欧阳勇//乐山师范学院学报，2006(3)

08913 苏轼作品中的时间意识[J]/徐宇春，姚明今//社会科学家，2006(3)

08914 端砚在唐以前已面世辩[J]/陈大同//肇庆学院学报，2006(4)

08915 论苏轼尺牍的艺术特色[J]/王桂林//黄冈师范学院学报，2006(4)

08916 论苏轼尺牍中的笑声[J]/王桂林//沙洋师范高等专科学校学报，2006(4)

08917 宋代文人与戏剧关系略论[J]/赵山林//江海学刊，2006(4)

08918 苏东坡的邮缘[J]/黄慰怀//上海集邮，2006(4)

08919 苏东坡论说读书之乐[J]/徐中玉//苏轼研究，2006(4)

08920 苏东坡与“八面受敌”[J]/不详//优秀作文选评(初中版)，2006(4)

08921 苏轼的自以为是[J]/吴瑕瑕//语文教学与研究(读写天地)，2006(4)

08922 苏轼三抄《汉书》[J]/安东//小学生导读，2006(4)

08923 苏轼书信研究[J]/张洁//兵团教育学院学报，2006(4)

08924 浅析苏轼书论之寓意说[J]/袁剑侠//青少年书法，2006(5)

08925 东坡应试不用典[J]/佚名//创新作文(初中版)，2006(6)

08926 苏轼书信的艺术特征[J]/张洁//兵团教育学院学报，2006(6)

08927 苏东坡和不馋和尚[J]/来卫东//故事

世界，2006（7）
08928 东坡玩砚［J］/刘二刚//雨花，2006（8）
08929 苏东坡的“高考满分作文”［J］/张国文//中学生，2006（8）
08930 苏东坡要什么等［J］/不详//阅读与作文（小学高年级版），2006（8）
08931 东坡先生平生惟用“潘墨”［J］/陈志平//文史知识，2006（9）
08932 苏东坡泡小蜜［J］/柳三明//大众文艺（快活林），2006（10）
08933 苏轼读书妙法［J］/樱子//小雪花（小学快乐作文），2006（10）
08934 思想与情境：谈对“丁飞牛屎”的看法［J］/沈若铭//艺术市场，2006（12）
08935 苏轼趣事两则［J］/张丞//少儿科技博览，2006（12）
08936 苏东坡的肚子［J］/杨洪立//中国人才，2006（16）
08937 苏轼的妇女观与女子教育思想［D］/江晓梅.—暨南大学（硕士论文），2006
08938 苏东坡到过洪崖洞［N］/不详重庆晚报，2007-01-07
08939 历史与空间：细论苏东坡和白居易［N］/不详//文汇报（香港），2007-01-30
08940 对苏东坡和李白的误解［N］/不详//沈阳晚报，2007-03-30
08941 三品苏轼［N］/徐颖//城乡导报，2007-04-13
08942 苏东坡的黄金周［N］/不详//华商晨报，2007-05-06
08943 苏轼巧言杜弊［N］/青丝//温州晚报，2007-05-08
08944 韩寒“超越”苏轼 不必大惊失色［N］/石川//大河报，2007-05-10
08945 韩寒超苏轼？逗你玩！［N］/不详//扬子晚报，2007-05-10
08946 韩寒超越苏轼 当可一笑置之［N］/不详//新文化报，2007-05-10
08947 韩寒排名超过苏轼是中国文学悲哀？［N］/不详//信息时报，2007-05-10
08948 韩寒胜苏轼 一场“关公战秦琼”的娱乐［N］/不详//青年报，2007-05-10
08949 韩寒压苏轼，关公战秦琼［N］/不详//解放日报，2007-05-10
08950 拿韩寒与苏轼作比是用瓦缶要求黄钟［N］/不详//珠江商报，2007-05-10
08951 韩寒压苏轼不必太悲哀［N］/不详//武汉晚报，2007-05-11
08952 韩寒压苏轼？游戏而已［N］/王清//武汉晨报，2007-05-13
08953 韩寒与苏轼齐飞［N］/不详//洛阳日报，2007-05-17
08954 韩寒何曾PK苏轼［N］/宋志坚//南方周末，2007-06-14
08955 苏东坡的博客点击率［N］/陈鲁民//中国证券报，2007-06-28
08956 苏东坡的博客［N］/不详//解放日报，2007-07-23
08957 苏东坡到过崂山吗［N］/王瑛伦//青岛早报，2007-09-13
08958 凤翔东湖苏东坡留下的利民工程［N］/杜悦//杭州日报，2007-09-14
08959 苏轼怎么成了好色文人之首？［N］/李成仁//西部时报，2007-09-18
08960 苏东坡喜欢用“呵呵”［N］/不详//重庆商报，2007-09-19
08961 中国古代也有黄金周：苏轼利用假期写出名作［N］/不详//鲁中晨报，2007-09-22
08962 苏东坡书信中狂用“呵呵”一词［N］/不详//广州日报，2007-09-24
08963 中国古代也有“黄金周”苏轼是个“驴友”［N］/不详//嘉兴日报，2007-09-24
08964 郑州是苏轼兄弟第一次分别的地方

［N］/ 王吴军 // 郑州晚报，2007-10-17

08965 惠州访东坡［N］/ 林思翔 // 福建日报，2007-12-09

08966 苏轼以细节识人［N］/ 不详 // 太原晚报，2007-12-14

08967 从苏轼寓惠间的书信看其寓惠心态［J］/ 林广华 // 惠州学院学报，2007（1）

08968 苏轼举进士名次辨［J］/ 周九成 // 苏轼研究，2007（1）

08969 台湾有东坡用砚［J］/ 苏永祁 // 苏轼研究，2007（1）

08970 东坡全鱼救少游［J］/ 涂明炎 // 民间文学（经典），2007（2）

08971 说苏东坡贩私盐（上）［J］/ 尚志发 // 奋斗，2007（2）

08972 苏东坡金山寺惊遇飞碟［J］/ 武韦 // 民间故事选刊秘闻（下半月），2007（2）

08973 苏东坡谪居黄州微缩泥塑景观设计［J］/ 刘虹 // 科教文汇（中旬刊），2007（2）

08974 苏轼的救灾思想和实践［J］/ 黄元龙 // 中国减灾，2007（2）

08975 说苏东坡贩私盐（下）［J］/ 尚志发 // 奋斗，2007（3）

08976 宋“四言回文诗”圆形带柄铜镜［J］/ 富屯山人 // 收藏界，2007（3）

08977 苏东坡认错［J］/ 不详 // 快乐语文，2007（3）

08978 苏东坡下棋赌头发［J］/ 涂明炎 // 幽默笑话（上半月），2007（3）

08979 苏东坡：用文字谱曲［J］/ 辛丰年 // 北方音乐，2007（4）

08980 探微知著 食古创新：从东坡“壶中九华”诗说起［J］/ 白玄 // 对联：民间对联故事（下半月），2007（4）

08981 四才子补缺字［J］/ 林子 // 今日小学生（A 版），2007（5）

08982 苏轼爱奇石［J］/ 刘文刚 // 文史杂志，2007（5）

08983 从青主的《大江东去》看中西文化的融合［J］/ 秦萌 // 佳木斯大学社会科学学报，2007（6）

08984 苏东坡嘲笑古人［J］/ 范园 // 读者俱乐部（C 版），2007（6）

08985 苏东坡与江苏的不解之缘：苏轼后裔苏泽民的《苏东坡在江苏》谈片［J］/ 单汝鹏 // 江海纵横，2007（6）

08986 苏轼究竟死于何病［J］/ 刘继增 // 乐山师范学院学报，2007（6）

08987 苏轼趣闻·涵养［J］/ 不详 // 大型月刊（诗词版），2007（6）

08988 苏轼趣闻·吟诗赴宴［J］/ 不详 // 大型月刊（诗词版），2007（6）

08989 苏轼书信的文学史地位和影响［J］/ 张洁 // 兵团教育学院学报，2007（6）

08990 苏东坡妙语婉拒［J］/ 青丝 // 读者俱乐部（C 版），2007（7）

08991 苏东坡为何作弊［J］/ 不详 // 现代青年（细节版），2007（7）

08992 苏东坡为啥两面不讨好［J］/ 不详 // 都市（翻阅日历），2007（7）

08993 苏东坡为什么作弊［J］/ 李静媛 // 现代青年（细节版），2007（7）

08994 苏轼对联故事［J］/ 不详 // 阅读与作文（高中版），2007（7）

08995 苏东坡的博客点击率［J］/ 陈鲁民 // 当代人，2007（8）

08996 苏东坡的肚子［J］/ 林语堂 // 共鸣，2007（8）

08997 苏东坡开创的客家凉帽［J］/ 不详 // 神州民俗，2007（8）

08998 从苏东坡两则轶事说起［J］/ 梅玉荣 // 辽河，2007（9）

08999 东坡月［J］/ 蔡尚伟 // 作文通讯 初中

（上旬），2007（9）

09000 苏东坡笔下的中秋［J］/ 张法良 // 食品与生活，2007（9）

09001 《顽童苏东坡》［J］/ 不详 // 中国少年文摘（下半月），2007（9）

09002 不要以为鬼就可以不讲理：苏东坡和鬼怪争辩的故事［J］/ 林语堂 // 大家健康，2007（10）

09003 苏东坡嘲笑古人［J］/ 不详 // 格言（下半月），2007（10）

09004 苏东坡词与磁州窑枕［J］/ 崔永超 // 收藏家，2007（10）

09005 苏东坡和农民工［J］/ 王清铭 // 读与写（高中版），2007（10）

09006 苏家小弟：苏子由［J］/ 项舒杨 // 中学生天地（B 版），2007（10）

09007 苏轼的科场佳话［J］/ 康震 // 法制博览（名家讲坛），2007（10）

09008 苏轼戏讽狱吏［J］/ 佚名 // 世界中学生文摘，2007（10）

09009 苏轼菊前露丑［J］/ 方圆 // 少年天地（初中版），2007（11）

09010 苏轼未曾牧羊［J］/ 刘迪安 // 咬文嚼字，2007（11）

09011 苏东坡的博客点击率［J］/ 不详 // 格言（上半月刊），2007（15）

09012 苏东坡巧分地［J］/ 朱爱华 // 小学生文摘（当代小学生文摘版），2007（15）

09013 苏东坡穿西服［J］/ 安勇 // 故事世界，2007（16）

09014 苏东坡如何安排"黄金周"［J］/ 羊城 // 民间故事选刊，2007（18）

09015 苏东坡的风流疑案［J］/ 东方龙吟 // 法制博览，2007（12S）

09016 东坡题石流梅溪［N］/ 曾青，吴凯 // 湛江日报，2008-01-01

09017 李白苏轼：是最有名的股评家［N］/ 不详 // 新快报，2008-01-08

09018 苏东坡堵后门［N］/ 不详 // 郑州日报，2008-02-01

09019 苏东坡巧猜半句谜［N］/ 不详 // 苏州日报，2008-02-20

09020 苏东坡与元宵节［N］/ 不详 // 眉山日报，2008-02-26

09021 苏东坡"打造"定州秧歌［N］/ 不详 // 燕赵晚报，2008-03-15

09022 苏东坡的爸爸是怎样教儿子的［N］/ 不详 // 杭州日报，2008-04-09

09023 梁氏曾与苏轼家族联姻：其祖先"举案齐眉"的故事仍然被传颂［N］/ 不详 // 扬州晚报，2008-04-25

09024 苏轼铭古琴砚［N］/ 不详 // 扬州晚报，2008-05-31

09025 若没有苏东坡们西湖只是一水库［N］/ 谢青桐 // 东方早报，2008-06-17

09026 苏东坡在湟里的足迹［N］/ 夏田中 // 武进日报，2008-06-19

09027 苏东坡曾遭遇 UFO？［N］/ 不详 // 内蒙古晨报，2008-07-23

09028 藏砚家苏东坡［N］/ 不详 // 西江日报，2008-08-03

09029 苏东坡压塌交椅摔了个屁股墩儿［N］/ 不详 // 广州日报，2008-08-09

09030 爱石的苏东坡：美石遐想［N］/ 孙友田 // 皖江晚报，2008-09-01

09031 东坡痴砚（收藏故事）［N］/ 不详 // 市场报，2008-09-05

09032 大文豪苏东坡好砚成癖［N］/ 不详 // 江汉商报，2008-09-08

09033 苏东坡与松树［N］/ 不详 // 揭阳日报，2008-09-10

09034 嫦娥孤栖与谁邻 漫话古代咏月诗：苏轼佳句当选公众最爱咏月句［N］/ 不详 // 黄海晨刊，2008-09-15

09035 苏东坡好砚成癖[N]/不详//合肥晚报，2008-09-25

09036 神思东坡[N]/牟建新//惠州日报，2008-09-28

09037 苏轼教子求实[N]/不详//张家港日报，2008-10-08

09038 乾元镇原慈相寺遗址发现古碑及苏东坡题词[N]/姚海翔//今日德清，2008-10-22

09039 苏东坡与赣南的不解之缘[N]/周逸树//赣州晚报，2008-10-22

09040 苏东坡爹娘这样教育儿子[N]/不详//广州文摘报，2008-11-04

09041 苏东坡藏砚留佳话[N]/不详//每日新报，2008-11-12

09042 “呵呵”一词非苏东坡首创[N]/不详//十堰晚报，2008-11-19

09043 文摘：苏轼慧眼识人[N]/谢景温//甘肃日报，2008-12-05

09044 试说苏东坡服饰[J]/赖正和//苏轼研究，2008(1)

09045 苏东坡办博客[J]/高玉//湖北招生考试·出彩作文，2008(1)

09046 苏东坡让道[J]/郑焱//语文教学与研究·读写天地，2008(1)

09047 苏东坡与元宵节[J]/王晋川//苏轼研究，2008(1)

09048 苏轼房梁挂钱等[J]/信新//少年天地(小学版)，2008(1)

09049 苏轼巧言杜弊[J]/不详//国学杂志，2008(1)

09050 苏轼巧治无赖[J]/郑桂初//老友，2008(1)

09051 挫折能激发创造力 乐观的生命更顽强：向苏东坡学乐观[J]/岳晓东，秦国贞//中外健康文摘，2008(2)

09052 苏东坡放“虎”取物[J]/不详//21世纪中学生作文(中考适用)，2008(2)

09053 苏东坡书信中狂用“呵呵”[J]/心善则貌美//启迪(上半月)，2008(2)

09054 苏轼的教育思想研究[J]/范琐哲，徐金玲//内蒙古师范大学学报(教育科学版)，2008(2)

09055 苏轼的教育思想研究[J]/张冠华//教育史研究，2008(2)

09056 苏轼与鼠[J]/之乎//中国收藏，2008(2)

09057 苏东坡的相貌[J]/王清铭//南方杂志，2008(3)

09058 苏轼“以(煤)冶铁作兵，犀利胜常”辨析[J]/徐东升，郑学檬//西北师范大学学报(社会科学版)，2008(3)

09059 苏轼的科举观述评[J]/勾孟//中国考试(上半月·自考版)，2008(3)

09060 儋州东坡观棋石[J]/倪峻宇//散文诗世界，2008(4)

09061 苏东坡何时到青神中岩？[J]/唐长寿//苏轼研究，2008(4)

09062 苏轼趣事[J]/不详//小学教学研究·新小读者，2008(4)

09063 苏轼学写诗[J]/邱成立//课堂内外(小学版)，2008(4)

09064 苏轼益寿诀[J]/不详//养生保健指南，2008(4)

09065 苏轼“夜游”原因探析[J]/李黎//语文学刊(基础教育版)，2008(5)

09066 刍议苏轼财税思想[J]/周杰，王瑞//技术与市场，2008(6)

09067 流寓名人著述的地方文献价值：以苏东坡岭南著述为例[J]/乔好勤//图书馆论坛，2008(6)

09068 竹石林木与苏东坡的心性表达[J]/粱元//艺术广角，2008(6)

09069 从音律看东坡词的豪放[J]/李翠叶//

乐山师范学院学报，2008（8）
09070　苏轼品菜作诗谜［J］/ 欧阳球琳 // 老友，2008（8）
09071　苏轼一天花多少钱［J］/ 李开周 // 剑南文学·经典阅读，2008（8）
09072　不朽的苏堤：遥想命运多舛的苏东坡［J］/ 黄禹康 // 湖南安全与防灾，2008（9）
09073　读苏东坡的广告诗词有感［J］/ 沈虹 // 广告大观（综合版），2008（9）
09074　苏轼的细致［J］/ 陈永坤 // 知识窗，2008（9）
09075　苏东坡博客行［J］/ 不详 // 大众文艺·快活林，2008（10）
09076　吹捧欧阳修：苏轼的另类求官术［J］/ 刘秉元 // 新阅读，2008（11）
09077　苏轼的细致［J］/ 陈永坤 // 现代青年（细节版），2008（11）
09078　苏轼与常州的渊源［J］/ 张焱 // 黑龙江史志，2008（11）
09079　佛印调侃东坡［J］/ 苏鸯 // 故事家，2008（12）
09080　苏轼的天真［J］/ 陈雄 // 幸福（悦读），2008（26）
09081　东坡的西湖［N］/ 黄俊堂 // 惠州日报，2009-01-03
09082　东坡与竹［N］/ 陈雄 // 赣南日报，2009-02-13
09083　苏东坡作弊泄题对手儿子捡便宜［N］/ 不详 // 青岛晚报，2009-02-22
09084　苏东坡爱竹情深［N］/ 陈雄 // 张家港日报，2009-02-25
09085　亦有可闻？苏轼的超级“粉丝”［N］/ 王东峰 // 文汇报（香港），2009-04-29
09086　东坡竹外情［N］/ 安康 // 新民晚报，2009-05-01
09087　苏东坡梦中写诗［N］/ 不详 // 郑州日报，2009-05-05
09088　苏东坡“刷牙”很讲究［N］/ 不详 // 三江都市报，2009-06-12
09089　苏东坡求雨［N］/ 吉朋晓 // 联合时报，2009-07-07
09090　苏东坡的读书与“造假”［N］/ 不详 // 珠江晚报，2009-07-08
09091　苏轼与海［N］/ 青丝 // 法治快报，2009-07-21
09092　北宋“玩家”苏东坡［N］/ 不详 // 海南日报，2009-08-24
09093　苏东坡与围棋［N］/ 不详 // 清远日报，2009-09-13
09094　东坡石床：［N］/ 贾兴沛 // 彭城晚报，2009-09-14
09095　科普先进分子苏东坡（上）［N］/ 不详 // 成都日报，2009-09-14
09096　苏东坡书画助穷人［N］/ 夏吟 // 郑州日报，2009-09-15
09097　苏东坡的幽默［N］/ 不详 // 解放日报，2009-09-18
09098　苏轼巧言拒厚礼［N］/ 不详 // 南通日报，2009-09-20
09099　科普先进分子苏东坡（下）：［N］/ 游上 // 成都日报，2009-09-21
09100　东坡三养［N］/ 不详 // 重庆商报，2009-09-22
09101　苏东坡拼死吃河豚［N］/ 不详 // 周末报，2009-09-22
09102　苏轼以梅喻女性［N］/ 王曦 // 咸阳日报，2009-09-25
09103　东坡乡情［N］/ 赖正和 // 眉山日报，2009-10-20
09104　东坡端溪螭虎砚［N］/ 余杰 // 十堰日报，2009-10-23
09105　苏东坡的砚铭与砚石开采的艰辛［N］/ 不详 // 西江日报，2009-10-23
09106　苏东坡的尴尬［N］/ 不详 // 滕州日报，

2009-11-13

09107 古籍记载神秘外星人苏东坡曾遇 UFO [N]/不详//侨报，2009-11-14

09108 苏轼长啥样？宋朝东坡像现扬城[N]/高松元//扬州时报，2009-11-20

09109 东坡与民谣[N]/林凤鸣//眉山日报，2009-12-01

09110 你看东坡这觉睡得[N]/陈长林//文汇报，2009-12-08

09111 苏轼曲阳轶事[N]/不详//保定日报，2009-12-13

09112 从苏东坡代言虎丘说起[N]/程秋生//人民日报(海外版)，2009-12-19

09113 苏东坡的尴尬[N]/张卫//衡阳日报，2009-12-20

09114 当苏轼变成了苏东坡[N]/李涛//南国早报，2009-12-21

09115 苏东坡善睡免死？[N]/赵之蔺//北京青年报，2009-12-21

09116 百姓生活：苏东坡的澡堂子[N]/穆好强//酒泉日报，2009-12-22

09117 柳永、李清照、苏轼也被套！[N]/不详//现代快报，2009-12-23

09118 宋代词人张先 80 岁娶了个 18 岁的小妾 苏东坡嘲笑他“一树梨花压海棠”[N]/不详//城市信报，2009-12-23

09119 苏东坡爹娘这样教育孩子[J]/康震//家教指南，2009(1)

09120 苏东坡渡海[J]/蒙乐生//椰城，2009(1)

09121 苏轼 12 次至润州事迹系年考述[J]/乔长富//镇江高专学报，2009(1)

09122 东坡画扇[J]/陈兴华//中外故事，2009(2)

09123 苏轼的阿 Q 精神[J]/李国文//作文通讯(个性阅读版)，2009(2)

09124 苏轼与罗浮梅花仙事[J]/程杰//南京师范大学学报(社会科学版)，2009(2)

09125 东坡的身影[J]/张滢彬//读写算·中考，2009(3)

09126 东坡二题[J]/谢克强//福建乡土，2009(3)

09127 苏东坡从容应对“金融风暴”[J]/伊名//东西南北，2009(3)

09128 苏轼也是音律家[J]/田玉琪//中国韵文学刊，2009(3)

09129 苏东坡对大自然的科学观[J]/杨志坚//资源调查与环境，2009(4)

09130 打死不嫁苏东坡[J]/陈家萍//财会月刊(会计版)，2009(5)

09131 东坡画扇[J]/不详//西江月·打工纪实，2009(5)

09132 苏东坡“悔”改对联[J]/马莉//文史月刊，2009(5)

09133 苏东坡的公共卫生业绩[J]/李绍贵//山东卫生，2009(5)

09134 苏东坡邮品拾遗[J]/贾关法//上海集邮，2009(5)

09135 苏东坡巧分田地[J]/不详//小学数学大眼界，2009(6)

09136 苏东坡巧骂地主[J]/不详//老年学习生活，2009(6)

09137 苏轼与岭南文学：由清代学海堂之文学教学谈起[J]/翁筱曼//汕头大学学报(人文社会科学版)，2009(6)

09138 苏东坡的故事[J]/陈宁//初中生(阅读导航)，2009(7)

09139 苏东坡巧对对联的故事[J]/不详//新作文(中考作文智囊)，2009(7)

09140 苏轼“最善少游”探赜[J]/朱安义//乐山师范学院学报，2009(7)

09141 苏轼改对联[J]/晓禾，贾如丽//七彩语文(小学低年级)，2009(7)

09142 苏轼批文章[J]/佚名//国学，2009(7)

09143　陶渊明、诸葛亮、朱熹、苏东坡的读书风格［J］/郝明义//发现，2009（7）

09144　苏东坡的“粉丝”［J］/不详//民间故事选刊·秘闻，2009（8）

09145　苏东坡梦中写诗［J］/不详//语文教学与研究（学生版），2009（8）

09146　苏轼改诗［J］/何秀珍//课外生活，2009（8）

09147　苏轼一天花多少钱［J］/小周//幸福·悦读，2009（8）

09148　东坡也抄书［J］/曹韧//新作文：中考作文智囊，2009（9）

09149　苏东坡的读书与“造假”［J］/刘仰//阅读与鉴赏（高中版），2009（9）

09150　古雅博古堂:《东坡赏竹图》［J］/沙馥//老年教育·书画艺术，2009（10）

09151　苏东坡的启示：是什么造就了全能大家？［J］/李永瑞//软件工程师，2009（10）

09152　苏东坡关于文房四宝的讲究［J］/丁启阵//中华文化画报，2009（10）

09153　苏东坡让文［J］/不详//小品文选刊（上半月），2009（11）

09154　苏轼对营妓请求从良的批示［J］/不详//小品文选刊（上半月），2009（11）

09155　文人石趣之苏轼的山水情结与赏石抒怀［J］/文甡//中华奇石，2009（11）

09156　故事与数学思维方法（三）：苏轼游庐山题诗·多角度看问题［J］/乔华//数学大世界（小学中高年级辅导版），2009（12）

09157　苏轼的成功心法［J］/陈奕博//美文（下半月），2009（12）

09158　苏轼如何应对“经济危机”［J］/不详//今参考（青年记者文摘版），2009（12）

09159　苏东坡菊前露丑［J］/不详//作文周刊（小学高年级版），2009（16）

09160　苏轼的读书方法［J］/不详//中国移动周刊，2009（44）

09161　苏东坡与濮公山［N］/徐泽林//信阳日报，2010-01-06

09162　苏轼的春梦［N］/孟晖//文汇报，2010-01-12

09163　苏东坡的尴尬［N］/不详//牡丹晚报，2010-01-17

09164　东坡遗踪之洗砚池［N］/仲亚文//常州晚报，2010-01-21

09165　苏东坡的尴尬［N］/不详//重庆晚报，2010-02-03

09166　民国东坡提梁壶［N］/不详//姑苏晚报，2010-02-07

09167　苏东坡在陕行迹［N］/不详//华商报，2010-02-07

09168　苏东坡元宵节常州猜灯谜［N］/不详//扬子晚报，2010-02-24

09169　苏东坡的调水符［N］/不详//扬子晚报，2010-02-25

09170　苏东坡团风戏财主［N］/不详//黄冈日报，2010-03-03

09171　苏轼最早在徐州发现煤矿［N］/不详//彭城晚报，2010-03-10

09172　苏轼最早在徐州发现煤矿［N］/不详//徐州日报，2010-03-11

09173　东坡三养［N］/不详//牛城晚报，2010-03-12

09174　康震登“燕赵讲坛”讲苏轼李白：下期讲座：父母与孩子沟通的艺术［N］/不详//石家庄日报，2010-03-15

09175　苏东坡借房子娶媳妇白居易甘当候鸟族［N］/不详//南鄂晚报，2010-03-20

09176　苏东坡、白居易都曾是“房奴”［N］/不详//今日玉环，2010-03-22

09177　磨难与成全：读苏东坡［N］/孙//河北师大报，2010-03-25

09178 苏轼“拥趸”狂“追星”[N]/不详//辽沈晚报(铁岭版),2010-03-27

09179 苏东坡的虚假广告[N]/不详//绵阳晚报,2010-04-11

09180 东坡提梁壶欣赏[N]/不详//淄博日报,2010-04-23

09181 苏东坡“做”广告[N]/李景香//潮州日报,2010-05-07

09182 苏东坡与狗仔花[N]/不详//汕头日报,2010-05-08

09183 东湖岸边忆东坡[N]/不详//宝鸡日报,2010-05-21

09184 苏东坡与音乐[N]/不详//先驱报,2010-06-05

09185 苏东坡是最早开微博的人[N]/叶开//羊城晚报,2010-06-08

09186 苏东坡才是“微博之祖”:来自叶开的博客[N]/不详//都市女报,2010-06-09

09187 该进修EMBA的不只有苏东坡[N]/叶雷//羊城晚报,2010-06-19

09188 苏轼前世曾来过[N]/不详//深圳商报,2010-06-23

09189 该进修EMBA的不只有苏东坡[N]/林子铭//海南日报,2010-06-28

09190 苏东坡的长相[N]/孙涛//深圳特区报,2010-07-01

09191 苏东坡是微博高手[N]/不详//襄樊晚报,2010-07-03

09192 苏东坡曾赋诗记载UFO[N]/不详//辽沈晚报,2010-07-09

09193 戴斗笠的苏东坡[N]/许培元//湄洲日报,2010-07-19

09194 苏东坡的超级“粉丝”[N]/王东峰//颍州晚报,2010-07-20

09195 古代地产也疯狂:白居易苏东坡愁买房[N]/不详//新华每日电讯,2010-07-30

09196 苏东坡的“雪窦梦”[N]/不详//宁波晚报,2010-08-03

09197 苏东坡的感叹[N]/不详//科学时报,2010-08-03

09198 苏东坡“晒”凄凉白居易最爱“晒俸禄”[N]/不详//潍坊日报,2010-08-06

09199 立秋·东坡石床[N]/胡存英//都市晨报,2010-08-07

09200 看苏东坡、李敖如何读书[N]/思敏//徐州日报,2010-08-10

09201 苏轼与无极土秧歌[N]/张新果//燕赵晚报,2010-09-03

09202 苏东坡的“五不写”[N]/东方//开封日报,2010-09-17

09203 东坡三叹长岛三美[N]/不详//今晨6点,2010-09-19

09204 苏轼的中秋[N]/不详//苏州日报,2010-09-22

09205 论东坡文化的特征[N]/不详//黄冈日报,2010-10-20

09206 东坡·扬州·砚石[N]/丁家桐//扬州晚报,2010-10-30

09207 苏东坡死因探析[N]/林莉//大众卫生报,2010-11-09

09208 他为“凤翔改改”正名:凤翔作家卢武智印象[N]/张晓燕//宝鸡日报,2010-11-12

09209 苏东坡最爱用“呵呵”[N]/不详//山西晚报,2010-11-29

09210 苏东坡死于吃错了药?[N]/不详//绵阳晚报,2010-12-19

09211 苏东坡最喜用欧阳修更早开始用[N]/不详//豫北新闻,2010-12-27

09212 苏东坡爱用“呵呵”[N]/不详//南国都市报,2010-12-29

09213 苏东坡故事[N]/不详//南国都市报,2010-12-31

09214　读《东坡赤壁诗词》杂志［J］/郭玉斌//东坡赤壁诗词，2010（1）
09215　关于苏轼、苏辙读书的天庆观［J］/孔凡礼//苏轼研究，2010（1）
09216　宁化县馆藏“东坡墨砚”非东坡砚辩［J］/靳青万//漳州师范学院学报（哲学社会科学版），2010（1）
09217　四才子补缺字［J］/宫锐//小学生·新读写，2010（1）
09218　苏东坡梦中写诗［J］/李金刚//写作（中学版），2010（1）
09219　苏东坡巧分田地［J］/王冰//启迪与智慧（下半月·儿童版），2010（1）
09220　苏东坡巧分田地［J］/不详//小学生之友（上旬版），2010（1）
09221　苏轼捐资创建慈善医院［J］/不详//健康必读（上半月·综合版），2010（1）
09222　苏轼如何应对“经济危机”［J］/陈燕//新长征（党建版），2010（1）
09223　再释苏轼文中的“龟头”建筑［J］/李合群，李合章//古建园林技术，2010（1）
09224　张耒饮酒诗平议：以《次韵渊明〈饮酒〉诗》为中心［J］/韩文奇//甘肃广播电视大学学报，2010（1）
09225　东坡古梅图［J］/贾建华//东坡赤壁诗词，2010（2）
09226　苏东坡的相貌［J］/不详//民间故事选刊·秘闻，2010（2）
09227　苏东坡桂东轶事考义［J］/耿法禹//广西教育学院学报，2010（2）
09228　苏东坡凭空“造史”［J］/马莉//龙门阵，2010（2）
09229　苏东坡与海棠［J］/常跃强//雪莲，2010（2）
09230　苏轼编典故［J］/不详//获奖作文选萃（小学版），2010（2）
09231　苏东坡曾遭遇不明飞行物？［J］/不详//半月选读，2010（3）
09232　苏东坡嘲笑古人［J］/李月//课外语文，2010（3）
09233　苏东坡的休闲［J］/不详//年轻人（C版·阳光生活），2010（3）
09234　苏东坡智断“毒母”案［J］/不详//新智慧·故事，2010（3）
09235　苏诗“红薯”名物考辨［J］/游修龄，李根蟠，曾雄生//古今农业，2010（3）
09236　苏轼的敏捷反应［J］/阳光生活//中国青年，2010（3）
09237　苏轼一天花多少钱［J］/不详//今日文摘，2010（3）
09238　苏东坡巧骂贪官［J］/不详//实用文摘（中学版），2010（3上）
09239　四十七岁的苏东坡为什么说自己五十九［J］/王琳祥//黄冈师范学院学报，2010（4）
09240　苏东坡的尴尬［J］/梅玉荣//名家讲坛（上半月刊），2010（4）
09241　俗人苏东坡［J］/梅玉荣//传奇故事·百家讲坛（中旬），2010（4）
09242　此心安处是吾乡［J］/刘龙//剑南文学，2010（5）
09243　苏东坡“生无田，食破砚”的快意人生［J］/不详//东方收藏，2010（5）
09244　苏东坡妙题广告词［J］/徐继立//今日教育·作文大本营（小学版），2010（5）
09245　苏轼与海棠花［J］/常跃强//躬耕，2010（5）
09246　孙觉、苏轼与墨妙亭［J］/畲方德//中外企业文化·餐饮文化，2010（5）
09247　白居易、苏东坡如何买房？［J］/不详//晚报精华，2010（6）
09248　杭州不可无东坡［J］/不详//中国电子商务·快公司2.0，2010（6）
09249　论苏轼对水的感发［J］/安宁//绥化学

院学报，2010(6)

09250 苏东坡：一个人的“赤壁”[J]/王巧林，杜建新//湖北旅游，2010(6)

09251 苏东坡的创意[J]/周岷//中学生天地(A版)，2010(6)

09252 苏东坡的智慧[J]/不详//科海故事博览，2010(6)

09253 苏东坡夜探石钟山[J]/不详//读读写写，2010(6)

09254 苏东坡与“扒灰”的典故[J]/不详//新闻选刊·旧闻新读，2010(6)

09255 苏东坡与佛印和尚的故事[J]/不详//时代漫游·魔力智慧，2010(6)

09256 苏轼如何应对“经济危机”[J]/戴永夏//恋爱.婚姻.家庭·养生，2010(6)

09257 苏轼与秭归边城牛口[J]/梅子//散文百家，2010(6)

09258 苏东坡“做”广告[J]/不详//幸福(红颜情报)，2010(7)

09259 苏东坡吃“浑淘”？[J]/刘金生//咬文嚼字，2010(7)

09260 苏东坡巧骂贪官[J]/不详//青少年书法(少年版)，2010(7)

09261 苏轼改对联[J]/不详//少儿书画，2010(7)

09262 苏轼批文章[J]/不详//中华活页文选(初三版)，2010(7)

09263 苏东坡要什么[J]/高严//开心学语文(小学版)，2010(8)

09264 苏轼改对联[J]/不详//阅读与作文(小学高年级版)，2010(9)

09265 苏轼三抄《汉书》[J]/不详//小学作文一点通，2010(9)

09266 苏东坡“粉丝”遍天下[J]/不详//新智慧(文摘版)，2010(10)

09267 苏轼敬老还祖宅[J]/吴华，沈绍平//少儿画王(上半月)，2010(10)

09268 王安石和苏轼改错了[J]/马肇勇//小学生作文向导，2010(10)

09269 从“名人秘书”苏轼谈秘书的思想作风[J]/王晓红//现代语文·文学研究，2010(11)

09270 白居易苏东坡如何买房[J]/戎丹妍//乡镇论坛，2010(12)

09271 东坡访庙[J]/魏冬燕//阅读与作文(小学高年级版)，2010(12)

09272 四才子补缺字[J]/不详//少年文艺(写作版)，2010(12)

09273 苏轼学写诗[J]/不详//读读写写，2010(12)

09274 超级粉丝苏东坡[J]/沈青黎//女人坊，2010(13)

09275 竹：苏轼性情的外化[J]/王芳芳//教师，2010(26)

09276 苏轼婉言拒贿[J]/不详//老人报，2010(27)

09277 苏东坡效应当局者迷[J]/不详//生命时报，2010(56)

09278 论中国古代文人藏墨观：以苏轼为例[D]/刘冀.—河北大学(硕士论文)，2010

09279 苏轼画扇[N]/陈迅//湛江日报，2011-01-01

09280 谁帮苏东坡玩“穿越”？[N]/不详//徐州日报，2011-01-11

09281 各界激辩“用王朝云说苏东坡”[N]/吴志毅//南方日报，2011-01-14

09282 古典瞬间：苏轼不藏书[N]/青丝//文汇报(香港)，2011-01-19

09283 苏东坡慧眼识“豺”[N]/不详//达州日报，2011-01-26

09284 苏东坡的“呵呵”[N]/海龙//汕头特区晚报，2011-01-28

09285 历史与空间：性情东坡之元宵情结

[N]/倪国荣//文汇报(香港)，2011-02-06

09286 大文豪苏轼为何不藏书？[N]/不详//连云港日报，2011-02-15

09287 苏东坡的肚皮[N]/李国庆//春城晚报，2011-02-16

09288 苏东坡的“呵呵”[N]/不详//燕赵晚报，2011-02-18

09289 苏东坡植树[N]/王吴军//中国石油报，2011-03-11

09290 苏东坡与松树[N]/苏晓，苏兴本//滕州日报，2011-03-12

09291 苏轼书简中“呵呵”数十处[N]/不详//克拉玛依日报，2011-03-15

09292 苏轼读书不藏书[N]/不详//生活报，2011-03-18

09293 宋人流行藏书动辄上万卷大文豪苏轼为何不藏书？[N]/不详//通辽日报，2011-03-22

09294 大玩家苏东坡[N]/不详//哈尔滨日报，2011-03-25

09295 李白杜甫苏东坡闻笛“断肠”[N]/不详//半岛晨报，2011-03-30

09296 史海拾贝：邓拓慧眼识东坡[N]/李辉//陇南日报，2011-03-30

09297 大文豪苏轼为何不藏书？[N]/不详//绵阳日报，2011-04-01

09298 东坡写信喜用“呵呵”[N]/菱快刀洪七//连云港日报，2011-04-08

09299 苏东坡曾游圭峰山？:《苏东坡先生游圭峰碑记》原碑照片和拓本碑帖被发现[N]/谢富瑞//江门日报，2011-04-11

09300 苏东坡的读书法[N]/姜光斗//南通日报，2011-04-19

09301 历史人物趣闻：高俅原是苏轼秘书？[N]/不详//福建老年报，2011-05-05

09302 文人嬉皮士苏东坡[N]/陈家萍//湖南工人报，2011-05-20

09303 苏轼为逃婚归隐山林[N]/不详//辽沈晚报，2011-05-22

09304 苏东坡趣事(上)[N]/不详//达州晚报，2011-06-11

09305 东坡三过留佳话[N]/不详//南湖晚报，2011-06-12

09306 苏东坡趣闻(中)[N]/不详//达州晚报，2011-06-18

09307 亦有可闻：苏轼与挫折教育[N]/青丝//文汇报(香港)，2011-06-22

09308 苏东坡曾目睹飞碟？[N]/不详//快乐老人报，2011-06-23

09309 苏东坡发明“自来水”[N]/不详//西安晚报，2011-06-26

09310 苏东坡“减肥”[N]/马啸众//北京青年报，2011-07-04

09311 别让困境成为生活枷锁[N]/王九洲//解放军报，2011-07-10

09312 东坡墓在河南[N]/卜点//新民晚报，2011-07-23

09313 苏轼的中秋节[N]/不详//番禺日报，2011-09-11

09314 东坡遗址今何在：考古锁定黄州青砖湖[N]/陈春保，陈栋//湖北日报，2011-09-23

09315 古黄州东坡遗址应在湖北青砖湖[N]/不详//楚天都市报，2011-09-24

09316 苏轼也写“微博”[N]/刘亮如//春城晚报，2011-10-11

09317 苏东坡的“八面受敌”读书法[N]/不详//辽沈晚报(阜新版)，2011-10-17

09318 探幽寻仙处东坡有遗韵[N]/不详//南方日报，2011-10-21

09319 苏东坡房梁挂钱穷日子照样舒坦[N]/不详//青岛晚报，2011-10-30

09320 苏东坡也玩“微博”[N]/不详//乌鲁

木齐晚报，2011-11-02

09321 论苏轼信函城中应为郡中之讹［N］/梁敢雄//鄂东晚报，2011-11-05

09322 “微博之祖”苏东坡［N］/不详//浙江老年报，2011-11-09

09323 苏东坡引领潮流二三思［N］/周林//闽北日报，2011-11-14

09324 苏东坡曾用过古琴亮相重庆：价值或超1亿元［N］/不详//武进日报，2011-11-21

09325 苏东坡与蚕丝被［N］/苏水琼//湛江日报，2011-12-12

09326 苏东坡最早开创独家微博［N］/不详//双鸭山日报，2011-12-15

09327 大文豪苏轼为何不藏书［N］/不详//吴忠日报，2011-12-09

09328 东坡石床寻迹［J］/寒石//诗刊，2011（1）

09329 苏轼的粉丝流亡中的康有为逸事［J］/不详//东方青年（下旬刊），2011（1）

09330 当苏轼变成了苏东坡［J］/李涛//妙笔·阅读经典，2011（2）

09331 苏东坡为何憎恨曹操？［J］/丁启阵//传奇故事（上半月），2011（2）

09332 苏轼尺牍书法的艺术特色［J］/郝晓萍//齐齐哈尔师范高等专科学校学报，2011（2）

09333 抄书的故事［J］/纪中//刊授党校，2011（3）

09334 东坡认错［J］/乐乐//芝麻开门（益智阅读），2011（3）

09335 苏东坡妙语故事［J］/本刊编辑部//小作家选刊（小学版），2011（3）

09336 苏轼童蒙教育思想及其对幼儿道德养成的价值［J］/陈建锋//教育探索，2011（3）

09337 苏轼也装胡涂［J］/不详//西江月，2011（3）

09338 从苏轼岭海书信看其境其心其行其情［J］/杨子怡//乐山师范学院学报，2011（4）

09339 苏东坡：持家有道［J］/孙涛//满分阅读（初中版），2011（4）

09340 苏东坡的数字人生［J］/刘雪荣//博览群书，2011（4）

09341 苏东坡给佛印祝寿［J］/不详//新课程·简明作文（中学版），2011（4）

09342 苏轼尺牍校勘记（上）［J］/刘奇晋//苏轼研究，2011（4）

09343 苏轼为何钟情于周瑜［J］/金卫//新语文学习·中学教学，2011（4）

09344 亭亭欲立东坡魂：苏东坡与中国亭文化（续篇一）［J］/吴继路//苏轼研究，2011（4）

09345 东坡醉石［J］/侯仁军//宝藏，2011（5）

09346 弘扬东坡精神，如何当好市长：浅谈几点认识［J］/苏群//中国教育导刊，2011（5）

09347 苏东坡的自嘲能力［J］/快乐大叔//党课，2011（5）

09348 苏东坡首创合资医院［J］/本刊编辑部//民间故事选刊·秘闻，2011（5）

09349 白字秀才“劳骂”苏东坡［J］/不详//作文新天地（初中版），2011（6）

09350 古人追星也疯狂［J］/陈雄//初中生学习（高），2011（6）

09351 论《阳关三叠》的N种叠法［J］/王兆鹏//文艺研究，2011（6）

09352 苏东坡爱用“呵呵”［J］/刘俏到//廉政瞭望，2011（6）

09353 苏东坡吃“独食”［J］/不详//开心学语文（小学版），2011（6）

09354 苏东坡巧骂贪官［J］/不详//大众文摘，2011（6）

09355 苏东坡一生买不起京城房[J]/不详//人口文摘，2011(6)

09356 苏轼学院关注人文教育[J]/田彬，陈诗玮//科学导报，2011(6)

09357 苏轼也是“租房族”[J]/马佳//科学与文化，2011(6)

09358 从“名人秘书”苏轼谈秘书的写作能力[J]/王晓红//渭南师范学院学报，2011(7)

09359 苏东坡曾是“萝莉控”[J]/鼎湖听泉//传奇故事·百家讲坛，2011(7)

09360 苏轼与灵璧[J]/陈曙光//新华月报(上)，2011(7)

09361 苏东坡的“不合时宜”[J]/王伟//杂文月刊(选刊版)，2011(8)

09362 苏东坡的大嘴巴[J]/梵狮子//百家讲坛，2011(8)

09363 苏东坡的雅量[J]/杨海亮//花火·最文摘，2011(8)

09364 苏东坡让道[J]/不详//青少年书法(少年版)，2011(8)

09365 苏轼 此心安处是吾家[J]/不详//人物周刊，2011(8)

09366 苏轼的藏书观[J]/青丝//快乐阅读·经典教学，2011(8)

09367 苏轼发“微博”自爆私逃[J]/刘黎平//传奇故事·百家讲坛(下旬)，2011(8)

09368 苏轼发微博[J]/不详//传奇故事·百家讲坛，2011(8)

09369 苏轼巧骂贪官[J]/李阳晨//故事大王，2011(8)

09370 苏轼以诗识人[J]/陈雄//幽默与笑话(成人版)，2011(8)

09371 苏轼与常州[J]/何梅俊//民主，2011(8)

09372 东坡轶事[J]/徐萍//读读写写，2011(9)

09373 汉字里的学问：汉字趣谈苏东坡巧对[J]/不详//新课程·简明作文(中学版)，2011(9)

09374 苏东坡“五不写”[J]/若云//青少年书法(少年版)，2011(9)

09375 苏东坡的“呵呵”[J]/刘俏到//人物画报，2011(9)

09376 苏东坡的幽默笑话[J]/俏俏//老来乐，2011(9)

09377 苏轼妙语拒友[J]/素素//悦读悦美，2011(9)

09378 苏轼三抄《汉书》[J]/不详//青春男女生·少年作家，2011(9)

09379 苏轼三抄《汉书》[J]/不详//少年写作·小作家，2011(9)

09380 苏东坡的爱情(五题)[J]/李海燕//剑南文学·经典教苑，2011(10)

09381 苏轼一天花多少钱[J]/李开周//第二课堂(高中版)，2011(10)

09382 东坡画扇[J]/王代福//当代学生(读写版)，2011(11)

09383 起舞弄清影：论苏轼舞蹈词[J]/汪倩//东京文学，2011(11)

09384 苏东坡教作文[J]/刘保法//小学生之友(高)，2011(11)

09385 第九讲 苦中作乐 超越自我[J]/黄玉峰//当代学生，2011(12)

09386 苏东坡发明“自来水”[J]/不详//大历史，2011(12)

09387 苏东坡巧骂贪官[J]/史纹//周口人文，2011(12)

09388 苏轼房梁挂钱[J]/方磊//素材视野，2011(12)

09389 苏东坡开发“绿色食品”[J]/本刊编辑部//华夏关注，2011(13)

09390 苏东坡曾是“萝莉控”[J]/鼎湖听泉//百家讲坛，2011(14)

09391 试析苏轼商业思想[J]/陈建锋//商业时代，2011(15)

09392 宋代湖州藏书家丛辨[J]/周扬波//兰台世界，2011(20)

09393 苏东坡发明“自来水”[J]/不详//百科知识，2011(21)

09394 苏东坡园林艺术研究[J]/彭长秀//现代园艺，2011(22)

09395 勤奋好学的苏轼[J]/本刊编辑部//快乐语文，2011(32)

09396 苏轼在儋州的身分认同[J]/不详//国文学报，2011(49)

09397 东坡有琴：在“三峡”[N]/不详//重庆晨报，2012-01-12

09398 苏轼的眼光[N]/张青春//吉安晚报，2012-01-13

09399 东坡古砚[N]/张万星//阳江日报，2012-01-15

09400 苏东坡放虱[N]/不详//春城晚报，2012-01-19

09401 苏东坡的“逗”功[N]/不详//三晋都市报，2012-02-20

09402 四川青神“东坡初恋”并非乌有[N]/不详//临汾日报(晚报版)，2012-03-06

09403 苏东坡爱什么树？[N]/赖晨//新华每日电讯，2012-03-16

09404 东坡爱植树[N]/王吴军//惠州日报，2012-03-18

09405 苏东坡爱什么树？[N]/不详//华兴时报，2012-03-20

09406 让心跟苏东坡去夜游[N]/启阵//澳门日报，2012-04-20

09407 “呵呵”是苏东坡发明的吗[N]/不详//老年日报，2012-04-25

09408 苏东坡为何在殿试时作弊[N]/王溢嘉//新侨报，2012-05-11

09409 东坡品砚[N]/许婷婷//泰州晚报，2012-05-13

09410 苏东坡判案妙用歇后语[N]/不详//新华每日电讯，2012-05-25

09411 东坡提梁壶[N]/不详//汕头都市报，2012-05-31

09412 东坡先生的花木王国[N]/龙眠山//武进日报，2012-06-06

09413 多栖风流王福林与苏东坡[N]/不详//黑龙江经济报，2012-06-08

09414 东坡的西湖[N]/碧云天//惠州日报，2012-06-10

09415 苏东坡的美女粉丝[N]/胡晨澄//邵阳晚报，2012-06-13

09416 斗笠竹杖东坡砚[N]/不详//西江日报，2012-06-23

09417 《东坡笠屐图》考[N]/不详//海南日报，2012-06-25

09418 “斗笠竹杖”东坡砚[N]/不详//大河报，2012-07-03

09419 苏东坡判案用词妙趣横生[N]/不详//科学导报，2012-07-06

09420 从苏轼走向苏东坡[N]/赵允芳//新华日报，2012-07-17

09421 苏轼见“火炬”“飞屋”游古道[N]/不详//老人报，2012-07-27

09422 苏轼拜神求雨轶事[N]/不详//中国劳动保障报，2012-08-22

09423 苏东坡的可爱[N]/马卫//中国经济时报，2012-08-24

09424 苏东坡吟诗百丈潭[N]/不详//咸宁日报，2012-08-28

09425 苏东坡曾在此流连忘返[N]/不详//国际旅游岛商报，2012-09-13

09426 苏东坡也“呵呵”[N]/不详//新华每日电讯，2012-09-21

09427 苏轼的中秋[N]/曾繁利//惠州日报，2012-09-23

09428 “文二代”苏东坡［N］/不详//渤海早报，2012-09-28

09429 苏东坡与荔枝［N］/温敏崇//增城日报，2012-10-08

09430 古代的“黄金周”与苏东坡［N］/凌子越//南国早报，2012-10-11

09431 苏东坡和他的女粉丝［N］/胡晨澄//宝安日报，2012-10-11

09432 游客质疑：东坡为何享年66岁？［N］/不详//鄂东晚报，2012-10-11

09433 趣谈：古代的“黄金周”与苏东坡［N］/不详//江西工人报，2012-10-15

09434 苏东坡与梵行寺山茶花［N］/张允生//扬州晚报，2012-10-19

09435 东坡墓前［N］/陆林深//常州日报，2012-10-20

09436 苏轼传世名篇大多在“黄金周”完成［N］/不详//南京日报，2012-10-22

09437 苏轼传世名篇多在“黄金周”完成［N］/不详//天水日报，2012-11-11

09438 常州苏东坡笔下的“君子国”［N］/郑文静//现代快报，2012-11-19

09439 说说苏东坡读书法［N］/曹泽华//学习时报，2012-11-26

09440 宋朝“杭州市长”苏轼宿舍是“楼歪歪”［N］/不详//科技鑫报，2012-12-04

09441 网络常用语“呵呵”900年前苏东坡就在用［N］/不详//浏阳日报，2012-12-04

09442 “微博之祖”苏轼［N］/不详//济宁晚报，2012-12-14

09443 苏东坡被戏称“微博之祖”：到哪儿都爱写一段［N］/不详//银川晚报，2012-12-17

09444 “微博之祖”其实是苏轼［N］/不详//乌鲁木齐晚报，2012-12-18

09445 到哪儿都爱写上一段苏轼堪称“微博之祖”［N］/不详//南京日报，2012-12-24

09446 北宋苏轼的爱石趣味与爱石诗文［J］/李树华//农业科技与信息·现代园林，2012（1）

09447 论东坡符号［J］/刘清泉//江苏科技大学学报（社会科学版），2012，12（1）

09448 论苏轼南下苏杭的交通路线［J］/马占先//铜陵职业技术学院学报，2012（1）

09449 苏东坡巧骂贪官［J］/李斌//读与写（初中版），2012（1）

09450 苏轼尺牍校勘记（下）［J］/刘奇晋//苏轼研究，2012（1）

09451 苏轼海南归途定居地选择疑团探析［J］/袁予//大江周刊·论坛，2012（1）

09452 苏轼与宋代的楼台室宇赋［J］/李栋//山东青年政治学院学报，2012（1）

09453 苏轼寓言今译［J］/林冠群//苏轼研究，2012（1）

09454 亭亭欲立东坡魂［J］/吴继路//苏轼研究，2012（1）

09455 亭亭欲立东坡魂：苏东坡与中国亭文化（续篇三）［J］/吴继路//苏轼研究，2012（1）

09456 八公山紫金砚考［J］/余国松//文物鉴定与鉴赏，2012（2）

09457 苏东坡只帮人一次［J］/彭杰//演讲与口才（学生读本），2012（2）

09458 苏轼不归故里的文化考察［J］/李光生//文艺评论，2012（2）

09459 苏轼与云门宗禅僧尺牍考辨［J］/朱刚//国学学刊，2012（2）

09460 大才子苏轼的两方藏砚［J］/本刊编辑部//收藏参考，2012（3）

09461 苏轼的“苏式幽默”［J］/张红//新课程（上），2012（3）

09462 苏轼诗词类作品石刻的数量统计与分析［J］/王星，王兆鹏//长江学术，2012（3）

09463 论苏轼与歙砚[J]/沈喜彭//重庆科技学院学报(社会科学版),2012(4)

09464 宋代秧马用途再探[J]/陈伟庆//中国农史,2012(4)

09465 苏东坡:骗得了鬼骗不了历史[J]/王俊良//传奇故事·百家讲坛(蓝版),2012(4)

09466 苏东坡批评王安石[J]/陈晓秀//新语文学习(小学中年级版),2012(4)

09467 苏轼的“五不写”[J]/明悦//少儿书画,2012(4)

09468 苏轼开博[J]/高玉//作文通讯(初中版),2012(4)

09469 苏轼为什么要乘“一苇”游赤壁呢?[J]/耿姝姝//新语文学习·中学教学,2012(4)

09470 台北故宫博物院藏“宋苏轼从星砚”五疑稽探[J]/许满贵//东方收藏,2012(4)

09471 宋词对琵琶音乐艺术的描写[J]/刘尊明,李晓妍//古典文学知识,2012(5)

09472 苏东坡巧骂贪官[J]/唐其华//老年学习生活,2012(5)

09473 苏轼:害人的经验主义[J]/廖钦能//传奇故事·百家讲坛(蓝版),2012(5)

09474 苏轼体貌考论[J]/陆精康//新语文学习·中学教学,2012(5)

09475 第十六讲 安身立命[J]/黄玉峰//当代学生,2012(6)

09476 苏东坡的“痒”[J]/姜仲华//时代青年(上半月),2012(6)

09477 苏东坡焚烧房契的义举[J]/王祖远//炎黄世界,2012(6)

09478 苏东坡晒“三公经费”[J]/完颜绍元//公务员文萃,2012(6)

09479 苏东坡做广告:老妇变佳人[J]/流年//文史博览,2012(6)

09480 宋朝的一斤茶叶[J]/丁皎年//文苑·经典选读,2012(7)

09481 苏东坡焚券还宅[J]/赖晨//文史月刊,2012(7)

09482 苏轼的音乐视域及特征[J]/刘宇统//宜宾学院学报,2012(7)

09483 苏轼为何大骂司马迁?[J]/阿扶//满分阅读(高中版),2012(7)

09484 藤花一城吹古香:常州苏东坡终老地修缮整治札记[J]/喻梦哲//建筑与文化,2012(7)

09485 韩画·杜诗·苏评[J]/陈昌友//书屋,2012(8)

09486 苏东坡爱什么树?[J]/赖晨//情感读本(意志篇),2012(8)

09487 苏东坡焚契还宅[J]/赖晨,达理//民间传奇故事(A卷),2012(8)

09488 苏东坡宁可吃肉而不要竹?[J]/何立洲//咬文嚼字,2012(8)

09489 苏轼贬官后并不节俭[J]/江娜//文史博览,2012(8)

09490 苏轼妙语解围[J]/本刊编辑部//中华活页文选·快乐读与写,2012(8)

09491 东坡画扇[J]/不详//华章(初中读写),2012(9)

09492 苏东坡抄书[J]/吕震邦//晚报文萃(下半月真情版),2012(9)

09493 苏轼的爱情壮举[J]/水银河//时代发现,2012(9)

09494 苏轼难倒欧阳修[J]/不详//炎黄世界,2012(9)

09495 苏轼与音律[J]/王雪//重庆科技学院学报(社会科学版),2012(9)

09496 第十八讲 东坡式幽默[J]/黄玉峰//当代学生,2012(10)

09497 苏东坡:我们何以突围[J]/许长发//课堂内外(创新作文高中版),2012

（10）

09498 苏东坡召小姐很烦恼［J］/ 完颜绍元 // 滇池天下，2012（10）

09499 苏轼错评“满地金”［J］/ 慕秋 // 老友，2012（10）

09500 苏轼的天真［J］/ 陈雄 // 女性天地，2012（10）

09501 苏轼爱“哭穷”［J］/ 江娜 // 传奇故事·百家讲坛（中旬），2012（11）

09502 苏轼的读书方法［J］/ 不详 // 青年教师，2012（11）

09503 东坡画扇［J］/ 本刊编辑部 // 阅读与作文（小学高年级版），2012（12）

09504 东坡月［J］/ 盛楚文 // 新作文（金牌读写高中生适读），2012（12）

09505 苏轼赏心十六事［J］/ 子君 // 晚报文萃，2012（12）

09506 苏轼家中不藏书［J］/ 青丝 // 政府法制，2012（14）

09507 张耒贬谪心态的演变［J］/ 刘红红 // 山花，2012（14）

09508 苏东坡的雅量［J］/ 杨海亮 // 文学天地，2012（15）

09509 苏东坡为老妇做广告［J］/ 流年 // 乡镇论坛，2012（15）

09510 苏轼写扇助还债［J］/ 萧源锦 // 群文天地，2012（19）

09511 苏轼初入仕途时期的音乐美学思想：“乐由心生”本体论［J］/ 衡蓉蓉 // 大家，2012（20）

09512 苏轼的天真［J］/ 陈雄 // 科海故事博览，2012（20）

09513 苏东坡的法治情怀［J］/ 沉静如水 // 政府法制，2012（30）

09514 苏东坡写“微博”［J］/ 草央 // 作文与考试（高中版），2012（32）

09515 行将消失的“东坡笠”［J］/ 本刊编辑部 // 民生周刊，2012（33）

09516 苏轼文史地理信息建构［J］/ 罗凤珠 // 图书与信息学刊，2012（81）

09517 从放鹤亭到燕子楼 苏东坡在徐州的故事［J］/ 孙震 // 全国新书信息月刊，2012（164）

09518 苏东坡“虚静说”对领导干部加强修为的启示［J］/ 房立洲 // 领导科学，2012（05C）

09519 苏轼和黄庭坚的信与不信［J］/ 刘金金 // 演讲与口才，2012（1 上）

09520 第十五讲 安居工程［J］/ 黄玉峰 // 当代学生，2012（C2）

09521 苏轼的科场舞弊［J］/ 奉蓉 // 中学生阅读（高中版·上半月），2012（Z1）

09522 苏轼的收藏实践及其观念［C］/ 徐晓洪 // 第三届世界华人收藏家大会论文集 / 上海世界华人收藏家大会组委会，2012

09523 中国古代文人士大夫城市风景营造思想与实践研究：以苏东坡的规划设计实践为例［D］/ 刘煦 . —西安建筑科技大学（硕士论文），2012

09524 苏轼与海棠［N］/ 不详 // 闽南日报，2013-01-02

09525 古代的黄金周与苏东坡［N］/ 不详 // 阳江日报，2013-01-03

09526 苏轼的刑罚观［N］/ 周东生 // 江苏法制报，2013-01-11

09527 苏轼堪称：“微博之祖”［N］/ 不详 // 鄂尔多斯晚报，2013-01-11

09528 到哪儿都爱写上一段苏轼被戏称“微博之祖”［N］/ 不详 // 内江日报，2013-01-14

09529 以苏轼的姿态生活［N］/ 佟晨绪 // 南岛晚报，2013-01-14

09530 苏轼才是“微博之祖”［N］/ 叶开 // 徐

州矿工报，2013-01-18

09531 苏东坡后悔没在扬州买房子［N］/ 不详 // 扬州晚报，2013-02-21

09532 苏东坡的歌妓情缘［N］/ 路来森 // 深圳商报，2013-03-04

09533 我市藏友收藏一块东坡铭文“雨”字砚［N］/ 孙军贤，魏伟 // 宿迁晚报，2013-03-18

09534 当苏轼变成苏东坡后［N］/ 不详 // 天水日报（教育周刊），2013-03-31

09535 欧阳修是怎样发现苏轼才华的？［N］/ 不详 // 老年日报，2013-04-13

09536 像苏东坡那样寻找爽心乐事［N］/ 武宝生 // 中老年时报，2013-04-25

09537 文豪苏轼不藏书［N］/ 不详 // 新华每日电讯，2013-04-26

09538 东坡提梁壶记［N］/ 奚梅根 // 无锡日报，2013-04-28

09539 苏东坡当年也倒卖房子［N］/ 不详 // 城市信报，2013-05-07

09540 苏东坡书赋卜人生［N］/ 那秋生 // 羊城晚报，2013-05-15

09541 苏东坡的减压之道［N］/ 不详 // 江苏科技报，2013-05-16

09542 如果苏轼还活着我要投奔他［N］/ 不详 // 长江日报，2013-05-21

09543 苏轼谪居惠州时的自嘲［N］/ 不详 // 揭阳日报，2013-06-02

09544 苏轼向衢州进士荐“秧马”［N］/ 巫少飞 // 衢州晚报，2013-06-13

09545 李清照是苏东坡的什么人［N］/ 李开周 // 北京青年报，2013-06-14

09546 有关苏东坡的“八卦”［N］/ 茉莉 // 羊城晚报，2013-06-19

09547 大爱东坡［N］/ 汤立亚 // 河南电力报，2013-06-22

09548 论辈分李清照叫苏东坡什么？［N］/ 不详 // 东亚经贸新闻，2013-06-23

09549 苏东坡最爱用“呵呵”［N］/ 钱嫣 // 萧山日报，2013-07-03

09550 苏东坡没做宰相是他的幸运吗？［N］/ 不详 // 澳门日报，2013-07-07

09551 苏东坡曾目睹飞碟？赋诗曰“江中似有炬火明”［N］/ 不详 // 辽沈晚报，2013-07-13

09552 东坡老人的“退休生活”［N］/ 张一璠 // 西南大学报，2013-07-15

09553 苏轼巧拒贿［N］/ 不详 // 南岛晚报，2013-07-20

09554 苏东坡快乐的秘诀［N］/ 砾央 // 湛江日报，2013-07-29

09555 苏东坡与广告［N］/ 王春玲 // 半岛都市报，2013-07-30

09556 呵呵鼻祖竟是苏轼［N］/ 不详 // 都市晨报，2013-08-12

09557 李白苏轼都曾开过矿［N］/ 不详 // 新华每日电讯，2013-08-16

09558 学学苏东坡的减压之道［N］/ 不详 // 咸阳日报，2013-08-19

09559 苏轼因暑热去世［N］/ 刘兴亮 // 南方农村报，2013-08-22

09560 东坡洗墨池［N］/ 不详 // 三江都市报，2013-08-24

09561 苏轼因暑热去世郑成功中暑而亡［N］/ 刘兴亮 // 株洲日报，2013-09-01

09562 李白与苏轼都曾开过矿［N］/ 不详 // 河北工人报，2013-09-04

09563 东坡的西湖［N］/ 源子 // 上海师大报，2013-09-12

09564 东坡居士藏石记［N］/ 孟晖 // 经济观察报，2013-09-16

09565 苏轼中秋玩通宵水调歌头酒后吟［N］/ 刘兴亮 // 深圳晚报，2013-09-18

09566 苏东坡与《德有邻堂》砚［N］/ 不详 //

西江日报，2013-09-29
09567 “天王巨星”苏东坡[N]/不详//天水日报(教育周刊)，2013-09-30
09568 东坡短信[N]/韦斯琴//美术报，2013-10-05
09569 当苏轼“遇上”陆游[N]/不详//温岭日报，2013-10-22
09570 东坡游湖留地名[N]/肖飞//武进日报，2013-10-24
09571 呵呵鼻祖并非苏东坡[N]/不详//快乐老人报，2013-10-24
09572 苏轼的“八面受敌”读书法[N]/无声//太原日报，2013-10-28
09573 苏轼：旅途劳顿暑热去世[N]/刘兴亮//宜宾晚报，2013-11-04
09574 石钟山：惹苏轼“留情”[N]/不详//新安晚报，2013-11-06
09575 东坡最会造商机[N]/孺子羊//九江日报，2013-11-14
09576 苏东坡66岁去世与第二任妻合葬[N]/不详//辽沈晚报，2013-11-26
09577 苏轼、郑成功是热死的？[N]/不详//湖南工人报，2013-12-11
09578 呵呵鼻祖并非苏东坡[N]/不详//周闻天下，2013-12-21
09579 关于“秧马”的探析[J]/罗庆芳//农业考古，2013(1)
09580 琴书雅韵 东坡短信[J]/韦斯琴//青少年书法(青年版)，2013(1)
09581 苏轼笔下的“赤壁”指哪里[J]/焦伟//语文月刊，2013(1)
09582 苏轼词是人的本质力量对象化的显现及丰富开创空间[J]/赵英超//齐鲁师范学院学报，2013(1)
09583 苏轼名作多在“黄金周”完成[J]/不详//养生保健指南(中老年健康)，2013(1)
09584 海南贬官文化研究概述[J]/杜伟，曹艳春//华章，2013(2)
09585 基于士人品德的歙砚审美理念：兼论“爪肤而縠理”[J]/叶顺//东方收藏，2013(2)
09586 苏东坡的读书方法[J]/曹泽华//刊授党校，2013(2)
09587 苏东坡反难袁公济[J]/晋川//山西老年，2013(2)
09588 苏轼何曾“涂鸦”？[J]/愕然//咬文嚼字，2013(2)
09589 苏轼教我写作文[J]/王亦川//初中生，2013(2)
09590 弘扬东坡文化 创新科学教学[J]/不详//湖北教育(科学课)，2013(3)
09591 说说苏东坡读书法[J]/曹泽华//月读，2013(3)
09592 苏东坡爱“呵呵”[J]/刘亮//知识窗，2013(3)
09593 苏轼不藏书[J]/青丝//档案时空，2013(3)
09594 苏轼的“无意为文”与“有为而作”说[J]/曾明//中国社会科学文摘，2013(3)
09595 苏轼历史人物评价思想研究[J]/李哲//河北科技大学学报(社会科学版)，2013(3)
09596 苏轼私人往来书信研究[J]/何丹//青年文学家，2013(3)
09597 苏轼题名、题字及文类石刻作品数量统计与分析[J]/王星，王兆鹏//湖北大学学报(哲学社会科学版)，2013(3)
09598 张耒记体文作法论析[J]/朱晓青//写作(高级版)，2013(3)
09599 试论苏东坡的音乐情结[J]/张琼//音乐创作，2013(4)
09600 苏轼的读书法门[J]/甘正气//中国文

房四宝，2013(4)

09601 苏轼巧渡经济危机[J]/戴永夏//读书文摘·经典，2013(4)

09602 苏轼臆断错改诗[J]/杨亚雄//演讲与口才(学生读本)，2013(4)

09603 苏东坡的读书法[J]/不详//政府法制，2013(5)

09604 苏轼教我写作文[J]/王亦川//初中生，2013(5)

09605 东坡画扇[J]/不详//妙笔：作文，2013(6)

09606 古人也爱“呵呵”[J]/刘亮//国学，2013(6)

09607 说“诗语”(上)[J]/孙昌武//古典文学知识，2013(6)

09608 苏东坡才是“微博之祖”[J]/叶开//传奇故事·深度关注，2013(6)

09609 苏轼立志[J]/郑凛//七彩语文·写字，2013(6)

09610 苏轼祝文创作及其关涉的仪式意蕴[J]/杨晓霭，宋昀其//湖南科技大学学报(社会科学版)，2013，16(6)

09611 苏轼一天花多少钱[J]/本刊编辑部//文理导航·阅读与作文，2013(7)

09612 苏轼在“黄金周”里成就名作[J]/张华//人才资源开发，2013(7)

09613 《天上人间》遐想[J]/石建//中国劳福事业，2013(8)

09614 剖析苏轼作品中的体育文化活动[J]/张建//芒种，2013(8)

09615 苏东坡：满腹不合时宜[J]/吴国梁//道路交通管理，2013(8)

09616 苏东坡妙用芝麻茯苓面[J]/程国兴//保健与生活，2013(9)

09617 苏轼五不写[J]/郑凛//七彩语文·写字与书法，2013(9)

09618 东坡赞心事[J]/介子平//名作欣赏，2013(10)

09619 跟着苏东坡去旅行[J]/白兴元//旅游时代，2013(10)

09620 宋 苏轼 从星端砚[J]/不详//中国书法，2013(10)

09621 苏轼跟谁聊天[J]/李景祥//时代发现，2013(10)

09622 苏轼进驻人人网[J]/岳风//高中生·青春励志，2013(10)

09623 苏东坡的“不明觉厉”和“人艰不拆”[J]/廖廖//财富堂，2013(11)

09624 苏轼、郑成功是热死的？[J]/本刊编辑部//文史博览·文史，2013(11)

09625 亲经患难知断杀：苏东坡的护生故事[J]/范文丽//中国宗教，2013(12)

09626 苏东坡：喜欢说“呵呵”的古人[J]/刘亮//高中生学习(高一版)，2013(12)

09627 和苏东坡一起穿越：那剑池那斜塔那虎丘[J]/王晓俊//今日科苑，2013(20)

09628 东坡画扇[J]/本刊编辑部//作文周刊(小学四年级版)，2013(26)

09629 苏老泉拒不应试：唐宋八大家札记(一)[J]/陈占敏//名作欣赏，2013(28)

09630 苏东坡的博客[J]/陈鲁民//高中生学习(高二版)，2013(C1)

09631 东坡误用药物遭“灭顶”[N]/不详//通辽日报，2014-01-09

09632 苏东坡：梦中却到龙泓口[N]/石念文//乐山日报，2014-01-12

09633 学学苏东坡的减压之道[N]/龚本庭//今晚报，2014-01-24

09634 苏东坡也爱“呵呵”[N]/刘亮//中国艺术报，2014-01-27

09635 苏小妹是苏轼走进民间的身影[N]/曹宗国//三峡晚报，2014-02-16

09636 苏东坡爱用“呵呵”：留世书简中现数十

处［N］/不详//济南日报，2014-02-17

09637 苏东坡兴学［N］/不详//牛城晚报，2014-02-19

09638 苏东坡曾是“萝莉控”［N］/不详//常德晚报，2014-02-20

09639 石瓢壶型源自苏东坡的试验：紫砂传说［N］/不详//渤海早报，2014-02-27

09640 苏东坡也爱用“呵呵”［N］/王斐弘//当代健康报，2014-03-06

09641 苏东坡爱种树［N］/林颐//榆林日报，2014-03-10

09642 “植树模范”苏东坡［N］/郝家琳//忻州晚报，2014-03-14

09643 海口遛摊淘来的苏东坡铭文抄手端砚［N］/不详//西安晚报，2014-04-13

09644 “广告达人”苏东坡［N］/孟祥海//德周刊，2014-04-18

09645 “网络达人”苏东坡［N］/不详//聊城晚报，2014-04-18

09646 名家最爱苏东坡：［N］/张光茫//河南工人日报，2014-05-08

09647 苏轼见过老坑采石吗？［N］/骆礼刚//西江日报，2014-06-01

09648 苏东坡的收藏观［N］/不详//启东日报，2014-06-06

09649 苏东坡推荐四味“长寿药”［N］/不详//快乐老人报，2014-06-16

09650 苏东坡的“呵呵”［N］/唐云云//中老年时报，2014-06-20

09651 苏东坡留世书简现数十处“呵呵”［N］/不详//东营日报，2014-06-20

09652 东坡何处吃荔枝？［N］/侯琪//东江时报，2014-07-01

09653 苏轼“高考”作文铤而走险得高分［N］/刘黎平//广州日报，2014-07-02

09654 苏轼高考作文铤而走险得高分［N］/不详//聊城晚报，2014-07-04

09655 苏轼“高考”作文：虚构故事得高分［N］/不详//淇河晨报，2014-07-07

09656 苏轼巧求龙尾砚［N］/不详//上饶晚报，2014-07-09

09657 苏轼也爱用“呵呵”［N］/不详//西部晨风，2014-07-16

09658 “广告达人”苏东坡［N］/王春玲//北海日报，2014-07-22

09659 李白做老公不实惠嫁人要嫁苏东坡［N］/不详//辽沈晚报，2014-07-24

09660 乾隆、苏轼、曹操三个男人的趣味家居［N］/不详//聊城晚报，2014-08-01

09661 探详米芾与苏轼、黄庭坚、蔡京三人之交游［N］/朱卿菱//淄博日报，2014-08-08

09662 李开周专栏：苏轼的饭钱［N］/李开周//南方都市报，2014-08-11

09663 苏东坡“减肥”［N］/不详//茂名日报，2014-08-11

09664 苏东坡的收藏观［N］/杨谔//江海晚报，2014-08-12

09665 苏轼为什么管姐叫娘［N］/李开周//半岛都市报，2014-09-05

09666 苏东坡“八面受敌”读书法［N］/不详//阜宁日报，2014-09-09

09667 苏东坡被奉护法神只为吸引士子心［N］/钟葵//广州日报，2014-09-21

09668 古代公务员都是无房户苏轼曾住“楼歪歪”［N］/不详//江南保健报，2014-09-30

09669 超然台与苏东坡［N］/不详//苏州日报，2014-10-02

09670 告诉一个你所不知道的苏东坡［N］/王其煌//杭州日报，2014-10-22

09671 古黄州东坡遗址今何在［N］/不详//黄冈日报，2014-10-25

09672 缘奇苏东坡的沉香［N］/赵汶//国际旅

游岛商报，2014-10-29

09673 大文豪苏东坡爱“呵呵”：留世书简中现数十处［N］/ 不详 // 赣州晚报，2014-10-31

09674 东坡提梁壶“回家”［N］/ 赵斌 // 成都日报，2014-11-10

09675 东坡提梁壶昨日“回家”［N］/ 不详 // 成都晚报，2014-11-10

09676 苏轼为学生打广告［N］/ 不详 // 广州日报，2014-12-10

09677 欧阳修苏轼论皋陶［N］/ 不详 // 皖西日报，2014-12-19

09678 大文豪苏东坡爱用语气词［N］/ 不详 // 临汾日报（晚报版），2014-12-22

09679 东坡爱“呵呵”［N］/ 不详 // 太原日报，2014-12-22

09680 苏东坡谈管理之道［J］/ 段俊平 // 企业家，2014（1）

09681 苏轼 12 岁妙改《鹭鸶诗》［J］/ 段永明 // 小学生·快乐新读写，2014（1）

09682 苏轼的科技活动论析［J］/ 王友胜 // 古典文学知识，2014（1）

09683 苏轼巧评文稿［J］/ 马奔 // 天天爱学习（六年级），2014（1）

09684 试论苏轼尺牍的艺术成就：以《一夜帖》为例［J］/ 陈伟彬 // 青少年书法（少年版），2014（2）

09685 宋代官不修衙的制度安排［J］/ 刘越藩，刘明泉 // 人才资源开发，2014（2）

09686 苏轼教育思想述论［J］/ 吴洪成许娟 // 扬州大学学报（高教研究版），2014，18（2）

09687 苏轼要什么［J］/ 不详 // 人生与伴侣（月末版），2014（2）

09688 王安石和苏轼关于科举诗赋取士的争议及原因探究［J］/ 雷婷婷，张岩 // 兰州教育学院学报，2014（2）

09689 东坡研磨［J］/ 不详 // 中华诗词，2014（3）

09690 宋代“官不修衙”的制度安排［J］/ 刘越藩，刘明泉 // 发展，2014（3）

09691 苏东坡爱种树［J］/ 林颐 // 资源与人居环境，2014（3）

09692 苏东坡就是定位大师［J］/ 孙昌建 // 杭州·生活质量，2014（3）

09693 从苏轼诗中看繁荣的商业市场［J］/ 袁洁 // 中国文房四宝，2014（4）

09694 宋朝那些有趣的人和事［J］/ 路卫兵 // 读书文摘，2014（4）

09695 苏东坡的音乐情结［J］/ 李卫玲 // 兰台世界（下旬），2014（4）

09696 苏东坡与海棠［J］/ 常跃强 // 大作文，2014（4）

09697 从苏轼仕杭文学看北宋杭州娱乐精神的张扬［J］/ 周晓音 // 浙江传媒学院学报，2014，21（5）

09698 古人的植树情结［J］/ 周广玲 // 中国消防，2014（5）

09699 苏东坡留世书简现数十处“呵呵”［J］/ 本刊编辑部 // 人民文摘，2014（5）

09700 苏轼与武昌西山［J］/ 程曦 // 戏剧之家，2014（5）

09701 苏东坡改诗羞师（上）［J］/ 张新华，吕鸿群 // 小雪花·小学生成长指南，2014（6）

09702 苏轼的年终总结［J］/ 李景香 // 走向世界，2014（6）

09703 苏轼“水学”初论［J］/ 刘冠美，刘同尘 // 华北水利水电大学学报（社会科学版），2014，30（6）

09704 苏东坡的减压之道［J］/ 龚本庭 // 思维与智慧（下半月），2014（7）

09705 苏诗东坡师改羞（下）［J］/ 张新华，吕鸿群 // 小雪花·小学成长指南，2014（7）

09706　苏轼“过目成诵”的奥秘［J］/ 齐玉燕 // 小学生·新读写，2014（7）

09707　苏轼与古琴的不解之缘［J］/ 郝方 // 兰台世界（下旬），2014（7）

09708　文豪苏东坡爱用“呵呵”［J］/ 光明 // 时代青年（上半月悦读），2014（7）

09709　苏东坡与海棠花［J］/ 常跃强 // 小区，2014（8）

09710　苏东坡招生也得“应试”［J］/ 曾昭安 // 政府法制，2014（8）

09711　苏东坡的“农耕情结”［J］/ 卞文志 // 老人世界，2014（9）

09712　苏东坡说三个祖师［J］/ 王吴军 // 知识窗·往事文摘，2014（9）

09713　苏东坡推广普通话［J］/ 谭风 // 语文教学与研究·读写天地，2014（9）

09714　苏轼：水煮“经典”［J］/ 宋传德 // 中学时代，2014（9）

09715　苏东坡的商机［J］/ 漫明 // 意林（少年版），2014（11）

09716　苏轼历史学说研究［J］/ 秦文 // 社科纵横，2014（11）

09717　从民间东坡故事看民众期许中的文人品格［J］/ 刘淑娜 // 现代语文（学术综合版），2014（12）

09718　丁若镛对苏东坡的接受研究［J］/ 金孝镇 // 新校园（上旬刊），2014（12）

09719　苏轼的“闲”情从哪里来？［J］/ 许清 // 七彩语文·写字与书法，2014（12）

09720　苏轼“过目成诵”的奥秘［J］/ 本刊编辑部 // 小学生阅读报（中年级），2014（13）

09721　跟孔子、屈原和苏东坡学习时尚［J］/ 不详 // 壹读，2014（15）

09722　东坡画像［J］/ 张宗子 // 瞭望东方周刊，2014（19）

09723　苏轼的教育思想研究［J］/ 曹文霞 // 兰台世界，2014（21）

09724　苏东坡爱用“呵呵”［J］/ 不详 // 天天爱学习（五年级），2014（34）

09725　苏东坡，美食，居住环境，驴走及其他［N］/ 不详 // 今日宁海，2015-01-05

09726　苏东坡特爱用“呵呵”［N］/ 不详 // 辽宁日报，2015-01-07

09727　苏轼流水落花的情事［N］/ 宋慧敏 // 新商报，2015-01-17

09728　苏东坡家的房梁上挂的啥［N］/ 李长需 // 东方今报，2015-01-20

09729　苏东坡的“粉丝”［N］/ 王开林 // 中老年时报，2015-01-21

09730　苏轼：济南山水的遗憾［N］/ 不详 // 济南时报，2015-01-23

09731　苏轼制墨与海南松烟［N］/ 不详 // 海南日报，2015-01-26

09732　苏东坡的“粉丝”［N］/ 不详 // 长沙晚报，2015-01-28

09733　苏轼与凤翔东湖鸳鸯亭：［N］/ 杨曙明 // 宝鸡日报，2015-01-31

09734　当年，苏东坡自己是这么发朋友圈的［N］/ 不详 // 钱江晚报，2015-02-08

09735　东坡故居怀古［N］/ 不详 // 常州晚报，2015-02-12

09736　常提儒家名言苏轼名句最多［N］/ 不详 // 渤海早报，2015-03-04

09737　苏东坡的“粉丝”［N］/ 艾兴君 // 江苏教育报，2015-03-06

09738　苏东坡是段子大王打趣聪明人、调侃傻瓜蛋［N］/ 不详 // 呼和浩特晚报，2015-03-06

09739　“植树文人”苏东坡［N］/ 王吴军 // 四川政协报，2015-03-17

09740　苏东坡诗咏丹棱［N］/ 王影聪 // 眉山日报，2015-03-27

09741　苏东坡“探书”［N］/ 不详 // 钦州日报，2015-04-01

09742 “棋盲”苏轼观棋养性［N］/ 不详 // 快乐老人报，2015-04-20

09743 “呵呵”不是苏东坡发明的［N］/ 郭殿忱 // 江城日报，2015-04-27

09744 苏东坡的“呵呵”［N］/ 不详 // 慈溪日报，2015-05-08

09745 苏轼是怎样为韩愈“刷屏”的［N］/ 不详 // 广州日报，2015-05-13

09746 东坡爱竹［N］/ 洪朝宗 // 中华读书报，2015-05-20

09747 李清照是苏东坡什么人？［N］/ 不详 // 皖江晚报，2015-05-25

09748 苏东坡和他的粉丝们［N］/ 不详 // 衡阳晚报，2015-05-30

09749 苏东坡的调水符［N］/ 不详 // 松原日报，2015-06-01

09750 李清照丈夫、苏轼都是热死的［N］/ 不详 // 济南时报，2015-07-14

09751 苏东坡不懂鸡尾酒［N］/ 李开周 // 清远日报，2015-07-22

09752 苏轼与海棠不得不说的故事［N］/ 不详 // 黄河晨报，2015-07-24

09753 苏轼郑成功皆因中暑而去世［N］/ 不详 // 南国都市报，2015-07-29

09754 苏轼与海棠的故事［N］/ 常跃强 // 天水晚报，2015-07-31

09755 大文豪苏东坡曾是“题壁控”［N］/ 不详 // 南阳晚报，2015-08-11

09756 苏轼因暑热去世郑成功突发不适［N］/ 不详 // 南阳晚报，2015-08-03

09757 苏轼郑成功皆因中暑而去世 伏湛加官仪式上中暑身亡［N］/ 不详 // 鲁中晨刊，2015-08-04

09758 三位文坛大家“穿越千年对话东坡”［N］/ 肖倩，张玉 // 眉山日报，2015-09-06

09759 苏轼持砚不止三［N］/ 李护暖 // 西江日报，2015-09-21

09760 苏轼年代的中秋［N］/ 艾兴君 // 宝安日报，2015-09-23

09761 米芾东坡端砚缘［N］/ 陈锦润 // 西江日报，2015-10-13

09762 赤壁，成全了苏轼［N］/ 王晨宇 // 太原理工大学报，2015-11-02

09763 “呵呵”竟是苏东坡口头禅这些网络语言出自名家［N］/ 不详 // 重庆商报，2015-11-05

09764 苏东坡畅游陡水湖？［N］/ 不详 // 赣州晚报，2015-11-05

09765 “呵呵”竟是苏东坡口头禅［N］/ 不详 // 海南特区报，2015-11-06

09766 “呵呵”竟是苏东坡口头禅［N］/ 不详 // 太原晚报，2015-11-06

09767 “呵呵”竟是苏东坡口头禅：不少网络语言出自名家［N］/ 不详 // 呼和浩特晚报，2015-11-06

09768 “呵呵”竟是苏东坡口头禅：原来这些网络语言都出自名家［N］/ 不详 // 城市早 8 点，2015-11-06

09769 呵呵，原来“呵呵”是苏东坡口头禅［N］/ 不详 // 金华晚报，2015-11-06

09770 网络用语“呵呵”是苏东坡口头禅？［N］/ 不详 // 温州商报，2015-11-06

09771 “呵呵”竟是苏东坡口头禅：原来这些网络语言都出自名家［N］/ 不详 // 常州日报，2015-11-08

09772 苏东坡的粉丝有多狂热：因沉迷其诗文不惜休掉美妻［N］/ 不详 // 江南保健报，2015-11-10

09773 “呵呵”竟是苏东坡口头禅［N］/ 不详 // 三湘都市报，2015-11-11

09774 “呵呵”竟是苏东坡口头禅：不少网络语言出自名家［N］/ 不详 // 京江晚报，2015-11-12

09775 呵呵竟是苏东坡的口头禅：不少网络语言出自名家［N］/ 不详 // 洛阳晚报，2015-11-12
09776 苏东坡堪称“广告大王”［N］/ 不详 // 太原晚报，2015-11-12
09777 “呵呵”竟是苏东坡的口头禅？：网络语言跟诗情画意的“混搭”［N］/ 不详 // 江海晚报，2015-11-13
09778 “呵呵”竟是苏东坡口头禅［N］/ 不详 // 攀枝花日报，2015-11-13
09779 “呵呵”竟是苏东坡口头禅：不少网络语言出自名家［N］/ 不详 // 鄂东晚报，2015-11-13
09780 竟是苏东坡的头禅：不少网络语言出自名家［N］/ 不详 // 百色早报，2015-11-17
09781 网络热词“呵呵”竟是苏东坡的头禅［N］/ 不详 // 三晋都市报，2015-11-18
09782 苏东坡堪称“广告大王”：写诗捧红海南环饼［N］/ 不详 // 奉化日报，2015-11-21
09783 苏轼颍州祭奠张方平［N］/ 陆志成 // 颍州晚报，2015-12-05
09784 苏东坡也是“广告达人”［N］/ 王春玲 // 九江日报，2015-12-10
09785 苏东坡粉丝遍天下：故事与传说解读之六十二［N］/ 张亚清 // 闽南日报，2015-12-15
09786 “呵呵”竟是苏东坡口头禅：不少网络语言出自名家［N］/ 不详 // 江南时报，2015-12-16
09787 “呵呵”竟是苏东坡口头禅：不少网络语言出自名家［N］/ 不详 // 阳泉晚报，2015-12-17
09788 苏东坡爱呵呵网络热词前世高大上［N］/ 刘乙端 // 东江时报，2015-12-21
09789 苏东坡为数十种商品写过广告词［N］/ 不详 // 科技鑫报，2015-12-25
09790 东坡凭啥弄白字［N］/ 杲兴 // 北京晚报，2015-12-31
09791 从苏轼咏亭诗看宋代别样风尚建筑特点［J］/ 何璘，高良丽 // 兰台世界（下旬），2015（1）
09792 东坡焕发才女群［J］/ 余彦文 // 东坡赤壁诗词，2015（1）
09793 宋代士人对农学知识的获取和传播：以苏轼为中心［J］/ 曾雄生 // 自然科学史研究，2015（1）
09794 苏东坡的金钱观［J］/ 晏建怀 // 政策瞭望，2015（1）
09795 苏轼笔下的“潮人”，是现在的“潮州人”吗？［J］/ 陈春声 // 潮商，2015（1）
09796 苏东坡：丹心要学月月红［J］/ 李祥 // 新长征（党建版），2015（2）
09797 苏东坡暗恋者：调侃是我难以释怀的伤［J］/ 杨紫陌 // 传奇故事·百家讲坛（中旬），2015（2）
09798 苏轼对“竹”的游戏性观照［J］/ 姚华 // 文史知识，2015（2）
09799 浮世最美是清欢：“浮世清欢壶”创作谈［J］/ 包韶颖 // 江苏陶瓷，2015（3）
09800 寺院和诗抒己见［J］/ 曾昭安 // 思维与智慧，2015（3）
09801 苏东坡的“粉丝”［J］/ 王开林 // 月读，2015（3）
09802 苏轼“舟中读《文选》”考论［J］/ 唐普 // 四川师范大学学报（社会科学版），2015（3）
09803 苏轼铭文探析［J］/ 顾冰峰，孙立尧 // 乐山师范学院学报，2015（3）
09804 苏轼母亲巧教子［J］/ 昝瑾珊 // 中华家教（幼儿版），2015（3）
09805 苏东坡妙语判世情［J］/ 晏建怀 // 传奇故事·百家讲坛（中旬），2015（4）

09806 苏轼儋州文学创作中的民族民俗事象[J]/周俊//民族文学研究，2015(4)

09807 东坡爱“呵呵”[J]/民文//中华活页文选(高二高三年级版)，2015(6)

09808 苏东坡爱用“呵呵”[J]/不详//芳草(经典阅读)，2015(6)

09809 苏轼书学成就探析[J]/杨国志//现代装饰(理论)，2015(6)

09810 张耒与苏辙赠别诗中的禅性表达[J]/杨威//东北农业大学学报(社会科学版)，2015(6)

09811 涵养读书之气[J]/杨文渊//党的生活(青海)，2015(7)

09812 苏东坡的当代“粉丝”[J]/艾兴君//课外阅读，2015(8)

09813 苏轼家庭教育思想对当前家庭教育实践的启示[J]/曾英，杨明均//金田，2015(8)

09814 题儋州东坡书院[J]/王贵荣//中华诗词，2015(8)

09815 苏东坡的粉丝有多狂热[J]/王开林//财会月刊(上)，2015(12)

09816 苏东坡的交际艺术[J]/沈淦//文史博览，2015(13)

09817 文人士大夫阶层与文人画产生关系的研究综述[J]/陈娟//北方文学，2015(15)

09818 苏轼的音乐美学思想探析[J]/王培政//科教导刊(电子版)，2015(20)

09819 苏东坡会怎样跟你谈星座[J]/吴钩//科学大观园，2015(23)

09820 苏轼的官德与金钱观[J]/杜晓平//领导科学，2015(36)

09821 苏轼走雨路[J]/顾莉华，张新宇//阅读(高年级版)，2015(C2)

09822 苏轼人生的河北密码[N]/曦元//燕赵都市报，2016-01-10

09823 呵呵竟是苏东坡为损友发明[N]/不详//太行晚报，2016-01-23

09824 苏轼是怎样为韩愈“刷屏”的[N]/小刘//沈阳日报，2016-01-25

09825 苏东坡藏“五绝砚”在京展出[N]/不详//三峡商报，2016-01-30

09826 苏轼与竹子[N]/不详//常州晚报，2016-02-04

09827 苏东坡原藏“五绝砚”在京亮相[N]/不详//西江日报，2016-02-07

09828 苏轼年代的春节[N]/古滕客//曲靖日报，2016-02-14

09829 小和尚卓契顺和苏东坡的一封家书[N]/刘小川//成都晚报，2016-02-17

09830 苏轼时代的年味[N]/张光茫//渭南日报，2016-02-19

09831 苏东坡留名水浒[N]/梁盼//北京晨报，2016-03-03

09832 苏轼与灯谜[N]/孟祥海//九江日报，2016-03-10

09833 苏东坡的“睡”[N]/宋子伟//江南晚报，2016-03-13

09834 雕像时光性情东坡[N]/不详//海南日报，2016-03-14

09835 史画苏东坡[N]/不详//海南日报，2016-03-14

09836 苏东坡的当代“铁粉”[N]/艾兴君//黔西南日报，2016-04-16

09837 吴越何以哭苏轼[N]/钟德宝//学习时报，2016-04-25

09838 人见人爱苏东坡[N]/康震//中国石化报，2016-05-25

09839 吾写吾得：使臣找碴遇东坡 写诗容易读诗难[N]/不详//文汇报(香港)，2016-06-03

09840 斋名堂号识东坡[N]/不详//新商报，2016-06-11

09841 苏东坡为何有戴竹笠穿木屐的像?

[N]/不详//信息时报，2016-07-13

09842 柳公权苏东坡追过的歙砚 天然原石手工制作都是孤品[N]/不详//都市快报，2016-07-14

09843 为什么男人女人都爱苏东坡[N]/不详//新华每日电讯，2016-07-22

09844 苏轼暑热中去世郑成功天热突发不适[N]/不详//通辽日报，2016-07-26

09845 苏轼与邸阁寺[N]/杨烨琼//宝鸡日报，2016-07-26

09846 大V苏轼在杭州发过的微博[N]/刘红//半岛都市报，2016-08-11

09847 “呵呵”大多出自苏轼与友人的书信[N]/不详//大江晚报，2016-08-19

09848 挫折教育成就的苏轼[N]/梁水源//迪庆日报，2016-08-20

09849 东湖东坡的湖[N]/陈莉莉//宝鸡日报，2016-08-20

09850 爱砚成痴是东坡[N]/张丽娜//洛阳晚报，2016-08-26

09851 苏东坡是个时尚达人[N]/不详//衢州晚报，2016-08-29

09852 古代名人也“广告代言”苏东坡写下传世“软文”[N]/倪方六//浙江法制报，2016-09-02

09853 凤翔东湖苏轼的一个原点[N]/不详//大同晚报，2016-10-21

09854 苏东坡“戒肉”[N]/江志强//半岛都市报，2016-10-30

09855 古代名人奇癖：司马光爱圆木枕 头苏轼爱蜂蜜[N]/不详//宜宾晚报，2016-11-07

09856 古代文人也写软文苏东坡为数十种商品写过广告词[N]/不详//江南保健报，2016-11-10

09857 从苏东坡的“序”说起[N]/不详//姑苏晚报，2016-11-13

09858 西湖扬名自东坡[N]/王启鹏//东江时报，2016-11-13

09859 东坡井：清泉流淌四时不竭[N]/不详//海南日报，2016-11-17

09860 李白苏轼欧阳修大V庐山作诗谁第一[N]/卜松竹//广州日报，2016-11-26

09861 你知道吗苏轼也是一位工程师[N]/不详//劳动午报，2016-11-26

09862 苏轼贡献的成语真不少[N]/不详//淇河晨报，2016-11-30

09863 望坡崖上望东坡[N]/不详//华西都市报，2016-12-10

09864 古人买房也有一把辛酸泪 岳飞真土豪 苏轼好辛酸[N]/不详//三秦都市报，2016-12-14

09865 穿越时空苏轼与阆中古城“握手”[N]/不详//南充晚报，2016-12-09

09866 苏东坡为何成偶像[J]/月庵//当代工人（C版），2016（1）

09867 宋代地图学的发展与苏轼对地图学的关注[J]/沈一民//西华大学学报（哲学社会科学版），2016（2）

09868 王安礼的旁观者清[J]/海上走行//做人与处世，2016（2）

09869 苏轼题铭“半潭秋月”砚洗考[J]/姚志平//艺术品鉴，2016（3）

09870 苏轼和孔融的命运[J]/马德//人生十六七，2016（4）

09871 关于苏轼并非音律家的探究[J]/刘明哥//成都理工大学学报（社会科学版），2016（5）

09872 苏轼背《汉书》[J]/张勇//高中生·青春励志，2016（5）

09873 宋代司法讲原则兼顾人情[J]/唐宝民//文史博览，2016（6）

09874 东坡砚墨香[J]/庞金妹//诗词月刊，2016（7）

09875 苏轼教育信号思想探微[J]/李忠鹏//中华文化论坛，2016(7)

09876 韩愈与苏轼体育思想比较研究[J]/郝亮//体育文化导刊，2016(9)

09877 苏轼的“广告”及“广告意识”探论[J]/庆振轩，张馨心//乐山师范学院学报，2016(9)

09878 苏轼“过目成诵”的奥秘[J]/朱秀兰//小学生·快乐新读写，2016(10)

09879 苏轼的教育思想及教育实践研究：评《苏轼教育思想研究》[J]/陈慧勤//新闻与写作，2016(10)

09880 苏轼诗文传家训[J]/陈延斌//中华家教(学前版)，2016(10)

09881 苏轼惠州诗歌中的“丰湖”与“西湖”：兼论惠州西湖得名由来[J]/王琴//乐山师范学院学报，2016(11)

09882 为君唤起黄州梦 雨洗东坡月色清：小记苏轼与黄州东坡赤壁[J]/吴勇//七彩语文(写字与书法)，2016(11)

09883 还有比苏东坡更狂的荔枝迷[J]/谭健锹//家庭医生，2016(17)

09884 藤栽旧馆花香溢[J]/达红//青年文学家，2016(26)

09885 东坡为何称蓬莱为文登[J]/夏靖尧//走向世界，2016(36)

09886 苏轼与河北名石：雪浪石[N]/石雅彬//石家庄日报，2017-06-08

09887 用大数据研究苏轼是教育的应有魅力[N]/任孟山//发展导报，2017-10-13

09888 论苏轼的丑石观与审美兴味[J]/唐静//美与时代(下)，2017(1)

09889 苏辙教育思想发微[J]/訾希坤//乐山师范学院学报，2017(6)

09890 跟苏轼学怎样“拉史书”[J]/马伯庸//初中生世界，2017(10)

09891 论苏轼闲适心态的形成[J]/廖爽//好家长，2017(21)

09892 苏轼的调水符[J]/马军//小学教学研究，2017(27)

医学研究

09893 东坡先生摄养法[J]/杨百城，赵意空//医学杂志，1922(5)

09894 东坡先生摄养法(续第五期)[J]/杨百城，赵意空//医学杂志，1922(6)

09895 东坡先生摄养法[J]/壶隐//常熟医学会月刊，1923(11)

09896 东坡先生摄养法[J]/壶隐//常熟医学会月刊，1923(12)

09897 东坡肉[J]/逸梅//紫罗兰，1926，1(23)

09898 东坡自述修养之法有曰安分以养福省费以养财试申论之[J]/曹贤馨//青年镜，1926(45)

09899 苏东坡的擦背歌[J]/显伦//民众教育半周刊，1930(1)

09900 食古斋随笔：缘起、苏东坡之酬酢、朱全忠求贤、刺史固巢穴、刘备禁酒、不死之药、晏子对楚王、胡亥漆城、舜耕禹击、三千石毂郎、三分天下二分亡、赠买似道诗、南宋之登龙术、录“鸡肋篇”、暗目聩耳、贤不足恃、髡阃上困、题名思义[J]/泥公搜//社会新闻，1934，9(1)

09901 长寿秘诀：东坡养成生决[J]/不详//幸福杂志，1934，2(2)

09902 食古斋随笔：都是妇人、诗、苏东坡论

食、智士说、酒［J］/ 泥公搜 // 社会新闻，1935，11（3）

09903 食古斋随笔：惭不出、观足下之文、求福之道、恁地人缓急怎生倚仗、苏东坡三事［J］/ 泥公搜 // 社会新闻，1935，11（5）

09904 东坡养生诀［J］/ 笑笑生 // 湖南医专期刊，1936（3）

09905 逗君一笑：东坡鱼［J］/ 华德 // 金声，1947（12）

09906 从《苏沈良方》看儒法两家在医药学上的对立［J］/ 杨存钟 // 北京大学学报（医学版），1975（3）

09907 《苏沈内翰良方》楚蜀判［J］/ 胡道静 // 社会科学战线，1980（3）

09908 苏东坡吃的“山芋”［J］/ 贾祖璋 // 新华文摘，1981（1）

09909 苏东坡的养生之道［J］/ 刘清黎 // 祝你健康，1981（2）

09910 苏轼精通医药［J］/ 茅才 // 浙江学刊，1981（2）

09911 苏轼与庞安时［J］/ 魏稼 // 上海针灸杂志，1982（2）

09912 苏轼的气功术［J］/ 董时恒 // 气功杂志，1982（14）

09913 苏东坡的寝寐三昧［J］/ 王佑民 // 大众心理学杂志，1983（1）

09914 苏东坡与中药［J］/ 卜泗 // 开卷有益 · 求医问药，1983（1）

09915 苏东坡儿子的气功治疗［J］/ 梁均澍 // 气功与科学，1983（2）

09916 苏东坡练气养生妙术［J］/ 关文明 // 武林，1983（2）

09917 苏东坡吃鱼（相声）［J］/ 殷文硕，整理 // 大众文艺，1983（3）

09918 苏东坡的养生思想和气功方法［J］/ 沈寿 // 体育文化导刊，1983（4）

09919 苏东坡的养生之道［J］/ 林洪文 // 长寿，1983（5）

09920 苏东坡的养生之道［J］/ 不详 // 辽宁体育科技，1984（1）

09921 苏轼的养生之道介绍［J］/ 张宗权 // 四川体育史料，1984（1）

09922 苏东坡论养生［J］/ 刘一之 // 卫生科普，1984（2）

09923 苏东坡与气功［J］/ 福丛 // 中华气功，1984（2）

09924 大文豪与小蜜蜂［J］/ 陈锦林 // 中国蜂业，1984（4）

09925 苏东坡《养生诀》中闭气数息内视法［J］/ 沈寿 // 体育文化导刊，1984（6）

09926 苏东坡的养生术［J］/ 丁觊隆 // 科学与生活，1984（6）

09927 苏东坡的养生之道［J］/ 磊夫 // 身边科学，1984（6）

09928 苏轼好漱口［J］/ 韩同 // 卫生科普，1984（6）

09929 苏轼与体育［J］/ 张忠全 // 四川体育史料，1984（6）

09930 苏东坡与中医药［N］/ 孟锐 // 华声报，1985-05-14

09931 宋苏轼记载的一例多乳畸形［J］/ 杜韶荣，杜若甫 // 遗传，1985（2）

09932 名家之言，不可全信：读苏轼的《“圣散子方”序》有感［J］/ 南东求 // 书林，1985（3）

09933 苏东坡按摩练功有妙法［J］/ 郭树权 // 按摩与导引，1985（5）

09934 苏轼步月梳发［J］/ 戎念竹，张鹏 // 中国健康月刊，1985（5）

09935 苏东坡气功养生膳食［J］/ 李志如，刘民生，尤克昌 // 中国食品，1985（6）

09936 从苏东坡练气功谈起［J］/ 柴中元 // 气功与科学，1985（10）

09937 苏东坡养生之道［J］/ 不详 // 康复与疗养杂志，1986（1）

09938 苏东坡擦脚［J］/ 瞿国方 // 气功与科学，1986（3）

09939 苏东坡的医道［J］/ 刘思衡 // 康复杂志，1986（3）

09940 苏东坡与芡实［J］/ 不详 // 湖北渔业，1986（3）

09941 苏东坡的养生之道［J］/ 不详 // 知识窗，1986（4）

09942 苏东坡与青鱼仙［J］/ 池刚，张剑鸣，李振华 // 民间故事选刊，1986（4）

09943 儒医苏东坡［J］/ 原所贤 // 健康，1986（5）

09944 苏东坡吃猪肉［J］/ 唐海林编 // 集粹，1986（5）

09945 苏东坡的睡眠秘诀［J］/ 墨飞 // 青年博览，1986（6）

09946 《苏沈良方》中苏轼撰述考［J］/ 梁昆生 // 云南中医学院学报，1987（2）

09947 苏东坡的养生诀［J］/ 梁俊华 // 气功与体育，1987（3）

09948 《苏沈良方》考［J］/ 陈玉琢 // 江苏中医杂志，1987（6）

09949 白居易苏东坡款款语“胎息”［J］/ 张士魁 // 气功与科学，1988（1）

09950 苏轼论长寿药食［J］/ 刘正才 // 退休生活，1988（1）

09951 苏轼的养生之道［J］/ 王战伟 // 山西老年，1988（2）

09952 苏东坡擦脚底心［J］/ 徐昊晶 // 气功与体育，1988（3）

09953 苏轼的强兵安边思想研究［J］/ 梁国楹 // 德州师专学报，1988（3）

09954 东坡养生四法［J］/ 王廷羡 // 中国老年，1988（4）

09955 苏东坡的寐时“三味”［J］/ 张翊华 // 聪明泉，1988（4）

09956 苏东坡与食疗［J］/ 不详 // 烹调知识，1989（1）

09957 苏轼的养生观［J］/ 戴启明 // 老人天地，1989（1）

09958 苏东坡与气功［J］/ 王秉加 // 中国气功，1989（2）

09959 苏东坡的养生与冶性［J］/ 金玉良 // 祝您健康，1989（3）

09960 苏东坡的养生之道［J］/ 李建民 // 按摩与导引，1989（5）

09961 苏东坡养生学说与方法［J］/ 常林 // 体育文化导刊，1989（5）

09962 苏东坡阐说保健按摩［J］/ 周朝生 // 祝您健康，1990（2）

09963 苏东坡记叙的一位长寿仙人［J］/ 居维周 // 气功与科学，1990（4）

09964 苏东坡的养生诗［J］/ 张曼诚 // 贵州体育科技，1991（1）

09965 苏东坡的药方［J］/ 夏侯甲 // 群言，1991（2）

09966 苏东坡与按摩术［J］/ 苏海强 // 科学与文化，1991（2）

09967 苏东坡与瑜伽术［J］/ 吴淦昌 // 龙岩师专学报，1991（2）

09968 苏轼的医学贡献［J］/ 经美英 // 中医药文化，1991（3）

09969 苏轼、俞樾的安眠要诀［J］/ 唐于群 // 中医药临床杂志，1991（4）

09970 摩涌泉法漫谈［J］/ 孙维良 // 医学文选，1991（6）

09971 苏东坡的三条养生经［J］/ 王朴 // 食品与健康，1991（6）

09972 苏东坡搓脚心［J］/ 洪丕谟 // 中华武术，1991（8）

09973 苏东坡的养生法［J］/ 不详 // 科学致富与生活，1991（8）

09974 苏轼和庞安时的交往及对医学的贡献［J］/ 赵友琴 // 明通医药，1991（177）

09975 苏东坡“三戒”养生［J］/ 聚生，吕奉林 // 连环画报，1992（2）

09976 苏东坡与瑜伽术［J］/ 冯树鉴 // 退休生活，1992（2）

09977 东坡养生功（功法）［J］/ 李书田 // 健康指南，1992（3）

09978 身心双修的抗衰老办法：东坡养生功［J］/ 李书田 // 健康指南，1992（3）

09979 苏东坡与气功禅定［J］/ 来圣灵 // 武术健身，1992（3）

09980 养花与养身［J］/ 胡中水 // 中国花卉盆景，1992（3）

09981 鸡头米：苏东坡的长寿食品［J］/ 杨耀英 // 中国老年杂志，1992（4）

09982 苏东坡的养生之道［J］/ 陆荣 // 中老年保健杂志，1992（4）

09983 苏东坡养生轶事［J］/ 金玉良 // 体育文化导刊，1992（4）

09984 苏东坡的养生之道［J］/ 王壮凌 // 东方养生，1992（5）

09985 苏东坡笑论“药引”［J］/ 王华庚 // 知识窗，1992（5）

09986 苏东坡的养生之道［J］/ 郑晓江 // 家庭生活指南，1992（12）

09987 苏东坡的睡功三昧［J］/ 肖明光 // 气功，1992（1）

09988 苏东坡的强身美容妙方［J］/ 于一文 // 医学文选，1993（1）

09989 苏轼的宽胃养生之道［J］/ 王壮凌 // 东方养生，1993（1）

09990 苏轼的气论与养气方法［J］/ 杨胜宽 // 四川师范大学学报（社会科学版），1993（2）

09991 从苏东坡步月梳头说起［J］/ 王增 // 中国保健营养，1994（1）

09992 热爱医学的苏东坡［J］/ 陈伟华 // 大众中医药，1994（1）

09993 苏东坡的“三绝”［J］/ 斯馨 // 健康与美容，1994（1）

09994 名儒养生法［J］/ 徐修本 // 东方养生，1994（2）

09995 苏东坡养生诀［J］/ 佚名 // 武魂，1994（2）

09996 苏东坡与人参文化初探［J］/ 孙文采 // 人参研究，1994（2）

09997 苏东坡的饮食养生［J］/ 白忠懋 // 家庭医生杂志，1994（3）

09998 苏东坡与人参文化再探［J］/ 孙文采，刘百捷 // 人参研究，1994（3）

09999 春来珊珊翠竹绿［J］/ 张雪峰 // 东方养生，1994（4）

10000 苏东坡与人参文化三探［J］/ 孙文采，孙静筠，刘百捷 // 人参研究，1994（4）

10001 苏东坡论气功养生［J］/ 不详 // 医学文选，1994（5）

10002 苏东坡论气功养生［J］/ 潘国良 // 医学文选，1994（5）

10003 苏东坡论气功养生［J］// 医学文选，1994（5）

10004 苏东坡养生的启示［J］/ 戴启明 // 保健与生活，1994（6）

10005 宋人养生法［J］/ 潘永因 // 浙江中医杂志，1994（7）

10006 苏东坡的“三戒”“四当”［J］/ 边工 // 浙江中医杂志，1994（7）

10007 苏东坡的“睡眠三昧”［J］/ 甘四杰 // 科学养生，1995（1）

10008 苏东坡的养生观［J］/ 王树元，张兆龙 // 中国保健杂志，1995（1）

10009 苏东坡的按摩养生术［J］/ 不详 // 健康顾问，1995（4）

10010 苏东坡之死与张子和攻下［J］/ 刘道清 //

河南中医，1995(4)

10011 白居易、苏东坡、朱熹的养生方法(一)[J]/沈洁//医古文知识，1995(8)

10012 苏东坡与人参文化四探[J]/孙文采，孙静筠//人参研究，1995(8)

10013 安分、宽胃、省费：苏轼的养生观[J]/黄力生//老年人，1995(9)

10014 东坡“三养”[J]/牧彤//党史天地，1995(12)

10015 苏东坡的养生观[J]/袁光华//健康向导，1996(1)

10016 文人养生七则[J]/王洪荣//科学养生，1996(1)

10017 中国古代艺术接受主体重构论[J]/唐德胜//广州师范学院学报(社会科学版)，1996(3)

10018 苏东坡的养生术[J]/伍泽华//道德与文明，1996(4)

10019 苏东坡的养生之道[J]/李成月//科学24小时，1996(4)

10020 苏东坡的养生之道[J]/彭华//华夏文化，1996(4)

10021 苏东坡论气功养生[J]/潘国良//气功杂志，1996(4)

10022 涌泉滚动按摩法[J]/吴大馨//按摩与导引，1996(6)

10023 苏东坡的养生保健术[J]/刘晓宇//中国保健杂志，1997(1)

10024 苏氏兄弟与医药的缘分[J]/沈小赐//家庭中医药，1997(1)

10025 古代文人养生法[J]/李国民//中国保健杂志，1997(2)

10026 古代文人养生七法[J]/黄正彪//科技致富向导，1997(2)

10027 苏轼的奇方怪药[J]/高洪波//健康与美容，1997(2)

10028 苏轼的食眠养生术[J]/张永芳//华夏长寿，1997(2)

10029 苏轼与“圣散子方”[J]/王佩萱//医古文知识，1997(2)

10030 苏东坡的养生术[J]/伍泽华//生活科学大观，1997(4)

10031 苏东坡食疗诗[J]/魏朝卿//中国保健营养，1997(5)

10032 苏东坡日日含芡实之谜[J]/许家和//天然保健品，1997(6)

10033 苏轼养生功[J]/程如海//中国保健杂志，1997(8)

10034 苏东坡的养生观[J]/杨会芹//科学养生，1997(10)

10035 苏东坡养生七法[J]/效华//家庭医学，1997(11)

10036 医家苏东坡[J]/马文熙//祝您健康，1997(11)

10037 苏东坡含芡实之谜[J]/许家和//环境，1997(12)

10038 苏东坡的养生“四当”[J]/庆佩//家庭医学，1997(15)

10039 苏东坡含食芡实之谜[J]/家和//中国保健营养，1998(1)

10040 苏轼：何当血肉身，安得常强健[J]/窦国祥//祝您健康，1998(1)

10041 苏东坡的养生之道[J]/张宝//气功与体育，1998(2)

10042 冬春生姜赛人参[J]/广医//食品与健康，1998(3)

10043 豁达：长寿之本[J]/王玉平//食品与健康，1998(3)

10044 枚乘“七发”论养生 苏东坡的养生之道 白居易的养生诗 范成大的养生哲学 郑板桥养生之道 蒲松龄的养生之道[J]/不详//数据卡片杂志，1998(3)

10045 苏东坡养生四诀[J]/苏登兰//人口与优生，1998(3)

10046　苏轼练功不拘一格［J］/夏旅明//气功与体育，1998（3）

10047　苏东坡："能逸而能劳"的养生者［J］/不详//健身科学，1998（5）

10048　苏东坡的养生之道［J］/阿文//泉南文化，1998（6）

10049　苏轼"安·和"养生论［J］/华祝考//长寿，1998（8）

10050　苏东坡的饮食养生［J］/徐俊康//健康博览，1998（9）

10051　遍尝百果能成仙［J］/丁香//科学养生，1998（11）

10052　苏轼练功健身心［J］/郭振东//中国保健杂志，1998（12）

10053　从苏东坡爱竹说起［J］/容小兴//家庭医学，1998（15）

10054　常吃姜，保安康［J］/王树元//医药与保健，1999（1）

10055　苏东坡的养生术［J］/王廷兆//家庭中医药，1999（1）

10056　东坡养生有道［J］/东梅//气功与体育，1999（2）

10057　苏东坡的"香泉功"［J］/钱焕祥//中国气功科学，1999（2）

10058　苏东坡医话［J］/章小兵//家庭中医药，1999（2）

10059　东坡膳食添智趣［J］/苏开源//中老年保健杂志，1999（5）

10060　苏东坡的美容固齿妙法［J］/郑咸雅//中国化妆品，1999（7）

10061　苏东坡睡眠导引法［J］/傅炯//气功与体育，1999（7）

10062　怡然心态：游于物外［J］/刘锋//气功杂志，1999（7）

10063　苏东坡的《养生三字经》［J］/晓黄//食品与健康，1999（8）

10064　苏轼养生法初探［J］/陈兴志//气功与科学，1999（8）

10065　苏东坡和刘偏方［J］/曾学文//妇女生活，1999（9）

10066　苏轼与庞安常的文医缘［J］/郭洪涛，冯梅荣//家庭中医药，1999（10）

10067　苏东坡的养生之道［J］/不详//党员干部之友，2000（1）

10068　苏东坡的养生术：擦脚心［J］/孙钧沛//海内与海外，2000（4）

10069　苏东坡的养生观［J］/解义勇//中国保健营养，2000（7）

10070　苏东坡学胎息［J］/辛非元//气功，2000（7）

10071　苏东坡的《养生三字经》注［J］/观明//开卷有益·求医问药，2000（8）

10072　从苏东坡搓脚心谈起［J］/彭汉光//中国健康月刊，2000（10）

10073　医学上有建树的：我国古代诗人［J］/芸红//科技潮，2000（10）

10074　苏东坡：以食疗治病［J］/李瑞国//食品与健康，2000（12）

10075　《东坡志林》中的医药学［N］/原所贤//中国医药报，2001-01-20

10076　苏东坡的"长寿四味药"［N］/不详//中国建设报，2001-08-10

10077　食补练气功 游玩吟风月：苏东坡的养生之道［J］/高潮//家庭医学，2001（1）

10078　苏轼的四味养生法［J］/赵叶//家庭医学，2001（1）

10079　苏轼养生保健术［J］/赵德贵//中国气功，2001（1）

10080　苏东坡的养生之道［J］/不详//石油政工研究，2001（2）

10081　苏东坡与饮食养生［J］/郑兰荣//粤北乡情，2001（2）

10082　苏东坡的养生之道［J］/万义文//文史天地，2001（3）

10083 苏东坡咏诗话养生[J]/边齐//长寿，2001(3)

10084 苏轼乾隆咏人参[J]/张福有//学问，2001(3)

10085 苏轼的心理养生学[J]/梅筠//医药世界，2001(4)

10086 苏轼的奇方怪药[J]/宁静//今日法坛，2001(6)

10087 苏东坡的醒酒药：金钩梨[J]/陈吉飞//开卷有益(求医问药)，2001(12)

10088 苏轼的"奇方怪药"[J]/宁静//四川党的建设(城市版)，2001(C1)

10089 苏轼的养生与其文学创作[D]/吴雨青.—南京师范大学(硕士论文)，2001

10090 名人与药物养生[N]/李盛仙//中国中医药报，2002-04-05

10091 也无风雨也无晴 苏东坡谈"长寿方"[N]/不详//家庭与生活报，2002-11-26

10092 苏东坡的长寿四味药[J]/蒲昭和//绿叶，2002(1)

10093 苏东坡与四味"长寿药"[J]/不详//药物与人，2002(1)

10094 同炼不同果 修为看自身：苏轼兄弟的气功养生[J]/楼绍来//医古文知识，2002(2)

10095 苏东坡的四言养生诗[J]/拾言//山西老年，2002(3)

10096 苏东坡与"长寿四味药"[J]/蒲昭和//建筑工人，2002(3)

10097 苏轼的养生[J]/刘文刚//宗教学研究，2002(3)

10098 适者生存：苏东坡保健法[J]/郭振东//健康生活，2002(6)

10099 苏东坡的四味"长寿药"[J]/南乡//健身科学，2002(7)

10100 苏东坡与芡实[J]/不详//药物与人，2002(9)

10101 东坡"四句话"养生法[J]/黎明，春天，春天//食品与健康，2002(12)

10102 苏轼笔记杂著中的医药学史料探析[J]/原所贤，暴连英//中医文献杂志，2002(22)

10103 苏东坡的长生"四味药"[N]/不详//扬子晚报，2003-06-05

10104 东坡擦脚心，并非随观音：按摩涌泉可养生[J]/炎继明//现代中医药(陕西)，2003(1)

10105 苏东坡何以能长寿[J]/龙刚//医药保健杂志，2003(3)

10106 苏东坡的养生之道[J]/丹珠//养生大世界，2003(5)

10107 苏轼与庞安时[J]/李官火//浙江中医杂志，2003(9)

10108 东坡与瑜伽[J]/饶晓明//科学养生，2003(11)

10109 养福、养气、养财：苏东坡《节食》座右铭[J]/布明德//现代养生，2003(11)

10110 苏东坡梳头保健[J]/不详//康和月刊，2003(28)

10111 苏东坡梳头保健[J]/陈光惠//颍川月刊，2003(复刊号)

10112 苏东坡的"内功"[N]/范方兴//光明日报，2004-02-18

10113 东坡养生四味药[N]/不详//大河报，2004-04-17

10114 苏东坡养生有方[J]/张旭，小颖//东方食疗与保健，2004(1)

10115 苏轼的养生之道[J]/康民//医药与保健，2004(1)

10116 损嫌以宽 弃蒂以容[J]/布明德//现代养生，2004(1)

10117 从苏东坡《猪肉颂》说起[J]/傅维康//家庭用药，2004(2)

10118　浅谈苏辙的养气说［J］/ 张丽君 // 集宁师专学报，2004（2）

10119　苏东坡爱竹［J］/ 容小兴 // 东方食疗与保健，2004（3）

10120　苏东坡的养生之道［J］/ 不详 // 老年健康，2004（3）

10121　谪居三适［J］/ 布明德 // 现代养生，2004（3）

10122　东坡在逆境之中养生［J］/ 贡树铭 // 医古文知识，2004（4）

10123　苏东坡精神养生谈［J］/ 潘庆宏，怡然 // 文史杂志，2004（4）

10124　苏东坡的咏诗养生法［J］/ 燕子 // 中老年健身科学，2004（5）

10125　苏东坡的咏诗养生法（外一篇）［J］/ 不详 // 健身科学，2004（5）

10126　苏东坡练瑜伽［J］/ 逸仙 // 健身科学，2004（5）

10127　苏东坡的养生之道［J］/ 江雅文 // 中国保健杂志，2004（6）

10128　苏东坡的饮食和养生［J］/ 戚文 // 食品与生活，2004（6）

10129　印度的“HRM 现象”苏东坡的《采日月华赞》［J］/ 贺守邦 // 养生月刊，2004（7）

10130　苏东坡的养生之道研究［J］/ 杨民光 // 体育文化导刊，2004（11）

10131　苏东坡养生之道研究［J］/ 杨民光 // 体育文化导刊，2004（11）

10132　苏轼的养生防病观［J］/ 曹瑛 // 中国民间疗法，2004（11）

10133　从东坡词看苏轼处逆境之道：以现代精神医学观点论述［D］/ 李茸．—彰化师范大学（硕士论文），2004

10134　苏东坡与中药材［N］/ 张俊录 // 中国档案报，2005-02-25

10135　传承东坡养生文化［N］/ 宋明刚 // 眉山日报，2005-06-14

10136　资料：苏东坡爱吃天绿香［N］/ 不详 // 文汇报（香港），2005-10-30

10137　苏东坡的四味长寿“药”［J］/ 白秀兰 // 养生月刊，2005（1）

10138　安分、宽胃、省费：苏轼的养生观［J］/ 黄力生 // 陕西师范大学学报（哲学社会科学版），2005（2）

10139　苏东坡养生有方［J］/ 唐黎标 // 保健医苑，2005（2）

10140　生活三养 睡眠三昧（古人养生）：苏东坡的养生之道［J］/ 杨一容 // 驾驶园，2005（4）

10141　苏轼《养老篇》浅释［J］/ 吴建军 // 养生月刊，2005（5）

10142　苏轼的医疗活动［J］/ 张瑞贤，张卫 // 江西中医学院学报，2005（5）

10143　略论苏轼的养生理论与实践［J］/ 何玉兰 // 乐山师范学院学报，2005（7）

10144　苏轼的养生长寿古方［J］/ 晓翌 // 健身科学，2005（7）

10145　驯化与观看：唐、宋文人南方经验中的疾病经验与国族论述［J］/ 张蜀蕙 // 东华人文学报，2005（7）

10146　苏东坡《养生诀》［J］/ 伊明 // 武林，2005（8）

10147　苏东坡的延寿惜福之道［J］/ 孙清廉 // 家庭医学杂志，2005（9）

10148　苏东坡的长寿四味药［J］/ 吴连芹 // 祝您健康，2005（9）

10149　苏东坡也懂医道［J］/ 许家和 // 家庭中医药，2005（9）

10150　仿效苏轼神功健身心［J］/ 郭振东 // 少林与太极，2005（11）

10151　苏东坡“三养修身”的启示［J］/ 陈家邦 // 政工研究动态，2005（15）

10152　和以顺物 安而轻心：苏轼的养生之道［J］/ 张涛 // 养生大世界，2005（B1）

10153 苏东坡与医生的交往[C]/张卫，张瑞贤//中华中医药学会第八届中医药文化学术研讨会论文集/中华中医药学会.—2005

10154 苏轼的医疗活动[C]/张瑞贤//中华中医药学会第八届中医药文化学术研讨会论文集/中华中医药学会.—2005

10155 苏轼杂著中的医药学史料探析[N]/佚名//天水日报，2006-06-11

10156 苏东坡的"养生三戒"[N]/不详//家庭与生活报，2006-06-06

10157 苏东坡的四味"长寿药"[N]/谭长雷//浙江老年报，2006-10-25

10158 东坡的药方[N]/郑周//城市快报，2006-11-13

10159 名人养生 才子养生亦非常：苏东坡养生之道[J]/春光//中国保健杂志，2006(1)

10160 文豪苏东坡奇遇名医庞安时[J]/张卫，张瑞贤//医古文知识，2006(1)

10161 患难见深情：苏轼与巢谷[J]/张瑞贤//中医药文化，2006(2)

10162 苏轼《养老经》[J]/王大荣//晚霞，2006(2)

10163 苏轼的养生之道[J]/唐乐群//老年教育，2006(2)

10164 苏东坡的步月梳发诗[J]/徐文//东方食疗与保健，2006(3)

10165 苏东坡的美食保健之道[J]/不详//劳动保障世界，2006(4)

10166 苏东坡养颜固齿的方法[J]/许力行//家庭医药，2006(4)

10167 苏轼的养生之道[J]/不详//健身气功，2006(5)

10168 苏轼与中药[J]/刘健英//家庭中医药，2006(5)

10169 中国古代养生诗词赏析 苏轼的养生诗[J]/贺毅//长寿，2006(6)

10170 苏东坡写诗咏食疗[J]/徐文//东方食疗与保健，2006(7)

10171 苏东坡养生诗[J]/李钦芳//家庭医学，2006(11)

10172 东坡"三养"的启示[J]/卢华//审计与理财，2006(12)

10173 苏东坡的养生法[J]/施大鹏//新天地，2006(12)

10174 苏东坡的养生"秘方"[N]/不详//今晨6点，2007-03-31

10175 苏东坡的四味"长寿药"[N]/不详//安徽日报(农村版)，2007-04-20

10176 苏东坡的长寿四味药[N]/苏东坡//华商晨报，2007-05-06

10177 苏东坡的养生之道[N]/张致呈//老年时报，2007-05-28

10178 名人养生故事(3)苏轼养生四句话[N]/不详//健康报，2007-07-12

10179 苏轼养生四句话[N]/不详//健康报，2007-07-12

10180 学学苏东坡的食疗方[N]/常宾//健康时报，2007-07-12

10181 苏东坡养生之道[N]/张致呈//老年时报，2007-08-27

10182 从苏东坡的"三白"、"三养"说起[N]/不详//沈阳晚报，2007-08-28

10183 苏东坡的"养生四味药"[N]/不详//沈阳晚报，2007-08-28

10184 苏东坡的中医"养生四味药"[N]/不详//沈阳晚报，2007-08-28

10185 苏东坡的"四味长寿药"[N]/不详//闽南日报，2007-10-05

10186 苏轼"搓脚心"养生法[N]/不详//今晚报，2007-10-19

10187 苏东坡的长寿秘方[N]/孙强//南阳日报，2007-11-21

10188 东坡的药方[J]/不详//养生保健，2007(2)

10189 宋人笔记中关于疾病的论述[J]/彭榕华//福建中医学院学报，2007(5)

10190 苏东坡的养生之道[J]/不详//中国保健杂志，2007(5)

10191 苏东坡的养生之道[J]/武磊//中国保健，2007(5)

10192 苏东坡：达观好动寿自长[J]/张湖德//保健与生活，2007(8)

10193 苏东坡的养生故事[J]/不详//三月三(女人故事荟)，2007(8)

10194 苏东坡与瑜伽养生[J]/金苏焱//家庭中医药，2007(8)

10195 “西河”与“长寿”小考[J]/蒋信，蒋宗许//绵阳师范学院学报，2007(12)

10196 苏轼：宠辱不惊得益寿[J]/张鸿雁//养生大世界(B版)，2007(Z1)

10197 苏东坡与沉香[N]/不详//今晚报，2008-02-09

10198 苏东坡与沉香[N]/吴思强//保定晚报，2008-02-16

10199 苏轼益寿诀[N]/陈福新//家庭医生报，2008-02-18

10200 苏东坡的养生思想[N]/不详//中国中医药报，2008-02-27

10201 由苏东坡“梳头养生歌”说开去[N]/蒋怀士//黔东南日报，2008-04-01

10202 话说苏东坡的“梳头养生歌”[N]/不详//当代健康报，2008-04-17

10203 东坡善调息[N]/不详//健报，2008-07-16

10204 苏东坡的静坐调息养生法[N]/不详//文摘报，2008-07-31

10205 苏东坡的静坐调息养生法[N]/不详//合肥晚报，2008-08-12

10206 苏东坡无事当以贵[N]/蒋波//新商报，2008-08-24

10207 苏东坡的“擦脚健身法”[N]/不详//老年日报，2008-09-18

10208 请苏东坡开药？[N]/淳亮//广州日报，2008-12-21

10209 东坡养生的四三二一[J]/贺守邦//养生月刊，2008(1)

10210 苏东坡治齿如治军[J]/不详//健康必读，2008(1)

10211 《圣散子方》考[J]/牛亚华//文献，2008(2)

10212 苏东坡《养生三字经》[J]/不详//养生保健指南，2008(2)

10213 苏轼与《东坡养生集》[J]/陈兴志//健身气功，2008(2)

10214 茯苓药膳方[J]/如海//食品与健康，2008(3)

10215 向苏东坡学乐观[J]/岳晓东//药物与人，2008(3)

10216 苏东坡的食疗、保健秘方[J]/余力//家庭生活指南，2008(4)

10217 苏东坡：擅长饮食养生[J]/张泽宇//祝您健康，2008(5)

10218 苏东坡：长饮食养生[J]/张泽宇//祝您健康，2008(5)

10219 苏东坡生姜驻颜不老[J]/不详//养生保健指南，2008(5)

10220 苏轼的养生经[J]/嘉嘉//健康，2008(5)

10221 论苏轼的养生之道[J]/江琼，吴娟//时珍国医国药，2008，19(6)

10222 名人养生单方[J]/王家喻//新闻世界(健康生活)，2008(6)

10223 苏东坡的步月梳发诗[J]/徐成文//科学养生，2008(6)

10224 苏轼的自我心理保健与职场解压[J]/何志干//职业杂志，2008(6)

10225 品苏东坡的养生诗［J］/ 黄莉 // 养生大世界，2008（7）

10226 苏东坡的食疗、保健秘方［J］/ 不详 // 环境与生活，2008（8）

10227 苏轼的养生之道［J］/ 韦公远 // 武当，2008（8）

10228 苏轼与中医中药［J］/ 张立峰，张自力 // 知识就是力量，2008（9）

10229 苏东坡养生诗［J］/ 黄莉 // 椰城，2008（11）

10230 苏轼养生理论与实践研究［J］/ 袁思成 // 体育文化导刊，2008（12）

10231 苏东坡巧驳“刘偏方”［J］/ 成恩 // 幸福（悦读），2008（35）

10232 《苏沈良方》研究［D］/ 史华 .—华东师范大学（硕士论文），2008

10233 试论苏轼词的养生内涵［C］/ 陈德春 //2008 北京·第二届扶阳论坛论文集 / 中华中医药学会，2008

10234 苏东坡食疗方［C］/ 不详 // 第 25 届全国中医儿科学术研讨会暨中医药高等教育儿科教学研究会会议学术论文集 / 中华中医药学会儿科分会，辽宁中医药大学附属医院，2008

10235 苏东坡吃错药［N］/ 不详 // 北京青年报，2009-01-06

10236 文豪苏东坡：人之寿夭在元气［N］/ 不详 // 医药卫生报，2009-02-07

10237 品苏轼“三白”之韵味刘宗惠［N］/ 不详 // 桂林晚报，2009-02-15

10238 东坡种竹觉笋香［N］/ 邬时民 // 中国中医药报，2009-02-23

10239 苏东坡睡眠“八字诀”［N］/ 不详 // 宜兴日报，2009-06-23

10240 东坡羹去咳止痰［N］/ 不详 // 老年日报，2009-06-26

10241 “苏东坡操”可防颈椎病［N］/ 魏雅宁 // 健康时报，2009-11-09

10242 做“东坡操”可防颈椎病［N］/ 不详 // 沈阳日报，2009-11-11

10243 跟苏东坡学养生道：搓脚心［N］/ 不详 // 江南晚报，2009-12-30

10244 苏东坡与咽津术［J］/ 许家和 // 心血管病防治知识，2009（2）

10245 苏东坡吃错药［J］/ 不详 // 读者俱乐部（A 版），2009（3）

10246 苏东坡的四味“长寿药”等［J］/ 李斌 // 保健与生活，2009（3）

10247 苏东坡的饮食养生［J］/ 不详 // 益寿文摘（合订本），2009（3）

10248 东坡先生话养生［J］/ 王礼贤 // 中医药文化，2009（4）

10249 苏东坡吃错药［J］/ 卢获秋 // 健康必读，2009（4）

10250 苏东坡鼾声如雷［J］/ 左朱 // 中国卫生人才杂志，2009（4）

10251 苏轼《盖公堂记》阅读训练［J］/ 石人 // 读写月报（高中版），2009（4）

10252 读圣散子方［J］/ 费振钟 // 书城，2009（5）

10253 苏东坡的养生诗［J］/ 余力 // 科学养生，2009（5）

10254 苏轼的长寿药食观［J］/ 胡海 // 金秋，2009（6）

10255 苏轼论养生三戒［J］/ 余塔山 // 养生月刊，2009（6）

10256 苏东坡的养生经［J］/ 郑延芬 // 长寿，2009（7）

10257 苏东坡的饮食养生［J］/ 不详 // 长寿，2009（8）

10258 当效东坡守“三养”［J］/ 邹全荣 // 祝您健康，2009（9）

10259 浅析苏轼《养老篇》［J］/ 虹晔，刘帅 // 中老年保健，2009（10）

10260 苏东坡与其养生经［J］/ 郑延芬 // 保健医苑，2009（11）
10261 苏轼与陆游养生思想比较研究［D］/ 王静．—河南大学（硕士论文），2009
10262 苏东坡的“长寿药”［N］/ 吴明 // 浔阳晚报，2010-02-08
10263 苏东坡的《姜茶饮》［N］/ 不详 // 潮州日报，2010-04-25
10264 苏东坡行医轶事［N］/ 郑桂初 // 大众卫生报，2010-04-27
10265 苏东坡保健操的养生精髓［N］/ 洪昭光 // 当代健康报，2010-04-29
10266 做苏东坡操 防颈椎疾病［N］/ 不详 // 老年生活报，2010-05-31
10267 苏东坡乐观助长寿［N］/ 不详 // 科学导报·今日健康，2010-07-02
10268 苏轼的养生诀［N］/ 潘强 // 老人报，2010-07-28
10269 苏东坡的“二字”养生法［N］/ 不详 // 瑞安日报，2010-10-27
10270 防颈椎病做“苏东坡操”［N］/ 不详 // 都市女报，2010-11-08
10271 苏东坡不但会作文还会开药看病?［N］/ 不详 // 包头晚报，2010-11-16
10272 苏东坡他到了晚年的时候，还是精力很好，耳聪目明，为什么？因为他自己就是足疗大师嘛。东坡擦脚心［N］/ 朱晓倩 // 行报，2010-12-10
10273 苏东坡给自己开方［N］/ 不详 // 汕头都市报，2010-12-13
10274 做“苏东坡操”缓解疲劳［N］/ 格格 // 枣庄日报，2010-12-13
10275 东坡药方帖［N］/ 不详 // 辽沈晚报，2010-12-17
10276 苏东坡四味“长寿药”［N］/ 不详 // 科学导报·今日健康，2010-12-24
10277 苏东坡的食疗养生方［J］/ 不详 // 健康必读，2010（2）
10278 苏东坡的养生轶趣［J］/ 留馨雨 // 家庭医药（快乐养生），2010（2）
10279 苏东坡的养生之道［J］/ 武磊 // 国学，2010（2）
10280 《苏沈良方》作者区分新考［J］/ 李淑慧 // 中医文献杂志，2010（3）
10281 苏东坡：达观好动寿自长［J］/ 不详 // 保健俱乐部·养生保健指南，2010（3）
10282 《苏沈良方》作者区分新考（续完）［J］/ 李淑慧 // 中医文献杂志，2010（4）
10283 苏东坡“四味”养生药［J］/ 尚品 // 中国健康月刊，2010（4）
10284 苏轼贬谪生涯与岭南养生文化［J］/ 昌庆志 // 柳州师专学报，2010（5）
10285 岳阳楼上谈养气 引得东坡三出气［J］/ 胡子博士 // 少年博览（上半月），2010（5）
10286 古诗中藏养生之道［J］/ 苏政和 // 茶．健康天地，2010（6）
10287 洪昭光教授大力推荐“苏东坡操”可防颈椎病［J］/ 魏雅宁 // 现代养生（B），2010（6）
10288 苏轼的饮食养生［J］/ 不详 // 志苑，2010（6）
10289 苏轼与中医药［J］/ 不详 // 中医药通报，2010（6）
10290 古代文人养生之法［J］/ 鲍冬生 // 国学，2010（7）
10291 苏东坡的养生之道［J］/ 徐力 // 东方食疗与保健，2010（7）
10292 苏东坡用茯苓面治痔疮［J］/ 邬时民 // 半月选读，2010（11）
10293 论瑜伽与苏轼诗境、心境之关系［J］/ 张斯 // 网络财富，2010（17）
10294 苏轼与中国养生文化［D］/ 田慧玲．—湖南科技大学（硕士论文），2010
10295 苏东坡四句长寿语［N］/ 不详 // 忻州日

报（交通生活版），2011-03-09

10296 东坡也练瑜伽［N］/ 邬时民 // 中国中医药报，2011-03-10

10297 苏东坡长寿要诀［N］/ 不详 // 科学导报·今日健康，2011-03-16

10298 名家养生之道：苏东坡四句长寿语［N］/ 不详 // 劳动午报，2011-04-07

10299 苏东坡至爱：山兰酒［N］/ 不详 // 南岛晚报，2011-04-14

10300 苏东坡怎样疗痔疮［N］/ 陈微 // 家庭与生活报，2011-04-19

10301 苏东坡最早创建公私合资医院［N］/ 邬时民 // 太原日报，2011-06-20

10302 苏东坡：达观好动寿自长［N］/ 季楠 // 大众卫生报，2011-06-28

10303 苏轼的绿色养生［N］/ 不详 // 泉州晚报（海外版），2011-07-25

10304 苏轼的绿色养生［N］/ 周齐林 // 泉州晚报（海外版），2011-07-25

10305 苏东坡父子的山药之情［N］/ 不详 // 中国医药报，2011-08-05

10306 苏东坡怎样给自己治痔疮［N］/ 不详 // 十堰日报，2011-08-10

10307 苏东坡给自己治痔疮［N］/ 不详 // 当代健康报，2011-08-11

10308 苏轼谈养生［N］/ 周齐林 // 邵阳晚报，2011-08-23

10309 苏东坡开药局［N］/ 刘国应 // 大众卫生报，2011-08-25

10310 苏轼患何病终老于常州？［N］/ 不详 // 常州晚报，2011-08-27

10311 苏东坡的养生术［N］/ 不详 // 南阳日报，2011-09-08

10312 缺钙也会引痔上身？苏东坡疗痔小秘方流传 900 年：你想不到的痔疮背后的秘密［N］/ 吴岱霞 // 三湘都市报，2011-09-28

10313 中文视野：苏轼的洗澡歌［N］/ 不详 // 文汇报（香港），2011-10-21

10314 苏东坡与“安乐坊”［N］/ 徐国普 // 中国红十字报，2011-10-25

10315 东坡的药［N］/ 章原 // 东方早报，2011-11-19

10316 东坡的色［N］/ 章原 // 东方早报，2011-11-26

10317 文豪苏东坡：人之寿夭在元气［N］/ 不详 // 广东科技报·健康养生周刊，2011-11-29

10318 苏东坡的养生经［N］/ 老猫 // 深圳特区报，2011-11-30

10319 苏东坡的养生经［N］/ 不详 // 临汾日报（晚报版），2011-12-01

10320 东坡擦脚心趣闻［N］/ 不详 // 镇江日报，2011-12-02

10321 苏东坡的养生经［N］/ 不详 // 南国早报，2011-12-02

10322 啥都能说出道道苏东坡［N］/ 不详 // 合肥晚报，2011-12-05

10323 苏轼喜食芡实粥［N］/ 不详 // 快乐老人报，2011-12-15

10324 论苏东坡的养生思想［J］/ 王启鹏 // 黄冈职业技术学院学报，2011（1）

10325 苏东坡：吃出健康［J］/ 白忠懋 // 祝您健康，2011（1）

10326 东坡养生理论新体系及其时代意义：兼谈东坡在黄州的养生实践成就［J］/ 饶学刚，饶晓明 // 乐山师范学院学报，2011（2）

10327 苏东坡健身操［J］/ 不详 // 中外妇儿健康·特别健康，2011（2）

10328 苏东坡的四味“长寿药”［J］/ 不详 // 健康必读（下半月），2011（3）

10329 无事以当贵，早寝以当富，安步以当车，晚食以当肉 苏东坡四句长寿语［J］/ 不详 // 青海国土经略，2011（3）

10330 苏东坡不以脉诊困医［J］/ 不详 // 中医药通报，2011（4）

10331 苏东坡与枳椇子［J］/ 胡献国 // 药物与人，2011（4）

10332 苏轼养生之道述论［J］/ 朱安义 // 乐山师范学院学报，2011（4）

10333 苏轼养生保健法［J］/ 赵欣贵 // 东方食疗与保健，2011（5）

10334 苏东坡可能死于“用药错误”［J］/ 林莉 // 家庭科学（新健康），2011（6）

10335 苏东坡因吃错药而死？［J］/ 王伟 // 中国减灾，2011（6）

10336 苏轼的养生哲学与实践［J］/ 姜辉 // 中医药文化，2011（6）

10337 古代文人养生八法［J］/ 白素菊 // 老同志之友，2011（8）

10338 论苏东坡的养生艺术［J］/ 姜辉 // 中国学术研究，2011（8）

10339 苏东坡不但会作文，还会开药看病［J］/ 张炜 // 高中生之友（青春版），2011（8）

10340 东坡养生与“思无邪”［J］/ 贺守邦 // 养生月刊，2011（9）

10341 苏东坡“减肥”［J］/ 不详 // 大历史，2011（9）

10342 苏东坡“减肥”［J］/ 马啸 // 中华传奇（月末版），2011（9）

10343 苏东坡的养生之道［J］/ 韦丰 // 开卷有益·求医问药，2011（9）

10344 苏东坡与枳椇子［J］/ 胡献国 // 中国保健食品，2011（9）

10345 苏东坡怎样给自己治痔疮（外 2 则）［J］/ 本刊编辑部 // 祝你幸福（知心版），2011（9）

10346 古代名人养生单方［J］/ 嘉人 // 老年教育·长者家园，2011（10）

10347 从宋代养生诗看宋代士人的养生［J］/ 许南海 // 黑龙江史志，2011（11）

10348 当苏轼遇上痔疮［J］/ 九块砖 // 恋爱婚姻家庭·养生，2011（11）

10349 苏东坡死于吃错药？［J］/ 王伟 // 法制博览·名家讲坛，2011（11）

10350 苏东坡：人之寿夭在元气［J］/ 不详 // 家庭医药·快乐养生，2011（12）

10351 苏东坡：人之寿夭在元气［J］/ 本刊数据库 // 家庭医药·快乐养生，2011（12）

10352 苏东坡的养生法［J］/ 老猫 // 食品指南，2011（12）

10353 学苏东坡：风景不转心境转［J］/ 不详 // 益寿文摘，2011（12）

10354 苏东坡搓足心明目［J］/ 王珏，尹琳 // 家庭保健，2011（13）

10355 苏东坡的延寿之道［J］/ 潘海强，郭启超，杨涛，吴鸿洲 // 家庭保健，2011（15）

10356 苏东坡四句长寿语［J］/ 不详 // 生命时报，2011（16）

10357 苏轼的养生哲学与实践［C］/ 姜辉 // 中华中医药学会医古文分会成立 30 周年暨第二十次学术交流会论文集 / 中华中医药学会医古文分会，2011

10358 中国古代文人养生的研究：以苏轼为个案［C］/ 李文鸿 // 第九届全国体育科学大会论文摘要汇编（4）/ 上海体育学院武术学院，2011

10359 苏东坡的四味“长寿药”［N］/ 张昌 // 当代健康报，2012-02-16

10360 苏东坡的养生宝物：芡实［N］/ 不详 // 江南保健报，2012-03-06

10361 苏轼把养生融入生活习惯［N］/ 曹瑛，王蕊芳 // 中国中医药报，2012-03-19

10362 有感于苏东坡的“长寿药”［N］/ 不详 // 今日桐庐，2012-03-23

10363 老饕的美食养生法：从东坡美食看养生美食的妙用［N］/ 不详 // 十堰晚报，

2012-03-30

10364 苏轼：把养生融入生活习惯[N]/不详//现代保健报，2012-03-30

10365 缓嚼咽津：苏东坡的养生之道[N]/吕殿录//当代健康报，2012-05-10

10366 苏轼的四味“长寿药”[N]/不详//浙江老年报，2012-05-16

10367 苏东坡的羹[N]/任崇喜//吉林日报，2012-06-07

10368 苏轼养生注重动静结合[N]/不详//青岛日报，2012-06-19

10369 苏东坡：健脑提神常梳头[N]/刘成权，刘畅，汪学潮//解放军报，2012-07-07

10370 饮酒与苏东坡的养生文化[N]/李志会//定州日报，2012-07-13

10371 苏东坡养生“三戒”、“四警”[N]/不详//家庭医生报，2012-07-16

10372 苏东坡的“睡眠三昧”养生[N]/不详//当代健康报，2012-07-19

10373 苏轼的养生法[N]/冯殿洲//北海日报，2012-07-27

10374 苏东坡办医院[N]/于铁成//中国技术市场报，2012-07-31

10375 求医当学苏东坡[N]/不详//长沙晚报，2012-08-20

10376 苏东坡：传知治水惠民保健[N]/不详//浙江老年报，2012-09-05

10377 苏东坡、苏小小们吃什么宋嫂鱼羹是如何流传至今[N]/不详//钱江晚报，2012-09-06

10378 苏轼养生法初探[N]/不详//中国技术市场报，2012-11-13

10379 阳光苏轼不以己悲[N]/不详//保健时报，2012-11-15

10380 苏东坡的养生经[J]/不详//知识窗·往事文摘，2012(2)

10381 弘扬东坡美食养生文化之研究[J]/刘红星//黄冈职业技术学院学报，2012(3)

10382 圣散子方考[J]/南东求，张学梅//黄冈职业技术学院学报，2012(3)

10383 苏东坡的四味长寿药[J]/不详//晚报文萃(上半月·开心版)，2012(3)

10384 苏东坡论长寿药食[J]/杨晓光//养生保健指南·中老年健康，2012(3)

10385 学苏东坡：风景不转心境转[J]/不详//保健俱乐部·养生保健指南，2012(3)

10386 苏轼“安”与“和”养生观的启示[J]/薛芳芸//南京中医药大学学报(社会科学版)，2012(4)

10387 苏轼的“长寿药”[J]/本刊编辑部//健康必读，2012(4)

10388 苏轼的“长寿药”[J]/张昌//健康必读(上旬刊)，2012(4)

10389 苏轼的美味人生[J]/刘亮//大众健康，2012(4)

10390 苏轼养生观述略[J]/方霞//淮北职业技术学院学报，2012(4)

10391 苏东坡：平民医院创始人[J]/张伟//家庭医药·快乐养生，2012(5)

10392 苏东坡的四味长寿药[J]/不详//党政论坛·干部文摘，2012(5)

10393 苏东坡的四味长寿药[J]/无言//晚报文萃，2012(5)

10394 苏轼的口腔保健法[J]/不详//养生保健指南，2012(5)

10395 论苏轼的养生思想[J]/江伟//科学与财富，2012(7)

10396 苏东坡的养生经[J]/老猫//民间故事选刊·秘闻，2012(8)

10397 苏东坡通达顺生[J]/那秋生//健身科学，2012(9)

10398 苏东坡的四味“长寿药”[J]/不详//知识窗·往事文摘，2012(11)

10399 苏东坡、苏局仙与蜂疗养生[J]/房柱//

蜜蜂杂志，2012（12）

10400 苏东坡的“睡眠三昧”养生［J］/不详//知识窗·往事文摘，2012（12）

10401 苏轼笑论“药引”［J］/张远桃//心血管病防治知识（科普版），2012（12）

10402 苏东坡睡眠三昧［J］/吕殿录//特别健康，2012（16）

10403 苏东坡“减肥”［J］/马啸//今日文摘，2012（24）

10404 苏轼养生重在“和、安”二字［J］/本刊综合//人人健康，2012（24）

10405 安乐坊考略［J］/金素芳//兰台世界，2012（33）

10406 《东坡养生集》养生学术思想探析［C］/张立平//第三届全国中医药博士生优秀论文颁奖会议论文集/中华中医药学会，《中华中医药杂志》社，中国中医科学院中医基础理论研究所，2012

10407 东坡也爱阴米［N］/汪亭//武汉晚报，2013-01-22

10408 看苏东坡给自己治痔疮［N］/不详//老年日报，2013-01-23

10409 苏东坡的养生之道［N］/不详//老年日报，2013-02-27

10410 苏轼会养生［N］/熊仕喜//北京晚报，2013-03-14

10411 苏东坡血压为何不高［N］/林少华//深圳晚报，2013-03-15

10412 苏东坡会养生［N］/不详//海南特区报，2013-03-16

10413 讲究养生及饮食的苏东坡［N］/不详//银川晚报，2013-03-18

10414 苏轼的养生经［N］/不详//健康导报，2013-03-25

10415 苏东坡口腔养生法：早晚叩齿老来不掉牙［N］/不详//平凉日报，2013-03-30

10416 文人雅士注重养生苏东坡把梳头作养生之道［N］/不详//上饶晚报，2013-04-11

10417 东坡擦脚心并非随观音［N］/不详//北京晚报，2013-04-24

10418 东坡擦脚心功用不可量［N］/不详//文摘报，2013-05-07

10419 苏东坡治痔有方［N］/郭玉琴//北京晚报，2013-08-19

10420 苏东坡的养生“四味药”［N］/不详//南阳晚报，2013-09-03

10421 苏东坡养生四绝［N］/不详//燕赵老年报，2013-09-25

10422 苏东坡也练瑜伽［N］/邬时民//北京青年报，2013-10-23

10423 减肥达人苏东坡［N］/代娟//镇江日报，2013-10-25

10424 东坡开方子［N］/不详//燕赵都市报，2013-10-26

10425 白居易抨击丹药苏轼精通养生［N］/不详//辽沈晚报，2013-10-31

10426 揭秘苏东坡养生之道秋冬养生“四大名补”［N］/不详//绵阳晚报，2013-11-02

10427 苏东坡以茶护齿［N］/不详//中国中医药报，2013-11-15

10428 以茶护齿的苏东坡［N］/赵青新//人民政协报，2013-12-04

10429 苏东坡：健脑提神常梳头［N］/不详//老年日报，2013-12-12

10430 苏轼的长寿之道［N］/方木鱼//浔阳晚报，2013-12-12

10431 苏轼养生重“和、安”［N］/不详//河北青年报，2013-12-16

10432 学学苏东坡的养生之道［N］/张致呈//中老年时报，2013-12-31

10433 苏轼治疗痔疮的妙方：芝麻茯苓面［J］/程国兴//开卷有益·求医问药，2013（1）

10434 东坡居士“须问汤”对药膳食疗的启示［J］/翟烨，窦海伟，张聪//中国民间疗法，2013(2)

10435 论苏轼的医学情怀［J］/薛芳芸//医学与哲学(人文社会医学版)，2013(2)

10436 苏东坡不是个好医生［J］/子羽//传奇故事·百家讲坛(下旬)，2013(2)

10437 苏东坡不以脉诊困医［J］/不详//中医药通报，2013(2)

10438 苏轼“安”与“和”养生观的启示［J］/赵可君//北京中医药大学学报，2013(2)

10439 苏东坡的四味“长寿药”［J］/张晶//当代老年，2013(3)

10440 苏东坡独家养生秘诀［J］/四晃//资治文摘(综合版)，2013(3)

10441 苏东坡与瑜伽养生［J］/韦公远//现代养生(上半月)，2013(3)

10442 苏东坡独家养生秘诀［J］/本刊编辑部//饮食与健康(下旬刊)，2013(4)

10443 苏轼的养生经［J］/黎黎//医药食疗保健，2013(4)

10444 苏轼论养生［J］/不详//中国中医药现代远程教育，2013(4)

10445 苏东坡美食养生方［J］/不详//中国中医药现代远程教育，2013(5)

10446 苏轼的养生经［J］/胡丽//老年风采，2013(5)

10447 苏东坡的四味“长寿药”［J］/张昌//民间故事选刊(下)，2013(6)

10448 苏轼：想说节食不容易［J］/马啸//传奇故事·百家讲坛(下旬)，2013(6)

10449 苏轼的减压养生之道［J］/兰馨//青春健康(人口文化)，2013(6)

10450 苏东坡的四味“长寿药”［J］/不详//养生大世界，2013(7)

10451 苏东坡口腔养生法［J］/不详//健康必读，2013(7)

10452 妙用茯苓粉［J］/周华//家庭医药，2013(8)

10453 苏东坡“减肥”［J］/马啸//中外文摘，2013(8)

10454 苏东坡的养生术［J］/张金平//药物与人，2013(8)

10455 学学苏东坡的减压之道［J］/欣闻//家庭医药，2013(9下)

10456 大文豪苏轼与中医药传播［J］/时仲省//中南药学·用药与健康，2013(10)

10457 苏东坡：养生理念固重要，难在管住嘴［J］/老猫//国学，2013(11)

10458 苏东坡的步月梳发诗［J］/徐成文//开卷有益·求医问药，2013(11)

10459 调肝养血之逍遥丸：苏东坡与益智仁［J］/郑德昌，胡献国//饮食与健康(下旬刊)，2013(12)

10460 弘扬东坡精神，优化护理工作：关于挖掘“东坡与医药”文化资源的建议［J］/孟燕//世界最新医学信息文摘，2013(21)

10461 《易筋经》是本保健书［J］/唐蕾文//科学大观园，2013(22)

10462 苏东坡自创芝麻茯苓面治痔疮［N］/刘国应//大众卫生报，2014-01-14

10463 苏东坡感冒后遇到的囧事［N］/刘宴斌//鲁北晚报，2014-01-23

10464 苏轼的养生经［N］/不详//北大荒日报，2014-02-07

10465 苏东坡教您预防颈椎病［N］/不详//包头日报，2014-02-21

10466 苏东坡养生四绝［N］/周倩//广东科技报(健康养生周刊)，2014-02-25

10467 苏东坡梳发养生［N］/徐成文//新民晚报，2014-03-23

10468 苏东坡：“达观好动”寿自长［N］/不详//红山晚报，2014-03-25

10469 苏东坡养生四绝［N］/ 郭毅广 // 株洲日报，2014-04-10

10470 除烦去腻不缺茶苏东坡是这样养生的［N］/ 不详 // 老年生活报，2014-04-11

10471 苏东坡养生秘诀［N］/ 不详 // 老人报，2014-04-28

10472 苏东坡与芡实［N］/ 邬时民 //21 世纪药店，2014-05-05

10473 宋朝已有牙膏苏轼配制过牙粉［N］/ 不详 // 信阳晚报，2014-05-09

10474 医药养生绘东坡［N］/ 不详 // 徐州医学院报，2014-05-16

10475 苏轼有四味“长寿药”：无事早寝安步晚食［N］/ 周迎春 // 丹阳日报，2014-05-27

10476 苏东坡因乱用人参去世？［N］/ 不详 // 新商报，2014-06-25

10477 苏东坡的睡眠“三昧”［N］/ 不详 // 中国中医药报，2014-06-26

10478 苏轼钟爱菊荷橘［N］/ 不详 // 中国中医药报，2014-07-14

10479 苏东坡睡眠“三昧”［N］/ 白素菊 // 新民晚报，2014-07-20

10480 苏轼私人定“痔”仙丹［N］/ 斯尔然 // 深圳晚报，2014-07-31

10481 苏东坡的养生秘籍［N］/ 荆墨 // 太原晚报，2014-08-07

10482 苏东坡的养生经［N］/ 不详 // 当代健康报，2014-08-14

10483 苏东坡的养生经［N］/ 不详 // 常州日报，2014-08-21

10484 东坡秘法治疗恼人痔疮［N］/ 不详 // 广东科技报（健康养生周刊），2014-08-26

10485 苏东坡的养生法［N］/ 不详 // 江南保健报，2014-08-28

10486 苏东坡四句长寿秘诀［N］/ 不详 // 抚顺日报，2014-09-11

10487 苏轼的养生秘籍［N］/ 荆墨 // 潮州日报，2014-09-14

10488 东坡会养生［N］/ 不详 // 常州日报，2014-09-18

10489 苏轼的养生秘籍［N］/ 不详 // 鲁中晨刊，2014-09-19

10490 苏轼的养生秘籍［N］/ 高中梅 // 石油管道报，2014-09-19

10491 苏东坡以茶护齿［N］/ 赵青新 // 三明日报，2014-09-22

10492 苏东坡论长寿之法［N］/ 卜庆萍 // 中老年时报，2014-10-09

10493 苏轼的“四当”养生经［N］/ 不详 // 老年生活报，2014-10-15

10494 苏轼的养生秘籍［N］/ 不详 // 红山晚报，2014-10-21

10495 苏东坡的养生经［N］/ 不详 // 通辽日报，2014-10-24

10496 苏东坡的养生之道［N］/ 不详 // 抚顺日报，2014-11-20

10497 苏轼的养生思想及实践［N］/ 李赓扬 // 大众日报，2014-11-26

10498 苏东坡治疗头痛的良药［N］/ 不详 // 老人报，2014-12-15

10499 东坡延年靠生姜［N］/ 常怡勇 //21 世纪药店，2014-12-01

10500 苏东坡与覆盆子［J］/ 胡献国 // 养生月刊，2014（1）

10501 苏东坡治疗头痛的良药：白芷［J］/ 杜业亮 // 开卷有益・求医问药，2014（2）

10502 苏轼与中药［J］/ 陈伟庆 // 南京中医药大学学报（社会科学版），2014（2）

10503 苏东坡与瑜伽［J］/ 饶晓明 // 家庭医药・快乐养生，2014（3）

10504 苏东坡：健脑提神常梳头［J］/ 刘成权，刘畅，汪学潮 // 新湘评论，2014（4）

10505 苏东坡客串医生误人命［J］/ 不详 // 文

史天地，2014(4)

10506 苏东坡的养生之道[J]/刘清黎//文史月刊，2014(5)

10507 苏轼与生姜不老方[J]/李秋菊//健身科学，2014(5)

10508 苏轼养生：无事以当贵[J]/郗效//大众健康，2014(6)

10509 苏轼有四味“长寿药”[J]/不详//今参考·商界，2014(6)

10510 苏东坡健脑提神常梳头[J]/刘成权，刘畅，汪学潮//知识窗·往事文摘，2014(7)

10511 苏轼的“长寿药”[J]/周迎春//老年教育·老年大学，2014(7)

10512 苏东坡的养生经[J]/荆墨//意文，2014(8)

10513 从苏东坡的养心之道说开去……[J]/王鑫//健身科学，2014(9)

10514 感冒囧坏苏东坡[J]/刘宴斌//传奇故事·百家讲坛(下旬)，2014(9)

10515 苏东坡死于吃错了药[J]/郭振//大家健康，2014(9)

10516 宋代苏东坡食疗养生方[J]/本刊编辑部//健康快车·百岁养生，2014(10)

10517 苏东坡的养生秘籍[J]/荆墨//少林与太极，2014(10)

10518 东坡秘法治疗恼人痔疮[J]/不详//健康必读，2014(11)

10519 苏东坡死于吃错了药[J]/王健//饮食与健康(下旬刊)，2014(11)

10520 苏东坡的睡眠“三昧”[J]/《中国中医药报》//中国中医药现代远程教育，2014(21)

10521 东坡会养生[J]/周来阳//小区，2014(35)

10522 宋代苏东坡食疗养生方[J]/健文//凤凰信息报，2014(48)

10523 从苏轼梳头养生谈起[N]/陈日益//中国中医药报，2015-03-11

10524 苏东坡：动静结合才能健康长寿[N]/不详//生活晚报，2015-03-20

10525 苏东坡门窗上书“四戒”[N]/不详//快乐老人报，2015-03-26

10526 大诗人苏轼喜欢喝雨水认为“可以长生”[N]/不详//北大荒日报，2015-04-28

10527 苏东坡这样养生[N]/荆墨//新商报，2015-05-02

10528 苏轼常吃的四味“长寿药”[N]/不详//半岛晨报，2015-05-11

10529 苏东坡门窗上书“四戒”[N]/章原//大河健康报，2015-05-15

10530 苏东坡舍药救黎民[N]/索发祥//天津日报，2015-05-21

10531 十男九痔苏东坡是如何治疗痔疮?[N]/不详//渭南日报，2015-07-09

10532 苏东坡敢于尝试新食物：老鼠蝙蝠蛤蟆可能都尝过[N]/不详//江南保健报，2015-09-01

10533 绝笔毗陵苏东坡[N]/张戬炜//常州日报，2015-09-05

10534 苏东坡的“长寿四味药”[N]/王家喻//中老年时报，2015-09-07

10535 苏轼的“驻颜不老方”[N]/郭洪涛，冯美荣//滨州日报，2015-09-08

10536 苏轼的养生经[N]/高中梅//中华读书报，2015-09-16

10537 苏东坡“行医”二三事[N]/李金钢//中国中医药报，2015-09-25

10538 东坡的道家养生[N]/张丽娅//黄冈日报，2015-09-26

10539 苏轼的养生经[N]/不详//新华每日电讯，2015-10-23

10540 苏轼的养生经[N]/不详//汉中日报，2015-10-28

10541　苏轼的“养生术”［N］/ 张帮俊 // 承德日报，2015-11-06

10542　苏东坡与生姜［N］/ 邬时民 // 北京青年报，2015-11-13

10543　苏东坡的减压养生法［N］/ 不详 // 包头日报，2015-12-08

10544　也效东坡“三养”与“三白”［N］/ 邹全荣 // 闽北日报，2015-12-22

10545　葛洪与苏轼：养生智慧的彰显［J］/ 侯敏 // 惠州学院学报，2015（1）

10546　浅谈苏轼的医学贡献［J］/ 岳宗相，谢晓龙，易琼，等 // 河南中医，2015（1）

10547　苏东坡“减肥”［J］/ 马啸 // 时代青年（上半月），2015（1）

10548　苏东坡的医缘人生［J］/ 张暖，冯伟，周计春 // 中医学报，2015（2）

10549　苏东坡论长寿之法［J］/ 卜庆萍 // 保健与生活，2015（2）

10550　苏东坡的养生经［J］/ 荆墨 // 华人时刊（上旬刊），2015（3）

10551　苏轼所患疾病考［J］/ 彭文良 // 兰州教育学院学报，2015（3）

10552　愈挫折，愈养生：苏东坡的减压养生法［J］/ 李玉鹏 // 科学养生，2015（3）

10553　从苏轼梳头养生谈起［J］/ 陈日益 // 健康生活，2015（4）

10554　苏轼的养生论［J］/ 崔琳洁 // 医食参考，2015（5）

10555　苏轼谪琼期间的养生理论与实践［J］/ 余泱川，于挽平，尹明章，等 // 医学与哲学（A），2015（5）

10556　苏轼的养生智慧［J］/ 高中梅 // 知识文库，2015（7）

10557　苏轼的饮食养生观［J］/ 谢正瑜 // 保健与生活，2015（7）

10558　苏东坡与黄鱼［J］/ 刘振文 // 养生月刊，2015（8）

10559　苏轼把养生融入生活习惯［J］/ 曹芳 // 保健与生活，2015（8）

10560　苏东坡的食疗养生佳品：芡实［J］/ 刘珊 // 健身科学，2015（9）

10561　基于谪琼文献的苏轼海南医学事迹考证［J］/ 余泱川，刘小斌，高湲 // 兰台世界（下旬），2015（10）

10562　十人九痔 看苏东坡给自己治痔疮［J］/ 晨曦 // 现代养生，2015（10）

10563　苏东坡的养生经［J］/ 高中梅 // 国学，2015（11）

10564　苏轼巧对老中医［J］/ 田大金 // 对联（民间对联故事·上半月），2015（11）

10565　苏轼有四味“长寿药”［J］/ 梁栋 // 南国博览，2015（11）

10566　东坡秘法治疗恼人痔疮［J］/ 温载波 // 家庭医药，2015（16）

10567　苏轼的养生经［J］/ 高中梅 // 意林文汇，2015（22）

10568　苏东坡的养生经［J］/ 高中梅 // 小区，2015（35）

10569　苏轼养生这样吃［N］/ 雷春香，杨祥全 // 今晚经济周报，2016-01-15

10570　苏东坡论长寿之法［N］/ 伊羽雪 // 邵阳晚报，2016-01-20

10571　苏东坡行医趣事［N］/ 李金钢 // 中国中医药报，2016-02-05

10572　苏东坡的养生之道［N］/ 不详 // 大众卫生报，2016-03-22

10573　补气促消化，大文豪苏轼最爱“三白饭”［N］/ 不详 // 生活日报，2016-03-26

10574　苏东坡有四味“长寿药”［N］/ 不详 // 张家口晚报，2016-04-05

10575　苏东坡的养生之道［N］/ 汪志 // 九江日报，2016-04-27

10576　看苏轼生平学养生之道［N］/ 不详 // 包头日报，2016-05-03

10577 “苏东坡操”防颈椎病[N]/不详//当代健康报，2016-05-19

10578 苏轼养生之道初探[N]/张玉//眉山日报，2016-06-05

10579 《中山松醪赋》与苏东坡养生文化[N]/李志会//定州日报，2016-08-02

10580 苏东坡的养生之道[N]/不详//江南保健报，2016-08-09

10581 东坡养生谭[N]/乐鹏//中老年时报，2016-08-17

10582 苏东坡养生之道[N]/汪志//太原晚报，2016-08-25

10583 苏东坡的药方[N]/陆春祥//文摘报，2016-09-17

10584 养生当如苏东坡[N]/不详//安阳日报，2016-09-18

10585 东坡先生爱长跑每天早晨5公里[N]/不详//黄河晨报，2016-09-26

10586 苏东坡的养生之道：盘腿搓脚达观好动[N]/不详//宜宾晚报，2016-11-28

10587 苏轼眼疾难痊愈[N]/刘新权//保健时报，2016-12-04

10588 苏东坡的养生秘诀[J]/谢洪伟//乡村科技，2016(1)

10589 苏东坡与芝麻茯苓面[J]/徐尤佳//保健与生活，2016(2)

10590 苏东坡的四味“长寿药”[J]/本刊编辑部//健康必读，2016(3)

10591 大文豪苏轼的养生经[J]/文竹//黄河黄土黄种人，2016(5)

10592 由“松花”透析白、苏二人养生作品的差异性[J]/牛茜//现代语文(学术综合版)，2016(5)

10593 苏轼与道教内丹养生[J]/张振谦//哈尔滨工业大学学报(社会科学版)，2016(6)

10594 苏东坡治瘟疫[J]/何江南，可敬//中国减灾，2016(8)

10595 学学苏东坡的减压之道[J]/龚本庭//祝您健康，2016(8)

10596 从古代著作看食疗与药疗[J]/逯元媛//科学咨询(科技·管理)，2016(9)

10597 苏东坡是瑜伽修行者![J]/思念//大学生，2016(9)

10598 宋代的士人与医方：以《苏沈内翰良方》为中心的考察[J]/易素梅//人文杂志，2016(11)

10599 苏轼笑论“药引”[J]/张远桃//养生月刊，2016(11)

10600 养生有方的苏东坡[J]/许家和//心血管病防治知识(科普版)，2016(11)

10601 苏东坡的养生经[J]/不详//中国社会工作，2016(14)

10602 苏轼的医药人生[J]/苗蓓亮，李德杏//中国中医药现代远程教育，2017(3)

10603 故教穷到骨，要使寿无涯：谈苏轼的养生[D]/柳明晔.—杭州大学(硕士论文)，不详

军事学研究

10604 王安石与苏东坡之军事教育论[J]/曾琦//醒狮，1925(32)

10605 浅说苏轼的军事思想[J]/谢其祥//广西师范学院学报(哲学社会科学版)，1988(2)

10606 苏轼元祐杭州词的情感意向[J]/张志烈//四川大学学报(哲学社会科学版)，1989(3)

10607　苏轼的军事体育思想与实践[J]/邓朝胜//达县师专学报(社会科学版)，1994(1)

10608　苏轼高瞻远瞩的军事思想[J]/余盛泽//洛阳师范学院学报，1997(3)

10609　略论苏轼的强兵思想(上)[J]/苏培安//绵阳经济技术高等专科学校学报，2003(1)

10610　略论苏轼的强兵思想(下)[J]/苏培安//西南科技大学学报(哲学社会科学版)，2003(2)

10611　苏轼军事思想与实践述论[J]/潘良炽//青海师范大学学报(哲学社会科学版)，2003(5)

10612　苏轼尚武善射好田猎[J]/王万里//淮海文汇，2004(6)

10613　必须全面客观地评价诸葛亮的军事成就：从北宋苏轼的议论谈起[J]/余明侠//徐州师范大学学报(哲学社会科学版)，2008(1)

10614　苏轼知定州[N]/白丁//燕赵晚报，2009-02-24

10615　苏轼与司马光军事思想异同论[J]/杨胜宽//乐山师范学院学报，2011(1)

10616　苏轼军事思想转变原因初探[J]/唐瑛//苏轼研究，2011(2)

10617　苏轼元祐时期军事思想探论[J]/庆振轩//乐山师范学院学报，2011(2)

10618　苏轼军事思想转变原因初探[J]/唐瑛//乐山师范学院学报，2011(6)

10619　苏轼与王安石军事思想比较研究[J]/何晓苇，邹晓玲//乐山师范学院学报，2011(6)

10620　苏轼对管仲军事思想的继承和发展[J]/熊泽文，章晓琴//乐山师范学院学报，2011(10)

10621　苏轼与宿州[N]/不详//皖北晨刊，2012-03-01

10622　苏轼与孙子兵学[J]/魏鸿//滨州学院学报，2012(5)

10623　罗海贤著《东坡与孙子》序言[J]/朱靖华//大海洋诗杂志，2013(87)

10624　罗海贤将军论苏东坡之军事思想[J]/罗海贤//大海洋诗杂志，2014(88)

文学、文艺学研究

美学、文艺思想研究

10625　苏东坡的文学(未完)[J]/郝广盛//国学月刊，1926(1)

10626　苏东坡的文学(续)[J]/郝广盛//国学月刊，1926(2)

10627　苏轼在中国文学史上之地位[J]/潘寿田//前导月刊(安庆)，1937，2(3)

10628　东坡文学[J]/张尊五//国专月刊，1937(4)

10629　逸庵随录：苏东坡的文学(续)[J]/不详//新民报半月刊，1942，4(23)

10630　苏门弟子的事理文学说[J]/罗根泽//中国杂志(南京)，1947(创刊号)

10631　苏东坡创作经验谈[J]/李仁守//化民丛报，1948(11)

10632　苏轼试论[J]/王季思//文学研究，1957(4)

10633 略谈苏轼的文学主张[N]/黄海章//光明日报，1958-06-22

10634 略谈苏轼的文学主张[J]/黄海章//文学遗产，1958(214)

10635 苏东坡论文法[N]/陈中和//台湾“中央日报”，1961-04-20

10636 关于苏轼的文学理论批评[J]/复旦大学中文系1955级，中国文学批评史宋元小组//学术月刊，1961(4)

10637 苏轼在海南岛时期的思想和创作[J]/曹思彬//文学遗产，1962(401)

10638 苏东坡的文学批评[J]/张健//现代学苑，1966，3(3)

10639 苏东坡文学批评[J]/张健//现代学苑，1966，3(3)

10640 苏轼的文学批评研究[J]/张健//台湾大学文史哲学报，1973(22)

10641 苏东坡的文学评论[J]/陈宗敏//中华文化复兴月刊，1974，7(6)

10642 东坡文学之研究[D]/洪瑀钦.—中国文化大学(硕士论文)，1976

10643 苏东坡文学之研究[D]/洪瑀钦.—中国文化大学(博士论文)，1976

10644 苏轼的文艺思想[J]/顾易生//文学遗产，1980(2)

10645 苏轼创作思想中的数学观念[J]/徐中玉//文学遗产，1980(3)

10646 论苏轼的文艺批评观[J]/徐中玉//华东师范大学学报(自然科学版)，1980(6)

10647 苏轼文学人物志[J]/吴志达//芳草，1980(12)

10648 文与道俱 疗饥伐病：苏轼的文学主张刍议[J]/梅介夫//常德师专教学与研究(哲学社会科学版)，1981(1/2)

10649 关于苏轼的文学评价问题[J]/王孟白//北方论丛，1981(2)

10650 《水浒传》和苏东坡[J]/颜中其//西华师范大学学报(哲学社会科学版)，1981(2)

10651 苏轼诗歌的艺术成就[J]/不详//文教数据简报，1981(2)

10652 异代不同时 仿佛闻声息：郭沫若与苏轼[J]/李保均//辽宁大学学报(哲学社会科学版)，1981(2)

10653 苏轼的文艺观[J]/刘乃昌//文史哲，1981(3)

10654 苏轼与海南黎族[J]/管林//中央民族大学学报(哲学社会科学版)，1981(4)

10655 东坡不随人后[J]/李辑//广西大学学报(自然科学版)，1982(1)

10656 试谈苏轼的文艺真实观[J]/樊德三//盐城师专学报(社会科学版)，1982(2)

10657 苏轼研究二题[J]/曹慕樊//西南师范大学学报(人文社会科学版)，1982(3)

10658 苏轼创作思想中真有所谓“数学观念”吗：向徐中玉先生求教[J]/易重廉//文学遗产，1982(4)

10659 苏轼创作艺术论述略[J]/刘禹昌//武汉大学学报(人文科学版)，1982(6)

10660 苏东坡的作品在日本[J]/梁均澍//花城译作，1982(8)

10661 一世坎坷，一代奇才〔苏东坡〕[J]/湘君//百花园，1982(8)

10662 苏门丝语[J]/曹靖华//随笔，1983(1)

10663 论苏轼的创作思想[J]/熊莘耕//常德师专学报(哲学社会科学版)，1983(2)

10664 苏轼创作论初探[J]/赵永纪//淮北煤师范学院学报，1983(2)

10665 苏轼文学成就初探[J]/吴子厚//广西大学学报(自然科学版)，1983(2)

10666 苏轼的写作论[J]/梁劲//雷州师专学报，1984(2/3)

10667 浅谈苏轼的“骂”与“谑”[J]/王路//

湖北师范学院学报（哲学社会科学版），1983（3）

10668 苏轼著作中的心理学思想初探［J］/段荷初//四川心理学动态，1983（3）

10669 试论苏轼“绚烂之极，归于平淡”的文学思想［J］/章亚昕//艺谭，1983（4）

10670 苏轼传神论美学思想的几个特点［J］/艾陀//东北师范大学学报，1983（5）

10671 东坡惜物［J］/王宾如编写//少年文艺，1983（7）

10672 论苏轼创作的发展阶段［J］/王水照//社会科学战线，1984（1）

10673 读苏轼文论札记［J］/刘国珺//南开学报（哲学社会科学版），1984（2）

10674 苏轼拘泥形似的艺术批评初探［J］/郑诗群//中南民族大学学报（人文社会科学版），1984（2）

10675 苏东坡谈诗词修辞［J］/罗慷烈//集萃，1984（4）

10676 苏轼与封建社会后期的浪漫主义文学思潮［J］/张碧波//佳木斯师专学报（社会科学版），1984（4）

10677 试论苏轼文学创作的主要成就［J］/刘心予//惠阳师专学报（苏轼研究专辑），1984（6）

10678 苏轼创作动力及源泉之探讨［J］/曹思彬//惠阳师专学报（苏轼研究专辑），1984（6）

10679 苏轼创作理论初探［J］/陈必胜//惠阳师专学报（苏轼研究专辑），1984（6）

10680 论苏轼寓惠的思想倾向和创作特色［J］/余荣盛//惠州学院学报，1984（A1）

10681 苏轼寓惠文选注［J］/金六一//惠州学院学报，1984（A1）

10682 苏东坡也是科学家［N］/不详//宁波日报，1985-05-24

10683 论苏轼的“辞达意”说［J］/李之往//陕西理工学院学报（社会科学版），1985（1）

10684 苏轼创作中的浪漫主义及其特征［J］/张碧波//佳木斯师专学报（社会科学版），1985（1）

10685 试论老庄及禅宗对苏轼美学思想的影响［J］/柯大课//昭乌达蒙族师专学报，1985（2）

10686 苏轼诗歌中的谐趣［J］/孙民//龙门阵，1985（2）

10687 略谈苏轼的创作观［J］/许龙九//延边大学学报（社会科学版），1985（3）

10688 欧阳修、苏轼的文艺价值观［J］/黄鸣奋//江西社会科学，1985（3）

10689 试论黄庭坚审美理想的核心：绝俗［J］/申家仁//九江师专学报（哲学社会科学版），1985（3）

10690 论苏轼的美学思想［J］/王向峰//文艺理论研究，1985（4）

10691 苏轼诗的才气［J］/赵仁珪//北京师范大学学报（社会科学版），1985（6）

10692 论苏轼的艺术美学思想［J］/凌南申//文史哲，1985（7）

10693 苏轼的传神说［C］/熊莘耕//古代文学理论研究（第十辑）/中国古代文学理论学会，1985

10694 苏轼与庄子：东坡文学作品中的庄子思想［D］/刘智浚．—辅仁大学（硕士论文），1985

10695 苏轼诗歌的艺术特征与审美趣味［J］/朱学群//华侨大学学报（哲学社会科学版），1986（1）

10696 重评黄庭坚“点铁成金”说及其他［J］/陆海明//辽宁师范大学学报，1986（2）

10697 似花非花 形神兼备：由苏轼的“形神观”谈起［J］/陈炳//文艺评论，1986（2）

10698 苏诗讽刺艺术及其渊源管窥［J］/李博//河南大学学报（哲学社会科学版），1986（2）

10699 苏轼“文理自然”说评析［J］/李泽民//语文学习，1986（2）

10700 加强宋代文学研究之我见［J］/吴庚舜//文学遗产，1986（3）

10701 论苏东坡的美学思想［J］/杜黎均//大学文科园地，1986（5）

10702 苏轼的辞达论：兼论“思无邪”和“辞达”的内在联系［J］/于承武//大学文科园地，1986（5）

10703 苏轼论说文的艺术特征［J］/周慧珍//天府新论，1986（5）

10704 说“理”：苏轼艺论探讨录之二［J］/文达三//湘潭大学社会科学学报，1986（S1）

10705 评《苏轼论文艺》［J］/张介//古籍整理研究学刊，1987（1）

10706 秦少游的“复雅归宗”［J］/朱德才//文史哲，1987（1）

10707 苏轼美学思想中所体现的中国古典艺术之精神［J］/钟跃英//美苑，1987（1）

10708 苏轼诗歌的艺术渊源［J］/谢桃坊//西南师范大学学报（哲学社会科学版），1987（1）

10709 苏轼文艺思想简论［J］/滕咸惠//山东大学学报（哲学社会科学版），1987（1）

10710 对黄庭坚创作个性和诗歌实迹的探讨［J］/刘聚超//宁夏大学学报（哲学社会科学版），1987（2）

10711 论苏轼“辞达”说的美学意义［J］/樊德三//天府新论，1987（2）

10712 论苏轼的审美理想［J］/江裕斌//文学评论，1987（4）

10713 苏轼修辞观管窥［J］/剑鸣//阅读与写作，1987（5）

10714 苏轼文论杂谈［J］/张在义//语文月刊，1987（10）

10715 苏轼创作论三题［J］/李泽民//语文月刊，1987（78）

10716 苏东坡书画美学思想简论［J］/史鸿文//郑州大学学报（哲学社会科学版），1987（A1）

10717 苏轼艺术思想研究［D］/郑文倩．—台湾大学（硕士论文），1987

10718 从苏轼秦观词看词与诗的分合趋向：兼论苏词革新和传统的关系［J］/王水照//复旦学报（哲学社会科学版），1988（1）

10719 沟通科艺，融汇古今：评黄鸣奋《论苏轼的文艺心理观》［J］/蔡厚示//福建论坛（人文社会科学版），1988（1）

10720 黄庭坚美学思想初探［J］/朱仁夫//岳阳大学学报，1988（1）

10721 苏轼的书论、书艺及美学思想［J］/朱郁华//江南大学学报，1988（1）

10722 苏轼的文艺创新精神［J］/吴枝培//南京大学学报（哲学·人文·社会科学版），1988（1）

10723 留意物欲与寓寄情意：苏轼美学思想探索［J］/王世德//天府新论，1988（2）

10724 苏轼诗趣及其成因探微［J］/俞浩胜//安庆师范学院学报（社会科学版），1988（2）

10725 苏轼循物之理的创作思想［J］/郑荣基//广州大学学报（社会科学版），1988（2）

10726 《西厢记·圣药王》与苏东坡《春夜》［J］/蒋星煜//文史知识，1988（2）

10727 庄子哲学与苏轼文艺观［J］/程瑞钊//乐山师范学院学报，1988（2）

10728 苏轼创作思想中的数学观念［J］/徐中玉//海燕，1988（3）

10729 黄庭坚美学追求初探［J］/朱仁夫//中国文学研究，1988（4）

10730　苏东坡文的研究［J］/ 不详 // 黄冈师范学院学报，1988（4）

10731　苏东坡艺术的研究［J］/ 不详 // 黄冈师范学院学报，1988（4）

10732　苏轼思想与文学成就管窥［J］/ 吴国钦 // 汕头大学学报，1988（Z1）

10733　苏轼的政治生涯与文学的关系［D］/ 陈英姬．—台湾师范大学（博士论文），1988

10734　两个多才多艺的文化巨人：苏轼与普希金比较研究［J］/ 陈训明 // 贵州文史丛刊，1989（1）

10735　宋金元文艺美学思想巡礼［J］/ 沈时蓉，詹杭伦 // 西北师范大学学报（社会科学版），1989（1）

10736　苏轼诗趣面面观［J］/ 俞浩胜 // 朝阳师专学报，1989（1）

10737　沉醉人生与艺术之美：苏轼精神一论［J］/ 刘朝谦 // 四川大学学报（哲学社会科学版），1989（2）

10738　苏轼文艺创作理论之我见［J］/ 才彦平 // 吉林艺术学院学报，1989（2）

10739　吴棫的古音观［J］/ 赖江基 // 暨南学报（哲学社会科学），1989（2）

10740　有触于中与勃发外采：苏轼美学思想探索之二［J］/ 王世德 // 天府新论，1989（2）

10741　略说苏轼的美学思想［J］/ 徐良 // 青海师范大学学报（哲学社会科学版），1989（3）

10742　略谈苏轼艺术精神中的"反常合道"［J］/ 费君清 // 杭州大学学报（哲学社会科学版），1989（3）

10743　苏轼的美感心理系统论［J］/ 刘伟林 // 海南大学学报（人文社会科学版），1989（4）

10744　苏轼的物境与神境［J］/ 申秀云 // 辽大学报，1989（4）

10745　苏轼论文艺创造的自由境界［J］/ 张惠民 // 汕头大学学报（人文社会科学版），1989（4）

10746　为什么说苏轼创立了豪放派？［J］/ 卢晓华 // 语文学刊，1989（4）

10747　两个多才多艺的文化巨人：苏轼与普希金比较研究［J］/ 陈训明 // 外国文学研究，1989（5）

10748　《略说苏轼的美学思想》［J］/ 周正 // 甘肃社会科学，1989（5）

10749　物形神理与法度变化：苏轼美学思想探索之三［J］/ 王世德 // 天府新论，1989（6）

10750　苏轼谪居黄州后的生活思想与创作［J］/ 任访秋 // 文学遗产，1989（B3）

10751　苏东坡之意与曹雪芹之味［J］/ 曾祥麟，张静琴 // 贵州师范大学学报（社会科学版），1990（1）

10752　从韩柳欧苏文看唐宋文的差异［J］/ 洪本健 // 文史哲，1990（3）

10753　苏轼早诗中的人生思考及其追求"高风绝尘"的审美趋向［J］/ 朱靖华 // 宝鸡师范学院学报（哲学社会科学版），1990（4）

10754　宋辽金文学提要［J］/ 宁百庚 // 内蒙古电大学刊，1990（9）

10755　玄鉴与迷狂：中西审美观照之源比较考察［J］/ 李冬生 // 南京社会科学，1991（1）

10756　试论苏轼文学思想的求新特点［J］/ 张辉 // 中国人民大学学报，1991（2）

10757　苏轼的书论、书艺及其美学思想［J］/ 朱郁华 // 书法研究，1991（2）

10758　苏轼论文学抒情述意的审美特质［J］/ 王世德 // 重庆师院学报（哲学社会科学版），1991（2）

10759 言征实而难巧：读书疑误录[J]/刘石//西南师范大学学报(人文社会科学版)，1991(2)

10760 苏轼论自然感兴的审美创造[J]/王世德//贵州大学学报(社会科学版)，1991(4)

10761 苏轼在中国美学史上的意义[J]/王世德//贵州师范大学学报(社会科学版)，1991(4)

10762 苏轼谪儋时的心态与文风[J]/陈祖美//江海学刊，1991(6)

10763 谈苏轼的读书方法[J]/朱碧莲//中文自学指导，1991(6)

10764 苏轼论艺术的"自然"美[J]/张德文//中国文化月刊，1991(141)

10765 东坡文艺创化理论研究[D]/黄惠菁.—台湾师范大学(硕士论文)，1991

10766 苏轼风格学研究的新开拓：读《两宋文学史》[J]/蒋淑贤，马西村//重庆师专学报(文科版)，1992(1)

10767 苏轼论妙出法度的审美意味[J]/王世德//徐州师范学院学报，1992(1)

10768 从接受美学看苏轼对韩愈诗歌的评价[J]/陈新璋//华南师范大学学报(社会科学版)，1992(2)

10769 苏轼—王国维—现代主义[J]/刘禹轩//齐鲁学刊，1992(2)

10770 苏轼的自然审美观与山水文学创作[J]/章尚正//江淮论坛，1992(2)

10771 苏轼文艺美学思想论纲[J]/王世德//河北大学学报(哲学社会科学版)，1992(2)

10772 略论苏轼的审美观[J]/彭功智//河南师范大学学报(哲学社会科学版)，1992(3)

10773 苏轼创作中与佛禅有关的几个问题[J]/刘石//贵州社会科学，1992(3)

10774 苏轼的寓言创作成就[J]/徐国荣//枣庄师专学报，1992(3)

10775 中国古典文论中的传播思想[J]/王振业//现代传播，1992(3)

10776 清旷之美：苏轼的创作个性、文化品格及审美取向[J]/张毅//文艺理论研究，1992(4)

10777 苏轼的文艺美学思想[J]/王世德//国文天地，1992，8(6)

10778 黄庭坚"韵"说初探[J]/凌左义//中国韵文学刊，1993(00)

10779 东坡乎，放翁乎？[J]/林清峰//语文知识，1993(1)

10780 浅论禅宗美学对苏轼艺术创作的影响[J]/高林广//内蒙古师范大学学报(哲学社会科学版)，1993(1)

10781 苏轼黄州时心态与创作[J]/梅大圣//汕头大学学报(人文科学版)，1993(1)

10782 苏轼与冲淡美[J]/姚建文//中国人民警官大学学报(哲学社会科学版)，1993(1)

10783 从苏轼"身与竹化"到郑板桥"胸无成竹"[J]/王世德//高等学校文科学报文摘，1993(2)

10784 浅析苏轼作品思想的两重性[J]/程廷超//洛阳教育学院学报，1993(2)

10785 论黄庭坚的创新意识及其文学史意义[J]/朱惠国//宁波师范学院学报(社会科学版)，1993(3)

10786 苏轼诗趣探微[J]/俞浩胜//成都大学学报(社会科学版)，1993(3)

10787 苏轼文艺思想的朴素辩证法特色[J]/滕咸惠//山东大学学报(哲学社会科学版)，1993(3)

10788 传统民歌的继承者和弘扬者：兼驳"东坡不能歌"[J]/饶学刚//语文学刊，1993(4)

10789 从苏轼《答谢民师书》看其文艺观［J］/大泉//抚州师专学报，1993（4）

10790 苏轼文学散文之艺术哲学浅论［J］/崔承运//中国民航学院学报，1993（4）

10791 庄子审美方式与山水文学深层境界［J］/张瑞君//西南师范大学学报（人文社会科学版），1993（4）

10792 宋代文学发展的基本线索［J］/鲁青//齐齐哈尔大学学报（哲学社会科学版），1993（5）

10793 东坡文艺创作理论研究［J］/黄惠菁//台湾师范大学国文研究所集刊，1993（37）

10794 苏轼的“寓意于物论”与康德的非功利审美论［J］/王世德//四川师范学院学报（哲学社会科学版），1994（1）

10795 苏轼的酣适梦幻境界［J］/杨胜宽//乐山师范学院学报，1994（1）

10796 《周易》对古典美学和文论批评的影响［J］/蒋凡，张小平//内蒙古师范大学学报（哲学社会科学版），1994（1）

10797 《两宋文学史》刍评［J］/马村//长沙水电师范学院社会科学学报，1994（2）

10798 我国美学史上的“形”、“神”辩难［J］/申自强//开封教育学院学报，1994（2）

10799 死后世界：中国古代宗教与文学的一个共同主题［J］/葛兆光//扬州师范学院学报，1994（3）

10800 试论苏轼的美学思想与道学的联系［J］/张维//社会科学研究，1994（4）

10801 试论苏轼咏叹人生作品的美学风格［J］/王兰//济宁师专学报，1994（4）

10802 苏轼诗歌的理趣［J］/佚名//文史知识，1994（4）

10803 苏轼文艺理论批评和创作思想的核心［J］/郑荣基//中南民族大学学报（人文社会科学版），1994（4）

10804 庄子审美思想与苏轼文艺观［J］/张瑞君//山西师范大学学报（社会科学版），1994（4）

10805 苏东坡的文学幽默与游戏文学［J］/刘尊明//古典文学知识，1994（5）

10806 关于“隔”与“不隔”的再评价［J］/刘继保，姚智清//中文自学指导，1994（8）

10807 苏东坡美学思想及其现代意义［D］/林钰铃．—台湾师范大学（硕士论文），1994

10808 试论作为小词接受者的苏轼［J］/蒋安全//中国韵文学刊，1995（1）

10809 宋代蜀人论杜［J］/杨胜宽//杜甫研究学刊，1995（1）

10810 苏轼对韩国文学之影响［J］/张尹炫//东方丛刊，1995（1）

10811 苏轼文艺美学思想的系统总结［J］/马驰//学术月刊，1995（1）

10812 苏轼的“逍遥游”心态与文学创作［J］/宋效永//阜阳教育学院学报（综合版），1995（1/2）

10813 东坡与放翁 隔代两知音：论陆游对苏轼思想和文艺观的全面继承［J］/杨胜宽//西南师范大学学报（哲学社会科学版），1995（2）

10814 略论苏轼思想与宋词解放［J］/祁光禄，祝彦//吉首大学学报（社会科学版），1995（2）

10815 苏轼儋州时期悲剧情感论［J］/梅大圣//黄冈师范学院学报，1995（2）

10816 苏子杂谈［J］/武守志//兰州教育学院学报，1995（2）

10817 中国古代美学思想二题［J］/张玲祥//舟山师专学报，1995（2）

10818 论苏轼以道为主的艺术表现思想［J］/杨存昌，李鲁祥//枣庄师范专科学校学

报，1995(3)

10819 中国美学史研究的新创获：评《儒道佛美学的融合：苏轼文艺美学思想研究》[J]/姚文放//社会科学家，1995(3)

10820 苏轼文艺美学观述评[J]/傅明善//宁波师范学院学报(社会科学版)，1995(4)

10821 中国山水文化与崇尚自然的审美趣味的形成[J]/刘绍瑾//暨南学报(哲学社会科学版)，1995(4)

10822 中国古典艺术理论的移情观[J]/方蔚林//文艺研究，1995(5)

10823 中西古代艺术类型差异之文化探源：中西传统审美文化比较研究之一[J]/朱立元//上海文化，1995(5)

10824 创意造言的艺术：苏轼与刘攽的排调语篇解构[J]/吴礼权//国文天地，1995，11(6)

10825 隔境：一个重要的意境范畴[J]/孙维城//文史知识，1995(6)

10826 我国美学史上的“形”、“神”辩难[J]/申自强//史学月刊，1995(6)

10827 《墨中三昧》小引[J]/周振甫//博览群书，1995(10)

10828 豪放·冲淡·自然·意境：论苏轼诗词的美学特色[J]/聂爱平//求实，1995(12)

10829 刘勰与苏轼文、道观念之比较：从“文心雕龙·原道篇”谈起[J]/黄美娥//东南学报，1995(18)

10830 禅宗影响下的北宋文人心态探微[J]/张萍//玉溪师专学报，1996(1)

10831 崇陶现象与古代文人的自由观[J]/周晓琳//四川师范学院学报(哲学社会科学版)，1996(1)

10832 群体的影响与个体的超越：试探杰出文学家的成功规律[J]/钱志熙//江海学刊，1996(1)

10833 试论苏轼与秦观用情的不同方式[J]/杨胜宽//乐山师专学报(社会科学版)，1996(1)

10834 苏轼与文章之法[J]/毕熙燕//海南师范学院学报(人文社会科学版)，1996(1)

10835 慧洪以禅论艺的美学意蕴[J]/皮朝纲//四川师范大学学报(社会科学版)，1996(2)

10836 论道家文学的语言特征[J]/康锦屏//宁夏教育学院银川师专学报(社会科学版)，1996(2)

10837 苏轼的前期创作与前期的苏轼[J]/张靖龙//温州师范学院学报，1996(2)

10838 苏轼二题[J]/徐洪火，冯素芬//成都师范高等专科学校学报，1996(2)

10839 东坡文谈[J]/徐季子//宁波大学学报(人文科学版)，1996(3)

10840 民间文化对苏东坡创作的影响[J]/饶学刚//乐山师范学院学报，1996(3)

10841 苏东坡的秋[J]/武志强//散文选刊，1996(3)

10842 苏轼、朱熹文艺观之比较[J]/冷成金//中国人民大学学报，1996(3)

10843 大胆探索，富于开创：评张毅《宋代文学思想史》[J]/张瑞君//山西大学师范学院学报(哲学社会科学版)，1996(4)

10844 论苏轼的文艺观[J]/苏利生//大理学院学报(社会科学版)，1996(4)

10845 论苏轼以道为主的美学理想[J]/杨存昌//齐鲁学刊，1996(4)

10846 苏轼“无意为文”说略论[J]/祁海文//山东大学学报(哲学社会科学版)，1996(4)

10847 苏轼与张耒：兼论张耒的文艺理论与创作实践[J]/杨胜宽//天府新论，1996

（6）

10848 淡风清骨：两宋雅文艺主要审美趣尚时代因素探赜［J］/易容//学术月刊，1996（11）

10849 论苏轼之“道”及其文艺批评［D］/韩婷婷.—山东师范大学（硕士论文），1996

10850 苏轼对韩国古代文学的影响及其高丽观之探讨［D］/柳基荣.—复旦大学（博士论文），1996

10851 宋韵的人文精神及其在宋词中的体现［J］/孙维城//中国韵文学刊，1997（1）

10852 试论苏轼文学创新精神的成因［J］/丁睿//贵州教育学院学报（社会科学版），1997（2）

10853 斗杓寒挂屋山头：从黄庭坚前后期诗词风格看其思想的转变［J］/王凤英//青海师专学报，1997（3）

10854 苏轼的文艺创作观：从美学意涵来看“身与竹”的化身［J］/林正昌//中国语文，1997，80（3）

10855 苏轼论“营度”［J］/张德文//职大学刊（哲学社会科学版），1997（3）

10856 苏轼美学思想新探［J］/阎自启//洛阳大学学报（自然科学版），1997（3）

10857 苏轼诗歌的至境：自然［J］/安熙珍//文学遗产，1997（3）

10858 研究中国盆景美学不能割断历史另辟蹊径［J］/夏著华//花木盆景，1997（3）

10859 情景双收：审美意象的深层结构读解［J］/吴风//社会科学战线，1997（5）

10860 试论黄庭坚词的艺术个性［J］/缪向勇//江西教育学院学报（社会科学），1997（5）

10861 苏轼的文章理论［J］/周楚汉//湖南教育学院学报，1997（6）

10862 古代美学中的艺术人格论［J］/陈德礼//北京大学学报（哲学社会科学版），1997（9）

10863 苏轼文章论［J］/周楚汉//长沙大学学报，1997（9）

10864 老坡与小坡：“家法”一脉承［J］/杨胜宽//乐山师范学院学报，1998（1）

10865 说意境［J］/叶朗//文艺研究，1998（1）

10866 苏轼的文章理论体系及其美学特质［J］/党圣元//人文杂志，1998（1）

10867 何从识取“庐山真面目”：东坡雪芹美学思想探微［J］/曾祥麟//贵州文史丛刊，1998（2）

10868 苏轼诗歌的至境：自然［J］/安熙珍//中国语言文学数据信息，1998（2）

10869 苏轼文学实践初探（续）［J］/吴子厚//广西文史，1998（2）

10870 苏轼文艺美学思想蠡测［J］/汤岳辉//惠州大学学报（社会科学版），1998（2）

10871 苏子杂谈（未完待续）［J］/武守志//兰州教育学院学报（社会科学版），1998（2）

10872 苏轼美学思想评述［J］/孙育华//忻州师专学报（文理综合版），1998（3）

10873 苏轼美学思想浅论［J］/刘艳丽//河北师范大学学报（哲学社会科学版），1998（3）

10874 论苏轼在黄州的思想及创作［J］/黄杰//宁波大学学报（人文版），1998（4）

10875 苏轼：中国古典文艺美学的一个典型［J］/杨存昌，隋文慧//东岳论丛，1998（4）

10876 稚童巧答东坡对［J］/崔钢兵//对联（民间对联故事），1998（4）

10877 试论苏轼与秦观用情的不同方式［J］/杨胜宽//社会科学研究，1998（6）

10878 试由“文术论”探析陈秀明“东坡文谈录”之学术贡献［J］/李慕如//中国学术年刊，1998（19）

10879 苏东坡创作理论中的言意、关系、探讨[J]/宋邦珍//中国文化月刊，1998(215)

10880 东坡诗文思想之研究[D]/李慕如.—台湾师范大学(硕士论文)，1998

10881 宋代为何凝聚起一座文化高峰？[N]/吴江//文汇读书周报，1999-10-09

10882 黄庭坚与“以文为诗”[J]/郭鹏//中国文化研究，1999(1)

10883 苏门四学士歌词特征论[J]/金振华，沈星怡//常熟高专学报，1999(1)

10884 苏轼秦观的词宋人的尊体意识[J]/王珏//河南大学学报，1999(1)

10885 二十世纪苏轼文论研究[J]/程国赋//暨南学报(人文科学与社会科学版)，1999(2)

10886 论发端于屈原的逐臣文学[J]/陶涛//南京大学学报(哲学·人文·社科)，1999(2)

10887 从苏轼寓惠创作看他晚年的审美趣向[J]/汤岳辉//惠州大学学报，1999(3)

10888 论欧苏文人集团对“文统”建设的贡献[J]/罗立刚//中国文学研究，1999(3)

10889 曲径通幽：论苏轼“诗画境界”的三个审美思维阶段[J]/杨东篱//古今艺文，1999，25(3)

10890 由“成竹在胸”说论苏轼的文艺创作观[J]/谭好哲//淄博学院学报(社会科学版)，1999(3)

10891 主体精神与苏轼词诗化倾向[J]/马丁良//苏州教育学院学报，1999(4)

10892 苏轼咏物之作的艺术特征及表现手法[J]/谭云华//溪师范高等专科学校学报，1999(6)

10893 中国古代文学中的“绿色”观念[J]/王先霈//文学评论，1999(6)

10894 苏东坡的书学思想[J]/郑峰明//中师语文，1999(9)

10895 不宜为古人代言[J]/杨怀志//中学语文教学，1999(11)

10896 试由“文评论”探析陈秀明“东坡文谈录”之学术价值[J]/李慕如//中国学术年刊，1999(20)

10897 苏轼文艺美学思想体系研究[D]/何林军.—湖南师范大学(硕士论文)，1999

10898 西方汉学家偏爱苏轼[N]/不详//华南新闻，2000-08-31

10899 宋代文学研究三题[J]/陈友康//云南民族学院学报(哲学社会科学版)，2000(1)

10900 苏轼文人画理论初探[J]/吉春阳//南通师范学院学报(哲学社会科学版)，2000(1)

10901 苏轼在黄州的思想智慧和文艺成就[J]/谭玉良//康定民族师范高等专科学校学报，2000(1)

10902 对陶渊明的推崇与苏轼词的士大夫精神[J]/马丁良//苏州教育学院学报，2000(2)

10903 浅论苏轼文艺思想的辩证因素[J]/陈维平//福建论坛(文史哲版)，2000(2)

10904 苏东坡“辞达”新说[J]/王启鹏//惠州大学学报，2000(2)

10905 查慎行的苏诗选评[J]/王友胜//中国文学研究，2000(2)

10906 活用古代良规 融合现实新机：苏轼对传统的批判继承和现实的拓新精神[J]/汤岳辉//惠州大学学报，2000(3)

10907 苏子杂谈(续)[J]/武守志//兰州教育学院学报，2000(3)

10908 苏轼“辞达”说的创造性[J]/何玉兰//乐山师范学院学报，2000(4)

10909 苏轼文人画理论的批判[J]/顾平//

南京艺术学院学报（美术与设计版），2000（4）

10910 苏轼的月亮情结［J］/ 张端 // 语文知识，2000（10）

10911 一意求真苏东坡［J］/ 第五竹 // 华夏长寿，2000（11）

10912 苏轼文学观念中的清美意识［C］/ 张海鸥 // 首届宋代文学国际研讨会论文集，2000/ 宋代文学学会复旦大学 .—2000

10913 透彻的悲观与深刻的无聊：从苏、辛学陶比较其思想歧异［J］/ 赵彦 // 呼兰师专学报，2001（1）

10914 格物致知：理学认识论与文艺审美观［J］/ 刘畅 // 天津师范大学学报（社会科学版），2001（2）

10915 苏子杂谈（续终）［J］/ 武守志 // 兰州教育学院学报，2001（2）

10916 王安石与苏轼关系新论：兼论宋学流变中新学与蜀学之争［J］/ 刘成国 // 抚州师专学报，2001（2）

10917 诗书画沟通与契合的典范：浅谈苏东坡的艺术境界［J］/ 钱瑟之 // 江苏工业学院学报（社会科学版），2001（3）

10918 苏轼对辽、金、元文坛的影响［J］/ 张尹炫 // 菏泽师范专科学校学报，2001（3）

10919 宋代“文统”观论纲［J］/ 罗立刚 // 求索，2001（5）

10920 苏轼文学观念中的清美意识［J］/ 张海鸥 // 学术研究，2001（6）

10921 知古不朽的苏东坡［J］/ 姜华 // 团结与民主，2001（10）

10922 苏轼的诙谐与幽默［J］/ 李忠 // 山西老年，2001（12）

10923 从柳永、苏轼、李清照词看北宋词的审美取向［J］/ 马继仁 // 甘肃教育学院学报（社会科学版），2001（S2）

10924 苏轼与李白［C］/ 王宝珍 // 中国李白研究（2001—2002 年集）：纪念李白诞生 1300 周年国际学术研讨会论文集 / 中国李白研究会，马鞍山市人民政府 .—2001

10925 天声人语：见明月如见东坡［N］/ 不详 // 文汇报（香港），2002-09-30

10926 从白居易到苏轼：唐宋文人心路历程一瞥［J］/ 张再林 // 东方丛刊，2002（1）

10927 深入探究李白、苏轼其人的文化意义［J］/ 刘扬忠 // 求索，2002（1）

10928 苏门文人论苏诗的分歧及其原因［J］/ 王友胜，彭文静 // 乐山师范学院学报，2002（1）

10929 苏轼文论思想探微［J］/ 王丽娟 // 山东商业职业技术学院学报，2002（1）

10930 苏轼诗词中的俳谐情调［J］/ 王燕飞 // 临沂师范学院学报，2002（2）

10931 苏轼文学理论特征刍议［J］/ 崔际银 // 沈阳师范学院学报（社会科学版），2002（2）

10932 试由“文体论”探析陈秀明“东坡文谈录”之学术价值［J］/ 李慕如 // 永达学报，2002，3（2）

10933 以“言”达“意”：论苏轼“辞达”说［J］/ 蔡秀玲 // 台中技术学院学报，2002（3）

10934 略论文艺的冲淡美及苏轼对其发展的贡献［J］/ 王启鹏 // 广州大学学报（社会科学版），2002（5）

10935 中国古典审美创造理论蠡测［J］/ 唐玉宏 // 中州学刊，2002（5）

10936 李贽评选《坡仙集》与明末文学思潮［J］/ 何新所，陈忠义 // 求索，2002（6）

10937 随物赋形 气韵自然：苏轼的自然写作观［J］/ 李桂珍 // 写作（高级版），2002（10）

10938 随物赋形气韵自然：苏轼的自然写作观［J］/ 李桂珍 // 写作，2002（19）

10939 苏轼诗歌“尚理”小论[J]/施春晖//丽水师范专科学校学报，2002(S1)

10940 苏轼对白居易的文化受容和诗学批评[C]/张海鸥//第二届宋代文学国际研讨会论文集/宋代文学学会，2002

10941 论《庄子》对苏轼文艺美学思想的影响[D]/王正文.—中国人民大学(硕士论文)，2002

10942 苏轼贬谪岭南时期文学作品主题研究：以出处、死生为主的讨论[D]/郑芳祥.—中正大学(硕士论文)，2002

10943 苏轼文艺理论研究[D]/崔在赫.—台湾政治大学(硕士论文)，2002

10944 黄庭坚“脱俗”的文艺观[J]/荣丹，徐昕//榆林高等专科学校学报，2003(1)

10945 杞菊·巢菜·菖蒲：谈谈苏轼的“寓意于物”[J]/张崇琛//贵州文史丛刊，2003(1)

10946 苏东坡的“致道”论[J]/孟昭燕//华夏文化，2003(1)

10947 苏轼思想与宋词关系发微[J]/祁光禄//西北师范大学学报(社会科学版)，2003(1)

10948 文的“元”精神与苏轼的再创造[J]/朱靖华//黄冈师范学院学报，2003(1)

10949 文艺全才苏东坡[J]/周啸天//巴蜀史志，2003(1)

10950 从乐山的民间传说看苏轼的民间文学形象[J]/杨胜宽//乐山师范学院学报，2003(2)

10951 从“意造无法”到“命意曲折”：论苏轼、黄庭坚的创作态度[J]/蔡秀玲//台中技术学院人文社会学报，2003(2)

10952 立体阅读：读涂普生《苏轼黄州代表词赋导读与审美》随感[J]/熊文祥//黄冈职业技术学院学报，2003(2)

10953 论苏轼“不求形似”的艺术观[J]/曹洞颇//河南师范大学学报(哲学社会科学版)，2003(2)

10954 谈苏轼文学中的幻变异化[J]/俞士玲//南京大学学报(哲学·人文科学·社会科学版)，2003(2)

10955 论苏轼的“辞达”创作理论[J]/王启鹏//绍兴文理学院学报，2003(3)

10956 苏轼“辞达”理论及其创作[J]/高云斌//集宁师专学报，2003(3)

10957 谈苏轼思想与其创作的关系[J]/李宏丽//沧桑，2003(3)

10958 从密州到徐州：浅谈苏轼徐州时期的思想与创作[J]/张崇琛//甘肃教育学院学报(社会科学版)，2003(4)

10959 《历代世变》非苏轼所作考[J]/粟品孝//四川大学学报(哲学社会科学版)，2003(4)

10960 东坡“文理自然，姿态横生”之创作理论[J]/施淑婷//人文及社会学科教学通讯，2003，14(4)

10961 二十世纪苏轼文学研究述略[J]/饶学刚，朱靖华//黄冈师范学院学报，2003(4)

10962 论苏轼的“枯淡”说[J]/徐凤玲，王爱玲//胜利油田职工大学学报，2003(4)

10963 论苏轼的艺术辩证法[J]/高林广//内蒙古社会科学(汉文版)，2003(4)

10964 苏东坡寓惠创作四“多”两“少”现象探析[J]/王启鹏//黄冈师范学院学报，2003(4)

10965 论张耒学术文化思想对蜀学内蕴的契合[J]/湛芬//贵州社会科学，2003(5)

10966 试论苏轼文艺思想中的审美思辨[J]/张连举//零陵学院学报，2003(6)

10967 心物交溶 文与道俱：苏轼文艺本质论[J]/李斌//求索，2003(6)

10968 苏轼传神论美学思想论析[J]/胡立新//

乐山师范学院学报，2003（8）

10969　才思敏捷的苏东坡［J］/ 赵仲春 // 初中生世界，2003（9）

10970　从苏轼与赵孟頫的画论看文人画的美学思想［J］/ 陈丽华 // 鹅湖，2003，28（9）

10971　苏轼论书四则注析［J］/ 甘中流 // 书画世界，2003（10）

10972　从苏轼治学看“研究性学”［J］/ 赵世康 // 中小学教师培训，2003（11）

10973　试论宋代文学对高丽文学之影响［J］/ 周裕锴 // 国学研究辑刊，2003（11）

10974　黄庭坚论书四则注析［J］/ 甘中流 // 书法世界，2003（12）

10975　苏轼诗所表现的与现实世界的乖离及其消解［J］/ 曹圭百 // 宋代文化研究，2003（00）

10976　论苏轼“以意为主”的艺术审美观［D］/ 赵玉．—山东师范大学（硕士论文），2003

10977　书画文章盖一理：苏轼文论与书画理论的比较研究［D］/ 旷浩源．—中南大学（硕士论文），2003

10978　苏轼的文艺辩证思想［C］/ 张惠民 // 第三届宋代文学国际研讨会论文集 / 宋代文学学会，2003

10979　苏轼的审美人生［N］/ 木斋 // 中华读书报，2004-09-22

10980　厚积与意造：苏轼艺术论的学习与思考［J］/ 刘颖，王墨玲 // 邯郸农业高等专科学校学报，2004（1）

10981　浅析佛禅对东坡生命智慧及文学艺术观之影响［J］/ 施淑婷 // 中华人文社会学报，2004（1）

10982　水的特征：苏轼氏文艺美学的精髓［J］/ 王启鹏 // 惠州学院学报（社会科学版），2004（1）

10983　苏轼贬琼间的文论成就［J］/ 李景新 // 海南大学学报（人文社会科学版），2004（1）

10984　从崇杜到慕陶：论苏轼人生与艺术的演进［J］/ 杨胜宽 // 四川大学学报（哲学社会科学版），2004（2）

10985　论苏轼文艺理论中的辩证思想［J］/ 刘伟鹏 // 戏剧丛刊，2004（2）

10986　论苏轼文艺思想的庄学渊源［J］/ 王渭清，杨海明 // 青海师专学报，2004（2）

10987　从“自是一家”与“别是一家”略窥东坡、易安词学观之异同［J］/ 何旭 // 四川师范大学学报（社会科学版），2004，31（3）

10988　宋人学杜论略［J］/ 吴中胜 // 江西社会科学，2004（3）

10989　苏轼“平淡”美的意蕴及其思想渊源［J］/ 王德军 // 长春大学学报，2004（3）

10990　同类诗与别样情：李白和苏轼女性诗的情感表现之比较［J］/ 杨林夕 // 贵州社会科学，2004（4）

10991　论苏轼文学创作与《庄子》之关系［J］/ 王靖懿 // 韶关学院学报，2004（10）

10992　苏轼创作中的人文主义［D］/ 骆新华．—河北师范大学（硕士论文），2004

10993　苏轼密州时期文艺思想研究［D］/ 秦向阳．—山东大学（硕士论文），2004

10994　三州寻墨说东坡［N］/ 不详 // 解放军报，2005-01-24

10995　迁客骚人 儋州宜州：苏、黄晚年贬谪心态与文学创作比较［J］/ 石艺 // 广西教育学院学报，2005（1）

10996　苏轼的杜诗诗史批评［J］/ 罗汉松 // 湖南工程学院学报（社会科学版），2005，15（1）

10997　苏轼的嗜石兴味与宋代文人的审美观念［J］/ 周裕锴 // 社会科学研究，2005（1）

10998　苏轼诗歌美学旨趣探析［J］/ 魏永贵 // 集宁师专学报，2005（1）

10999 苏轼文艺思想浅探[J]/李晔//文学教育，2005(1)

11000 苏轼艺术意境论浅探[J]/石海光//广播电视大学学报(哲学社会科学版)，2005(1)

11001 博观约取，厚积薄发：苏轼的文学积学论[J]/许外芳//长沙理工大学学报(社会科学版)，2005(2)

11002 晁补之的诗论及其与苏轼的继承关系[J]/张伟//沈阳师范大学学报(社会科学版)，2005(2)

11003 论李贽《坡仙集》的选目、批点及其反映的文学观[J]/王靖懿//黄冈师范学院学报，2005(2)

11004 苏轼创作思想的现代梳辨[J]/陈小妹，龚举善//西安文理学院学报(社会科学版)，2005(2)

11005 苏轼诗词中的乡村意象研究[J]/高云鹏//黑龙江省社会主义学院学报，2005(2)

11006 外似旷达而内蕴悲感：苏轼文学作品中情感状态浅论[J]/王萍//淮南师范学院学报，2005(2)

11007 庄子美学与山水文学的滥觞与确立[J]/蔡洞峰//青海师专学报，2005(2)

11008 古文派的书画文艺美学思想研究[J]/金洪大//艺术百家，2005(3)

11009 论苏轼对欧阳修书学思想的继承和创新[J]/杨军//书画世界，2005(3)

11010 论太白、子瞻之“仙”气[J]/龚红林//高等函授学报(哲学社会科学版)，2005(3)

11011 浅谈贬官文学的形态与思想内涵[J]/吕耀森//濮阳职业技术学院学报，2005(3)

11012 苏轼诗歌美学思想发微[J]/李军//江淮论坛，2005(3)

11013 海南岛贬谪文学的文化学价值[J]/李景新//琼州大学学报，2005(4)

11014 试析苏轼的艺术理想[J]/张磊//铜陵学院学报，2005(4)

11015 自然率真：论庄子审美思想对苏轼文艺观的影响[J]/赵彩芬//邢台学院学报，2005(4)

11016 东坡“以诗为词”辨[J]/王佺//上饶师范学院学报(社会科学版)，2005(5)

11017 苏轼的艺术观念及其文化意义[J]/刘素英//唐都学刊，2005(5)

11018 道教、苏轼与宋诗典范的确立[J]/贾喜鹏//长治学院学报，2005(6)

11019 味外之味：苏轼的艺术审美追求[J]/王启鹏//乐山师范学院学报，2005(7)

11020 苏轼诗赞一切：得到的，都是美好的[J]/穆雨文//养生大世界，2005(8)

11021 东坡意象创造论[J]/朱靖华//乐山师范学院学报，2005(9)

11022 炼千古伟词 铸傲岸人格：浅谈宋代词人的人格美[J]/徐晓慧//语文教学通讯，2005(14)

11023 白居易与苏轼的创作小议[J]/贾忠学//文学教育，2005(20)

11024 试论苏轼的“自然”论文艺观[D]/肖寒.—山东大学(硕士论文)，2005

11025 苏轼文论中的生态文艺思想初探[D]/刘敬.—湘潭大学(硕士论文)，2005

11026 历史与空间：韩愈祭鳄鱼苏轼观海市[N]/不详//文汇报(香港)，2006-02-18

11027 现代文人应该有一点苏东坡精神[N]/不详//北京青年报，2006-06-28

11028 从苏词看苏轼的创作个性[J]/李会转//雁北师范学院学报，2006(1)

11029 感性心态的自然流露：略论宋词的创作心态[J]/党天正，张扬//宝鸡文理学

院学报（社会科学版），2006（1）

11030 苏轼正面接受《文选》现象浅议［J］/ 汪超 // 上饶师范学院学报，2006（1）

11031 谈苏轼“随物赋形”与“自成文理”的艺术自然美学观［J］/ 夏玲 // 湖北教育学院学报，2006（1）

11032 从“韩海苏潮”到“韩潮苏海”［J］/ 杨子怡 // 苏轼研究，2006（2）

11033 论黄庭坚诗学思想和书法理论的互通与互补［J］/ 王水照，由兴波 // 南昌大学学报（人文社会科学版），2006（2）

11034 中西诗画观的异同比较：以莱辛与苏轼的诗画观为例［J］/ 吕睿 // 昆明师范高等专科学校学报，2006（2）

11035 从梅、苏、黄、邵四家看宋诗平淡美［J］/ 施霞 // 成都电子机械高等专科学校学报，2006（3）

11036 论苏轼的“自是一家”创作创新论［J］/ 王启鹏 // 乐山师范学院学报，2006（3）

11037 从苏轼词看文字游戏［J］/ 彭庆达 // 湖南民族职业学院学报，2006（4）

11038 黄庭坚为何人书三反［J］/ 周兴禄 // 铜仁师范高等专科学校学报（综合版），2006（4）

11039 苏轼研究方法漫谈［J］/ 杨胜宽 // 乐山师范学院学报，2006（4）

11040 从“寓意于物”看苏轼美学思想的生态学智慧［J］/ 杨存昌，崔柯 // 山东师范大学学报（人文社会科学版），2006（6）

11041 苏轼的直觉思维创造:《苏轼艺术创造奥秘》之一章［J］/ 朱靖华 // 乐山师范学院学报，2006（7）

11042 文坛宗师：苏轼［J］/ 黎琳 // 语文天地，2006（8）

11043 一代文豪：苏轼［J］/ 不详 // 作文周刊（小学低年级版），2006（8）

11044 浅谈禅宗对苏轼文学创作的影响［J］/ 闫月珏 // 戏剧文学，2006（11）

11045 苏轼诗词蕴含理趣的类型［J］/ 朱安义 // 四川教育学院学报，2006（11）

11046 眼中之竹 胸中之竹［J］/ 李剑红 // 知识就是力量，2006（12）

11047 苏轼诗词中的狡狯技法［J］/ 朱新祥 // 语文教学与研究，2006（13）

11048 一路东坡［J］/ 鲁俊香 // 新作文（高中版），2006（C1）

11049 一条长江 三种情思［J］/ 庞惠 // 语文世界（初中版），2006（C2）

11050 论苏轼文学观［D］/ 杨昌俊 .—新疆大学（硕士论文），2006

11051 苏轼对陶渊明美学思想的“发现”研究［D］/ 刘文霞 .—武汉大学（硕士论文），2006

11052 苏轼文学观［D］/ 杨昌俊 .—新疆大学（硕士论文），2006

11053 古典瞬间：苏轼、黄庭坚与江西诗派［N］/ 不详 // 文汇报（香港），2007-11-10

11054 白诗苏词辨正［J］/ 陈正贤 // 阅读与写作，2007（1）

11055 论苏轼创作师法自然的美学观［J］/ 张国军 // 语文学刊，2007（1）

11056 苏轼的想象创造论:《苏轼艺术创造奥秘》之一章［J］/ 朱靖华 // 乐山师范学院学报，2007（1）

11057 探究苏轼作品中的月亮意象（续）［J］/ 明道金，项健 // 阅读与作文（高中版），2007（1）

11058 韩愈刺潮与苏轼寓惠对地方文化影响比较论［J］/ 杨子怡 // 汕头大学学报（人文社会科学版），2007（2）

11059 试论苏轼的“自然”论文艺观［J］/ 肖寒 // 社会科学辑刊，2007（2）

11060 论苏轼的审美本源［J］/ 邹建雄，伍宝

娟 // 绵阳师范学院学报，2007(3)

11061 从苏轼“自然”观论文艺的创作过程[J]/ 刘俊丽 // 和田师范专科学校学报，2007(4)

11062 苏轼的“审丑”理论阐释[J]/ 高云鹏 // 渤海大学学报(哲学社会科学版)，2007(4)

11063 探究苏轼作品中的月亮意象[J]/ 明道金，项健 // 现代语文(文学研究版)，2007(5)

11064 苏轼研究二题[J]/ 徐志福 // 文史杂志，2007(6)

11065 中国古代作品论中的“狂”范畴[J]/ 陈丽丽 // 时代文学(下半月)，2007(7)

11066 黄庭坚《论书》解读(上)[J]/ 梁德水 // 青少年书法，2007(8)

11067 苏轼艺术哲学论纲[J]/ 许外芳 // 兰州学刊，2007(10)

11068 谈苏轼的文学与思想[J]/ 梁辉 // 科教文汇(上旬刊)，2007(11)

11069 朱子之论王、苏、林、吕四家《书》学[J]/ 陈良中 // 求索，2007(12)

11070 《东坡易传》与苏轼的诗文创作[C]/ 张煜 // 古代文学理论研究(第二十五辑)：中国文论的情与体 / 中国古代文学理论学会.—2007

11071 试论苏轼的“自然”论文艺观[C]/ 肖寒 // 二〇〇七两岸文学与文化学术研讨会论文集 / 首都师范大学文学院文艺学专业.—2007

11072 禅心妙悟 感通勃发：论艺术通感对苏轼文学创作、文艺批评的影响[D]/ 肖哲.—武汉大学(硕士论文)，2007

11073 论苏轼的“尚意”美学思想[D]/ 邹建雄.—四川师范大学(硕士论文)，2007

11074 论苏轼文艺批评的思维方式[D]/ 卜晓娟.—湖南师范大学(硕士论文)，2007

11075 苏轼“狂”“逸”人格及其诗画理论[D]/ 刘薇.—北京师范大学(硕士论文)，2007

11076 苏轼的音乐思想研究[D]/ 杨丽.—武汉大学(硕士论文)，2007

11077 因为苏轼，词有了豪放的性格[N]/ 不详 // 彭城晚报，2008-04-13

11078 我的《东坡乐府笺》[N]/ 刘绪源 // 文学报，2008-05-01

11079 试论北宋党争对苏轼文学创作的影响[J]/ 陆榕 // 宁波教育学院学报，2008(1)

11080 苏轼的艺术气质与文艺思想[J]/ 莫砺锋 // 中国文学研究(辑刊)，2008(1)

11081 游——苏轼美学思想的特征[J]/ 郑苏淮 // 江西教育学院学报，2008(1)

11082 庄子美学与李白、苏轼的文艺观[J]/ 胡清芳 // 湘潭师范学院学报(社会科学版)，2008(1)

11083 苏轼的艺术气质与文艺思想[J]/ 莫砺锋 // 中国韵文学刊，2008(2)

11084 《苏轼研究论稿》前言[J]/ 王文龙 // 苏轼研究，2008(3)

11085 论苏轼对张耒文学创作思想的影响[J]/ 娄峰，亓凌 // 中国校外教育(下旬刊论)，2008(3)

11086 论苏轼文学中的清美意识[J]/ 黄俊亮 // 文学教育(下)，2008(3)

11087 文而不弱：苏轼“文人画”思想的解读[J]/ 李劲松 // 镇江高专学报，2008(3)

11088 韵：宋代美学的新追求[J]/ 郑苏淮 // 江西科技师范学院学报，2008(3)

11089 韩愈刺潮与苏轼寓惠影响之异的文化阐释[J]/ 杨子怡 // 周口师范学院学报，2008(4)

11090 浅论苏轼的艺术人生[J]/ 周方 // 社科纵横，2008(4)

11091 辞达说的里程碑［J］/冯维林//甘肃社会科学，2008（5）

11092 独辟蹊径 别具系统：评王启鹏《苏轼文艺美论》［J］/杨金文//惠州学院学报（社会科学版），2008（5）

11093 论苏轼诗词中的哲学底蕴及精神突围［J］/卫芳//郑州大学学报（哲学社会科学版），2008（5）

11094 苏轼绝句的创作艺术探析［J］/边勋//湖北经济学院学报（人文社会科学版），2008（5）

11095 苏轼诗歌的理趣化［J］/陈玲//咸宁学院学报，2008（5）

11096 苏轼诗学思想和书论的互通［J］/戚荣金//大连大学学报，2008（5）

11097 论苏轼文学作品的理性思考［J］/唐利平//现代语文（文学研究版），2008（6）

11098 浅谈宋人的以文为诗［J］/陈敏子//文学教育（上），2008（6）

11099 浅析苏轼的美学思想［J］/任华丽，秦宏//理论纵横，2008（6）

11100 适意：苏轼的审美人生态度［J］/邹建雄//乐山师范学院学报，2008（6）

11101 墨荷的五种情思［J］/阎振强//中国收藏，2008（7）

11102 文冠天下翰墨香：东坡赤壁［J］/楚清//百姓生活，2008（8）

11103 浅谈禅宗对苏轼艺术思想的影响［J］/刘玮//时代文学（下半月），2008（9）

11104 从苏轼的为人诗作解读苏轼的多重人格［J］/孙波//语文学刊（基础教育版），2008（10）

11105 浅析苏轼的超旷情怀［J］/武文华//教育交流（理论版），2008（10）

11106 谈苏轼“尚意”的美学思想［J］/徐惠//当代小说（下半月），2008（11）

11107 浅析苏轼的“自然”观文艺观及其创作［J］/康东芳，宋志刚//群文天地，2008（12）

11108 苏轼的出世与入世［J］/艾宇翔//学习月刊，2008（12）

11109 苏轼的文学思想浅释［J］/李永锋，李玲//现代语文·文学研究，2008（12）

11110 苏轼文人画观二题［J］/刘立士，李旸//时代文学，2008（12）

11111 从来源于苏轼作品中的成语看苏轼性格［J］/张玄//世界华商经济年鉴·科学教育家，2008（13）

11112 从苏轼、姜夔词作看宋代名士的人生范式和消遣方式［J］/袁向彤//作家，2008（22）

11113 苏轼“尚意”美学思想浅探［D］/盛学玲.—山东大学（硕士论文），2008

11114 苏轼的时间意识与其文学创作的美学联系［D］/明雅妮.—湖南师范大学（硕士论文），2008

11115 苏轼文艺美学的道教情怀［D］/向阿媚.—四川大学（硕士论文），2008

11116 苏轼文艺思想中的“自然”观［D］/罗岚.—华南师范大学（硕士论文），2008

11117 庄子逍遥观对苏轼文艺观之影响［D］/林筱薇.—中国人民大学（硕士论文），2008

11118 苏东坡是谁的粉丝［N］/不详//南方都市报，2009-02-12

11119 苏东坡三咏赤壁［N］/韩忠学//长江日报，2009-06-20

11120 用诗的眼光审视苏轼的巅峰之作［N］/不详//黄冈日报，2009-07-10

11121 弘扬东坡精神 繁荣文学创作［N］/廖文凯//眉山日报，2009-08-11

11122 苏轼与徐州文化讲坛［N］/李世明//彭城晚报，2009-09-07

11123 从苏轼的“意”谈起[N]/李业成//贵阳日报，2009-09-25

11124 从苏轼词中梦的意象看苏词的审美意蕴[J]/戴如意//黔西南民族师范高等专科学校学报，2009(1)

11125 从王禹偁、苏轼等人的诗歌看宋人自我批判的思想闪光[J]/黎烈南//中国诗歌研究动态，2009(1)

11126 论“江西派”文学思想对周邦彦词创作的影响[J]/任竞泽//江西师范大学学报(哲学社会科学版)，2009(1)

11127 论苏东坡的尚“意”文艺创作观[J]/王启鹏//乐山师范学院学报，2009(1)

11128 苏东坡：绝无仅有的旷世文人(上)[J]/不详//儒风大家，2009(1)

11129 苏轼文艺审美理论六题[J]/詹杭伦//宋代文化研究，2009(1)

11130 苏轼文艺审美理论六题[J]/詹杭伦//北京化工大学学报(社会科学版)，2009(1)

11131 苏轼“艺道两进”论与中国艺术哲学的纲领[J]/程相占//中国文化研究，2009(1)

11132 苏轼：北宋文学的制高点[J]/聂作平//作文通讯(个性阅读版)，2009(2)

11133 苏轼诗词中的咏月艺术[J]/邱红//文学教育(下半月)，2009(2)

11134 谪仙风采，无言心许：苏轼论李白浅述[J]/朱秋德//石河子大学学报(哲学社会科学版)，2009，23(3)

11135 何能一举登极峰：苏轼黄州诗词创作奇迹小识[J]/涂普生，张龙飞//苏轼研究，2009(4)

11136 论苏轼的六朝文学观[J]/赵阳阳//湖北社会科学，2009(4)

11137 浅谈佛教对苏轼诗文的影响[J]/杨昭昭//安徽文学(下半月)，2009(4)

11138 黄庭坚书论简析[J]/杨远征//理论与创作，2009(5)

11139 浅析月与苏轼聚散离合的心境[J]/王振雨//辽宁教育行政学院学报，2009(5)

11140 苏轼在湖州[J]/桂栖鹏，侯雷//浙江师范大学学报(社会科学版)，2009，34(5)

11141 苏子真的是“乐甚”“而歌”吗？[J]/蒋海鸥//中学语文园地(高中版)，2009(5)

11142 为人与为文的最高境界：评《士气文心：苏轼文化人格与文艺思想》[J]/邓妙慈//汕头大学学报(人文社会科学版)，2009(5)

11143 贯穿苏轼诗文词的理趣之美[J]/曾秀芬//飞天，2009(8)

11144 苏轼文艺思想中的和谐观[J]/严正道//内江师范学院学报，2009(9)

11145 从黄州作品看苏轼的旷达人生[J]/柳国力//魅力中国，2009(24)

11146 文道并重：苏轼的文道观[J]/张大联//文教资料，2009(30)

11147 浅谈中国古代“贬官文学”[J]/高宝桐//语文教学与研究，2009(32)

11148 论苏轼文论中的“自然之理”[D]/孙昂.—中国石油大学(硕士论文)，2009

11149 苏轼艺术尚“质”思想研究[D]/许亮.—南京艺术学院(硕士论文)，2009

11150 苏东坡巧评文章[N]/不详//扬子晚报，2010-02-03

11151 苏东坡：一蓑烟雨任平生，两游清远留佳句[N]/不详//南方日报，2010-04-20

11152 苏轼，美学的辩证法大师：读苏轼两首庐山诗随笔[N]/赵仁珪//中国教育报，

2010-08-15
11153 苏东坡的诗狂和酒狂［N］/ 刘梦溪 // 新华日报，2010-09-16
11154 苏东坡的"爱、贤、美"［N］/ 刘国学 // 保定晚报，2010-09-25
11155 珍珠诗词风雅流韵［N］/ 范翔宇 // 北海日报，2010-11-14
11156 人间全才苏东坡［N］/ 不详 // 海南日报，2010-12-17
11157 写作指导苏轼的方向［N］/ 郑可 // 楚天时报，2010-12-28
11158 儒释道文化观照下的苏轼之"诗画本一律"［J］/ 李翠萍 // 桂林师范高等专科学校学报，2010（1）
11159 苏轼与白居易的文化关联及差异［J］/ 尚永亮 // 中国人民大学学报，2010（1）
11160 苏轼与月亮［J］/ 胡涛海 // 语文月刊，2010（1）
11161 浅析苏轼音乐思想［J］/ 向乾坤 // 时代文学，2010（2）
11162 庄子美学对山水文学的影响［J］/ 冯志刚 // 天津职业院校联合学报，2010（2）
11163 从心性论看朱熹文学思想：兼论朱熹对苏轼文章的批评［J］/ 韩立平 // 宁波大学学报（人文科学版），2010（3）
11164 论苏轼文学批评文体特征［J］/ 周美华 // 绍兴文理学院学报（哲学社会科学），2010（3）
11165 论苏轼音乐美学思想的思辨性［J］/ 谢艾伶 // 音乐探索，2010（3）
11166 试论宋人的苏轼心理情结［J］/ 潘殊闲 // 宁夏社会科学，2010（3）
11167 苏东坡晚年美学境界的新追求与指导文学创作的新思想［J］/ 李景新 // 苏轼研究，2010（3）
11168 苏轼"辞达"说新解［J］/ 田奇 // 南都学坛，2010（3）
11169 苏轼诗学思想中"物"之审美化的生存论探源［J］/ 孟宪浦 // 天府新论，2010（3）
11170 翁方纲的"由苏入杜"说［J］/ 不详 // 汉学研究，2010（3）
11171 从词作看词坛改革家苏轼［J］/ 程英芬 // 新课程（教师），2010（4）
11172 由苏轼《琴诗》引发的美学论辩［J］/ 涂途 // 苏轼研究，2010（4）
11173 在旷达和超脱的背后：谈苏轼的情感世界［J］/ 张燕 // 襄樊职业技术学院学报，2010（4）
11174 出新意于法度之中，寄妙理于豪放之外：关于苏轼文学主张之传达论［J］/ 王剑 // 安徽文学（下半月），2010（5）
11175 韩愈、苏轼惧祸心态与后人评价之异探因［J］/ 杨子怡 // 韩山师范学院学报，2010（5）
11176 论苏轼在黄州时期的艺术创作及思想观［J］/ 金燕 // 文学教育，2010（5）
11177 墨痕淡处，卧观云岭：浅析苏轼的文学思想与创作理论［J］/ 陶慧 // 青年文学家，2010（5）
11178 试论苏轼"崇陶"的心理动因［J］/ 张国荣 // 百色学院学报，2010（5）
11179 东坡文化文化特质初识［J］/ 涂普生 // 东坡赤壁诗词，2010（6）
11180 魂牵苏轼［J］/ 焦点 // 躬耕，2010（6）
11181 苏东坡的美丽谎言［J］/ 李霖灿 // 中华文化画报，2010（6）
11182 苏轼为何独好渊明之诗［J］/ 由娜 // 辽宁经济管理干部学院，辽宁经济职业技术学院学报，2010（6）
11183 从苏轼词作看其襟怀［J］/ 周平，高文苔 // 文学教育，2010（8）
11184 从苏轼看豪放派词人的婉约情怀［J］/ 吴茂林 // 知识窗，2010（8）

11185 宋代文化浸润下的苏轼书学[J]/戚荣金//湖北社会科学，2010(8)

11186 苏轼“诗空”美学范畴的阐释[J]/戴夏燕//作家(下半月)，2010(8)

11187 浅析李白、苏轼创作思想形成因素[J]/王汉书//新课程学习·学术教育，2010(9)

11188 苏轼文艺思想对提升语文课堂教学有效性的启示[J]/吴国栋//语文月刊(学术综合版)，2010(9)

11189 试论苏轼“以诗为词”[J]/郭芳芳//魅力中国，2010(10)

11190 苏轼的文艺成就及其儒道释融合的人生观在作品中的显现[J]/王佩琳//沙棘(科教纵横)，2010(11)

11191 苏轼诗词与酒神精神[J]/张兵//新课程学习·社会综合，2010(11)

11192 苏轼文学中表现的回归自然情结[J]/徐名侠//文学界(理论版)，2010(11)

11193 语文教学中的美学熏陶例谈[J]/曹剑锋//文学教育(下半月)，2010(11)

11194 论苏轼文学思想的基本源泉及对其理论的影响[J]/王卓//科技信息，2010(36)

11195 同样的明月，别样的情怀[J]/王新环//新语文学习(初中版)，2010(C2)

11196 “东坡临御”与晚明文风[C]/周群//“文学与形式”国际学术研讨会暨中国文艺理论学会年会论文集/中国文艺理论学会.—2010

11197 从清代几种重要词选论东坡词的影响力[C]/王秀珊//2010年词学国际学术研讨会论文集/中国词学研究会、陕西师范大学文学院，2010

11198 论苏轼创作中的谐谑色彩[D]/杨卓年.—中国石油大学(华东)(硕士论文)，2010

11199 儒、释、道三家思想对苏轼创作的影响[D]/翟晴.—山东大学(硕士论文)，2010

11200 苏轼园林文学研究[D]/雷艳平.—湖南科技大学(硕士论文)，2010

11201 “随物赋形”：谈苏轼文艺美学之“水之道”[D]/于艳.—辽宁师范大学(硕士论文)，2010

11202 在诗词中追寻东坡足迹[N]/林文通，梁维春//南方日报，2011-07-15

11203 我读苏轼[N]/赵海燕//余姚日报，2011-07-30

11204 苏轼赏月几人陪[N]/陆琴华//蚌埠日报，2011-09-05

11205 苏轼的联作[N]/不详//澳门华侨报，2011-10-05

11206 出新意于法度之中 寄妙理于豪放之外[N]/宋利斌//延安日报，2011-10-19

11207 苏轼读书爱“敲骨吸髓”[N]/不详//老年日报，2011-11-05

11208 我的《东坡乐府笺》[N]/陶继明//嘉定报，2011-11-28

11209 东坡笔下峨眉翠[N]/不详//三江都市报，2011-12-08

11210 论“苏黄米蔡”的形成[J]/韩立平//学术探索，2011(1)

11211 苏轼贬谪生涯与北宋岭南文化[J]/昌庆志//广州大学学报(社会科学版)，2011(1)

11212 苏轼的文学理念创新与文化基因的生成机制(上)[J]/杨胜宽//苏轼研究，2011(1)

11213 苏轼山水艺术美学的哲学基础与主要范畴[J]/雷礼锡//韩山师范学院学报，2011(1)

11214 杨慎对苏轼文学家族的批评[J]/杨钊//重庆文理学院学报(社会科学版)，

2011（1）

11215 两颗巨星之碰撞，千秋万代留光芒：普希金与苏东坡之比较［J］/ 吴建文 // 读与写（下旬），2011（2）

11216 苏轼的文学理念创新与文化基因的生成机制（下）［J］/ 杨胜宽 // 苏轼研究，2011（2）

11217 苏轼诗歌比喻艺术研究［J］/ 尚爱雪，王俊方 // 江苏大学学报（社会科学版），2011，13（2）

11218 苏轼易学中的“和而不同”与其文艺思想［J］/ 程刚 // 古代文学理论研究，2011（2）

11219 两宋文坛由宗欧向宗欧与宗苏并重的演变及其意义［J］/ 洪本健 // 滁州学院学报，2011（3）

11220 论苏轼创新意识的形成原因［J］/ 潘殊闲，敖慧斌 // 南昌大学学报（人文社会科学版），2011（3）

11221 苏轼的文学成就与贬谪［J］/ 马云 // 青海民族大学学报（教育科学版），2011（3）

11222 苏轼文人画思潮及影响［J］/ 靳建仁 // 东京文学，2011（3）

11223 苏轼“寓意于物”的审美态度［J］/ 衡蓉蓉 // 大舞台，2011（3）

11224 对苏轼提出“文人画”思想的心态探索［J］/ 胡军 // 甘肃联合大学学报（社会科学版），2011（4）

11225 论苏轼“率意为文”创作现象的理论蕴含［J］/ 孟宪浦 // 学术论坛，2011（4）

11226 浅谈苏轼平淡自然的创作风格［J］/ 邵玉祥 // 剑南文学（经典阅读），2011（4）

11227 飞鸿踏雪泥 诗风慕禅意：从接受美学视角看苏轼诗词翻译中禅境的再现［J］/ 戴玉霞 // 外语教学，2011（5）

11228 李白与苏轼的创作个性之异［J］/ 陈忻 // 重庆师范大学学报（哲学社会科学版），2011（5）

11229 论苏轼文艺创作的审美追求［J］/ 邹建雄 // 文艺评论，2011（6）

11230 浅析苏轼及苏门四学士的文艺观［J］/ 秦爽 // 中外企业家，2011（6）

11231 宋人尚“意”的诗书画一体观念［J］/ 刘赦，苏梅 // 新美术，2011（6）

11232 苏轼批评文体具有的文体学意义［J］/ 周美华 // 重庆科技学院学报（社会科学版），2011（6）

11233 得不到的总是好的［J］/ 陌上舞狐 // 中国大学生就业，2011（7）

11234 浅议欧阳修、苏轼文道观之异同［J］/ 许秀莲 // 剑南文学·经典阅读，2011（7）

11235 苏轼在丁父忧期间的文学创作［J］/ 曹明 // 剑南文学·经典阅读，2011（7）

11236 苏轼及其师友的几个重要书学命题［J］/ 戚荣金 // 南方论刊，2011（8）

11237 苏轼文学创作的内容及其风格［J］/ 王少栋 // 群文天地，2011（8）

11238 浅谈文人画的美学思想［J］/ 黄素娜 // 美术教育研究，2011（9）

11239 苏轼的文艺美学思想对高中语文教学的启示［J］/ 徐洁 // 中国校外教育，2011（9）

11240 苏轼诗文“戏谑”风格特征、成因及文学史意义［J］/ 张国荣 // 乐山师范学院学报，2011（9）

11241 浅谈苏轼的音乐美学思想［J］/ 李虹 // 时代文学，2011（10）

11242 浅析苏轼、黄庭坚对宋调形成的贡献［J］/ 徐鸿飞 // 东京文学，2011（10）

11243 苏轼的美学理念及王懿荣旧藏《苏轼书满庭芳词帖》辩伪［J］/ 李跃林 // 书画艺术学刊，2011（10）

11244 试分析苏轼作品中的审美意象与他性格之间的联系[J]/肖婷婷//现代交际，2011(11)

11245 苏轼的闲适理趣[J]/李凌//新闻爱好者，2011(11)

11246 苏轼诗歌比喻艺术浅说[J]/余昌江，余秋凤//文教资料，2011(11)

11247 技道两进：论苏轼文学思想的独特性[J]/王婷//名作欣赏，2011(12)

11248 浅谈苏轼贬居黄州哲理意境作品的创作方法[J]/王越//黑龙江科技信息，2011(12)

11249 苏轼知密州时期的文艺思想研究[J]/潘福燕，秦向阳//作家，2011(14)

11250 论苏轼对密州文化的贡献与影响[J]/徐培富，初广永//作家，2011(20)

11251 苏东坡书画的象外人生:《枯木竹石图》赏析[J]/易雨晴//青年文学家，2011(24)

11252 苏轼文艺思想中的“虚静”[J]/肖坤//文教资料，2011(25)

11253 浅议苏东坡文学成就取得之谛[J]/张钟//读写算(教育教学研究)，2011(40)

11254 论朱熹对苏轼文学及学术的接受[D]/裴云龙.—北京师范大学(硕士论文)，2011

11255 苏轼的音乐美学初探[D]/邱黎.—四川师范大学(硕士论文)，2011

11256 苏轼诗画通论之艺术精神研究[D]/李百容.—淡江大学(博士论文)，2011

11257 苏轼文学中的自然观[D]/徐名侠.—南京师范大学(硕士论文)，2011

11258 苏轼、张耒黄州文学创作比较研究[D]/周进.—浙江师范大学(硕士论文)，2011

11259 苏东坡一生最著名的文章都是在黄州写的[N]/朱思林//中国民族报，2012-01-03

11260 苏东坡也有爱情小说[N]/不详//东方卫报，2012-04-27

11261 苏轼：中国文学史上的里程碑[N]/不详//宝安日报，2012-06-01

11262 苏东坡在海南诗意老饕幻化神奇[N]/不详//宿迁晚报，2012-06-07

11263 苏东坡善用比喻[N]/不详//燕赵老年报，2012-09-14

11264 苏东坡晚年：诗篇多“游”字[N]/不详//新华每日电讯，2012-09-14

11265 苏东坡及范仲淹棋诗[N]/不详//球迷报，2012-10-01

11266 苏东坡的两个世界[N]/不详//中国社会科学报，2012-12-14

11267 宋代文脉的首席当属苏东坡[N]/不详//羊城晚报，2012-12-24

11268 苏轼的文学理念创新与文化基因的生成机制(上)[J]/杨胜宽//蜀学，2012(00)

11269 论苏轼“身与竹化”命题的美学思想内涵[J]/陈士部//书画世界，2012(1)

11270 苏轼作品中对六朝文学观的体现分析[J]/金燕//长沙铁道学院学报(社会科学版)，2012(1)

11271 文前有文 起笔蕴藉[J]/陶文鹏//古典文学知识，2012(1)

11272 才情并茂 道艺相合：逯建民艺术综评[J]/刘静//当代小说(下半月)，2012(2)

11273 从秘书学的角度解读古代作家苏轼[J]/王晓红//山花(B版)，2012(2)

11274 从“阴抑苏黄”到“顾挹苏氏之余波”：论叶梦得早期贬苏与后期学苏的必然性[J]/许兴宝//内蒙古民族大学学报(社会科学版)，2012(2)

11275 苏轼的作品风格[J]/赵旭//中学生导

报·教学研究，2012（2）
11276 苏轼二题［J］/ 戴永夏 // 青岛文学，2012（2）
11277 苏轼"淡美"音乐思想的内涵、特点与意义［J］/ 衡蓉蓉 // 南京艺术学院学报（音乐与表演版），2012（2）
11278 苏轼文人画思想形成研究［J］/ 王睿 // 图书馆理论与实践，2012（2）
11279 苏轼文学创作所体现的超然心态［J］/ 冯俊楠 // 赤峰学院学报（汉文哲学社会科学版），2012（2）
11280 苏轼想象的颠覆：从林语堂、余秋雨到胡兰成［J］/ 郑兴，仲璨 // 汕头大学学报（人文社会科学版），2012（2）
11281 王安石与苏轼对扬雄和韩愈的接受及其影响［J］/ 陈冬根 // 井冈山大学学报（社会科学版），2012（3）
11282 北宋士人贬谪山水中的"集体记忆"：以苏轼及苏门诸子武昌"寒溪西山"唱和为例［J］/ 程磊 // 烟台大学学报（哲学社会科学版），2012（4）
11283 此心安处是吾乡：以"归"为中心论苏轼对精神家园的追寻与建构［J］/ 郝美娟 // 山西大学学报（哲学社会科学版），2012（4）
11284 从贬谪黄州的创作看苏轼思想变化和人生态度［J］/ 王怡梅 // 长江大学学报（社会科学版），2012（4）
11285 李白与苏轼之仙人气质及其咏月情怀浅析［J］/ 张国培 // 民办高等教育研究，2012（4）
11286 论道家美学对苏轼文艺思想的影响［J］/ 杨琦 // 吉首大学学报（社会科学版），2012（4）
11287 论苏轼对陆龟蒙的接受［J］/ 熊艳娥 // 求索，2012（4）
11288 苏轼的林业实践及思想［J］/ 李飞，李莉 // 北京林业大学学报（社会科学版），2012（4）
11289 苏轼音乐与文学创作关系研究［J］/ 刘韧，刘宇统 // 飞天，2012（4）
11290 苏轼在"民本主义"思想影响下的音乐审美意趣［J］/ 谢艾伶 // 音乐探索，2012（4）
11291 论苏轼主气［J］/ 汪倩 // 阜阳师范学院学报（社会科学版），2012（5）
11292 苏轼两首代表词与其人生经历关系研究：兼谈大学语文诗歌教学的一个重点［J］/ 李恒 // 吉林省教育学院学报（下旬），2012（5）
11293 苏轼中国学文史独特地位探析［J］/ 李晓敏 // 中共郑州市委党校学报，2012（5）
11294 元伯与东坡：启功先生追思随笔［J］/ 赵仁珪 // 北京师范大学学报（社会科学版），2012（5）
11295 巴蜀文化对苏轼词风的影响［J］/ 李朋 // 黄冈职业技术学院学报，2012（6）
11296 大文豪苏轼［J］/ 刘迎春 // 花季雨季·阅读与作文，2012（6）
11297 黄庭坚"以诗为词"及其文学史意义［J］/ 梅华 // 唐都学刊，2012（6）
11298 论苏轼的书学思想［J］/ 郭列平，陈宇 // 江苏省社会主义学院学报，2012（6）
11299 论苏轼艺术创作之"技道两进"［J］/ 汪倩 // 齐齐哈尔大学学报（哲学社会科学版），2012（6）
11300 苏轼"无意为文"、"有为而作"与中国诗学"活法"说论考［J］/ 曾明，王进 // 社会科学研究，2012（6）
11301 谈苏轼书学思想与作品的相互融合［J］/ 吴彩虹，王彩虹，汪萍 // 牡丹江大学学报，2012（6）
11302 寓意于物，物我相联：苏轼音乐美学思

想探析[J]/胡郁青//成都大学学报(社会科学版),2012(6)

11303 感悟苏东坡其人其文[J]/张笑//时代文学(下半月),2012(7)

11304 论苏轼文学批评的象喻特色[J]/潘殊闲//乐山师范学院学报,2012(7)

11305 多才多艺苏东坡[J]/易酩//老年教育(书画艺术),2012(8)

11306 浅析苏轼在凤翔府时期的诗歌创作倾向[J]/郝米娜//成功(教育),2012(8)

11307 苏轼诗、词、文中的哲理思辨[J]/张杏丽//长春理工大学学报,2012(8)

11308 苏轼文学思想的基本特征简析[J]/张爱军//时代文学,2012(8)

11309 苏轼音乐美学思想的成因及总体特征[J]/谢艾伶//音乐大观,2012(8)

11310 一曲摆渡人的歌:试由苏轼诗词浅探其人生走向[J]/刘子文//教育策划与管理,2012(8)

11311 一言难尽 苏东坡[J]/刘建明//集邮博览,2012(9)

11312 苏轼的技道两进艺术观[J]/傅合远//求索,2012(10)

11313 苏轼文人画思想形成研究[J]/秦萌萌//商业文化(下半月),2012(10)

11314 苏轼在徐州期间文学创作思想研究[J]/陈晓//作家,2012(10)

11315 浅议黄庭坚诗学理论:兼与苏轼比较[J]/代开才//科技信息,2012(11)

11316 《世说新语》的误译及其他[J]/韩立平//书屋,2012(11)

11317 试论韩国高丽朝文学对苏轼诗文的消融[J]/王成//电影评介,2012(11)

11318 浅谈苏轼在北宋文坛上的地位和成就[J]/田益琳,宋芸//芒种,2012(12)

11319 苏轼诗词的平淡美赏析[J]/刘敏//群文天地(下半月),2012(12)

11320 明月如霜:浅析苏轼作品中的般若美学[J]/金燕//名作欣赏,2012(14)

11321 感·觉·悟:中学语文苏轼作品阅读教学拾零[J]/张峰//科技信息,2012,9(16)

11322 论苏轼“技道两进”的文艺创作观[J]/李博文,管仁福//大家,2012(16)

11323 谈苏轼的书学思想与文学观念的互渗[J]/吴彩虹//芒种,2012(16)

11324 从苏轼诗论看“平淡”诗歌的审美张力[J]/曾辉//文教资料,2012(17)

11325 浅谈苏轼的美学思想[J]/祝玲//青春岁月,2012(22)

11326 由苏轼《蝶恋花·春景》引发的美学思考[J]/刘敏//神州,2012(23)

11327 苏轼之“发明”与陶渊明的经典化[C]/边利丰//中国中外文艺理论研究(2012年卷)/中外文艺理论学会,山东师范大学文学院,中国社会科学院文学所文艺理论研究室.—北京:中国社会科学出版社,2012

11328 从苏轼辞赋创作看其文艺思想[D]/赵毅.—中国海洋大学(硕士论文),2012

11329 黄庭坚谪居巴蜀期间书学研究[D]/邹伟文.—西南大学(硕士论文),2012

11330 跟苏轼学写作[N]/不详//十堰晚报,2013-01-12

11331 忆古思今学苏轼[N]/李龙登//黄冈日报,2013-04-06

11332 苏东坡是湖北黄州文化的奠基人[N]/不详//中国文化报,2013-07-29

11333 全方位立体展示苏东坡知定州:读《苏轼定州诗文全编》[N]/谢美生//保定晚报,2013-08-01

11334 苏东坡是白居易的“粉”:取号东坡表达了对白居易的仰慕之心[N]/裘影萍//汕头特区晚报,2013-09-06

11335 再议苏轼文人画观论辩［N］/ 刘益 // 增城日报，2013-10-11

11336 苏轼知定州诗词文赋创作概览［J］/ 李新 // 保定学院学报，2013（1）

11337 苏轼重要美学观点解析［J］/ 左国华 // 黄冈师范学院学报，2013（1）

11338 读东坡文章 感人格魅力［J］/ 李锦煜 // 陇东学院学报，2013（2）

11339 千载此情同皎洁，万古美文共欣赏：从“赤壁三咏”看苏轼与月的结缘［J］/ 陈琼 // 现代语文（教学研究版），2013（2）

11340 雄放清敦皆神俊：从《王维吴道子画》看苏轼的艺术审美观［J］/ 杜奕 // 美术大观，2013（2）

11341 把酒问月：“谪仙”与“坡仙”气质及咏月情怀之异［J］/ 张国培，刘伟 // 齐齐哈尔师范高等专科学校学报，2013（3）

11342 宋代美学的代表人物与核心范畴［J］/ 潘立勇 // 社会科学辑刊，2013（3）

11343 苏轼易学与诗学［J］/ 李瑞卿 // 文学评论，2013（3）

11344 从苏轼词中女性形象议苏轼的女性观［J］/ 罗翔 // 山西广播电视大学学报，2013（4）

11345 从苏轼居黄州期间的书信看其思想的变化［J］/ 帅杨 // 成功・教育，2013（4）

11346 达观之睡［J］/ 介子平 // 名作欣赏，2013（4）

11347 大宋的背影 曾经空前繁荣的文化盛世［J］/ 周丹明 // 紫禁城，2013（4）

11348 东坡文化在齐鲁［J］/ 王晓磊 // 华夏文化，2013（4）

11349 多面苏轼：名家眼里的苏轼［J］/ 王晓日 // 中华活页文选（初三版），2013（4）

11350 多元文化交融与苏轼文学审美范式嬗变［J］/ 高杨 // 文艺评论，2013（4）

11351 《易》理与苏轼文艺观［J］/ 杨万里 // 内蒙古大学学报（哲学社会科学版），2013（4）

11352 悲情与崇高的纠结：试论屈原和苏轼的人生遭际与其诗文的关系［J］/ 钱泽 // 科教导刊（电子版・上旬），2013（5）

11353 苏轼美学思想与艺术陌生化理论之比较［J］/ 吴彩虹 // 美与时代（中旬），2013（5）

11354 苏轼文人画文学思想的视觉艺术研究［J］/ 王艳 // 艺种，2013（5）

11355 探析苏东坡的文学造诣［J］/ 祁秋娟 // 兰台世界（下旬），2013（5）

11356 也谈苏轼的幸与不幸［J］/ 陈友乔，李磊 // 齐鲁师范学院学报，2013（5）

11357 禅宗对王维、苏轼文学的影响［J］/ 宁亚平 // 中国文房四宝，2013（6）

11358 民本思想与苏轼文学创作［J］/ 伍宝娟，吕晓玲 // 绵阳师范学院学报，2013（6）

11359 试论苏轼“以诗为词”［J］/ 李玉方 // 甘肃高师学报，2013（6）

11360 苏轼笔记中的文学思想［J］/ 张瑞君 // 河北大学学报（哲学社会科学版），2013（6）

11361 苏轼的“韵”论［J］/ 徐建芳 // 晋阳学刊，2013（6）

11362 苏轼文艺美学的主体间性［J］/ 洪世林 // 唐山师范学院学报，2013（6）

11363 不一样的苏东坡：读孙涛《东坡拾瓦砾》［J］/ 子炎 // 工友，2013（7）

11364 光州大苏山小憩对苏轼创作的影响［J］/ 黄晓迟 // 科技视界，2013（7）

11365 黄庭坚书简的艺术美［J］/ 朱晓青 // 写作，2013（7）

11366 苏东坡：那美妙的荡漾（下）［J］/ 雨兰 // 醒狮国学，2013（7）

11367 苏轼对梅尧臣文艺观的继承与发展［J］/ 陈文苑，刘春敏 // 宜宾学院学报，2013

（7）

11368 品苏轼作品学其人生的旷达与洒脱［J］/李缪美//剑南文学·经典教苑，2013（8）

11369 苏轼：但愿人长久，千里共婵娟［J］/孙聚成//中华儿女，2013（8）

11370 苏轼的文学创作特征探究［J］/田景丽//芒种（下半月），2013（8）

11371 苏轼与西湖文化的东方审美情调［J］/张炜，鲁冰莹//名作欣赏（文学研究版），2013（8）

11372 巴山蜀水，浸润别样人生：关于苏轼［J］/清影居士//求学（高分作文版），2013（9）

11373 也谈苏轼的幸与不幸［J］/陈友乔//玉溪师范学院学报，2013（9）

11374 东坡赏心事［J］/介子平//名作欣赏（鉴赏版·上旬），2013（10）

11375 宋韵在苏轼美学中的呈现［J］/李菡苕//剑南文学，2013（10）

11376 苏轼诗词中自然意象的隐喻研究［J］/洪敏，唐承贤//长春理工大学学报（社会科学版），2013（10）

11377 浅谈道家思想下苏轼的文学艺术创作［J］/梁腚//北方文学（中旬刊），2013（11）

11378 三苏的文化观及其当代启示［J］/杨胜宽//中华文化论坛，2013（11）

11379 苏轼的杭州情结［J］/于方//文学教育（上），2013（11）

11380 苏轼和惠洪对"奇趣"审美范畴的独特阐释［J］/李艳婷//南阳师范学院学报，2013（11）

11381 探析苏轼笔下赤壁之造境［J］/张媛//语文学刊（高等教育版），2013（11）

11382 《走近苏轼》教学纪实［J］/乔艳丽//黑龙江教育（小学），2013（12）

11383 浅谈苏轼的美学思想［J］/高海燕//芒种，2013（12）

11384 苏轼诗化个性浅探［J］/苏国伟//短篇小说（原创版），2013（15）

11385 论苏轼的"辞达"说［J］/范香君//西江月，2013（16）

11386 温庭筠、柳永、苏轼笔下的女性形象分析［J］/常娜//西江月，2013（16）

11387 以"游"来看苏轼艺术美学思想［J］/刘雷//参花，2013（16）

11388 遗爱湖畔演绎东坡文化［J］/陶秀琪//中国德育，2013（20）

11389 苏轼小品文中的文艺思想研究［D］/吕解颐．—吉林大学（硕士论文），2013

11390 苏轼写作理论研究［D］/徐旭黎．—长春理工大学（硕士论文），2013

11391 太白东坡之月对比欣赏［N］/不详//南方日报，2014-01-16

11392 苏东坡咏花木［N］/王影聪//眉山日报，2014-01-04

11393 文豪苏东坡爱用呵呵［N］/不详//北大荒日报，2014-02-13

11394 苏轼的十大经典名言［N］/不详//新商报，2014-02-14

11395 苏东坡的为书之道［N］/肖寿光//湛江日报，2014-02-22

11396 苏轼谈诗画性情［N］/陈传席//中国石化报，2014-03-19

11397 文豪苏东坡爱用"呵呵"：留世书简现数十处"呵呵"［N］/不详//太行日报，2014-04-29

11398 苏轼的审美趣味［N］/胡中柱//新民晚报，2014-05-04

11399 文豪苏东坡爱用"呵呵"留世书简现数十处［N］/不详//曲靖日报，2014-05-09

11400 苏东坡也是名画家［N］/郭亨渠//汕头特区晚报，2014-08-15

11401 苏轼崇尚自然的创作观［N］/周先慎//中华读书报，2014-08-20

11402 东坡笔下的月亮［N］/谭善楚//惠州日报，2014-09-07

11403 苏轼是“文人”吗［N］/徐建融//美术报，2014-10-18

11404 晁补之文学批评补论［J］/李朝军//乐山师范学院学报，2014（1）

11405 苏轼“平淡自然”论及其艺术审美理想［J］/汪倩//齐齐哈尔大学学报（哲学社会科学版），2014（1）

11406 苏轼文人集团“以诗为画”对邓椿《画继》的影响［J］/于广杰，苏涛//集宁师范学院学报，2014（1）

11407 苏轼易学及其诗学思想研究［J］/牛秋实//内江师范学院学报，2014（1）

11408 中西诗画关系论之比较：以苏轼和莱辛为例［J］/赵文妮//海南师范大学学报（社会科学版），2014（1）

11409 北宋《诗经》阐释中经学与文学融合：以欧阳修、苏轼等为例［J］/张硕//社会科学战线，2014（2）

11410 苏轼音乐美学思想初探［J］/黄新媚//黄河之声，2014（2）

11411 陈公弼、欧阳修对苏轼思想的影响［J］/邱瑞//西江月（下旬），2014（3）

11412 从苏东坡身上看崇高的师德［J］/钟志烽//文理导航（教育研究与实践），2014（3）

11413 德流四海 凤飞千仞：论苏轼的文化人格及其超然心态［J］/胡欣//玉林师范学院学报，2014（3）

11414 东坡文化研究上的惰性思维［J］/饶学刚//乐山师范学院学报，2014（3）

11415 论苏轼的人生经历对其文学创作的影响［J］/王闽红//晋城职业技术学院学报，2014（3）

11416 苏轼文人画的审美特征［J］/张子涵，董小龙//大舞台，2014（3）

11417 自然与超越：苏轼美学思想及其人文意义［J］/陆庆祥//中国石油大学学报（社会科学版），2014，30（3）

11418 从词中用典看晁补之的贬谪心态兼与苏轼比较［J］/姚菊//中国文学研究，2014（4）

11419 苏轼诗文与晚明士人的精神归向及文学旨趣［J］/郑利华//文学遗产，2014（4）

11420 从高中语文教材的三篇文章品味苏轼的心路历程［J］/赵海峰//未来英才，2014（5）

11421 论苏轼的美学思想［J］/雷军良//芒种，2014（5）

11422 苏轼文人集团对《宣和画谱》的影响［J］/于广杰，苏涛//内蒙古民族大学学报（社会科学版），2014（5）

11423 中国古籍中的初态敏感性和混沌［J］/陈立群//力学与实践，2014（5）

11424 浅析苏轼文人画美学思想［J］/李晓燕//艺术时尚（下旬刊），2014（6）

11425 苏东坡美学思想盘点：兼说普生新著《我说东坡》［J］/涂途//黄冈职业技术学院学报，2014（6）

11426 苏轼的“归去来兮”情结［J］/庄逸云//古典文学知识，2014（6）

11427 苏轼与山东地域文化的交互影响［J］/石兵，谭嫦嫦//太原城市职业技术学院学报，2014（6）

11428 苏轼文论思想中佛教禅宗思想的渗透与影响［J］/余一繁//文学教育（中），2014（7）

11429 从苏东坡的性格特征解读他的艺术人生［J］/李博//鸭绿江（下半月版），2014（9）

11430 浅析苏东坡的人生美学［J］/杨帆//青

年与社会（下），2014（9）

11431 东坡黄州韵语［J］/ 蒋维 // 中国书法，2014（10）

11432 论苏轼对诸城地方文化的贡献［J］/ 徐恩聪，乔云峰 // 乐山师范学院学报，2014（10）

11433 苏轼“无意为佳乃为佳”探微［J］/ 徐钰茹 // 速读（上旬），2014（10）

11434 苏轼的人生态度和艺术风格对当代高中语文教学的启示［J］/ 陆发华 // 语数外学习（高中语文教学），2014（10）

11435 苏轼在黄州的诗词创作［J］/ 孙思尧 // 环球人文地理（评论版），2014（10）

11436 苏轼在黄州的文学创作［J］/ 杨文花 // 兰台世界（下旬），2014（10）

11437 由苏轼的禅宗历程观其文人画美学思想及实践［J］/ 张萍 // 兰台世界（下旬），2014（10）

11438 苏轼“游于物外”的美学思想浅谈［J］/ 徐钰茹 // 速读（上旬），2014（11）

11439 苏轼美学思想试盘点：兼说普生新著《我说东坡》［J］/ 涂途 // 美与时代（下），2014（11）

11440 苏轼诗词中的情怀分析［J］/ 刘晓慧 // 青年时代，2014（15）

11441 论苏轼对陶渊明率真美学思想的阐释［J］/ 刘文霞 // 华章，2014（16）

11442 苏轼文人画观论辩［J］/ 刘益 // 商情，2014（29）

11443 苏轼诗画中的美学气韵［J］/ 张古月 // 学园，2014（33）

11444 苏轼的郁闷与旷达［J］/ 刘继芬 // 科学咨询，2014（35）

11445 苏轼《论语说》的诠释特色［C］/ 唐明贵 // 长江流域区域文化的交融与发展：第二届巴蜀·湖湘文化论坛论文集 / 徐希平 . —成都：四川大学出版社，2014

11446 论苏轼诗、书思想的相通性［D］/ 孙广梅 . —淮北师范大学（硕士论文），2014

11447 苏轼小品文研究：基于文体学与文艺美学的考察［D］/ 芦思宏 . —四川师范大学（硕士论文），2014

11448 王羲之与苏轼的世界观［N］/ 不详 // 大同晚报，2015-01-05

11449 苏东坡的潮阳情缘［N］/ 不详 // 汕头日报，2015-04-12

11450 苏轼“八面受敌”精读法［N］/ 曹猛，刁兴泽 // 学习时报，2015-04-20

11451 苏东坡笔下的清明节［N］/ 周承水 // 鄂州日报，2015-04-02

11452 苏轼的艺术人生智慧［N］/ 周裕锴 // 光明日报，2015-06-11

11453 东坡笔下的清风明月［N］/ 吴骧 // 皖西日报，2015-08-28

11454 苏轼文采好 庄子有功劳［N］/ 刘黎平 // 广州日报，2015-08-08

11455 苏东坡的月亮［N］/ 蔡旭 // 新民晚报，2015-10-12

11456 苏轼与惠州三题［N］/ 李硕洪 // 东江时报，2015-12-06

11457 从词作看苏轼的精神世界［J］/ 杨臻 // 新教育时代电子杂志（学生版），2015（1）

11458 苏轼文人集团在陆游《老学庵笔记》中的历史记忆［J］/ 于广杰，罗海燕 // 河北师范大学学报（哲学社会科学版），2015，38（1）

11459 论苏轼尺牍的文体特征［J］/ 周明虎 // 新课程学习，2015（2）

11460 苏轼创作的佛学背景［J］/ 张子西 // 北方文学（中），2015（2）

11461 北宋后期文人结盟及其文学意义［J］/ 王金伟 // 南京师范大学文学院学报，

2015（3）

11462 从苏轼的美学视角观望语文课堂教学的峥嵘前景［J］/ 何艳 // 语文教学之友，2015（3）

11463 论宋代文体学的核心问题：本色与破体［J］/ 谷曙光 // 中国人民大学学报，2015（3）

11464 天·地·人：从文学创作角度比较陶渊明、苏轼、李白的思想特点［J］/ 传红 // 重庆工贸职业技术学院学报，2015（3）

11465 大文豪苏东坡爱“呵呵”［J］/ 本刊编辑部 // 人生十六七，2015（4）

11466 东坡笔下的清风明月［J］/ 吴骧 // 学语文，2015（4）

11467 论金代文人王若虚对苏轼文学思想的审美接受［J］/ 于敏 // 赤峰学院学报（汉文哲学社会科学版），2015（4）

11468 苏轼小品文中的文艺思想研究［J］/ 聂然 // 文艺生活·文海艺苑，2015（4）

11469 苏轼的旷达对其文学创作的影响［J］/ 赵延彤 // 江西社会科学，2015（5）

11470 苏轼诗词中的人文精神研究［J］/ 颜静 // 安徽文学（下半月），2015（5）

11471 东坡文化中原传播路径初探［J］/ 刘继增 // 平顶山学院学报，2015（6）

11472 从古代文人的创作中窥探巴蜀文化的影响：以司马相如、苏轼为例［J］/ 高浥烜 // 智富时代，2015（7）

11473 论苏门文人画论及其诗画情怀［J］/ 徐海容 // 文艺评论，2015（10）

11474 苏轼的月亮情结［J］/ 张勇 // 吉林教育·综合，2015（10）

11475 谈谈苏轼小品［J］/ 吴永福 // 语文学刊，2015（10）

11476 浅释苏轼音乐美学之精髓：旷达、人文、自然［J］/ 白海燕 // 兰台世界（下旬），2015（11）

11477 论高中审美教育在苏轼作品中的体现［J］/ 甘新 // 人间，2015（12）

11478 苏轼诗词中的正能量：谈东坡诗词中的情感［J］/ 刘晓丽 // 教育界·基础教育研究（中），2015（12）

11479 晚明文学革新与苏轼［J］/ 周丽妤 // 短篇小说（原创版），2015（14）

11480 从“诚”、“意”论元好问与苏轼文艺观点的同与异［J］/ 萧丰庭 // 问学，2015（19）

11481 从“小乔初嫁了”看苏轼的大手笔［J］/ 苏静 // 试题与研究·教学论坛，2015（22）

11482 英语世界的苏轼“因革”文学思想研究：以毕熙燕为中心［C］/ 万燚 // 古代文学理论研究（第四十辑）：中国文论的思想与智慧 / 中国古代文学理论学会 .— 2015

11483 苏轼和犍为落魄士子创写“回文词”［N］/ 不详 // 华西都市报，2016-01-23

11484 苏东坡笔下的颍与杭［N］/ 陆志成 // 颍州晚报，2016-02-18

11485 苏东坡是陶渊明“死忠粉”曾作无数篇模仿作品［N］/ 不详 // 松原日报，2016-03-09

11486 苏东坡在山东的千秋佳作［N］/ 胡玉柱 // 济宁日报，2016-04-15

11487 苏轼：千古文章书情怀，涪州风物入诗作［N］/ 不详 // 巴渝都市报，2016-08-15

11488 西汉发端两宋开花千年积淀终由苏轼奠定“蜀学”［N］/ 谢桃坊 // 成都晚报，2016-08-19

11489 苏东坡的月光［N］/ 崔嵘 // 黄山日报，2016-09-06

11490 原来苏轼贡献了这么多“成语”［N］/ 不详 // 都市女报，2016-10-28

11491 苏东坡的超然物外［N］/ 胡勇 // 法制日报，2016-12-25

11492 苏轼的悲剧意识与文化人格境界［J］/ 宋颖 // 中国苏轼研究，2016（1）

11493 苏轼的岭南贬谪生活与《和陶诗》的境界［J］/ 郭世轩 // 琼州学院学报，2016（1）

11494 苏轼的艺术批评思想及其哲学根源［J］/ 刘桂荣，王欣欣 // 西南民族大学学报（人文社会科学版），2016（1）

11495 试论北宋党争对苏轼文学创作的影响［J］/ 孙浩宇 // 鸭绿江（下半月版），2016（2）

11496 苏东坡：诗意杭州的缔造者［J］/ 李佩 // 智慧中国，2016（2）

11497 苏轼对李奎报文学的影响［J］/ 安海淑 // 延边大学学报（社会科学版），2016（3）

11498 苏轼诗歌中的自注与自我表达的强化［J］/ 宁雯 // 河北师范大学学报（哲学社会科学版），2016（3）

11499 苏轼文风的文化渊源论略［J］/ 杨胜宽 // 江苏科技大学学报（社会科学版），2016（3）

11500 随物赋形：苏轼贬谪际遇下的生存哲学与文学观念［J］/ 吴增辉 // 乐山师范学院学报，2016（3）

11501 探析传统文化与文学的关系：以苏轼为例［J］/ 唐玲珑 // 焦作大学学报，2016（3）

11502 东坡魅力：近年苏东坡论著情况及其对惠州影响［J］/ 钟雪平 // 北方文学（下旬刊），2016（4）

11503 苏轼诗学思想的意义［J］/ 谢桃坊 // 文史杂志，2016（5）

11504 苏轼文艺理论对佛教思想的借鉴方式［J］/ 陈昱雯 // 文学教育（中旬版），2016（5）

11505 苏轼文艺美学与主体间性理论［J］/ 陈美佳 // 鸭绿江（下半月版），2016（5）

11506 《周易》对苏轼文艺创作观的影响［J］/ 徐建芳 // 北方论丛，2016（5）

11507 浅谈苏轼作品的审美意趣［J］/ 韩博 // 北方文学（中），2016（6）

11508 苏轼诗词歌的艺术特色［J］/ 张小童 // 西部皮革，2016（6）

11509 论苏轼作品的人格美［J］/ 王莉莉 // 开封教育学院学报，2016（7）

11510 东坡的明月［J］/ 明文强 // 语文教学与研究·教研天地，2016（8）

11511 苏轼诗歌的美学特色及人格智慧［J］/ 姜雅博 // 山海经，2016（8）

11512 玩味入诗：比较苏轼“妙喻”与杨万里“活法”［J］/ 高圣寒 // 散文百家（下），2016（8）

11513 苏轼美学思想与诗书交融探微［J］/ 李思敏 // 明日风尚，2016（9）

11514 苏轼“三教合一”音乐美学思想探究［J］/ 白海燕 // 当代音乐，2016（9）

11515 苏轼寓言作品创作初探［J］/ 陈黎 // 太原城市职业技术学院学报，2016（9）

11516 五山诗人对苏轼诗歌语典借鉴特点及其反映出的美学倾向［J］/ 王志钢 // 文化学刊，2016（9）

11517 此心安处是吾乡：苏轼流寓文学及其禅学审视［J］/ 赵德坤 // 乐山师范学院学报，2016（11）

11518 王安石变法对苏轼文学的积极影响［J］/ 焦宝 // 学术界，2016（12）

11519 试论中西方传统诗画观的异同：以莱辛“诗画异质”与苏轼“诗画一律”为例［J］/ 贾馥瑞 // 人间，2016（18）

11520 《水浒传》对苏轼论述的真实性考证［J］/ 肖亚琛 // 青年文学家，2016（23）

11521 论苏轼的文艺创作心理学思想［D］/ 吴旭

文.—重庆师范大学（硕士论文），2016

11522 苏轼诗文美学思想研究［D］/ 任丹.—黑龙江大学（硕士论文），2016

11523 苏轼的“书如其人”说阐微［J］/ 吴士田 // 平顶山学院学报，2017（1）

11524 苏轼黄州诗文“幽人”意象初探［J］/ 司聃 // 郑州大学学报（哲学社会科学版），2017（1）

11525 苏轼黄州时期作品的主题、意象研究［J］/ 高云鹏 // 中国苏轼研究，2017（1）

11526 苏轼“诗画一律”论的实践内涵［J］/ 张腾华 // 中国苏轼研究，2017（1）

11527 苏轼文论中的自然观［J］/ 吴昊 // 北方文学（下旬），2017（1）

11528 杨慎对苏轼的文化批评［J］/ 杨钊 // 中国韵文学刊，2017（1）

11529 反思与践行：苏轼的侠义理念及其文化影响［J］/ 王立，黄静 // 中南民族大学学报（人文社会科学版），2017（2）

11530 苏轼的创造想象举隅［J］/ 刘清泉 // 乐山师范学院学报，2017（2）

11531 苏轼自然审美观之探讨［J］/ 朱卉 // 扬州职业大学学报，2017（2）

11532 “何事长向别时圆”的喟叹：苏轼诗意人生的生命美学价值［J］/ 范藻 // 四川文理学院学报，2017（3）

11533 论欧阳修、张方平对苏轼文学上的深远影响［J］/ 朱秋德，陈琼瑛 // 石河子大学学报（哲学社会科学版），2017（3）

11534 浅谈苏轼作品中的忧患意识［J］/ 李俊 // 大学教育，2017（3）

11535 人地关系与苏轼的黄州地方书写［J］/ 汪超 // 南海学刊，2017（3）

11536 浅析苏轼自然审美观形成的语境［J］/ 朱卉 // 扬州教育学院学报，2017（4）

11537 高中语文课本中苏轼作品的整体感知［J］/ 眭蕴倩 // 中学语文，2017（6）

11538 苏轼眼中的杜甫：两个伟大灵魂之间的对话［J］/ 周裕锴 // 四川大学学报（哲学社会科学版），2017（6）

11539 苏轼自然观照中的自我体认与文学书写［J］/ 宁雯 // 文学遗产，2017（6）

11540 从苏轼到苏东坡：以苏轼黄州作品为考察中心［J］/ 吴丹，王翠霞 // 湖北经济学院学报（人文社会科学版），2017（9）

11541 用苏轼作品实施审美教育的意义及方法［J］/ 庄宽 // 中学语文，2017（9）

11542 语文教学与心理素质教育结合的设计与思考：以苏轼作品专题课程设想为例［J］/ 王利娜，卢垚，胡志峰 // 语文教学之友，2017（9）

11543 试论《水浒传》《红楼梦》对苏轼的接受［J］/ 李新，韩松言 // 乐山师范学院学报，2017（10）

11544 苏轼的人生际遇对其创作的影响［J］/ 蔡巧月 // 语文天地，2017（10）

11545 苏轼论“辞达”的文学史意义［J］/ 裴媛媛 // 中华文化论坛，2017（10）

11546 论苏轼的“无还”之道［J］/ 朱良志 // 文艺研究，2017（11）

11547 论苏轼的“尚意”美学思想［J］/ 盛学玲 // 美与时代（下），2017（12）

11548 “主客对照”下的“立体东坡”：苏轼黄州时期系列作品的一种读法［J］/ 钱昌武 // 读写月报，2017（16）

11549 苏轼蛇蚓意象论考［J］/ 刘镇 // 中国书法，2017（22）

11550 谐趣与智慧：苏轼寓言研究［J］/ 陈黎 // 大众文艺，2017（23）

11551 苏轼文艺理论“意”范畴探微［J］/ 刘禹鹏 // 中国书法，2017（24）

11552 苏轼与朗加纳斯的“崇高美”［J］/ 石蕾 // 名作欣赏，2017（24）

11553 一生坎坷路 笔下千秋文：浅谈苏轼思

想性格对其作品的影响［J］/陈海浪//课程教育研究，2017(32)

11554 从变异学角度看沃森译苏轼诗词的创造性叛逆［D］/崔小欢.—西南科技大学（硕士论文），2017

11555 荆楚文化影响下苏轼在黄州的嬗变研究［D］/郝舒畅.—中国矿业大学（硕士论文），2017

11556 苏轼平淡美思想研究［D］/张坤旭.—山东师范大学（硕士论文），2017

11557 苏轼文学教育研究［D］/陈琼瑛.—石河子大学（硕士论文），2017

11558 苏轼作品原生价值及教学价值研究［D］/邱捷.—华中师范大学（硕士论文），2017

11559 试论苏轼文艺心理思想（下册）［D］/黄鸣奋.—厦门大学（硕士论文），不详

11560 苏轼崇尚“自然”文艺思想［D］/徐凤真.—武汉大学（硕士论文），不详

苏轼作品研究总论

11561 读东坡集［J］/唐崇慈//清华周刊，1917(125)

11562 题词：苏东坡李白仙诗卷［J］/苏东坡//东华（东京），1934(68)

11563 苏东坡的艺术生活［J］/缪宏//艺浪，1936(2)

11564 关于苏轼及其代表作［J］/不详//语文教学，1957(3)

11565 苏轼在岭南的吟咏［J］/徐续//作品，1957(12)

11566 论苏轼和他的创作［J］/周先慎//四川大学学报（哲学社会科学版），1959(1)

11567 论变法与苏轼作品评价的关系［J］/廖仲安，高怀玉//文学遗产，1961(354)

11568 论婉约派词人秦观［J］/朱德才//山东大学学报（哲学社会科学版），1961(S5)

11569 东坡诗词中的自我表现［J］/于大成//中华文化复兴月刊，1971，4(2)

11570 苏东坡与诗画合一之研究［D］/戴丽珠.—台湾师范大学（硕士论文），1973

11571 苏轼之“诗”“书”“画”［J］/刘启华//古今谈，1974(111)

11572 苏轼出知定州前后［J］/韩进廉//河北师范大学学报（哲学社会科学版），1979(4)

11573 苏轼在润州的交游与创作［J］/《镇江史话》编写组//江苏大学学报(高教研究版)，1981(2)

11574 苏轼在润州的交游与创作［J］/不详//高校教育管理，1981(2)

11575 东坡诗词设色浅探［J］/王树芳//青海师范学院学报（哲学社会科学版），1982(2)

11576 论“以诗为词”［J］/杨海明//文学评论，1982(2)

11577 试论苏轼的“诗画同异说”［J］/陶文鹏//文学评论，1982(13)

11578 苏东坡与黄山谷诗文论谫析［J］/林嵩山//花莲师专学报，1982(13)

11579 秀句小议：语言美随笔［J］/胡奇光//当代修辞学，1983(2)

11580 《苏东坡集》订误举隅［J］/吴雪涛//河北师范大学学报（哲学社会科学版），1984(2)

11581 苏轼“雪浪石”及乾隆题咏［J］/刘桂林//故宫博物院院刊，1984(2)

11582 苏轼著述生前编刻情况考略［J］/曾枣

庄 // 中华文史论丛，1984（4）

11583 刘禹锡诗对苏轼的影响［J］/ 吴汝煜 // 光明日报，1984（8）

11584 《苏轼文学论集》评介［J］/ 朱德才 // 齐鲁学刊，1985（3）

11585 模糊语言在文学作品中的表现形式和修辞作用［J］/ 王均裕 // 四川师范学院学报（社会科学版），1985（3）

11586 苏轼著作在宋代的编集、注释和刊刻［J］/ 田国良 // 图书馆，1986（2）

11587 诗人的执着和超脱：读苏东坡诗词有感［J］/ 周国平 // 书林，1986（10）

11588 文格与人格：黄州前后东坡文风之比较研究［J］/ 羊牧 // 汉家杂志，1986（13）

11589 《苏轼文集》［J］/ 木冉 // 古籍整理出版情况简报，1986（161）

11590 北宋诗文革新中的苏轼诗词［J］/ 刘锋晋 // 西华大学学报（哲学社会科学版），1987（1）

11591 从苏诗看苏轼的个性［J］/ 曹方林 // 西华大学学报（哲学社会科学版），1987（2）

11592 浅谈苏东坡在密州的创作［J］/ 国永泉 // 潍坊教育学院学报，1988（1）

11593 才艺、杂学与苏轼诗词创作［J］/ 王张鹏 // 河北师范大学学报（哲学社会科学版），1988（3）

11594 苏东坡论［J］/ 顾全芳 // 晋阳学刊，1988（3）

11595 文坛千古两谪仙：李白与苏轼比较研究［J］/ 葛景春 // 社会科学研究，1988（3）

11596 苏东坡的诗词画［J］/ 潘桂林 // 广州师范学院学报（社会科学版），1988（4）

11597 曾巩诗词散论［J］/ 吴显泉 // 青海师专学报，1989（4）

11598 浅谈古典诗词中的借鉴与创新［J］/ 李放眉 // 贵阳师专学报（社会科学版），1989（4）

11599 苏东坡黄州佚作辑录笺证［J］/ 丁永淮 // 黄冈师范学院学报，1990（1）

11600 晁补之著述考略［J］/ 刘焕阳 // 烟台师范学院学报（哲学社会科学版），1990（3）

11601 《苏轼文集》收文补正两则［J］/ 尹波 // 四川大学学报（哲学社会科学版），1990（3）

11602 浅谈语文教学中杰出作家风格的多样化［J］/ 安绍斌 // 黑龙江财专学报，1991（1）

11603 苏轼笔下的黄州民俗［J］/ 程伯安 // 咸宁学院学报，1991（2）

11604 论苏轼的人品与文品［J］/ 崔承运 // 中国民航学院学报，1992（1）

11605 试论苏轼的“记”［J］/ 周慧珍 // 南通大学学报（社会科学版），1992（2）

11606 苏轼笔下的龙卷风［J］/ 辛渝 // 西南民族大学学报（人文社会科学版），1992（4）

11607 《苏轼文集》点校失误举例［J］/ 蔡正发 // 古籍整理研究学刊，1992（4）

11608 略论苏东坡诗词散文及其在书画艺术方面的成就和特色［J］/ 苏渊雷 // 华东师范大学学报（哲学社会科学版），1992（5）

11609 论苏轼黄州时的心态与创作［J］/ 梅大圣 // 汕头大学学报（人文科学版），1993（1）

11610 试论苏轼诗词文会通的主要原因［J］/ 曾子鲁 // 江西师范大学学报（哲学社会科学版），1993（1）

11611 浅析苏轼的诗词成就及其创新［J］/ 朱天禧 // 中华女子学院学报，1993（2）

11612 从化诗入词看苏轼的“以诗为词”［J］/ 李笑野 // 克山师专学报，1994（1）

11613 篇篇精粹，引人入胜：读《唐宋诗文散论》[J]/孔润年//西秦纵横，1994(1)

11614 人生困境对苏轼后期创作的影响[J]/徐丛丛//衡阳师范学院学报，1994(2)

11615 苏轼诗琐谈[J]/王惠民//商洛师范专科学校学报，1994(2)

11616 英译《苏东坡文选》[J]/柳叶//读书杂志，1994(2)

11617 《苏轼文集》点、校失误举例[J]/金诤//四川大学学报(哲学社会科学版)，1995(2)

11618 文学全能大师：苏轼[J]/王朝佐//云南文艺评论，1995(4)

11619 秀句出寒饿 身穷诗乃亨：苏轼的黄州时期与岭南时期创作之比较[J]/周茂东//武当学刊，1995(4)

11620 秀句出寒饿 身穷诗乃亨：苏轼的黄州时与岭南时创作之比较[J]/周茂东//郧阳师范高等专科学校学报，1995(4)

11621 古诗文名句训诂研究[J]/程瑞君//深圳大学学报(人文社会科学版)，1996(1)

11622 论苏轼作品中的多重人生感受[J]/王兰//语文函授，1996(2)

11623 苏轼贬居黄州期间词多诗少探因[J]/王兆鹏，徐三桥//湖北大学学报(哲学社会科学版)，1996(2)

11624 《苏东坡黄州作品全编》出版[J]/雪保//黄冈师专学报，1996(3)

11625 《苏轼在密州》出版发行[J]/张庆文//山东档案，1996(3)

11626 试论苏轼诗词艺术美的构成特点[J]/王云飞//河南电大，1996(4)

11627 也谈苏轼的"以诗为词"[J]/蔡良俊//盐城师专学报(哲学社会科学版)，1997(4)

11628 《苏轼资料汇编》拾补举例[J]/谢桃坊//文献，1998(2)

11629 苏轼作品初传日本考略[J]/王水照//湘潭师范学院学报(社会科学版)，1998(2)

11630 苏东坡诗文与宋代杀婴弃婴风俗[J]/程伯安//咸宁师专学报，1998(4)

11631 唤来清风消烦闷[N]/李放//文艺报，1999-09-09

11632 苏文二篇作时新考[J]/刘黎明//新国学，1999(00)

11633 密州的文化氛围与苏轼知密州时期思想与创作的转变[J]/张崇琛//齐鲁学刊，1999(1)

11634 不倦·固志·以启山林：王启鹏新著《苏东坡寓惠探幽》序[J]/朱靖华//惠州大学学报(社会科学版)，1999(2)

11635 《苏东坡寓惠探幽》受到好评[J]/不详//惠州大学学报，1999(3)

11636 论苏轼文学的豪放风格[J]/洪瑀钦//河南大学学报(社会科学版)，1999(6)

11637 学习苏轼艺术创作理论札记[J]/张静//山东教育学院学报，1999(6)

11638 倚楼苕溪话东坡[J]/伊蓉//中国西部文学，1999(9)

11639 抒情的梦与叙事的梦：苏轼、汤显祖对"梦"的运用之比较[J]/胡玉萍//广西民族学院学报(哲学社会科学版)，1999(S1)

11640 读《东坡赤壁诗词》[J]/黄书坤//东坡赤壁诗词，2000(1)

11641 读《东坡赤壁诗词》感赋[J]/邱诗才//东坡赤壁诗词，2000(1)

11642 理学与非理学之间：朱熹对苏轼学术的批评和吸取[J]/粟品孝//社会科学研究，2000(1)

11643 读苏轼描写徐州的诗词：优美的徐州田园风情画[J]/刘金//徐州教育学院学

报，2000(2)

11644 苏轼《东坡书传》述略[J]/舒大刚//四川大学学报(哲学社会科学版)，2000(5)

11645 一生被聪明所误的苏东坡[J]/史式//今日中国(中文版)，2000(6)

11646 生平快意仅为文：苏轼其人及其诗文集[J]/吴璧雍//典藏古美术，2000(95)

11647 试论李白与苏轼豪放性格之同异[C]/李霜琴//中国李白研究：2000年集/中国李白研究会.—2000

11648 苏轼“以诗为词”、“以文为词”评议[C]/房开江//首届宋代文学国际研讨会论文集：2000/中国宋代文学学会、复旦大学，2000

11649 苏轼作品中的音乐世界[C]/张志烈//首届宋代文学国际研讨会论文集：2000/中国宋代文学学会、复旦大学，2000

11650 巴金的“无技巧”和苏轼的“平淡”文学创作观[J]/王启鹏//惠州大学学报，2001(1)

11651 北宋文豪：苏轼及作品欣赏[J]/游福生//品质月刊，2001，31(2)

11652 诗词文赋皆精品 身后千年孰堪论：苏轼地名文学三题[J]/张金福//中国地名，2001(3)

11653 苏轼笔下的儋州风情[J]/韩国强//琼州大学学报，2001(3)

11654 苏轼《东坡书传》叙录[J]/舒大刚//西南民族学院学报(哲学社会科学版)，2001(4)

11655 执着与旷达：苏轼诗词的还乡情结[J]/喻世华//镇江师专学报(社会科学版)，2001(4)

11656 潇洒苏东坡[J]/徐康//作品，2001(6)

11657 “败亦可喜”与“意钓忘鱼”：苏轼作品中的棋与渔[J]/池泽滋子//宋代文化研究，2001

11658 苏轼与李白[C]/王宝珍//中国李白研究：纪念李白诞生1300周年国际学术讨论会论文集/中国唐代文学学会，2001

11659 陈平与贾谊：兼评苏轼《贾谊论》[J]/周桂钿//群言，2002(3)

11660 闲者心境 自然成文：苏轼诗文创作特点一窥[J]/李香珠//丽水师范专科学校学报，2002(4)

11661 苏轼黄州文学研究[D]/骆晓倩.—西南师范大学(硕士论文)，2002

11662 读《文选》随笔[J]/穆克宏//江苏大学学报(社会科学版)，2003(1)

11663 在江流月影里寻找灵魂：试论苏轼笔下的水月形象[J]/杨仲//衡水师专学报，2003(2)

11664 东坡《文理自然，姿态横生》之创作理论[J]/施淑婷//人文及社会学科教学通讯，2003，14(4)

11665 幽默·情趣·自然人生：苏轼、林语堂之比较[J]/杨生顺//青海师范大学学报(哲学社会科学版)，2003(4)

11666 雪泥鸿爪：浅谈苏轼作品的“理趣”[J]/付成波//济南教育学院学报，2003(6)

11667 翩翩一飞鸿 悠悠万重情：解读古典诗词中的雁意象[J]/雷冬梅//中学语文，2003(15)

11668 论苏轼文学创作的起萌[J]/孙植//内江师范学院学报，2004(1)

11669 倚楼苕溪话东坡[J]/伊蓉//江南，2004(4)

11670 苏东坡文学创作与唐宋名家作品之比较[J]/吴俊融//能仁学报，2004(10)

11671 一双璧玉 两颗珍珠：绝句之旅[J]/李元洛//中华诗词，2004(12)

11672 李白和苏轼的月与酒及其他[J]/张林//语文教学与研究(教师版),2005(2)

11673 苏轼《文选》批评浅议[J]/汪超//长春师范学院学报,2005(3)

11674 论苏轼的"夜游"情结[J]/龚红林//孝感学院学报,2005(4)

11675 《庄子》对苏轼文学创作的影响[J]/王渭清//社科纵横,2005(4)

11676 诗词皆能的苏轼[J]/李晓剑//现代语文(高中读写版),2005(6)

11677 月意象与苏轼的诗词[J]/梁必彪//理论界,2005(12)

11678 豪放词人:苏东坡[J]/侯志玲//中学课程辅导(初一版),2005(Z1)

11679 苏轼黄州民俗讽喻诗文发微:兼论相关诗文及史事[D]/黄子馨.—台湾中山大学(硕士论文),2005

11680 苏轼诗词误读现象研究[D]/陈晨.—华南师范大学(硕士论文),2005

11681 关于诗词的创作问题(下)[J]/谢桃坊//文史杂志,2006(2)

11682 读《东坡赤壁诗词》几首绝句断想[J]/旗峰//东坡赤壁诗词,2006(3)

11683 浅谈苏轼的咏茶诗词[J]/金文凯//三明学院学报,2006(3)

11684 诗赋传千古 峨眉共比高:试析苏轼的文学成就[J]/张胜华//辽宁行政学院学报,2006(3)

11685 超然心态与苏轼黄州文学创作[J]/韩丽霞//内蒙古民族大学学报(社会科学版),2006(4)

11686 论苏轼诗词中的友情与亲情[J]/张元//唐山师范学院学报,2006(4)

11687 苏轼笔下的屈原[J]/邓昭祺//乐山师范学院学报,2006(10)

11688 再论苏东坡文艺创作的高峰在黄州[J]/饶学刚//乐山师范学院学报,2006(10)

11689 以月与酒为视角解读李白与苏轼[J]/郑华荣//文学教育,2006(24)

11690 流动的生命经验与空间对话:从白居易、苏轼"历杭"作品看其南方意识的形成[C]/张蜀惠//唐代文学研究(第十二辑)/中国唐代文学学会,首都师范大学文学院,首都师范大学诗歌研究中心.—2006

11691 苏东坡游戏书写中的修辞辞格[D]/辛香兰.—东北师范大学(硕士论文),2006

11692 苏轼诗词中的主体人格精神[D]/贾玉荣.—华中师范大学(硕士论文),2006

11693 苏轼诗词中四大意象研究[D]/高云鹏.—中国人民大学(硕士论文),2006

11694 济世·困惑·超然·淡化:论苏轼的创作心理[J]/王立春//黑龙江科技信息,2007(1)

11695 评苏轼"言必中当世之过"的创作目的论[J]/王启鹏//浙江师范大学学报(社会科学版),2007(1)

11696 半是诗才半是仙[J]/徐燕平//海内与海外,2007(3)

11697 苏轼"自是一家"论的偏失[J]/高新伟//文学教育(上),2007(4)

11698 对苏轼贬谪黄州后的诗作三个阶段的思考[J]/余立莉//山西广播电视大学学报,2007(5)

11699 苏轼:书如其词 词如其书[J]/张丽红//语文学刊,2007(5)

11700 在江流月影中寻找灵魂:试论苏轼笔下的水月形象[J]/杨仲//现代语文(文学研究版),2007(5)

11701 苏轼海洋文学析论(1)[J]/刘昭明,陈新雄//文与哲,2007(10)

11702 苏轼理趣诗词的特色[J]/朱安义//乐

山师范学院学报，2007（10）
11703　东坡的中秋明月［N］/ 潘建峰 // 余姚日报，2008-09-26
11704　苏东坡潍州留诗画［N］/ 不详 // 潍坊日报，2008-11-17
11705　宋孝宗赵昚《东坡全集序》［J］/ 不详 // 古典文学知识，2008（2）
11706　略论苏轼诗词中的禅玄风味和审美情趣［J］/ 吴洪激 // 东坡赤壁诗词，2008（4）
11707　试论秦观诗词研究的不平衡现象［J］/ 董凯扬 // 新学术，2008（4）
11708　关于诗词中象征手法的运用［J］/ 兹水 // 东坡赤壁诗词，2008（5）
11709　论苏轼作品的生命意识［J］/ 杜宏春，樊婷婷 // 大众文艺·理论，2008（5）
11710　论苏轼作品的生命意识［J］/ 樊婷婷 // 大众文艺·理论，2008（5）
11711　试探苏轼的创作分期［J］/ 田宝 // 文学教育（上），2008（5）
11712　苏东坡诗词哲理浅析［J］/ 张卫东 // 文学教育（下），2008（5）
11713　文化记忆视角下的东坡故事与赤壁文化［J］/ 郭茜 // 湖北社会科学，2008（5）
11714　论苏轼作品的自然美［J］/ 乔继玲 // 考试（教研版），2008（6）
11715　小议唐诗与宋词的表现形式上差异［J］/ 陈海蓉 // 大众文艺·理论，2008（8）
11716　从“三美”理论看中国古诗词翻译的意美［J］/ 聂睿，赵轶 // 华商，2008（10）
11717　苏轼“飞鸿”寓意再探［J］/ 王竞慧 // 现代语文·教学研究，2008（10）
11718　由“赤壁三咏”看苏轼对水的诗意表现［J］/ 袁夫石 // 中学语文，2008（10）
11719　浅论苏轼的诗词观［J］/ 黄静 // 语文学刊（基础教育版），2008（11）
11720　浅析苏轼的自然观文艺观及其创作［J］/ 康东芳，宋志刚 // 群文天地，2008（12）
11721　苏轼文论观浅说［J］/ 杨可沛 // 金卡工程，2008（12）
11722　论苏轼诗词中的旷达风格［D］/ 李芹香．—贵州师范大学（硕士论文），2008
11723　苏轼海南创作研究［D］/ 赵芳．—西北师范大学（硕士论文），2008
11724　苏轼诗词英译中的功能对等研究［D］/ 王艳．—北京航空航天大学（硕士论文），2008
11725　文化记忆理论视角下的东坡赤壁故事［J］/ 郭茜 // 社会科学辑刊，2009（1）
11726　疏狂：苏轼“野性”的任真表现［J］/ 王启鹏 // 惠州学院学报（社会科学版），2009（2）
11727　一夜乡心古今同：苏轼与郭沫若笔下的故乡［J］/ 徐立昕 // 郭沫若学刊，2009（2）
11728　以苏轼作品为例谈古诗文中的寄托手法［J］/ 王艳燕 // 淮南职业技术学院学报，2009（2）
11729　东坡诗词的情感世界［J］/ 詹颖 // 丽水学院学报，2009（4）
11730　《玉带桥诗意图》·玉带·桥［J］/ 夏成钢 // 中国园林杂志，2009（5）
11731　原型批评视角下苏轼作品中“水”的生命意义［J］/ 何小明 // 成功（教育版），2009（5）
11732　行走在苏轼的诗词间［J］/ 李丽 // 党的生活，2009（6）
11733　《小竹楼记》的文化内涵［J］/ 张皓芳 // 语文教学与研究，2009（8）
11734　浅论李清照与苏轼创作风格的形成［J］/ 白秀兰 // 作家（下半月），2009（8）
11735　苏轼诗作［J］/ 吴斌 // 集邮博览，2009（8）
11736　活得有滋有味的苏轼：从苏轼作品看他的生活情趣［J］/ 陆蓉 // 青年文学家，

2009(10)

11737 试论黄州时期苏轼创作的转型[J]/赵伟东//学术交流，2009(11)

11738 引领学生走近苏东坡，提升学生情意素质：由苏东坡的诗词想到的[J]/马王荣//教育研究与实践，2009(11)

11739 《走近苏轼》教学案例[J]/马玉杰//文学教育(下)，2009(15)

11740 诗画平等观中的诗画关系：围绕“诗中有画”说的若干问题[J]/刘石//新华文摘，2009(23)

11741 略论苏轼忧国忧民的作品内涵[J]/陈增荣//作家，2009(22)

11742 心月相印 情有所异：试论李白和苏轼对月的关系[J]/严景华//中国教师，2009(S2)

11743 北宋唱酬诗词与魏晋风度：以苏轼及“四学士”用《世说新语》、《晋书》典为例[D]/郭晓娜.—北京师范大学(硕士论文)，2009

11744 贬谪文学与超越意识：以苏轼黄州岭海时期创作为中心[D]/田宝.—华中师范大学(硕士论文)，2009

11745 苏轼密州作品研究[D]/王雪峰.—首都师范大学(硕士论文)，2009

11746 苏辙旅游诗文研究[D]/潘玉洁.—上海师范大学(硕士论文)，2009

11747 中国古典诗词明月意象探赜：以李白、苏轼为中心[D]/林彬.—汕头大学(硕士论文)，2009

11748 “不合时宜”的笔歌墨舞：浅谈苏轼的文学创作[N]/不详//玉林师范学院报，2010-01-15

11749 历史与空间：苏轼放歌超然台[N]/戴永夏//文汇报(香港)，2010-09-14

11750 刘禹锡讽刺诗对苏轼的影响[J]/何正力//洛阳理工学院学报(社会科学版)，2010(1)

11751 论东坡体与“通、随、拗”[J]/李万堡//中国文学研究，2010(1)

11752 赤壁风骨:《东坡赤壁文化丛书》序[J]/刘醒龙//武汉文史资料，2010(2)

11753 论苏轼黄州时的文学创作及思想[J]/杜勍妹//内蒙古社会科学(汉文版)，2010(3)

11754 张志和《渔歌》引发的“风波”：谈宋人对文学经典的改编[J]/韩立平//古典文学知识，2010(4)

11755 读《东坡赤壁诗词》题赋[J]/郑天惠//东坡赤壁诗词，2010(5)

11756 苏轼与宋代杂剧传统[J]/李永平//陕西师范大学学报(哲学社会科学版)，2010(5)

11757 浅谈苏轼诗词中理性价值及其意义[J]/马志华//剑南文学，2010(6)

11758 浅析苏轼诗词的豪放旷达[J]/王红艳，田彩瑞//时代文学，2010(10)

11759 无月不东坡[J]/潘哲印//新课程学习(基础教育)，2010(11)

11760 浅谈苏轼诗词中的抒情主人公形象[J]/张立新//中国教师，2010(S1)

11761 苏轼杭州诗词中的叙事[D]/孙婷.—中山大学(硕士论文)，2010

11762 苏轼和黄庭坚的题画诗与书画理论研究[D]/贺小敏.—南开大学(硕士论文)，2010

11763 苏轼诗词比较研究[D]/彭文良.—吉林大学(博士论文)，2010

11764 苏轼诗词英译风格研究[D]/赵璐.—天津理工大学(硕士论文)，2010

11765 苏轼诗词赋文书画全才[N]/方悦//大公报，2011-03-01

11766 关于古代文学课程“苏轼”章的教学[J]/汤克勤//青海民族大学学报(教育

科学版），2011（2）

11767 《苏轼诗选》和《苏轼词选》中的标点符号使用［J］/ 金中 // 陕西广播电视大学学报，2011（2）

11768 一枝红杏出墙来:《东坡赤壁诗词》2010年印象［J］/ 饶学刚 // 东坡赤壁诗词，2011（2）

11769 苏轼数篇诗词文系年考辨［J］/ 薛瑞生 // 乌鲁木齐职业大学学报，2011（3）

11770 论苏轼创作之“真”及其创作理论［J］/ 李清凌 // 牡丹江师范学院学报（哲学社会科学版），2011（4）

11771 浅析苏轼为何超然豁达［J］/ 李晓冬 // 青年与社会（中外教育研究），2011（4）

11772 读《东坡赤壁诗词》“诗人看台”［J］/ 齐振元 // 东坡赤壁诗词，2011（5）

11773 系风捕影 精妙绝伦：苏轼诗词艺术之妙趣［J］/ 杨珺 // 写作（高级版），2011（6）

11774 浅谈苏轼诗词创作艺术特点［J］/ 靳清叶 // 文艺生活（文艺理论），2011（7）

11775 北宋中后期贬谪与文学［D］/ 吴增辉．—复旦大学（博士论文），2011

11776 佛学与苏轼诗词的意境［D］/ 陈兰艳．—中南民族大学（硕士论文），2011

11777 诗人译者的主体性：评王红公英译苏轼诗词［D］/ 于弋．—华中师范大学（硕士论文），2011

11778 苏东坡黄州时期诗赋与书艺之研究：以《寒食诗》、《前赤壁赋》为例［D］/ 宋淑梅．—高雄师范大学（硕士论文），2011

11779 苏轼节令诗词研究［D］/ 朱帆．—暨南大学（硕士论文），2011

11780 苏轼涉梦诗词研究［D］/ 刘丽姣．—湖南科技大学（硕士论文），2011

11781 苏轼文学作品中的水意象研究［D］/ 刘洋．—延边大学（硕士论文），2011

11782 行走着的东坡居士［N］/ 杨月刚 // 眉山日报，2012-05-15

11783 东坡的月亮［N］/ 张林薇 // 都市晨报，2012-09-29

11784 苏轼著作整理研究的集大成之作［J］/ 张忠纲 // 河北学刊，2012（1）

11785 论苏轼和陶诗、词、文之异同［J］/ 段梦云 // 安庆师范学院学报（社会科学版），2012（2）

11786 论苏轼作品中的“蔬笋气”［J］/ 金燕 // 黄冈师范学院学报，2012（2）

11787 论两宋之际的四六文［J］/ 黄之栋 // 浙江大学学报（人文社会科学版），2012（3）

11788 论苏东坡游戏文学中的修辞词格［J］/ 李庆雯 // 作家（下半月），2012（3）

11789 水意象在苏轼作品中的审美意蕴初探［J］/ 谢雨君 // 现代语文（学术综合版），2012（5）

11790 浅析苏轼作品中的理学思想［J］/ 金燕 // 长城，2012（6）

11791 韵外之致 · 味外之旨：略议苏轼笔下的梅花［J］/ 唐明林，钱琼慧 // 中学语文（大语文论坛），2012（8）

11792 浅析苏轼的以诗为词［J］/ 张炜 // 兰台世界（上旬刊），2012（10）

11793 论韩国高丽朝文学对苏轼诗文的消融［J］/ 不详 // 电影评介，2012（11）

11794 高处不胜寒：解读登高诗词中的愁情［J］/ 阚丽娜 // 中学教学参考，2012（25）

11795 东坡诗词冠第一浅说［J］/ 黄淑惠 // 孔学与人生，2012（61）

11796 浅议苏轼笔下的月亮情结［J］/ 王丽 // 读写算（教育教学研究），2012（96）

11797 禅宗与苏轼诗词创作研究［D］/ 尹欣欣．

—陕西理工学院（硕士论文），2012

11798 苏轼陆游咏梅诗词比较［D］/ 邓海燕．—西北大学（硕士论文），2012

11799 苏轼诗词英译多版本比读分析［D］/ 王卓．—对外经济贸易大学（硕士论文），2012

11800 诗文中的苏东坡［N］/ 不详 // 北京晨报，2013-02-24

11801 略论苏轼黄州代表作中的审美意蕴［J］/ 谢雨君 // 芒种（下半月），2013（1）

11802 浅析苏轼诗词豪放风格［J］/ 李海军 // 中国文房四宝，2013（4）

11803 题《东坡赤壁诗词》［J］/ 郑怀宇 // 东坡赤壁诗词，2013（4）

11804 苏轼作品赏新［J］/ 管琳磷 // 新作文：（中学作文教学研究），2013（7）

11805 浅析苏轼的“诗画一律”论［J］/张佳佳，邵丹丹 // 大众文艺，2013（10）

11806 洗练诗笔作白战，握管翰墨题青史：从《江上值雪》诗看苏诗早期的创作特点［J］/ 张子川 // 剑南文学（经典阅读），2013（11）

11807 苏轼文学作品中的音乐要素研究［J］/ 高燕 // 短篇小说（原创版），2013（21）

11808 论苏轼诗词书画文献作品中个性魅力的显现［J］/ 曹倩倩 // 大众文艺，2013（22）

11809 黄州时苏轼的创作与思想［J］/ 龚程 // 科教导刊（电子版），2013（24）

11810 苏轼文学作品广泛传播的内在原因［J］/ 刘燕飞 // 华章，2013（30）

11811 金代苏轼诗词的传播方式研究［D］/ 周敏．—沈阳师范大学（硕士论文），2013

11812 苏轼凤翔作品研究［D］/ 胡梁．—西藏民族学院（硕士论文），2013

11813 苏轼山水诗词中的生态美学思想研究［D］/ 臧慧敏．—淮北师范大学（硕士论文），2013

11814 苏轼涉酒文学作品研究［D］/ 任雯筠．—西南民族大学（硕士论文），2013

11815 苏轼“四西湖时期”文学的情感交流与意象选择［D］/ 贾丽君．—中南民族大学（硕士论文），2013

11816 苏轼与琴相关的文学作品研究［D］/ 王海英．—宁波大学（硕士论文），2013

11817 东坡先生的月亮［N］/ 韦桂美 // 柳州日报，2014-09-08

11818 论黄庭坚与以苏轼为轴心的儒友之交游对其书论的影响（一）［N］/ 朱卿菱 // 鲁中晨报，2014-12-31

11819 浅议苏轼文论中的“枯”［J］/ 石浩，刘顺 // 鸡西大学学报，2014（1）

11820 苏轼“夺胎换骨”现象平议：兼论文论术语“夺胎换骨”的流传演变［J］/ 黄伟豪 // 文学评论丛刊，2014（2）

11821 苏轼“活法”说之“行云流水”考论：从苏轼文学作品“意识流”说起［J］/ 王进，曾明 // 江淮论坛，2014（2）

11822 晚明张燧《千百年眼》征引苏轼、苏辙著述考［J］/ 朱志先 // 西华大学学报（哲学社会科学版），2014（2）

11823 蔡梦弼《东坡和陶集注》考述［J］/ 杨焄 // 学术界，2014（3）

11824 读《苏东坡集》［J］/ 雷奇文 // 东坡赤壁诗词，2014（3）

11825 苏轼寄赠词与寄赠诗之比较［J］/ 齐程花 // 钦州学院学报，2014（3）

11826 浅谈苏轼贬谪诗词的儒、佛、道思想［J］/ 陈叙 // 中文信息，2014（4）

11827 论黄庭坚诗化词之得失及其影响［J］/ 姚菊 // 聊城大学学报（社会科学版），2014（6）

11828 苏轼文论解读［J］/ 童庆炳 // 北京师范

大学学报（社会科学版），2014（6）

11829 他首先树起“文人画”大旗：举例试探苏东坡的“词、画、论”［J］/李道媛//青春岁月，2014（6）

11830 论苏轼诗词的谐趣［J］/宋永祥//乐山师范学院学报，2014（7）

11831 浅谈苏轼词创作中“以诗为词”的创作倾向［J］/高洪娇//北方文学（下旬刊），2014（7）

11832 秦观寓雷影响刍论［J］/邓建，张学松//南方论刊，2014（10）

11833 浅析苏轼诗歌的用典［J］/杨文迪//美与时代（下），2014（11）

11834 以理性节制情感：苏轼处理情感与哲思的模式［J］/张跣//语文建设，2014（25）

11835 文无定法：谈苏轼的诗文名篇对作文教学的启示［J］/陈宏，张显彬//语文教学通讯，2014（34）

11836 从文本世界理论的角度分析苏轼的诗词［D］/张萌萌.—武汉理工大学（硕士论文），2014

11837 苏轼诗词中自然意象的隐喻研究［D］/洪敏.—南京航空航天大学（硕士论文），2014

11838 新时期以来苏轼诗词研究之再研究［D］/赵英超.—陕西理工学院（硕士论文），2014

11839 走向视域融合的高中语文苏轼作品教学策略的研究［D］/练善德.—宁波大学（硕士论文），2014

11840 读东坡诗文·品惠州山水：苏东坡惠州诗文杂记［N］/陈世旭//惠州日报，2015-08-09

11841 《苏轼文集》校改指瑕［J］/赵瑞//江海学刊，2015（1）

11842 论语文教学中的古典诗词教学：以苏轼作品为例［J］/祝坤仙//课程教育研究，2015（2）

11843 苏轼的文风探究［J］/胡咏晗//都市家教（上半月），2015（2）

11844 一阵清风般的人生：研读苏轼诗词有感［J］/何艳珍//课外语文，2015（2）

11845 试析苏轼“以诗为词”［J］/王波平//时代文学（下半月），2015（3）

11846 论苏轼自嘲的“不合时宜”对其诗词创作的影响［J］/王献峰//河南广播电视大学学报，2015（4）

11847 略论苏轼的咏梅诗词［J］/杨丽花//作家，2015（4）

11848 浅谈苏轼的修辞观［J］/叶映瑶//洛阳理工学院学报（社会科学版），2015（4）

11849 宋代文人眼中的“文潜体”［J］/王建生//武汉理工大学学报（社会科学版），2015（5）

11850 论韩国高丽文人对苏轼的接受：以《域外诗话珍本丛刊》为例［J］/胡钰//忻州师范学院学报，2015（6）

11851 蜀学背景下的苏东坡文论［J］/高云鹏//福州大学学报（哲学社会科学版），2015（6）

11852 议论横生，翻空出奇：常考名作《苏东坡全集》［J］/刘屏，曾琴//满分阅读（高中版），2015（7）

11853 论苏轼诗词间的文体分工意识［J］/彭文良//内江师范学院学报，2015（9）

11854 论苏轼诗词中的语言涵义与归隐研究［J］/梁金凤//语文建设，2015（11）

11855 苏轼作品［J］/不详//学苑教育，2015（22）

11856 浅谈苏轼诗词中的理趣［J］/姜楠//考试周刊，2015（52）

11857 和合翻译观照下的苏轼诗词英译对比研究［D］/戴玉霞.—上海外国语大学（博

士论文），2015

11858 苏轼饮食文学初探［D］/ 尹良珍．—安徽师范大学（硕士论文），2015

11859 苏轼的店铺［N］/ 陆春祥 // 解放日报，2016-10-20

11860 论韩愈、苏轼的“以食为戏”［J］/ 赵蕊蕊 // 新国学，2016（1）

11861 论苏轼作品在生前的传播形式及其特点［J］/ 彭文良 // 中国苏轼研究，2016（1）

11862 浅谈豪放派的温婉情怀［J］/ 陈凌玲 // 才智，2016（1）

11863 自出新意，不践古人：敢于创新的苏轼［J］/ 余志芳 // 小学教学研究（学生版），2016（1）

11864 论苏轼诗词文比喻手法的特色［J］/ 刘洋 // 北京化工大学学报（社会科学版），2016（3）

11865 《苏轼文集》纪年勘误一则［J］/ 赵瑞 // 江海学刊，2016（4）

11866 李白与苏轼酒意象塑造的比较［J］/ 马文婧 // 牡丹，2016（4）

11867 《留侯论》教学实录［J］/ 张春华 // 语文知识，2016（5）

11868 曾巩的书论与文风［J］/ 王兴铭，高长山 // 文艺争鸣，2016（5）

11869 魅力超凡 文坛全能：文豪苏轼评说［J］/ 李晓敏 // 黄河黄土黄种人，2016（8）

11870 对初中语文课本中苏东坡诗词的有效教学［J］/ 王启智 // 新课程（中），2016（9）

11871 试析中学语文教材中的苏轼作品［J］/ 刁玲燕 // 中学教学参考，2016（16）

11872 兹游奇绝冠平生：从苏东坡三次贬谪经历探其创作风格变化［J］/ 宋宇 // 赤子（上中旬），2016（20）

11873 从苏轼贬谪时期的作品探究其心路历程：兼与韩愈谪阳山、潮州对比［J］/ 贾文霞 // 名作欣赏，2016（33）

11874 苏轼黄州时期作品的精神品格及中学教学初探［D］/ 段婷婷．—华中师范大学（硕士论文），2016

11875 苏轼作品中的人文关怀［J］/ 郑怡 // 散文百家（新语文活页），2017（6）

11876 浅析苏轼作品中的“隐秀”之美［J］/ 姚任心语 // 名作欣赏，2017（20）

11877 高中语文教材中苏轼作品的教学策略初探［J］/ 陈俐含 // 中学语文，2017（22）

11878 苏轼作品在人教版中学语文教材中的选编与教学研究［D］/ 徐圳辉．—闽南师范大学（硕士论文），2017

11879 苏轼山水田园诗词与华兹华斯自然诗比较［D］/ 张若菲．—西华师范大学（硕士论文），不详

11880 苏轼诗词中自由精神刍议［D］/ 许振．—西华师范大学（硕士论文），不详

11881 苏轼倅杭诗词论略［D］/ 韩凌．—杭州大学（硕士论文），不详

诗研究（总论）

11882 苏轼的诗［N］/ 漫郎试 // 上海宁波日报，1934-06-23

11883 乱七八糟斋补白：东坡诗［J］/ 不详 // 青鹤，1936，5（3）

11884 东坡诗分期之检讨［J］/ 严恩纹 // 责善半月刊，1941，2（1-2）

11885 苏门三贤诗［J］/ 王士祯 // 江苏文献，1944，1（12）

11886 苏轼诗简论［J］/ 匡扶 // 文史哲，1957（4）

11887 苏陶《咏三良》、《咏荆轲》诗较论［J］/ 鲍霖 // 中华文化复兴月刊，1958，11

（10）

11888 苏东坡之诗［N］/ 李里 // 自立晚报，1963-08-04

11889 山谷诗思想内容新探［J］/ 匡扶 // 西北师范大学学报（社会科学版），1980（4）

11890 苏轼诗论［J］/ 王士博 // 吉林大学社会科学学报，1981（1）

11891 苏诗知多少［J］/ 邢淑贤 // 文献，1981（3）

11892 黄山谷七律初探［J］/ 龙震球 // 零陵师专学报，1982（2）

11893 苏东坡论诗人［J］/ 颜中其 // 东北师范大学学报（哲学社会科学版），1982（2）

11894 论黄庭坚诗歌中的民主性精华［J］/ 孙文葵 // 河北师范大学学报（哲学社会科学版），1982（3）

11895 《平都天下古名山》：苏轼轶诗一首［J］/ 李门 // 中州学刊，1982（5）

11896 试论黄庭坚革新诗风的主张［J］/ 黄宝华 // 徐州师范学院学报，1983（1）

11897 参横斗转欲三更也是指南斗［J］/ 常生 // 徐州师范大学学报（哲学社会科学版），1984（1）

11898 关于苏诗二则［J］/ 子冉 // 齐鲁学刊，1984（1）

11899 试论苏轼和陶诗［J］/ 林冠群 // 海南大学学报（社会科学版），1984（1）

11900 秦郎笔下饶姿态 底事轻訾“女郎诗”：评秦观诗［J］/ 杨世明 // 南充师范学院学报（哲学社会科学版），1984（2）

11901 作诗必此诗 定知非诗人［J］/ 胡明 // 当代文坛，1984（5）

11902 东坡喜爱陶诗的原因［J］/ 鲍霈 // 中国国学，1984（12）

11903 黄庭坚诗歌思想价值的论辩［J］/ 凌左义 // 九江师专学报（哲学社会科学版），1985（3）

11904 论黄庭坚诗［J］/ 白敦仁 // 成都大学学报（社会科学版），1986（1）

11905 试论黄庭坚诗的思想和艺术成就［J］/ 孙兰廷 // 内蒙古师范大学学报（哲学社会科学版），1986（1）

11906 试论黄庭坚诗歌用比的变与新［J］/ 曾子鲁 // 成都大学学报（社会科学版），1986（1）

11907 黄庭坚是宋诗风范的主要体现者［J］/ 朱安群 // 江西师范大学学报（哲学社会科学版），1986（2）

11908 论山谷诗的瘦硬［J］/ 洪柏昭 // 江西师范大学学报，1986（2）

11909 重新评价黄庭坚的诗歌创作［J］/ 陈维国 // 重庆师范大学学报（哲学社会科学版），1986（2）

11910 试论黄庭坚题画诗的艺术特色［J］/ 傅秋爽 // 河北学刊，1986（3）

11911 风斜兼雨重，意出笔墨外：论黄庭坚的题画诗［J］/ 凌左义 // 九江师专学报（哲学社会科学版），1986（4）

11912 论近唐异宋的淮海诗［J］/ 赵义山 // 南充师范学院学报（哲学社会科学版），1987（2）

11913 苏轼与小说［J］/ 苏兴 // 北方论丛，1987（3）

11914 苏轼黄州诗研究［D］/ 罗凤珠 .—台湾师范大学（硕士论文），1987

11915 发明妙慧 笔补造化：黄庭坚题画诗略论［J］/ 祝振玉 // 上海师范大学学报（自然科学版），1988（1）

11916 试论北宋文字狱对黄庭坚诗歌创作的影响［J］/ 陈维国 // 宜宾学院学报，1988（1）

11917 古代诗人创作与理论同步举隅［J］/ 施艺 // 苏州大学学报，1988（2）

11918 《苏轼诗研究》评议［J］/ 周清泉 // 成都

大学学报(社会科学版),1989(3)
11919 山谷诗艺术结构探析[J]/吴晟//江西教育学院学报(综合版),1990(4)
11920 苏诗与宋代文化[J]/周本淳//淮阴师专学报(哲学社会科学版),1991(3)
11921 黄庭坚诗影响成因论[J]/许总//文学遗产,1991(4)
11922 东坡诗分期初探[J]/江惜美//台北市立师范学院学报,1993(24)
11923 说东坡论杜[J]/王文龙//杜甫研究学刊,1994(2)
11924 山谷诗词的谐趣品论[J]/吴晟//江西社会科学,1994(3)
11925 怎样读黄庭坚诗[J]/莫砺锋//古典文学知识,1994(4)
11926 不留诗[J]/陈元元//咬文嚼字,1995(3)
11927 黄庭坚诗歌立意考察[J]/吴晟//晋阳学刊,1995(3)
11928 论黄庭坚诗歌创作的三个阶段[J]/莫砺锋//文学遗产,1995(3)
11929 中国古代文论中的千古妙喻:以味喻诗[J]/何小庭//北京联合大学学报,1995(3)
11930《诗经》:中国古代诗歌题材类型的滥觞[J]/卞良君//延边大学学报(哲学社会科学版),1995(4)
11931 论“元祐体”[J]/张仲谋//西北师范大学学报(社会科学版),1996(1)
11932 苏轼论“苏门四学士”:东坡诗话辑评之一[J]/东麓//乐山师专学报(社会科学版),1996(1)
11933 中国诗学研究论“韵”的美学内涵[J]/陈良运//人文杂志,1996(3)
11934 得意忘象 形神兼备:浅谈苏轼题画诗的审美超越[J]/王玉梅//辽宁教育学院学报,1996(4)
11935 论东坡“诗画一律”说[J]/蔡秀玲//台中商专学报,1996(28)
11936 黄庭坚诗学管见[J]/伍晓阳//广西师范大学学报(哲学社会科学版),1996(S2)
11937 关于宋诗[J]/胡明//文学评论,1997(1)
11938 论黄庭坚诗学实践的基本课题[J]/钱志熙//漳州师范学院学报,1997(1)
11939 黄庭坚后期诗作自然简放的艺术追求[J]/梅俊道//九江师专学报,1997(4)
11940 古代诗歌不朽的主旋律:水[J]/冯守均//治淮,1997(8)
11941 回顾、评价与展望:关于本世纪宋诗研究的谈话[J]/莫砺锋,陶文鹏,程杰//文学遗产,1998(5)
11942 论黄庭坚词[J]/黄宝华//上海师范大学学报(哲学社会科学版),1999(4)
11943 东坡诗的禅缘情结[J]/成宗田//宝鸡文理学院学报(社会科学版),2000(1)
11944 论山谷诗的“中和”之美[J]/周志波//南宁师范高等专科学校学报,2000(1)
11945 论山谷诗的知性色彩[J]/刘靖渊//泰安师专学报,2000(1)
11946 析论苏轼诗中的想象;[J]/江惜美//应用语文学报,2000(2)
11947 黄庭坚的诗歌句法理论[J]/王德明//东方丛刊,2000(3)
11948 黄庭坚诗歌的人情美[J]/梅俊道//江西社会科学,2000(4)
11949 苏东坡的和陶诗[J]/罗秀美//国文天地,2000,15(9)
11950 淡妆浓抹总相宜:浅谈苏轼诗的艺术功能[J]/彭苏//南京广播电视大学学报,2001(1)
11951 关于秦观绝句的评价[J]/孙琴安//江南学院学报,2001(1)

11952 中国古代的诗酒情结［J］/ 王炎 // 中华文化论坛，2001（1）

11953 试论秦少游诗的基本内容及其诗风的发展［J］/ 马良信 // 郴州师范高等专科学校学报，2001（4）

11954 苏东坡咏史诗一瞥［J］/ 汪荣祖 // 历史月刊，2001（162）

11955 析论苏轼诗中的灵感［J］/ 江惜美 // 台北市立师范学院学报，2002（3）

11956 一幅气韵生动的山水画［J］/ 海岳 // 中华诗词，2002（3）

11957 古代诗人咏淮阴［J］/ 朱碧松，朱崇明 // 淮阴工学院学报，2002（4）

11958 从苏辙对《毛诗序》的辩驳论其诗学思想［J］/ 李冬梅 // 乐山师范学院学报，2002（5）

11959 黄庭坚黔州诗论稿［J］/ 郑泽黎 // 重庆社会科学，2002（5）

11960 论张耒诗作中所运用之史家笔法［J］/ 林珊湘 // 云汉学刊，2002（9）

11961 从诗词意境解读苏轼毛泽东词风［J］/ 李瑛 // 陕西师范大学继续教育学报，2003（4）

11962 从自然意象到人文意象：以苏轼、黄庭坚为例论宋诗的表现手法［J］/ 蔡秀玲 // 台中技术学院学报，2003（4）

11963 莫砺锋教授的唐宋诗研究：评《唐宋诗论稿》［J］/ 路成文 // 阴山学刊，2003（4）

11964 析论苏轼诗中的心理距离［J］/ 江惜美 // 应用语文学报，2003（4）

11965 苏东坡诗介绍［J］/ 卜国光 // 六堆杂志，2003：革新（100）

11966 试论苏、黄齐名及苏黄诗歌优劣之争［C］/ 郑永晓 // 第三届宋代文学国际研讨会论文集 / 宋代文学学会，2003

11967 自成一家山谷体［J］/ 郭英德 // 古典文学知识，2004（1）

11968 论张耒的诗［J］/ 尹占华 // 西北师范大学学报（社会科学版），2004（4）

11969 《题西林壁》的审美情趣与人生感悟［J］/ 黎烈南 // 南阳师范学院学报，2004（5）

11970 析论苏轼诗中的阳刚美［J］/ 江惜美 // 应用语文学报，2004（6）

11971 苏门酬唱与宋调的发展［J］/ 马东瑶 // 文学遗产，2005（1）

11972 论黄庭坚对韩愈诗歌的接受［J］/ 谷曙光 // 安徽师范大学学报（人文社会科学版），2005（2）

11973 黄庭坚诗分期评议［J］/ 张承凤 // 社会科学研究，2005（4）

11974 论黄庭坚诗的艺术特征［J］/ 张承凤 // 西南大学学报（人文社会科学版），2005（4）

11975 论黄庭坚诗的艺术特征：兼与苏轼诗比较［J］/ 张承凤 // 西南师范大学学报（人文社会科学版），2005（4）

11976 论苏门四学士以诗为词的创作倾向［J］/ 石志鸟 // 安阳工学院学报，2005（5）

11977 黄庭坚的诗歌艺术［J］/ 陶文鹏 // 中国书画，2005（6）

11978 从《因果》法谈苏轼《稼说送张琥》［J］/ 黄淑贞 // 国文天地，2005，20（12）

11979 中唐至明中叶诗歌中农商观念的转变及其意义［J］/ 陈书录 // 南京师范大学文学院学报，2006（1）

11980 雏凤试声 几声清亮几声拙：对苏轼南行诗的考察［J］/ 张文利 // 西北大学学报（哲学社会科学版），2006（2）

11981 中英文特殊诗体的对比：书写形式变异的英文诗与中国的回文结构诗［J］/ 廉运杰 // 辽宁大学学报（哲学社会科学版），2006（2）

11982 论黄庭坚学陶诗[J]/郑永晓//文学遗产，2006(4)

11983 东坡诗的《圆觉》意象与思想[J]/萧丽华//佛学研究中心学报，2006(11)

11984 论苏轼《和陶诗》中的《本色》意义[J]/黄伟伦//高雄师范大学学报(人文与艺术类)，2006(21)

11985 过溪二老[J]/何传馨//故宫文物月刊，2006(279)

11986 苏轼的诗[N]/蔡跃//安顺日报，2007-09-25

11987 慧心灵性 明达深邃：苏轼诗歌的佛禅底蕴浅析[J]/宋亮//吉林广播电视大学学报，2007(1)

11988 转益多师 不主一家：苏轼诗歌的艺术风格及艺术渊源[J]/张成恩//长江师范学院学报，2007(3)

11989 和陶诗流播不广原因初探[J]/贾降龙//甘肃联合大学学报(社会科学版)，2007(4)

11990 论三十年代左翼诗学与俄苏诗学的关系[J]/谭桂林//长江学术，2007(4)

11991 中国诗学"意境"阐释的若干问题：与蒋寅先生再讨论[J]/韩经太，陶文鹏//北京大学学报(哲学社会科学版)，2007(6)

11992 中国古代文论中的"穷"与"工"关系理论论略：兼谈苏轼"穷"与"工"关系理论的意义[J]/高云鹏//乐山师范学院学报，2007(7)

11993 晁补之诗歌艺术研究[D]/满颖慧.—山东师范大学(硕士论文)，2007

11994 综观叶燮眼中的"唐宋三大诗人"[J]/张亚冰//辽宁教育行政学院学报，2008(1)

11995 黄庭坚大名诗歌考述[J]/刘秋彬//九江学院学报，2008(2)

11996 论张耒诗歌艺术的"两结合"[J]/高磊//唐山学院学报，2008(3)

11997 琵琶女、商山竹和黄州海棠：谪臣的文化心态和诗歌意象选择[J]/潘守皎//东岳论丛，2008(3)

11998 人与犬马之间：谈苏轼诗文中马的意象[J]/黎烈南//北京理工大学学报(社会科学版)，2008(5)

11999 文字、才学、议论：关于苏黄"以文字为诗，以才学为诗，以议论为诗"的若干思考[J]/刘颖//安徽文学(下半月)，2008(5)

12000 宋人诗集之刊行与诗分唐宋[J]/张高评//东华汉学，2008(7)

12001 韵文何必入诗集：从苏轼诗文互见谈起[J]/刘尚荣//乐山师范学院学报，2008(7)

12002 再说黄庭坚的《登快阁》[J]/丁忠林//新课程(教育学术版)，2008(9)

12003 诗词同源 一脉承传：论苏轼的诗化理论[J]/窦润霞//语文天地，2008(11)

12004 毛滂在词史上的贡献[J]/房日晰//古典文学知识，2009(1)

12005 论《西清诗话》诗学立场与主张[J]/不详//嘉大中文学报，2009(2)

12006 苏轼、秦观岭南诗随缘自适与体察民生精神述论[J]/李显根//甘肃社会科学，2009(3)

12007 饮食题材的诗意提升：从陶渊明到苏轼[C]/莫砺锋//第六届宋代文学国际研讨会论文集/中国宋代文学学会，2009

12008 陈师道交游及其诗歌创作[D]/程伟.—宁夏大学(硕士论文)，2009

12009 读黄庭坚诗有感[J]/史育松//泰山乡镇企业职工大学学报，2010(4)

12010 毛滂诗歌中的花意象[J]/宋丹//文学教育(下半月)，2010(6)

12011　怪体诗拾趣［J］/周媛//开心老年，2010（8）

12012　广东贬谪诗论析［J］/杨简//学术交流，2010（8）

12013　诗人写物，功在传神：苏轼“写物之功”小议［J］/谢俊梅//剑南文学·经典教苑，2010（8）

12014　苏轼诗歌中“月亮”意象的涵义［J］/谭惠敏//青年文学家，2010（15）

12015　苏轼诗序研究［J］/卢欣欣//河南广播电视大学学报，2011（1）

12016　参加东坡赤壁诗社“迎春诗会”有感［J］/王建明//东坡赤壁诗词，2011（2）

12017　参加元宵诗会答谢东坡赤壁诗社各位吟长［J］/李明波//东坡赤壁诗词，2011（2）

12018　试论秦观诗歌的思想价值［J］/陈怡//福建广播电视大学学报，2011（2）

12019　论山谷诗吟咏情性的文人旨趣［J］/阮堂明//苏州科技学院学报（社会科学版），2011（4）

12020　秦观诗碑、大运河及沪渎［J］/王坚忍//国际市场，2011（5）

12021　苏轼“以我观物”、“因物赋形”与中国诗学“活法”说论考［J］/曾明//西南民族大学学报（人文社会科学版），2011（6）

12022　试论苏黄对诗学典范的不同选择及其原因［J］/李诗园//剑南文学·经典阅读，2011（8）

12023　胡仔论黄庭坚其人其诗［J］/吴晟//广东技术师范学院学报，2011（11）

12024　东坡诗人［N］/周子//眉山日报，2012-02-04

12025　说东坡论诗诗［J］/王文龙//盐城师范学院学报（人文社会科学版），2012，32（5）

12026　怪体诗拾趣［J］/董晓华//山西老年，2012（6）

12027　浅谈苏轼“反常合道”的诗学理论［J］/纪文杰//北方文学（中），2012（10）

12028　苏轼词对唐诗的化用与择取［J］/张艳//语文学刊（上半月刊），2012（11）

12029　《东坡诗话》研究［D］/陈炜琪．—辅仁大学（硕士论文），2012

12030　苏轼诗序研究［J］/饶眺//上饶师范学院学报，2013（2）

12031　苏轼词对朝鲜李衡祥词的创作影响［J］/龙婷//现代语文（学术综合版），2013（3）

12032　苏诗训诂三则［J］/付少华//焦作大学学报，2013（4）

12033　国图藏清代苏诗未刊评点三种述要［J］/樊庆彦//文献，2013（5）

12034　元好问《论诗三十首》的诗学视野与艺术主张［J］/肖阳，赵铧//鸡西大学学报，2013（6）

12035　试论“苏黄”集句诗词［J］/张福清//中国韵文学刊，2014（3）

12036　苏门诗人贬谪诗作时间语汇定量分析［J］/石蓬勃，高献红//河北学刊，2014（3）

12037　浅析苏轼笔下的月亮形象［J］/邓滋栎//西江月（下旬），2014（4）

12038　论诗歌长题和题序在唐宋间的变化：以杜甫、白居易、苏轼为中心［J］/黄小珠//江海学刊，2014（6）

12039　析苏轼在宋诗发展过程中的意义［J］/徐建林//北方文学（下旬），2014（8）

12040　《坡门酬唱集》：苏门日常生活诗歌研究［D］/闫霄阳．—闽南师范大学（硕士论文），2014

12041　苏门诗人贬谪诗歌研究［D］/石蓬勃．—河北大学（博士论文），2014

12042　浅谈文化意象的传递与误译：以苏轼诗

词英译为例[J]/许磊//教育界・基础教育研究(中),2015(2)

12043 苏轼词对儒学精神的融摄与吸纳[J]/吴紫熠//集宁师范学院学报,2015(2)

12044 论秦观“女郎诗”之美[J]/曹书辉//忻州师范学院学报,2015(3)

12045 由“气格”到“气韵”:宋代诗学尚“气”的两种范式[J]/李明//大连理工大学学报(社会科学版),2015(3)

12046 论钱钟书《谈艺录》的宋诗研究[J]/张作栋//河池学院学报,2015(4)

12047 论黄庭坚的水仙诗[J]/朱丽华//哈尔滨师范大学社会科学学报,2015(5)

12048 论宋代“以才学为注”的阐释特色:以苏诗百家注为例[J]/徐立昕//成都大学学报(社会科学版),2015(5)

12049 公安派的唐宋诗观及其诗学影响[J]/王松景//暨南学报(哲学社会科学版),2015(9)

12050 苏轼以禅入诗浅说[N]/不详//上虞日报,2016-05-17

12051 叶梦得对陶渊明的接受与传播[J]/潘殊闲//阿坝师范学院学报,2016(1)

12052 高丽诗坛与苏诗[J]/朱皋//齐齐哈尔大学学报(哲学社会科学版),2016(3)

12053 苏轼词对现实悲剧性的审美超越[J]/冷成金//河北学刊,2016(3)

12054 浅析苏轼之“顺物自然”诗禅艺术[J]/张杰//兰州文理学院学报(社会科学版),2017(1)

12055 苏轼黄州诗词论析[J]/赵凡龙//兰州交通大学学报,2017(2)

12056 苏轼诗[J]/王静砚//东方艺术,2017(16)

诗论研究

12057 文苑:抄苏诗三百首编成偶题[J]/寔甫//大陆(上海1902),1904,2(11)

12058 罗浮纪游:附诗:与兰史饮于梅花村同用苏韵[J]/陆正祥//国学萃编,1909(27)

12059 艺府:诗选:苏东坡[J]/东园//小说新报,1917,3(2)

12060 艺府:诗选:苏东坡[J]/芸女史//小说新报,1917,3(2)

12061 诗选:苏东坡[J]/东园//小说新报,1917(2)

12062 苏东坡的诗:历代名家诗论之一[J]/雪林//沪江大学月刊,1928,17(15)

12063 读苏诗[J]/不详//国际周报,1928(1)

12064 补白:念奴娇(时事用东坡赤壁韵)[J]/梁希//同泽半月刊,1930,4(4)

12065 苏诗臆说[J]/赵宗湘//国专月刊,1935(4)

12066 读东坡和陶诗[J]/郦衡叔//民族诗坛,1939,3(3)

12067 醉蓬莱:黄九和江韦公黎拳裴黄祠博东坡韵[J]/胡伯孝//民族诗坛,1942,4(6)

12068 五古三首:读东坡诗[J]/杨即墨//东方文化(上海1942),1943,2(1)

12069 东坡诗渊源之商榷[J]/严恩纹//文史杂志,1945,5(12)

12070 咏梅:用东坡和公济韵梅花诗十首[J]/蔡家彪//青年生活(上海1946),1948(22)

12071 略论苏轼及其[N]/匡扶//甘肃日报,1956-12-08

12072 宋代诗人短论(十篇)(文同、王安石、苏轼、黄庭坚、徐俯、刘子翚、杨万里、陆游、范成大、尤袤)[J]/钱钟书//文学研究,1957(1)

12073 苏诗的轮廓［J］/ 陈迩冬 // 诗刊，1957（11）

12074 苏诗札记［J］/ 程千帆 // 文学遗产，1957（157）

12075 略谕苏轼的诗［J］/ 马赫 // 文学遗产，1957（A5）

12076 评“苏轼诗选”［N］/ 江九 // 光明日报，1960-12-12

12077 苏东坡乱改菊诗（读书小记）［J］/ 田冬 // 中国青年，1961（10-20）

12078 苏轼的政治思想和苏诗的艺术成就［J］/ 谢善继 // 江汉论坛，1962（3）

12079 黄庭坚的诗论［J］/ 刘大杰 // 文学评论，1964（1）

12080 一点浩然气，千里快哉风：论苏轼的政治诗［J］/ 赵民 // 济宁教育学院学刊（社会科学版），1978（2）

12081 从苏东坡乱改“咏菊”诗说起［J］/ 段国超 // 延河，1978（10）

12082 关于所引苏轼诗句的两点质疑［N］/ 唐祖闳 // 光明日报，1979-11-29

12083 论苏轼同情人民的诗篇：兼谈古代文学作品的人民性问题［J］/ 刘乃昌 // 北京师范大学学报（社会科学版），1979（3）

12084 浅谈苏东坡在海南的诗歌创作页［N］/ 朱玉书 // 海南日报，1980-07-19

12085 从《东坡诗稿》谈起［J］/ 刘国正 // 语文学习，1980（7）

12086 有感于苏东坡评诗［J］/ 王新新 // 作文通讯，1980（10）

12087 苏轼诗词的理趣［J］/ 吴熊和 // 名作欣赏，1981（1）

12088 论苏轼诗的人民性［J］/ 孙兰廷 // 内蒙古师范大学学报（哲学社会科学版），1981（2）

12089 评苏轼对词的贡献［J］/ 薛瑞生 // 陕西师范大学学报（哲学社会科学版），1981（3）

12090 试谈苏东坡晚年诗作中的现实主义倾向［J］/ 万陆 // 赣南师范学院学报，1981（3）

12091 论苏轼的“文理自然，姿态横生”说［J］/ 徐中玉 // 社会科学战线，1981（4）

12092 论苏轼的“自是一家”说［J］/ 徐中玉 // 学术月刊，1981（5）

12093 试论苏轼的岭南诗［J］/ 张德昌，洪柏昭 // 学术研究，1981（6）

12094 苏轼龙洞祷晴［J］/ 李广德 // 文化娱乐，1981（9）

12095 对周振甫先生《苏诗艺术初探》一文的商榷［J］/ 胡守仁 // 争鸣，1982（1）

12096 试论诗词的不同艺术特征与苏轼“以诗为词”的迹象［J］/ 赵晶晶 // 西北师范大学学报（社会科学版），1982（1）

12097 苏轼对荔枝的赞与叹：从东坡在惠州贬所写的几首荔枝诗谈起［J］/ 陈师旅 // 惠州学院学报，1982（1）

12098 谈苏轼在潍州写的一首诗［J］/ 刘日诰 // 昌潍师专学报（社会科学版），1982（1-2）

12099 东坡诗词设色［J］/ 王树芳 // 青海师范大学学报（哲学社会科学版），1982（2）

12100 论苏诗中的空间感［J］/ 张三夕 // 文学遗产，1982（2）

12101 论苏轼的《和陶诗》及其评价问题［J］/ 朱靖华 // 特区文学，1982（2）

12102 试论苏轼在黄州的诗歌［J］/ 黄海鹏 // 黄冈师范学院学报，1982（2）

12103 苏东坡乱改咏菊诗［J］/ 观察 // 新疆师范大学学报（哲学社会科学版），1982（2）

12104 试论苏轼诗中的“理趣”［J］/ 侯孝琼 // 黄冈师专学报，1982（3）

12105 论苏轼咏画诗［J］/ 项郁才 // 湖北师范

学院学报（哲学社会科学版），1982（4）

12106 略谈苏轼和韵诗的思想意义［J］/ 陈遇春 // 青海师范大学学报（哲学社会科学版），1982（4）

12107 苏轼的写景小诗［J］/ 晨光 // 云南师范大学学报（哲学社会科学版），1982（4）

12108 苏轼山水诗的谐趣、奇趣和理趣［J］/ 陶文鹏 // 江汉论坛，1982（4）

12109 苏轼议论诗中的理趣［J］/ 杨树增 // 文科教学，1982（4）

12110 由苏轼评诗的失误说开去［J］/ 田中全 // 长春，1982（4）

12111 苏诗内容的评价［J］/ 胡国瑞 // 武汉大学学报（人文科学版），1982（6）

12112 能雪魂忠死亦甘：试评苏轼被贬岭南时期的诗作［J］/ 陈博惠 // 开放时代，1983（1）

12113 浅谈苏轼广东诗的思想内容［J］/ 车养 // 雷州师专学报，1983（1）

12114 略论苏轼的杭州诗［J］/ 章楚藩 // 杭州师范学院学报（社会科学版），1983（2）

12115 浅谈苏诗风格的多样化［M］/ 瘦民 // 东坡诗论丛 / 苏轼研究学会 .—成都：四川人民出版社，1983（2）

12116 苏轼黄庭坚诗歌理论之比较［J］/ 周裕锴 // 文学评论，1983（4）

12117 略谈东坡诗文中的比喻［J］/ 段永亮 // 语文学刊，1983（5）

12118 苏轼难戒作诗［J］/ 鹏之 // 夜读，1983（5）

12119 苏轼诗的议论［J］/ 赵仁珪 // 北京师范大学学报，1983（5）

12120 苏诗例释［J］/ 霍松林 // 文史哲，1983（6）

12121 苏轼论诗歌创作［J］/ 颜中其 // 求是学刊，1983（6）

12122 苏、王改诗的启示［J］/ 陈国魁 // 山东文学，1983（10）

12123 苏轼诗中的笑声［J］/ 杨奔 // 读书杂志，1983（10）

12124 说苏轼的西湖诗［N］/ 夏承焘 // 光明日报，1984-03-06

12125 苏东坡的和陶诗［J］/ 张宏生 // 徐州师范学院学报（哲学社会科学版），1984（1）

12126 苏东坡在惠州和陶诗的思想倾向［J］/ 王运生 // 云南教育学院学报（社会科学版），1984（1）

12127 谈苏东坡诗［J］/ 吴子厚 // 语文园地，1984（1）

12128 言虽鄙浅，自有深趣：读苏轼的理趣诗［J］/ 吴枝培 // 南京大学学报（哲学社会科学版），1984（1）

12129 由苏轼“形似”诗引起的论争［J］/ 程自信 // 艺谭，1984（1）

12130 苏轼“空静”说辨析［J］/ 赵仁珪 // 新疆师范大学学报（社会科学版），1984（2）

12131 苏轼诗文中景物描写的构图美［J］/ 胡昌华 // 湘潭师专学报（社会科学版），1984（3）

12132 苏轼晚年的爱国情怀：浅论苏轼的海南诗［J］/ 朱玉书 // 华南师范大学学报（社会科学版），1984（3）

12133 苏轼的题画诗［J］/ 张忠全 // 四川师范学院学报（社会科学版），1984（4）

12134 东坡论杜述评［J］/ 棘园 // 贵州社会科学，1984（6）

12135 苏轼诗词二题［J］/ 吕晴飞 // 电大文科园地，1984（11）

12136 略评苏轼理趣诗的审美价值［J］/ 汤岳辉 // 惠阳师专学报（苏轼研究专辑），1984（S1）

12137 苏轼寓惠诗选注［J］/ 梁大和 // 惠阳师专学报（苏轼研究专辑），1984（S1）

12138 试谈苏轼和陶诗［J］/ 张介 // 南京教育学院学报（社会科学版），1985（1）

12139 苏轼和他的科学诗:《秧马歌》［J］/ 王一义 // 科学诗刊，1985（1）

12140 苏轼和陶诗初探［J］/ 熊莘耕 // 常德师专学报（哲学社会科学版），1985（1）

12141 东坡山水七绝艺术随谈［J］/ 毛庆 // 贵州社会科学，1985（2）

12142 对仕宦人生的深刻反省：谈苏轼诗歌风格发展的三个阶段［J］/ 孙民 // 沈阳师范学院学报（社会科学版），1985（2）

12143 关于谜语诗《花影》的探讨［J］/ 何中奇 // 咸宁师专学报，1985（2）

12144 苏轼诗博喻浅说［J］/ 熊大权 // 江西大学学报（哲学社会科学版），1985（2）

12145 论苏轼政治抒怀诗《荔枝叹》的创作成就［J］/ 顾之京 // 河北大学学报（哲学社会科学版），1985（3）

12146 苏轼融国境入诗的成就［J］/ 李碧传 // 艺谭，1985（3）

12147 天涯何处无芳草（谈苏轼几首有关朝云的诗词）［J］/ 王汝涛 // 临沂师专学报（社会科学版），1985（3）

12148 论苏轼晚年诗的积极意义［J］/ 何风奇 // 齐齐哈尔大学学报（哲学社会科学版），1985（4）

12149 苏东坡与泸州的诗缘［J］/ 赵永康 // 泸州史志通讯，1985（4）

12150 苏轼的诗画异同论（节选）［J］/ 葛岩 // 美术史论，1985（4）

12151 苏诗与气候［J］/ 高泳源 // 文史知识，1985（7）

12152 舣舟亭杂咏四首［J］/ 羊牧之 // 诗刊，1985（7）

12153 苏东坡的烧猪肉诗［J］/ 朱明尧 // 烹调知识，1986（1）

12154 苏轼与莱辛诗画观之比较［J］/ 李向阳 // 乐山师范学院学报，1986（1）

12155 哲理・情感・意象・议论：苏轼哲理诗之我见［J］/ 王洪 // 成都大学学报（社会科学版），1986（1）

12156 东坡黄州海棠诗漫谈［J］/ 金诤 // 文史杂志，1986（2）

12157 分韵苏轼近体诗集序言［J］/ 吴忠匡 // 古籍整理研究学刊，1986（2）

12158 浅论苏轼的寓言诗［J］/ 白本松 // 河南大学学报（哲学社会科学版），1986（2）

12159 苏轼的海南诗词艺术［J］/ 钟平 // 儋县修志通讯，1986（2）

12160 题画诗的写作艺术［J］/ 王丽晨 // 吉林艺术学院学报，1986（2）

12161 黄庭坚诗论再探讨［J］/ 孙乃修 // 文学遗产，1986（3）

12162 论苏轼寓惠、儋“和陶诗”［J］/ 王新勇 // 湖北民族学院学报（哲学社会科学版），1986（3）

12163 浅论苏轼诗文中运用比喻的特色［J］/ 高蹈 // 南昌大学学报（人文社会科学版），1986（3）

12164 诗的说理与说理的诗：兼谈苏轼议论诗的得失［J］/ 李正心 // 文史杂志，1986（3）

12165 苏东坡与“颖州诗会”［J］/ 浦金洲 // 艺谭，1986（3）

12166 苏轼诗歌风格发展的三个阶段［J］/ 孙民 // 高等学校文科学报文摘，1986（3）

12167 略谈苏轼的诗歌理论［J］/ 章楚藩 // 杭州师范学院学报（社会科学版），1986（4）

12168 宋代哲理诗小议［J］/ 程梦林 // 浙江师范大学学报（社会科学版），1986（4）

12169 两峰对峙 双水分流：苏东坡、黄山谷诗格异同之我见［J］/ 王守国，余良明 // 中州学刊，1986（5）

12170 论苏轼早期诗歌创作［J］/ 谢桃坊 // 天府新论，1986（5）

12171 遗山诗对李杜苏黄继承之例析［J］/ 降大任 // 名作欣赏，1986（5）

12172 陶诗与苏轼《和陶诗》思想倾向比较［J］/ 李华 // 江西社会科学，1986（6）

12173 文字不厌百回改［J］/ 不详 // 语文教学通讯，1986（9）

12174 试从苏轼在惠州所作的诗中探索其当时的思想活动［J］/ 缪英 // 晋中师专学报，1987（1）

12175 衷曲且向诗中寻：浅析苏东坡三咏郁孤台诗［J］/ 谢士寿 // 赣南师范学院学报（哲学社会科学版），1987（1）

12176 湖州岘山古诗选注析［J］/ 王宗浚 // 湖州师专学报，1987（2）

12177 论东坡诗的“新”和“妙”［J］/ 白敦仁 // 成都大学学报（社会科学版），1987（2）

12178 论苏轼农村诗的现实主义精神［J］/ 俞浩胜 // 安庆师范学院学报（社会科学版），1987（2）

12179 苏轼农村诗的现实主义精神［J］/ 俞浩胜 // 安庆师范学院学报（社会科学版），1987（2）

12180 曹雪芹的名与苏东坡的诗［J］/ 不详 // 红楼梦研究，1987（3）

12181 浑名诗小辑（五）［J］/ 林肖 // 铁道师范学院学报，1987（3）

12182 论苏轼谪居惠海时的思想矛盾特性与其和陶诗的创作风格追求［J］/ 谢祥深 // 中山大学研究生学刊（社会科学版），1987（3）

12183 苏诗的讽刺与幽默：纪念苏轼诞生九百五十周年［J］/ 周文 // 南都学坛，1987（3）

12184 复原《施顾注坡诗》之我见［J］/ 子冉 // 天府新论，1987（4）

12185 苏轼的《和陶诗》研究［J］/ 李华 // 广东社会科学，1987（4）

12186 出新意于法度之中，寄妙理于豪放之外：谈苏轼诗中的“理趣”［J］/ 陈岳来，章跃一 // 学语文，1987（6）

12187 苏轼、黄庭坚的诗法理论［J］/ 林正三 // 德明学报，1987（6）

12188 小议苏轼《前赤壁斌》中的引诗［J］/ 丁厚源 // 学语文，1987（6）

12189 苏轼的曲喻［J］/ 王依民 // 读书，1987（7）

12190 顺倒自如 各臻其妙：谈苏轼的回文诗《题金山寺》［J］/ 周溶泉，徐应佩 // 阅读与写作，1987（8/9）

12191 谈谈苏轼诗中的“理趣”［J］/ 陈岳来，章跃一 // 阅读与写作，1987（8/9）

12192 苏东坡庐山诗臆说［J］/ 汤文熙 // 写作，1987（10）

12193 漫谈苏轼南迁诗的民族友谊兼及唐人吟咏［J］/ 陈化新 // 东疆学刊，1987（Z1）

12194 苏轼《次韵送张山人归彭城》诗决非作于黄州［N］/ 周本淳 // 人民日报海外版，1988-02-16

12195 苏诗谐趣刍义［J］/ 李阳明 // 阿坝师专学报（综合版），1988（1）

12196 苏轼“以诗为文”论［J］/ 赵仁珪 // 文学遗产，1988（1）

12197 张问陶读苏诗简端记赘言［J］/ 王利器 // 西华师范大学学报（哲学社会科学版），1988（1）

12198 杜甫与苏轼论书诗之比较［J］/ 周本淳 // 淮阴师专学报（社会科学版），1988（2）

12199 苏东坡妙改老师的诗句［J］/ 不详 // 青年文摘，1988（2）

12200 也释“吉贝”［J］/ 周济夫 // 海南大学学报（人文社会科学版），1988（2）

12201 苏轼诗词中的“笑”［J］/ 孙民立 // 大学

文科园地，1988（3）

12202 新绎苏轼《饮湖上初晴后雨二首》[J]/王振泰//鞍山师专学报（社会科学版），1988（3）

12203 融画技、诗法于一炉：简论苏轼写景咏物诗的美学特色[J]/夏青//济宁师专学报，1988（4）

12204 善于汲取、勇于开拓的苏轼[J]/沈天佑//古典文学知识，1988（4）

12205 苏东坡的广告诗[J]/不详//包装世界，1988（4）

12206 苏东坡诗的研究[J]/不详//黄冈师范学院学报，1988（4）

12207 苏轼“以议论为诗”考辨[J]/张昌余//四川师范大学学报（社会科学版），1988（4）

12208 漫说苏轼《纵笔》诗：兼谈诗人在惠、儋时期的创作心态、生活和思想[J]/周先慎//北京大学学报（哲学社会科学版），1988（5）

12209 苏轼对意境论的贡献[J]/阮国华//天津社会科学，1988（6）

12210 一以贯之的苏诗“本色”[J]/朱德才//儋县修志通讯，1988（专辑）

12211 东坡律诗中美的三境界（为苏轼研究会第五次会议而作）[J]/陈丽琳//重庆文理学院学报（自然科学版），1989（1）

12212 古代海南题咏诗体现的宝岛历史风貌（上）[J]/范会俊//海南师范学院学报（社会科学版），1989（1）

12213 苏轼诗歌创作分期新论[J]/方然//曲靖师范学院学报，1989（1）

12214 有触于中，而发于咏叹：浅谈苏轼早期诗歌创作[J]/牛振民//宁夏教育学院学报（社会科学版），1989（1）

12215 古代海南题咏诗体现的宝岛历史风貌（下）[J]/范会俊//海南师范学院学报（社会科学版），1989（2）

12216 论苏轼诗的修辞艺术[J]/张寅彭//上海教育学院学报，1989（2）

12217 苏诗以意胜[J]/马德富//文学评论，1989（2）

12218 苏轼海南诗的艺术特色[J]/钟平//海南师范学院学报，1989（2）

12219 元好问《论诗绝句》抉瑕：兼为苏轼诗一辩[J]/瑜琳，苍宇//成都大学学报（社会科学版），1989（2）

12220 深沉的哲思、隽永的趣味：苏轼哲理诗纵横谈[J]/冯国凡//西部学坛（哲学社会科学版），1989（3）

12221 苏轼凤翔诗作说略[J]/张连举//宝鸡师范学院学报（社会科学版），1989（4）

12222 苏轼“以才学为诗”论[J]/王洪//江西社会科学，1989（5）

12223 苏东坡的《哨遍》与陶渊明的《归去来兮辞》[J]/金志仁//名作欣赏，1989（6）

12224 苏轼咏赤壁的诗文[J]/崔鹏//内蒙古电大学刊，1989（9）

12225 东坡黄州经验之探讨[D]/蔡秀玲.—辅仁大学（硕士论文），1989

12226 从苏轼的《琴诗》谈开去[N]/朱庆和//教师报，1990-01-07

12227 豪华落尽见真淳：苏轼惠州和陶诗浅谈[J]/王启鹏//惠州学院学报，1990（1）

12228 论杜韩苏黄诗[J]/曹慕樊//西南师范大学学报（人文社会科学版），1990（1）

12229 苏东坡二、三[J]/郭风//星火，1990（1）

12230 试论苏轼的“和陶诗”[J]/王定璋//烟台大学学报（哲学社会科学版），1990（3）

12231 宋诗理趣漫论[J]/顾之京//河北大学学报（哲学社会科学版），1990（3）

12232 苏氏父子北入秦中路线与苏轼《书崇寿院壁》诗[J]/郭天祥//宝鸡师范学院学报(哲学社会科学版),1990(3)

12233 苏轼“以文为诗”论[J]/王洪//江西社会科学,1990(4)

12234 苏轼早期诗中的人生思考及其追求“高风绝尘”的审美趋向[J]/朱靖华//宝鸡师范学院学报(哲学社会科学版),1990(4)

12235 走出自然:从苏轼的山水诗看自然诗化的走向及其意义[J]/冷成金//中国人民大学学报,1990(4)

12236 苏轼诗学理论及其实践[D]/江惜美.—东吴大学(博士论文),1990

12237 试论苏轼理趣诗的审美特征[J]/张连举//宝鸡文理学院学报(社会科学版),1991(1)

12238 李白、苏轼文化心态及诗歌之比较[J]/肖雁斌//萍乡教育学院学报(社会科学版),1991(2)

12239 略论苏轼海南诗歌的乐观主义特征[J]/孟醒仁//贵州教育学院学报,1991(2)

12240 苏诗笺记四则[J]/王义方//渤海学刊,1991(2)

12241 苏轼寓惠诗选译(一)[J]/芷漾//惠阳师专学报(社会科学版),1991(2)

12242 修辞贵“相宜”[J]/吴新华//扬州师范学院学报(社会科学版),1991(2)

12243 中国古典诗词的色彩美[J]/王醒//晋中师专学报,1991(2)

12244 试论苏轼和黄庭坚的诗学理论[J]/丁放,孟二冬//安徽教育学院学报(社会科学版),1991(3)

12245 元好问诗论新探[J]/刘明今//学术研究,1991(3)

12246 苏诗时空艺术论[J]/萧瑞峰//杭州大学学报,1991(4)

12247 苏轼咏茶诗浅释[J]/行一//农业考古,1991(4)

12248 试论苏轼的“以文字为诗”[J]/王洪//江西社会科学,1991(5)

12249 试论苏轼的两浙记游诗[J]/顾彭荣//远程教育杂志,1991(5)

12250 苏轼《惠崇春江晚景》的后两句[J]/吴宗海//语文学习,1991(9)

12251 苏轼的诗论与书论[J]/贾靖//大连教育学院学报,1991(12)

12252 试问平生功业 黄州惠州崖州:苏轼组诗分析[J]/王振汉//沧州师范专科学校学报,1992(1)

12253《苏东坡百诗百俗解》序[J]/乌丙安//咸宁师专学报,1992(1)

12254 苏轼寓惠诗选译(二)[J]/芷漾//惠阳师专学报(社会科学版),1992(1)

12255 论苏轼的和陶诗[J]/周招满//温州师范学院学报,1992(2)

12256 气韵遥通千载上:夜读《陶诗及东坡和陶诗评注》札记[J]/杨时康//昆明师范高等专科学校学报,1992(2)

12257 苏轼确知“周郎赤壁”的位置吗[J]/刘家钰//学术研究,1992(2)

12258 苏轼诗文俗语词辑释[J]/黄征//宁波师范学院学报(社会科学版),1992(2)

12259 系风捕影:苏东坡杭州时诗概说[J]/横山伊势雄//中文自修,1992(2)

12260 从苏黄论杜看宋诗风格的变化:兼论中国古代诗界的宗派门庭[J]/杨胜宽//杜甫研究学刊,1992(4)

12261 明理·抒情·审美:山水诗产生的原因和作用[J]/贺秀明//厦门大学学报(哲学社会科学版),1992(4)

12262 盛衰阅过君应笑:试论苏轼诗的幽默[J]/侯孝琼//湖北教育学院学报(哲学

社会科学版），1992（4）
12263 用“昨日黄花”是正确的［J］/ 卢惠民 // 新闻知识，1992（7）
12264 读《苏轼诗集（点校本）》的意见［J］/ 曹慕樊 // 西南师范大学学报（哲学社会科学版），1992（S）
12265 论北宋仁宗朝的诗歌革新与欧苏梅三家诗［J］/ 秦寰明 // 文学遗产，1993（1）
12266 论苏轼的“无象”之境——诗境与画境的结合［J］/ 高岭 // 美苑，1993（1）
12267 苏东坡与泸州的诗缘［J］/ 赵永康 // 乐山师范学院学报，1993（1）
12268 谈谈苏轼西湖诗的艺术特色［J］/ 韩建明 // 三馆论坛，1993（1）
12269 我欲醉眠芳草：从《西江月》看苏轼诗的旷达风格［J］/ 田莉 // 阜阳教育学院学报（综合版），1993（1/2）
12270 论苏轼诗歌的理趣［J］/ 兰翠 // 烟台大学学报（哲学社会科学版），1993（2）
12271 苏轼诗学观平议［J］/ 党圣元 // 延安大学学报（社会科学版），1993（2）
12272 寓理于景 各有千秋：苏轼陆游山水哲理诗对比［J］/ 高忠新 // 殷都学刊，1993（2）
12273 《苏东坡百诗百俗解》（生产风俗部分）［J］/ 程伯安 // 咸宁学院学报，1993（3）
12274 长于比喻是苏轼诗歌风格的一大特色［J］/ 顾义生 // 上海教育学院学报，1993（3）
12275 苏东坡的家庭爱情诗词［J］/ 庆才 // 黄冈师专学报，1993（4）
12276 苏轼的“意境”论及其“意境”诗［J］/ 章楚藩 // 杭州师范学院学报，1993（4）
12277 俯仰不随人 健笔开新境：读苏轼《和文与可洋川园池三十首》［J］/ 陈长义 // 名作欣赏，1993（5）
12278 论苏轼和陶诗的创作心态及旨趣［J］/ 易朝志 // 华东师范大学学报（哲学社会科学版），1993（5）
12279 苏轼论诗重清境［J］/ 杨胜宽 // 四川教育学院学报，1993（9）
12280 东坡论诗美［J］/ 柯大课 // 昭乌达蒙族师专学报，1993（Z1）
12281 苏轼与黄庭坚诗论异同之比较［D］/ 林锦婷. —台湾中央大学（硕士论文），1993
12282 苏诗的情感及其传达特征［J］/ 马德富 // 宋代文化研究，1994（00）
12283 弹在纸上的弦音：启功行书《东坡诗》赏析［J］/ 卢洪良 // 宜春师专学报，1994（1）
12284 论苏轼诗塑造人物形象的艺术［J］/ 陶文鹏 // 文学遗产，1994（1）
12285 盛衰阅过君应笑：试论苏轼诗的“幽默”［J］/ 侯孝琼 // 中国韵文学刊，1994（1）
12286 苏轼政治讽喻诗内容新探［J］/ 李寅生 // 河池师专学报，1994（1）
12287 王维、苏轼山水诗中诗与禅相互交替现象［J］/ 王志清 // 四川教育学院学报，1994（1）
12288 论苏黄对唐诗的态度［J］/ 莫砺峰 // 文学评论，1994（2）
12289 论苏轼性命义利观对其诗歌的意义［J］/ 黄杰 // 杭州大学学报（哲学社会科学版），1994（3）
12290 浅论苏轼诗歌的理趣［J］/ 付自强 // 新疆教育学院学报，1994（3）
12291 试论苏轼的西湖诗［J］/ 段小毛 // 中国文学研究，1994（3）
12292 东坡诗歌美学探幽（上）［J］/ 王文龙 // 盐城师专学报（哲学社会科学版），1994（4）
12293 苏诗的主体风神与生命律动［J］/ 章尚正 // 安徽大学学报（哲学社会科学版），

1994（4）

12294 苏轼酒诗品赏（待续）[J]/李德身//连云港师范高等专科学校学报，1994（4）

12295 古代的题壁诗[J]/曹之//文史知识，1994（8）

12296 苏东坡“元轻白俗”诗评浅析[J]/范长华//台中师院学报，1994（8）

12297 苏轼倅杭诗词[J]/韩凌//杭州师范学院学报（社会科学版），1995（1）

12298 苏轼酒诗品赏（续完）[J]/李德身//连云港教育学院学报，1995（1）

12299 苏轼七言古诗的结构艺术[J]/张智华//安徽师范大学学报（人文哲学社会科学版），1995（1）

12300 苏轼七言五诗的结构艺术[J]/张智华//安徽师范大学学报（哲学社会科学版），1995（1）

12301 一样题材两样情：评张舜民《渔父诗》和苏轼《渔蛮子》诗[J]/谢巨涛//湖南税专学报，1995（1）

12302 东坡诗歌美学探幽（下）[J]/王文龙//盐城师专学报（哲学社会科学版），1995（2）

12303 略谈苏轼诗中的理趣[J]/米军//阴山学刊（社会科学版），1995（2）

12304 生命的自然诗化与哲学诗化：石湖山水田园诗论略[J]/张福勋//内蒙古师范大学学报（哲学社会科学版），1995（2）

12305 试论苏轼诗歌景物描写的绘画美[J]/张连举，周玲//渭南师专学报（哲学社会科学版），1995（2）

12306 古代诗歌创作中的“点化”、借鉴及其它[J]/刘义钦//濮阳教育学院学报，1995（3）

12307 试论东坡关于诗歌鉴赏的理论与实践[J]/王文龙//乐山师范学院学报，1995（3）

12308 苏门论杜述评[J]/杨胜宽//乐山师范学院学报，1995（3）

12309 苏轼何以独好渊明之诗？[J]/张柱//山西大学学报（哲学社会科学版），1995（3）

12310 历代山水纪游诗文面面观[J]/王辉民//海南大学学报（社会科学版），1995（4）

12311 论苏轼诗文中的理趣：兼论苏轼推重陶王韦柳的原因[J]/葛晓音//学术月刊，1995（4）

12312 宋诗的地位与苏诗的地位[J]/张尹炫//山东大学学报（哲学社会科学版），1995（4）

12313 从“法度”到“活法”：江西诗派内部机制的自我调节[J]/吕肖奂//复旦学报（社会科学版），1995（6）

12314 柳宗元山水诗风格特征之形成[J]/林继中//天府新论，1995（6）

12315 宋诗“平淡”美的理论和实践[J]/程杰//学术研究，1995（6）

12316 苏轼的诗论[J]/徐季子//文艺理论研究，1995（6）

12317 自持与自适：宋人论诗的心理功能[J]/周裕锴//文学遗产，1995（6）

12318 东坡笑声蕴涵多：浅谈苏轼诗歌的幽默[J]/桂平//阅读与写作，1995（7）

12319 随心入禅境 旷达对人生：读苏轼的几首禅趣诗[J]/邝文//语文月刊，1995（8）

12320 异曲同工之妙：两首古诗的比较[J]/王红//云南教育（基础教育版），1995（11）

12321 苏轼禅诗表现的艺术风格[J]/朴永焕//佛学研究，1995

12322 苏轼在韩国诗话中接受形态研究[D]/金宰用．—台湾师范大学（硕士论文），1995

12323 苏轼的《宸奎阁碑记》[N]/杨古城，曹厚德//宁波日报，1996-03-22

12324 东坡论陶述评[J]/东麓//盐城师专学报（哲学社会科学版），1996(1)

12325 东坡写景诗中的东方哲理[J]/郑秉谦//东方文艺，1996(1)

12326 古代诗歌作品中的傻趣[J]/吴九成，马雪萍//语文月刊，1996(1)

12327 论吕本中的七言古诗[J]/王锡九//扬州师范学院学报（社会科学版），1996(1)

12328 欧阳修的唐诗观及其影响[J]/陈新璋//华南师范大学学报（社会科学版），1996(1)

12329 苏轼的诗歌理论[J]/张连第//吉林大学社会科学学报，1996(1)

12330 苏轼的诗论[J]/徐季子//中国语言文学数据信息，1996(1)

12331 茶与诗：文人生活对艺术的渗透[J]/刘学忠//文学遗产，1996(2)

12332 苏轼的诗歌理论[J]/张连第//中国语言文学数据信息，1996(2)

12333 谈苏诗的比喻[J]/丁睿//贵阳金筑大学学报，1996(2)

12334 元好问诗学对苏黄的批评与继承[J]/张进//文史哲，1996(2)

12335 论“韵”的美学内涵[J]/陈良运//人文杂志，1996(3)

12336 论苏轼诗的芭蕉俳谐的影响[J]/王海燕//解放军外语学院学报，1996(3)

12337 略论苏轼的和陶诗[J]/丁睿//贵州社会科学，1996(3)

12338 欧、苏“禁体物语”及近古咏雪诗[J]/王雪盼//南京师范大学学报（社会科学版），1996(3)

12339 神韵说三论[J]/赵伯陶//阴山学刊（社会科学版），1996(3)

12340 苏东坡的商业诗[J]/匡强//东方企业家，1996(3)

12341 苏轼“以议论为诗”溯源[J]/丁睿//贵阳师专学报（社会科学版），1996(3)

12342 苏轼论诗味[J]/黄钢//新疆社科论坛，1996(3)

12343 《庄子》与中国诗史之源[J]/孙明君//清华大学学报（哲学社会科学版），1996(4)

12344 手指抚琴 音在弦外：禅诗与禅画[J]/翟宗祝//文史知识，1996(4)

12345 苏轼和李白[J]/张浩逊//吴中学刊（社会科学版），1996(4)

12346 古典诗歌接受史研究刍议[J]/陈文忠//文学评论，1996(5)

12347 试论苏轼关于诗歌鉴赏的理论与实践[J]/王文龙//文学遗产，1996(5)

12348 宋代疑古惑经思潮与《诗经》研究：兼论朱熹对《诗经》学的贡献[J]/殷光熹//思想战线，1996(5)

12349 宋代诗话与江西诗派[J]/刘德重//上海大学学报（社会科学版），1996(6)

12350 苏东坡的咏煤诗[J]/梁大和//知识窗，1996(9)

12351 苏轼的茶诗[J]/不详//语文世界，1996(11)

12352 千古诗坛话和诗[J]/赵维平//周口师范学院学报，1996(A3)

12353 从苏轼黄州，岭南诗的比较看苏轼晚年的情感变化[J]/张福庆//外交学院学报，1997(1)

12354 读苏诗札记[J]/一平//远程教育杂志，1997(1)

12355 略论苏轼诗的“理趣”：宋代文学教学札记之一[J]/祁兆珂//江苏广播电视大学学报，1997(1)

12356 从缘情到言志，由类型化到个性化：论

苏轼“以诗为词”的意义[J]/郭自虎//江汉论坛，1997(2)

12357 论苏轼的诗歌美学思想[J]/文师华//南昌大学学报(社会科学版)，1997(2)

12358 苏轼和杜甫[J]/张浩逊//常熟理工学院学报，1997(2)

12359 苏轼黄州诗词的内在结构与文化定位论要：兼与日本学者吉川幸次郎先生商榷[J]/颜邦逸//辽宁师范大学学报(社会科学版)，1997(2)

12360 苏轼诗词的“旷达”风格简论[J]/杜安成//康定民族师范高等专科学校学报，1997(2)

12361 古典诗词的特殊句法结构：兼谈特殊结构诗句的表达效果[J]/史锡尧//锦州师范学院学报(哲学社会科学版)，1997(3)

12362 诗意结构的比较研究[J]/陈圣生//文艺理论研究，1997(3)

12363 苏东坡的广告诗[J]/王志振//广告大观(综合版)，1997(3)

12364 苏轼诗歌创作的分期问题新探[J]/方然//四川大学学报(哲学社会科学版)，1997(3)

12365 论古典诗歌审美的纵向比较[J]/陈定玉//福建师范大学学报(哲学社会科学版)，1997(4)

12366 诗可以乐：北宋诗文革新中“乐”主题的发展[J]/程杰//中国社会科学，1997(4)

12367 苏轼和李白[J]/张浩逊//辽宁师范大学学报(社会科学版)，1997(4)

12368 苏诗比喻浅说[J]/刘石//古典文学知识，1997(5)

12369 论苏轼的文人品格与诗风[J]/马茂军//学术研究，1997(9)

12370 《司空图〈二十四诗品〉辨伪》献疑[J]/李祚唐//学术月刊，1997(10)

12371 从苏东坡王安石错改诗句说起[J]/张康//课堂内外(高中版)，1997(11)

12372 苏轼的两首寄题诗[J]/孔凡礼//文史知识，1997(11)

12373 苏东坡的广告诗[J]/不详//沙堆侨刊，1997(51)

12374 读东坡诗杂感[N]/不详//人民日报，1998-11-18

12375 古典诗歌的特殊比喻方式[J]/谭汝为//天津师范大学学报(社会科学版)，1998(1)

12376 论苏轼的文人品格与诗风[J]/马茂军//中国语言文学数据信息，1998(1)

12377 苏东坡与陶渊明的无弦琴：苏轼与琴之一[J]/池泽滋子//中国典籍与文化，1998(1)

12378 苏轼的诗书画[J]/江宏//书与画，1998(1)

12379 苏轼和杜甫[J]/张浩逊//杜甫研究学刊，1998(1)

12380 小议苏轼的“以诗为词”[J]/赵开强//语文月刊，1998(1)

12381 议论、文字、才学：再论苏东坡、黄山谷诗格之异同兼及宋诗的发展[J]/王守国//许昌师专学报(社会科学版)，1998(1)

12382 北宋诗风形成的禅因佛缘[J]/王树海//齐鲁学刊，1998(2)

12383 关于苏轼的“和陶诗”[J]/横山伊势雄，张寅彭//阴山学刊，1998(2)

12384 论苏轼诗歌的绘画美[J]/严明//攀枝花大学学报，1998(2)

12385 苏轼关心博罗农事[J]/杨星荧//岭南文史，1998(2)

12386 禅机独运 意趣天成：简述东坡绝句中的禅理诗[J]/杨明洁//内蒙古民族大

学学报（社会科学版），1998（3）
12387 东坡论“诗学”传统［J］/王文龙//黄冈师范学院学报，1998（3）
12388 东坡诗歌创作论概观［J］/王文龙//盐城师范学院学报（哲学社会科学版），1998（3）
12389 宋代文论中超越之美的追求［J］/刘明今//学术月刊，1998（3）
12390 随机变化 不主故常：谈苏轼两首论书七古［J］/周本淳//淮阴师范学院学报（哲学社会科学版），1998（3）
12391 谈淡苏轼诗的艺术［J］/李廷先//古典文学知识，1998（3）
12392 征鸿初起 势新蝉第一声：苏轼“南行诗”述评［J］/张步中//淮阴师范学院学报（哲学社会科学版），1998（3）
12393 苏东坡诗文与宋代杀婴弃婴风俗［J］/不详//咸宁师专学报，1998（4）
12394 冯应榴《苏诗合注》平议［J］/王友胜//常德师范学院学报（社会科学版），1998（5）
12395 宋人绝妙哲理小诗赏析［J］/马立鞭//阅读与写作，1998（5）
12396 苏轼饮酒诗探微［J］/张根云//内蒙古教育学院学报，1998（5）
12397 论文同的咏竹诗和墨竹画［J］/胡问涛，罗琴//四川师范学院学报（哲学社会科学版），1998（6）
12398 宋代诗学术语的禅学语源［J］/周裕锴//文艺理论研究，1998（6）
12399 徐凝“恶诗”与李白“敛手”［J］/刘中桥//四川建材，1998（6）
12400 寻找思维新视角［J］/毛铭三//新闻与写作，1998（8）
12401 苏氏诗趣［J］/王梅格//新闻爱好者，1998（9）
12402 东坡和陶［J］/刘竹庵//语文知识，1998（10）
12403 苏东坡的广告诗［J］/不详//中外经济报刊文摘，1998（18）
12404 村姑巧改东坡诗［N］/不详//东营日报，1999-05-01
12405 从黄州诗词话东坡：谈创作的要素［J］/江惜美//应用语文学报，1999（1）
12406 千江有水千江月：从苏轼诗中对水的描写透视东坡人格［J］/冉红音//涪陵师专学报，1999（1）
12407 试论苏轼岭海的咏物诗［J］/韩国强//琼州大学学报，1999（1）
12408 试论苏轼诗歌中的古代科技美［J］/韩丁//韩山师范学院学报，1999（1）
12409 宋人咏梅诗的三种境界［J］/邱占勇//辽宁工程技术大学学报（社会科学版），1999（1）
12410 宋诗鱼话举要（一）：寄情悯鱼［J］/佳民//渔业经济研究，1999（1）
12411 苏轼密州诗作的特点［J］/邱俊鹏//乐山师范高等专科学校学报，1999（1）
12412 伟大诗人的最后闪光：读李、杜、苏、陆绝笔诗［J］/周懋昌//扬州职业大学学报，1999（1）
12413 移花接木：诗歌鉴赏方法之一［J］/张觉//阅读与写作，1999（1）
12414 缘物启悟 因情索隐：简论苏东坡绝句中的哲理诗［J］/杨明洁//内蒙古民族大学学报（社会科学版），1999（1）
12415 才思横溢 触处生春：苏轼古体诗选读［J］/赵仁珪，讲解//中华活页文选（成人版），1999（2）
12416 论“以故为新、以俗为雅”：析苏黄创立“宋调”的一条作诗原则［J］/杨胜宽//乐山师范高等专科学校学报，1999（2）
12417 迁谪诗歌创作的医学心理分析［J］/刘晓林//中国文学研究，1999（2）

12418 清注苏诗述略[J]/曾枣庄//中国韵文学刊，1999(2)

12419 雪泥鸿爪 埃简书蠹：苏轼的两首诗[J]/杨志才//外交学院学报，1999(2)

12420 和合：中国古代诗性智慧之根[J]/黄念然，胡立新//湛江师范学院学报(哲学社会科学版)，1999(3)

12421 似非而是：神似之思：苏轼诗学片论[J]/郭建平//开封大学学报，1999(3)

12422 宋诗鱼话举要(三)：托鱼即兴[J]/佳民//渔业经济研究，1999(3)

12423 苏东坡“以诗为词”探因[J]/徐礼节//安庆师范学院学报(社会科学版)，1999(3)

12424 苏轼《汲江煎茶》诗应作于惠州[J]/吴定球//惠州大学学报，1999(3)

12425 试论苏轼诗歌创作超尘脱俗的风格特色[J]/褚英惠//北京联合大学学报，1999(4)

12426 苏轼“以文为诗”在文学史上的意义[J]/安熙珍//中国文化研究，1999(4)

12427 苏轼咏茶诗与宋代茶俗[J]/刘玉红//华夏文化，1999(4)

12428 苏黄之别[J]/赵圭//咬文嚼字，1999(5)

12429 难寻旧梦：读东坡诗谈环保话题[J]/李国文//森林与人类，1999(8)

12430 笔力纵横 风姿高秀：苏轼近体诗选读[J]/赵仁珪//中华活页文选(成人版)，1999(9)

12431 附录：苏轼论诗[J]/不详//中华活页文选(成人版)，1999(9)

12432 苏诗笺证举例[J]/王克让//新国学，1999

12433 《东坡诗论》的学术价值[C]/张高评//海峡两岸苏雪林教授学术研讨会论文集/安徽大学，成功大学，1999

12434 登泗州塔忆东坡玉塔卧微澜句[J]/童勉之//东坡赤壁诗词，2000(1)

12435 论理学与宋代诗学中的情理关系[J]/许总//社会科学研究，2000(1)

12436 论苏轼的诗性人格[J]/王向峰//沈阳大学学报，2000(1)

12437 《施注苏诗》得失论[J]/王友胜//中国典籍与文化，2000(1)

12438 苏轼《新年五首》释注七题[J]/吴定球//惠州大学学报，2000(1)

12439 也谈“以诗为词”[J]/王文龙//盐城师范学院学报(哲学社会科学版)，2000(1)

12440 冯应榴与《苏文忠诗合注》[J]/王友胜//文学遗产，2000(2)

12441 论苏轼的和陶诗[J]/萧庆伟//中国韵文学刊，2000(2)

12442 首创之功 沉厚之作：评《苏诗研究史稿》[J]/史伟//中国韵文学刊，2000(2)

12443 苏东坡的广告诗[J]/不详//陕西农业，2000(2)

12444 苏轼对自然美的情感寄托[J]/李高君//益阳师专学报，2000(2)

12445 明人对苏诗的接受历程及其文化背景[J]/王友胜//南昌大学学报(社会科学版)，2000(3)

12446 浅析苏轼黄州时期的诗歌风格[J]/冯红//黑龙江教育学院学报，2000(3)

12447 绕路说禅：从禅的诠释到诗的表达[J]/周裕锴//文艺研究，2000(3)

12448 宋诗理趣现象探源(上)[J]/王宇可//成都大学学报(社会科学版)，2000(3)

12449 苏诗的早流播研究[J]/王友胜//阴山学刊(社会科学版)，2000(3)

12450 苏轼《和陶游斜川》诗系年考辨[J]/吴定球//惠州大学学报(社会科学版)，

2000（3）
12451 论东坡诗的讽刺艺术［J］/ 李瑞芬 // 东岳论丛，2000（4）
12452 诗从其人 言为心声［J］/ 张国学 // 语文知识，2000（4）
12453 苏轼徐州诗作探析［J］/ 邱俊鹏 // 天府新论，2000（4）
12454 我不如陶生，世事缠绵之：试说东坡和陶诗［J］/ 吴璧雍 // 故宫文物月刊，2000，18（4）
12455 试谈苏轼“以议论为诗”呈现出的诗歌理趣［J］/ 霍雅娟 // 赤峰教育学院学报，2000（5）
12456 温谈东坡徐州诗词的淑世精神［J］/ 刘乃昌 // 文史哲，2000（5）
12457 西昆体与欧王苏黄：欧阳修、王安石、苏轼、黄庭坚［J］/ 张明华 // 阜阳师范学院学报（社会科学版），2000（5）
12458 论理学文化观念与宋代诗学［J］/ 许总 // 学术月刊，2000（6）
12459 自然性情的迂回归返：从王维到苏轼［J］/ 王树海，王凤霞 // 东北师范大学学报（哲学社会科学版），2000（6）
12460 宋代杜诗学论［J］/ 聂巧平 // 学术研究，2000（9）
12461 东坡寄托诗之表现手法及其主题浅探［J］/ 黄志诚 // 辅仁国文学报，2000（16）
12462 述评苏东坡的诗画合一［J］/ 刘永由 // 湖南师范大学教育科学学报，2000（S3）
12463 试论清初扬宋抑宋诗话对苏诗的评价［C］/ 胡幼峰 // 千古风流：东坡逝世九百年纪念学术研讨会论文集 / 辅仁大学，2000
12464 苏轼：近代诗歌奠基人［C］/ 王洪 // 千古风流：东坡逝世九百年纪念学术研讨会论文集 / 辅仁大学，2000
12465 苏轼赋观及其相关的问题［C］/ 简宗梧 // 千古风流：东坡逝世九百年纪念学术研讨会论文集 / 辅仁大学，2000
12466 苏轼黄州诗用韵现象研究［C］/ 李鹃娟 // 千古风流：东坡逝世九百年纪念学术研讨会论文集 / 辅仁大学，2000
12467 苏轼诗歌中的寄托探析［C］/ 黄志诚 // 千古风流：东坡逝世九百年纪念学术研讨会论文集 / 辅仁大学，2000
12468 析论苏轼诗中的思想［C］/ 江惜美 // 千古风流：东坡逝世九百年纪念学术研讨会论文集 / 辅仁大学，2000
12469 东坡吟诗赞猪肉［N］/ 不详 // 文汇报（香港），2001-06-04
12470 慧心灵性 明达深邃：从苏轼的两首哲理诗漫议其人生悟性［J］/ 刘乃昌 // 齐鲁学刊，2001（1）
12471 历代苏诗研究简述［J］/ 王友胜 // 黄冈师范学院学报，2001（1）
12472 论苏轼诗词中“鸿”与“鹤”意象的审美意蕴［J］/ 方星移 // 黄冈师范学院学报，2001（1）
12473 难寻旧梦：读东坡诗感怀［J］/ 李国文 // 人与自然，2001（1）
12474 宋诗理趣现象探源（下）［J］/ 王宇可 // 成都大学学报（社会科学版），2001（1）
12475 苏诗比喻形式举隅［J］/ 胡鑫英 // 珠海教育学院学报，2001，7（1）
12476 苏轼“诗画一律”的内涵［J］/ 王韶华 // 文艺理论研究，2001（1）
12477 淡妆浓抹总相宜：浅谈苏轼诗的艺术功能［J］/ 彭甦 // 南京广播电视大学学报，2001（1）
12478 关于苏轼、莱辛之诗画时空观的思考［J］/ 严敏 // 新疆教育学院学报，2001（2）
12479 论苏轼诗宏观哲学的形成过程［J］/ 吴旬初 // 金华职业技术学院学报，2001（2）

12480 平淡恬静与雄浑壮美：王维、苏轼山水诗的比较［J］/ 吕琛 // 广西商业高等专科学校学报，2001（2）

12481 宋代的味论诗学与苏轼的诗味追求［J］/ 张思齐 // 齐鲁学刊，2001（2）

12482 苏轼的诗歌及其时代［J］/ 顾易生 // 阴山学刊，2001（2）

12483 《谈艺录》论宋诗［J］/ 张福勋 // 阴山学刊（自然科学版），2001（2）

12484 抵御苦难之后的快意悲情：论苏轼诗体文学的主体情性［J］/ 谢青桐 // 南京师范大学文学院学报，2001（3）

12485 略谈东坡诗的长于趣［J］/ 刘乃昌 // 菏泽师范专科学校学报，2001（3）

12486 没落的游侠：东坡诗文中陈季常形象［J］/ 胡鑫英 // 齐齐哈尔大学学报（哲学社会科学版），2001（3）

12487 浅论《和陶饮酒》在苏诗中的独特地位［J］/ 王士君 // 菏泽师范专科学校学报，2001（3）

12488 清初文人论苏诗中的几个主要问题［J］/ 王友胜 // 湘潭师范学院学报（社会科学版），2001（3）

12489 苏东坡与五台山［J］/ 赵林恩 // 五台山研究，2001（3）

12490 《苏诗研究史稿》序［J］/ 王水照 // 湘潭师范学院学报（社会科学版），2001（3）

12491 苏轼《和陶诗》探因［J］/ 李星 // 社科纵横，2001（3）

12492 苏轼与江西诗学［J］/ 邱丽梅 // 辽宁税务高等专科学校学报，2001（3）

12493 宋诗的发展历程［J］/ 王兆鹏，李菁 // 湖北大学成人教育学院学报，2001（4）

12494 陶渊明对苏轼诗词创作的影响［J］/ 陈义烈 // 九江师专学报，2001（4）

12495 论苏诗的尚趣［J］/ 张尹炫 // 东岳论丛，2001（5）

12496 欧阳修、苏轼任过“太守”：谈初中古诗文的一些注释［J］/ 憨斋 // 阅读与写作，2001（5）

12497 诗可以群：略谈元祐体诗歌的交际性［J］/ 周裕锴 // 社会科学研究，2001（5）

12498 苏东坡的诗与画［J］/ 张冠印 // 聊城师范学院学报（哲学社会科学版），2001（5）

12499 苏轼研究的一部力作:《苏诗研究史稿》读后［J］/ 李跃忠 // 忻州师范学院学报，2001（5）

12500 欲乘明月光访君开素怀：闲谈苏轼与李白［J］/ 羽军 // 四川戏剧，2001（5）

12501 东坡贬谪诗的意趣及表现特征［J］/ 巨传友 // 枣庄师专学报，2001（6）

12502 东坡诗论中的禅喻［J］/ 萧丽华 // 佛学研究中心学报，2001（6）

12503 苏东坡“孟郊论”发微［J］/ 邵明珍 // 文艺理论研究，2001（6）

12504 苏轼“把酒问青天”的诗性精神［J］/ 张岳峰 // 中文自学指导，2001（6）

12505 苏轼居黄期间诗作对“今我”的描写与表现［J］/ 方星移 // 黄冈师范学院学报，2001（6）

12506 东坡诗词故事［J］/ 万文武 // 天南惊奇故事，2001（9）

12507 从赤壁诗文看苏轼［J］/ 李上卫 // 语文教学通讯，2001（10）

12508 横看成岭侧成峰 远近高低各不同：谈苏轼诗文教学中的心理辅导渗透［J］/ 朱丹 // 天津教育，2001（11）

12509 诗化现象：苏东坡的创作风格［J］/ 狄松 // 中共福建省委党校学报，2001（12）

12510 回文年漫谈回文诗［J］/ 黄象春 // 语文新圃，2002（1）

12511 李杜苏类型说［J］/ 刘石 // 求索，2002（1）

12512 论宋诗之“趣”[J]/李军//宝鸡文理学院学报(社会科学版)，2002(1)
12513 诗魂的祭奠[J]/杨义//求索，2002(1)
12514 诗意生存的精神传统及其现代意义[J]/韩经太//求索，2002(1)
12515 试论苏轼的山水诗与自然诗化的走向[J]/冷成金//文学前沿，2002(1)
12516 宋代诗话批评视野中的苏轼论[J]/胡建次//南昌大学学报(人文社会科学版)，2002(1)
12517 苏轼和莱辛诗画观的文化内涵比较[J]/黄燕尤，陈斌//西北第二民族学院学报(哲学社会科学版)，2002(1)
12518 苏轼诗词文中的理趣阐释[J]/于芳//南平师专学报，2002(1)
12519 苏轼诗的灵妙美[J]/夏春豪//连云港职业技术学院学报，2002(1)
12520 天涯倦客，山中归路，望断故园心眼：谈苏轼的思乡念词[J]/郭伟玲//安康师专学报，2002(1)
12521 苏轼“诗论”析探[J]/郑芳祥//大陆杂志，2002，104(1)
12522 《苏轼诗集》校勘工作琐忆[J]/孔凡礼//书品，2002(1)
12523 文化视域中的李白与苏轼(专题5篇)[J]/杨义//求索，2002(1)
12524 略论民间音乐对苏轼诗歌创作的影响[J]/韩绍杰//河南师范大学学报(哲学社会科学版)，2002(2)
12525 略论苏轼理趣诗歌[J]/段文林//浙江工贸职业技术学院学报，2002(2)
12526 浅论苏轼的咏月诗[J]/刘宗清//滁州学院学报，2002(2)
12527 宋人对柳宗元诗歌的评述[J]/王锡九//江苏教育学院学报(社会科学版)，2002(2)
12528 苏诗研究的历史进程[J]/李跃忠//中国图书评论，2002(2)
12529 苏轼诗歌与北宋文化的议论精神和淡雅精神[J]/陈才智//湛江海洋大学学报，2002(2)
12530 论苏诗爽利灵动的风格[J]/张尹炫//古典文学知识，2002(3)
12531 试论苏轼题画诗的写意性[J]/陈春艳//广东广播电视大学学报，2002(3)
12532 苏轼《和陶诗》深层意蕴探论[J]/李剑锋//九江师专学报(哲学社会科学版)，2002(3)
12533 苏轼与中国诗学“活法”说论考：从“弹丸脱手”“兔起鹘落”说起[J]/曾明//高等学校文科学报文摘，2002(3)
12534 试论苏轼诗文的“奇趣”[J]/何林军，代兴莉//郴州师范高等专科学校学报，2002(4)
12535 试论唐庚对苏轼的态度和评价[J]/吴定球//惠州学院学报，2002(4)
12536 苏诗版本源流考述[J]/刘尚荣//文史杂志，2002(4)
12537 苏轼诗歌与淮河[J]/欧阳林哲，冯守钧//水文化，2002(4)
12538 语林闲话(二篇)[J]/聂宗简//新闻窗，2002(5)
12539 高启诗歌再探：二论其诗兼师众长的艺术特色[J]/张春山//运城高等专科学校学报，2002(6)
12540 关于苏诗历史接受的几个问题[J]/王友胜//文学评论，2002(6)
12541 浅谈苏轼诗学理论及其创作[J]/牛宝凤//哈尔滨商业大学学报(社会科学版)，2002(6)
12542 宋代贬谪诗文的高旷情怀述论[J]/周尚义//湖南社会科学，2002(6)
12543 试论苏轼诗歌的艺术特色[J]/单秀凤//黑龙江科技信息，2002(7)

12544 苏东坡改诗[J]/吴建南//聪明泉(少儿版),2002(8)

12545 苏东坡的咏煤诗[J]/金祺//当代矿工,2002(10)

12546 咏酒诗话[J]/王章伦//班主任之友,2002(11)

12547 从月的意象中解读李苏[J]/黄义//初中生辅导,2002(21)

12548 以"格式塔"心理学看苏轼词的风格[J]/黄一斓//湘潭大学社会科学学报,2002(S1)

12549 苏轼一首被严重歪曲过的好诗[N]/刘光前//光明日报,2003-02-12

12550 从诗词分界看苏轼"以诗为词"革新路上的两重性[J]/史素昭//中国文学研究,2003(1)

12551 论苏轼理趣诗的美学追求[J]/张连举//番禺职业技术学院学报,2003(1)

12552 略论苏轼诗书理论的内在契合及其成因[J]/金燕//乐山师范学院学报,2003(1)

12553 人言一点红 解寄无边春:苏轼题画诗解读[J]/黄海//五邑大学学报(社会科学版),2003(1)

12554 苏诗思想蕴含与艺术手法琐谈[J]/马广栋//徐州教育学院学报,2003(1)

12555 苏诗新解二题[J]/杨罗生//中国文学研究,2003(1)

12556 苏轼诗词的模糊美[J]/周东斗//华夏文化,2003(1)

12557 一代咏梅成正声:论宋代咏梅诗词创作热[J]/荣斌//东岳论丛,2003(1)

12558 百年苏诗研究述评[J]/叶帮义,余恕诚//安徽师范大学学报(人文社会科学版),2003(2)

12559 论苏轼的语言观:兼中西诗学语言观之比较[J]/汪沛//西部论坛,2003(2)

12560 论苏轼诗文中的月意象[J]/傅异星//云梦学刊,2003(2)

12561 论苏轼谪儋诗与庄子思想[J]/杨景琦//东方人文学志,2003(2)

12562 趣谈苏东坡的恋鱼情结[J]/王文彬//科学养鱼,2003(2)

12563 宋代诗人与梅州[J]/张应斌//嘉应大学学报,2003(2)

12564 苏东坡的春节诗[J]/木斋//文史知识,2003(2)

12565 苏轼的陶渊明情结及其诗文创作[J]/李显根//湖南广播电视大学学报,2003(2)

12566 论清人注释、评点苏诗的特征与原因[J]/王友胜//乐山师范学院学报,2003(3)

12567 论苏轼诗歌的佛禅底蕴[J]/曹军//宁波大学学报(人文科学版),2003(3)

12568 《宋诗:融通与开拓》[J]/赵发国,诸葛忆兵//书品,2003(3)

12569 苏东坡常州诗歌略述[J]/陈弼//常州工学院学报,2003(3)

12570 苏轼谐趣诗词探微[J]/周晓音//南京广播电视大学学报,2003(3)

12571 望长江滚滚东逝水,抒英雄不志旷达怀:试论苏轼诗文中的"因物赋形"精神[J]/张承鹄//黔西南民族师范高等专科学校学报,2003(3)

12572 从苏轼诗词中探究中国封建文人的"原型"意义[J]/范颖睿//语文学刊,2003(4)

12573 论苏轼诗文中的"东坡精神"[J]/李显根//求索,2003(4)

12574 南行诗,苏轼诗歌思想艺术灵蕴的发轫[J]/孙植//沧州师范专科学校学报,2003(4)

12575 苏轼的"诗画同异论"[J]/王振泰//阴

山学刊，2003（4）

12576 苏轼诗词点辑［J］/ 秦怀茂 // 新疆职业大学学报，2003（4）

12577 迁谪现象的文学与文化价值评判［J］/ 许连军 // 湖南文理学院学报（社会科学版），2003（5）

12578 评苏轼论孟郊诗［J］/ 吴惠娟 // 文学遗产，2003（6）

12579 诗的画中态：试以李白、苏轼的诗作比较［J］/ 刘穗艳 // 中山大学学报论丛，2003（6）

12580 《苏诗研究史稿》［J］/ 王友胜 // 书品，2003（6）

12581 苏轼诗学批评之义理及其特点［J］/ 党圣元 // 陕西师范大学学报（哲学社会科学版），2003（6）

12582 苏轼学诗［J］/ 朵朵 // 特区教育·中学生（下半月），2003（6）

12583 诗歌理论的创新：谈苏轼的"以才学为诗"［J］/ 王冬艳 // 学术交流，2003（8）

12584 以诗养生的苏东坡［J］/ 岭南 // 祝您健康，2003（8）

12585 《石林诗话》论略［J］/ 邓国军 // 江西社会科学，2003（9）

12586 双重灯影：浅论苏轼咏史诗特点之一［J］/ 周祖琳 // 初中生辅导，2003（14）

12587 试论苏轼诗文中的"因物赋形"精神［J］/ 李显根 // 求实，2003（S1）

12588 试论东坡"和陶诗"的生命意识［J］/ 王红丽 // 广西民族大学学报（哲学社会科学版），2003（Z1）

12589 东坡诗词月意象研究［D］/ 林聆慈 .—台湾政治大学（硕士论文），2003

12590 东坡诗譬喻修辞研究［D］/ 卢韵琴 .—台湾政治大学（硕士论文），2003

12591 诗作风格知识库之研究：以苏轼近体诗为例［D］/ 杨哲青 .—台湾交通大学（硕士论文），2003

12592 苏轼与黄庭坚诗论及其比较［D］/ 廖凤君 .—东海大学（硕士论文），2003

12593 苏轼佳句当选公众最爱咏月句［N］/ 不详 // 泉州晚报（海外版），2004-09-11

12594 东坡诗《新城道中》二首赏析［J］/ 张雅慧 // 中国语文，2004，94（1）

12595 试析王维、苏轼禅味诗审美差异及形成原因［J］/ 王伟 // 牡丹江大学学报，2004（1）

12596 苏东坡"和陶诗"艺术风格论略［J］/ 芦宇苗 // 彭城职业大学学报，2004（1）

12597 苏诗思想艺术灵蕴的发轫之作：南行诗［J］/ 孙植 // 北京教育学院学报，2004（1）

12598 苏轼诗注辨正［J］/ 钟振振 // 陕西师范大学学报（哲学社会科学版），2004，33（1）

12599 但见流沫生千涡：漫话流体中的旋涡［J］/ 王振东 // 科学，2004（2）

12600 方东树论苏诗对桐城家法的承继与突破［J］/ 王友胜 // 衡阳师范学院学报，2004（2）

12601 论苏轼诗歌景物描写的绘画美［J］/ 张连举 // 湛江海洋大学学报，2004（2）

12602 梅、欧与苏轼平淡诗美观诠释［J］/ 张进 // 唐都学刊，2004（2）

12603 苏轼被误判误编诗考论［J］/ 谢世洋 // 南昌大学学报（人文社会科学版），2004（2）

12604 苏轼诗《赵阅道高斋》之"高斋"考［J］/ 赵润金，刘敬 // 内蒙古农业大学学报（社会科学版），2004（2）

12605 苏轼诗歌创作论新探［J］/ 李军 // 内蒙古大学学报（人文社会科学版），2004（2）

12606 苏轼与杭州诗僧诗文酬唱及其相互影响［J］/ 范春芽 // 南昌大学学报（人文社会

科学版），2004（2）

12607 读苏轼诗札记[J]/马德富//文史，2004（3）

12608 韩愈琴诗初探[J]/黎孟德//四川师范大学学报（社会科学版），2004（3）

12609 苏轼禅诗代表作误读的个案研究[J]/许外芳，廖向东//新疆大学学报（社会科学版），2004（3）

12610 意境诗的形成、演变和解体：兼论新诗不是意境诗[J]/吕家乡//文史哲，2004（3）

12611 元好问诗歌艺术探析[J]/安淑荣//白城师范学院学报，2004（3）

12612 李白和苏轼女性诗的差异及其文化意蕴[J]/杨林夕//宁夏大学学报（人文社会科学版），2004（4）

12613 苏轼"以议论为诗"论[J]/马晓黎//山东行政学院山东省经济管理干部学院学报，2004（4）

12614 苏轼诗三首[J]/不详//五台山研究，2004（4）

12615 苏轼寓赣诗文及其文化意义[J]/陈小芒//西南民族大学学报（人文社会科学版），2004（4）

12616 与东风有约：谈苏轼《正月二十日出东门诗》三首（下）[J]/王萱//国文天地，2004，20（4）

12617 从闲适到超旷的跨越：论东坡对乐天的接受与超越[J]/王靖懿//阴山学刊（社会科学版），2004，17（5）

12618 论苏轼杭州游观诗中情感特质[J]/高智//四川教育学院学报，2004（5）

12619 浅析苏轼的"以议论为诗"[J]/陈冬梅//潍坊学院学报，2004（5）

12620 苏东坡的"业"和"余"[J]/王建政//领导之友，2004（5）

12621 苏东坡指摘柳宗元《渔翁》诗[J]/文涯//中学语数外（高中版），2004（5）

12622 柳宗元诗歌接受主流及其嬗变：从另一角度看苏轼"第一读者"的地位和作用[J]/尚永亮，洪迎华//人文杂志，2004（6）

12623 略论苏轼的岭海诗[J]/张建//求索，2004（6）

12624 宋词中的市民形象[J]/房日晰//古典文学知识，2004（6）

12625 苏轼"和陶诗"二题[J]/[韩]安熙珍//学术研究，2004（7）

12626 苏东坡错续诗[J]/辛云美，王清萍//语文天地，2004（8）

12627 贾岛与蝉：兼评苏轼与严羽的相关论点[J]/张震英//西南民族大学学报（人文社会科学版），2004（9）

12628 从"和陶诗"看苏轼之民本与归隐思想[J]/李欢喜//语文学刊，2004（11）

12629 执着人生、超然物外的生命范式：从三个层面观照苏轼诗中的苦乐哲学[J]/王振彦//南阳师范学院学报，2004（11）

12630 意味深长的"横"[J]/吴继芹//语文教学与研究，2004（13）

12631 走进东坡[J]/陈立春//山东教育，2004（17）

12632 陈迩冬、金性尧先生苏诗名篇注释质疑[J]/钟振振//文史哲，2005（1）

12633 李白、苏轼咏月诗词比较谈[J]/罗长青//惠州学院学报，2005（1）

12634 论宋诗之特色[J]/孙兰廷//河套大学学报，2005（1）

12635 论王维诗"有画意象"与苏轼"比喻意象"的嬗变[J]/木斋//新疆大学学报（社会科学版），2005（1）

12636 浅谈中学语文课本中苏轼作品的内容和风格[J]/杨晓红//基础教育研究，2005（1）

12637 苏轼“和陶诗”艺术风格论略［J］/ 李欢喜，亚琴 // 阴山学刊（社会科学版），2005，18（1）

12638 苏轼《琴诗》的佛禅解读［J］/ 梁银林 // 文史杂志，2005（1）

12639 苏轼“以诗为词”浅析［J］/ 敖显斌 // 遵义师范学院学报，2005（1）

12640 北宋诗文革新运动中文道观的变化［J］/ 周斌 // 船山学刊，2005（2）

12641 论苏轼和陶诗的计数问题［J］/ 金甫暻 // 古籍研究，2005（2）

12642 略论苏轼与尹善道［J］/ 金艺铃 // 中央民族大学学报（哲学社会科学版），2005（2）

12643 试论苏东坡岭南诗学成就［J］/ 王启鹏 // 乐山师范学院学报，2005（2）

12644 苏轼：以文、学为批评——以苏轼的杜诗“诗史”批评为例［J］/ 罗汉松 // 重庆三峡学院学报，2005（2）

12645 论苏轼咏石诗的文化美学内涵［J］/ 胡敏 // 理论月刊，2005（3）

12646 浅议苏轼的悼亡诗词［J］/ 杨升 // 新疆石油教育学院学报，2005（3）

12647 《全宋诗》标点质疑三则［J］/ 由兴波 // 辽宁教育行政学院学报，2005（3）

12648 苏东坡改诗［J］/ 不详 // 今日中学生（初一版），2005（3）

12649 由苏轼诗文看其智慧人生［J］/ 严军 // 枣庄学院学报，2005（3）

12650 历时视域中的苏黄比较论［J］/ 邱美琼 // 江南大学学报（人文社会科学版），2005（4）

12651 苏轼咏海诗管窥［J］/ 张连举 // 邵阳学院学报（社会科学版），2005（4）

12652 北宋末年江西诗风的新变［J］/ 张贺 // 黑龙江教育学院学报，2005（5）

12653 韩诗之变与苏诗的变中之变：论苏轼对韩愈诗歌的承传创变与宋代新诗格的确立［J］/ 谷曙光 // 四川大学学报（哲学社会科学版），2005（5）

12654 论苏轼咏茶诗的旷达情怀［J］/ 涂序才 // 农业考古，2005（5）

12655 试论苏、黄齐名及其诗歌优劣之争［J］/ 郑永晓 // 重庆教育学院学报，2005（5）

12656 苏轼、黄庭坚与唐琴九霄环佩［J］/ 范子烨 // 文学遗产，2005（5）

12657 苏轼《和陶诗》的创新价值［J］/ 杨玲 // 阜阳师范学院学报（社会科学版），2005（5）

12658 最是东坡惊人心［J］/ 张宗子 // 书屋，2005（6）

12659 诗的画卷：试以李白、苏轼诗作比较［J］/ 刘穗艳 // 东方艺术，2005（7）

12660 苏东坡改诗［J］/ 孙露璐，赵庭 // 今日中学生，2005（7）

12661 苏轼诗在宋代文坛的地位［J］/ 李玉华 // 文学教育，2005（8）

12662 高逸旷达的审美意象：读苏轼诗文［J］/ 李永新 // 美与时代，2005（9）

12663 论苏轼的《诗》学观点［J］/ 张进 // 乐山师范学院学报，2005（10）

12664 雪泥鸿爪：浅析苏轼诗词之“理趣”［J］/ 曹瑞娟 // 现代语文（理论研究版），2005（10）

12665 广告大师：苏东坡［J］/ 董文颖 // 现代语文（文学评论版），2005（11）

12666 论苏轼“西湖诗”［J］/ 倪春雷 // 现代语文（语言研究版），2005（11）

12667 苏轼唐诗观［J］/ 王红丽 // 求索，2005（11）

12668 苏轼在凤翔的诗歌创作［J］/ 任永辉 // 语文学刊，2005（11）

12669 宋代哲理诗杂谈［J］/ 董水龙 // 语文天

地，2005(20)
12670 苏轼续诗[J]/凡荣//文教资料，2005(5S)
12671 论苏轼诗的比喻艺术[J]/任庆//陕西师范大学继续教育学报，2005(S1)
12672 试论苏轼黄州诗文的情感定位[J]/李美歌，薛智勇//陕西师范大学学报(哲学社会科学版)，2005(S1)
12673 谈谈苏轼的哲理诗:《题西林壁》[J]/侯广文//内蒙古科技与经济，2005(s1)
12674 论苏轼对比喻的创新[D]/宋玲玲.—北京师范大学(硕士论文)，2005
12675 苏轼对唐代诗人的接受行为研究[D]/洪鸣谷.—台湾政治大学(硕士论文)，2005
12676 苏轼诗学理论及其实践[D]/江惜美.—东吴大学(博士论文)，2005
12677 诗作者是赵构还是苏轼? [N]/方云凤//钱江晚报，2006-02-23
12678 苏东坡评诗[N]/不详//江门日报，2006-03-19
12679 才思横溢，触处生春：东坡“以才学为诗”析论[J]/张福勋，温斌//阴山学刊(社会科学版)，2006(1)
12680 苏诗创新小议[J]/王明建//三峡大学学报(人文社会科学版)，2006(1)
12681 苏轼“以议论为诗”论[J]/马晓黎，乔学明//中共济南市委党校学报，2006(1)
12682 苏轼的回文诗和重句诗[J]/江澄格//汉字文化，2006(1)
12683 苏轼诗词中的友情与亲情[J]/张元//北京教育学院学报，2006(1)
12684 从诗词间作到诗词兼擅：论诗词互动视野下北宋词繁荣的一个重要标志[J]/董希平，曹胜高//江海学刊，2006(2)
12685 东坡海外诗文校注札记[J]/林冠群//苏轼研究，2006(2)
12686 黄庭坚诗及诗论之再认识[J]/张辉//鄂州大学学报，2006(2)
12687 历代苏黄诗优劣之争及其文学史意义[J]/王友胜//中国韵文学刊，2006(2)
12688 审美与功利交感下的比兴寄托：从苏轼诗词接受看“比兴寄托”[J]/陈晨//兰州学刊，2006(2)
12689 苏黄诗风之别[J]/赵圭//语文教学与研究·读写天地，2006(2)
12690 《苏诗研究史稿》后记[J]/王友胜//苏轼研究，2006(2)
12691 《苏诗研究史稿》序[J]/王水照//苏轼研究，2006(2)
12692 苏轼“诗中有画”语境论析[J]/兰翠//烟台大学学报(哲学社会科学版)，2006(2)
12693 苏轼唱和诗初探[J]/徐宇春//青海社会科学，2006(2)
12694 北宋初中期“以诗为词”创作倾向[J]/谢雪清//桂林师范高等专科学校学报，2006(3)
12695 历代“诗中有画”所引起的争论及其实质[J]/李良中//四川教育学院学报，2006(3)
12696 论苏轼诗文的时事性[J]/李寅生，褚为强//柳州师专学报，2006，21(3)
12697 苏轼“诗画本一律”说探析[J]/史曙//潍坊学院学报，2006(3)
12698 苏轼之风格论与司空图的相似性：苏轼《书黄子思诗集后》风格论意义[J]/杨芙蓉//广东技术师范学院学报，2006(3)
12699 从苏轼南迁和北归看其人生价值观的变化：读苏轼过大庾岭诗[J]/修嫄嫄，胡泰斌//江西蓝天学院学报，2006(4)
12700 从苏轼山水诗创作看“人的觉醒”和“文

的自觉”[J]/王梽先//河西学院学报，2006(4)

12701 东坡《和陶诗》初探[J]/冯士彦//常州工学院学报(社会科学版)，2006(4)

12702 东坡诗中的禅趣[J]/白撞雨//优秀作文选评(初中版)，2006(4)

12703 论庄子对苏轼谪居诗主体风格的促成[J]/赵彩芬//云南师范大学学报(哲学社会科学版)，2006，38(4)

12704 试论李白与苏轼诗词中月亮意象的相似点[J]/叶春芳//广西教育学院学报，2006(4)

12705 苏轼《琴诗》与佛经譬喻[J]/张君梅//惠州学院学报，2006(4)

12706 一念逾新罗 刹那含永劫：苏轼《百步洪》诗品读[J]/郑子运//语文月刊，2006(4)

12707 咏苏迹诗选[J]/杨子怡//苏轼研究，2006(4)

12708 综观人物形象的塑造：感受苏轼抒情诗的艺术魅力[J]/郑丹//黑龙江教育学院学报，2006(4)

12709 论苏轼对屈原诗学精神的继承及意义[J]/冷成金//中国人民大学学报，2006(5)

12710 试论李白与苏轼豪放个性及风格的异同[J]/高慧//延安大学学报(社会科学版)，2006(5)

12711 北宋初中期“以诗为词”的得失及其影响[J]/谢雪清//青海师专学报，2006(6)

12712 从儒释异同看苏轼的诗文创作[J]/聂长东//甘肃农业，2006(6)

12713 李白、苏轼绝笔诗对比[J]/苏海燕//现代语文(文学研究版)，2006(6)

12714 论苏轼签判凤翔时的诗歌创作[J]/张文利//北方论丛，2006(6)

12715 妙理成趣的苏轼山水诗[J]/何翔宇，呼格吉乐吐//内蒙古民族大学学报(社会科学版)，2006(6)

12716 苏轼诗歌的文化底蕴探析[J]/于永凤//渤海大学学报(哲学社会科学版)，2006(6)

12717 苏东坡何曾写过问月诗[J]/林忠精//咬文嚼字，2006(7)

12718 笑泯恩仇、盖棺论定：苏轼北归诗文及相关史事考论(1)[J]/刘昭明//文与哲，2006(8)

12719 诗家“雏凤”姿：苏轼早年前期“南行”诗漫评[J]/王文龙//乐山师范学院学报，2006(9)

12720 苏东坡三写扶贫诗[J]/李毓藩//民间传奇故事(A卷)，2006(9)

12721 古人咏中秋月色[J]/不详//小作家选刊(小学生版)，2006(10)

12722 东坡月(外一首)[J]/王雪梅//星星，2006(11)

12723 李白、苏轼庐山诗简论[J]/卓瑞娟//辽宁行政学院学报，2006(12)

12724 苏轼诗词的理趣效应[J]/朱道林//文学教育，2006(20)

12725 论苏轼《和陶诗》中的“本色”意义[J]/黄伟伦//高雄师范大学学报，2006(21)

12726 论苏轼咏梅诗对梅花审美意蕴的提升[J]/谢新香//社会科学论坛，2006(22)

12727 陶渊明《归去来兮辞》与苏东坡《哨遍》之章法结构分析比较[J]/江姿慧//国文天地，2006(254)

12728 朝鲜时代文人对苏东坡诗文的“受容”及其苏东坡观[J]/曹圭百//宋代文化研究，2006

12729 苏轼陶诗“绮腴说”的提出与禅宗文化[D]/侯永平.—兰州大学(硕士论文)，

2006
12730 苏东坡的这首诗与杭州无关？［N］/ 不详 // 杭州日报，2007-03-29
12731 “感花岩”苏诗的新解读［N］/ 肖向云 // 杭州日报，2007-04-05
12732 引经据典读东坡：惠阳两教师编著《苏轼诗文名句赏析》［N］/ 不详 // 惠州日报，2007-06-09
12733 东坡悲琴碑［N］/ 戴逸如 // 新民晚报，2007-10-27
12734 韩愈、苏轼岭海诗文风格之变比较论［J］/ 杨子怡 // 河南教育学院学报（哲学社会科学版），2007（1）
12735 浅析苏轼七言古诗艺术风格：以《凤翔八观》为例［J］/ 任正霞 // 铜仁学院学报，2007（1）
12736 试论“黎人”对苏轼诗文创作之影响［J］/ 鲜于煌 // 中南民族大学学报（人文社会科学版），2007（1）
12737 苏轼禅理诗生成的文化背景［J］/ 李向明 // 求索，2007（1）
12738 苏轼凤翔诗研究［J］/ 杨炎华 // 西安石油大学学报（社会科学版），2007，16（1）
12739 苏轼《海市》诗对韩愈的同情和误解辨［J］/ 马丽梅 // 现代语文（文学研究版），2007（1）
12740 苏轼论诗歌艺术风格［J］/ 李军 // 江淮论坛，2007（1）
12741 苏轼诗·新城道中［J］/ 朱敬华 // 广西文史，2007（1）
12742 苏轼诗的幽默特征［J］/ 魏裕铭 // 南京晓庄学院学报，2007（1）
12743 苏轼诗歌鉴赏论新探［J］/ 吴加才，李军 // 四川文理学院学报，2007（1）
12744 谈苏轼贬谪诗词［J］/ 韩文娟 // 语文学刊，2007（1）
12745 一念逾新罗 刹那含永劫：苏轼《百步洪》诗品读［J］/ 郑子运 // 世界宗教文化，2007（1）
12746 咏苏迹诗选五首［J］/ 杨子怡 // 苏轼研究，2007（1）
12747 元刻宋人别集［J］/ 汪桂海 // 文献，2007（1）
12748 从元遗山《论诗三十首》《奇外无奇更出奇》看东坡诗的奇趣［J］/ 杨秀华 // 新生学报，2007（2）
12749 论苏东坡诗中的民俗文化及意蕴［J］/ 井东燕 // 辽宁行政学院学报，2007（2）
12750 论苏轼“庐山”诗的形象表现与哲理探索［J］/ 余达淦 // 东华理工学院学报（社会科学版），2007（2）
12751 论苏轼的叹“老”情结及其原因［J］/ 谢卫平 // 长沙铁道学院学报（社会科学版），2007（2）
12752 论苏轼对“水”的诗意表现与美学阐发［J］/ 阮堂明 // 文学遗产，2007（3）
12753 苏轼的《琴诗》与欧阳修的《钟莛说》［J］/ 张福勋 // 名作欣赏，2007（3）
12754 消解异化：对苏轼与罗伯特诗歌主题相似点的探索［J］/ 李哲 // 内蒙古民族大学学报，2007（3）
12755 由“韵”的词义探考《二十四诗品》作者［J］/ 杨芙蓉 // 暨南学报（哲学社会科学版），2007（3）
12756 又逢一年梅花开［J］/ 贾玉林 // 园林，2007（3）
12757 苏轼的咏竹诗［J］/ 胡静 // 学语文，2007（4）
12758 汪琬《月下演东坡语》所演何语［J］/ 朱则杰 // 文史知识，2007（4）
12759 从“以文为诗”到“以诗为画”：北宋士人画体的形成［J］/ 刘崇德 // 南开学报（哲学社会科学版），2007（5）

12760 《全宋诗》订误二则［J］/ 徐永明 // 文艺研究，2007（5）

12761 苏东坡以诗“钓”鱼［J］/ 不详 // 读读写写（中华诗文学习），2007（5）

12762 意胜群芳：论苏轼诗［J］/ 张巍巍 // 辽宁行政学院学报，2007（5）

12763 白居易“中隐”及其对后世的影响［J］/ 陈燕 // 安徽农业大学学报（社会科学版），2007（6）

12764 北宋茶诗与文士雅趣简论［J］/ 余悦，冯文开，王立霞 // 台州政报，2007（6）

12765 论苏轼的“三良”诗及其意义［J］/ 罗莹 // 社会科学辑刊，2007（6）

12766 略谈苏轼密州诗作的思想特点［J］/ 吴树桑 // 安徽文学（下半月），2007（6）

12767 浅析苏轼咏物诗词的思想内涵［J］/ 杨静 // 星星（下半月），2007（6）

12768 试论苏轼的理趣诗［J］/ 刘志 // 辽宁教育行政学院学报，2007（6）

12769 小议哲理诗［J］/ 安秀兰 // 语文学刊，2007（6）

12770 以议论为诗：苏诗论［J］/ 周俊玲 // 时代文学（双月版），2007（6）

12771 永生《春江花月夜》［J］/ 杨佳霖 // 中国铁路文艺，2007（6）

12772 论苏轼对“老”的积极消解［J］/ 谢卫平 // 怀化学院学报，2007（7）

12773 苏东坡对诗［J］/ 不详 // 小作家选刊（小学生版），2007（7）

12774 论苏轼诗歌的理趣美［J］/ 应贤君 // 学术交流，2007（8）

12775 论苏轼诗学理论的本体艺术心理［J］/ 陶陶 // 高等函授学报（哲学社会科学版），2007（8）

12776 浅论苏轼诗歌中丰富的哲理内蕴［J］/ 李小云 // 科技信息，2007（8）

12777 双重灯影：浅论苏轼咏史诗特点之一［J］/ 周祖琳 // 安徽文学（文教研究），2007（9）

12778 白居易、苏轼贬谪诗文意蕴之比较［J］/ 刘勇 // 牡丹江大学学报，2007（11）

12779 苏轼、王安石改诗趣谈［J］/ 王云霞 // 语文教学通讯，2007（11）

12780 缥缈孤鸿影：苏曼殊与苏轼之比较［J］/ 周毅，王蓉 // 山东文学，2007（12）

12781 苏轼对杜甫题画诗的接受与发展［J］/ 黄桂凤 // 经济与社会发展，2007（12）

12782 苏轼对柳宗元诗歌的评论及其对宋人的影响［J］/ 陈淑娅 // 美与时代（下半月），2007（12）

12783 浅谈“以议论为诗”［J］/ 王舒雅 // 科技咨询导报，2007（13）

12784 白居易与苏轼禅诗比较［J］/ 魏鸿雁 // 名作欣赏，2007（18）

12785 苏轼的理、情、趣［J］/ 于志成 // 当代青年研究（学生卷），2007（78）

12786 燕子诗话［J］/ 朱文德，乙常青 // 中学课程辅导（七年级），2007（C1）

12787 宋人对李白的解读与形象塑造［D］/ 胡楠．—北京大学（硕士论文），2007

12788 东坡诗中的花猪肉［N］/ 不详 // 今日晚报，2008-02-23

12789 田园诗情 梦回东坡［N］/ 陈红阳，王小明 // 湛江日报，2008-04-20

12790 浅析苏轼诗歌的理趣［N］/ 不详 // 甘肃日报，2008-09-18

12791 苏轼（款）《游虎跑泉诗帖》真伪考［N］/ 高鸿 // 中国文物报，2008-10-08

12792 品苏东坡的养生诗［N］/ 不详 // 广州文摘报，2008-10-21

12793 孤本李香岩手批纪评苏诗［J］/ 曾枣庄 // 长江学术，2008（1）

12794 关于苏轼追和陶诗的追踪：苏轼“和

陶”诗面面观[J]/张兆勇//阜阳师范学院学报(社会科学版),2008(1)

12795 论苏轼诗文的道学意蕴[J]/白蓝//湖南人文科技学院学报,2008(1)

12796 撬动中国诗史研究的支点:木斋苏诗研究述评[J]/彭文良//黄冈职业技术学院学报,2008(1)

12797 试论《滹南诗话》中对“苏黄”之述评[J]/谢乙德//人文与社会学报,2008,2(2)

12798 试论苏轼绝句艺术风格[J]/李鹏//贵州工业大学学报(社会科学版),2008(1)

12799 试论苏轼诗中的故乡情结[J]/徐立昕//乐山师范学院学报,2008(1)

12800 苏轼对陶诗“自然”美的阐释[J]/边利丰//乌鲁木齐成人教育学院学报,2008(1)

12801 俗中见雅忆江南[J]/崔铭//江南论坛,2008(1)

12802 也谈宋代诗歌中的梅花意象[J]/费祝琴//语文天地,2008(1)

12803 李白、苏轼诗歌月意象之比较[J]/张禾根,尚永亮//燕赵学术,2008(2)

12804 论苏轼对刘禹锡诗歌的创作接受和理论发展[J]/洪迎华//长江学术,2008(2)

12805 浅谈弥尔顿与苏东坡悼亡诗比较[J]/张红红,王林博,封娜//沧州师范专科学校学报,2008(2)

12806 苏轼“以诗识人”[J]/陈雄//现代青年(细节版),2008(2)

12807 苏轼“以诗为词”新探[J]/徐安琪//词学,2008(2)

12808 苏轼论杜甫韩愈平议[J]/杨胜宽//杜甫研究学刊,2008(2)

12809 《全宋诗》订误一则[J]/张再林//广西师范学院学报(哲学社会科学版),2008(3)

12810 公务员被令背十首苏东坡诗[J]/不详//文萃报月刊,2008(3)

12811 论苏轼“诗主理”与“主理诗”的理性自觉[J]/王志清//南京理工大学学报(社会科学版),2008(3)

12812 论苏轼的谐谑诗[J]/刘德//井冈山学院学报,2008(3)

12813 浅论苏轼的写月诗[J]/周新永//前沿,2008(3)

12814 苏诗师杜散论[J]/王文龙//乐山师范学院学报,2008(3)

12815 苏轼对“意象论”的发展和创新[J]/张小虎//甘肃高师学报,2008(3)

12816 苏轼诗歌的几种风格[J]/徐宁//文学教育(下半月),2008(3)

12817 苏轼佚诗辨伪[J]/胡建升//社会科学论坛(学术研究卷),2008(3)

12818 苏轼与黄庭坚诗歌创作的差异[J]/赵继颖,李殿文//佳木斯大学社会科学学报,2008,26(3)

12819 陶渊明、苏轼诗歌的理趣比较[J]/刘清泉//苏轼研究,2008(3)

12820 传播学视野中的苏轼题画诗[J]/周迎//安阳师范学院学报,2008(4)

12821 从王维苏轼山水诗看“唐诗”“宋诗”的美学特征[J]/王丽//安徽广播电视大学学报,2008(4)

12822 东坡黄州诗话之二:东坡居士[J]/莫砺锋//古典文学知识,2008(4)

12823 给苏东坡惹出了大麻烦的诗句[J]/子金山//法制博览·名家讲坛,2008(4)

12824 韩国高丽文学对苏轼及其诗文的接受[J]/刘艳萍//延边大学学报(社会科学版),2008(4)

12825 论东坡诗酒情结[J]/刘永杰//商丘职业技术学院学报,2008(4)

12826 论苏轼的民生诗［J］/ 赵民 // 山东行政学院、山东省经济管理干部学院学报，2008（4）

12827 论苏轼惠州诗文之变及其意义［J］/ 杨子怡 // 船山学刊，2008（4）

12828 儒、释、道三家思想的结晶［J］/ 张继良 // 语文学刊，2008（4）

12829 苏东坡的救命诗［J］/ 概先 // 民间故事选刊，2008（4）

12830 苏轼诗词创作风格与乌台诗案［J］/ 贺晓梅 // 包头职业技术学院学报，2008（4）

12831 苏轼诗文之美走笔［J］/ 同温玉 // 山东文学（下半月），2008（4）

12832 竹的诗话［J］/ 单修治 // 价格与市场，2008（4）

12833 苏轼山水诗文中自然审美观探析［J］/ 王文捷 // 广西民族大学学报（哲学社会科学版），2008（5）

12834 苏轼题画诗中的“文人画”思潮［J］/ 潘军 // 名作欣赏（文学研究），2008（5）

12835 从“山川之秀美，而发于咏叹”谈起：苏轼山水诗再探［J］/ 姚菲 // 安徽文学（下半月），2008（6）

12836 从少年豪华到文人困顿：李白苏轼诗歌风格比较［J］/ 李晓峰 // 社会科学辑刊，2008（6）

12837 论苏轼凤翔时的写景记游诗［J］/ 段永强 // 宝鸡文理学院学报（社会科学版），2008（6）

12838 论苏轼理趣诗的情与理［J］/ 陈其贵 // 楚雄师范学院学报，2008（6）

12839 试论苏轼的辩证诗学思想［J］/ 宋皓琨 // 阴山学刊（社会科学版），2008（6）

12840 苏轼的“枯淡”论研究：兼论“东坡和陶诗”的文化史意义［J］/ 高云鹏 // 渤海大学学报（哲学社会科学版），2008（6）

12841 《苏轼诗集》标点订误一则［J］/ 王域铖 // 书品，2008（6）

12842 论苏轼诗的自然美［J］/ 骆霞 // 文学教育（上），2008（7）

12843 失意而不失志［J］/ 杨平和 // 现代语文（文学研究版），2008（7）

12844 试论苏轼的诗学理论及其思想渊源［J］/ 齐晓章 // 楚雄师范学院学报，2008（7）

12845 从生态诗学出发分析苏轼诗的“以才学为诗”特征［J］/ 张文通 // 当代人（下半月），2008（9）

12846 论苏轼学白居易诗［J］/ 张再林 // 学术论坛，2008（9）

12847 苏轼补诗［J］/ 吴建南 // 小学生导读，2008（9）

12848 王安石咏史诗与苏轼咏史诗之比较［J］/ 胡翠琴 // 文学教育（下半月），2008（9）

12849 中国古代修辞学的“辞达”说论［J］/ 冯维林 // 求索，2008（9）

12850 苏轼《芙蓉城诗》与古典文言小说中的芙蓉城传说［J］/ 胡琇淳 // 中正大学中国文学研究所研究生论文集刊，2008（10）

12851 苏轼写检讨［J］/ 刘诚龙 // 杂文选刊（下旬版），2008（10）

12852 此《水经》非彼《水经》［J］/ 沙玉伟 // 语文建设，2008（12）

12853 浅论《东坡易传》的卦爻解释原则［J］/ 刘亦农 // 大众科学 · 科学研究与实践，2008（12）

12854 宋诗的理趣及其文化成因［J］/ 任庆 // 文学教育（上），2008（12）

12855 苏轼黄州诗文解读［J］/ 王晓莉 // 中国基础教育研究，2008（12）

12856 苏轼其实"非主流"[J]/鲁裔//中国收藏，2008(12)

12857 论苏诗的"自然"特色[J]/朱慧娟//中国科教创新导刊，2008(22)

12858 苏轼佚诗辨伪[J]/胡建升//社会科学论坛，2008(3B)

12859 苏轼诗学思想的生存论阐释[D]/孟宪浦.—山东师范大学(硕士论文)，2008

12860 苏轼的《和陶诗》与陶渊明之间的师承关系初探[J]/曾安源//南华大学学报(社会科学版)，2009，10(2)

12861 微品东坡诗中茶[N]/李承志//太原晚报，2009-04-07

12862 苏东坡的"酒色财气诗"[N]/不详//天津日报，2009-09-05

12863 苏东坡对诗[N]/不详//中国儿童报，2009-04-13

12864 村妇与苏东坡对诗[N]/黄普云//赣南日报，2009-12-18

12865 苏东坡记睡诗彰显豁达本性[N]/不详//徐州日报，2009-12-22

12866 从李白到苏轼、杨万里：另种视角看"宋人生唐后，开辟真难为"[J]/杨慧慧//乐山师范学院学报，2009(1)

12867 论苏轼的"穷而后工"思想[J]/宋皓琨//哈尔滨市委党校学报，2009(1)

12868 坡公之意山水间：浅议苏轼山水诗的比喻和比拟手法及其反映的山水观[J]/朱锐泉//文教资料，2009(1)

12869 浅论苏轼的诗歌美学[J]/阴雯艳//漯河职业技术学院学报，2009(1)

12870 苏轼对苏过写作的启示与影响：以诗歌写作为例[J]/杨景琦//宋代文化研究，2009(1)

12871 苏轼《寒食雨二首》析论[J]/钟文伶//明新学报，2009，35(1)

12872 苏轼歌咏朝云的诗和词[J]/保苅佳昭//宋代文化研究，2009(1)

12873 苏轼竹诗考析[J]/陈守常//文史博览(理论)，2009(1)

12874 苏轼"子由诗"研究[J]/兰玉英//青海师范大学民族师范学院学报，2009(1)

12875 朝鲜诗人申钦的和陶诗《归园田居六首》研究[J]/曹春茹//新乡学院学报(社会科学版)，2009(2)

12876 陈寅恪"用东坡韵"诗中蕴含的生命情调[J]/刘正，黄鸣//长江学术，2009(2)

12877 适"意"不异逍遥游：苏轼诗、书互言内涵探微[J]/张家壮//福建艺术，2009(2)

12878 苏轼的题画诗探析[J]/袁丹//文学界·人文，2009(2)

12879 苏轼黄州诗词创作奇迹小识[J]/涂普生//东坡赤壁诗词，2009(2)

12880 题画诗鉴赏指要[J]/陈洪茂//中学语文，2009(2)

12881 徐州苏轼祈雨石潭及其相关诗文初探[J]/陆明德//苏轼研究，2009(2)

12882 朱弁对苏黄的评价及其在金代的影响[J]/贾秀云//晋阳学刊，2009(2)

12883 《苏轼诗集》点校疑误举隅[J]/赵超//新世纪图书馆，2009(3)

12884 从苏轼上元诗词看其忧国爱民之情[J]/苏士福//苏轼研究，2009(3)

12885 对苏轼诗词的认知探索：基于隐喻理论[J]/刘洋//科教文汇，2009(3)

12886 论苏轼和陶诗的意蕴[J]/刘偲//现代商贸工业，2009(3)

12887 苏轼《和陶诗》与陶渊明的诗性对话[J]/杨玲//福州大学学报(哲学社会科学版)，2009，23(3)

12888 自信·自由·自尊·自若：苏轼《御史台榆、槐、竹、柏四首》中的士人心态

［J］/ 周克勤 // 金陵科技学院学报（社会科学版），2009（3）

12889 出新意于法度之中 寄妙理于豪放之外［J］/ 刘银鹏 // 青少年书法（青年版），2009（4）

12890 东坡诗尚“雅”美学特色浅探［J］/ 宁爱平 // 湖南第一师范学报，2009（4）

12891 耳目所接，皆成佳咏：苏轼嘉祐四年江行诗探胜［J］/ 王瑜瑜 // 河南理工大学学报（社会科学版），2009（4）

12892 乐在张弛相济时［J］/ 方遒 // 思维与智慧，2009（4）

12893 论苏轼的酒诗创作及其原因［J］/ 李靓 // 苏轼研究，2009（4）

12894 梦萦魂绕处，最恋是乡关：苏轼咏嘉州诗研究［J］/ 唐瑛 // 电影评介，2009（4）

12895 浅谈苏轼的诗贵传神论［J］/ 代琴 // 昌吉学院学报，2009（4）

12896 试论雕版印刷的盛行与苏轼诗歌的传播［J］/ 赵丽 // 金华职业技术学院学报，2009（4）

12897 苏诗研究综述［J］/ 蒲政 // 飞天，2009（4）

12898 苏轼和陶诗浅论［J］/ 文迪义 // 凯里学院学报，2009（4）

12899 咏月诗系列解读（下）［J］/ 不详 // 新语文学习（中学教学），2009（4）

12900 视觉意识到视觉形式的升华：对“中国诗学的唐宋转型”内涵的再思考［J］/ 林科吉 // 社会科学辑刊，2009（5）

12901 宋人曾孝广事迹考略［J］/ 张小平 // 惠州学院学报（社会科学版），2009（5）

12902 从苏轼对白居易诗歌的受容与警惕看苏轼的诗风［J］/ 王域铖，徐金兰，郭辛茹，张慧玲 // 延安职业技术学院学报，2009（6）

12903 略论苏轼对韦应物诗歌的接受及其影响［J］/ 韦江 // 乐山师范学院学报，2009（6）

12904 梅曾亮与道咸年间的宋诗风［J］/ 代亮 // 山西师范大学学报（社会科学版），2009（6）

12905 浅析苏轼诗中的趣味［J］/ 王正义 // 语文天地，2009（6）

12906 拓展平台：解析岑参、苏轼的三首诗［J］/ 不详 // 课外语文，2009（6）

12907 浅谈苏轼诗歌创作之路［J］/ 包宇 // 金卡工程·经济与法，2009（7）

12908 《三国》中周瑜的年龄［J］/ 陆海风 // 小学生学习指导（高年级版），2009（7）

12909 从“和陶”诗看苏轼对陶渊明诗歌的继承与超越［J］/ 文迪义 // 现代语文·文学研究，2009（8）

12910 李白、苏轼的月亮情结［J］/ 王蕊 // 语文教学之友，2009（8）

12911 寄妙理于豪放之外：论苏轼诗的“妙”［J］/ 周仲强 // 社科纵横，2009（9）

12912 论苏轼的“穷而后工”［J］/ 和苗苗 // 决策探索（下半月），2009（9）

12913 贬谪对苏轼及其诗歌创作的影响［J］/ 王晓暖 // 凯里学院学报，2009（10）

12914 略论东坡诗中的《鱼》［J］/ 颜智英 // 国文天地，2009，24（10）

12915 苏轼“以诗识人”［J］/ 陈雄 // 读写天地·中学生，2009（10）

12916 苏轼和陶诗与刘因和陶诗异同论［J］/ 高文 // 湖南科技学院学报，2009（11）

12917 苏轼熙宁杭州休闲诗简议［J］/ 贺坚 // 山东文学（下半月），2009（11）

12918 苏东坡妙改老师诗句［J］/ 不详 // 天天爱学习（五年级），2009（12）

12919 苏轼唱和诗风格研究［J］/ 张文美 // 剑南文学，2009（12）

12920 以文为诗：与时俱进的文学革新：以苏轼诗歌为例［J］/ 曾姝 // 教育理论与实

践，2009（12）

12921 苏东坡《和陶诗》与陶渊明［J］/ 房丽丽 // 黑龙江科技信息，2009（14）

12922 苏轼诗《百步洪》中的禅学意涵［J］/ 刘永杰 // 经营管理者，2009（15）

12923 苏轼诗歌的理趣评析［J］/ 卢彦，刘英姿 // 时代文学，2009（16）

12924 苏轼饮酒诗探析［J］/ 卢捷 // 中国科教创新导刊，2009（20）

12925 从"和陶"诗看苏轼对陶渊明诗歌的继承与超越［J］/ 于鸿文 // 现代语文，2009（22）

12926 从"山为翠峰涌"谈起：谈苏轼山水诗中的动静观、理趣和安畅的情怀［J］/ 徐冠镧 // 现代语文，2009（31）

12927 浅析苏轼的"以文为诗"［J］/ 曾姝 // 语文建设，2009（Z1）

12928 从"有为"到"枯淡"：试论苏轼诗学观念的转变［D］/ 齐晓章．—南昌大学（硕士论文），2009

12929 谈谈陈澄中先生旧藏宋刻本《注东坡先生诗》［M］/ 赵前 // 版本目录学研究（第一辑），北京：国家图书馆出版社，2009

12930 在传统与个性之间：苏东坡诗学研究［D］/ 高云鹏．—中国人民大学（博士论文），2009

12931 从苏东坡改诗说起［N］/ 魏秉义 // 通辽日报，2010-04-15

12932 细数苏东坡茶诗茶词［N］/ 陈景胜 // 中华合作时报，2010-06-01

12933 潍河边上才思如泉涌 苏轼留下诗文两百篇［N］/ 不详 // 潍坊晚报，2010-07-03

12934 苏东坡梅关赠诗［N］/ 庄礼味 // 韶关日报，2010-07-25

12935 20 世纪以来日本学者的苏轼诗歌研究［J］/ 邱美琼 // 内江师范学院学报，2010（1）

12936 从苏轼山水诗看苏轼与山水的关系［J］/ 吴迪 // 语文学刊（基础教育版），2010（1）

12937 杜甫、苏轼诗歌中"神"的审美意蕴［J］/ 移星 // 四川职业技术学院学报，2010（1）

12938 关于苏轼对孟浩然诗歌的评价问题：析"韵高而才短"的长期误读［J］/ 杨胜宽 // 西华大学学报（哲学社会科学版），2010（1）

12939 论苏轼的酒诗创作及其原因［J］/ 李靓 // 黄冈职业技术学院学报，2010（1）

12940 试论柳宗元对苏轼贬谪生活之影响［J］/ 赵雅娟 // 运城学院学报，2010（1）

12941 苏轼《贾谊论》人才思想探究［J］/ 郭来升 // 黄冈职业技术学院学报，2010（1）

12942 苏轼的《鱼蛮子》和丁若镛的《耽津渔歌》的对比考察［J］/ 陈冰冰，郝君峰 // 世界文学评论，2010（1）

12943 游黄冈东坡赤壁感怀［J］/ 鲁杏坛 // 东坡赤壁诗词，2010（1）

12944 东坡诗法与佛禅［J］/ 张煜 // 中国比较文学，2010（2）

12945 东坡书画题材诗文的思想内涵［J］/ 刘祎，廖颖英 // 上饶师范学院学报，2010（2）

12946 苏轼佚诗辨伪［J］/ 陈伟文 // 国学学刊，2010（2）

12947 苏轼音乐诗初探［J］/ 祖月，王友胜 // 吉林省教育学院学报，2010（2）

12948 苏轼与中国诗学"活法"说论考：从"随物赋形""辞至于达"说起［J］/ 曾明 // 河南师范大学学报（哲学社会科学版），2010（2）

12949 饮食题材的诗意提升：从陶渊明到苏轼

［J］/ 莫砺锋 // 文学遗产，2010（2）

12950　智者的悟语：论苏轼禅意诗的当代价值［J］/ 肖占鹏，刘伟 // 天津大学学报（社会科学版），2010，12（2）

12951　从苏轼贬儋期间诗文究其复杂心态［J］/ 柯小瑜 // 青年文学家，2010（3）

12952　李白和苏轼作品中“月亮”意象的相似处［J］/ 杨毅 // 文学与艺术，2010（3）

12953　略论苏轼批评文体诗性思维特征［J］/ 周美华 // 青年文学家，2010（3）

12954　试论王维和苏轼的山水诗［J］/ 王艳 // 鸡西大学学报，2010（3）

12955　宋刊《集注东坡先生诗前集》注家考［J］/ 何泽棠 // 内江师范学院学报，2010（3）

12956　苏轼与王通诗文考［J］/ 谢飞 // 文物春秋，2010（3）

12957　随缘红尘是禅境　自适本性皆好诗：论苏轼禅理诗创作的特点［J］/ 程杰 // 南京师范大学文学院学报，2010（3）

12958　饮食题材的诗意提升：从陶渊明到苏轼［J］/ 莫砺锋 // 文学研究文摘，2010（3）

12959　在古诗文教学中彰显国学精神：以中学语文教材中苏轼的诗文为例［J］/ 陈党 // 广州城市职业学院学报，2010（3）

12960　略论禅理对苏轼诗歌的影响［J］/ 周建刚 // 淮阴工学院学报，2010（4）

12961　浅论苏轼对杜诗用典的接受［J］/ 黄桂凤 // 长城，2010（4）

12962　生命在审美中超越：论苏轼诗文中的人格精神［J］/ 李永新 // 飞天，2010（4）

12963　宋诗平淡美发展脉络浅析：兼论梅、欧、苏、黄四家的平淡美理论与实践［J］/ 徐佩锋 // 佳木斯教育学院学报，2010（4）

12964　以才学为诗及其阐释文本的陌生化效应［J］/ 冯利华 // 求索，2010（4）

12965　冯应榴《苏诗合注》的文献价值与史实考证［J］/ 何泽棠，吴晓蔓 // 图书馆理论与实践，2010（5）

12966　关于苏轼梅花诗在历代咏梅史中的地位分析［J］/ 孔健 // 黑龙江科技信息，2010（5）

12967　论苏轼山水诗的美学特质［J］/ 黄秋娥 // 文学教育（中旬版），2010（5）

12968　论殷璠、苏轼与闻一多关于孟浩然诗的评价［J］/ 张安祖 // 文学遗产，2010（5）

12969　苏轼禅意诗审美内涵抉要［J］/ 肖占鹏，刘伟 // 南开学报（哲学社会科学版），2010（5）

12970　苏轼的酒趣诗文［J］/ 吴洲钇，曾绍义 // 求索，2010（5）

12971　东坡写竹之文艺心理探究：以苏轼写与文同之诗文为讨论范畴［J］/ 陈宜政 // 人文与社会学报，2010（6）

12972　论苏轼诗歌用典的“同类误用”［J］/ 马丽梅 // 兰州学刊，2010（6）

12973　论苏轼诗中的“庄”“禅”思想［J］/ 不详 // 学术理论与探索，2010（6）

12974　苏轼与中国诗学“活法”说论考：从以文为诗、以文为赋等说起［J］/ 曾明 // 高等学校文科学术文摘，2011（1）

12975　由苏轼改诗说开去［J］/ 王景亭 // 当代小学生（中高年级），2010（6）

12976　兹游奇绝胜平生：苏东坡在合浦［J］/ 庞华坚 // 当代广西，2010（7）

12977　论苏轼海南诗词中的《海》意象［J］/ 颜智英 // 海洋文化学刊，2010（8）

12978　浅谈苏轼诗文中的人生哲理对学生的教育作用［J］/ 郑嵘 // 新课程学习 · 基础教育，2010（8）

12979　浅谈苏轼诗中蕴涵的理趣［J］/ 杨彦 // 河南农业，2010（8）

12980　宋朝苏轼等诗三首［J］/ 吴卫红，张爱

美，张大红 // 绿色中国，2010(8)

12981 苏轼论书诗简论[J]/赵龙涛 // 书画艺术学刊，2010(9)

12982 苏轼诗词古今传播方式简论[J]/刘峰峰 // 今日南国(中旬刊)，2010(10)

12983 苏轼与中国诗学"活法"说论考：从"随物赋形""辞至于达"说起[J]/曾明 // 河南师范大学学报(哲学社会科学版)，2010(2)

12984 唱和之中竞诗才[J]/呼双虎 // 赤峰学院学(哲学社会科学版)，2010(11)

12985 试论苏轼诗词的音乐情趣[J]/马宇清 // 作家(下半月)，2010(11)

12986 从严羽、苏轼的诗学追求看文学的两种特质[J]/王培娟 // 东岳论丛，2010，31(12)

12987 淡妆浓抹总相宜：苏轼西湖诗赏析[J]/陈洁 // 陕西教育·教学，2010(12)

12988 苏轼与宋代诗学"活法"说[J]/曾明 // 中国社会科学文摘，2010(12)

12989 浅析苏轼在海南诗歌创作的艺术特征[J]/司晓龙 // 经营管理者，2010(14)

12990 苏轼的诗歌代表着宋调的特点[J]/刘靖飞 // 经营管理者，2010(14)

12991 说说宋代的哲理诗[J]/杨勇忠 // 中学语文，2010(29)

12992 苏轼"戏作诗"研究[J]/黄小珠 // 清华大学学报(哲学社会科学版)，2010(S2)

12993 试论儒道思想对苏轼诗歌理论的影响[D]/周斌.—浙江工业大学(硕士论文)，2010

12994 宋代和陶现象研究[D]/潘洁清.—浙江大学(硕士论文)，2010

12995 苏轼音乐诗研究[D]/祖月.—湖南科技大学(硕士论文)，2010

12996《泛南湖》非苏轼所作[N]/不详 // 南湖晚报，2011-01-30

12997 苏东坡的中药诗[N]/不详 // 浙江老年报，2011-04-20

12998 写黄芪、写生姜：苏东坡作中药诗[N]/不详 // 南国都市报，2011-05-17

12999 苏轼诗歌素描三则[N]/刘清泉 // 眉山日报，2011-09-27

13000 苏东坡最幽默的诗[N]/不详 // 重庆晚报，2011-11-08

13001 禅思与诗思之会通：论苏轼、黄庭坚以禅为诗[J]/张高评 // 中文学术前沿，2011(1)

13002 东坡诗中之禅影[J]/陈才智 // 乐山师范学院学报，2011(1)

13003 论黄遵宪的传统学术渊源[J]/魏明枢 // 嘉应学院学报，2011(1)

13004 论苏东坡之养生诗[J]/张秀传 // 作家(下半月)，2011(1)

13005 论苏轼《和陶诗》的创作缘由[J]/柯镇昌 // 临沂大学学报，2011(1)

13006 宋诗平淡美发展脉络浅析[J]/徐佩锋 // 佳木斯教育学院学报，2011(1)

13007 苏轼和陶浅谈[J]/段梦云 // 苏轼研究，2011(1)

13008 苏轼和陶诗琐谈[J]/郑秉谦 // 苏轼研究，2011(1)

13009 元好问五言古诗研究[J]/颜庆余 // 文学评论丛刊，2011(1)

13010 从"酒红"意象的典范转移论苏轼诗之"意新语创"[J]/郭缌绮 // 人文社会科学研究，2011，5(2)

13011 论贬谪的逆境对诗歌天才的玉成[J]/杨简 // 广东石油化工学院学报，2011(2)

13012 论苏诗赵夔注[J]/何泽棠 // 北京科技大学学报(社会科学版)，2011(2)

13013 论苏轼《和陶诗》仕与隐的思想[J]/刘

秀娟 // 太原师范学院学报（社会科学版），2011（2）

13014 宋诗精华品读［J］/ 陶文鹏 // 文史知识，2011（2）

13015 苏门人士论杜异同评述［J］/ 杨胜宽 // 杜甫研究学刊，2011（2）

13016 苏轼山水诗比喻的谐趣、奇趣和理趣［J］/ 夏霞 // 宁波城市职业技术学院学报，2011（2）

13017 苏轼诗中的山水［J］/ 安守军 // 剑南文学，2011（2）

13018 徐凝诗歌新论［J］/ 李军 // 伊犁师范学院学报（社会科学版），2011（2）

13019 禅境与诗境：王维、苏轼禅味诗审美差异及其文化意义［J］/ 王伟 // 苏州科技学院学报（社会科学版），2011（3）

13020 默数淮上十往来：读苏轼咏淮诗（上）［J］/ 姚顺忠 // 淮安历史文化研究，2011（3）

13021 苏轼"深观其意"说的方法论阐释［J］/ 罗玲 // 贵阳学院学报（社会科学版），2011（3）

13022 苏轼山水诗比喻中的动态美［J］/ 夏霞 // 宁波城市职业技术学院学报，2011（3）

13023 苏轼与集句诗［J］/ 解秀玉，李强 // 赤峰学院学报（科学教育版），2011（3）

13024 偷得浮生半日闲：论苏轼诗文中的闲适意趣及思想意蕴［J］/ 刘璞 // 漯河职业技术学院学报，2011（3）

13025 从《增广笺注简斋诗集》看陈与义诗法［J］/ 何泽棠 // 西南交通大学学报（社会科学版），2011（4）

13026 黄庭坚诗论中"格"的深层意义［J］/ 付新营 // 飞天，2011（4）

13027 论苏轼诗文的价值追求［J］/ 李斌，钱宗武 // 中国文学研究，2011（4）

13028 默数淮上十往来：读苏轼咏淮诗（下）［J］/ 姚顺忠 // 淮安历史文化研究，2011（4）

13029 试析苏轼诗歌对现实人生的超越［J］/ 苏罗密 // 沧桑，2011（4）

13030 苏轼的审美世界：由"诗画本一律"到"游戏笔墨"［J］/ 孙晓君 // 美术大观，2011（4）

13031 苏轼寓惠、寓儋所作"和陶诗"浅析［J］/ 李侠 // 北方文学（下半月），2011（4）

13032 苏轼谪居海南诗文中的海南形象研究［J］/ 曹艳春，周和军 // 时代文学（上半月），2011（4）

13033 北宋时期庞籍最早创作"八景诗"考论［J］/ 刘向斌，李红岩 // 榆林学院学报，2011（5）

13034 从苏轼"和陶诗"的酒主题中观其人生态度［J］/ 刘秋香 // 文教资料，2011（5）

13035 帝遣银河一派垂 古来惟有谪仙词：苏轼褒李白而贬徐凝公案的诗学评析［J］/ 康怀远 // 重庆三峡学院学报，2011（5）

13036 古诗词中的数字［J］/ 陈跃潮 // 学语文，2011（5）

13037 论苏诗评点的文献价值［J］/ 樊庆彦 // 山东青年政治学院学报，2011（5）

13038 《诗品》作者考［J］/ 方志彤，闫月珍 // 文学遗产，2011（5）

13039 宋人注宋诗的文献价值［J］/ 何泽棠，吴晓蔓 // 图书馆理论与实践，2011（5）

13040 苏轼怀古词初论［J］/ 李雯 // 铜仁学院学报，2011（6）

13041 兴味盎然 哲思交辉：浅谈苏轼理趣诗［J］/ 王蕊 // 神州，2011（6）

13042 征引浩博 考据精核：《王状元集百家注分类东坡先生诗》［J］/ 王蕾 // 图书馆学刊，2011（6）

13043 贬谪人生中的田园：论苏轼《和陶诗》

中的田园诗[J]/朱小枝//文学界(理论版),2011(7)

13044 从赵翼评苏轼看其诗学思想[J]/李铮//宁夏大学人文学院,2011(7)

13045 苏东坡的酒中诗情[J]/鲁达//中国酒,2011(7)

13046 探寻王维诗歌“诗中有画”的成因[J]/代辉//写作(高级版),2011(7)

13047 东坡“轻词而重诗”说献疑[J]/向前//文艺生活(中旬刊),2011(8)

13048 苏轼的茶诗词述评[J]/周圣弘//文学教育(上),2011(8)

13049 从“豪放”到“婉约”:苏轼诗文风格例谈[J]/黄淑贤//教师博览(科研版),2011(9)

13050 苏轼和陶诗中“义”、“善”主题及宋学精神[J]/仇媛//黑河学刊,2011(9)

13051 苏东坡的酒中诗情[J]/石零,鲁达//中国酒,2011(10)

13052 远近高低各不同[J]/云溪子//小康,2011(10)

13053 在古代咏月诗中赏月[J]/王瑞太//现代阅读(教育版),2011(10)

13054 苏东坡的酒中诗情 湖光山色醉东坡(一)[J]/鲁达//中国酒,2011(11)

13055 从禅悦倾向探究苏轼诗文豁达之根源[J]/郭青//名作欣赏,2011(12)

13056 苏东坡的酒中诗情 湖光山色醉东坡(二)[J]/鲁达//中国酒,2011(12)

13057 苏东坡的诗词与成语[J]/董莲//读读写写,2011(12)

13058 从“山川之秀美,而发于咏叹”谈起:苏轼山水诗再探[J]/卫欣玲//青年文学家,2011(14)

13059 即使戏作亦大作:谈苏轼《琴诗》[J]/水汶//兰台世界,2011(16)

13060 从“和陶诗”看苏轼对陶诗艺术风格的接受[J]/谭晓燕//重庆科技学院学报(社会科学版),2011(17)

13061 从诗歌题目的世俗化看苏轼对“以文为诗”的发展[J]/王琴,熊泽文//名作欣赏,2011(23)

13062 苏轼的生命历程:理想人格与诗歌创作[J]/白佩琼//城市建设理论研究,2011(23)

13063 王直方诗学思想简论[J]/邓国军,李厚琼//名作欣赏,2011(26)

13064 盛唐诗的超越:苏轼与严羽诗学理想追求的比较[J]/刘卫林//新亚学报,2011(29)

13065 有趣的物谜诗[J]/不详//辅导员,2011(C2)

13066 苏东坡的中秋月[N]/王莉茹//眉山日报,2012-10-20

13067 苏轼韵高而才高的诗美理想:从“韵高而才短”说起[J]/王志清//苏州大学学报(哲学社会科学版),2012,33(4)

13068 苏轼曾写绝命诗[N]/朱院生//云南经济日报,2012-05-11

13069 东坡题诗治石马:儋州马岭牛山传奇故事[N]/不详//国际旅游岛商报,2012-07-05

13070 东坡吟诗:美石遐想[N]/孙友田//新民晚报,2012-09-05

13071 苏轼诗文洪泽情韵[N]/不详//钱江晚报,2012-09-07

13072 漫谈苏诗与杜诗[N]/不详//保定日报,2012-09-16

13073 苏东坡的咏食打油诗[N]/任熹//潮州日报,2012-09-28

13074 苏轼咏海棠[N]/不详//保定日报,2012-09-30

13075 苏东坡评竹诗[N]/不详//燕赵老年报,2012-10-26

13076 苏东坡为棋写诗［N］/ 王吴军 // 郑州日报，2012-10-28

13077 兹游奇绝冠平生：苏轼写海南两首诗赏析［N］/ 叶雪松 // 证券导报，2012-12-05

13078 论苏诗赵次公注的诗学阐释［J］/ 何泽棠 // 北京工业大学学报（社会科学版），2012，12（1）

13079 论苏轼诗歌的月意象［J］/ 胡秦葆 // 南方职业教育学刊，2012（1）

13080 陌上花开缓缓归：一个意象的形成［J］/ 苏扬剑 // 古典文学知识，2012（1）

13081 试论苏轼对于杜诗的艺术批评与接受［J］/ 李新，魏红 // 商丘职业技术学院学报，2012（1）

13082 苏东坡、郑愁予和芒克的太阳：论中国现代诗歌对宋调之继承［J］/ 韩立平 // 文化学刊，2012（1）

13083 苏东坡的酒中诗情 湖光山色醉东坡（三）［J］/ 不详 // 中国酒，2012（1）

13084 玉楼银海与苏诗伪注［J］/ 周裕锴 // 古典文学知识，2012（1）

13085 论苏轼诗文清冷意境之美学意义及影响［J］/ 闫小军 // 乐山师范学院学报，2012（2）

13086 论苏轼诗中自然美［J］/ 孙亚东 // 青年文学家，2012（2）

13087 浅析苏轼儋州诗的艺术特色和风格［J］/ 金燕 // 黄冈职业技术学院学报，2012（2）

13088 苏东坡的酒中诗情 儿女情长叹东坡（一）［J］/ 鲁达 // 中国酒，2012（2）

13089 苏轼、黄庭坚七律创作技法之异同及其人格异趣［J］/ 张立荣 // 晋阳学刊，2012（2）

13090 元好问《论诗三十首》中评苏诗的问题［J］/ 刘淮南 // 文艺理论研究，2012（2）

13091 兹游奇绝冠平生：说东坡谪居海南的诗作［J］/ 徐培均 // 中国韵文学刊，2012（2）

13092 东坡诗：春江水暖［J］/ 叶毓中 // 荣宝斋，2012（3）

13093 论苏轼的以戏为诗［J］/ 贺根民 // 沈阳师范大学学报（社会科学版），2012（3）

13094 浅论东坡诗文中陈季常之“畏”［J］/ 王慧 // 湘潮（下半月），2012（3）

13095 情感教育在苏轼作品教学中的体现［J］/ 向俊 // 襄樊职业技术学院学报，2012（3）

13096 苏东坡的酒中诗情 儿女情长叹东坡（二）［J］/ 鲁达，石零 // 中国酒，2012（3）

13097 苏东坡寒食诗手迹［J］/ 不详 // 中华诗词，2012（3）

13098 苏轼诗歌的雨意象探析［J］/ 陆婵娣 // 乐山师范学院学报，2012（3）

13099 苏轼题画文中的空间意识与生命情怀［J］/ 苗贵松 // 常州工学院学报（社会科学版），2012（3）

13100 元好问诗论中的“苏学”理路［J］/ 李瑞卿 // 忻州师范学院学报，2012（3）

13101 白居易与苏轼怀古诗数量比较研究［J］/ 张亚祥 // 乐山师范学院学报，2012（4）

13102 何绍基诗歌创作中呈现出的师承渊源［J］/ 周芳 // 贵州文史丛刊，2012（4）

13103 品味苏轼诗中情［J］/ 陈煜菲 // 学习月刊，2012（4）

13104 谁知圣人意，不尽书籍中：苏轼诗歌用典研究［J］/ 沈章明 // 学术界，2012（4）

13105 谈苏东坡诗文与培养学生审美自觉性的关系［J］/ 王永明，肖新超 // 中学语文，2012（4）

13106 为血肉的生命找回语言的解释：试论苏

轼以诗入词的个体特征[J]/禄永鹏//北京电力高等专科学校学报，2012(4)

13107 乐乎？忧乎？：苏轼节序词解读[J]/张玉华//赤峰学院学报(汉文哲学社会科学版)，2012(5)

13108 论金代诗话对苏轼诗词的传播[J]/周敏//沈阳师范大学学报(社会科学版)，2012(5)

13109 论苏诗林子仁注[J]/何泽棠//电子科技大学学报(社会科学版)，2012(5)

13110 论苏轼以赋为诗的艺术表现[J]/沈章明//西南民族大学学报(人文社会科学版)，2012(5)

13111 约翰·但恩与苏轼爱情诗宗教色彩的比较研究[J]/柯贞金//名作欣赏(文学研究版)，2012(5)

13112 论苏轼诗文的清冷意境[J]/闫小军//乐山师范学院学报，2012(6)

13113 苏轼和陶诗三题[J]/杨松冀//玉溪师范学院学报，2012(6)

13114 《苏轼诗》[J]/韩启超//中国金融家，2012(6)

13115 周至仙游寺为唐代基督教大秦寺考辨[J]/赵耀锋//宁夏大学学报(人文社会科学版)，2012(6)

13116 八风吹不动[J]/罗伟国//文苑·经典选读，2012(8)

13117 浅谈苏轼诗歌的理趣特征[J]/王江丽//赤峰学院学报(哲学社会科学版)，2012(8)

13118 浅析苏轼在凤翔府时的诗歌创作倾向[J]/郝米娜//成功(教育版)，2012(8)

13119 宋代诗话中的苏诗批评与论争[J]/王彤//学理论(中)，2012(9)

13120 从“和陶诗”看苏轼的心态变化与审美追求[J]/张强//社会科学战线，2012(10)

13121 浅谈东坡“妙喻”与诚斋“活法”的特点[J]/张梦如//文艺生活·文海艺苑，2012(11)

13122 论苏轼的诗格特征[J]/李罡//文学教育(上)，2012(12)

13123 苏东坡：千古绝唱西湖诗[J]/裘本培//杭州(周刊)，2012(12)

13124 苏轼“和陶诗”研究综述[J]/陈可人//文学教育(下)，2012(12)

13125 谈谈“不识庐山真面目，只缘身在此山中”[J]/蒋李娴//创新作文(小学版)，2012(12)

13126 苏轼山水诗的艺术风格及其形成的文化渊源[J]/吴招弟//西江月，2012(13)

13127 苏东坡禅意诗特质与《维摩诘经》关系研究[J]/林文钦//国文学报，2012(15)

13128 浅析苏诗的艺术灵魂：“奇趣”[J]/丛航飞，王娟子，杨南//青春岁月，2012(16)

13129 创作学诗圣，首倡集大成：论苏诗对杜诗的接受[J]/李新，刘昊旸//名作欣赏，2012(17)

13130 浅析苏轼和李白的不同[J]/凌从桂，李美长//群文天地，2012(20)

13131 苏轼诗中的“游”与自我意识—以倅杭？中心的考察[J]/李妮庭//东华人文学报，2012(20)

13132 苏轼在凤翔府时的诗歌风格的探析[J]/郝米娜//华章，2012(22)

13133 浅论苏轼诗中的“君子”理想[J]/唐华//青年文学家，2012(23)

13134 浅析“平淡”诗论的发展演变[J]/曾辉//科技信息，2012(26)

13135 构筑理性基石上的心之“桃花源”：简论苏轼和陶诗的艺术特色[J]/田文进//青年文学家，2012(33)

13136 苏轼涉药诗探析[J]/马国华，陈伟庆//

安徽农业科学，2012（34）

13137 苏轼之“发明”与陶渊明的经典化［J］/边利丰//中国中外文艺理论研究，2012

13138 品读苏轼诗文中的月菊竹［N］/杨平原//曲靖日报，2013-01-30

13139 东坡、陶渊明、饮酒诗［N］/不详//钱江晚报，2013-03-03

13140 苏轼“和陶诗”考论［N］/不详//文汇报，2013-05-25

13141 苏东坡和他的“中药诗”［N］/钱湘明//益阳日报，2013-05-30

13142 苏轼写诗自救［N］/周吉富//大江晚报，2013-06-13

13143 苏轼《太白仙诗卷》［N］/剑锋//兰州日报，2013-07-09

13144 苏轼曾为巾帼英雄第一人写诗［N］/不详//中卫日报，2013-08-05

13145 从苏东坡诗句说天水下字的方音［N］/不详//天水日报，2013-09-15

13146 苏轼诗词中的茶［N］/刘建设//北海日报，2013-09-29

13147 留给子孙的精神遗产：论苏轼“和陶诗”与苏氏一族［J］/原田爱//九江学院学报（社会科学版），2013（1）

13148 论苏轼诗文评点的社会传播价值［J］/樊庆彦，刘佳//中国文学研究（辑刊），2013（1）

13149 宋人注宋诗的诗学批评［J］/何泽棠，吴晓蔓//大连理工大学学报（社会科学版），2013（1）

13150 苏轼《薄薄酒》二诗章法结构及艺术手法探析［J］/陈宣谕//台中教育大学学报（人文艺术类），2013（1）

13151 试论苏东坡西湖诗的特色［J］/裘本培//当代社科视野，2013（2）

13152 试论苏轼和赖山阳的咏海诗［J］/陈菊，贺雪飞//焦作大学学报，2013（2）

13153 苏轼七古创变与北宋诗文革新［J］/康忠强//乐山师范学院学报，2013（2）

13154 苏轼以诗为词辨［J］/施议对//词学，2013（2）

13155 苏轼谪居黄州期间的诗歌创作情志分析［J］/桂天寅//时代文学（下半月），2013（2）

13156 查慎行《补注东坡先生编年诗》的文献考证［J］/何泽棠//河北工业大学学报（社会科学版），2013（2）

13157 禅境与禅理：王维、苏轼禅诗之简略比较［J］/吴龑//四川职业技术学院学报，2013（3）

13158 论“小东坡”唐庚与苏轼的诗学渊源［J］/唐玲//海南大学学报（人文社会科学版），2013（3）

13159 浅谈苏轼诗序［J］/桂丹瑜//贵州文史丛刊，2013（3）

13160 子瞻过海后与少陵出峡时：苏轼海南诗的人文思考［J］/施志咏//古典文学知识，2013（3）

13161 超然与幽怨并存：谪居黄州间苏轼诗歌创作中的情志矛盾［J］/桂天寅//现代语文·学术综合，2013（4）

13162 从诗歌注释的视野看王文诰的苏诗批评［J］/何泽棠//南昌大学学报（人文社会科学版），2013（4）

13163 从诗文酬唱看苏轼与黄庭坚的非凡友谊［J］/王宏武//乐山师范学院学报，2013（4）

13164 论苏轼诗歌在宋诗发展中的作用［J］/羊莉君//作家，2013（4）

13165 品味诗中细节描写的魅力［J］/张其俊//东坡赤壁诗词，2013（4）

13166 浅论郑珍早年诗歌创作与苏轼的渊源传承关系：以《秧马歌》和《播州秧马歌》为考察文本［J］/曾秀芳//贵州民族大

学学报(哲学社会科学版),2013(4)

13167 浅析苏轼的题画诗[J]/王亚娟//剑南文学·经典阅读,2013(4)

13168 苏、梅、欧的韩诗接受及其诗史意义[J]/查金萍//周口师范学院学报,2013(4)

13169 苏轼饮食行为诗艺术特征研究[J]/崔颖//参花(下),2013(4)

13170 《谈艺录》校读献疑三则[J]/刘雄//西南民族大学学报(人文社会科学版),2013(5)

13171 说苏轼赤壁两赋的“悟”与“了”[J]/杨胜宽//广东技术师范学院学报(社会科学版),2013(5)

13172 苏东坡诗歌中关于“水”的意向特点[J]/姜云龙,李琳//芒种(下半月),2013(5)

13173 陶诗接受视野下的苏轼“崇陶”与“和陶”[J]/伏蒙蒙//淮海工学院学报(人文社会科学版),2013(5)

13174 以苏轼作品为例探究诗歌教学方法的更迭[J]/刘敏//文学教育(中),2013(5)

13175 宋词小窥(组诗)[J]/沙白//扬子江,2013(6)

13176 苏轼涉农诗初探[J]/许起山,陈伟庆//乐山师范学院学报,2013(6)

13177 苏轼诗作风格的多样性与读者的期待视野[J]/李黎//文化与传播,2013(6)

13178 苏轼题蜀僧文长老三诗漫论[J]/黄春//文史杂志,2013(6)

13179 浅析苏轼寓惠咏物诗[J]/邱爱忠//世界家苑,2013(7)

13180 宋代茶词中的民俗风尚[J]/黄光//湖北社会科学,2013(7)

13181 苏轼诗歌的比喻艺术[J]/张薇//才智,2013(7)

13182 从《书黄子思诗集后》看苏轼艺术创作的传神论观点[J]/张国军//黑龙江教育学院学报,2013(8)

13183 浅说东坡诗歌“长于譬喻”之特色[J]/刘丹//青年文学家,2013(8)

13184 苏轼饮食行为诗艺术特征研究[J]/崔颖//参花,2013(8)

13185 谈苏轼的“诗画一律”与“抑吴扬王”[J]/闫春鹏//美术界,2013(8)

13186 当诗化哲学遇上苏轼[J]/李南//名作欣赏(下旬),2013(9)

13187 古诗今译:苏轼“秧马歌”[J]/孙振誉//基层农技推广,2013(9)

13188 从诗序看苏轼对“以文为诗”的发展[J]/王琴//乐山师范学院学报,2013(10)

13189 当其下手风雨快,笔所未到气已吞——苏轼七古的风翔之变[J]/康忠强//乐山师范学院学报,2013(10)

13190 冯应榴注释苏诗体例述论[J]/付少华//鸡西大学学报,2013(10)

13191 晏晏明月 幽幽情思:浅谈苏轼诗文中的明月心境[J]/刘晓梅,杨玉楼//语数外学习(高考语文),2013(10)

13192 超越苦难的诗意灵魂:从诗作中解读苏东坡途经南康时的心灵启示[J]/何显山//读写月报(高中版),2013(11)

13193 从苏东坡改诗谈编辑接地气[J]/康美权//视听,2013(11)

13194 游戏·幽默·智慧:浅析苏轼的游戏诗[J]/杨明清//新作文(中学作文教学研究),2013(11)

13195 对苏轼“以诗为词”内含的多层面理解[J]/宋学达//吉林省教育学院学报(下旬),2013(12)

13196 苏东坡改诗[J]/邹吉庆//幽默与笑话(成人版),2013(12)

13197 小议“柏梁体”诗[J]/谨空//中国钢笔

书法，2013（12）
13198 论《潇碧堂集》中的和韵苏轼诗［J］/ 郑晓星 // 青春岁月，2013（20）
13199 浅论苏轼政治诗的创作动因［J］/ 张子川 // 商，2013（21）
13200 从“诗画同源”看美术编辑的文化底蕴［J］/ 谢秋莎 // 出版广角，2013（24）
13201 苏轼悯农诗思想探源［J］/ 代文静 // 文教资料，2013（24）
13202 好诗消永夜，佳处辄参禅：论苏轼禅诗的美学智慧［J］/ 刘天骄 // 名作欣赏，2013（27）
13203 苏轼诗歌研究［J］/ 石红 // 西江月，2013（27）
13204 苏东坡的“芳草”［N］/ 秦海 // 羊城晚报，2014-06-18
13205 苏东坡怎样化诗为词［N］/ 不详 // 北京晨报，2014-08-06
13206 谪路东坡（二首）［N］/ 采薇 // 铜仁日报，2014-10-18
13207 苏轼过蔡留佳作［N］/ 柳书波 // 天中晚报，2014-10-21
13208 苏轼为何在庐山转晕了？［N］/ 不详 // 广州日报，2014-11-26
13209 苏轼诗文中的家园情结［N］/ 俞天鹏 // 深圳商报，2014-11-30
13210 从思维模式看苏、黄差异：兼及对“诗分唐宋”的新考察［J］/ 谢琰 // 云南大学学报（社会科学版），2014，13（1）
13211 杜甫苏轼农事诗比较举略［J］/ 陈珊 // 戏剧之家，2014（1）
13212 略谈白苏二公西湖诗之异同［J］/ 夏琪 // 杭州文博，2014（1）
13213 宋代诗学理论评黄庭坚为诗家宗祖之涵义及其原因［J］/ 余思亮 // 澳门科技大学学报，2014，8（1）
13214 宋诗不可小觑［J］/ 滕伟明 // 岷峨诗稿，2014（1）
13215 为血肉的生命找回语言的解释：试论苏轼以诗入词的个体特征［J］/ 王鹏 // 科技展望，2014（1）
13216 北宋诗歌比喻模式的演进［J］/ 张一南 // 云南大学学报（社会科学版），2014（2）
13217 从苏轼写月诗词探其作特点［J］/ 项璇 // 剑南文学，2014（2）
13218 古诗词中的廉政文化［J］/ 王争亚 // 人大建设，2014（2）
13219 苏轼和宋诗的拓展［J］/ 王文静 // 试题与研究·教学论坛，2014（2）
13220 苏轼山水诗中的积极入世精神［J］/ 张巍 // 山东工业技术，2014（2）
13221 《苏诗补注》［J］/ 不详 // 古典文学知识，2014（3）
13222 禅学与文学意趣的会通：“游戏三昧”与苏轼诗歌［J］/ 陈星宇 // 江西师范大学学报（哲学社会科学版），2014，47（3）
13223 东坡诗文中的梦［J］/ 刘怀德 // 志苑，2014（3）
13224 论苏轼审美理论的三个经典命题［J］/ 吴建民 // 太原师范学院学报（社会科学版），2014，13（3）
13225 论苏轼诗歌创作与佛禅关系的三次转折［J］/ 木斋，李明华 // 江西师范大学学报（哲学社会科学版），2014，47（3）
13226 试析王维、柳宗元、苏轼禅味诗的风格差异：以《使至塞上》、《江雪》、《蝶恋花·花褪残红春杏小》为例［J］/ 杨兴涓 // 金田，2014（3）
13227 苏轼“柳在韦上”之评的诗学思考［J］/ 徐涛 // 湖南科技学院学报，2014（3）
13228 苏轼巴蜀诗与唐宋诗歌嬗变［J］/ 申东城 // 中华文化论坛，2014（3）
13229 苏轼黄州劳动生活诗的文化意义［J］/ 吴福秀 // 湖北师范学院学报（哲学社会

科学版），2014（3）

13230 苏轼删柳宗元《渔翁》诗与“有我”、“无我”之境［J］/ 陈未鹏 // 湖南科技学院学报，2014（3）

13231 苏轼诗歌创作研究［J］/ 刘鸽 // 神州（下旬刊），2014（3）

13232 苏轼乡村诗词的主要内涵的探析［J］/ 俞天鹏 // 成都工业学院学报，2014（3）

13233 苏轼与金时习和陶诗比较研究［J］/ 杨树强 // 鸭绿江（下半月版），2014（3）

13234 再议苏轼对“平淡”诗风的态度［J］/ 徐隆垚 // 华人时刊（中旬刊），2014（3）

13235 从苏轼的诗文创作看他的女性态度和女性观念［J］/ 李铮，李浪安 // 云南开放大学学报，2014（4）

13236 论苏轼爱情诗文的婉约情怀［J］/ 谭小华，聂长涛 // 柳州师专学报，2014（4）

13237 苏轼对杜诗的接受［J］/ 陈斌 // 中国韵文学刊，2014（4）

13238 苏轼诗歌议论成分分析［J］/ 王莉 // 长城，2014（4）

13239 冯应榴《苏诗合注》的文献考证［J］/ 何泽棠 // 北京科技大学学报（社会科学版），2014（5）

13240 试论苏轼节序诗的情感寄托［J］/ 付少华 // 安阳工学院学报，2014（5）

13241 宋人笔下的“落英”诗辨［J］/ 陈正贤 // 文史杂志，2014（5）

13242 苏轼《和陶诗》分类研究［J］/ 魏小利 // 宜宾学院学报，2014（5）

13243 苏轼茶诗中的宋代茶俗及其文化意蕴［J］/ 梁珍明 // 农业考古，2014（5）

13244 苏轼在朝诗管窥：以送别、酬赠诗为例兼及与外任诗比较［J］/ 周晓飞，卞良君 // 黄冈师范学院学报，2014（5）

13245 苏轼诗文中宋代饮食文化探微［J］/ 倪瑗 // 心事，2014（6）

13246 午枕的伦理：昼寝诗文化内涵的唐宋转型［J］/ 曹逸梅 // 文学遗产，2014（6）

13247 细和渊明诗，穷年一笑适：从“和陶诗”中看东坡与渊明的对话［J］/ 陈燕萍 // 西安文理学院学报（社会科学版），2014（6）

13248 醉饱高眠，浮生难去：浅论杜甫居蜀与苏轼谪居岭南的饮食诗［J］/ 杨若诗 // 北方文学（中旬刊），2014（7）

13249 从苏轼黄州时的诗歌看其思想与诗风上的变化［J］/ 黄怡雯 // 北方文学（中旬刊），2014（9）

13250 苏轼贬谪诗的创作特色探究［J］/ 刘莉，孙海微 // 时代文学（下半月），2014（11）

13251 从“酒中仙”的游仙诗到“东坡居士”的理趣诗［J］/ 郑莹 // 文化产业，2014（12）

13252 论苏轼的人生经历对其诗风的影响［J］/ 关健 // 时代文学，2014（12）

13253 苏轼“和陶诗”的独特韵味之探究［J］/ 王燕燕 // 金田，2014（12）

13254 苏轼《绝句》赏析［J］/ 张英华 // 作文评点报（中考版），2014（17）

13255 寄满腔的悲愤于旷达的诗风下：读苏轼诗词有感［J］/ 李沛丽 // 青春岁月，2014（18）

13256 苏轼旅游诗研究［J］/ 余敏琦 // 青春岁月，2014（20）

13257 浅析苏轼题画诗中的人文精神［J］/ 李向阳，彭庭松 // 考试周刊，2014（62）

13258 苏轼“实美”精神观照下的诗文思想［J］/ 张杰 // 中国诗歌研究，2014

13259 苏东坡和文天祥的咏羊诗［N］/ 不详 // 兰江导报，2015-01-16

13260 苏东坡兄弟的涂山唱和诗［N］/ 不详 // 蚌埠日报，2015-03-10

13261　苏东坡的“芳草”［N］/ 不详 // 黄河晨报，2015-05-14

13262　苏轼的咏茶诗词［N］/ 徐成文 // 九江日报，2015-07-30

13263　舐犊之情与反哺之义：论苏轼、苏过的感情传递与诗意诠释［J］/ 丁沂璐，庆振轩 // 乐山师范学院学报，2015（1）

13264　论苏轼对宋高宗朝贬谪诗人的影响［J］/ 连国义 // 内蒙古大学学报（哲学社会科学版），2015，47（2）

13265　苏轼《洋州园池三十首》的艺术特点及影响［J］/ 孙启祥 // 陕西理工学院学报（社会科学版），2015（2）

13266　苏轼咏茶诗的生命情境与文化意蕴［J］/ 李懿 // 兰州学刊，2015（2）

13267　苏轼与韩国汉诗风的转换与诗学价值选择［J］/ 崔雄权 // 中央民族大学学报（哲学社会科学版），2015（2）

13268　苏轼农业诗歌漫谈［J］/ 敖思芬，王胜奇 // 南昌教育学院学报，2015（3）

13269　阳关曲［J］/ 程天保 // 今古传奇（单月号），2015（3）

13270　欲求世外无心地 一扫胸中累劫尘：苏辙佛禅诗歌探析［J］/ 彭俊楠 // 法音，2015（3）

13271　东坡田园诗的特征与意义［J］/ 俞兆良 // 惠州学院学报，2015（4）

13272　俯仰各有态 得酒诗自成：苏东坡诗酒人生的多元境界［J］/ 王许林 // 古典文学知识，2015（4）

13273　论苏轼对韩国古代和陶文学的影响：以申钦《和陶饮酒二十首》为例［J］/ 卢文倩 // 潍坊工程职业学院学报，2015（4）

13274　论苏轼诗中的农具意象［J］/ 罗郝林 // 太原师范学院学报（社会科学版），2015（4）

13275　试论苏轼的“和陶诗”［J］/ 崔怡 // 惠州学院学报，2015（4）

13276　浅论诗歌体物绘景之标准：由苏轼一首论画诗说起［J］/ 朱文霞 // 青年文学家，2015（5）

13277　陶成瓦砾亦诗材：从凤翔到杭州苏轼绝句创作历程的转变［J］/ 贺坚 // 无线音乐·教育前沿，2015（5）

13278　翰林学士苏轼与元祐诗坛［J］/ 陈元锋 // 福州大学学报（哲学社会科学版），2015（6）

13279　论苏轼早“山水游宦”中的山水诗心与勇儒人格［J］/ 程磊 // 西南民族大学学报（人文社会科学版），2015（6）

13280　他年雪堂品，空记桃花裔：苏东坡“问大冶长老乞桃花茶栽东坡”心迹行踪考［J］/ 饶学刚 // 黄冈职业技术学院学报，2015（6）

13281　论苏轼对西昆体的接受［J］/ 段莉萍 // 西南民族大学学报（人文社会科学版），2015（8）

13282　宋人笔下的“落英”诗辩［J］/ 陈正贤 // 写作（上旬刊），2015（8）

13283　论苏轼离别诗的叙事特征［J］/ 郭天骄 // 名作欣赏（中旬），2015（10）

13284　论王维、苏轼山水诗的审美差异［J］/ 张棉棉 // 名作欣赏·文学研究（下旬），2015（10）

13285　浅论袁宏道在诗歌理论及创作上对苏轼的推崇［J］/ 贺玉 // 金田，2015（10）

13286　苏轼“和陶诗”对陶诗接受的开创性贡献［J］/ 伏蒙蒙 // 乐山师范学院学报，2015（10）

13287　论苏轼黄州农事诗的百姓情怀［J］/ 乔云峰 // 乐山师范学院学报，2015（11）

13288　浅析苏轼虔州诗风趋于平淡的原因［J］/ 赵小荣 // 中学课程辅导·教师通讯，2015（12）

13289 辗转悲欢：评苏轼的离别诗［J］/ 刘知萌，苏丽娅 // 雪莲，2015（12）
13290 万化归一是平淡：论苏轼诗歌理论历程［J］/ 陈玲玲 // 现代语文，2015（19）
13291 论苏轼诗歌的孤独体验与归依体验［J］/ 彭敏 // 文教资料，2015（21）
13292 试论苏轼绝句创作的艺术特征［J］/ 魏宏伟 // 俪人（教师版），2015（23）
13293 苏轼“以诗识人”［J］/ 陈雄 // 政府法制，2015（35）
13294 苏轼咏器乐诗词音乐审美情趣及述评［J］/ 白海燕 // 短篇小说（原创版），2015（35）
13295 苏轼诗话中审美范畴研究［D］/ 苏畅．—哈尔滨师范大学（硕士论文），2015
13296 苏轼的咏竹诗［N］/ 何永炎 // 深圳特区报，2016-01-07
13297 苏轼的月亮［N］/ 宋香宁 // 青岛早报，2016-04-14
13298 苏东坡汤阴题诗［N］/ 傅炳熙 // 安阳日报，2016-05-11
13299 从苏东坡错续菊花诗说起［N］/ 毕建奎 // 陇南日报，2016-07-20
13300 抛砖引玉辨苏诗［N］/ 李宗英 // 梅州日报，2016-07-25
13301 苏东坡戒诗（1）［N］/ 李国文 // 北京晚报，2016-08-14
13302 苏东坡戒诗（2）［N］/ 李国文 // 北京晚报，2016-08-15
13303 苏东坡戒诗（3）［N］/ 李国文 // 北京晚报，2016-08-16
13304 苏东坡戒诗（4）［N］/ 李国文 // 北京晚报，2016-08-17
13305 苏东坡戒诗（5）［N］/ 李国文 // 北京晚报，2016-08-18
13306 苏东坡戒诗（6）［N］/ 李国文 // 北京晚报，2016-08-19
13307 从东坡诗看他的生活态度［N］/ 李志强 // 常州日报，2016-11-05
13308 从东坡诗看他的生活态度［N］/ 金水 // 常州日报，2016-11-12
13309 东坡错续“题菊诗”［N］/ 彭兴亮 // 忻州晚报，2016-11-25
13310 遗韵飘香：陇原大地上与苏轼有关的史诗［N］/ 王文元 // 兰州晨报，2016-12-10
13311 苏东坡改诗［N］/ 不详 // 中国石油报，2016-12-24
13312 从苏东坡诗句说天水“下”字的方音［N］/ 不详 // 天水日报，2016-12-28
13313 白居易的闲适诗创作对苏轼诗的影响［J］/ 郑元清 // 湖北经济学院学报（人文社会科学版），2016（1）
13314 朝鲜诗人南羲采对苏轼诗歌的审美批评［J］/ 冉驰 // 地方文化研究辑刊，2016（1）
13315 论红楼梦诗社与宋人“白战体”的关系［J］/ 王献峰 // 河南工程学院学报（社会科学版），2016（1）
13316 论蜀僧宝昙、居简诗歌创作与苏轼之关系：南宋临济宗文学僧诗学“典范”的考察［J］/ 张硕 // 新国学，2016（1）
13317 论苏轼早期的山水宦游诗［J］/ 程磊 // 中国苏轼研究，2016（1）
13318 宋诗阐释领域所体现的江西诗派理论：以苏诗百家注为例［J］/ 徐立昕 // 信阳师范学院学报（哲学社会科学版），2016（1）
13319 苏东坡对白香山的受容与超越：咏梅诗的视角［J］/ 陈才智 // 中国苏轼研究，2016（1）
13320 苏诗理趣论［J］/ 沈广斌 // 中国苏轼研究，2016（1）
13321 苏轼茶诗中的人生态度与审美精神探析

［J］/ 苏莉 // 闽南师范大学学报（哲学社会科学版），2016（1）

13322 朱弁论苏轼评析［J］/ 杨胜宽 // 中国苏轼研究，2016（1）

13323 当代苏轼“以诗为词”问题研究评述［J］/ 陈美佳 // 北方文学（下旬），2016（2）

13324 苏轼对杜甫诗学的继承和发展［J］/ 张思齐 // 西华大学学报（哲学社会科学版），2016（2）

13325 苏轼诗词的比喻之美［J］/ 刘红芹 // 辽东学院学报（社会科学版），2016（2）

13326 宋代南渡时期诗论特点及诗歌范式的选择：由《石林诗话》“阴抑元祐”说起［J］/ 戎默 // 燕山大学学报（哲学社会科学版），2016（3）

13327 宋人笔下的“落英”诗辨［J］/ 陈正贤 // 古典文学知识，2016（3）

13328 苏轼七古赏析［J］/ 滕伟明 // 岷峨诗稿，2016（3）

13329 苏轼诗词的理趣浅析［J］/ 王彩虹 // 西安文理学院学报（社会科学版），2016（3）

13330 苏轼诗歌的“仇池石”意象探析［J］/ 姚华 // 文学遗产，2016（3）

13331 从东坡诗看宋诗特点［J］/ 李超超 // 北方文学（下旬），2016（4）

13332 从两类文献看苏轼杜诗批评的成就与特色［J］/ 张思齐 // 福州大学学报（哲学社会科学版），2016（4）

13333 言论统制下的文学文本：以苏轼诗歌创作为中心［J］/ 浅见洋二 // 复旦学报（社会科学版），2016（4）

13334 苏轼《琴诗》［J］/ 夏春明 // 东坡赤壁诗词，2016（5）

13335 苏轼黄州寺院诗的新变［J］/ 贾晓峰 // 内蒙古大学学报（哲学社会科学版），2016（5）

13336 苏轼咏茶诗词中的意象美［J］/ 陈楠 // 福建茶叶，2016（5）

13337 浅析苏轼桃花茶诗［J］/ 杨瑞军 // 湖北师范学院学报（哲学社会科学版），2016（6）

13338 试论苏轼诗歌的比喻艺术［J］/ 商拓 // 西华大学学报（哲学社会科学版），2016（6）

13339 一盏清茶品人生：解读苏东坡茶诗创作及审美特色［J］/ 温云兰，冉孟春 // 福建茶叶，2016（6）

13340 宋代诗词传播方式研究：以苏轼为例［J］/ 闫冬 // 同行，2016（7）

13341 苏东坡诗意［J］/ 叶毓中 // 荣宝斋，2016（7）

13342 苏轼的咏竹诗［J］/ 何永炎 // 科教文汇（下旬刊），2016（7）

13343 苏轼庐山诗研究综述［J］/ 庆振轩，陈佳宁 // 乐山师范学院学报，2016（7）

13344 苏轼民俗诗创作缘由的多维透视［J］/ 王凤苓 // 山东社会科学，2016（8）

13345 从课本选文看苏轼人生的自觉诗意［J］/ 饶纯刚 // 中学语文（教学大参考），2016（9）

13346 东坡月（外一首）［J］/ 山眉 // 当代音乐，2016（9）

13347 苏轼海南期间诗歌创作之综论［J］/ 李景新 // 乐山师范学院学报，2016（9）

13348 圆活与尚趣：佛禅与苏轼诗歌的美学风格刍议［J］/ 王渭清 // 乐山师范学院学报，2016（10）

13349 伯顿·沃森译苏轼诗词语言与文化的变异［J］/ 崔小欢，胡志国 // 乐山师范学院学报，2016（11）

13350 与东坡对饮［J］/ 杨楚晗 // 北方文学，2016（11）

13351 论苏轼诗文中人文“剩余价值”的开发［J］/李乙才//好家长，2016(12)

13352 宋人“和陶《辞》”考［J］/李成晴//北京社会科学，2016(12)

13353 论苏轼的理趣诗［J］/黄黎娅//读天下，2016(15)

13354 古代诗歌鉴赏的方法探究：摭谈对古代诗词情感的把握［J］/顾莲//语文知识，2016(17)

13355 苏轼中晚期诗作思想所受陶诗之影响初探［J］/孙蛟龙，陈名扬//名作欣赏，2016(17)

13356 从苏东坡的《远眺》看文字设计意象化现象［J］/徐丽静//美术教育研究，2016(19)

13357 浅谈苏东坡诗文的理趣［J］/李荣道//文教资料，2016(20)

13358 浅析苏轼题画诗想象丰富的缘由［J］/赵颖//人间，2016(20)

13359 苏轼·记董傅论诗［J］/钟斌//东方艺术，2016(20)

13360 “高古”与“脱俗”：宋代柳宗元诗歌解读：以苏轼为中心［J］/宋鸽//中国苏轼研究，2017(1)

13361 从节序诗看苏轼的思想变化历程［J］/王博施//中国苏轼研究，2017(1)

13362 论“诗画互有”：以苏轼诗画作品为例［J］/李制，沈亚丹//山东大学学报(哲学社会科学版)，2017(1)

13363 苏轼：将半生苟且活成诗和远方［J］/陈晓武//时代青年(悦读)，2017(1)

13364 苏轼对杜诗的阐释［J］/董宇宇//中国苏轼研究，2017(1)

13365 苏轼理趣诗情理结构分析举隅［J］/包树望//中国苏轼研究，2017(1)

13366 苏轼书翰杜诗叙录［J］/刘重喜//古典文献研究，2017(1)

13367 苏轼早期的诗作内容及特点［J］/彭文良//中国苏轼研究，2017(1)

13368 试析苏轼茶诗的审美意蕴及文学价值［J］/李永红//福建茶叶，2017(2)

13369 苏轼诗词中的常州形象［J］/魏际兰//常州工学院学报(社会科学版)，2017(2)

13370 论苏轼咏梅诗中的“美人”拟象及其象征意义［J］/王天娇//中华文化论坛，2017(3)

13371 修辞技艺·信息传递·知识扩散：诗歌自注的多重功能：以王安石、苏轼、黄庭坚为例［J］/马强才//杭州师范大学学报(社会科学版)，2017(3)

13372 论苏轼对南宋高宗朝贬谪诗坛的影响［J］/蔡龙威//史志学刊，2017(4)

13373 浅谈苏轼之“以诗为词”［J］/贺斌//文化学刊，2017(4)

13374 迥别的人生，相似的情怀：从苏轼和毛泽东诗词看他们的共同情怀［J］/边裕媛//名作欣赏，2017(5)

13375 浅析苏轼诗论中的“枯淡观”［J］/陈世涵//北方文学(下旬)，2017(5)

13376 诗意空间的塑造：论苏轼外任游宦期间的差旅书写［J］/王启玮//海南大学学报(人文社会科学版)，2017(6)

13377 苏轼诗歌的饮食思维［J］/高峰//吉林师范大学学报(人文社会科学版)，2017(6)

13378 浅析苏轼诗词中的“笑”［J］/邱成嘉//语文天地，2017(19)

13379 寂寞飘零赤子情：析苏轼一诗一词［J］/李育倩//名作欣赏，2017(35)

13380 论苏轼“弃柳归陶”的转变［D］/步童.—东北师范大学(硕士论文)，2017

13381 论苏轼诗词对杜诗的接受与融通［D］/贾琪.—重庆师范大学(硕士论文)，

2017

13382 论苏轼诗画观对当代图文关系的启示［D］/ 王慧丽．—湖北民族学院（硕士论文），2017

13383 苏轼茶诗审美研究［D］/ 刘文静．—曲阜师范大学（硕士论文），2017

13384 苏轼岭南风物诗研究［D］/ 卢虹红．—广西师范大学（硕士论文），2017

13385 苏轼诗歌对《昭明文选》的接受研究［D］/ 董宏钰．—吉林大学（博士论文），2017

13386 追求心灵的自由：论苏轼的文学思想及诗歌创作［D］/ 周蕾．—武汉大学（硕士论文），不详

13387 追随与超越：从苏轼学陶比较其思想异同［D］/ 赵艳．—吉林大学（硕士论文），不详

诗歌作品评论与赏析

13388 东坡轶诗［J］/ 明园 // 孔雀画报，1925（2）

13389 海云楼笔记：东坡诗出处［J］/ 蜀仙 // 归纳学报，1927，1（1）

13390 苏东坡亲笔诗词（一）［J］/ 杨公卓 // 中国摄影学会画报，1927（93）

13391 苏东坡亲笔诗词（续）［J］/ 杨公卓 // 中国摄影学会画报，1927（98）

13392 节艺概论东坡诗［J］/ 刘熙载 // 诗与散文（上海 1934），1934，1（1）

13393 枕上读东坡诗［J］/ 芝峰 // 海潮音，1934，15（11）

13394 东坡八咏考［J］/ 读父书楼主 // 赣州市政公报，1934（4）

13395 南游舟中用东坡六月二十夜渡海韵［J］/ 榆生 // 文明之路，1935（18）

13396 谈惧内："忽闻河东狮子吼，拄杖落手心茫然！"（苏东坡戏季常诗）［J］/ 曙山 // 论语，1935（67）

13397 诵苏东坡花影诗联想到国医之今日［J］/ 陈起云 // 寿世医报，1936，2（3）

13398 滇事拾遗：温泉［J］/ 何筱泉 // 卫星，1937，1（5）

13399 苏轼词选：［诗词多首］［J］/ 不详 // 江苏广播周刊，1937（31）

13400 读苏东坡集［J］/ 詹达 // 金中学生，1940（6）

13401 苏东坡医诗［J］/ 黑士 // 艺海周刊，1940（31）

13402 东坡诗："无事此静坐……"［J］/ 冯大光，蛰庐 // 立言画刊，1940（73）

13403 东坡诗分期之检讨［J］/ 严恩纹 // 责善半月刊，1941，2（1）

13404 论苏东坡诗［J］/ 陈寥士 // 华文大阪每日，1942，8（11）

13405 渊明东坡和我［J］/ 董每戡 // 经纬，1946，新 1（9）

13406 谈几首古典抒情短诗的结构："九月九日忆山东兄弟"、"社日"、苏轼的一首词"浣溪沙"、"真州绝句"、"塞下曲"、"闻白乐天左降江州司马"［J］/ 闻国新 // 语文学习，1956（总 62）

13407 处理古典诗词的一点意见：以曹植"野田黄雀行"为例兼及苏轼"念奴娇"［J］/ 詹安泰 // 语文教学，1957（总 9）

13408 跋中央图书馆藏宋刊本注东坡先生诗［J］/ 屈万里 // 图书馆学报，1959，1（1）

13409 苏东坡之消夏诗（一）［N］/ 玄翁 // 联合报，1960-07-12

13410 苏东坡之消夏诗（二）［N］/ 玄翁 // 联合报，1960-07-12

13411 东坡诗注述[J]/黄君实//华国，1963(4)
13412 东坡诗中数事[J]/杨胤宗//建设，1966，15(6)
13413 苏东坡诗的幽默[N]/风人//台湾“中央日报”，1966-08-24
13414 读苏东坡诗[J]/陈炳藻//新亚中文系年刊，1968(6)
13415 苏东坡与陶渊明[J]/陈宗敏//自由报，1968(895)
13416 苏轼及其诗歌创作[J]/黄勖吾//南洋大学学报，1969(3)
13417 盛世诗人苏东坡[J]/禚梦庵//中华诗学，1970，3(6)
13418 由苏轼诗文谈到写诗[J]/朱玖莹//中华诗学，1970，3(6)
13419 东坡乐府校订笺注[J]/郑向恒//师大国文研究所集刊，1970(14)
13420 读东坡诗词偶得[J]/禚梦庵//中华诗学，1971，5(4)
13421 苏东坡的诗[J]/觉初//文坛(香港)，1971(315)
13422 论苏轼集宋诗之大成[J]/李曰刚//中华文化复兴月刊，1972，5(5)
13423 苏东坡诗文与中国文化[J]/禚梦庵//中国诗学，1972，6(3-4)
13424 苏诗之幽默趣味：东坡诗论之一[J]/苏雪林//畅流，1972，45(7)
13425 苏诗之喜用拟人法 以童心观世界：东坡诗论之二[J]/苏雪林//畅流，1972，45(8)
13426 苏诗之以文为诗 善发议论：东坡诗论之三[J]/苏雪林//畅流，1972，45(9)
13427 苏诗之富于哲理：东坡诗论之五[J]/苏雪林//畅流，1972，45(11)
13428 苏诗之用小说俗谚及眼前典故：东坡诗论之六[J]/苏雪林//畅流，1972，45(12)
13429 苏轼诗中用字的技巧[J]/陈香//中华文化复兴月刊，1973，6(6)
13430 说诗：谈苏东坡回文体[N]/文铁铮//青年战士报，1974-05-24
13431 苏东坡宦途多险狱中赋诗[J]/陈应龙//艺文志，1975(120)
13432 苏东坡诗文与中国文化[J]/禚梦庵//中外杂志，1976，19(4)
13433 前进出好诗 倒退哼反调：评王安石和苏轼的两首诗[J]/周石山，楚云谊//思想战线，1976(2)
13434 苏东坡与诗画合一之研究[J]/戴丽珠//台湾师范大学国文研究所集刊，1976(20)
13435 论东坡诗画理论及其影响[J]/戴丽珠//中华文化复兴月刊，1977，10(3)
13436 苏东坡诗论[J]/戴丽珠//中华文化复兴月刊，1977，10(4)
13437 我所欣赏的诗人与诗：晚唐的李商隐、杜牧、西湖骚客白居易、苏东坡[J]/陈立文//中华文艺，1977，13(3)
13438 苏陶“咏贫士”诗比较研究[J]/鲍霦//幼狮月刊，1978，47(3)
13439 苏陶“饮酒”诗比较研究[J]/鲍霦//中国国学 1978(6)
13440 苏轼：陶渊明的异代知己[J]/颐庐//恒毅，1979，29(3)
13441 苏轼诗词选讲[J]/王淑均//语文学习，1979(1)
13442《水经注》描写山水的艺术技巧[J]/罗宗阳//南昌大学学报(人文社会科学版)，1979(4)
13443 泛论苏东坡的诗[J]/张朴民//自由谈，1980，31(3)
13444 杜甫托梦与东坡辩诗[J]/顾志兴//书林，1980(1)

13445 浅谈宋诗中的形象思维［J］/ 孙文葵 // 河北师范大学学报（哲学社会科学版），1980（1）

13446 论苏轼的安边御敌思想和爱国诗篇［J］/ 刘乃昌 // 齐鲁学刊，1980（2）

13447 苏轼题《杨妃痛齿图》［J］/ 不详 // 星星诗刊，1980（2）

13448 佳处未易识 当有来者知：苏轼咏徐州诗词选注（一）［J］/ 冒炘，刘鹏 // 徐州师范大学学报（哲学社会科学版），1980（3）

13449 到郡诗成集，民事要更尝：苏轼咏徐州诗词选注（二）［J］/ 昌跖，刘鹏 // 徐州师范学院学报，1980（4）

13450 苏陶“杂诗”比较研究［J］/ 鲍霦 // 中国国学 1980（7）

13451 苏轼诗选笺［J］/ 高越天 // 中国诗季刊，1981，12（3）

13452 菊残犹有傲霜枝：苏轼真的后悔续菊花诗吗？［N］/ 黄桢翔 // 长江日报，1981-12-27

13453 诗情·画意·爱国篇：读宋诗札记［J］/ 郭文玉 // 江西社会科学，1981（1）

13454 意态兀傲 峭拔清新：读黄庭坚《雨中登岳阳楼望君山二首》［J］/ 申君 // 名作欣赏，1981（1）

13455 生活的真实与艺术的真实：从苏轼《惠崇春江晓景》谈起［J］/ 王水照 // 文学遗产，1981（2）

13456 苏东坡和他的西湖诗（西湖诗话）［J］/ 池边 // 西湖，1981（2）

13457 诗如见画 画外生发：谈苏轼的题画诗《惠崇春江晓景》［J］/ 项郁才 // 黄石师范学院学报（哲学社会科学版），1981（4）

13458 苏轼咏桥的启示［J］/ 丁国成 // 北京文学，1981（8）

13459 巧妙的比喻，丰富的想象［J］/ 初玉芬 // 黑龙江艺术，1981（9）

13460 苏东坡的诗及其为人性格［J］/ 罗敬之 // 华学月刊，1981（109）

13461 摹画的诗［J］/ 谢常青 // 承德师专学报，1981

13462 苏东坡的《洗儿诗》［J］/ 黎国器，岑婉薇 // 知识窗，1982（1）

13463 苏东坡咏菊［J］/ 双翼 // 集萃，1982（1）

13464 泛谈苏东坡的景物诗［J］/ 余彦文 // 黄冈师专学报，1982（3）

13465 依画翻新意 诗抒画外情：苏轼咏画题画诗赏析［J］/ 孙民 // 社会科学辑刊，1982（3）

13466 论苏轼的咏画诗［J］/ 项郁才 // 黄石师范学院学报（哲学社会科学版），1982（4）

13467 《历代三峡诗歌选注》和《大众美学》编辑出版［J］/ 刘万顺 // 社会科学研究，1982（5）

13468 鸿飞那复计东西［J］/ 曾敏之 // 湘江文学，1982（9）

13469 诗中有画和画中有诗［J］/ 王启兴 // 湖北民族学院学报（哲学社会科学版），1982（S1）

13470 中国士人仕与隐的研究：以陶渊明诗文与苏东坡之“和陶诗”为主［D］/ 陈英姬 .—台湾师范大学（硕士论文），1982

13471 苏轼《韩幹马十四匹》赏析［J］/ 吴子厚 // 语文园地，1983（2）

13472 诗入眼底画卷开：苏轼《惠崇〈春江晚景〉》简说［J］/ 徐荣街 // 语文教研（中学语文版），1983（3）

13473 苏轼《惠崇〈春江晓景〉》赏析［J］/ 魏怡，嗜文 // 北京师范大学学报，1983（3）

13474 新诗如洗出:《惠崇〈春江晓景〉》赏析[J]/王岱英//天津教育，1983(3)

13475 试析苏轼的题画诗《惠崇〈春江晓景〉》[J]/李扬勇//语文教学与研究，1983(4)

13476 试析苏轼题画诗《惠崇〈春江晓景〉》[J]/李扬勇//语文教学与研究，1983(4)

13477 惠崇《春江晚景》题名质疑[J]/张汉清，方弢//辽宁师范大学学报(社会科学版)，1983(5)

13478 苏轼咏牡丹二绝句赏析：牡丹诗文欣赏[J]/高兰//牡丹，1983(5)

13479 万顷沧波没两鸥：谈苏轼赠和子由的诗[J]/冒炘，王林书//甘肃社会科学，1983(5)

13480《水经》作者及其成书年代[J]/常征//中国水利，1983(6)

13481 疏澹含精匀[J]/雷成德//美育，1983(6)

13482 苏轼的《惠崇〈春江晚景〉二首》[J]/洪桥//文教数据简报，1983(6)

13483 谈苏轼《惠崇春江晚景》[J]/丁长和//语文教学与研究，1983(6)

13484 读苏轼《六月二十七日望湖楼醉书》[J]/何铎明//语文教学，1983(7)

13485 苏轼《送子由使契丹》[J]/陶陶(释文)//父母必读，1983(7)

13486 冬天里的春天：读苏轼《冬景》[J]/赖汉屏//湖南教育，1983(8)

13487 苏东坡诗文中的徐州风光[J]/刘季洪//艺坛，1983(180)

13488 常里觅新 淡中见趣：苏轼《冬景》诗浅析[J]/张云清//江西教育，1983(Z1)

13489 苏轼《有美堂暴雨》赏析[J]/白草//咸宁师专学报，1983

13490 苏东坡诗和崔白双喜图：论宋画阔绢狭绢问题[J]/李霖灿//故宫学术季刊，1984，2(1)

13491 试论宋诗特色及其历史地位[J]/肖蔚彬//广东民族学院学报(哲学社会科学版)，1984(1)

13492 苏东坡和陶诗[J]/张宏生//徐州师范学院学报(哲学社会科学版)，1984(1)

13493 苏轼《荔枝叹》的一条注释[J]/陈庆元//福建论坛(人文社会科学版)，1984(1)

13494《题西林壁》一诗中的哲理[J]/陈西陵//福建论坛(人文社会科学版)，1984(2)

13495 读苏轼在惠的荔枝诗[J]/李庆皋//北华大学学报(社会科学版)，1984(3)

13496 浅近设喻、透彻说理：苏轼《教战守策》的艺术特色[J]/方伯荣//名作欣赏，1984(3)

13497《有美堂暴雨》诗题辨[J]/成善楷//四川大学学报(哲学社会科学版)，1984(4)

13498 关于《澄迈驿通潮阁二首》[J]/成善楷//四川大学学报(哲学社会科学版)，1984(4)

13499 苏轼《江上值雪》当作于出峡以后[J]/枣庄//四川大学学报(哲学社会科学版)，1984(4)

13500 苏轼《虔州八境图》诗考析[J]/沈义芙//赣南师范学院学报(哲学社会科学版)，1984(4)

13501 苏轼《亡伯提刑郎中挽诗》系年[J]/枣庄//四川大学学报(哲学社会科学版)，1984(4)

13502 形神兼备 美在其中：苏轼《春江晚景》题画诗赏析[J]/周溶泉，徐应佩//江苏教育，1984(4)

13503 苏轼诗《汤村开运盐河，雨中督役》析

评［J］/ 吴锦润 // 惠阳师专学报，1984（6）

13504 苏轼诗二首［J］/ 不详 // 传媒观察，1984（8）

13505 扬起艺术联想的风帆：简析苏轼《饮湖上初晴后雨》［J］/ 王英志 // 文学报，1984（29）

13506 一首好诗书裙带：读苏轼诗《悼朝云》［J］/ 小蓝 // 惠阳师专学报，1984（S1）

13507 诗文之辨和以文为诗：兼析韩愈、白居易、苏轼的三首纪游诗［J］/ 葛晓音 // 中国语文学刊，1984（1）

13508 读苏轼的题画诗［C］/ 吴枝培 // 古代文学理论研究（第九辑）/ 中国古代文学理论学会，1984

13509 谈宋刻施顾东坡诗注［J］/ 潘美月 // 故宫文物月刊，1985，2（10）

13510 开拓文学研究的思维空间［N］/ 亦林 // 湖南日报，1985-05-24

13511 从苏东坡的小学造诣看他在诗学上的表现［J］/ 陈新雄 // 古典文学（上），1985（7）

13512 略论苏轼题画诗［J］/ 林从龙，范炯 // 江海学刊（文史哲版），1985（1）

13513 苏轼《过莱州雪后望三山》［J］/ 张传实 // 山东青年，1985（1）

13514 读苏轼兄弟《江上看山》［J］/ 毛大成 // 课外学习，1985（2）

13515 两首风格迥异的哲理诗：王安石的《登飞来峰》与苏东坡的《题西林壁》赏析［J］/ 王志尧 // 河南师范大学学（哲学社会科学版），1985（2）

13516 浅谈黄山谷的题像诗［J］/ 陆宏辉 // 曲靖师范学院学报，1985（2）

13517 苏轼《饮湖上初晴后雨》赏析［J］/ 纪作亮 // 中文自学指导，1985（2）

13518 苏轼北归度梅岭诗评析［J］/ 王朝安，王集门 // 海南大学学报（人文社会科学版），1985（2）

13519 东坡过梧有诗篇［J］/ 李祖光 // 梧州市地方志通讯，1985（3）

13520 苏轼湖州诗选注［J］/ 王宗浚 // 湖州师专学报（社会科学版），1985（3）

13521 苏轼融画境入诗的成就［J］/ 李碧传 // 艺谭，1985（3）

13522 如五谷必可疗饥，药石必可伐病：浅析苏轼的政治讽喻诗《荔枝叹》［J］/ 张廷杰 // 宁夏大学学报（哲学社会科学版），1985（4）

13523 在描绘和咏叹中领悟人生的哲理：谈苏轼的《题西林壁》［J］/ 陈友冰 // 学语文，1985（4）

13524 《诗经》迭音词初探［J］/ 张庆凯 // 河南大学学报（社会科学版），1985（5）

13525 《题西林壁》简析及教学建议［J］/ 龚学文 // 小学教学研究，1985（5）

13526 不识庐山真面目 只缘身在此山中：苏东坡《题西林壁》诗新解［J］/ 潘良炽 // 语文园地，1985（5）

13527 东坡与退溪之饮酒退隐情趣：和陶饮酒二十首比较［J］/ 张基槿 // 韩国学报，1985（5）

13528 黄庭坚与《松风阁》诗［J］/ 骆天祥 // 语文教学与研究，1985（5）

13529 读苏二题［J］/ 张福勋 // 名作欣赏，1985（6）

13530 善于发现美，巧于表现美：读苏轼的《饮湖上初晴后雨》［J］/ 陈友冰 // 语文月刊，1985（10）

13531 绘景寓理 妙趣横生：简析苏轼《题西林壁》［J］/ 李笑天 // 语文教学与研究，1985（11）

13532 浅论禅宗对宋诗的影响［J］/ 吴惠娟 // 学术月刊，1985（11）

13533 从苏东坡的小学造诣看他在诗学上的表现[J]/陈新雄//辅仁学志(文学院之部),1985(14)

13534 苏轼诗英译品赏[J]/文殊//大学英语,1986(2)

13535 略论苏轼的“诗画异同”说[J]/吕永//武汉大学学报(社会科学版),1986(3)

13536 意境篇:读中国画论札记[J]/杨身源//南京艺术学院学报(美术与设计版),1986(4)

13537 从《于潜女》谈苏轼的审美观[J]/宫粹英//成人教育,1986(5)

13538 如饮美酒销百忧:苏轼《石苍舒醉墨堂》诗赏析[J]/孙兰廷//语文学刊,1986(5)

13539 苏东坡与理发[J]/李洪甫//风流一代,1986(5)

13540 苏轼志怪诗中的“怪”[J]/吴承良//历史大观园,1986(5)

13541 诗画合璧 相得益彰:苏轼的题画诗《惠崇〈春江晓景〉》赏析[J]/李扬勇//语文学刊,1986(6)

13542 以古讽今 切中时弊:读苏轼的《荔枝叹》[J]/刘永泰//自修大学(文史哲经专业),1986(10)

13543 良琴妙指出清音:读苏轼“琴诗”[J]/丁慕贤//决策与信息,1986(11)

13544 苏轼诗句中的“绕郭”[J]/佚名//乐山史志资料,1986(14)

13545 苏轼北归度梅岭诗析[J]/王朝安,王集门//韶关学院学报,1986(Z1)

13546 《秧马歌》碑及秧马的流传[J]/尹美禄//农业考古,1987(1)

13547 论宋人对“诗画同一”的美学追求[J]/余国梁//汕头大学学报(人文科学版),1987(2)

13548 论苏轼题画诗的丰富想象[J]/汤炳能//学术论坛,1987(2)

13549 《雨霖铃》欣赏[J]/江柳//中学语文,1987(3)

13550 妙寄物外之理:试谈苏轼的理趣诗[J]/任亚民//百家论坛,1987(4)

13551 苏轼《题西林壁》赏析[J]/孟醒仁//艺谭,1987(4)

13552 苏轼《吴中田妇叹》分析[J]/任可//中文自学指导,1987(4)

13553 笔落潇潇写寥廓[J]/静远//散文,1987(5)

13554 神采飞扬,逸趣横生:读苏轼《送子由使契丹》[J]/吴子厚//阅读与写作,1987(5)

13555 触处皆春 欢欣勃郁:读苏轼的《惠崇春江晚景》[J]/张智华//学语文,1987(6)

13556 诗意盎然的山村风物画:谈谈苏轼《新城道中》[J]/王美春//阅读与写作,1987(7)

13557 苏东坡的一首“晚眺”诗[J]/沙舟//知识杂志·课外学习,1987(7)

13558 戏作鮰鱼一绝[J]/杭贵如,张家骞//中国食品,1987(7)

13559 东坡琼州诗研究[D]/林采梅.—东吴大学(硕士论文),1987

13560 从苏轼的《琴诗》说起[J]/黎邦隆//邵阳高等专科学校学报,1988(1)

13561 意象、情感、音乐:浅谈古典诗词的赏析[J]/张善庆//潍坊教育学院学报,1988(1)

13562 读苏轼《次韵子由书李伯时所藏韩幹马》[J]/林木//河西学院学报,1988(2)

13563 明年岂无年 心事恐蹉跎:苏轼《守岁》诗浅析[J]/云木//当代中学生,1988(2)

13564 苏轼·秧马·插秧机［J］/谭诗斌//湖北农机化，1988（2）

13565 水光潋滟晴方好 山色空蒙雨亦奇：苏轼山水诗的动态美探析［J］/唐卿斓//广西师范学院学报（哲学社会科学版），1988（3）

13566 论苏轼的咏梅诗［J］/姜蓝宝//大庆师专学报（哲学社会科学版），1988（4）

13567 苏子作诗如见画：苏轼《李思训画〈长江绝岛图〉》赏析［J］/张琦//文史知识，1988（4）

13568 信手拈来都成妙谛：苏轼的《六月二十七日望湖楼醉书》赏析［J］/刘逸生//名作欣赏，1988（4）

13569 飘逸空蒙妙笔生花：恽敬《游庐山后记》鉴赏［J］/张来芳//新闻战线，1988（6）

13570 明月亦有情 皎皎照红妆［J］/邓忠强//阅读与写作，1988（9）

13571 《诗归》二题［J］/刘建国//中国韵文学刊，1988（Z1）

13572 苏轼岭南诗论析［D］/刘昭明.—台湾师范大学（硕士论文），1988

13573 论苏轼岭海时的思想与创作［J］/张海滨//宁夏大学学报（人文社会科学版），1989（1）

13574 苏东坡联诗［J］/蔡锦修//山海经，1989（1）

13575 析苏轼《赠刘景文》［J］/吴小如//名作欣赏，1989（1）

13576 漫谈东坡咏鱼诗［J］/不详//烹调知识，1989（3）

13577 《杂纂七种》与《风俗粲》及其它［J］/曲彦斌//民俗研究，1989（4）

13578 莫作天涯万里意：苏轼《被酒独行，遍至子云、威、徽、先觉四黎之舍》二首浅析［J］/黎绍铭//写作，1989（5）

13579 欧阳修和苏轼的“禁体物语”诗［J］/张孟麟//阅读与写作，1989（5）

13580 醉意 画趣 诗情：苏轼《郭祥正家，醉画竹石壁上》诗浅析［J］/钟陵//古典文学知识，1989（5）

13581 东坡诗意（中国画）［J］/李俊琪//林业财务与会计，1989（9）

13582 苏轼黄州诗研究［J］/罗凤珠//台湾师范大学国文研究所集刊，1989（33）

13583 《望庐山瀑布》、《题西林壁》比照［J］/谢若松//湖南教育，1989（Z2）

13584 历史的眼光 辛辣的讽刺：苏轼《郿坞》诗赏析［J］/周先慎//古典文学知识，1990（1）

13585 北京图书馆入藏宋刻苏辙《诗集传》［J］/李致忠//文献，1990（2）

13586 读苏轼茶诗［J］/刘鹤飞//茶叶通讯，1990（2）

13587 清词丽句写高标：读苏轼咏梅诗词两首［J］/莫砺锋//古典文学知识（江苏），1990（2）

13588 苏轼题画诗与诗画艺术［J］/张家英//黑龙江教育学院学报，1990（2）

13589 苏东坡点诗菜［J］/赵剑华//民间故事选刊，1990（6）

13590 随园论东坡诗探辨［J］/叶程义//中华学苑，1990（40）

13591 欧阳修、苏东坡与宋诗兼论宋诗的特色及当代诗的发展［J］/钟莲英//艺术学报，1990（47）

13592 “声画集”所收三首苏轼佚诗的讨论［J］/李栖//中国文化月刊，1990（123）

13593 读苏轼《书鄢陵王主簿所画折枝二首》［J］/杨林//河西学院学报，1991（1）

13594 话苏轼《题西林壁》诗［J］/刘孔伏，潘良炽//教学与管理，1991（1）

13595 试论北宋元祐诗坛兴盛的原因［J］/秦

寰明 // 辽宁大学学报(哲学社会科学版),1991(1)

13596 东坡的洗儿诗[J]/ 戴兰斋 // 老同志之友,1991(2)

13597 苏轼诗中的拟人法[J]/ 陈忆苏 // 文史论集,1991(2)

13598 苏轼题画诗初探[J]/ 梁大和 // 惠阳师专学报,1991(2)

13599 重返大自然的欣喜:谈苏轼《和陶归园田居》(之二)[J]/ 张福庆 // 文史知识,1991(2)

13600 《论诗绝句》九首献疑[J]/ 周振甫 // 山西大学师范学院学报(综合版),1991(3)

13601 苏东坡诗《题西林壁》[J]/ 赵庭 // 写作,1991(3)

13602 笔墨精约 想象奇特:苏轼《海棠》赏析[J]/ 娄元华,陈田青 // 写作,1991(4)

13603 东坡"渡海诗"浅析[J]/ 叶忆如 // 国文天地,1992,8(6)

13604 苏东坡与雪浪石[J]/ 韩振书 // 旅游,1991(8)

13605 读《春江晓景质疑》有感[J]/ 冯全祺 // 语文教学与研究,1991(9)

13606 珠璧辉映 各呈异彩:杜牧《过华清宫》和苏轼《荔枝叹》对读[J]/ 王云 // 中文自修,1991(12)

13607 苏东坡百诗百俗解:节日风俗部分[J]/ 程伯安 // 咸宁师专学报,1992(1)

13608 苏轼组诗分析[J]/ 王振汉 // 渤海学刊,1992(1)

13609 言近旨远 寄托遥深:两首咏梅诗的比较[J]/ 吴学良 // 六盘水师范高等专科学校学报,1992(1)

13610 北宋大家苏东坡的《赞参》诗[J]/ 卓昕 // 人参研究,1992(2)

13611 读黄庭坚茶诗拾掇(续)[J]/ 无鞍 // 农业考古,1992(2)

13612 《试论王维诗"诗中有画"的主体内涵》读后:答赵玉桢同志[J]/ 文达三 // 湘潭大学社会科学学报,1992(3)

13613 中和审美说与诗画同源论[J]/ 李亮 // 文艺研究,1992(3)

13614 《苏东坡百诗百俗解》服饰风俗部分[J]/ 程伯安 // 咸宁师专学报,1992(4)

13615 苏轼《凤翔八观》诗初探[J]/ 祁念曾 // 宝鸡文理学院学报(社会科学版),1992(4)

13616 隐括《醉翁亭记》与骋才[J]/ 金志仁 // 名作欣赏,1992(4)

13617 东坡南迁途中诗研究[J]/ 钟屏兰 // 屏东师院学报,1992(5)

13618 生意盎然 情调朗畅:苏轼《惠崇春江晓景》赏析[J]/ 刘光前 // 写作,1992(7)

13619 中国的诗论与画论[J]/ 赵中方 // 扬州师范学院学报(社会科学版),1993(1)

13620 钱钟书《宋诗选注》中的几种比较研究[J]/ 陆惠解 // 湖州师范学院学报,1993(2)

13621 苏东坡咏花趣诗[J]/ 邢湘臣 // 花卉,1993(2)

13622 赏读苏轼《自题金山画像》二十四字生平论[J]/ 周懋昌 // 名作欣赏,1993(3)

13623 苏轼诗词注释商榷(一)[J]/ 朱运申 // 争鸣,1993(3)

13624 从"密州诗"看苏轼的儒家思想[J]/ 孙兰廷 // 语文学刊,1993(4)

13625 苏轼《红梅》诗赏析[J]/ 张靖明 // 语文学刊,1993(4)

13626 言外之旨,象外之象:苏轼《八月七日初入赣过惶恐滩》赏析[J]/ 王振汉 // 古典文学知识,1993(4)

13627 话说"议论诗"[J]/ 李正民 // 民主与科

学，1993（5）
13628 漫话“明日黄花”［J］/李敬尧//文史杂志，1993（5）
13629 二十四字论平生：苏轼《自题金山画像》赏析［J］/周懋昌//文史知识，1993（7）
13630 以奇笔写奇人：读苏轼《方山子传》［J］/张宏生//文史知识，1993（11）
13631 国色朝酣酒 天香夜染衣：林语堂先生《苏东坡传》所提到的东坡两首诗辨析［J］/陈新雄//教学与研究，1993（15）
13632 东坡遗诗［J］/梁月清//鹤山乡讯，1993（32）
13633 苏轼“以赋为诗”研究［D］/郑幸朱.—成功大学（硕士论文），1993
13634 苏轼题画诗艺术技巧研究［D］/戴伶娟.—成功大学（硕士论文），1993
13635 《诗经》与汉语词汇（续）［J］/向熹//河北师范学院学报（社会科学版），1994（1）
13636 黄山谷与他的题画诗［J］/钟圣生//江西师范大学学报，1994（1）
13637 苏东坡百诗百俗解（婚丧寿诞部分）［J］/程伯安//咸宁师专学报，1994（2）
13638 苏东坡与桃花茶［J］/陈世佑//农业考古，1994（2）
13639 《苏东坡民俗诗解》评介［J］/童庆炳//咸宁师专学报，1994（3）
13640 从《惠崇春江晚景》看苏轼题画诗的特点［J］/叶成青//语文教学与研究，1994（3）
13641 试谈理趣诗:《题西林壁》［J］/陈家西//小学教学研究，1994（8）
13642 嬉笑怒骂皆好诗：读苏轼《洗儿戏作》诗［J］/周懋昌//语文月刊，1994（8）
13643 忧乐得失两忘怀：苏轼《泗川僧伽塔》诗赏析［J］/邝文//语文月刊，1994（9）
13644 清代对于苏轼诗歌的批评研究［J］/吴彩娥//台湾政治大学学报（上），1994（69）
13645 苏轼题画文学之研究［D］/谢惠芳.—台湾师范大学（硕士论文），1994
13646 “归”与“不归”：从《东坡乐府》看苏轼的游子心态［J］/姜宇//国文天地，1995，11（7）
13647 读苏轼《种茶》诗有感［J］/吴子先//广东茶业，1995（1）
13648 识入深妙 思含辩证：苏轼《书鄢陵王主簿所画折枝二首》赏析［J］/裘惠楞//写作，1995（1）
13649 苏轼倅杭诗词［J］/韩凌//杭州师范学院学报，1995（1）
13650 别有佳处惬人意：说《登飞来峰》与《题西林壁》［J］/汤文熙//文史知识，1995（2）
13651 村妇与妃子媲美：说苏轼《海棠》诗与王淇《梅》诗［J］/汤文熙//文史知识，1995（2）
13652 黄庭坚桂林诗踪浅说［J］/何土林//桂林市教育学院学报（综合版），1995（2）
13653 苏轼《饮湖上初晴后雨》评析综述［J］/张智华//学语文，1995（2）
13654 茶诗谈趣（四）：苏东坡茶诗赏析［J］/钱时霖//茶叶机械杂志，1995（3）
13655 杜甫《李潮八分小篆歌》阐论，兼与苏轼诗比较：唐宋诗人论书诗札记之三［J］/方爱龙//浙江传媒学院学报，1995（3）
13656 钱塘太守例能诗：陈襄与苏轼唱和之佚诗二首［J］/陈庆元//中华诗词，1995（3）
13657 人与造物的感通：读赏苏轼《游金山寺》［J］/张晶//文史知识，1995（3）
13658 苏东坡《次韵正辅同游白水山》注释

[J]/孙文采//人参研究，1995(3)

13659 “苏子作诗如见画”：从杜甫和苏轼的马诗看唐宋诗风[J]/邓仕梁//中国文化研究所学报，1995(4)

13660 黄庭坚的咏茶诗[J]/梅俊道//农业考古，1995(4)

13661 论中国诗与中国画的融通[J]/陈宪年//文艺理论研究，1995(4)

13662 疑是太真谪人间：苏轼《海棠》解臆[J]/郭象//沧州师范专科学校学报，1995(4)

13663 东坡乱改菊花诗[J]/不详//语文学刊(高等教育版)，1995(5)

13664 山光水色与人亲：苏轼题《李思训画长江绝岛图》诗赏析[J]/邝文//语文月刊，1995(6)

13665 译题画诗一首[J]/储国熙//外国语，1995(6)

13666 梅格人品两奇绝：读苏轼《西江月·梅》[J]/周懋昌//文史知识，1995(7)

13667 诗中有画 画中有志：苏轼《六月二十七日望湖楼醉书》(其一)赏析[J]/米春秀//中文自修，1995(10)

13668 苏轼诗二首英译[J]/丁健//英语知识，1995(11)

13669 一笑那知是酒红[J]/刘扬忠//新闻爱好者，1995(11)

13670 苏轼《丁公默送蝤蛑》品赏[J]/钱仓水//文史知识，1995(12)

13671 《苏轼禅诗研究》序[J]/任继愈//佛学研究，1995

13672 苏轼诗词中梦的研析[D]/史国兴.—台湾师范大学(博士论文)，1995

13673 郴江幸自绕郴山，为谁流下潇湘去?[J]/田德明//高等函授学报(哲学社会科学版)，1996(2)

13674 横放杰出苏东坡：漫谈苏轼的个性与诗文风格[J]/李逸津//历史学习，1996(3)

13675 平凡中见不平凡：析苏轼《刁景纯席上和谢生》(二首选一)[J]/孔凡礼//文史知识，1996(3)

13676 不着一字 尽得风流：苏轼两首含蓄的题画诗赏析[J]/邝文//语文月刊，1996(6)

13677 漫议“诗中有画”[J]/丁远直//理论月刊，1996(6)

13678 苏东坡绝命诗救命[J]/潘焕新//故事林，1996(7)

13679 苏东坡“志林·论古十三首”之研究[J]/李慕如//屏东师院学报，1996(9)

13680 深进去和跳出来：从郭沫若登泰山和苏轼登庐山谈起[J]/张九韶//语文月刊，1996(10)

13681 苏轼《有美堂暴雨》赏析[J]/刘宗德//阅读与写作，1996(11)

13682 东坡奔放期诗作探析[J]/江惜美//台北市立师范学院学报，1996(27)

13683 浅谈苏东坡诗学[J]/何慧俐//中国文化月刊，1996(200)

13684 禅意诗情：由王维与苏轼的作品谈起[J]/陈美//明道文艺，1996(246)

13685 苏东坡笔削“和陶诗引”[J]/刘孔伏//明道文艺，1996(248)

13686 苏黄唱和诗研究[D]/杜卉仙.—东吴大学(硕士论文)，1996

13687 苏轼诗歌的承传与创变[D]/张尹炫.—山东大学(博士论文)，1996

13688 苏轼诗歌艺术研究[D]/安熙珍.—北京大学(博士论文)，1996

13689 豪放中见含蓄 达观处露幽怨：重读苏轼《六月二十日夜渡海》[J]/张崇琛//社科纵横，1997(1)

13690 活灵活现：读苏轼《韩幹马十四匹》

［J］/ 苗宝明 // 戏友，1997（1）

13691 钱谦益山水诗初探［J］/ 王英志 // 南京大学学报，1997（1）

13692 苏轼“东府雨中别子由”诗作探析［J］/ 林宜陵 // 台北技术学院学报，1997，30（2）

13693 说禅趣诗《题西林壁》［J］/ 周正举 // 阅读与写作，1997（3）

13694 苏轼《李氏园》诗赏析［J］/ 木一 // 都江学刊，1997（3）

13695 想见东坡居士 挥毫百斛泻明珠：苏轼以诗晓画以画入诗探寻（上）［J］/ 胡俊林 // 内江师范学院学报，1997（3）

13696 除却淡妆浓抹句 更将何语比西湖：读苏轼《饮湖上初晴后雨》［J］/ 车之光 // 语文教学与研究，1997（4）

13697 苏轼诗赏析［J］/ 甘末 // 都江学刊，1997（4）

13698 谈谈苏东坡的饮食诗［J］/ 刘喜梅 // 烹调知识，1997（4）

13699 奇妙的戏笔 艺术的卓识：苏轼《次韵孔毅父集古人句见赠》赏析［J］/ 谢桃坊 // 古典文学知识，1997（5）

13700 谈《题西林壁》的理趣［J］/ 贺万鹏 // 教师之友（小学版），1997（5）

13701 无情流水多情客：谈苏东坡的“多情”［J］/ 王伟勇 // 钱穆先生纪念馆馆刊，1997（5）

13702 性情率真 物我交融：读苏轼、黄庭坚的两首题画诗［J］/ 邝文 // 语文月刊，1997（5）

13703 醉中说酒［J］/ 葛瑞原 // 酿酒，1997（6）

13704 东坡出狱诗二首评析［J］/ 陈芳 // 辅大中研所学刊，1997（7）

13705 情趣盎然的游戏诗［J］/ 蔺万盈 // 阅读与写作，1997（7）

13706 春水欲共寒鸭语，诗画交融理趣浓：苏轼《惠崇春江晚景》赏析［J］/ 车之光 // 文史知识，1997（8）

13707 苏东坡的咏鱼诗［J］/ 邢湘臣 // 中国钓鱼，1997（9）

13708 东坡醉酒图［J］/ 冯麟煌 // 诗刊，1997（11）

13709 由东坡“和子由论书诗”谈宋人尚意书风［J］/ 姜明翰 // 育达学报，1997（11）

13710 闲话“题画诗”［J］/ 胡星林 // 阅读与写作，1997（12）

13711 欲返不尽 似往已回：苏东坡《书双竹湛师房二首》赏析［J］/ 孟伟 // 文史知识，1997（12）

13712 苏轼“中秋月”诗赏析：兼述苏轼、苏辙两人的一段中秋缘、手足情［J］/ 李怡芬 // 中国文化月刊，1997（213）

13713 赏古诗典故 析深邃哲理［J］/ 牛致远 // 中学政治教学参考，1997（C1）

13714 清代宋诗师承论［D］/ 张仲谋．—苏州大学（博士论文），1997

13715 古人渔钓画题诗散记［J］/ 高潮 // 北京水产，1998（1）

13716 苏轼与章惇之交游及相关诗文考论［J］/ 刘昭明 //［台湾］编译馆馆刊，1998，27（1）

13717 “银鉼泻汤夸第二”析辨：苏轼“试院煎茶”诗句的几种注释［J］/ 吴华阳 // 台北科技大学学报，1998，31（1）

13718 论苏东坡的诗词韵体寓言［J］/ 朱靖华 // 中国人民大学学报，1998（2）

13719 评《漫谈东坡咏鱼诗》［J］/ 邢湘臣 // 烹调知识，1998（3）

13720 情系密州父老：读苏轼《再过常山和昔年留别诗》［J］/ 孔凡礼 // 文史知识，1998（3）

13721 想见东坡旧居士，挥毫百斛泻明珠：苏轼以诗晓画轨迹探寻（下）［J］/ 胡俊

林 // 内江师专学报（社会科学版），1998（3）

13722 宋诗的“打诨出场”［J］/ 陶文鹏 // 古典文学知识，1998（5）

13723 写貌、传神与再创造：苏轼题画诗《惠崇春江晚景》之一赏析［J］/ 彭万隆 // 古典文学知识，1998（5）

13724 妙趣横生的题画诗［J］/ 李学开 // 中学语文，1998（6）

13725 苏东坡昆仲吟诗相勉乐雷州［J］/ 伍权中 // 湛江乡情，1998（6）

13726 谈苏轼诗中的自然山水动态美［J］/ 沙雪莹 // 北方经贸，1998（6）

13727 读《孔孚山水·峨嵋卷》［J］/ 雨辰 // 山东文学，1998（11）

13728 古诗欣赏：苏轼的“洗儿戏作”［J］/ 郑志敏 // 小作家月刊，1998，4（12）

13729 苏轼讽谕诗内容探析：以宋神宗熙宁二年至元丰二年诗歌为探析物件［J］/ 黄志诚 // 光武学报，1998（23）

13730 论苏轼诗中的意境［J］/ 江惜美 // 台北市立师范学院学报，1998（29）

13731 苏东坡禅诗的形成［J］/ 林碧珠 // 中国文化月刊，1998（224）

13732 苏诗研究史稿［D］/ 王友胜．—复旦大学（博士论文），1998

13733 苏轼杭州诗研究［D］/ 杨佩琪．—台湾师范大学（硕士论文），1998

13734 “茶雨”与“雪乳”：苏轼“汲江煎茶”诗异文析释［J］/ 吴华阳 // 台北科技大学学报，1999，32（1）

13735 传神文笔足千秋：略论苏轼诗《韩幹马十四匹》［J］/ 吴子厚 // 广西文史，1999（1）

13736 苟利国家生死以，岂因祸福避趋之：略论苏轼《狱中遗子由》诗二首选一［J］/ 吴子厚 // 广西文史，1999（2）

13737 试论苏轼对司空图文学史地位之影响［J］/ 李祚唐 // 徐州师范大学学报（哲学社会科学版），1999（2）

13738 不是“昨日黄花”而是“明日黄花”［J］/ 荆石 // 语文月刊，1999（3）

13739 读苏东坡咏鱼诗［J］/ 陈苍祥 // 食品与健康，1999（3）

13740 活泼灵动 情趣盎然：苏轼《惠崇〈春江晓景〉》品赏［J］/ 薛钰 // 古典文学知识，1999（3）

13741 由东坡诗文之“读”“写”迻论今日语文教学［J］/ 李慕如 // 国民教育研究，1999（3）

13742 古代诗歌中的“二难”手法［J］/ 方荣国 // 阅读与写作，1999（4）

13743 论苏轼的题画诗［J］/ 张宝石 // 北京教育学院学报，1999（4）

13744 瞬息万变 变中有序：苏轼《六月二十七日望湖楼醉书》赏析［J］/ 梁文宁 // 语文月刊，1999（5）

13745 出新意于法度之中，寄妙理于豪放之外：苏轼题画诗赏析［J］/ 孟苓 // 黄河文学，1999（6）

13746 论苏轼七律的自我意识：兼及苏轼在七律史上的地位［J］/ 李贵 // 江西社会科学，1999（6）

13747 苏东坡和他的赤壁诗文［J］/ 肖练武 // 语文教学与研究，1999（6）

13748 以险为乐 履险为夷：苏轼《东坡》赏析［J］/ 邱桂德 // 名作欣赏，1999（6）

13749 笔力纵横风姿高秀［J］/ 赵仁珪 // 中华活页文选（成人版），1999（9）

13750 是“晚景”还是“晓景”？［J］/ 彭安 // 语文教学通讯，1999（9）

13751 一首有趣的析数诗［J］/ 张加文 // 中学生理科月刊，1999（11）

13752 析论苏轼诗的源流［J］/ 江惜美 // 台北

市立师范学院学报，1999（30）

13753 苏诗赏析（40）［J］/陈新雄//国文天地，2000，15（8）

13754 苏诗赏析（41）［J］/陈新雄//国文天地，2000，15（10）

13755 苏诗赏析（43）［J］/陈新雄//国文天地，2000，16（1）

13756 苏诗赏析（44）［J］/陈新雄//国文天地，2000，16（2）

13757 苏诗赏析（45）［J］/陈新雄//国文天地，2000，16（3）

13758 苏诗赏析（46）［J］/陈新雄//国文天地，2000，16（3）

13759 诗中有画，画中有诗［N］/付德林//文学报，2000-08-17

13760 敏妙超脱，巧夺天工：试论妙理奇趣的苏轼山水诗［J］/柯素莉//华中师范大学学报（人文社会科学版），2000（1）

13761 读苏轼的两首题画诗［J］/贲立人//语文天地，2000（2）

13762 苏轼《梅花二首》赏析［J］/刘宏//读写月报（高中版），2000（2）

13763 析论苏轼诗中的想象［J］/江惜美//应用语文学报，2000（2）

13764 文学的哲学阐释：解析《登鹳雀楼》、《题西林壁》［J］/石心//江海学刊，2000（4）

13765 从顿悟到超越：苏轼《答径山琳长老》赏析［J］/薛亚康//名作欣赏，2000（5）

13766 诗的节奏韵律之美［J］/陶文鹏//古典文学知识，2000（6）

13767 由苏轼“论画”诗引起的论争［J］/程自信//文史知识，2000（7）

13768 古诗中月亮的借代美称［J］/孙孟明//语文知识，2000（9）

13769 声韵与文情之关系：以东坡诗为例［J］/陈新雄//声韵论丛，2000（9）

13770 谁解梦中味：苏轼诗词中梦的内涵浅探［J］/余再山//阅读与写作，2000（9）

13771 莫作天涯万里意：苏轼《被酒独行……》二首浅析［J］/肖戎//阅读与写作，2000（12）

13772 忧来洗盏欲强醉，寂寞虚斋卧空甒：浅论苏轼饮酒诗中的忧患意识［J］/石韶华//大同商专学报，2000（12）

13773 田园将芜胡不归：浅谈苏轼和陶诗［J］/冯里丽//育达学报，2000（14）

13774 苏东坡谐谑诗初探［J］/陈惠美//侨光学报，2000（18）

13775 苏轼诗中的感情［J］/江惜美//台北市立师范学院学报，2000（31）

13776 苏轼禅诗山水意象的表现［J］/钟美玲//中国文化月刊，2000（246）

13777 《四河入海》：日本四僧的东坡诗注［J］/池泽滋子//宋代文化研究，2000

13778 两宋词学对苏轼“以诗为词”的接受［D］/康晓娟.—首都师范大学（硕士论文），2000

13779 论苏轼的和陶诗［D］/李欢喜.—内蒙古师范大学（硕士论文），2000

13780 苏诗“聊翩阅三守”考辨［J］/马德富//新国学，2000

13781 苏轼咏花诗研究［D］/陈贞俐.—高雄师范大学（硕士论文），2000

13782 苏轼咏物诗与创意造语：以咏花、咏雪为例［C］/张高评//千古风流：东坡逝世九百年纪念学术研讨会论文集/台北辅仁大学，2000

13783 苏轼《黄州寒食诗二首》译注［N］/王玉池//中国艺术报，2001-02-02

13784 生命跃动的青春美：苏轼《惠崇春江晚景二首》（其一）解读［J］/郭建平//开封教育学院学报，2001（1）

13785 水寒地冻不会出现海市吗：东坡《登

州海市》诗误解的澄清（Ⅰ）[J]/王鹏飞//山东气象，2001(1)

13786 苏诗赏析(47)：春梦无痕：兼论东坡迭韵诗(上)[J]/陈新雄//国文天地，2001，17(1)

13787 论苏轼五绝诗之咏物技巧[J]/陈裕美//文学前瞻，2001(2)

13788 论元好问评苏轼诗[J]/杨松年//苏州大学学报(哲学社会科学版)，2001(2)

13789 水寒地冻不会出现海市吗：东坡《登州海市》诗误解的澄清(Ⅱ)[J]/王鹏飞//山东气象，2001(2)

13790 苏诗赏析(47)：春梦无痕：兼论东坡迭韵诗(下)[J]/陈新雄//国文天地，2001，17(2)

13791 谈苏轼的“以诗为词”[J]/虞晓伟//大同职业技术学院学报，2001(2)

13792 象征：题画诗中常用的修辞艺术[J]/邹光椿//修辞学习，2001(2)

13793 苏轼诗文注释商榷三则[J]/秦存连//语文学刊，2001(3)

13794 析论苏轼诗中的形相直觉[J]/江惜美//应用语文学报，2001(3)

13795 趣谈“春江水暖鸭先知”[J]/不详//记者摇篮，2001(4)

13796 苏诗赏析(48)[J]/陈新雄//国文天地，2001，17(4)

13797 和谷的诗(三首)[J]/和谷//诗刊，2001(5)

13798 苏诗赏析(49)[J]/陈新雄//国文天地，2001，17(7)

13799 一首咏写人生的名作：读苏轼《和子由渑池怀旧》诗[J]/黄菊妹//语文月刊，2001(7)

13800 《题西林壁》赏析[J]/杨希水//云南教育，2001(9)

13801 李白和苏轼两篇作品的对比分析[J]/过常宝//文史知识，2001(10)

13802 月映万川 各有境界：李白和苏轼两篇作品的对比分析[J]/过常宝//文史知识，2001(10)

13803 横看成岭侧成峰 远近高低各不同——谈苏轼诗文教学中的心理辅导渗透[J]/朱丹//天津教育，2001(11)

13804 明月与大江：从两首诗解读苏轼[J]/宗韦//中学语文教学参考，2001(11)

13805 苏轼诗法不相妨说初探[J]/刘卫林//新亚学报，2001(21)

13806 苏轼诗歌比喻艺术研究[D]/胡鑫英．—南京师范大学(硕士论文)，2001

13807 戏言浅语道禅趣：苏轼《书焦山纶长老壁》赏析[J]/桑宝靖//世界宗教文化，2002(1)

13808 浅探东坡诗、词中的梅[J]/江姿慧//中国语文，2002，91(1)

13809 苏诗赏析(51)：孤山孤绝[J]/陈新雄//国文天地，2002，18(1)

13810 独笑深林谁敢侮：说苏轼黄州咏花诗[J]/张志烈//乐山师范学院学报，2002(2)

13811 说苏轼赞王维“诗中有画”[J]/钱文辉//苏州教育学院学报，2002(2)

13812 苏诗赏析(52)[J]/陈新雄//国文天地，2002，18(3)

13813 东坡题跋二则[J]/苏轼，顾农//阅读与鉴赏(高中版)，2002(4)

13814 云作衣裳花为容 越女新妆出镜心：论诗在画中的功能[J]/余锋//陶瓷科学与艺术，2002(4)

13815 苏东坡七古用韵考[J]/李立信//逢甲人文社会学报，2002(5)

13816 黄庭坚的《薄酒丑妇》歌[J]/李天宝//山西老年，2002(6)

13817 《李白集》中的苏轼诗:《上清宝鼎诗》

作者考［J］/ 阮堂明 // 天津师范大学学报（社会科学版），2002（6）
13818 苏轼南行诗评述［J］/ 段莉芬 // 研究与动态，2002（6）
13819 银山堆里看青山［J］/ 戴玉泉 // 涪陵师范学院学报，2002（6）
13820 苏东坡的“拆字诗”骂贪官［J］/ 王文炎 // 中学生读写（初中），2002（7）
13821 《永遇乐·京口北固亭怀古》教学设计［J］/ 张兆娟 // 语文教学通讯，2002（8）
13822 非鬼非人竟何物：苏轼《游金山寺》中的“江心炬火”［J］/ 王贻梁 // 中华活页文选（成人版），2002（8）
13823 莫把白梅错认红：苏轼《红梅》诗欣赏［J］/ 黎烈南，陈洪 // 文史知识，2002（8）
13824 略论诗之“理趣”［J］/ 张森 // 山东文学，2002（9）
13825 超脱的意境 无言的抗争：苏轼《纵笔》诗赏析［J］/ 王启鹏 // 语文月刊，2002（10）
13826 苏诗赏析（50）［J］/ 陈新雄 // 国文天地，2002，17（11）
13827 《题西林壁》赏析及教学建议［J］/ 江美利 // 云南教育，2002（13）
13828 《饮湖上初晴后雨》导读［J］/ 文韬 // 良师，2002（17）
13829 苏轼《初到黄州》［J］/ 葛金华 // 新语文学习（小学低年级版），2002（22）
13830 析论苏轼诗中的灵感［J］/ 江惜美 // 台北市立师范学院学报，2002（33）
13831 苏轼《题西林壁》赏读［J］/ 段绪民 // 新语文学习（小学低年级版），2002（C4）
13832 苏轼儋州诗研究［D］/ 邓瑞卿 . —台湾师范大学（硕士论文），2002
13833 论苏轼谪儋诗与庄子思想［J］/ 杨景琦 // 东方人文学志，2003，2（4）
13834 罗浮山下读苏诗［N］/ 余全立 // 中山日报，2003-08-12
13835 鸿飞那复计东西：说苏轼《和子由渑池怀旧》［J］/ 王冬艳 // 哈尔滨商业大学学报（社会科学版），2003（1）
13836 北宋居士杨杰与佛教：兼补《宋史》杨杰本传之缺［J］/ 黄启江 // 汉学研究，2003，21（1）
13837 论苏轼的赋画诗［J］/ 周焕卿 // 周口师范学院学报，2003（1）
13838 苏东坡梦中作诗之探讨［J］/ 罗宗涛 // 玄奘人文学报，2003（1）
13839 苏轼的理、义、趣［J］/ 董一格 // 作文改评（高中），2003（1）
13840 从王维到苏轼：论诗画交融及文人画的历史实现［J］/ 尹沧海 // 天津大学学报（社会科学版），2003（2）
13841 古今名人自题画像诗趣［J］/ 谭特立 // 湖北档案，2003（3）
13842 烟波浩淼鄱阳湖：兼聊东坡先生诗《过都昌》［J］/ 周智，宝信 // 孩子天地，2003（3）
13843 妙喻连生，以文为诗：读苏轼《有美堂暴雨》［J］/ 熊玲玲 // 巢湖学院学报，2003（4）
13844 日啖荔枝三百颗 不辞长作岭南人：苏轼寓惠荔枝诗漫话［J］/ 张连举 // 广东史志，2003（4）
13845 苏东坡到靖江和有关诗文初考［J］/ 朱根勋 // 文教资料（初中版），2003（4）
13846 世事成毁难预料，盛衰相寻于无常［J］/ 曾洁明 // 中国语文，2003，92（5）
13847 析论苏轼诗中的内模仿［J］/ 江惜美 // 应用语文学报，2003（5）
13848 不是“昨日黄花”，而是“明日黄花”［J］/ 杜灿春 // 语文月刊，2003（6）
13849 啸声微妙细甄别：苏轼《定惠院颙师为

余竹下开啸轩》欣赏[J]/黎烈南//古典文学知识，2003(6)

13850 题西林壁[J]/王义杰，马少峰//启蒙(0—3岁)，2003(7)

13851 苏诗赏析(54)[J]/陈新雄//国文天地，2003，18(8)

13852 苏轼诗《题西林壁》[J]/刘延军//中小学生书法美术导刊，2003(8)

13853 《岁寒堂诗话》的贡献与局限性[J]/邓国军//西南民族大学学报(人文社会科学版)，2003(9)

13854 论苏门唱和诗在宋代诗歌史上的价值[J]/盖琦纾//中国古典文学研究，2003(9)

13855 苏轼一首被严重歪曲过的好诗[J]/刘光前//现代领导，2003(9)

13856 诗画交融春意浓：苏轼《惠崇〈春江晚景〉》赏析[J]/张开瑰//甘肃教育，2003(10)

13857 苏诗赏析(55)[J]/陈新雄//国文天地，2003，18(11)

13858 仰头看明月 寄情千里光：古典诗歌中望月相思浅说[J]/吴少强//语文天地，2003(11)

13859 《题西林壁》诗及其诞生过程[J]/黎烈南//文史知识，2003(12)

13860 论苏轼贬儋诗篇中蕴含的"东坡精神"[J]/李显根//江西行政学院学报，2003(A1)

13861 古诗文中觅"时间"[J]/汪嘉宾//今日中学生，2003(C1)

13862 信手拈来成妙谛：苏轼的《六月二十七日望湖楼醉书》[J]/李彦//初中生学习(中文阅读新概念)，2003(C1)

13863 惠崇《春江晓景》浅析[J]/冯季莹//良师，2003(C4)

13864 《醉道士石》诗是《西游记》猴子原型?[J]/俞士玲//古典文献研究，2003

13865 论苏轼"平淡"诗美观之实质[C]/张进//古代文学理论研究(第二十二辑)/中国古代文学理论学会，2003

13866 论苏轼诗歌的艺术渊源[D]/姜华.—北京大学(硕士论文)，2003

13867 宋人论陶与陶诗经典化[D]/袁愈宗.—湖南师范大学(硕士论文)，2003

13868 苏东坡与李仁老《和归去来辞》之比较研究(提要)[C]/金周淳//第三届宋代文学国际研讨会论文集/宋代文学学会，2003

13869 苏轼对高丽"潇湘八景"诗之影响：以李奎报《虔州八景诗》为例[C]/衣若芬//第三届宋代文学国际研讨会论文集/宋代文学学会，2003

13870 苏轼送别诗研究[D]/谢佳桦.—云林科技大学(硕士论文)，2003

13871 苏东坡的"广告诗"[N]/不详//靖江日报，2004-04-14

13872 从苏轼的诗词著作中探讨并分析其感情世界[J]/陈启荣//菁莪季刊，2004，16(1)

13873 东坡诗"新城道中"二首赏析[J]/张雅慧//中国语文，2004，94(1)

13874 寄妙理于豪放之外：苏轼诗歌艺术特色散论[J]/朱耀善//社科纵横，2004(1)

13875 论苏轼画跋的美学意蕴[J]/张岩//齐鲁艺苑，2004(1)

13876 眉山绝趣苦难追：读苏诗札记[J]/鲁业华//合肥学院学报(社会科学版)，2004(1)

13877 诗意的交流：论苏门文人集团的唱酬之作[J]/马东瑶//文学前沿，2004(1)

13878 以苏轼为例：中国哲学语境中的诗画理论[J]/闫海燕//南京师范大学学报(社会科学版)，2004(1)

13879 异文化的结晶：莱辛与苏轼诗画异同说［J］/ 傅怡静 // 云南师范大学学报（对外汉语教学与研究版），2004（1）

13880 苏轼、莱辛的诗画论比较［J］/ 陈峥 // 青年思想家，2004（2）

13881 论"诗中有画，画中有诗"［J］/ 徐浩 // 贵州大学学报（社会科学版），2004（3）

13882 明月之美与理趣之乐：苏轼笔下月亮形象的思想底蕴分析［J］/ 陈志平，王秀琴 // 杨凌职业技术学院学报，2004（3）

13883 辨"沧海一粟"之"粟"［J］/ 谭汝为 // 应用写作，2004（4）

13884 人生驿站苏东坡：人生知何似，飞鸿踏雪泥［J］/ 不详 // 地图，2004（4）

13885 苏轼《过莱州雪后望三山》赏析［J］/ 书忠，传实 // 莱州文史，2004（4）

13886 因诗招祸［J］/ 程俊松，阿桂 // 龙门阵，2004（4）

13887 明日黄花与昨日黄花［J］/ 不详 // 政工学刊，2004（5）

13888 苏轼《书黄子思诗集后》赏读［J］/ 王典馥 // 中学生读写（高中），2004（5）

13889 论李奎报对苏东坡的和诗［J］/ 金卿东 // 中正大学中文学术年刊，2004（6）

13890 苏轼诗中的书道观：解读苏轼三首论书诗［J］/ 孙民 // 乐山师范学院学报，2004（6）

13891 苏轼题画诗述论［J］/ 陈才智 // 乐山师范学院学报，2004（6）

13892 析论苏轼诗中的阳刚美［J］/ 江惜美 // 应用语文学报，2004（6）

13893 照水红蕖细细香：品苏东坡咏荷诗词［J］/ 邹敏 // 文史杂志，2004（6）

13894 析论东坡与李公择之交游诗［J］/ 吕瑞萍 // 翠岗学报，2004（6-7）

13895 苏轼的赤壁［J］/ 吴智勇 // 语文月刊，2004（7）

13896 苏轼的赤壁［J］/ 傅望华 // 招生考试通讯，2004（9）

13897 苏轼的赤壁［J］/ 不详 // 全国中学优秀作文选（高中），2004（10）

13898 苏轼的赤壁［J］/ 吴智勇 // 高考金刊，2004（10）

13899 明日黄花的毡疙瘩［J］/ 周祥 // 西部皮革，2004（11）

13900 砌下梨花不是花［J］/ 王本利 // 咬文嚼字，2004（11）

13901 宋人咏梅诗三首［J］/ 不详 // 中文自修（中学版），2004（11）

13902 苏陶《饮酒》诗之特色比较［J］/ 郑琇文 // 云汉学刊，2004（11）

13903 苏轼《莲》解释商榷［J］/ 朱慧敏 // 语文教学通讯（初中刊），2004（12）

13904 苏轼的赤壁［J］/ 不详 // 语文教学与研究，2004（27）

13905 苏东坡续诗的启示［J］/ 舒万华 // 初中生之友，2004（30）

13906 解读苏东坡"河东狮子吼"［J］/ 王琳祥 // 历史月刊，2004（193）

13907 苏轼的一次失误［J］/ 不详 // 阅读与作文（小学低年级版），2004（C1）

13908 北宋居士诗研究［D］/ 昝红霞. —北京师范大学（博士论文），2004

13909 苏东坡题画诗之隐喻学［D］/ 程碧珠. —玄奘大学（硕士论文），2004

13910 苏轼的"诗中有画"论与其《三游洞》诗［J］/ 王明建，黄学风 // 三峡文化研究，2004

13911 苏轼山水诗特征新探［D］/ 赵梅. —安徽大学（硕士论文），2004

13912 苏轼诗趣研究：以贬谪时期作品为例［D］/ 石一绚. —嘉义大学（硕士论文），2004

13913 苏轼题画诗研究［D］/ 王茜. —兰州大

学（硕士论文），2004

13914 苏轼之道的诗性阐释：对苏轼《和陶诗》的一种研究［D］/朱小枝.—天津师范大学（硕士论文），2004

13915 情可以抚慰，心可以出走［J］/王樱芬//人文及社会学科教学通讯，2005，15（5）

13916 东坡题画诗的文化解读［J］/张宝石//广西社会科学，2005（1）

13917 斗牛星宿 命在磨蝎：从星象学解读苏轼"月出"句本意［J］/傅嘉明，莫娟娟//阅读与写作，2005（1）

13918 读《苏轼诗集》漫笔［J］/陈祖美//潍坊学院学报，2005（1）

13919 回环诗与诗谜［J］/沈薇//中学语数外（高中版），2005（1）

13920 论苏轼两首词的意境复合［J］/刘珊//牡丹江大学学报，2005（1）

13921 从"杯酒唱酬"到"追和古人"：试论苏轼《和陶饮酒》诗的意义［J］/杨治宜//北京大学研究生学志，2005（2）

13922 时间选择对苏轼两首作品的影响［J］/李艳蕾//泰安教育学院学报（岱宗学刊），2005（2）

13923 闲品苏轼植树诗［J］/胡兆谦//大自然，2005（2）

13924 试论晁补之的五古：兼论苏门文人的诗体选择［J］/张剑//中国文化研究，2005（3）

13925 苏轼《百步洪》诗文本解读中的几个问题［J］/钟振振//名作欣赏，2005（3）

13926 一腔孤寂 满纸悲凉：苏轼《寒食诗二首》赏析［J］/余祖坤//古典文学知识，2005（3）

13927 横看侧看写"独家"［J］/赵勇卫//记者摇篮，2005（4）

13928 论《东坡乐府》"多情"一词之运用［J］/吴秀兰//东方人文学志，2005，4（4）

13929 仁山智水 悠游不迫：苏轼诗《百步洪二首》其一艺术赏析［J］/李伟锋//牡丹江教育学院学报，2005（4）

13930 西湖真西子：《饮湖上初晴后雨》赏析［J］/李高斯//云南教育（基础教育版），2005（4）

13931 解读苏东坡诗中的"河东狮子吼"：兼评王文诰为陈季常"畏内"鸣冤的得失［J］/王琳祥//鄂州大学学报，2005（4）

13932 浑然一体 尺幅千里："诗中有画"内蕴辨正［J］/邓国军//学术界，2005（5）

13933 形神兼备 譬喻巧妙：苏轼诗《饮湖上初晴后雨》赏析［J］/王敬//阅读与鉴赏（教研版），2005（6）

13934 一误悠悠九百载：解读苏东坡"河东狮子吼"［J］/王琳祥//中华活页文选（成人版），2005（7）

13935 名人题画诗赏趣［J］/缪士毅//养生月刊，2005（11）

13936 苏轼《海棠》赏读［J］/彭宗林//中学生读写（高中），2005（11）

13937 苏东坡错改菊花诗［J］/亦名//创新作文（初中版），2005（12）

13938 横看成岭侧成峰 世间真情总相同：哈代与苏轼的悼亡妻诗之比较解读［J］/李志坚//名作欣赏，2005（16）

13939 从此喜欢苏东坡：读过"来如春梦去似云"［J］/六月//台湾月刊，2005（266）

13940 苏轼诗中的理趣研究［J］/石一绚//中国文化月刊，2005（298）

13941 苏轼与《惠崇春江晚景》配合人教版小学语文第八册《古诗两首》课文阅读［J］/不详//小学生作文辅导（作文与阅读版），2005（Z1）

13942 北宋徽宗朝诗歌研究［D］/张明华.—南京大学（博士论文），2005

13943 论苏轼绝句［D］/ 彭敏 .—新疆师范大学（硕士论文），2005

13944 诗酒人生［D］/ 施静 .—内蒙古大学（硕士论文），2005

13945 苏轼及其题画作品研究［D］/ 刘嘉 .—华中科技大学（硕士论文），2005

13946 苏轼山水诗研究［D］/ 谢乃西 .—东海大学（硕士论文），2005

13947 苏轼游览诗研究［D］/ 高智 .—西南师范大学（硕士论文），2005

13948 苏轼游仙诗研究［D］/ 陈雅娟 .—彰化师范大学（硕士论文），2005

13949 韩愈祭鳄鱼，苏轼观海市［N］/ 沈鸿鑫 // 文汇报（香港），2006-02-18

13950 品读苏轼《中秋月》［N］/ 江宇崧 // 闽西日报，2006-09-25

13951 一首诗可称为“一韵”［N］/ 徐礼节，余恕诚 // 光明日报，2006-09-29

13952 何为“郊寒岛瘦”？［J］/ 于志斌 // 语文月刊，2006（1）

13953 不同时代共风流：从诗词看毛泽东与苏轼的共同性格［J］/ 张君平 // 保定职业技术学院，2006（2）

13954 论苏东坡的诗词韵体寓言［J］/ 朱靖华 // 苏轼研究，2006（2）

13955 论苏轼题画诗的寓意［J］/ 彭敏 // 乐山师范学院学报，2006（2）

13956 苏轼“诗中有画”论的创作实践举隅［J］/ 王明建，甘恒志 // 河北大学学报（哲学社会科学版），2006（2）

13957 苏轼诗中的书道观：解读苏轼三首论书诗［J］/ 孙民 // 苏轼研究，2006（2）

13958 寓议于记，别具手眼：苏轼《喜雨亭记》赏析［J］/ 姜光斗 // 古典文学知识，2006（2）

13959 苏轼《枯木竹石图》的画意与诗境［J］/ 蔚然 // 乐山师范学院学报，2006（3）

13960 以险为乐 豪迈旷达：苏轼《东坡》赏析［J］/ 徐华 // 阅读与鉴赏（初中版），2006（3）

13961 以指抚琴，音从何出？：苏轼《题沈君琴》赏读［J］/ 严红艳 // 阅读与作文（初中版），2006（4）

13962 从李煜到苏轼：“士大夫词”的承继与自觉［J］/ 刘锋焘 // 文史哲，2006（5）

13963 从苏黄茶诗看北宋文人的友情［J］/ 王柳芳 // 农业考古，2006（5）

13964 读苏轼《题西林壁》有感［J］/ 刘凤奇 // 长白山诗词，2006（5）

13965 马鸣风萧萧 微风燕子斜：浅论宋词的阳刚美与阴柔美［J］/ 王焕云 // 湖北广播电视大学学报，2006（5）

13966 宋代品茗艺术的审美因素：从苏东坡的咏茶诗谈起［J］/ 金文凯 // 绥化学院学报，2006（5）

13967 庐山风光与苏轼的《题西林壁》［J］/ 钱荣英 // 现代语文·文学研究，2006（8）

13968 情景交融：表现自然美［J］/ 曹孟娟 // 当代教育科学，2006（8）

13969 笑泯恩仇、盖棺论定：苏轼北归诗文及相关史事考论（1）［J］/ 刘昭明 // 文与哲，2006（8）

13970 翰墨绘壮美 巧意传要义：苏轼《有美堂暴雨》赏析［J］/ 肖锦川 // 阅读与作文（初中版），2006（9）

13971 略谈苏轼的《醉道士石》诗［J］/ 孔凡礼 // 乐山师范学院学报，2006（9）

13972 引物连类、直斥本朝昏君佞臣：苏轼《荔支叹》的讥刺、典范与创意［J］/ 刘昭明 // 文与哲，2006（9）

13973 流年：关于苏轼［J］/ 狼瞳 // 作文世界（初中），2006（11）

13974 论苏轼咏梅诗对梅花审美意蕴的提升［J］/ 谢新香 // 社会科学论坛（学术研究

卷），2006（11）

13975 论苏轼《和陶诗》中的“本色”意义［J］/黄伟伦 // 高雄师大学报（人文与艺术类），2006（21）

13976 禅机与境界：王维和苏轼禅诗比较［J］/张君梅 // 普门学报，2006（36）

13977 为苏东坡诗词配画［J］/黎一安 // 东镇侨刊，2006（87）

13978 沈潜的美学：谈故宫宋刊本东坡先生和陶渊明诗［J］/吴璧雍 // 故宫文物月刊，2006（284）

13979 《题西林壁》是怎样写出来的［J］/不详 // 小学生作文辅导（作文与阅读版），2006（Z2）

13980 从翻译美学看苏轼诗词的英译［D］/王齐龙．—四川大学（硕士论文），2006

13981 东坡笔下的日常生活情趣：苏轼日常生活题材诗歌创作初探［D］/陈芳．—安徽大学（硕士论文），2006

13982 历代苏轼诗注研究［D］/何泽棠．—中山大学（博士论文），2006

13983 论苏轼谐谑诗［D］/和谈．—新疆师范大学（硕士论文），2006

13984 苏轼“和陶诗”创作及其学陶心态研究［D］/曲晓华．—复旦大学（硕士论文），2006

13985 苏轼“平淡”诗论探微［D］/曾辉．—中南大学（硕士论文），2006

13986 苏轼《和陶诗》研究［D］/杨玲．—福建师范大学（硕士论文），2006

13987 苏轼唱和诗研究［D］/徐宇春．—陕西师范大学（博士论文），2006

13988 苏轼和诗探究［D］/崔丽萍．—新疆师范大学（硕士论文），2006

13989 苏轼理趣诗初探［D］/夏志胜．—中国人民大学（硕士论文），2006

13990 苏轼山水诗研究［D］/苏淑莉．—高雄师范大学（硕士论文），2006

13991 苏轼诗中的生命观照［D］/蔡孟芳．—台湾政治大学（硕士论文），2006

13992 苏轼题壁诗略论［D］/吴凯．—西南民族大学（硕士论文），2006

13993 苏轼题画诗研究［D］/刘小宁．—天津师范大学（硕士论文），2006

13994 苏轼的两首绝命诗［N］/不详 // 郑州日报，2007-02-09

13995 喜读苏轼的《红梅》［N］/不详 // 文汇报（香港），2007-02-23

13996 “八风吹不动”的苏东坡［N］/不详 // 重庆晚报，2007-03-06

13997 “八风吹不动”的苏东坡［N］/刘彦 // 中山日报，2007-03-17

13998 苏轼《惠崇春江晓景》诗解［N］/陈邦炎 // 慈溪日报，2007-05-08

13999 历史与空间：苏东坡的梦与杜甫《八阵图》诗［N］/顾农 // 文汇报（香港），2007-09-21

14000 苏轼诗在北宋末年的流传及其意义：以东坡诗注及宋人诗话为中心的观察［J］/李贞慧 // 清华中文学报，2007（1）

14001 与苏轼有关的部分成语［J］/张坤 // 中学生作文指导（高中版），2007（1）

14002 从诗画理论看中国古代山水画之“画中有诗”［J］/王玲娟 // 中国文化研究，2007（2）

14003 从元遗山《论诗三十首》“奇外无奇更出奇”看东坡诗的奇趣［J］/杨秀华 // 新生学报，2007（2）

14004 《钱塘勤上人诗集叙》阅读［J］/毛伟，黄厚江 // 中学生阅读（高考版），2007（2）

14005 苏轼《予以事系御史台狱》诗中“偿债”释义［J］/马丽梅 // 江海学刊，2007（2）

14006 王之涣《登鹳鹊楼》与苏轼《题西林壁》

的分析对比［J］/ 陈丽红 // 吕梁教育学院学报，2007（2）

14007 《一剪梅》与《声声慢》比较赏读［J］/ 陈国锋，吴启波 // 文学教育，2007（3）

14008 苏轼的一次失误［J］/ 畅然 //21 世纪中学生作文（八年级适用），2007（3）

14009 论苏轼咏唐代美人诗［J］/ 庄斐乔 // 国文天地，2007，23（4）

14010 明日黄花与昨日黄花［J］/ 不详 // 小学教学设计，2007（4）

14011 《三国志》中的“百步”作何解［J］/ 陶易 // 文史杂志，2007（4）

14012 是讽谕时事还是即事抒怀：论苏轼早期人生思想与《黄牛庙》诗的主旨［J］/ 闫笑非 // 台州学院学报，2007（4）

14013 给苏东坡的一封信以及三首译诗［J］/ 黄智溶 // 联合文学，2007，23（5）

14014 关于《惠崇春江晚景》的几点质疑［J］/ 何康银 // 文学教育（下），2007（5）

14015 前无古人 后无来者：苏轼《饮湖上初晴后雨》赏析［J］/ 于德志 // 阅读与鉴赏（初中版），2007（5）

14016 熔经铸史 借景传情：黄庭坚《寄黄几复》试析［J］/ 邓富华 // 语文月刊，2007（5）

14017 试析回文诗结构［J］/ 张绍诚 // 文史杂志，2007（5）

14018 苏轼的赤壁［J］/ 陈碧婷 // 三角洲，2007（5）

14019 《元好问全集》误收宋、明诗四首［J］/ 张静 // 江海学刊，2007（5）

14020 黄庭坚 送四十九侄诗［J］/ 不详 // 紫禁城，2007（6）

14021 《千里之外》酌悲剧意蕴［J］/ 魏松根 // 词刊，2007（6）

14022 天上人间皆有情：兼评苏轼《有美堂暴雨》与《虞美人·有美堂赠述古》［J］/ 袁媛 // 现代语文·文学研究，2007（6）

14023 与东坡先生泛颖（外一篇）［J］/ 雪涅 // 安徽文学，2007（6）

14024 琵琶歌行海棠诗 两朝谪臣同心曲［J］/ 潘守皎 // 时代文学（理论学术版），2007（7）

14025 苏轼初入庐山诗篇目字句略考［J］/ 杨芸 // 乐山师范学院学报，2007（7）

14026 苏轼诗文教学的“切入”［J］/ 隋子厚 // 甘肃教育，2007（7）

14027 海南贬客与他们的诗［J］/ 黄光全 // 今日海南，2007（8）

14028 《饮湖上初晴后雨》教学设计［J］/ 张振苗 // 语文教学通讯（小学刊），2007（12）

14029 关于“不识庐山真面目，只缘身在此山中”的研究报告［J］/ 林槟槟，鄢月华 // 小学生创新作文，2007（12）

14030 浅析宋诗与唐诗的风格差异［J］/ 虞尚元 // 文学教育（上半月），2007（12）

14031 试从苏诗兴象变化看苏轼的生命境界：以《游金山寺》为例［J］/ 丁佳音 // 湘潮（下半月：理论），2007（12）

14032 从来佳茗似佳人：论苏轼咏茶诗词的开拓与新变［J］/ 张玉芳 // 元培学报，2007（14）

14033 关于苏轼《书黄子思诗集后》的几个问题［J］/ 郭鹏 // 淡江中文学报，2007（17）

14034 苏东坡续诗［J］/ 不详 // 快乐语文，2007（18）

14035 《题西林壁》的禅境［J］/ 江晟 // 语文天地，2007（24）

14036 从根源看苏轼与莱辛的诗画关系说［J］/ 张兴华 // 科教文汇，2007（27）

14037 《饮湖上初晴后雨》教学设计［J］/ 张振苗 // 语文教学通讯，2007（36）

14038 苏东坡《寒食雨》二首释译兼谈黄山谷跋文[J]/吴鸿霖//中华书道，2007(56)

14039 《文学趣谈》东坡题画诗等五篇[J]/陶鼎尼//明道文艺，2007(373)

14040 苏轼(4首)[J]/不详//纺织科技进展，2007(Z1)

14041 让美感铺满课堂：人教课标版四年级上册《题西林壁》教学实录及评析[J]/李伟忠//河北教育(教学版)，2007(Z2)

14042 美丽的风景 深刻的哲理《题西林壁》赏析[J]/胡昌烈//初中生辅导，2007(Z5)

14043 东坡黄州时期诗歌探究[D]/蔡惠玲.—东海大学(硕士论文)，2007

14044 对苏轼与罗伯特·弗洛斯特诗歌艺术相似点的探讨[D]/李哲.—内蒙古民族大学(硕士论文)，2007

14045 佛道思想与苏辙诗歌创作研究[D]/黄俊燊.—漳州师范学院(硕士论文)，2007

14046 论北宋熙宁年间杭州唱和诗：以苏轼第一次仕杭期间唱和诗创作为主[D]/杨鑫.—北京师范大学(硕士论文)，2007

14047 论苏轼的山水诗[D]/何翔宇.—内蒙古民族大学(硕士论文)，2007

14048 论苏轼的诗画艺术[D]/王翠苹.—河北大学(硕士论文)，2007

14049 南宋诗案研究[D]/俞晓菁.—华东师范大学(硕士论文)，2007

14050 试论苏轼诗中的“陶渊明”情结[D]/赵戎.—陕西师范大学(硕士论文)，2007

14051 苏轼岭海诗研究[D]/张丽明.—北京语言大学(硕士论文)，2007

14052 苏轼诗词中竹书写研究[D]/李天赞.—中正大学(硕士论文)，2007

14053 苏轼诗用典研究[D]/马丽梅.—南京师范大学(硕士论文)，2007

14054 苏轼水月诗文意象研究[D]/李修齐.—台北市立教育大学(硕士论文)，2007

14055 苏轼题画诗类型主题研究[D]/卢冠燕.—台湾师范大学(硕士论文)，2007

14056 苏轼与禅僧酬唱诗研究[D]/张晓丽.—首都师范大学(硕士论文)，2007

14057 苏轼谪儋诗的民本思想研究[D]/蔡兴科.—东北师范大学(硕士论文)，2007

14058 通感：苏轼诗意生活的审美心理[D]/刘艳红.—西南大学(硕士论文)，2007

14059 苏东坡的广告诗[N]/高宗达//郑州日报，2008-02-14

14060 响彻千年的煤歌：捧读苏东坡的《石炭》诗[N]/孙友田//皖江晚报，2008-05-12

14061 苏东坡的广告诗[N]/吴汉玲//张家口晚报，2008-11-19

14062 白香山与苏东坡[N]/杨键//晶报，2008-11-22

14063 《薄薄酒》诗与创意研发：苏轼黄庭坚与南宋诗人之同题竞作[J]/张高评//中国学术年刊，2008(1)

14064 《诗经》的“诗中有画”[J]/马永忠，宋自兰//青海师专学报，2008(1)

14065 从黄庭坚诗一首看宋诗的雅化倾向[J]/杨莹//时代文学(双月)，2008(1)

14066 信笔挥洒 醉态可掬：苏轼《登云龙山》赏析[J]/刘文胜//语文天地，2008(1)

14067 论党争漩涡里文人退隐心态：关于元祐苏门汴京题山水画诗唱和[J]/钟巧灵//东岳论丛，2008(2)

14068 以险为乐，履险为夷：苏轼《东坡》赏析[J]/程英坤//中学文科·教研论坛，2008(2)

14069 欲把西湖比西子[J]/许三英//小学阅读指南·新阅读精华本(上半月)，2008(2)

14070 超然物外 旷达洒脱［J］/ 杨丽宏 // 德宏师范高等专科学校学报，2008（3）

14071 蓬海探骊君得意，还从子美识前根［J］/ 杨胜宽 // 苏轼研究，2008（3）

14072 钱钟书《宋诗选注》发微［J］/ 李裕民 // 社会科学评论，2008（3）

14073 《苏诗补注》的文献诠释与历史价值［J］/ 王友胜 // 文学评论，2008（3）

14074 苏轼《答毕仲举书》为答毕仲游作刍议［J］/ 李一飞 // 文学遗产，2008（3）

14075 体验·理解·对话：试用现代解释学阐释苏轼《和陶诗》［J］/ 杨玲 // 湖南工程学院学报（社会科学版），2008（3）

14076 读《六月二十七日望湖楼醉书》［J］/ 李如坤 // 新语文学习（教师版），2008（4）

14077 横看成岭侧成峰的韵味［J］/ 吴玉，晓君 // 建筑装饰材料世界，2008（4）

14078 庐山一游，卓绝千古［J］/ 刘清泉 // 苏轼研究，2008（4）

14079 苏轼《寒食诗卷》黄庭坚跋语析义［J］/ 李郁周 // 书画艺术学刊，2008（4）

14080 苏轼《和子由渑池怀旧》诗中“雪泥鸿爪”原义探析［J］/ 李黎，李寅生 // 惠州学院学报（社会科学版），2008（4）

14081 生生世世兄弟情：论苏轼的怀弟诗［J］/ 文小菊 // 跨世纪（学术版），2008（5）

14082 仙风道骨与琴韵诗心：对唐琴“九霄环佩”的文化解读［J］/ 范子烨 // 故宫博物院院刊，2008（5）

14083 从《送参寥师》看苏轼的文艺观［J］/ 刘艳 // 现代企业教育，2008（6）

14084 古诗与说理［J］/ 郑国远 // 课外生活，2008（6）

14085 宋代建筑诗与宋世风俗论：以苏轼咏亭诗为中心［J］/ 苗贵松 // 常州工学院学报（社会科学版），2008（6）

14086 苏轼《莲》诗辨误［J］/ 陈涛 // 语文教学之友，2008（8）

14087 苏轼《琴诗》不是诗［J］/ 刘尚荣 // 文史知识，2008（8）

14088 古代诗歌意境综合研究［J］/ 李克刚 // 文学教育（下半月），2008（9）

14089 宋代山水诗与画的交融［J］/ 王小燕 // 中学生语数外（教研版），2008（9）

14090 从唤鱼池到东坡醉月（二首）［J］/ 干天全 // 星星（下半月），2008（12）

14091 从苏轼“诗画一律”探寻名画与诗歌的关系［J］/ 沈苗苗 // 作家，2008（18）

14092 浅谈苏轼元祐题画诗的思想内容［J］/ 邱月儿 // 作家，2008（18）

14093 苏轼与弥尔顿悼亡诗中不同的宗教影响（英文）［J］/ 刘丽丽，李丰 // 科技信息·科学教研，2008（19）

14094 苏轼题画诗与意境之拓展［J］/ 张高评 // 成大中文学报，2008（22）

14095 苏轼黄庭坚题画诗与诗中有画：以题韩幹、李公麟画马诗为例［J］/ 张高评 // 兴大中文学报，2008（24）

14096 苏轼诗对陈寅恪先生诗作与晚年心境之影响［J］/ 刘卫林 // 新亚学报，2008（26）

14097 再考“洗出徐熙落墨花”：与陈传席先生商榷［J］/ 周云 // 考试周刊，2008（32）

14098 拜伦《恰尔德哈洛尔德游记·第二章》与苏轼《卜算子》“孤独”主题比较［J］/ 卢亚男 // 科技信息，2008（36）

14099 东坡诗《奉和成伯大雨中会客解嘲》的训诂问题［J］/ 吴圣雄 // 国文学报，2008（44）

14100 《题西林壁》板书设计［J］/ 栾庆新 // 江西教育，2008（C2）

14101 苏轼、黄庭坚唱和题画诗比较研究［J］/ 廖伟 // 广西大学学报（哲学社会科

学版），2008（S1）
14102 苏辙与朱熹《诗经》诠释之比较［J］/ 吴叔桦 // 诗经研究丛刊，2008（第十七辑）
14103 《坡门酬唱集》探究［D］/ 黄文丽 .—漳州师范学院（硕士论文），2008
14104 道家诗意人生的理论与实践［D］/ 王洋 .—山东大学（硕士论文），2008
14105 苏诗：归隐情结与意象体现［D］/ 马迎 .—首都师范大学（硕士论文），2008
14106 苏诗酒事：苏轼诗饮酒内容及饮酒诗研究［D］/ 张莎 .—西南大学（硕士论文），2008
14107 苏轼“和陶诗”研究［D］/ 金甫暻 .—复旦大学（博士论文），2008
14108 苏轼的自然诗学研究［D］/ 刘俊丽 .—西北师范大学（硕士论文），2008
14109 苏轼和陶诗与陶诗的关系［D］/ 张岳 .—中国人民大学（硕士论文），2008
14110 苏轼论书诗研究［D］/ 周楠 .—辽宁大学（硕士论文），2008
14111 苏轼诗与禅之研究［D］/ 阮延俊 .—华中师范大学（硕士论文），2008
14112 苏轼诗中的草木意象管窥［D］/ 辛佩芳 .—台湾师范大学（硕士论文），2008
14113 苏轼题画诗考论［D］/ 廖伟 .—福建师范大学（硕士论文），2008
14114 赓和东坡惠州西湖江月诗［N］/ 杨子怡 // 惠州日报，2009-02-23
14115 都是东坡惹的祸［N］/ 张在军 // 乐山日报，2009-03-06
14116 解读苏轼自戒诗［N］/ 不详 // 中国中医药报，2009-08-07
14117 关于苏东坡的《洗儿诗》［N］/ 不详 // 今晚报，2009-12-05
14118 《雨霖铃》教学构想［J］/ 王红梅 // 文学教育（上），2009（1）
14119 穿越千年时空的人生对话［J］/ 张秀娜 // 青年作家（中外文艺版），2009（1）
14120 论苏轼题画诗中的骏马意象及其审美意蕴［J］/ 白蓝 // 湖南科技大学学报（社会科学版），2009（1）
14121 浅论苏轼“诗中有画”“画中有诗”命题的学理依据［J］/ 高云鹏 // 沈阳工程学院学报（社会科学版），2009（1）
14122 试论韩诗对苏诗的影响［J］/ 时伟 // 周口师范学院学报，2009（1）
14123 是“晚景”还是“晓景”？［J］/ 刘江华 // 小学教学（语文版），2009（1）
14124 苏轼《虢国夫人夜游图》宾主章法探析［J］/ 陈宣谕 // 崇右学报，2009，15（1）
14125 苏轼沐浴诗释要［J］/ 李勤印 // 文学前沿，2009（1）
14126 饮湖上初晴后雨（改写）［J］/ 梁绮红，吴新龙 // 小学作文一点通，2009（1）
14127 用诗意来“拯救”画的困境：论苏轼题画诗中诗画相通理论的本质意义［J］/ 刘全志 // 乐山师范学院学报，2009（1）
14128 论《西清诗话》诗学立场与主张［J］/ 林秀玲 // 嘉大中文学报，2009（2）
14129 苏轼的一次失误［J］/ 不详 // 获奖作文选萃（小学版），2009（2）
14130 苏轼《韩幹马十四匹》所引发之审美教育意义［J］/ 陈宜政 // 中国语文，2009，104（2）
14131 《元好问全集》增补诗辨误［J］/ 张静 // 民族文学研究，2009（3）
14132 庐山一游，卓绝千古［J］/ 山流水 // 苏轼研究，2009（3）
14133 由诗检定苏轼的天文能力［J］/ 廖藤叶 // 台中技术学院通识教育学报，2009（3）
14134 哀莫大于心不死：浅析苏轼与弥尔顿的悼亡诗［J］/ 朱燕秋 // 贵州民族学院学报（哲学社会科学版），2009（4）
14135 从苏轼题画诗看其文人画主张：《书鄢

陵王主簿所画折枝二首》读解［J］/贾涛//齐鲁艺苑，2009（5）

14136 试论苏轼的哲学思想在其词中的体现［J］/胡磊//宿州教育学院学报，2009（5）

14137 半边鳞甲半边毛：趣话戏字诗［J］/启山//老年教育·老年大学，2009（6）

14138 边缘的恐惧［J］/张力//艺术探索，2009（6）

14139 光芒四射的古典散文诗［J］/马晓军//现代语文·文学研究，2009（6）

14140 论“诗中有画，画中有诗”在苏轼诗画创作中的体现［J］/徐薇//吉林广播电视大学学报，2009（6）

14141 诗舞台：东坡在路上［J］/陈义芝//联合文学，2009，25（6）

14142 苏轼对柳宗元诗歌的大规模接受及其后世影响：再论苏轼的“第一读者”地位和作用［J］/杨再喜//社会科学辑刊，2009（6）

14143 苏轼神女诗初探［J］/赵阳阳//石河子大学学报（哲学社会科学版），2009，23（6）

14144 悲喜之间悟人生［J］/王自立//老友，2009（7）

14145 论文同与二苏的关系：以三人诗文往来为基点［J］/涂茂龄//明道通识论丛，2009（7）

14146 迷离梦事的续接：《天际乌云帖》及其题咏［J］/张然//西南民族大学学报（人文社会科学版），2009（7）

14147 《宋苏轼书次韵秦太虚见戏耳聋诗》辩伪［J］/李跃林//东方艺术，2009（8）

14148 声韵与文情之关系：以东坡诗为例［J］/陈新雄//汉学研究集刊，2009（8）

14149 试用“遮诠”法分析两首禅诗［J］/彭婷婷//中国商界（下半月），2009（8）

14150 浅论佛教思想对苏轼诗歌的影响［J］/刘本艳//东京文学，2009（9）

14151 白云头上去闲游：趣话制谜诗［J］/赵跃//老年教育·老年大学，2009（10）

14152 略论东坡诗中的“鱼”［J］/颜智英//国文天地，2009，24（10）

14153 梦吟东坡［J］/赵芝瑞//高中生·快乐阅读，2009（10）

14154 万史沧桑与人生情怀的诗意展绘：读秦岭雪的《苏东坡》［J］/胡冬梅//语文学刊（基础教育版），2009（10）

14155 《王状元集百家注分类东坡先生诗》考论［J］/何泽棠//中国典籍与文化，2009（11）

14156 《饮湖上初晴后雨》教学案例赏析［J］/胡岚岚//新课程研究（下旬刊），2009（11）

14157 千古一拟 万世称颂:《饮湖上初晴后雨》赏析［J］/马文龙//才智，2009（13）

14158 略论以风格为诗歌辨伪依据的有效度问题［J］/刘汉初//东华人文学报，2009（15）

14159 烟波声色处，惟见苏贤良：简析苏轼《方山子传》［J］/周洋//电影评介，2009（23）

14160 何不择所安，滔滔天下是：由苏东坡的诗文探索他的超然襟怀［J］/刘竹青，许碧珊//经国学报，2009（27）

14161 苏轼《石鼓歌》探析［J］/姜龙翔//屏东教育大学学报（人文社会类），2009（32）

14162 “渊明堕诗酒”：苏轼的和陶诗与陶诗的再评价［J］/杨东声//中国文化研究所学报，2009（49）

14163 诗中有画，诗中有情:《饮湖上初晴后雨》教学实录及赏析［J］/吉春亚，崔晨//小学教学（语文版），2009（C1）

14164 “借君无弦琴，寓我非指弹”：苏轼《和陶诗》新论［C］/ 巩本栋 // 第六届宋代文学国际研讨会论文集 / 中国宋代文学学会 . —成都：巴蜀书社，2009

14165 论苏轼学白居易诗［C］/ 张再林 // 第五届宋代文学国际研讨会论文集 / 邓乔彬 . —广州：暨南大学出版社，2009.

14166 苏辙与朱熹《诗经》诠释之比较［C］/ 吴叔桦 // 诗经研究丛刊（第十七辑）：第八届《诗经》国际学术研讨会论文选刊之二 / 中国诗经学会 . —北京：学苑出版社，2009

14167 苏轼对高丽汉诗之影响［C］/ 金周淳 // 第五届宋代文学国际研讨会论文集 / 邓乔彬 . —广州：暨南大学出版社，2009.

14168 白居易与苏轼怀古诗比较研究［D］/ 张亚祥 . —西南大学（硕士论文），2009

14169 北宋熙丰诗坛研究［D］/ 庄国瑞 . —浙江大学（博士论文），2009

14170 苏东坡禽言诗探析［D］/ 邱郁书 . —彰化师范大学（硕士论文），2009

14171 苏轼“和陶诗”之道与隐［D］/ 杨元元 . —重庆师范大学（硕士论文），2009

14172 苏轼理趣诗研究［D］/ 沈广斌 . —中国人民大学（博士论文），2009

14173 苏轼岭南诗研究［D］/ 金怡 . —北京师范大学（硕士论文），2009

14174 苏轼诗歌在金元的接受［D］/ 赵丽 . —宁波大学（硕士论文），2009

14175 苏轼诗歌自然意象的禅趣意蕴探究［D］/ 苏罗密 . —云南大学（硕士论文），2009

14176 苏轼与莱辛诗画关系论之比较研究［D］/ 何慧斌 . —陕西师范大学（硕士论文），2009

14177 对苏轼《题西林壁》中诗句的辨析［N］/ 符道禹 // 四川巴中日报，2010-01-19

14178 青山遮不住，毕竟东流去：读苏东坡的《洗儿诗》有感［N］/ 不详 // 武进日报，2010-02-01

14179 苏轼的清明人生［N］/ 七娃 // 西部晨风，2010-04-01

14180 苏轼与苏、李诗的辨伪［N］/ 不详 // 新民晚报，2010-04-25

14181 苏轼与海棠花［N］/ 常跃强 // 赣南日报，2010-07-02

14182 “八风吹不动”是东坡诗吗？［N］/ 不详 // 镇江日报，2010-08-02

14183 苏东坡《琴诗》与法螺妙音［N］/ 不详 // 文艺报，2010-08-23

14184 辨析两首瀑布诗［J］/ 邢长军 // 语文教学与研究 · 综合天地，2010（1）

14185 苏东坡“画蛇”了吗？［J］/ 程章灿，于溯 // 古典文学知识，2010（1）

14186 苏辛《南乡子》形式与内容比较［J］/ 柯玮郁 // 东方人文学志，2010，9（1）

14187 竹外桃花三两枝［J］/ 刘清泉 // 苏轼研究，2010（1）

14188 《题西林壁》诞生成因探微［J］/ 曹宇旗 // 河南工程学院学报（社会科学版），2010（2）

14189 北宋绘画中的诗画同一性［J］/ 赵复泉，甘玲 // 重庆教育学院学报，2010（2）

14190 赏析苏轼《八声甘州 寄参寥子》［J］/ 李瑞利 // 吉林省教育学院学报（小学教研版），2010（2）

14191 苏轼山水诗中的画境：以谪黄前之诗为例［J］/ 杨景琦 // 立德学报，2010，7（2）

14192 苏轼题山水画诗的题咏内涵与人生观照［J］/ 黄彩勤 // 远东通识学报，2010，4（2）

14193 诗词趣谈：苏轼赋诗救环饼［J］/ 徐继立 // 新语文学习（小学高年级），2010

（3）

14194 苏东坡如何适应谪居的黄州环境：兼述其黄州诗文中的环境信息[J]/陈弼//苏轼研究，2010(3)

14195 苏轼诗词的兄弟心结[J]/喻世华//南通大学学报（社会科学版），2010，26(3)

14196 苏轼戏谑诗探析[J]/郭慧丽，白云红//名作欣赏（中旬），2010(3)

14197 翁方纲的“由苏入杜”说[J]/何继文//汉学研究，2010，28(3)

14198 一树梨花压海棠：苏东坡诗戏张先晚年艳福[J]/不详//法制博览·名家讲坛（上半月），2010(3)

14199 颍水清流 淡泊明志：苏轼《泛颍》赏析[J]/熊朝东//苏轼研究，2010(3)

14200 古诗中的花卉[J]/阳波//新疆林业，2010(4)

14201 情真意切自然感人至深：赏析苏轼、哈代悼念亡妻诗歌二首[J]/陈英//语文学刊·外语教育与教学，2010(4)

14202 回环迭字妙趣无穷[J]/不详//中华活页文选（初三），2010(5)

14203 《南游集》序[J]/叶燮，王林//中学生阅读（高中版），2010(6)

14204 登高拨云与移景换步[J]/管青春，尹品芳//江西教育（教学版），2010(6)

14205 东坡写竹之文艺心理探究：以苏轼写与文同之诗文为讨论范畴[J]/陈宜政//人文与社会学报，2010，2(6)

14206 宋代柳宗元诗歌接受引论[J]/李栋辉//玉林师范学院学报，2010(6)

14207 苏轼与弥尔顿两首悼亡诗比较研究[J]/章亚琼//邵阳学院学报（社会科学版），2010(6)

14208 无形画与不语诗：再探苏轼对“诗画融合”的影响[J]/张乐//荣宝斋，2010(7)

14209 中西方诗与画差异的原因研究[J]/穆瑞凤//美术大观，2010(7)

14210 那时“苏轼”不是“苏东坡”[J]/孙贞锴//咬文嚼字，2010(8)

14211 《饮湖上初晴后雨》课堂实录[J]/冯琛莉//教学月刊（小学版），2010(9)

14212 苏轼论书诗简论[J]/赵龙涛//书画艺术学刊，2010(9)

14213 轻风扶细柳，淡月失梅花[J]/不详//小学作文一点通，2010(10)

14214 因难见巧、反常合道：苏轼戏谐诗研究[J]/张辉诚//中山女高学报，2010(10)

14215 唱和之中竞诗才：苏轼、黄庭坚、秦观之间的一首唱和诗管窥[J]/呼双虎//赤峰学院学报（哲学社会科学版），2010(11)

14216 始知真放本精微：苏轼《子由新修汝州龙兴寺吴画壁》赏析[J]/叶爱欣//文史知识，2010(11)

14217 苏轼的理趣诗探究[J]/韩文峰//学问·现代教学研究，2010(11)

14218 苏轼黄州山水诗的心灵世界：归隐情结的萌生与超旷胸怀的成型[J]/黄彩勤//弘光人文社会学报，2010(12)

14219 一首涵蕴甚深的诗：赏析苏轼东《栏梨花》[J]/曹淑芳//中学语文（下旬），2010(12)

14220 古诗中的花卉[J]/李阳波//语文天地，2010(14)

14221 试论《题西林壁》中“隐秀、模糊”之双重诠解[J]/孙玮骅//实践博雅学报，2010(14)

14222 画者得于心，诗者会以意：浅谈题画诗的赏析[J]/张胜//试题与研究·新课程论坛，2010(20)

14223 论苏轼《凤翔八观》之游戏性质：以王国维“游戏说”为理论依据［J］/姜龙翔//兴大中文学报，2010(28)

14224 意趣·意思·意境·意蕴:《六月二十七日望湖楼醉书》教学谈［J］/唐志新//小学教学参考，2010(31)

14225 古诗两首《题西林壁》《游山西村》教学设计［J］/刘云生//语文教学通讯，2010(C3)

14226 陆游对苏轼的受容：以“红尘”“扫地焚香”为例［D］/神部明果.—中山大学(硕士论文)，2010

14227 论高丽朝诗人对苏轼诗的接受与发展［D］/张公.—延边大学(硕士论文)，2010

14228 欧阳修、苏轼、杨万里的易学与诗学［D］/程刚.—中山大学(博士论文)，2010

14229 宋诗对白居易诗的受容与超越：以苏轼诗为中心［D］/王域铖.—江西师范大学(硕士论文)，2010

14230 苏黄诗歌与禅门公案［D］/赵文斌.—暨南大学(硕士论文)，2010

14231 苏轼“戏作诗”研究［D］/黄小珠.—北京师范大学(硕士论文)，2010

14232 苏轼唱和诗研究［D］/闫伟伟.—山西师范大学(硕士论文)，2010

14233 苏轼感遇词研究［D］/林均莲.—铭传大学(硕士论文)，2010

14234 苏轼和陶诗与陶渊明诗歌之比较研究［D］/杨松冀.—中国人民大学(博士论文)，2010

14235 苏轼诙谐诗风研究［D］/陈性前.—安徽大学(硕士论文)，2010

14236 苏轼尚“谐”诗歌的审美取向研究［D］/常桂红.—辽宁师范大学(硕士论文)，2010

14237 苏轼诗歌的隐逸情怀及其艺术表现［D］/张珊珊.—北京师范大学(硕士论文)，2010

14238 苏轼诗歌与北宋饮食文化［D］/邱丽清.—西北大学(硕士论文)，2010

14239 苏洵诗歌研究［D］/杨小曼.—广西大学(硕士论文)，2010

14240 苏东坡说春江水暖鸭先知为什么不是鹅先知呢，他对鹅有偏见吗？诗人余光中昨晚浙大说灵感［N］/徐斌//都市快报，2011-04-01

14241 也谈苏轼的“论画以形似见与儿童邻”诗［N］/倪志云//中国社会科学报，2011-04-12

14242 苏轼写诗戒酒，辛弃疾填词斥酒［N］/杨鸿泽，黄琛//长沙晚报，2011-06-20

14243 再读苏诗［N］/不详//人民日报，2011-07-05

14244 风雨苏东坡：苏轼诗《六月二十七日望湖楼醉书》赏析［N］/郑立流//福建老年报，2011-08-02

14245 仍歌杨柳春风：读苏轼《西江月·平山堂》［N］/曹利民//扬州日报，2011-08-11

14246 苏轼的绝命诗［N］/不详//劳动午报，2011-09-29

14247 博观而约取，厚积而薄发：苏轼那一段艰难时光［N］/不详//齐鲁晚报，2011-11-10

14248 江天奇景寓意深［N］/李金坤//镇江日报，2011-11-25

14249 在苏轼故里徜徉(外二首)［N］/陈仲//承德日报，2011-12-08

14250 《龙城录》是伪典小说［J］/罗宁//文学与文化，2011(1)

14251 宋诗精华品读 雪泥鸿爪喻人生：苏轼

《和子由渑池怀旧》[J]/陶文鹏//文史知识，2011(1)

14252 苏东坡之雪浪石[J]/狄云兰//神州(中旬刊)，2011(1)

14253 苏轼“李白仙诗卷”探研[J]/衣若芬//宋代文哲研究集刊，2011(1)

14254 苕溪渔隐论宋诗宋调之形成：以欧、王、苏、黄诗风为例[J]/张高评//中国学术年刊，2011，33(1)

14255 从“酒红”意象的典范转移论苏轼诗之“意新语创”[J]/郭缌绮//人文社会科学研究，2011，5(2)

14256 明代诗人崔廷槐《赤壁》的审美解读[J]/魏一峰//青年作家(中外文艺版)，2011(2)

14257 宋迪其人及“潇湘八景图”之诗画创意[J]/冉毅//文学评论，2011(2)

14258 苏东坡与雪浪石[J]/张玉橙//苏轼研究，2011(2)

14259 《苕溪渔隐》论苏轼、黄庭坚诗[J]/张高评//师大学报(语言与文学类)，2011，56(2)

14260 戏谑诙谐以自嘲：论苏轼的自嘲诗[J]/胡翠琴//经营管理者，2011(2)

14261 状瞬息变幻动景 寓政治人生哲理：苏轼《六月二十七日望湖楼醉书》赏析[J]/陶文鹏//文史知识，2011(2)

14262 读东坡诗词，品无字之书：心得体会与品读形式拾零[J]/凌金兰//苏轼研究，2011(3)

14263 赏美文 品苏子[J]/罗春蓉//科学咨询(科技·管理)，2011(3)

14264 深挚的情感 深刻的思力[J]/黎烈南//古典文学知识，2011(3)

14265 宋诗精华品读 妙用博喻画洪流：苏轼《百步洪二首》(其一)赏析[J]/陶文鹏//文史知识，2011(3)

14266 苏轼的独白[J]/周鹏//散文诗世界，2011(3)

14267 怎一个“恨”字了得[J]/浦启夫//新语文学习·高中，2011(3)

14268 从一首古诗引入偏导数概念[J]/曹宏举//高等数学研究，2011(4)

14269 莱辛与苏轼诗画理论之比较[J]/王瑞//汕头大学学报(人文社会科学版)，2011(4)

14270 宋诗精华品读 西崦人家应最乐：苏轼《新城道中》[J]/陶文鹏//文史知识，2011(4)

14271 二苏岐梁唱和研究[J]/王齐//当代教育理论与实践，2011(5)

14272 六桥：苏东坡写得最长最美的一句诗[J]/张晓风//出版参考(新阅读)，2011(5)

14273 宋诗精华品读 欲把西湖比西子：苏轼《饮湖上初晴后雨》[J]/陶文鹏//文史知识，2011(5)

14274 苏轼海南诗文中的海南环境描写及其嬗变[J]/曹艳春，周和军//学理论(上旬刊)，2011(5)

14275 苏轼诗词三首[J]/张瑞利，余国民//中华活页文选(高一年级版)，2011(5)

14276 欲把西湖比西子：苏轼《饮湖上初晴后雨》[J]/陶文鹏//文史知识，2011(5)

14277 《莲》诗四误[J]/苗帮苓//中学语文教学，2011(6)

14278 《龙城录》再考辨[J]/尹占华//盐城师范学院学报(人文社会科学版)，2011(6)

14279 明月在心头[J]/不详//炎黄世界，2011(6)

14280 说“雪泥鸿爪”[J]/张佳//思维与智慧(上旬刊)，2011(6)

14281 宋诗精华品读 倒倾鲛室泻琼瑰：苏轼

《有美堂暴雨》[J]/陶文鹏//文史知识，2011(6)

14282 苏轼和哈代的悼亡诗比较[J]/艾小芳//海外英语，2011(6)

14283 从"以梅怀人"到"咏梅悼亡"：苏轼对咏梅诗词的开拓[J]/周潇//青年文学家(上半月)，2011(7)

14284 宋诗精华品读 孤山久与船低昂：苏轼《李思训画长江绝岛图》赏析[J]/陶文鹏//文史知识，2011(7)

14285 古诗词中"月"之意象简析[J]/靳兰芳//阅读与鉴赏(下旬)，2011(8)

14286 十八滩头一叶身：苏轼《八月七日初入赣，过惶恐滩》赏析[J]/陶文鹏//文史知识，2011(8)

14287 凭仗丹青重省识 一片伤心画不成：中国古典悼亡诗词浅析[J]/苏静//吉林广播电视大学学报，2011(9)

14288 宋诗精华品读 千山动鳞甲，万谷酣笙钟：苏轼《行琼儋间，肩舆坐睡，梦中得句……》[J]/陶文鹏//文史知识，2011(9)

14289 苏东坡经典"神智体诗"[J]/不详//读写月报(初中版)，2011(9)

14290 登高才能望远[J]/潘晓东//印刷杂志，2011(10)

14291 论苏轼对刘禹锡两首桃花诗中"刘郎"一词的接受[J]/李燕，魏爱婷//中外教育研究，2011(10)

14292 浅谈苏轼的题画诗[J]/方蔚//文学教育(上)，2011(10)

14293 秦观：郴江幸自绕郴山，为谁流下潇湘去[J]/杨雨//老年人，2011(10)

14294 从苏轼《黄州寒食诗》看言、象、意之关系[J]/郑文君//时代文学(下半月)，2011(11)

14295 《喜雨亭记》意境赏析[J]/王万代//魅力中国，2011(11)

14296 小谈"禽言诗"[J]/李雨蔚//金秋，2011(12)

14297 理性看人生，不只是浮云：苏轼《和子由渑池怀旧》赏析[J]/梅其涛//湖北招生考试，2011(14)

14298 东坡乱改菊花诗[J]/陈巧如//半月选读，2011(20)

14299 苏轼儋州题画诗论略[J]/曾志斌，刘敬//读写算·教育教学研究，2011(26)

14300 《饮湖上初晴后雨》教学[J]/朱红//小学教学设计，2011(28)

14301 别让这个"闲"字闲着[J]/朱烈荣//语文教学通讯，2011(32)

14302 浅议小学古诗词"对照"式的教学：苏轼《题西林壁》文本解读心得[J]/王志红，金义香//考试周刊，2011(74)

14303 书写与流传：文化史视野下的郁孤台[J]/温春香，朱忠飞//历史文献研究，2011(1)

14304 论杜甫、苏轼题画诗折射出的文化意蕴[D]/安百军.—延边大学(硕士论文)，2011

14305 欧阳修与苏轼的诗学思想比较研究[D]/张培.—河南大学(硕士论文)，2011

14306 苏、朱《诗集传》比较研究[D]/刘晓雪.—黑龙江大学(硕士论文)，2011

14307 苏东坡咏茶诗研究[D]/蔡宗翰.—佛光大学(硕士论文)，2011

14308 苏轼和陶诗与陶诗比较研究：以《和陶饮酒二十首》与《饮酒》为例[D]/吕健.—天津师范大学(硕士论文)，2011

14309 苏轼诗歌与佛禅关系研究[D]/李明华.—吉林大学(博士论文)，2011

14310 苏轼诗歌雨意象研究[D]/张淑媛.—西北大学(硕士论文)，2011

14311 苏轼倅杭时期的诗歌创作［D］/ 呼双虎．—西北师范大学（硕士论文），2011

14312 异事惊倒百岁翁：从气象学论证苏轼《登州海市》并非造假［N］/ 林之光 // 中国科学报，2012-02-17

14313 苏轼《浣溪沙·咏橘》素描［N］/ 刘清泉 // 眉山日报，2012-03-17

14314 “地碓舂粳光似玉，沙瓶煮豆软如酥”此联选自宋·苏轼《豆粥》诗［N］/ 不详 // 中国技术市场报，2012-07-03

14315 梅花：苏轼求“静”求“达”的形象代言［N］/ 赵军 // 武进日报，2012-12-20

14316 出新意 寄妙理：苏轼《题西林壁》赏析［J］/ 邓梅 // 科教文汇（中旬刊），2012（1）

14317 对《望庐山瀑布》与《题西林壁》的赏析［J］/ 肖陈斌，陈富坤 // 新校园（学习，中旬刊），2012（1）

14318 惠崇春江晚景［J］/ 本刊编辑部 // 青少年书法（少年版），2012（1）

14319 那知是寒食：《黄州寒食诗帖》中的“寒食”审美特质探析［J］/ 雍文昴 // 中国书法，2012（1）

14320 赏雨 品画 识人：《六月二十七日望湖楼醉书》教学设计［J］/ 袁雨萌 // 小学教学参考，2012（1）

14321 诗画一律与诗画之别：苏轼、莱辛诗画之辨与中西诗学传统［J］/ 何云波 // 汉语言文学研究，2012（1）

14322 试论秦观诗与“元祐体”关系：以《和东坡红鞓带》为例［J］/ 林春香，郭丹 // 龙岩学院学报，2012（1）

14323 试析禅诗三首［J］/ 汪旭 // 群文天地，2012（1）

14324 苏轼冰一首［J］/ 本刊编辑部 // 滇池文学，2012（1）

14325 苏轼《莲》另解［J］/ 周丽英 // 文学教育（下半月），2012（1）

14326 《坛经》与苏轼诗歌创作［J］/ 丁庆勇，阮延俊 // 湖南第一师范学院学报，2012（1）

14327 苏轼山水诗中的画境：以谪黄贬惠前之诗为例［J］/ 杨景琦 // 康大学报，2012，2（1）

14328 形似 神似 诗意：苏轼《书鄢陵王主簿所画折枝二首》精义解析［J］/ 胡立新 // 社会科学战线，2012（1）

14329 隐晦的诗旨 豁达的胸怀：读苏轼《六月二十日夜渡海》［J］/ 孙明材 // 古典文学知识，2012（1）

14330 论苏轼簪花的大乐与小乐：《吉祥寺赏牡丹》的文化学阐释［J］/ 胡颖佳 // 广州广播电视大学学报，2012（2）

14331 清风朗月 天地飞鸿：苏轼论书题画诗赏析［J］/ 杜春霞 // 书法赏评，2012（2）

14332 苏轼《登州海市》之章法结构及艺术手法探析［J］/ 陈宣谕 // 德明学报，2012，36（2）

14333 苏轼“岐梁唱和诗”的三个新亮点［J］/ 葛祥邻 // 宝鸡社会科学，2012（2）

14334 《坛经》与苏轼诗歌创作［J］/ 张恩华 // 兰州教育学院学报，2012（2）

14335 读《东坡赤壁诗词》朱玉明诗和唱［J］/ 刘章 // 东坡赤壁诗词，2012（3）

14336 梦中不知身是客［J］/ 李雪梅，韦凌影 // 福建乡土，2012（3）

14337 人仙奇恋 浪漫风神：苏轼《芙蓉城》诗探析［J］/ 周璐 // 语文知识，2012（3）

14338 司空图“象外之象、景外之景”内涵的重新阐释［J］/ 徐艳 // 南开学报（哲学社会科学版），2012（3）

14339 读苏东坡诗文有感［J］/ 许永丽 // 中国教育探索学刊，2012（4）

14340 论苏轼岭海山水诗与“天地境界”［J］/

程磊 // 大连理工大学学报(社会科学版),2012(4)

14341 那一抹雄壮的夏日惆怅:宋诗《六月二十七日望湖楼醉书》重读[J]/ 陈国安 // 教师博览,2012(5)

14342 乾嘉注释学视野中的《苏文忠公诗合注》[J]/ 何泽棠 // 华南理工大学学报(社会科学版),2012,14(5)

14343 试析苏轼诗歌中生命主体意识的升华[J]/ 苏罗密 // 楚雄师范学院学报,2012(5)

14344 为苏轼题画诗误读辨:以《书鄢陵王主簿所画折枝二首》为例[J]/ 杜奎 // 韩山师范学院学报,2012(5)

14345 卜算子·借苏轼《别意》用之[J]/ 杨疏影 // 东坡赤壁诗词,2012(6)

14346 东坡诗一首[J]/ 汪茂荣 // 书画世界,2012(6)

14347 苏轼《惠崇春江晚景》[J]/ 曹院生 // 寻根,2012(6)

14348 苏轼放鹤亭记[J]/ 马自旋 // 书画世界,2012(6)

14349 苏轼诗一首[J]/ 江毛安 // 书画世界,2012(6)

14350 秀丽城市杭州:饮湖上初晴后雨(一)[J]/ 不详 // 作文通讯·实用阅读,2012(6)

14351 永远的西湖,永远的西子:《饮湖上,初晴后雨》[J]/ 马春山 // 课程教育研究,2012(6)

14352 墙里秋千墙外道,多情却被无情恼[J]/ 不详 // 当代学生·信息,2012(7)

14353 情深千古“缓缓归”:兼析对苏轼《陌上花》的误读[J]/ 许金华 // 文史知识,2012(7)

14354 苏轼回文诗 妙赞金山景[J]/ 不详 // 初中生世界(初二),2012(7)

14355 卜算子·借苏轼《别意》用之等[J]/ 杨疏影 // 中华诗词,2012(8)

14356 苏轼《试院煎茶》、《汲江煎茶》之论析比较[J]/ 陈金英 // 高餐通识教育学刊,2012(8)

14357 苏轼回文诗 妙赞金山景[J]/ 徐苏 // 初中生世界,2012(8)

14358 论苏轼诗中自然山水的动态美[J]/ 刘芳 // 美术大观,2012(9)

14359 诗魂不熄:浅析苏轼《屈原庙赋》[J]/ 金燕 // 名作欣赏,2012(9)

14360 博观而约取,厚积而薄发[J]/ 不详 // 中华活页文选(高一版),2012(10)

14361 出新意 寄妙理:苏轼《题西林壁》赏析[J]/ 于仁耿 // 新语文学习(小学高年级版),2012(11)

14362 从海南诗文看苏轼对海南旅游的贡献[J]/ 刘胜利 // 岁月(下半月),2012(11)

14363 行重忠君,诗启连章:论苏轼对杜诗的承袭[J]/ 张辉诚 // 中山女高学报,2012(12)

14364 诗文·诗人·诗情:《苏轼·西湖之饮湖上初晴后雨》教学案例及赏析[J]/ 夏学仙,俞春燕 // 新课堂(语文版),2012(12)

14365 苏东坡禅意诗特质与《维摩诘经》关系研究[J]/ 林文钦 // 国文学报,2012(15)

14366 梨花一枝春带雨 海棠花开惹人醉:苏轼两首关于花的诗对比赏析[J]/ 牛锐 // 文学天地,2012(20)

14367 苏轼诗中的“游”与自我意识:以倅杭为中心的考察[J]/ 李妮庭 // 东华人文学报,2012(20)

14368 千江有水千江月:从《汲江煎茶》看苏轼的精神品格[J]/ 梁珍明 // 语文学刊(高等教育版),2012(23)

14369　浅论东坡亭台记的文学特点[J]/毛燕靓//文教资料，2012(33)

14370　赵翼《瓯北诗话》说宋诗：以苏轼、黄庭坚诗为讨论核心[J]/张高评//成大中文学报，2012(36)

14371　《饮湖上初晴后雨》教学设计[J]/李咏梅//课程教材教学研究·小教研究，2012(C1)

14372　《坛君神话》与《诗经》史诗的契合与差异[J]/张思齐//诗经研究丛刊，2012

14373　概念整合理论视阈下的诗歌自然意象研究：以苏轼离别词为例[D]/刘海迪.—长沙理工大学(硕士论文)，2012

14374　论《庄子》的诗学衍进：以苏轼为个案[D]/普辉.—南京大学(硕士论文)，2012

14375　以苏轼作品为实例探究古代诗歌教学的典范色彩[D]/王莹.—山东师范大学(硕士论文)，2012

14376　和政讲诸桥：苏轼笔下的桥梁迷雾[N]/不详//兰州晨报，2013-03-23

14377　读苏东坡诗(三)[N]/不详//云南大学报，2013-03-26

14378　苏轼为谁欢歌为谁呼：关于苏轼《滕县时同年西园》中时同年的考证(上)[N]/时培京，时均琪//滕州日报，2013-03-30

14379　苏轼为谁欢歌为谁呼：关于苏轼《滕县时同年西园》中时同年的考证(中)[N]/时培京，时均琪//滕州日报，2013-04-19

14380　读苏东坡诗(四)[N]/不详//云南大学报，2013-04-25

14381　苏轼为谁欢歌为谁呼：关于苏轼《滕县时同年西园》中时同年的考证(下)[N]/时培京，时均琪//滕州日报，2013-04-26

14382　苏东坡的洗儿诗[N]/不详//文摘报，2013-06-18

14383　韩国词人的“东坡情结”[N]/不详//中国社会科学报，2013-06-21

14384　读苏东坡《咏八境台》[N]/林汉筠//赣南日报，2013-07-19

14385　苏轼《惠崇春江晚景》朗诵赏析[N]/唐婷婷//语言文字周报，2013-10-09

14386　浅析苏轼被贬杭州时的山水诗[J]/王艳//榆林学院学报，2013(1)

14387　苏轼《薄薄酒》二诗章法结构及艺术手法探析[J]/陈宣谕//台中教育大学学报(人文艺术类)，2013，27(1)

14388　苏轼《少年游》(玉肌铅粉傲秋霜)编年详考[J]/彭文良，木斋//天中学刊，2013(1)

14389　《天柱山志》所录苏轼诗作辨误[J]/琚小飞//唐山学院学报，2013(1)

14390　《望夫台》与《春江花月夜》的相似性解读[J]/邹慧芳//和田师范专科学校学报，2013(2)

14391　《饮湖上初晴后雨》[J]/席璐//中文自修，2013(2)

14392　杜甫《丽人行》与苏轼《续丽人行》之比较[J]/谢寅睿//语文知识，2013(2)

14393　谈谈苏轼《留侯论》的历史搬演[J]/边利丰//中学语文教学，2013(2)

14394　陶渊明与苏轼饮酒诗比较[J]/王迎春//淮北师范大学学报(哲学社会科学版)，2013(2)

14395　东坡诗意画[J]/赵蕴玉//岷峨诗稿，2013(3)

14396　和合理论关照下的苏轼禅诗英译研究[J]/戴玉霞，樊凡//外语教学，2013(3)

14397　黄庭坚《题伯时画顿尘马》诗质疑[J]/吴华峰//江海学刊，2013(3)

14398　两宋题画词与苏轼文人集团综合文艺观

念[J]/于广杰，罗海燕，郝远//石家庄铁道大学学报(社会科学版)，2013(3)

14399 浅论苏轼谪惠、儋诗之佛理思想[J]/杨景琦//康大学报，2013(3)

14400 无独有偶：李白苏东坡都把佳茗比西子[J]/马力//上海茶叶，2013(3)

14401 苏轼和陶诗系年考辨[J]/杨岚，焦远东//重庆交通大学学报(社会科学版)，2013(4)

14402 从苏轼题画诗看文人画的文化根源[J]/翁旨远，王昌景//美术学报，2013，57(5)

14403 读东坡《雪后书北合壁》仰追二首[J]/谷强//老年世界，2013(5)

14404 情与理的迷梦：苏轼《芙蓉城》试析[J]/罗艳梅，胡蔚//中华文化论坛，2013(5)

14405 苏轼诗文评点的演进历程[J]/樊庆彦，刘佳//文史哲，2013(5)

14406 漫读《晓出净慈寺送林子方》《六月二十七日望湖楼醉书》[J]/郭学萍//七彩语文·教师论坛，2013(6)

14407 中国古典诗学概念的"语境化思考"：以"诗史"及"诗中有画"的争议为例[J]/严金东//重庆师范大学学报(哲学社会科学版)，2013(6)

14408 漫读《题西林壁》《竹石》[J]/郭学萍//七彩语文·教师论坛，2013(8)

14409 情意绵绵，渐入诗境[J]/杨卉//七彩语文(教师论坛)，2013(8)

14410 乌台诗案前与被贬黄州后苏轼诗歌创作情志的比较分析[J]/桂天寅//名作欣赏(文学研究版)，2013(8)

14411 也谈"一树梨花压海棠"[J]/祝淳翔//书城，2013(9)

14412 苏东坡与《洗儿诗》[J]/不详//小百科·多元宝宝，2013(10)

14413 桃源望断无寻处：读《桃花源记并诗》与《和桃花源诗并引》[J]/李鹏飞//文史知识，2013(10)

14414 让苏轼陪伴学生的成长：苏轼诗文专题教学 在苏祠邻里引领学生走近苏轼[J]/李松//语文教学通讯(初中：B)，2013(11)

14415 如何让学生喜欢学习古诗文：以学习苏轼的古诗文为例[J]/黄秀钦//读写算(教研版)，2013(11)

14416 苏东坡的洗儿诗[J]/于学刚//满分阅读(高中版)，2013(11)

14417 饮湖上初晴后雨[J]/不详//中小学音乐教育，2013(11)

14418 平生风雨皆不测，何来"一蓑"任我行？：由苏轼的"一蓑"想到的……[J]/王木森，冷晓红//中学语文教学，2013(12)

14419 诗、画、禅与苏轼、黄庭坚咏竹题画研究：以墨竹题咏与禅趣、比德、兴寄为核心[J]/张高评//人文中国学报，2013(19)

14420 苏轼诗文专题教学 让苏轼陪伴学生的成长[J]/不详//语文教学通讯，2013(32)

14421 《绿》拓展阅读：粉黛西子[J]/钟树梁//初中生世界，2013(33)

14422 苏东坡与签诗千年因缘[J]/刘玉龙//师友月刊，2013(552)

14423 明日黄花、千里莼羹及其他：谈典故与成语等运用中的嬗变[J]/刘新宁//课外语文，2013(C1)

14424 《题西林壁》教学课例[C]/刘萌//河北省教师教育学会第二届中小学教师教学案例展论文集/河北省教师教育学会，2013

14425 始知真放本精微：从翁方纲的“杜法”看苏诗对杜诗的继承［D］/ 谢静．—云南大学（硕士论文），2013

14426 宋代“和陶诗”研究［D］/ 陈可人．—南京师范大学（硕士论文），2013

14427 宋诗中的男子簪花现象研究［D］/ 谭艳玲．—西南大学（硕士论文），2013

14428 《惠崇春江晚景》：苏轼拿画家开涮［N］/ 不详 // 梅州日报，2014-03-17

14429 苏东坡眼中的桃花［N］/ 王影聪 // 眉山日报，2014-03-17

14430 楠木漆刻金书与苏东坡的诗［N］/ 谢国刚 // 城乡导报，2014-11-17

14431 “说文解字”第七期杨争光讲苏轼《题西林壁》［N］/ 魏沛娜，陈春燕 // 深圳商报，2014-11-28

14432 论苏轼茶诗中的人生情怀［J］/ 梁珍明 // 芒种（下半月），2014（1）

14433 巧用关联词，突破重难点：《六月二十七日望湖楼醉书》教学范例谈［J］/ 王锋 // 启迪与智慧·教育，2014（1）

14434 苏轼与“苏门四学士”贬谪时期的唱和诗词［J］/ 孔令晶 // 芒种，2014（1）

14435 苏轼自我作古与《饮酒》（其五）的经典化［J］/ 边利丰 // 华中学术，2014（1）

14436 北宋园林诗画关系［J］/ 刘华领，彭鹏 // 石家庄铁道大学学报（社会科学版），2014（2）

14437 论苏轼贬谪诗的创作心态［J］/ 白贵，石蓬勃 // 河北学刊，2014（2）

14438 梦回伊人心：苏轼予三位妻子的诗文［J］/ 叶芳亭 // 名作欣赏（中旬），2014（2）

14439 苏东坡之雪浪石［J］/ 杨磊 // 旅游纵览（下半月），2014（2）

14440 苏轼《芙蓉城》诗叙事分析［J］/ 付少华 // 黄冈师范学院学报，2014（2）

14441 一首咏草堂诗蕴含的历史文化信息：读苏轼《送戴蒙赴成都玉局观》［J］/ 刘晓凤 // 杜甫研究学刊，2014（2）

14442 秋思寄子由［J］/ 杭一苇 // 语文教学与研究，2014（3）

14443 画赞之文体流变：兼论画赞与题画诗的关系［J］/ 李明 // 广州大学学报（社会科学版），2014（6）

14444 “诗中有画，画中有诗”：苏轼、黄庭坚题画诗美学思想探究［J］/ 江心莲 // 中国语文，2014，114（6）

14445 试析苏轼《论高丽买书利害札子三首》［J］/ 杜颜璞 // 中国文房四宝，2014（7）

14446 以苏轼《蝶恋花》论古代体育文化活动［J］/ 田华 // 芒种，2014（8）

14447 《苏轼 望湖楼醉书》［J］/ 杨洁篪 // 中华诗词，2014（9）

14448 一轮明月解千愁:《但愿人长久》插图想象［J］/ 臧明艳 // 七彩语文·习作，2014（9）

14449 不识庐山真面目［J］/ 焦述 // 七彩语文·写字与书法，2014（11）

14450 从“和陶诗”中浅析苏轼的诗学思想［J］/ 袁飞 // 青春岁月，2014（11）

14451 略论苏轼示子诗［J］/ 张桂利 // 乐山师范学院学报，2014（11）

14452 燕瘦环肥 各领风骚：例说古诗简约与繁丰之美［J］/ 甄方园 // 语文知识，2014（11）

14453 从苏轼《书鄢陵王主簿所画折枝》一诗中探索艺术的本质［J］/ 马庆 // 鸭绿江（下半月版），2014（12）

14454 苏轼诗文选登［J］/ 唐昆 // 荣宝斋，2014（12）

14455 以创作时间间隔为视角对苏轼《书双竹湛师房二首》的两种阐释［J］/ 桂天寅 // 名作欣赏，2014（17）

14456 苏轼《记梦回文二首并序》浅析［J］/ 陈勤香 // 短篇小说（原创版），2014（21）

14457 苏轼《和刘道原见寄》［J］/ 邹金灿 // 南方人物周刊，2014（34）

14458 苏轼《鰒鱼行》之内容意蕴与章法结构探析［J］/ 陈宣谕 // 高雄师范大学学报（人文与艺术类），2014（37）

14459 苏轼《过永乐文长老已卒》［J］/ 邹金灿 // 南方人物周刊，2014（44）

14460 元刊《增刊校正王状元集注分类东坡先生诗》之承衍［J］/ 张家维 // 故宫文物月刊，2014（380）

14461 论苏轼徐州诗文精神意蕴［D］/ 李贞．—中国矿业大学（硕士论文），2014

14462 苏轼论诗诗研究［D］/ 周会娟．—集美大学（硕士论文），2014

14463 苏轼祈禳诗文研究［D］/ 宋昀其．—西北师范大学（硕士论文），2014

14464 苏轼涉病诗研究［D］/ 张子川．—江西师范大学（硕士论文），2014

14465 苏轼诗歌创作中的陶渊明因素［D］/ 刘畅．—辽宁大学（硕士论文），2014

14466 苏轼诗庄子用典之接受研究［D］/ 戴伶娟．—台湾中山大学（博士论文），2014

14467 元祐文人集会中的题画诗研究［D］/ 宋春华．—广西大学（硕士论文），2014

14468 东坡只爱白乐天［N］/ 张丽娜 // 洛阳晚报，2015-10-15

14469 苏东坡的广告诗［N］/ 不详 // 牛城晚报，2015-04-10

14470 苏东坡的洗儿诗［N］/ 于学刚 // 淮河晨刊，2015-05-11

14471 东坡爱竹：谈苏轼的咏竹诗画［N］/ 洪朝宗 // 中华读书报，2015-05-20

14472 《东坡乐府》的塔寺书写与生命经验探赜［J］/ 洪锦淳 // 中科大学报，2015，2（1）

14473 读苏轼《赠虔州术士谢晋臣》［J］/ 何江南 // 新国学，2015（1）

14474 诗画互文：从苏轼、王诜唱和诗新解王诜水墨卷《烟江迭嶂图》［J］/ 张荣国 // 南京艺术学院学报·美术与设计，2015（1）

14475 试论《西清诗话》与《庚溪诗话》对苏轼评诗的不同倾向性：以苏评曾肇《扈跸诗》为例［J］/ 董晨 // 齐齐哈尔大学学报（哲学社会科学版），2015（1）

14476 苏轼黄州时期社会诗创作的思想探源［J］/ 杨宗锡 // 航空技术学院学报，2015，14（1）

14477 最恰当的词［J］/ 经志芹 // 初中生世界（九年级），2015（1）

14478 醉墨适意逍遥游：解读苏东坡“尚意”的书学观［J］/ 谈祖应 // 黄冈职业技术学院学报，2015（1）

14479 苏轼的春节诗［J］/ 木斋 // 中华活页文选（教师版），2015（2）

14480 苏轼题画诗探析［J］/ 康立里 // 芒种，2015（2）

14481 论苏轼贬谪诗文中天命观的变化［J］/ 黄小珠 // 甘肃社会科学，2015（3）

14482 笑看人生离乱，我自岿然不动：解读苏轼《壶中九华》诗［J］/ 旷丹 // 鸭绿江（下半月版），2015（3）

14483 白居易与苏轼怀古诗艺术风格之比较［J］/ 张亚祥 // 阜阳职业技术学院学报，2015（4）

14484 兴：禅学、诗学与画学比较之一隅［J］/ 谷卿 // 艺术品，2015（4）

14485 《苏诗补注》［J］/ 查慎行 // 古典文学知识，2015（5）

14486 曾巩在福州太守任上诗文拾掇［J］/ 吴用耕 // 福建史志，2015（5）

14487 诗因湖而咏 湖因诗生色：苏轼《饮湖

上初晴后雨》赏析［J］/ 于仁耿 // 青少年日记，2015（5）

14488 宋代文人游览洞霄宫诗歌透视［J］/ 张振谦 // 兰州学刊，2015（5）

14489 苏轼诗文所载“秧马”用途说略［J］/ 陈建裕 // 平顶山学院学报，2015（6）

14490 苏轼诗词创作中的海南形象研究［J］/ 龚思 // 教育，2015（7）

14491 试论苏轼岁时节日民俗诗蕴含的人文精神［J］/ 王凤苓 // 山花（下半月），2015（8）

14492 诗歌隐喻的“动”与“静”：以苏轼《饮湖上初晴后雨》为例［J］/ 冯晓娟，魏俊轩 // 黑龙江教育学院学报，2015（9）

14493 贬谪诗的思君念阙［J］/ 朱阳慧 // 新高考·语文学习，2015（10）

14494 感怀自身的怀古名作：读苏轼《和陶拟古·冼庙》［J］/ 周俊 // 文史知识，2015（10）

14495 苏轼《惠崇〈春江晚景〉》说课［J］/ 吴文冰 // 青年时代，2015（11）

14496 《苏轼兄弟赠姜唐佐诗》［J］/ 王绥霆 // 晚霞，2015（16）

14497 苏轼《次韵秦太虚见戏耳聋诗》辨伪［J］/ 尤振宇 // 中华弘道书学会会刊，2015（16）

14498 此心安处是吾乡［J］/ 王纯 // 思维与智慧，2015（17）

14499 梦幻与禅机：苏轼诗“人生如梦”观的源流及历程［J］/ 许恺容 // 思辨集，2015（18）

14500 从苏轼的《西江月》反思现代人的爱情观［J］/ 陶果，孙涛 // 读写算·素质教育论坛，2015（19）

14501 论苏轼记梦诗之时空背景与创作特色［J］/ 傅含章 // 东海大学图书馆馆讯，2015（164）

14502 《饮湖上初晴后雨》教学案例［C］/ 宋微 //2016 年河北省教师教育学会第四届优秀教学案例论坛论文集 / 河北省教师教育学会 .—2015

14503 李白苏轼诗歌化用《庄子》人物述论［D］/ 伍昆 .—华东师范大学（硕士论文），2015

14504 清前期诗话中的苏轼论［D］/ 赵瑞 .—上海师范大学（硕士论文），2015

14505 三苏“南行诗”研究［D］/ 薛瑾 .—重庆工商大学（硕士论文），2015

14506 苏轼《次辩才韵诗》及相关问题研究［D］/ 张震 .—中国美术学院（硕士论文），2015

14507 苏轼黄庭坚论书诗比较研究［D］/ 郭志霄 .—吉林大学（硕士论文），2015

14508 苏轼诗歌自注研究［D］/ 高婉青 .—浙江工业大学（硕士论文），2015

14509 苏轼送别诗研究［D］/ 付少华 .—广西大学（硕士论文），2015

14510 苏轼饮食诗歌研究［D］/ 陈娇 .—陕西师范大学（硕士论文），2015

14511 苏东坡的“和陶诗”［N］/ 陈雪 // 惠州日报，2016-08-28

14512 苏东坡的《浴日亭》［N］/ 侯军 // 今晚报，2016-12-11

14513 寒食节的苏东坡［J］/ 徐英杰 // 中国诗歌，2016（1）

14514 略论苏轼蜀道诗［J］/ 伍联群 // 地方文化研究辑刊，2016（1）

14515 苏东坡堪称“广告大王”写诗捧红海南环饼［J］/ 不详 // 语文教学与研究·教研天地，2016（1）

14516 苏轼：儒家居丧不赋诗的典范［J］/ 黄强 // 四川大学学报（哲学社会科学版），2016（1）

14517 苏轼笔下的西湖［J］/ 不详 // 黄金时代

（下半月），2016（1）

14518 百家注和施顾注中的《乌台诗案》［J］/李晓黎//西南交通大学学报（社会科学版），2016（2）

14519 何为庐山真面目，谁能不在此山中［J］/李满//群言，2016（2）

14520 苏轼对陶渊明《归去来兮辞》的再创作［J］/熊言安//中学语文教学，2016（2）

14521 欲作三声出树难：论诗意画的表达困境［J］/王严//荣宝斋，2016（2）

14522 大气磅礴 奇异恣肆：初探黄庭坚《李白忆旧游诗卷》笔墨技巧［J］/李述善//老年教育·书画艺术，2016（3）

14523 南北蓬莱忆东坡［J］/王童//海内与海外，2016（3）

14524 从苏轼《次荆公韵四绝·其二》析其诗歌创作［J］/吴莉莉//现代语文（学术综合版），2016（4）

14525 凡空处，皆成妙语：从中国画留白手法来解读苏轼诗词［J］/高爱云//北方文学（中旬刊），2016（4）

14526 论苏轼贬谪诗 逆境中磨练出的达观［J］/杨阳//山西青年，2016（4）

14527 论耶律履对陶渊明和苏轼的接受［J］/和谈//徐州工程学院学报（社会科学版），2016（4）

14528 苏东坡谪儋期间民本诗歌浅评［J］/蔡竞//文史杂志，2016（5）

14529 论苏轼咏茶诗之人文生活意趣［J］/杨景琦//康大学报，2016（6）

14530 诗声钟吕气势逼人：苏轼诗《有美堂暴雨》赏析［J］/于勤勇//课外语文（中），2016（6）

14531 苏轼诗词教学例析［J］/王川兰//中学语文·大语文论坛，2016（7）

14532 意料之外的博物玄机：读苏轼《惠崇春江晚景》［J］/半夏//文史知识，2016（7）

14533 苏轼 徐熙杏花［J］/丁剑//中华诗词，2016（11）

14534 苏轼诗中的自喻：自我特质与人生状态的婉曲揭示［J］/宁雯//人文杂志，2016（11）

14535 手足情深话兄弟：《和子由渑池怀旧》赏析［J］/黄香//兰州教育学院学报，2016（12）

14536 辨“悠然见南山”之“见”与“望”［J］/姚秋萍//名作欣赏，2016（14）

14537 苏东坡三咏赤壁［J］/学文//金秋，2016（14）

14538 苏轼挑战李白：读《题西林壁》［J］/周剑之//意林文汇，2016（14）

14539 由声色效果观创作企图：以苏轼《寒食雨二首》为例［J］/黄学文//中正高工学报，2016（15）

14540 苏轼、黄庭坚与香有关的唱和诗［J］/覃英//中国集体经济，2016（17）

14541 论苏轼之诗画观［J］/蔡惠君//语文学刊，2016（19）

14542 杜甫与苏轼论书诗分析比较研究［J］/方连全//书画艺术学刊，2016（21）

14543 变换视角：别让“语文”成为一种“景”［J］/李金慧//小学语文教学，2016（31）

14544 北宋前期的《诗经》学研究［D］/李雪莹.—湖南大学（硕士论文），2016

14545 韩国诗话中的苏轼诗歌研究［D］/陈若怡.—北京外国语大学（硕士论文），2016

14546 论北宋“新旧党争”下的苏轼诗歌创作［D］/马琳.—河北大学（硕士论文），2016

14547 苏轼茶诗研究［D］/尹逊刚.—新疆师范大学（硕士论文），2016

14548 苏轼与酒及涉酒诗研究［D］/林红.—

四川师范大学（硕士论文），2016

14549 《龙性堂诗话》批评视野中的苏轼诗歌［J］/ 夏新秀 // 湖南广播电视大学学报，2017（1）

14550 论苏轼美食诗的警世意义：以《鳊鱼》《惠崇春江晓景》为代表作［J］/ 南东求 // 南宁职业技术学院学报，2017（1）

14551 论苏轼题画诗表现方式的特点及典型意义［J］/ 张培婧 // 中国高校社会科学，2017（1）

14552 苏轼《琴诗》之再探讨［J］/ 张煜 // 江苏师范大学学报（哲学社会科学版），2017（1）

14553 苏轼《题西湖诗卷》辨伪［J］/ 杨曦 // 新国学，2017（1）

14554 苏轼诗的悲剧意识［J］/ 张永宽 // 中国苏轼研究，2017（1）

14555 何处是归程：苏轼诗词中鸿雁意象的诗意阐释［J］/ 杨吉华 // 中南大学学报（社会科学版），2017（2）

14556 几多悲伤寄幽冥：浅析苏轼与弥尔顿悼亡诗［J］/ 刘喆 // 武汉工程职业技术学院学报，2017（2）

14557 论南宋苏轼诗歌与南宋院体画的诗画互文现象：以马麟《秉烛夜游图》为例［J］/ 杨光影 // 艺苑，2017（2）

14558 苏轼“君家两行十二字”句辨证［J］/ 刘泰廷 // 江海学刊，2017（2）

14559 苏轼 新城道中其一［J］/ 诸葛丽娜 // 东方艺术，2017（4）

14560 诗画本一律，天工与清新：苏轼诗画论流变研究［J］/ 关鹏飞 // 社会科学论坛，2017（5）

14561 苏轼诗词中的“雾”意象论略［J］/ 赵红 // 重庆文理学院学报（社会科学版），2017（5）

14562 近 30 年苏轼题画诗研究综述［J］/ 李向阳，陈国安 // 乐山师范学院学报，2017（6）

14563 论苏轼诗歌中的民本思想与人文关怀［J］/ 向俊 // 襄阳职业技术学院学报，2017（6）

14564 苏轼七言古诗中的对仗艺术：兼论古体诗“律化”的问题［J］/ 张淘 // 四川大学学报（哲学社会科学版），2017（6）

14565 把盏为乐 诗酒人生：兼论苏轼与陶渊明饮酒赋诗风韵之比较［J］/ 张国荣 // 乐山师范学院学报，2017（7）

14566 为谁欢呼为谁歌：关于苏轼《滕县时同年西园》中时同年的考证［J］/ 时均琪，时培京 // 人文天下，2017（12）

14567 从接受美学视角看苏轼词英译中的情感缺失［J］/ 严云 // 海外英语，2017（16）

14568 苏辙政治诗研究［D］/ 谢易利 . —西南大学（硕士论文），2017

14569 许渊冲英译作《苏轼诗词选》中前景化特征分析［D］/ 朱迪艳 . —山东农业大学（硕士论文），2017

14570 浅论苏轼诗歌的艺术形态［D］/ 张莉萍 . —西华师范大学（硕士论文），不详

词研究（总论）

14571 苏门四学士词［J］/ 龙沐勋 // 文学（上海 1933），1934，2（6）

14572 苏东坡的才气词章［N］/ 陈健夫 // 台湾新生报，1948-02-04，12

14573 词坛逸闻东坡多［N］/ 周宗盛 // 大华晚报，1971-11-22

14574 宋词发展的社会意义［J］/ 詹安泰 // 学术研究，1979（3）

14575 东坡词初论［J］/ 左成文 // 辽宁大学学报（哲学社会科学版），1980（3）

14576 试论苏词的诗人“自我”形象［J］/ 傅治同 // 邵阳师专·教与学（文科），1981（3）

14577 秦观词浅论［J］/ 杨世明 // 西华师范大学学报（哲学社会科学版），1982（1）

14578 东坡诗词中的自我形象［J］/ 王树芳 // 湖州师范学院学报，1982（2）

14579 璧中瑕：略谈苏轼词的瑕疵［J］/ 程伯安 // 武汉师范学院咸宁分院学报，1982（3）

14580 黄庭坚词浅析［J］/ 杨海明 // 江西社会科学，1982（4）

14581 清丽婉约 含蓄蕴藉：试析秦观词的艺术特色［J］/ 周念先 // 名作欣赏，1982（4）

14582 苏轼转变词风的几个问题［J］/ 施议对 // 学习与思考，1983（1）

14583 苏词编年考［J］/ 刘崇德 // 河北大学学报（哲学社会科学版），1984（3）

14584 试论秦观词的艺术特色［J］/ 赵晓兰 // 四川师范大学学报（社会科学版），1984（4）

14585 试论黄庭坚词［J］/ 周裕锴 // 学术月刊，1984（11）

14586 苏词中的“三王”〔苏轼的三个妻妾〕［J］/ 殷光熹 // 思想战线（昆明），1985（1）

14587 苏轼与北宋豪放词派地位辨：与吴世昌先生商榷［J］/ 曾枣庄 // 四川大学学报（哲学社会科学版），1985（1）

14588 秦观在北宋词坛的地位［J］/ 吴慧 // 赣南师范学院学报，1985（3）

14589 苏、辛合乐歌词的评价问题［J］/ 施议对 // 文学遗产，1985（4）

14590 苏轼的豪放词不是偶尔即兴之作［J］/ 不详 // 文学遗产，1986（1）

14591 晁补之词风叙论［J］/ 乔力 // 昆明师范高等专科学校学报，1986（2）

14592 黄山谷词简论［J］/ 熊大权 // 南昌大学学报（人文社会科学版），1986（2）

14593 略谈秦观词的艺术特色［J］/ 蔡起福 // 苏州教育学院学刊，1986（2）

14594 词风的转变与苏词的风格［J］/ 袁行霈 // 社会科学战线，1986（3）

14595 黄庭坚词风管窥［J］/ 蔡厚示 // 文学评论，1986（5）

14596 论山谷诗［J］/ 丁夏 // 清华大学学报（哲学社会科学版），1987（1）

14597 苏词的总体风格［J］/ 莫莫 // 文学遗产，1987（1）

14598 淮海词的艺术成就［J］/ 程伯安 // 咸宁师专学报，1987（2）

14599 苏词编年订误三题［J］/ 吴雪涛 // 河北师范学院学报（哲学社会科学版），1987（2）

14600 幽艳倩婉词 秦氏为大家：简论秦观［J］/ 徐金亭 // 聊城师范学院学报（哲学社会科学版），1987（2）

14601 黄庭坚词在求变中的得与失［J］/ 邱俊鹏 // 文学遗产，1987（3）

14602 黄庭坚词的自我人格形象［J］/ 乔力 // 江西社会科学，1987（4）

14603 论晁补之词［J］/ 刘永泰 // 学术月刊，1987（4）

14604 苏辛词代表作商校［C］/ 季学原 // 首届辛弃疾学术研讨会论文集 / 中国李清照辛弃疾学会 .—1987

14605 入于苏而又出于苏之黄庭坚词［J］/ 曾昭岷 // 湖北大学学报（哲学社会科学版），1988（2）

14606 日本的中国词学研究述评［J］/ 王水照 // 学术月刊，1988（11）

14607 从北宋词坛的两次革新看黄庭坚词的失与得［J］/荣宪宾//青海社会科学，1989（1）

14608 秦观词的悲剧美［J］/丘振声//学术论坛，1989（4）

14609 苏词的物境与神境［J］/申秀云//辽宁师范大学学报（社会科学版），1989（4）

14610 论“东坡范式”：兼论唐宋词的演变［J］/王兆鹏//文学遗产，1989（5）

14611 词语杂释［J］/不详//古汉语研究，1990（1）

14612 山谷词初探［J］/徐飙//吉安师专学报（哲学社会科学版），1990（3）

14613 苏东坡不是豪放词人［J］/顾全芳//山西师范大学学报（社会科学版），1990（3）

14614 苏门词友及周邦彦崛起时间［J］/齐元，傅友魁//江汉大学学报（人文科学版），1990（3）

14615 姑溪居士的词论与词作［J］/曾枣庄//文学遗产，1991（2）

14616 秦少游及其词［J］/李鼎芳//河北大学学报（哲学社会科学版），1991（2）

14617 论“东坡范式”：兼论唐宋词的演变［J］/王兆鹏//中华诗词年鉴，1991（5）

14618 苏东坡咏水诗话［J］/韩培逊//水利天地，1991（5）

14619 山谷词初论［J］/张晶//辽宁师范大学学报，1992（1）

14620 豪放词成因新探［J］/崔际银//河北师范大学学报（哲学社会科学版），1992（3）

14621 试论秦观词的艺术传达方式［J］/林静//北华大学学报（社会科学版），1992（3）

14622 苏词的演变及功能［J］/孙民//沈阳教育学院学报，1993（2）

14623 晁补之词的风格特质［J］/刘焕阳//烟台师范学院学报（哲学社会科学版），1993（3）

14624 从苏轼的农村词和言情词看苏词的创新精神［J］/马良信//玉林师范学院学报，1994（1）

14625 秦观词三议：读诗札记［J］/田晖东//名作欣赏，1994（2）

14626 少游词“稍加以坡”浅议［J］/朱苏权//广东职业技术师范学院学报，1994（3）

14627 从北宋词的发展流程看秦观词的艺术特色［J］/田维瑞//烟台师范学院学报（哲学社会科学版），1994（4）

14628 秦观对婉约派词风的继承与发展［J］/马建新//山西大学师范学院学报（哲学社会科学版），1995（1）

14629 苏词与北宋党争［J］/汪小洋//江苏教育学院学报（社会科学版），1995（1）

14630 历史的选择：宋代词人历史地位的定量分析［J］/王兆鹏，刘尊明//文学遗产，1995（4）

14631 宋词：对峙中的整合与递嬗中的偏取［J］/韩经太//文学评论，1995（5）

14632 高潮的契机：论北宋前期词的过渡特色与艺术实践［J］/乔力//文史哲，1995（6）

14633 词语衍化的巧与拙［J］/吾煌//语文建设，1995（10）

14634 淡语皆有味，浅语皆有致：秦观词风格初探［J］/刘应甲//淮北煤师范学院学报（社会科学版），1995（Z）

14635 终结共总结：论宋末元初词的创作实践与理论特色［J］/乔力//江西社会科学，1996（3）

14636 主体意识的高扬与沉厚：论北宋词的艺术精神及创作特征［J］/乔力//西南民族学院学报（哲学社会科学版），1996（4）

14637 泓泉论苏轼词的意象组合[J]/李琦廖//语文学刊，1997(2)

14638 天涯断肠人：浅析秦观词化人格[J]/梁文娟//濮阳教育学院学报，1997(4)

14639 指出向上一路：论苏轼在词史上的贡献[J]/郑福田//语文学刊，1997(4)

14640 宋代俳谐词创作审美文化阐论：兼及中国传统喜剧精神的思考[J]/李扬//东方丛刊，1998(1)

14641 转一时之风气　示来者以轨则：试论苏东坡对宋词发展的贡献[J]/李月//平顶山师专学报，1998(1)

14642 从苏轼和辛弃疾的农村词看苏、辛对宋词的创新精神[J]/马良信//郴州师范高等专科学校学报，1998(3)

14643 黄庭坚的词学观[J]/孙学堂//九江师专学报，1998(4)

14644 论黄庭坚词[J]/马兴荣//楚雄师专学报，1999(1)

14645 词之"本色"与苏轼的"以诗为词"[J]/王永金//厦门教育学院学报，1999(2)

14646 北宋词坛两大文学派别初探[J]/张叔宁//南京理工大学学报(社会科学版)，1999(5)

14647 晁补之词用语现象及其历史语境[J]/周小兵//中国韵文学刊，2000(1)

14648 北宋词的发展与秦观词的艺术[J]/田维瑞，王建设//武汉水利电力大学学报(社会科学版)，2000(2)

14649《时贤本事曲子集》新考订[J]/朱崇才//文献，2000(3)

14650 自觉的批评　知音的言说：论北宋苏门学者的词学批评(上)[J]/李扬//陕西广播电视大学学报，2000(4)

14651 走出"故国神游"的迷宫[J]/黄崇浩//文学遗产，2000(5)

14652 论宋词的发展历程[J]/王兆鹏//暨南大学学报(哲学社会科学版)，2000(6)

14653 论苏轼的诗化之词[J]/李孟君//建国学报，2000(19)

14654 品清　境旷　情真：苏词风格漫议[J]/仲冬梅//长春师范学院学报，2001(1)

14655 苏轼：词之意境的开拓者[J]/叶嘉莹//长城，2001(1)

14656 论秦观词的气格[J]/肖健美//新疆广播电视大学学报，2001(3)

14657 论秦观词复雅归宗[J]/石爱民//邢台职业技术学院学报，2001(3)

14658 秦观变革词风的转折点[J]/任翌，郑静芳//古典文学知识，2001(3)

14659 论北宋词与金词的传承关系[J]/陶然//浙江学刊，2001(4)

14660 秦观与苏门词学"诗化"运动之离合[J]/傅蓉蓉//赣南师范学院学报，2001(4)

14661 苏门四学士词比较研究[D]/许雅娟. —彰化师范大学(硕士论文)，2001

14662 论晁补之词中的沉咽悲凉之音[J]/徐博文，何尊沛//贵州社会科学，2002(4)

14663 试论东坡的《斜川》想象[J]/吴品菁//思辨集，2002(5)

14664 张耒词析论[J]/罗贤淑//中国文化大学中文学报，2002(7)

14665 东坡词与《世说新语》[J]/郭幸妮//词学，2003(1)

14666 论苏门的词学审美观念[J]/周明秀//扬州教育学院学报，2003(1)

14667 黄庭坚蜀中词简论[J]/王红霞//四川师范大学学报(社会科学版)，2003(3)

14668 苏词短于情新解[J]/李丽华//人文与社会学报，2003(3)

14669 张先主盟吴越词坛影响"东坡范式"考论[J]/谢永芳，曾广开//周口师范学

院学报，2003（3）

14670 从李煜到苏轼：一个断层的修复［C］/刘锋焘，张秋娟//第三届宋代文学国际研讨会论文集/宋代文学学会.—2003

14671 古人苏、辛词百则评阐释［C］/冷成金//2003中国上饶辛弃疾国际学术研讨会论文集/中国李清照辛弃疾学会，上饶师范学院中文系，2003

14672 魅力四射：苏词的艺术性"空白"［C］/刘丽珈//第三届宋代文学国际研讨会论文集/宋代文学学会，2003

14673 宋室南渡后的"崇苏热"与词学命运［C］/沈松勤//第三届宋代文学国际研讨会论文集/宋代文学学会，2003

14674 也谈苏辛词派［C］/朱靖华//2003中国上饶辛弃疾国际学术研讨会论文集/中国李清照辛弃疾学会，上饶师范学院中文系，2003

14675 论北宋后期词的返初现象［J］/程鸿//集宁师专学报，2004（1）

14676 秦观"词心"析论［J］/邓乔彬//文学遗产，2004（4）

14677 从"庄周梦蝶"到"东坡梦鹤"［J］/王玲月//中国语文，2004，95（5）

14678 山谷的起点［J］/林清玄//语文新圃，2004（11）

14679 纵横中度 境皆天就：试论苏轼词意境的创造［J］/郭筱筠//广西民族学院学报（哲学社会科学版），2004（S1）

14680 论张先对苏轼词学思想的影响［C］/孙维城//安徽文学论文集（第2集）/安徽省文学学会，2004

14681 苏门词学之异同［D］/石志鸟.—南京师范大学（硕士论文），2004

14682 浅论山谷词的艺术美感［J］/程绪平，张仲水//泰山乡镇企业职工大学学报，2005（2）

14683 苏词中的艺术性"空白"［J］/刘丽珈//成都大学学报（社会科学版），2005（2）

14684 山谷词为"着腔子唱好诗"释［J］/娄苏芳//江西教育学院学报（社会科学），2005（4）

14685 簸之揉之高华沉痛：苏轼婉约词论略［J］/姜朝晖//兰州交通大学学报，2005（5）

14686 词论家对苏辛词比较说略［C］/房日晰//古代文学理论研究（第二十三辑）/中国古代文学理论学会，2005

14687 宋代士大夫的诗歌观：从苏黄到江西派［C］/内山精也，朱刚//第四届宋代文学国际研讨会论文集/宋代文学学会，香港中文大学，2005

14688 《渔家傲》词牌研究［D］/谢素真.—立彰化师范大学（硕士论文），2005

14689 试论苏轼词与音乐的关系［J］/马秀月，巩本栋//词学，2006（1）

14690 叶梦得词新探［J］/甘松//安徽教育学院学报，2006（2）

14691 论北宋初中期"以诗为词"创作倾向的发展轨迹［J］/谢雪清//广西梧州师范高等专科学校学报，2006（3）

14692 名士风范与苏词风韵［J］/叶帮义//新亚论丛，2006（8）

14693 词在北宋兴盛的几点原因初探［J］/王文玉//辽宁教育行政学院学报，2006（11）

14694 论北宋词与晚唐诗的近亲关系：兼论正确解读宋词化用唐诗现象的文化涵义［J］/李定广//求索，2006（11）

14695 祝颂词与苏轼之前词体诗化关系探析［J］/梁葆莉，叶修成//求索，2006（11）

14696 佛禅与元祐词坛［C］/彭国忠//2009词学国际学术研讨会论文集（一）/中国韵文学会，江西财经大学.—2006

14697 与苏东坡一同“泛舟”：兼谈经典阅读中的比照与参证［J］/ 刘占泉 // 语文建设，2007（9）

14698 山谷词学观及其创作实践［J］/ 王早娟 // 电影评介，2007（12）

14699 论山谷词的词史地位［J］/ 曹荣 // 内蒙古师范大学学报（哲学社会科学版），2007（S1）

14700 晁补之词研究［D］/ 刘春梅 .—内蒙古师范大学（硕士论文），2007

14701 浅谈苏轼人生遭遇与其词作［C］/ 樊小龙，樊麦芳，李晓东 // 中华创新教育论坛论文集 /.—北京：中国计量出版社，2007

14702 苏轼词与敦煌民间词的叙事［N］/ 刘兰玲 // 吉林日报，2008-09-18

14703 论黄庭坚词题材的世俗化倾向［J］/ 彭文良，木斋 // 殷都学刊，2008（4）

14704 诗意的接受：苏轼词题序所显示的词体文化价值取向［J］/ 马丁良 // 苏州教育学院学报，2008（4）

14705 论宋代词坛对苏轼之接受［J］/ 颜文郁 // 东方人文学志，2008（7）

14706 评叶嘉莹的苏词研究［J］/ 田宝 // 湖北广播电视大学学报，2008（7）

14707 从“东坡继承柳词”说重省词史之建构及其方法［C］/ 陈蔚瑄 //2008 年词学国际学术研讨会论文 / 中国词学研究会，内蒙古大学文学与新闻传播学院 .—2008

14708 论秦观对东坡词的接受［J］/ 彭文良，木斋 // 浙江工业大学学报（社会科学版），2009（1）

14709 漂泊与思归：从东坡词中的他界意象论其内在追寻［J］/ 李文钰 // 汉学研究，2009，27（1）

14710 曾慥《乐府雅词》不录苏轼词之探测［J］/ 王慧敏 // 忻州师范学院学报，2009（6）

14711 宋词的传播形式与宋词的内容风格［J］/ 蒋扬帆 // 湖南科技学院学报，2009（9）

14712 论苏门词人创作的新变［J］/ 不详 // 艺术百家，2009（S2）

14713 苏词研究的新探索［J］/ 潘殊闲 // 西华大学学报（哲学社会科学版），2010（1）

14714 苏轼词英译中词汇特点的传达［J］/ 王丹凤 // 甘肃联合大学学报（社会科学版），2010（1）

14715 北宋党争背景下苏门词人词学观的新变［J］/ 李如冰 // 宁夏师范学院学报，2010（2）

14716 熙宁四至七年西湖词人群体叙事：以苏轼为中心［J］/ 张海鸥 // 词学，2010（2）

14717 论北宋词的女性化特征演进史［J］/ 孙艳红 // 吉林师范大学学报（人文社会科学版），2010（3）

14718 流离世界巧解宝琴《赤壁怀古》之谜［J］/ 郑文莉 // 红楼文苑，2010（4）

14719 论秦观词的风格与“柔婉精微”之美［J］/ 徐京美 // 大舞台，2010（6）

14720 晁补之“遣怀词”及归隐思想探析［J］/ 李松石 // 理论界，2010（12）

14721 苏词的创新与影响［J］/ 黄志基 // 中国西部科技，2010（16）

14722 浅谈苏东坡词的多样化风格［J］/ 李强 // 魅力中国，2010（29）

14723 苏门四学士词学研究［D］/ 金恩景 .—复旦大学（博士论文），2010

14724 苏轼词编年补正［C］/ 胡建升 //2010 年词学国际学术研讨会论文集 / 中国词学研究会，陕西师范大学文学院，2010

14725 苏东坡开“呵呵”一词的先河［N］/ 不详 // 西海都市报，2011-06-18

14726 试论黄山谷杂体词［J］/ 刘建发，刘尊明 // 古典文学知识，2011（1）

14727 对传统与新兴的矛盾认同：黄庭坚词学理论新探［J］/ 王梽先 // 文艺评论，2011（4）

14728 宋人对秦观词的接受与宋代的词学观念［J］/ 叶帮义 // 文艺理论研究，2011（4）

14729 秦观凄婉词风成因论略［J］/ 李世忠 // 咸阳师范学院学报，2011（5）

14730 浅谈东坡词中的精神食粮［J］/ 张小红 // 文科爱好者（教育教学版），2011（6）

14731 苏、辛怀古词比较［J］/ 李雯 // 佳木斯教育学院学报，2011（8）

14732 宋词排行榜苏轼词列第一［N］/ 不详 // 深圳都市报，2012-02-17

14733 论北宋前期词的悲情意识［J］/ 董宇宇 // 理论界，2012（3）

14734 柳永与苏轼相同处之比较［J］/ 张沪予 // 青春岁月，2012（4）

14735 后东坡时代的诗化革新与传统回归：以方回体为中心的探讨［J］/ 木斋，尚雪红 // 学习与探索，2012（5）

14736 浅谈苏词在词发展中的贡献［J］/ 刘世香 // 大众文艺，2012（5）

14737 追和词的产生及其发展脉络［J］/ 史华娜 // 阅江学刊，2012（5）

14738 论东坡词的“四度空间”［J］/ 不详 // 国文天地，2012（321）

14739 从互文性观察李纲赋与苏轼［C］/ 陈金现 // 海峡两岸辞赋与地域文化学术研讨会论文集 / 中国辞赋学会，洛阳辞赋研究院，2012

14740 无事不可入 无意不可言：浅谈苏轼对词发展的贡献［J］/ 邵忠山，任平 // 东方青年（教师），2013（1）

14741 苏词变革的儒学复兴实质及其双重典范意义［J］/ 黄贤忠 // 中国韵文学刊，2013（2）

14742 禅宗对苏轼文学创作的影响［J］/ 肖芳 // 文教资料，2013（3）

14743 论北宋词的文人抒怀与自况式用典［J］/ 冯婵 // 聊城大学学报（社会科学版），2013（6）

14744 柳永与苏轼的师承关系［J］/ 朱晓凯 // 内蒙古教育（职教版），2013（8）

14745 浅论苏东坡的词［J］/ 黄慧霞 // 课外语文（教研版），2013（8）

14746 试论党争与苏轼及“苏门四学士”贬谪词的产生［J］/ 魏继征 // 科技信息，2013（8）

14747 李清照是苏东坡的什么人［J］/ 李开周 // 教育家，2013（9）

14748 苏轼的人生体验在其诗词创作中之体现［J］/ 刘晓欢 // 金田，2013（10）

14749 论视域融合与苏东坡词英译研究［J］/ 郝巧亚 // 华章，2013（23）

14750 试论苏轼倅杭以前的词乐观：兼论早期词作较少的原因［J］/ 彭文良 // 中国地质大学学报（社会科学版），2013（S1）

14751 中文视野：词话东坡凭词遣怀［N］/ 不详 // 文汇报（香港），2014-05-21

14752 苏门词人群体与宋词地位的确立［J］/ 陈中林 // 鄂州大学学报，2014（1）

14753 黄州时苏轼词作的思想情怀［J］/ 钟云瑞 // 金田，2014（2）

14754 宋人檃括词创作心态蠡测：兼谈檃括词现于宋之合理性［J］/ 孔建华 // 江苏社会科学，2014（2）

14755 让文学的历史还原历史的文学：邓国栋先生《苏辛词选笺释》细读［J］/ 周秀勤 // 秘书，2014（4）

14756 论北宋党争对士人词风的影响［J］/ 李辉 // 衡阳师范学院学报，2014（5）

14757 浅谈苏轼词作的创新特点［J］/ 周坤 // 广东教育（职教版），2014（6）

14758 苏词的张力：出世入世思想在苏词中的

表现[J]/温瑜//山西师范大学学报(社会科学版),2014,41(6)

14759 苏词之妙理与辛词之深情的比较探究[J]/徐银平//当代教育实践与教学研究(电子刊),2014(7)

14760 苏轼的人生体验在其诗词创作中之体现[J]/徐振宁//神州,2014(8)

14761 浅谈苏轼词风[J]/徐振宁//中学生导报·教学研究,2014(27)

14762 从词作看苏轼的精神世界[J]/王文彦//新教育时代,2015(1)

14763 苏东坡从根本上改变了词史的发展方向[J]/陈新根//青年与社会(上),2015(8)

14764 宋词鉴赏《玉楼春·尊前拟把归说》[J]/不详//科学咨询,2015(16)

14765 山谷词风及其影响[J]/周笃文//中国韵文学刊,2016(2)

14766 苏词编年百年回顾及新编试探[J]/彭文良//中国苏轼研究,2016(2)

14767 苏词对杜诗的接受及其意义[J]/黄学义//广东开放大学学报,2016(3)

14768 愁情如海爱为怀:谈秦观爱情词[J]/郑春//语文知识,2016(12)

14769 试从苏轼词之意象窥其词作风格的多样性:以“月”“雨”“水”为例[J]/魏琳//戏剧之家,2016(12)

14770 词法:一种有“意味”的形式:以苏轼、秦观为例[J]/王月//黑龙江生态工程职业学院学报,2017(3)

词论研究

14771 文苑:阳关曲:五月望夕同人聚饮酒肆送夏守愚先生归汉阳(集东坡词)[J]/金仲子//吴江中学校校友会汇刊,1923(4)

14772 东坡词之风格及其特点[J]/龙榆生//摇蓝,1932(1)

14773 东坡的研究:苏轼评传之一章[J]/金晴川//苏中校刊,1933,3(87)

14774 东坡词的研究(续八十七期)[J]/金晴川//苏中校刊,1933,3(88)

14775 苏东坡词的研究[J]/梅诚//中日文化,1941(3)

14776 柳永苏轼与词的发展[J]/郑骞//文学杂志,1956(1)

14777 东坡词的意境[N]/程毅中//光明日报,1957-12-08

14778 东坡词的意境[J]/程毅中//文学遗产,1957(186)

14779 评“苏轼词选”[N]/马茂元//光明日报,1959-11-15

14780 评《苏轼词选》[J]/马茂元//文学遗产,1959(287)

14781 偏爱古人与批判接受[N]/戴鸿森//光明日报,1960-06-26

14782 论苏轼词与北宋词坛[J]/陈志宪//文学遗产,1960(307)

14783 偏爱古人与批判接受:对《苏轼词选·前言》的意见[J]/戴鸿森//文学遗产,1960(319)

14784 苏轼的悼亡词[N]/夏承焘,怀霜//文汇报,1962-01-07

14785 论苏轼对词境的扩大和提高[J]/叶柏村//浙江师范大学学报(社会科学版),1964(1)

14786 《东坡乐府》用韵考[D]/袁蜀君.—台湾大学(硕士论文),1969

14787 苏轼与词乐[J]/沈祖棻//徐州师范大学学报(哲学社会科学版),1978(1)

14788 谈苏词二首[J]/韩兆琦//北京师范大学学报(社会科学版),1978(1)

14789 苏轼初期的送别词［J］/ 西纪昭，孙康宜 // 中外文学，1978（5）

14790 北宋词人简论［J］/ 李廷先 // 扬州大学学报（自然科学版），1978（C1）

14791 论苏轼词［J］/ 唐圭璋，潘君昭 // 群众论丛，1979（1）

14792 苏轼词的风格［J］/ 雷履平，罗焕章 // 社会科学研究，1979（3）

14793 苏轼与北宋词风［J］/ 林祖亮 // 自由谈，1979，30（5）

14794 苏词札记［J］/ 朱德才 // 齐鲁学刊，1979（6）

14795 豪放壮阔的苏轼词风（文艺知识）［J］/ 振甫 // 中国青年，1979（11）

14796 苏辛词风异同辨［J］/ 严迪昌 // 社会科学战线，1980（1）

14797 苏轼和歌词创作［J］/ 家竣 // 苗岭，1980（4）

14798 宋词札记四则［J］/ 不详 // 惠阳师专学报（社会科学版），1981（2）

14799 论稼轩词的用典［J］/ 张高宽 // 辽宁大学学报（哲学社会科学版），1981（4）

14800 如何评价苏、辛的“以诗为词”“以文为词”？［J］/ 不详 // 文艺理论研究，1981（4）

14801 从“以诗为词”“以文为词”谈起：与万云骏先生商榷［J］/ 刘初棠 // 学术月刊，1981（5）

14802 苏轼的婉约词［J］/ 曾枣庄 // 文学评论，1981（5）

14803 试探苏轼词的清空之境［J］/ 于翠玲 // 西北大学学报（哲学社会科学版），1982（1）

14804 苏轼的“孤鸿词”［J］/ 亦青 // 中南民族大学学报（人文社会科学版），1982（1）

14805 苏轼农村词赏析［J］/ 何凤奇 // 齐齐哈尔大学学报（哲学社会科学版），1982（1）

14806 苏轼寓惠词注释［J］/ 余荣盛 // 惠州学院学报，1982（1）

14807 谈苏轼词的思想性［J］/ 孙兰廷 // 文科教学，1982（1）

14808 有心雄泰华 无意巧玲珑：试论辛词的艺术风格［J］/ 梁扬 // 广西大学学报（自然科学版），1982（1）

14809 北宋婉约词的创作思想和李清照的《词论》［J］/ 顾易生 // 文艺理论研究，1982（2）

14810 璧中瑕：略谈苏轼词的瑕疵［J］/ 程伯安 // 咸宁学院学报，1982（2）

14811 词问三题［J］/ 赵晶晶 // 学术月刊，1982（2）

14812 略论苏词赏鉴问题［J］/ 陈守元 // 重庆师范学院学报（哲学社会科学版），1982（2）

14813 略论苏轼在宋词发展中所起的作用和影响［J］/ 杨海明 // 重庆师范学院学报，1982（2）

14814 试论苏轼词的艺术风格［J］/ 陈华昌 // 文学遗产，1982（2）

14815 读苏轼词札记［J］/ 马兴荣 // 华东师范大学学报，1982（3）

14816 苏轼对词的革新创造［J］/ 陈书龙 // 黄冈师专学报，1982（3）

14817 苏轼“以诗为词”辨［J］/ 邓玉阶 // 江汉论坛，1982（3）

14818 是所当是，非所当非：怎样看待苏轼词中时有流露的“人生如梦”思想［J］/ 康健常 // 安阳师专学报，1982（4）

14819 《苏轼论书》注释［J］/ 包备五 // 书法研究，1982（4）

14820 苏轼“以诗为词”臆探［J］/ 秦惠民 // 湖北师范学院学报（哲学社会科学版），1982（4）

14821 苏辛词浅论［J］/汪大勇//齐齐哈尔大学学报（哲学社会科学版），1982（4）

14822 李清照欣赏苏轼的词么？［J］/史乘//北京晚报，1982（6）

14823 宋刊《东坡和陶诗》略说［J］/刘尚荣//文史，1982（15）

14824 关于苏轼词中的旷达和豪放问题［J］/郭精锐//文学遗产，1983（1）

14825 如何评价苏词的不协音律［J］/张金海//武汉大学学报（哲学社会科学版），1983（1）

14826 宋词札记二则［J］/余荣盛//惠阳师专学报（哲学社会科学版），1983（1）

14827 苏轼的咏物词［J］/刘崇德//河北大学学报，1983（1）

14828 苏轼婉约词初论［J］/李庆皋//辽宁师范大学学报（社会科学版），1983（1）

14829 选声择调与词调声情［J］/吴熊和//杭州大学学报（哲学社会科学版），1983（2）

14830 有关苏词的若干问题［J］/吴世昌//文学遗产，1983（2）

14831 试论词人苏轼［J］/孙民//沈阳师范学院学报，1983（3）

14832 苏词三首系年辨［J］/张志烈//中华文史论丛，1983（3）

14833 苏辛词代表作对读：豪放词派管窥之一［J］/季续//宁波大学学报（教育科学版），1983（3）

14834 沉郁不减杜甫，豪放不让苏轼：试论辛弃疾的两首词［J］/贾锡信//天津师专学报，1983（4）

14835 东坡词的艺术成就［J］/申建中//内蒙古师范大学学报（哲学社会科学版），1983（4）

14836 论苏轼对宋词的开拓与创新［J］/朱德才//文史哲，1983（4）

14837 从苏轼的文学主张看他的词风［J］/王运生//云南社会科学，1983（5）

14838 《苏辛词说》小引［J］/周汝昌//读书，1983（12）

14839 东坡词札记［J］/社上哲见，杨铁婴//文学遗产，1983（A16）

14840 说苏轼的燕子楼词［J］/王汝涛//临沂师专学报（社会科学版），1984（1）

14841 苏轼豪放词风形成初探［J］/柯大课//昭乌达蒙族师专学报（哲学社会科学版），1984（1）

14842 谈苏轼对词革新的意义［J］/蓝哑岛//惠州教育学院学报（社会科学版），1984（1）

14843 杨花点点离人泪，却恐周秦下笔难：苏轼婉约词试论（下）［J］/刘永龙//宜昌师专学报（哲学社会科学版），1984（1）

14844 张先与苏轼［J］/张海滨//宁夏大学学报（人文社会科学版），1984（1）

14845 中学语文课本中苏轼诗词文赏析［J］/陈师旅//惠州教育学院学报（社会科学版），1984（1）

14846 动与静 藏与露 虚与实：苏词艺术辩证法赏析［J］/周嘉向//名作欣赏，1984（2）

14847 论苏轼与南宋初词风的转变［J］/方智范//华东师范大学学报（哲学社会科学版），1984（2）

14848 浅议苏轼辛弃疾豪放词风的异同［J］/李凤莲//北京财贸学院学报，1984（2）

14849 如画江山瑰丽诗：《东坡赤壁诗词选》前言［J］/丁永淮，吴闻章//黄冈师专学报，1984（2）

14850 试论宋代的咏物词［J］/朱德才//齐鲁学刊，1984（2）

14851 苏轼豪放词形成的主观因素［J］/柯大课//昭乌达蒙族师专学报（哲学社会科

学版），1984（2）

14852　略论苏词的风格［J］/殷光熹//大理学院学报，1984（3）

14853　论苏轼对宋词的开拓与创新［J］/朱德才//高等学校文科学报文摘，1984（3）

14854　试论东坡词冲淡、旷达和飘逸的风格：兼谈苏辛词的异同［J］/韩楚森//丽水师范专科学校学报，1984（3）

14855　东坡散文艺术三题［J］/王文龙//盐城师专学报（社会科学版），1984（4）

14856　关于部分宋词作家的评价问题［J］/张富华//新疆大学学报（哲学人文社会科学版），1984（4）

14857　试论苏轼的咏物词［J］/章楚藩，顾志兴//杭州师范学院学报（社会科学版），1984（4）

14858　宋词新论［J］/艾治平//求索，1984（5）

14859　谈苏东坡词［J］/吴子厚//语文园地，1984（5）

14860　新天下耳目，开一代词风［J］/李霜草//电大学刊（语文版），1984（5）

14861　说苏东坡的檃括词［J］/唐玲玲//华中师范学院学报（哲学社会科学版），1984（6）

14862　东坡豪放词风的某些成因［J］/唐景凯//惠州学院学报，1984（S1）

14863　苏轼寓惠词选注［J］/于阿力//惠阳师专学报，1984（S1）

14864　略谈苏轼的颍州词［J］/周义敢//安徽大学学报（哲学社会科学版），1984（Z2）

14865　关于宋词中“豪放派”和“婉约派”问题的通讯［J］/吴世昌，季学原//宁波大学学报（教育科学版），1985（1）

14866　论苏轼的婉约词［J］/李从军//贵州文史丛刊，1985（1）

14867　论苏轼的婉约词：苏词风格特色之一［J］/殷光熹//云南社会科学，1985（1）

14868　略论苏轼对词发展的贡献［J］/黄锐光//广州师范学院学报（社会科学版），1985（1）

14869　浅谈苏轼和辛弃疾词风的异同［J］/王莹//文科月刊，1985（1）

14870　宋词与江西［J］/杨海明//抚州师专学报（综合版），1985（1）

14871　宋词札记二则［J］/曲德来//辽宁大学学报（哲学社会科学版），1985（1）

14872　苏轼的豪放词及其在词史上的地位［J］/朱靖华//徐州师范学院学报（哲学社会科学版），1985（1）

14873　漫议苏轼“豪放”词［J］/王振泰//鞍山师范学院学报，1985（2）

14874　人不见 数峰青：东坡词风新探［J］/雷太来//湖南师范大学学报（哲学社会科学版），1985（2）

14875　苏词与音乐［J］/殷光熹//曲靖师范学院学报，1985（2）

14876　苏轼对咏物词的开拓与创新［J］/殷光熹//昆明师专学报（社会科学版），1985（2）

14877　东坡词的基线及其多层次性［J］/雷啸林//社会科学战线，1985（3）

14878　论苏轼词［J］/叶嘉莹//中国社会科学，1985（3）

14879　《论苏轼的婉约词》之我见［J］/傅卓寰//贵州文史丛刊，1985（4）

14880　论苏轼晚年词的进步倾向［J］/何风歧//齐齐哈尔师范学院学报（哲学社会科学版），1985（4）

14881　《宋词二首》精讲导读［J］/李文锦//语文教学通讯，1985（8）

14882　怎样评价苏轼词［J］/不详//文史知识，1985（8）

14883　以诗为词，豪情激宕［J］/顾建华//北

方工业大学学报（哲学社会科学版），1986（1）
14884　关于东坡词的“基线”及“多层次性”［J］/不详//文学遗产，1986（2）
14885　试论苏轼咏物词的成就［J］/柯大课//昭乌达蒙族师专学报（哲学社会科学版），1986（2）
14886　论苏轼的清旷词：苏词风格特色之三［J］/殷光熹//云南社会科学，1986（3）
14887　元好问词艺术再探［J］/赵兴勤，孔繁华//晋阳学刊，1986（3）
14888　苏轼词集版本综述［J］/刘尚荣//词学，1986（4）
14889　小议一条词话［J］/张介//文史杂志，1986（4）
14890　议论入词自风流：宋词艺术散论［J］/钟伟东//绥化学院学报，1986（4）
14891　论苏词内容的复杂性和风格的多样性［J］/宋景昌//河南大学学报（社会科学版），1986（5）
14892　读书札记：说苏轼和豪放词派［J］/戴直夫//焦作教育学院院刊，1987（1）
14893　豪放与浪漫主义精神：兼论豪放词派是我国浪漫主义文学发展中又一高峰［J］/吴相洲//内蒙古大学学报（哲学社会科学版），1987（1）
14894　回顾与思考：关于梦窗词的评价问题［J］/吴宝祥//佛山师专学报（社会科学版），1987（1）
14895　论苏轼词的“思想深度”［J］/杨海明//苏州大学学报（哲学社会科学版），1987（1）
14896　试论豪放词风的构成因素［J］/刘焕阳//烟台师范学院学报（哲学社会科学版），1987（1）
14897　试论苏词中的政治家形象（上）：兼论（辛弃疾以前）词史上抒情形象的推移［J］/李生辉//丹东师专学报，1987（1）
14898　试论苏轼咏物词［J］/陈捷//北京钢铁学院学报（哲学社会科学版），1987（1）
14899　宋词举隅 北宋中后期繁荣的词坛（续）［J］/王运生//昆明师专学报，1987（1）
14900　苏词艺术风格的多样化［J］/单长江//咸宁学院学报，1987（1）
14901　苏轼词与豪放派［J］/史礼心//北方工业大学学报（社会科学版），1987（1）
14902　论东坡词的主体意识［J］/蒋哲伦//上海师范大学学报（哲学社会科学版），1987（2）
14903　市俗情欲的欢愉与道统信仰的危机：柳词“婉约”、苏词“豪放”说驳正［J］/张寅彭//上海教育学院学报，1987（2）
14904　苏轼对于柳词的态度辩析［J］/高培华//河南师范大学学报（哲学社会科学版），1987（2）
14905　东坡词与唐宋美学风尚的转变［J］/青原//山西师范大学学报（社会科学版），1987（3）
14906　试论苏词中的政治家形象（下）：兼论（辛弃疾以前）词史上抒情形象的推移［J］/李生辉//丹东师专学报，1987（3）
14907　试论苏轼词的崇高美［J］/蔡起福//苏州教育学院学报，1987（3）
14908　一篇系统研究豪放派的重要词论：评刘辰翁《辛稼轩词序》［J］/毛雨先//江西教育学院学刊，1987（3）
14909　论东坡词的主体意识［J］/蒋哲伦//高等学校文科学报文摘，1987（4）
14910　论山谷词：兼与东坡词、淮海词比较［J］/徐培均//上海社会科学院学术季刊，1987（4）
14911　试论苏轼的词乐革新思想［J］/齐文榜//河南大学学报（哲学社会科学版），1987（5）

14912 从苏轼、秦观词看词与诗的分合趋向：兼论苏词革新和传统的关系［J］/王水照//复旦学报（社会科学版），1988（1）

14913 论宋词的两种基本风格［J］/萧延恕//湖南科技大学学报（社会科学版），1988（1）

14914 苏轼词音律方面的特点［J］/余毅恒//宜宾学院学报，1988（1）

14915 也论宋词的"豪放派"与"婉约派"：兼评吴世昌先生等人的观点［J］/李秉忠//山西师范大学学报（社会科学版），1988（1）

14916 北宋词史上的两座里程碑：从柳词"晓风残月"说到苏词"大江东去"［J］/徐敏//北京师范大学学报，1988（2）

14917 关西大汉与红牙檀板：论苏轼豪气词的"要非本色"［J］/易健贤//贵州教育学院学报，1988（2）

14918 论稼轩词的用典［J］/马群//杭州大学学报（哲学社会科学版），1988（2）

14919 论稼轩词的卓越成就［J］/胡国瑞//湖北社会科学，1988（2）

14920 浅谈李清照与苏轼的词论［J］/张文生//锦州师范学院学报，1988（2）

14921 宋词应分为四大流派［J］/摘文//阴山学刊，1988（2）

14922 宋代开拓词境的第一功臣柳永［J］/施议对//上海社会科学院学术季刊，1988（2）

14923 苏轼词的思想与情感［J］/陈筱芳//吕梁教育学院学报（社会科学版），1988（2）

14924 唐宋词的发展轨迹［J］/不详//文学遗产，1988（2）

14925 论苏轼对词境的开拓［J］/李培根//宁夏教育学院学报（社会科学版），1988（3）

14926 试论苏词在音律方面的革新［J］/陈丽琳//阴山学刊，1988（3）

14927 苏辛词艺术风格比较［J］/萧占鹏//沧州师范专科学校学报，1988（3）

14928 续《灵溪词说》之四：论词的空灵与质实［J］/缪钺//四川大学学报（哲学社会科学版），1988（3）

14929 对苏辛豪放词的辨析［J］/王治平//固原师专学报，1988（4）

14930 宋词宋诗短论［J］/顾之京//河北大学学报（哲学社会科学版），1988（4）

14931 苏东坡词的研究［J］/不详//黄冈师范学院学报，1988（4）

14932 从东坡词中的"梦"看其词的风格［J］/顾全芳//名作欣赏，1988（5）

14933 论苏轼以词言志［J］/景刚//华中师范大学学报（人文社会科学版），1988（5）

14934 苏轼送别词探讨［J］/唐玲玲//华中师范大学学报（哲学社会科学版），1988（5）

14935 苏词的人格形象与艺术风格［J］/陈雅超//黑龙江财专学报，1989（1）

14936 论东坡词的主要风格：旷达［J］/赵仁珪//新疆师范大学学报（哲学社会科学版），1989（2）

14937 论苏轼词的艺术直觉［J］/陈铭//浙江学刊，1989（2）

14938 苏辛词风之异同［J］/孙兰廷//语文学刊，1989（2）

14939 关于东坡词价值的再认识［J］/龙建国//信阳师范学院学报（哲学社会科学版），1989（3）

14940 诗词语言艺术例论［J］/吴孟复//安庆师范学院学报（社会科学版），1989（3）

14941 苏词五首杂考［J］/吴雪涛//河北师范大学学报（社会科学版），1989（3）

14942 苏词五首作年考［J］/王文龙//盐城师

范学院学报（人文社会科学版），1989（3）

14943 苏轼词的内在形式与内容意蕴［J］/王祥//沈阳师范大学学报（社会科学版），1989（3）

14944 苏轼元祐杭州词的情感意向［J］/张志烈//四川大学学报，1989（3）

14945 试论苏轼词的充分“士大夫化”［J］/杨海明//社会科学研究，1989（4）

14946 苏东坡词话（上）［J］/王仲侯//绥化师专学报（社会科学版），1989（4）

14947 苏轼词话［J］/王仲厚//唐都学刊，1989（4）

14948 论东坡的宦情词［J］/崔海正//齐鲁学刊，1989（6）

14949 析苏轼《卜算子 黄州定惠院寓居作》［J］/方智范//中文自学指导，1989（9）

14950 苏辛农村词异趣浅探［J］/黎烈南//江汉论坛，1989（12）

14951 东坡词研究中几个问题的再思考［J］/崔海正//齐鲁学刊，1989（S）

14952 东坡在词风上的承继与创新［D］/郭美美.—台湾师范大学（硕士论文），1989

14953 东坡词研究评论述要［J］/崔海正//文学遗产，1990（1）

14954 浅论苏轼婉约词的思想创新［J］/张富华//新疆大学学报（哲学社会科学版），1990（1）

14955 苏词“应社”说：兼论东坡倅杭之心境与词境［J］/薛瑞生//中国韵文学刊，1990（1）

14956 苏东坡词话（下）［J］/王仲侯//绥化师专学报（社会科学版），1990（1）

14957 苏轼婉约词的艺术特色浅析［J］/姜惠平//贵阳师范高等专科学校学报（社会科学版），1990（1）

14958 苏轼婉约词对柳永俗词的批判继承及超越［J］/周子瑜//天府新论，1990（1）

14959 苏辛词之异同辨［J］/王岩森//宁夏大学学报（人文社会科学版），1990（1）

14960 物我相忘、隐秀相间、虚实相生：苏词意境谈［J］/何水清//文科教学，1990（1/2）

14961 宋十大名家词评述：校点《宋十大名家词》前言［J］/羊春秋//湘潭大学社会科学学报，1990（2）

14962 苏轼与南宋“婉约”派词［J］/朱大成//沈阳师范大学学报（社会科学版），1990（2）

14963 随缘自适思想在东坡词中的表现特征［J］/杨罗生//云梦学刊，1990（2）

14964 略论苏轼、辛弃疾豪放词的含蓄美［J］/胡正//自贡师范高等专科学校学报，1990（3）

14965 论苏轼词中的自我形象［J］/杨艳梅//吉林师范大学学报（人文社会科学版），1990（3）

14966 苏轼“大江东去”词异文新正：太原永祚寺《苏长公大江东去词》碑［J］/马乃骝//晋阳学刊，1990（3）

14967 苏轼与黄庭坚的词论［J］/青山宏，范建明//苏州大学学报（哲学社会科学版），1990（3）

14968 论“东坡范式”：兼论唐宋词的演变［J］/孟维//古典文学知识，1990（4）

14969 浅论苏轼婉约词的艺术创新［J］/张富华//新疆大学学报（哲学人文社会科学版），1990（4）

14970 苏词意境交融的方式［J］/吴凡//杭州师范学院学报（社会科学版），1990（4）

14971 性灵与词风：苏词风格主观成因初探［J］/宋培宪//聊城师范学院学报（哲学社会科学版），1990（4）

14972 揶揄与狂想的两种痛苦：从英雄观看

苏辛词风［J］/ 铁民 // 朝阳师专学报，1990（4）

14973 东坡不满淮海词辨［J］/ 萧延恕 // 湘潭师范学院学报（社会科学版），1990（5）

14974 “词中老杜”与苏辛异同［C］/ 陈祥耀 // 辛弃疾国际学术研讨会论文集 / 中国高等科学技术中心 .—1990

14975 端庄杂流丽 刚健含婀娜：苏轼词风格管见［J］/ 吴帆 // 宝鸡文理学院学报（社会科学版），1991（1）

14976 苏轼词学思想再研究［J］/ 杨佐文 // 长春师范学院学报，1991（1）

14977 苏轼婉约词的重要地位不可忽略［J］/ 王占馥 // 语文学刊，1991（1）

14978 文学流派与苏辛词派［J］/ 傅承洲 // 宝鸡师范学院学报（哲学社会科学版），1991（1）

14979 沉郁雄雅的人杰心音：论稼轩词的主体风格不是豪放［J］/ 赵佳聪 // 云南师范大学学报（哲学社会科学版），1991（2）

14980 论苏轼以唐诗为词［J］/ 张吉顺 // 沈阳大学学报，1991（2）

14981 宋词理性成分摭议［J］/ 吴晟 // 江西师范大学学报（哲学社会科学版），1991（2）

14982 苏词“梦”说［J］/ 丁艳敏 // 许昌师专学报（社会科学版），1991（2）

14983 苏轼词学思想研究［J］/ 杨佐义 // 东北师范大学学报（哲学社会科学版），1991（2）

14984 影与影的背后：宋词写影的文化诠释［J］/ 周桂峰 // 淮阴师专学报（社会科学版），1991（2）

14985 雨霖铃：谒苏坟词［J］/ 李昌荣 // 档案管理，1991（2）

14986 苏轼词与文学发展的方向［J］/ 王宇平 // 吕梁学刊，1991（3）

14987 苏轼、李清照对词的不同观点的成因［J］/ 马春明 // 吕梁学刊，1991（3）

14988 音律、声律、格律［J］/ 刘学顺 // 殷都学刊，1991（3）

14989 气象峥嵘，变化万千：论苏轼词的审美追求［J］/ 李元秀 // 重庆教育学院学报，1991（4）

14990 苏词形象和意境的文化意蕴［J］/ 马厚生，张奎志 // 北方论丛，1991（4）

14991 苏东坡元遗山言情词比较论［J］/ 刘怀荣 // 太原师范学院学报（社会科学版），1991（4）

14992 苏轼形象和意境的文化意蕴［J］/ 马厚生 // 北方论丛，1991（4）

14993 苏轼与辛弃疾田园词创作风格异同简析［J］/ 李莱，郭发云 // 青海民族学院学报，1991（4）

14994 苏辛之流亚：从抒情范式看李清照词［J］/ 王兆鹏 // 湖北大学学报（哲学社会科学版），1991（4）

14995 元好问“咏物词”初探（下）［J］/ 包根弟 // 山西大学师范学院学报（综合版），1991（4）

14996 艳词与理学［J］/ 刘焕阳 // 东南学术，1991（5）

14997 苏轼词“不协音律”辨［J］/ 王维岩 // 北方论丛，1991（6）

14998 苏轼与词体地位的提升［J］/ 孙康宜，李奭学 // 中外文学，1991（6）

14999 几首宋词鉴赏刍议：与《宋词鉴赏辞典》的编纂者商榷［J］/ 王醒 // 语文教学通讯，1991（12）

15000 从《东坡词话》看东坡的词学观［J］/ 崔海正 // 东方丛刊，1992（1）

15001 东坡前壬子词考证：坡词编年考证之一［J］/ 薛瑞生 // 西北大学学报（哲学社会科学版），1992（1）

15002 花间词风格新论[J]/欧明俊//绍兴师专学报，1992(1)

15003 人格流变和“以诗为词”[J]/虎锐//昭通师范高等专科学校学报，1992(1)

15004 试论苏轼“以理入词”创作的艺术观[J]/张维民//西北第二民族学院学报(哲学社会科学版)，1992(1)

15005 苏词三首考证[J]/吴雪涛//河北师范学院学报(哲学社会科学版)，1992(1)

15006 苏轼密州词作浅析[J]/张庆亮//潍坊教育学院学报，1992(1)

15007 东坡词音律问题新说[J]/刘石//江汉论坛，1992(2)

15008 《人间词话》杂论三则[J]/李威，刘永良//内蒙古民族大学学报(社会科学版)，1992(2)

15009 《苏轼词选释》前言[J]/叶柏村//浙江师范学院学报(社会科学版)，1992(2)

15010 苏轼词主体意识的再认识[J]/孙立//社会科学研究，1992(2)

15011 稼轩词“笑”的研究[J]/程继红//上饶师专学报，1992(3)

15012 柳永秋暮词与苏轼晴雨词比较[J]/岑丽华//佛山科学技术学院学报(社会科学版)，1992(3)

15013 论苏轼的词学观点[J]/赵梅//淮阴师专学报，1992(3)

15014 苏词意象的有机组合[J]/齐笑君//辽宁大学学报(哲学社会科学版)，1992(3)

15015 关于苏轼词体制的三个问题[J]/刘石//北方论丛，1992(4)

15016 论苏轼的悼亡词：兼论古代悼亡诗词的创作[J]/顾之京//河北大学学报(哲学社会科学版)，1992(4)

15017 苏轼词评论[J]/刘石//文学遗产，1992(4)

15018 苏轼对婉约词的雅正[J]/王利华//内蒙古师范大学学报(哲学社会科学版)，1992(4)

15019 雄放雅丽 自由本色：论稼轩词的语言特色[J]/岳国钧//贵州社会科学，1992(5)

15020 柳永秋暮词与苏轼晴雨词比较[J]/岑丽华//高等学校文科学报文摘，1992(6)

15021 评《苏轼词选析》[J]/张大放//文史杂志，1992(6)

15022 苏轼“以诗为词”内因说：兼论苏辛之别的一个问题[J]/刘石//文史哲，1992(6)

15023 章法风格析论：以苏轼词、姜夔词为考察物件[D]/蒲基维.—台湾师范大学(博士论文)，1992

15024 略论苏轼的密州词[J]/薛祥生//长沙理工大学学报(社会科学版)，1993(1)

15025 略谈苏轼对欧柳词的继承和开拓[J]/倪胜先//安庆师范学院学报(社会科学版)，1993(1)

15026 苏词编年考辨两则[J]/吴雪涛//河北师范大学学报(哲学社会科学版)，1993(1)

15027 苏轼词新论[J]/启功，刘石//文献，1993(1)

15028 苏辛词风格再认识[J]/陈新璋//广州师范学院学报(社会科学版)，1993(1)

15029 东坡词风与释道思想[J]/齐文榜//河南大学学报(社会科学版)，1993(2)

15030 论稼轩词的“剑拔弩张”[J]/马斗全//晋阳学刊，1993(2)

15031 论苏轼词的蒙太奇美[J]/周玲，张连举//唐都学刊，1993(2)

15032 苏门论词与词学的自觉[J]/张惠民//文学评论，1993(2)

15033 苏轼词中的理趣［J］/ 胡宝炎 // 民主与科学，1993（2）

15034 论宋词的流派［J］/ 金启华 // 盐城师专学报（哲学社会科学版），1993（3）

15035 论苏轼的“密州三曲”［J］/ 张忠纲，董利伟 // 东岳论丛，1993（3）

15036 南宋词学的东坡论［J］/ 张惠民 // 武汉大学学报，1993（3）

15037 宋代士大夫歌妓词的文化意蕴［J］/ 张惠民 // 海南师范学院学报，1993（3）

15038 苏词之自我表现手法论［J］/ 饶毅 // 中国文学研究，1993（3）

15039 苏轼开创豪放派质疑：兼论苏词的特色［J］/ 宾玉平 // 宜宾学院学报，1993（3）

15040 形同而神异的诗歌意境：苏轼《念奴娇·赤壁怀古》与阿诺德《多佛海滨》比较研究［J］/ 张晓萍 // 云南教育学院学报，1993（3）

15041 一蓑烟雨任平生：试论苏轼诗词中的清旷风格［J］/ 郝琦 // 太原师范学院学报（社会科学版），1993（3）

15042 论“苏旷辛豪”的形成原因［J］/ 陈立本 // 内蒙古民族大学学报（社会科学版），1993（4）

15043 苏轼对婉约词风的刷新［J］/ 周子瑜 // 西华师范大学学报（哲学社会科学版），1993（4）

15044 英雄乐章 苏辛嗣响：试论文天祥词［J］/ 刘华民 // 南通师专学报（社会科学版），1993（4）

15045 庚辰读词札记（八则）［J］/ 王步高 // 吉林大学社会科学学报，1993（5）

15046 苏词编年考辨［J］/ 王宗堂，邹同庆 // 河南大学学报（社会科学版），1993（5）

15047 苏、黄诗比较论［J］/ 韩经太 // 社会科学战线，1993（5）

15048 豪，振人心弦 婉，动人情怀：东坡词作风格鉴赏［J］/ 刘鸿英 // 云南民族学院学报，1993（S1）

15049 苏轼词的接受及其超主体视界［D］/ 蒋安全 .—广西师范大学（硕士论文），1993

15050 论苏轼词风发展的四个阶段［J］/ 欧明俊，金奇超 // 绍兴文理学院学报，1994（1）

15051 欧阳修、苏轼的双性人格与他们的爱情词［J］/ 高曼霞 // 牡丹江师范学院学报（哲学社会科学版），1994（1）

15052 苏轼词中的错觉描写蠡测［J］/ 张连举 // 通化师范学院学报，1994（1）

15053 苏轼词与“豪放派”［J］/ 张昭 // 石家庄市教育学院学报，1994（2）

15054 婉约与豪放：“本色”词与“诗化”词［J］/ 杨有山 // 信阳师范学院学报（哲学社会科学版），1994（3）

15055 论苏轼密州时期的词作［J］/ 古今，宋培宪 // 聊城师范学院学报（哲学社会科学版），1994（4）

15056 苏轼密州词散论［J］/ 韩国强 // 海南大学学报（社会科学版），1994（4）

15057 坦荡的个性 旷达的风格：从苏轼黄州时的词看苏词的艺术风格［J］/ 赵凌宇 // 河南广播电视大学学报，1994（4）

15058 苏轼黄州词意蕴发微［J］/ 赵倬 // 学术论丛，1994（5）

15059 苏辛词迭字艺术之比较［J］/ 沈荣森 // 山东师范大学学报（社会科学版），1994（5）

15060 宋词与宋世风流［J］/ 韩经太 // 中国社会科学，1994（6）

15061 浅谈苏轼词的审美追求［J］/ 陆永宝 // 中文自学指导，1994（8）

15062 宋词雅化小析［J］/ 黄飙 // 中文自学指导，1994（11）

15063 苏轼豪放词的几种类型［J］/ 平心 // 中

文自学指导，1994（11）

15064 心灵深处的情绪波动：苏轼词所体现的意识流［J］/ 张连举，周玲 // 榆林高等专科学校学报，1994（Z1）

15065 从人生超越到艺术超越：东坡词诗特质探源［J］/ 姚曼波 // 江苏教育学院学报（社会科学版），1995（1）

15066 东坡词与民俗文化［J］/ 崔海正 // 中国文学研究，1995（1）

15067 论苏轼的婉约词［J］/ 田磊 // 上海交通大学学报（哲学社会科学版），1995（1）

15068 论唐宋词的心理描写：兼论苏轼词作的情感流程［J］/ 杨海涛 // 内蒙古社会科学（汉文版，文史哲版），1995（1）

15069 漫议苏轼的“新声”［J］/ 孙连生 // 黑龙江教育学院学报，1995（1）

15070 人生如逆旅 我亦是行人：记宋代词人苏轼［J］/ 程杨 // 健康大视野，1995（1）

15071 试论尊词与轻词：兼评苏轼词学观［J］/ 刘石 // 文学评论，1995（1）

15072 试说苏轼词中的人生境界［J］/ 何东平 // 萍乡高等专科学校学报，1995（1）

15073 苏词辨伪［J］/ 邹同庆，王宗堂 // 郑州大学学报（哲学社会科学版），1995（1）

15074 苏轼在宜兴［J］/ 朱征骅 // 江苏历史档案，1995（1）

15075 东坡居士、易安居士审美情趣略相似：苏轼、李清照词学审美观简说［J］/ 张惠民 // 汕头大学学报（人文科学版），1995（2）

15076 浅谈苏轼的婉约词［J］/ 施开诚 // 淮北师范大学学报（哲学社会科学版），1995（2）

15077 清风浩气，超旷颖雅：试论苏轼词风格［J］/ 陶汝国 // 楚雄师专学报（社会科学版），1995（2）

15078 宋词呼应技巧略论［J］/ 张廷杰 // 宁夏大学学报（社会科学版），1995（2）

15079 苏词和辛词情感空间之比较［J］/ 朱炳祥 // 职大学报，1995（2）

15080 苏轼对咏物词的开拓［J］/ 殷光熹 // 职大学报，1995（2）

15081 创新是文学发展的生命：谈李清照对苏轼词评价的局限性［J］/ 沈佑民，李长亭 // 盐城职大电大学刊（社会科学版），1995（4）

15082 论苏轼对柳永词的继承和发展：兼谈唐宋词的一个发展轨迹［J］/ 杨清莲 // 河南大学学报（社会科学版），1995（4）

15083 宋代道教文学刍论［J］/ 蒋安全 // 广西师范大学学报（哲学社会科学版），1995（4）

15084 苏词艺术风格变论［J］/ 马晋宜 // 雁北师范学院学报，1995（4）

15085 苏轼词“正”“变”之争的是与非［J］/ 刘石 // 古典文学知识，1995（4）

15086 苏、辛词风之异与《庄子》的关系［J］/ 王延荣 // 绍兴师专学报（哲学社会科学版），1995（4）

15087 苏、辛豪放词派对词体的革新及其对当代诗歌的影响［J］/ 韩长征 // 西北第二民族学院学报（哲学社会科学版），1995（4）

15088 苏辛词同中之异初探［J］/ 赵秀兰 // 黑龙江农垦师专学报，1995（4）

15089 谈苏东坡以赤壁为题的一词两赋［J］/ 侯惠娟 // 南都学坛，1995（5）

15090 同是天涯沦落人：谈苏辛词共同的意念和感情［J］/ 崔宝玲 // 语文学刊，1995（5）

15091 《苏东坡词选》在美获奖［J］/ 木易 // 出版参考，1995（6）

15092 苏轼婉约词的创作特色［J］/ 何文祯 // 南开学报（哲学社会科学版），1995（6）

15093 月无圆缺［J］/ 刘国华 // 心理世界，1995（6）

15094 苏词评论研究：以宋至清代为主［D］/ 刘燕惠 .—辅仁大学（硕士论文），1995

15095 北宋豪放词派辩［J］/ 李洁 // 中山大学研究生学刊（社会科学版），1996（1）

15096 步苏东坡　继往开来：试论贺铸词的历史地位［J］/ 利瓦伊新 // 河南大学学报（社会科学版），1996（1）

15097 东坡南迁词考辨［J］/ 薛瑞生 // 人文杂志，1996（1）

15098 关于苏轼的婉约词：兼论苏词与北宋词风的关系［J］/ 正木佐枝子 // 杭州师范学院学报，1996（1）

15099 两宋词坛雅俗之辨［J］/ 聂安福 // 中国韵文学刊，1996（1）

15100 宋词分期问题研究述略［J］/ 崔海正 // 中国韵文学刊，1996（1）

15101 苏轼词与毛泽东词中的风景美比较［J］/ 朱平珍 // 云梦学刊，1996（1）

15102 苏轼的密州词与豪放词风的创立［J］/ 王洪，周季平 // 中国人民大学学报，1996（1）

15103 一部珍贵苏词注本的复活：读刘尚荣校证《傅幹注坡词》［J］/ 邹同庆，王宗堂 // 河南大学学报（社会科学版），1996（1）

15104 悲壮的主调：论南宋前期词的时代特色与多样化表现［J］/ 乔力 // 齐鲁学刊，1996（2）

15105 词为艳科辨［J］/ 谢桃坊 // 文学遗产，1996（2）

15106 论姜白石对周邦彦苏轼词的继承［J］/ 张姝，杨丽 // 新疆大学学报（哲学社会科学版），1996（2）

15107 论苏轼词的多样化艺术风格［J］/ 赵解放 // 内蒙古民族师范学院学报（汉文版，哲学社会科学版），1996（2）

15108 论苏轼词的审美个性［J］/ 吴帆 // 锦州师范学院学报（哲学社会科学版），1996（2）

15109 宋词宋诗研究新动态：近年来高校学报古典文学宏观研究述略之三［J］/ 蒋嘉欣 // 四川师范学院学报（哲学社会科学版），1996（2）

15110 苏轼“婉约”词风辨［J］/ 杨新民 // 内蒙古大学学报（社会科学版），1996（2）

15111 苏轼初始作词时间考［J］/ 刘焕阳 // 烟台师范学院学报（哲学社会科学版），1996（2）

15112 文医结缘轶事钩沉：苏轼浣溪沙词赏析［J］/ 魏稼 // 医古文知识，1996（2）

15113 试论苏轼词的开拓创新精神［J］/ 鲁思爱 // 临沂教育学院学报，1996（3）

15114 宋词结构的发展［J］/ 赵仁 // 北京师范大学学报（社会科学版），1996（3）

15115 宋词史上的矛盾运动［J］/ 包新旺 // 杭州大学学报（哲学社会科学版），1996（3）

15116 苏词哲理三题［J］/ 黎烈南 // 北京师范大学学报（社会科学版），1996（3）

15117 豪放词说略［J］/ 程观林 // 黄山学院学报，1996（4）

15118 论苏轼对词的变革［J］/ 王兆鹏 // 黄冈师范学院学报，1996（4）

15119 透视苏轼词风对南宋豪放派的影响［J］/ 刘雅杰 // 东疆学刊，1996（4）

15120 宋词小序泛论［J］/ 欧阳逸 // 湘潭大学学报（哲学社会科学版），1996（5）

15121 词学理论和词学批评的“现代化”进程［J］/ 杨海明 // 文学评论，1996（6）

15122 试论苏轼词的审美体式［J］/ 吴帆 // 长白论丛，1996（6）

15123 苏轼词“接受历史”初探［D］/ 方红芹 .—湖北大学（硕士论文），1996

15124 豪放词派的“孪生兄弟”：苏轼和辛弃疾的词风简说[J]/郑力彤//语文辅导，1997(1)

15125 稼轩师承关系与词学渊源[J]/胡传志//安徽师范大学学报(哲学社会科学版)，1997(1)

15126 论东坡词的“雅化”及其对词史的影响[J]/王洪//中国人民大学学报，1997(1)

15127 论宋词的分期[J]/尹占华//北京师范大学学报(社会科学版)，1997(1)

15128 论苏轼词中的意象与理趣表达[J]/李琦//内蒙古工业大学学(社会科学版)，1997(1)

15129 论苏轼咏物词的移情美[J]/周云龙//九江师专学报，1997(1)

15130 人生自是有情痴，此恨不关风与月：试论欧词“侧艳”形成的内因[J]/孙兰廷//语文学刊，1997(1)

15131 谈苏轼对词的革新创造[J]/汤岳辉//惠州大学学报，1997(1)

15132 北宋末年俗词创作论略[J]/诸葛忆兵//北方论丛，1997(2)

15133 东坡词臆札[J]/徐季子//宁波师范学院学报(社会科学版)，1997(2)

15134 论苏轼词的意象组合[J]/李琦，廖泓喜//语文学刊，1997(2)

15135 论辛词豁达自适的艺术境界[J]/李建国//贵州社会科学，1997(2)

15136 清旷：东坡词之美学风度[J]/李康化//社会科学战线，1997(2)

15137 试论苏轼婉约词的审美特征[J]/沈萍//江苏经贸职业技术学院学报，1997(2)

15138 苏轼判杭词创作的文化机制[J]/沈松勤//浙江社会科学，1997(2)

15139 苏辛两首怀古词比较[J]/同庚//六盘水师范高等专科学校学报，1997(2)

15140 一部新意迭出的词学专著：读张惠民《宋代词学审美理想》[J]/梅大圣//江汉论坛，1997(2)

15141 从东坡词梦看其“入世”思想[J]/王俊杰//许昌师专学报(社会科学版)，1997(3)

15142 论苏轼在密州和徐州时期的词创作[J]/牛睿//社会科学辑刊，1997(3)

15143 深沉的慨叹 丰实的意蕴：也析苏轼的“人生如梦”[J]/贾超英//中学语文，1997(3)

15144 试论苏轼词的艺术特色[J]/周晓音//杭州大学学报(哲学社会科学版)，1997(3)

15145 苏轼词创作批评的批评[J]/徐凤真//山东社会科学，1997(3)

15146 逐弦管之音 为侧艳之词：试论冶游之风对晚唐五代北宋词的影响[J]/王晓骊//文学遗产，1997(3)

15147 从东坡词看苏轼的创作灵感[J]/蔡起福//苏州教育学院学报(自然科学版)，1997(4)

15148 东坡词的抒情性[J]/田继平//太原师范学院学报(社会科学版)，1997(4)

15149 千江有水千江月：论苏轼词中的“月”意象[J]/陈迎辉//内蒙古社会科学(汉文版)，1997(4)

15150 似花还是非花：论苏轼咏物词的思想艺术特色[J]/洪琴仙//浙江师范大学学报(社会科学版)，1997(4)

15151 苏轼的养身之道：制怒[J]/丁慧//陕西教育，1997(4)

15152 论徽宗年间苏轼词的影响[J]/诸葛忆兵//湖北大学学报(哲学社会科学版)，1997(5)

15153 宋词流变史论纲[J]/王兆鹏//湖北大学学报(哲学社会科学版)，1997(5)

15154 从清旷到清空：苏轼、姜夔词学审美理想的历史考察［J］/ 李康化 // 文学评论，1997（6）
15155 苏轼“豪放雅词”论［J］/ 王洪 // 天中学刊，1997（6）
15156 苏轼与韩国词文学的关系［J］/ 柳基荣 // 复旦大学学报（社会科学版），1997（6）
15157 此“豪放”非彼“豪放”：苏轼词风格探微［J］/ 赵俊成 // 文史知识，1997（7）
15158 东坡戏词亦有神［J］/ 蒋谱成 // 知识窗，1997（9）
15159 胡仔的词学批评探赜［J］/ 李扬 // 河南师范大学学报（哲学社会科学版），1998（1）
15160 论东坡词写景造境的艺术［J］/ 陶文鹏 // 社会科学战线，1998（1）
15161 浅谈苏轼婉约词的特点［J］/ 韩红杰 // 伊犁师范学院学报（社会科学版），1998（1）
15162 少游“词心”，深契东坡：苏轼、秦观词异同论［J］/ 杨胜宽 // 西南师范大学学报（哲学社会科学版），1998（1）
15163 试论苏词风格的多样化［J］/ 周茂东 // 郧阳师范高等专科学校学报，1998（1）
15164 试论苏轼词中的错觉描写［J］/ 周玲 // 商洛师范专科学校学报，1998（1）
15165 同是悼亡词，境界各不一：毛泽东、苏轼、陆游悼亡词赏析［J］/ 蒋德均 // 四川党史，1998（1）
15166 主体意识的高扬：论北宋中后期词的两种艺术精神及创作特征［J］/ 乔力 // 齐鲁学刊，1998（1）
15167 东坡豪放词风的流变［J］/ 张亚萍 // 华侨大学学报（哲学社会科学版），1998（2）
15168 东坡和韵词比较赏析［J］/ 高纯林 // 华侨大学学报（哲学社会科学版），1998（2）
15169 论苏轼词的抒情范式［J］/ 吴帆 // 吉林大学社会科学学报，1998（2）
15170 论苏、辛词的不同建构［J］/ 毛岫峰 // 盐城师范学院学报（哲学社会科学版），1998（2）
15171 苏轼词学审美理想的历史考察［J］/ 李康化 // 中国语言文学数据信息，1998（2）
15172 于湖词略论［J］/ 魏佳 // 重庆师范学院学报（哲学社会科学版），1998（2）
15173 元遗山抒情词成因探析［J］/ 赵永源 // 山西大学师范学院学报，1998（2）
15174 在入世与出世之间：兼谈苏轼词风为“旷达”而非“豪放”［J］/ 刘勤慧 // 晋阳学刊，1998（2）
15175 自由之歌：论苏轼词的本质内核［J］/ 杨罗生 // 云梦学刊，1998（2）
15176 东坡通判杭州期间词作散论［J］/ 梅大圣，尹吉凤 // 黄冈师范学院学报，1998（3）
15177 关于古代词论的两点思考［J］/ 方智范 // 文艺理论研究，1998（3）
15178 南宋词与清代词学研究中的困惑［J］/ 陶尔夫 // 求是学刊，1998（3）
15179 山水审美中的生命精神［J］/ 章尚正 // 中国文化研究，1998（3）
15180 疏放旷达的苏词［J］/ 关晶 // 大连教育学院学报，1998（3）
15181 说词中的“自是一家”与“别是一家”［J］/ 余国钦 // 内蒙古师范大学学报（哲学社会科学版），1998（3）
15182 苏东坡词中的时空观照（一）［J］/ 王保珍 // 名作欣赏，1998（3）
15183 苏轼之黄州时的词［J］/ 李钟振 // 东方丛刊，1998（3）
15184 《中州乐府》与词史意识［J］/ 赵维江 //

河北师范大学学报（哲学社会科学版），1998（3）
15185 对“以诗为词”创作倾向的新透视［J］/崔铭//复旦学报（社会科学版），1998（4）
15186 试论宋代辛词与苏词色彩之差异［J］/梁海明//江汉大学学报，1998（4）
15187 试论苏轼的写梦词［J］/邹煜//自贡师范高等专科学校学报，1998（4）
15188 说东坡艳词［J］/孙民//沈阳教育学院学报，1998（4）
15189 苏东坡词中的时空观照（二）［J］/王保珍//名作欣赏，1998（4）
15190 论词的传统与东坡词定位及创作动因［J］/梅大圣//华中师范大学学报（人文社会科学版），1998（5）
15191 苏东坡词中的时空观照（三）［J］/王保珍//名作欣赏，1998（5）
15192 大晟词风和北宋末年世风［J］/诸葛忆兵//文学遗产，1998（6）
15193 大晟府与大晟府词派［J］/龙建国//文学遗产，1998（6）
15194 论元好问的词学思想［J］/赵维江//齐鲁学刊，1998（6）
15195 一段心灵的挣扎史：苏轼黄州词文解读［J］/王玉英//南京理工大学学报（哲学社会科学版），1998（6）
15196 辛派词人论略［J］/黄萍//阅读与写作，1998（7）
15197 苏轼词辑评［J］/不详//中华活页文选（成人版），1998（8）
15198 雄文大手　落笔绝尘：苏轼词选读［J］/陶文鹏//中华活页文选（成人版），1998（8）
15199 苏轼在词史上的贡献［J］/郭莎，汪伟//语文教学与研究，1998（9）
15200 论佛道思想在苏轼词作中的艺术显现［D］/李琦.—内蒙古大学（硕士论文），1998
15201 历代词论中的东坡论［J］/马桂玲，胡建次//洛阳师范学院学报，1999（1）
15202 略论稼轩词的美学特征［J］/王连弟//牡丹江师范学院学报（哲学社会科学版），1999（1）
15203 略论苏轼的“以诗为词”［J］/祁光禄//固原师专学报，1999（1）
15204 漫谈苏词对词史的贡献［J］/刘菁//辽宁广播电视大学学报，1999（1）
15205 浅论苏轼严正刚强超脱达观的人格在词中的体现［J］/卢建平//电大教学，1999（1）
15206 试论苏轼的婉约词［J］/解国旺//殷都学刊，1999（1）
15207 宋词漫步［J］/师江//福建文学，1999（1）
15208 宋代词论疑义［J］/段学俭//楚雄师专学报，1999（1）
15209 苏轼词作与梦［J］/张庆军//山东行政学院、山东省经济管理干部学院学报，1999（1）
15210 苏轼美人词与杭州密州词的寄意［J］/谭玉良//达县师范高等专科学校学报，1999（1）
15211 苏轼、秦观的词与宋人的尊体意识［J］/王珏//河南大学学报（社会科学版），1999（1）
15212 再论苏辛词的不同建构［J］/毛岫峰//盐城师专学报（哲学社会科学版），1999（1）
15213 从赤壁词看苏轼革新词风的内涵及意义［J］/张维民//西北第二民族学院学报（哲学社会科学版），1999（2）
15214 东坡密州词文化品格蠡测［J］/梅大圣//黄冈师专学报，1999（2）

15215 独树一帜 不域于世：浅淡苏轼词在题材和内容上的革新［J］/ 熊刚 // 阿坝师范高等专科学校学报，1999（2）

15216 论花间词在宋金元时的传播［J］/ 欧明俊 // 福建师范大学学报（哲学社会科学版），1999（2）

15217 论宋词歌妓传播的特色［J］/ 徐枫 // 中国典籍与文化，1999（2）

15218 苏轼词人生意蕴蠡测［J］/ 毛福明 // 江苏教育学院学报（社会科学版），1999（2）

15219 苏轼咏物词篇目与艺术特色的重新定位［J］/ 石云涛 // 许昌师专学报（社会科学版），1999（2）

15220 略论苏轼词的艺术特色［J］/ 于立杰 // 学术交流，1999（3）

15221 论苏词的超逸［J］/ 王文龙 // 盐城师范学院学报（哲学社会科学版），1999（3）

15222 说苏轼词中的“人生如梦”问题：兼非教参“消极”之说［J］/ 李根赞 // 保山师专学报，1999（3）

15223 苏词所表现的人格美和艺术美［J］/ 吴毓鸣 // 三明高等专科学校学报，1999（3）

15224 苏东坡“以诗为词”探因［J］/ 徐礼节 // 安庆师范学院学报（社会科学版），1999（3）

15225 苏轼“以诗为词”辨［J］/ 王开元 // 新疆师范大学学报（哲学社会科学版），1999（3）

15226 从苏轼的词论看他的词体革新［J］/ 乔长阜 // 江苏广播电视大学学报，1999（4）

15227 东坡词中“柔情”探析［J］/ 卢建平，陈朝霞 // 北京科技大学学报（社会科学版），1999（4）

15228 豪放词四论［J］/ 胡传志 // 安徽师范大学学报（人文社会科学版），1999（4）

15229 论苏轼革新宋词之贡献［J］/ 景遐东 // 教师教育论坛，1999（4）

15230 试论苏东坡的女性词［J］/ 迟宝东 // 天津大学学报（社会科学版），1999（4）

15231 试论苏轼诗词的模糊美［J］/ 张光亚 // 中州学刊，1999（4）

15232 试析东坡词与音律变革［J］/ 余晓莉 // 阜阳师范学院学报（社会科学版），1999（4）

15233 苏轼词风简论［J］/ 刘生良 // 陕西师范大学继续教育学报，1999（4）

15234 词体出现与发展的诗史意义［J］/ 罗漫 // 中国社会科学，1999（5）

15235 论苏词的反正之功［J］/ 许伯卿，田素芬 // 辽宁大学学报（哲学社会科学版），1999（5）

15236 论苏轼词始作于嘉祐初年［J］/ 朱靖华 // 黄冈师范学院学报，1999（5）

15237 本世纪东坡词研究的定量分析：词学研究定量分析之一［J］/ 刘尊明，王兆鹏 // 文学遗产，1999（6）

15238 论苏词主气［J］/ 胡遂 // 文学评论，1999（6）

15239 试论苏轼词的多重人格［J］/ 韩晓玲 // 高等函授学报（哲学社会科学版），1999（6）

15240 苏轼“以诗为词”说略［J］/ 郭坚 // 阅读与写作，1999（6）

15241 浅论苏轼与辛弃疾豪放风格的差异性［J］/ 郭洪涛，蒋圣斐 // 社会科学家，1999（S1）

15242 从“柳七风味”到“自是一家”：论柳永、苏轼词消息相通及其意义［J］/ 袁晓薇 // 安徽师范大学学报（人文社会科学版），2000（1）

15243 东坡词的“旷”与禅宗［J］/ 李月英 // 苏州铁道师范学院学报，2000（1）

15244 浮生若梦 为欢几何：论苏轼词中的

“梦”[J]/宁薇//湖北师范学院学报(哲学社会科学版),2000(1)

15245 豪壮清雄:从苏轼、黄庭坚的作品看豪放词的出现与发展[J]/李哲理//沈阳师范学院学报(社会科学版),2000(1)

15246 寄蕴藉于豪放之外 寓旷远于婉约之中:苏轼词风浅论[J]/尹慧明//新疆教育学院学报(汉文版),2000(1)

15247 历代苏词编刻注释系年述略[J]/曾枣庄//中国文学研究(辑刊),2000(1)

15248 略论苏轼对柳永的态度[J]/唐民生//大同职业技术学院学报,2000(1)

15249 苏辛词风比较:苏轼、辛弃疾[J]/辛晓玲//社科纵横,2000(1)

15250 论李清照词与苏东坡影响:兼论“易安体”的特征[J]/朱靖华//中国人民大学学报,2000(2)

15251 论宋代《调笑》词[J]/彭国忠//华东师范大学学报(哲学社会科学版),2000(2)

15252 论苏轼“寄至味于淡泊”的审美理想在词中的实现[J]/李惠玲//玉林师专学报,2000(2)

15253 南宋雅词辨原[J]/谢桃坊//文学遗产,2000(2)

15254 苏词明体:论李清照《词论》对东坡词的批评难以成立[J]/金志仁//南通师范学院学报(哲学社会科学版),2000(2)

15255 苏轼词风“豪放”说置疑[J]/唐玉宏,王静玲//郑州轻工业学院学报(社会科学版),2000(2)

15256 苏轼、辛弃疾词风之互鉴[J]/王艳荣//吉林广播电视大学学报,2000(2)

15257 90年代东坡词研究综述[J]/徐礼节//井冈山师范学院学报,2000(3)

15258 辑录宋元方志词话[J]/刘荣平//古籍整理研究学刊,2000(3)

15259 论苏轼与宋人的咏物词[J]/吴帆//文学遗产,2000(3)

15260 南唐词人的创作及其在词史演进中的地位[J]/余恕诚//安徽师范大学学报(人文社会科学版),2000(3)

15261 浅析东坡词中的自我形象[J]/段微观//云梦学刊,2000(3)

15262 苏词中的生命体验与超越[J]/胡遂//文艺研究,2000(3)

15263 苏轼创立新词派诸因素散论[J]/赵志华//河北青年管理干部学院学报,2000(3)

15264 词学批评史上的人品与词品论[J]/刘晓珍//中州学刊,2000(4)

15265 论金元词的北宗风范[J]/赵维江//文学遗产,2000(4)

15266 论宋代檃括词[J]/吴承学//文学遗产,2000(4)

15267 苏轼对咏物词的拓新[J]/周晴//济宁师专学报,2000(4)

15268 漫谈东坡徐州诗词的淑世精神[J]/刘乃昌//文史哲,2000(5)

15269 评“东坡词与苏轼诗文同步说”:薛瑞生《东坡词编年笺注》商榷[J]/曾枣庄,保苅佳昭//书品,2000(5)

15270 试论宋词新变与批评的整合[J]/颜震,黄琳斌//广西教育学院学报,2000(5)

15271 东坡词的艳情本事[J]/吴德岗//牡丹江师范学院学报(哲学社会科学版),2000(6)

15272 论苏轼词如何体现“要眇宜修”的文体特性[J]/李旭//湖北教育学院学报,2000(6)

15273 谈苏词中的月光意象[J]/徐永峰//古典文学知识,2000(6)

15274 有词如剧[J]/郭启宏//广东艺术,

2000（6）

15275 应该是苏轼“故国神游”［J］/ 丁勤中 // 中学语文教学，2000（8）

15276 走近苏轼［J］/ 张景 // 博览群书，2000（8）

15277 谈苏东坡的几首清峻词［J］/ 陈满铭 // 国文天地，2000，22（9）

15278 走近东坡［J］/ 邱桂德 // 中学语文，2000（12）

15279 东坡咏物词艺术探［J］/ 殷光熹 // 词学，2000

15280 东坡词律析论［C］/ 黄坤尧 // 千古风流：东坡逝世九百年纪念学术研讨会论文集 / 辅仁大学 .—2000

15281 东坡历史性地为词创立新范式［C］/ 朱靖华 // 千古风流：东坡逝世九百年纪念学术研讨会论文集 / 辅仁大学 .—2000

15282 《东坡乐府编年笺校》补疏［C］/ 王伟勇 // 千古风流：东坡逝世九百年纪念学术研讨会论文集 / 辅仁大学 .—2000

15283 浅论东坡词之“和美”［C］/ 韦金满 // 千古风流：东坡逝世九百年纪念学术研讨会论文集 / 辅仁大学 .—2000

15284 柳永苏轼对宋词革新的比较［D］/ 倪新 .—湖北大学（硕士论文），2000

15285 苏东坡词编年考：薛注苏词编年商榷之一［J］/ 保苅佳昭 // 宋代文化研究，2000

15286 苏东坡和陶诗研究［D］/ 黄蕙心 .—辅仁大学（硕士论文），2000

15287 从应目会心到迁想妙得：以“咏物词”特点看苏轼、章楶的《水龙吟》［J］/ 李锡鹏 // 保山师专学报，2001（1）

15288 略论苏轼的革新词［J］/ 黄明锋 // 泰州职业技术学院学报，2001（1）

15289 人生缺憾中的追求：苏轼词所展现的人生取向［J］/ 薛梅 // 承德民族师专学报，2001（1）

15290 深广的内涵与炽烈的情感：论苏轼、辛弃疾豪放词风的区别［J］/ 杨小青 // 重庆工学院学报，2001（1）

15291 宋词别开生面之作：谈苏轼辛弃疾的农村词［J］/ 陈增杰 // 苏州教育学院学报，2001（1）

15292 苏轼《赤壁》词中“酹江月”一词的佛禅意义［J］/ 张福庆 // 名作欣赏，2001（1）

15293 苏词研究中被误用的一则材料［J］/ 刘亮，田琳琳 // 九江师专学报，2001（1）

15294 文廷式词的苏辛风格与思想底蕴［J］/ 陈雪萍 // 湖南师范大学社会科学学报，2001（1）

15295 雅化与新变的整合［J］/ 颜震 // 天府新论，2001（1）

15296 陈师道词论考述［J］/ 张璟 // 中国韵文学刊，2001（2）

15297 地域文化与苏轼词的创作［J］/ 吴德岗 // 文史杂志，2001（2）

15298 东坡教坊词与宋代宫廷演剧考论［J］/ 张世宏 // 广东社会科学，2001（2）

15299 浅论苏轼婉约词作的艺术成就［J］/ 冯志华 // 孝感职业技术学院学报，2001（2）

15300 试论苏轼词作的主体风格［J］/ 陆业龙 // 孝感学院学报，2001（2）

15301 苏轼的豪放词为何成熟于密州？［J］/ 王启鹏 // 惠州大学学报，2001（2）

15302 浅论苏轼词的审美倾向［J］/ 马丁良 // 苏州教育学院学报，2001（3）

15303 试论苏轼词风与其性情的关系［J］/ 张伟 // 沈阳教育学院学报，2001（3）

15304 浅谈苏轼词的意蕴美［J］/ 张晓健 // 宿州师专学报，2001（3）

15305 宋代词坛创作与理论反差原因透析［J］/ 许兴宝 // 西北第二民族学院学报（哲学社会科学版），2001（3）

15306 苏东坡“梦”词新探[J]/李杰虎//洛阳大学学报，2001(3)

15307 同是“怀古”各有千秋：两首宋词的比较阅读鉴赏[J]/李志达//中学语文教学参考，2001(3)

15308 学小晏 学大苏 终成一家：论黄山谷词[J]/汤克勤//九江师专学报，2001(3)

15309 一点浩然气 千里快哉风：解读苏轼词中之气[J]/王庆生//郑州经济管理干部学院学报，2001(3)

15310 中国古典词论中的东坡论[J]/邱美琼//重庆三峡学院学报，2001(3)

15311 气之积聚与词之豪放：论苏轼豪放词的形成[J]/杨忠//长春大学学报，2001(4)

15312 浅论苏轼词的创新[J]/邱石，张秀梅//泰山乡镇企业职工大学学报，2001(4)

15313 苏东坡词编年考[J]/保苅佳昭//四川大学学报(哲学社会科学版)，2001(4)

15314 苏轼悼亡词的情思境界[J]/谭玉良//康定民族师范高等专科学校学报，2001(4)

15315 苏轼开创豪放旷达词风的原因初探[J]/穆廷云//邢台师范高专学报，2001(4)

15316 苏轼咏物词浅议[J]/江灏//中国文学研究，2001(4)

15317 玄都观里桃千树 尽是刘郎去后栽：谈苏轼由杭赴密词作及其谪贬心态[J]/马百计//忻州师范学院学报，2001(4)

15318 从“伶工之词”到“士大夫之词”：论苏轼黄州词的创作[J]/许黎英//绍兴文理学院学报(哲学社会科学版)，2001(5)

15319 东坡商品诗[J]/黄月萍//中学语文园地，2001(5)

15320 婉约词风的自我变异:《全宋词》阅读札记之六[J]/诸葛忆兵//书品，2001(5)

15321 禅悟与苏词的创造性[J]/吴洪泽//四川大学学报(哲学社会科学版)，2001(6)

15322 论苏轼黄州词的文化生命[J]/梅大圣//黄冈师范学院学报，2001(6)

15323 试论苏轼对婉约词风的刷新[J]/施海勇//丽水师范专科学校学报，2001(6)

15324 携飞仙以遨游，抱明月而长终：说东坡[J]/阮蓓旎//凉山文学，2001(6)

15325 文廷式词风论说[J]/莫立民//江西社会科学，2001(11)

15326 苏轼的婉约词创作[J]/徐玉英//朔方，2001(Z1)

15327 东坡词心初探[D]/李惠玲.—华东师范大学(硕士论文)，2001

15328 论东坡哲理词[J]/陶文鹏//词学，2001

15329 论苏轼词的生存、生命意识[D]/方星移.—湖北大学(硕士论文)，2001

15330 苏轼词之传播及各家对苏词之论述研究：以文献流传为主要观点[D]/张芸慧.—淡江大学(硕士论文)，2001

15331 从东坡词看苏轼的人生思考[N]/王文龙//光明日报，2002-10-09

15332 从黄州词看苏轼的精神品格[J]/吉南//继续教育研究，2002(1)

15333 东坡词自我形象摭论[J]/杨艳梅//保定师范专科学校学报，2002(1)

15334 论苏轼对欧阳修词的超越[J]/张兆勇//江淮论坛，2002(1)

15335 南北宋之间几位词论家的词学观[J]/孙维城//安庆师范学院学报(社会科学版)，2002(1)

15336 清壮顿挫：小山词与苏门词主体性创作的表征[J]/叶帮义//山东师范大学学报(人文社会科学版)，2002(1)

15337 神女，质疑与认同：苏轼诗词中巫山神女题材和典故体现的文化心态及其哲学

根源［J］/ 程地宇 // 重庆三峡学院学报，2002（1）

15338 试论苏辛的“以词还词”［J］/ 叶帮义 // 苏州大学学报（哲学社会科学版），2002（1）

15339 苏词二首系年略考［J］/ 张志烈 // 黄冈师范学院学报，2002（1）

15340 苏词艺术风格散论［J］/ 刘亮 // 陕西广播电视大学学报，2002（1）

15341 苏柳词关系论［J］/ 王昊 // 中国文学研究，2002（1）

15342 苏轼词籍版本流传及其时代意义［J］/ 张芸慧 // 东方人文学志，2002，1（1）

15343 东坡咏物词的开创之功及其价值［J］/ 郑园 // 北京大学学报（哲学社会科学版），2002（2）

15344 浅谈苏轼词的时空意境［J］/ 韩宜中 // 天津成人高等学校联合学报，2002（2）

15345 宋代士人的迁谪心态与迁谪词风［J］/ 张再林 // 中国韵文学刊，2002（2）

15346 苏轼的婉约词探析［J］/ 庞会香，宋方报 // 胜利油田师范专科学校学报，2002（2）

15347 元祐学术与元祐词坛［J］/ 彭国忠 // 华东师范大学学报（哲学社会科学版），2002（2）

15348 春宵一刻值千金：柳永、周邦彦、苏轼、吴文英词夜意象分析［J］/ 许兴宝 // 广播电视大学学报（哲学社会科学版），2002（3）

15349 词为诗裔与以诗为词：苏轼词体观念新论［J］/ 陈广学 // 江苏社会科学，2002（3）

15350 词：一体两面：从宋人对东坡词的批评与东坡词论考察宋代的词体观［J］/ 邓红梅 // 山东师范大学学报（人文社会科学版），2002（3）

15351 两宋词创调四大家论略［J］/ 金志仁 // 南通师范学院学报（哲学社会科学版），2002（3）

15352 论苏轼雅词及其审美特征［J］/ 范晓燕 // 解放军艺术学院学报，2002（3）

15353 试论佛禅对苏轼词之影响［J］/ 迟宝东 // 海南师范学院学报（人文社会科学版），2002（3）

15354 苏轼对词的革新与贡献［J］/ 秦克祥 // 宿州教育学院学报，2002（3）

15355 谈苏轼的两首隐括词［J］/ 姜晓艳 // 广播电视大学学报（哲学社会科学版），2002（3）

15356 物象比附与联类征引：从苏轼《卜算子》论宋词的注释方法［J］/ 于翠玲 // 陕西广播电视大学学报，2002（3）

15357 以本质为导向：苏轼《以诗为词》问题重探［J］/ 林融婵 // 文学前瞻，2002（3）

15358 持节云中 何日遣冯唐［J］/ 张强 // 古典文学知识，2002（4）

15359 赤壁词赋间的对话［J］/ 陈嘉英 // 国文天地，2002，18（4）

15360 东坡词笺注补正［J］/ 陈永正 // 南京师范大学文学院学报，2002（4）

15361 东坡词心即诗心［J］/ 李惠玲 // 玉林师范学院学报（哲学社会科学版），2002（4）

15362 论金词与宋词间的关系［J］/ 周秀荣，周秀荣 // 湖北民族学院学报（哲学社会科学版），2002（4）

15363 论理学对宋词的影响［J］/ 常言 // 西北师范大学学报（社会科学版），2002（4）

15364 浅谈苏轼词与柳永词的历史地位［J］/ 刘季 // 青岛职业技术学院学报，2002（4）

15365 浅谈苏词豪放之美［J］/ 王湘 // 黑龙江农垦师专学报，2002（4）

15366 宋初词学思想探微［J］/徐安琪//文学遗产，2002（4）
15367 宋词题序略论［J］/李冬红//贵州社会科学，2002（4）
15368 宋代咏物词的创作姿态［J］/路成文//南京师范大学文学院学报，2002（4）
15369 苏轼词的几个问题的辨析：兼论苏轼的创作思想［J］/苏培安//绵阳经济技术高等专科学校学报，2002（4）
15370 苏轼密州三曲的艺术技巧［J］/王启鹏//语文学刊，2002（4）
15371 苏轼月夜抒怀词意向探析［J］/虎维尧//固原师专学报，2002（4）
15372 苏轼之后的北宋词坛［J］/张叔宁//南京理工大学学报（社会科学版），2002（4）
15373 东坡词《隐于仕》思想探析［J］/张佩娟//思辨集，2002（5）
15374 是非曲直说周瑜［J］/战义哲//语文世界（高中版），2002（5）
15375 宋词散论（上）［J］/郑德开//楚雄师范学院学报，2002（5）
15376 从苏词苏诗之异同看苏轼“以诗为词”［J］/莫砺锋//中国社会科学文摘，2002（6）
15377 论苏东坡词的情思品位［J］/张润静//北方论丛，2002（6）
15378 论作为词学审美范畴的豪放［J］/周明秀//贵州社会科学，2002（6）
15379 试论苏轼的婉约词［J］/陈开梅//齐齐哈尔大学学报（哲学社会科学版），2002（6）
15380 苏轼词的自然率真与通变［J］/何敏怡，何素梅//中山大学学报论丛，2002（6）
15381 谈苏轼的两首隳括词［J］/李新宇//语文学刊，2002（6）
15382 苏轼词风新论［J］/张丽杰//哈尔滨学院学报，2002（9）
15383 从苏轼的月夜词看其人生态度［J］/丁美霞//文史知识，2002（10）
15384 苏轼词的清旷之美：从苏轼的三首词看苏轼清旷风格在不同时的差异［J］/朱亚楠//作文大王（小学版），2002（12）
15385 从作词规则角度看苏轼词合律问题［J］/汤川安//广西师范大学学报（哲学社会科学版），2002（S1）
15386 试论苏轼的婉约词［J］/李志鹏//黔东南民族师范高等专科学校学报，2002（S1）
15387 清代苏词接受史稿［D］/张璟．—复旦大学（博士论文），2002
15388 试论苏轼的词学思想及其创作实践［D］/苏志敏．—陕西师范大学（硕士论文），2002
15389 苏词编年三则［J］/保苅佳昭//宋代文化研究，2002
15390 苏词研究［J］/保苅佳昭//宋代文化研究，2002
15391 苏轼词之创作美学研究［D］/陈启仁．—中国文化大学（硕士论文），2002
15392 中唐：北宋士风与词风研究［D］/张再林．—苏州大学（博士论文），2002
15393 浅析苏轼柳永对宋词发展的贡献［N］/马彦红//教师报，2003-02-23
15394 东坡词阅读札记［J］/王文龙//乐山师范学院学报，2003（1）
15395 欧翁领路人，疏隽开子瞻：浅析欧阳修对苏轼词风的影响［J］/韩珊珊//赣南师范学院学报，2003（1）
15396 试论东坡词的个性之源［J］/李娟，刘海泉//景德镇高专学报，2003（1）
15397 苏轼、辛弃疾农村词浅议［J］/周晴//济宁师范专科学校学报，2003（1）
15398 苏轼“以诗为词”的词学精神［J］/孙维

城 // 东方丛刊，2003（1）

15399 东坡词自度曲考述［J］/ 王文龙 // 盐城师范学院学报（人文社会科学版），2003（2）

15400 深情的慰勉 旷达的襟怀：苏轼《浣溪沙·游蕲水清泉寺》词意抉微［J］/ 闫笑非 // 台州学院学报，2003（2）

15401 苏轼词风解读［J］/ 魏永贵 // 集宁师专学报，2003（2）

15402 苏轼的婉约词探析［J］/ 高文利 // 佳木斯大学社会科学学报，2003（2）

15403 苏轼密州词及豪放词风谈片［J］/ 朱秋德 // 兵团教育学院学报，2003（2）

15404 以诗为词，开一代词风：谈苏东坡的豪放词［J］/ 孙爱尧 // 中国校园文学，2003（2）

15405 二十年词之潜变：谈 1053—1073 年间北宋词的变化［J］/ 许广州，范富安 // 商丘师范学院学报，2003（3）

15406 论宋金词人对苏词的接受与继承［J］/ 刘锋焘 // 文史哲，2003（3）

15407 论苏轼词的“逸怀浩气”［J］/ 吴怀仁 // 陇东学院（社会科学版），2003（3）

15408 试论苏轼词的音乐性［J］/ 车树升 // 株洲工学院学报，2003（3）

15409 宋代词论辨疑四则［J］/ 高峰 // 南京师范大学文学院学报，2003（3）

15410 苏轼词的美学阐释［J］/ 钟锦 // 河北学刊，2003（3）

15411 苏轼豪放词风探因［J］/ 孙民 // 乐山师范学院学报，2003（3）

15412 苏轼“以诗为词”新论［J］/ 苗菁 // 山东商业职业技术学院学报，2003（3）

15413 苏轼诗词艺术论［J］/ 诸葛忆兵 // 书品，2003（3）

15414 20 世纪关于苏轼词的论辩［J］/ 孙华娟 // 天中学刊，2003（4）

15415 磁州窑枕上的苏轼词［J］/ 马小青 // 邯郸职业技术学院学报，2003（4）

15416 读东坡词札记二题［J］/ 王文龙 // 惠州学院学报，2003（4）

15417 论苏轼的豪放词［J］/ 陈传万 // 阜阳师范学院学报（社会科学版），2003（4）

15418 苏东坡咏物词“似与非似”之特色及成因［J］/ 曾毅生，张承鹄 // 中南民族大学学报（人文社会科学版），2003（4）

15419 苏轼：词体的最初终结者［J］/ 潘守皎 // 枣庄师范专科学校学报，2003（4）

15420 苏轼和他的婉约词［J］/ 李俊华 // 胜利油田职工大学学报，2003（4）

15421 苏轼、辛弃疾豪放词风之比较［J］/ 张福庆 // 外交学院学报，2003（4）

15422 哲学视域中的苏词“用世志意”［J］/ 钟锦 // 陕西广播电视大学学报，2003（4）

15423 地域文化对苏轼词的影响［J］/ 焦俊霞 // 青海师专学报，2003（5）

15424 论唐宋词对传统文化的传承：以苏轼词的“士大夫化”为“切口”［J］/ 杨海明 // 江海学刊，2003（5）

15425 论文廷式对苏辛的接受［J］/ 黄敏，李萃茂 // 上饶师范学院学报，2003（5）

15426 论张孝祥词对苏辛词风的过渡作用［J］/ 张璐路 // 乐山师范学院学报，2003（5）

15427 若即若离 亦艳亦雅：评苏轼的咏花词［J］/ 潘红梅 // 湖北大学成人教育学院学报，2003（5）

15428 殊途同归：论苏轼、李清照提高词的地位的途径［J］/ 王可喜 // 咸宁学院学报，2003（5）

15429 宋词散论（中）［J］/ 郑德开 // 楚雄师范学院学报，2003（5）

15430 苏东坡为老师改诗［J］/ 潘亚锋 // 少年天地·小学，2003（5）

15431 苏轼辛弃疾豪放词风的异同［J］/ 詹海

菊 // 南都学坛，2003(5)

15432 20世纪辛弃疾词研究论辩[J]/孙华娟 // 云梦学刊，2003(6)

15433 东坡词的哲学背景初探[J]/张春义 // 同济大学学报(社会科学版)，2003(6)

15434 论北宋柳、苏词的雅俗对峙[J]/范晓燕 // 湖南大学学报(社会科学版)，2003(6)

15435 论苏轼的词学思想[J]/高峰 // 怀化学院学报，2003(6)

15436 宋词断句方面的有关资料[J]/谢桂荣 // 周口师范学院学报，2003(6)

15437 苏轼“超旷”词风的哲学阐释[J]/王嘉澍，钟锦 // 淮阴师范学院学报(哲学社会科学版)，2003(6)

15438 仿苏词二首赏读[J]/赵增民 // 阅读与写作，2003(8)

15439 苏轼词漫考[J]/杨莉 // 广西师范大学学报，2003(10)

15440 以歌妓为参照的词人身份：兼谈苏轼、柳永的自我选择[J]/方星移 // 湖北社会科学，2003(12)

15441 东坡词的创格与人生之境[D]/郑园.—北京大学(博士论文)，2003

15442 《东坡乐府》之美学观研究[D]/郑慧敏.—台湾师范大学(硕士论文)，2003

15443 对“以诗为词”的重新认识[J]/彭国忠 // 词学，2003

15444 苏词接受史研究[D]/仲冬梅.—华东师范大学(博士论文)，2003

15445 苏轼词接受史研究[D]/张殿方.—山东师范大学(硕士论文)，2003

15446 苏轼对元祐词坛的影响[D]/刘怀堂.—宁夏大学(硕士论文)，2003

15447 张先词研究[D]/梁喜爱.—中山大学(硕士论文)，2003

15448 惆怅的宋词[J]/万响蛟 // 语文教学与研究·综合天地，2004(1)

15449 寄悲慨于雄放飘逸之外 寓旷远于清丽婉曲之中：苏轼词风之我见[J]/曲景毅 // 合肥学院学报(社会科学版)，2004(1)

15450 两宋词坛的东坡论[J]/周逸树 // 赣南师范学院学报，2004(1)

15451 论张先对苏轼词学思想的影响[J]/孙维城 // 古籍研究，2004(1)

15452 梅须逊雪三分白，雪却输梅一段香：苏轼、贺铸祭妻词对读[J]/陈爱红 // 张家口职业技术学院学报，2004(1)

15453 浅说苏轼词“超旷中见忠厚”[J]/林栋梁 // 黔东南民族师范高等专科学校学报，2004(1)

15454 试论柳永、苏轼词的地位和影响[J]/姚薇 // 辽宁行政学院学报，2004(1)

15455 试论苏词与辛词的“同工异曲”之处[J]/詹文君 // 浙江师范大学学报(社会科学版)，2004(1)

15456 试论苏轼和辛弃疾在豪放词创作上的差异[J]/李艳军 // 济源职业技术学院学报，2004(1)

15457 苏轼咏物词的审美追求[J]/闫凤春 // 内蒙古电大学刊，2004(1)

15458 苏轼渔父词研究[J]/赵汇万 // 新疆师范大学学报(哲学社会科学版)，2004(1)

15459 以诗为词与以赋为词：论东坡词之“破体”[J]/仲冬梅 // 文学前沿，2004(1)

15460 词之“本色”与苏轼的“以诗为词”[J]/吴清伙 // 宜宾学院学报，2004(2)

15461 东坡词的女性审美观照[J]/赵海菱 // 社会科学辑刊，2004(2)

15462 多型文化视野中的苏词复雅[J]/吴夏平 // 华南师范大学学报(社会科学版)，2004(2)

15463 论宋人词体观念的建构［J］/ 王昊 // 中国文化研究，2004（2）

15464 论苏轼的词学观［J］/ 张惠民 // 汕头大学学报（人文社会科学版），2004，20（2）

15465 宋代词学批评中苏轼论的历史嬗变及其特征［J］/ 邱美琼 // 喀什师范学院学报，2004（2）

15466 苏轼词豪放风格辨析［J］/ 饶晓明 // 黄冈职业技术学院学报，2004（2）

15467 苏轼与辛弃疾词比较研究［J］/ 龙珊 // 古今艺文，2004，30（2）

15468 陈颖《苏轼作品量词研究》出版［J］/ 大明 // 四川师范大学学报（社会科学版），2004（3）

15469 论东坡清峻词中刚柔成分之量化［J］/ 陈满铭 // 毕节师范高等专科学校学报，2004（3）

15470 论宋代词学的“清空”［J］/ 郭锋 // 西北师范大学学报（社会科学版），2004（3）

15471 论苏轼的俳谐词［J］/ 张丽华 // 阜阳师范学院学报（社会科学版），2004（3）

15472 论作为文体的词［J］/ 黎岑伟 // 中山大学研究生学刊（社会科学版），2004（3）

15473 梅格即人格 契合两无间：谈苏轼的咏梅词［J］/ 李锦煜 // 甘肃高师学报，2004（3）

15474 试论苏词在艺术上对庄子散文的继承［J］/ 金燕 // 乐山师范学院学报，2004（3）

15475 宋词流派论争之我见［J］/ 孟祥娟 // 北华大学学报（社会科学版），2004（3）

15476 宋室南渡初期的政局变化与词坛风气［J］/ 钱建状 // 厦门大学学报（哲学社会科学版），2004（3）

15477 搜研物情 刮发幽翳：关于苏词的一个视角［J］/ 岳珍，余江涛 // 广西社会科学，2004（3）

15478 隐括前人铸新奇［J］/ 陈晓龙 // 语文天地，2004（3）

15479 从苏轼坎坷人生诠释其词的主体情性［J］/ 马跃，张伟 // 长春工程学院学报（社会科学版），2004（4）

15480 略论北宋词的发展历程［J］/ 赵晓兰 // 成都理工大学学报（社会科学版），2004（4）

15481 论柳永词对苏轼的启示和影响［J］/ 韩珊珊 // 赣南师范学院学报，2004（4）

15482 论辛词对苏词的继承与发展［J］/ 叶新源 // 赣南师范学院学报，2004（4）

15483 人生自古伤离别，个中滋味几人知：浅谈北宋别情词风格的演变［J］/ 张昊 // 海南师范学院学报（社会科学版），2004（4）

15484 苏轼次韵词考：以诗词间所呈现的次韵之异同为中心［J］/ 内山精也，金育理 // 中国韵文学刊，2004（4）

15485 苏轼《永遇乐》（明月如霜）考索［J］/ 黄嘉伶 // 文与哲，2004（4）

15486 苏轼与“词风转变”［J］/ 曹明升 // 重庆师范大学学报（哲学社会科学版），2004（4）

15487 艳情 · 闲情 · 性情：唐宋词文人化的一条情感线索［J］/ 金国正 // 延安大学学报（社会科学版），2004（4）

15488 自由——东坡词的本质内核［J］/ 杨罗生 // 云梦学刊，2004（4）

15489 东坡词的出世倾向浅析［J］/ 赵维平 // 河南师范大学学报（哲学社会科学版），2004，31（5）

15490 宋诗的助力与词作的广泛传播：北宋前期词繁荣的一个重要标志［J］/ 董希平 // 南都学坛，2004（5）

15491 辛派词人论略［J］/ 诸葛忆兵 // 华中科

技大学学报（社会科学版），2004（5）

15492 东坡词中的时间与梦［J］/郑园//北京大学学报（哲学社会科学版），2004（6）

15493 论苏轼豪放词在北宋的尴尬［J］/王辉斌//甘肃社会科学，2004（6）

15494 试较苏辛词风的异同［J］/钟家莲//牡丹江大学学报，2004（6）

15495 试论宋代词人享乐心理的雅俗分趋：以柳永、苏轼为例［J］/杨海明//湖南文理学院学报（社会科学版），2004（6）

15496 苏轼艳词三首辨正［J］/张承凤//文学遗产，2004（6）

15497 论苏轼词中的时空描写［J］/张连举//西南民族大学学报（人文社会科学版），2004（8）

15498 苏词衍生的故事［J］/陆精康//语文知识，2004（9）

15499 东坡的中秋［J］/康震//文史知识，2004（10）

15500 北宋词人张先与湖州地域文化考论［J］/王德保，杨茜//江西社会科学，2004（11）

15501 读东坡词壮不老情［J］/汪庭靖//老年教育，2004（12）

15502 试论苏轼词的艺术风格［J］/刘兴儒//湖南科技学院学报，2004（12）

15503 东坡一歌天下新［J］/何田田//当代学生，2004（22）

15504 试论苏东坡对词的贡献［J］/万英敏//井冈山师范学院学报，2004（A1）

15505 论苏轼咏怀词的艺术成就［J］/杨鹏飞//丝绸之路，2004（S1）

15506 美丽的苏子词［J］/卓如//安徽电子信息职业技术学院学报，2004（Z1）

15507 稼轩词借鉴东坡作品及其轶事之研究［D］/邓佳瑜．—成功大学（硕士论文），2004

15508 论东坡词在宋金元的传播与接受［D］/杨蓉．—福建师范大学（硕士论文），2004

15509 苏轼贬谪时期词作之研究［D］/邹碧玲．—玄奘大学（硕士论文），2004

15510 从音乐文学角度看苏轼的词［N］/阮志斌//文化时报，2005-09-20

15511 苏轼"词似诗"新论［N］/沈家庄//光明日报，2005-11-18

15512 宋词诠释中的佛教观照［J］/李剑亮//词学，2005（00）

15513 苏词接受与近代词学的发展方向［J］/张璟//词学，2005（00）

15514 东坡词之品格摭谈［J］/项昉初，余骏锋//宁波大红鹰职业技术学院学报，2005（1）

15515 孤芳独幽，卓立不群：苏轼词中的人格美简析［J］/高华//河南商业高等专科学校学报，2005（1）

15516 两宋檃括词考［J］/内山精也，朱刚//学术研究，2005（1）

15517 论李清照"别是一家"的词学观［J］/王慧//长春大学学报，2005（1）

15518 论苏轼词（上）［J］/叶嘉莹//中学语数外（高中版），2005（1）

15519 浅论苏轼黄州词的多元生命情感意向［J］/万露//天中学刊，2005（1）

15520 试论苏轼词主体意识的强化［J］/杨洋//皖西学院学报，2005（1）

15521 宋室南渡与词坛唱和之风的兴盛［J］/钱建状//厦门教育学院学报，2005（1）

15522 苏轼词的诗化对词统的颠覆与重构［J］/孙虹//中国韵文学刊，2005（1）

15523 苏轼词作的艺术风格［J］/王晋中//白城师范学院学报，2005（1）

15524 苏辛词的不同艺术特征［J］/李东方//益阳职业技术学院学报，2005（1）

15525 元祐词人的“以诗为词”论［J］/ 刘怀堂 // 古籍研究，2005（1）

15526 东坡词与民俗文化［J］/ 崔海正 // 重庆工学院学报，2005（2）

15527 东坡词与《世说》精神［J］/ 林伦才，范义臣 // 重庆工学院学报，2005，19（2）

15528 论苏轼词的创作成就［J］/ 李智 // 零陵学院学报，2005（2）

15529 论苏轼词（下）［J］/ 叶嘉莹 // 中学语数外（高中版），2005（2）

15530 论苏轼黄州词中的归隐情结［J］/ 徐胜利 // 湖北三峡职业技术学院学报，2005（2）

15531 论苏轼黄州时期的词［J］/ 李钟振 // 中国韵文学刊，2005（2）

15532 浅议苏轼情词［J］/ 丁晨 // 河南工业大学学报（社会科学版），2005（2）

15533 宋室南渡后的“崇苏热”与词学命运［J］/ 沈松勤 // 文学评论，2005（2）

15534 苏辛词风比较研究［J］/ 熊绍高 // 湖北广播电视大学学报，2005，22（2）

15535 《注坡词》与东坡词诠释［J］/ 李剑亮 // 南阳师范学院学报，2005（2）

15536 20 世纪以来古典诗词月亮意象研究综述［J］/ 刘怀荣，宋巧芸 // 聊城大学学报（社会科学版），2005（3）

15537 词论家对苏辛词比较说略续［J］/ 房日晰 // 咸阳师范学院学报，2005（3）

15538 横放杰出 自是一家：苏轼词风成因谈［J］/ 俞水生 // 柳州职业技术学院学报，2005（3）

15539 千古谁堪伯仲间：词学批评史中的苏辛词比较论［J］/ 王昊，张秋爽 // 乐山师范学院学报，2005（3）

15540 《全明词》采录作品考源［J］/ 张仲谋 // 南京师范大学学报（社会科学版），2005（3）

15541 试论苏、黄等词的同体异用现象［J］/ 邓子勉 // 南京师范大学学报（社会科学版），2005（3）

15542 试论苏轼词创作在词史上的重要地位［J］/ 李熙庭 // 浙江教育学院学报，2005（3）

15543 说东坡词中的“清”［J］/ 郑园 // 文学遗产，2005（3）

15544 苏词与姜、张词禅意清境比较［J］/ 刘晓珍 // 山东师范大学学报（人文社会科学版），2005（3）

15545 苏轼赤壁词中“人道是”三字境界探胜［J］/ 赵亚平 // 东坡赤壁诗词，2005（3）

15546 苏轼“词如诗”的原因探析：由宋人的“以诗为词”论谈起［J］/ 张泽伟 // 太原师范学院学报（社会科学版），2005（3）

15547 苏轼“以诗为词”的文体价值与文本意义［J］/ 宋先梅 // 天府新论，2005（3）

15548 辛弃疾与宋代齐鲁词人［J］/ 叶帮义 // 中国韵文学刊，2005（3）

15549 也谈东坡婉约词［J］/ 徐雪梅 // 集宁师专学报，2005（3）

15550 也谈“将文人趣味打并入艳情”：以文人词为视角看少游词的价值［J］/ 张兆勇 // 淮北煤炭师范学院学报（哲学社会科学版），2005（3）

15551 论苏轼的以学问为词［J］/ 王文龙 // 乐山师范学院学报，2005（4）

15552 试论苏辛豪放词的差异［J］/ 钱晓红 // 滁州职业技术学院学报，2005（4）

15553 苏轼与秦观词艺术风格比较［J］/ 高坡 // 吉林广播电视大学学报，2005（4）

15554 新近发现东坡词考辨补正［J］/ 饶晓明 // 乐山师范学院学报，2005，20（4）

15555 隐括：宋词独特的创作方法［J］/ 徐胜利 // 鄂州大学学报，2005（4）

15556 东坡词题序研究［J］/ 郑园 // 文史哲，

2005(5)

15557 敢于创新领风骚：浅谈苏轼对词的贡献[J]/王雪//林区教学，2005(5)

15558 格式塔心理学视域中苏轼词风的表现方式[J]/黄一斓//湖南科技大学学报(社会科学版)，2005(5)

15559 豪放范畴与宋词之美[J]/李会转//辽宁教育行政学院学报，2005(5)

15560 论"以诗为词"的词学意义[J]/余意//阴山学刊，2005(5)

15561 论苏轼词主体意识的强化[J]/董媛//郑州航空工业管理学院学报(社会科学版)，2005(5)

15562 论苏轼的词学观[J]/杜宏记//河南大学学报(社会科学版)，2005，45(5)

15563 苏轼"自是一家"的密州词创作简论[J]/陈冬梅//潍坊学院学报，2005(5)

15564 苏轼词南宋初"接受"情况简论[J]/张春义//嘉兴学院学报，2005(5)

15565 行云流水，自然天成：谈苏词的创作风格[J]/胡晓虹//福建商业高等专科学校学报，2005(5)

15566 东坡词：雅词、范型、非应体：木斋的东坡词研究[J]/万露，库万晓//乐山师范学院学报，2005(6)

15567 柳词和苏词[J]/不详//创新作文(初中版)，2005(6)

15568 论东坡词的人生意蕴[J]/徐定辉//湖北民族学院学报(哲学社会科学版)，2005，23(6)

15569 论东坡词意象的建构与特色[J]/钟巧灵//湖南师范大学社会科学学报，2005(6)

15570 论宋词本体的多元特征[J]/沈松勤//南开学报(哲学社会科学版)，2005(6)

15571 浅探苏轼《减字木兰花》中"三意审美阶段"对当代审美的意义[J]/郑晓韵//天府新论，2005(6)

15572 苏轼词理趣特征浅析[J]/周秀荣//语文教学与研究・综合天地，2005(6)

15573 论苏东坡词的品格[J]/项昉初//文学教育，2005(8)

15574 生命如歌：浅析苏轼词中的人格美[J]/高华//名作欣赏：文学研究(下旬)，2005(8)

15575 苏轼词研究性阅读四法[J]/龙升芳//文学教育，2005(9)

15576 论张先对苏轼词创作产生影响的基础[J]/谢雪清//广西社会科学，2005(10)

15577 苏轼词赋中的江月赏析[J]/罗志伟//语文教学与研究，2005(10)

15578 需"提倡一些文体分类学"：评《新近发现东坡词考辨补证》[J]/曾枣庄//乐山师范学院学报，2005(10)

15579 宋词传播系统中的"不和谐音"：豪放词[J]/杨雨//求索，2005(11)

15580 浪沙淘不尽的千古词人：记北宋文学家苏东坡[J]/聂闻，贾睿//新作文，2005(12)

15581 试析苏轼词与音乐的关系[J]/张泽伟//教学与管理(理论版)，2005(12)

15582 苏词现实主义探微[J]/赵品清//中国科技信息，2005(15)

15583 一点浩然气 千里快哉风[J]/黄如一//当代学生，2005(C4)

15584 苏辛词风比较[J]/阙子淞//高等函授学报(哲学社会科学版)，2005(S1)

15585 苏轼判杭词研究[J]/马晓静//社会科学家，2005(S2)

15586 遥想苏轼当年[J]/邓圳//当代学生，2005(Z2)

15587 论张先对苏轼词学思想的影响[C]/孙维城//安徽文学论文集/安徽省文学学会.

—合肥：合肥工业大学出版社，2005

15588 金代大定、明昌词研究［D］/ 胡梅仙．—暨南大学（硕士论文），2005

15589 《世说新语》在宋词中的接受研究［D］/ 杨同鲁．—北京师范大学（硕士论文），2005

15590 试论东坡豪放词中的时空感［D］/ 何宇．—暨南大学（硕士论文），2005

15591 试论苏轼词与音乐的关系［J］/ 马秀月，巩本栋 // 词学，2005

15592 苏轼密州词的美学意义和价值［D］/ 陈冬梅．—山东大学（硕士论文），2005

15593 论苏轼壮词与崇高人格［J］/ 张帆 // 蜀学，2006（00）

15594 北宋崇宁、大观年间词学思想的新变：独立的词体意识［J］/ 郭凌云 // 长春师范学院学报，2006（1）

15595 东坡词"鼓"意象之应用与探讨［J］/ 朱瑞芬 // 章法论丛，2006（1）

15596 东坡《竹枝歌》可入词集：与曾枣庄先生商榷［J］/ 朱靖华 // 乐山师范学院学报，2006（1）

15597 东坡体，中国词发展的方向：答曾枣庄先生对《新近发现东坡词考辨补正》的责难［J］/ 饶晓明 // 乐山师范学院学报，2006（1）

15598 论宋代贬谪文人的海南词［J］/ 姚惠兰 // 海南大学学报（人文社会科学版），2006（1）

15599 论苏轼词对"花间"以来文人词的继承［J］/ 余颖 // 华侨大学学报（哲学社会科学版），2006（1）

15600 论苏轼壮词的崇高美［J］/ 张帆 // 四川师范大学学报（社会科学版），2006（1）

15601 南宋词学体派观的生成及其相关问题的思考［J］/ 邓子勉 // 兰州学刊，2006（1）

15602 漂泊的孤鸿：论苏词中所蕴涵的"孤独感"［J］/ 郑毅 // 黑龙江社会科学，2006（1）

15603 宋词次韵现象探讨［J］/ 刘华民 // 常熟理工学院学报，2006（1）

15604 苏词接受与近代词学的发展方向［J］/ 张璟 // 词学，2006（1）

15605 苏轼词的多样化创作风格研究［J］/ 张成恩 // 安康师专学报，2006（1）

15606 苏轼谐谑诗探源［J］/ 和谈 // 新疆教育学院学报，2006（1）

15607 亦诗亦词话《竹枝》［J］/ 刘尚荣 // 乐山师范学院学报，2006（1）

15608 北宋词的三次大"变革"［J］/ 董小伟 // 成都大学学报（社会科学版），2006（2）

15609 东坡词中"月"与"水"之关系［J］/ 林伟星 // 黎明职业大学学报，2006（2）

15610 法度去前轨 天下耳目新：浅谈苏轼对词坛的革新［J］/ 张秋娟 // 兰州学刊，2006（2）

15611 缚不住的东坡：苏词创作个性浅谈［J］/ 范雅杰 // 赤峰学院学报（汉文哲学社会科学版），2006，27（2）

15612 论花间"别调"与"以诗为词"的源头［J］/ 陈如静 // 延安大学学报（社会科学版），2006（2）

15613 论苏轼初期词［J］/ 高文翔 // 广东培正学院学报，2006（2）

15614 苏轼词学观的思考［J］/ 黄海 // 贵州文史丛刊，2006（2）

15615 苏轼的名胜词［J］/ 王慧敏 // 盐城师范学院学报（人文社会科学版），2006（2）

15616 苏轼与辛弃疾词风比较［J］/ 李小宁 // 华夏文化，2006（2）

15617 异样豪放话苏辛［J］/ 薛运强 // 现代语文（文学评论版），2006（2）

15618 东坡词的创作高峰在黄州［J］/ 饶晓明 // 乐山师范学院学报，2006（3）

15619 论东坡檃括词[J]/郑园//文学遗产，2006(3)

15620 论苏轼词的婉约性[J]/闫改珍//科学之友(B版)，2006(3)

15621 论苏轼“明月”词的意象特征[J]/林彬//井冈山医专学报，2006(3)

15622 论苏轼婉约词的特点[J]/孙立群//中国石油大学胜利学院学报，2006(3)

15623 浅谈苏轼的词体风格创新[J]/樊斌//中外教学研究，2006(3)

15624 苏轼、李清照的词学革新与理论分歧[J]/叶青泉//宜宾学院学报，2006(3)

15625 苏轼农村词创作的思想动因探赜[J]/朱安义//四川教育学院学报，2006(3)

15626 辛弃疾农村词对苏轼农村词的继承与发展[J]/康丽云//农业考古，2006(3)

15627 以诗为词的理论演进与东坡词的创获[J]/周玉梅//山东商业职业技术学院学报，2006(3)

15628 词如其人：从苏轼黄州时的词看苏词的艺术风格[J]/赵凌宇//河南广播电视大学学报，2006(4)

15629 从苏词看苏轼的妇女观[J]/江晓梅，范立舟//西南民族大学学报(人文社会科学版)，2006(4)

15630 论纪批苏诗的特点与得失[J]/莫砺锋//中国韵文学刊，2006(4)

15631 论苏轼词中潜在的自我形象[J]/王树来//齐齐哈尔师范高等专科学校学报，2006(4)

15632 论苏轼词主题、风格的多面性及其产生的原因[J]/路占武//辽宁教育行政学院学报，2006(4)

15633 论苏轼、陆游、辛弃疾词作中的相同关键词“归”[J]/周建梅//乐山师范学院学报，2006(4)

15634 浅说苏词之情韵[J]/徐风华//创作评谭，2006(4)

15635 试论禅修对苏轼词境之影响[J]/周君敏//现代语文(文学研究版)，2006(4)

15636 同是议论 同中有异：苏辛词中议论之比较[J]/蔡凌//安顺师范高等专科学校学报，2006(4)

15637 为“苏轼不懂音律”一辩[J]/朱安义//乐山师范学院学报，2006(4)

15638 论姜夔词的“清空”[J]/郭锋//贵州社会科学，2006(5)

15639 梦里追寻且仗剑，词中况味各千秋：苏轼、辛弃疾词比较谈[J]/许闻君//重庆职业技术学院学报，2006(5)

15640 试析苏轼密州词的思想内涵[J]/陈冬梅//潍坊学院学报，2006(5)

15641 宋词中“月意象”及其文化意义[J]/朱国儒//作文教学研究，2006(5)

15642 立与破的必然：论苏轼与词体的发展[J]/王冬梅//牡丹江大学学报，2006(6)

15643 论苏轼黄州前后词风的变化[J]/张帆//西南大学学报(人文社会科学版)，2006(6)

15644 宋词檃括体说略[J]/陈正贤//阅读与写作，2006(7)

15645 雄词高唱 别为一宗：苏词探微[J]/车柏青//楚雄师范学院学报，2006(7)

15646 婀娜清刚相济美：论徽宗、高宗年间词坛之演变[J]/诸葛忆兵//文艺研究，2006(8)

15647 宋词词派风格论[J]/刘贵华//乐山师范学院学报，2006(8)

15648 一洗万古凡马空：苏轼词中“士大夫化”的抒情主人公形象[J]/许菊英//职大学报，2006(9)

15649 从豪放到超逸：关于东坡词《自是一家》解[J]/郑园//新亚论丛，2006(10)

15650 一则有关苏轼词学观的词话辨析［J］/孙维城//南阳师范学院学报，2006（10）

15651 论东坡词的生命意识［J］/徐定辉//名作欣赏：文学研究（下旬），2006（11）

15652 赤壁遗言［J］/何传馨//故宫文物月刊，2006（12）

15653 美丽而不哀愁［J］/张丽珠//国文学志，2006（12）

15654 苏轼与词乐［J］/陈怀民//牡丹江大学学报，2006（12）

15655 梧桐深深深几许？：探析唐诗宋词中的梧桐意象［J］/朱静//新作文·中学作文教学研究，2006（12）

15656 宋代词论"自是一家"到"别是一家"的历史发展：苏轼与李清照词学观之比较［J］/黄雅莉//淡江中文学报，2006（14）

15657 中国诗歌语言的语学释读欣赏系列研究：苏轼词释读欣赏［J］/韩陈其//文教资料，2006（31）

15658 风华与纯质：谈东坡词的"旷"与"淡"［J］/陈映儒//明道文艺，2006（369）

15659 一则有关苏轼词学观的词话辨析［C］/孙维城//2008词学国际学术研讨会论文集（一）/中国韵文学会，江西财经大学，2006

15660 "以诗为词"：苏轼词学思想新论［C］/徐安琪//2006词学国际学术研讨会论文集（一）/中国韵文学会，江西财经大学，2006

15661 论日本的唐宋词研究［D］/王雅南.—华东师范大学（硕士论文），2006

15662 论宋代词论的偏失［D］/高新伟.—武汉大学（硕士论文），2006

15663 略论唐宋词中的陶渊明意象［D］/殷春华.—苏州大学（硕士论文），2006

15664 试论东坡词的仙道用典［D］/姜鹏飞.—吉林大学（硕士论文），2006

15665 苏轼词的叙事性研究［D］/康建强.—宁夏大学（硕士论文），2006

15666 苏轼在密州成就"中秋绝唱"［N］/不详//齐鲁晚报，2007-10-01

15667 韩诗、苏词议论之比较［J］/蔡凌//周口师范学院学报，2007（1）

15668 论佛老思想对苏轼词的影响［J］/孙雪艳//周口师范学院学报，2007（1）

15669 论苏轼的两次仕杭词［J］/马学林//湖南人文科技学院学报，2007（1）

15670 论苏轼和辛弃疾豪放词风格的异同［J］/陈景云//安徽文学（下半月），2007（1）

15671 千金纵买相如赋，脉脉此情与谁诉？：浅析苏轼的《卜算子》（黄州定惠院寓居作）［J］/贾弘钰//日照职业技术学院学报，2007（1）

15672 浅析苏门词学相异之因［J］/石志鸟//阿坝师范高等专科学校学报，2007（1）

15673 宋人旷达的处世态度及其对词风的影响［J］/李惠玲//玉林师范学院学报（哲学社会科学版），2007（1）

15674 苏轼词中"清"的审美取向［J］/李秋//时代文学（理论学术版），2007（1）

15675 苏轼的竹石情结［J］/陈慧君//苏轼研究，2007（1）

15676 苏轼与宋词题序［J］/李惠玲//黄河科技大学学报，2007（1）

15677 苏辛词异同论［J］/张晓静，张小芹//现代语文（文学研究版），2007（1）

15678 婉约与豪放词派新论［J］/张仲谋//语文知识，2007（1）

15679 中国诗歌语言的语学释读欣赏系列研究：苏轼词释读欣赏［J］/韩陈其//考试周刊，2007（1）

15680 东坡词与魏晋风流［J］/赵婷婷//中文

自学指导，2007(2)

15681 对苏轼革新词体的再认识[J]/张维民//西北第二民族学院学报(哲学社会科学版)，2007(2)

15682 摩坡仙之垒，逼近大苏：试论陈与义对苏轼的学习与继踪[J]/吕改梅，高林广//广播电视大学学报(哲学社会科学版)，2007(2)

15683 浅析苏轼词的比喻[J]/吴媛媛//学术交流，2007(2)

15684 屈苏迭音词之比较[J]/漆雕世彩，杨爱农//长江大学学报(社会科学版)，2007(2)

15685 苏词弦外之音赏析[J]/王林瑞//大型月刊(诗词版)，2007(2)

15686 苏轼词风的多样性[J]/王重歌，徐海燕//文学教育(下半月刊)，2007(2)

15687 苏轼豪放词的词境特点[J]/蒋永政//文学教育(上)，2007(2)

15688 苏轼《临江仙·夜归临皋》与辛弃疾《西江月·遣兴》比较谈[J]/刘燕凌//牡丹江大学学报，2007(2)

15689 协律入腔　风流千古：苏轼词乐辨考[J]/葛绝，王兵//艺术评论，2007(2)

15690 再谈东坡“乐府、歌词、楚词”及其他：兼答田苗女士[J]/饶晓明//乐山师范学院学报，2007(2)

15691 逢乱世舞凌云健笔 遇坎坷享烟雨人生：浅谈苏轼豪放词[J]/张欣//鸡西大学学报，2007(3)

15692 柳词对苏词的影响[J]/邓昭祺//乐山师范学院学报，2007(3)

15693 论苏轼词的说理艺术[J]/陈中林，徐胜利//鄂州大学学报，2007(3)

15694 明词中的次韵宋元名家词现象：以苏轼、崔与之、倪瓒词的接受为中心[J]/叶晔//中国文化研究，2007(3)

15695 苏轼词中人物形象的塑造[J]/霍明宇//枣庄学院学报，2007(3)

15696 苏轼、辛弃疾词的异同浅析[J]/桑冬芳//青海师专学报，2007(3)

15697 婉约·豪放·旷达·骚雅：试论宋词的主要风格流派[J]/洪传信//民办高等教育研究，2007(3)

15698 我善养吾浩然之气：苏轼词赏析[J]/王丽丽//阅读与作文(初中版)，2007(3)

15699 张孝祥对苏轼词的继承[J]/岳毅平//阜阳师范学院学报(社会科学版)，2007(3)

15700 从东坡词看苏轼贬谪时期的佛老心态[J]/王红升//社会科学论坛(学术研究卷)，2007(4)

15701 从“以文为诗”到“以诗为词”：试析两种文体特征形成的原因及其发展特点[J]/范修华//呼伦贝尔学院学报，2007(4)

15702 豪放东坡的婉约情怀[J]/管春兰//重庆科技学院学报(社会科学版)，2007(4)

15703 略论苏轼词的清雄之风[J]/杜晓霞，张海燕//青岛农业大学学报(社会科学版)，2007(4)

15704 论苏轼词的“词汇—语义”的视听类具象和感知[J]/韩陈其，立红//徐州师范大学学报(哲学社会科学版)，2007(4)

15705 论苏轼黄州词强烈的主体意识[J]/韩丽霞//内蒙古民族大学学报(社会科学版)，2007(4)

15706 宋词与三国[J]/吴功正//南京社会科学，2007(4)

15707 苏轼对柳永词之态度新论[J]/邓昭祺//中州学刊，2007(4)

15708 苏轼“以诗为词”与“豪放”之关系辨［J］/王俊//理论观察，2007（4）

15709 唐宋词乐的发展变化与柳永、苏轼词［J］/邓乔彬，周韬//东南大学学报（哲学社会科学版），2007，9（4）

15710 文本的策略：由苏轼词风之辩引起的反思［J］/鲁孟瑶//商洛学院学报，2007（4）

15711 词牌名十二问［J］/王光华//咬文嚼字，2007（5）

15712 辞意不尽 自然而工：略论苏轼词的结尾［J］/赵婷婷//科教文汇（下旬刊），2007（5）

15713 东坡词补考［J］/李小龙//南阳师范学院学报，2007（5）

15714 东坡词专题闯关［J］/鄂冠中，崔国明//新高考（高二版），2007（5）

15715 漫谈苏轼对词的解放［J］/金宗静//时代文学（双月版），2007（5）

15716 南涧词与东坡词的差异［J］/易水霞//九江学院学报，2007（5）

15717 平和冲淡 自然天成：苏轼农村词艺术风格简析［J］/邓峰//泰州职业技术学院学报，2007（5）

15718 浅议豪放词人苏轼的婉约词风［J］/张想林//无锡商业职业技术学院学报，2007（5）

15719 生命的自由境界与人生的现实关怀：苏词与辛词对照解读［J］/吕逸新//名作欣赏·文学研究（下旬），2007（5）

15720 苏轼、辛弃疾豪放词中的旷达与悲壮［J］/何欣//商业文化（学术版），2007（5）

15721 苏轼词与唐诗［J］/叶帮义//安徽师范大学学报（人文社会科学版），2007（6）

15722 苏轼对词叙事功能的开拓［J］/李春丽//内蒙古大学学报（人文社会科学版），2007，39（6）

15723 对联亦婉约：读《雪舞联小品》［J］/陈树德//对联·民间对联故事（下半月），2007（7）

15724 论宋代词论的发展及特征［J］/高新伟//襄樊学院学报，2007（7）

15725 时代伟人的英雄风范：苏轼、毛泽东代表词作比较［J］/陈海丽//辽宁行政学院学报，2007（7）

15726 论晁补之对苏轼词风的拓展［J］/李朝军//江西社会科学，2007（8）

15727 是击节称赞还是颇有微词：论苏轼的“绝倒”［J］/孙巧莲//现代企业教育，2007（8）

15728 《苏轼词编年校注》重印后记［J］/邹同庆//乐山师范学院学报，2007（9）

15729 苏轼词艺术特色例析［J］/刘名新//文学教育（下），2007（8）

15730 论稼轩词的“独胜”之处［J］/杨红//时代文学（下半月），2007（9）

15731 试谈苏、辛词风的异同［J］/刘乃昌//中华活页文选（教师版），2007（9）

15732 文字里的酒香：宋词阅读札记［J］/黄河远//世界中学生文摘，2007（9）

15733 豪放东坡亦柔肠［J］/李中银//现代中学生（阅读与写作），2007（10）

15734 陈与义词“摩坡仙之垒”的内在考察［J］/黄俊杰//荆门职业技术学院学报，2007（11）

15735 豪放飘逸 清丽典雅：论苏轼词的艺术风格［J］/胡珺//科教文汇（下旬刊），2007（11）

15736 宋代“以诗为词”现象析论［J］/涂育珍//兰州学刊，2007（11）

15737 苏轼词的生命意识［J］/李芳，宋艳丽//文学教育（上半月），2007（11）

15738 苏轼词的喜剧特色［J］/严玲玲//文学

教育（下），2007（11）

15739 苏轼词中名句［J］/ 张琳 // 中华活页文选（初三版），2007（11）

15740 五代、两宋时期词体功能的考察［J］/ 杨金梅 // 贵州社会科学，2007（11）

15741 以苏轼词论“豪放”与“婉约”［J］/ 王颖 // 福建教育学院学报，2007（11）

15742 月亮是一只彻夜难眠的独眼：我看宋词中的月亮［J］/ 贺茂位，黄慧霞 // 中学语文园地（高中版），2007（11）

15743 眉山公之词短于情乎？：浅谈苏轼词豪放之外的至深情感［J］/ 李镇环 // 语文学刊，2007（12）

15744 梅须逊雪三分白，雪却输梅一段香：苏轼与毛泽东悼亡词比较［J］/ 彭波 // 消费导刊，2007（12）

15745 浅议苏词的婉约特色［J］/ 张凤岐 // 中小学电教（下半月），2007（12）

15746 试论苏轼豪放词的美学品味［J］/ 刘崇 // 科教文汇（中旬刊），2007（12）

15747 苏轼词中语吓坏地方官［J］/ 孙民立 // 初中生学习指导（一年级），2007（12）

15748 探析苏轼词中的梦境［J］/ 李国新 // 作家杂志，2007（12）

15749 周邦彦词与柳俗、苏雅［J］/ 范晓燕 // 求索，2007（12）

15750 浅析苏轼词中的常规隐喻［J］/ 杨珉华 // 写作，2007（15）

15751 试论苏轼的诙谐诗词［J］/ 申屠佳瑾 // 文教资料，2007（15）

15752 我寄愁心与明月：关于月的文学原型的思考［J］/ 曾文君，刘高堂 // 科技信息：科学教研，2007（20）

15753 浅析苏轼、辛弃疾词风的异同［J］/ 柴铭姝 // 文教资料，2007（23）

15754 论苏轼“明月”词中的残缺主题［J］/ 焦紫玉 // 科技信息 · 学术研究，2007（25）

15755 婉转幽雅亦峥嵘：苏轼、辛弃疾婉约词比较［J］/ 王勇 // 太原大学教育学院学报，2007（A1）

15756 论苏轼婉约词的新变［J］/ 廖泓泉 // 内蒙古师范大学学报（哲学社会科学版），2007（S1）

15757 标举苏、辛：龙榆生的词学主张［C］/ 曾大兴 // 纪念辛弃疾逝世 800 周年学术研讨会论文汇编 / 上饶师范学院，铅山县人民政府．—2007

15758 东坡词，以壮美之笔写士大夫之思［C］/ 李静 // 纪念辛弃疾逝世 800 周年学术研讨会论文汇编 / 上饶师范学院，铅山县人民政府．—2007

15759 北宋禅词研究［D］/ 周瑶．—陕西师范大学（硕士论文），2007

15760 北宋党争与苏门词人词风嬗变关系研究［D］/ 李如冰．—聊城大学（硕士论文），2007

15761 北宋商品经济与文人词价值取向关系之研究［D］/ 王京传．—山东大学（硕士论文），2007

15762 东坡词：以壮美之笔写士大夫之思［J］/ 李静 // 华夏文化论坛，2007

15763 东坡词用典研究［D］/ 吕晓群．—华南师范大学（硕士论文），2007

15764 东坡送别词意象探析［D］/ 黄千足．—台湾师范大学（硕士论文），2007

15765 论苏轼黄州词［D］/ 韩丽霞．—内蒙古民族大学（硕士论文），2007

15766 秦观、黄庭坚对东坡词的接受研究［D］/ 彭文良．—吉林大学（硕士论文），2007

15767 情景 · 意境 · 哲理［D］/ 姜晓红．—华中师范大学（硕士论文），2007

15768 苏轼词在北宋元祐时期的接受［D］/ 王榩先．—西北师范大学（硕士论文），

2007

15769 苏轼以文为词研究［D］/ 蔡凌 .—贵州大学（硕士论文），2007

15770 押韵自然，形似意美：苏轼词英译对比研究［D］/ 吴乔 .—河北师范大学（硕士论文），2007

15771 一则有关苏轼词学观的词话辨析［C］/ 孙维城 //2006 词学国际学术研讨会论文集 .—南昌：百花洲文艺出版社，2007

15772 论苏轼山水词［J］/ 李亮伟 // 宁波大学学报（人文版），2008，21（2）

15773 苏轼《曲子中缚不住者》析论［J］/ 黄文芳 // 东方人文学志，2008，7（3）

15774 赤壁·东坡·一〇八二年［J］/ 张晓风 // 印刻文学生活志，2008，4（8）

15775 东坡词与稼轩词异同之比较［J］/ 李运河 // 高等函授学报（哲学社会科学版），2008，21（8）

15776 苏轼《以诗为词》之美学意境拓殖［J］/ 杨肃衡 // 国文天地，2008，23（12）

15777 东坡词与中国酒文化［J］/ 张志烈 // 西南大学学报（社会科学版），2008，34（5）

15778 读苏轼的两首词［N］/ 不详 // 深圳特区报，2008-02-26

15779 东坡判词趣话［N］/ 不详 // 恩施晚报，2008-04-07

15780 试说对苏轼豪放词风的理解［N］/ 余为敏 // 经济信息时报，2008-07-23

15781 从苏轼的词看庄子故里：六论庄周是安徽蒙城人［J］/ 王克峰 // 亳州师专，2008（1）

15782 论北宋后期与南渡前后期的词话对苏轼词评价的差异［J］/ 李佳 // 吉林省社会主义学院学报，2008（1）

15783 论东坡词对“狂”之净化［J］/ 韩立平 // 词学，2008（1）

15784 论苏轼的歌妓词及其文化意蕴［J］/ 杜霖 // 南京师范大学文学院学报，2008（1）

15785 苏轼词解读辨正六则［J］/ 马里扬 // 乐山师范学院学报，2008（1）

15786 同是遭贬谪，为何苏轼填词越后越少［J］/ 王启鹏 // 黄冈师范学院学报，2008（1）

15787 怎样读东坡词［J］/ 方智范 // 新语文学习·中学教学，2008（1）

15788 姹紫嫣红开遍：论苏轼词的多样化风格［J］/ 王会彩，张丽华 // 今日科苑，2008（2）

15789 东坡词运用的《世说新语》典故：对薛瑞生《东坡词编年笺证》的再补充［J］/ 谭子夜 // 湖南医科大学学报（社会科学版），2008（2）

15790 论宋初词风的转变：以题材考察为中心［J］/ 傅宇斌 // 古籍研究，2008（2）

15791 论苏轼对柳永词的态度与“柳七郎风味”［J］/ 邹平 // 重庆工商大学学报（社会科学版），2008（2）

15792 论苏轼山水词［J］/ 李亮伟 // 宁波大学学报（人文科学版），2008（2）

15793 析苏轼的“天上人间”［J］/ 王建敏 // 新课程（教育学术版），2008（2）

15794 月思：对苏轼词中月意象的感悟［J］/ 陈珊珊 // 跨世纪（学术版），2008（2）

15795 李白、苏轼与唐宋蜀词［J］/ 张帆 // 西华大学学报（哲学社会科学版），2008（3）

15796 论苏轼词的艺术魅力［J］/ 孙春艳 // 成功：教育，2008（3）

15797 宋代词体诗化理论演进史论［J］/ 许伯卿 // 文学评论，2008（3）

15798 苏轼与辛弃疾田园词的比较分析［J］/ 何玲霞 // 文学教育（上），2008（3）

15799 论苏轼词作的创新精神[J]/侯新一//名作欣赏：文学研究，2008(4)

15800 论苏轼黄州词的主导风格[J]/张利华//临沂师范学院学报，2008(4)

15801 略论宋诗与苏诗[J]/许净瞳//现代语文(文学研究版)，2008(4)

15802 儒、释、道三家思想的结晶：浅析苏轼诗词中的理趣[J]/张继良//语文学刊，2008(4)

15803 苏词中的空灵之美解读[J]/高华//时代文学，2008(4)

15804 苏轼爱情词分类解读[J]/黎修良//衡阳师范学院学报，2008(4)

15805 苏轼怀人词中的赤子之心[J]/高秀娥//浙江工业大学学报(社会科学版)，2008(4)

15806 苏辛豪放美学境界的异趣[J]/陈永泉//上海师范大学学报(哲学社会科学版)，2008(4)

15807 谈东坡赤壁词中几个有争议的问题[J]/陈西洁//渭南师范学院学报，2008(4)

15808 试谈苏子精神上的道家色彩[J]/陈聃//今日南国(理论创新版)，2008(5)

15809 宋代理学精神与宋词境界的开创[J]/王晓骊//深圳大学学报(人文社会科学版)，2008(5)

15810 苏轼《蝶恋花·春景》作时考[J]/李世忠//咸阳师范学院学报，2008(5)

15811 苏轼辛弃疾婉约词之异同[J]/房日晰，房向莉//咸阳师范学院学报，2008(5)

15812 词牌名中的文史知识[J]/钟贺//课外语文(初中)，2008(6)

15813 苏轼黄州词的美学风格及其艺术手法浅析[J]/梁丽丹//东北农业大学学报(社会科学版)，2008(6)

15814 苏轼节序词的意境美[J]/高丽君//商业文化(学术版)，2008(6)

15815 竹外一枝斜更好：论苏轼咏物词的审美形态[J]/谢卫平//企业家天地(下半月刊，理论版)，2008(6)

15816 东坡词中之女性书写[J]/李玲玲//经国学报，2008(7)

15817 浅谈苏轼对拓宽词境的贡献[J]/张立云//中华活页文选(教师版)，2008(7)

15818 浅析苏词的喜剧美[J]/刘德//楚雄师范学院学报，2008(7)

15819 苏轼两首咏苍梧山词的虚写之妙[J]/王毓容，郑航//文学教育(上半月)，2008(7)

15820 谈苏轼词之沉郁风格[J]/徐岚//武警学院学报，2008(7)

15821 谈苏轼一词一赋中的景物描写[J]/熊露士//文学教育(上)，2008(7)

15822 脱出樊篱 另辟蹊径：论苏轼婉约词中的“豪放”风[J]/康莉//安徽文学(下半月)，2008(7)

15823 从东坡词中解析苏轼的人生思考[J]/李鸿//跨世纪，2008(8)

15824 论苏轼词的主体风格[J]/李淑静//作家，2008(8)

15825 论苏轼词作的创新精神[J]/侯新一//名作欣赏，2008(8)

15826 试论苏轼与辛弃疾豪放词词风的差异性[J]/黄为//黑龙江教育学院学报，2008(8)

15827 宋词点滴记忆[J]/饶秀珍//长江文艺，2008(8)

15828 小论苏轼的词[J]/黄建华//秘书，2008(8)

15829 以词显境 境蕴词中[J]/张爱军//阅读与鉴赏·教研，2008(8)

15830 回首东风泪满衣[J]/朱昌元//中学生天地(C版)，2008(9)

15831 略谈苏词的情美[J]/毛新英//读与写·教师教育，2008(9)

15832 从符号学角度阐释《卜算子·缺月挂疏桐》[J]/周才庶//大众文艺·理论，2008(10)

15833 浅谈苏轼词作的旷达情怀[J]/茹剑飞//文学教育(上半月)，2008(10)

15834 论北宋中期词的变化[J]/邓乔彬//文艺研究，2008(11)

15835 论东坡词创作游戏化及其意义[J]/木斋，彭文良//内江师范学院学报，2008(11)

15836 苏轼“以诗为词”涵义综论[J]/木斋，彭文良，梁英岩//长春师范学院学报(人文社会科学版)，2008(11)

15837 从一个新观点来谈苏轼豪放词风的起源[J]/张辉诚//中山女高学报，2008(12)

15838 论苏轼婉约词的特色[J]/董满霞//新课程改革与实践，2008(12)

15839 苏轼密州词作思想及艺术性初探[J]/任君//现代语文·文学研究，2008(12)

15840 中学诗词鉴赏切勿定式思维：以苏、辛词鉴赏为例[J]/肖文//科学教育家，2008(12)

15841 苏轼词中话愁情[J]/李红卫//电影评介，2008(13)

15842 东坡旷达词风简论[J]/易翰君//中国新技术新产品，2008(14)

15843 豪放豁达 心绪入微：苏东坡词风浅析[J]/孟寒//魅力中国，2008(14)

15844 论苏轼对词体的开拓[J]/刘学文//文教资料，2008(14)

15845 论苏轼词的多样化风格[J]/严贞益//经济技术协作信息，2008(16)

15846 管窥苏词背后的认知隐喻[J]/朱晓文//考试周刊，2008(18)

15847 自是一家的苏词浅析[J]/齐松珍//现代企业文化，2008(18)

15848 失意而不失志：苏轼三首词的寓意[J]/杨平和//现代语文(文学研究版)，2008(19)

15849 气魄宏大 意境高远：毛泽东词与苏轼、辛弃疾词之比较[J]/周文工//中学语文，2008(21)

15850 宋词恋[J]/雪柔荑//意林，2008(21)

15851 一蓑烟雨任平生：从苏轼词见其“骚雅”[J]/颜克剑//科技信息·学术研究，2008(21)

15852 东坡和韵词比较赏析[J]/高纯林//常州工学院学报(社会科学版)，2008(C1)

15853 论苏轼对婉约词风的改造与革新[J]/叶婷//黄冈师范学院学报，2008(S1)

15854 浅论苏轼之“梦词”[J]/李霞//黄冈师范学院学报，2008(S1)

15855 东坡词中的饮酒情趣[J]/石芳//天府新论，2008(S2)

15856 《东坡乐府》修辞艺术探究[D]/陈明启．—玄奘大学(硕士论文)，2008

15857 东坡咏物词的艺术传达[D]/王虹宇．—内蒙古大学(硕士论文)，2008

15858 试论苏轼词的出世倾向[D]/肖培民．—山东师范大学(硕士论文)，2008

15859 苏词在文学创作手法上对庄子的继承[D]/陈艳．—浙江工业大学(硕士论文)，2008

15860 苏轼词风格研究[D]/蔡相宗．—山东大学(硕士论文)，2008

15861 苏轼词中女性形象研究[D]/孙晓红．—延边大学(硕士论文)，2008

15862 苏轼词注释初探[D]/吴秋本．—陕西师范大学(硕士论文)，2008

15863 苏轼黄州词论略[D]/于玉蓉．—北京

语言大学(硕士论文),2008

15864 苏轼与辛弃疾隐逸词之比较[D]/谭小明.—内蒙古大学(硕士论文),2008

15865 遗山乐府与宋词关系研究[D]/黄春梅.—暨南大学(硕士论文),2008

15866 词圣苏轼[N]/贾万强//邯郸晚报,2009-05-14

15867 苏轼为其婉约 边塞随之豪放:北宋浦城籍名臣章惇的文武传奇[N]/黄旭辉//闽北日报,2009-05-28

15868 苏轼写给马盼盼的词[N]/辛木冈//石狮日报,2009-07-27

15869 从东坡词看苏轼的人生思考[N]/不详//教育周刊,2009-07-08

15870 从苏轼的词作看其人生境界[J]/庄平//文学教育(上),2009(1)

15871 东坡词佛禅风神略论[J]/沈剑博//四川职业技术学院学报,2009(1)

15872 论宋人南渡词的特点[J]/王晋建//连云港职业技术学院学报,2009(1)

15873 论苏轼词"叙事性"的文体表现[J]/康建强//重庆科技学院学报(社会科学版),2009(1)

15874 论苏轼词叙事性的文体表现[J]/康建强//重庆科技学院学报(社会科学版),2009(1)

15875 浅谈苏轼词作中"月"意象[J]/刘松梅,潘怡良//白城师范学院学报,2009(1)

15876 苏轼、李清照咏物方式之比较[J]/顾勤//西昌学院学报(社会科学版),2009(1)

15877 苏轼爱情词蠡测[J]/郭庆生//江东论坛,2009(1)

15878 苏轼的旷达精神及其特点[J]/权梨舟//长沙通信职业技术学院学报,2009(1)

15879 潇洒东坡:苏轼黄州词作中的心路历程[J]/吴虹萍//中学教学参考,2009(1)

15880 20世纪90年代以来宋词"月"意象研究综述[J]/杨英华//广播电视大学学报(哲学社会科学版),2009(2)

15881 傲骨凌霜:苏轼的真率性格浅论[J]/闫清学//长城,2009(2)

15882 此"东城"非彼"东城":《苏轼编年补正》之补正[J]/杨松冀//黄冈师范学院学报,2009(2)

15883 此"东城"非彼"东城":《苏轼〈浪淘沙·探春〉编年补正》之补正[J]/杨松冀//黄冈师范学院学报,2009(2)

15884 寄寓与超拔:解析苏轼言梦词[J]/周方//晋中学院学报,2009(2)

15885 论苏轼词的词汇[J]/韩陈其//宝鸡文理学院学报(社会科学版),2009(2)

15886 论苏轼首开豪放词风的原因[J]/王涛//义乌工商职业技术学院学报,2009(2)

15887 南宋词与理学新论[J]/张春义//山东师范大学学报(人文社会科学版),2009(2)

15888 南宋女性与男性词人的涉酒诗词审美情趣比较:以李清照、朱淑真、苏轼、辛弃疾诗词为例[J]/郭楠//西北农林科技大学学报(社会科学版),2009(2)

15889 浅论苏轼词的婉约风格[J]/毛桂梅//黑龙江教育学院学报,2009(2)

15890 浅论苏轼对婉约词的创新[J]/周盛春//文学教育(下半月),2009(2)

15891 浅析元好问的苏轼词论[J]/白琰//山西煤炭管理干部学院学报,2009(2)

15892 试论欧阳修苏轼对韩愈儒学思想的接受[J]/查金萍//合肥学院学报(社会科学版),2009,26(2)

15893 试论苏词中的戏剧元素[J]/郭伟婷//文学教育,2009(2)

15894 宋词恋(外一章)[J]/雪柔荑//躬耕,

2009（2）

15895 苏轼“梦”词解读［J］/ 周盛春 // 文科爱好者（教育教学版），2009（2）

15896 苏轼词境界美赏析［J］/ 高纯林 // 常州工学院学报（社会科学版），2009（2）

15897 从词的角度浅析日本学者眼中的苏轼印象［J］/ 张莉娜 // 清远职业技术学院学报，2009（3）

15898 略论苏轼的诗化词［J］/ 陈艳秋 // 佳木斯大学社会科学学报，2009（3）

15899 披文入情 品读东坡：评周新华《天风海雨吟啸行：东坡词的智慧人生》［J］/ 李新 // 商丘职业技术学院学报，2009（3）

15900 浅谈苏轼徐州农村词［J］/ 韩国强 // 苏轼研究，2009（3）

15901 试论苏轼对传统词风的突破［J］/ 胡金秀 // 新课程研究（中旬刊），2009（3）

15902 苏轼婉约词写作分析［J］/ 李文浩 // 长春理工大学学报（高教版），2009（3）

15903 性情之外无文字：苏词艺术风格管窥［J］/ 朱晓燕 // 兰州工业高等专科学校学报，2009（3）

15904 袖里珍奇光五色，他年要补天西北：论辛弃疾与南宋爱国词［J］/ 宋秋敏 // 甘肃联合大学学报（社会科学版），2009（3）

15905 以疏旷济密丽：论晚清朱祖谋“融苏入吴”的词学取向［J］/ 王纱纱 // 中国韵文学刊，2009（3）

15906 词赋中的“雅俗共存、文野互见”刍议：苏轼词的社会文化观照［J］/ 邹妙玲 // 湘潭师范学院学报（社会科学版），2009（4）

15907 对苏轼词的艺术研究［J］/ 程晓敏 // 青年文学家，2009（4）

15908 论苏轼词的多样性［J］/ 王润洲 // 现代语文（文学研究），2009（4）

15909 生死间动人的徘徊：苏轼悼亡词漫谈［J］/ 周丁力 // 安徽文学（下半月），2009（4）

15910 苏轼对李叔同词境的影响［J］/ 李向佳 // 嘉兴学院学报，2009（4）

15911 苏轼豪放词风新探［J］/ 刘凯 // 学问（下半月），2009（4）

15912 谈苏轼词的“多情”［J］/ 刘道生 // 钦州学院学报，2009（4）

15913 谈谈苏轼词多样化风格［J］/ 马玉红 // 教学世界（下），2009（4）

15914 西风不老，流年易换［J］/ 不详 // 国学，2009（4）

15915 幽怨与旷达：东坡词中矛盾的人生悖论［J］/ 刘海涛 // 山东省青年管理干部学院学报，2009（4）

15916 元好问与词序的进化［J］/ 颜庆余 // 兰州学刊，2009（4）

15917 中国历史文化经典系列：苏轼及其词：大江东去［J］/ 诸葛忆兵 // 中华儿女（青联版），2009（4）

15918 从词的诗化看欧阳修对苏轼的影响［J］/ 高卫红 // 河南社会科学，2009（5）

15919 归去来兮，吾归何处？：苏轼“归去”词初探［J］/ 傅承洲，张璐 // 盐城师范学院学报（人文社会科学版），2009（5）

15920 论苏轼词的“词汇语义”的触觉类、味觉类具象及其感知［J］/ 韩陈其 // 三峡大学学报（人文社会科学版），2009（5）

15921 浅论苏轼词的现实主义词风［J］/ 金晓霞 // 中国校外教育（基教版），2009（5）

15922 试论东坡词中的明月心境［J］/ 杨明 // 邵阳学院学报（社会科学版），2009（5）

15923 试论苏轼《水龙吟·次韵章质夫杨花词》的艺术构思美［J］/ 王蕙 // 作家（下半月），2009（5）

15924 宋代豪放词风的创立及其特点：兼论苏轼的词史地位［J］/ 孟凡香 // 淮海文汇，

2009(5)

15925 宋学与北宋词坛的新变及平衡[J]/朱崇才//文学评论，2009(5)

15926 苏轼：词坛泰斗 人生斗士[J]/王海洋//高考金刊，2009(5)

15927 苏轼初期词探微[J]/高文翔//吉林省教育学院学报(学科版)，2009(5)

15928 苏轼的现实主义词风浅析[J]/徐艳//黑龙江教育学院学报，2009(5)

15929 苏辛词风比较简析[J]/董小伟//科教文汇(下旬刊)，2009(5)

15930 唐宋词史研究的新视角：木斋“应体”论的学术启示[J]/侯海荣//江西师范大学学报(哲学社会科学版)，2009(5)

15931 婉约也东坡[J]/张明//和田师范专科学校学报，2009(5)

15932 词体豪放与婉约之争的历史与启示[J]/易翰君//湖南工业大学学报(社会科学版)，2009(6)

15933 东坡词中“雨”意象的审美意蕴[J]/张美丽//黑龙江社会科学，2009(6)

15934 论苏轼豪放词的崇高美[J]/余芳芳//青年文学家，2009(6)

15935 抒写灵魂的篇章：由两首悼亡词写起[J]/张郁雅//现代语文·文学研究，2009(6)

15936 苏东坡“以诗为词”的佛禅背景[J]/邵静//兰州学刊，2009(6)

15937 苏轼的假话[J]/平川易马//东西南北，2009(6)

15938 苏轼在艳词上的突破[J]/王绍玉//安徽文学(下半月)，2009(6)

15939 苏辛词异同比较研究述评[J]/吴清//乐山师范学院学报，2009(6)

15940 婉约词宗的豪放风骨[J]/石上柳//北方作家，2009(6)

15941 咏史言志：浅谈苏词中所蕴含的苏轼对人生的思考[J]/海秋苹//科教文汇，2009(6)

15942 词赋中的“雅俗共存、文野互见”刍议[J]/不详//湘潭师范学院学报(社会科学版)，2009(7)

15943 浅论苏轼婉约词的艺术魅力[J]/苏荣滨//科教文汇(上旬刊)，2009(7)

15944 试论苏轼词创作的演变过程[J]/吕延梅//现代语文，2009(7)

15945 小议苏轼的婉约词[J]/田海滨//文学教育(上半月)，2009(7)

15946 此心安处是吾乡：浅谈佛禅对苏轼词的创作及审美风格的影响[J]/刘渝霞//名作欣赏(中旬)，2009(8)

15947 抒情心灵及其想象世界：从苏轼词探究其性格特征[J]/翟辉//吉林省教育学院学报(中学教研版)，2009(8)

15948 北宋词人王安中与苏轼[J]/昌庆志//宁夏大学学报(人文社会科学版)，2009(9)

15949 浅论苏轼婉约词的抒情与表现手法[J]/周盛春//语文天地，2009(9)

15950 苏词风格漫议[J]/周杰//时代文学(下半月)，2009(9)

15951 雅正与尊情：元好问词学思想的内在张力及其意蕴[J]/王昊//社会科学战线，2009(9)

15952 比较苏轼、李清照婉约词中的女性形象[J]/杜兵毅//新课程(教师版)，2009(10)

15953 此心安处是吾乡[J]/刘渝霞//名作欣赏，2009(10)

15954 浅谈苏轼、辛弃疾词风[J]/胡太平，敬平//青年科学，2009(10)

15955 《清欢》的浓情诗意[J]/李奕萍//文学教育(下半月)，2009(10)

15956 苏轼词风的再认识[J]/张小苏，李蔷//

长城，2009（10）

15957 也探苏轼豪放派词风的成因［J］/ 崔恒祥 // 新课程学习：社会综合，2009（10）

15958 但愿人长久，千里共婵娟：从苏轼写给苏辙的词看其兄弟间的情谊［J］/ 方晓峰 // 安徽文学（下半月），2009（11）

15959 浩气超迈 境自天成：浅谈苏轼词对意境的开拓［J］/ 代玥 // 安徽文学（下半月），2009（11）

15960 论苏轼的悲情词［J］/ 杨彩云 // 北大荒文学，2009（11）

15961 试论苏轼诗词中的旷达情怀［J］/ 是新宇 // 现代语文，2009（11）

15962 宋金词学视野中的宋词经典名篇论析［J］/ 郁玉英 // 江汉论坛，2009（11）

15963 从本色论看"以诗为词"与"别是一家"之异同［J］/ 赵立波 // 文学前沿，2009（12）

15964 东坡之词旷，稼轩之词豪：苏轼、辛弃疾词风比较［J］/ 唐惠忠 // 大阅读（中学生综合文摘），2009（12）

15965 略谈苏轼诗词中的"理趣"［J］/ 朱嘉鼎 // 中学语文·大语文论坛（下旬），2009（12）

15966 情暖今古：苏轼词之情感特点［J］/ 张文宾，李敏 // 文学与艺术，2009（12）

15967 试论苏轼、辛弃疾豪放词的异同［J］/ 王思齐 // 青年文学家，2009（12）

15968 苏词艺术风格谈［J］/ 李季萍 // 理论界，2009（12）

15969 苏轼词境中理性因素浅探［J］/ 闫伟哲 // 安徽文学（下半月），2009（12）

15970 苏轼的人生况味及其词赋［J］/ 尚大伟 // 文学教育（下），2009（12）

15971 苏轼"以诗为词"之我见［J］/ 郭思妮 // 中国科技博览，2009（14）

15972 苏轼与李清照词作风格之成因新解［J］/ 赵兴燕 // 文学教育，2009（14）

15973 雅致、豪放、流变中的坡体范式：东坡词研究［J］/ 廖智勇 // 作家，2009（14）

15974 论苏轼词对阳羡词派的影响：以陈维崧、曹亮武、史惟圆为例［J］/ 许仲南 // 东吴中文研究集刊，2009（15）

15975 浅论庄子对苏文之影响［J］/ 李晓玮 // 科技创新导报，2009（15）

15976 超然自适的苏东坡和他的豪放诗词［J］/ 李楠 // 商情，2009（19）

15977 浅谈苏轼词的阳刚之美［J］/ 杨艳川 // 新作文（教育教学研究），2009（20）

15978 论苏轼在词风上的创新与成就［J］/ 高春倩 // 青年文学家，2009（21）

15979 苏轼离别词中时空定位探析［J］/ 王佳琳 // 魅力中国，2009（32）

15980 苏轼"自是一家"的词风形成浅说［J］/ 陈晔萍 // 科技信息，2009（35）

15981 豪迈、潇洒与孤寂的流露：品读苏轼词有感［J］/ 娄晓媛 // 山东文学，2009（S4）

15982 北宋"正人艳词"研究［D］/ 朱春花 .—广西大学（硕士论文），2009

15983 建构翻译学视角下的苏轼词翻译研究［D］/ 李政 .—安徽大学（硕士论文），2009

15984 柳氏家法·东坡境界·清真范式：北宋词艺发展新论［D］/ 王维若 .—北京语言大学（博士论文），2009

15985 苏轼词的颜色词研究［D］/ 孙钰 .—北京师范大学（硕士论文），2009

15986 苏轼黄州词研究［D］/ 赵佳 .—内蒙古大学（硕士论文），2009

15987 苏轼密州词作研究［D］/ 张云静 .—北京科技大学（硕士论文），2009

15988 苏轼咏物词研究［D］/ 杨冬 .—延边大学（硕士论文），2009

15989 读苏轼《定风波》有感［N］/ 不详 // 汕头日报，2010-02-15

15990 苏轼与柳永［N］/ 刘玉秋 // 北海日报，2010-05-15

15991 苏轼诗词与余姚寺丞［N］/ 不详 // 余姚日报，2010-06-23

15992 苏东坡的明月夜［N］/ 朱秀丽 // 天津日报，2010-09-17

15993 苏轼旷达词中的悲剧美［N］/ 林莉 // 汕头日报，2010-10-21

15994 从苏轼的词作看其人生境界［J］/ 庄平 // 文学教育，2010（1）

15995 豪放派词人的爱情词：浅谈东坡稼轩情词类型［J］/ 汪梁 // 运城学院学报，2010（1）

15996 论苏轼徐州时期的诗词创作［J］/ 苗潇潇 // 现代语文（文学研究），2010（1）

15997 论苏轼咏物词的独创性［J］/ 苏静 // 榆林学院学报，2010（1）

15998 苏词旷达风格之具体体现［J］/ 李芹香 // 今日南国（理论创新版），2010（1）

15999 苏轼词中的仕隐矛盾与自我化解［J］/ 彭曙蓉 // 喀什师范学院学报，2010（1）

16000 苏轼的黄州诗［J］/ 肖莹 // 才智，2010（1）

16001 苏轼重阳诗词“悲秋”主题初探［J］/ 袁心澜 // 当代教育理论与实践，2010（1）

16002 苏辛农村词比较［J］/ 杨茜 // 中国文学研究，2010（1）

16003 选调赏词卮见之三：从《漱玉词》和《涉江词》中几个熟调谈起［J］/ 陈祖美 // 词学，2010（1）

16004 元好问《遗山乐府》四阕“仿拟体”作品考述［J］/ 王伟勇 // 词学，2010（1）

16005 逐臣的悲悯：论苏轼的一组《渔父》词［J］/ 李世忠 // 宁夏大学学报（人文社会科学版），2010（1）

16006 傅幹《注坡词》三题［J］/ 赵晓兰，佟博 // 四川师范大学学报（社会科学版），2010（2）

16007 关于苏轼两首词的写作时间［J］/ 李时英 // 苏轼研究，2010（2）

16008 识济其胆，力载其才：略论苏轼对词风的革新［J］/ 李怡霖 // 西北民族大学学报（哲学社会科学版），2010（2）

16009 苏词研究六十年［J］/ 曾枣庄 // 词学，2010（2）

16010 苏轼词中的女性形象探析［J］/ 刘晓东 // 齐齐哈尔职业学院学报，2010（2）

16011 苏轼送别词自然意象研究［J］/ 吴琼 // 安康学院学报，2010（2）

16012 苏轼在宋代文坛上的历史地位：试论苏轼对宋词的开创性贡献［J］/ 冯辉 // 大江周刊·论坛，2010（2）

16013 论苏轼对柳永词的继承与开拓［J］/ 刘朴芬 // 焦作大学学报，2010（3）

16014 历代词人次韵苏轼词的定量分析［J］/ 刘尊明 // 深圳大学学报（人文社会科学版），2010，27（3）

16015 试论东坡词中的哲思妙悟［J］/ 谭清洋，王勇 // 德州学院学报，2010（3）

16016 苏轼《答陈履常二首》疑点考辨［J］/ 庄国瑞 // 深圳大学学报（人文社会科学版），2010（3）

16017 苏轼词中的月亮意象探微［J］/ 张丽 // 今日南国（理论创新版），2010（3）

16018 苏轼婉约词中女性形象塑造的特别之处［J］/ 高健鑫 // 安徽文学（下半月），2010（3）

16019 同样的渔父，别样的情怀：从宋代渔父词探究宋代文人的心态［J］/ 张冬梅 // 长春工程学院学报（社会科学版），2010（3）

16020 艰难苦恨见风骨 黄州五年真性情：苏

轼 1082 年的词作浅谈［J］/ 邱红 // 湖南中学物理：教育前沿，2010（4）
16021 论苏轼对词体革新的贡献［J］/ 薛金忠 // 文学教育（下），2010（4）
16022 论苏轼对婉约词的雅化［J］/ 陈宁 // 重庆广播电视大学学报，2010（4）
16023 略论苏轼的徐州词［J］/ 王文龙 // 黄冈职业技术学院学报，2010（4）
16024 浅谈苏轼词的婉约风格［J］/ 金兰芳 // 教育革新，2010（4）
16025 十年生死两茫茫：由苏轼的悼亡词说开去［J］/ 胡小明 // 中华活页文选（教师版），2010（4）
16026 试论苏轼在词学领域的贡献［J］/ 周融 // 群文天地，2010（4）
16027 苏轼贬谪词的意象衔接研究［J］/ 龙艳辉，曾锐铭 // 重庆交通大学学报（社会科学版），2010（4）
16028 苏轼黄州词题材内容及创作思想分析［J］/ 郭杏芳 // 黄冈师范学院学报，2010（4）
16029 苏轼旷达词月意象简析［J］/ 何欣竹 // 北方文学（下半月），2010（4）
16030 苏轼是否通音律与苏词是否合律可歌略辨［J］/ 沈文凡，张德恒 // 北方论丛，2010（4）
16031 苏轼与姜夔词风比较［J］/ 陈佳 // 剑南文学，2010（4）
16032 以真善美论苏轼词［J］/ 夏俊梅 // 长安学刊，2010（4）
16033 转喻的认知解读：以苏轼的贬谪词为例［J］/ 龙艳辉 // 郑州航空工业管理学院学报（社会科学版），2010（4）
16034 从清代几种重要词选论东坡词的影响力［J］/ 王秀珊 // 长沙理工大学学报（社会科学版），2010，25（5）
16035 论苏轼词的禅思与禅境［J］/ 易水霞，金建锋 // 江西教育学院学报，2010（5）
16036 试论苏轼对传统词风的革新［J］/ 刘慧玲 // 新课程・教育学术，2010（5）
16037 歌伎唱词对苏词创作的影响［J］/ 李怡霖 // 和田师范专科学校学报，2010（6）
16038 情到深处无怨由：浅论苏轼的抒情词［J］/ 熊静 // 科学咨询，2010（6）
16039 试析苏轼豪放词作的内涵及形成原因［J］/ 范志云 // 宿州教育学院学报，2010（6）
16040 苏轼词中的神话意象［J］/ 田慧玲，王友胜 // 湖南第一师范学院学报，2010（6）
16041 苏轼的“以诗为词”［J］/ 沈祖棻 // 中华活页文选・教师，2010（6）
16042 填补 重构 体验：古代诗歌教学例谈［J］/ 徐雪斌 // 语文学刊，2010（6）
16043 浅谈苏轼写友情的词［J］/ 王延 // 北京电力高等专科学校学报，2010（7）
16044 苏轼歌妓词对柳永同类词的开拓［J］/ 安丹丹，许振 // 宜宾学院学报，2010（7）
16045 从苏轼隐逸词解读宋代隐逸文化［J］/ 霍建波，黄镇 // 社科纵横，2010，25（8）
16046 从苏轼与李清照对词的音律的态度来看苏词在音律方面的成就［J］/ 刘璞 // 现代语文・文学研究，2010（8）
16047 从辛稼轩的英雄气度谈他的英雄词［J］/ 彭晶 // 群文天地（下半月），2010（8）
16048 苏轼、辛弃疾对于豪放词的贡献论说［J］/ 李俊红 // 商丘师范学院学报，2010（8）
16049 苏轼词的真率美［J］/ 刘玉娟 // 中华少年：教学世界，2010（8）
16050 豪中见悲：苏轼词个性特征浅论［J］/

丁武 // 名作欣赏·学术专刊，2010(9)

16051 苏轼词中的生命享受[J]/杨雄，潘永洁 // 社科纵横，2010(9)

16052 苏轼的词中月[J]/韩艳 // 神州，2010(9)

16053 友情之深与词境之阔[J]/张宏生 // 文史知识，2010(9)

16054 浅谈苏轼人格思想对词学创作的影响[J]/郑陈娟 // 文学界(理论版)，2010(10)

16055 诗意消遣的文人自娱词[J]/韩国彩 // 飞天，2010(10)

16056 苏轼的贬谪词教案设计(苏教版高二选修)[J]/孔令旭 // 现代语文·教学研究(中旬)，2010(10)

16057 苏轼农村词的特色[J]/杨一之 // 安徽文学(下半月)，2010(10)

16058 也说苏轼婉约词[J]/陆昕 // 博览群书，2010(10)

16059 虚实结合的表现手法浅析：以苏教版(高中)苏轼词为例[J]/孔令旭 // 中小学电教(下)，2010(11)

16060 风雅人生路：论苏轼词以雅对俗的革新[J]/吴丽亚 // 大众文艺，2010(14)

16061 柳永词的“唐人高处”与苏轼的豪放词风[J]/范育新 // 文教资料，2010(14)

16062 浅论苏轼词的婉约情怀：吾赏东坡韶秀[J]/李明 // 科教新报·教育科研，2010(14)

16063 苏轼黄州词中的意象及创作心境[J]/韩小兵 // 青年文学家，2010(14)

16064 浅析苏轼诗词网络传播的特色[J]/白冰 // 青年文学家，2010(15)

16065 苏轼的道家思想与豪放派词风研究[J]/王仲辉 // 大家，2010(15)

16066 试谈柳永词对苏轼词的影响[J]/李文秀 // 今日科苑，2010(16)

16067 细看来，不是杨花，点点是离人泪：浅论苏轼对婉约词的创新与发展[J]/张宏 // 名作欣赏，2010(18)

16068 古代诗文中的“载愁”小考[J]/薛艳 // 语文天地，2010(19)

16069 映满月光的宋词[J]/梁萌 // 湖北招生考试，2010(20)

16070 论苏轼的现实主义词风[J]/丰家喜 // 科技信息，2010(21)

16071 苏轼、柳永别情词比较[J]/盛杨 // 山花，2010(22)

16072 羽扇纶巾与金戈铁马：浅评苏轼与辛弃疾词风之差异[J]/许川川，叶润平 // 文教资料，2010(23)

16073 浅谈苏轼诗词创作与其生活的关系[J]/张静 // 华章，2010(24)

16074 从黄州词作透析东坡对社会人生的终极感悟[J]/杜娟玲 // 科技信息，2010(29)

16075 “当行”、“自在”论与顾随的苏、辛词研究刍议[C]/王作良 // 纪念辛弃疾诞辰870周年“辛弃疾与词学”国际学术论坛论文集/中国李清照辛弃疾学会、中国词学研究会、上饶师范学院文学与新闻传播学院、辛弃疾研究网，2010

16076 东坡词英译赏析：审美移情视角[D]/韩雨苇．—上海外国语大学(硕士论文)，2010

16077 论东坡词的情态意象及其生命意识[D]/孟伟卿．—陕西师范大学(硕士论文)，2010

16078 苏轼唱和词研究[D]/蒲政．—四川师范大学(硕士论文)，2010

16079 苏轼词英译中风格的传达：以关联理论为视角[D]/王丹凤．—河南大学(硕士论文)，2010

16080 苏轼对柳词接受的若干问题考论[D]/海

珍．—山西师范大学（硕士论文），2010

16081 苏轼交游词研究［D］/ 王佳琳．—华中师范大学（硕士论文），2010

16082 苏东坡与多景楼［N］/ 不详 // 镇江日报，2011-04-01

16083 对酒当歌明月作伴：简评苏东坡“酒词”［N］/ 刁丽俊 // 保山日报，2011-05-19

16084 “山东人”苏轼［N］/ 岳海峰 // 大众日报，2011-08-09

16085 苏东坡兄弟的中秋亲情词［N］/ 吴思强 // 曲靖日报，2011-09-13

16086 武大教授又推宋词排行榜苏轼夺魁［N］/ 不详 // 发展导报，2011-11-01

16087 苏轼词中的“还”［N］/ 胡义华 // 南方农村报，2011-12-01

16088 刍议苏轼在词史上的贡献［J］/ 汪伟 // 铜陵学院学报，2011（1）

16089 从词中议论透视以文为词的文体学价值：以苏轼词为例分析［J］/ 蔡凌 // 延安职业技术学院学报，2011（1）

16090 论李齐贤词的多重渊源［J］/ 李宝龙 // 东疆学刊，2011（1）

16091 浅析禅风熏陶下的苏词后期创作［J］/ 索丹 // 北方文学（下半月），2011（1）

16092 宋词经典的建构［J］/ 王兆鹏 // 古典文学知识，2011（1）

16093 苏词甄辨［J］/ 邹同庆，王宗堂 // 苏轼研究，2011（1）

16094 苏轼贬谪期词作的悲剧意识［J］/ 张袁月 // 社科纵横，2011（1）

16095 苏轼的流放岁月：人生如手肘中，能屈能伸［J］/ 戴永夏 // 法制博览，2011（1）

16096 苏轼涉梦诗词探析［J］/ 刘丽姣 // 湖南人文科技学院学报，2011（1）

16097 《三法求民情赋》“钩金”商榷［J］/ 李梦 // 黄冈师范学院学报，2011（2）

16098 从东坡词看苏轼有情之境［J］/ 杨光 // 神州（下旬刊），2011（2）

16099 从题序看张先词的创新及对苏轼的影响［J］/ 王芬涛 // 兴义民族师范学院学报，2011（2）

16100 论东坡咏物词意象之开拓：以咏梅、咏荔枝为例［J］/ 颜智英 // 师范大学学报（语言与文学类），2011（2）

16101 论苏轼黄州诗词创作中的“心隐”情结［J］/ 孙惠芳 // 大连大学学报，2011（2）

16102 论朱熹对苏轼词学的接受［J］/ 汪超 // 上饶师范学院学报，2011（2）

16103 浅析苏轼与辛弃疾豪放词的不同特色［J］/ 吴琼 // 才智，2011（2）

16104 深情蕴蓄 流光溢彩：谈苏轼词作的抒情艺术［J］/ 胡育 // 镇江高专学报，2011（2）

16105 试论宋代家伎的兴盛及其对宋词繁荣的积极影响［J］/ 刘水云 // 中国文学研究，2011（2）

16106 试论苏词中的神话意象［J］/ 田慧玲 // 苏轼研究，2011（2）

16107 试论杨慎对苏轼思乡词的承继与发扬［J］/ 朱瑞昌 // 文艺生活·文艺理论，2011（2）

16108 苏轼词中的醉酒体验［J］/ 殷文强 // 安徽文学（下半月），2011（2）

16109 苏轼词中用典及其文体学价值刍议［J］/ 蔡凌 // 江汉大学学报（人文科学版），2011（2）

16110 苏轼在词发展演变中的历史贡献［J］/ 李时英 // 苏轼研究，2011（2）

16111 论“希真体”［J］/ 徐拥军 // 中南大学学报（社会科学版），2011（3）

16112 论苏轼词中的庄禅思想［J］/ 张袁月 // 乐山师范学院学报，2011（3）

16113 浅论苏轼词之“兴观群怨”［J］/ 陈玉凤 // 安徽文学（下半月），2011（3）

16114 浅论苏轼婉约词的艺术个性[J]/尹修贵//安徽文学(下半月),2011(3)

16115 浅谈苏轼婉约词对宋词的贡献[J]/李闯//时代报告(学术版),2011(3)

16116 浅析苏词议论及对以文为词的贡献[J]/蔡凌//阜阳师范学院学报(社会科学版),2011(3)

16117 浅析苏轼词在创作方法上体现的“超然”思想[J]/兰芳方//文学界(理论版),2011(3)

16118 宋代词人对魏晋风度之饮酒疏狂的隐性接受[J]/郑虹霓//渭南师范学院学报,2011(3)

16119 苏轼的词酒人生[J]/徐文//铜陵职业技术学院学报,2011(3)

16120 一样柔肠 万种情思:试比较纳兰性德悼亡词与潘岳、元稹、苏轼的悼亡作品[J]/杨雁//石河子大学学报(哲学社会科学版),2011(3)

16121 铮铮边塞词 悠悠创作路:试论宋代边塞词的发展历程[J]/董继兵//咸宁学院学报,2011(3)

16122 藏春词曲成就略论[J]/尹红霞//时代文学(上半月),2011(4)

16123 论辛弃疾词对苏轼诗词的借鉴[J]/彭敏//乐山师范学院学报,2011(4)

16124 略论苏轼词引起的音乐创新[J]/谭君华,马小溪//剑南文学·经典阅读,2011(4)

16125 浅论苏轼、辛弃疾对词境的开拓[J]/张瑞芳//太原城市职业技术学院学报,2011(4)

16126 浅析藏春诗论之尚“圆”与“辞达”思想[J]/尹红霞//文学教育(中),2011(4)

16127 浅议宋代咏物词[J]/李羽丰//剑南文学·经典教苑,2011(4)

16128 试述苏轼词的审美风格[J]/唐颖超//新一代,2011(4)

16129 宋代词人贬谪与词体“诗化”[J]/张英//文艺评论,2011(4)

16130 晏几道与苏轼的梦词比较[J]/陈术//剑南文学·经典教苑,2011(4)

16131 也谈李煜与苏轼词之异同及其传承情况[J]/袁晓聪//剑南文学·经典阅读,2011(4)

16132 由人生不幸激发而出的“悲”美思想[J]/衡蓉蓉//大众文艺,2011(4)

16133 刍议高中语文教学中宋词的审美鉴赏[J]/翁晓君//教育与教学研究,2011(5)

16134 论豪放词的创作风格[J]/袁和平//文学教育(下),2011(5)

16135 论苏轼词的禅思与禅境[J]/金建锋//江西教育学院学报,2011(5)

16136 梦中梦醒忧多少:晏几道与苏轼梦词之比较[J]/梁婷婷//剑南文学·经典阅读,2011(5)

16137 浅析藏春词艺术特色[J]/尹红霞//时代文学(下半月),2011(5)

16138 诗词之辩:从苏轼词艺中的古诗传统及苏诗、苏词的分野中把握唐宋之际的文体演变[J]/李侠//剑南文学·经典教苑,2011(5)

16139 苏轼词人物意象的情感内涵[J]/韩小兵//剑南文学·经典阅读,2011(5)

16140 苏轼词中“月”的意象探微[J]/周剑斌//广西职业技术学院学报,2011(5)

16141 随所住处恒安乐:浅析苏轼词作中的禅意[J]/尹欣欣//鸡西大学学报,2011(5)

16142 小议苏轼诗词的哲理味[J]/李靖//试题与研究·教学论坛,2011(5)

16143 从认知语言学角度分析苏轼词中的隐喻[J]/陈雁//湖南工业职业技术学院学

报，2011（6）

16144 东坡词定位浅探[J]/丁雪艳//文学界（理论版），2011（6）

16145 东坡之词旷，稼轩之词豪：苏辛词风之比较[J]/刘平//新课程·简明作文（中学版），2011（6）

16146 论苏轼女性词的继承与新变[J]/白岚玲，张宁//天津师范大学学报（社会科学版），2011（6）

16147 赏读一则苏轼名诗词[J]/宋国现//试题与研究·教学论坛，2011（6）

16148 苏轼词作的旷达风格[J]/李玉//文学教育（上），2011（6）

16149 谈苏轼常州所作词[J]/张志烈//西华大学学报（哲学社会科学版），2011（6）

16150 在思辨中知人论世：以“苏轼黄州词鉴赏”为例[J]/朱新敏//中学语文教学参考（高中版），2011（6）

16151 东坡词与黄州、惠州、儋州[J]/周剑斌//南北桥，2011（7）

16152 豪放词接受浅探：以东坡豪放词为例[J]/丁雪艳//时代文学（下半月），2011（7）

16153 千古寂寞赤子心：试论苏轼词与李煜词的相通之处[J]/张泽琳//现代语文·文学研究，2011（7）

16154 苏词梦象与梦境释论[J]/邹晓春//文艺评论，2011（8）

16155 读《宋词·苏轼篇》一个人的宋词（三首）[J]/杨万英//星星诗刊，2011（9）

16156 试论苏轼农村词的亲农性及其必然性[J]/杨奕蓉//现代语文（学术综合版），2011（9）

16157 以诗为词，浑然天成：苏轼词风论[J]/汪丽萍//传奇传记文学选刊·理论研究，2011（9）

16158 由苏词看苏轼的人格魅力[J]/李宗富//青年文学家，2011（9）

16159 乐在本心，以台为寄：评苏轼《超然台记》[J]/刘宇佳//剑南文学·经典教苑，2011（10）

16160 论苏轼词中的旷达闲适风格的成因分析[J]/饶俊凯，刘越//群文天地，2011（10）

16161 浅析苏轼豪放派词的创新[J]/高春倩//边疆经济与文化，2011（10）

16162 清水出芙蓉，天然去雕饰：也谈苏轼词创作特点[J]/向徽//现代教育科学·教学研究，2011（10）

16163 苏辛词派别集当代权威注本献疑[J]/郑虹霓//学术界，2011（10）

16164 一则苏轼名诗词赏读[J]/屈慧杰//试题与研究·教学论坛，2011（10）

16165 豪放东坡婉约词的创作特色赏析[J]/吴竹芸，张力//山西教育·教学，2011（11）

16166 说“菊花”道“黄花”[J]/何伟//新语文学习（高中），2011（11）

16167 苏轼和辛弃疾豪放词风的比较[J]/王芳//商业文化（上半月），2011（11）

16168 论苏轼怀古词的艺术风格[J]/李雯//太原城市职业技术学院学报，2011（12）

16169 论苏轼与李清照词学理论的异质同构性[J]/王英晓//文学教育（中），2011（12）

16170 浅析苏轼词的特点[J]/季琳佳//金色年华（下），2011（12）

16171 谈苏轼咏梅词的开创性[J]/杨蓓蓓//河南农业，2011（12）

16172 无情未必真豪杰：悼亡词赏析[J]/刘浩//语文教学通讯（D刊，学术刊），2011（12）

16173 苏轼：“出世”词作[J]/不详//作文素材，2011（13）

16174 论苏轼“以诗为词”[J]/杨俭//才智，2011(18)

16175 略谈东坡婉约词的创作特色[J]/丁超//重庆科技学院学报(社会科学版)，2011(18)

16176 通脱潇洒苏东坡：浅析苏词背后的“心理”力量[J]/陈颖//群文天地，2011(18)

16177 深受苏轼影响的《漱玉词》[J]/朱瑞昌//名作欣赏，2011(20)

16178 从中秋月词看苏轼的情感历程[J]/王淑玲//语文学刊，2011(23)

16179 苏轼词艺术特色初探[J]/宗泰霖//神州，2011(23)

16180 清丽淡雅，婉约真挚：谈苏轼婉约词的艺术特点[J]/韩彬//考试周刊，2011(24)

16181 婉约、豪放词风之争与苏轼[J]/乐占国//现代语文(文学研究，上旬刊)，2011(25)

16182 浅析苏轼“以诗为词”[J]/马素青//大观周刊，2011(29)

16183 论苏轼豪放词的审美特征[J]/润娟娟//大观周刊，2011(31)

16184 试探苏轼的归隐情结[J]/乐晶//语文周刊(高中教研版)，2011(31)

16185 浅析苏轼次韵自作诗的“主体”性特点[J]/吴海//文教资料，2011(36)

16186 苏轼的婉约词创作[J]/田天平//大观周刊，2011(50)

16187 论苏轼词中的眼泪意象[J]/亢莹莹//山西师范大学学报(社会科学版)，2011(A2)

16188 也话稼轩[J]/马鸣风萧萧//今日教育，2011(C2)

16189 追寻宋词的积极人生观[J]/张国良//考试(高考语文版)，2011(C6)

16190 浅谈苏轼与辛弃疾词艺术风格的比较[J]/焦瑛//金陵瞭望·教育，2011(Z2)

16191 试论苏轼词中的人生感悟[J]/刘玉萍//金陵瞭望·教育，2011(Z2)

16192 基于概念隐喻理论的苏轼词分析[D]/薛少阳.—华东交通大学(硕士论文)，2011

16193 论苏轼词的自由性[D]/彭程.—延边大学(硕士论文)，2011

16194 论阳羡词派对苏辛的接受与发展[D]/黄水平.—西南大学(硕士论文)，2011

16195 宋人咏物词研究[D]/刘军霞.—西北师范大学(硕士论文)，2011

16196 苏词传唱及其多样化风格之构成[D]/李怡霖.—西北师范大学(硕士论文)，2011

16197 苏轼、贺铸与纳兰性德悼亡词研究[D]/李青华.—延边大学(硕士论文)，2011

16198 也说苏轼婉约词[N]/陆昕//武汉科技大学报，2012-04-10

16199 苏轼写判词巧用歇后语[N]/不详//东亚经贸新闻，2012-05-20

16200 苏轼常州所作词六首[N]/不详//常州日报，2012-10-27

16201 苏东坡拒听《蝶恋花》[N]/王辉//阳江日报，2012-11-22

16202 论东坡“清”词的审美意蕴[J]/徐梅//太原师范学院学报(社会科学版)，2012，11(1)

16203 浅析苏轼笔下月的文学意义[J]/韩荣华//语文教学通讯(D刊，学术刊)，2012(1)

16204 苏词咏物对象的情感化特征研究[J]/杨宋锋//淮海工学院学报(人文社会科学版)，2012(1)

16205 苏轼词在当时的传播［J］/张建雄//太原师范学院学报（社会科学版），2012（1）

16206 苏轼七夕词中的月意象［J］/王淑玲//安徽文学（下半月），2012（1）

16207 谈苏轼常州所作词［J］/张志烈//乐山师范学院学报，2012（1）

16208 同学情（外一首）［J］/郭晓强//民族音乐，2012（1）

16209 一点灵犀必暗通：试论李商隐诗对苏轼词的影响［J］/黄学义//苏轼研究，2012（1）

16210 以诗为词 自是一家：论苏轼的词风［J］/胡改英//西安文理学院学报（社会科学版），2012（1）

16211 侠骨柔肠苏东坡：论苏词的风貌［J］/陈颖//北方文学（中旬刊），2012（2）

16212 由死观生：苏轼悼亡词的文化学阐释［J］/艾杨柳//北方文学（中旬刊），2012（2）

16213 词在宋代传播的社会文化阐释：以苏轼词为例［J］/伍桂蓉//文艺生活·文艺理论，2012（3）

16214 论宋南渡词人对苏轼豪放词的接受：以宋金民族关系格局为考察中心［J］/肖鑫，郭艳华//传奇·传记文学选刊·理论研究，2012（3）

16215 毛泽东、苏轼、辛弃疾豪放词之比较［J］/王丽//教育教学论坛，2012（3）

16216 浅谈苏轼婉约词的特点［J］/乔素英//濮阳职业技术学院学报，2012（3）

16217 苏轼词对白居易诗的化用［J］/马丁良//名作欣赏（文学研究版），2012（3）

16218 苏轼对宋词革新的历史性贡献［J］/刘楠霞//文学界（理论版），2012（3）

16219 苏轼与秦观词中所彰显出的生命悲剧意识［J］/陈蓉//绵阳师范学院学报，2012（3）

16220 元好问对辛弃疾其人其词的接受和学习［J］/刘扬忠//忻州师范学院学报，2012（3）

16221 从表演角度看苏轼词革新［J］/汪倩//广东第二师范学院学报，2012（4）

16222 论苏轼之“以诗为词”［J］/康夏清，冷蓓//文艺生活·文海艺苑，2012（4）

16223 浅析纳兰性德与苏轼的悼亡词［J］/丁佐湘，张永吉//作家（下半月），2012（4）

16224 苏词之和谐美初探［J］/郑晶玮//中学语文·大语文论坛，2012（4）

16225 苏轼“以诗为词”的历史主义阐释［J］/张毅蕾，吴国剑//短篇小说（原创版），2012（4）

16226 苏轼月词中的主观精神［J］/王淑玲//名作欣赏（文学研究版），2012（4）

16227 从困顿到豁达的心路历程：评苏轼黄州所作词两首［J］/向玲玲//青海教育，2012（5）

16228 迭三字句 妙笔点睛［J］/陶文鹏//古典文学知识，2012（5）

16229 对苏辛两首词的补注与质疑［J］/张福勋，李素珍//南阳师范学院学报，2012（5）

16230 例淡苏轼词的风格［J］/李绍荣，周才汇//文学教育（上、下旬刊），2012（5）

16231 浅论苏轼词对中唐文人词的复古［J］/王芊，欧雨晴，罗泳泳//青年文学家，2012（5）

16232 苏轼、朱淑真诗词中梅意象之比较［J］/向二香//东京文学，2012（5）

16233 苏轼“以诗为词”浅析［J］/申石太//语文学刊（下半月刊），2012（5）

16234 苏轼词刚柔并济的风格特点［J］/成家宝，张明华//小作家选刊·教学交流

（中旬），2012（5）

16235 苏轼与南宋清空词风［J］/郭锋//南京师范大学学报（社会科学版），2012（5）

16236 一点灵犀必暗通：试论李商隐诗对苏轼词的影响［J］/郭自虎，黄学义//东方论坛，2012（5）

16237 以诗为词：诗学内涵的历史演变及其相关论断评议［J］/张巍//北方论丛，2012（5）

16238 在朗读中体味语言的韵味［J］/孙洪仁，杨新蕾//新课程·教育学术，2012（5）

16239 论苏东坡黄州词的创新及原因分析［J］/郭杏芳//学术探索，2012（6）

16240 论苏轼词中的自然生态美学思想［J］/张雷宇//南昌大学学报（人文社会科学版），2012（6）

16241 市民词与士林词的艺术探微：以柳永词、苏轼词为例［J］/赵引霞//鸡西大学学报，2012（6）

16242 宋词所描写的琵琶音乐及其审美特征［J］/刘尊明，李晓妍//徐州工程学院学报（社会科学版），2012（6）

16243 苏轼词论浅析［J］/何卓彦//襄樊职业技术学院学报，2012（6）

16244 皖地絮语［J］/东方煜晓//安徽文学，2012（6）

16245 论苏轼词中的丈夫柔情［J］/余颖//乐山师范学院学报，2012（7）

16246 论苏轼的“以学问为词”［J］/周文静//西江月，2012（7）

16247 苏轼的现实主义词风之我见［J］/梁清//新校园·学习（中旬刊），2012（7）

16248 从黄州词看苏轼旷达词风的形成［J］/杨蓓蓓//美与时代（下），2012（8）

16249 清闲之老：苏词主题词的文化意蕴［J］/钟波//文艺评论，2012（8）

16250 豪放、婉约总关情［J］/陈康//集邮博览，2012（9）

16251 苏轼词风浅议［J］/黄思逾//文学界（理论版），2012（9）

16252 从豪放到旷达：浅析苏轼词风的变化［J］/蓝芳//飞天，2012（10）

16253 从梦中人到旷达客：从生命境界看《苏轼词两首》［J］/张鹤敏//语文教学通讯，2012（10）

16254 东坡词传播与接受简史［J］/刘扬忠//社会科学战线，2012（10）

16255 论蔡松年对苏轼豪放词风的继承与发展［J］/胡生友//语文教学通讯（D刊，学术刊），2012（10）

16256 浅谈道家思想与苏轼超旷词风［J］/李清//语文学刊（基础教育版），2012（10）

16257 浅析苏轼词在日本的传播［J］/李欣//青春岁月，2012（10）

16258 苏轼对词的贡献［J］/王晶//课外阅读（中旬），2012（10）

16259 中国古代悼亡诗词的演变及其意象构成［J］/孙鸿亮//学术论坛，2012（10）

16260 东坡词中提到的女子［J］/梅茗//各界，2012（11）

16261 苏、柳对峙文化动因探析［J］/曹志平//兰州学刊，2012（11）

16262 周邦彦：北宋词之大成［J］/曹凡//文学界（理论版），2012（11）

16263 李清照“别是一家”的词论主张与苏轼“自是一家”的词创主张的殊途同归［J］/白静//商，2012（13）

16264 会挽雕弓如满月，西北望，射天狼：试论苏轼的豪放词［J］/袁琳//中国科技财富，2012（15）

16265 苏轼词的特色分析［J］/丁卫峰//文学教育（上、下旬刊），2012（15）

16266 论苏轼及“苏门四学士”贬谪词悲剧来源［J］/杨朝龙//科技信息，2012（16）

16267 浅析苏轼诗词中“梦”的情结［J］/ 张婷婷 // 青年文学家，2012（18）

16268 从苏轼三首豪放词中探讨其人生哲学［J］/ 易继林 // 课程教育研究·新教师教学，2012（19）

16269 论苏轼词风的多样性［J］/ 钟奇高 // 才智，2012（19）

16270 乐观旷达 随缘任运：从苏词看东坡的鲜明个性［J］/ 白玫 // 名作欣赏，2012（20）

16271 浅说苏轼与辛弃疾婉约词题材之异［J］/ 徐艳 // 青年文学家，2012（20）

16272 论苏轼对词境的开拓［J］/ 常玉峰 // 活力，2012（21）

16273 论“吴中四杰”之杨基对苏轼等蜀地词人的承继［J］/ 朱瑞昌 // 名作欣赏，2012（23）

16274 浅谈柳永词对苏轼的影响［J］/ 周华旭 // 神州，2012（23）

16275 苏轼前期词小议［J］/ 陆燕雯 // 网友世界，2012（24）

16276 浅谈苏轼婉约词的特点［J］/ 苏霞 // 作文周刊（教师版），2012（26）

16277 浅析苏轼的“以诗为词”［J］/ 张炜 // 兰台世界，2012（28）

16278 浅析苏轼词作中的人文精神［J］/ 赵一昂 // 北京电力高等专科学校学报（社会科学版），2012（29）

16279 略谈苏轼在词风上的创新［J］/ 彭涛 // 科技信息，2012（30）

16280 浅谈苏轼对词体的革新［J］/ 杨金枝 // 语文周报（高中教研版），2012（30）

16281 浅析苏轼与李清照词学观之异同［J］/ 骆丹 // 华章，2012（31）

16282 浅谈苏轼对词体的革新［J］/ 杨金枝 // 大观周刊，2012（34）

16283 略述柳永苏轼词之异同［J］/ 余金恒 // 读写算·教育教学研究，2012（37）

16284 辛弃疾词化用苏轼分析［J］/ 刘芸 // 大观周刊，2012（48）

16285 略述苏轼黄州时的词作特色［J］/ 豆争 // 读写算·教育教学研究，2012（60）

16286 北宋“正人艳词”研究［D］/ 林倩帆．—广西大学（硕士论文），2012

16287 北宋豪放词的发展流变研究［D］/ 杨阳．—北方民族大学（硕士论文），2012

16288 北宋士大夫词研究［D］/ 马里扬．—北京大学（博士论文），2012

16289 从苏轼词中的酒、月、水意象看苏轼的人品追求［D］/ 刘艳飞．—辽宁大学（硕士论文），2012

16290 东坡词思想研究［D］/ 尚雪红．—吉林大学（博士论文），2012

16291 东坡词英译之意境再现［D］/ 王敏．—上海外国语大学（硕士论文），2012

16292 跨文化视域下苏轼词翻译中的意象再现研究［D］/ 张宁宇．—哈尔滨师范大学（硕士论文），2012

16293 刘宓庆文化心理翻译理论视阈下的苏轼词的英译研究［D］/ 李啸东．—西安外国语大学（硕士论文），2012

16294 苏轼词传播在北宋时期的控制研究［D］/ 白冰．—东华理工大学（硕士论文），2012

16295 苏轼登高词研究［D］/ 梁淑婷．—青岛大学（硕士论文），2012

16296 苏轼杂体词研究［D］/ 夏小凤．—广西师范大学（硕士论文），2012

16297 哲学阐释学角度下苏轼词英译中的译者主体性研究［D］/ 杨敏．—四川师范大学（硕士论文），2012

16298 东坡第一稼轩第二陆游第三［N］/ 不详 // 济南日报，2013-01-07

16299 读苏轼神智体诗《晚眺》［N］/ 宿春荣 //

德州晚报，2013-01-12

16300 词体在苏轼手中由俗转雅［N］/ 李锦 // 中国社会科学报，2013-08-05

16301 词本求忘机余事自高妙：苏轼“诗之余”词学观念及其词学史意义［N］/ 于东新 // 光明日报，2013-11-23

16302 苏轼：宋词革新大家［N］/ 张子菡 // 开封日报，2013-11-29

16303 龙井虾仁：因苏东坡的词而兴［N］/ 不详 // 东南早报，2013-12-06

16304 论苏轼任杭州通判时送别词的特色［J］/ 吴宇娟 // 岭东通识教育研究学刊，2013（1）

16305 苏轼辛弃疾之农村词比较［J］/ 房日晰 // 商洛学院学报，2013（1）

16306 自觉与新变：“戏”说苏轼联章回文词《菩萨蛮》之创新风格［J］/ 苏珊玉 // 师范大学学报（语言与文学类），2013（1）

16307 1990 年以来佛教与宋词关系研究述评［J］/ 程磊 // 天中学刊，2013（2）

16308 论苏轼词的雪意象［J］/ 袁海俊 // 乐山师范学院学报，2013（2）

16309 论苏轼词蕴藉性的构建［J］/ 赵英超 // 阜阳师范学院学报（社会科学版），2013（2）

16310 浅析苏轼词与辛弃疾词之不同［J］/ 高杰 // 新西部（下旬，理论版），2013（2）

16311 宋代集句诗“以词为诗”现象梳理及诗学意义［J］/ 张福清 // 中国文学研究，2013（2）

16312 苏词中的婉约成分再解读［J］/ 李鲜兰 // 湖南工业职业技术学院学报，2013（2）

16313 苏轼、辛弃疾豪放词风之比较［J］/ 刘淑娟 // 作家（下半月），2013（2）

16314 苏轼《洞仙歌》流传与接受中的三个问题［J］/ 陈斌 // 江苏科技大学学报（社会科学版），2013（2）

16315 苏辛农村词比较研究述评［J］/ 梁萌 // 乐山师范学院学报，2013（2）

16316 吾归何处：论苏轼词作中的“怀归”情结［J］/ 王慧 // 石河子大学学报（哲学社会科学版），2013（2）

16317 隙中驹 石中火 梦中身：浅探苏轼记梦词的独特风貌［J］/ 陈莹 // 名作欣赏（文学研究版），2013（2）

16318 元好问对苏轼词的接受［J］/ 李世忠 // 贵州文史丛刊，2013（2）

16319 专题阅读课怎么教《伤心一念偿前债：苏轼悼亡词赏析》教学实录［J］/ 王益民，黄厚江 // 中学语文教学，2013（2）

16320 从词体功能的变化看苏轼“以诗为词”［J］/ 姚菊 // 中国韵文学刊，2013（3）

16321 怀古咏史词创作流变述论［J］/ 沈文凡，王慷 // 阅江学刊，2013（3）

16322 浅论苏轼思想与词风的关系［J］/ 范新景 // 信阳农业高等专科学校学报，2013（3）

16323 浅谈苏轼词的艺术特色［J］/ 胡应忠 // 中国校外教育（基教版，中旬），2013（3）

16324 浅析苏轼咏物词中的“拟人”手法［J］/ 宋银平 // 北方文学（下旬），2013（3）

16325 宋词中的“燕子楼”典故［J］/ 邢猛 // 现代语文（学术综合版），2013（3）

16326 苏轼、辛弃疾豪放词风之比较［J］/ 曹春茹 // 云南民族大学学报（哲学社会科学版），2013（3）

16327 苏轼词的辞章艺术［J］/ 宋贝贝，周红海 // 阜阳师范学院学报（社会科学版），2013（3）

16328 苏轼词中的人格美［J］/ 宋保印 // 中学语文（大语文论坛），2013（3）

16329 论诗歌的意象叠加：以苏轼《卜算子》为例［J］/ 王太顺，傅美艳 // 沈阳师范

大学学报（社会科学版），2013（4）

16330 浅谈苏辛婉约词的差异［J］/胡海燕//学语文，2013（4）

16331《苏轼词编年校注》之“校勘”指瑕：兼复吴讷《东坡词》抄本原貌［J］/田玉琪，杜茜//古籍整理研究学刊，2013（4）

16332 苏轼黄州词中的归隐情结论析［J］/陈中林，徐胜利//鄂州大学学报，2013（4）

16333 铁骨柔肠刚柔并济：论苏轼词中体现的真性情［J］/黄文//北方文学（中旬刊），2013（4）

16334 韩愈诗歌对宋词影响研究［J］/刘京臣//文学评论，2013（5）

16335 浅析苏轼豪放词中的“水”和“英雄”意象［J］/李新钰//北方文学（下旬刊），2013（5）

16336 说晏殊与苏轼词中的“人生如梦”［J］/刘畅//北方文学（下旬刊），2013（5）

16337 苏轼：豪放中的婉约情怀［J］/李朗//文艺生活·文艺理论，2013（5）

16338 苏轼词用典研究［J］/罗晨//昆明学院学报，2013（5）

16339 苏轼以唐诗入词的动因研究［J］/李锦//求索，2013（5）

16340 中国古代诗学的意境论与宋词的翻译艺术［J］/张丹丹//兵团教育学院学报，2013（5）

16341 论苏词变革与宋代儒学复兴的内在联系及其思想旨归［J］/黄贤忠//孔子研究，2013（6）

16342 论苏轼的以诗为词［J］/范惠珠//散文百家·教育百家，2013（6）

16343 浅论苏轼词与辛弃疾词的异同［J］/宋继孔//北方文学（中旬刊），2013（6）

16344 浅谈东坡词中的婉约之情［J］/王雅慧//神州（中旬刊），2013（6）

16345 浅析苏轼豪放词的艺术特征［J］/孟庆安//北方经贸，2013（6）

16346 试论苏轼及门人贬谪词悲剧来源及悲剧精神特色［J］/魏继征//语文学刊，2013（6）

16347 宋金元时陶瓷诗词的苏轼现象及原因［J］/王雪//商品与质量·理论研究，2013（6）

16348 苏轼婉约词风新论［J］/姜云霞//课外语文（教研版），2013（6）

16349 苏轼中秋诗词中的手足情［J］/尹红梅//语文天地（初中版），2013（6）

16350 野云孤飞 去留无际：析苏轼词的“清空”之美［J］/张艳艳//白城师范学院学报，2013（6）

16351 东坡词“新天下耳目”在何处？［J］/李彬//中学语文，2013（7）

16352 论苏轼“以诗为词”对宋词的革新［J］/宫臻祥//芒种（下半月），2013（7）

16353 浅探苏轼与辛弃疾词风差异［J］/龙雪峰//语数外学习·语文教育，2013（7）

16354 苏轼词的清雄之风［J］/张莹//北方文学（下旬刊），2013（7）

16355《夜读东坡文有感杂记》［J］/吴增辉，李晓朋//中华文化论坛，2013（7）

16356 关于苏轼“以文为词”的刍议［J］/唐德容//祖国（教育版），2013（8）

16357 归去来兮，吾归何处：浅析苏轼词中“家”的意象［J］/席越//名作欣赏，2013（8）

16358 论苏轼婉约词的创作特色与艺术成就［J］/宋雨涵//长城，2013（8）

16359 浅谈苏轼咏物词的意象美和人性美［J］/张洪瑜//东方青年（教师，上半月），2013（8）

16360 苏轼词中的人伦之情［J］/夏睿//剑南文学，2013（8）

16361 从顺应论看苏轼词意象的翻译［J］/姚

俏梅 // 钦州学院学报，2013（9）

16362 豪放、豁达与豪放、郁结：由人教版高中课文看苏轼与辛弃疾词的差别［J］/ 周进才 // 文教资料，2013（9）

16363 宋词庭院意象形成的文化语境［J］/ 不详 // 学术界，2013（9）

16364 苏轼词风格赏析［J］/ 魏琼 // 课外阅读（中旬），2013（9）

16365 论苏轼的豪放词“豪放”的定位及出现［J］/ 王伯超 // 文教资料，2013（10）

16366 论苏轼知密州时的咏花诗词［J］/ 乔云峰 // 乐山师范学院学报，2013（10）

16367 生命因心态年轻而精彩：品读苏词，感悟人生［J］/ 李伏玲 // 家教世界（创新阅读），2013（10）

16368 是真名士自风流：东坡词印象［J］/ 牛司凯 // 科教导刊（电子版，下旬），2013（10）

16369 苏轼初次仕杭词用典分析［J］/ 曾丹 // 鸡西大学学报，2013（10）

16370 苏轼词的文化精神［J］/ 钟鸣 // 文史知识，2013（10）

16371 豪放淡泊的一代文豪苏轼：古代名人素材运思［J］/ 刘腾辉 // 作文评点报（作文素材初中版），2013（11）

16372 老夫聊发少年狂，不信春光比酒醇：苏子豪放词各研究方面总结［J］/ 程凯莉 // 北方文学（下旬），2013（11）

16373 论柳永词对苏轼词的影响［J］/ 周力雁 // 科教文汇（中旬刊），2013（11）

16374 论苏轼词的佛禅精神［J］/ 王树海，赵宏 // 学习与探索，2013（11）

16375 浅谈“杜宇”意象与苏轼谪居黄州时的情感［J］/ 张瑶 // 剑南文学，2013（11）

16376 苏东坡的人生清愿：从黄州词赋核心意象透视［J］/ 徐红 // 社科纵横，2013（11）

16377 苏轼与辛弃疾豪放词的比较［J］/ 郭霞 // 青年科学（教师版），2013（11）

16378 浩气自天成性：浅谈苏轼词豪迈意境［J］/ 夏安东，朱晓敏 // 学生周报（教师版），2013（12）

16379 流放者的归来：苏轼［J］/ 向阳 // 中华活页文选（初三年级），2013（12）

16380 浅议苏轼词的艺术特色［J］/ 王国佐 // 科技视界（学术刊），2013（12）

16381 浅谈苏轼词的真情真性［J］/ 王龙 // 中华少年·研究青少年教育，2013（14）

16382 苏轼与姜夔词风之比较研究［J］/ 周庆恬 // 青年与社会，2013（15）

16383 苏轼与辛弃疾词风例析［J］/ 杜亭 // 文学教育（上），2013（15）

16384 浅论苏轼词作品中的月意象［J］/ 张瑷佳 // 华章，2013（16）

16385 谈苏轼对词的创新［J］/ 刘丽娟，白蓝青 // 西江月，2013（16）

16386 风雨平生任逍遥：试论苏词中的旷达［J］/ 王利霞 // 试题与研究·新课程论坛，2013（20）

16387 婉约的苏轼［J］/ 王磊 // 读写算·教育教学研究，2013（20）

16388 浅论柳永、苏轼词艺术风格的异同［J］/ 莫芬 // 东方青年·教师（上半月），2013（21）

16389 宋南渡时期抗金武将的词风探微［J］/ 肖鑫 // 名作欣赏，2013（21）

16390 豪迈旷达与豪健悲壮：从两首词感悟苏辛豪放风格［J］/ 姜兰芹 // 中学语文，2013（24）

16391 论回文体宋词的创作及特点［J］/ 华建铭，韩瑞 // 大众文艺，2013（24）

16392 浅论苏轼对宋词发展的贡献［J］/ 康雪强 // 神州（下旬刊），2013（24）

16393 壮怀激烈 回肠荡气：品析苏轼、辛弃

疾、毛泽东豪放词的英雄之气［J］/陈晓亚//试题与研究·新课程论坛，2013（25）

16394 读、诵、唱、悟，感受苏词魅力［J］/潘芹//语文教学通讯，2013（32）

16395 苏轼、辛弃疾词思想内容对举［J］/何春华//科学咨询，2013（33）

16396 从哲学阐释学看东坡词的英译［D］/王丽.—太原理工大学（硕士论文），2013

16397 柳永、苏轼酬赠送别词比较［D］/李博.—兰州大学（硕士论文），2013

16398 论苏轼词中表现的气［D］/何若锦.—南京大学（博士论文），2013

16399 宋代乡村人居环境词研究：以苏轼、辛弃疾乡村词为中心［D］/李玉军.—中南民族大学（硕士论文），2013

16400 许渊冲对苏轼词的意象再造：以帕尔默文化语言学为视角［D］/廖江丽.—西南交通大学（硕士论文），2013

16401 东坡词：智者麦芒［N］/黑陶//温州晚报，2014-08-09

16402 “说文解字”公益课堂黄天骥教授解读苏轼词［N］/魏沛娜，陈春燕//深圳商报，2014-10-24

16403 《苏轼诗词写意》序［J］/张志烈//乐山师范学院学报，2014（1）

16404 从对陶渊明的抒写重审苏轼的词学观［J］/王慧刚//中国文学研究（辑刊），2014（1）

16405 东坡引·次韵范诗银君《黄冈怀苏白》［J］/向进青//东坡赤壁诗词，2014（1）

16406 论龙榆生标举苏辛的词学祈向［J］/马大勇，谭若丽//词学，2014（1）

16407 论苏词的刚柔并济［J］/周琴//西部教育研究，2014（1）

16408 论苏轼“以诗为词”的创作手法［J］/王菀，林芳//剑南文学·经典阅读，2014（1）

16409 论苏轼词的女性观［J］/王虎，李权//科学导报，2014（1）

16410 森槐南词的苏辛气派［J］/陆越//浙江工商大学学报，2014（1）

16411 苏轼黄州词的精神和魅力［J］/何英//芒种（下半月），2014（1）

16412 苏轼判杭词研究［J］/陈芳//散文百家·教育百家，2014（1）

16413 苏轼思乡怀人题材的登高词研究［J］/姜云霞//西江月（下旬），2014（1）

16414 探析柳永对苏轼词的影响［J］/马瑞，廖安俐//作家（下半月），2014（1）

16415 由唱本到读本：苏词在宋代的传播与接受［J］/彭文良//北方论丛，2014（1）

16416 老坡去后何人继：论李纲对苏轼的承继［J］/方星移//黄冈师范学院学报，2014（2）

16417 论苏词文体观确立于黄州［J］/彭文良//黄冈职业技术学院学报，2014（2）

16418 论苏词中的“归乡”［J］/叶翔羚//理论界，2014（2）

16419 论苏词中的佳人形象［J］/许建霞//成都师范学院学报，2014（2）

16420 论苏轼以典代叙与词的叙事性［J］/冯婵//中华文化论坛，2014（2）

16421 浅议苏轼的旷达词风［J］/王黎明//新一代（下半月），2014（2）

16422 苏词中体现的美学思想（之一）［J］/孟莉莉//北方文学（中旬刊），2014（2）

16423 苏轼婉约词审美意蕴浅析［J］/马君//延安职业技术学院学报，2014（2）

16424 苏轼以“余技”为词与词体之变［J］/于东新，刘少坤//文艺评论，2014（2）

16425 辛弃疾与苏轼词的意象差异探究［J］/赵自环//延边教育学院学报，2014（2）

16426 也谈苏辛豪放词的相似之处［J］/高鸥

纯 // 文艺生活·文海艺苑，2014(2)

16427 东坡词三首编年考辨[J]/ 薛瑞生 // 唐都学刊，2014(3)

16428 东坡词四首编年刍议[J]/ 薛瑞生 // 南京师范大学文学院学报，2014(3)

16429 试论苏轼的抒情词[J]/ 赵翠荣 // 科学时代(下半月)，2014(3)

16430 唐宋词用韵研究：以东坡词为例[J]/ 杨遗旗 // 哈尔滨师范大学社会科学学报，2014(3)

16431 元好问的文化立场及词学思想[J]/ 于东新 // 社会科学辑刊，2014(3)

16432 从闲雅风度到自我表现：论北宋党争对士人词风的影响[J]/ 李辉 // 南京师范大学文学院学报，2014(4)

16433 但令人饱我愁无：论苏轼黄州所填《浣溪沙》五首的情怀与审美意义[J]/ 方星移 // 黄冈职业技术学院学报，2014(4)

16434 论苏轼词中的花卉意象[J]/ 刘月萍 // 云南教育·中学教师，2014(4)

16435 苏轼豪放词在南宋前期词坛的传播方式探究[J]/ 赵瑞阳，郭艳华 // 韩山师范学院学报，2014(4)

16436 苏轼和辛弃疾的豪放词比较研究[J]/ 刘晓慧 // 金田，2014(4)

16437 《苏轼诗词选》英译的美学损失与补偿[J]/ 王志慧，李崇月 // 长沙理工大学学报(社会科学版)，2014(4)

16438 苏轼文人集团对金代词学的影响[J]/ 魏春梅，于广杰，郝远 // 天津职业院校联合学报，2014，16(4)

16439 从尼采的“酒神精神”看苏轼的旷达词风[J]/ 李征 // 名作欣赏(中旬刊)，2014(5)

16440 论苏轼词的叙事方式[J]/ 王丽芳 // 名作欣赏(下旬)，2014(5)

16441 苏轼的婉约词探析[J]/ 刘静 // 芒种，2014(5)

16442 辛派词人学苏及其词的“苏味”[J]/ 阮忠 // 新东方，2014(5)

16443 胸襟浩荡 气象伟大[J]/ 陶文鹏 // 古典文学知识，2014(6)

16444 语言文体学视角下对弥尔顿与苏轼悼亡诗词的对比研究[J]/ 许秀云 // 语文建设(下半月)，2014(6)

16445 元好问对苏轼诗歌的继承与发展[J]/ 孙晓星 // 乐山师范学院学报，2014(6)

16446 读苏轼、辛弃疾词有感[J]/ 李钰 // 青春岁月，2014(7)

16447 苏轼词隐喻的认知研究[J]/ 钟健星 // 语文学刊(基础教育版)，2014(7)

16448 歌词：苏轼黄州以前的词体观[J]/ 彭文良 // 乐山师范学院学报，2014(8)

16449 苏轼说王维“诗中有画，画中有诗”，难道王维经常同时写诗和作画？ [J]/ 本刊编辑部 // 中华活页文选(初二版)，2014(8)

16450 苏轼婉约词题材上的新变[J]/ 杨桦 // 参花·法制故事，2014(8)

16451 词为心声，字为心画：论苏轼词风与书风的同一性[J]/ 李江杰，张和博 // 西部学刊，2014(9)

16452 从苏轼咏物诗词比较看词与诗的分流[J]/ 姚菊 // 理论月刊，2014(9)

16453 论苏轼的“密州四曲”[J]/ 乔云峰 // 乐山师范学院学报，2014(9)

16454 苏轼和辛弃疾的词风异同及成因探讨[J]/ 朱华英 // 小作家选刊·教育教学，2014(9)

16455 阳刚中的“儿女情长”：论宋词美学的不自安[J]/ 黄艺聪 // 新闻世界，2014(9)

16456 由唱本到读本：苏词在宋代的传播与接受[J]/ 彭文良 // 情感读本(文明篇)，

2014（9）
16457 玉带桥上的东坡背影［J］/不详//文化月刊：文化遗产（上旬刊），2014（9）
16458 再论“以诗为词”［J］/卢娇//海南师范大学学报（社会科学版），2014（9）
16459 论苏轼词对情感的节制［J］/王荣林//安徽文学（下半月），2014（10）
16460 苏词非“句读不葺之诗”［J］/齐程花//乐山师范学院学报，2014（10）
16461 论东坡词意象的建构与特色［J］/张卫国//文化研究，2014（11）
16462 浅析苏轼的婉约情怀［J］/赵莎莎//北方文学（下旬刊），2014（11）
16463 试论苏、辛俳谐词的社交、娱乐功能［J］/肖雨娣//青年文学家，2014（11）
16464 试谈苏轼词以雅对俗的革新［J］/代玉//文学教育（上），2014（11）
16465 苏轼词风［J］/张红晶//吉林教育，2014（11）
16466 例谈苏轼谐趣词对北宋文人的影响［J］/李恒//文学教育（上），2014（12）
16467 苏轼词中的月意象浅析［J］/刘振宇//华人时刊（下旬刊），2014（12）
16468 苏轼和陆游豪放词异同研究［J］/李紫薇//语文建设（下半月），2014（12）
16469 从苏轼的时空观阐释苏词的“梦”意象［J］/陈俊洁//青年文学家，2014（14）
16470 从相关性理论看苏轼词的翻译［J］/李小姝//才智，2014（14）
16471 从黄州词看苏轼儒释道思想［J］/胡再平//学校教育研究，2014（16）
16472 试论苏轼咏物词的幽深意蕴［J］/杨冬//管理学家，2014（16）
16473 晏几道，拒见苏轼的狂妄词人［J］/王爱军//环球人物，2014（17）
16474 论苏轼婉约词的创作特色与艺术成就［J］/张逸//青春岁月，2014（18）
16475 苏轼李清照婉约词的比较赏析［J］/俞菲菲//华章，2014（18）
16476 略论苏轼、辛弃疾词作风格的差异性［J］/张坤//新教育时代，2014（20）
16477 浅议苏轼与辛弃疾词的区别［J］/徐芳//中学生导报·教学研究，2014（22）
16478 论苏轼词中的云意象［J］/王曼青//青春岁月，2014（23）
16479 浅议新天下耳目的苏轼词［J］/武峰//读写算（教研版），2014（23）
16480 关于苏轼词学观的重新思考［J］/杨莼莼//青年文学家，2014（24）
16481 论纳兰性德对苏轼悼亡词的继承与发展［J］/周宏//商情，2014（24）
16482 韶秀深处是苍凉：浅析苏轼婉约词的情趣意旨［J］/黄磊//青年文学家，2014（24）
16483 纵观谐谑词背后的苏轼［J］/吴嘉敏//名作欣赏，2014（26）
16484 一洗香泽作远歌：浅论苏轼词之“不协音律”［J］/杨若诗//青年文学家，2014（27）
16485 试论苏轼与辛弃疾豪放词词风的差异性［J］/黄晨铭//华章，2014（28）
16486 苏轼咏物词之修辞技巧论析［J］/嵇傲萍//青年文学家，2014（30）
16487 论苏轼的词作与其生世的关系［J］/赵林江//青年文学家，2014（33）
16488 试论苏轼词中的归隐情结［J］/池明河//考试周刊，2014（86）
16489 东坡词意［J］/金心明//中国书画，2014（8C）
16490 苏轼婉约词审美特质透析［J］/王波平//前沿，2014（CC）
16491 北宋前中期词对白居易的接受：从晏殊到苏轼［D］/桂丹瑜．—安徽师范大学（硕士论文），2014

16492 东坡词历代传播与接受研究四题［D］/陈斌.—苏州大学（硕士论文），2014

16493 东坡词用典研究［D］/曾丹.—福建师范大学（硕士论文），2014

16494 论苏轼词的感伤美［D］/程文俊.—南京师范大学（硕士论文），2014

16495 论苏轼词的时间意识［D］/韩庭彦.—安徽大学（硕士论文），2014

16496 苏轼词中修辞手段的运用及修辞心理研究［D］/李学辉.—长春理工大学（硕士论文），2014

16497 苏轼、李清照词作赏析：秦家伦副教授讲中国古代爱情诗［N］/不详//贵州都市报，2015-01-12

16498 苏轼谐趣词中的佛禅［N］/李恒，王春丽//深圳商报，2015-02-08

16499 苏东坡的杨花词［N］/朱伟//深圳晚报，2015-05-23

16500 颍州明月东坡词［N］/梁如云//阜阳日报，2015-09-26

16501 苏东坡和“寻寻觅觅”［N］/佚名//临汾日报晚报版，2015-11-12

16502 词也东坡乐也东坡［N］/袁琳琳//保定学院报，2015-11-20

16503 从苏轼词说起［N］/屈天智//汉中日报，2015-12-09

16504 东坡词深受韩国文人关注［N］/不详//中国社会科学报，2015-12-10

16505 千秋风流苏轼字 万古绝唱东坡词［N］/苏喜亮//山西农民报，2015-12-22

16506 东坡词五首编年商略［J］/薛瑞生//南阳师范学院学报，2015（1）

16507 论苏轼词中之“气”［J］/关茂//长治学院学报，2015（1）

16508 浅谈苏轼词中“酒”的文化内涵［J］/谢彩萍//文艺生活·文海艺苑，2015（1）

16509 人生如梦读苏词［J］/苏青林//语文教学之友，2015（1）

16510 苏轼词中的孤鸿意象探析［J］/关茂，周莹//山西大同大学学报（社会科学版），2015（1）

16511 苏轼酒词浅探［J］/何雯霞//现代语文·学术综合，2015（1）

16512 论北宋词风革新中苏轼词的思想解放特色［J］/徐雪凡//语文教学与研究，2015（2）

16513 略述苏轼黄州时的词作特色［J］/豆争//现代语文（学术综合），2015（2）

16514 试说“不以豪放论苏词”［J］/郭杏芳//东坡赤壁诗词，2015（2）

16515 苏黄集句词论略［J］/夏小凤//词学，2015（2）

16516 一樽江月释多情：析东坡词中的情与理［J］/孙倩//北方文学（下），2015（2）

16517 此恨绵绵无绝期：浅论元稹和苏轼的悼亡诗词［J］/那迪拉，居马拜·叶尔肯//现代语文（学术综合版），2015（3）

16518 论苏轼密州诗词中的“狂”［J］/王晓磊//潍坊学院学报，2015（3）

16519 论苏辛词风的差异［J］/田晓丽//赤子，2015（3）

16520 论影响宋代悼亡词产生与发展的因素［J］/王中昌//西昌学院学报（社会科学版），2015（3）

16521 浅谈苏轼词中的“月”［J］/杜昕//新校园（中旬刊），2015（3）

16522 宋金人注宋金词探论［J］/李桂芹//广西民族大学学报（哲学社会科学版），2015（3）

16523 苏词悲剧意识的解读［J］/汤盼盼//广西青年干部学院学报，2015（3）

16524 苏轼《卜算子》流传中的三种接受状态［J］/陈斌//中国韵文学刊，2015（3）

16525 苏轼词的艺术探究［J］/陈淑香//文教

资料，2015（3）

16526 苏轼婉约词浅论［J］/冷福庆//剑南文学（上半月），2015（3）

16527 《亡人逸事》对悼亡文学的突破［J］/杨利//南京广播电视大学学报，2015（3）

16528 一叶孤舟动心弦：试论苏轼黄州时词中“舟”的意象［J］/胡玥//商业故事，2015（3）

16529 由苏轼词“人生如梦”探析其人生观［J］/徐洁//陕西广播电视大学学报，2015（3）

16530 从苏辛差异看两宋词坛风尚之变［J］/陈丽丽//河南大学学报（社会科学版），2015（4）

16531 例谈苏轼贬谪词中的品格教育［J］/王惠梅//文学教育，2015（4）

16532 论东坡词的虚幻意识［J］/李颖//艺术品鉴，2015（4）

16533 论苏轼的主导词风及其成因［J］/关茂//甘肃广播电视大学学报，2015（4）

16534 苏轼、辛弃疾婉约词风简析［J］/李昕炯//宁夏师范学院学报，2015（4）

16535 苏轼词风研究综述［J］/关茂//黄冈职业技术学院学报，2015（4）

16536 苏轼谐趣词对辛弃疾词的影响［J］/李恒//文艺评论，2015（4）

16537 苏轼作词原因考［J］/张云//洛阳理工学院学报（社会科学版），2015（4）

16538 亦豪亦秀苏子瞻：东坡词备课感想［J］/刘久娥//语文学习，2015（4）

16539 走近“苏海”：略谈苏轼的思想学术与文学（上）［J］/巩本栋//古典文学知识，2015（4）

16540 南宋词学批评中的情性论［J］/黄海//贵州大学学报（社会科学版），2015（5）

16541 浅论苏轼对词题材的开拓［J］/丁新涛//关爱明天，2015（5）

16542 试论苏轼诗词创作的五种共同倾向［J］/彭文良//重庆第二师范学院学报，2015（5）

16543 苏轼为冯唐抱屈？［J］/王雨诚//咬文嚼字，2015（5）

16544 探析苏轼的自省与自嘲对其人生态度的影响［J］/王娟//学理论，2015（5）

16545 也谈苏轼的婉约词［J］/黄海南//课外语文（下），2015（5）

16546 走近“苏海”：略谈东坡的思想学术与文学（中）［J］/巩本栋//古典文学知识，2015（5）

16547 20世纪80年代以来两宋俳谐词研究综述［J］/刘欣//濮阳职业技术学院学报，2015（6）

16548 词境与画境：苏轼的“词中有画”［J］/李成文//枣庄学院学报，2015（6）

16549 论苏轼对词地位提高的实践与创作［J］/李春燕//语文学刊（基础教育版），2015（6）

16550 论苏轼对词发展的贡献［J］/崔雪莲//鸭绿江（下半月版），2015（6）

16551 论苏轼和辛弃疾豪放词风格的异同［J］/冯齐林//语文教学研究，2015（6）

16552 浅析苏轼对词的全面变革［J］/李莎//青春岁月，2015（6）

16553 苏轼词中的酒意象研究［J］/张庆祥，姜云霞//作文教学研究，2015（6）

16554 苏轼词中的水意象研究［J］/戚白雪，姜云霞//作文教学研究，2015（6）

16555 苏轼词中月意象抒发深沉历史感的研究［J］/戚白雪，姜云霞//作文教学研究，2015（6）

16556 走近“苏海”：略谈东坡的思想学术与文学（下）［J］/巩本栋//古典文学知识，2015（6）

16557 苏东坡词［J］/张艳春//人民公交，

2015(7)
16558 柳苏词风关系新探[J]/牛振//时代文学(下半月),2015(7)
16559 苏轼“以诗为词”的评述[J]/李路芳//山东农业工程学院学报,2015(7)
16560 苏轼的农村词浅析[J]/胡丽芳//读与写(教育教学刊),2015(7)
16561 苏轼豪放词风格特征探析[J]/张铮//教育教学论坛,2015(7)
16562 试论苏轼农村词的思想内涵[J]/罗郝林//鸡西大学学报,2015(8)
16563 苏轼词中的归向探究[J]/曹陵//文理导航·教育研究与实践,2015(8)
16564 论苏轼词中的隐逸思想[J]/辛欣//语文教学通讯(D刊·学术刊),2015(9)
16565 浅析苏轼豪放词中的“势”和“悲”:兼与崔颢写景诗比较[J]/陈沛//青年文学家,2015(9)
16566 中秋赏苏词[J]/欧阳荣良//醒狮国学,2015(9)
16567 论苏东坡的女性词研究[J]/张妍苹//语文学刊(基础教育版),2015(10)
16568 苏轼词中的花卉意象[J]/徐巧娟//散文百家(下旬刊),2015(10)
16569 韩国历代和东坡词论[J]/杨焄//人文杂志,2015(11)
16570 浅论苏轼婉约词的内容题材[J]/李雪莉//南北桥(人文社会科学学刊),2015(11)
16571 苏轼、辛弃疾豪放词风的比较[J]/焦薇//俪人(教师版),2015(11)
16572 豪放的苏东坡[J]/郭欣悦//语文世界(小学生之窗),2015(12)
16573 清风盈袖满江天:苏轼诗词中的“风”意象解析[J]/王博涵//新丝路(下旬),2015(12)
16574 苏轼词女性形象影响[J]/谢贵勇//青年时代,2015(12)
16575 苏轼花卉词蕴涵的传统意蕴[J]/徐巧娟//速读(中旬),2015(12)
16576 苏轼与辛弃疾词风比较[J]/赖小琳//语数外学习(高中版),2015(12)
16577 有词如剧[J]/郭启宏//中国戏剧,2015(12)
16578 论苏轼涉梦词的审美特征[J]/吴光德//文学教育,2015(17)
16579 苏轼词中的女性形象:以歌妓形象为角度探究[J]/何思齐//北方文学,2015(21)
16580 苏轼婉约词的凄凉味[J]/郭佳//中学语文教学参考,2015(27)
16581 浅谈宋词之豪放词的开创与发展:以苏词为重其他为辅[J]/孟依缇//北方文学,2015(29)
16582 苏轼词隐喻认知分析[J]/石永红//中学语文教学参考,2015(33)
16583 女儿态在东坡词中的别样诠释[J]/徐旖旎,田思敏//北方文学,2015(36)
16584 试论苏词的“放旷情浅”:苏轼三首黄州词赏析[J]/王玉洁//读写算(教育教学研究),2015(40)
16585 浅议苏轼词中的豪放与婉约[J]/刘燕卿//考试周刊,2015(59)
16586 翻译伦理视角下苏轼词英译的对比研究:以许渊冲译本和黄宏荃译本为例[D]/何金地.—河南大学(硕士论文),2015
16587 毛泽东对苏辛豪放词的继承与创新[D]/秦建伟.—信阳师范学院(硕士论文),2015
16588 苏轼词用调研究[D]/王莉施.—南京大学(硕士论文),2015
16589 苏轼词中的自由精神探究[D]/卫秀荣.—南京师范大学(硕士论文),2015

16590 遗山词对东坡词的接受研究［D］/ 周瑶．—新疆师范大学（硕士论文），2015

16591 苏轼词中的“月”意象［N］/ 邱李华 // 九江日报，2016-04-08

16592 浅说苏轼词品［N］/ 西鲁 // 安阳日报，2016-04-13

16593 苏轼词“一洗绮罗香泽之态”［N］/ 凌星傲 // 中国社会科学报，2016-04-22

16594 东坡的两首词［N］/ 徐晋如 // 今晚报，2016-04-26

16595 读苏轼《赤壁怀古》［N］/ 李虎驼 // 武进日报，2016-11-23

16596 此心安处便是吾乡：苏轼归隐词探究［J］/ 俞兆良 // 太原师范学院学报（社会科学版），2016（1）

16597 论李之仪词作的题材拓展［J］/ 温纬 // 吉林工程技术师范学院学报，2016（1）

16598 论苏轼词精神家园的指向［J］/ 马蓉 // 中国苏轼研究，2016（1）

16599 浅论苏轼词中的山水意象［J］/ 刘宁 // 速读（上旬），2016（1）

16600 苏轼词对白居易词的继承与创新：以苏轼黄州词为例［J］/ 牛丽娟 // 安阳工学院学报，2016（1）

16601 苏轼词中的“自证”意识［J］/ 董宇宇 // 中国苏轼研究，2016（1）

16602 苏轼对柳永词接受史论［J］/ 杨等华，陶宾 // 牡丹江师范学院学报（哲学社会科学版），2016（1）

16603 苏轼论“豪放”、“婉约”：兼谈宋代“豪放”、“婉约”词论的宏观嬗变［J］/ 赵银芳 // 中国苏轼研究，2016（1）

16604 苏轼与张孝祥词创作倾向比较研究［J］/ 丰家喜 // 信阳农林学院学报，2016（1）

16605 辛词学东坡的微观考察［J］/ 汪洋 // 铜仁学院学报，2016（1）

16606 苏东坡词三首［J］/ 罗思宝 // 金沙江文艺，2016（2）

16607 论苏轼词中的舟船意象［J］/ 甘来冬 // 成都大学学报（社会科学版），2016（2）

16608 苏轼词入乐可歌之新论［J］/ 丁放，夏小凤 // 西北师范大学学报（社会科学版），2016（2）

16609 苏轼论词题跋的文献学价值［J］/ 聂改凤 // 河南广播电视大学学报，2016（2）

16610 苏轼推尊词体说献疑［J］/ 王卫星 // 广西民族大学学报（哲学社会科学版），2016（2）

16611 英语世界中国古代词人地位的定量分析［J］/ 涂慧 // 燕山大学学报（哲学社会科学版），2016（2）

16612 论北宋祝寿词的发展与用典［J］/ 冯婵 // 解放军艺术学院学报，2016（3）

16613 论靖康之难前后宋人对东坡词的态度转变［J］/ 王慧 // 青年文学家，2016（3）

16614 浅析苏轼的豪放与婉约［J］/ 蒋玉娟 // 科学咨询，2016（3）

16615 苏轼《临江仙·夜归临皋》的症候解读［J］/ 谈胜轶 // 语文教学研究，2016（3）

16616 苏轼送别词人文意象的审美内蕴［J］/ 徐梦琳 // 六盘水师范学院学报，2016（3）

16617 古诗文教学中的“这一个”：以教材中苏轼词文为例［J］/ 陈烈燕 // 语文教学研究，2016（4）

16618 浅析苏轼的词风［J］/ 庞玉琪 // 考试与评价，2016（4）

16619 苏轼《赤壁怀古》［J］/ 不详 // 东坡赤壁诗词，2016（4）

16620 苏轼渔父组词特点探析［J］/ 梁一粟 // 兴义民族师范学院学报，2016（4）

16621 词圣苏轼［J］/ 不详 // 档案记忆，2016（5）

16622 但令人饱我愁无：喜见苏东坡黄州《浣

溪沙》五首墨迹[J]/王琳祥//黄冈职业技术学院学报，2016(5)

16623 对苏轼“放下”的思辨:《赤壁怀古》的教学镜头[J]/周佳曦//现代语文·教学研究，2016(5)

16624 论苏轼词对杜甫诗歌的化用[J]/贾琪//安康学院学报，2016(5)

16625 论苏轼词中的花卉意象[J]/张玮//语文教学与研究，2016(5)

16626 略论李光词的崇苏与学苏[J]/张琳//关东学刊，2016(5)

16627 浅论苏轼词中的《庄子》典故及意象[J]/贾琪//湖北科技学院学报，2016(5)

16628 苏轼出守密徐湖时期的词作内容及地位[J]/彭文良//东方论坛，2016(5)

16629 苏轼词中“小舟”意象初探[J]/蒋珍珍//太原学院学报(社会科学版)，2016(5)

16630 苏轼词中的“野狐味”[J]/刘博，苏亚静//濮阳职业技术学院学报，2016(5)

16631 苏轼词中雪意象内涵刍议[J]/黄金女//山西青年，2016(5)

16632 音义相切 声情相谐：苏轼诗词译本比较研究[J]/戴文静//江苏社会科学，2016(5)

16633 清末三大词话论苏·辛词[J]/费嵩晴//文艺生活(中旬刊)，2016(6)

16634 苏轼“以诗为词”之动因、标志及词史意义[J]/张国荣//乐山师范学院学报，2016(6)

16635 苏轼词风新论[J]/戚媛琪//北方文学(中)，2016(6)

16636 苏轼词中酒的情感内涵[J]/张拓//文学教育(下)，2016(6)

16637 辛弃疾和苏轼词赋的意象差异研究[J]/陈元瑞//牡丹江教育学院学报，2016(6)

16638 浅谈《庄子》对苏轼词的影响[J]/李彩映//北方文学(下)，2016(7)

16639 浅析苏轼词中思亲念友的自我形象[J]/路强//中学语文(大语文论坛)，2016(7)

16640 宋代军旅词特点探析[J]/朱国伟//重庆科技学院学报(社会科学版)，2016(7)

16641 宋型文化视野下：论苏轼黄州词中的心灵归途[J]/王莉莉//湖北科技学院学报，2016(7)

16642 檃括：古代词曲的一种创作方法[J]/陈正贤//写作(上旬刊)，2016(7)

16643 东坡的别样风雅：苏轼婉约风格词略探[J]/赵小秋//文艺生活·文艺理论，2016(8)

16644 老却东坡成甘酿：浅谈苏轼词风嬗变[J]/张由//新课程研究(上旬刊)，2016(8)

16645 论陈与义对苏轼词的接受和推重[J]/张美丽//学术交流，2016(8)

16646 论苏轼与辛弃疾词风的异同[J]/李颖聪//牡丹，2016(8)

16647 苏轼“咏月词”略论[J]/唐安民//鸭绿江(下半月版)，2016(8)

16648 从四位词人看词的发展脉络[J]/杨有路//名作欣赏(中旬刊)，2016(10)

16649 论苏轼词中的转折艺术[J]/张子川//太原城市职业技术学院学报，2016(10)

16650 浅议苏轼对词的开拓[J]/庄平//文学教育(中)，2016(10)

16651 论苏轼词的“以俗为美”[J]/殷海卫//安徽文学(下半月)，2016(11)

16652 试论苏轼词中的归乡情结[J]/杨集熠//现代语文(文学研究版)，2016(11)

16653 对苏轼词的思辨性阅读［J］/岳勇志//语文天地（高中版），2016（12）

16654 两次仕杭时苏轼词对唐人诗句的化用［J］/张玉婷//青年时代，2016（14）

16655 试论苏轼的豪放词风［J］/易梅//中外交流，2016（14）

16656 苏轼和秦观词风差异性成因探究［J］/赵阳//青年时代，2016（14）

16657 浅论苏轼的豪放词［J］/饶德模//教育现代化（电子版），2016（18）

16658 苏轼写梦词审美价值分析［J］/吴水发//语文学刊，2016（19）

16659 南北宋豪放词的发展与流变：以苏轼、辛弃疾的豪放词作为研究案例［J］/宋瑞丹//赤子（上中旬），2016（20）

16660 大江歌罢 把酒问天：论苏轼豪放词风的形成及影响［J］/白云//北方文学，2016（22）

16661 浅析苏轼词中的审美形态［J］/唐俊//青年文学家，2016（23）

16662 苏轼青词研究［J］/龚丹//青年文学家，2016（23）

16663 苏轼悼亡词研究［J］/杨迎//青年文学家，2016（30）

16664 苏轼与李清照的对比研究［J］/赵琰，邱丽娟//青年文学家，2016（30）

16665 中学语文教材中苏轼词作所折射出的悲情色彩［J］/蔡群发//才智，2016（33）

16666 浩气·郁气·清气：苏轼及其词研究［D］/关茂．—西藏大学（硕士论文），2016

16667 苏轼涉酒词研究［D］/郭艳艳．—湖南大学（硕士论文），2016

16668 以苏轼词为例探究高中宋词教学的有效途径［D］/王梓民．—华中师范大学（硕士论文），2016

16669 论苏轼、文同《洋州园池三十首》的异同［J］/乔云峰//乐山师范学院学报，2017（1）

16670 论苏轼词的时空关系与悲剧意识［J］/宋梁缘//中国苏轼研究，2017（1）

16671 浅谈苏轼和辛弃疾豪放词不同的思想境界［J］/耿燕//青少年日记（教育教学研究），2017（1）

16672 苏轼词的女性意识［J］/韩丽霞//中国苏轼研究，2017（1）

16673 苏轼词作中的副词研究［J］/胡媛媛，高建//辽东学院学报（社会科学版），2017（1）

16674 苏轼农村词探赜［J］/沈广斌//中国苏轼研究，2017（1）

16675 苏轼词中女性形象研究［J］/秦燕南//文学教育（下），2017（3）

16676 浅谈苏轼词时间意识的内涵［J］/韩庭彦//北方文学（下旬），2017（4）

16677 清雅旷达 超凡超脱：苏轼黄州词的艺术风格［J］/郭佳卉//新课程研究（下旬刊），2017（4）

16678 苏轼黄州词作与水性思维［J］/韩玺吾//长江大学学报（社会科学版），2017（5）

16679 苏轼婉约词作的艺术成就分析［J］/潘庭燕//文学教育（上），2017（5）

16680 二十世纪以来日本学者的苏轼词研究［J］/邱美琼，刘雨婷//浙江师范大学学报（社会科学版），2017（7）

16681 试论苏轼诗词中的禅思与禅趣［J］/官方//韶关学院学报，2017（7）

16682 浅析苏轼词的词风变化：记被贬密州、徐州和黄州时期的词风变化［J］/李一白//中华少年，2017（8）

16683 探微苏轼词中的愁苦与悲哀［J］/王敏//吉林广播电视大学学报，2017（8）

16684 论苏轼贬谪经历对其谐趣词创作的影响［J］/李恒//学术交流，2017（10）

16685 浅谈苏轼词的多样化创作特征［J］/ 刘子川 // 知音励志，2017（10）

16686 且诵且品 吟诗知人：论苏轼词的多样化风格［J］/ 梁丽娜 // 汉字文化，2017（19）

16687 试论辛弃疾词对苏轼诗词接受的地域差异：以唐宋文学编年地图为参考依据［J］/ 邓晓倩 // 文教资料，2017（21）

16688 苏轼黄州词四种心境［J］/ 林怡，杨兆贵 // 吉林教育，2017（25）

16689 浅论苏轼豪放词中的旷达之风［J］/ 苏丽华 // 好家长，2017（72）

16690 生态翻译学视角下苏轼诗歌英译比较研究［D］/ 刘叶繁．—西南科技大学（硕士论文），2017

16691 苏轼词作演唱初探［D］/ 郭佳眉．—上海音乐学院（硕士论文），2017

16692 苏轼倅杭词研究［D］/ 刘慧．—上海师范大学（硕士论文），2017

词作品评论与赏析

16693 编年东坡乐府序［J］/ 不详 // 国风报，1911，2（16）

16694 东坡乐府序［J］/ 冯煦 // 庸言，1913，1（5）

16695 读东坡少年游词时有国忧谱此不胜怆怀［J］/ 范烟桥 // 余兴，1916（16）

16696 读书杂记（二）：东坡用孔明文为词［J］/ 胡怀琛 // 国学周刊，1925（93）

16697 苏东坡的词二阕［J］/ 尚秋 // 南大周刊，1926（27）

16698 东坡词的研究（续八十七期）［J］/ 金晴川 // 苏中校刊，1933，3（88）

16699 宋词互见考·黄庭坚与苏轼：阮郎归［J］/ 唐圭璋 // 词学季刊，1935，2（4）

16700 宋词互见考·黄庭坚与苏轼：鹧鸪天·西塞山边白鸟飞……［J］/ 唐圭璋 // 词学季刊，1935，2（4）

16701 宋词互见考·李璟与苏轼：浣溪沙［J］/ 唐圭璋 // 词学季刊，1935，2（4）

16702 宋词互见考·秦观与苏轼：点绛唇［J］/ 唐圭璋 // 词学季刊，1935，2（4）

16703 宋词互见考·晏殊与欧阳修苏轼：蝶恋花［J］/ 唐圭璋 // 词学季刊，1935，2（4）

16704 宋词互见考·晏殊与苏轼：浣溪沙［J］/ 唐圭璋 // 词学季刊，1935，2（4）

16705 宋词互见考·朱淑真与苏轼：菩萨蛮［J］/ 唐圭璋 // 词学季刊，1935，2（4）

16706 东坡乐府综论［J］/ 龙沐勋 // 词学季刊，1935（3）

16707 宋词互见考（续）·程垓与苏轼：意难忘［J］/ 唐圭璋 // 词学季刊，1936，3（1）

16708 宋词互见考（续）·廖正一与苏轼：瑶池燕［J］/ 唐圭璋 // 词学季刊，1936，3（1）

16709 宋词互见考（续）·苏轼与贺铸：点绛唇［J］/ 唐圭璋 // 词学季刊，1936，3（1）

16710 宋词互见考（续）·苏轼与黄庭坚：浣溪沙［J］/ 唐圭璋 // 词学季刊，1936，3（1）

16711 宋词互见考（续）·苏轼与黄庭坚：西江月［J］/ 唐圭璋 // 词学季刊，1936，3（1）

16712 宋词互见考（续）·苏轼与晏殊：蝶恋花［J］/ 唐圭璋 // 词学季刊，1936，3（1）

16713 宋词互见考（续）·苏轼与晏殊：诉衷情［J］/ 唐圭璋 // 词学季刊，1936，3（1）

16714 宋词互见考（续）·苏轼与姚志道蒋宣卿：青玉案[J]/唐圭璋//词学季刊，1936，3（1）

16715 宋词互见考（续）·苏轼与张养浩：行香子[J]/唐圭璋//词学季刊，1936，3（1）

16716 宋词互见考（续）·苏辙与苏轼：水调歌头[J]/唐圭璋//词学季刊，1936，3（1）

16717 宋词互见考（续）·叶梦得与苏轼：江城子[J]/唐圭璋//词学季刊，1936，3（1）

16718 宋词互见考（续）·叶梦得与苏轼：永遇乐[J]/唐圭璋//词学季刊，1936，3（1）

16719 宋词互见考（续）·叶梦得与苏轼：虞美人[J]/唐圭璋//词学季刊，1936，3（1）

16720 宋词互见考（续）·王观与苏轼：卜算子[J]/唐圭璋//词学季刊，1936，3（2）

16721 宋词互见考（续）·葛长庚与苏轼：水调歌头[J]/唐圭璋//词学季刊，1936，3（3）

16722 宋词互见考（续）·苏轼与郭生：瑞鹧鸪[J]/唐圭璋//词学季刊，1936，3（3）

16723 宋词互见考（续）·苏轼与周邦彦：忆秦娥·双溪月……[J]/唐圭璋//词学季刊，1936，3（3）

16724 宋词互见考（续）·无名氏与周邦彦苏轼：忆秦娥·香馥馥……[J]/唐圭璋//词学季刊，1936，3（3）

16725 东坡词意境[J]/介西//新苗（北平），1936（1）

16726 词曲研究会讨论苏东坡：苏辛并称而一旷一豪，作风超脱如行云流水[J]/不详//燕京新闻，1940，6（23）

16727 柳永、苏轼与词的发展[J]/郑骞//读书青年，1944，1（3）

16728 风满楼近作：黄金潮：水调歌头改东坡[J]/甲原//本行通讯，1947（156）

16729 论苏轼"念奴娇"词里的"羽扇纶巾"[J]/唐圭璋//语文教学，1956（4）

16730 柳永、苏轼与词的发展[J]/郑骞//文学杂志，1957，3（1）

16731 关于苏轼"念奴娇"词"羽扇纶巾"之疑问[J]/夏承焘//语文教学，1957（2）

16732 《水调歌头（明月几时有）》赏析[J]/不详//语文教学，1957（3）

16733 苏轼《浣溪沙》词的一个问题[J]/任梦兰//语文学习，1957（4）

16734 略谈苏轼的《念奴娇》[J]/詹安泰//语文学习，1957（5）

16735 谈苏轼的"念奴娇"词[J]/胡国瑞//语文教学，1957（8）

16736 从"东坡乐府"里看苏轼和农民的情谊[J]/唐圭璋//雨花，1958（1）

16737 释东坡水调歌头[J]/潘光晟//中国语文，1959，4（4）

16738 苏轼的"大江东去"（青年文选）[J]/唐文德//中国语文，1959，4（4）

16739 东坡词的欣赏[J]/陈晓蔷//文学杂志，1959，6（4）

16740 苏东坡《大江东去》（名著欣赏）[J]/陈迩冬//文学知识，1959（12）

16741 也谈"念奴娇"中的"樯橹"[J]/王世明//文学遗产，1960（302）

16742 苏轼最早的一首豪放词："江城子"密州出猎[J]/夏承焘//文汇报，1962（11）

16743 东坡《卜算子》[N]/朴人//台湾"中央日报"，1963-03-08

16744 读东坡《赤壁怀古》[J]/梁宜生//人生，1964，27（7）

16745 略论苏轼及其词[J]/罗晓梅//文讯，1964（7）

16746 论苏东坡词[J]/陈宗敏//出版月刊，1967(22)

16747 论东坡词[J]/夏裕国//国魂，1968(272)

16748 再论东坡词[J]/陈宗敏//醒狮，1969，7(2)

16749 苏轼词欣赏[J]/张梦机//自由青年，1970，44(2)

16750 苏诗之词达气畅笔端有舌：东坡诗论之四[J]/苏雪林//畅流，1972，45(10)

16751 苏轼与辛弃疾[J]/谦忍//畅流，1973，47(5)

16752 苏东坡词之特色[J]/谢德莹//女师专学报，1973(3)

16753 苏轼和他的《念奴娇·赤壁怀古》[J]/钟陵//南京师范大学学报(社会科学版)，1974(2)

16754 苏东坡词之技巧[J]/谢德莹//女师专学报，1974(5)

16755 苏东坡的“赤壁怀古”词[J]/雅儒//文坛，1974(172)

16756 苏轼词赤壁怀古的新研究[J]/王澄维，王清源//文艺复兴，1975(61)

16757 东坡的水调歌头[N]/费海玑//台湾日报，1977-05-26

16758 苏轼:《江城子》(密州出猎)[J]/不详//语文函授，1977(17)

16759 东坡词韵研究[D]/许金枝.—台湾师范大学(硕士论文)，1977

16760 苏东坡与辛稼轩的农村词[J]/徐信义//幼狮月刊，1978，48(1)

16761 苏轼初期的送别词[J]/西纪昭//中外文学，1978，7(5)

16762 读苏词《念奴娇·赤壁怀古》[J]/李湘//函授通讯(语文版)，1978(6)

16763 文物丛谈：苏东坡的“超然台”[J]/臧克家//文物，1978(10)

16764 从水调歌头论苏轼[N]/包根弟//青年战士报，1979-12-23

16765 读苏轼、辛弃疾的两首怀古词[J]/胡澄志//安徽师范大学学报(人文社会科学版)，1979(1)

16766 说苏轼《念奴娇·赤壁怀古》[J]/张志岳//文艺百家·哈尔滨，1979(1)

16767 谈苏轼的《念奴娇·赤壁怀古》[J]/唐玲玲//语文教学与研究，1979(1)

16768 婉约与豪放的奇妙结合：试谈毛主席词《贺新郎》的艺术特色[J]/裴芹//内蒙古民族大学学报(社会科学版)，1979(1)

16769 《念奴娇·赤壁怀古》分析[J]/姜光斗，顾启//语文教学通讯，1979(3)

16770 《念奴娇·赤壁怀古》简析[J]/马孝义//中学语文，1979(3)

16771 宋词小札[J]/刘逸生//广州文艺，1979(3)

16772 苏轼念奴娇(赤壁怀古)[J]/刘逸生//广州文艺，1979(3)

16773 横槊气概 英雄本色：谈苏东坡《念奴娇·赤壁怀古》词[J]/刘乃昌//齐鲁学刊，1979(4)

16774 东坡词韵研究[J]/许金枝//台湾师范大学国文研究所集刊，1979(23)

16775 《水调歌头·丙辰中秋》思想内容探讨[J]/张海滨//宁夏大学学报(人文社会科学版)，1980(1)

16776 似花还似非花：苏轼和章(次呆)的《杨花词》试释[J]/刘逸生//名作欣赏，1980(1)

16777 似花还似非花：心和物的默契——苏轼《水龙吟》(次韵章质夫杨花词)解读[J]/郭建平//名作欣赏，1980(1)

16778 似是一种失败的心理：就苏轼《念奴娇·赤壁怀古》的主题与刘乃昌同志商

榷［J］/段国超//齐鲁学刊，1980（1）

16779　苏轼和他的《念奴娇·赤壁怀古》［J］/马之法//中学语文，1980（1）

16780　谈苏词《念奴娇·赤壁怀古》［J］/袁伯诚//宁夏大学学报（人文社会科学版），1980（1）

16781　《苏轼：念奴娇·赤壁怀古》的艺术特色［J］/刘铁冰//邵阳师专·教与学（文科），1980（1/2）

16782　东坡词中的感情表现［J］/郑向恒//古典文学，1980（2）

16783　关于苏轼《念奴娇》词的异文和标点［J］/振甫//中国青年，1980（2）

16784　身处逆境　雄心未已：读苏轼《念奴娇·赤壁怀古》词［J］/周子瑜//西华师范大学学报（哲学社会科学版），1980（2）

16785　苏轼词《念奴娇·赤壁怀古》浅析［J］/杨效春//语言文学，1980（2）

16786　谈谈苏轼词《念奴娇·赤壁怀古》［J］/熊大权//南昌大学学报（人文社会科学版），1980（2）

16787　谈谈苏轼词《念奴娇·赤壁怀古》［J］/熊大权//江西大学学报（社会科学版），1980（2）

16788　千里共婵娟：谈苏词“月”［J］/许总//雨花，1980（4）

16789　苏轼：水调歌头［J］/刘逸生//广州文艺，1980（5）

16790　东坡的田园词［J］/郑向恒//木铎，1980（9）

16791　天上人间共赏月：苏轼《水调歌头·明月几时有》赏析［N］/裘汉康//广州日报，1981-09-11

16792　读苏轼词《江城子·密州出猎》［J］/霍松林//陕西教育，1981（1）

16793　浅谈苏轼词《浣溪沙·石潭谢雨》［J］/戴予强//天津师专学报，1981（1）

16794　《念奴娇·赤壁怀古》的赏析［J］/谭行//广西民族学院学报（哲学社会科学版），1981（1）

16795　《苏轼词选释》前言［J］/叶柏村//图书评介、图书馆学，1981（1）

16796　苏轼《念奴娇·赤壁怀古》赏析［J］/刘滋培//固原师专学报，1981（1）

16797　一曲清雄豪迈的壮歌：苏轼《念奴娇·赤壁怀古》浅析［J］/丘树宏//惠州学院学报，1981（1）

16798　苏轼的《念奴娇·赤壁怀古》浅析［J］/覃光文//常德师专教学与研究，1981（1/2）

16799　苏轼《念奴娇·赤壁怀古》小议［J］/洪静渊//中学语文教学，1981（2）

16800　说苏轼〔卜算子〕（《缺月挂疏桐》）［J］/吴小如//大学生，1981（3）

16801　是“小乔初嫁”吗？［J］/童勉乏//语文教学与研究，1981（4）

16802　苏东坡《沁园春》［J］/臧克家，潘絜兹//文汇月刊，1981（4）

16803　《苏辛词风异同辨》辩［J］/邱俊鹏，曹学伟//四川大学学报（哲学社会科学版），1981（4）

16804　婉约之中显爽健：苏轼《贺新郎》赏析［J］/吴小林//名作欣赏，1981（4）

16805　郴江误下潇湘去：秦观《踏莎行》赏析［J］/刘逸生//名作欣赏，1981（5）

16806　苏轼《念奴娇·赤壁怀古》“英发”一词辨析［J］/张代敏//语文教学通讯，1981（6）

16807　苏轼《念奴娇·赤壁怀古》浅析［J］/覃光文//常德师专教学与研究（哲学社会科学版），1981（12）

16808　苏轼赤壁怀古词探讨［J］/吴雪涛//河北学刊，1981（创刊号）

16809 还是“小乔初嫁了”[J]/古城生//安庆师范学院学报(社会科学版),1982(1)

16810 苏词《念奴娇·赤壁怀古》浅讲[J]/汪德羞//昭乌达蒙族师专学报,1982(1)

16811 苏轼的《孤鸿词》[J]/亦青//中南民族大学学报(人文社会科学版),1982(1)

16812 也谈“故国神游”[J]/翼谋//南京师范大学学报(社会科学版),1982(1)

16813 说苏东坡词《行香子》[J]/陈初,郭隽杰//名作欣赏,1982(2)

16814 苏轼《赤壁怀古》词异释述评[J]/许志修//广州师范学院学报(社会科学版),1982(2)

16815 苏轼《念奴娇·赤壁怀古》的结构与语言艺术[J]/田怡//语文学刊,1982(2)

16816 苏轼写在徐州的一组《浣溪纱》[J]/傅经顺//文史知识,1982(2)

16817 重壤永幽隔,双栖成一只:析苏轼悼亡词《江城子》[J]/董涵铭//语文园地,1982(2)

16818 悲歌一曲:重读苏轼《念奴娇 赤壁怀古》[J]/丁平//邵阳师专文科,1982(3)

16819 苏轼黄州时期思想初探:从《卜算子·黄州定惠院寓居作》谈起[J]/张海滨//黄冈师范学院学报,1982(3)

16820 未能报国惭书剑:漫话苏轼的人生观和他的《念奴娇·赤壁怀古》[J]/王又村//湖北师范学院学报(哲学社会科学版),1982(3)

16821 《念奴娇·赤壁怀古》管见[J]/李苍如//延安大学学报(社会科学版),1982(4)

16822 理趣深沉 意境空灵:略谈苏轼的《水调歌头》[J]/于翠玲//陕西教育,1982(5)

16823 苏轼《念奴娇·赤壁怀古》勘误[J]/冬子//求索,1982(6)

16824 苏轼《水调歌头》浅析[J]/钟尚钧//语言文学,1982(6)

16825 东坡中秋词小议[N]/陈正宽//光明日报,1983-01-18

16826 东坡中秋词榷议[N]/徐翰逢//光明日报,1983-05-17

16827 滔滔江河志,耿耿报国心[N]/梁硕//河南日报,1983-09-18

16828 对《读苏轼词札记》的一点质疑[J]/柏峰//华东师范大学学报(哲学社会科学版),1983(1)

16829 浅谈苏词的风格[J]/鲍云涛//辽宁教育学院学报,1983(1)

16830 融理入景,理与景化:谈苏轼《临江仙》词[J]/方智范//文史知识,1983(1)

16831 直赋其事,回肠荡气:读苏轼词《江城子·乙卯正月二十日夜记梦》[J]/陈钢//盐城师专学报(社会科学版),1983(1)

16832 大江东去,绝唱千古:关于苏轼《念奴娇·赤壁怀古》探测笔记[J]/程金阶//孝感师专学报(哲学社会科学版),1983(2)

16833 感奋感伤 浑然一体:谈苏轼《念奴娇·赤壁怀古》[J]/王化钧//教学研究通讯(文科版),1983(2)

16834 苏轼《念奴娇·赤壁怀古》试析[J]/余福智//韩山师专学报(社会科学版),1983(2)

16835 苏轼词二首浅论[J]/梦河纳仁//内蒙古民族大学学报(社会科学版),1983(2)

16836 苏轼《水龙吟》扬花词补注[J]/山雨//阴山学刊,1983(2)

16837 登高望远 举首高歌:《大江东去》修辞

赏析［J］/ 林承璋 // 当代修辞学，1983（3）

16838 试论秦观歌妓词的思想意义［J］/ 赵义山 // 西华师范大学学报（哲学社会科学版），1983（3）

16839 新选课文分析：诗入眼底画卷开：苏轼《惠崇〈春江晚景〉》简说［J］/ 徐荣街 // 语文教研，1983（3）

16840 田园画境 意切情真：苏词《浣溪纱》之四研读［J］/ 赵伯英，沈彦 // 殷都学刊，1983（4）

16841 读苏轼《浣溪沙·徐门石潭》之四［J］/ 谢国平，娄元华 // 语文教学，1983（5）

16842 古典诗词的寄寓问题：再谈东坡中秋词及其他［J］/ 徐翰逢 // 名作欣赏，1983（6）

16843 关于苏轼《念奴娇·赤壁怀古》几个问题质疑［J］/ 童勉之 // 武汉教育学院学报，1983（6）

16844 一曲清词咏农家：读苏轼《浣溪纱》［J］/ 张其俊 // 中学语文，1983（7）

16845 隐而不露，余味曲包：苏轼《定风波》赏析［J］/ 任小东，业幸平 // 语文月刊，1983（7）

16846 析苏轼《浣溪沙》五首之四［J］/ 候孝琼 // 教学通讯（文科版），1983（8）

16847 苏轼《浣溪沙》浅析［J］/ 程杰 // 江苏教育，1983（9）

16848 芬芳同馨，情境略异：浅述苏轼《浣溪沙》和辛弃疾《清平乐》［J］/ 董景尧 // 语文教学，1983（10）

16849 略谈苏轼的《浣溪沙》［J］/ 郭隽杰 // 教学通讯文科版，1983（11）

16850 满目丰收景、一腔爱民情：苏轼《浣溪沙·簌簌衣巾》讲析［J］/ 黄德生 // 中学语文教学参考，1983（11）

16851 深情缘爱结：苏轼《浣溪沙》五首词笔谈［J］/ 尚增光 // 中学语文教学，1983（11）

16852 苏东坡不是“豪放派”［J］/ 不详 // 解放军报，1983（11）

16853 苏轼《念奴娇·赤壁怀古》词疑点综辨［J］/ 金康祥 // 中学语文教学，1983（11）

16854 苏轼《浣溪沙》思想内容艺术特征探微［J］/ 韩维禄 // 中学语文教学参考，1983（12）

16855 苏轼《浣溪沙·簌簌衣巾》析疑［J］/ 黄德生 // 语文战线，1983（12）

16856 优美的图画，可贵的感情〔苏轼的《浣溪沙》〕［J］/ 樊凡 // 教学通讯（文科版），1983（12）

16857 从两首苏词看苏轼的婚姻观［N］/ 王季思 // 光明日报，1984-12-04

16858 东坡中秋词刍议［J］/ 黄海鹏 // 黄冈师范学院学报，1984（1）

16859 念奴娇 韶山感怀（步苏轼《赤壁怀古》韵）［J］/ 欧阳俊 // 湘潭师范学院学报（社会），1984（1）

16860 苏轼《念奴娇·赤壁怀古》辨析［J］/ 彭秀模，吴广平 // 吉首大学学报（社会科学版），1984（1）

16861 读苏轼中秋词《水调歌头》［J］/ 黄国良 // 唐山教育学院学刊，1984（2）

16862 关于东坡乐府研究的几个问题［J］/ 陈新璋 // 华南师范大学学报（社会科学版），1984（2）

16863 苏轼《浣溪沙》（“簌簌衣巾……”）简析［J］/ 子川 // 中学教育资料（语文教学版），1984（2）

16864 痛饮从来别有肠：东坡《中秋词》探微［J］/ 张海滨 // 宁夏教育学院学刊（文科版），1984（2）

16865 白羽犹能效一挥：苏轼《江城子密州出猎》［J］/ 温源 // 中学语文教学参考，

1984（4）

16866 略谈苏轼《浣溪沙》和辛弃疾《清平乐》［J］/ 吴祈仁 // 宁夏大学学报（哲学社会科学版），1984（4）

16867 缪钺论苏、辛词与《庄》、《骚》［J］/ 于 // 社会科学研究，1984（4）

16868 说东坡中秋词:《水调歌头》［J］/ 钱谷融 // 艺谭，1984（4）

16869 析苏轼《水龙吟·咏杨花》［J］/ 张莉 // 学习与思考，1984（4）

16870 寻求解脱，达中含苦：苏词《念奴娇：赤壁怀古》臆说［J］/ 李文秀 // 语文教学与研究，1984（4）

16871 苏轼的书简《与鲜于子骏》和《江城子·密州出猎》［J］/ 王水照 // 学术月刊，1984（5）

16872 性格美的闪光：苏轼《定风波·莫听穿林打叶声》赏析［J］/ 王尚文 // 语文园地，1984（5）

16873 语新意深：读苏轼《蝶恋花》词［J］/ 杨薛华 // 语文教学，1984（5）

16874 此心安处是吾乡［J］/ 陈新璋 // 广州文艺，1984（7）

16875 东坡赤壁怀古［J］/ 崂山鸥 // 山东文学，1984（7）

16876 青春永驻：读苏轼《浣溪沙·山下兰芽短浸溪》［J］/ 王成 // 辽宁青年，1984（8）

16877 苏轼《浣溪沙》词赏析四川［J］/ 夏业昌 // 陕西教育，1984（9）

16878 词平句淡 味同清泉：读苏轼《浣溪沙》［J］/ 米春秀 // 安徽教育，1984（11）

16879 从东坡诗词看其性情襟抱［J］/ 鹿忆鹿 // 明道文艺，1984（104）

16880 词一首 念奴娇·用东坡赤壁怀古原韵［J］/ 王起 // 惠州学院学报，1984（S1）

16881 行云流水，姿态横生：苏轼、章质夫《水龙吟》析评［J］/ 孔繁章 // 洛阳师专学报（综合版），1985（1）

16882 生死有界 爱情无涯：读苏轼《江城子·乙卯正月十日记梦》［J］/ 张爱萍 // 承德师专学报，1985（1）

16883 苏轼《江城子》赏析［J］/ 石景麟 // 大众心理学杂志，1985（1）

16884 苏轼《念奴娇·赤壁怀古》三札［J］/ 李泽民 // 语文教学，1985（1）

16885 造千秋绝谱，开一代词风：读苏轼《念奴娇·赤壁怀古》［J］/ 陈葆经 // 江南诗词，1985（1）

16886 从政治角度理解苏轼词的部分名篇［J］/ 杨莼 // 曲靖师范学院学报，1985（2）

16887 苏、辛的两首咏月词［J］/ 补拙 // 华中师范大学学报（人文社会科学版），1985（2）

16888 苏轼《临江仙》和辛弃疾《西江月》反映主体的个性特征辨［J］/ 张晓西 // 东疆学刊，1985（2）

16889 苏轼的两首《江城子》［J］/ 辛建钦 // 临沂师专学报（社会科学版），1985（3）

16890 从《满庭芳》《雨霖铃》看秦柳词风之异同［J］/ 刘新文 // 江淮论坛，1985（4）

16891 格奇语隽：苏轼《卜算子·黄州定惠院寓居作》赏析[J]/不详//艺谭，1985（4）

16892 挥雄健笔 摅不平怀：苏轼《满江红寄鄂州朱使君寿昌》赏析［J］/ 刘乃昌，崔海正 // 中国古典文学鉴赏，1985（4）

16893 人间之游，天上之想：漫谈苏轼的《念奴娇·中秋》［J］/ 余翎 // 名作欣赏，1985（4）

16894 苏轼实在不识周郎赤壁［J］/ 刘孔伏 // 陕西师范大学学报（哲学社会科学版），1985（4）

16895 一幅思绪联翩的皓月夜饮图：苏轼《水调歌头》赏析［J］/ 谢宝林 // 语文教学

研究，1985（4）

16896 清新 含蓄 巧妙 精工：苏轼《水龙吟·次韵章质夫杨花词》的艺术特点［J］/ 姜元夫 // 语文月刊，1985（5）

16897 《石林词》和南渡前后词风的转变［J］/ 蒋哲伦 // 文学评论，1985（5）

16898 真情实感巧构思 苏轼一首悼亡词［J］/ 何琼崖，王春美 // 中国古典文学鉴赏，1985（5）

16899 关于苏东坡“定风波”词正谬（书简）［J］/ 沈孟玉 // 传记文学，1985（6）

16900 苏轼《念奴娇·赤壁怀古》考辩［J］/ 洪静渊 // 中学语文教学，1985（7）

16901 苏轼《西江月》词臆说［J］/ 吴雪涛 // 河北学刊，1985（7）

16902 千古绝唱：苏轼《念奴娇·赤壁怀古》［J］/ 袁行霈 // 文史知识，1985（8）

16903 莫听穿林打叶声：谈苏轼《定风波》［J］/ 沙川 // 决策与信息，1985（9）

16904 一样醉酒两样情：苏轼《临江仙》和辛弃疾《西江月》艺术风格辨［J］/ 张晓西 // 语文园地，1985（9）

16905 幽梦话凄凉：苏轼《江城子》赏析［J］/ 周先慎 // 文史知识，1985（11）

16906 诗意浓苏轼赤壁怀古 箫声咽李委月夜泛舟［J］/ 林克仁，范保文 // 当代文坛，1985（12）

16907 逸怀浩气东坡词［J］/ 张梦机 // 幼狮少年，1985（108）

16908 苏轼“大江东去”鉴赏［J］/ 唐文德 // 书和人，1985（523）

16909 东坡《中秋词》是怨词［J］/ 王曾 // 沈阳文史研究，1986（1）

16910 于射猎中见真情：读苏轼《江城子·密州出猎》［J］/ 梅佳音 // 中文自修，1986（1）

16911 语意高妙 古今绝唱：苏轼《念奴娇·赤壁怀古》浅析［J］/ 刘英志，王德安 // 函授辅导（语文版），1986（1）

16912 但愿人长久 千里共婵娟：读苏轼《水调歌头·丙辰中秋》［J］/ 刘伯阜 // 中医药文化，1986（2）

16913 《宋词二首》精讲导读［J］/ 周雪平 // 语文教学通讯，1986（2）

16914 苏轼《江城子·猎词》编年考辨［J］/ 刘崇德 // 河北大学学报（哲学社会科学版），1986（2）

16915 苏轼《念奴娇·赤壁怀古》探幽［J］/ 赵吉生 // 哈尔滨商业大学学报（社会科学版），1986（2）

16916 苏轼《念奴娇·赤壁怀古》探幽［J］/ 赵吉生 // 黑龙江财专学报，1986（2）

16917 谈新发现的苏轼《行香子》词石刻［J］/ 徐超文 // 文物研究，1986（2）

16918 情真意挚 生死难忘：读苏轼《江城子·十年生死》［J］/ 徐羽厚 // 语文学习，1986（3）

16919 苏轼《赤壁怀古》异文杂说［J］/ 楚庄 // 华人世界，1986（4）

16920 苏轼《江城子·密州出猎》讲析［J］/ 华正茂 // 中文自学指导，1986（4）

16921 老夫聊发少年狂：读东坡词［J］/ 不详 // 老同志之友，1986（6）

16922 神话与历史的交融 天道与人道的合一：谈苏轼中秋词的深层结构［J］/ 蒋海生 // 名作欣赏，1986（6）

16923 苏轼不辨假赤壁［J］/ 马鸣潼 // 语文园地，1986（10）

16924 浅谈苏轼《念奴娇·大江东去》的艺术美［J］/ 涂普生 // 语文教学与研究，1986（12）

16925 苏轼《何满子》词写作时地辨［J］/ 崔海正 // 齐鲁学刊，1987（1）

16926 一洗万古凡马空：读苏轼《江城子·密

州出猎》[J]/谢国平，娄元华//学语文，1987(1)

16927 碧山咏物词初探[J]/高梦林//辽宁教育学院学报(社会科学版)，1987(2)

16928 关于《念奴娇·赤壁怀古》的两个问题[J]/吴运娟//安庆师范学院学报(社会科学版)，1987(2)

16929 苏轼《念奴娇·赤壁怀古》"豪放"说质疑[J]/旗人//宁夏教育学院学报(社会科学版)，1987(2)

16930 大江流日夜 英雄古今多：苏轼《念奴娇·赤壁怀古》[J]/金陵//中文自学指导，1987(3)

16931 诗意浓苏轼赤壁怀古 箫声咽李委月夜泛舟[J]/林克仁，范保文//乐器，1987(3)

16932 苏轼《水调歌头》[明月几时有]浅析[J]/童虹//中文自学指导，1987(3)

16933 一位天才词人的试笔：苏轼前杭州词平议[J]/王文龙//盐城师范学院学报(人文社会科学版)，1987(3)

16934 优美清新的田园乐章 秀丽淡雅的农村画卷：读苏轼《浣溪沙》五首[J]/邬干湖//语文月刊，1987(3)

16935 读苏轼《浣溪沙·游蕲水清泉寺》[J]/阎笑非//佳木斯大学社会科学学报，1987(4)

16936 水调歌头(明月几时有)释译[J]/乔桑//新闻与写作，1987(4)

16937 苏轼"以诗为词"：浅析中学课本中的两首词[J]/吴运娟//安徽教育，1987(4)

16938 谈《念奴娇·赤壁怀古》词的感情基词[J]/石云涛//许昌师专学报，1987(4)

16939 读苏轼《卜算子》[J]/李倩//语文教学与研究，1987(5)

16940 从艺术创作中的主客体关系看苏、章的两首咏杨花词[J]/李子广//语文学刊，1987(6)

16941 读苏轼《水调歌头》[J]/高建中//中文自学指导，1987(6)

16942 略谈苏轼词二首[J]/陈蕴//教学与管理，1987(6)

16943 苏轼《雨中花慢》是悼念朝云[J]/高培华//文学遗产，1987(6)

16944 苏轼的《江城子·记梦》欣赏[J]/黎新异//课堂内外，1987(8)

16945 人真、景真、情真：苏轼《浣溪沙》简析[J]/张锡奎//中国哲学史，1987(9)

16946 苏词"捋青捣麨软饥肠"句正解[J]/程芳银//读书，1987(11)

16947 苏轼和他的《念奴娇·赤壁怀古》[J]/卢敦基//电大教学(语文版)，1987(11)

16948 苏东坡词所表现的心路历程研究[D]/柳明熙.—台湾政治大学(博士论文)，1987

16949 秦观《千秋岁》词辨正：读《淮海集》札记之二[J]/赵治中//丽水师专学报，1988(1)

16950 北宋词史上的两座里程碑：从柳词"晓风残月"说到苏词"大江东去"[J]/徐敏//北京师范大学学报(社会科学版)，1988(2)

16951 东坡词研究[J]/车柱环//中国书目季刊，1988，22(2)

16952 东坡《水调歌头》旧说辨正：兼论古代诗词研究中的两种偏向[J]/毛岫峰//盐城师专学报，1988(2)

16953 《念奴娇·赤壁怀古》诠释中的几个问题[J]/霍在明//唐都学刊(西安)，1988(2)

16954 《念奴娇·赤壁怀古》中的误断[J]/王木//乐山师范学院学报，1988(2)

16955 秦观《好事近》词辨正：读《淮海集》札记之三［J］/ 马成生，赵治中 // 丽水师专学报，1988（2）

16956 《沁园春·长沙》空间描写的艺术特色［J］/ 毛雨先 // 九江师专学报，1988（2）

16957 认识无风海曲，中多幽咽怨断音：苏东坡《赤壁怀古》词别解［J］/ 杨有山 // 信阳师专学报，1988（2）

16958 谁识天风海涛曲，中多幽咽怨断音：苏东坡《赤壁怀古》词别解［J］/ 杨有山 // 信阳师范学院学报（哲学社会科学版），1988（2）

16959 天涯万里慰忠魂［J］/ 韩朗亭 // 水利天地，1988（2）

16960 苏词《念奴娇·大江东去》不是豪放之作［J］/ 韩楚森，应坚 // 北京师范大学学报（社会科学版），1988（3）

16961 毛滂《东堂词》浅探［J］/ 金五德 // 中国文学研究，1988（4）

16962 《念奴娇·赤壁怀古》几个问题的再质疑［J］/ 胡忆肖 // 国际关系学院学报，1988（4）

16963 苏东坡词考释：兼补《东坡乐府笺》［J］/ 崔海正 // 曲靖师范学院学报，1988（4）

16964 谈秦观后期词的思想价值［J］/ 庄重 // 九江师专学报，1988（4）

16965 谈苏轼《念奴娇·赤壁怀古》中的“赤壁”［J］/ 王灿，刘鸣 // 许昌学院学报，1988（4）

16966 说秦观《画堂春》［J］/ 叶嘉莹 // 名作欣赏，1988（5）

16967 苏轼《八声甘州·寄参寥子》词系年考辨［J］/ 刘孔伏 // 青海社会科学，1988（5）

16968 《念奴娇·赤壁怀古》主题新探［J］/ 阎笑非 // 求是学刊，1988（6）

16969 苏轼小令赏析（五则）［J］/ 蔡润田 // 名作欣赏，1988（6）

16970 榴花 艳伴君开［J］/ 王大均 // 文学知识，1988（7）

16971 苏轼《念奴娇·赤壁怀古》讲习［J］/ 孙维城 // 中文自学指导，1988（8）

16972 苏轼《水龙吟·次韵章质夫杨花词》读赏［J］/ 胡乐平 // 中文自学指导，1988（8）

16973 浅析苏轼的《念奴娇》［J］/ 肖敬之 // 内蒙古电大学刊，1988（S2）

16974 东坡词的风格与技巧研究［D］/ 刘曼丽. —东海大学（硕士论文），1988

16975 北宋词人创作观念的变化（上）［J］/ 邓魁英 // 文史知识，1989（1）

16976 东坡中秋词《水调歌头》笺说［J］/ 张而今 // 黑龙江教育学院学报，1989（1）

16977 乐民之所乐 情真复景真：读苏轼《浣溪沙》之四［J］/ 曾宪森 // 玉林师专学报（哲学社会科学版），1989（1）

16978 《苏词二首别议》的别议：兼与王士博先生商榷［J］/ 孙民 // 沈阳教育学院学报，1989（1）

16979 苏词“捋青捣麨软饥肠”句正解［J］/ 程芳银 // 淮阴师专学报，1989（1）

16980 苏轼词《定风波》赏析［J］/ 陈新璋 // 名作欣赏，1989（1）

16981 文以反常合道为趣［J］/ 关明正 // 鞍山师范学院学报，1989（1）

16982 也无风雨也无晴：从《定风波》看苏轼词的旷达风格［J］/ 赵仁珪 // 文史知识，1989（1）

16983 北宋词人创作观念的变化（下）［J］/ 邓魁英 // 文史知识，1989（2）

16984 《漱玉词》的基调与手法［J］/ 范凤驰 // 渤海学刊，1989（2）

16985 苏轼《江城子·密州出猎》辨惑：兼

谈训诂与文学欣赏的关系[J]/夏先培//长沙理工大学学报(社会科学版),1989(2)

16986 谈谈《东坡乐府》中的婉约风格[J]/邱慧//渝州大学学报(哲学社会科学版),1989(2)

16987 《念奴娇·赤壁怀古》意境欣赏[J]/徐世清,辛青云//兰州学刊,1989(3)

16988 编年有据 笺注精微:评《东坡乐府编年笺注》[J]/陈昌恒//海南大学学报(人文社会科学版),1989(3)

16989 苏轼《雨中花慢》(嫩脸羞蛾)写的就是朝云[J]/周云龙//锦州师范学院学报(哲学社会科学版),1989(3)

16990 灵魂深处的自白——读苏轼《临江仙·夜归临皋》[J]/江涛//电大语文,1989(4)

16991 宋·苏轼《念奴娇·赤壁怀古》[J]/不详//人才,1989(4)

16992 周瑜乎 诸葛亮乎:析苏轼《念奴娇·赤壁怀古》之"羽扇纶巾"[J]/贺远明//昭乌达蒙族师专学报,1989(4)

16993 读苏轼《江城子》(十年生死两茫茫)[J]/彭菊花//中文自学指导,1989(6)

16994 读东坡诗词记苏轼的人生旨趣[J]/李锦全//国文天地,1989,4(11)

16995 晁补之词风叙论[J]/乔力//山东师范大学学报(人文社会科学版),1990(1)

16996 发"怀古先声"引出"大江东去":试论苏轼《念奴娇》对杨永《双声子》的继承与超越[J]/徐伟//四川教育学院学报,1990(1)

16997 和词原唱试比高:苏轼、章质夫杨花词比较评析[J]/刘梦初//常德师专学报(哲学社会科学版),1990(1)

16998 欲仕欲隐,似醒似醉:浅析苏轼《浣溪沙》词中的使君形象[J]/言词//鄂东社会科学,1990(1)

16999 苏轼《水调歌头》新解[J]/薛晓蔚//太原师范学院学报(社会科学版),1990(2)

17000 新臆苏轼《沁园春·情若连环》[J]/王振泰//鞍山师范学院学报,1990(2)

17001 逸怀浩气 坦荡放达:苏东坡《定风波·莫听穿林打叶声》词评析[J]/曾俊伟//黄冈师范学院学报,1990(2)

17002 从词的构成层次来欣赏苏轼《定风波》(莫听穿林)的艺术美[J]/程伯安,余国良//咸宁师专学报,1990(3)

17003 苏轼《贺新郎·乳燕飞华屋》漫议[J]/王树芳//湖州师范学院学报,1990(3)

17004 从《定风波·莫听穿林打叶声》一词说苏轼的人格[J]/孙大江//玉溪师范学院学报,1990(4)

17005 赤壁怀古的修辞艺术[J]/郭开平//中文自修,1990(5)

17006 骨重神寒:读苏轼词《八声甘州》[J]/曾枣庄//古典文学知识,1990(5)

17007 说苏轼《游白水书付过》:历代小品析粹之四[J]/吴小如//名作欣赏,1990(5)

17008 深挚凄戚的悼亡词[J]/姚舟//师范教育,1990(6)

17009 直中见曲 寄慨深长:苏轼《满庭芳》赏析[J]/周先慎//文史知识,1990(7)

17010 但愿人长久,千里共婵娟:苏轼词《水调歌头·中秋》赏析[J]/齐昌人//今日中国(中文版),1990(8)

17011 苏轼词《水调歌头·中秋》赏析[J]/齐昌人//现代中国,1990(8)

17012 东坡词"是曲子中缚不住者"辨析[J]/张子良//中国学术年刊,1990(11)

17013 词学研究和苏轼研究中的又一成果:《东坡乐府编年笺注》评介[J]/熊开

发 // 海南师范学院学报（社会科学版），1991，4（1）

17014 东坡乐府的个性特征［J］/ 唐玲玲 // 海南大学学报（人文社会科学版），1991（1）

17015 苏词“羽扇纶巾”究竟指何人［J］/ 梦雪 // 曲靖师专学报，1991（1）

17016 欲将狂放换悲凉：苏轼《念奴娇·赤壁怀古》风格之我见［J］/ 黄明忠 // 兵团教育学院学报，1991（1）

17017 赤壁怀古的思想基调［J］/ 廖化津 // 衡阳师专学报，1991（2）

17018 人生如梦：谈东坡居士人生观与词风［J］/ 何帼姿 // 三重商工学报，1991（2）

17019 感觉的复合：苏轼《蝶恋花·春景》赏析［J］/ 王富仁 // 名作欣赏，1991（3）

17020 苏轼《水调歌头》（“明月几时有”）词主题新探［J］/ 张淑良 // 开封教育学院学报，1991（3）

17021 凄楚悲戚 回肠荡气：析苏轼悼亡词《江城子·乙卯正月二十日记梦》［J］/ 王宽心，边江 // 晋东南师专学报（社会科学版），1991（4）

17022 人间如梦≠人生如梦：读苏轼《念奴娇·赤壁怀古》札记［J］/ 陈明华 // 语文月刊，1991（4）

17023 把酒问青天：苏轼诗词中的酒［J］/ 员力 // 酿酒，1991（5）

17024 悠悠人生离别情：秦观《江城子》赏析［J］/ 孙立 // 名作欣赏，1991（5）

17025 《念奴娇·赤壁怀古》意蕴探微［J］/ 王峰 // 语文教学通讯，1991（6）

17026 苏轼与词体地位的提升［J］/ 孙康宜 // 中外文学，1991，20（6）

17027 《苏词“捋青捣麨软饥肠”句正解》献疑［J］/ 林怡 // 文史知识，1991（10）

17028 析苏轼的《浣溪沙》［J］/ 康立功 // 甘肃教育，1991（11）

17029 苏轼“念奴娇”赤壁词正格［J］/ 何文汇 // 中国语文通讯，1991（15）

17030 关于“池塘生春草”和“空梁落燕泥”［J］/ 益岩 // 瞭望周刊，1991（43）

17031 苏东坡百诗百俗解（节日风俗部分）［J］/ 程伯安 // 咸宁学院学报，1992（1）

17032 苏轼《念奴娇·赤壁怀古》意蕴探微［J］/ 王峰 // 淮北煤炭师范学院学报（哲学社会科学版），1992（1）

17033 山光水色情景交融苏轼《行香子·过七里濑》鉴赏［J］/ 蒋晓南 // 语文月刊，1992（2）

17034 苏轼《念奴娇·赤壁怀古》再议［J］/ 王占复 // 语文学刊，1992（3）

17035 略谈“羽扇纶巾”所指［J］/ 贺钊 // 唐都学刊，1992（4）

17036 也谈苏轼“念奴娇”赤壁词的格式［J］/ 曾永义 // 台大中文学报，1992（5）

17037 怀人的绝唱：读苏东坡中秋词［J］/ 韩鑫 // 古典文学知识，1992（6）

17038 赞苏轼的婉约词［J］/ 解靖仁 // 国文天地，1992，8（6）

17039 清心朴实 明白如话：试谈苏轼《浣溪沙》的艺术特色［J］/ 王武镝，赵礼廉 // 中学语文（初中版），1992（8）

17040 千载生香 雄奇豪迈：苏轼《赤壁怀古》新探［J］/冯树鉴//语文月刊，1992（12）

17041 月到中秋分外明：苏轼《阳关曲》中秋作［J］/ 吕美生 // 文史知识，1992（12）

17042 读“苏轼念奴娇赤壁词正格”书后［J］/ 缪钺 // 中国语文通讯，1992（19）

17043 关于苏轼“念奴娇·赤壁怀古”［J］/ 钟树梁 // 中国语文通讯，1992（19）

17044 论东坡“念奴娇”赤壁词之破法［J］/ 林玫仪 // 中国语文通讯，1992（19）

17045 苏轼“念奴娇”赤壁词格律与原文试

考［J］/周策纵//中国语文通讯，1992（20）

17046 也谈苏轼“念奴娇”赤壁词的格式［J］/曾永义//中国语文通讯，1992（20）

17047 苏轼词创作的性格因素：兼论苏词与辛词的差异［J］/刘石//中国文化月刊，1992（152）

17048 从《江城子》《水调歌头》看苏轼“以诗为词”［J］/王婕//西北民族大学学报（哲学社会科学版），1993（1）

17049 苏轼《虞美人》词考索［J］/刘昭明//编译馆馆刊，1993，22（1）

17050 相同的调性与不同的境界：欧阳修、苏轼、赵令畤〔蝶恋花〕比较艺谭［J］/徐培均//东疆学刊（哲学社会科学版），1993（1）

17051 由时间空间及自我谈苏、辛、毛词对词境的延拓：纪念毛泽东同志诞辰100周年［J］/罗浩波//喀什师范学院学报，1993（2）

17052 《念奴娇·赤壁怀古》抒发了什么样的思想感情？［J］/张崇信//许昌师专学报（社会科学版），1993（3）

17053 既有对周瑜的向往，也有对孙权的怀念：也谈对苏轼《念奴娇·赤壁怀古》的理解［J］/韩湖初//语文月刊，1993（3）

17054 和韵而似原唱［J］/裘惠楞//写作，1993（4）

17055 纳兰性德悼亡词注释［J］/宋培效//承德民族师专学报，1993（4）

17056 两首怀古词的比较分析［J］/蒋波//语文教学与研究，1993（6）

17057 苏轼“临江仙”一词研析［J］/林翠瑛//人文及社会学科教学通讯，1993，3（6）

17058 以歌当哭：苏东坡《念奴娇·赤壁怀古》的透视［J］/谢辉煌//阅读与写作，1993（9）

17059 苏轼《赤壁怀古》与辛弃疾《京口北固亭怀古》讲析［J］/蔡任督//中文自修，1993（10）

17060 苏轼“念奴娇·赤壁怀古”中的“故垒”考［J］/刘孔伏//丘海季刊，1993（36）

17061 浅论东坡词里的慕陶思想［J］/赵桂芬//汉家杂志，1993（39）

17062 宋四家词比较研究：柳永、秦观、周邦彦、苏轼［J］/王淳美//中国文化月刊，1993（160）

17063 苏轼意内言外词隅测［D］/刘昭明．—东吴大学（博士论文），1993

17064 从《贺新郎》（乳燕飞华屋）词论苏轼在黄州时期之心境与写作手法［J］/刘昭明//汉学研究，1994，12（1）

17065 苏轼《念奴娇》等豪放词和豪放派新论［J］/黄震云//思茅师范高等专科学校学报，1994（1）

17066 从高中语言教材中两首宋词的比较看古典文学风格［J］/王钦法//教育评论，1994（2）

17067 东坡《江神子》本事识疑［J］/罗烈//西南师范大学学报（哲学社会科学版），1994（2）

17068 关于十三首东坡乐府的编年［J］/孙民//辽宁大学学报（哲学社会科学版），1994（2）

17069 两样情思 一种闲愁：谈杜牧《赤壁》与苏轼［念奴娇］（大江东去）中对周瑜的抑扬［J］/卞良君//文史知识，1994（2）

17070 苏轼“蝶恋花”花褪残红青杏小一词的写作年代与寄托意义蠡测［J］/陈新雄//编译馆馆刊，1994，23（2）

17071 层深而浑成：析苏轼《江城子·记梦》的结构特点［J］/于钧佩//大连干部学刊，1994（3）

17072 此心安处是吾乡[J]/苏鸿启//祝您健康，1994(3)

17073 欧阳修、苏轼、辛弃疾及毛泽东小令初探[J]/王叶西//江西教育学院学报(社会科学版)，1994(3)

17074 沁人心脾 豁人耳目：试论苏轼《浣溪沙》徐门石潭谢雨道上作五首[J]/徐房明//吉安师专学报(哲学社会科学版)，1994(3)

17075 千里共婵娟：赏析苏轼《水调歌头》的旷达思想[J]/何宗思//名作欣赏，1994(4)

17076 读苏轼《卜算子：黄州定惠院寓居作》[J]/欧明俊//中文自修，1994(5)

17077 浅谈苏轼《念奴娇·赤壁怀古》的艺术美[J]/段福生//柴达木开发研究，1994(5)

17078 一曲《水调》觅知音：苏轼中秋词主旨索绎[J]/高圣峰//文史知识，1994(5)

17079 脱略尘世的孤吟低唱：苏轼《西江月》[J]/李康化//中文自学指导，1994(6)

17080 因情成梦 因梦作词：析苏轼《江城子》梦亡妻词[J]/蔡日新//语文月刊，1994(10)

17081 苏轼《赤壁怀古》词的脉络[J]/周懋昌//中文自学指导，1994(11)

17082 谈苏轼词《永遇乐》[J]/姚大勇//中文自学指导，1994(11)

17083 苏轼咏物词研究[J]/顾柔利//黄埔学报，1994(28)

17084 苏轼《念奴娇·赤壁怀古》主题辨[J]/张光富//九江师专学报(哲学社会科学版)，1994(Z1)

17085 东坡词《江城子·密州出猎》二议[J]/孙永义//延边大学学报(哲学社会科学版)，1995(1)

17086 古诗文中的二步借代[J]/张宏星//修辞学习，1995(1)

17087 试析苏轼《念奴娇·赤壁怀古》词中“酹江月”的含义[J]/张福庆//外交学院学报，1995(1)

17088 再谈苏轼《念奴娇·赤壁怀古》中的“了”字句[J]/吴广平//黄淮学刊(社会科学版)，1995(1)

17089 再谈苏轼《念奴娇·赤壁怀古》中的“了”字句[J]/吴广平//商丘师范学院学报，1995(1)

17090 安石决策与东坡赤壁词[J]/林子//决策咨询，1995(2)

17091 北宋中词坛的一支异军：范欧王苏词略论[J]/唐骥//太行学刊，1995(2)

17092 便作春江都是泪 流不尽许多愁：秦观词词风初探[J]/朱晓慧//福州师专学报，1995(2)

17093 东坡《中秋词》臆说[J]/李中南//萍乡高等专科学校学报，1995(2)

17094 关于苏轼咏梅词《西江月》的编年和主旨[J]/张绍卿，王元明//郑州工业大学学报(社会科学版)，1995(2)

17095 情意绵绵 余音袅袅：苏轼《蝶恋花·春景》词赏析[J]/赵志伟//中文自修，1995(2)

17096 赤壁怀古(平喉独唱)[J]/龚驰//南国红豆，1995(3)

17097 赤壁怀古(调寄《沉醉东风》)[J]/周自涛//南国红豆，1995(3)

17098 深挚的爱恋与歌哭：苏轼“江城子”词读赏[J]/姜惠平//贵阳师范高等专科学校学报(社会科学版)，1995(3)

17099 忧患意识和超脱心境：谈苏轼《念奴娇·赤壁怀古》中的间离效果[J]/方智范//语文学习，1995(3)

17100 论东坡“以诗为词”与稼轩“以文为词”之关系[J]/方元珍//空大人文学报，

1995(4)

17101 秦词名句辨微一则[J]/陈长义//名作欣赏,1995(4)

17102 大江东去,浪淘尽,千古风流人物[J]/田德明//高等函授学报(哲学社会科学版),1995(5)

17103 论东坡"以诗为词":以《永遇乐》、《念奴娇》为例[J]/刘燕惠//辅大中研所学刊,1995(5)

17104 直抒胸臆、纯任自然:从东坡的诗词文看东坡的人格[J]/郑向恒//崇右学报,1995(5)

17105 醉赏中秋月 醉墨谱心曲:读苏轼两首中秋词[J]/周懋昌//语文学刊,1995(5)

17106 关于"人生如梦":《念奴娇·赤壁怀古》随笔[J]/宋思远,宋湜华//名作欣赏,1995(6)

17107 一点词心属少游:试论秦观的《淮海词》[J]/蒋文倩//名作欣赏,1995(6)

17108 一蓑烟雨任平生:赏析苏轼《定风波》的旷达苦乐观[J]/何宗思//名作欣赏,1995(6)

17109 两首悼亡词的比较阅读[J]/周志恩//文史知识,1995(8)

17110 情景交炼 余味无穷:读秦观《千秋岁》[J]/刘振娅//阅读与写作,1995(8)

17111 苏轼"水龙吟·次韵章质夫杨花词"试析[J]/吕立德//正修学报,1995(8)

17112 苏轼"杨花词"浅析[J]/双林//阅读与写作,1995(10)

17113 寂寞心曲,孤傲情调:读苏轼《卜算子·黄州定惠院寓居作》[J]/刘宗德//文史知识,1995(11)

17114 析苏轼《念娇桥》的旷达时空观凌空而起清音有余[J]/田谷//阅读与写作,1995(12)

17115 一樽还酹江月:析苏轼《念奴娇》的旷达时空观[J]/何宗思//阅读与写作,1995(12)

17116 苏轼寄托词发微(上)[J]/陈新雄//中国书目季刊,1995,28(4)

17117 苏轼寄托词发微(下)[J]/陈新雄//中国书目季刊,1995,29(1)

17118 苏词编年辨证:《东坡乐府编年笺注》献疑之一[J]/吴雪涛//文史,1995(40)

17119 入乎其内、出乎其外:苏轼赤壁词、赋漫谈之二[J]/华唐//明道文艺,1995(226)

17120 东坡词语言风格研究[D]/陈逸玫.—淡江大学(硕士论文),1995

17121 苏轼《水调歌头》:月魄诗魂解人生[J]/彭莱//中文自学指导,1996(1)

17122 一种相思 两处闲愁:《江城子》与《梦亡妻》[J]/王健玲//江苏外语教学研究,1996(1)

17123 关于十二首东坡乐府的编年[J]/孙民//西安文理学院学报(自然科学版),1996(3)

17124 挽雕弓 射天狼:读苏轼《江城子·密州出猎》兼论词意[J]/杨子才//军事记者,1996(3)

17125 虚名微利,算来着甚干忙:赏析苏轼《满庭芳》旷达名利观[J]/何宗思//名作欣赏,1996(3)

17126 试论宋词对唐诗的化用及其文化解读[J]/陈永宏//文学遗产,1996(4)

17127 苏轼《水调歌头·中秋词》的心理意蕴[J]/周汝英//宝鸡文理学院学报(社会科学版),1996(4)

17128 郴江并非绕郴山:秦观《踏莎行》析[J]/秋风//中文自修,1996(5)

17129 苏轼"念奴娇·赤壁怀古"格律异文及异义试析[J]/何文汇//中国文化研究

所学报，1996（5）

17130 苏轼《杨花词》词意发微［J］/张觉//晋阳学刊，1996（5）

17131 东坡词一字逗研究［J］/陈逸玫//问学集，1996（6）

17132 悼亡怀妻诉衷情：苏轼《江城子》浅析［J］/黄旭//中文自修，1996（7）

17133 苏东坡给李后主写过《破阵子》吗?［J］/楚云飞//咬文嚼字，1996（11）

17134 词调考原及其他（之二）［J］/岳珍，龙建国，王兆鹏//中国韵文学刊，1997（1）

17135 词调考原及其他（之一）［J］/谢桃坊，刘庆云//中国韵文学刊，1997（1）

17136 从“高处不胜寒”到“翻然归去”：浅谈苏轼的中秋词［J］/岳淑珍//信阳师范学院学报（哲学社会科学版），1997（1）

17137 浅论《水调歌头》［J］/王兆鹏//中国韵文学刊，1997（1）

17138 一转一深，一深一妙：苏轼《永遇乐》赏析［J］/张晓明//文史知识，1997（2）

17139 中文96-1班对苏轼词《念奴娇·赤壁怀古》进行课堂讨论［J］/不详//集宁师专学报，1997（2）

17140 飘逸旷达 超然物外：苏轼《水调歌头·明月几时有》思想特点之我见［J］/李长征//沧州师范专科学校学报，1997（3）

17141 宋词赏析：千古绝唱东坡词［J］/郑志敏//小作家月刊，1997，4（3）

17142 “羽扇纶巾”之“继续研究”：兼评唐圭璋先生论苏轼（念奴娇）词里的“羽扇纶巾”［J］/周云龙//辽宁广播电大学报，1997（3）

17143 知识分子心灵挣扎的轨迹：从暴露美学重读苏词《赤壁怀古》［J］/张西存//语文天地，1997（3）

17144 似花还似非花：论苏轼咏物词的思想艺术特色［J］/洪琴仙//浙江师范大学学报（社会科学版），1997（4）

17145 苏轼《念奴娇·赤壁怀古》赏析［J］/陈丽华，宋湛哲//咸阳师范学院学报，1997（4）

17146 东坡词欣赏［J］/廖祥荏//中国语文，1997，80（6）

17147 平淡的字句 深刻的哲理：苏轼《定风波》词赏析［J］/王满新//语文月刊，1997（6）

17148 谈《念奴娇（大江东去）》的异文［J］/不详//阅读与写作，1997（7）

17149 苏、章《水龙吟》（杨花词）之比较［J］/闵尊蕃//江西社会科学，1997（11）

17150 流逝感、负罪感及其超越：苏东坡《江城子》和岳飞《满江红》比较［J］/袁静//黔南民族师专学报（哲学社会科学版），1997（Z）

17151 苏东坡咏物词研究［D］/杨丽玲.—台湾师范大学（硕士论文），1997

17152 苏轼元祐词研究［D］/许锦华.—台湾师范大学（硕士论文），1997

17153 从苏轼的词看其对词体发展的贡献［J］/吴雅文//中国语文，1998，83（1）

17154 从苏轼“定风波”词看他的生命智慧［J］/黄雅莉//人文及社会学科教学通讯，1998，9（1）

17155 对生命存在价值的苦恼:《念奴娇·赤壁怀古》的主题［J］/郑荣基//广州大学学报（社会科学版），1998（1）

17156 豪迈奔放 清空飘逸：苏轼《念奴娇·赤壁怀古》与杨慎《临江仙·滚滚长江东逝水》比较谈［J］/霍雅娟//赤峰教育学院学报，1998（1）

17157 试析东坡“念奴娇”及几个相关问题［J］/颜昆阳//国文天地，1998，14（1）

17158 说秦观《满庭芳》［J］/程章渠//古典文

学知识，1998(1)

17159 东坡《念奴娇词》之正体别调试议[J]/钟屏兰//问学，1998(2)

17160 人生如梦 一樽还酹江月：苏轼《念奴娇·赤壁怀古》解读[J]/阮忠//集宁师专学报，1998(2)

17161 东坡《减字木兰花》词的背后[J]/笠钵//古典文学知识，1998(3)

17162 论苏轼梦词《江城子·十年生死两茫茫》[J]/肖妮妮//新余高专学报，1998(3)

17163 苏轼之黄州时期的词[J]/李钟振//东方丛刊，1998(3)

17164 再论苏轼梦词《江城子·十年生死两茫茫》[J]/肖妮妮//新余高专学报，1998(3)

17165 人生如歌：从《水调歌头》看苏轼达观的人生态度[J]/冯建国//高教自学考试，1998(4)

17166 苏轼《念奴娇·赤壁怀古》探幽[J]/刘荆陵//语文教学与研究，1998(4)

17167 苏轼中秋词发微[J]/叶敦平，马茂洋//沧州师范专科学校学报，1998(4)

17168 意似之间：苏轼两首词的"真趣"[J]/郑荣基//广州大学学报(社会科学版)，1998(4)

17169 从《江城子》中的"处"说起[J]/李锋//修辞学习，1998(5)

17170 漫话周郎赤壁与东坡赤壁[J]/江光平//学语文，1998(5)

17171 词人秦观研究[J]/刘德强//学术月刊，1998(10)

17172 苏轼《水调歌头·明月几时有》的用典美[J]/王向辉//太原师范专科学校学报，1999(1)

17173 苏轼词《西江月》注释三辩[J]/朱运申//语文学刊，1999(1)

17174 如怨如慕 如泣如诉：新赏苏轼《沁园春·情若连环》[J]/王振泰//名作欣赏，1999(2)

17175 词坛双绝，悼亡情深：苏轼《江城子》与贺铸《鹧鸪天》之比较[J]/张起//都江学刊，1999(3)

17176 人和物的默契：苏轼《水龙吟》(次韵章质夫杨花词)解读[J]/郭建平//许昌师专学报(社会科学版)，1999(3)

17177 人生境遇与应对态度：苏轼《定风波·莫听穿林打叶声》解读[J]/陈友康//名作欣赏，1999(3)

17178 苏轼"次韵章质夫杨花词"词意发微[J]/张觉//古今艺文，1999，25(3)

17179 苏轼《念奴娇·赤壁怀古》句义辨析[J]/尚志迈//张家口师专学报，1999(4)

17180 苏轼知密州时期的思想与其《江城子》词[J]/闫笑非//北方论丛，1999(4)

17181 一曲江城子，两样学士情[J]/白灵阶//写作，1999(4)

17182 苏轼《念奴娇·赤壁怀古》三题[J]/马茂书//中学语文教学，1999(6)

17183 苏轼《念奴娇·赤壁怀古》五辨[J]/徐乃为//文学遗产，1999(6)

17184 苏轼词《水调歌头·明月几时有》的文献背景[J]/刘雅杰//古籍整理研究学刊，1999(6)

17185 从苏辙《黄州快哉亭记》看苏轼《水调歌头》"落日绣帘卷"[J]/方元珍//空大人文学报，1999(8)

17186 千里共婵娟：苏轼《水调歌头》赏析[J]/尚弓//中华魂，1999(9)

17187 至情言语 各呈异彩：两首悼亡词赏析[J]/金伟芳//语文月刊，1999(10)

17188 《水调歌头·明月几时有》二题[J]/岳厚发//中学语文，1999(11)

17189 无情流水多情客：再读《念奴娇·赤壁怀古》[J]/王南//中学语文教学，1999(11)

17190 情感与现实的矛盾：谈苏轼悼亡词的艺术感染力[J]/黄雅莉//国文天地，1999，14(12)

17191 苏东坡咏物词研究[J]/杨丽玲//台湾师范大学国文研究所集刊，1999(43)

17192 浪淘尽千古风流：细品苏轼词[J]/沈谦//明道文艺，1999(274)

17193 谈苏轼："念奴娇·赤壁怀古"词中的几个问题[J]/刘孔伏，潘良炽//明道文艺，1999(276)

17194 豪放词人婉约时：苏轼词《江城子·乙卯正月二十日夜记梦》备课思路[J]/杜学娥//内蒙古师范大学学报(哲学社会科学版)，1999(S2)

17195 漫谈《念奴娇·赤壁怀古》的和作[J]/方艳//学语文，2000(1)

17196 热爱人生 珍视情谊：略谈苏轼及《水调歌头·明月几时有》[J]/彭联合//湖南教育学院学报，2000(2)

17197 苏轼《蝶恋花》词中的体育活动[J]/史兰//体育文史，2000(2)

17198 兴寄题外 出神入化：简论苏轼《水龙吟》杨花词之寄托及其他[J]/杨明洁//内蒙古民族师范学院学报(汉文版，哲学社会科学版)，2000(2)

17199 壮景高歌 浩气逸怀:《赤壁怀古》与《雪》之比较[J]/贺佩中，魏金兰//中国文学研究，2000(2)

17200 寄蜉蝣于天地，渺沧海之一粟：苏轼《念奴娇·赤壁怀古》主旨探微[J]/孙永亮//中学语文(教师版)，2000(3)

17201 苏轼中秋词的还乡情结[J]/马茂洋，彭林峰//邢台师范高专学报，2000(3)

17202 抚存悼亡 感今怀昔：苏轼与弥尔顿悼亡诗比较[J]/孙金杰//昌潍师专学报，2000(4)

17203 前欢杳杳 后会悠悠：苏轼《贺新郎》赏析[J]/邱桂德//名作欣赏，2000(4)

17204 谈苏东坡的几首清峻词[J]/陈满铭//国文天地，2000，16(4)

17205 郭子漫笔 有词如剧[J]/郭启宏//广东艺术，2000(6)

17206 论苏轼《念奴娇·赤壁怀古》的伤感情调[J]/李静//宜春师专学报，2000，22(6)

17207 人生追求与艺术胜境：苏、辛豪放词之比较[J]/李建国//贵州社会科学，2000(6)

17208 说王国维杨花词[J]/余子//古典文学知识，2000(6)

17209 杨花点点离人泪：苏轼《水龙吟·咏杨花》意象探析[J]/郑亚芳//中文自学指导，2000(6)

17210 似花非花迁客泪：苏轼"杨花词"题旨索绎[J]/高圣峰//国文天地，2000，16(7)

17211 以诗为词，开创豪放词风：苏轼《念奴娇赤壁怀古》鉴赏[J]/张高评//国文天地，2000，16(7)

17212 "西北望，射天狼"解疑：谈东坡词的小失误[J]/王璧寰//国文天地，2000，16(7)

17213 隐而不露余味无穷：苏轼《定风波》赏析[J]/韩鸣学//语数外学习(高中版)，2000(7)

17214 走近苏轼读《苏轼传：智者在苦难中的超越》[J]/张景//博览群书，2000(8)

17215 东坡词与陶渊明：从一首《江城子》词谈起[J]/陈满铭//国文天地，2000，15(9)

17216 浅析苏轼中秋词《水调歌头》[J]/陈林

俊 // 语文知识，2000（9）

17217 《水调歌头·明月几时有》解读［J］/ 张莉萍 // 中学语文教学参考，2000（11）

17218 《水调歌头·明月几时有》疑难解答［J］/ 岳厚发 // 中学语文教学参考，2000（11）

17219 苏轼定风波词中的生命情调与境界［J］/ 唐文德 // 语文教育通讯，2000（20）

17220 苏轼《临江仙》一词的境界［J］/ 唐文德 // 语文教育通讯，2000（21）

17221 苏东坡《赤壁怀古》词手迹真伪问题［J］/ 周启志 // 历史月刊，2000（146）

17222 在读中赏析 在赏析中读:《赤壁怀古》教学后记［J］/ 赵久芹 // 中学语文教学参考，2000（C1）

17223 柔情豪气总关情：苏轼和他的两首《江城子》［J］/ 张葳 // 内蒙古教育学院学报，2000（S1）

17224 关于“赤壁词”过片的两个问题［J］/ 何铭 // 中学语文教学参考，2000（Z1）

17225 融情于景 融情于事:《赤壁怀古》的意境美［J］/ 吴天柱 // 中学语文教学参考，2000（Z1）

17226 苏、柳对峙及其文化整合［D］/ 曹志平．—苏州大学（博士论文），2000

17227 竹外桃花三两枝 春江水暖鸭先知（妙句之妙）：宋·苏轼《惠崇春江晚景》［N］/ 李延祐 // 人民日报（海外版），2001-03-16

17228 苏东坡《水调歌头》古今声情结构探讨［J］/ 徐秀菁 // 中极学刊，2001（1）

17229 苏轼《蝶恋花》“花褪残红青杏小”赏读［J］/ 姜晓云 // 古典文学知识，2001（1）

17230 苏轼《沁园春·情若连环》赏析：兼与王振泰先生商榷［J］/ 赵瑞洁 // 大同职业技术学院学报，2001（1）

17231 苏轼送别词探析［J］/ 陈秀娟 // 百龄高中学报，2001（1）

17232 我思故我梦：试论晏几道、苏轼及吴文英词里的梦［J］/ 林顺夫 // 中外文学，2001，30（1）

17233 《小乔初嫁了》试解［J］/ 刘功海 // 中学语文，2001（1）

17234 此情可待成追忆：浅谈陆游《钗头凤》和苏轼《江城子》［J］/ 刘欣 // 德宏教育学院学报，2001（2）

17235 东坡两首《念奴娇》的比较［J］/ 刘雄 // 重庆文理学院学报（自然科学版），2001（2）

17236 对《念奴娇·赤壁怀古》“故国神游”之观照［J］/ 王振泰 // 鞍山师范学院学报，2001（2）

17237 豪放飘逸千古绝唱：苏轼《念奴娇·赤壁怀古》析论［J］/ 姜洪亮 // 河南师范大学学报（教育科学版），2001（2）

17238 析《蝶恋花·春景》兼论苏轼谪惠前后的情感世界［J］/ 吴帆 // 长春大学学报，2001（2）

17239 独具一格的矛盾美:《念奴娇·赤壁怀古》浅析［J］/ 王寒火 // 中学语文（教师版），2001（3）

17240 几首苏东坡词编年考［J］/ 保苅佳昭 // 四川大学学报（哲学社会科学版），2001（4）

17241 貌似“出世”实是“入世”的反拨形式：《念奴娇·赤壁怀古》结尾探微［J］/ 张翼 // 语文教学通讯，2001（4）

17242 苏轼与秦观各一首《南歌子》解读质疑［J］/ 罗琴 // 四川师范大学学报（社会科学版），2001（4）

17243 温馨苍凉的情怀 纵横交错的时空：解读《满庭芳·归去来兮》［J］/ 喻世华 // 华东船舶工业学院学报（社会科学版），2001（4）

17244 《念奴娇·赤壁怀古》教学设计［J］/ 罗海渡 // 学语文，2001（5）

17245 苏轼的人生态度之我见：重读《念奴娇·赤壁怀古》［J］/ 谭荣，王永烈 // 中学语文（教师版），2001（5）

17246 唐宋词拾玉（27）：苏轼的《水调歌头》［J］/ 陈满铭 // 国文天地，2001，17（5）

17247 也谈苏轼《念奴娇·赤壁怀古》中的几个问题［J］/ 赵逵夫 // 西北师范大学学报（社会科学版），2001（5）

17248 试析《念奴娇·赤壁怀古》中的“两笑”［J］/ 董国顺 // 语文教学通讯，2001（6）

17249 《水调歌头·中秋》的生命意识解读［J］/ 金丽娜，谢群 // 湘潭师范学院学报（社会科学版），2001（6）

17250 苏轼词与李白［J］/ 孙铁吾 // 中国古典文学研究，2001（6）

17251 品味苏轼词作 领略旷达人生［J］/ 周力源 // 中学语文（教师版），2001（9）

17252 苏轼《水调歌头》评析［J］/ 颜丹 // 语文天地，2001（9）

17253 苏轼修改《念奴娇·赤壁怀古》［J］/ 张港 // 语文知识，2001（9）

17254 苏轼之乡村田野词析探：“浣溪沙”徐门石潭谢雨，道上作五首［J］/ 廖志超 // 吴凤学报，2001（9）

17255 《念奴娇·赤壁怀古》赏析［J］/ 王明文 // 甘肃教育，2001（10）

17256 花乎，山乎？：读苏轼《踏莎行》［J］/ 保苅佳昭 // 文史知识，2001（11）

17257 《念奴娇·赤壁怀古》问与答［J］/ 力宁 // 语文知识，2001（11）

17258 苏轼水龙吟词中的想象艺术［J］/ 唐文德 // 语文教育通讯，2001（23）

17259 苏东坡的境遇与其词风［J］/ 陈满铭 // 国文学报，2001（30）

17260 读《江城子》［J］/ 刘微雪 // 中文自修，2001（C1）

17261 矛盾中痛苦奋进 想象中寄以慰藉：《水调歌头·明月几时有》词赏析［J］/ 董春林 // 青海教育，2001（Z1）

17262 东坡词用典研究［D］/ 陈秀娟 .—台湾师范大学（硕士论文），2001

17263 东坡杭州词研究［D］/ 林慧雅 .—台湾师范大学（硕士论文），2001

17264 苏词《渔家傲》一首？年略考［J］/ 张志烈 // 新国学，2001

17265 拣尽寒枝不肯栖，寂寞沙洲冷［N］/ 万文武 // 人民日报（海外版），2002-11-20

17266 《念奴娇·赤壁怀古》校［J］/ 戴英杰 // 新疆石油教育学院学报，2002（1）

17267 层层铺垫 环环相扣：苏轼《念奴娇·赤壁怀古》的衬托艺术［J］/ 陈元勋 // 语文天地，2002（1）

17268 关于苏轼《水调歌头》英译译文的对比研究（英文）［J］/ 廖玲 // 乌鲁木齐成人教育学院学报，2002（1）

17269 谈东坡词《念奴娇·赤壁怀古》里的“了”字［J］/ 王少华 // 语文知识，2002（1）

17270 浅析苏轼中秋词四阕［J］/ 马茂洋，彭林峰 // 北京青年政治学院学报，2002（2）

17271 诗句得活法 日月有新工：说苏轼的《题西林壁》［J］/ 阎永利 // 名作欣赏，2002（2）

17272 苏轼《念奴娇·赤壁怀古》英译比录［J］/ 郑恩岳 // 浙江教育学院学报，2002（2）

17273 苏轼《水调歌头“明月几时有”》赏析［J］/ 高公荣 // 徐州教育学院学报，2002（2）

17274 唐宋词拾玉（28）：苏轼的《贺新郎》

[J]/陈满铭//国文天地，2002，17(2)

17275 《念奴娇·赤壁怀古》教法设计[J]/雷天祥//武汉市教育科学研究院学报，2002(3)

17276 东坡词中月的意象[J]/李泓泊//文学前瞻，2002(3)

17277 论《东坡乐府》中的归隐情愫[J]/王晶冰//太原理工大学学报(社会科学版)，2002(3)

17278 《念奴娇·赤壁怀古》教法新探[J]/雷天祥//成才，2002(3)

17279 《念奴娇·赤壁怀古》主题质疑[J]/鲍跃华//开封大学学报，2002(3)

17280 浅析宋词中的寄托与意境[J]/刘文沛//晋东南师范专科学校学报，2002(3)

17281 苏轼《定风波》[J]/郭英德//中学生阅读(高中版)，2002(3)

17282 以本质为导向：苏轼“以诗为词”问题重探[J]/林融婵//文学前瞻，2002(3)

17283 豪情·豪气·豪语：苏轼《定风波》词赏析[J]/刘兆君//长春理工大学学报(社会科学版)，2002(4)

17284 苏轼《念奴娇·赤壁怀古》英译比录[J]/郑恩岳//浙江教育学院学报，2002(4)

17285 苏轼中秋词的哲学意蕴[J]/张海平//湖北广播电视大学学报，2002(4)

17286 欲说还休的羁旅愁思：苏轼《蝶恋花》赏析[J]/张桂萍//语文月刊，2002(4)

17287 东坡词“隐于仕”思想探析[J]/张佩娟//思辨集，2002(5)

17288 含激愤于婀娜之中 寄妙理于旷达之外：析《蝶恋花》探索苏轼谪惠前后的心路历程[J]/吴帆，李海帆//惠州学院学报(社会科学版)，2002(5)

17289 试论东坡的“斜川”想象：以渊明《游斜川》诗及东坡《江城子》词为主要讨论对象[J]/吴品菁//思辨集，2002(5)

17290 《苏轼词选释》前言[J]/刘石//书品，2002(5)

17291 国文教学：诗词与图画教学：以苏轼《韩幹马十四匹》一诗为例[J]/段莉芬//研究与动态，2002(6)

17292 漠然自定任平生：苏轼《定风波 莫听穿林打叶声》解读[J]/谭广旭//湖南税务高等专科学校学报，2002(6)

17293 是耶非耶说坡词[J]/刘石//文艺研究，2002(6)

17294 假如苏轼复活了……：对“起舞弄清影，何似在人间”的理解[J]/袁冬华//语文建设，2002(7)

17295 人似飞鸿踏雪泥：读苏轼《和子由渑池怀旧》[J]/钟尚钧//阅读与写作，2002(9)

17296 苏轼缘何有“赤壁情结”[J]/魏宏文//语文天地，2002(9)

17297 唐宋词拾玉(29)：苏轼的《念奴娇》[J]/陈满铭//国文天地，2002，17(10)

17298 新读《念奴娇·赤壁怀古》[J]/孙民//文史知识，2002(10)

17299 芬芳的意境[J]/阿成//健康博览，2002(11)

17300 洒脱的个性 超然的心境：苏轼《定风波》赏析[J]/张长松//语文月刊，2002(11)

17301 婉约豪放 各擅其长：从苏轼《念奴娇·赤壁怀古》和柳永《雨霖铃》看豪放词和婉约词的区别[J]/赵洪涛//甘肃教育，2002(Z1)

17302 试论苏轼的辞赋创作[C]/王许林//第二届宋代文学国际研讨会论文集/宋代文学学会.—2002

17303 宋代咏物词的创作姿态：以柳永、苏轼、周邦彦、辛弃疾为代表[C]/路成

文 // 第二届宋代文学国际研讨会论文集 / 宋代文学学会，2002

17304 苏轼《蝶恋花・花褪残红青杏小》一词的写作年代与寄托意义蠡测［C］/ 陈新雄 // 文学语言理论与实践丛书：辞章学论文集（下）/ 福建省委党校、福建行政学院，2002

17305 东坡词草木意象研究［D］/ 黄惠暖．—台湾师范大学（硕士论文），2002

17306 东坡词色彩意象析论［D］/ 张雯华．—台湾师范大学（硕士论文），2002

17307 困境与超越：以东坡黄州词为例［D］/ 许慈娟．—彰化师范大学（硕士论文），2002

17308 《水龙吟》赏读［J］/ 不详 // 语文世界（高中版），2003（1）

17309 从"豪放"之风到众风呈现：论黄州时期东坡乐府风格的嬗变［J］/ 赵伟东 // 哈尔滨商业大学学报（社会科学版），2003（1）

17310 论《东坡词》的写伎篇章及对中国娼妓制度的历史观照［J］/ 白汝斌 // 黄河科技大学学报，2003（1）

17311 心与明月共澄澈：谈苏轼《水调歌头・明月几时有》［J］/ 利瓦伊加 // 读写月报（初中版），2003（1）

17312 忆友・思亲:《江城子》《梦李白》赏读［J］/ 原二军 // 语文世界（高中版），2003（2）

17313 魂牵梦萦 生死相依：苏轼《江城子》与贺铸《鹧鸪天》比较探析［J］/ 李平权 // 温州职业技术学院学报，2003（3）

17314 气势雄浑 感情奔放:《江城子 密州出猎》解读［J］/ 王庆中 // 语数外学习（初中版），2003（3）

17315 人有悲欢离合：说苏轼《水调歌头・中秋》［J］/ 周汝昌 // 语文世界（初中版），2003（3）

17316 生死隔绝悠悠情：苏轼《江城子》赏析［J］/ 简成茹 // 西昌农业高等专科学校学报，2003（3）

17317 生与死的对话：苏轼《江城子・十年生死两茫茫》赏析［J］/ 袁兆文 // 语文月刊，2003（3）

17318 苏词短于情新解：由苏轼的三首悼亡词析论［J］/ 李丽华 // 人文与社会学报，2003（3）

17319 苏轼《念奴娇・赤壁怀古》意旨新探［J］/ 苏培安 // 西南科技大学学报（哲学社会科学版），2003（3）

17320 苏轼《念奴娇・赤壁怀古》之步韵词论略［J］/ 刘飞滨，袁磊 // 兵团教育学院学报，2003（3）

17321 望长江滚滚东逝水，抒英雄不志旷达怀：苏轼《念奴娇》（赤壁怀古）解读［J］/ 张承鹄 // 黔西南民族师范高等专科学校学报，2003（3）

17322 也谈苏轼《中秋词》［J］/ 周秀娟 // 南平师专学报，2003（3）

17323 也无风雨也无晴：从《定风波》看苏东坡对待挫折的态度［J］/ 宁冬梅 // 黑龙江教育学院学报，2003（3）

17324 也无风雨也无晴：从《定风波》看苏轼词的旷达风格［J］/ 赵仁珪 // 黑龙江教育学院学报，2003（3）

17325 但愿人长久 千里共婵娟：苏轼"水调歌头"浅说［J］/ 岫蓝 // 云南师范大学学报（对外汉语教学与研究版），2003（4）

17326 东坡杂体词探析［J］/ 林友良 // 东方人文学志，2003，2（4）

17327 浑化无迹 行云流水：苏轼《水调歌头・明月几时有》赏析［J］/ 贾彤 // 现代中学生（阅读与写作），2003（4）

17328 苏轼《江城子·密州出猎》新解[J]/钟振振//名作欣赏，2003(4)

17329 同写宦游感 意象各有别：苏轼、柳永的《满江红》词对读[J]/任在喻//遵义师范学院学报，2003(4)

17330 苏东坡《念奴娇》词篇旨探析[J]/邓絜馨//国文天地，2003，19(5)

17331 苏东坡《水调歌头》词篇旨探析[J]/戴悫臻//国文天地，2003，19(5)

17332 苏轼词《南乡子》解读辨析[J]/张志烈//乐山师范学院学报，2003(5)

17333 《苏轼婉约词赏析》教学实录[J]/薛华//中学语文教学，2003(5)

17334 苏轼《蝶恋花·花褪残红青杏小》禅宗思想理析[J]/王燕//河西学院学报，2003(6)

17335 苏轼《洞仙歌》杂考[J]/闫小芬//商丘师范学院学报，2003(6)

17336 读苏轼《水调歌头》浅解[J]/王浩//语文世界(高中版)，2003(7)

17337 《念奴娇·赤壁怀古》风格辨析[J]/赵火夫//语文教学与研究，2003(7)

17338 算黄州太守，犹输气概：毛泽东《沁园春·雪》与苏轼《念奴娇·赤壁怀古》[J]/谢传荣//语文天地(高中版)，2003(7)

17339 展绚丽壮美之景 逞豪迈奔放之情：苏轼《念奴娇·赤壁怀古》教学欣赏[J]/杨素英，倪俊峰//科学咨询(教育科研)，2003(7)

17340 苏轼的《江城子·记梦》与弥尔顿的《致亡妻》[J]/张志敏//广西社会科学，2003(8)

17341 一曲豪放激越的报国之歌：苏轼《江城子·密州出猎》赏读[J]/冯爱军//语文天地，2003(8)

17342 一蓑烟雨任平生：读苏轼《定风波》有感[J]/关耳//教育艺术，2003(8)

17343 苏轼《水龙吟》赏析[J]/李成良//语文教学与研究，2003(9)

17344 苏轼写在徐州的一组《浣溪沙》[J]/于洋//初中生学习(低)，2003(10)

17345 博大的胸襟 奇异的想象：赏析苏轼词《明月几时有》[J]/杨易辉//初中生辅导，2003(11)

17346 情性之外无文字：苏轼《临江仙》(夜饮东坡醒复醉)赏析[J]/汤高才//中国广播，2003(11)

17347 一曲哀歌不了情：苏轼《江城子》赏析[J]/李雪梅//语文知识，2003(11)

17348 苏轼词《不应有恨何事》、《小乔初嫁》及《多情应笑》试析[J]/何文汇//中国文化研究所学报，2003(12)

17349 亦虚亦实悼亡妻:《江城子·乙卯正月二十日夜记梦》解读[J]/吴同和//中学生阅读(高中版)，2003(12)

17350 重估历代各家对苏轼词之论述[J]/张芸慧//问学集，2003(12)

17351 《水调歌头》教学简案[J]/凌宗伟//语文教学通讯，2003(14)

17352 纵导横拓尽潇洒：观凌宗伟教学《水调歌头·明月几时有》[J]/张鸿兵//语文教学通讯，2003(14)

17353 古代别离诗词中月意象浅析[J]/何红梅，张兰菊//现代语文(高中读写版)，2003(16)

17354 关于一句苏词的商榷[J]/陈邦新//湖南教育，2003(16)

17355 两篇怀古一缕情:《赤壁怀古》《京口北固亭怀古》艺术比析[J]/施建忠//语文天地，2003(19)

17356 梦醒之后又如何:《梦游天姥吟留别》《念奴娇·赤壁怀古》结尾探微[J]/曹茂昌//中学语文，2003(21)

17357 触景伤怀 情真意切：秦观《踏莎行》赏析［J］/ 周建成 // 语文天地，2003（23）

17358 苏轼修改《念奴娇 赤壁怀古》［J］/ 李莉，张港 // 语文天地（高中版），2003（3M）

17359 善处人生的智者心怀：苏轼和他的《水调歌头・明月几时有》［J］/ 杨景龙 // 中学生阅读（初中版），2003（Z1）

17360 也无风雨也无晴：苏轼《定风波》赏析［J］/ 许隽超 // 语文世界（高中版），2003（Z2）

17361 东坡词月意象探析［D］/ 黄琛雅．—台湾师范大学（硕士论文），2003

17362 东坡黄州词研究［D］/ 周凤珠．—中兴大学（硕士论文），2003

17363 宋代对苏轼词的接受情况研究［D］/ 张泽伟．—北京师范大学（硕士论文），2003

17364 奔放、豪迈、巧夺天工：浅析苏轼《大江东去》［J］/ 张立方 // 淮北职业技术学院学报，2004（1）

17365 超然淡泊 寄寓遥深：读苏轼《定风波》［J］/ 李树则 // 古典文学知识，2004（1）

17366 豪放美、和谐美、映衬美：苏轼《念奴娇・赤壁怀古》评析［J］/ 张立新 // 昭乌达蒙族师专学报，2004（1）

17367 艰难的境遇 开阔的胸襟 从容的气度：苏轼《定风波 莫听穿林打叶声》解读［J］/ 张玮 // 河套大学学报，2004（1）

17368 满怀执着 追求梦想：谈《念奴娇・赤壁怀古》的格调［J］/ 黄先立 // 现代语文（高中版），2004（1）

17369 苏门意气 花间风情：李之仪词风初探［J］/ 李婵娟 // 海南师范学院学报（社会科学版），2004（1）

17370 苏轼《念奴娇・赤壁怀古》词中的两个问题［J］/ 潘良炽，刘孔伏 // 达县师范高等专科学校学报（社会科学版），2004（1）

17371 意象・典故・情绪：苏轼豪放词情感模式及对辛派词人的影响［J］/ 华建新 // 宁波广播电视大学学报，2004（1）

17372 尊重历史 理解古人：读《念奴娇・赤壁怀古》新悟［J］/ 胡文群 // 培训与研究（湖北教育学院学报），2004（1）

17373 东坡词篇章结构探析：以黄州作《浣溪沙》五首为考察物件［J］/ 颜智英 // 师大学报（人文与社会科学类），2004，49（2）

17374 苏东坡与鸟的故事［J］/ 林联勇 // 福建史志，2004（2）

17375 苏轼与“神五”［J］/ 名名 // 教书育人（普教版），2004（2）

17376 有月亮的夜晚：谈苏轼《水调歌头》［J］/ 骆玉明 // 中学生阅读（初中版），2004（2）

17377 词汇语境分析与中诗英译：关于苏轼《水调歌头》英译译文的对比研究（二）［J］/ 廖玲 // 乌鲁木齐成人教育学院学报，2004（3）

17378 词坛中的强音：苏轼《念奴娇・赤壁怀古》赏析［J］/ 崔敬之 // 教育艺术，2004（3）

17379 试论北宋词学批评中的诗词分体意识［J］/ 陈怡 // 南平师专学报，2004（3）

17380 苏轼词《定风波》解析：兼论苏词中的退隐情结［J］/ 韩文革 // 华中科技大学学报（社会科学版），2004（3）

17381 和韵：宋词的创作方法之一［J］/ 徐胜利 // 湖北职业技术学院学报，2004（4）

17382 绵长的情感 无尽的思念：读苏轼词《江城子（十年生死两茫茫）》［J］/ 夏明霞 // 阅读与鉴赏（初中版），2004（4）

17383 苏东坡：人生知何似，飞鸿踏雪泥

[J]/孙天胜//地图，2004(4)

17384 苏轼《水调歌头》(明月几时有)发微：兼论相关诗文与史事(上)[J]/刘昭明//文与哲，2004(4)

17385 苏轼《永遇乐》(明月如霜)考索：兼论燕子楼相关诗文与史事[J]/黄嘉伶//文与哲，2004(4)

17386 也谈《念奴娇·赤壁怀古》词的本意：从苏轼谪黄心态说起[J]/闫笑非//绥化学院学报，2004(4)

17387 论苏轼词中的孤鸿情结[J]/梁颖晰//阅读与写作，2004(5)

17388 浅析《念奴娇 赤壁怀古》[J]/谢钦//太原城市职业技术学院学报，2004(5)

17389 苏轼《水调歌头》(明月几时有)发微：兼论相关诗文与史事(下)[J]/刘昭明//文与哲，2004(5)

17390 无奈的风雨中人：读苏轼《定风波》[J]/王林晚//宜宾学院学报，2004(5)

17391 《醉翁亭记》与北宋中期的文坛[J]/熊海英//江汉大学学报(人文科学版)，2004(5)

17392 出世与入世的矛盾统一：苏轼《水调歌头》赏析[J]/李建新//初中生必读，2004(6)

17393 读苏轼《江城子乙卯正月二十日夜记梦》随感[J]/周欣然//同学月刊，2004(6)

17394 苏轼《浣溪沙》[J]/萧华荣，高月夏//中学生阅读(高中版)，2004(7)

17395 "自是一家"的东坡豪放词[J]/王勇//中文，2004(7)

17396 诗人·明月·黄花[J]/吴思远//课外阅读，2004(8)

17397 苏轼《水龙吟》赏析[J]/顾红艳//语文知识，2004(8)

17398 铁拨铜琶赋大江:《念奴娇·赤壁怀古》赏析[J]/杨抱朴//课外语文(初中)，2004(8)

17399 读苏轼的《蝶恋花》(外一章)[J]/陈文和//散文诗，2004(9)

17400 诗人·明月·黄花[J]/不详//学语文(中学高中版)，2004(9)

17401 苏轼的"赤壁情结"解读[J]/顾琴//语文天地(高中版)，2004(9)

17402 不同的风格 同一的人格：读东坡《杨花词》[J]/肖练武//语文学刊，2004(10)

17403 大而能化 伤而不哀：萨都剌《百字令》与苏东坡《念奴娇》对读[J]/宋立民//名作欣赏，2004(10)

17404 回肠荡气应犹在：苏轼的《念奴娇·赤壁怀古》教学尝试[J]/李珂//语文学刊，2004(10)

17405 善处人生的智者心怀：苏轼和他的《水调歌头》"中秋词"[J]/杨景龙//名作欣赏，2004(10)

17406 试论禅宗与山水词[J]/刘晓珍//韶关学院学报(社会科学版)，2004(10)

17407 一蓑烟雨任平生[J]/陈新华//湖南安全与防灾，2004(10)

17408 词中自有真情在：谈苏轼的婉约艳科词[J]/俞水生//语文学刊(高等教育版)，2004(11)

17409 豪放之中见婉约[J]/田飞，田霞//语文教学与研究，2004(11)

17410 《水调歌头》(明月几时有)教学设计[J]/王芳//语文建设，2004(11)

17411 欲知其诗先解其人：由《念奴娇·赤壁怀古》谈起[J]/杜秋云，杜建军//卫生职业教育，2004(16)

17412 痛苦后的绝唱[J]/朱微然//当代学生，2004(18)

17413 从《赤壁怀古》看苏轼的文化品格[J]/

项昉初//语文教学与研究，2004（19）

17414 东坡词“今昔对照”叙写基模及其豁显之境遇感与时间意识［J］/林淑贞//兴大人文学报，2004，上（34）

17415 《水调歌头》教学实录［J］/吴积兴//语文教学通讯，2004（35）

17416 人中之杰 词中之龙［J］/包继平//新语文学习（小学低年级版），2004（35）

17417 东坡词“风意象”研究［D］/林淑英.—彰化师范大学（硕士论文），2004

17418 东坡词之美感探赜［D］/李鸿玟.—中兴大学（硕士论文），2004

17419 东坡黄州词篇章结构探析［D］/邱琼薇.—台湾师范大学（硕士论文），2004

17420 苏东坡词用韵之研究［D］/柯辰青.—彰化师范大学（硕士论文），2004

17421 苏轼《东坡词》的语义研究［D］/立红.—中国人民大学（硕士论文），2004

17422 论《东坡乐府》《多情》一词之运用［J］/吴秀兰//东方人文学志，2005，4（4）

17423 科学解读苏轼名篇［N］/仁杰//中山日报，2005-11-21

17424 东坡词《水调歌头》赏析［N］/许野//东北大学报，2005-12-02

17425 苏东坡《蝶恋花》词中色彩探析（上）［J］/曾琴芳//中国语文，2005，97（1）

17426 论章法的“四点染”：以东坡词为例［J］/黄淑贞//中国学术年刊，2005（27）

17427 超然与执着铸就的达观：从《定风波》看“苏轼精神”［J］/白葵阳//陇东学院学报（社会科学版），2005（2）

17428 沉郁中的苍凉 旷达中的沉郁：刘禹锡、苏轼诗词《西塞山怀古》《念奴娇·赤壁怀古》赏析［J］/郭海音//语文学刊，2005（2）

17429 从“大江东去”到“杨花点点”：“自是一家”的苏轼词浅说［J］/张利生//广播电视大学学报（哲学社会科学版），2005（2）

17430 豪放派词人的婉约［J］/许沈杰//语文新圃，2005（2）

17431 另辟鸿蒙 沾溉百世：浅评苏轼的《浣溪沙》五首（之四）［J］/徐卫东//语文知识，2005（2）

17432 论“白俗”［J］/吕相康//黄石教育学院学报，2005（2）

17433 情深方能理趣：苏轼《题西林壁》中的哲理美［J］/李建东//名作欣赏，2005（2）

17434 苏东坡《蝶恋花》词中色彩探析（下）［J］/曾琴芳//中国语文，2005，97（2）

17435 苏轼《念奴娇》［J］/不详//青少年书法（少年版），2005（2）

17436 坦然入世 超然忘机：也谈苏轼的《定风波》（莫听穿林）及其行藏意指［J］/钟云星//重庆社会工作职业学院学报，2005（2）

17437 唐宋词“第一调”中“第一人”：论苏轼《浣溪沙》的创作成就［J］/刘尊明//湖北大学学报（哲学社会科学版），2005，32（2）

17438 宣泄情感，展示心灵：论苏轼《定风波》的思想内蕴［J］/竺建新//语文学刊，2005（2）

17439 一蓑烟雨任平生：评苏轼《定风波》［J］/陈可辉//湖南科技学院学报，2005（2）

17440 “倔强中见姿态”：黄庭坚《鹧鸪天》鉴赏［J］/俞香顺//名作欣赏，2005（3）

17441 关于宋词词派的批评［J］/刘贵华//高等函授学报（哲学社会科学版），2005（3）

17442 幻的浪漫 梦的真实：论苏、辛的梦幻词［J］/李海帆，吴帆//乐山师范学院学报，2005（3）

17443 苏轼《念奴娇》[J]/不详//青少年书法，2005(3)

17444 苏轼《念奴娇》的旷达时空观[J]/陈宝花，张永年//教学与管理(理论版)，2005(3)

17445 一曲澄净而旷达的千古绝唱：苏轼的《水调歌头(明月几时有)》赏析[J]/张淑英//阅读与鉴赏(初中版)，2005(3)

17446 一蓑烟雨任平生(外一篇)[J]/乐朋//雨花，2005(3)

17447 不知魂已断空有梦相随：爱伦·坡《安娜贝尔·李》与苏轼《江城子》比较[J]/柳士军//信阳农业高等专科学校学报，2005(4)

17448 从《定风波》看苏轼的生命突围[J]/黄美铃//中国语文，2005，96(4)

17449 黄庭坚《鹧鸪天》[J]/西中文//青少年书法(少年版)，2005(4)

17450 历史和人生的自然生态观：重新解读苏轼《念奴娇·赤壁怀古》词[J]/许金华//浙江树人大学学报，2005(4)

17451 浅析苏轼的《水龙吟·次韵章质夫杨花词》的艺术构思及其它[J]/石进明//现代语文(理论研究版)，2005(4)

17452 人世真情慰“凄凉”：苏轼《西江月》(世事一场大梦)浅析[J]/刘春霞//语文月刊，2005(4)

17453 苏轼为何要“把酒问青天”[J]/史春燕//中学语文教学参考，2005(4)

17454 一曲寂寞佳人之歌：析苏轼《贺新郎》词[J]/周朝生//安徽农业大学学报(社会科学版)，2005(4)

17455 《水调歌头·明月几时有》课堂实录[J]/刘思飞//青年教师，2005(5)

17456 千古绝唱大江东[J]/申铁军//语文教学与研究，2005(5)

17457 人生如梦 一樽还酹江月：苏轼《念奴娇·赤壁怀古》解读[J]/阮忠//语文学习，2005(5)

17458 对苏轼《水调歌头》主旨的质疑[J]/张士文//文学教育，2005(6)

17459 三首宋词的性别解读[J]/赵永源//古典文学知识，2005(6)

17460 苏轼《卜算子·黄州定惠院寓居作》篇章结构分析[J]/张淑珍//国文天地，2005，21(6)

17461 苏词开篇 红杏报春：解读苏轼《浪淘沙》词[J]/刘尚荣//乐山师范学院学报，2005(8)

17462 赤壁怀古[J]/刘文起//美文(上半月)，2005(9)

17463 绵绵的思念 浓浓的亲情[J]/许建华//阅读，2005(9)

17464 《念奴娇·赤壁怀古》的诚与美[J]/施夙芬//国文天地，2005(9)

17465 巧设重点 突破难点:《念奴娇·赤壁怀古》的教学[J]/岳恩圣//吉林教育，2005(9)

17466 无情未必真豪杰：苏轼《江城子·乙卯正月二十日夜记梦》浅析[J]/王斌//中学语文园地(高中版)，2005(9)

17467 赤壁与苏轼[J]/潘博成，张洁//现代语文(文学研究)，2005(10)

17468 清丽舒徐 出人意表：苏轼婉约词赏析[J]/冉休丹//中华活页文选(成人版)，2005(10)

17469 《苏轼词蝶恋花》[J]/韦斯琴//青少年书法，2005(11)

17470 谈苏轼：水调歌头[J]/陈英福//颍川月刊，2005(11复刊)

17471 意象与意境(下)：古代诗词教学新视角之四[J]/方智范//中学语文，2005(11)

17472 道尽千载离人之心：苏轼《水调歌头·明月几时有》赏读[J]/余俊//现

代语文（文学评论版），2005（12）

17473 一曲哀词摧肺肝：读苏轼《江城子·乙卯正月二十日夜记梦》［J］/ 肖波 // 名作欣赏（鉴赏版，上旬），2005（12）

17474 从《定风波》看苏轼的人格魅力［J］/ 葛继红 // 语文教学与研究，2005（13）

17475 各具魅力的豪放乐章:《念奴娇》与《破阵子》比较赏析［J］/ 张世斌 // 名作欣赏，2005（14）

17476 豪情激越 壮志卫国：苏轼《江城子·密州出猎》赏析［J］/ 孟凡国 // 语文教学通讯，2005（14）

17477 抓住"明月"三次感悟:《但愿人长久》一课教学谈［J］/ 张春红 // 小学教学设计，2005（31）

17478 潇洒与从容，宁静与澄明：从《定风波》与《水调歌头》二词看苏轼的生命境界［J］/ 黄雅莉 // 国教世纪，2005（215）

17479 词情、画意、气韵的融合：苏轼《水调歌头·黄州快哉亭赠张偓佺》赏析［J］/ 李玲珑 // 青海教育，2005（Z1）

17480 从用调与创意看苏轼的词史地位：以《浣溪沙》、《水调歌头》、《念奴娇》为例［C］/ 刘尊明，陈欣 // 第四届宋代文学国际研讨会论文集 / 宋代文学学会、香港中文大学．—2005

17481 东坡词天文意象研究［D］/ 陈美坊．—中正大学（硕士论文），2005

17482 东坡辞赋研究：兼论苏过辞赋［D］/ 李燕新．—高雄师范大学（博士论文），2005

17483 苏轼手书《念奴娇·赤壁怀古》辨疑［N］/ 王琳祥 // 中国文物报，2006-04-12

17484 苏书《念奴娇·赤壁怀古》再辨疑［N］/ 沈白 // 中国文物报，2006-05-10

17485 定风波［J］/ 田野 // 美文（少年散文），2006（1）

17486 黄庭坚《念奴娇》（断虹霁雨）词"题记"索隐［J］/ 旷娟 // 文史哲，2006（1）

17487 另辟鸿蒙 沾溉百世：浅评苏轼《浣溪沙》（五首之四）［J］/ 徐卫东 // 语文月刊，2006（1）

17488 品味深沉词韵 激越人文情怀：苏轼《水调歌头（明月几时有）》教学札记［J］/ 张懿馨 // 甘肃教育，2006（1）

17489 清新朴实 明白如话：赏析苏轼的《浣溪沙》［J］/ 代新祎 // 新语文学习：教师版（中学专辑），2006（1）

17490 师承东坡 技道两进：论秦观与苏轼词风相似之作［J］/ 马良信 // 湘南学院学报，2006（1）

17491 试论宋代《渔家傲》词的创作与嬗变［J］/ 陈鑫，刘尊明 // 齐鲁学刊，2006（1）

17492 宋悼亡词的双璧：苏轼《江城子》和贺铸《鹧鸪天》比较探赏［J］/ 马学林 // 邵阳学院学报（社会科学版），2006（1）

17493 苏轼《行香子·过七里濑》赏析［J］/ 魏国华 // 中学生读写（高中），2006（1）

17494 苏轼词《定风波》赏析［J］/ 米多 // 文学与人生，2006（1）

17495 小舟从此逝 江海寄余生：苏轼《临江仙》词赏析［J］/ 李锋军 // 青海师范大学民族师范学院学报，2006（1）

17496 一帘幽梦：浅析苏轼《江城子》［J］/ 陆葵 // 凯里学院学报，2006（1）

17497 一首震颤人心的悲歌：再读《江城子·十年生死两茫茫》［J］/李淑静，熊俊然 // 现代语文（文学评论版），2006（1）

17498 有限的数 无尽的哀：浅析苏轼《江城子·乙卯正月二十日夜记梦》中的数词作用［J］/ 范昕 // 皖西学院学报，2006

（1）

17499 东坡剽诸葛［J］/ 流沙河 // 新华文摘，2006（2）

17500 对苏轼《水龙吟》的赏读及译本比较［J］/ 张羽 // 上海工程技术大学教育研究，2006（2）

17501 关于“东坡剽诸葛”的争鸣［两篇］［J］/ 流沙河 // 新华文摘，2006（2）

17502 陶渊明《归去来兮辞》与苏东坡《哨遍》之章法结构分析比较［J］/ 江姿慧 // 国文天地，2006，22（2）

17503 小乔卸甲晚妆红：“小乔初嫁了”探微［J］/ 罗庆生 // 现代语文（文学评论版），2006（2）

17504 一蓑烟雨任平生：苏轼诗词三首赏析［J］/ 莫宇芬 // 太原城市职业技术学院学报，2006（2）

17505 欲说还休的羁旅愁思：苏轼《蝶恋花》词赏析［J］/ 张桂萍 // 名作欣赏（鉴赏版，上旬），2006（2）

17506 尊主泽民 有益于世［J］/ 方星移 // 苏轼研究，2006（2）

17507 读苏轼《水调歌头》浅解［J］/ 王浩 // 东坡赤壁诗词，2006（3）

17508 归去来兮，我今忘我兼忘世！：苏轼《定风波》赏读［J］/ 李银汁 // 中学语文园地（高中版），2006（3）

17509 好个“弄”字，写尽仕子愁心：简析苏轼《水调歌头·明月几时有》中一妙词［J］/ 陈惠 // 阅读与鉴赏（初中版），2006（3）

17510 论苏轼黄州词的创作［J］/ 张文英 // 安徽教育论坛，2006（3）

17511 《念奴娇·赤壁怀古》与《永遇乐·京口北固亭怀古》比较鉴赏教学实录［J］/ 齐东风，卜廷才 // 新语文学习（教师版，中学专辑），2006（3）

17512 让学生的思维插上翅膀：谈《但愿人长久》教学中联想和想象能力的训练［J］/ 汤凤元，陆宝根 // 小学语文教师，2006（3）

17513 人生如歌：从《水调歌头》看苏轼达观的人生态度［J］/ 高娜 // 山东教育学院学报，2006（3）

17514 咏物词中艺术表现的辩证法：析苏轼《水龙吟·次韵章质夫杨花词》［J］/ 施庆利 // 语文学刊，2006（3）

17515 宋词长调“金曲”《水调歌头》研究［J］/ 陈鑫 // 长江学术，2006（4）

17516 苏轼《水调歌头》教学案例［J］/ 林仲党 // 现代语文（教学研究版），2006（4）

17517 索隐本事与回归情感：苏轼《卜算子》阐释史的反思［J］/ 王岩 // 牡丹江教育学院学报，2006（4）

17518 第三讲 怀古咏史词（上）［J］/ 王兆鹏 // 古典文学知识，2006（5）

17519 论秦观词的艺术精神及词史意义［J］/ 乔力 // 齐鲁学刊，2006（5）

17520 浅析苏轼《水调歌头·明月几时有》的气韵美［J］/ 盛长文 // 现代语文（文学研究版），2006（5）

17521 秋雨晚晴叹家国：《水调歌头·平山堂用东坡韵》赏析［J］/ 杨昕苗 // 现代语文，2006（5）

17522 宋词“金曲”《念奴娇》审美探幽［J］/ 陈欣，刘尊明 // 江汉论坛，2006（5）

17523 天长地久有时尽 此恨绵绵无绝期：浅析苏轼与纳兰性德的悼亡词［J］/ 申茜 // 吉林省教育学院学报，2006（5）

17524 《西江月 世事一场大梦》系年考辨［J］/ 喻世华 // 重庆邮电学院学报（社会科学版），2006（5）

17525 第四讲 怀古咏史词（下）［J］/ 王兆鹏 // 古典文学知识，2006（6）

17526　那一场宋朝的人鬼情未了：再读东坡词《江城子》兼议悼亡诗与词［J］/ 周丽云，韩晓云 // 南昌高专学报，2006（6）

17527　石林词与东坡乐府［J］/ 潘殊闲 // 西华大学学报（哲学社会科学版），2006（6）

17528　《苏东坡突围》中主人公的文化心理意义［J］/ 张成 // 文学教育，2006（6）

17529　苏轼《定风波》赏析［J］/ 杨致远 // 金秋，2006（6）

17530　从《念奴娇　赤壁怀古》《水调歌头》看苏轼旷达的词风［J］/ 卢海春 // 中小学教育与管理，2006（7）

17531　对苏轼《水调歌头》的教学思考［J］/ 杨小萍 // 科教文汇（下半月），2006（7）

17532　《水调歌头·中秋》英译文之比较研究［J］/ 董晖 // 湖北教育学院学报，2006（7）

17533　苏轼"艳科词"一瞥［J］/ 王辉斌 // 乐山师范学院学报，2006（7）

17534　从豪放到超逸：关于东坡词"自是一家"解［J］/ 郑园 // 新亚论丛，2006（8）

17535　古诗词赏析：卜算子［J］/ 不详 // 中学课程辅导（初一版），2006（8）

17536　《沁园春·长沙》与苏轼词的对读［J］/ 沈坤林 // 中华活页文选（教师版），2006（8）

17537　试论秦少游词的语言色彩［J］/ 刘广辉 // 戏剧文学，2006（8）

17538　《念奴娇·赤壁怀古》教学案例［J］/ 朱文成 // 语文建设，2006（9）

17539　主宾置换与价值追问:《念奴娇·赤壁怀古》赏读［J］/ 刘国良 // 中学语文园地（高中版），2006（9）

17540　走进诗人灵魂深处:《念奴娇·赤壁怀古》教学案例评点及其他［J］/ 刘占泉 // 语文建设，2006（9）

17541　赤壁凭吊：品赏苏轼《念奴娇·赤壁怀古》［J］/ 颜年安 // 泉州文学，2006（10）

17542　《念奴娇·赤壁怀古》赏析［J］/ 不详 // 阅读与作文（初中版），2006（11）

17543　试解《念奴娇·赤壁怀古》之梦［J］/ 李丽娜 // 辽宁行政学院学报，2006（11）

17544　苏轼《江城子·十年生死两茫茫》赏析［J］/ 刘明彰 // 文学教育，2006（11）

17545　美丽而不哀愁：试论晏、欧、苏词中的理性思致［J］/ 张丽珠 // 国文学志，2006（12）

17546　品读苏轼豪放词［J］/ 田海滨 // 现代语文（文学研究版），2006（12）

17547　苏轼《水调歌头》运思探究［J］/ 徐从根 // 语文学习，2006（12）

17548　重探清空笔调下的白石词情［J］/ 刘少雄 // 国文学志，2006（12）

17549　梦系死生念殷勤：苏轼悼亡词《江城子》与《西江月》研究［J］/ 曾淑蓉 // 坜商学报，2006（14）

17550　乡村剪影：苏轼两首《浣溪沙》讲演录［J］/ 王兆鹏 // 名作欣赏，2006（15）

17551　苏轼的一首婉约词赏析［J］/ 罗治章 // 语文教学与研究，2006（16）

17552　《水调歌头·明月几时有》赏析［J］/ 邬永辉 // 语文天地，2006（19）

17553　别样恋情二则［J］/ 王亚莉 // 语文天地，2006（19）

17554　对《念奴娇·赤壁怀古》的说课设计［J］/ 蔡文秀 // 卫生职业教育，2006（22）

17555　一蓑烟雨任平生：读苏轼词《定风波》［J］/ 过传忠 // 当代学生，2006（22）

17556　变"讲"为"读"：《水调歌头》实录［J］/ 代保民 // 语文教学通讯，2006（35）

17557　风华与纯质：谈东坡词的"旷"与"淡"［J］/ 陈映儒 // 明道文艺，2006（369）

17558 外显而奔放 内隐而曲致：苏轼《江城子》与贺铸《鹧鸪天》比较赏读［J］/罗保寿//阅读与鉴赏（教研版），2006（C1）

17559 试从苏轼的《水调歌头·明月几时有》看宋代文人的文化心态［J］/张辉//黄冈师范学院学报，2006（S1）

17560 换位体悟 融情探究：苏教版第七册《但愿人长久》教学设计［J］/顾卫忠//小学语文教学，2006（Z1）

17561 千古《念奴娇》［J］/吕阳铭//厦门文学，2006（Z1）

17562 论苏轼黄州时期词赋之“虚无”［C］/周明鹃//2007词学国际学术研讨会论文集（一）/中国韵文学会、江西财经大学，2006

17563 “苏门四学士”的贬谪词研究［D］/宋先红.—华中科技大学（硕士论文），2006

17564 东坡词乐器意象研究［D］/朱瑞芬.—台湾师范大学（硕士论文），2006

17565 东坡词禽鸟意象研究［D］/黄钰婷.—铭传大学（硕士论文），2006

17566 东坡黄州词之艺术风格研究［D］/刘淑媛.—玄奘大学（硕士论文），2006

17567 专业人语：喜读苏轼的《红梅》［N］/林光如//文汇报（香港），2007-02-23

17568 东坡小令伴入眠［N］/崔永超//中国商报，2007-08-02

17569 苏轼中秋词雄霸文坛［N］/不详//老年时报，2007-09-26

17570 苏东坡与《醉翁吟》［J］/白欢龙//党课，2007（1）

17571 苏轼《念奴娇》史实误用臆说［J］/莫俊峰//读与写（高中版），2007（1）

17572 另一面苏轼［J］/俞通//当代青年研究（学生卷），2007（1/2）

17573 光彩四溢、发人深省的人生警句：苏轼《浣溪沙》词欣赏［J］/黎烈南//古典文学知识，2007（2）

17574 千古诗韵 哲学美词：苏轼《水调歌头》赏析［J］/陈兰格//中学文科（教研论坛），2007（2）

17575 伤春之际也悲秋：苏轼《蝶恋花（春景）》赏析［J］/余群//语文学刊，2007（2）

17576 苏轼元祐词研究［J］/陈淑惠//新生学报，2007（2）

17577 同为豪放，竞自风流:《念奴娇·赤壁怀古》与《永遇乐·京口北固亭怀古》比较阅读［J］/杜成怀//现代语文（文学研究版），2007（2）

17578 哀情希冀，咏叹被生死阻隔的爱：埃德加·爱伦·坡诗歌《安娜贝尔·李》与苏轼词《江城子》（十年生死两茫茫）赏析［J］/刘玉利，余凤红//电影评介，2007（2A）

17579 从英译苏轼词《江城子》看文化传达［J］/夏莹//无锡职业技术学院学报，2007（3）

17580 老子平生，江南江北，最爱临风曲：黄庭坚《念奴娇·断虹霁雨》解读［J］/阮忠//名作欣赏，2007（3）

17581 《念奴娇·赤壁怀古》教学设计［J］/颜碧伟//新语文学习（教师版，中学专辑），2007（3）

17582 《念奴娇·赤壁怀古》考评课反思［J］/赵庭芳//学语文，2007（3）

17583 人间自是有情痴，此恨不关风和月：评析三大悼亡词［J］/张锡梅//现代语文（文学研究版），2007（3）

17584 任情逍遥 随缘放旷：读苏轼《水龙吟·古来云海茫茫》［J］/吕晓群，刘胜利//语文月刊，2007（3）

17585 缫车与纺车［J］/蔡伟胜//语文建设，2007（3）

17586 苏轼《水龙吟》“似花还似非花”解法之我见［J］/ 黄文琳 // 甘肃广播电视大学学报，2007（3）

17587 苏轼词化用《庄子》文典浅探［J］/ 宋德樵 // 有凤初鸣年刊，2007（3）

17588 苏轼徐州作《浣溪沙》五首考论［J］/ 李世忠 // 宁夏大学学报（人文社会科学版），2007（3）

17589 一轮明月 满腔情思：苏轼《水调歌头》改写［J］/ 崔连庄，李新国 //21 世纪中学生作文（八年级适用），2007（3）

17590 衷情希冀，咏叹被生死阻隔的爱：埃德加·爱伦·坡诗歌《安娜贝尔·李》与苏轼词《江城子》（十年生死两茫茫）赏析［J］/ 刘玉利，余凤红 // 电影评介，2007（3）

17591 悼亡深处见真情：苏轼《江城子》与托马斯·哈代的“爱玛组诗”比较［J］/ 康默林 // 武汉大学学报（人文科学版），2007（4）

17592 对月当歌 情真意切：苏轼《水调歌头》导读赏析［J］/ 李秀娥 // 现代语文（文学研究版），2007（4）

17593 《念奴娇·赤壁怀古》的美学意蕴［J］/ 王忠 // 文学教育（下半月），2007（4）

17594 《念奴娇·赤壁怀古》教法设计［J］/ 雷天祥 // 语文教学与研究，2007（4）

17595 浅谈《念奴娇·赤壁怀古》中的“小乔”［J］/ 张军 // 文学教育（上半月），2007（4）

17596 《水调歌头·明月几时有》教学设计［J］/ 高伟 // 黑龙江教育（中学教学案例与研究），2007（4）

17597 吟咏英豪业绩 悲叹苦短人生：读苏东坡《念奴娇·赤壁怀古》［J］/ 杨毅 // 语文学刊（基础教育版），2007（4）

17598 从用调与创意看苏轼的词史地位：以《浣溪沙》、《水调歌头》、《念奴娇》为例［J］/ 刘尊明 // 文艺研究，2007（5）

17599 论苏轼《江城子》的感人魅力［J］/ 车雅琴 // 科教文汇（中旬刊），2007（5）

17600 苏轼《江城子·十年生死两茫茫》赏析［J］/ 郝竹梅 // 中共山西省委党校省直分校学报，2007（5）

17601 苏轼寄鄂州朱使君寿昌［J］/ 不详 // 长江论坛，2007（5）

17602 苏子望月 我望苏子：读《水调歌头·中秋》［J］/ 朱家泽，邹红军 // 湖北招生考试（快速阅读），2007（5）

17603 席慕蓉《诗的价值》和苏轼《临江仙》对读［J］/ 杨景春 // 黄河科技大学学报，2007（5）

17604 杏花趣谈［J］/ 马荣国 // 现代语文（文学研究），2007（5）

17605 从词体的特性看《念奴娇·赤壁怀古》的格律［J］/ 陈登平 // 内蒙古农业大学学报（社会科学版），2007（6）

17606 浪淘不尽是多情［J］/ 吕正惠 // 读书杂志，2007（6）

17607 试论苏轼《永遇乐·明月如霜》的三重主题［J］/ 李雯 // 新疆石油教育学院学报，2007（6）

17608 走近苏轼：也谈“高处不胜寒”［J］/ 唐忠义 // 现代语文（教学研究），2007（6）

17609 《念奴娇·赤壁怀古》教学设计［J］/ 谭万新 // 考试（教研版），2007（7）

17610 《念奴娇·赤壁怀古》阅读新解［J］/ 黄蓉蓉 // 文学教育（下），2007（7）

17611 苏轼《念奴娇·赤壁怀古》探微［J］/ 宋琪 // 科协论坛（下半月），2007（7）

17612 苏轼词二首赏析［J］/ 范晓燕 // 读写月报（初中版），2007（7/8）

17613 从解说“故国”的含义中商榷“神游者是谁”［J］/ 夏云陶 // 中学语文教学参

考(教师版), 2007(8)

17614 苏轼究竟为谁抱屈[J]/孙恒杰//咬文嚼字, 2007(8)

17615 细读视角实录[J]/朱文成//中学语文教学, 2007(8)

17616 谈东坡《念奴娇·赤壁怀古》一词的时空设计[J]/赖慧娟//国文天地, 2007, 22(9)

17617 长歌赤壁东坡赋, 风月江山无尽藏[J]/吴杰//新高考(高一版), 2007(9)

17618 纤丽与雄慨齐飞, 婉约共豪放一色: 宋词风格赏析[J]/李洪启//考试(教研版), 2007(9)

17619 月有阴晴圆缺[J]/西蜀不老翁//素质教育博览(中高年级), 2007(9)

17620 婵娟千古更明媚[J]/王松图//中国工会财会, 2007(10)

17621 从玉貌花颜到水光山色: 贬谪期间"苏门四学士"词作的变化[J]/宋先红//湖北经济学院学报(人文社会科学版), 2007(10)

17622 催人自强的爽健之歌:《浣溪沙》(山下兰芽短浸溪)赏析[J]/张晓阳//阅读与鉴赏(教研), 2007(10)

17623 两宋豪放词之典范与突破: 以苏、辛杂体词为例[J]/王伟勇//文与哲, 2007(10)

17624 《念奴娇·赤壁怀古》主旨辨析[J]/孙文辉//语文教学通讯(高中刊), 2007(10)

17625 苏词"心"读:《水调歌头》与《洞仙歌》比较阅读[J]/刘俊丽//现代语文(教学研究版), 2007(10)

17626 苏轼《定风波·莫听穿林打叶声》赏析[J]/彭树欣//文学教育, 2007(10)

17627 由"兼"字说开去: 教《水调歌头》一得[J]/王雷//语文教学之友, 2007(10)

17628 自"功成名遂还乡"一语论苏轼《临江仙》词之笺释问题[J]/王秀珊//中正大学中文学术年刊, 2007(10)

17629 关于苏轼"杨花词"歇拍的句读[J]/陆精康//语文学习, 2007(11)

17630 从苏轼到毛泽东: 漫谈古往今来悼亡词[J]/吴杰明//陕西教育(高教版), 2007(12)

17631 《水调歌头·明月几时有》教学简案[J]/丁翔//文学教育(下半月), 2007(12)

17632 苏东坡赤壁怀古[J]/不详//中学生阅读: 新窗口, 2007(12)

17633 苏轼词作《十年生死两茫茫》的梦境与悲情[J]/高峰//文学教育(下半月), 2007(12)

17634 东坡词中的女性美[J]/刘纪华//成大中文学报, 2007(16)

17635 千古中秋词的绝唱: 苏轼《水调歌头》赏析[J]/刘晞晖//初中生辅导, 2007(17)

17636 挥不去的情思: 苏轼《江城子》再读[J]/董睿//现代企业教育, 2007(18)

17637 《念奴娇·赤壁怀古》的艺术特色与思想基调[J]/于克巍//语文天地, 2007(21)

17638 苏轼赠别陈襄词析论[J]/孙永忠//辅仁国文学报, 2007(24)

17639 文化: 苏东坡的中秋词[J]/不详//三联生活周刊, 2007(35)

17640 谈苏轼《念奴娇·赤壁怀古》词中的几个问题[J]/潘良炽, 刘孔伏//明道文艺, 2007(373)

17641 苏轼:《少年游》[J]/不详//浮山月报, 2007(93复刊)

17642 《念奴娇·赤壁怀古》教学实录[J]/鱼望月//新课程(教育学术版), 2007

（A3）

17643 《念奴娇·赤壁怀古》教学案例［J］/ 吕珩 // 华章（教学探索），2007（C2）

17644 寂寞沙洲冷［J］/ 孙伟 // 语文世界（高中版），2007（C2）

17645 《念奴娇·赤壁怀古》《永遇乐·京口北固亭怀古》备教策略［J］/ 余中云 // 语文教学通讯，2007（Z1）

17646 苏轼、辛弃疾婉约词之异同［C］/ 房日晰，房向莉 // 纪念辛弃疾逝世 800 周年学术研讨会论文汇编 / 上饶师范学院、铅山县人民政府，2007

17647 东坡词酒意象探析［D］/ 许育乔 .—台湾师范大学（硕士论文），2007

17648 东坡词梦意象的研究［D］/ 黄惠芳 .—台湾师范大学（硕士论文），2007

17649 东坡黄州词时空设计探析［D］/ 赖慧娟 .—台湾师范大学（硕士论文），2007

17650 符号学解析中国诗词语境之数位图设计创作：以李煜《相见欢》、苏东坡《水调歌头》、李清照《一剪梅》为例［D］/ 王博谦 .—铭传大学（硕士论文），2007

17651 历史与空间？苏轼词赋引发的“新赤壁大战”［N］/ 谢志东 // 文汇报（香港），2008-12-30

17652 苏轼黄州记游词探讨［J］/ 李纯瑀 // 中国语文，2008，102（1）

17653 苏轼隐括词：以黄州时期隐括前人作品为例［J］/ 李纯瑀 // 中国语文，2008，102（3）

17654 评苏轼：《南乡子》［N］/ 不详 // 浙江老年报，2008-03-14

17655 重读苏轼《水调歌头》［N］/ 不详 // 青岛日报，2008-07-23

17656 苏轼《水调歌头》［N］/ 不详 // 盐城晚报，2008-09-14

17657 从“聊佐清欢”到“抒己之怀”：贬谪期间“苏门四学士”词作的变化（一）［J］/ 宋先红 // 宜春学院学报，2008（1）

17658 苏轼《定风波》赏析［J］/ 朱诵玉 // 学语文，2008（1）

17659 苏轼诗词中之“欣然”意：以元丰八年为例［J］/ 林宜陵 // 东吴中文在线学术论文，2008（1）

17660 纤丽与雄壮齐飞，婉约共豪放一色：苏词风格论［J］/ 王维坤 // 广东教育学院学报，2008（1）

17661 醉看东坡：苏词“醉”字研究［J］/ 欧秀慧 // 人文暨社会科学期刊，2008，4（1）

17662 《念奴娇·赤壁怀古》词“强虏”辨［J］/ 李伟兵 // 宝鸡文理学院学报（社会科学版），2008（2）

17663 《念奴娇·赤壁怀古》教案［J］/ 刘新辉 // 新课程（教育学术版），2008（2）

17664 东坡词画·春江水暖［J］/ 叶毓中 // 荣宝斋，2008（2）

17665 浅论《水调歌头》的嬗变［J］/ 章苗 // 淮北职业技术学院学报，2008（2）

17666 清丽舒徐 出人意表［J］/ 刘尚荣 // 苏轼研究，2008（2）

17667 苏轼黄州词的思想意蕴［J］/ 王彦颖 // 内蒙古煤炭经济，2008（2）

17668 苏轼与纳兰性德悼亡词比较［J］/ 张鲁明 // 文学教育（上半月），2008（2）

17669 象外有象，弦外有音：苏轼《定风波》词的构思艺术［J］/ 张岚，王焕菊 // 河北大学成人教育学院学报，2008（2）

17670 《念奴娇·赤壁怀古》《永遇乐·京口北固亭怀古》公开课教案［J］/ 余诗明 // 东坡赤壁诗词，2008（3）

17671 北宋城市风情词论略［J］/ 杨茜 // 浙江万里学院学报，2008（3）

17672 风？雄风？雌风？快哉风：苏轼“快哉风”意象流变［J］/ 葛福安 // 阅读与鉴

赏（教研版），2008（3）

17673 论宋词的表现手法与文化内涵及其翻译实践：以《江城子》的两个译本为例［J］/ 迟梦筠 // 西南农业大学学报（社会科学版），2008（3）

17674 论苏轼《浣溪沙》农村组词五首［J］/ 王靖懿 // 徐州工程学院学报，2008（3）

17675 试论东坡词《水调歌头·明月几时有》的审美价值［J］/ 周方 // 安徽文学（下半月），2008（3）

17676 宋词欣赏（未用）杨胜宽［J］/ 小一 // 苏轼研究，2008（3）

17677 苏东坡“诗中词”新证考辨系列［J］/ 饶晓明 // 黄冈职业技术学院学报，2008（3）

17678 苏轼《浪淘沙·探春》编年补正［J］/ 胡建升 // 文学遗产，2008（3）

17679 苏轼“曲子中缚不住者”析论：以《定风波》词调为例［J］/ 黄文芳 // 东方人文学志，2008，7（3）

17680 遐思联翩醒复醉 精神超脱寄余生：苏轼《临江仙·夜归临皋》赏析［J］/ 朱庆和 // 新语文学习（教师版），2008（3）

17681 中秋节：寻找失落的狂欢与感伤［J］/ 陈出云 // 地图，2008（3）

17682 哀婉凄恻的情感张力场：试析苏轼《江城子·乙卯正月二十日夜记梦》［J］/ 刘筠 // 濮阳职业技术学院学报，2008（4）

17683 从《水龙吟》探苏、辛倚声填词之异同［J］/ 薛乃文 // 东方人文学志，2008，7（4）

17684 东坡乐府与中国酒文化［J］/ 张志烈 // 苏轼研究，2008（4）

17685 何妨吟啸且徐行［J］/ 叶景贤 // 长江文艺，2008（4）

17686 领悟苏轼词作的“中和”之美：以《定风波》与《水调歌头》为例［J］/ 高国雄 // 新疆教育学院学报，2008（4）

17687 论宋代词坛对苏轼之接受［J］/ 颜文郁 // 东方人文学志，2008，7（4）

17688 《念奴娇·赤壁怀古》的悲剧意识［J］/ 胡倩佳 // 文学教育（下半月），2008（4）

17689 诗词鉴赏的不同层次：以苏轼《定风波》词为例［J］/ 陆精康 // 中学语文教学参考，2008（4）

17690 诗歌翻译中三美原则的再现:《水调歌头·中秋》的四种英译文对比分析［J］/ 赵丽娟，徐娜 // 邯郸学院学报，2008（4）

17691 水调歌头·放歌诗书城［J］/ 愚翁 // 苏轼研究，2008（4）

17692 算诗人相得如我与君稀稀在何处：东坡《八声甘州·寄参寥子》词赏析［J］/ 陈新雄 // 应华学报，2008（4）

17693 豁达人生中的命运抗争：谈苏轼《水调歌头》的主题思想［J］/ 孟亚尼 // 湘潭师范学院学报（社会科学版），2008（5）

17694 千古第一悼亡词的经典化历程:《江城子·记梦》接受视野的历史嬗变［J］/ 刘德 // 鸡西大学学报，2008（5）

17695 试论苏轼词的养生内涵［J］/ 陈德春 // 中医药文化，2008（5）

17696 一首意气风发的生命交响曲：苏轼《浣溪沙》赏析［J］/ 苏晓丽 // 中学语文园地（高中版），2008（5）

17697 苏轼《定风波》的一种解读［J］/ 田英华 // 名作欣赏（鉴赏版，上旬），2008（6）

17698 亦喜亦忧 蕴藉深远：读苏轼《中秋月》［J］/ 王俊 // 语文月刊，2008（6）

17699 秦观的感伤［J］/Kimz// 现代营销（营销学苑），2008（7）

17700 《苏轼词两首》备教策略［J］/ 盛庆丰，潘文杰 // 语文教学通讯（高中刊），

2008（7）

17701 苏轼的《江城子·密州出猎》[J]/不详//阅读与作文（初中版），2008（7）

17702 苏轼怎样过中秋节：对《但愿人长久》的一点质疑[J]/谢传刚//小学语文教师，2008（7）

17703 行走密州[J]/刘学刚//文化月刊，2008（7）

17704 从一个新观点来谈苏轼豪放词风的起源[J]/张辉诚//中山女高学报，2008（8）

17705 东坡《念奴娇·赤壁怀古》史地考辨[J]/饶晓明//鹅湖月刊，2008，33（8）

17706 读苏轼的《洞仙歌》[J]/米彦青//文史知识，2008（8）

17707 苏轼《定风波·莫听穿林打叶声》赏析[J]/王少伟//文学教育，2008（8）

17708 中秋抒怀 千古绝唱：苏轼《水调歌头》赏析[J]/李映杰//中学文科，2008（8）

17709 大江东去人生如梦的深沉之思[J]/不详//国学，2008（9）

17710 东篱散曲与东坡词豪放风格之比较[J]/胡小成//江汉论坛，2008（9）

17711 东坡词《卜算子》与《定风波》赏析[J]/季云杰//文学教育（上），2008（9）

17712 迷离幽梦寄哀思：苏轼、纳兰性德记梦悼亡词试析[J]/谈胜轶//语文月刊，2008（9）

17713 《念奴娇·赤壁怀古》教学设计[J]/刘燕//中学语文，2008（9）

17714 热情的礼赞 深沉的思考：苏轼《念奴娇·赤壁怀古》赏析[J]/沈万春//现代语文（教学研究版），2008（9）

17715 生死隔绝悠悠情：苏轼《江城子》与弥尔顿《梦亡妻》比较[J]/肖锦凤//企业家天地下半月刊（理论版），2008（9）

17716 苏轼《念奴娇·赤壁怀古》词中的两个问题[J]/杨立波//阅读与鉴赏（教研版），2008（9）

17717 写景咏物最关情，一代宋调数坡翁：小议人教版教材中的苏轼诗词[J]/李静//小学语文，2008（9）

17718 迷离幽梦寄哀思：苏轼、纳兰性德记梦悼亡词赏析[J]/谈胜轶//阅读与鉴赏（教研版），2008（10）

17719 儒道互补咏中秋：苏轼《水调歌头》赏析[J]/秦凌燕//安徽文学（下半月），2008（10）

17720 一蓑烟雨任平生：读苏轼词《定风波》[J]/王元//党的生活（青海），2008（10）

17721 此爱绵绵无绝：从爱伦·坡《乌鸦》到苏轼《江城子》（十年生死两茫茫）[J]/陈琳//安徽文学（下半月），2008（11）

17722 丰收的图景 喜悦的心情：苏轼《浣溪沙·徐州藏春阁园中之一》赏析[J]/刘健萍//现代语文（文学研究版），2008（11）

17723 浅析《水龙吟，似花还是非花》[J]/刘春旺//跨世纪，2008（11）

17724 深情冷眼话衷肠:《江城子·乙卯正月十二日夜记梦》赏析[J]/华玉凤//湖南教育（语文教师），2008（11）

17725 苏轼《永遇乐》的生命感和超越性[J]/彭树欣//文学教育（上半月），2008（11）

17726 谈解读作品的深层结构：苏轼之《念奴娇·赤壁怀古》[J]/董成亮//中学语文·大语文论坛，2008（11）

17727 亡魂入梦：苏轼的《江城子记梦》和陈陶的《陇西行》死亡诗意比较[J]/张向辉//湖北广播电视大学学报，2008（11）

17728 小轩窗，正梳妆[J]/李雅菡//好家长，2008（11）

17729 也无风雨也无晴：苏轼的《定风波》鉴赏[J]/孙志宏//科教探索，2008（11）

17730 中秋诗的极品：苏轼《水调歌头·明月几时有》寓神于形的艺术［J］/ 钟光贵 // 写作（高级版），2008（11）

17731 长短句里看人生：谈苏轼词对人生的思考［J］/ 周照娟 // 中学语文，2008（12）

17732 豪放之余的婉约：读苏轼《江城子·乙卯正月二十日夜记梦》［J］/ 项显良 // 中学语文，2008（12）

17733 苏轼咏雁词之人格典范与文艺创意［J］/ 刘昭明 // 文与哲，2008（12）

17734 也无风雨也无晴［J］/ 刘诚龙 // 思维与智慧，2008（12）

17735 月在苏词：论苏轼词中“月”的意象［J］/ 秦涛 // 语文教学研究，2008（12）

17736 高考试题中苏轼诗词赏析［J］/ 朱正耀，张秀生 // 文教资料，2008（13）

17737 《念奴娇·赤壁怀古》创新教学设计［J］/ 贺币 // 语文学刊，2008（14）

17738 离情别寄明月中：苏轼《阳关曲·中秋月》赏析［J］/ 李金钰 // 当代学生，2008（18）

17739 试析苏轼的《江城子》［J］/ 曾宪攀 // 语文教学与研究，2008（20）

17740 让语文课充满浓浓的语文味：《定风波》教学案例［J］/ 李军 // 中学语文，2008（24）

17741 东坡词中之女性书写［J］/ 李玲玲 // 经国学报，2008（26）

17742 东坡《念奴娇·赤壁怀古》史地考辨［J］/ 饶晓明 // 鹅湖月刊，2008（392）

17743 苏东坡的《念奴娇·赤壁怀古》赏析［J］/ 不详 // 阅读与作文（初中版），2008（C1）

17744 《念奴娇·赤壁怀古》的描写艺术［J］/ 刘福庭 // 中学语文园地（高中版），2008（C2）

17745 苏轼的《江城子·密州出猎》赏析［J］/ 朱碧玉 // 阅读与作文（初中版），2008（Z2）

17746 杨花：漂泊者的心灵之象：苏轼《水龙吟·次韵章质夫杨花》新解［C］/ 邓红梅 //2008 年词学国际学术研讨会论文 / 中国词学研究会、内蒙古大学文学与新闻传播学院 .—2008

17747 影响的追寻：宋词名篇的计量分析［C］/ 王兆鹏，郁玉英 //2008 年词学国际学术研讨会论文 / 中国词学研究会、内蒙古大学文学与新闻传播学院，2008

17748 东坡“以诗为词”之论述研究［D］/ 王秀珊 .—东华大学（硕士论文），2008

17749 东坡词风雨意象探析［D］/ 彭淑玲 .—台湾政治大学（硕士论文），2008

17750 宋代中秋词研究［D］/ 于莎雯 .—南京师范大学（硕士论文），2008

17751 苏轼离别词之研究［D］/ 林丽惠 .—东海大学（硕士论文），2008

17752 己丑中秋，步东坡水调歌头韵填赏月词水调歌头［N］/ 张桂生 // 温州大学报，2009-11-15

17753 苏轼《念奴娇·赤壁怀古》探析［N］/ 赵仁珪 // 中国教育报，2009-03-22

17754 赏析苏轼《水龙吟·次韵章质夫杨花词》［N］/ 熊惠玲 // 陇南日报，2009-07-07

17755 《江城子》：解读不一样的苏东坡［N］/ 吴琦琪 // 揭阳日报，2009-08-14

17756 话说心态［J］/ 舒展，方成 // 民主与科学，2009（1）

17757 论东坡词中的“孤鸿”意象：以《卜算子·黄州定惠院寓居作》为例［J］/ 艾茂莉，王斌 // 西昌学院学报（社会科学版），2009（1）

17758 论古代论画诗表达的中国传统美学观点［J］/ 孙玉华 // 江苏工业学院学报（社会科学版），2009（1）

17759 试析苏轼《卜算子·黄州定惠院寓居作》[J]/朱少山//学语文，2009(1)

17760 苏轼茶词析论[J]/钟文伶//景文学报，2009，19(1)

17761 苏轼《定风波》词所体现的禅宗思想[J]/李英//知识经济，2009(1)

17762 苏轼《念奴娇·赤壁怀古》英译赏析[J]/何妍//吕梁教育学院学报，2009(1)

17763 苏轼黄州时期的赤壁遐想与美术史中的赤壁图[J]/姜昌明//武陵学报，2009(1)

17764 写实与浪漫：柳永、苏轼“咏潮词”(《望海潮》、《南歌子》)之比较探析[J]/颜智英//中国学术年刊，2009，31(1)

17765 心情，游走在岁月之间：浅读苏轼《洞仙歌》词[J]/毛等//安徽文学(下半月)，2009(1)

17766 一种相思，两处闲愁：苏轼《江城子·乙卯正月二十日夜记梦》和弥尔顿《梦亡妻》之比较[J]/邓炜//民族论坛，2009(1)

17767 如何阅读《念奴娇·赤壁怀古》[J]/潘丽珠//研习信息，2009，26(2)

17768 《水龙吟》赏析[J]/古家臻//文学教育，2009(2)

17769 试论苏轼词的创作特色[J]/贾秋华//科教文汇(中旬刊)，2009(2)

17770 说缫车[J]/蔡伟胜//文史知识，2009(2)

17771 边缘的恐惧：试析拉赫玛尼诺夫《帕格尼尼主题狂想曲》与苏轼《卜算子》的精神内涵[J]/张力//艺术探索，2009，23(3)

17772 不一样的美丽：白居易《琵琶行》与苏轼《江城子》比较鉴赏[J]/徐勇，徐晓玲//中华活页文选(教师版)，2009(3)

17773 从寂寞到寂寞的解脱：细读苏轼的《水调歌头·明月几时有》[J]/仲红卫//淮南师范学院学报，2009(3)

17774 《东坡赤壁诗词》百期纵笔[J]/涂普生//东坡赤壁诗词，2009(3)

17775 东坡词中妻子形象的文化透视[J]/孙艳红//东北师范大学学报(哲学社会科学版)，2009(3)

17776 论宋人“当行家语”及其影响[J]/石天飞，梁金凤//南宁师范高等专科学校学报，2009(3)

17777 千古绝唱东去水：浅谈苏轼的《念奴娇赤壁怀古》[J]/赵秉山//活力，2009(3)

17778 浅析高中语文教材古诗文中的“月意象”[J]/张丽//新课程(教研版)，2009(3)

17779 生命在超越中闪光：苏轼词中的自我形象解读[J]/高华//许昌学院学报，2009(3)

17780 试评苏东坡《水调歌头》的朱纯生译本[J]/唐时芳//考试周刊，2009(3)

17781 未敢忘却的从容：苏轼《定风波》赏析[J]/王晖//阅读与鉴赏(教研版)，2009(3)

17782 超凡飘逸 旷达乐观：读苏轼《水调歌头·明月几时有》有感[J]/霍文艳，李景玉//赤峰学院学报(汉文哲学社会科学版)，2009(4)

17783 此“东城”非彼“东城”[J]/杨松冀//黄冈师范学院学报，2009(4)

17784 《念奴娇·赤壁怀古》教案[J]/陈娥玲//成功·教育，2009(4)

17785 苏轼《江城子》和贺铸《鹧鸪天》的比较探析[J]/李青云//鄂州大学学报，2009(4)

17786 苏轼词英译中词汇特点的传达[J]/王丹凤//宁波广播电视大学学报，2009(4)

17787 苏轼及其词：大江东去[J]/诸葛忆兵//

中华儿女(青联刊),2009(4)

17788 苏轼中秋词的审美意蕴和对后世词人创作的影响(上)[J]/郑德开//楚雄师范学院学报,2009(4)

17789 再谈解读作品的深层结构:苏轼之《念奴娇·赤壁怀古》[J]/董成亮//现代语文,2009(4)

17790 中西悼亡诗的差异和文化根源:比较苏轼的《江城子·十年生死两茫茫》和弥尔顿的“On His Deceased Wife”[J]/刘蓉//考试周刊,2009(4)

17791 《念奴娇·赤壁怀古》拓展阅读:苏轼黄州时作品联读[J]/不详//中华活页文选(高一年级版),2009(5)

17792 《念奴娇·赤壁怀古》字句重解[J]/李凤英,庆振轩//语文学刊(基础教育版),2009(5)

17793 苏轼《水调歌头》(明月几时有)赏析[J]/孙绍振//语文建设,2009(5)

17794 小乔初嫁与东坡多情:重读苏东坡《念奴娇·赤壁怀古》[J]/陈建华//名作欣赏,2009(5)

17795 一蓑烟雨任平生[J]/蒋晓敏,邹旻//群文天地,2009(5)

17796 超然旷达随心任运:苏轼《定风波·莫听穿林打叶声》赏析[J]/彭树欣//成才教育月刊,2009(6)

17797 豪放派 爱国词:赏析苏轼词《江城子·密州出猎》[J]/赵庆奎//现代中学生(初中学习版),2009(6)

17798 话说心态[J]/舒展,方成//同舟共进,2009(6)

17799 《念奴娇·赤壁怀古》课堂实录及反思[J]/刘洪雷//新语文学习(教师版),2009(6)

17800 清旷与婉约的融合:赏析苏轼的《蝶恋花》[J]/颜文婧//科技风,2009(6)

17801 宋词第一名篇《念奴娇·赤壁怀古》经典化探析[J]/郁玉英,王兆鹏//齐鲁学刊,2009(6)

17802 同声叹息 别样情怀:兼评苏轼《念奴娇·赤壁怀古》与辛弃疾《永遇乐·京口北固亭怀古》[J]/周万明//大众文艺·理论,2009(6)

17803 内心世界的超越与平衡:由《定风波》透视贬谪对于苏轼生命体验的意义[J]/董岩//社会科学论坛(学术研究卷),2009(7)

17804 苏轼《念奴娇·赤壁怀古》[J]/李杰//海内与海外,2009(7)

17805 苏轼《念奴娇·赤壁怀古》作年新考论[J]/杨松冀//乐山师范学院学报,2009(7)

17806 穿越时空的情怀:苏轼《水调歌头·中秋》赏析[J]/郝丽萍,高建军//阅读与鉴赏(教研版),2009(8)

17807 元稹《遣悲怀》与苏轼《江城子》比较探析[J]/董以平//飞天,2009(8)

17808 高职语文:苏轼《定风波》单元教学设计探索[J]/陈善劝//黑河学刊,2009(9)

17809 何梦不思量 此情自难忘:苏轼《江城子》赏析[J]/胡文俊//现代语文(文学研究版),2009(9)

17810 《水调歌头》的由来[J]/李林//天天爱学习(四年级),2009(9)

17811 《苏轼〈浪淘沙·探春〉编年补正》之补正[J]/杨松冀//文学遗产,2009(9)

17812 析苏、辛词对婉约手法的继承与融合:以《念奴娇·大江东去》和《水龙吟·登建康赏心亭》为例[J]/刘杰//语文学刊,2009(9)

17813 从《念奴娇·赤壁怀古》看苏轼的人生追求[J]/曾昭京//考试(高考族),

2009（10）

17814 淡泊从容之美：苏轼《满庭芳》词赏读［J］/ 赵秀红 // 阅读与写作，2009（10）

17815 青天明月来几时 我今停杯一问之：苏轼《水调歌头》赏析［J］/ 文远 // 读写月报（初中版），2009（10）

17816 苏轼《念奴娇·赤壁怀古》字句重解［J］/ 李凤英，庆振轩 // 语文学刊，2009（10）

17817 从《定风波》看东坡谪黄之自适［J］/ 严翠玉 // 国文天地，2009，24（11）

17818 乐观的态度 旷达的胸襟：析苏轼《念奴娇 赤壁怀古》［J］/ 孙静玲 // 新课程（教师版），2009（11）

17819 浅论苏轼的人生态度［J］/ 潘美明 // 文学教育（上半月），2009（11）

17820 熙宁四至七年西湖词人群体叙事：以苏轼为中心［J］/ 张海鸥 // 政大中文学报，2009（11）

17821 从《念奴娇·赤壁怀古》看苏轼的士大夫精神及对词的历史贡献［J］/ 薛华，任先 // 现代语文（文学研究），2009（12）

17822 从弥尔顿与苏轼的两首悼亡词看十四行诗与宋词［J］/ 刘丽丽，牟常青 // 消费导刊，2009（12）

17823 从容豪迈穿风雨：苏轼《定风波》赏析［J］/ 刘玲霞 // 青年文学家，2009（12）

17824 《念奴娇·赤壁怀古》教学案例［J］/ 李婷玉 // 现代语文（教学研究版），2009（12）

17825 诗词鉴赏方法初探：以2009年盐城中考试题《江城子·密州出猎》赏析为例［J］/ 郑向明 // 新课程（教研版），2009（12）

17826 一蓑烟雨任平生 也无风雨也无晴：苏轼《定风波》赏析［J］/ 王海燕 // 中华活页文选（教师版），2009（12）

17827 谈“大江东去”的奔放美：苏轼《念奴娇·赤壁怀古》赏析［J］/ 郝文满 // 科技信息，2009（13）

17828 论苏轼词对阳羡词派的影响：以陈维崧、曹亮武、史惟圆为例［J］/ 许仲南 // 东吴中文研究集刊，2009（15）

17829 从苏轼《水调歌头·明月几时有》谈月的意象［J］/ 刘玲凤 // 语文学刊，2009（18）

17830 试论苏轼词的时空意境［J］/ 庄艳梅 // 教学与管理，2009（18）

17831 还生活一份超然：《定风波》的哲理解读［J］/ 王小华 // 现代语文，2009（19）

17832 《念奴娇·赤壁怀古》教学构想［J］/ 罗建勇 // 语文教学与研究，2009（19）

17833 以王国维的“天才”说探析东坡词［J］/ 卓内乔 // 冈中学报，2009（22）

17834 凄然思往事 把盏话新凉：苏轼《西江月》赏析［J］/ 张占周 // 现代语文（文学研究版），2009（25）

17835 宋代两首题画词赏读［J］/ 田玉琪，刘睿，徐朋云 // 名作欣赏，2009（26）

17836 层层铺垫 自然生成：苏轼念《奴娇·赤壁怀古》结构赏析［J］/ 门致民，焦玉龙 // 中学语文，2009（27）

17837 魂归何处：苏轼《水调歌头·把酒问青天》的审美观照［J］/ 李冠军 // 魅力中国，2009（28）

17838 《念奴娇·赤壁怀古》并不豪放［J］/ 刘长森 // 语文教学与研究，2009（29）

17839 情知梦无益，非梦见何期：苏轼《江城子·十年生死两茫茫》与弥尔顿的《梦亡妻》之比较［J］/ 徐李 // 考试周刊，2009（29）

17840 苏轼词题序之自传化书写［J］/ 陈慷玲 // 辅仁国文学报，2009（29）

17841 大手笔绘就雄奇景 铜琵琶奏出惊世音：

苏轼《念奴娇·赤壁怀古》赏析[J]/王继花//中学教学参考，2009(34)

17842 苏轼《卜算子·缺月挂疏桐》赏析[J]/任旭娟//考试周刊，2009(36)

17843 《苏东坡突围》之后设论述[J]/不详//国文天地，2009(289)

17844 赤壁怀古：不遇文人的历史对话[J]/赖毓芝//故宫文物月刊，2009(315)

17845 析苏、辛词对婉约手法的继承与融合：以《念奴娇·大江东去》和《水龙吟·登建康赏心亭》为例[J]/张经武//语文学刊，2009(5A)

17846 杨花：漂泊者的心灵之象：苏轼《水龙吟·次韵章质夫杨花》新解[J]/邓红梅//名作欣赏(中旬)，2009(A1)

17847 悼亡诗词中生死的历时性[J]/李慧//天府新论，2009(S1)

17848 试论苏轼的赤壁情结[J]/韩艳//内江师范学院学报，2009(Z1)

17849 符号学解析宋词之平面数位图创作：以苏东坡词《水龙吟》为例[D]/郭秉稂.—铭传大学(硕士论文)，2009

17850 苏轼词隐喻的认知研究[D]/钟健星.—武汉理工大学(硕士论文)，2009

17851 苏轼黄州时期(1080—1084)散文研究[D]/马霭怡.—香港大学(硕士论文)，2009

17852 东坡死刑判词《踏莎行》[N]/不详//法制日报，2010-01-06

17853 一只飞进苏轼词中的灯蛾[N]/郭建勋//宝安日报，2010-01-29

17854 苏轼《有美堂暴雨》赏析[N]/梁柱//黄河晨报，2010-02-27

17855 诗与心：苏轼《卜算子》浅析[N]/不详//哈工大报，2010-03-10

17856 苏轼《游静水清泉寺》(浣溪沙)[N]/不详//四平日报，2010-04-08

17857 苏轼放歌超然台[N]/不详//齐鲁晚报，2010-09-17

17858 苏轼中秋词的魅力[N]/不详//泉州晚报，2010-09-20

17859 但愿人长久，千里共婵娟：读苏东坡《水调歌头》佩尔[N]/不详//侨报，2010-09-22

17860 永遇乐·中秋月倒用苏轼夜宿燕子楼韵[N]/不详//都市晨报，2010-09-22

17861 苏轼中秋词令“余词尽废”[N]/陈铭//大公报，2010-09-26

17862 密州出猎[N]/苏轼//绵阳晚报，2010-10-28

17863 情到深处最动人：品味苏东坡的两首词[N]/不详//拂晓报，2010-11-19

17864 故园望断 峨眉横绝：苏轼《寄黎眉州》赏析三题[J]/山流水//苏轼研究，2010(1)

17865 众浪大化中 不喜亦不惧：苏轼《定风波》暗含的人生哲学[J]/李明//咸宁学院学报，2010(1)

17866 曹操盗墓竟让苏东坡出丑[J]/倪方六//都市·翻阅日历，2010(2)

17867 从《定风波》看苏轼[J]/江文水//科海故事博览·科教创新，2010(2)

17868 对苏轼《水调歌头·明月几时有》的及物性分析[J]/常霄鹏//外语艺术教育研究，2010(2)

17869 两首古词曲的粗鄙欣赏[J]/陈英//吕梁教育学院学报，2010(2)

17870 浓妆淡抹总相宜：苏轼《水调歌头》两英译本比较[J]/魏然//铜陵学院学报，2010(2)

17871 《苏东坡突围》：对历史的离奇阐释[J]/刘子立//宝鸡文理学院学报(社会科学版)，2010(2)

17872 苏轼中秋词的审美意蕴和对后世词人创

作的影响（下）[J]/郑德开//楚雄师范学院学报，2010(2)

17873 谈东坡《南歌子》三阕的系年[J]/郑秉谦//苏轼研究，2010(2)

17874 天公多情 离恨无垠：苏轼《满江红·正月十三日送文安国还朝》赏析[J]/张永彪//现代语文·文学研究，2010(2)

17875 译诗难全：从苏轼《水调歌头》的三个英译本谈起[J]/朱坤玲//信阳农业高等专科学校学报，2010(2)

17876 在诵读中感受诗歌的“言”“意”和谐：粤教版选修1《定风波》课堂实录及观课感言[J]/嵇斌，刘子威，赵东旗//语文月刊(学术综合版)，2010(2)

17877 悲喜交错景情真 理趣横生构思巧：苏轼《蝶恋花》赏读辨误[J]/付兴林，雷勇//陕西理工学院学报(社会科学版)，2010(3)

17878 赤壁矶头唱大江[J]/何志弘//苏轼研究，2010(3)

17879 从词的对面落笔：重读苏轼《江城子·十年生死两茫茫》[J]/沈扬//新乡学院学报(社会科学版)，2010(3)

17880 读东坡《大江东去》[J]/刘征//中华诗词，2010(3)

17881 对苏轼《水调歌头·明月几时有》深层意蕴的分析[J]/谢文新//湖北广播电视大学学报，2010(3)

17882 清丽舒徐 出人意表：论苏轼婉约词的创新[J]/陈立华//苏轼研究，2010(3)

17883 现代文体学批评视野下的弥尔顿与苏轼悼亡诗词比较研究[J]/徐启豪，李志岭//山东教育学院学报，2010(3)

17884 从《念奴娇·赤壁怀古》看苏轼的复杂人格[J]/袁书云//语文教学与研究(综合天地)，2010(4)

17885 从两首《江城子》看苏轼的豪气与柔情[J]/杨毅//大连教育学院学报，2010(4)

17886 从谐谑词看苏轼的人文情怀[J]/许振，安丹丹//温州大学学报(社会科学版)，2010(4)

17887 龙榆生《东坡乐府笺》与傅幹《注坡词》[J]/赵晓兰，佟博//辽东学院学报(社会科学版)，2010，12(4)

17888 东西方异曲同工之妙的悼亡诗：比较苏轼的《江城子》和哈代的《离去》[J]/金栩竹，李德义//边疆经济与文化，2010(4)

17889 飞鸿踏雪泥 诗风慕禅意(二)：苏轼《念奴娇·赤壁怀古》评析[J]/戴玉霞，杨跃//大家，2010(4)

17890 情深意浓 境界高远：苏轼《水调歌头·中秋》赏析[J]/朱庆和//新语文学习(教师版)，2010(4)

17891 苏词词风赏析：从两首《江城子》看苏轼词风[J]/李云海//科教导刊(中旬刊)，2010(4)

17892 苏轼《江城子》里的几许浅问[J]/庙诗仙//新课程(教师)，2010(4)

17893 闲适中的闲适 淳朴中的淳朴：对苏轼、辛弃疾两首农村词的比较[J]/张艳梅，孙小超//新闻爱好者(上半月)，2010(4)

17894 一蓑烟雨任平生：苏轼《定风波》赏析[J]/席旭光//新语文学习(小学高年级)，2010(4)

17895 幽梦惊断，寄慨万千：苏轼词《永遇乐》读解[J]/汪光大//苏轼研究，2010(4)

17896 重视“三农”的楷模：苏轼 探讨苏轼一组词《浣溪沙》[J]/孙静玲//新课程改革与实践，2010(4)

17897 穿越时空 历久弥新：苏轼传诵千古的悼亡词艺术解读[J]/莫志华//名作欣赏·文学研究(下旬)，2010(5)

17898 此心安处是吾乡[J]/不详//剑南文学·经典教苑，2010(5)

17899 从语气突出视角析《水调歌头明月几时有》及其英译[J]/曾芳萍//安徽文学(下半月)，2010(5)

17900 黄庭坚词四首系年新证：兼谈《南乡子》(落帽晚风回)、《点绛唇》(几日无书)的作者[J]/李金荣//湖北社会科学，2010(5)

17901 《念奴娇·赤壁怀古》的美学况味[J]/陈莉//市场周刊·理论研究，2010(5)

17902 念奴娇·纪念苏轼来黄州930年(步《赤壁怀古》原玉)[J]/刘少民//东坡赤壁诗词，2010(5)

17903 浅谈苏轼的豪放派风格：在《念奴娇·赤壁怀古》中的展现[J]/胡海丽//科技与生活，2010(5)

17904 三品《定风波》[J]/赵亦化//现代语文(教学研究版)，2010(5)

17905 《水龙吟·次韵章质夫杨花词》的审美价值[J]/王顺顺//新闻爱好者(理论版)，2010(5)

17906 苏轼《水调歌头·明月几时有》文本细读[J]/何红娟//文学教育(上)，2010(5)

17907 赤奴娇·赤壁怀古(步东坡韵)[J]/邓寿康//东坡赤壁诗词，2010(6)

17908 从《江城子》读苏东坡的柔情[J]/刘前//新课程学习(基础教育)，2010(6)

17909 从失意走向逍遥：由苏轼黄州词剖析其心灵救赎之路[J]/马励//重庆电子工程职业学院学报，2010(6)

17910 概念譬喻理论的诗歌诠释：以苏轼《定风波》词为例[J]/林增文//有风初鸣年刊，2010(6)

17911 何妨吟啸且徐行[J]/柳驰//中华活页文选(高二、高三年级)，2010(6)

17912 黄童白叟俏村姑：浅析苏轼《浣溪沙》五首农村词中的人物描写[J]/肖伟义//西部广播电视，2010(6)

17913 词牌名趣问[J]/徐文苗//语文天地(初中版)，2010(7)

17914 论苏轼海南诗词中的“海”意象[J]/颜智英//海洋文化学刊，2010(8)

17915 《念奴娇·赤壁怀古》的朗读技法[J]/郑茂光//语文教学与研究，2010(8)

17916 要的就是这“拣尽寒枝”：苏轼《卜算子 黄州定惠院寓居作》赏析及其他[J]/董旭午//语文世界·教师之窗，2010(8)

17917 也无风雨也无晴[J]/邓皓//资源与人居环境，2010(8)

17918 《念奴娇·赤壁怀古》正解[J]/侯天宇//现代语文·教学研究(中旬)，2010(9)

17919 苏轼《江城子》鉴赏[J]/夏承焘//国学，2010(9)

17920 苏轼经典词赏析[J]/朱小东//初中生学习指导(初三版)，2010(9)

17921 再论《念奴娇·赤壁怀古》[J]/樊宇敏//现代语文·文学研究(上旬)，2010(9)

17922 中秋节 寻找失落的狂欢与感伤[J]/陈出云//国学，2010(9)

17923 《念奴娇·赤壁怀古》教学设计[J]/王立军//语文建设，2010(10)

17924 苏轼“将错就错”为哪般：尝试用哲学思维教《念奴娇》[J]/朱冬民//语文学习，2010(10)

17925 苏轼《水调歌头·明月几时有》解读[J]/李君//语文天地(初中版)，2010(10)

17926 一“问”皆活：苏轼《水调歌头·明月

几时有》教学偶得［J］/ 王一平 // 现代语文（教学研究版），2010（10）

17927 一个凄凉梦，满纸自悲声：再读苏轼《江城子·乙卯正月二十日夜记梦》［J］/ 危卫红 // 飞天，2010（10）

17928 变换角色，读中悟情：《但愿人长久》第2段朗读教学点滴［J］/ 刘玉辉 // 教育科研论坛，2010（11）

17929 一首凄婉哀伤的悼亡词：赏析苏轼《江城子·乙卯正月二十日夜记梦》［J］/ 高振东 // 吉林省教育学院学报（中学教研版），2010（11）

17930 用艺术的形式诠释诗歌：《水调歌头·明月几时有》教学实录及反思［J］/ 孙鸿飞 // 黑龙江教育·中学教学案例与研究，2010（11）

17931 把诗书马上，笑驱锋镝：浅析稼秆词雄奇壮阔的意境［J］/ 蔡淑贞 // 阅读与鉴赏（下旬），2010（12）

17932 传播方式的变迁与苏轼的“以诗为词”［J］/ 马丁良 // 时代文学（下半月），2010（12）

17933 老夫聊发少年狂：《江城子·密州出猎》赏析［J］/ 吕蕴鸽 // 金秋，2010（12）

17934 杨花飘坠眼前景 次韵吟得几多情：兼评章楶、苏轼、王国维三首杨花词［J］/ 雷桂萍 // 名作欣赏，2010（12）

17935 用诗意点亮生命的明灯：由《定风波》看苏轼的诗意人生［J］/ 冯小梅 // 文艺生活（下旬刊），2010（12）

17936 追求艺术化的人生境界与心灵意境：苏轼《水调歌头·明月几时有》赏析［J］/ 王英 // 中国科教创新导刊，2010（12）

17937 从地域文化看苏轼词的杭州书写［J］/ 颜智英 // 文与哲，2010（16）

17938 走近智者，对话伟大灵魂：《定风波》教学实录及思路解说［J］/ 孙永河 // 语文教学通讯，2010（16）

17939 梦里寻她千百度：苏轼《江城子·记梦》赏析［J］/ 李荣 // 语文学刊，2010（17）

17940 从《定风波·莫听穿林打叶声》看苏轼的人生态度［J］/ 王金川 // 时代文学，2010（18）

17941 《水调歌头 明月几时有》的赏析［J］/ 常军卫 // 试题与研究·教学论坛，2010（20）

17942 东坡《念奴娇》的再诠释：兼论东坡在黄州的心境［J］/ 吕正惠 // 国文新天地，2010（21）

17943 《念奴娇·赤壁怀古》主题思想之我见［J］/ 耿长辉 // 河南农业，2010（22）

17944 苏词“不即不离”之美［J］/ 赵玲 // 名作欣赏，2010（22）

17945 苏轼词中的人生境界：以《定风波》为例［J］/ 张袁月 // 大众文艺，2010（24）

17946 纵论古今谈壮志，横览江山抒豪情：浅析苏轼的《念奴娇·赤壁怀古》［J］/ 王金潍 // 文教资料，2010（25）

17947 悼亡词中的异彩［J］/ 丁远芳 // 考试周刊，2010（27）

17948 苏轼词《水调歌头》［J］/ 不详 // 老人报，2010（27）

17949 论“赤壁意象”的形成与流转：“国事”、“史事”、“心事”、“故事”的四重奏［J］/ 王文进 // 成大中文学报，2010（28）

17950 爱，是不能忘记的：苏轼《水调歌头·明月几时有》［J］/ 周宝东 // 名作欣赏，2010（34）

17951 诵读中审美 互动中探究：《念奴娇·赤壁怀古》教学课例［J］/ 王兆平 // 语文教学通讯，2010（34）

17952 一段至情至爱、刻骨铭心的爱情：苏轼《江城子·十年生死两茫茫》赏析［J］/ 任旭娟 // 考试周刊，2010（44）

17953 赏奇景 品苏轼 论英雄:《念奴娇·赤壁怀古》的豪放词情探隅[J]/马丽萍//青海教育，2010(Z3)

17954 东坡词章法结构探析：以徐州五首农村词《浣溪沙》为考察物件[J]/李静雯//章法论丛，2010

17955 悲喜交错景情真，理趣横生构思巧：苏轼《蝶恋花》赏读辨误[C]/付兴林//2010年词学国际学术研讨会论文集/中国词学研究会、陕西师范大学文学院，2010

17956 古典诗词的现代接受效应：浅析《念奴娇·赤壁怀古》对电影《赤壁》的影响[C]/张春晓//2010年词学国际学术研讨会论文集/中国词学研究会、陕西师范大学文学院，2010

17957 东坡清旷词风初探：以月夜词为考察中心[D]/黄筠雅.—台湾大学(硕士论文)，2010

17958 试比较苏轼与辛弃疾婉约词之异同[D]/滕召梅.—中国海洋大学(硕士论文)，2010

17959 苏轼词中“梦”字意象之研究[D]/简子芽.—台北教育大学(硕士论文)，2010

17960 苏轼黄州时期尺牍研究[D]/徐峰.—湖北大学(硕士论文)，2010

17961 论东坡咏物词意象之开拓：以咏梅、咏荔枝为例[J]/颜智英//师大学报(语言与文学类)，2011，56(2)

17962 苏东坡《初发嘉州》[N]/陈德忠//乐山日报，2011-02-27

17963 苏轼转败为胜的写作智慧：以《水龙吟》咏杨花词为例[N]/戴伟华//中国社会科学报，2011-03-01

17964 苏轼《江城子》竟遭网友恶改[N]/不详//生活报，2011-03-06

17965 春天小语：苏轼诗词素描三则[N]/刘清泉//眉山日报，2011-03-26

17966 诗词歌赋:《定风波》[N]/苏轼//明报加东版(多伦多)，2011-05-12

17967 “走近苏轼”系列课程：庐山真面目：苏轼的禅悟[N]/朱刚//青年报，2011-05-24

17968 苏轼的洒脱[N]/不详//牛城晚报，2011-07-12

17969 苏轼中秋词素描[N]/刘清泉//眉山日报，2011-08-20

17970 苏轼《水调歌头》与济南[N]/不详//齐鲁晚报，2011-09-08

17971 苏轼的中秋词[N]/不详//闽南日报，2011-09-13

17972 中秋吟诗境更佳 读苏轼《明月几时有》一词有感[N]/朱绍荣//合肥晚报，2011-09-13

17973 巧了！苏轼“赤壁”夺魁[N]/不详//长江日报，2011-10-27

17974 苏轼诗词素描[N]/刘清泉//眉山日报，2011-11-01

17975 从《定风波》(长羡人间琢玉郎)来看苏轼笔下的女性美[J]/赵树军//名作欣赏(学术专刊)，2011(1)

17976 从《江城子》看苏轼的婉约词风[J]/张松松//中华活页文选(教师版)，2011(1)

17977 刚柔并存 动静统一：苏轼《减字木兰花》的写作特色[J]/陈艳秋//中华诗词，2011(1)

17978 论陛状借代：从苏轼词句“多情应笑我”的解读说起[J]/郝荣斋//阅读与鉴赏(学术版)，2011(1)

17979 论性状借代：从苏轼词句“多情应笑我”的解读说起[J]/郝荣斋//阅读与鉴赏(下旬)，2011(1)

17980 内心世界的超越与平衡：重读《念奴

娇·赤壁怀古》[J]/吴跃山//中学教学参考，2011(1)

17981　念奴娇·宜城吟用东坡韵[J]/沈天鸿//中华诗词，2011(1)

17982　牛衣古柳同情意，酒困路长寂寞心：苏轼《浣溪沙》(簌簌衣巾落枣花)主旨再论[J]/李世忠//现代语文(文学研究)，2011(1)

17983　浅析苏轼《念奴娇·赤壁怀古》的艺术特色[J]/王静//黑龙江史志，2011(1)

17984　苏轼人生态度带来的启示：读《定风波》有感[J]/韦芳，姚容融//当代教育发展学刊，2011(1)

17985　《踏莎行·郴州旅舍》解析[J]/胡菊芳//传奇·传记文学选刊·理论研究，2011(1)

17986　无意不可入，无事不可言：论苏轼词风的多样性[J]/苗小利//课外阅读(中旬)，2011(1)

17987　不思量，自难忘：苏轼的悼亡词《江城子》赏析[J]/唐玲玲//苏轼研究，2011(2)

17988　从《定风波》(长羡人间琢玉郎)来看苏轼笔下的女性美[J]/赵树军//名作欣赏，2011(2)

17989　悼亡沉痛 爱情深挚：苏轼的悼亡词《江城子》赏析[J]/夏承焘//苏轼研究，2011(2)

17990　熔诸美于一炉：浅谈苏轼《念奴娇·赤壁怀古》[J]/徐中秋//中华诗词，2011(2)

17991　柔情似水 豪情似火[J]/王叶秋//新西部(下旬，理论版)，2011(2)

17992　苏词“新天下耳目”概说[J]/陆精康//新语文学习(中学教学)，2011(2)

17993　也无风雨也无晴：苏轼《定风波》赏析[J]/杨海军//德宏师范高等专科学校学报，2011(2)

17994　一枝二葩真本色，雄贯千古豪放心：《念奴娇·赤壁怀古》与《沁园春·雪》比较阅读[J]/李国举//中学语文(下旬)，2011(2)

17995　逸怀浩气，超然尘外：苏轼婉约词风格探略[J]/聂宏梅//语文学刊(上半月刊)，2011(2)

17996　超旷文风下情与梦之达观：细读苏东坡词《念奴娇·赤壁怀古》[J]/陈雪莹//淮北职业技术学院学报，2011(3)

17997　此心安处是吾乡[J]/荆慧//初中生学习指导(初三版)，2011(3)

17998　从《念奴娇·赤壁怀古》看文学中的盲从[J]/山泉//诗词月刊，2011(3)

17999　论苏轼词中的庄禅思想：以《定风波》为例[J]/张袁月//乐山师范学院学报，2011(3)

18000　试论苏轼的赤壁情结[J]/杨学东，陈天钦//临沧师范高等专科学校学报，2011(3)

18001　谈《念奴娇·赤壁怀古》中苏轼的复杂情感[J]/李谷香//中学生阅读(高中教研版)，2011(3)

18002　发展和创新：论苏轼婉约词的题材特色[J]/杨俭//企业家天地(理论版)，2011(4)

18003　佛老思想对苏轼贬谪词作的影响:《定风波》为例[J]/宫臻良，索丹//华章，2011(4)

18004　嫁人要嫁苏东坡[J]/陈倩雯//知识窗(往事文摘)，2011(4)

18005　《念奴娇·赤壁怀古》的认知语言学解读[J]/陈晓佩//郑州航空工业管理学院学报(社会科学版)，2011(4)

18006　情景相趣山水间 幽渺远韵内心曲：苏轼《江城子·湖上与张先同赋，时闻弹

等》品读[J]/张小波//读写月报(高中版),2011(4)

18007 苏轼词中的三国情结[J]/荆帅帅//陕西社会科学论丛,2011(4)

18008 苏轼《定风波·莫听穿林打叶声》主题质疑[J]/罗泽堂//文学教育(上),2011(4)

18009 苏轼《念奴娇·赤壁怀古》《水调歌头》赏析[J]/蔡义江//语文建设,2011(4)

18010 苏轼在何处“起舞”:再解《水调歌头》[J]/黄洋//语文教学与研究·综合天地,2011(4)

18011 天上人间情难寄 一曲梅词谢知音:苏轼《西江月·梅花》赏析[J]/梁俊仙,白晨,罗翠梅//河北北方学院学报(社会科学版),2011(4)

18012 以委婉曲折之笔 叙含蓄蕴藉之情:《清平乐》赏析[J]/李莉军//语数外学习·高考语文,2011(4)

18013 醉眼中与月光下的春夜蕲水:重读苏轼《西江月》[J]/颜正源//苏轼研究,2011(4)

18014 爱伦坡《安娜贝尔·李》与苏轼《江城子》的对比分析[J]/欧阳文明//新课程·教育学术,2011(5)

18015 《长歌行》和《浣溪沙》反差比较阅读[J]/王荣华//阅读与鉴赏(下旬),2011(5)

18016 论“乌台诗案”对苏轼词创作的影响[J]/郑盘峰//武警工程学院学报,2011(5)

18017 《念奴娇·赤壁怀古》教学反思[J]/王清玲//职业技术,2011(5)

18018 浅析柳永、苏轼对词的贡献:以送别词为例[J]/孔哲//文艺生活(文海艺苑),2011(5)

18019 苏东坡《念奴娇·赤壁怀古》探疑[J]/饶晓明//作家(下半月),2011(5)

18020 苏轼《水调歌头》主题美探微[J]/王水侠//陕西教育(教学版),2011(5)

18021 一样醉酒两样情:苏轼《临江仙》和辛弃疾《西江月》辩读[J]/华锦生//延边教育学院学报,2011(5)

18022 高中英语“中外对比文学欣赏课”教学设计:以苏轼的《江城子》与弥尔顿的《梦亡妻》为例[J]/王海燕//英语教师,2011(6)

18023 明月几时有:拟苏轼《水调歌头·中秋》词意[J]/叶诉//新语文学习(初中版),2011(6)

18024 苏轼《词二首》教学设计[J]/李海峰//语数外学习(高考语文),2011(6)

18025 苏轼《水调歌头·明月几时有》赏析[J]/刘丽华//语文天地(初中版),2011(6)

18026 中西方悼亡诗之审美差异:比较《悼亡妻》与《江城子·乙卯正月二十日夜梦记》[J]/陈柔//名作欣赏,2011(6)

18027 此心安处是吾乡[J]/周静//工会博览(下旬刊),2011(7)

18028 淡妆浓抹总相宜:《苏轼诗词的不同风格》导学案[J]/金福贵//中学语文(下旬),2011(7)

18029 信·达·雅:《明月几时有》英译欣赏[J]/张淳//新高考(高二语数外),2011(7)

18030 珍惜身边的亲人:苏轼《水调歌头·明月几时有》[J]/不详//辅导员中旬刊(学法指导),2011(7)

18031 情真方为至文:读苏轼《江城子》(十年生死两茫茫)[J]/吴清//现代语文(学术综合版),2011(8)

18032 窜改了东坡词[J]/邹光椿//咬文嚼字,2011(9)

18033 古今如梦何曾梦觉：读苏轼《永遇乐·彭城夜宿燕子楼》[J]/徐利华//名作欣赏(学术专刊)，2011(9)

18034 雄奇壮美的景色 洒脱浪漫的人物：读苏轼《念奴娇·赤壁怀古》[J]/路倩//职业时空，2011(9)

18035 从明月起到婵娟结[J]/张琳//新语文学习(初中)，2011(10)

18036 梦的解析:《江城子·记梦》与《梦亡妻》对比分析[J]/南峰，唐煜//乐山师范学院学报，2011(10)

18037 梦与醉之间：苏轼的《卜算子·缺月挂疏桐》[J]/房文静//中国研究生，2011(10)

18038 《水调歌头·明月几时有》新解[J]/刘明钢//诗词月刊，2011(10)

18039 苏轼《江城子》三个英译本的审美[J]/黄茂娟//洛阳师范学院学报，2011(10)

18040 苏轼《江城子·密州出猎》考论[J]/李世忠//广西社会科学，2011(10)

18041 苏轼《念奴娇·赤壁怀古》教学设计[J]/刘旭兵//东西南北·教育观察，2011(10)

18042 异彩纷呈 异曲同工:《破阵子·为陈同甫赋壮词以寄之》与《江城子·密州出猎》之比较[J]/李金云//中学教学参考，2011(10)

18043 近海古朴的山城：从地域文化看苏轼词的密州书写[J]/颜智英//海洋文化学刊，2011(11)

18044 苏轼《江城子·密州出猎》之新批评解读[J]/梁士凡//西江月(下旬)，2011(11)

18045 此心安处是吾乡[J]/杜霖//名作欣赏(中旬刊)，2011(12)

18046 论苏轼《水调歌头·中秋》的思想价值[J]/申宝贵//新课程·教育学术，2011(12)

18047 浅谈苏东坡和他豪放词的代表作《念奴娇·赤壁怀古》[J]/黄蔓//群文天地，2011(12)

18048 三首悼亡诗中的“四部曲”[J]/南峰//时代文学(上半月)，2011(12)

18049 同中有异 各尽其妙：浅析苏轼《念奴娇·赤壁怀古》与辛弃疾《永遇乐·京口北固亭怀古》之异同[J]/李强//新课程·教研，2011(12)

18050 一样悼亡两样手法：苏轼《江城子》和贺铸《鹧鸪天》之比较[J]/马彩红//课外阅读(中旬)，2011(12)

18051 悦目与会心：从审美心理过程解读《念奴娇·赤壁怀古》[J]/李倩//新语文学习(高中版)，2011(12)

18052 苏轼《定风波》词的意境内涵[J]/柳路涛//读写算·教育教学研究，2011(13)

18053 古典悼亡诗词的审美特征[J]/丁桂香//名作欣赏，2011(14)

18054 婚姻失败与仕途失意背景下的哀婉心曲：再读“小乔初嫁了”[J]/王伟//名作欣赏，2011(14)

18055 浅析北宋古琴曲《醉翁吟》[J]/孙新//大众文艺，2011(14)

18056 苏轼词两首(念奴娇·赤壁怀古、定风波·莫听穿林打叶声)课后反思[J]/武兴宗//大观周刊，2011(15)

18057 读苏轼《江城子·乙卯正月二十日夜梦记》[J]/郑春梅，王爱生//文学教育，2011(17)

18058 北曲杂剧对宋词之跨界传播析论：以篇章借鉴为范围[J]/侯淑娟//东吴中文学报，2011(21)

18059 《念奴娇·赤壁怀古》教法研究[J]/沈中尧//语文教学与研究，2011(22)

18060 中外悼亡诗名篇比较研究：读苏轼《江

城子》和约翰·弥尔顿《梦亡妻》[J]/赵兰玉//作家，2011(22)

18061 红尘客梦：由总体性隐喻阅读解析苏轼词中的黄州梦[J]/林增文//东海中文学报，2011(23)

18062 诙谐用典，堪称妙绝：读苏轼《题李岩老》[J]/孔祥辉//晚霞，2011(23)

18063 苏轼《浣溪沙》的时代背景及艺术特色[J]/杨青//写作，2011(23)

18064 幽梦与君逢 泪中话凄凉：苏轼《江城子》写作艺术探微[J]/肖波//写作，2011(23)

18065 本来无一物，何处惹尘埃：读《定风波·莫听穿林打叶声》有感[J]/黄后颖//文教资料，2011(24)

18066 几回魂梦与君同：苏轼《江城子》赏析[J]/蔡玫玫//大观周刊，2011(24)

18067 文学文本对话式解读的三种境界：以苏轼《定风波》为例[J]/田恩铭，陈雪婧//名作欣赏，2011(26)

18068 谈《念奴娇·赤壁怀古》的曲笔艺术[J]/张喜梅//语文教学与研究，2011(28)

18069 一蓑烟雨任平生：浅论苏轼的抒情词[J]/李凤//西江月，2011(34)

18070 苏轼《念奴娇·赤壁怀古》浅析[J]/陈丽华//大观周刊，2011(36)

18071 豪放中的含蓄，高亢中的深沉：苏轼《念奴娇·赤壁怀古》感情基调探析[J]/刘爱军//考试周刊，2011(49)

18072 逸怀浩气 超然尘外：苏轼婉约词风格探略[J]/聂宏梅//语文学刊(A版)，2011(2A)

18073 情真意切悼亡妇[J]/杨卫东//文学教育，2011(2C)

18074 《水调歌头》教学实录[J]/张新慧//语文教学通讯，2011(C2)

18075 苏东坡与咏月词[J]/胡涛海//考试(高考语文版)，2011(C5)

18076 《东坡乐府》的精神世界研究[D]/李丽.—山东大学(硕士论文)，2011

18077 苏轼、黄庭坚豪放词之比较研究：以生命意识为考察核心[D]/陈淑卿.—台湾师范大学(硕士论文)，2011

18078 苏辛词牌比较研究[D]/吴双.—成功大学(硕士论文)，2011

18079 论东坡词的“四度空间”[J]/苏心一//国文天地，2012，27(9)

18080 苏轼与徐大受交游诗词文评析[J]/曾梦涵//南台学报，2012，37(4)

18081 苏轼《江城子》素描[N]/刘清泉//眉山日报，2012-02-11

18082 继“唐诗排行榜后”，“宋词排行榜”出炉 苏轼“念奴娇”第一[N]/不详//新京报，2012-02-16

18083 武大教授再推宋词排行榜苏轼《念奴娇》居首[N]/王兆鹏//通辽日报，2012-02-28

18084 夜读东坡乐府[N]/王志刚//眉山日报，2012-04-21

18085 苏轼“多情应笑我”“多情”其实指爱妻[N]/陈玲，曾颖枫//武汉晚报，2012-05-23

18086 台湾学者：“多情”应为苏轼妻[N]/宋兰兰，曾颖枫//长江日报，2012-05-23

18087 回首向来萧瑟处[N]/秦德君//学习时报，2012-06-18

18088 《明月几时有》新解：苏轼推理发现人性弱点[N]/不详//临汾日报晚报版，2012-08-21

18089 苏轼《水调歌头》和他的两个女人[N]/吴永雄//石狮日报，2012-09-24

18090 苏轼的59岁现象：苏轼的《蝶恋花》

［N］/ 李亚伟 // 深圳特区报，2012-09-25

18091 苏轼《水调歌头》［N］/ 不详 // 黔东南日报，2012-09-27

18092 20 世纪以来唐宋咏史怀古词研究的历史回顾［J］/ 刘怀荣，石飞飞 // 宁夏师范学院学报，2012（1）

18093 合作探究 读中悟情［J］/ 杨绍娟 // 新语文学习（小学中年级版），2012（1）

18094 恢弘大气之章 顾影自怜之辞：毛泽东《沁园春·雪》与苏轼《念奴娇·赤壁怀古》之比析［J］/ 谢同明 // 语文教学通讯（D 刊，学术刊），2012（1）

18095 苏轼《定风波》教学探究［J］/ 古少华 // 课程教材教学研究·教育研究，2012（1）

18096 苏轼咏茶词之探析［J］/ 梁姿茵，高世州 // 高苑学报，2012，18（1）

18097 提高语文课堂教学的有效性：苏轼的《定风波》的教学实践［J］/ 梁超 // 东西南北·教育观察，2012（1）

18098 “此心安处是吾乡”：苏轼《定风波》翻译赏析［J］/ 刘泳美 // 吐鲁番，2012（2）

18099 概念整合视阈下自然意象的研究：以苏轼离别词《沁园春》为例［J］/ 刘海迪，谢姝 // 宜春学院学报，2012（2）

18100 关于初中诗词教学的研究与实践：以苏轼《水调歌头·明月几时有》为例［J］/ 张利欣 // 语文学刊，2012（2）

18101 和韵而似原唱：苏轼《水龙吟》（次韵章质夫杨花词）的艺术成就［J］/ 李宜蓬 // 东北农业大学学报（社会科学版），2012（2）

18102 寄妙理于空灵之中：析《定风坡》探索苏轼旷达心境［J］/ 康佳琼 // 时代文学（上半月），2012（2）

18103 浅谈词的文句、乐句：以《念奴娇·赤壁怀古》中“了”字为例［J］/ 王崇明 // 西藏教育，2012（2）

18104 试析典籍诗词英译风格之保持：以苏轼《江城子》下阕为例［J］/ 张恩华 // 兰州教育学院学报，2012（2）

18105 谁见幽人独往来 拣尽寒枝不肯栖：苏词《卜算子（缺月挂疏桐）》的思想解读［J］/ 高菊梅 // 名作欣赏（中旬刊），2012（2）

18106 苏轼《水调歌头》英译对比分析［J］/ 康顺理 // 科技信息，2012（2）

18107 苏轼《水调歌头·明月几时有》文本细读［J］/ 叶厚庆 // 文艺生活·文海艺苑，2012（2）

18108 苏轼悼亡词《江城子》与弥尔顿《梦亡妻》艺术比较［J］/ 黄丽萍 // 佳木斯大学社会科学学报，2012（2）

18109 古典诗词的现代接受效应：以《念奴娇·赤壁怀古》对电影《赤壁》的影响为例［J］/ 张春晓 // 江西师范大学学报（哲学社会科学版），2012（3）

18110 例谈苏轼词的风格［J］/ 李绍荣，周才汇 // 文学教育（上），2012（3）

18111 《念奴娇·赤壁怀古》教学分析［J］/ 周雁 // 语文教学通讯（D 刊，学术刊），2012（3）

18112 如何学好中学诗词:《水调歌头》案例［J］/ 刘耀红 // 新课程（上），2012（3）

18113 苏东坡悼亡词一首鉴赏与英译［J］/ 辜正坤 // 英语世界，2012（3）

18114 苏轼的三首悼亡词［J］/ 陆精康 // 新语文学习·中学教学，2012（3）

18115 十年间的爱:《江城子乙卯正月二十日夜记梦》赏析［J］/ 张晓红 // 商品与质量·焦点关注，2012（4）

18116 苏轼《念奴娇·赤壁怀古》英译比较与赏析［J］/ 李新瑞 // 天津市经理学院学

报，2012（4）

18117 苏轼与苏门词人的赤壁怀古［J］/ 魏一峰 // 时代文学，2012（4）

18118 析《水调歌头·明月几时有》中模糊词的英译：以 J.A.Turner 和许渊冲的译本为例［J］/ 曹阳 // 文学界（理论版），2012（4）

18119 细读苏轼杨花词［J］/ 施姝 // 东京文学，2012（4）

18120 不同的艺术风格，相同的创作方法：比较阅读苏轼《水调歌头》和李清照《声声慢》［J］/ 张清鑫 // 大众文艺，2012（5）

18121 唱和体词［J］/ 曾枣庄 // 古典文学知识，2012（5）

18122 读苏轼“定风波”有感［J］/ 王亮 // 重庆国土房产，2012（5）

18123 逆境里的超然旷达：苏轼密州三曲解读［J］/ 李青云 // 萍乡高等专科学校学报，2012（5）

18124 试论欧阳修、苏轼《蝶恋花》词的差异［J］/ 刘建茹 // 剑南文学·经典教苑，2012（5）

18125 《水调歌头·明月几时有》五读法教学设计［J］/ 王凤群 // 语文建设，2012（5）

18126 《水调歌头·明月几时有》主题式教学设计［J］/ 刘文华 // 语文建设，2012（5）

18127 死生契阔 思恋永恒：苏轼《江城子·记梦》结构主义分析［J］/ 韩君君 // 青年文学家，2012（5）

18128 逸怀浩气超然乎尘垢之外：感悟苏轼词的风格［J］/ 程敏军 // 语数外学习·高考语文，2012（5）

18129 咏物词的写形与写意：比较章质夫和苏轼的两首杨花词［J］/ 葛晓音 // 文史知识，2012（5）

18130 自是“骨体清英雅秀”：读《东坡乐府》札记［J］/ 陈菁华 // 名作欣赏（中旬），2012（5）

18131 梦的解析：苏轼《江城子》与弥尔顿《梦亡妻》的模拟研究［J］/ 邓慧 // 剑南文学·经典教苑，2012（6）

18132 苏轼《定风波》赏析［J］/ 张伟，周梅 // 文学教育（上），2012（6）

18133 苏轼《念奴娇·赤壁怀古》《定风波》鉴赏［J］/ 信鑫 // 现代语文（教学研究版），2012（6）

18134 婉约豪放皆真情：浅析苏轼的《江城子》［J］/ 金燕 // 作家（下半月），2012（6）

18135 豪放沉郁 旷达飘逸：苏轼词二首赏析［J］/ 肖军辉 // 现代语文（学术综合版），2012（7）

18136 《念奴娇·赤壁怀古》教学浅析［J］/ 刘海霞 // 时代教育（教育教学），2012（7）

18137 潇洒东坡：浅谈苏轼《定风波》词的佛道哲学［J］/ 苏志红，朱浴铭 // 剑南文学·经典阅读，2012（7）

18138 一墙划开两世界：赏苏轼《蝶恋花·春景》词［J］/ 施洪波 // 名作欣赏·文学研究版，2012（7）

18139 有声当彻天 有泪当彻泉：苏东坡情殇之作《江城子》的语码分析［J］/ 马志英 // 语文教学之友，2012（7）

18140 中秋有绝唱 明月寄深情：苏轼《水调歌头》赏析［J］/ 张开瑰 // 中华活页文选（教师版），2012（7）

18141 最是幸运老来伴［J］/ 月满天心 // 家庭生活指南，2012（7）

18142 常规与变异：论苏轼《西江月》词的诗隐喻［J］/ 林增文 // 有凤初鸣年刊，2012（8）

18143 对“归去，也无风雨也无晴”的教学思考：苏轼《定风波》赏析［J］/ 曾召辉，王佩 // 语文教学之友，2012（8）

18144 古诗词英译中文化意象的再现：苏轼《行香子·述怀》英译对比［J］/ 何琴 // 文学界（理论版），2012（8）

18145 《水调歌头》课堂实录［J］/ 吉曙霞 // 家教世界，2012（8）

18146 苏轼《念奴娇·赤壁怀古》及其断句浅议［J］/ 廖智勇 // 现代语文（学术综合版），2012（8）

18147 一样的风格，两样的情怀：苏东坡与毛泽东诗词风格对比感悟［J］/ 刘国清 // 课外语文（教师适用），2012（8）

18148 让我们一起走进人物的内心世界（配合四年级课文《但愿人长久》）［J］/ 姜平 // 新语文学习（小学中年级版），2012（9）

18149 语义空间的扩展整合：苏轼《水调歌头》例释［J］/ 周北南 // 中学语文教学参考（高中版），2012（9）

18150 从《定风波》看苏轼的人生态度［J］/ 廖智勇 // 当代教育理论与实践，2012（10）

18151 似花非花，道似无情却有情：宋词“杨花”意象的情感意蕴探析［J］/ 魏爱玲 // 长城，2012（10）

18152 谈情景教学法在古诗词鉴赏中的有效应用：以《念奴娇·赤壁怀古》为例［J］/ 朱霞 // 教育观察（上旬），2012（10）

18153 伟哉旷达士，知命固不忧：从《念奴娇 赤壁怀古》看苏轼旷达的人生观［J］/ 汪德 // 文史月刊（学术），2012（10）

18154 苏轼的诗性精神与高迈特色：以《定风波》为中心的审美解读［J］/ 赵松元 // 名作欣赏（鉴赏版，上旬），2012（11）

18155 第十九讲 十年生死两茫茫［J］/ 黄玉峰 // 当代学生，2012（12）

18156 论苏轼作品中乐观旷达思想对现代语文教学的影响和作用：以苏轼词作为例［J］/ 包诗雨 // 神州（中旬刊），2012（12）

18157 宋词二首赏析［J］/ 周先慎 // 文史知识，2012（12）

18158 文无定格 贵在鲜活：从《游沙湖》和《定风波·莫听穿林打叶声》看苏轼笔法［J］/ 谢芬芬 // 青少年日记（教育教学研究），2012（12）

18159 由文本细读到人文素养：以苏轼《定风波》（莫听穿林打叶声）为例［J］/ 范恒立 // 课程教育研究（中），2012（12）

18160 逸怀浩气 超然乎尘垢之外：感悟苏轼词的风格［J］/ 程敏军 // 语数外学习（高中版），2012（13）

18161 从《念奴娇·赤壁怀古》看苏轼的如梦人生［J］/ 陶丽 // 前沿，2012（14）

18162 浅析苏轼的《念奴娇·赤壁怀古》［J］/ 颜光霞 // 青春岁月，2012（14）

18163 苏轼《定风波》阅读体会［J］/ 胡欢节 // 语文教学与研究，2012（14）

18164 浅谈苏东坡的词［J］/ 段靠山 // 中华少年：研究青少年教育，2012（16）

18165 为什么是“短松冈”而不是“长松冈”？：读苏轼《江城子》［J］/ 张苏州 // 学苑教育，2012（16）

18166 谈谈高质量课例研修：以苏轼《水调歌头·明月几时有》为例［J］/ 沈敦忠 // 教师，2012（19）

18167 论苏轼黄州红梅诗词的书写策略［J］/ 刘昭明，彭文良 // 文与哲，2012（20）

18168 豪情满怀，壮志满胸：苏轼《念奴娇·赤壁怀古》浅析［J］/ 董继伟 // 神州，2012（21）

18169 且吟且行 品诗知人:《念奴娇·赤壁怀古》教学设计［J］/ 陈兴尧 // 中学语文，2012（21）

18170 无情未必真大师：读苏轼的《江城子·乙卯正月二十日记梦》［J］/ 路刚，李洪强 // 课外阅读（中下），2012（21）

18171 探寻《念奴娇》中的苏轼之梦［J］/ 刘茂林 // 城市建设理论研究，2012（22）

18172 巧链数据，立体教学，简约而不简单：《江城子・密州出猎》案例分析［J］/ 顾贤芳 // 文教资料，2012（24）

18173 梦里栩然蝴蝶，一身轻：试析苏轼词中的《庄子》典故及意象［J］/ 陶慧 // 文教资料，2012（27）

18174 信息技术在建构中学古典诗词教学中的应用：以苏轼《水调歌头》为例［J］/ 吴遵兰 // 教育教学论坛，2012（28）

18175 中西文论的结合—论析苏轼《定风波》［J］/ 冯至纲 // 亚东学报，2012（32）

18176 管窥苏轼"悼亡妻诗词"中的"生死观"的禅学渊源：以《江城子》《蝶恋花》《悼朝云》为分析载体［J］/ 李芬芳 // 名作欣赏，2012（35）

18177 赏析苏轼词《念奴娇・赤壁怀古》［J］/ 单万礼 // 华章，2012（35）

18178 艺术透视《水调歌头》中月的意象［J］/ 徐张杰 // 语文教学与研究，2012（35）

18179 浅析苏轼之《念奴娇・赤壁怀古》［J］/ 李敏华 // 读写算・教育教学研究，2012（54）

18180 苏轼《蝶恋花》赏析［J］/ 潘俊秀 // 考试（教研版），2012（1X）

18181 《念奴娇・赤壁怀古》教学案例［C］/ 侯会藏 // 河北省教师教育学会2012年中小学教师优秀案例作品展论文集 / 河北省教师教育学会，2012

18182 苏轼《江城子》三种英译散评［C］/ 王存英 // 福建省外国语文学会2012年会论文集 / 福建省外国语文学会、厦门大学外文学院，2012

18183 东坡词典故人物探析［D］/ 陈韵戎．—高雄师范大学（硕士论文），2012

18184 东坡词中的三乡情怀研究［D］/ 汪希瑜．—成功大学（硕士论文），2012

18185 苏东坡俳谐词研究［D］/ 郭静涵．—成功大学（硕士论文），2012

18186 《水调歌头》蕴含着苏轼的情商你读懂了吗？［N］/ 兰世秋，申晓佳 // 重庆日报，2013-11-22

18187 自觉与新变："戏"说苏轼联章回文词《菩萨蛮》之创新风格［J］/ 苏珊玉 // 师大学报（语言与文学类），2013，58（1）

18188 苏东坡《水调歌头》［N］/ 不详 // 老人报，2013-08-07

18189 夜读苏轼中秋词［N］/ 不详 // 潍坊医学院报，2013-09-18

18190 从"风"意象看苏轼词丰富的情感内涵［J］/ 王胜楠 // 北方文学（下旬），2013（1）

18191 东坡词仙乡书写析论［J］/ 汪希瑜 // 高应科大人文社会科学学报，2013，10（1）

18192 论苏轼任杭州通判时期送别词的特色［J］/ 吴宇娟 // 岭东通识教育研究学刊，2013，5（1）

18193 秦观词创作片论［J］/ 李锦煜 // 南华大学学报（社会科学版），2013（1）

18194 苏轼词《蝶恋花》（花褪残红青杏小）的情趣与理趣［J］/ 徐军新 // 甘肃广播电视大学学报，2013（1）

18195 异曲同工之妙的中西悼亡诗：比较《江城子》和《安娜贝尔・丽》［J］/ 洪娇娇，林玉鹏 // 合肥工业大学学报（社会科学版），2013（1）

18196 吟啸徐行迎风雨：浅析《定风波》苏轼的旷达心境［J］/ 贾雪宁 // 中学语文（论坛版），2013（1）

18197 2012年《东坡赤壁诗词》审读总结纪要［J］/ 南东求 // 东坡赤壁诗词，2013（2）

18198 从苏轼词"梦"的意象来看佛禅思想之

影响[J]/刘秀娟//名作欣赏(文学研究版)，2013(2)

18199 东坡文化的再生：档案记录诸城的“苏轼情结”[J]/王增强//山东档案，2013(2)

18200 对苏轼《水调歌头》译文比较[J]/孙起华//淮北职业技术学院学报，2013(2)

18201 感遇咏怀 寄慨身世：从三首咏梅词看苏轼的心路历程[J]/李锦煜//西北成人教育学报，2013(2)

18202 离而不舍的深情眷恋：苏轼《蝶恋花·春景》[J]/张蕾//文史知识，2013(2)

18203 《水调歌头·明月几时有》英译本体现出的翻译美学[J]/张婵//文学教育(中)，2013(2)

18204 宋代两首悼亡词的文化意蕴比较：苏轼《江城子》与贺铸《鹧鸪天》探微[J]/张勋宗，张起//成都大学学报(社会科学版)，2013(2)

18205 苏、辛怀古词词风之异：对《念奴娇·赤壁怀古》、《南乡子·登京口北固亭有怀》的文本细读[J]/杨昊//北京教育学院学报，2013(2)

18206 苏东坡梦中得佳作[J]/王天骥//小学生，2013(2)

18207 以生命美学透视苏轼《江城子》[J]/周晓蕾//焦作大学学报，2013(2)

18208 从《策别安万民·教战守》看苏轼国防建设思想[J]/盖龙云//军事历史研，2013(3)

18209 悼亡主题的文体穿越：苏轼《江城子·十年生死两茫茫》对潘岳《悼亡诗》的文本接受[J]/姚伟//合肥学院学报(社会科学版)，2013(3)

18210 倾荡磊落 穿越时空的俯仰：谈苏轼《念奴娇·赤壁怀古》中的对照艺术[J]/张小伟//中华活页文选(教师版)，2013(3)

18211 苏东坡《念奴娇·赤壁怀古》的诗作渊源[J]/彭文良//黄冈职业技术学院学报，2013(3)

18212 苏东坡词《江城子·密州出猎》赏析[J]/陈安亮//科教创新，2013(3)

18213 苏轼为何如此崇拜周瑜:《念奴娇·赤壁怀古》教学有感[J]/何先志//现代语文(教学研究版)，2013(3)

18214 潇洒应对风雨 淡定看起人生：苏轼《定风波》赏析[J]/易石秋//学习与研究，2013(3)

18215 胸有苏轼词 人生无难事：苏轼《念奴娇·赤壁怀古》赏析[J]/高金娥//中国科教创新导刊，2013(3)

18216 在历史和现实的缝隙中：读苏轼《念奴娇·赤壁怀古》[J]/过常宝，陈彦昭//文史知识，2013(3)

18217 词中有画 情理融化：品苏轼《水调歌头·黄州快哉亭赠张偓佺》[J]/李玲珑//名作欣赏(文学研究版)，2013(4)

18218 从苏轼居黄州期间的书信看其思想的变化[J]/帅杨//成功(教育)，2013(4)

18219 豪放之风与深婉之情：苏轼两首《江城子》赏析[J]/王田//学语文，2013(4)

18220 浅析东坡词中的梦[J]/胡菁//金田，2013(4)

18221 苏轼《临江仙》(忘却成都来十载)编年补证[J]/彭文良，木斋//乐山师范学院学报，2013(4)

18222 苏轼《水调歌头·明月几时有》之英译文比较[J]/周凡弼//现代妇女(理论版)，2013(4)

18223 苏轼散曲《归来乐》辨证[J]/于广杰，史宝莉//兰台世界(下旬)，2013(4)

18224 于反常处见精神：从“反常合道”品《定风波》中苏轼形象的教学尝试[J]/吕

紫绡 // 教学月刊·教学管理（中学版），2013（4）

18225 再议“一蓑烟雨”［J］/ 邹书 // 重庆三峡学院学报，2013（4）

18226 豪放派 东坡情:《念奴娇赤壁怀古》的教学案例分析［J］/ 周军 // 高考（综合版），2013（5）

18227 浅议“故国神游，多情应笑我，”者应是谁［J］/ 杨君 // 飞·素质教育，2013（5）

18228 诗词赏析：一幅朴素清新的乡村风俗画：苏轼《浣溪沙》（簌簌衣巾落枣花）赏析［J］/ 田举 // 课外语文，2013（5）

18229 苏东坡水调歌头词［J］/ 麦华三 // 中华诗词，2013（5）

18230 苏轼“格高千古”的中秋词为何诞生在密州［J］/ 张崇琛 // 写作（高级版），2013（5）

18231 闲适、旷达：东坡精神高处的歇息：苏轼《记游松风亭》赏读［J］/ 谈胜轶 // 语文月刊，2013（5）

18232 一幅朴素清新的乡村风俗画：苏轼《浣溪沙》（簌簌衣巾落枣花）赏析［J］/ 田举 // 课外语文，2013（5）

18233 两首爱情词的表现手法比较［J］/ 庄莹莹 // 文学教育（下半月），2013（6）

18234 《念奴娇 赤壁怀古》教学设计［J］/ 王虹 // 高考（综合版），2013（6）

18235 念奴娇·东坡赤壁诗社30年题贺［J］/ 吕克俭 // 东坡赤壁诗词，2013（6）

18236 念奴娇·贺东坡赤壁诗社成立30周年［J］/ 罗辉 // 东坡赤壁诗词，2013（6）

18237 苏轼与纳兰性德悼亡词比较［J］/ 刘岩 // 天水行政学院学报，2013（6）

18238 不如“归去”《定风波》中的真境界［J］/ 高青 // 语文教学之友，2013（7）

18239 从历史的理解浅析苏东坡词的英译［J］/ 郝巧亚 // 戏剧之家（上半月），2013（7）

18240 《念奴娇·赤壁怀古》教学设计［J］/ 吴泽 // 文学教育（下），2013（7）

18241 《念奴娇·赤壁怀古》课堂实录［J］/ 陈琳 // 山东教育（中学刊），2013（7）

18242 苏轼《浣溪沙·荷花》词编年新考［J］/ 彭文良 // 乐山师范学院学报，2013（7）

18243 苏轼《水调歌头·明月几时有》赏析兼谈诗歌教学模式［J］/ 刘德彬 // 现代语文·教学研究，2013（7）

18244 透过《定风波》探析苏轼在黄州时的华丽蜕变［J］/ 王丽霞 // 文学教育（中），2013（7）

18245 一蓑烟雨任平生：苏轼《定风波·莫听穿林打叶声》品读［J］/ 刘文敏 // 山西教育·教学，2013（7）

18246 埃德加·爱伦·坡的《乌鸦》与苏轼的《江城子》比较［J］/ 郑洁 // 海外英语（上），2013（9）

18247 浅析苏轼组词《浣溪沙》的语言特色［J］/ 杨毅 // 大学教育，2013（9）

18248 苏轼《江城子·十年生死两茫茫》赏析［J］/ 魏继贤 // 文学教育（下半月），2013（9）

18249 众浪大化中，不喜亦不惧：浅析苏轼《定风波》中所体现的《周易》“变易”思想［J］/ 张芑 // 青春岁月，2013（9）

18250 从《定风波》探苏、辛倚声填词之异同［J］/ 林淑华 // 人文集刊，2013（10）

18251 豪情万丈男儿心 凄婉清绝女儿情:《江城子·乙卯正月二十日夜记梦》赏析［J］/ 王惠芳 // 语文月刊，2013（10）

18252 赏析苏轼的《念奴娇·赤壁怀古》［J］/ 易若彤 // 神州（下旬刊），2013（10）

18253 释“东坡绝倒”［J］/ 吴世英 // 中学语文教学，2013（10）

18254 《水调歌头·明月几时有》解读与设计

［J］/ 王俊霞 // 文学教育（下），2013（10）

18255 苏轼《卜算子》的两个歌曲版本：黄自与冼星海《卜算子》之比较［J］/ 杨敏 // 人民音乐，2013（10）

18256 深情苏轼：十年一梦，亦哭亦歌：《江城子·乙卯正月二十日夜记梦》课堂实录［J］/ 张洁慧 // 教育艺术，2013（11）

18257 苏轼中秋词的地位及影响［J］/ 张文艳 // 大众文艺，2013（11）

18258 不减唐人高处：柳永、苏轼两首《八声甘州》之阅读比较［J］/ 张春丽 // 短篇小说（原创版），2013（12）

18259 从《答谢民师书》浅谈苏轼的“为文之妙”［J］/ 刘恒颖 // 西江月（中旬），2013（12）

18260 刚健含婀娜，婉约衬豪放：苏轼作品杂谈［J］/ 符音 // 青春岁月，2013（12）

18261 《念奴娇·赤壁怀古》主题新探［J］/ 程旭东 // 现代语文（教学研究），2013（12）

18262 品鉴《念奴娇·赤壁怀古》［J］/ 唐艺 // 北方文学（下旬刊），2013（12）

18263 浅析秦观词中佛道思想［J］/ 徐玮 // 神州（中旬刊），2013（12）

18264 三首节令宋词的审美透析［J］/ 王波平 // 新课程研究（中旬刊），2013（12）

18265 谈《水龙吟·似花还似非花》的婉约风格［J］/ 陈洪娟 // 语文建设，2013（12）

18266 天长地久有时尽，此恨绵绵无绝期：从互文性视角解读中西悼亡诗《梦亡妻》和《江城子》［J］/ 于海利 // 海外英语，2013（12）

18267 由苏轼黄州词探析其心理调适过程［J］/ 王莉 // 芒种（下半月），2013（12）

18268 月在苏词：论苏轼词中“月”的意象［J］/ 刘禾 // 现代语文·文学研究（上旬刊），2013（13）

18269 论苏轼《定风波》的理趣［J］/ 张鑫 // 文学教育，2013（15）

18270 浅谈苏轼词的艺术特色［J］/ 宋娟 // 语文周报（高中教研版），2013（16）

18271 苏轼《念奴娇·赤壁怀古》若干争议问题研究综述［J］/ 杨斌 // 文教资料，2013（17）

18272 苏轼《哨徧·春词》对晚唐小令的继承与创新［J］/ 谢光辉 // 问学，2013（17）

18273 浅析《江城子》翻译中的文化差异和意义传递：从社会符号学视角［J］/ 于婷 // 学理论，2013（20）

18274 苏轼《西江月》梅花词发微：兼探苏轼与王朝云在惠州的情义［J］/ 刘昭明 // 文与哲，2013（22）

18275 《念奴娇·赤壁怀古》的审美心理［J］/ 陶丽萍 // 语文教学与研究，2013（23）

18276 如话家常，深情与不舍却直指人心：读苏轼《江城子·乙卯正月二十日夜记梦》［J］/ 吕秀平 // 语文建设，2013（23）

18277 苏轼《念奴娇·赤壁怀古》的美学解读［J］/ 李见 // 语文教学与研究，2013（26）

18278 欧阳修《述梦赋》与苏轼《江城子·十年生死两茫茫》之比较［J］/ 陈政 // 青年文学家，2013（27）

18279 浅谈苏轼的《江城子·密州出猎》［J］/ 徐培进 // 商情，2013（29）

18280 概念整合理论视角下的苏轼《行香子·述怀》中隐喻的英译研究［J］/ 罗娴 // 青年文学家，2013（30）

18281 《念奴娇 赤壁怀古》课堂实录［J］/ 陈琳 // 山东教育，2013（C5）

18282 宋代金曲《念奴娇》词研究［D］/ 周丹．—兰州大学（硕士论文），2013

18283 苏轼谐趣词研究［D］/ 李恒．—吉林大

学(博士论文),2013

18284 品鉴苏轼《卜算子》[N]/饶诗琴//江西电力报,2014-01-04

18285 赤壁怀古怀东坡[N]/陈世旭//中国艺术报,2014-06-11

18286 另一个苏轼[N]/谭毅//华西都市报,2014-10-19

18287 苏轼柔情婉约的挚爱深情:《江城子》赏析[N]/崔敏//发展导报,2014-12-26

18288 北宋词人诗词一体观成因脞论[J]/李世忠//贵州民族大学学报(哲学社会科学版),2014(1)

18289 此"明月"非彼"明月":也谈《水调歌头・明月几时有》的教学[J]/高艳珺//吕梁教育学院学报,2014(1)

18290 及物性分析在翻译研究中的可操作性:《水调歌头・明月几时有》及其英译文的及物性分析[J]/曹琪//宁波广播电视大学学报,2014(1)

18291 论苏轼《念奴娇・赤壁怀古》英译中的陌生化策略:以杨宪益、许渊冲英译本为例[J]/田宁,王鹏飞//华西语文学刊,2014(1)

18292 浅谈苏轼《念奴娇・赤壁怀古》鉴赏中应注意的问题[J]/王振军//传媒与教育,2014(1)

18293 诗以一字论工拙:《念奴娇・赤壁怀古》版本优劣之我见[J]/丁雪艳//学语文,2014(1)

18294 苏轼《定风波》课堂实录[J]/王海燕//语文教学与研究(大众版),2014(1)

18295 文学与哲学的邂逅:从东坡《水调歌头》(落日绣帘卷)谈起[J]/高龄芬//中国语文,2014,114(1)

18296 原韵奉和范诗银先生《念奴娇・黄冈赤壁步东坡韵》[J]/陈幼安//东坡赤壁诗词,2014(1)

18297 怎一个"悲"字了得[J]/姚红飞//作文教学研究,2014(1)

18298 历代次韵苏轼《念奴娇・赤壁怀古》的定量分析[J]/刘尊明,李志丽//乐山师范学院学报,2014(2)

18299 论苏轼《卜算子》(缺月挂疏桐)的艺术个性[J]/南瑛//攀枝花学院学报,2014(2)

18300 梦醒时分:苏轼《江城子・十年生死两茫茫》解读[J]/皇甫正青//中学时代(理论版),2014(2)

18301 且看"三秋桂子,十里荷花"[J]/王易如//中学语文,2014(2)

18302 清丽舒徐 高出人表:苏轼对闺情词的开拓[J]/陈中林//黄冈师范学院学报,2014(2)

18303 《日喻》赏析[J]/朱靖华,柯象中//新高考(高二语文),2014(2)

18304 试比较苏轼的《江城子》与弥尔顿的《梦亡妻》[J]/刘海林//吕梁教育学院学报,2014(2)

18305 《苏东坡突围》之思考[J]/刘丽珈//乐山师范学院学报,2014(2)

18306 探究性教学在大学语文课程中的运用:以讲授苏轼《水调歌头》一课为例[J]/李娜//广西民族师范学院学报,2014(2)

18307 提供背景解读古诗词:从秦观《踏莎行・郴州旅舍》的教学谈起[J]/石莉//中学语文教学,2014(2)

18308 心理调适与生命安顿:东坡中秋词研究[J]/李茸//虎尾科技大学学报,2014(2)

18309 东坡出猎[J]/谷冰//中华诗词,2014(3)

18310 过尽千山皆是客 踏雪寻梅暗香留:从苏轼《定风波》和贺铸《六州歌头》看二

人作品风格差异形成原因[J]/庞晓丽//长治学院学报，2014(3)

18311 论“乌台诗案”后苏轼词旷达背后的心理实际[J]/叶璐//焦作大学学报，2014(3)

18312 率直的语言 曲折的情感：苏轼《江城子·十年生死两茫茫》主题新探[J]/孙丽艳//语文学刊(基础教育版)，2014(3)

18313 秦观俗词论略[J]/诸葛忆兵//北京大学学报(哲学社会科学版)，2014(3)

18314 苏轼两首江城子词的对比赏析[J]/曲伟//芒种(下半月)，2014(3)

18315 苏轼修西湖留诗篇[J]/段天顺//海内与海外，2014(3)

18316 次韵互德虎吟是《苏东坡》[J]/不详//东坡赤壁诗词，2014(4)

18317 次韵王改正先生《赤壁矶上歌》[J]/不详//东坡赤壁诗词，2014(4)

18318 从《江城子·密州出猎》和《念奴娇·赤壁怀古》看苏轼的豪放与达观精神境界[J]/余代金//科海故事博览·科教论坛，2014(4)

18319 反面落笔 耳目一新：苏轼《阮郎归·初夏》赏析[J]/张坤//作文之友(初中版)，2014(4)

18320 概念隐喻视角解读苏轼《水调歌头·明月几时有》[J]/陈志鹏//龙岩学院学报，2014，32(4)

18321 诗词中对立与循环的张力：兼谈《念奴娇·赤壁怀古》的结构[J]/华明//南京师范大学文学院学报，2014(4)

18322 世间真情本相同：苏轼《江城子·十年生死两茫茫》与哈代“爱玛组诗”之比较[J]/孙丽艳//语文学刊(基础教育版)，2014(4)

18323 于矛盾处生疑：苏轼《定风波》教学设计[J]/韩凌霞//赤峰学院学报(作文教学研究)，2014(4)

18324 读东坡词悟人生理《念奴娇·赤壁怀古》课堂教学片段简录及反思[J]/吴越//教育艺术，2014(5)

18325 读透文本 读懂作者 读出自我：我教苏轼《水调歌头·明月几时有》[J]/王宏任//吉林画报(教育百家A)，2014(5)

18326 苏轼《江城子·乙卯正月二十日夜记梦》艺术特色探微[J]/戴松平//祖国(教育版)，2014(5)

18327 苏轼赤壁怀古词新论[J]/李飞跃//中南民族大学学报(人文社会科学版)，2014(5)

18328 忠君思亲独徘徊 中秋赏月抒情怀：浅析苏轼《水调歌头》[J]/马铎//教育教学研究杂志，2014(5)

18329 从苏轼诗词探析北宋农业社会[J]/王胜奇//农业考古，2014(6)

18330 拣尽寒枝不肯栖：苏轼《卜算子》解读[J]/皇甫正青//中学时代，2014(6)

18331 《念奴娇·赤壁怀古》教学设计[J]/郭颖华//文学教育(上)，2014(6)

18332 《念奴娇·赤壁怀古》文本教学的几点突破[J]/黄充良//中学语文·大语文论坛(下旬)，2014(6)

18333 试析苏轼诗的艺术风格[J]/冯娜//文学教育(中)，2014(6)

18334 苏轼词的情趣、理趣与意味：以《蝶恋花·春景》为例[J]/杨茂义//名作欣赏(中旬)，2014(6)

18335 苏轼无奈的黄州行:《念奴娇·赤壁怀古》之美探析[J]/彭丽辉//新课程(下旬)，2014(6)

18336 也谈“眉山公之词短于情”：以苏轼《江城子·十年生死两茫茫》为例[J]/潘丹//名作欣赏(下旬)，2014(6)

18337 读苏轼《定风波·莫听穿林打叶声》[J]/叶嘉莹//唯实·现代管理，2014(7)

18338 《念奴娇·赤壁怀古》宋代传播考论[J]/张劲松//贵州师范学院学报，2014(7)

18339 苏轼《江城子·乙卯正月二十日夜记梦》赏析[J]/陈俊娟//文学教育(上旬刊)，2014(7)

18340 苏轼《西江月 梅花》中对王朝云的人间情怀评价[J]/赵荣凤//北方文学(下旬刊)，2014(7)

18341 浅析《江城子》与《致亡妻》中的情感表达差异[J]/陈立围//金田，2014(8)

18342 苏教版初中教材苏轼词作教学浅析[J]/倪晓华//中华活页文选(教师版)，2014(8)

18343 从文化语言学语篇情节视角下宋词英译研究：以苏轼《江城子(记梦)》为例[J]/高菲//海外英语(上)，2014(9)

18344 赏析苏轼《江城子·密州出猎》[J]/田月丽，赵小英//北方文学(中旬刊)，2014(9)

18345 《水调歌头·明月几时有》的解读策略[J]/季曙明//语文教学之友，2014(9)

18346 苏东坡《水调歌头》赏析[J]/佚名//领导月读，2014(9)

18347 苏轼谐趣词中的佛禅[J]/李恒，王春丽//文学教育，2014(9)

18348 珍惜身边的亲人朋友：苏轼《水调歌头·明月几时有》[J]/不详//青年时代·千校万师，2014(9)

18349 爱伦·坡《乌鸦》与苏轼《江城子》对比分析[J]/唐与晗//新校园(上旬刊)，2014(10)

18350 从《念奴娇·赤壁怀古》看苏轼的人生态度与美学范式[J]/齐亮//佳木斯职业学院学报，2014(10)

18351 悼亡之绝唱：探讨苏轼与纳兰性德悼亡词的异同[J]/陈晓超//文教资料，2014(10)

18352 东坡赤壁怀古[J]/陈世旭//人民文学，2014(10)

18353 破阵子·谒儋州东坡书院[J]/刘友竹//诗词月刊，2014(10)

18354 唐五代到北宋苏轼咏梅词的发展及其原因[J]/陈雅茹//名作欣赏(中旬刊)，2014(10)

18355 功能主义翻译视角下对比《水调歌头·中秋》两个译本中文化意象的传递[J]/铁玉婷//英语广场(学术研究)，2014(11)

18356 何谓“也无风雨也无晴”？[J]/陈健，刘立刚//读写月报(高中版)，2014(11)

18357 失意时须有一种旷达的情怀：苏轼《水调歌头·明月几时有》赏析[J]/吕刚//语文知识，2014(11)

18358 《水调歌头·明月几时有》的心路历程[J]/王海波//现代语文(学术综合版)，2014(11)

18359 《水调歌头·明月几时有》赏析[J]/张文莉//参花(上)，2014(11)

18360 苏轼《江城子·密州出猎》爱国主义情怀研究[J]/赵荣凤//鸭绿江(下半月版)，2014(11)

18361 赤壁怀古咏史中的两首名篇[J]/刘瑞芳//社会科学论坛，2014(12)

18362 从《定风波》探析苏轼的复杂思想[J]/何晓梅//都市家教(上半月)，2014(12)

18363 苏轼《江城子·密州出猎》体现出的齐鲁文化特点[J]/黄丽华//青年文学家，2014(12)

18364 苏轼《念奴娇·赤壁怀古》的启发式阅

读［J］/ 王昌花 // 文学教育（下），2014（12）

18365 用记叙的方式解构古诗：苏轼《定风波》教学偶得［J］/ 姚兰梅 // 语文知识，2014（12）

18366 余映潮老师《江城子·密州出猎》课堂教学实录及评点［J］/ 余映潮，杨雪桥 // 中学语文（上旬，教学大参考），2014（12）

18367 苏轼《江城子·乙卯正月二十日夜记梦》赏析［J］/ 陈俊娟 // 文学教育（下旬刊），2014（13）

18368 潇洒应对风雨 淡定看起人生：苏轼《定风波》赏析［J］/ 易石秋 // 教师，2014（13）

18369 从《念奴娇·赤壁怀古》看苏轼的"多情"人生［J］/ 杨秀兰 // 中学生导报·教学研究，2014（14）

18370 从苏轼的《定风波》探苏轼的思想根源［J］/ 袁菊华 // 时代文学，2014（15）

18371 苏轼《江城子·十年生死两茫茫》艺术手法分析［J］/ 丁青山 // 青年文学家，2014（24）

18372 古诗词阅读教学的"自觉"路径：以苏轼《水龙吟》教学为例［J］/ 程振理 // 语文教学通讯，2014（25）

18373 东坡徐州作《浣溪沙》五首篇章修辞探析［J］/ 洪婉湄 // 东吴中文在线学术论文，2014（26）

18374 析论东坡词之沿袭与创新：以《南歌子》为例［J］/ 林缨姿 // 东吴中文在线学术论文，2014（27）

18375 为乐天派苏轼鸣不平:《念奴娇·赤壁怀古》新解课堂实录［J］/ 许月圆 // 中学教学参考，2014（28）

18376 笑对苍茫 淡定平生：从《定风波》看苏轼的人生态度及其现实意义［J］/ 马荣会 // 新教育时代电子杂志（教师版），2014（28）

18377 苏轼《江城子》的语言张力及审美意义［J］/ 温瑜 // 短篇小说（原创版），2014（29）

18378 论《江城子 密州出猎》中苏轼形象的体现［J］/ 刘杰 // 才智，2014（33）

18379 苏轼词《水龙吟》教法新解［J］/ 赵小越 // 中学生导报·教学研究，2014（35）

18380 论元好问对苏轼的接受与转化［D］/ 萧丰庭．—高雄师范大学（硕士论文），2014

18381 以教练策略诠释东坡黄州词之研究［D］/ 颜溦伶．—台湾师范大学（硕士论文），2014

18382 苏东坡词意图［N］/ 不详 // 本溪日报，2015-03-17

18383 苏东坡和黄山谷仿写《渔歌子》［N］/ 汪翔 // 黄石日报，2015-05-07

18384 从认知角度看英译诗《题西林壁》中的隐喻［J］/ 王颖迪 // 英语广场·学术研究，2015（1）

18385 蝶恋花 东坡书院（外五首）［J］/ 周啸天 // 岷峨诗稿，2015（1）

18386 对苏轼《江城子·十年生死两茫茫》的及物性分析［J］/ 何曼莉 // 海外英语（上），2015（1）

18387 了然人生的况味：读苏轼《定风波·莫听穿林打叶声》［J］/ 不详 // 中学生阅读（高中版，上半月），2015（1）

18388 融入其中 出乎其外：苏轼《江城子》教学反思［J］/ 周芳 // 中学语文，2015（1）

18389 苏轼《临江仙·夜归临皋》心解［J］/ 周衡 // 古典文学知识，2015（1）

18390 苏轼《水调歌头·明月几时有》四译本的比较研究：从作者风格和译者风格的角度［J］/ 江晓宇 // 惠州学院学报，

2015(1)

18391 把酒望月，吟苏东坡词[J]/黄成文//绿风，2015(2)

18392 浅谈苏轼的三国词[J]/李晓冬//阜阳职业技术学院学报，2015(2)

18393《苏轼词两首·定风波》教学设计[J]/潘胜//学语文，2015(2)

18394 苏轼《念奴娇·赤壁怀古》刻石考略[J]/李丹//文物世界，2015(2)

18395 文学、文字学、哲学札记各一则[J]/鲁国尧//浙江大学学报(人文社会科学版)，2015(2)

18396 次韵奉和王德虎先生《苏东坡》[J]/周仁政//东坡赤壁诗词，2015(3)

18397 从《定风波·莫听穿林打叶声》看苏轼未曾踏出的归隐之路[J]/高婉青//名作欣赏(中旬刊)，2015(3)

18398 从《明月几时有》看苏轼的人格美：圆[J]/郁纪英//中学语文教学参考(中旬刊)，2015(3)

18399 了然人生的况味：读苏轼《定风波·莫听穿林打叶声》[J]/叶嘉莹//山西老年，2015(3)

18400 弥尔顿《梦亡妻》和苏轼《江城子》之对比[J]/侯孟欢//山西广播电视大学学报，2015(3)

18401 三解苏轼《蝶恋花》[J]/高峰//古典文学知识，2015(3)

18402 诗词中的隐喻认知研究[J]/周海鸿//湖北经济学院学报(人文社会科学版)，2015(3)

18403 苏轼《念奴娇·赤壁怀古》[J]/王厚祥//大众书法，2015(3)

18404 苏轼《水调歌头》两种译文对比分析[J]/王蓉，季爱平//剑南文学(上半月)，2015(3)

18405 闲适的从容 成熟的淡定：论苏轼的《鹧鸪天》表现的情感倾向[J]/刘丹茹//语文月刊，2015(3)

18406 孤云出岫 去留无意：从《定风波》看苏轼的旷达人生[J]/陶丽//武昌理工学院学报，2015(4)

18407 论苏轼《浣溪沙》组词五首的审美风貌：试以"篇章结构"中刚柔成分之量化作辅助观察[J]/陈满铭//国文天地，2015，31(4)

18408 念奴娇·东坡赤壁怀苏轼[J]/孙学长//东坡赤壁诗词，2015(4)

18409 抒情性文学作品意境的当代意蕴阐释：以苏轼《定风波》词为例[J]/柳路涛//语文学刊(高等教育版)，2015(4)

18410 也无风雨也无晴：宠辱偕忘、超乎物外的苏轼[J]/宋春蕾//快乐学习报(信息教研周刊)2015(4)

18411 念奴娇·游赤壁、遗爱湖次韵苏词[J]/巴晓方//东坡赤壁诗词，2015(5)

18412 浅谈宋词金曲的音乐传播：以《念奴娇·赤壁怀古》为例[J]/柴梓//北方文学(下)，2015(5)

18413 浅谈苏轼人生哲学和处世态度：读《定风波》有感[J]/邱利娜//读写算(教育教学研究)，2015(5)

18414 浅析高中语文古诗词教学中的意象分析法：以苏轼词中的"梦"意象分析为例[J]/孙健//教育理论与实践，2015(5)

18415《水龙吟·登建康赏心亭》教案设计：兼与《念奴娇·赤壁怀古》比较[J]/叶叶//学语文，2015(5)

18416 也谈苏轼《西江月》的写作时地问题[J]/刘亮//古典文学知识，2015(5)

18417 从苏东坡的田园词《浣溪沙》(簌簌衣巾)说开去[J]/本刊编辑部//东坡赤壁诗词，2015(6)

18418 两首赤壁怀古咏史的背后[J]/李工//

书屋，2015（6）

18419 生死对话，以情动人：论《江城子·十年生死两茫茫》的内在审美特征［J］/邓淑君//俪人（教师），2015（6）

18420 苏轼《卜算子·黄州定慧院寓居作》英译对比分析［J］/武忠正//金田，2015（6）

18421 苏轼《定风波》比较教学例说［J］/宁春梅//中学语文教学参考，2015（6）

18422 探究教学法在大学语文课程中的应用研究：以苏轼《水调歌头》一课为例［J］/隋旭波//新课程（中），2015（6）

18423 苏轼"芒鞋轻胜马"［J］/全岳//西部皮革，2015（7）

18424 苏轼《江城子·猎词》中"西北望"含义确考［J］/彭文良//乐山师范学院学报，2015（7）

18425 一首壮词中的幻灭迷梦：浅析苏轼《念奴娇·赤壁怀古》［J］/陈国华//语文教学通讯（D刊，学术刊），2015（7）

18426 以"情"之钥匙开启《江城子》感人之门［J］/庙诗仙//语文知识，2015（7）

18427 英语世界的苏轼《水调歌头·明月几时有》译介研究［J］/杨玉英，郭政敏//乐山师范学院学报，2015（7）

18428 此心安处是吾乡：从苏轼《定风波·常羡人间琢玉郎》看词之内倾性、心绪化呈现［J］/冯甄//牡丹，2015（8）

18429 苏轼《水调歌头》的审美意蕴［J］/陈黎明//美与时代（下），2015（8）

18430 艺术文本字面歧义排除方法论：以"起舞弄清影，何似在人间"解读为例［J］/杨洋//科教导刊（上旬刊），2015（8）

18431 品苏轼《水调歌头》的"豁达"之感［J］/褚光//语文教学之友，2015（9）

18432 语文教学中背景材料的分解使用：以苏轼的《水调歌头·明月几时有》为例［J］/祁崇长//语文知识，2015（9）

18433 坡仙化境：苏轼《定风波》的哲理解读［J］/耿灿//语文学刊（高等教育版），2015（10）

18434 《念奴娇·赤壁怀古》赏析［J］/刘沁冰//新教育时代电子杂志（教师版），2015（10）

18435 苏轼徐州时期政绩研究：从《浣溪沙·簌簌衣巾落枣花》谈起［J］/苗潇潇//散文百家（新语文活页），2015（10）

18436 从《江城子》看诗词情感的运动［J］/郭文娟//名作欣赏，2015（11）

18437 苏轼《渔父》词初探［J］/朱玉婷//文艺生活·文海艺苑，2015（11）

18438 生命的强者于困境中壮歌豪放：苏轼《念奴娇 赤壁怀古》赏析［J］/孙文彩//读写算（教研版），2015（13）

18439 《苏轼词两首》说课［J］/郭丽芳//读写算：教育导刊，2015（17）

18440 从苏轼生平、性格及词风论其禅学体悟：以《定风波》为例［J］/邱君亮//慈济大学人文社会科学学刊，2015（18）

18441 回首向来萧瑟处，也无风雨也无晴：谈高职学生如何深入解读苏轼《定风波》［J］/芮小燕//现代职业教育，2015（19）

18442 中英诗歌比较：雪莱的《孤禽哭爱侣》和苏轼的《卜算子》［J］/李琳//亚太教育，2015（20）

18443 谈五年制高职语文文学类文本的内涵挖掘：以苏轼《水调歌头·明月几时有》为例［J］/芮小燕//湖北函授大学学报，2015（24）

18444 论苏轼《江城子·记梦》经典化的古今差异［J］/杨丽花//名作欣赏，2015（26）

18445 赏读苏轼悼亡词《江城子》[J]/陈维兰//中学教学参考，2015(30)

18446 试论两宋豪放词之发展与风格差异[J]/黄彩勤//东海中文学报，2015(30)

18447 以平易诉幽微 以含蓄道哀伤:《江城子·记梦》教学设计及教学反思[J]/宗蓓//江苏教育，2015(30)

18448 论《江城子》中透析出的苏轼词风[J]/安淑春，林铭祖//中国市场，2015(44)

18449 前景化在古诗词翻译中的应用：以《江城子》为例[J]/余程杰//考试周刊，2015(96)

18450 北宋茶工艺与苏轼《次韵曹辅寄壑源试焙新芽》诗句涵义[C]/蔡园园//第四届中国技术史论坛论文集/中国科学院大学人文学院.—2015

18451 东坡词中的杭州书写：北宋杭州城与词体的互文关系[D]/艾佳妏.—台湾大学(硕士论文)，2015

18452 苏轼与辛弃疾乡村词比较研究[D]/范亚光.—贵州师范大学(硕士论文)，2015

18453 “限定时空”看东坡[N]/赵辉//光明日报，2016-08-12

18454 纪念苏轼中秋词创作940周年书画展举办[N]/孙克义，巩向红//潍坊日报，2016-09-15

18455 苏轼的三首中秋词[N]/吕达余//铜都晨刊，2016-09-23

18456 明月几时有：论密州苏轼符号[J]/刘清泉//乐山师范学院学报，2016(1)

18457 人鬼情未了：跨越千年的爱情绝唱：记苏轼·江城子·乙卯正月二十日夜记梦赏析[J]/刘维//巴音郭楞职业技术学院学报，2016(1)

18458 《水龙吟》词调考原[J]/郭鹏飞//学术研究，2016(1)

18459 苏东坡《念奴娇·赤壁怀古》[J]/高岚//东坡赤壁诗词，2016(1)

18460 苏轼《念奴娇·赤壁怀古》新探[J]/杨松冀//中国苏轼研究，2016(1)

18461 苏轼《念奴娇·赤壁怀古》艺术特色赏析[J]/伍海霞//巴音郭楞职业技术学院学报，2016(1)

18462 苏轼农村词《浣溪沙·徐门石潭谢雨道上作五首》艺术手法探析[J]/王睿君//哈尔滨学院学报，2016(1)

18463 悼亡抒悲，哀婉妙绝：浅谈元稹《遣悲怀》(三首)、苏轼《江城子》艺术特色[J]/范奎//学语文，2016(2)

18464 会挽雕弓[J]/高元兴//思维与智慧，2016(2)

18465 论《江城子·乙卯正月二十日夜记游》的英译：以解构主义为视角[J]/郭燕青//郑州航空工业管理学院学报(社会科学版)，2016(2)

18466 漫读宋词:《定风波》苏轼[J]/郭学萍//七彩语文·教师论坛，2016(2)

18467 苏轼《浣溪沙》[J]/王建明//东坡赤壁诗词，2016(2)

18468 苏轼《西江月·重阳栖霞楼作》本事考证[J]/周雪//中国韵文学刊，2016(2)

18469 苏轼词《西江月》(点点楼头细雨)编年及写作物件再商榷[J]/罗燕萍，翟红霞//内蒙古大学学报(哲学社会科学版)，2016(2)

18470 苏轼诗词英译中的语篇衔接与连贯[J]/钟雷磊//牡丹，2016(2)

18471 东坡农村组词《浣溪沙》五首简论[J]/南瑛，迟志莹//佳木斯大学社会科学学报，2016(3)

18472 关于秦观佚诗《梅花百咏》的质疑[J]/王昊//中国韵文学刊，2016(3)

18473 及物性视角下的《水调歌头·明月几时有》及其英译分析：以许渊冲和林语堂两版英译文为例［J］/ 苏琳 // 辽宁广播电视大学学报，2016（3）

18474 苏轼诗词英译的象似性探究及对翻译的启示：以林语堂、许渊冲和 Burton Watson 英译作品为例［J］/ 于艳青 // 济宁学院学报，2016（3）

18475 从苏轼的《江城子》看古代悼亡诗词［J］/ 朱英姿 // 济南职业学院学报，2016（4）

18476 及物性理论下的《念奴娇·赤壁怀古》解读［J］/ 岳好平，杨姣 // 长沙大学学报，2016（4）

18477 《水龙吟》课例研究［J］/ 胡明明 // 作文成功之路（上），2016（4）

18478 宋词《江城子·记梦》英译的经验功能分析［J］/ 陈丽萍 // 淮海工学院学报（人文社会科学版），2016（4）

18479 苏轼《贺新郎》作时与作意综述［J］/ 陈斌 // 江苏科技大学学报（社会科学版），2016（4）

18480 试论联动一致的语文教学：以苏轼《赤壁怀古》教学设计为例［J］/ 刘飞 // 浙江教育科学，2016（5）

18481 是超然之变还是意气之争？：苏轼《超然台记》新解［J］/ 杨威威，蔡阿聪 // 乐山师范学院学报，2016（5）

18482 《苏东坡 念奴娇·赤壁怀古》［J］/ 王冬龄 // 中华诗词，2016（5）

18483 一种相思，两处闲愁：苏轼《江城子》与弥尔顿《悼亡妻》的对比［J］/ 李超 // 开封教育学院学报，2016（5）

18484 中秋词三弄 弦音诉情衷：苏轼三首中秋词对比赏析［J］/ 程朝晖 // 名作欣赏（中旬），2016（5）

18485 从翻译期待规范视角看中国诗词的外译：以苏轼《江城子·乙卯正月二十日夜记梦》的两个英译本为例［J］/ 闵璇，周雪勤 // 合肥工业大学学报（社会科学版），2016（6）

18486 品苏轼《定风波》：真正“归去”的旷达情怀［J］/ 兰钦 // 开封教育学院学报，2016（6）

18487 苏轼《念奴娇·赤壁怀古》版本考辨［J］/ 王德龙 // 语文学刊（外语教育教学），2016（6）

18488 苏轼·定风波［J］/ 南君求 // 东坡赤壁诗词，2016（6）

18489 苏轼诗词英译的生态功能研究［J］/ 刘叶繁 // 海外英语，2016（6）

18490 探究高中语文古代诗歌的教学策略：以苏轼《念奴娇·赤壁怀古》为例［J］/ 陈雪平 // 都市家教（下半月），2016（6）

18491 小轩窗［J］/ 孙国华 // 学生·家长·社会（下），2016（7）

18492 以“情境教学法”再现“千古离殇”：解析苏轼的《江城子：十年生死两茫茫》［J］/ 朱艳波 // 当代教育实践与教学研究（电子版），2016（7）

18493 英雄想象：一位失意文人心灵的多维透视：苏轼《念奴娇·赤壁怀古》重读［J］/ 余树财 // 语文教学研究，2016（7）

18494 论苏轼《江城子·密州出猎》的诗画结合之美［J］/ 杜秀萍 // 美术大观，2016（8）

18495 淡雅兼备情理浑融：以《蝶恋花·春景》为例分析苏轼词的丰富性［J］/ 吴昱苇 // 青年文学家，2016（9）

18496 基于格式塔意象再造的东坡词《卜算子》英译本比较研究［J］/ 高大程 // 海外英语，2016（9）

18497 目标导向与评价前置：“一致性”语文课程的教学诉求：以苏轼《赤壁怀古》教

学设计为例[J]/刘飞//新课程研究(上旬刊),2016(9)

18498 神来妙笔 顶峰绝唱:苏轼中秋词赏析[J]/王同书//江苏政协,2016(9)

18499 苏轼《定风波》解读的若干问题[J]/王俊鸣//中学语文教学,2016(9)

18500 一枕幽梦寄深情:读苏轼《江城子·乙卯正月二十日夜记梦》[J]/屠青//美与时代(下),2016(9)

18501 重温经典 熠熠闪光:苏轼《念奴娇赤壁怀古》的美点反思赏析[J]/石晓丽//鸭绿江(下半月版),2016(9)

18502 苏轼《江城子·十年生死》两种英译本的对比研究:以读者接受理论为观照[J]/杨艳华,黄桂南//海外英语(上),2016(10)

18503 《念奴娇·赤壁怀古》文本赏析[J]/张晓雅//文学教育(下),2016(11)

18504 从刘宓庆翻译美学看《念奴娇·赤壁怀古》英译:以朱纯深和许渊冲翻译为例[J]/杨延延//乐山师范学院学报,2016(11)

18505 明月陪我舞,清风伴我归:赏析苏轼与其诗词[J]/李浩霏//华夏教师,2016(11)

18506 无意于佳乃佳:黄庭坚的《花气熏人帖》赏读[J]/衣铭//老年教育·书画艺术,2016(11)

18507 半瓣花上述缘情:论东坡词中的花意象[J]/李雪//大众文艺,2016(12)

18508 关联和织综角度关照下的宋词英译赏析:以赵彦春英译苏轼《西江月》为例[J]/胡勇忠//湖南科技学院学报,2016(12)

18509 《念奴娇·赤壁怀古》人物形象塑造别具新格[J]/阮祥毅//语文知识,2016(13)

18510 天涯芳草为何愁:重读苏轼的《蝶恋花·春景》[J]/李玉兵//俪人·教师,2016(13)

18511 人月同圆的祈盼:苏轼《水调歌头》赏析[J]/李明//课程教育研究·学法教法研究,2016(14)

18512 关于宋词译文表达的识解操作研究:以苏轼《江城子(记梦)》及其英译本为例[J]/荆梦晓//山西青年,2016(16)

18513 论苏轼咏物词的艺术风格:以《水龙吟·次韵章质夫杨花词为例》[J]/梅燕妮//赤子(上中旬),2016(16)

18514 苏轼·水调歌头[J]/刘小华//东方艺术,2016(16)

18515 从《念奴娇》与《雨霖铃》中看豪放词与婉约词的区别[J]/李小莉//戏剧之家,2016(17)

18516 名作重读 走进苏轼:《念奴娇·赤壁怀古》思想意境探析[J]/高书峰//教育实践与研究,2016(18)

18517 聊发少年狂适性唱大江:从《念奴娇·赤壁怀古》看苏东坡的精神特质[J]/王克付//长江丛刊,2016(19)

18518 由“千里共婵娟”中“千里”想到……[J]/刘冬蕊,楚爱华//语文建设,2016(19)

18519 试比较苏轼的《江城子》与林欢的《长相思·聊寓悲悼之悰》[J]/周安静//北方文学(中),2016(20)

18520 苏轼·鹧鸪天[J]/陈忠康//东方艺术,2016(20)

18521 东坡词中的赠礼[J]/林传钧//东吴中文研究集刊,2016(22)

18522 明月深情的千古绝唱:谈苏轼词《水调歌头·明月几时有》[J]/冯军//读书文摘,2016(23)

18523 以《定风波》为例谈苏轼谪居黄州的退

隐情结［J］/ 杨小翠 // 文学教育，2016（24）

18524 苏轼《定风波》的症候解读［J］/ 谈胜轶 // 语文教学与研究，2016（25）

18525 《水调歌头》译本的翻译美学探析［J］/ 赵振华 // 语文建设，2016（30）

18526 苏轼《南乡子·晚景落琼杯》［J］/ 王延智 // 阅读，2016（38）

18527 黄庭坚“高妙”读词考论：兼论苏轼《卜算子》的宋代阐释史［C］/ 韩立平 // 古代文学理论研究（第四十二辑）：作为理论资源的中国文论 / 中国古代文学理论学会，2016

18528 苏轼词的虚实相生［N］/ 徐有富 // 中国社会科学报，2017-06-09

18529 “浅短文”的深度教学：苏轼《定风波》课堂实录［J］/ 叶隆晓 // 语文教学与研究，2017（1）

18530 苏轼词悲剧意识兴起的类型［J］/ 袁灿灿 // 中国苏轼研究，2017（1）

18531 苏轼词时间忧患与悲剧意识探析［J］/ 吴宇轩 // 中国苏轼研究，2017（1）

18532 《苏轼〈念奴娇·赤壁怀古〉新探》异议：兼谈学术研究的平等性、客观性与科学性［J］/ 饶学刚 // 乐山师范学院学报，2017（1）

18533 苏轼与柳永词［J］/ 梓镌 // 文史杂志，2017（1）

18534 从两首《江城子》中解读苏轼的词风［J］/ 王娜 // 辽宁师专学报（社会科学版），2017（2）

18535 六方笔筒 苏轼《念奴娇·赤壁怀古》［J］/ 周俊杰 // 书画艺术，2017（2）

18536 目标引控下的一致性语文教学设计的实践与思考：以苏轼《赤壁怀古》教学设计为例［J］/ 刘飞 // 江苏教育研究，2017（2）

18537 “黄州太守，犹输气概”：比较毛泽东、苏轼的两首词［J］/ 贾钰纯 // 新课程（中学），2017（3）

18538 凄美情切切，生死两相望：谈苏轼《江城子》（十年生死）与陆游《钗头凤》的相似处［J］/ 杨毅 // 大连大学学报，2017（5）

18539 赏读 品析 联想：以苏轼《江城子·十年生死两茫茫》为例［J］/ 杲争取 // 语文教学之友，2017（5）

18540 苏轼与辛弃疾的豪放词风对比［J］/ 杨洋 // 散文百家（新语文活页），2017（5）

18541 透过历史缝隙谈苏轼《水调歌头·明月几时有》［J］/ 杨阳 // 现代语文（教学研究版），2017（5）

18542 论苏轼诗词中“飞鸿”“孤鸿”和“归鸿”的审美意蕴［J］/ 朱虹 // 新校园（上旬），2017（6）

18543 苏轼《定风波·莫听穿林打叶声》［J］/ 吕敏 // 上海城市管理，2017（6）

18544 苏轼《水调歌头》（明月几时有）批评史论：以清代为中心［J］/ 李梦琦 // 粤海风，2017（6）

18545 豪放的苏轼:《赤壁怀古》拓展赏析［J］/ 李新明 // 语文知识，2017（7）

18546 弥尔顿《梦亡妻》与苏轼《江城子》对比分析［J］/ 房琳琳 // 散文百家（新语文活页），2017（8）

18547 御夏词兴与社会思潮：试论范仲淹《渔家傲·秋思》与苏轼《江城子·猎词》［J］/ 陆楠楠 // 名作欣赏，2017（8）

18548 苏教版初中教材苏轼词作教学浅析［J］/ 张林燕 // 文理导航（上旬），2017（9）

18549 苏轼“密州出猎”本事考：兼论“密州出猎”的文化意义［J］/ 乔云峰 // 乐山师范学院学报，2017（9）

18550 视域融合视角下对比苏轼《水调歌

头·明月几时有》三个英译本[J]/赵莲芬//英语广场，2017(10)

18551 悲哀动人：苏轼《狱中寄子由二首》赏读[J]/梁述//语文月刊，2017(11)

18552 苏教版中学语文教材中苏轼词作的用典问题[J]/朱佳晴//现代语文(教学研究版)，2017(11)

18553 苏轼“赤壁”之魂探析[J]/张红兵//文理导航(上旬)，2017(12)

18554 从及物性系统理论看苏轼《定风波》的翻译[J]/杜洋//海外英语，2017(13)

18555 苏轼·江城子·密州出猎[J]/诸明月//东方艺术，2017(16)

18556 功能对等视角下苏轼《水调歌头》的三个英译本研究[J]/陈欣悦//汉字文化，2017(19)

18557 论贺铸对苏轼豪放词风的继承与发展[J]/钟佳璇//汉字文化，2017(21)

18558 悲哀动人 生生不息：苏轼《狱中寄子由二首》赏析[J]/梁述//名作欣赏，2017(26)

18559 射虎苏郎 壮心不已：苏轼《江城子·密州出猎》赏析[J]/田金霞，丁姣//名作欣赏，2017(30)

18560 刚健婀娜，多姿多彩：谈谈苏轼词艺术风格的多样化[J]/张鸿祥//中华少年，2017(31)

18561 美，吟咏间跃然浮现：以苏轼《水调歌头·明月几时有》为例析语文教学中的美育[J]/李佳俊，范伊夫//考试周刊，2017(46)

18562 借《江城子》谈苏轼词的婉约[J]/杜晓军//课程教材教学研究(教育研究)，2017(Z6)

18563 苏轼豪放词风格的英译研究[D]/黄芳.—广东外语外贸大学(硕士论文)，2017

散文研究(总论)

18564 苏轼文章不通[J]/景吉森//最小，1923，2(33)

18565 苏东坡妙语[N]/马美卿//青年战士报，1979-06-28

18566 曾巩及其散文的评价问题[J]/王水照//复旦学报(社会科学版)，1984(4)

18567 苏东坡散文研究[D]/彭珊珊.—东吴大学(硕士论文)，1984

18568 从《志林》看东坡小品文的文学成就[J]/王文龙//盐城师范学院学报(人文社会科学版)，1987(2)

18569 论北宋古文运动对我国古代散文发展的贡献[J]/李光富//康定民族师范高等专科学校学报，1988

18570 苏东坡善用比喻[J]/唐玉文//语文知识，1989(3)

18571 曾巩散文的艺术特征论略[J]/梁静//中州学刊，1992(6)

18572 文理自然 姿态横生：苏轼散文开头撷珍[J]/苏克龙//阅读与写作，1993(12)

18573 论北宋前期散文的流派与发展[J]/杨庆存//文学遗产，1995(2)

18574 曾巩、王安石散文之比较[J]/洪本健//华东师范大学学报(哲学社会科学版)，1995(6)

18575 宋代散文体裁样式的开拓与创新[J]/杨庆存//中国社会科学，1995(6)

18576 论苏轼早期的散文创作思想[J]/白清//西安外国语大学学报，1996(2)

18577 论苏轼文学散文的艺术哲学[J]/不详//社科信息，1996(3)

18578 文理自然 姿态横生：苏轼散文艺术特色［J］/ 丁永淮 // 散文，1997（1）

18579 试论秦观的赋作赋论及其与词的关系［J］/ 徐培均 // 中国韵文学刊，1997（2）

18580 论苏轼早期散文的创作思想［J］/ 白清，王启和 // 西北大学学报（哲学社会科学版），1997（4）

18581 论秦观策论［J］/ 吴蓓 // 浙江学刊，1997（5）

18582 论晁补之的散文创作［J］/ 刘焕阳 // 烟台师范学院学报（哲学社会科学版），1998（3）

18583 苏轼散文编年、辨伪拾补［J］/ 金诤 // 四川教育学院学报，1998（4）

18584 苏轼小品文研究［D］/ 蔡造．—中国文化大学（硕士论文），1998

18585 苏文辨伪三题［J］/ 李寅生 // 钦州师范高等专科学校学报，1999（3）

18586 试论宋代以文为诗特点的形成［J］/ 徐则平 // 黔东南民族师专学报，1999（5）

18587 情胜、理胜：韩、柳、苏议论文及在古文运动中的角色［J］/ 艾春明 // 辽宁师专学报（社会科学版），2000（3）

18588 文理自然姿态横生：略谈苏轼的散文［J］/ 钟尚钧 // 四川三峡学院学报，2000（S1）

18589 论苏轼散文的《设问》手法：以高中课文为例［J］/ 林慧雅 // 国文天地，2001（17）

18590 秦观的入仕心态与散文创作［J］/ 方笑一 // 泰安师专学报，2002（1）

18591 以《言》达《意》：论苏轼《辞达》说［J］/ 蔡秀玲 // 台中技术学院学报，2002（3）

18592 品味赤壁词赋 领略旷达人生：哲学解读苏东坡［J］/ 严桂根 // 现代语文（教学研究版），2002（12）

18593 苏轼指斥高丽“进奉”使原因序论［J］/ 王颋 // 韩国研究，2002（6）

18594 北宋士大夫的谪宦迁徙与散文创作［C］/ 洪本健 // 第二届宋代文学国际研讨会论文集 / 宋代文学学会，2002

18595 苏轼散文创作与接受活动探析［C］/ 王基伦 // 第二届宋代文学国际研讨会论文集 / 宋代文学学会，2002

18596 宋代试论及其对文学之影响［D］/ 孙书平．—扬州大学（硕士论文），2003

18597 苏门四学士散文特征论［J］/ 金振华 // 苏州大学学报（哲学社会科学版），2004（4）

18598 苏门的变相：论晁补之的散文［J］/ 张剑 // 文史哲，2005（5）

18599 宋代试论与文学［D］/ 吴建辉．—南京大学（博士论文），2005

18600 东坡文评外传［J］/ 倪振金 // 运管论坛，2006（1）

18601 从苏轼《留侯论》的张良谈起［J］/ 杨鸿铭 // 孔孟月刊，2007，45（9/10）

18602 唐宋八大家之一：苏东坡［J］/ 不详 // 中学生阅读·新窗口，2007（10）

18603 伤逝、追忆与不朽：苏轼、黄庭坚题跋文的时间意识［J］/ 盖琦纾 // 明道中文学报，2009（2）

18604 论苏轼散文创作及其对作文教学的借鉴作用［J］/ 胡纲 // 学语文，2009（5）

18605 文如其人：苏轼散文浅论［J］/ 杨公德 // 现代语文·文学研究，2009（7）

18606 北宋古文家对柳宗元古文的接受研究：以欧阳修、王安石、苏轼为例［D］/ 栗世娜．—广西大学（硕士论文），2009

18607 论苏轼在徐州间散文创作的成就［J］/ 邓鹏，陈晓 // 齐齐哈尔大学学报（哲学社会科学版），2010（3）

18608 从语法观点探讨宋代古文家的“言”

"文"分离现象：以苏轼作品为例［J］/魏岫明//成大中文学报，2010（31）

18609 论文章学视野中的"宋体四六"［J］/祝尚书//中文学术前沿，2011（2）

18610 苏轼居惠期间的文研究［C］/陶原珂//2012年中国古代散文研究国际研讨会论文集/中国古代散文协会、华南师范大学，2012

18611 苏轼散文中的士林理想人格管窥：以司马光形象塑造为中心［C］/关四平//2012年中国古代散文研究国际研讨会论文集/中国古代散文协会、华南师范大学，2012

18612 苏门六弟子散文研究［D］/朱晓青.—武汉大学（博士论文），2013

18613 苏轼散文与《孟子》之比较［D］/周玮.—安徽师范大学（硕士论文），2014

18614 论朱熹对苏轼散文的批评［J］/贾骄阳//青海社会科学，2015（3）

18615 苏轼"记"体散文的语言修辞研究［J］/张庆祥，姜云霞//作文教学研究，2015（6）

18616 苏轼"论"体文探析［D］/王晓萍.—哈尔滨师范大学（硕士论文），2015

18617 论苏轼文对欧阳修的效法与超越［J］/洪本健//福州大学学报（哲学社会科学版），2016（4）

18618 苏文之美与苏轼个人特质间的关系［J］/代熙熙//开封教育学院学报，2016（5）

18619 论苏轼散文的语言特征［J］/张大联//文学教育（下），2017（1）

18620 世谛文字中的华严楼阁：论苏轼文与《华严经》之关系［J］/周游//天府新论，2017（6）

散文理论研究

18621 苏轼散文的艺术风格［N］/高海夫//文汇报，1961-08-09

18622 苏轼散文的一些艺术特色［N］/郭预衡//光明日报，1962-01-28

18623 试论苏东坡的散文艺术［J］/赵继武//江海学刊，1962（1）

18624 苏轼散文的一些艺术特色［J］/郭预衡//文学遗产，1962（399）

18625 苏轼文章风格的研究［J］/羽军//东风，1965，3（5）

18626 宋代散文的杰出代表：苏轼［J］/张志烈//读书，1979（5）

18627 苏轼散文的艺术特色［J］/薛瑞生//陕西教育，1980（8）

18628 苏轼的散文艺术［J］/陈学超//散文，1981（6）

18629 论苏轼散文的艺术特色［J］/苏利生//大理学院学报，1982（1）

18630 论苏轼散文的艺术特色［J］/苏利生//下关师专学报，1982（1）

18631 从"系风捕影"到"成竹于胸"：苏轼关于散文中形象思维的一些见解［J］/柯大课//昭乌达蒙族师专学报，1983（1）

18632 关于苏东坡两赋手卷研究［J］/刘乃中//图书馆学研究，1984（1）

18633 苏轼散文的写作艺术［J］/徐惠元//山东师范大学学报（社会科学版），1984（4）

18634 苏轼散文的艺术特点［J］/伯仲叔//电大文科园地，1984（11）

18635 读研究苏轼文论随想四则［J］/师飙//惠州学院学报，1984（S1）

18636 论苏轼散文的艺术美［J］/王水照//社会科学战线，1985（3）

18637 苏轼传记文的特色［J］/ 樊德三 // 盐城师专学报（社会科学版），1985（4）

18638 论苏轼的散文美学［J］/ 姜光斗，顾启 // 南通师专学报（社会科学版），1986（3）

18639 略论苏轼“记”体散文的艺术特色［J］/ 曾子鲁 // 西北师范大学学报（社会科学版），1986（4）

18640 论苏轼的散文艺术［J］/ 刘乃昌 // 东岳论丛，1986（5）

18641 略论苏轼对赋体文学的发展［J］/ 周慧珍 // 天津社会科学，1986（5）

18642 试论苏轼亭台堂记类散文的笔力［J］/ 杨明洁 // 内蒙古民族大学学报（社会科学版），1987（2）

18643 论苏轼散文的成就［J］/ 孙兰廷 // 语文学刊，1987（5）

18644 论苏轼散文的成就（续）［J］/ 孙兰廷 // 语文学刊，1987（6）

18645 试论苏轼散文的立意谋篇［J］/ 周慧珍 // 苏州大学学报（哲学社会科学版），1988（4）

18646 苏轼文论及其散文艺术研究［D］/ 黄美娥 .—台湾师范大学（硕士论文），1988

18647 试论苏轼赋的形象特征［J］/ 孙民 // 辽宁大学学报（哲学社会科学版），1989（3）

18648 苏轼散文诗化现象浅论［J］/ 狄松 // 理论学习月刊，1989（6）

18649 论苏轼的生活遭遇对其散文创作的影响［J］/ 蔡源 // 广东社会科学，1990（3）

18650 论苏轼的散文美学思想［J］/ 王文龙 // 宝鸡文理学院学报（社会科学版），1990（4）

18651 苏轼文论及其散文艺术研究［J］/ 黄美娥 // 台湾师范大学国文研究所集刊，1990（34）

18652 苏轼散文的艺术特色［J］/ 魏裕铭 // 南京教育学院学报（社会科学版），1991（1/2）

18653 论北宋古文运动中的欧阳修与苏轼［J］/ 周建国 // 安庆师范学院学报（社会科学版），1991（2）

18654 论散文的“神散”［J］/ 杨雅芝 // 石油大学学报（社会科学版），1991（4）

18655 试论苏轼散文的语言艺术［J］/ 周慧珍 // 贵州大学学报（社会科学版），1991（4）

18656 论苏轼的散文美学思想［J］/ 吴小林 // 中国人民大学学报，1992（3）

18657 苏轼“以诗为文”的散文艺术特点［J］/ 雷玉华 // 湖北教育学院学报（哲学社会科学版），1992（3）

18658 苏轼“超然台记”赏析［J］/ 司马天 // 今日生活，1992（308）

18659 欧苏相合于“道”［J］/ 杨胜宽 // 成都大学学报（社会科学版），1993（3）

18660 论苏轼散文“以诗为文”的艺术特点［J］/ 雷玉华 // 写作，1993（6）

18661 论柳宗元与苏东坡寄情山水的内蕴［J］/ 杜薇 // 洛阳师专学报，1994（1）

18662 关于苏东坡赋英译本的钱序［J］/ 王依民 // 读书，1995（3）

18663 论宋代的四六文［J］/ 曾枣庄 // 文学遗产，1995（3）

18664 浅论姿态横生的苏轼散文［J］/ 张代会 // 太原师范学院学报（社会科学版），1995（4）

18665 苏轼居儋散文的艺术风格［J］/ 钟平 // 海南史志，1995（4）

18666 论苏轼早期的散文创作思想［J］/ 白清 // 西安外国语学院学报，1996（2）

18667 苏轼散文艺术美管窥［J］/ 陈曙 // 江苏商业管理干部学院学报，1996（4）

18668 论苏轼的四六文［J］/ 尹占华 // 天府新论，1996（6）

18669 从东坡赋看其人生哲学的内部构成[J]/徐凤真//山东电大学报，1997(3)
18670 苏轼散文的气势美[J]/周晴//语文函授，1997(4)
18671 苏轼、黄庭坚赋体文学比较[J]/何玉兰//乐山师范学院学报，1998(1)
18672 随缘自适 慎静处患：浅谈苏轼贬黄时期的二赋一词[J]/何国栋//甘肃教育学院学报(社会科学版)，1998(1)
18673 试论苏轼寓惠散文[J]/蓝喱岛//惠州大学学报(社会科学版)，1998(2)
18674 论苏轼散文中的比喻[J]/徐姝//南京社会科学，1998(6)
18675 苏轼散文研究[D]/林俊相.—复旦大学(博士论文)，1998
18676 关于苏轼的“辞达”说[J]/孙民//沈阳教育学院学报，1999(1)
18677 论宋赋诸体[J]/曾枣庄//阴山学刊，1999(1)
18678 浅谈苏轼散文中的通感现象[J]/林俊相//修辞学习，1999(2)
18679 苏轼及其散文创作[J]/傅德岷，文成英//渝州大学学报(社会科学版)，1999(2)
18680 论欧阳修对苏轼散文的影响[J]/孙兰廷//内蒙古社会科学(汉文版)，1999(3)
18681 韩愈、苏轼散文艺术风格之比较[J]/梁球//广西广播电视大学学报，1999(4)
18682 苏东坡短札[J]/钟叔河//出版广角，1999(4)
18683 苏轼其人及其散文的说理方式[J]/马永堂//语文教学与研究，1999(11)
18684 试论苏轼的散文风格理论[J]/杜松柏//四川师范学院学报(哲学社会科学版)，2000(1)
18685 苏轼散文“辞达”试论[J]/童健//武汉教育学院学报，2000(1)
18686 苏东坡短文[J]/钟叔河//出版广角，2000(2)
18687 苏轼与“宋四六”[J]/陈祥耀//文学评论，2000(5)
18688 苏轼文学批评理论初探[J]/廖志超//吴凤学报，2000(8)
18689 山峦迭出 海潮层涌：例说“韩潮苏海”[J]/韦秉文//语数外学习(高中版)，2001(1)
18690 苏轼记游散文风格浅论[J]/王晓冬，魏芳//大同职业技术学院学报，2001(2)
18691 苏轼散文的文化品格[J]/谭玉良//康定民族师范高等专科学校学报，2001(2)
18692 论苏轼散文的“设问”手法：以高中课文为例[J]/林慧雅//国文天地，2001，17(4)
18693 苏轼文学中的禅学思想探微[J]/陈明圣//文学前瞻，2002(3)
18694 谈苏东坡的两篇散文[J]/孟昭燕//华夏文化，2002(4)
18695 东坡说文[J]/衮葛//阅读与鉴赏(高中)，2002(7)
18696 出新意于法度之中 寄妙理于豪放之外：苏轼散文命意特色[J]/罗曼菲//惠州学院学报，2003(2)
18697 苏轼、黄庭坚题跋文研究[D]/毛雪.—郑州大学(硕士论文)，2003
18698 宋六家“人情”观念及其散文走向[J]/陈晓芬//华东师范大学学报(哲学社会科学版)，2004(2)
18699 从柳宗元、欧阳修、苏轼看唐宋山水散文的发展[J]/陈晓兰//温州师范学院学报，2004(3)
18700 苏轼的辞赋理论与批评[J]/廖志超//文与哲，2004(4)
18701 论苏轼的散文理论及散文创作[D]/张

大联．—华中师范大学（硕士论文），2004

18702 苏轼散文的语言特色与创作个性［J］/张大联，汪佑民//沈阳师范大学学报（社会科学版），2005，29（6）

18703 平静中蕴含激情旷达内潜藏忧愤：浅谈苏轼散文的内蕴［J］/宋倬//吕梁高等专科学校学报，2005（2）

18704 试析苏东坡的出入世思想及其散文创作［J］/施甫中//闽西职业大学学报，2005（2）

18705 苏轼散文的禅道思想与审美追求［J］/李志强//经纪人学报，2005（3）

18706 略论苏轼散文的文化品格［J］/李志强//重庆职业技术学院学报，2005（4）

18707 论苏赋［J］/曾枣庄//上海师范大学学报（哲学社会科学版），2005（5）

18708 试论苏轼散文的立意［J］/张大联，汪佑民//邵阳学院学报（社会科学版），2005（5）

18709 论苏诗散文化意象对纯诗意象的变革［J］/木斋//乐山师范学院学报，2005（8）

18710 苏轼与朱自清散文的同与异［J］/谢增伟//文学教育，2005（9）

18711 北宋文赋研究［J］/王永//井冈山学院学报（哲学社会科学版），2006（1）

18712 个性化与多样化：苏轼散文风格论［J］/张大联，汪佑民//湖南城市学院学报，2006（1）

18713 随意驱遣 姿态横生：试论苏轼散文的结构方法与布局安排［J］/张大联，汪佑民//湘潭师范学院学报（社会科学版），2006（1）

18714 苏轼与赤壁［J］/吴秋升//中学语文，2006（2）

18715 苏轼散文中的比喻［J］/王士君//现代语文（语言研究版），2006（8）

18716 论苏轼史论散文的艺术特色［J］/严澜//南方论刊，2006（11）

18717 论苏轼文赋的艺术特征［J］/李昌礼//怀化学院学报，2006（11）

18718 理想之光在古战场上的幻灭：从三游赤壁之作观苏轼思想倾向的流变［J］/夏文先//现代语文（文学研究版），2006（12）

18719 苏轼散文对战国纵横风接受研究［D］/李纪勋．—北京师范大学（硕士论文），2006

18720 碧天如水夜云轻：散文写作探微［J］/于昕蕙//写作，2007（1）

18721 苏轼散文风格略谈［J］/张洁//兵团教育学院学报，2007（1）

18722 唐宋散文对徐渭散文的影响：以韩愈、苏轼为例［J］/付琼//语文知识，2007（1）

18723 从“道学”内涵的差异看韩愈、欧阳修、苏轼散文风格的不同［J］/丁俊丽//宜宾学院学报，2007（2）

18724 论苏轼传记文［J］/曲桂香//绥化学院学报，2007（3）

18725 宋文赋的形成及文体特征［J］/郭建勋，黄小玲//中国文学研究，2007（3）

18726 论苏轼骈文的散化现象［J］/蔡业共//绵阳师范学院学报，2007（7）

18727 苏轼、《庄子》散文立言艺术比较［J］/何玉兰//乐山师范学院学报，2007（7）

18728 欧阳修与苏轼赋的立意比较［J］/季三华//文学教育（下），2007（8）

18729 评苏轼赋［J］/龚克昌//文史哲，2008（2）

18730 苏轼散文漫谈［J］/张万利//文学教育（上），2008（2）

18731 说苏轼论体散文：苏轼散文分体研究系

列之一[J]/杨胜宽//乐山师范学院学报，2008(4)

18732 苏轼散文用典简析[J]/赵桂珍//河南广播电视大学学报，2008(4)

18733 苏轼散文体制创新管窥：苏轼散文文体形态论之一[J]/王渭清//宝鸡文理学院学报(社会科学版)，2008(6)

18734 论苏轼的记体散文：苏轼散文分体研究系列之二[J]/杨胜宽//乐山师范学院学报，2008(10)

18735 苏轼徐州时期散文创作价值探究[J]/陈晓//中国科技与工业，2008(11)

18736 欧阳修与苏轼文道观之比较[J]/张贵//和田师范专科学校学报，2009(1)

18737 从苏轼“论管仲”说开去[J]/何玉兰//内江师范学院学报，2009(9)

18738 苏轼书体散文析论[J]/杨胜宽//乐山师范学院学报，2009(10)

18739 对“真善美”的生命体悟与艺术展现：论苏轼散文艺术精神[J]/房伟//语文学刊，2009(10A)

18740 随物赋形：苏轼散文的创作原则[J]/不详//语文学刊(高教版)，2009(12)

18741 姿态横生的苏东坡[N]/刘璐//威海晚报，2010-06-04

18742 从苏轼黄州词赋创新，说到高职教育教学改革[J]/刘东山//黄冈职业技术学院学报，2010(2)

18743 中国古代散文之苏轼[J]/不详//散文选刊，2010(2)

18744 出新意于法度之中：试探苏轼的文赋对赋体的承传与创新[J]/陈慧君//苏轼研究，2010(3)

18745 苏轼签判凤翔时期的散文创作[J]/任永辉//乐山师范学院学报，2010(4)

18746 苏轼文学中的《金刚经》思想[J]/施淑婷//万窍，2010(11)

18747 浅论苏轼的文学散文艺术美[J]/唐蜜//信息教研周刊，2010(13)

18748 论苏轼散文的艺术精神[D]/房伟.—内蒙古师范大学(硕士论文)，2010

18749 论苏轼散文理论的继承与创新[D]/潘高峰.—青海师范大学(硕士论文)，2010

18750 武大教授又推“宋词排行榜”苏轼“赤壁”夺魁[N]/不详//城市导报，2011-10-28

18751 浅论苏轼辞赋特色[J]/毕学进，史关平//南腔北调，2011(1)

18752 游戏三昧，神奇幻诡：苏轼《鼎砚铭》试析[J]/周裕锴//古典文学知识，2011(1)

18753 宋人接受柳宗元在方法论上的成熟及其文学意义[J]/杨再喜//湖南科技学院学报，2011(3)

18754 苏轼惠州散文创作概述[J]/朱林霞，马小溪//剑南文学·经典阅读，2011(3)

18755 浅谈苏轼散文的艺术成就[J]/李瑞芳//现代教育科学·教学研究，2011(4)

18756 记体散文与苏轼思想嬗变历程[J]/胡建民//创新，2011(6)

18757 苏轼与赤壁[J]/王仟//教育与教师，2011(6)

18758 浅论儒家思想对苏轼散文创作的影响[J]/王军蓉//剑南文学·经典阅读，2011(7)

18759 论苏轼散文的诗情画意[J]/伍珺，王艳//新闻爱好者(理论版)，2011(12)

18760 苏轼散文的体式与体性[J]/王渭清//名作欣赏(文学研究版)，2011(12)

18761 同是天涯沦落人，别样心境别样情：古代失意文人心态浅析[J]/王志祥//语文天地，2011(16)

18762 论苏轼散文的诗情画意［J］/ 王艳 // 新闻爱好者，2011（24）

18763 论苏轼散文的艺术特色［J］/ 闫永生 // 宝鸡文理学院学报（社会科学版），2011（A2）

18764 苏轼记体文研究［D］/ 田甘．—沈阳师范大学（硕士论文），2011

18765 苏轼论体文研究［D］/ 栾莉舒．—吉林大学（硕士论文），2011

18766 论苏轼散文中的司马光形象［J］/ 关四平 // 中国古代散文研究论丛，2012（1）

18767 略论苏轼的散文创作［J］/ 王晓霞 // 凯里学院学报，2012（2）

18768 浅摭柳宗元、苏轼寓言散文创作的异同［J］/ 陈生 // 语数外学习（高考语文），2012（2）

18769 苏轼文史地理信息建构［J］/ 罗凤珠 // 图书与信息学刊，2012，4（2）

18770 应物：苏轼文道的新变［J］/ 罗书华 // 福建论坛（人文社会科学版），2012（9）

18771 论苏轼儋州散文的创作成就［D］/ 任晓凡．—山西师范大学（硕士论文），2012

18772 苏轼四记［N］/ 躲斋 // 新民晚报，2013-02-19

18773 苏轼的散文艺术［N］/ 张兰英 // 清远日报，2013-10-04

18774 苏轼在杭期间山水园林诗文考析［J］/ 唐慧超 // 农业科技与信息·现代园林，2013（4）

18775 浅谈苏轼散文［J］/ 寇昌宁 // 文艺生活（中旬刊），2013（6）

18776 苏轼传记文中的谐趣［J］/ 李恒 // 北方文学（下旬刊），2013（7）

18777 苏轼批评文体研究［D］/ 周美华．—东华理工大学（硕士论文），2013

18778 从“韩海苏潮”到“韩潮苏海”：关于韩愈、苏轼散文评价的一个公案及相关问题［J］/ 江枰 // 学术论坛，2014（3）

18779 苏轼“以气御文”审美蕴涵、成因及其启示［J］/ 张国荣 // 乐山师范学院学报，2014（8）

18780 苏轼记叙散文中对庄子齐物思想的阐释［J］/ 邹佳威 // 都市家教（下半月），2014（12）

18781 从翻译适应选择论评析苏轼散文的两个英译本［D］/ 何苗．—华中师范大学（硕士论文），2014

18782 苏轼辞赋研究［D］/ 王敏．—西南民族大学（硕士论文），2014

18783 苏轼散文语言节律研究［D］/ 王小飞．—西北大学（硕士论文），2014

18784 苏轼散文的经典化历程及其文化内涵：以 1127—1279 年为中心［J］/ 裴云龙 // 文学评论，2015（2）

18785 宋代六大家学记散文研究［J］/ 牛丽娟 // 齐齐哈尔师范高等专科学校学报，2015（3）

18786 苏轼的散文情［J］/ 潘署 // 科学大众·科学教育，2015（5）

18787 从密州“一赋三记”看苏轼的超然精神［J］/ 杨胜宽 // 广东技术师范学院学报，2015（6）

18788 浅谈苏轼散文的禅道思想与审美追求［J］/ 刘玉珊 // 青年时代，2015（13）

18789 从“简而有法”到“辞达而已”：论欧阳修与苏轼文章学的差异［J］/ 陆德海 // 西华大学学报（哲学社会科学版），2016（4）

18790 浅析古代朝鲜文人对苏轼史论散文的评论：以《范增论》为中心［J］/ 王亚楠 // 北极光，2016（4）

18791 苏轼仕杭记体散文研究［J］/ 管莎莎 // 韶关学院学报，2016（5）

18792 论苏轼散文理论的继承性［J］/ 姚会涛 //

大观，2016(10)

18793 论苏轼散文与《东坡易传》学术思想的关系[J]/刘越峰//乐山师范学院学报，2016(10)

18794 苏轼散文中的政治思想及其变法态度[J]/舒乙，王欢//安徽文学(下半月)，2017(5)

18795 苏轼“二赋一词”接受史[D]/孙玉祥. —集美大学(硕士论文)，2017

散文、辞赋作品评论与赏析

18796 读苏轼宝绘堂记书后[J]/巍//课余丛刊(绍兴)，1911(2)

18797 东坡墨竹卷子为伯浩属赋[J]/樊山//扶风月报，1914(2)

18798 古今笔记平议(续前期)：东坡笔记[J]/瓶庵//中华小说界，1915，2(4)

18799 苏东坡前赤壁赋(中英文对照)[J]/平海澜//英文杂志，1917，3(3)

18800 苏东坡后赤壁赋(中英文对照)[J]/平海澜//英文杂志，1923，9(1)

18801 读苏东坡黠鼠赋感言：[诗词][J]/应家瑀//学生文艺丛刊汇编，1924，1(1)

18802 月夜怀苏轼赤壁泛舟[J]/童达政//学生文艺丛刊，1925(9)

18803 东坡乐府之评价[J]/周杲//云南旅平学会季刊，1935，2(1)

18804 苏轼嘉言录[J]/希意//大同世界，1935(1)

18805 苏东坡记承天寺夜游(中英文对照)[J]/戴小江//高级中华英文周报，1936，29(734)

18806 苏轼诞生九百年纪念：苏轼教战守策浅释[J]/佚名//江苏广播周刊，1937(31)

18807 古文浅释：记与欧公语：苏轼作[J]/怡然//自修，1938(37)

18808 古文浅释：前赤壁赋：苏轼[J]/瞿镜人//自修，1940(123)

18809 古文浅释：后赤壁赋：苏轼[J]/瞿镜人//自修，1940(127)

18810 苏轼前赤壁赋卷[J]/故吾//立言画刊，1941(123)

18811 古文浅释：方山子传：苏轼[J]/瞿镜人//自修，1941(151)

18812 自修文选：前赤壁赋：苏轼[J]/拙夫//自修，1941(185)

18813 中文选读：苏轼：前赤壁赋(中法文对照)[J]/不详//法文研究，1942，3(4)

18814 苏东坡后赤壁赋(中英文对照)[J]/周庭桢//国光英语，1946，2(5)

18815 漫谈苏轼及其“前赤壁赋”、“水调歌头”、“念奴娇”[J]/林庚//语文教学，1957(3)

18816 苏东坡《赤壁赋》地名考[J]/王恢//人生，1963，27(2)

18817 苏轼：日喻[J]/不详//文字改革，1963(2)

18818 苏轼《前后赤壁赋》研究[J]/刘中和//中国语文，1971，28(2)

18819 苏轼的前赤壁赋[N]/甘雨//青年战士报，1971-09-07

18820 反对革新的吹鼓手：苏轼：从《留侯论》谈起[J]/丁红章，金实秋//四川文艺，1975(2)

18821 苏东坡的“超然台”[J]/臧克家//文物，1978(10)

18822 苏轼的《前赤壁赋》[J]/唐玲玲//语文教学与研究，1979(2)

18823 读苏轼的《日喻》[J]/杨生枝//陕西教

育，1979（4）

18824 笔健任挥洒 谈笑自旷达:《前赤壁赋》浅析［J］/ 刘文刚 // 辽宁师范大学学报（社会科学版），1979（6）

18825 苏轼的《赤壁赋》［J］/ 臧克家 // 人民教育，1979（9）

18826 文苑漫游：苏轼的《赤壁赋》［J］/ 臧克家 // 人民教育，1979（9）

18827 苏东坡与马券碑［J］/ 彭泽良 // 四川群众文艺，1980（3）

18828 对“而渔工水师虽知而不能言”句的异议［J］/ 许成华 // 渤海大学学报（哲学社会科学版），1980（4）

18829《前赤壁赋》赏析［J］/ 瑞华 // 淮北煤炭师范学院学报（自然科学版），1980（4）

18830《洗盏辨》证［J］/ 邵则遂 // 四川师范大学学报（社会科学版），1980（4）

18831 读东坡《赤壁赋》漫记［J］/ 左成文 // 渤海大学学报（哲学社会科学版），1981（1）

18832 文科教学研究：读东坡《赤壁赋》漫记［J］/ 左成文 // 锦州师范学院学报（哲学社会科学版），1981（1）

18833 东坡赤壁诗文选注［J］/ 饶学刚 // 黄冈师专学报，1981（2）

18834 直面人生 积极用世：从苏轼的散文看他人生观中的积极因素［J］/ 乔国煜 // 沈阳师范学院学报（哲学社会科学版），1981（2）

18835 走向作者的心灵深处：语文教学笔记二则［J］/ 徐光湄 // 商业经济与管理，1981（2）

18836 一首清冷的月光曲：读苏轼《记承天寺夜游》［J］/ 吴战垒 // 散文，1981（3）

18837 缜密的艺术构思：读苏轼的《前赤壁赋》［J］/ 吴功正 // 长安，1981（7）

18838 姓名高挂在黄州（散文·《苏轼在黄州》之一）［J］/ 饶学刚 // 长江文艺，1981（9）

18839 苏轼与《赤壁赋》（散文）［J］/ 饶学刚 // 长江文艺，1981（10）

18840 文理自然，姿态横生：苏轼散文艺术札记之一［J］/ 丛柯 // 昭乌达蒙族师专学报，1982（00）

18841 东坡《前赤壁赋》散论［J］/ 叶百丰 // 华东师范大学学报，1982（1）

18842 文理自然，姿态横生：谈苏轼的散文［J］/ 王达津 // 散文，1982（1）

18843 也谈“洗盏更酌”［J］/ 鲍不迟 // 四川师范大学学报（社会科学版），1982（2）

18844 一篇寓哲理于趣味之中的咏物赋：读苏轼《黠鼠赋》［J］/ 王新勇 // 湖北民族学院学报（哲学社会科学版），1982（2）

18845 东坡赤壁［J］/ 不详 // 黄冈师专学报，1982（3）

18846 东坡少作《黠鼠赋》［J］/ 臧克家 // 光明日报，1982（3）

18847 读苏轼《日喻》新得［J］/ 陈世明 // 人民教育，1982（3）

18848 前、后《赤壁赋》题旨新探［J］/ 朱靖华 // 黄冈师范学院学报，1982（3）

18849 苏轼《日喻》疵议［J］/ 张国光 // 中学语文，1982（3）

18850 苏轼的《日喻》［J］/ 何世华 // 中学语文教学参考，1982（3）

18851 姓名高挂在黄州：苏东坡文艺创作高峰在黄州初探［J］/ 饶学刚 // 黄冈师专学报，1982（3）

18852《黠鼠》注释［J］/ 任克华 // 安徽教育，1982（6）

18853 谈苏轼《记承天寺夜游》［J］/ 振甫 // 旅行家，1982（6）

18854 由苏东坡作《黠鼠赋》的年龄问题引起的［J］/ 吕叔湘 // 读书杂志，1982（7）

18855《洞庭春色中山松醪二赋》注·译〔宋·苏轼〕[J]/王海滨//博物馆研究，1983(1)

18856 喜读苏轼《洞庭春色》《中山松醪》二赋卷[J]/苏兴钧//吉林日报，1983(1)

18857 形散神凝的精彩之作：谈苏轼《文与可画篔筜谷偃竹记》[J]/黄松坡，刘翠霄//名作欣赏，1983(1)

18858 东坡赤壁赋榷议[J]/陈冠英//天水师范学院学报，1983(2)

18859 文理自然，姿态横生：苏轼散文艺术札记之一[J]/丛柯//昭乌达蒙族师专学报，1983(2)

18860 秋月冬雪两轴画:《记承天寺夜游》与《湖心亭看雪》的写景欣赏[J]/梁衡//名作欣赏，1983(3)

18861 苏轼《与鲜于子骏书》系年考辨：兼及苏词风格的若干问题[J]/吴雪涛//河北学刊，1983(4)

18862 苏轼《前赤壁赋》的写景[J]/振甫//旅行家，1983(6)

18863 苏轼"曰喻"语句分析[J]/李炳杰//中国语文，1983，52(6)

18864 苏轼《教战守策》析论[J]/瞿秀兰//孔孟月刊，1983，21(10)

18865《前赤壁赋》简析〔苏轼〕[J]/赵君扬//参花，1983(11)

18866 饼·石·诗(东坡赤壁随笔)[J]/钟静//随笔，1984(1)

18867 关于苏东坡两赋手卷研究[J]/刘乃中//图书馆学研究，1984(1)

18868 一篇文理自然的好散文：苏轼《谷偃竹记》浅析[J]/熊莘耕//常德师专学报(哲学社会科学版)，1984(1)

18869 苏轼的《记承天寺夜游》[J]/杨应芬//中学生之友，1984(1/2)

18870 淡彩绘境，曲笔写情：苏轼《记承天寺夜游》小析[J]/谢志礼//中文自学考试辅导，1984(2)

18871 东坡晚期思想管窥：读《洞庭春色》《中山松醪》二赋[J]/廖维宇//北华大学学报(社会科学版)，1984(2)

18872 析苏轼的《教战守策》[J]/王克//大众逻辑，1984(2)

18873 从《赤壁赋》看苏轼的为人与为文[J]/方世教//学丛，1984(4)

18874 东坡楼拾翠 散文[J]/余音//大众文艺，1984(4)

18875 如何理解《前赤壁赋》中的"泝流光"[J]/徐家传//淮阴师范学院学报(哲学社会科学版)，1984(4)

18876《夷坚志》札记[J]/张白山//社会科学战线，1984(4)

18877 真挚的情谊，通脱的文笔：苏轼《谷偃竹记》浅析[J]/吴万刚//自修大学(文史哲经专业)，1984(4)

18878 苏轼赤壁二赋：最杰出的姊妹篇[J]/林恭祖//故宫文物月刊，1984，2(9)

18879 苏轼"随物赋形"说蠡测[N]/黄鸣奋//光明日报，1985-01-15

18880 闲逸？旷达？愤懑？：读苏轼《记承天寺夜游》一得[J]/齐灏//教学与研究，1985(1)

18881 读苏轼《放鹤亭记》[J]/何水清//名作欣赏，1985(3)

18882 苏轼《前赤壁赋》语法浅析[J]/李炳杰//中国语文，1985，56(3)

18883《吴江岸》非东坡所作[J]/王振泰//苏州大学学报(哲学社会科学版)，1985(4)

18884 文理自然姿态横生：读苏东坡《记承天寺夜游》[J]/娄元华，谢国平//语文园地，1985(5)

18885 试析《前赤壁赋》的虚无思想[J]/顾伟

钢 // 名作欣赏，1985（6）
18886 苏轼《教战守策》正反论［J］/ 杨鸿铭 // 孔孟月刊，1985，23（8）
18887 委婉多趣 说理透彻：简评苏轼少作《黠鼠赋》［J］/ 黄国秀 // 传媒观察，1985（8）
18888 黠鼠赋［J］/ 黄国秀 // 传媒观察，1985（8）
18889 苏轼《赤壁赋》赏析［J］/ 璜之 // 中文自修，1985（11）
18890 读《赤壁赋》札记［J］/ 黄海鹏 // 黄冈师范学院学报，1986（2）
18891 不要买椟还珠：前、后《赤壁赋》小议［J］/ 王路 // 湖北师范学院学报（哲学社会科学版），1986（3）
18892 一则功力深厚的短游记:《记承天寺夜游》的写作特点［J］/ 吴松林 // 新闻界，1986（3）
18893 从苏轼的笔误谈教材的校注［J］/ 张方 // 青海师专学报，1986（4）
18894 读苏轼的《方山子传》［J］/ 韩兆琦 // 北方论丛，1986（4）
18895 功力深 文章精：试析苏轼《记承天寺夜游》［J］/ 吴松林 // 青年记者，1986（5）
18896 读苏轼的《喜雨亭记》［J］/ 韩兆琦 // 云梦学刊，1986（6）
18897 寺僧·和尚·浮图及其它［J］/ 吴航斌 // 语文教学通讯，1986（6）
18898 苏轼的写作理论初探：读《答谢民师书》［J］/ 胡永在 // 语文学刊，1986（6）
18899 同工异曲 各有千秋：读苏轼两篇《赤壁赋》［J］/ 张在义 // 语文月刊，1986（6）
18900 在空明的月色中领悟人生的哲理：谈《记承天寺夜游》［J］/ 陈友冰 // 中学语文，1986（7）
18901 苏轼《前赤壁赋》比拟论［J］/ 杨鸿铭 // 孔孟月刊，1986，24（8）
18902 一个杰出作家的创作经验的总结：评苏轼《答谢民师书》［J］/ 吴子厚 // 语文园地，1986（10）
18903 忧乐系于天下心：苏轼《喜雨亭记》赏析［J］/ 刘清华 // 语文教学之友，1986（10）
18904 东坡亭赋［J］/ 梁松生 // 鹤山乡讯，1986（12）
18905 从《前赤壁赋》看苏轼与佛学［J］/ 黄进德 // 扬州大学学报（人文社会科学版），1987（1）
18906 《黠鼠赋》作时蠡测［J］/ 朱运申 // 齐鲁学刊，1987（1）
18907 苏轼《与鲜于子骏书》系年续考：兼与刘崇德同志商榷［J］/ 吴雪涛 // 河北大学学报（哲学社会科学版），1987（1）
18908 艺术虚幻美的追求：苏轼《前赤壁赋》探微［J］/ 邹少雄 // 孝感师专学报（哲学社会科学版），1987（1）
18909 东坡赋的艺术特色［J］/ 王文龙 // 天府新论，1987（2）
18910 前后《赤壁赋》是苏轼散文创作的双璧［J］/ 陈友德 // 韩山师范学院学报，1987（2）
18911 诗情与哲理的融合：苏轼《前赤壁赋》欣赏［J］/ 周先慎 // 古典文学知识，1987（2）
18912 受迫害者的旷达：从苏轼《前赤壁赋》所表达的思想感情说起［J］/ 杜存亭 // 新疆石油教育学院学报，1987（2）
18913 吴宽的《赤壁诗》和苏轼的《赤壁赋》［J］/ 文士丹 // 争鸣，1987（2）
18914 笔落潇潇写寥廓：我读苏轼《前赤壁赋》［J］/ 静远 // 散文，1987（5）
18915 《入蜀记》：向文化认同意识的倾斜［J］/ 王立群 // 河南大学学报（社会科学版），1987（5）
18916 闳中肆外，千古佳什:《前赤壁赋》内容

剖析[J]/宋书功//现代中医药，1987(6)

18917 清新·凝炼·隽永：读苏轼《记承天寺夜游》[J]/周亚非//新闻爱好者，1987(6)

18918 浅谈《前赤壁赋》的思想和艺术特色[J]/李厚肃//中国文学研究，1988(2)

18919 委婉曲折 自然流畅：苏轼《前赤壁赋》浅析[J]/吴戈//长江工程职业技术学院学报，1988(2)

18920 立意不同凡响 文气纵横捭阖：苏轼《留侯论》赏析[J]/王生//古典文学知识，1988(4)

18921 苏轼的《前赤壁赋》与译赋探索[J]/林基海//广东教育学院学报(社会科学版)，1988(4)

18922 苏轼《前赤壁赋》讲析[J]/方智范//中文自学指导，1988(8)

18923 《前赤壁赋》旨趣探析[J]/丁厚源//龙岩师专学报，1989(1)

18924 苏轼《超然台记》赏析[J]/丕评//名作欣赏，1989(3)

18925 苏轼《文说》赏析[J]/张长江//名作欣赏，1989(3)

18926 月我两融 情理兼备：读苏轼黄州记月散文[J]/周懋昌//语文学刊，1989(4)

18927 姿致天成 寓理传神：论苏轼的山水散文[J]/黄幼霞//福建论坛(文史哲版)，1989(5)

18928 苏轼辞赋研究[D]/朴孝锡.—东海大学(硕士论文)，1989

18929 于粲还是"芋粲"读《潮州韩文公庙碑》札记[J]/吴德先//韩山师范学院学报，1990(1)

18930 《前赤壁赋》中情绪变化轨迹探幽：文学名篇艺术鉴赏之一[J]/姜云//嘉兴学院学报，1990(1)

18931 关于苏轼《黠鼠赋》的系年与题旨[J]/周慧珍//阜阳师范学院学报(社会科学版)，1990(4)

18932 一卷绚美的历史图画：读北朝乐府民歌《木兰诗》[J]/江山//江汉大学学报，1990(5)

18933 政治家的散文：读苏轼《教战守策》[J]/周先慎//写作，1990(5)

18934 试谈苏轼《赤壁赋》的美的建造[J]/涂普生//江汉论坛，1990(8)

18935 苏轼《教战守策》[J]/江举谦//明道文艺，1990(172)

18936 苏轼《赤壁赋》[J]/江举谦//明道文艺，1990(177)

18937 苏轼《前赤壁赋》所反映的思想矛盾与复杂感情：兼析苏轼误以为黄州赤壁即"三国周郎赤壁"的原因及此赋的艺术疵点[J]/张国光//荆楚文史，1991(1)

18938 苏轼两杭时期散文中的自我形象[J]/周慧珍//汕头大学学报(人文社会科学版)，1991(2)

18939 《西湖二集》：一部很值得研究的小说[J]/吴礼权//明清小说研究，1991(2)

18940 袁宏道尺牍散文的艺术特色[J]/温至孝//西北师范大学学报(社会科学版)，1991(3)

18941 人生须臾与时空无限：苏轼《前赤壁赋》主题阐释[J]/张晶//文史知识，1991(4)

18942 读苏轼《方山子传》[J]/闫笑非//求是学刊，1991(5)

18943 苏轼的散文理论：兼谈其散文风格[J]/孙连琦//求是学刊，1991(5)

18944 东坡前《赤壁赋》的人生索解[J]/林士琛//四海工专学报，1991(6)

18945 苏轼《留侯论》译析[J]/林涛//阅读与写作，1991(8)

18946 从散文看苏轼其人[J]/周慧珍//晋阳学刊，1992(1)
18947 发自肺腑、自然真诚的佳作：苏轼小品二篇浅析[J]/吴小如//文史知识，1992(1)
18948 野趣美的流光溢彩：苏轼《后赤壁赋》美之探微[J]/涂普生//理论月刊，1992(1)
18949 从《前赤壁赋》看苏轼谪居黄州时期的人生态度及成因[J]/杨墨秋//无锡教育学院学报(社会科学版)，1992(3)
18950 苏轼"前后赤壁赋"心灵境界之探讨[J]/张学波//竹县文教，1992(4)
18951 释"流光"、"空明"[J]/童勉之//武汉教育学院学报，1992(5)
18952 苏轼"前后赤壁赋"心灵境界之探讨[J]/张学波//兴大中文学报，1992(5)
18953 苏轼的崇道名作《赤壁赋》[J]/钟来因//国文天地，1992，8(6)
18954 自然中的欢悦与哀伤：苏轼《后赤壁赋》赏析[J]/朱存明//学语文，1992(6)
18955 《前赤壁赋》哲理阐释[J]/何全民//大连大学学报，1993(1)
18956 《秋声赋》与《前赤壁赋》比较[J]/杨凯毅//惠州学院学报，1993(1)
18957 从《赤壁赋》看苏轼的文学造诣[J]/张淑钦//文华学报，1993(2)
18958 读苏轼《叶嘉传》[J]/王建//农业考古，1993(2)
18959 苏轼前后《赤壁赋》之比较[J]/任朝第//宝鸡文理学院学报(社会科学版)，1993(2)
18960 从前后《赤壁赋》谈苏东坡的矛盾心境[J]/黄美铃//中国文化月刊，1993(164)
18961 苏轼"卜算子·黄州定慧院寓居作"发微[J]/刘昭明//编译馆馆刊，1994，23(1)
18962 悠悠洞箫声 戚戚苏子心:《前赤壁赋》作者心态管窥[J]/伍联群//达县师范高等专科学校学报，1994(1)
18963 笔势仿佛《离骚》经：东坡赋考论[J]/杨胜宽//西南师范大学学报(哲学社会科学版)，1994(2)
18964 苏东坡和前后赤壁赋[J]/张俊之//书法艺术，1994(2)
18965 《苏东坡轶事汇编》求疵举隅[J]/洪尚之//三馆论坛，1994(2)
18966 苏赋新论[J]/许结//中国韵文学刊，1994(2)
18967 《前赤壁赋》魅力探[J]/张大计//中共浙江省委党校学报，1994(3)
18968 天下虽平，不敢忘战：从苏轼《教战守策》谈居安思危[J]/彭昭强//西安政治学院学报(社会科学版)，1994(3)
18969 抑扬顿挫 驰骤纵横：谈苏轼《前赤壁赋》的气势美[J]/刘崇国//名作欣赏，1994(3)
18970 钦湖上，初晴后雨[J]/黄新渠//外国语(上海外国语大学学报)，1994(5)
18971 东坡赤壁[J]/傅中星//山西老年，1994(6)
18972 谈苏轼《后赤壁赋》中所梦道士人数之问题[J]/衣若芬//台大中文学报，1994(6)
18973 东坡《赤壁赋》中的哲思[J]/邱敏捷//国文天地，1994，10(7)
18974 一位哲人面对造物的诗意沉思：苏轼《前赤壁赋》赏析[J]/王春鸿//青年文学家，1994(8)
18975 苏东坡与赋[J]/顾易生//新亚学术集刊，1994(13)
18976 苏轼"稼说送张琥"[J]/江举谦//明道

文艺，1994(214)

18977 玉环飞燕谁敢憎：旷代奇才苏轼与尚意书风[J]/方磊//西北美术，1994(Z1)

18978 略论苏轼文学散文的审美取向[J]/崔承运//中国民航学院学报，1995(2)

18979 东坡黄州文散论[J]/刘少雄//中国文哲研究通讯，1995，5(3)

18980 读苏轼札记[J]/徐中玉//文艺理论研究，1995(3)

18981 也谈“沧海一粟”[J]/陈光明//语文知识，1995(3)

18982 论苏轼的艺术哲学：以文学散文为中心[J]/崔承运//北京大学学报(哲学社会科学版)，1995(6)

18983 赞三国用人之道[J]/冯世斌//人民论坛，1995(6)

18984 论苏轼的艺术哲学：以文学散文为中心[J]/崔承运//高等学校文科学报文摘，1996(2)

18985 试析苏轼散文中的哲理特色[J]/高孟平//乌鲁木齐成人教育学院学报，1996(2)

18986 乌台诗案与《前赤壁赋》[J]/姚丽芳//辽宁财专学报，1996(2)

18987 外示旷达内实忧患的《前赤壁赋》[J]/吴宗海//吉安师专学报(哲学社会科学版)，1996(3)

18988 北宋散文简论[J]/高克勤//苏州大学学报(哲学社会科学版)，1996(4)

18989 从李白送孟浩然联想到一篇东坡文[J]/徐中玉//名作欣赏，1996(4)

18990 谈苏轼“记承天寺夜游”的美感经验[J]/傅正玲//中国语文，1996，79(4)

18991 自立自强是生存的最佳保障：苏轼的《教战守策》[J]/戴朝福//中国语文，1996，78(4)

18992 记承天寺夜游[J]/李金//语文月刊，1996(5)

18993 东坡《前·后赤壁赋》之比较[J]/吴奕仓//辅大中研所学刊，1996(6)

18994 一代文豪苏东坡：苏轼辞赋之浅说[J]/程丽玲//华医学报，1996(6)

18995 试探苏轼前后《赤壁赋》的感情基调[J]/陈会琴//宁夏教育学院(银川师专学报，社会科学版)，1997(1)

18996 苏轼《后赤壁赋》中的儒道情结及其文化意义[J]/朱秋德//兵团教育学院学报，1997(1)

18997 古代南斗星名辨[J]/曹海东//文史杂志，1997(3)

18998 《教战守策》是进策还是对策？[J]/王窓贤//国文天地，1997，13(3)

18999 苏轼的密州七记[J]/于培杰//昌潍师专学报，1997(3)

19000 论苏轼早期散文的创作思想[J]/白清，王启和//西北大学学报(哲学社会科学版)，1997(4)

19001 苏轼“记承天寺夜游”赏析[J]/许俊雅//中国语文，1997，81(4)

19002 对待文物要像伺候古代的王公贵人：苏轼《教战守策》的启示[J]/张世贤//故宫文物月刊，1997，15(6)

19003 苏轼的密州七记(续完)[J]/于培杰//昌潍师专学报，1997(6)

19004 释苏轼《文与可飞白赞》[J]/蒋介夫//阅读与写作，1997(8)

19005 信我人厄非天穷：读苏轼《潮州韩文公庙碑》[J]/曾楚楠//文史知识，1997(9)

19006 《前赤壁赋》本事说[J]/吴月兰//南京晓庄学院学报，1998(1)

19007 从《前赤壁赋》谈苏轼的宗教思想[J]/龙晦//中华文化论坛，1998(1)

19008 从达意立意到传神：“东坡小品”为例解

说散文写作的几个步骤［J］/ 依牟 // 纯文学（香港），1998，复刊（2）

19009 苏轼赋的散体特征及其形成［J］/ 何国栋 // 兰州大学学报（社会科学版），1998（2）

19010 论苏轼赋体文学的特色和贡献［J］/ 谭玉良 // 康定民族师范高等专科学校学报，1998（4）

19011 苏轼的“辞达”说［J］/ 林俊相 // 复旦学报（社会科学版），1998（4）

19012 苏轼小品散文浅析［J］/ 顾克天 // 盐城师专学报（哲学社会科学版），1998（4）

19013 《闲情赋》之评价种种：兼说萧统在《陶集序》与《文选》中之不同价值取向［J］/ 力之 // 湖北民族学院学报（哲学社会科学版），1998（4）

19014 知时好雨，润泽万民：苏轼《喜雨亭记》赏析［J］/ 杨晓翠 // 修辞学习，1998（4）

19015 朴实中明事理 自然中蕴深情：读苏轼的《喜雨亭记》［J］/ 祁念曾 // 名作欣赏，1998（6）

19016 巧取眼前风月 妙抒心中悲乐：苏轼《前赤壁赋》赏析［J］/ 张觉 // 明道文艺，1998（270）

19017 苏轼寓言研究［D］/ 于学玉 .—高雄师范大学（硕士论文），1998

19018 洒脱旷逸的人生写照 出尘绝俗的诗心雅韵：论苏轼的黄州散文［J］/ 孙嘉毅 // 北京教育学院学报，1999（1）

19019 苏轼的楚辞观及其词赋创作［J］/ 朴永焕 // 中国典籍与文化，1999（1）

19020 韩愈与苏轼散文的思维视点［J］/ 余世锋 // 湖北师范学院学报（哲学社会科学版），1999（2）

19021 人心不同 各如其面：读韩愈、欧阳修、苏洵、苏轼四篇干谒文［J］/ 徐怡 // 中文自学指导，1999（2）

19022 水月禅境 山鹤幽情：重读苏轼的前后《赤壁赋》［J］/ 邓红梅 // 名作欣赏，1999（2）

19023 苏轼、黄庭坚的赋体文学［J］/ 何玉兰 // 文史杂志，1999（2）

19024 清新优美的意境 深沉旷达的情怀：苏轼的《前赤壁赋》浅析［J］/ 王晓瑜 // 六盘水师范高等专科学校学报，1999（3）

19025 超然台轶趣［J］/ 穗子 // 山东农业，1999（4）

19026 《前赤壁赋》解析中有待商榷的几个问题［J］/ 王晓林 // 重庆大学学报（社会科学版），1999（4）

19027 《前赤壁赋》：旷达为表 忧患为实：关于《前赤壁赋》主题的教学探赜［J］/ 赵乐人 // 克山师专学报，1999（4）

19028 苏轼赤壁二赋的意象化艺术探秘［J］/ 胡立新 // 乐山师范高等专科学校学报，1999（4）

19029 苏轼“赤壁二赋”意象化艺术探微［J］/ 胡立新 // 黄冈师范学院学报，1999（5）

19030 苏轼“净因院画记”分析［J］/ 刘怡明 // 艺术论衡，1999（5）

19031 情因景生，理缘情明：读苏轼《前赤壁赋》［J］/ 张帆 // 语文天地，1999（11）

19032 试论苏轼黄州以前散文的若干特质：从两则评论资料谈起［J］/ 李贞慧 // 中国文学研究，1999（13）

19033 信笔抒怀 随物赋形：苏轼《记承天寺夜游》赏析［J］/ 王立军 // 语文天地，1999（23）

19034 是“东望武昌”或是“西望武昌”？：苏轼《前赤壁赋》之方位问题［J］/ 陈正荣 // 国文天地，2000，16（7）

19035 三游古战场 词赋寄希音：从三游赤壁之作看苏轼思想倾向的流变［J］/ 谢家

顺 // 唐山高等专科学校学报，2000（1）

19036 深邃的哲理 动人的情思：浅议《前赤壁赋的艺术构思》［J］/ 卫云英 // 山西职工医学院学报，2000（1）

19037 《吴江岸》新考［J］/ 王振泰 // 鞍山师范学院学报，2000（1）

19038 《念奴娇·赤壁怀古》和前《赤壁赋》比较研究［J］/ 胡光梁 // 曲靖师专学报，2000（2）

19039 此“声”为何声，此“色”为何色：关于《前赤壁赋》的一滴之见［J］/ 徐英 // 语文月刊，2000（3）

19040 生命的困惑与审美的超越：《逍遥游》与《赤壁赋》生命意蕴之比较［J］/ 杨慧聪 // 新乡师范高等专科学校学报，2000（3）

19041 潇洒人生：《前赤壁赋》赏析［J］/ 徐文军 // 自考（职教，成教），2000（3）

19042 《张耒集》整理摭谈［J］/ 逸安 // 书品，2000（3）

19043 此“声”为风声，此“色”为月色：苏轼《前赤壁赋》释疑一则［J］/ 释名 // 语文月刊，2000（6）

19044 高中国文教学专题研究：苏轼《教战守策》篇旨探析［J］/ 苏建洲 // 人文及社会学科教学通讯，2000，10（6）

19045 李白的天姥之梦与苏轼的赤壁之思［J］/ 李俊 // 名作欣赏，2000（6）

19046 与苏轼对话［J］/ 潘金锋 // 中学生作文指导，2000（6）

19047 从《后赤壁赋》看东坡被贬后内在心境之转化［J］/ 邱敏捷 // 国文天地，2000，16（7）

19048 随物赋形 信笔抒意：苏轼《记承天寺夜游》赏析［J］/ 许兆真 // 中学语文园地，2000（10）

19049 辨苏轼笑李渤之陋［J］/ 苗金德 // 语文教学与研究，2000（15）

19050 风神、游戏与传奇：小论东坡的传记文［C］/ 何寄澎 // 千古风流：东坡逝世九百年纪念学术研讨会论文集 / 台北辅仁大学，2000

19051 散文的精气神：读苏轼《记承天寺夜游》感言［J］/ 高天星 // 语文知识，2001（1）

19052 苏轼《前赤壁赋》的写作动机与艺术鉴赏［J］/ 万芬 // 景德镇高专学报，2001（1）

19053 浅析苏轼散文的革新风格［J］/ 夏爱兰 // 新乡师范高等专科学校学报，2001（2）

19054 苏轼《留侯论》标点商榷［J］/ 陈光明 // 人文及社会学科教学通讯，2001，12（2）

19055 随物赋形 空灵拔俗：苏轼《记承天寺夜游》赏析［J］/ 许兆真 // 古典文学知识，2001（2）

19056 苏轼对陶渊明《闲情赋》评价之正解［J］/ 张子刚 // 延安大学学报（社会科学版），2001（3）

19057 一个题材两篇作品：《念奴娇·赤壁怀古》与《赤壁赋》之比较［J］/ 唐科霞 // 承德民族师专学报，2001（3）

19058 与屈原灵魂对话：景仰与沉思：读苏轼的《屈原庙赋》［J］/ 王许林 // 古典文学知识，2001（3）

19059 读苏轼《留侯论》［J］/ 卞云和 // 华夏文化，2001（4）

19060 论苏轼的辞赋创作［J］/ 王许林 // 江淮论坛，2001（5）

19061 《念奴娇·赤壁怀古》与《前赤壁赋》之比较［J］/ 管军 // 学语文，2001（6）

19062 苏子瞻黄州赤壁三构合读［J］/ 王文兴 // 中外文学，2001，30（6）

19063 苏轼“宝绘堂记”中的寓意观研究［J］/ 黄致为 // 艺术论衡，2001（7）

19064 一切景语皆情语:《记承天寺夜游》和《浣溪沙》赏读［J］/ 刘晓玮 // 中学语文园地（初中版），2001（10）

19065 传记散文的别格：谈苏轼“方山子传”的传记写作艺术［J］/ 温光华 // 国文天地，2001，16（10）

19066 走进苏轼：研究性学习的尝试［J］/ 孟邻 // 中学语文教学参考，2001（11）

19067 试述东坡赋体文之赋观及特色研究［J］/ 李慕如 // 永达学报，2002，3（1）

19068 释苏轼文中的“龟头”［J］/ 汪化云，梅大圣 // 民俗研究，2002（2）

19069 苏轼短制散文的境界之美［J］/ 牛芙珍 // 廊坊师范学院学报，2002（2）

19070 袜材［J］/ 赵文序 // 北京宣武红旗业余大学学报，2002（2）

19071 从《前赤壁赋》看佛禅思想对苏轼的影响［J］/ 范学琴 // 皖西学院学报，2002（3）

19072 《前赤壁赋》中“舞”字新解［J］/ 韩法良 // 开封大学学报，2002（3）

19073 悦目·会心·畅神和超越：苏轼《前赤壁赋》自然美审美心理过程管窥［J］/ 杨桦 // 乐山师范学院学报，2002（3）

19074 偶然性·再现·生命实相：苏轼《后赤壁赋》释旨［J］/ 徐圣心 // 中外文学，2002，31（4）

19075 超然台记［J］/ 于彦春 // 阅读与鉴赏（高中版），2002（5）

19076 苏轼《记承天寺夜游》一文中之“闲人”试解［J］/ 陈茂仁 // 人文及社会学科教学通讯，2002，12（5）

19077 我教《赤壁怀古》［J］/ 童媛华 // 语文教学通讯，2002（8）

19078 画意·诗情·哲理：苏轼《赤壁赋》艺术张力探幽［J］/ 陆精康 // 阅读与鉴赏（高中版），2002（9）

19079 一首清冷的月光曲：赏析苏轼《记承天寺夜游》［J］/ 何春雅 // 阅读与鉴赏（高中版），2002（10）

19080 “文赋双璧”：欧阳修《秋声赋》与苏轼《赤壁赋》之比较研究［J］/ 廖志超 // 兴大中文学报，2002（14）

19081 言简意丰 意味隽永:《记承天寺夜游》简析［J］/ 王海娟 // 山西教育，2002（24）

19082 最喜欢的古诗文［J］/ 忆茗 // 当代学生，2002（C2）

19083 小散文大境界［N］/ 戴本刚 // 中国教师报，2003-12-03

19084 从《赤壁赋》看苏轼的超脱与旷达［J］/ 燕红 // 胜利油田师范专科学校学报，2003（1）

19085 欧苏散文创作与接受活动的考察［J］/ 王基伦 // 东华汉学，2003（1）

19086 翻空立论 波澜横生：谈苏轼的《留侯论》［J］/ 张福庆 // 名作欣赏，2003（2）

19087 《苏轼黄州代表词赋导读与审美》前言［J］/ 涂普生 // 黄冈职业技术学院学报，2003（2）

19088 文具“四美”绝唱千古［J］/ 汤道菊 // 芜湖师专学报，2003（2）

19089 悦目、会心、畅神和超越：苏轼《赤壁赋》自然美审美心理过程管窥［J］/ 杨桦 // 名作欣赏，2003（2）

19090 中国文学散文的自觉［J］/ 葛培岭 // 中州学刊，2003（2）

19091 苏轼《陈公弼传》考论［J］/ 刘昭明 // 文与哲，2003（3）

19092 《太平广记》在北宋流传的两则记载［J］/ 姜光斗 // 文献，2003（3）

19093 《太平广记》在南宋流传的三则记载［J］/ 姜光斗 // 文献，2003（3）

19094 流放文人的悲情之歌:《记承天寺夜游》

与《小石潭记》[J]/高晓松，邹谷森//语文学刊，2003(4)

19095 黄州谪居与苏东坡的人生磨砺:《前赤壁赋》多元思想的哲学思考[J]/林成玉//西宁教研，2003(5)

19096 世事成毁难预料，盛衰相寻于无常：苏轼“凌虚台记”赏析[J]/曾洁明//中国语文，2003，92(5)

19097 苏东坡《记承天寺夜游》用材探析[J]/曾素珍//国文天地，2003，19(5)

19098 宠辱不惊 生死相安：苏轼《前赤壁赋》赏析[J]/竺洪波//作文世界(高中)，2003(9)

19099 读游记与写游记[J]/徐立忠//新闻与写作，2003(9)

19100 苏轼《超然台记》篇章结构分析[J]/陈满铭//国文天地，2003，18(12)

19101 清隽的画卷 旷达的情怀：苏轼《浣溪沙》、《记承天寺夜游》赏析[J]/罗秋霞//语文教学通讯，2003(35)

19102 苏轼《赤壁赋》与赵缵韩《反赤壁赋》[J]/曹虹//古典文献研究，2003

19103 苏轼辞赋理论及其创作之研究[D]/廖志超.—台湾师范大学(硕士论文)，2003

19104 亦鹤亦酒话人生，且文且歌咏心志[N]/徐昌才//教师报，2004-12-26

19105 《前赤壁赋》美学分析[J]/周福勇，薛强//语文教学与研究，2004(1)

19106 情、景、理的巧妙结合:《赤壁赋》的构思艺术[J]/曹津源//现代中学生(阅读与写作)，2004(1)

19107 苏轼《前赤壁赋》新解[J]/詹珊//莆田学院学报，2004(1)

19108 玉宇琼楼 高寒澄澈:《记承天寺夜游》赏析[J]/宋平//语数外学习(初中版)，2004(1)

19109 怎一个“闲”字了得：苏轼《记承天寺夜游》心绪轨迹探寻[J]/曹津源//语文知识，2004(1)

19110 真情写至文，名篇传千古：浅析苏轼《前赤壁赋》的思想内容及艺术特色[J]/王忠芹//辽宁经济职业技术学院·辽宁经济管理干部学院学报，2004(1)

19111 赋体“游戏”主题的转变：以苏轼《超然台记》及“同题共作”的辞赋为例[J]/黄丽月//南师语教学报，2004(2)

19112 《前赤壁赋》的押韵与表情达意[J]/谢增伟//语文教学与研究，2004(2)

19113 “快哉”何来？鉴赏“黄州快哉亭记”[J]/林碧珠//中国语文，2004，94(3)

19114 《闲情赋》研究[J]/王振泰//九江师专学报，2004(3)

19115 赋体散文的杰作 诗文结合的典范：兼谈苏轼《前赤壁赋》在散文发展史上的地位[J]/唐佳文//西江教育论丛，2004(4)

19116 论宋代三大长篇行状[J]/俞樟华，林怡//荆门职业技术学院学报，2004(4)

19117 论明清散文对苏轼游记的继承[J]/王士君//山东行政学院.山东省经济管理干部学院学报，2004(5)

19118 《又答王庠书》助读[J]/胡俊华//中学语文园地(高中版)，2004(5)

19119 从《赤壁赋》的审美观看苏轼的儒家情怀[J]/汪波//读写月报(高中版)，2004(6)

19120 从苏东坡的“日喻”进探其思想[J]/李应命//中国语文，2004，94(6)

19121 试析中国传统农业文化对苏轼文化品格的影响：从《前赤壁赋》看[J]/陈志平，王秀琴//西北农林科技大学学报(社会科学版)，2004(6)

19122 苏轼饮食赋之困境观照及其文类书写策略［J］/ 许东海 // 中正大学中文学术年刊，2004（6）

19123 笔下天然景 胸中自适情：苏轼散文《灵壁张氏园亭记》解读［J］/ 王典馥 // 阅读与写作，2004（7）

19124 畅游赤壁 吊古抒怀：试析《念奴娇·赤壁怀古》与《赤壁赋》所抒之情［J］/ 齐东风 // 语文知识，2004（7）

19125 从《赤壁怀古》看苏轼的文化品格［J］/ 项昉初 // 语文教学与研究（教师版），2004（7）

19126 苏轼《前赤壁赋》、《后赤壁赋》之探微［J］/ 韩丽君 // 作文世界（高中），2004（7）

19127 感情澎湃气势磅礴的散文杰作：苏轼《潮州韩文公庙碑》赏析［J］/ 姜光斗 // 名作欣赏，2004（8）

19128 谈《赤壁赋》的哲理美［J］/ 范晖 // 中学语文园地（高中版），2004（10）

19129 写景精妙纷呈 抒情各有千秋：短文两篇比较阅读［J］/ 耿世诚 // 初中数语外辅导（初中版），2004（11）

19130 《前赤壁赋》与《沙滩上的脚迹》写作比较［J］/ 龙厚雄 // 写作，2004（14）

19131 从赤壁词赋看苏轼对人生思想态度的变化历程［J］/ 赵蓉 // 文教资料（初中版），2004（18）

19132 仇池国和苏东坡《仇池笔记》［N］/ 不详 // 甘肃日报，2005-09-30

19133 富于理趣 不薄情趣：解读苏轼的《文与可画筼筜谷偃竹记》［J］/ 谭韬 // 语文月刊，2005（1）

19134 苏轼赤壁词与赤壁赋的比较谈［J］/ 戴新虹 // 齐齐哈尔师范高等专科学校学报，2005（1）

19135 逍遥之乐背后的隐微心曲：苏轼《前赤壁赋》主旨新探［J］/ 李金松 // 古典文学知识，2005（1）

19136 从《送张道士叙》看苏东坡的痛苦彷徨心态［J］/ 邵明珍 // 中文自学指导，2005（2）

19137 大江流日夜，千古赤壁情：读苏轼《前赤壁赋》［J］/ 祝德纯 // 语文建设，2005（2）

19138 由《赤壁赋》谈苏轼思想形成原因［J］/ 范晓丽 // 现代语文（理论研究版），2005（2）

19139 如何理解“自其不变者而观之，则物与我皆无尽也”？［J］/ 王桂霞，张福旺 // 中学语文教学参考，2005（3）

19140 苏轼的《前赤壁赋》与阮籍的《达庄论》［J］/ 张进 // 文史知识，2005（3）

19141 文心幽远：范曾《后赤壁赋》简析［J］/ 孔令伟 // 新美域，2005（3）

19142 我教《赤壁赋》［J］/ 方彦萍 // 语文教学通讯，2005（3）

19143 一蓑烟雨任平生：解读《前赤壁赋》［J］/ 侯文慧 // 理论界，2005（3）

19144 感悟生命 张扬人格：苏轼《前赤壁赋》重新解读［J］/ 廖健春 // 名作欣赏，2005（4）

19145 从《前赤壁赋》看汉语典故的英译［J］/ 黄亚慧 // 西华大学学报（哲学社会科学版），2005（5）

19146 情可以抚慰，心可以出走：苏东坡《前赤壁赋》赏析［J］/ 王樱芬 // 人文及社会学科教学通讯，2005，15（5）

19147 苏轼《放鹤亭记》（节选）导读［J］/ 门士昌 // 阅读与鉴赏（初中版），2005（5）

19148 北宋后期的党争与辞赋创作［J］/ 刘培 // 北京大学学报（哲学社会科学版），2005（6）

19149 黄庭坚辞赋平议［J］/ 王以宪 // 江西师

范大学学报，2005（6）

19150 《留侯论》中思血气：一篇流传千古的科考作文［J］/ 陆晨虹 // 中文自修，2005（6）

19151 《前赤壁赋》赏析［J］/ 陈迎辉 // 活力，2005（6）

19152 苏轼《卜算子·黄州定慧院寓居作》篇章结构分析［J］/ 张淑珍 // 国文天地，2005，21（6）

19153 苏轼《文与可画筼筜谷偃竹记》赏读［J］/ 林军 // 中文自修，2005（6）

19154 心境悠悠 水榭无香：试论苏轼《赤壁赋》的哲学意蕴及人生启示［J］/ 帅丽梅 // 乐山师范学院学报，2005（6）

19155 形貌各异 意气暗合：散谈苏轼前、后《赤壁赋》的异同及其内在联系［J］/ 李新宇 // 名作欣赏·文学研究（下旬），2005（6）

19156 自由的思想与自由的抒写：论苏轼散文的艺术精神［J］/ 马茂军 // 江淮论坛，2005（6）

19157 《前赤壁赋》的景与情内在脉络［J］/ 邓珏 // 引进与咨询，2005（7）

19158 关于生命的哲理对话：重读苏轼《前赤壁赋》［J］/ 梁德林 // 阅读与写作，2005（7）

19159 在凄苦中挣扎和超越：苏轼《前赤壁赋》情感解读［J］/ 黄务海 // 中学语文（教师版），2005（7）

19160 清冷而优美的“月光曲”：苏轼《记承天寺夜游》赏析［J］/ 宋成永 // 语文天地，2005（8）

19161 说说苏轼的散传［J］/ 俞樟华，林怡 // 中华活页文选（成人版），2005（8）

19162 苏轼散传选读［J］/ 俞樟华，林怡 // 中华活页文选（成人版），2005（8）

19163 苏轼《喜雨亭记》助读［J］/ 李正兵，陈立宏 // 中学语文园地（高中版），2005（9）

19164 月引愁思情难言：《记承天寺夜游》中作者思想感情探微［J］/ 李公敏 // 阅读与鉴赏（初中版），2005（12）

19165 《滕王阁序》与《前赤壁赋》之“悲情”比较谈［J］/ 袁韵 // 名作欣赏，2005（16）

19166 谈《前赤壁赋》中箫的艺术功力［J］/ 张兰花 // 文教资料，2005（18）

19167 山水人生：解读《赤壁赋》［J］/ 徐西前 // 语文天地，2005（21）

19168 苏东坡手迹在郑州［N］/ 不详 // 大河报，2006-09-08

19169 苏轼赋的自然性特色［J］/ 何国栋 // 甘肃联合大学学报（社会科学版），2006（1）

19170 一处景观 两样情怀：苏轼《赤壁赋》与《后赤壁赋》比较阅读［J］/ 张明华 // 中学生阅读（高中版），2006（1）

19171 《三峡》《记承天寺夜游》艺术比较谈［J］/ 陈剑峰 // 现代语文（文学评论版），2006（2）

19172 纵一苇之所如，凌万顷之茫然［J］/ 李升旗 // 苏轼研究，2006（2）

19173 从《赤壁赋》看苏东坡的人格魅力［J］/ 邵志稳 // 中国人民教师，2006（3）

19174 凭吊江山，恨人生之如寄；流连风月，喜造物之无私：谈苏轼前《赤壁赋》的结构和意蕴［J］/ 张虹 // 沧州师范专科学校学报，2006（3）

19175 一蓑烟雨任平生［J］/ 张翼 // 美与时代，2006（3）

19176 由苏东坡的《前赤壁赋》：浅谈大学选填志愿辅导的理念及具体步骤［J］/ 蔡俊雄 // 大直高中学报，2006（3）

19177 苏轼的悲剧意识及其《前赤壁赋》［J］/

张丽珍 // 洛阳师范学院学报，2006（4）

19178 把“根”留住：《记承天寺夜游》两次课堂教学的成败记［J］/ 丁丽娟 // 语文建设，2006（5）

19179 悲剧解脱之途：《前赤壁赋》哲学意蕴的一种解读［J］/ 李林蓉，孙佳兵 // 宜宾学院学报，2006（5）

19180 论苏轼的辞赋创作［J］/ 刘培 // 暨南学报（哲学社会科学版），2006，28（5）

19181 苏轼《方山子传》中的电影手法［J］/ 李怡芬 // 国文天地，2006，22（5）

19182 风雨之后的心灵彩虹：《念奴娇·赤壁怀古》和《前赤壁赋》异同略论［J］/ 王强 // 学语文，2006（6）

19183 苏轼《前赤壁赋》中“水月之喻”的思想［J］/ 罗永吉 // 鹅湖，2006，32（6）

19184 苏轼《屈原庙赋》赏析［J］/ 周佩谊 // 中国语文，2006，99（6）

19185 苏赋十题［J］/ 曾枣庄 // 清华大学学报（哲学社会科学版），2006（6）

19186 用传统文化的精华蓄养和谐心态：对《前赤壁赋》审美意识的解读［J］/ 孙兰 // 中共山西省委党校学报，2006（6）

19187 《鸟说》阅读训练［J］/ 孟祥森 // 学生之友（初中版），2006（8）

19188 超然物外 乐乎其中：苏轼《前赤壁赋》行文艺术探奥［J］/ 漆亿 // 名作欣赏，2006（8）

19189 葫芦上的《前后赤壁赋》（四则）［J］/ 蔡国声 // 检察风云，2006（8）

19190 恒常与变化：电影《重庆森林》和苏轼《赤壁赋》的时间抒写［J］/ 宋千仪 // 艺术欣赏，2006，2（9）

19191 苏轼《前赤壁赋》难句鉴赏［J］/ 李殿林 // 阅读与鉴赏（教研版），2006（9）

19192 从《赤壁赋》浅谈苏轼的书学思想［J］/ 吴彩虹 // 美与时代，2006（11）

19193 读苏札记［J］/ 张福勋 // 名作欣赏，2006（11）

19194 历史沉思：宋人三首赤壁词讲演录［J］/ 王兆鹏 // 名作欣赏，2006（11）

19195 出世与入世的挣扎：谈《赤壁赋》的精神世界［J］/ 屈伟忠 // 现代语文（文学研究版），2006（12）

19196 饮酒诵诗传真情：深入解读《赤壁赋》［J］/ 张朝晖 // 语文建设，2006（12）

19197 少年风采 老骥气象：《滕王阁序》和《赤壁赋》对读［J］/ 刘冬梅 // 语文教学通讯，2006（15）

19198 轮回思想：解读《赤壁赋》的一把钥匙［J］/ 刘士东，吴秀梅 // 中学语文，2006（23）

19199 苏轼《醉白堂记》之“以论为记”试探［J］/ 谢敏玲 // 淡江人文社会学刊，2006（26）

19200 超然台记［J］/ 姜波 // 中学生百科，2006（29）

19201 赤壁遗言：苏轼书《前赤壁赋》［J］/ 何传馨 // 故宫文物月刊，2006（285）

19202 乐哉悲矣：从思想角度解读前后《赤壁赋》［J］/ 王加莲，柯甫妙 // 阅读与鉴赏（教研版），2006（Z2）

19203 是可忍，孰亦可忍：苏轼《留侯论》赏读［J］/ 丰木，霍旻 // 阅读与作（高中版），2006（Z2）

19204 苏轼兄弟及“苏门四学士”辞赋研究［D］/ 曹栓姐．—安徽师范大学（硕士论文），2006

19205 挫折孕育了光照千古的文化：苏轼“两赋一词”的诞生［J］/ 王勇善 // 中学语文教学参考（高中生版，学语文），2007（1）

19206 对于《赤壁赋》中情与理的认识［J］/ 刘传根 // 素质教育论坛，2007（1）

19207 感知·理解·评价:《赤壁赋》教学设计[J]/吴欣歆//语文建设,2007(1)

19208 公开课《记承天寺夜游》教学设计[J]/付秀艳//语文教学之友,2007(1)

19209 浅析《前赤壁赋》之美妙[J]/颜碧伟,吴美华//现代语文(文学研究版),2007(1)

19210 苏轼《后赤壁赋》赏析[J]/不详//中学语文教学参考(高中生版),2007(1)

19211 苏轼与《赵飞燕外传》[J]/王建堂//乐山师范学院学报,2007(1)

19212 以"苏轼与赤壁"为例谈语文新教材的整合[J]/王婕//财经界(中旬刊),2007(1)

19213 艺术地表现乐观旷达的坦荡胸襟:苏轼的《前赤壁赋》浅析[J]/勇善//中学语文教学参考(高中生版,学语文),2007(1)

19214 因景生情 因情入理:《赤壁赋》赏读[J]/朱艳玲//中华活页文选(教师版),2007(1)

19215 此《赤壁赋》非彼《赤壁赋》:前后《赤壁赋》对比赏析[J]/卓厚宝,仲崇华//语数外学习(高二年级),2007(2)

19216 读苏轼的《后赤壁赋》[J]/吴小如//中华活页文选(教师版),2007(2)

19217 苏轼前后《赤壁赋》艺术特点共性探索[J]/李芳,李景新//安徽工业大学学报(社会科学版),2007(2)

19218 秀润清畅:赵孟頫书苏东坡《赤壁赋》欣赏[J]/不详//中国钢笔书法,2007(2)

19219 从《前赤壁赋》看苏轼散文的特色[J]/吕秋薇//理论观察,2007(3)

19220 对苏轼《赤壁赋》主题的再认识[J]/程朝晖,南东求//黄冈职业技术学院学报,2007(3)

19221 记承天寺夜游[J]/田贺书//阅读与鉴赏(初中版),2007(3)

19222 中庭漫步 积水空明:朱星星硬笔书苏轼《记承天寺夜游》赏析[J]/祁斌//中国钢笔书法,2007(3)

19223 从欧阳修、苏轼赋作看北宋辞赋的散化新变[J]/蔡业共//九江学院学报,2007(4)

19224 读苏轼的《赤壁赋》偶得[J]/张涛//语文教学与研究(综合天地),2007(4)

19225 人生诠释:浅议苏轼《前赤壁赋》的哲理性[J]/王震//湖北函授大学学报,2007(4)

19226 诗情 画意 哲理:苏轼《前赤壁赋》赏析[J]/张小乐//语文学刊,2007(4)

19227 岩层灯盏(二章)[J]/陈计会//星星诗刊(上半月刊),2007(4)

19228 超然台记 苏轼[J]/程鸣//语文世界(高中版),2007(5)

19229 从《月赋》到《前赤壁赋》:兼谈宋人的"以诗为学"[J]/程怡//中文自学指导,2007(5)

19230 苏轼《赤壁赋》中的庄禅体悟[J]/巫沛颖//中国语文,2007,100(5)

19231 苏轼与《前赤壁斌》中的月意象[J]/周美珍,江荣福//语文教学与研究(综合天地),2007(5)

19232 于平淡中读出玄妙:《记承天寺夜游》文本细读[J]/倪岗//中学语文教学,2007(5)

19233 与鹤偕飞[J]/陈琛//中文自修,2007(5)

19234 从《东坡易传》看苏轼《前赤壁赋》之"无穷"观[J]/刘文元//文教资料,2007(6)

19235 对《前赤壁赋》感情基调的重新认识[J]/谢百中//江西教育学院学报,2007(6)

19236 乐中管窥人生形态:关于《赤壁赋》中

的人生哲学解读［J］/冯卫仁//现代语文（文学研究版），2007（6）

19237 苏轼前后《赤壁赋》的佛道倾向［J］/李德斌//安阳师范学院学报，2007（6）

19238 《前赤壁赋》赏读［J］/赵齐平//中华活页文选（教师版），2007（7）

19239 品《记承天寺夜游》的意与境［J］/程小芳//文学教育（下），2007（8）

19240 生态批评视域下的《前赤壁赋》［J］/于国华，曲阳//通化师范学院学报，2007（9）

19241 苏轼《前赤壁赋》艺术魅力欣赏［J］/严红仙//法制与社会，2007（9）

19242 《前赤壁赋》与《渔父》的比较阅读［J］/庄小虎//文学教育（上半月），2007（10）

19243 行云流水 理议传神：试谈苏轼的山水散文［J］/刘丽巍//辽宁行政学院学报，2007（11）

19244 苏轼《滟滪堆赋》考：兼论其变化之辞赋风格及不移之政治风范［J］/廖志超//文与哲，2007（11）

19245 千古妙品东坡文：苏轼《文与可画筼筜谷偃竹记》赏析［J］/乔翔//新西部（下半月），2007（12）

19246 由"渔樵于江渚之上"的误注谈合叙修辞格：兼与教材编者商榷［J］/陈承发//语文教学之友，2007（12）

19247 漫谈鉴赏《赤壁赋》，坡公岂是吹箫人：兼及文学鉴赏理论的一点反思［J］/王淑梅//名作欣赏，2007（13）

19248 兼融儒道佛，熔锋千古文：苏轼《前赤壁赋》探［J］/黄强//中国科学教育，2007（14）

19249 《念奴娇·赤壁怀古》与《赤壁赋》之比较［J］/王仟//甘肃教育，2007（18）

19250 《闲情赋》的费解与新解［J］/王志清//名作欣赏，2007（19）

19251 展示一幅深秋月夜的画面：苏轼《记承天寺夜游》赏析［J］/钟国榜//初中生辅导，2007（35）

19252 文学明珠无尽藏:《前赤壁赋》艺术成就面面观［J］/张觉//明道文艺，2007（373）

19253 体察苏轼赋作中的想象信息［J］/孙艳平//太原大学教育学院学报，2007（A1）

19254 苏轼的微妙心境：读《赤壁赋》［J］/付煜//语文建设，2007（Z1）

19255 苏轼辞赋创作篇章之研究［D］/叶亮吟.—中国文化大学（硕士论文），2007

19256 苏轼寓言研究［D］/吴建成.—台湾大学（硕士论文），2007

19257 苏轼《超然台记》［N］/不详//潍坊晚报，2008-01-13

19258 苏轼《记承天寺夜游》赏读［N］/耿仁亮//恩施晚报，2008-05-31

19259 在场主义［N］/穆涛//文艺报，2008-06-03

19260 再现苏东坡泛舟赤壁：众多《核舟记》斗艳苏城［N］/不详//城市商报，2008-11-02

19261 宋代上梁文初探［J］/路成文//江海学刊，2008（1）

19262 苏轼"随物赋形"学说的生成及意蕴［J］/王晓英//和田师范专科学校学报，2008（1）

19263 以"议"为"记"的范例：解读欧阳修《昼锦堂记》、苏轼《韩魏公醉白堂记》［J］/刘振娅//广西教育学院学报，2008（1）

19264 醉里未知谁得丧 满江风月不论钱：苏轼谪居黄州时的心态与《前赤壁赋》的主旨［J］/闫笑非//台州学院学报，

2008(1)

19265 感受苏轼：网络课《后赤壁赋》教学案例[J]/邵志娟//中小学信息技术教育·课程整合，2008(2)

19266 悲喜皆因水月生：浅析《前赤壁赋》中苏轼情感产生的外环境[J]/董鸥//语文教学通讯，2008(3)

19267 超然物外 旷达洒脱：苏轼《前赤壁赋》儒道佛思想赏析[J]/杨丽宏//德宏师范高等专科学校学报，2008(3)

19268 论苏轼签判凤翔时的散文创作[J]/任永辉//铜仁职业技术学院学报，2008(3)

19269 苏东坡《前赤壁赋》人生思想研究[J]/郭来升//黄冈职业技术学院学报，2008(3)

19270 意蕴深沉 哲思横生：苏轼《赤壁赋》导读[J]/郭坚//语文天地，2008(3)

19271 比较阅读《赤壁赋》与《愚溪诗序》[J]/潘萍香//文学教育(下)，2008(4)

19272 避席畏闻文字狱：关于苏东坡《赤壁赋》跋[J]/王宜明//书与画，2008(4)

19273 苏轼《超然台记》的酸楚苦闷[J]/张侠//文学教育(上)，2008(4)

19274 谈苏轼《记承天寺夜游》中意境的生成[J]/温璧赫//辽宁师专学报(社会科学版)，2008(4)

19275 《前赤壁赋》主题辨[J]/朱季远//文学教育，2008(5)

19276 论苏轼的书学思想在《赤壁赋》中的体现[J]/吴彩虹//六盘水师范高等专科学校学报，2008(5)

19277 一轮明月照心头：读苏轼《赤壁赋》[J]/宋玮//阅读与鉴赏(教研版)，2008(5)

19278 优美的错觉：读《记承天寺夜游》[J]/袁勇//语文建设，2008(5)

19279 赤壁江月静 坡仙旷怀清：苏轼《后赤壁赋》赏析[J]/朱杏枝//学语文，2008(6)

19280 从《前赤壁赋》看苏轼的“变”与“不变”[J]/刘颖异//文学教育(上半月)，2008(6)

19281 论黄庭坚的辞赋创作[J]/周广璜，刘培//山西大学学报(哲学社会科学版)，2008(6)

19282 继承与创新：从互文性视角看陆龟蒙《杞菊赋》与苏轼《后杞菊赋》的关系[J]/汪文祺//中国语文，2008，103(6)

19283 苏轼《赤壁赋》背后的秘密[J]/黄思//语文新圃，2008(6)

19284 谈谈苏轼《前赤壁赋》对前人时空观的超越[J]/戴云波//古典文学知识，2008(6)

19285 一蓑风雨任平生：前《赤壁赋》教学探研[J]/罗艳红//中学生语数外(教研版)，2008(6)

19286 《前赤壁赋》中被忽略的两个典故[J]/李学工//语文教学之友，2008(7)

19287 浅谈《始得西山宴游记》的难点突破[J]/季晶晶//中华活页文选(教师版)，2008(7)

19288 前后《赤壁赋》：生命苦难中的本色[J]/王永明//语文教学与研究·综合天地，2008(8)

19289 试析《庄子》对苏轼散文的影响[J]/周洋//黑龙江教育学院学报，2008(8)

19290 来自千年的生命思索：解读苏轼《赤壁赋》对人生的思考[J]/李冬元//中学语文，2008(9)

19291 苏轼：缥缈孤鸿(上)[J]/鲍鹏山//中学生阅读(高中版)，2008(9)

19292 苏轼：缥缈孤鸿(下)[J]/鲍鹏山//中学生阅读(高中版)，2008(10)

19293 再谈《赤壁赋》的核心思想［J］/ 马怀民 // 现代语文·教学研究，2008（10）

19294 从《前赤壁赋》看苏轼思想的复杂性［J］/ 王丽 // 中华活页文选（教师版），2008（11）

19295 人生的路为什么越走越窄？：读苏轼的《方山子传》［J］/ 王雷 // 语文新圃，2008（11）

19296 闲人独赏的月夜美：苏轼《记承天寺夜游》赏读［J］/ 王麦巧 // 名作欣赏，2008（11）

19297 心灵的疗效：苏轼《赤壁赋》解读［J］/ 张建良 // 语文天地，2008（11）

19298 悲歌吐长吟 郁怀志难伸：读苏轼《赤壁赋》［J］/ 孙述安 // 现代语文（文学研究版），2008（12）

19299 一个耳光与八个主义［J］/ 周泽雄 // 杂文选刊（下旬版），2008（12）

19300 与预设齐飞，与生成共舞:《记承天寺夜游》教学案例与反思［J］/ 王礼平 // 黑龙江教育（中学版），2008（12）

19301 论赤壁赋诗题材戏曲［J］/ 邵敏 // 电影评介，2008（17）

19302 孤独郁结与《前赤壁赋》［J］/ 任敏 // 现代教育探索，2008（22）

19303 一直走到天边:《后赤壁赋》备课札记［J］/ 徐彦 // 中学语文，2008（28）

19304 情到哀处喜亦悲：读苏轼《文与可画筼筜谷偃竹记》［J］/ 李志良 // 中学语文，2008（31）

19305 苏轼《超然台记》超然思想之形成及其内涵析论［J］/ 姜龙翔 // 高应科大人文社会科学学报，2009，6（2）

19306 酒藏好礼，洞庭春色：二年洞庭秋，香雾长噀手，今年洞庭春，玉色疑非酒《洞庭春色》·苏轼［N］/ 不详 // 三湘都市报，2009-04-20

19307 苏轼《记承天寺夜游》［N］/ 不详 // 新民晚报，2009-06-17

19308 苏东坡《夜游承天寺记》印赏［N］/ 不详 // 黄山日报，2009-07-03

19309 从《赤壁赋》看庄子美学对苏轼的影响［J］/ 何正力 // 湖北第二师范学院学报，2009（1）

19310 《文与可画筼筜谷偃竹记》整体感知［J］/ 陆精康 // 中学语文教学，2009（1）

19311 在积累和诵读中体验感情与自然之美：苏轼《前赤壁赋》的教学启示［J］/ 陈春燕 //21 世纪中学生作文（高中教师版），2009（1）

19312 读出“闲人”背后的无奈与潇洒:《记承天寺夜游》教学片段［J］/ 杨正奎 // 语文教学通讯，2009（2）

19313 试探苏轼词中的人生境界［J］/ 何敏怡 // 玉林师范学院学报，2009（2）

19314 苏东坡《后赤壁赋》中的二客是谁［J］/ 王琳祥 // 苏轼研究，2009（2）

19315 苏轼《超然台记》超然思想之形成及其内涵析论［J］/ 姜龙翔 // 高应科大人文社会科学学报，2009（2）

19316 苏轼《前赤壁赋》辩正四题［J］/ 晏鸿鸣 // 黄冈师范学院学报，2009（2）

19317 苏轼寓言《二鱼说》中讽喻艺术之探析［J］/ 龚宝仁 // 中国语文，2009，105（2）

19318 是真隐士自风流：苏轼《方山子传》评析［J］/ 代春生 // 语文月刊（学术综合版），2009（3）

19319 苏赋二题［J］/ 王文龙 // 乐山师范学院学报，2009（3）

19320 苍凉激越的格调 深沉旷达的文思：浅析苏轼《前赤壁赋》的艺术构思［J］/ 张沫 // 黑龙江教育学院学报，2009（4）

19321 古代赋的兴起、繁荣、发展及现代辞赋

的创作[J]/龚克昌//辽东学院学报(社会科学版),2009(4)

19322 论前后《赤壁赋》人与自然的融合美[J]/毛宗琴//淮阴师范学院教育科学论坛,2009(4)

19323 舷歌洞箫诉哀怨,清风明月悟超然:对苏轼《赤壁赋》的哲理解读[J]/杜殿鸿//中华活页文选(教师版),2009(4)

19324 也说"如怨如慕"的"慕"[J]/陈汝法//台州学院学报,2009(5)

19325 《前赤壁赋》主客问答结构的文化审美内涵[J]/宁登国,赵立伟//语文建设,2009(6)

19326 光芒四射的"古典散文诗":苏轼《前赤壁赋》的艺术魅力[J]/马晓军//现代语文(文学研究版),2009(6)

19327 由《前赤壁赋》看苏轼超越人生痛苦之道[J]/谭惠文//吉林省教育学院学报,2009(6)

19328 从《赤壁赋》看苏轼达观的人生境界[J]/段慧燕//群文天地,2009(8)

19329 从《记承天寺夜游》中看苏轼的月亮情结[J]/姚文慧//教坛聚焦,2009(8)

19330 苏轼《将往终南和子由见寄》赏析[J]/张意霞//兰阳学报,2009(8)

19331 超然于物外无往而不乐[J]/王彦颖//语文学刊,2009(9)

19332 超然于物外无往而不乐:从《超然台记》看苏轼对现实人生的超越[J]/王彦颖//语文学刊,2009(9)

19333 从《赤壁赋》和《念奴娇赤壁怀古》解读苏轼的战争观[J]/任金祥,刘夕霞//现代教育教学探索杂志,2009(9)

19334 从《赤壁赋》探索苏轼独特的人格魅力[J]/吴玉珍//科技信息,2009(9)

19335 关于《前赤壁赋》的几点思考[J]/王力//语文教学之友,2009(9)

19336 谈《赤壁赋》的悲喜观[J]/朱建国//东京文学,2009(9)

19337 从审美的三境层上解读《赤壁赋》[J]/雷震//文学教育(中旬版),2009(11)

19338 苏轼《文与可画筼筜谷偃竹记》之美学索隐[J]/章桂周//美与时代(下半月),2009(11)

19339 浅析宋词两大词派[J]/于洪波//黑龙江史志,2009(15)

19340 试论苏轼对词的改革[J]/郝明铭,党晨燕//网络财富,2009(16)

19341 浅析《前赤壁赋》中苏轼的情感描述与现实思考[J]/冯亮//新课程(教育学术),2009(17)

19342 美美与共,自在人生:论《后赤壁赋》的和谐精神[J]/潘兵刚//现代语文,2009(19)

19343 透视苏轼之崇高:对《前赤壁赋》的新解读[J]/黄学燕//飞天,2009(22)

19344 物我两忘:苏轼《记承天寺夜游》简析[J]/汪政//语文教学通讯,2009(26)

19345 前赤壁赋[N]/苏轼//绵阳日报,2010-06-11

19346 苏轼前《赤壁赋》里的感伤情绪[N]/宋严宁//临汾日报,2010-06-11

19347 东坡先生的一篇"高考作文"[N]/不详//南岛晚报,2010-07-28

19348 苏东坡和二红饭[N]/常爱晖//太原晚报,2010-11-18

19349 苏东坡《放鹤亭记》与粉碎"四人帮"[N]/不详//常州晚报,2010-12-13

19350 穿越千年时空的人生对话:《崖上》与《前赤壁赋》之比较[J]/张秀娜//青年作家(中外文艺版),2010(1)

19351 墨君堂记[J]/苏轼,王鹏举//中学生阅读(高中版),2010(1)

19352 巧用"反切"释"噌吰"[J]/张学飞//

学语文，2010（2）

19353 思之即来的愁绪，挥之即去的洒脱：《赤壁赋》中苏轼的“佛”和“道”的碰撞［J］/章华//新语文学习·中学教学，2010（2）

19354 苏轼《赤壁赋》教学设计［J］/刘万紫//中学课程辅导·教师通讯，2010（2）

19355 与苏轼对话：读苏轼《前赤壁赋》［J］/崔文忱//岁月（上半月，原创版），2010（2）

19356 此心安处是吾乡：解读苏轼心中的赤壁［J］/喻晓萍//湖南广播电视大学学报，2010（3）

19357 明代苏轼研究“中熄”说献疑：兼论明代苏文评点的学术价值［J］/樊庆彦//复旦学报（社会科学版），2010（3）

19358 浅析《滕王阁序》与《前赤壁赋》在写作艺术上的异同［J］/雷务昌//中华教育理论与实践科研论文成果选编，2010（3）

19359 儒家的水与道家的水：兼谈苏轼之《前赤壁赋》［J］/秦安利//现代语文（文学研究版），2010（3）

19360 苏轼对《文心雕龙·定势》的继承和发展：以“随物赋形”说与“辞达”说为中心［J］/李轶婷//衡水学院学报，2010（3）

19361 苏轼赋诗救环饼［J］/徐继立//新语文学习（小学高年级版），2010（3）

19362 主客问答下双重人格的交锋：换个角度解读《前赤壁赋》［J］/秦竹梅，雷声//语文月刊（学术综合版），2010（3）

19363 试论苏轼、苏辙和苏门四学士骚体辞赋的因革与影响［J］/曹栓姐//巢湖学院学报，2010（4）

19364 《昭明文选》所录作品之“序”问题考论［J］/王书才//郑州大学学报（哲学社会科学版），2010（4）

19365 读苏轼前后《赤壁赋》［J］/李伟才//东坡赤壁诗词，2010（5）

19366 读苏轼《喜雨亭记》［J］/李伟才//东坡赤壁诗词，2010（5）

19367 挥之即去的愁绪，招之即来的洒脱：《赤壁赋》中苏轼的“儒”和“道”的纠葛［J］/章华//新语文学习（教师版），2010（5）

19368 苏轼与“苏门四学士”的辞赋理论述议［J］/何新文//黄冈师范学院学报，2010（5）

19369 言简意赅的苏轼短文［J］/徐康//文史杂志，2010（5）

19370 综合同构教学法与《赤壁赋》教学［J］/云肖//文学教育（下半月），2010（5）

19371 从《赤壁赋》看苏轼思想的矛盾［J］/徐毅//现代语文·文学研究，2010（6）

19372 文本是引导学生理解文意的根本：观《记承天寺夜游》同课异构教学有感［J］/周盈//青海教育，2010（6）

19373 苏轼散文名篇“五记”艺术特色初探［J］/燕宪俊//文学教育（上），2010（7）

19374 我读苏轼的《记承天寺夜游》［J］/李晓霞，杨正勇//新课程（中学），2010（7）

19375 《前赤壁赋》所表现出的旷达情怀［J］/何睿晖//文学教育（下半月），2010（8）

19376 读东坡先生的一篇“高考作文”［J］/王淦生//山东教育（中学刊），2010（9）

19377 感悟苏轼内心瞬间的解脱和宁静：解读《记承天寺夜游》［J］/许若莲//新课程（中学版），2010（9）

19378 苏轼小品之趣［J］/吴永福//阅读与写作，2010（9）

19379 天马行空独往来：苏轼《文与可画筼筜谷偃竹记》解读［J］/梅向东//名作欣赏·文学研究（下旬），2010（9）

19380 于细微处见精深:《赤壁赋》情景理交融拾遗[J]/刘洪丽//语文教学之友,2010(9)

19381 前《赤壁赋》的思想情感何以如此复杂?:用知人论世法解读苏轼经典[J]/丁艳红//中学语文(下旬),2010(10)

19382 一轮明月照古今:《赤壁赋》和《荷塘月色》中"月"之比较[J]/宣沫//读与写(下旬),2010(11)

19383 苏轼《喜雨亭记》主题小议[J]/陈丽静//东京文学,2010(12)

19384 也谈"变"与"不变":从苏轼的《赤壁赋》看柏拉图、黑格尔的哲理[J]/陈满秀//安徽文学(下半月),2010(12)

19385 遵循文本事相 思考潜在意蕴:《记承天寺夜游》文本解读[J]/侯守斌//黑龙江教育(中学教学案例与研究),2010(12)

19386 竹柏明素志,月色照心迹:苏轼《记承天寺夜游》解读[J]/张燕春//成才之路,2010(13)

19387 我寄"闲"心与明月:苏轼《记承天寺夜游》赏析[J]/陆红星//语文天地,2010(17)

19388 《前赤壁赋》:怡情山水的"白日梦"[J]/王耀臣,聂凌燕//时代文学,2010(20)

19389 从张若虚《春江花月夜》到苏轼《前赤壁赋》谈"月"意象的分析[J]/苏㜽雰//大安高工学报,2010(21)

19390 由苏轼的"高考作文"所想到的[J]/王淦生//语文天地,2010(21)

19391 《文与可画筼筜谷偃竹记》教学片段及评议[J]/成龙,何雁//语文教学通讯,2010(28)

19392 呼唤读书的课堂:《赤壁赋》教学简案及思路解说[J]/李哲峰//语文教学通讯,2010(C1)

19393 两个"自我"的搏斗:苏轼《前赤壁赋》解读[C]/彭树欣//全国财经院校语文研究会2010年年会论文集/江西财经大学,2010

19394 论苏轼史论散文的文化价值[C]/关四平//2010武夷山 中国古代散文国际学术研讨会论文集/中国古代散文学会、福建省文学学会、福建师范大学文学院,2010

19395 正名·谏诤·德音:苏轼《石钟山记》之山岳巡礼与困境隐喻[C]/许东海//2010武夷山 中国古代散文国际学术研讨会论文集/中国古代散文学会、福建省文学学会、福建师范大学文学院,2010

19396 论苏轼黄州时期的文风变化[D]/周世民.—西北师范大学(硕士论文),2010

19397 物我同在江月永存[N]/吉传琴//学知报,2011-07-25

19398 人生何处不风光?[N]/盖龙云//桂林日报,2011-07-30

19399 苏轼在赤壁江头想起了谁?:《赤壁赋》的另一层隐喻[N]/马昕,武元直//中国艺术报,2011-08-17

19400 诸城超然台苏轼把酒咏月[N]/不详//潍坊晚报,2011-09-10

19401 读苏轼四记:名著浅读[N]/躲斋//新民晚报,2011-12-03

19402 哀伤与旷达:苏轼《前赤壁赋》与庄子哲学[J]/王小平//蜀学,2011(00)

19403 论苏轼"以酒为题"赋作之情志底蕴与困境观照[J]/林黛琗//金门大学学报,2011(1)

19404 前赤壁赋赏析[J]/王宏//时代教育(教育教学刊),2011(1)

19405 苏轼"以文为四六"与北宋中后期的骈散共存[J]/莫山洪//柳州师专学报,

2011(1)

19406 逍遥旷达背后的一声叹息:《赤壁赋》主旨新探[J]/吴峥嵘//新课程(下),2011(1)

19407 优美的篇章 至纯的境界:《逍遥游》与《前赤壁赋》之比较[J]/许旭辉//现代语文(文学研究),2011(1)

19408 论前后《赤壁赋》人与自然的融合美[J]/毛宗琴//中华活页文选(教师版),2011(2)

19409 你,把人尊重一下[J]/冯仑//时代青年(上半月),2011(2)

19410 试论Web quest模式的大学语文教学:以苏轼《前赤壁赋》为例[J]/周咏梅//边疆经济与文化,2011(2)

19411 苏轼《赤壁赋》道家韵致之探究[J]/杨锦富//美和学报,2011,30(2)

19412 水与月的哲思:《前赤壁赋》的现象学解读[J]/孙友欣//聊城大学学报(社会科学版),2011(2)

19413 苏轼《前赤壁赋》与僧肇的“物不迁”义[J]/武道房//文学评论丛刊,2011(2)

19414 浅谈如何完善学案的制作:以《赤壁赋》导学案为例[J]/张庭莉//科学咨询·教育科研,2011(3)

19415 浅谈苏轼贬谪儋州时期的散文创作[J]/朱林霞,刘静//剑南文学·经典阅读,2011(3)

19416 苏东坡《赤壁赋》纪游的正是矶窝湖:答王琳祥评“东坡‘泛舟矶窝湖’之失”[J]/饶学刚//黄冈职业技术学院学报,2011(3)

19417 相知相契意 悠悠修竹情:读苏轼《文与可画筼筜谷偃竹记》[J]/王一丽,张春玲//文学界(理论版),2011(3)

19418 还原文本丰富性提高学生感受力:《记承天寺夜游》细读与教学[J]/张伟忠//语文学习,2011(4)

19419 浅析王维、苏轼禅味诗审美差异[J]/张国民//语文学刊,2011(4)

19420 苏轼的自我追寻历程:用弗洛伊德的人格结构理论解析《前赤壁赋》[J]/刘玉平//文学界(理论版),2011(4)

19421 望闻问切,提高文言文教学有效性:以苏轼的《赤壁赋》教学为例[J]/陈宝祥//语文教学通讯,2011(4)

19422 重读苏轼《方山子传》:以叙事观点为中心的讨论[J]/李贞慧//清华中文学报,2011(5)

19423 从《记承天寺夜游》看苏轼的人格魅力[J]/张巧莲//语文教学与研究(教师版),2011(5)

19424 古人书画中的UFO[J]/不详//传奇故事·百家讲坛(下旬),2011(5)

19425 略论苏轼散文的自然特色:以《筼筜谷偃竹记》为例[J]/杜太廷//北方文学(下半月),2011(5)

19426 潇洒境界,旷达心胸:读苏轼《记承天寺夜游》[J]/徐康,孔祥辉//晚霞,2011(5)

19427 大学学测“苏轼《赤壁赋》分析”的写法[J]/杨鸿铭//孔孟月刊,2011,49(5/6)

19428 赤壁之下 东坡之悟:重读前《赤壁赋》,重新设计教学思路[J]/张汗勤//语数外学习·高考语文,2011(6)

19429 闻笛觅古韵 破竹探情理:《文与可画筼筜谷偃竹记》赏析[J]/刘中梅//高中生学习(高一版),2011(6)

19430 悲怆与超越:试论《赤壁赋》中的苏轼[J]/高慧//中学语文教学参考(高中版),2011(7)

19431 从情理相融看《前赤壁赋》的审美特性[J]/刘泽江//文学教育(上),2011(7)

19432 情致悠然写西湖：苏东坡《六月二十七日望湖楼醉书》赏析［J］/ 姚晓明 // 小学生之友（高版），2011（7）

19433 欲要看究竟，处处细留心［J］/ 不详 // 青苹果，2011（7）

19434 《前赤壁赋》俄译本的误译分析［J］/ 李莎 // 吉林省教育学院学报（学科版），2011（8）

19435 从有味朗读谈有效朗读：余映潮《记承天寺夜游》教学片段赏析［J］/ 韩素静 // 江西教育，2011（8）

19436 浅论《前赤壁赋》语言之美［J］/ 秋莎 // 读与写（教育教学刊），2011（8）

19437 且将闲心寄明月:《记承天寺夜游》课堂实录［J］/ 王益民 // 中学语文教学参考（初中生版），2011（8）

19438 忧乎哉，不忧也！:《记承天寺夜游》细读［J］/ 马晓奕 // 湖南教育（中），2011（8）

19439 那节课 一个不同的声音响起［J］/ 马志红 // 宁夏教育，2011（9）

19440 浅析《记承天寺夜游》中苏轼的求官心理［J］/ 赖金莲 // 师道：教研，2011（9）

19441 观潘媛老师所授的《赤壁赋》一课有感［J］/欧阳洁// 中等职业教育，2011（10）

19442 苏轼《赤壁赋》的互文性解读［J］/ 俞泽峰，梁秀慧 // 中学语文教学，2011（10）

19443 楚骚之变兰亭之变：苏轼《赤壁赋》之形式内容析探［J］/ 庄哲彦 // 书画艺术学刊，2011（11）

19444 读《记承天寺夜游》有感［J］/ 李士稳 // 语文天地（初中版），2011（11）

19445 读苏东坡《潇湘竹石图》记（散文）［J］/ 张守仁 // 新华文摘，2011（11）

19446 朗读 赏析 体验:《记承天寺夜游》教学设计［J］/ 包国华 // 语文建设，2011（11）

19447 怎一个“闲”字了得：论《记承天寺夜游》的感情主线［J］/ 庄留平 // 中华活页文选（教师版），2011（11）

19448 怎一个“闲”字了得：由《记承天寺夜游》看苏轼的审美人生［J］/ 庄留平 // 中华活页文选（教师版），2011（11）

19449 不着一字 尽得风流：浅析《记承天寺夜游》用词的精妙［J］/ 许云龙 // 语文教学之友，2011（12）

19450 从《赤壁赋》的“水”“月”意象看苏轼的悟道［J］/ 林卫飞 // 现代阅读（教育版），2011（18）

19451 《苏东坡》散文阅读训练［J］/ 张彩虹 // 试题与研究·教学论坛，2011（20）

19452 《醉翁亭记》和《前赤壁赋》的比较［J］/ 杨丹华 // 语文教学与研究，2011（23）

19453 心灵深处的碰撞:《赤壁赋》中苏轼思想探微［J］/彭建国// 文教资料，2011（34）

19454 此心安处是吾乡：论苏轼《前赤壁赋》的审美运思［J］/ 杜霖 // 名作欣赏，2011（35）

19455 清风明月，情景共适：浅析苏轼之《赤壁赋》［J］/ 向勇光 // 读写算·教育教学研究，2011（49）

19456 苏东坡与文与可［J］/ 胡建君 // 作文周刊（高二版），2011（51）

19457 历代石钟山游记为何苏轼的最好［N］/ 阿瑟 // 澳门日报，2012-06-18

19458 苏东坡赋［N］/ 张红云 // 定州日报，2012-07-27

19459 浅析苏轼《前赤壁赋》气势之美［N］/ 王玉昌 // 天水日报教育周刊，2012-09--19

19460 苏轼笔下的石门涧［N］/ 不详 // 浔阳晚报，2012-09-19

19461 苏东坡《赤壁怀古》石刻［N］/ 不详 // 山西经济日报，2012-10-09

19462 耳目之快的超越:《黄州快哉亭记》的思

考［J］/ 周陶富 // 中学语文教学，2012（1）

19463 品《赤壁赋》中的酒味［J］/ 方丽娟 // 新课程学习（中），2012（1）

19464 释苏文中“月色入户”的“户”［J］/ 韩慧慧，查中林 // 学语文，2012（1）

19465 怎一个“闲”字了得：论《记承天寺夜游》的感情主线［J］/ 张朝成 // 试题与研究（教学论坛），2012（1）

19466 东坡赤壁［J］/ 穆锦文 // 东坡赤壁诗词，2012（2）

19467 东坡的阳谋：重读《赤壁赋》［J］/ 王春 // 中学语文教学，2012（2）

19468 荷马的“迅急”与苏东坡的“速度”［J］/ 龚刚 // 中国比较文学，2012（2）

19469 徘徊于“美人之思”与“物我两忘”之际：前后《赤壁赋》主题的一点浅见［J］/ 彭光富 // 语文月刊，2012（2）

19470 苏轼《前赤壁赋》新解二题［J］/ 邵明珍 // 中国文学研究，2012（2）

19471 苏轼文章中“月色入户”之“户”的意蕴［J］/ 韩慧慧，查中林 // 常州大学学报（社会科学版），2012（2）

19472 从《东坡海葛延之》想到的［J］/ 孙玉亮 // 东京文学，2012（3）

19473 迁移与转化：从日记到小品文：试析苏轼日记《记承天寺夜游》的文体跨界写作［J］/ 刘中黎 // 重庆师范大学学报（哲学社会科学版），2012（3）

19474 《前赤壁赋》：穿过人生的宠辱与悲欢［J］/ 黄春黎，王先霈，吴平安，金立群 // 语文教学与研究，2012（3）

19475 苏子真的说服了客人吗？ ：《前赤壁赋》中苏子论辩策略的分析［J］/ 归青 // 古典文学知识，2012（3）

19476 一蓑烟雨任平生：浅谈苏轼山水散文中的旷达［J］/ 章颖 // 齐齐哈尔师范高等专科学校学报，2012（3）

19477 历经“怨慕”练就“清风明月”心：对《赤壁赋》箫音的解读［J］/ 温亮 // 语文月刊，2012（4）

19478 苏轼，在我们孤独的时候：《前赤壁赋》赏析［J］/ 夏红梅 // 科教文汇（中旬刊），2012（4）

19479 谈苏赋之句式美［J］/ 娜布其 // 文学界（理论版），2012（4）

19480 艺术随笔之于苏轼［J］/ 陈桂莹 // 美与时代（下），2012（4）

19481 重读《赤壁赋》［J］/ 晋海泉 // 中国教育探讨与实践，2012（4）

19482 从《前赤壁赋》看苏轼的儒、释、道思想［J］/ 毛婷婷 // 西江月，2012（5）

19483 从前、后《赤壁赋》看苏轼的儒、道、佛思想［J］/ 邝艳艳 // 安徽文学（下半月），2012（5）

19484 寄情山水 抒发胸臆：试析《前赤壁赋》中苏轼对人生的思考［J］/ 马晗敏 // 甘肃教育，2012（5）

19485 苏东坡黄州二赋一词创作过程初探［J］/ 王启鹏 // 黄冈职业技术学院学报，2012（5）

19486 苏轼《赤壁赋》（局部）［J］/ 吴东民 // 世界知识画报（艺术视界），2012（5）

19487 苏轼《前赤壁赋》新解［J］/ 陈小军 // 都市家教，2012（5）

19488 给人积极向上的力量［J］/ 黄晓霞 // 新课程（综合版），2012（6）

19489 苏轼《海外集》中的海南民俗拣梳［J］/ 雍天荣 // 文学教育（上），2012（6）

19490 苏轼《前赤壁赋》中的明月［J］/ 蒋发科 // 文学教育（下），2012（6）

19491 坦坦荡荡的人生：从《赤壁赋》看苏轼［J］/ 李艳妮 // 新课程（中学版），2012（6）

19492 也说苏轼《赤壁赋》的互文性解读：与俞泽峰、梁秀慧两位先生商榷［J］/ 黄振国 // 中学语文教学，2012（6）

19493 无竹令人俗：从“竹”的绘画角度解读《文与可画筼筜谷偃竹记》［J］/ 黄非冰 // 读与写（教育教学刊），2012（7）

19494 随类赋感：从明文派《赤壁赋》题材绘画看山水画抒情方式的程序化［J］/ 王珏 // 荣宝斋，2012（8）

19495 自然，智者回归生命本真的心灵选择：《赤壁赋》之自然意味与生命意蕴解读［J］/ 杨继利 // 中学语文教学参考（高中版），2012（8）

19496 论“闲”之境界：以苏轼的《记承天寺夜游》为例［J］/ 高帆 // 华章，2012（9）

19497 《前赤壁赋》美感赏析［J］/ 张应龙 // 文学教育（下），2012（9）

19498 探“物我无尽”本解 明主客悲喜之由［J］/ 尹柱彪 // 语数外学习（高中版），2012（10）

19499 一曲悲痛难抑的伤悼之歌：苏轼《文与可画筼筜谷偃竹记》赏析［J］/ 李小莉 // 语数外学习（高考语文），2012（10）

19500 再论苏轼赋体散文［J］/ 杨胜宽 // 乐山师范学院学报，2012（10）

19501 试析《东坡二赋帖》［J］/ 亓文奎 // 文学界（理论版），2012（11）

19502 苏轼《记承天寺夜游》研读心得［J］/ 彭丽冬 // 文学教育（上），2012（11）

19503 心灵的慰藉 精神的寄托：浅析苏轼的《前赤壁赋》［J］/ 崔永杰 // 语文教学之友，2012（11）

19504 由《念奴娇·赤壁怀古》、《前赤壁赋》看苏轼的理趣［J］/ 刘艳 // 中华少年·研究青少年教育，2012（11）

19505 珍惜故友的文人气质：读苏轼《别文甫子辩》［J］/ 徐康，孔祥辉 // 晚霞，2012（21）

19506 此情关联风与月:《赤壁赋》读写结合例案［J］/ 潘世流 // 中学语文，2012（12）

19507 浅谈苏轼和他的《答谢民师书》［J］/ 吕莹莹 // 文教资料，2012（12）

19508 诗化的哲思：苏轼《赤壁赋》课堂教学实录［J］/ 鲍娟 // 教育学文摘杂志，2012（19）

19509 苏轼寓言《日喻》之探析［J］/ 梁姿茵 // 成大宗教与文化学报，2012（19）

19510 宕敛结合 静水深流:《文与可画筼筜谷偃竹记》的叙事和抒情［J］/ 钟义民 // 中学语文，2012（25）

19511 一样的月光 别样的心情:《记承天寺夜游》文本解读［J］/ 余耀清 // 湖南教育（中旬刊），2012（26）

19512 苏轼《与谢民师推官书》论析［J］/ 衣若芬 // 淡江中文学报，2012（27）

19513 那两尾悠闲自在的鱼［J］/ 宋晓民 // 名作欣赏，2012（28）

19514 演绎的风流：南宋笑话书《东坡问答录》之编纂基调与叙事原理考论［J］/ 黄东阳 // 兴大人文学报，2012（48）

19515 珍惜拥有 把握现在:《赤壁赋》中人生观的解读［J］/ 郑建萍 // 时代报告（学术版），2012（9X）

19516 从“苏潮”到“苏海”：关于苏轼散文评价的一个公案及相关问题［C］/ 江枰 //2012 年中国古代散文研究国际研讨会论文集 / 中国古代散文协会、华南师范大学，2012

19517 论苏轼赋及其艺术特色［D］/ 娜布其．—内蒙古民族大学（硕士论文），2012

19518 张耒辞赋研究［D］/ 池伟．—安徽大学（硕士论文），2012

19519 苏东坡“二赋”流浪记［N］/ 不详 // 牛城晚报，2013-10-30

19520 苏东坡和“秧马”［N］/李玉林//河北日报，2013-12-13

19521 东坡赤壁歌［J］/李景新//东坡赤壁诗词，2013（1）

19522 苏轼前后《赤壁赋》的叙事学解析［J］/于艳洋//运城学院学报，2013（1）

19523 北宋元丰五年文坛的伟大神话：苏东坡“两赋一词”著作的审美心理探析［J］/谈祖应//黄冈师范学院学报，2013（2）

19524 当《赤壁赋》遇上了《红楼梦》系列之三：通灵宝玉·人间如梦·红楼之梦［J］/胡先利//高考（综合版），2013（2）

19525 苏轼小品文中的“月光和闲人”情结：《记承天寺夜游》的内涵解读［J］/荆学义//名作欣赏（下旬），2013（2）

19526 唐宋散文风采初探［J］/张小乐//时代文学（下半月），2013（2）

19527 苏轼的亭台楼阁记研究［J］/孙小方//淮北职业技术学院学报，2013（3）

19528 曾巩《归老桥记》到底为谁而作［J］/梁颂成//湖南第一师范学院学报，2013（4）

19529 东坡赤壁［J］/杨逸明//东坡赤壁诗词，2013（4）

19530 论苏门四学士辞赋创作及比较［J］/鲍非非//辽东学院学报（社会科学版），2013（4）

19531 浅析苏轼散文的艺术特征［J］/曾艳//西江月，2013（4）

19532 清风明月菩提心：浅析苏轼《前赤壁赋》中自我的对立与和解［J］/裴雪平//民风（上半月），2013（4）

19533 曾巩《归老桥记》中“青陵”及其相关问题辨正［J］/梁颂成//武陵学刊，2013（5）

19534 灵魂的挣扎与价值观的重建：走进《赤壁赋》中苏轼的内心世界［J］/林琳//语文天地（高中版），2013（5）

19535 文化的意蕴：从《赤壁赋》和《鲁滨孙漂流记》谈起［J］/金永芳//新课程·新高考，2013（5）

19536 摆脱羁绊，卓然世外：读苏轼《后赤壁赋》［J］/王新华//新语文学习（教师版），2013（6）

19537 当《赤壁赋》遇上了《红楼梦》系列之一 东坡·雪芹·茫茫大士［J］/胡先利//作文成功之路（下），2013（6）

19538 论秦观的策论［J］/刘勇刚//北京大学学报（哲学社会科学版），2013（6）

19539 《赤壁赋》中洞箫声的情感特质与教学引导：以白居易《琵琶行》与王鼎钧《哭屋》协同参照［J］/陈伯轩//国文天地，2013，29（7）

19540 从《前赤壁赋》看苏轼外儒内道的处世哲学［J］/朱宏燕//快乐阅读（经典教学），2013（7）

19541 让语文素养在语文课中渗透：前《赤壁赋》教学例谈［J］/封清华//语文教学通讯（D刊，学术刊），2013（7）

19542 如何理解《赤壁赋》中东坡的潇洒［J］/苏敏//北方文学（中旬刊），2013（7）

19543 如何引导学生理解《记承天寺夜游》中的苏轼的特殊心境［J］/陈晓红//中学语文·大语文论坛，2013（7）

19544 苏轼《赤壁赋》中的明月原型［J］/赵婉竹//剑南文学，2013（7）

19545 浅析《赤壁怀古》与《前赤壁赋》的思想情感［J］/赵剑群//现代语文（学术综合版），2013（8）

19546 说苏东坡散文《方山子传》兼及其他［J］/邓国栋//秘书，2013（8）

19547 一水一月皆世界：谈《赤壁赋》景物描写及教学［J］/林彬//长春教育学院学报，2013（8）

19548 《前赤壁赋》和《念奴娇·赤壁怀古》的不同之处[J]/徐琨//文学教育(上),2013(9)

19549 雄文传千秋 丹心烁古今:《前赤壁赋》主题解读[J]/王琰//成功·教育,2013(9)

19550 古代诗词研究性学习的三个着力点:以选修课解读苏轼为例[J]/詹碧容//福建基础教育研究,2013(10)

19551 无边风月下的自我超越:苏轼《赤壁赋》中“客”之别解[J]/吴培贞//语文教学通讯(高中,A),2013(10)

19552 文章得其微 物象由我裁:《记承天寺夜游》的结构艺术[J]/范学亮//语文教学之友,2013(12)

19553 与仙人同游,跟明月共存:岂可数得?[J]/杜君鹏//咬文嚼字,2013(12)

19554 试析苏轼《前赤壁赋》中所蕴含的人生哲理[J]/单华锋//青年文学家,2013(17)

19555 忠勇忍淡:读苏轼《留侯论》和几首咏张良之诗[J]/赖玉树//万能商学学报,2013(18)

19556 一个耳光与八个主义[J]/周泽雄//语文教学与研究,2013(27)

19557 《文与可画筼筜谷偃竹记》赏析[J]/刘有斌//语文教学与研究,2013(28)

19558 还学生一片自由:《记承天寺夜游》教学设计以及反思[J]/李雪//课程教育研究,2013(30)

19559 内涵深邃的“闲人”:《记承天寺夜游》别解[J]/孙贞锴//山东教育,2013(30)

19560 随物赋形抒闲心 月影空灵奏夜曲:《记承天寺夜游》赏鉴[J]/刘中//初中生世界,2013(32)

19561 深浸古法 领袖群贤:赵孟頫及其所书《前后赤壁赋》[J]/文师华//名作欣赏,2013(34)

19562 文言散文教学涵泳六法:以教学《记承天寺夜游》为例[J]/包国华//语文教学通讯,2013(35)

19563 笔圆韵胜 深邃典雅:苏轼《赤壁赋》书艺赏析[J]/卢廷清//故宫文物月刊,2013(360)

19564 名篇《前赤壁赋》曾遭东坡“雪藏”[N]/汪彤,魏铼//楚天都市报,2014-04-10

19565 品味《赤壁赋》中的“歌”[J]/李仙莲//中学语文教学参考(上旬刊),2014(1)

19566 浅析苏轼的散文与禅宗思想[J]/周斌//新一代(下半月),2014(1)

19567 山间明月与江上清风:“读、译、找”三步打下理解《赤壁赋》情感的基础[J]/王应山//新课程(下),2014(1)

19568 英语世界的苏轼《赤壁赋》研究[J]/杨玉英//乐山师范学院学报,2014(1)

19569 东坡赤壁赋[J]/陈沆//东坡赤壁诗词,2014(2)

19570 论叶适对苏轼论说文的承袭与变异[J]/戎默//太原师范学院学报(社会科学版),2014(2)

19571 《念奴娇·赤壁怀古》与《前赤壁赋》的艺术特色[J]/赵剑群//文学教育(上),2014(2)

19572 前后《赤壁赋》比较研究[J]/张群//语文学刊(高等教育版),2014(2)

19573 探究苏轼《前赤壁赋》感情变化之因[J]/叶学丹//心事·教育策划与管理,2014(2)

19574 东坡赤壁[J]/郭亚军//东坡赤壁诗词,2014(3)

19575 论苏轼《万石君罗文传》[J]/林尔,俞樟华//荆楚理工学院学报,2014(3)

19576 《前赤壁赋》教学散记[J]/陈琴//小学

语文教学，2014（3）

19577 试比较苏轼前、后《赤壁赋》中的景物描写［J］/ 伍海霞 // 巴音郭楞职业技术学院学报，2014（3）

19578 圯上老人之举与“忍”的智慧：苏轼《留侯论》［J］/ 阮忠 // 文史知识，2014（3）

19579 《越州赵公救灾记》赏析［J］/ 曾枣庄，曾弢 // 新高考（高二语文），2014（3）

19580 最美唐宋散文 圯上老人之举与“忍”的智慧：苏轼《留侯论》［J］/ 阮忠 // 文史知识，2014（3）

19581 从赤壁词赋看苏轼人生态度的变化历程［J］/ 不详 // 新高考（高二语文），2014（4）

19582 从苏轼的《记承天寺夜游》看他的人生态度和艺术风格的自评报告［J］/ 田晓 // 速读（中旬），2014（4）

19583 柳方苏圆：《始得西山宴游记》和《赤壁赋》的比较阅读［J］/ 朱慧娟 // 语文教学通讯（D刊，学术刊），2014（4）

19584 苏轼《凌虚台记》考［J］/ 王琼，强中华 // 重庆文理学院学报（社会科学版），2014（4）

19585 信手“闲文”注“闲人”：《记承天寺夜游》教学手记［J］/ 贾龙弟，诸雪群 // 语文知识，2014（4）

19586 以《记承天寺夜游》为例谈谈对文言文教学的“文、言并重”［J］/ 赵文静 // 新课程学习（中），2014（4）

19587 本主题：名家作品选段仿写大放送：杜甫阁赋：苏轼《赤壁赋》仿写版［J］/ 李文逸 // 高中生（青春励志），2014（5）

19588 从国际阅读素养评量之文体类别探究古典散文教学的可能性：以《赤壁赋》为例［J］/ 杨晓菁，孙剑秋 // 中国语文，2014，114（5）

19589 从《前赤壁赋》看道家思想对苏轼的影响［J］/ 王亚伟 // 语文知识，2014（5）

19590 《前赤壁赋》中的人生哲学及其表达［J］/ 孙国强 // 文学教育（上），2014（5）

19591 情感与哲理：前后《赤壁赋》比较研究［J］/ 夏梦薇 // 现代语文（学术综合版），2014（5）

19592 苏轼的水月境界：《记承天寺夜游》［J］/ 张海沙 // 文史知识，2014（5）

19593 超然游物外 无所往不乐：苏轼《超然台记》［J］/ 阮忠 // 文史知识，2014（6）

19594 高峰体验理论观照下的精神宴游：透视《前赤壁赋》中苏轼的情感特征［J］/ 严爱军 // 中学语文·教学大参考，2014（6）

19595 画境·诗意·哲理：《赤壁赋》一课的立足点［J］/ 李元洪 // 教育研究与评论·课堂观察，2014（6）

19596 让学生成为受益者：以苏轼的《前赤壁赋》为例谈“同课异构”［J］/ 陈怡 // 语文教学通讯（高中，A），2014（6）

19597 苏轼《喜雨亭记》“雨麦”释义及内涵辨析［J］/ 卢晓丽 // 语文月刊，2014（6）

19598 苏轼《与李方叔书》内容析探：兼论苏李轶事及情谊［J］/ 许雅贵 // 静宜中文学报，2014（6）

19599 苏轼散文拾珠［J］/ 李才保 // 课程教育研究（中），2014（6）

19600 雄辩与偏激：从《留侯论》看苏轼论说文的得失［J］/ 夏梦薇 // 课外语文（教研版），2014（7）

19601 意有所趋，境犹未至：重读苏轼《记承天寺夜游》［J］/ 李吉东 // 名作欣赏（中旬），2014（7）

19602 一曲赤壁歌解我平生求：谈《赤壁赋》中苏轼的精神之旅［J］/ 陆岩松 // 中学语文教学参考，2014（7上）

19603 赏赤壁之景，品水月情思：苏轼《赤

壁赋》教学感想［J］/ 周静 // 时代教育，2014（8）

19604 《前赤壁赋》中的人生哲学及其表达［J］/ 孙国强 // 文学教育，2014（9）

19605 添“醋”漏“油”趣读古文：以《记承天寺夜游》为例［J］/ 宁雪红 // 语文知识，2014（9）

19606 笑傲困境睿智突围：从《前赤壁赋》的景物描写看苏轼的人生智慧［J］/ 胡勃 // 魅力中国，2014（9）

19607 秦观《黄楼赋》浅说［J］/ 朱晓青，宗丽 // 语文学刊（基础教育版），2014（12）

19608 杜甫阁赋：苏轼《赤壁赋》仿写版［J］/ 李文逸 // 高中生，2014（13）

19609 从前、后《赤壁赋》看苏轼散文的艺术特色［J］/ 韩文达 // 青年作家，2014（14）

19610 苏轼《赤壁赋》中暗用典故翻译的探析：基于语旨对等视角的研究［J］/ 王金萍 // 赤子（上中旬），2014（19）

19611 试论苏轼《赤壁赋》的哲学意蕴及人生启示［J］/ 张靖涵 // 课程教育研究·新教师教学，2014（26）

19612 从初中语文课《记承天寺夜游》看苏轼的人生态度和艺术风格［J］/ 匡林容 // 中学课程辅导·教学研究，2014（30）

19613 贬谪人生风景异：苏轼柳宗元山水游记比较［J］/ 程永超 // 语文建设，2014（31）

19614 从《前赤壁赋》看苏轼的儒道思想［J］/ 亓子阳 // 中学生导报·教学研究，2014（39）

19615 南宋文话对苏轼散文的批评［D］/ 贾骄阳．—山西大学（硕士论文），2014

19616 苏东坡探讨贾谊之死［N］/ 不详 // 中国劳动保障报，2015-03-18

19617 苏轼书联羞和尚［N］/ 不详 // 北京晚报，2015-04-09

19618 苏东坡的“超然台”［N］/ 孙永庆 // 青岛日报，2015-06-02

19619 苏东坡巧赋回文诗［N］/ 刘高潮 // 光明日报，2015-06-12

19620 东坡醉写赤壁赋［N］/ 冯扬 // 黄冈日报，2015-09-12

19621 品读苏轼辞赋 感知文人旷达胸怀：读《国学诵读·赤壁赋》有感［N］/ 张华 // 眉山日报，2015-10-26

19622 达观崇高 顺乎自然：苏轼《前赤壁赋》试析［J］/ 梁九义 // 甘肃广播电视大学学报，2015（1）

19623 多难畏事中的苏轼:《记承天寺夜游》“夜游”“无与为乐者”“竹柏”探微［J］/ 王世焱 // 新教育，2015（1）

19624 何处望逍遥：读苏轼《记承天寺夜游》有感［J］/ 吴晨雨 // 作文与考试（初中版），2015（1）

19625 另说苏东坡《前赤壁赋》的结尾［J］/ 张永军 // 读写月报（高中版），2015（1）

19626 生命永恒的东坡范式：苏东坡《赤壁赋》主旨别解［J］/ 饶学刚 // 黄冈职业技术学院学报，2015（1）

19627 苏东坡前赤壁赋［J］/ 施丁 // 历史文献研究，2015（1）

19628 苏轼“字说”散文析探［J］/ 徐长安 // 台湾戏曲学院通识教育学报，2015（1）

19629 从“清风徐来，水波不惊”到“山高月小，水落石出”:《前后赤壁赋》的哲理性与自然性及作者心境变迁［J］/ 张馨月 // 广西职业技术学院学报，2015（2）

19630 历代书画家的赤壁情怀：苏轼《赤壁赋》在书画中的接受［J］/ 张克锋 // 中原文化研究，2015（3）

19631 东坡赤壁赋［J］/ 张卫生 // 东坡赤壁诗词，2015（4）

19632 浅析苏轼散文的艺术特点［J］/ 王小燕 //

丝绸之路，2015（4）

19633 水月之间的精神逍遥：重读苏轼经典《前赤壁赋》[J]/欧阳琴，林长洋//南昌教育学院学报，2015（4）

19634 苏轼《赤壁赋》之自我和谐[J]/龚惠琼//语文天地（高中版），2015（4）

19635 苏轼《前赤壁赋》讲录（第一讲）[J]/叶嘉莹//文史知识，2015（4）

19636 苏轼《前赤壁赋》中的两个自我[J]/李志勇，彭树欣//文学教育（上），2015（4）

19637 以《前赤壁赋》为例看苏轼散文风格[J]/王胜晓//剑南文学（下半月），2015（4）

19638 是旷达，还是逃避？:《赤壁赋》中苏轼的情感解读[J]/肖洋//现代语文（教学研究版），2015（5）

19639 苏轼《前赤壁赋》讲录（第二讲）[J]/叶嘉莹//文史知识，2015（5）

19640 东坡留二赋 赤壁耀千秋[J]/赵祝萱//东坡赤壁诗词，2015（6）

19641 千古奇文，别致结尾：我读苏东坡《赤壁赋》的结尾[J]/张永军//东坡赤壁诗词，2015（6）

19642 苏轼《前赤壁赋》讲录（第三讲）[J]/叶嘉莹，李东宾//文史知识，2015（6）

19643 论苏轼的咏物赋[J]/周静//金田，2015（7）

19644 苏轼“杞菊”义解[J]/刘清泉//乐山师范学院学报，2015（7）

19645 苏轼《前赤壁赋》讲录（第四讲）[J]/叶嘉莹，李东宾//文史知识，2015（7）

19646 苏轼《前赤壁赋》讲录（第五讲）[J]/叶嘉莹//文史知识，2015（8）

19647 走近东坡 感悟生活[J]/郭艳//初中生优秀作文，2015（8）

19648 苏轼《前赤壁赋》讲录（第六讲）[J]/叶嘉莹，李东宾//文史知识，2015（9）

19649 言可为心声，文可不必如其人[J]/戴柏葱//语文教学与研究·读写天地，2015（9）

19650 苏轼《前赤壁赋》讲录（第七讲）[J]/叶嘉莹，李东宾//文史知识，2015（10）

19651 明晰文体特点 追求教学个性:《赤壁赋》教学感悟[J]/刘建阳//语文知识，2015（11）

19652 人格的分裂与弥合：苏轼《前赤壁赋》新解[J]/李安全//名作欣赏（鉴赏版，上旬），2015（11）

19653 苏轼《前赤壁赋》讲录（第八讲）[J]/叶嘉莹//文史知识，2015（11）

19654 提高文言文教学的有效性：以苏轼的《赤壁赋》教学为例[J]/方程//中学课程辅导·教师教育，2015（11）

19655 明月飘衣袂，江海任逍遥：从《赤壁赋》看苏轼精神世界的三个层级[J]/韩朝胜//读写月报（高中版），2015（12）

19656 《前赤壁赋》的艺术鉴赏[J]/王献锋//名作欣赏，2015（12）

19657 《前赤壁赋》中的“变者”与“不变者”：论苏轼的“寄寓”思想[J]/俞志容//北方文学，2015（14）

19658 缘何愁心寄明月:《前赤壁赋》中“月”的意象[J]/许凤军//长春教育学院学报，2015（14）

19659 秦观与苏轼记人散文写作艺术的比较[J]/田泳锦//短篇小说（原创版），2015（15）

19660 从苏轼的宗教情怀及人生观念看其作品风格的变化：以《水调歌头》、《定风波》、《前赤壁赋》为例[J]/吴毅中，吴岚//丝绸之路，2015（16）

19661 论苏轼写景散文受《庄子》的影响[J]/

苗江磊∥青春岁月，2015(17)

19662 一样的月光，不一样的闲情:《记承天寺夜游》教学实录[J]/杨军宗∥教育科学论坛，2015(17)

19663 高中古代诗文教学模式新探：以苏轼《前赤壁赋》为例[J]/张朝华∥科学中国人，2015(36)

19664 苏轼《洞庭春色中山松醪二赋》墨迹合卷析评[J]/孙永忠∥辅仁国文学报，2015(40)

19665 形散神聚 文淡情浓：苏轼《文与可画筼筜谷偃竹记》赏析[J]/魏倩倩∥中学语文，2015(C1)

19666 功能对等理论下中国典籍文化负载词的英译研究：以苏轼《赤壁赋》为例[D]/王金萍.—暨南大学(硕士论文)，2015

19667 秦观散文文学性研究[D]/王松.—兰州大学(硕士论文)，2015

19668 苏轼记体散文三种句法特征的英译研究[D]/马凤芹.—华东师范大学(硕士论文)，2015

19669 东坡音：读《赤壁赋》有感[N]/张欣雨∥咸宁日报，2016-06-03

19670 读苏轼《超然台记》断想[J]/张志烈∥地方文化研究辑刊，2016(1)

19671 《夜读东坡文有感杂记》[J]/周祥林∥中华诗词，2016(1)

19672 东坡赤壁[J]/侯祖培∥东坡赤壁诗词，2016(3)

19673 黄庭坚两篇小说考[J]/徐建平∥九江学院学报(社会科学版)，2016(3)

19674 基于评价先导的语文教学设计范式：以苏轼《赤壁赋》的教学设计为例[J]/刘飞∥教学月刊(中学版，语文教学)，2016(3)

19675 儒释道思想在苏轼《前赤壁赋》中的体现[J]/陈莹∥语文学刊，2016(3)

19676 于无声处听波涛：重读《记承天寺夜游》[J]/于保东∥语文知识，2016(3)

19677 怎一个“闲”字了得：解读苏轼《记承天寺夜游》[J]/沈晓梅∥学语文，2016(3)

19678 感知东坡精神突围的心路历程:《前赤壁赋》课堂教学实录[J]/谢剑伟∥读写月报(语文教育版)，2016(5)

19679 苏轼《前赤壁赋》的美学意蕴解读[J]/彭红霞∥特立学刊，2016(5)

19680 《前赤壁赋》与《荷塘月色》之情感比较[J]/周奕倩∥文学教育(上)，2016(6)

19681 论苏轼的滑稽传记文[J]/林尔∥青年文学家，2016(8)

19682 试论苏轼《净因院画记》[J]/游艺玮∥艺术品鉴，2016(8)

19683 超然思维，旷代表达：读《赤壁赋》有感[J]/陈永伟∥语文知识，2016(9)

19684 以苏轼《庄子祠堂记》探讨庄子救世济民思想[J]/潘庆∥鸭绿江(下半月版)，2016(9)

19685 试析《赤壁赋》[J]/徐欢∥人间，2016(12)

19686 论高中语文教学中的情感培育：以苏轼《赤壁赋》为例[J]/程扬∥语文知识，2016(13)

19687 苏轼·喜雨亭记[J]/衣雪峰∥东方艺术，2016(16)

19688 浅析王维与苏轼的超功利心态差异[J]/满丹∥戏剧之家，2016(21)

19689 试论《赤壁赋》中苏轼的思想感情变化[J]/郭小可，武秀华∥课外语文(上)，2016(25)

19690 苏轼光华耀千古:《赤壁赋》“文章五诀”创作技法赏析[J]/杜正武∥名作欣赏，2016(33)

19691 情随景生境由心造:《赤壁赋》中苏轼的

思想情感探微［J］/ 何一凡 // 小作家选刊，2016（35）

19692 千古奇文 别致结尾：另说苏东坡《前赤壁赋》的结尾［J］/ 张永军 // 高中生学习：学法指导，2016（C1）

19693 《苏轼 虞美人》［J］/ 金玉甫 // 殷都学刊，2017（1）

19694 简论苏轼三类论体古文的书写艺术［J］/ 熊礼汇 // 杭州师范大学学报（社会科学版），2017（2）

19695 苏轼的“小星星之歌”［J］/ 孙正凡 // 课堂内外（科学 Fans），2017（2）

19696 苏轼游记散文艺术特色研究［J］/ 潘炫，李平 // 现代语文（学术综合版），2017（4）

19697 论苏轼亭台楼阁记中的文体交融：以与赋体的交融为例［J］/ 查小飞，叶帮义 // 乐山师范学院学报，2017（5）

19698 后苏轼时代的斯文曲折：宋室南渡之后的苏文命运与文统接续［J］/ 杨挺 // 海南大学学报（人文社会科学版），2017（6）

19699 “如”字用法辨正：兼谈苏轼《记承天寺夜游》的写景方法［J］/ 程时进 // 中学语文，2017（6）

19700 苏轼中山松醪酒与《中山松醪赋》［J］/ 张玉橙 // 北方文学（下旬），2017（6）

19701 苏轼《赤壁赋》艺术特色赏析［J］/ 兰海雁 // 文学教育（上），2017（7）

19702 写出心中的“他”：浅谈苏轼《留侯论》［J］/ 黄旭 // 文理导航（上旬），2017（7）

19703 “寓庄于谐，文淡情浓”：浅评苏轼《文与可画筼筜谷偃竹记》［J］/ 李诗毅 // 北方文学（下旬），2017（8）

19704 从苏轼《前赤壁赋》中解读唯物辩证法思想［J］/ 商雅楠 // 智库时代，2017（9）

19705 苦难铸就的精神高峰：简析《赤壁赋》中苏轼的人格思想［J］/ 张界贵，傅建林 // 中学语文教学参考，2017（9）

19706 浅析《前赤壁赋》中苏轼思想情感的变化［J］/ 宋妍 // 课外语文，2017（9）

19707 从苏轼的《食荔枝》到文学地理学［J］/ 李仲凡 // 博览群书，2017（10）

19708 由《赤壁赋》看苏轼的精神世界［J］/ 李钦瑜 // 中学语文，2017（12）

19709 源于大自然的人生启悟：苏轼《前赤壁赋》情感寻迹［J］/ 陈群玉 // 语文学习，2017（12）

19710 传统文化导向下的高中文言文教学：以苏轼《赤壁赋》为例［J］/ 郑志平 // 语文教学与研究，2017（16）

19711 苏轼对《醉翁亭记》传播的影响［J］/ 李常生 // 语文建设，2017（16）

19712 文似万斛水，人是千寻竹：品析苏轼《文与可画筼筜谷偃竹记》［J］/ 林天宇 // 中学生百科，2017（17）

19713 使君元是此中人：苏轼《喜雨亭记》［J］/ 王中翼 // 中学生百科，2017（32）

19714 从《赤壁赋》看苏轼螺旋式提升的心境：《赤壁赋》个性解读［J］/ 马学军 // 山东教育，2017（Z3）

杂文（对联）、政论文作品评论与赏析

19715 古今笔记平议（续前期）：东坡笔记［J］/ 瓶庵 // 中华小说界，1915，2（4）

19716 读苏轼留侯论书后［J］/ 司徒赞 // 学生，1917，4（5）

19717 读东坡乐毅论书后［J］/ 卞璞 // 学生周刊，1917（2）

19718 读苏轼留侯论书后［J］/ 司徒赞 // 学生杂志，1917（5）

19719 书苏东坡战国任侠论后［J］/ 余和泰 // 学生，1918，5（8）

19720 读苏轼韩非论有感口号[J]/刘世儒//浙江蚕业学校校友会杂志，1918(1)
19721 书苏轼子思论后[J]/徐笃恭，高梓仲//清华周刊，1919(161)
19722 读苏轼留侯论书后[J]/王亦樵//学生文艺丛刊，1923(4)
19723 苏轼贾谊论[J]/陆秉尧//英文杂志，1925，11(2)
19724 苏轼平王东迁论书后[J]/刘剑锋//学生文艺丛刊，1929，5(8)
19725 东坡的小品[J]/江寄萍//国闻周报，1934，11(30)
19726 东坡养士论书后：苏氏之言曰，六国之君……[J]/韩子盛，叶浦荪//丽泽艺刊，1936(1)
19727 读苏轼贾谊论后[J]/龙继志//湘中学生，1936(8)
19728 永光书钞：东坡答李豸云……[J]/宣永光//立言画刊，1939(27)
19729 苏轼伊尹论[J]/不详//文友月刊，1940，1(4)
19730 苏轼留侯论[J]/不详//文友月刊，1940，1(5)
19731 古文浅释：前赤壁赋[J]/瞿镜人//自修，1940(123)
19732 古文浅释：后赤壁赋[J]/瞿镜人//自修，1940(126)
19733 古文浅释：方山子传[J]/瞿镜人//自修，1941(151)
19734 拟苏轼战国任侠论[J]/慕瞻//国学丛刊(北京1941)，1943(12)
19735 中元焰口续东坡居士召请文[N]/宝奎居士//时事公报，1944-09-05
19736 试论苏轼杂记文的创作艺术[J]/晦之//江汉论坛，1962(4)
19737 坡公(苏东坡)日记三逢[J]/吴万谷//中华诗学，1970，3(6)
19738 苏轼《留侯论》评析[J]/芷园//中国语文，1974，35(2)
19739 散文的欣赏：留侯论(苏轼)、门铃(梁实秋)[J]/梅逊//幼狮文艺，1975，41(6)
19740 苏东坡好作偈语[N]/赵知人//大华晚报，1978-08-13
19741 苏东坡写对联[J]/永新//实事求是，1979(10)
19742 苏东坡题对联[J]/杨箴廉，贺友直//连环画报，1980(5)
19743 苏东坡题对联[J]/杨箴廉，贺友直//江苏教育，1980(8)
19744 苏东坡题写对联[J]/赵守林//新村，1981(1)
19745 苏东坡“阳关三迭说”小议[J]/徐仁甫//中华文史论丛，1981(2)
19746 也谈苏东坡的妙联[J]/宋德金//社会科学战线，1981(4)
19747 闪耀着哲理光辉的论说文：谈苏轼的《日喻》[J]/徐中玉//名作欣赏，1982(4)
19748 苏东坡妙对服使者[J]/高人//文化娱乐，1982(6)
19749 巧对佛印[J]/李锋//妇女生活，1982(9)
19750 纪念苏东坡的楹联[J]/曹思彬//岭南文史，1983(1)
19751 苏轼《留侯论》及教战守策气势论[J]/杨鸿铭//孔孟月刊，1984，23(4)
19752 苏东坡题联[J]/不详//青年文摘(红版)，1984(1)
19753 苏轼《教战守策》浅析[J]/周瑞宣//教学通讯(文科版)，1984(1)
19754 苏轼《教战守策》的论说艺术[J]/郭预衡//中学语文教学，1984(2)
19755 唐宋大家的政论艺术:《原毁》与《教战

守策》比析［J］/ 杨海中 // 云南师范大学学报（哲学社会科学版），1984（2）

19756 滔滔雄辩，不为空言：谈谈苏轼议论文的风格［J］/ 黄海鹏 // 黄冈师专学报，1984（2）

19757 记过合浦（苏轼）［J］/ 杨应芬 // 中学生之友，1984（3）

19758 宋人笔记中的宋刻珍本:《甲申杂记》和《闻见近录》［J］/ 丁瑜 // 文献，1984（4）

19759 苏东坡对联趣闻［J］/ 郭达津搜集整理 // 大众文艺，1984（4）

19760 苏轼《稼说》［J］/ 金涛声 // 语文园地，1984（4）

19761 苏东坡续对联［J］/ 尚立军，锐锋 // 辽宁青年，1984（10）

19762 亦诗亦文，情韵不匮：漫谈苏轼的赋［J］/ 王水照 // 文科月刊，1984（11）

19763 东坡属对［J］/ 龚识 // 语文教学，1984（12）

19764 亦深责，亦悲惜：读苏轼的《贾谊论》［J］/ 周慧珍 // 名作欣赏，1985（1）

19765 论苏轼议论文的写作特色［J］/ 李青 // 文学遗产，1985（2）

19766 古代文论家的重"识"［J］/ 陆晓光 // 文艺理论研究，1985（3）

19767 试谈《东坡志林》的艺术特色［J］/ 姚学贤 // 信阳师范学院学报（哲学社会科学版），1985（3）

19768 苏轼《教战守策》管见［J］/ 王银清 // 语文教学通讯，1985（4）

19769 苏东坡巧联戏和尚［J］/ 周濯街 // 布谷鸟，1985（5）

19770 苏东坡为乳母撰写墓志铭［J］/ 张忠全 // 妇女生活，1985（8）

19771 读书散记（二）［J］/ 李华 // 首都师范大学学报（社会科学版），1986（1）

19772 苏轼《教战守策》浅析［J］/ 沈海燕 // 中文自修，1986（1）

19773 苏东坡与佛印对哑联［J］/ 刘宝成 // 新村，1986（7）

19774 东坡亭纪事［J］/ 夏宇 // 合浦县志通讯，1987（2）

19775 东坡楼上两副联［J］/ 魏奕雄 // 乐山市地方志通讯，1987（3）

19776 浅谈游记写作［J］/ 蔡栋 // 湖南城市学院学报，1988（1）

19777 论苏东坡寓言的成就和贡献［J］/ 朱靖华 // 枣庄师专学报（社会科学版），1988（3）

19778 《笑笑录》初探［J］/ 罗文华 // 明清小说研究，1989（2）

19779 论《艾子杂说》确为东坡所作［J］/ 朱靖华 // 文学遗产，1989（B3）

19780 东坡嘲戏文研究［D］/ 洪剑鹏．—东海大学（硕士论文），1989

19781 我国封建社会的一面"哈哈镜"：苏轼寓言风格探［J］/ 涂生玉 // 湖南教育学院学报，1990（4）

19782 苏东坡的妙对［J］/ 赵心善 // 高雄四川同乡会年刊，1990（10）

19783 才思横溢触处皆春：苏轼《文说》试解［J］/ 蒋介夫 // 语文月刊，1991（3）

19784 苏东坡和"公在乾侯"［J］/ 吕叔湘 // 读书杂志，1991（9）

19785 苏东坡买对联［J］/ 樊兆阳搜集 // 民间文学，1991（9）

19786 苏轼《留侯论》评析［J］/ 江举谦 // 明道文艺，1991（189）

19787 苏轼策及奏议之研究［D］/ 李贞慧．—台湾大学（硕士论文），1991

19788 厚积而薄发 方为立身本：读苏东坡《稼说》有感［J］/ 袁林飞 // 新长征，1992（1）

19789 苏东坡巧对药联［J］/余雪先//课堂内外（初中版），1992（3）

19790 苏东坡智对辽使［J］/傅显渝编绘//连环画报，1992（4）

19791 从三篇《朋党论》看北宋的党争［J］/成长健，师君俟//中国文学研究，1993（2）

19792 东坡小品的魅力探寻［J］/杨海城//大连大学学报，1993（2）

19793 苏东坡改对联［J］/李杨恩//应用写作，1993（7）

19794 苏祠漫步赏楹联［J］/袁大可//风景名胜，1994（4）

19795 苏轼的滑稽传记文［J］/韩兆琦//雁北师范学院学报，1994（4）

19796 苏轼“行云流水”说［J］/耿琴//烟台大学学报（哲学社会科学版），1994（4）

19797 苏东坡巧对进考场［J］/王树枫//中国连环画，1994（6）

19798 《书墨》辨析［J］/徐景洲//阅读与写作，1994（11）

19799 从柔性智慧谈苏轼《留侯论》［J］/赵公正//国文天地，1995，10（8）

19800 谈苏轼札记［J］/徐中玉//文艺理论研究，1995（3）

19801 苏东坡智斗钦差［J］/其父其子，王法理//中学历史教学参考，1995（4）

19802 苏东坡《留侯论》标点问题的商榷［J］/黄锦鋐//编译馆通讯，1996，9（4）

19803 苏东坡《留侯论》标点问题的商榷［J］/黄锦鋐//中国语文，1996，78（5）

19804 因题发议 以小见大：释苏轼《黠鼠赋》［J］/蒋介夫//阅读与写作，1996（4）

19805 东坡巧对五字联［J］/川云//教师博览，1996（6）

19806 苏轼“潮州韩文公庙碑”相关问题之探究［J］/蔡根祥//高雄师大学报，1996（7）

19807 欧阳修“六一居士传”与苏轼“书六一居士传后”［J］/衣若芬//辅仁国文学报，1996（12）

19808 苏东坡题联［J］/心心//知识窗，1996（12）

19809 苏轼的书信研究［D］/金桂台．—台湾大学（硕士论文），1996

19810 苏东坡赠金酬下联［J］/樊兆阳//对联（民间对联故事），1997（1）

19811 柳宗元、苏轼与唐宋寓言［J］/刘卓英//中国典籍与文化，1997（3）

19812 苏东坡撰联戏钦差［J］/梁大和//上海采风月刊，1997（3）

19813 苏东坡改对联［J］/鲁江，乃禾//连环画报，1997（8）

19814 《志林》管窥［J］/张建勋//甘肃教育学院学报（社会科学版），1998（2）

19815 苏东坡对联故事二则［N］/劳李//余杭报，1999-03-31

19816 苏轼红脸改对联［J］/颜培华//对联·民间对联故事，1999（4）

19817 苏轼《留侯论》结构分析［J］/陈满铭//国文天地，1999，14（10）

19818 苏东坡应对气钦差［J］/孙棣祥//东镇侨刊，1999（59）

19819 东坡文《贺时宰启》受主考［J］/张志烈//新国学，1999

19820 苏轼史论散文研究［D］/谢敏玲．—高雄师范大学（硕士论文），1999

19821 论苏轼的对联艺术［J］/石涛//淮北煤炭师范学院学报（哲学社会科学版），2000（3）

19822 高龄诗翁联同试对东坡联［J］/木子//语文月刊，2000（5）

19823 读东坡居士《亡妻王氏墓志铭》［J］/张少成//文史杂志，2000（6）

19824 咏竹对联含理趣[J]/黄炳麟//对联·民间对联故事，2000(6)

19825 抉择、自由、创造：试论苏东坡笔下的陶渊明[J]/方瑜//台大中文学报，2000(12)

19826 苏东坡智对服辽使[J]/简君毅//南莳乡音，2000(23)

19827 苏轼求雨祈晴祝文探索[J]/杨宗莹//国文学报，2000(29)

19828 从苏轼《越江郑氏序》试探郑侠乃郑虔后裔[J]/郑瑛中//唐代文学研究，2000

19829 苏东坡楹联添字[N]/不详//中国建设报，2001-09-14

19830 人敬朝云高品德：读苏轼《朝云墓志铭》[J]/胜成居士//文史杂志，2001(1)

19831 东坡赤壁楹联述论[J]/李景新//琼州大学学报，2001(3)

19832 苏轼山水小品文中的《寓言谐趣》[J]/张瑞兴//中国语文，2001，89(3)

19833 读《乳母任氏墓志铭》[J]/胜成居士//文史杂志，2001(4)

19834 浅谈苏轼的寓言[J]/陈瑞英//木栅高工学报，2001(5)

19835 理趣盎然：试析《东坡志林》中的记游文章[J]/龙志国//阅读与写作，2001(7)

19836 苏轼《宝绘堂记》中的寓意观研究[J]/黄致为//艺术论衡，2001(7)

19837 苏东坡改对联[J]/欧阳婕，黄慧玲//少年月刊，2001(11)

19838 东坡小品的启迪[J]/叶公觉//广西文学，2001(12)

19839 苏轼“意”、“法”观与其“古文”创作发展之研究[D]/李贞慧.—台湾大学(博士论文)，2001

19840 坐·请坐·请上坐[J]/重阳//现代交际，2002(2)

19841 关于五卷本《东坡志林》的真伪问题：兼谈十二卷本《东坡先生志林》的可信性[J]/章培恒，徐艳//南京师范大学文学院学报，2002(4)

19842 苏轼如何面对他人的死亡：以其祭文为主的讨论[J]/郑芳祥//中正大学研究生论文集刊，2002(4)

19843 当代谁是“《艾子》为苏轼所作论”的首倡者：与《三苏全书》的编者商榷[J]/孔凡礼//书品，2002(6)

19844 苏轼撰联忆朝云[J]/龚岳青，崔钢兵//对联·民间对联故事，2002(7)

19845 杂谈琐语 涉笔成趣:《东坡说文》与《逸马杀犬于道》赏析[J]/杨春燕//阅读与鉴赏(高中版)，2002(7)

19846 苏东坡与秦少游联对[J]/不详//科学大观园，2002(10)

19847 闲人身影异乡情调：苏东坡黄州笔记[J]/饶学刚，饶晓明//中华活页文选(成人版)，2002(16)

19848 苏轼尺牍研究[D]/崔丽.—西南师范大学(硕士论文)，2002

19849 宋人说诨话与《问答录》:《宋元小说研究》订补之二[J]/程毅中//文学遗产，2003(1)

19850 苏轼“陈公弼传”考论[J]/刘昭明//文与哲，2003(3)

19851 云龙山有苏轼的楹联[J]/张玉舰//对联·民间对联故事，2003(3)

19852 北宋联坛第一家：兼论苏轼楹联的艺术特色[J]/胡吉祥//对联·民间对联故事，2003(7)

19853 读读《东坡志林》[J]/汨罗//共产党员，2003(7)

19854 苏轼在海南期间的对联[J]/李景新//对联·民间对联故事，2003(7)

19855 苏东坡与佛印巧对哑联[J]/刘启华//老人天地，2003(9)

19856 苏东坡发愤立志[J]/朱志军//小学生导读，2003(10)

19857 苏东坡的拆字联[J]/不详//青年博览，2003(11)

19858 苏东坡巧对陈述古[J]/李定楹//对联·民间对联故事，2003(11)

19859 云龙山上有苏轼的“楹联”吗？[J]/张聿明//对联·民间对联故事，2003(12)

19860 苏东坡妙联对名医[J]/孙棣祥//东镇侨刊，2003(74)

19861 幽默隽永的添字联[J]/薛丽聪//初中生之友，2003(C5)

19862 苏轼《保母杨氏墓志铭》之谜[J]/野村鲇子//宋代文化研究，2003

19863 苏子寓言三篇[J]/贾玫//中文自修，2004(3)

19864 苏轼论商鞅评议[J]/黄圣松//文与哲，2004(5)

19865 苏东坡＝阿Q？[J]/雷金贵//散文选刊，2004(8)

19866 读故事 续佳联[J]/李占方//中学生读写(高中)，2004(10)

19867 苏文贺启受主考二则[J]/张志烈//乐山师范学院学报，2004(11)

19868 东坡改联[J]/旷柏合//青少年书法，2004(21)

19869 东坡改联[J]/李道远，旷柏合//青少年书法，2004(21)

19870 苏轼《东坡志林》研究[D]/李月琪.—铭传大学(硕士论文)，2004

19871 从“因果”法谈苏轼《稼说送张琥》[J]/黄淑贞//国文天地，2005，20(12)

19872 苏东坡用联饱口福[J]/言建中//老年人，2005(1)

19873 言志联品赏[J]/边少初//语文教学之友，2005(1)

19874 苏东坡“联”钓五柳鱼[J]/张小雷//垂钓，2005(3)

19875 苏东坡学士买联[J]/王松平//故事林，2005(3)

19876 睹物思人 情理兼胜：苏轼《方与可画筼筜谷偃竹记》赏析[J]/姜光斗//古典文学知识，2005(4)

19877 苏东坡妙联对名医[J]/樊平旺//山西老年，2005(4)

19878 至情至性，呕心泣血：对苏轼哀祭文情韵流变的透视[J]/陈桂成//玉林师范学院学报，2005(6)

19879 言志联品赏[J]/边少初//高中生，2005(7)

19880 浪迹东坡路 对联话平生[J]/陆精康//语文知识，2005(8)

19881 苏东坡见景巧对[J]/刘炜//思维与智慧，2005(8)

19882 论苏轼的寓言创作[J]/赵维平//阅读与写作，2005(9)

19883 试探苏轼《诸葛亮论》、《乐毅论》的“隐含作者”[J]/谢敏玲//屏东师院学报，2005(22)

19884 曾巩、苏轼、苏辙同题作品《刑赏忠厚之至论》的高下比较[C]/黄坤尧//第四届宋代文学国际研讨会论文集/宋代文学学会、香港中文大学，2005

19885 东坡辞赋研究：兼论苏过辞赋[D]/李燕新.—高雄师范大学(硕士论文)，2005

19886 宋人笔记研究：以随笔记杂记为中心[D]/安芮璇.—复旦大学(博士论文)，2005

19887 苏轼命名散文研究[D]/柯玲宁.—台湾师范大学(硕士论文)，2005

19888 苏轼《贾谊论》别解[N]/周桂钿//学习时报，2006-11-20

19889 苏东坡写联讥讽势利眼［J］/不详//经典阅读（小学版），2006（10）

19890 苏东坡妙联对名医［J］/不详//首都医药杂志，2006（21）

19891 苏轼《醉白堂记》之《以论为记》试探［J］/谢敏玲//淡江人文社会学刊，2006（26）

19892 苏轼《黠鼠》导读［J］/叶绍康//阅读与鉴赏（初中版），2006（Z1）

19893 盆山蕴秀 寸草函奇：浅论苏轼小品文［D］/柯洪坤.—东北师范大学（硕士论文），2006

19894 苏轼记体文辞章意象研究［D］/杨雅贵.—台湾师范大学（硕士论文），2006

19895 苏轼海南联话［N］/不详//三亚晨报，2007-04-05

19896 读东坡小品［N］/不详//石狮日报，2007-09-03

19897 苏轼乳母任采莲墓志铭所反映的历史变化［J］/柳立言//中国史研究，2007（1）

19898 祭文不应失传：兼评析《祭先父母文》［J］/卢绪元//秘书之友，2007（2）

19899 宋联选赏［J］/不详//对联·民间对联故事（下半月），2007（2）

19900 苏东坡对联拾趣［J］/文晔//智力（提高版），2007（2）

19901 苏东坡妙联对名医［J］/阿珍//健身科学，2007（5）

19902 苏东坡巧对故事［J］/张浩然//青春男女生·少年作家，2007（7）

19903 苏东坡巧对刘贡父［J］/顾俊文//故事世界，2007（7）

19904 从苏轼《留侯论》的张良谈起［J］/杨鸿铭//孔孟月刊，2007，45（9/10）

19905 苏东坡愧改对联［J］/张汉清//小学生作文辅导（作文与阅读版），2007（10）

19906 一篇立意独特的政论范文：苏轼《贾谊论》赏读［J］/鄢明定//秘书工作，2007（10）

19907 一联难倒苏学士［J］/萧芳麒//对联·民间对联故事，2007（11）

19908 增减字联妙趣生［J］/王顺才//山西老年，2007（11）

19909 苏轼、佛印逗趣联［J］/李新军//学生天地（初中版），2007（11A）

19910 从寓言的独立到文体的全面成熟［D］/翟晓慧.—山西大学（硕士论文），2007

19911 苏轼《艾子杂说》研究［D］/邱淑芬.—台湾大学（硕士论文），2007

19912 苏轼尺牍研究［D］/王桂林.—重庆师范大学（硕士论文），2007

19913 孙仲益巧对苏东坡［N］/叶绿//南方农村报，2008-04-17

19914 苏东坡妙联对名医［N］/阿珍//当代健康报，2008-07-31

19915 因为苏东坡得到诸葛亮［N］/不详//东南商报，2008-10-20

19916 乐山东坡楼佚联四副［J］/魏奕雄//苏轼研究，2008（1）

19917 苏东坡妙联对名医［J］/不详//益寿文摘合订本，2008（2）

19918 苏东坡与黄山谷联对［J］/不详//衡阳通讯，2008（2）

19919 美趣·深情·至理：论《东坡志林》记游文的文学性［J］/农辽林//南宁师范高等专科学校学报，2008（3）

19920 棋联妙对［J］/李嘉祥//老年教育（老年大学），2008（3）

19921 秦观撰《罗君生祠记》碑文考略［J］/张庆山//文学教育（上），2008（3）

19922 东坡赤壁楹联试赏［J］/一方多多//对联·民间对联故事（下半月），2008（4）

19923 大地苍生赤子情深：从《东坡志林》看苏轼谪居时期的亲民情怀［J］/杨芸//

乐山师范学院学报，2008(6)

19924 苏轼《陈公弼传》与《方山子传》之比较[J]/陈素素//东吴中文学报，2008(16)

19925 关于苏轼对待经学研究之态度的一点思考：以《东坡志林》卷五《论古》为中心[J]/王艳//文教资料，2008(28)

19926 《东坡志林》研究[D]/刘丹.—内蒙古大学(硕士论文)，2008

19927 借冰山一角，鉴庐山真貌：论《东坡志林》于苏轼文化人格研究之价值[D]/杨芸.—四川师范大学(硕士论文)，2008

19928 苏轼笔记文研究[D]/刘寅.—南京大学(硕士论文)，2008

19929 苏轼公文写作研究[D]/花妮娜.—西北大学(硕士论文)，2008

19930 苏轼应用文研究[D]/姜谢华.—长春理工大学(硕士论文)，2008

19931 苏东坡巧对药联[N]/不详//眉山日报，2009-10-13

19932 苏轼凤翔时期杂记散文的思想价值[J]/刘林魁//西安电子科技大学学报(社会科学版)，2009，19(3)

19933 由苏轼《新岁展庆帖》而漫谈[N]/沈白//中国文物报，2009-01-14

19934 古典瞬间：苏轼论游士失职[N]/龚敏迪//文汇报(香港)，2009-01-17

19935 苏东坡愧改对联[N]/不详//河南日报农村版，2009-04-09

19936 读苏轼短篇有感[N]/宋新忠//老年时报，2009-04-24

19937 多彩多姿写别情：东坡词阅读札记选[J]/王文龙//黄冈职业技术学院学报，2009(2)

19938 论苏轼四六制、诏、批答的价值[J]/贾喜鹏//广播电视大学学报(哲学社会科学版)，2009(2)

19939 苏轼制诰批答的文学性路论[J]/贾喜鹏//乐山师范学院学报，2009(2)

19940 赏心乐事写哀思 明月花酒寄离愁：读东坡《忆王子立》[J]/程晓晴//名作欣赏，2009(3)

19941 身行万里半天下[J]/曾枣庄//苏轼研究，2009(3)

19942 东坡短文品读[J]/李殿林//大阅读·中学生综合文摘，2009(4)

19943 论苏轼小品文的幽默与诙谐特征[J]/杜晓霞，张海燕//青岛农业大学学报(社会科学版)，2009(4)

19944 雪联赏趣[J]/缪士毅//思维与智慧，2009(4)

19945 苏东坡妙对三百年绝对[J]/王同路//对联·民间对联故事(下半月)，2009(7)

19946 苏东坡念对联[J]/佚名//文史月刊，2009(7)

19947 苏东坡愧改对联[J]/张汉清//写作，2009(8)

19948 试论苏轼“诗画一律”观与其“抑吴扬王”的必然关系[J]/赵娜//美与时代(下半月)，2009(9)

19949 苏东坡题海角亭[J]/不详//广西文史，2009(U5)

19950 苏轼小品文研究[D]/许晓燕.—汕头大学(硕士论文)，2009

19951 苏东坡以谜答谜[N]/不详//扬子晚报，2010-02-24

19952 苏东坡对联拾趣[N]/于效利//当代健康报，2010-04-29

19953 东坡先生的札记[N]/王震亚//宝钢日报，2010-06-19

19954 苏轼改对联[N]/不详//郑州日报，2010-10-12

19955 苏东坡改联励志［N］/ 不详 // 河南日报（农村版），2010-11-25

19956 苏东坡联趣［N］/ 仁夫 // 衡阳日报，2010-12-05

19957 苏东坡对联逗长老［J］/ 不详 // 文理导航，2010（1）

19958 苏东坡借联讨鱼吃［J］/ 不详 // 新作文（小学456年级版），2010（1）

19959 苏东坡改联立志［J］/ 不详 // 少年文艺（写作版），2010（6）

19960 以文人之笔，行学者之文：《东坡志林》中的史评谈略［J］/ 周榆华，甘映红 // 乐山师范学院学报，2010（6）

19961 说“吃”苏轼改对联［J］/ 不详 // 阅读与作文（小学高年级），2010（9）

19962 苏东坡对句［J］/ 风雨 // 半月选读，2010（9）

19963 苏东坡妙对秦少游［J］/ 不详 // 作文新天地（初中版），2010（12）

19964 东坡与佛印的有趣哑联［J］/ 不详 // 老人报，2010（33）

19965 改联添趣［J］/ 薛钢，马莉 // 建筑工人，2011，32（9）

19966 苏东坡巧作对联［N］/ 不详 // 亳州晚报，2011-01-18

19967 梅尧臣慧眼识东坡（上）：读苏东坡《上梅直讲书》［N］/ 许文波 // 皖南晨刊，2011-02-17

19968 梅尧臣慧眼识东坡（下）：读苏东坡《上梅直讲书》［N］/ 许文波 // 皖南晨刊，2011-02-24

19969 王安石三难苏轼单联试对［N］/ 王振权 // 榆林日报，2011-04-27

19970 《屈到嗜芰论》哲学思维解读之互联立论思维［N］/ 陆希翠 // 天津教育报，2011-09-16

19971 爱鸟之心，堪为美德：读苏轼《记先夫人不残鸟雀》［J］/ 徐康 // 晚霞，2011（1）

19972 苏东坡妙联对名医［J］/ 不详 // 中医药通报，2011（1）

19973 苏轼的秘书能力［J］/ 王晓红 // 秘书，2011（1）

19974 从《贾谊论》看苏轼之“善处穷”［J］/ 司亚萍 // 桂林师范高等专科学校学报，2011（2）

19975 苏东坡巧对数字联［J］/ 王冰 // 幽默与笑话（儿童版），2011（2）

19976 论袁枏小品文的东坡风味［J］/ 李新宇 // 河南师范大学学报（哲学社会科学版），2011（3）

19977 苏东坡改对联［J］/ 不详 // 读读写写，2011（4）

19978 苏东坡见景巧对［J］/ 胡锦文 // 对联·民间对联故事（上半月），2011（6）

19979 东坡赤壁联欣赏［J］/ 杨质清 // 对联·民间对联故事（上半月），2011（7）

19980 一则珍贵的文学史料：读苏轼《涂巷小儿听说三国语》［J］/ 徐康，孔祥辉 // 晚霞，2011（9）

19981 苏东坡妙联讥讽势利眼［J］/ 肖传仁 // 影响孩子一生的经典阅读（小学版），2011（10）

19982 讽刺小品的精炼之作：读苏轼《措大吃饭》与《三老语》［J］/ 徐康 // 晚霞，2011（15）

19983 论苏轼独立成篇寓言的文体升华［J］/ 张统宣 // 兰台世界，2011（16）

19984 生有以养之，不必其子：读苏轼《乳母任氏墓志铭》［J］/ 孔令彬 // 名作欣赏，2011（17）

19985 文短味长，趣在其中：读苏轼《盗不劫幸秀才酒》［J］/ 徐康，孔祥辉 // 晚霞，2011（19）

19986 艾子取识［J］/ 沈燕 // 当代学生，2011

（24）
19987 《东坡志林》研究［D］/ 王梁．—广西师范大学（硕士论文），2011
19988 苏轼表文研究［D］/ 刘英楠．—辽宁大学（硕士论文），2011
19989 五花八门的古代判决书：苏东坡的判词用歇后语［N］/ 不详 // 徐州矿工报，2012-06-01
19990 读《东坡志林》（一）［J］/ 徐康 // 苏轼研究，2012（1）
19991 苏东坡改联立志［J］/ 仝年 // 新语文学习（教师版），2012（1）
19992 苏东坡以谜答谜［J］/ 周媛媛 // 小学生学习指导：低年级，2012（1）
19993 为苏轼"好竹连山觉笋香"句镶上联［J］/ 竺济法 // 茶博览，2012（1）
19994 读《东坡志林》（二）［J］/ 徐康 // 苏轼研究，2012（2）
19995 苏东坡和对联［J］/ 李昶 // 下一代英才，2012（2）
19996 浅析苏轼对《文选》选文的评价［J］/ 张宁 // 北方文学（中旬刊），2012（3）
19997 苏东坡对联逗长老［J］/ 本刊编辑部 // 小天使（四年级语数英综合），2012（3）
19998 叙事简明，发人深省：读苏轼《记先夫人不发宿藏》［J］/ 徐康 // 晚霞，2012（3）
19999 关于苏轼题跋文的几条考辨［J］/ 孙成武 // 中国书法，2012（4）
20000 苏东坡解圆圈谜［J］/ 不详 // 读读写写，2012（4）
20001 论魏禧策论文对苏轼的继承与发展［J］/ 温优华，肖烽 // 韩山师范学院学报，2012（5）
20002 苏东坡巧对辽国使臣［J］/ 吴军 // 文苑·经典选读，2012（9）
20003 苏东坡妙联对名医［J］/ 李苏 // 人才资源开发，2012（11）
20004 苏东坡写门联［J］/ 不详 // 天天爱学习（一年级），2012（11）
20005 谜样的文章，活泼的口语：读苏轼《谢鲁元翰寄暖肚饼》［J］/ 徐康，孔祥辉 // 晚霞，2012（15）
20006 一联三改成佳品［J］/ 曾昭安 // 思维与智慧，2012（15）
20007 一联三改成佳品［J］/ 曾昭安 // 语文教学与研究，2012（33）
20008 《东坡题跋》研究：以杂文与诗词类为主［D］/ 卢惠妤．—台南大学（硕士论文），2012
20009 陆贽与苏轼奏议比较研究［D］/ 张天城．—辽宁大学（硕士论文），2012
20010 苏轼笔记二种研究:《东坡志林》《仇池笔记》［D］/ 袁旭龙．—河北大学（硕士论文），2012
20011 苏轼《东坡志林》文学研究［D］/ 马菁珍．—中兴大学（硕士论文），2012
20012 史学批评的歧路：从《东坡志林》中的一则笔记谈起［J］/ 宋馥香 // 辽宁大学学报（哲学社会科学版），2013，41（5）
20013 苏东坡妙对绝对［N］/ 不详 // 中国石油报，2013-01-26
20014 苏东坡题联［N］/ 不详 // 定州日报，2013-02-25
20015 苏东坡游松风亭［N］/ 黎武静 // 深圳商报，2013-03-08
20016 苏东坡巧对"绝对"［N］/ 不详 // 老人报，2013-04-10
20017 苏轼佳句成茶联［N］/ 不详 // 信阳晚报，2013-04-22
20018 苏东坡妙联嵌中药［N］/ 邬时民 // 松江报，2013-07-19
20019 读苏轼五论［N］/ 躲斋 // 新民晚报，2013-09-08
20020 重读东坡亭［N］/ 肖峻 // 北海日报，

2013-09-18

20021 苏东坡的半句唐诗［J］/本刊编辑部//数学大王（下旬），2013（1）

20022 苏东坡智斗王安石［J］/杨欣//对联·民间对联故事（上半月），2013（1）

20023 一联三改成佳品［J］/曾昭安//国学，2013（3）

20024 对庆历党争的冷静反思：读苏轼《续欧阳子〈朋党论〉》［J］/陆精康//新语文学习·中学教学，2013（6）

20025 苏轼史论文的思想与艺术特征［J］/林峥//南方论刊，2013（6）

20026 苏东坡巧对"绝对"［J］/张文举//思维与智慧（下半月），2013（8）

20027 苏东坡智退辽使［J］/本刊编辑部//家教世界·创新阅读，2013（8）

20028 我读苏轼的《晁错论》［J］/沈还斌//文学教育（上），2013（8）

20029 浅议苏轼的女性墓志［J］/陈玲//乐山师范学院学报，2013（9）

20030 管窥北宋笔记的历史价值：以《东坡志林》为例［J］/崇景//西江月（下旬），2013（10）

20031 绚烂之极，归于平淡：从苏轼亡妻墓志铭说起［J］/姚利芬//炎黄纵横，2013（10）

20032 在叙事介入中获得自我确证：苏轼《方山子传》的叙事学解读［J］/薛海兵//中学语文教学，2013（11）

20033 论苏轼记体文创作的"有法"与"无法"［J］/田甘//写作（高级版），2013（12）

20034 东坡记梦：浅析《东坡志林》之《梦寐篇》对梦的描写［J］/刘宪//青春岁月，2013（18）

20035 忠勇忍淡：读苏轼《留侯论》和几首咏张良之诗［J］/赖玉树//万能商学学报，2013（18）

20036 苏轼告诉你怎样进行议论文事例论证［J］/黄丽玉//文理导航，2013（19）

20037 苏东坡巧对"绝对"［J］/张文举//财会月刊，2013（23）

20038 随性之文：论苏轼杂记短文对于传统"文以载道"观念的突破［J］/谢俊美//考试周刊，2013（37）

20039 《东坡志林》复音词研究［D］/李碧秋．—广州大学（硕士论文），2013

20040 宋代笔记中的苏轼［D］/翟璐．—河南大学（硕士论文），2013

20041 苏轼小文章研究［D］/王丽梅．—江西师范大学（硕士论文），2013

20042 苏轼政论散文研究［D］/唐鹏．—扬州大学（硕士论文），2013

20043 苏东坡对联逗长老［N］/不详//莱西市情，2014-08-28

20044 苏东坡巧对"绝对"［J］/不详//幽默与笑话（成人版），2014（2）

20045 苏轼挽词研究［J］/姚越超//西南农业大学学报·社会科学版，2014（2）

20046 韩愈与苏轼祭文之异同［J］/付芮//长治学院学报，2014（3）

20047 晖读《东坡易传》中的幼儿教育思想［J］/冯芳//小说月刊（下半月），2014（3）

20048 苏东坡破解三百年绝对［J］/本刊编辑部//作文评点报（小学版），2014（3）

20049 苏东坡以谜答谜［J］/包立本，苏建国//知识窗·往事文摘，2014（3）

20050 苏轼《艾子杂说》叙事模式析论［J］/罗晨//西南科技大学学报（哲学社会科学版），2014（3）

20051 小儿不畏虎［J］/不详//青少年日记（中学版），2014（3）

20052 苏东坡买联［J］/平儿//炎黄纵横，2014（4）

20053 苏东坡《杂记·人物六十七首》中僧人形象研究［J］/ 雷静 // 湖南省社会主义学院学报，2014（5）

20054 破体为文与文备众体：东坡杂录题跋探析［J］/ 李蓉 // 佳木斯大学社会科学学报，2014（6）

20055 苏轼《杂书琴事》与文人琴的形成［J］/ 钟旖旎 // 成都师范学院学报，2014（6）

20056 读《留侯论》［J］/ 霍达 // 秘书工作，2014（7）

20057 苏东坡妙对刘贡父［J］/ 不详 // 对联·民间对联故事（上半月），2014（7）

20058 跋伊秉绶书东坡《王朝云墓志铭》［J］/ 梅春林 // 书法，2014（10）

20059 苏东坡以谜答谜［J］/ 包立本，苏建国 // 高中生·青春励志，2014（10）

20060 苏东坡以谜答谜［J］/ 本刊编辑部 // 华夏关注，2014（15）

20061 读苏轼的《苏廷评行状》［J］/ 林尔 // 华章，2014（22）

20062 论苏轼的奏议文章［J］/ 邹东凛，范敏 // 科技展望，2014（22）

20063 宋代笔记研究［D］/ 李银珍．—复旦大学（博士论文），2014

20064 苏轼和苏门文人亭堂记研究［D］/ 杜龙女．—青岛大学（硕士论文），2014

20065 苏轼小品文研究［D］/ 芦思宏．—四川师范大学（硕士论文），2014

20066 苏轼应用文写作及理论研究［D］/ 左广军．—长春理工大学（硕士论文），2014

20067 苏东坡调侃贾谊［N］/ 梁盼 // 北京晨报，2015-03-12

20068 苏东坡妙联嵌中药［N］/ 不详 // 中国中医药报，2015-06-05

20069 苏东坡巧对拆字联［N］/ 不详 // 京郊日报，2015-09-08

20070 苏东坡的好软文：《猪肉颂》改变猪命运［N］/ 不详 // 无锡商报，2015-11-23

20071 苏东坡巧吟联［N］/ 不详 // 黄冈日报，2015-11-28

20072 论苏轼的哀祭文［J］/ 林尔 // 浙江师范大学学报（社会科学版），2015（1）

20073 论苏轼的奏议文章［J］/ 邹东凛，范敏 // 秘书，2015（1）

20074 论苏轼墓志铭创作构思的新巧［J］/ 王亚 // 临沧师范高等专科学校学报，2015（1）

20075 苏东坡以谜答谜［J］/ 一鸣 // 政府法制，2015（2）

20076 东坡句集联［J］/ 郭沫若 // 郭沫若学刊，2015（3）

20077 苏轼《六一泉铭》的文化影响［J］/ 程宇静 // 古典文学知识，2015（3）

20078 苏东坡写对帖式火花：昆明火柴厂出品［J］/ 不详 // 对联·民间对联故事（下半月），2015（4）

20079 苏东坡改对［J］/ 不详 // 老年教育·长者家园，2015（5）

20080 诠释学视域下公文写作的风格研究：以苏轼《荐何宗元十议状》为例［J］/ 徐文 // 办公室业务，2015（6）

20081 苏东坡和王安石的对联故事［J］/ 王东 // 新长征（党建版），2015（7）

20082 苏东坡与“绝对”轶事［J］/ 韩长代 // 老年教育·老年大学，2015（9）

20083 苏轼制诰文中的情趣［J］/ 贾喜鹏 // 乐山师范学院学报，2015（9）

20084 苏东坡巧对“绝对”［J］/ 张文举 // 高中生·青春励志，2015（10）

20085 浅论秦观策论文的艺术特色［J］/ 仲芳 // 牡丹江大学学报，2015（11）

20086 浅谈苏洵“杂学”特色及其文艺思想［J］/ 唐楚晴 // 环球人文地理，2015（16）

20087 从苏轼的《贾谊论》中的“豫”联想到

的［J］/ 张劲松 // 课程教育研究，2015（20）

20088 咏竹联含理趣［J］/ 智慧 // 人才资源开发，2015（21）

20089 南宋嘉定间文章宗尚研究：由比较叶适与苏轼政论观察［J］/ 郑芳祥 // 实践博雅学报，2015（22）

20090 苏轼《海外史论》之奇识伟论：以《游士失职之祸》为例［J］/ 马菁珍 // 国文天地，2016，32（1）

20091 苏东坡改对联［N］/ 不详 // 海东时报，2016-02-01

20092 吾写吾得：和尚骨东坡尸暗中较劲靠对联［N］/ 不详 // 文汇报（香港），2016-06-17

20093 王安石和苏东坡对对联［N］/ 不详 // 衡阳晚报，2016-07-09

20094 苏东坡记梦［N］/ 不详 // 西安晚报，2016-09-10

20095 苏轼《仇池笔记》的成书和校勘问题［J］/ 李如冰 // 蜀学，2016（00）

20096 苏东坡对联逗长老［J］/ 华章 // 影响孩子一生的经典阅读（小学版），2016（2）

20097 论苏轼贬谪间的审美心境：以《东坡志林》为考察物件［J］/ 刘师健 // 保定学院学报，2016（3）

20098 苏轼知颍祈雨文初探［J］/ 龚光明，刘家钦 // 阜阳师范学院学报（社会科学版），2016（3）

20099 从《东坡志林》看苏轼的柳宗元观［J］/ 王苑 // 沈阳大学学报（社会科学版），2016（5）

20100 苏东坡巧对刘攽［J］/ 沈淦 // 对联（民间对联故事，上半月），2016（5）

20101 论苏轼疏浚西湖之奏议［J］/ 冯炜玥 // 西部学刊，2016（6）

20102 苏轼《东坡志林》的创作特色［J］/ 张美岭 // 语文教学与研究，2016（8）

20103 苏东坡对联拾趣［J］/ 曾洪根 // 思维与智慧（上半月），2016（10）

20104 苏轼笔记文集的语言艺术：从心理修辞学角度看《东坡志林》［J］/ 杨军会 // 南风，2016（11）

20105 苏轼《上王兵部书》篇章修辞探析［J］/ 郭慈薇 // 东吴中文研究集刊，2016（22）

20106 《刑赏忠厚之至论》：青年苏轼的“法学理想国”［N］/ 钟晋 // 人民法院报，2017-11-24

20107 苏轼《广成子解》发微［J］/ 谢桃坊 // 蜀学，2017（1）

20108 苏轼初为欧阳修赏识的科考之文：苏轼《刑赏忠厚之至论》［J］/ 阮忠 // 文史知识，2017（2）

20109 以人性度神性：试论苏轼祈雨文的文化内涵［J］/ 丁佐湘，蒋燕娜 // 河北广播电视大学学报，2017（4）

20110 苏轼诗题散文化的抒写策略［J］/ 徐振辉 // 书屋，2017（5）

20111 北宋 苏轼 行书答谢民师论卷［J］/ 编者 // 中国书法，2017（17）

游记、题跋作品评论与赏析

20112 笺经室所见宋元书题跋：宋椠东坡先生和陶渊明诗跋［J］/ 曹元忠 // 文艺杂志，1914（2）

20113 拟东坡前游赤壁记［J］/ 陈干进 // 学生，1915，2（5）

20114 苏轼石钟山记（中英文对照）［J］/ 王步贤 // 英文杂志，1922，8（10）

20115 读苏轼超然台书后［J］/ 武元祥 // 六中汇刊，1923（2）

20116 苏轼超然台记（中英文对照）［J］/ 沈寿

宇 // 英文杂志，1925，11(8)
20117 苏东坡，记承天寺夜游(中英文对照)[J]/ 于贯一 // 英文杂志，1926，12(1)
20118 藏园群书题记：宋刊王状元集渚家注分类东坡先生诗跋[J]/ 傅增湘 // 国闻周报，1932，9(43)
20119 宋苏东坡跋文与可画竹[J]/ 敬君 // 北洋画报，1934，22(1071)
20120 读书偶录：苏东坡致狱吏书……[J]/ 异之 // 宇宙文摘，1947，1(3)
20121 《石钟山记》分析[J]/ 徐应佩，周溶泉 // 江西教育，1962(3)
20122 从书简看东坡[N]/ 陈宗敏 // 台湾“中央日报”，1971-10-17
20123 看苏东坡的小文[N]/ 东郭牙 // 青年战士报，1973-02-19
20124 苏轼和《石钟山记》[J]/ 曾枣庄 // 四川师范大学学报(社会科学版)，1978(1)
20125 苏轼《石钟山记》试析[J]/ 谢邦华 // 咸宁学院学报，1979(1)
20126 谈《石钟山记》的“南声”、“北音”[J]/ 王伟民 // 徐州师范大学学报(哲学社会科学版)，1979(1)
20127 《石钟山记》的艺术特点[J]/ 刘宗德 // 语文教学与研究，1979(2)
20128 《石钟山记》分析[J]/ 徐应佩，周溶泉 // 辽宁师范大学学报(社会科学版)，1979(3)
20129 苏轼《石钟山记》评点[J]/ 叶百丰，翁德森 // 语文教学通讯，1979(6)
20130 文气 · 文风 · 文眼：柳宗元、欧阳修、苏东坡山水游记的艺术特色[J]/ 毛时安，魏威 // 名作欣赏，1980(1)
20131 苏轼：石钟山记[J]/ 易俊杰 // 邵阳师专 · 教与学(文科)，1980(1/2)
20132 《石钟山记》疑析[J]/ 萧德君 // 四川师范大学学报(社会科学版)，1980(2)
20133 《石钟山记》一疑[J]/ 宋曾华 // 天津教育，1981(4)
20134 未入其室 已得其声：谈苏轼《石钟山记》的声论说[J]/ 牟应杭 // 语文教学通讯，1981(12)
20135 从苏轼《石钟山记》的失误说起[J]/ 黄进德 // 江西社会科学，1981(Z1)
20136 浅谈《石钟山记》的艺术特色[J]/ 肖可 // 语文学刊，1982(2)
20137 《石钟山记》的有关资料[J]/ 鲁勤 // 语文教学与研究，1982(6)
20138 苏轼《王大年哀辞》质疑[J]/ 顾吉辰，俞如云 // 文史，1982(16)
20139 《石钟山记》中的一个问题[J]/ 不详 // 中学语文，1984(3)
20140 苏轼是哪年哪月到石钟山的[J]/ 李泳 // 教学通讯(文科版)，1984(12)
20141 苏轼《游沙湖》校注辨正[J]/ 潘达 // 江汉论坛，1985(1)
20142 《石钟山记》精讲导读[J]/ 曹文趣 // 语文教学通讯，1986(2)
20143 释“咳”:《石钟山记》词语小札[J]/ 梁杞林 // 枣庄学院学报，1986(2)
20144 苏轼的游记文[J]/ 王立群 // 河南大学学报(哲学社会科学版)，1986(2)
20145 《石钟山记》释译[J]/ 金锡谟 // 新闻与写作，1986(3)
20146 读苏轼的《石钟山记》[J]/ 韩兆琦 // 名作欣赏，1986(4)
20147 《石钟山记》中苏轼的三“笑”[J]/ 罗治武 // 语文教学与研究，1987(1)
20148 从石钟山的命名谈起[J]/ 尤志心 // 师范教育，1987(7)
20149 苏轼记游散文研究[D]/ 高显莹. —东吴大学(硕士论文)，1987
20150 释“水石相搏”的“相”字[J]/ 李雪梅 // 中学语文，1988(3)

20151 对近版《石钟山记》的两点质疑［J］/黄志鹏//南昌大学学报（人文社会科学版），1988（4）

20152 也谈“水石相搏”的“相”字［J］/杨志远//中学语文，1989（3）

20153 《石钟山记》的一处笔误［J］/张汉清，方骎//语文教学通讯，1989（8）

20154 《石钟山记》的思想意义［J］/杨清远//语文教学通讯，1989（10）

20155 关于《石钟山记》注三则［J］/黄强祺//广西师范学院学报（哲学社会科学版），1990（2）

20156 《石钟山记》浅谈［J］/牛宝彤//北京师范大学学报（社会科学版），1990（2）

20157 试论苏轼“记”体散文中的道家思想［J］/曾子鲁//宝鸡师范学院学报（哲学社会科学版），1990（4）

20158 叙议各别，相映成趣:《游褒禅山记》、《石钟山记》之比较［J］/吴同和//零陵学院学报，1990（4）

20159 《游褒禅山记》和《石钟山记》文体辨异［J］/王嘉民//青海师专学报，1990（4）

20160 论宋代游记多样化的原因［J］/王立群//河南大学学报（社会科学版），1991（2）

20161 心态型与文化型：苏轼与陆游游记的比较［J］/王立群//天府新论，1991（3）

20162 读苏轼《石钟山记》注［N］/赵之//科技日报，1992-04-12

20163 苏轼与《石钟山记》［J］/徐洪志//文科季刊，1992（3）

20164 《石钟山记》中“三笑”之我见［J］/周文志//绥化学院学报，1992（4）

20165 《石钟山记》教学一疑［J］/孔宪锋//语文教学通讯，1992（8）

20166 苏轼杭州西湖题刻刍议［J］/陈汉民，洪尚之//杭州师范学院学报（社会科学版），1993（2）

20167 苏轼亭台楼堂记的艺术特色［J］/张智华//安徽师范大学学报（哲学社会科学版），1993（3）

20168 苏轼游记散文的艺术特色［J］/韩国强//语文学刊，1993（4）

20169 苏轼游石钟山之后［J］/魏仁忠//读写月报（高中版），1993（9）

20170 谢姓族谱中的苏东坡序［J］/钟玉如//怀化师专学报，1994（2）

20171 异曲同工 各具风彩:《游褒禅山记》、《石钟山记》的比较教学［J］/周绍池//职业技术教育，1994（2）

20172 再现、表现、文化认同：唐宋山水游记的三种模式［J］/王立群，姬忠林//天中学刊，1995（1）

20173 黄庭坚《题竹石牧牛并序》读解［J］/吴晟//古典文学知识，1996（1）

20174 苏轼游记散文艺术特色论［J］/何梅琴//平顶山师专学报，1996（3）

20175 《石钟山记》质疑［J］/张志琦//语文教学与研究，1997（6）

20176 异曲同工 各呈辉煌:《游褒禅山记》与《石钟山记》比较谈［J］/石华鹏//中学语文（大语文论坛），1997（11）

20177 一词误释，碍及“舟人”:《石钟山记》中“虽”辨释［J］/朱学军//语文知识，1998（2）

20178 从苏轼《越江郑氏序》试探郑侠乃郑虔后裔［C］/郑瑛中//唐代文学研究（第八辑）：中国唐代文学学会第九届年会暨国际学术讨论会论文集/贵州大学，1998

20179 抓住契机 说写并重：我教《石钟山记》［J］/王高基//甘肃教育，1999（10）

20180 质“疑”品“笑”见精神:《石钟山记》教学浅谈［J］/赵亦化//中学语文教学参考，1999（11）

20181 《石钟山记》课堂教学实录与点评[J]/夏健，王军//语文教学通讯，1999(12)

20182 苏轼记游文研究[D]/纪懿民.—辅仁大学(硕士论文)，1999

20183 谈《石钟山记》的背景介绍[J]/秦嘉选//教育与职业，2000(2)

20184 宋代题跋文的勃兴及其文化意蕴[J]/朱迎平//文学遗产，2000(4)

20185 事仅目见耳闻，可乎？：再读苏轼《石钟山记》[J]/胡姝慧//语文天地(高中版)，2000(5)

20186 也说“是”:《这个“是”不是代词》商榷[J]/胡绍文//语文月刊，2000(7)

20187 东坡题跋思想艺术浅论[J]/魏景波//陕西教育学院学报，2001(1)

20188 亲历石钟山[J]/李天泉//中学语文教学参考，2001(4)

20189 莫听穿林打叶声 一生为官只求真：解读《石钟山记》[J]/万仁芳//中学语文(教师版)，2001(7)

20190 苏轼跑题了？[J]/孙晋诺//现代语文(高中版)，2001(9)

20191 苏轼游记散文艺术特色论[J]/郑金梅//平原大学学报，2002(3)

20192 拳拳规劝 言之谆谆：读苏轼《与侄孙元老书》[J]/毛大成//阅读与写作，2002(6)

20193 巧用对联招客生财 篾匠应联成至友 苏东坡与秦少游联对[J]/不详//科学大观园，2002(10)

20194 《石钟山记》的表述过程与思维过程[J]/张伟然//文史知识，2003(5)

20195 游记领域中的双子星座[J]/李园//乐山师范学院学报，2003(5)

20196 《游褒禅山记》和《石钟山记》的异同[J]/雷乃保//语文教学通讯，2003(15)

20197 《东坡题跋》“记与蔡君谟论书”证伪[J]/丛文俊//中华书道，2003(41)

20198 论苏轼的游记散文[D]/毕爱杰.—宁夏大学(硕士论文)，2003

20199 苏轼记游作品研究[D]/徐浩祥.—中兴大学(硕士论文)，2003

20200 苏轼题跋文初探[C]/安芮璇//第三届宋代文学国际研讨会论文集/宋代文学学会，2003

20201 因名求实 知行合一：从《石钟山记》看苏轼的探索精神[J]/马启俊//池州师专学报，2004(2)

20202 试论《石钟山记》与“乌台诗案”的联系[J]/魏庆//唐山学院学报，2004(3)

20203 妙趣横生 自然天成：苏轼山水游记的两大特征[J]/施静//语文学刊，2004(8)

20204 读《石钟山记》小札[J]/徐从根//语文学习，2005(1)

20205 关于《石钟山记》中的“鹘”和“磔磔”[J]/刘大威//昌吉学院学报，2005(1)

20206 谈谈《石钟山记》中的破绽[J]/陈友珠//文教资料，2005(3)

20207 苏轼也失之于未“目见耳闻”[J]/罗朝坤//四川教育学院学报，2005(4)

20208 李渤未必可笑：兼论苏轼《石钟山记》[J]/许国申//语文学习，2005(5)

20209 《石钟山记》题旨发覆[J]/吴剑琴//苏轼研究，2006(2)

20210 一样贬谪两样情：谈柳宗元、苏轼贬谪期的山水游记[J]/万美娟//贵州文史丛刊，2006(2)

20211 《石钟山记》中的科学方法探微[J]/吴瑶//河池学院学报，2006(3)

20212 宋代山水游记中的哲理[J]/庄国瑞//内蒙古师范大学学报(哲学社会科学版)，2006(3)

20213 我看苏轼笑李渤［J］/ 邓娇 // 语文教学与研究·读写天地，2006（3）

20214 文理自然，姿态横生:《灵璧张氏园亭记》赏析［J］/ 李哲峰 // 现代语文（文学研究版），2006（4）

20215 渔工水师根本就不“知”［J］/ 黄克龙 // 语文教学与研究·读写天地，2006（5）

20216 柳宗元、苏轼游记的感物特色比较［J］/ 方星移 // 名作欣赏·文学研究（下旬），2006（7）

20217 心灵的花瓣:《石钟山记》赏析［J］/ 李胜志 // 中学语文教学参考（教师版），2006（7）

20218 柳宗元、苏轼游记的感物特色比较［J］/ 方星移 // 名作欣赏，2006（14）

20219 《游兰溪》赏析［J］/ 沈永生 // 阅读与作文（初中版），2006（Z1）

20220 “贬谪文化”现象与古今游记文学：以柳宗元、苏轼、郁达夫、朱自清、余秋雨为例［D］/ 沈雪明 .—福建师范大学（硕士论文），2006

20221 苏轼文学作品中的“游”［D］/ 杨方婷 .—新竹清华大学（硕士论文），2006

20222 最小的对联［J］/ 肖辉焱 // 对联·民间对联故事，2007（11）

20223 品《石钟山记》四美［J］/ 冯为民 // 语文教学通讯（高中刊），2007（12）

20224 从《东坡题跋》探析东坡书学思想［J］/ 郑峰明 // 中教大语文教育学系系刊，2007（17）

20225 黄庭坚题跋文研究［D］/ 赖琳 .—兰州大学（硕士论文），2007

20226 柳宗元与苏轼山水游记研究［D］/ 李纯瑀 .—台湾师范大学（硕士论文），2007

20227 苏轼记游散文研究［D］/ 高显莹 .—东吴大学（硕士论文），2007

20228 论黄庭坚铭的特色［J］/ 徐建平 // 上海师范大学学报（哲学社会科学版），2008（3）

20229 《石钟山记》新辨［J］/ 曹瑛 // 现代语文（教学研究版），2008（3）

20230 一字激起千层浪［J］/ 刘绍华 // 文学教育（下），2008（5）

20231 从《石钟山记》看苏轼［J］/ 索颖泓 // 中学语文（下旬，大语文论坛），2008（9）

20232 《石钟山记》的教学重点在哪儿？［J］/ 周陶富 // 语文学习，2008（9）

20233 其文相近 其趣各异：细品《游褒禅山记》与《石钟山记》［J］/ 李兴茂 // 中学语文，2008（16）

20234 论苏轼谪居黄州以后记游小品中存在意识之转化［J］/ 齐婉先 // 明道中文学报，2009（1）

20235 《石钟山记》的由来［J］/ 邱成立 // 小学生学习指导（中年级），2009（1）

20236 放鹤亭记［J］/ 周国安 // 中华活页文选（初一年级版），2009（2）

20237 《石钟山记》教学设计（第二课时）［J］/ 贾会彬 // 语文建设，2009（6）

20238 此间有甚么歇不得处：苏轼《记游松风亭》赏析［J］/ 惠军明 // 新高考（高一语文·数学·英语），2009（11）

20239 谈《石钟山记》中的两处逻辑错误［J］/ 杨三成 // 新闻爱好者，2009（14）

20240 游沙湖，话苏轼：读《游沙湖》及苏轼［J］/ 孙永河 // 语文教学通讯，2009（16）

20241 苏轼山水记游诗的情趣和理趣［J］/ 王彦颖 // 作家，2009（22）

20242 黄庭坚散文研究［D］/ 徐建平 .—华东师范大学（博士论文），2009

20243 苏轼黄州记游文学研究［D］/ 郭淑玲 .—台湾中山大学（硕士论文），2009

20244 柳宗元和苏轼游记审美目的研究［J］/刘娜//绥化学院学报，2010（1）

20245 谈谈苏轼的“疑”：由读《石钟山记》想到的［J］/胡先酉//苏轼研究，2010（3）

20246 《石钟山记》指瑕［J］/彭英姿//语文教学之友，2010（5）

20247 苏东坡的石钟山（外一首）［J］/龙泉//创作评谭，2010（6）

20248 苏轼亭台堂记体文中的议论［J］/顾勤//琼州学院学报，2010（6）

20249 纸上得来终觉浅，绝知此事要躬行：读《石钟山记》有感［J］/胡中禄//农场经济管理，2010（6）

20250 黄庭坚《砥柱铭》赏析［J］/延军//金秋，2010（16）

20251 季羡林《游石钟山记》阅读练习［J］/董世玮//语文天地，2010（16）

20252 柳宗元与苏轼游记比较研究［D］/刘娜.—河南师范大学（硕士论文），2010

20253 读《游兰溪》品苏轼［N］/不详//北京语言大学报，2011-06-25

20254 读苏轼《上梅直讲书》与《石钟山记》［N］/躲斋//新民晚报，2011-12-26

20255 从被贬所作的游记散文看苏轼思想的转变［J］/陈作行，张安琪，潘艳华//黄石理工学院学报（人文社会科学版），2011（3）

20256 是李渤之“陋”还是苏轼之“陋”［J］/刘党桦//语文月刊，2011（4）

20257 浅谈苏轼寓言作品分类［J］/孙德春//科教文汇（上旬刊），2011（5）

20258 一样山水，别种风情：柳宗元、欧阳修、苏轼山水游记探异［J］/张燕//阅读与鉴赏（下旬），2011（6）

20259 疑而不探岂有知 事必躬亲才增识［J］/张大文//美文（下半月），2011（6）

20260 柳宗元与苏轼贬谪期山水游记比较研究［J］/汪鑫//语文学刊（高等教育版），2011（8）

20261 苏轼游记散文浅探［J］/王莉芳//时代报告（下半月），2011（12）

20262 柳宗元与苏轼贬谪期山水游记比较研究［J］/汪鑫//语文学刊，2011（15）

20263 从《石钟山记》的创作看苏轼思想的转变［J］/沈建芳//现代阅读（教育版），2011（21）

20264 夜游：感性破浪理性把舵［N］/冯新生//中国旅游报，2012-05-07

20265 试论苏轼小品文对晚明小品的影响［J］/许晓燕//汕头大学学报（人文社会科学版），2012（1）

20266 苏轼黄州记游文之“齐物论”思想［J］/何儒育//南大附中学报，2012（2）

20267 苏东坡·罗浮山·栖禅寺［J］/黄夏年//中华文化画报，2012（3）

20268 陆游和苏轼游记散文的比较［J］/陈永娟//剑南文学·经典教苑，2012（5）

20269 从《东坡题跋》看苏轼的文艺观［J］/刘莉莉//时代文学（上半月），2012（6）

20270 哲人之文与骚人之文：苏轼与柳宗元贬地山水游记比较［J］/杨有山//信阳师范学院学报（哲学社会科学版），2012（6）

20271 《石钟山记》教学设计［J］/程静//新课程（下），2012（9）

20272 欧阳修、苏轼、黄庭坚三家题跋研究［D］/戴欢.—中山大学（硕士论文），2012

20273 苏轼的碑志文研究［D］/赵征.—辽宁师范大学（硕士论文），2012

20274 苏轼的“记”体散文研究［D］/刘含笑.—东北师范大学（硕士论文），2012

20275 苏轼题跋文研究［D］/杨晓玲.—江西师范大学（硕士论文），2012

20276 论清代鄱阳湖诗歌：以石钟山为例［J］/ 张小华 // 鄱阳湖学刊，2013（1）
20277 苏轼寓言中的社会心态探析［J］/ 马佳佳 // 滁州学院学报，2013（1）
20278 苏轼游记散文及文化背景分析［J］/ 李连铁，李秋生 // 兰台世界（下旬），2013（7）
20279 游石钟山［J］/ 钟雨 // 老友，2013（7）
20280 乐以忘忧，于平淡中见豁达［J］/ 陆小丹 // 新课程（中学），2013（11）
20281 从《石钟山记》的创作背景再看苏东坡思想的转变［J］/ 马学海 // 中国科技纵横，2013（20）
20282 苏轼山水小品研究［D］/ 袁世瑛 .—西南民族大学（硕士论文），2013
20283 众思堂与苏轼《铜仁思堂记》［N］/ 钟建平 // 铜仁日报，2014-11-08
20284 苏轼《游沙湖》探析［J］/ 胡俊华 // 文学教育（上、下旬刊），2014（5）
20285 《石钟山记》“献疑”［J］/ 周陶富 // 中学语文教学，2014（8）
20286 透过《石钟山记》看苏轼［J］/ 闫学军，李惠云 // 教育研究与评论 · 课堂观察，2014（9）
20287 从《石钟山记》看苏迈的形象［J］/ 贾小飞 // 语数外学习（高中版），2014（16）
20288 苏轼山水文研究［D］/ 张立民 .—宁波大学（硕士论文），2014
20289 秦观《摩诘辋川图跋》［J］/ 刘燕 // 老年教育 · 书画艺术，2015（7）
20290 苏轼于杭州所作游历诗词文学地理价值探析［J］/ 张跟丛，刘艳军 // 青春岁月，2015（11）
20291 论宋人题跋之文体新变：从欧阳修至苏门文人［J］/ 盖琦纾 // 高雄师大国文学报，2015（21）
20292 《石钟山记》的旅游价值探析［J］/ 赵媛媛 // 语文建设，2015（21）
20293 苏轼《游沙湖》解析［J］/ 倪大凤，张艳，姜娜 // 中学语文 · 大语文论坛，2016（1）
20294 《石钟山记》中的苏轼［J］/ 丁松 // 文学教育（下），2016（3）
20295 东坡题跋一则［J］/ 冯高 // 书画世界，2016（5）
20296 求真不畏险：从《石钟山记》的一处细节探苏轼的求真品格［J］/ 杨云付 // 读写月报（语文教育版），2016（8）
20297 论苏轼游记文的生态观［J］/ 毛艺桥 // 青年文学家，2016（14）
20298 苏轼黄庭坚题跋文所折射出的北宋文人生活［J］/ 毛雪 // 人间，2016（20）
20299 试论苏轼小品文的体式和体性［J］/ 钱甜甜 // 名作欣赏，2016（27）
20300 三苏《南行集》研究：重新审视一部特殊的纪行雅集［D］/ 刘亚文 .—西藏民族大学（硕士论文），2016
20301 苏轼赤壁赋自跋［J］/ 不详 // 书法，2017（1）
20302 苏轼寺院碑文书写探析［J］/ 赵德坤 // 宜宾学院学报，2017（4）
20303 小组讨论中教师角色的介入策略分析：以苏轼的《记承天寺夜游》为例［J］/ 朱金燕 // 初中生世界，2017（4）
20304 笔调从容 坦荡平易：苏轼《致季常尺牍》赏析［J］/ 朱以撒 // 老年教育（书画艺术），2017（8）
20305 苏轼 · 游庐山记［J］/ 张海晓 // 东方艺术，2017（16）
20306 月色婵娟意阑珊：小议苏轼《记承天寺夜游》的月色［J］/ 马继仁 // 课程教育研究，2017（20）
20307 读《记承天寺夜游》，品苏轼旷达情怀：《记承天寺夜游》教学反思［J］/ 林洁

琼 // 中华少年，2017(21)

20308 苏轼题跋美学意义浅谈[J]/龙军 // 西部皮革，2017(22)

20309 知人·晓事·论文：以苏轼《记承天寺夜游》为例[J]/徐菡 // 语文天地，2017(29)

20310 《记承天寺夜游》《苏轼传》[J]/李燕 // 快乐作文，2017(Z4)

书画研究

20311 苏东坡的借鉴(艺术杂谈)[N]/夏振亚 // 人民日报，1981-02-09

20312 宋元书画美学[J]/叶朗 // 山西师范大学学报(社会科学版)，1985(4)

20313 宋代墨戏与禅宗[J]/胡德智 // 美术杂志，1985(10)

20314 苏轼非"形似"论源流考[J]/黄鸣奋 // 文史哲，1987(6)

20315 苏轼及其墨迹四种[J]/杨臣彬 // 故宫博物院院刊，1988(1)

20316 各领风骚数百年：从苏轼画论看唐宋审美趣味的转变[J]/张文锋 // 造型艺术研究，1989(2)

20317 苏黄书画理论中道与象的辩证问题[D]/范文瑞.—淡江大学(硕士论文)，1991

20318 苏轼书论辩证思想初探[J]/王伟 // 书法研究，1992(2)

20319 对苏轼"不求形似"艺术观的再认识[J]/葛剑涉 // 周口师专学报(社会科学版)，1992(4)

20320 苏轼《竹石图》卷[J]/徐邦达 // 故宫博物院院刊，1992(4)

20321 试探"诗画同源"[J]/林衡勋 // 湛江师范学院学报(哲学社会科学版)，1994(3)

20322 苏轼书画美学思想特征试探[J]/傅合远 // 齐鲁艺苑，1994(4)

20323 中国古代书论的两大命题与苏轼书论的形成[J]/陈奕纯 // 书法研究，1994(5)

20324 乾隆不却故人情[J]/赵榆，孙鸿月 // 典藏艺术杂志，2000(90)

20325 苏轼书画的历代评价及影响[J]/衣若芬 // 宋代文化研究，2000

20326 苏轼画论浅析[J]/蔡方 // 新美术，2001(2)

20327 文之心与画之文[J]/綦延君 // 美术观察，2001(8)

20328 苏轼书画艺术与佛教[D]/陈中浙.—北京大学(博士论文)，2002

20329 从王维到苏轼：论诗画交融及文人画的历史实现[J]/尹沧海 // 天津大学学报(社会科学版)，2003(2)

20330 谈苏轼论王维、吴道子兼及龙江美术批评[J]/盖东升，赵松 // 艺术研究，2003(4)

20331 说"文人画"[J]/吴宇华 // 书画艺术，2003(5)

20332 从苏轼与赵孟頫的画论看文人画的美学思想[J]/陈丽华 // 鹅湖月刊，2003(333)

20333 论苏轼"寓意而不留意"书画观的禅门精神[J]/陈中浙 // 孝感学院学报，2004(5)

20334 论苏轼的书画"悦人"思想[J]/陈中浙 // 中国书法，2004(10)

20335 渔舟隐棹 烟水斜阳[J]/劳昺 // 养生月刊，2004(10)

20336 抵牾与共识：苏轼与莱辛之诗画论[J]/傅怡静，谷曙光 // 石河子大学学

报（哲学社会科学版），2005（1）

20337 苏门文人私人建物记之美学意涵［J］/盖琦纾//汉学研究，2006，24（1）

20338 苏轼与文人画［N］/曹玉林//美术报，2006-07-22

20339 黄庭坚书画理论对宋代蜀学的贡献：从苏黄对比谈起［J］/邱世鸿//艺术百家，2006（1）

20340 宋代诗画关系论稿［J］/刘赦//新美术，2006（4）

20341 从《书鄢陵王主簿所画折枝》诗管窥苏轼文人画论思想［J］/郭智芳//陕西师范大学继续教育学报，2006（S1）

20342 庐山发现苏东坡摩崖石刻［N］/江慧//信息日报，2007-12-02

20343 庐山发现苏东坡摩崖石刻［N］/江慧//九江日报，2007-12-09

20344 试论苏轼传神理论的多样性及其影响［J］/刘立士，李旸//内蒙古农业大学学报（社会科学版），2007（4）

20345 神·意·道：苏轼文论、画论、书论的比较研究［J］/旷浩源，雷东阳，何云波//湖南农业大学学报（社会科学版），2007（5）

20346 苏轼 治平帖（治平僧札）［J］/不详//紫禁城，2007（6）

20347 东坡书画艺术探微［J］/楚冬玲//科技信息·科学教研，2007（15）

20348 苏东坡《寿星图》非德、寿、殿、宝四字组成［J］/王琳祥//历史月刊，2007（230）

20349 苏轼的书画［N］/不详//温州都市报，2008-07-06

20350 苏东坡与徽墨［N］/江志伟//皖江晚报，2008-08-04

20351 王勃写碑记 苏轼留墨宝［N］/不详//广州日报，2008-11-06

20352 苏轼画论对文人画风的影响［J］/卢禹舜，李颖//艺术研究，2008（2）

20353 宋代社会及个人性情对苏轼画论的影响［J］/李颖，程佳//艺术研究，2008（4）

20354 东坡诗画·青山谣［J］/叶毓中//荣宝斋，2008（5）

20355 文之心与画之文［J］/綦延军//美术大观，2008（11）

20356 苏轼与墨［N］/李元//大连日报，2009-05-21

20357 苏轼与文人画［N］/尹丽//学习时报，2009-08-17

20358 宋·苏轼·枯木怪石图［J］/刘会彬//雪莲，2009（2）

20359 苏轼、黄庭坚书学思想比较研究［J］/张学鹏//中国书法，2009（3）

20360 苏轼的文人画理念探析［J］/马燕//大众文艺·理论，2009（6）

20361 苏轼与文人画［J］/不详//当代人（下半月），2009（8）

20362 黄庭坚书风的形成与演变［J］/陈志平//文艺生活·艺术中国，2009（11）

20363 真得东坡笔法者［N］/刘汉忠//中国文物报，2010-03-03

20364 苏轼两次来济留下三处书画墨迹［N］/不详//济南时报，2010-05-31

20365 苏轼书学观点浅析［J］/李英娜//美术界，2010（1）

20366 宋代山水画之美学研究［J］/苏畅//美苑，2010（2）

20367 苏轼与文人画［J］/闫勇//山东文学（下半月），2010（4）

20368 宋四家的“意”与“法”［J］/白砥//新美术，2010（6）

20369 苏轼与尚意书风的兴起［J］/杨江帆//苏轼研究，2011（1）

20370 论宋代“书迹题跋”的社会文化意义

［J］/高秀清//书法赏评，2011(3)
20371 苏轼与文人画浅论［J］/陈佳//文教资料，2011(3)
20372 浅析苏轼书画中的佛学思维［J］/罗义川//文艺生活·文海艺苑，2011(6)
20373 宋代尚意书风成因探析［J］/李云//飞天，2011(18)
20374 从宋代画院看宋代美术教育中的文人影响［J］/王菲，黄杨//科教新报·教育科研，2011(35)
20375 谈苏轼早期的文人画观［N］/李怀苑//开封日报，2012-03-09
20376 初探《宋苏文忠风竹真迹》古画的惊奇大发现［J］/简世瑜//文物鉴定与鉴赏，2012(1)
20377 浅谈宋代以苏轼为代表的“尚意”书风对文人画兴起的影响［J］/王宁//成都纺织高等专科学校学报，2012(1)
20378 苏轼与王安石在《尚书》诠释上的分歧：以他们的哲学思想为视角［J］/胡金旺//兰州学刊，2012(2)
20379 苏轼“士人画”艺术观与“苏学”的关系［J］/胡新群//南京艺术学院学报(美术与设计版)，2012(3)
20380 苏轼书学思想二题［J］/郭列平，陈宇//中国美术研究，2012(3)
20381 笔简形具 得之自然：论宋代山水诗与山水画对“逸”美风格的艺术共现［J］/窦薇//云南农业大学学报(社会科学版)，2012(5)
20382 苏轼与文同的交谊［J］/彭敏//大众文艺，2012(7)
20383 东坡论画［N］/刘运良//海南日报，2013-03-04
20384 苏轼、黄庭坚留在资中的遗闻和遗墨［N］/不详//内江日报，2013-07-07
20385 寻找国宝苏东坡真迹《中山松醪赋》［N］/李久泉//定州日报，2013-10-11
20386 苏轼书画美学思想及其创作观［J］/左国华，谢鸽//北方文学(下旬)，2013(3)
20387 苏轼与墨［J］/赵可君//文艺生活(艺术中国)，2013(3)
20388 从杜甫的题画诗看杜甫与苏轼书画艺术的审美观［J］/孙红玉，彭燕//阿坝师范高等专科学校学报，2013(4)
20389 苏轼《书张少公判状》发微［J］/王万洪//四川省干部函授学院学报，2013(4)
20390 宋人手札10品(上)［J］/娄红卫//青少年书法，2013(8)
20391 苏轼对文人画理念的建构与阐释［J］/孙超//艺术科技，2013(11)
20392 苏轼书画理论美学思想探析［D］/高娃.—内蒙古师范大学(硕士论文)，2013
20393 论苏轼书画题跋中的禅宗思想［J］/孟宪伟//贵州大学学报(艺术版)，2014(1)
20394 论苏轼书论的美学思想［J］/张锦辉，刘永丰//西南交通大学学报(社会科学版)，2014(1)
20395 宋代画意论［J］/朴亭顺//重庆理工大学学报(社会科学)，2014(1)
20396 从《功甫帖》看中国古书画鉴定的困局［J］/李逸峰//中国美术，2014(3)
20397 苏轼画论略谈［J］/陈晓春//乐山师范学院学报，2014(3)
20398 苏轼与宋代文人画［J］/董蕊//青年文学家，2014(5)
20399 苏轼对于王维、吴道子的轩轾［J］/张晶//中国书画，2014(6)
20400 谈苏、黄、米的书学思想的关联性［J］/吴彩虹，陈开政//美与时代(下)，2014(9)
20401 苏轼东武帖与苏轼《古木怪石图》［J］/

不详 // 书法，2014（10）

20402 苏轼书论“窃斧”说发微［J］/ 何学森 // 中国书法，2014（11）

20403 苏轼画论［J］/ 李韶希 // 时代报告（学术版），2014（12）

20404 苏轼“尚意”书风研究［D］/ 程玉良 .—淮北师范大学（硕士论文），2014

20405 文化立市“东坡画派”快速崛起［N］/ 文铭权 // 四川日报，2015-01-06

20406 苏轼书画评论中“意”概念辨析［J］/ 冯建强，孙敬 // 艺术品鉴，2015（2）

20407 苏轼与《宣和画谱》：浅析北宋文人画兴起［J］/ 王政 // 明日风尚，2015（8）

20408 从艺术价值本身透视苏轼在北宋书坛的崛起［J］/ 黄晓青 // 大众文艺，2015（15）

20409 苏轼论画的独特见解［N］/ 庄文永 // 澳门日报，2016-09-20

20410 苏轼书画气韵观［J］/ 周利明 // 西北美术，2016（2）

20411 苏轼《又跋汉杰画山二首》的再认识［J］/ 杨娜 // 艺术探索，2016（2）

20412 苏轼“形”“意”观的探讨［J］/ 聂涛 // 民族艺林，2016（4）

20413 苏轼《寒食帖》的意境［J］/ 蒋勋 // 书摘，2016（5）

20414 北宋后期书论的三维向度［J］/ 李守银 // 中国书画，2016（7）

20415 黄庭坚晚年“为画满纸”思想研究［J］/ 许永福 // 江西社会科学，2016（7）

20416 苏轼“物化”论对晁补之画学思想的影响［J］/ 李艳 // 赤峰学院学报（汉文哲学社会科学版），2016（12）

20417 《艺术概论》课中“苏轼文人画论”解读［J］/ 申剑飞 // 读天下，2016（17）

20418 浅谈苏轼书风形成的原因及主要特征［N］/ 唐晓亮 // 中国书法报，2017-02-21

20419 “尚意”宗师苏轼［J］/ 王万洪 // 蜀学，2017（2）

20420 身份与趣味：论苏轼的士人画思想［J］/ 李昌舒 // 艺术百家，2017（5）

20421 悲情色彩：浅析苏轼尚意书风［J］/ 孙丹析 // 中小企业管理与科技（下旬刊），2017（7）

20422 翰墨精灵 天假之缘：关于苏轼“郏县苏帖”及其校勘学和书学价值［J］/ 刘继增 // 乐山师范学院学报，2017（7）

书法研究

20423 苏东坡字［J］/ 眉山苏轼 // 少年，1911（1）

20424 宋苏轼一夜帖（附手稿）［J］/ 不详 // 故宫书画集，1911（47）

20425 东坡遗墨［J］/ 苏轼 // 中国学报，1913（4）

20426 大赠品：花苏东坡真迹［J］/ 不详 // 寸心，1917（3）

20427 苏东坡像砚［J］/ 不详 // 小说月报（上海 1910），1920，11（6）

20428 苏轼书吴道子画后（中英文对照）［J］/ 张莘农 // 中华英文周报，1924，10（253）

20429 苏东坡手写方乾诗墨迹……：［书法］［J］/ 炯 // 上海画报，1926（75）

20430 苏东坡亲笔诗词：［书法］［J］/ 杨公卓 // 中国摄影学会画报，1927（94）

20431 苏东坡书戴嵩画牛［J］/ 雄 // 清华周刊，1928，30（7）

20432 宋苏东坡诗书杰作：［书法］［J］/ 双梧桐馆 // 华北画刊，1929（9）

20433 书庞阜宁读东坡年谱后［J］/ 蔡瀛壶 //

虞社，1929(153)

20434 宋东坡居士遗书:[画图][J]/不详//天津商报图画周刊，1930，1(3)

20435 打鱼湾上闲谈：苏东坡写刻妙法莲华经[J]/沈本渊//新上海，1934，1(5)

20436 香港对岸九龙之苏东坡摹王右军鹅字刻石:[照片][J]/笔公//天津商报画刊，1934，10(35)

20437 苏东坡题名石刻[J]/不详//河北月刊，1934(3)

20438 宋苏轼从星砚(附照片)[J]/不详//故宫周刊，1934(368)

20439 东坡书须见真迹，方知其运笔凝墨法……[J]/郭尚先//艺林月刊，1935(69)

20440 眉山苏东坡手札真迹:[手稿][J]/迪生//北洋画报，1936，30(1486)

20441 苏东坡的字:[书法][J]/不详//少年周报，1937，1(5)

20442 苏东坡的字[J]/不详//少年周报，1937(5)

20443 苏东坡的砚[J]/木村毅//华文大阪每日，1939，2(2)

20444 东坡龙马砚记(附图)[J]/瞻麓斋主人//国艺，1940，1(3)

20445 东坡龙马砚考[J]/怀希//国艺，1940，1(4)

20446 苏轼书:[书法][J]/不详//国艺，1940，2(3)

20447 中国书法：六、宋朝的苏东坡……[J]/少君//立言画刊，1940(109)

20448 宋苏东坡条幅真迹:[照片][J]/砂金云樵珍//两仪，1942，2(1)

20449 苏东坡在常州报恩寺板壁作字[J]/不详//书学，1943(1)

20450 书家逸事：苏东坡一肚皮不合时宜[J]/不详//书学，1944(2)

20451 书家逸事：黄山谷称东坡书为换羊书[J]/不详//书学，1944(3)

20452 东坡手卷流落日本[J]/可人//一周间(上海1946)，1946(2)

20453 鹃城：苏东坡的一笔龙……[J]/刘楚冰//茶话，1948(27)

20454 中华国宝：宋苏轼尺牍等[J]/不详//中国一周，1954(240)

20455 苏轼的书法及其书论[J]/江正诚//幼狮月刊，1976，43(2)

20456 苏东坡论书法[J]/戴丽姝//幼狮月刊，1976，43(5)

20457 苏东坡的书法及其书论[J]/江正诚//艺文志，1977(139)

20458 如棉裹铁 藏巧于拙：谈谈苏轼的书法艺术[J]/承名带//书法，1979(4)

20459 漫话苏轼书法[J]/蔡鸿茹//造型艺术研究，1979(7)

20460 如棉裹铁 藏巧于拙：谈谈苏轼的书法艺术[J]/承名带//造型艺术研究，1979(7)

20461 苏东坡黄州谪居和寒食诗卷书法[J]/赵明//新竹师专学报，1980(6)

20462 北京市文物商店藏《西楼苏帖》[J]/秦公//文物，1980(10)

20463 苏东坡的书法艺术[J]/不详//浙江画报，1981(2)

20464 苏东坡与《醉翁亭记》[J]/花纯儒//艺谭，1981(3)

20465 苏轼和米芾的行书[J]/徐邦达//书法丛刊，1981(1)

20466 鲜于枢书《苏轼海棠诗》卷及其他[J]/杨臣彬//书法丛刊，1981(1辑)

20467 《群玉堂苏帖》及苏轼的书法[J]/段成桂//博物馆研究，1982(1)

20468 我省新近发现苏轼著名墨迹《洞庭春色中山松醪二赋卷》[J]/苏兴钧//博物

馆研究，1982（1）
20469 谈苏轼书法及其流传书迹[J]/朱鼎荣//书法丛刊，1982（3辑）
20470 苏东坡书法析赏[J]/蔡崇名//高雄文献，1982（9/10）
20471 记苏轼二赋墨迹卷[J]/苏兴钧//博物馆研究，1983（1）
20472 论苏轼的书法艺术[J]/段成桂//博物馆研究，1983（1）
20473 苏东坡最大的留题石刻：连鳌山[J]/彭泽良//四川地方志通讯，1983（3）
20474 专家远道来长鉴赏苏轼墨迹 二赋所残部分有可靠复原依据[J]/子重//博物馆研究，1983（3）
20475 苏东坡真迹失而复得：刘刚将《洞庭春色》、《中山松醪》二赋卷献给国家[J]/苏兴钧//文物天地，1983（4）
20476 苏轼《洞庭春色赋》、《中山松醪赋》墨迹手卷[J]/段成桂//文物，1983（6）
20477 东坡书法[J]/于大成//中国国学，1983（11）
20478 书艺与灵境兼论东坡[J]/汪中//孔孟月刊，1983，21（12）
20479 东坡字的身价[J]/不详//故宫文物月刊，1984，2（1）
20480 天下第一苏东坡：寒食帖[J]/傅申//故宫文物月刊，1984，2（7）
20481 书法选读:《东坡题跋》选注[J]/洪丕谟//书法，1984（1）
20482 苏东坡的书法艺术[J]/徐润芝//西泠艺丛，1984（1）
20483 苏轼洞庭春色、中山松醪二赋墨迹[J]/子重//图书馆学研究，1984（1）
20484 《望湖楼醉书》赏析[J]/曾令衡//湖南教育，1984（1）
20485 从“第一山题刻”中查获苏轼《行香子词》等宋代题刻[J]/秦士芝//文博通讯，1984（2）
20486 苏轼手书两赋卷收藏始末[J]/刘刚//吉林师范学院学报（哲学社会科学版），1984（2）
20487 喜鉴大苏赋，珠还宝墨春[J]/金意庵//吉林师范学院学报（哲学社会科学版），1984（2）
20488 三苏祠欣赏书法精品[J]/刘少泉//旅游天地，1984（6）
20489 书画欣赏 天真烂漫是吾师：苏轼《黄州寒食诗》墨迹门外谈[J]/洪丕谟//文史知识，1984（8）
20490 天真烂漫是吾师：苏轼《黄州寒食诗》墨迹门外谈[J]/洪丕谟//文史知识，1984（8）
20491 宋四家（蔡襄、苏轼、黄庭坚、米芾）法书墨迹要览[J]/张光宾//故宫文物月刊，1985，3（8）
20492 《望湖楼醉书》《军行》歧义之我见[J]/家藩//湖南教育，1985（1）
20493 苏轼法书年表[J]/段成桂//书法研究，1985（2）
20494 黄庭坚书法论：读《山谷题跋》[J]/詹八言//九江师专学报，1985（3）
20495 浅谈苏轼的《表忠观碑》[J]/鹤声//造型艺术研究，1985（3）
20496 苏轼的书法美学观[J]/尹旭//美术史论，1985（3）
20497 宋诗篆刻：苏轼《饮湖上初晴后雨》[J]/不详//浙江画报，1985（5）
20498 观蓬莱阁藏苏东坡题画碑随笔[J]/范志民//朵云，1985（9）
20499 苏东坡书法研究[D]/陈铮.—东吴大学（硕士论文），1985
20500 纵送自如东坡意：浅谈苏轼书艺[J]/杨敦礼//故宫文物月刊，1986，4（3）
20501 东坡与来禽青李帖[J]/伯颜//社会科

学辑刊，1986（1）

20502 黄庭坚书法年表［J］/ 水赉佑 // 九江师专学报，1986（1）

20503 宋苏符行状碑及墓砖铭文［J］/ 张忠全 // 四川文物，1986（2）

20504 信手写得佳作来：苏轼书法精品简介［J］/ 刘诗 // 四川文物，1986（2）

20505 纵送自如东坡意：浅谈苏轼书艺［J］/ 杨敦礼 // 故宫文物，1986（3）

20506 苏轼书法理论三题［J］/ 刘石 // 艺谭，1986（4）

20507 黄州东坡赤壁《景苏园帖》石刻［J］/ 丁永淮 // 春秋，1986（5）

20508 东坡先生寒食帖特展［J］/ 林柏亭 // 故宫文物月刊，1987，5（1）

20509 合浦珠还专辑：东坡先生寒食帖特展［J］/ 林柏亭 // 故宫文物月刊，1987，5（1）

20510 三年寒食黄州雨 一气呵成万古书：东坡寒食帖今赏［J］/ 张清治 // 故宫文物月刊，1987，5（1）

20511 自出新意不践古人：东坡论书及其墨迹［J］/ 石叔明 // 故宫文物月刊，1987，5（4）

20512 苏轼论书法［J］/ 姜玉珍 // 书与画，1987（1）

20513 大书法家苏轼［J］/ 张驰 // 青春岁月，1987（4）

20514 纵横绝尘，雄视古今：简论苏轼的书法艺术成就［J］/ 朱仁夫 // 广西师范学院学报（哲学社会科学版），1987（4）

20515 肉中有骨 绵里藏针：苏轼大字楷书赏析［J］/ 刘诗 // 美育，1987（5）

20516 （北宋）苏轼行书《洞庭春色赋》、《中山松醪》合卷全，（附作品）［J］/ 苏兴钧 // 书法丛刊，1987（12）

20517 苏轼行书《洞庭春色赋》、《中山松醪》合卷（全，附作品）［J］/ 苏兴钧 // 书法丛刊，1987（12）

20518 苏东坡的书法艺术［D］/ 卢廷清 .—台湾师范大学（硕士论文），1987

20519 也谈东坡与西台：山谷寒食帖跋中的李西台是谁？［J］/ 洪惟助 // 故宫文物月刊，1988，5（12）

20520 苏轼“两赋”墨迹重见天日记［J］/ 洪丕谟 // 艺术世界，1988（2）

20521 苏轼的书法美学观［J］/ 尹旭 // 美术史论，1988（4）

20522 黄庭坚在四川创作的三件书法作品简析［J］/ 刘诗 // 四川文物，1988（6）

20523 记传世苏轼的《买田阳羡帖》［J］/ 于培智 // 文物天地，1989（2）

20524 苏仙岭的“三绝碑”与陶铸《踏莎行》词［J］/ 李铁金 // 湘潮，1989（2）

20525 苏轼的书法美学观［J］/ 尹旭 // 造型艺术研究，1989（3）

20526 苏东坡书艺特点［J］/ 书友编辑室 // 书友，1989（29）

20527 苏东坡寒食帖［J］/ 江兆申 // 故宫文物月刊，1990，8（1）

20528 成都西楼苏帖初笺［J］/ 徐无闻 // 西南师范大学学报（人文社会科学版），1990（2）

20529 苏轼《黄州寒食帖》［J］/ 不详 // 青少年书法，1990（9）

20530 我书意造本无法 点画信手烦推求：东坡法书特展简介［J］/ 郑瑶锡 // 故宫文物月刊，1991，9（7）

20531 苏轼《黄州定惠院月夜偶书二诗草稿》卷［J］/ 徐邦达 // 故宫博物院院刊，1991（3）

20532 苏东坡书法美学思想浅谈［J］/ 杨疾超 // 黄冈师专学报，1991（4）

20533 苏轼《天际乌云帖》卷（即嵩阳帖）［J］/

徐邦达 // 故宫博物院院刊，1991（4）

20534 苏轼《归去来兮辞》卷［J］/ 徐邦达 // 故宫博物院院刊，1992（1）

20535 黄庭坚书法美学思想述要［J］/ 尹旭 // 宁夏大学学报（社会科学版），1992（2）

20536 苏轼《宣德郎刘锡勅草》一页［J］/ 徐邦达 // 故宫博物院院刊，1992（2）

20537 风神萧散，宽宏意境，幽深玄远：苏轼“两赋”的书法艺术特色浅析［J］/ 王珍良 // 艺术与时代，1992（3）

20538 一颗被遗忘的明珠［评苏轼临颜真卿《争坐位法帖》］［J］/ 许振轩 // 美术之友，1992（3）

20539 宋·苏轼《论书》浅释［J］/ 吴申 // 书与画，1992（4）

20540 苏、黄异同论［J］/ 徐利明 // 书法研究，1992（4）

20541 庄周哲学与苏轼的书法审美观［J］/ 王元军 // 文史知识，1992（12）

20542 为了历史 也为了明天：写在《中国书法全集·苏轼卷》问世之际［J］/ 王宝林 // 中国图书评论，1993（2）

20543 苏轼书法赏评［J］/ 谭宪昭，谭晓红 // 书法赏评，1993（3）

20544 形神兼备，尚意写情：苏东坡《黄州寒食诗帖》思想艺术特色［J］/ 孙楚春 // 黄冈师专学报，1993（3）

20545 苏东坡表忠观碑［J］/ 苏轼 // 书友，1993（81）

20546 浅谈书法的行气［J］/ 刘小华 // 书法艺术，1994（4）

20547 苏东坡书法艺术散论［J］/ 范震威 // 书法赏评，1994（4）

20548 苏轼的书法思想［J］/ 陶然 // 杭州师范学院学报（自然科学版），1994（4）

20549 以意为尚的苏轼书论［J］/ 萧燕翼 // 书法丛刊，1994（4）

20550 苏东坡“黄州寒食帖”赏析［J］/ 卢廷清 // 美育，1994（54）

20551 苏轼和黄楼 黄楼赋碑［J］/ 张俊之 // 书法艺术，1995（1）

20552 论苏轼的书法理论［J］/ 徐海清 // 淮阴师范学院学报（哲学社会科学版），1995（2）

20553 浅议苏轼书法批评的标准［J］/ 朱兴邦 // 南京晓庄学院学报，1995（2）

20554 试论黄庭坚体［J］/ 吴晨 // 南昌大学学报（社会科学版），1995（2）

20555 意造无法 神韵超妙：苏轼书法艺术刍议［J］/ 蒋和鸣 // 常州教育学院学报，1995（2）

20556 倪元璐书法承苏轼说［J］/ 傅红展 // 中国书法，1995（3）

20557 媲美西楼 凌跨晚香:《景苏园帖》评介［J］/ 贺飞白 // 出版科学，1995（3）

20558 浅谈苏东坡的书法美学思想［J］/ 戈冰华 // 书法赏评，1995（3）

20559 苏东坡与其手书《前后赤壁赋》［J］/ 张俊之 // 徐州教育学院学报（哲学社会科学版），1995（4）

20560 苏东坡的书法美学思想［J］/ 郑祥玉 // 学术论丛，1995（6）

20561 吹坠天花是写意：苏轼与书法［J］/ 刘涛 // 文史知识，1995（11）

20562 苏、黄的尚意书风［J］/ 俞美霞 // 美育，1995（55）

20563 浅析苏轼《后赤壁赋》刻石拓片［J］/ 范震威 // 书法赏评，1996（2）

20564 苏轼行书章法、结体浅识［J］/ 宣海生 // 乐山师范学院学报，1996（2）

20565 黄庭坚的批判精神与书法创新［J］/ 韩宗祥 // 书法艺术，1996（3）

20566 苏东坡和楚颂帖［J］/ 张俊之 // 书法艺术，1996（3）

20567 论苏轼《黄州寒食诗帖》的行书特色［J］/ 谭巍 // 书法赏评，1996（4）

20568 苏轼书学思想述略［J］/ 蔡罕 // 古今谈，1996（4）

20569 伪赵孟頫书苏轼次韵僧潜见赠诗［J］/ 不详 // 书法，1996（4）

20570 寒食帖与苏轼黄州时期书法［J］/ 卢廷清 // 故宫文物月刊，1996，14（5）

20571 中国古代书法心理学思想概论［J］/ 杨春晓，孙本杰 // 书法艺术，1996（5）

20572 吹坠天花是写意：苏轼与书法［J］/ 刘涛 // 国文天地，1996，11（11）

20573 黄庭坚的行书与草书［J］/ 刘涛 // 文史知识，1996（12）

20574 苏东坡书学思想之探讨［J］/ 卢廷清 // 实践学报，1996（27）

20575 如绵裹铁英姿杰气：论苏轼的书法艺术［J］/ 王景芬 // 书友，1996（115）

20576 陈云程草书“东坡七绝”［J］/ 郑进发 // 雄狮美术，1996（300）

20577 试比较苏轼《后赤壁赋》两本刻石拓片［J］/ 胡正好 // 书法赏评，1997（1）

20578 苏轼、黄庭坚书法艺术之比较［J］/ 王德义 // 牡丹江师范学院学报（哲学社会科学版），1997（1）

20579 能于同处不求同，唯不能同斯大雄：从苏东坡到林散之［J］/ 陈天哲 // 书法艺术，1997（2）

20580 东坡书法艺术的精华:《苏轼法书字典》［J］/ 翁静芳 // 美术之友，1997（3）

20581 论苏轼前期书法的三个阶段［J］/ 宣海生 // 乐山师范学院学报，1997（3）

20582 钱南园书苏轼和陶诗真迹介绍［J］/ 纪仁 // 云南师范大学学报（教育科学版），1997（3）

20583 论苏轼的书法美学理论［J］/ 文师华 // 南昌大学学报（社会科学版），1997（4）

20584 琐谈苏东坡在常州的遗迹、墨迹［J］/ 戴博元 // 龙城春秋，1997（4）

20585 关于《东坡苏公帖》石刻［J］/ 胡昌健 // 四川文物，1997（6）

20586 一件苏轼墨宝播迁的感悟［J］/ 李烈初 // 收藏，1997（11）

20587 苏东坡和楚颂帖［J］/ 张俊之 // 书友，1997（120）

20588 苏轼书论阐释［D］/ 蔡先金．—吉林大学（硕士论文），1997

20589 东坡题迹蓬莱坊［J］/ 徐明 // 齐鲁文史，1998（3）

20590 苏轼书法思想成因初探［J］/ 杨疾超 // 黄冈师范学院学报，1998（3）

20591 读苏轼《舍铜龟子文》墨迹［J］/ 吴民先 // 苏州教育学院学报，1998（4）

20592 黄庭坚行草书风漫议［J］/ 王清辉 // 美术观察，1998（6）

20593 苏轼的传世极品:《黄州寒食诗帖》［J］/ 曹流 // 知识窗，1998（8）

20594 鲜于枢《苏轼海棠诗》［J］/ 朱艾萨克 // 青少年书法，1998（10）

20595 苏东坡论“庄子及其书”［J］/ 姜声调 // 书目季刊，1999，33（2）

20596 纵横倾倒 不工自工：解读黄庭坚草书的意［J］/ 梁继 // 书法赏评，1999（1）

20597 自然之最，写意之尤：苏东坡的书法艺术观：兼及苏米比较［J］/ 周祥林 // 书法研究，1999（2）

20598 纵横倾倒 不工自工：解读黄庭坚草书的意［J］/ 梁继 // 书画艺术，1999（2）

20599 论黄庭坚诗的艺术渊源［J］/ 张承凤 // 天府新论，1999（3）

20600 论苏东坡书法美学思想［J］/ 朱孟庭 // 国文学志，1999（3）

20601 苏轼的书法创作思想与庄子［J］/ 陈秉贞 // 思辨集，1999（3）

20602 苏轼书写：文人体验［J］/ 蔡先金 // 书法研究，1999（3）

20603 论苏东坡与《李太白仙诗卷》［J］/ 萧风 // 美术观察，1999（5）

20604 美在咸酸之外：书法意境与诗歌意境［J］/ 张家壮 // 书画艺术，1999（5）

20605 《圣教序》情结［J］/ 陈中月 // 书画艺术，1999（6）

20606 苏轼命题：技道两进［J］/ 蔡先金 // 中国书法，1999（8）

20607 宋·苏轼《致梦得秘校》尺牍［J］/ 不详 // 青少年书法，1999（10）

20608 苏轼的书法美学试论［J］/ 庄耀郎 // 淡江史学，1999（10）

20609 宋代四大家行草书神韵之美研析［J］/ 陈静琪 // 嘉义师院学报，1999（13）

20610 碑拓传真：苏东坡表忠观碑［J］/ 不详 // 书友，1999（145）

20611 黄庭坚书风的嬗变与苏轼之关系［D］/ 张传旭．—首都师范大学（硕士论文），1999

20612 庄子艺术精神与苏轼的书法创作思想［J］/ 陈秉贞 // 人文及社会学科教学通讯，2000，11（2）

20613 东坡墨迹留古刹［N］/ 李振林 // 中国商报，2000-11-04

20614 苏轼“书传”的解经方法（上）［J］/ 李云龙 // 孔孟月刊，2000，39（4）

20615 试比较苏轼和辛弃疾的豪放词［J］/ 王艳芳 // 黄河论坛，2000（3）

20616 苏东坡对海南书法的影响［J］/ 吴冠玉 // 海南档案，2000（3）

20617 苏轼的书法艺术及书论［J］/ 李玉琨 // 锦州师范学院学报（哲学社会科学版），2000（3）

20618 黄庭坚的书法艺术［J］/ 何炳武，朱晓红 // 华夏文化，2000（4）

20619 苏轼缘何推崇蔡襄的书法（上）［J］/ 李进效 // 中国书画报，2000（4）

20620 论苏轼黄州时期的书法创作［J］/ 杨疾超 // 黄冈师范学院学报，2000（5）

20621 自出新意 不践古人：试论苏轼书学观及其《黄州寒食帖》［J］/ 仇宏斌 // 书画艺术，2000（6）

20622 兴来濡毫一挥洒，令人千古仰风姿：《澄鉴堂石刻·苏轼题跋》简评［J］/ 王同顺 // 书法之友，2000（7）

20623 尚意抒情 信手天成［J］/ 卢廷清 // 典藏古美术，2000（9）

20624 《荔子碑》的书写者是谁［J］/ 封培定 // 咬文嚼字，2000（9）

20625 欧文苏字的《醉翁亭记》［J］/ 凌士欣 // 珠江水运，2000（12）

20626 我书意造本无法：读苏轼《黄州寒食诗》卷［J］/ 平懿，刘秋声 // 中国书画报，2000（19）

20627 “尚意”书风第一人：故宫收藏苏轼书法首屈一指［J］/ 卢廷清 // 典藏古美术，2000（95）

20628 尚意抒情信手天成：台北故宫以外的苏轼墨迹赏析［J］/ 卢廷清 // 典藏古美术，2000（96）

20629 苏轼书学研究［D］/ 张海波．—南京大学（硕士论文），2000

20630 悠游于意与法之间：论东坡的书法美学观［C］/ 刘莹 // 千古风流：东坡逝世九百年纪念学术研讨会论文集 / 台北辅仁大学，2000

20631 从《寒食诗帖》看苏轼书法的尚意性［N］/ 不详 // 东营日报，2001-01-01

20632 质疑苏轼《渡海帖》［N］/ 沈厚鋆 // 中国文物报，2001-02-25

20633 节临苏东坡《洞庭春色赋》（书法）［N］/ 王绍雄 // 光明日报，2001-10-14

20634 从《山谷题跋》看黄庭坚的书学思想[J]/赵庚华//辽宁师专学报(社会科学版),2001(1)

20635 苏轼的书法艺术[J]/何炳武//陕西教育学院学报,2001(1)

20636 苏东坡贬琼期间书法文化活动考[J]/吴冠玉//海南广播电视大学学报,2001(2)

20637 选择与超越:苏、米接受颜书问题散论[J]/王元军//书法之友,2001(2)

20638 表情书法的典范《寒食帖》[J]/李昕,李光复//书画艺术,2001(3)

20639 略论苏轼的书法美学思想[J]/邢燕铭//艺术研究,2001(3)

20640 东坡草书"大江东"[J]/马乃骝//山西旅游,2001(4)

20641 苏轼《黄州寒食诗》介绍[J]/朱艾萨克//青少年书法,2001(5)

20642 苏轼"书传"的解经方法(下)[J]/李云龙//孔孟月刊,2001,39(5)

20643 书初无意于佳乃佳[J]/刘长春//中华散文,2001(6)

20644 "尚意"书风第一人:故宫收藏苏轼书法首屈一指[J]/卢廷清//典藏古美术,2001(8)

20645 黄庭坚的书法艺术[J]/何炳武//江西社会科学,2001(9)

20646 书艺与灵魂兼论苏东坡[J]/汪中//中华书道,2001(32)

20647 苏轼"书传"的思想义涵[J]/李云龙//孔孟学报,2001(79)

20648 书法线条中的情绪表现:以颜真卿、苏东坡、徐渭为例[D]/许玉芳.—屏东师范学院(硕士论文),2001

20649 苏轼《集陶潜归去来辞诗》刻石略说[J]/毕颖华//碑林集刊,2001

20650 意造无法的东坡书法:由《石苍舒醉墨堂》诗谈起[J]/廖学隆//国文天地,2002,17(8)

20651 "尚意"书法观的纲领[N]/王世征//中国艺术报,2002-08-02

20652 海外新出苏轼墨迹二种考辨[J]/刘正成//中国书法,2002(1)

20653 试论苏轼与黄庭坚书法艺术[J]/邢燕铭//书法赏评,2002(1)

20654 苏东坡与砚[J]/马斗成//中国典籍与文化,2002(1)

20655 苏轼草书思想研究[J]/杨疾超//黄冈师范学院学报,2002(1)

20656 讨论苏轼与黄庭坚书法艺术[J]/邢燕铭//书法赏评,2002(1)

20657 答《〈中国书法全集·苏轼卷·考释〉二帖补正》[J]/刘正成//中国书法,2002(3)

20658 论"宋四家"的书法美学思想[J]/胡源,胡军保//井冈山师范学院学报,2002(3)

20659 苏东坡放棹溪咏《楚颂》的版本[J]/蒋瑾琦//书画艺术,2002(3)

20660 《中国书法全集·苏轼卷·考释》二帖补正[J]/曹宝麟//中国书法,2002(3)

20661 东坡题潭贴[J]/宋·洪迈//船山学刊,2002(4)

20662 苏轼《富郑公神道碑》的西夏译文[J]/孙伯君//宁夏社会科学,2002(4)

20663 苏、黄、米与传统书法的反叛[J]/王泽玖//青少年书法,2002(5)

20664 苏轼题"读书堂"与现存碑记[J]/赵彤//春秋,2002(5)

20665 苏轼《洞庭春色赋》原帖[J]/不详//中国钢笔书法,2002(9)

20666 苏轼学书[J]/张海龙//青少年书法,2002(9)

20667 我临苏轼《洞庭春色赋》[J]/李永刚//

中国钢笔书法，2002（9）
20668 苏轼几件作品的年代考释［J］/刘兆彬，孙治//书法，2002（11）
20669 《张宇书宁国世纪广场碑记》读后［J］/陈智//书法之友，2002（12）
20670 我发现了《苏轼寄梦得公书》［N］/程震河//中国书画报，2003-01-02
20671 苏轼巨书“连鳌山”［N］/王国荣//人民日报（海外版），2003-04-23
20672 宜兴发现苏轼《桔颂帖》碑刻［N］/不详//文汇报，2003-07-03
20673 苏轼的《黄州寒食帖》浅论［N］/陈永革//甘肃工人报，2003-11-04
20674 苏东坡四大楷书名碑［N］/何家治//人民日报（海外版），2003-11-15
20675 有无之间：由苏轼书法思想看中国精神哲学的境界修证［J］/周瑾，郑园//美术研究，2003（1）
20676 东坡的书法史论［J］/叶培贵//书法研究，2003（2）
20677 诗意地栖居：禅宗对苏轼书法美学思想的影响［J］/张百军//书画世界，2003（2）
20678 苏轼论书法艺术［J］/张进//西北美术，2003（2）
20679 从《意造无法》到《命意曲折》［J］/蔡秀玲//台中技术学院人文社会学报，2003（3）
20680 《郁孤台法帖》所收苏轼作品考［J］/孔凡礼//文史，2003（3）
20681 苏东坡放棹荆溪咏《楚颂》的版本［J］/蒋瑾琦//书法赏评，2003（4）
20682 试论宋人书法理论中的“尚意”思想［J］/张建林//延安大学学报（社会科学版），2003（5）
20683 颜真卿对苏轼书法的影响［J］/王贞华//书法赏评，2003（5）
20684 黄庭坚书风的嬗变与周越之关系［J］/张传旭//美苑，2003（6）
20685 苏、黄之风与金代文学［J］/晏选军//学术研究，2003（6）
20686 一代清狂：略说米芾的“颠”［J］/叶培贵//书法世界，2003（8）
20687 苏轼行书精品《黄州寒食诗》［J］/劳省三//当代小书画家，2003（9）
20688 苏轼“真迹”在派出所离奇失踪［J］/李剑//民主与法制，2003（9）
20689 苏轼《黄州寒食帖》［J］/不详//中国书画，2003（11）
20690 黄庭坚行书精品《松风阁诗》［J］/劳省三//当代小书画家，2003（12）
20691 奇笔妙趣生发于积学之中：苏轼书论二则辨析［J］/董文//美术大观，2003（12）
20692 《六月二十七日望湖楼醉书》导读［J］/陶云娥//良师，2003（19）
20693 苏轼与黄庭坚的书法艺术［J］/王德义//文艺报，2003（26）
20694 苏东坡书法及其教学之研究［D］/曾忆慈．—高雄师范大学（硕士论文），2003
20695 苏东坡书法思想研究［D］/黄钰嵋．—高雄师范大学（硕士论文），2003
20696 苏轼黄州时期书迹之研究［D］/邢莉丽．—台湾政治大学（硕士论文），2003
20697 宋代四大书家行草特质之研究［J］/陈静琪//思与言（人文与社会科学杂志），2004，42（1）
20698 东坡论书闪光的书法美学遗产［N］/李杰//中国艺术报，2004-05-21
20699 苏东坡书法石刻疑在成都［N］/不详//华西都市报，2004-05-25
20700 东坡泼墨元祐通宝［N］/周泰宇//中国商报，2004-08-26

20701 从笔法角度看苏、黄、米书法之不同［J］/徐文平//南京艺术学院学报（美术与设计版），2004（2）

20702 三苏祠馆藏苏东坡四大楷书名碑［J］/何家治//文史杂志，2004（2）

20703 苏轼书法美学思想［J］/舒韶雄//江西教育学院学报，2004（2）

20704 浅论苏轼文学思想与书法［J］/汪磊//书法赏评，2004（3）

20705 鄢陵县馆藏苏东坡草书《醉翁亭记》帖的来历［J］/翟向前//档案管理，2004（3）

20706 黄庭坚书学的文人情怀［J］/杨晓萍//文博，2004（4）

20707 山谷题跋对苏书研究的意义［J］/高秀清//书法世界，2004（4）

20708 苏轼：我书意造本无法［J］/堂月//青少年书法（少年版），2004（4）

20709 画工妙笔绘佳境：谈中国古诗词中画境的创造技法［J］/丁红梅，王圣//山东理工大学学报（社会科学版），2004（5）

20710 苏东坡与济渎岩［J］/翔之//文物春秋，2004（5）

20711 苏轼尚意书法切要［J］/岳晓泉//山东理工大学学报（社会科学版），2004（5）

20712 苏轼《祭黄几道文》［J］/不详//青少年书法（少年版），2004（7）

20713 苏轼书法美学传神论［J］/许外芳//求索，2004（10）

20714 论东坡体的形成历程［J］/木斋//乐山师范学院学报，2004（11）

20715 苏轼论书尚“意”探析［J］/洪然升//云汉学刊，2004（11）

20716 苏轼知密州的书法活动及所留墨迹考评（含封底）［J］/惠立群//中国书法，2004（11）

20717 黄庭坚《踏莎行》［J］/邓大强//青少年书法，2004（19）

20718 元祐文人集团与元祐体［D］/薛颖.—南开大学（博士论文），2004

20719 赵朴初与苏轼书法之比较［C］/江时发，江健生//安徽历史文化研究文库 皖江文化探微：首届皖江地区历史文化研讨会论文选编/安徽省社科联、铜陵市人民政府，2004

20720 苏轼《海市诗》与“卧碑”考辨［N］/张永强//书法报，2005-07-25

20721 对苏轼黄庭坚书法艺术观的比较研究［J］/由兴波//社会科学家，2005（1）

20722 我书意造本无法：苏轼与《黄州寒食帖》［J］/何怀德//文史天地，2005（1）

20723 从苏轼书法看宋代书坛的“尚意”审美观［J］/韩红杰//新疆艺术学院学报，2005（2）

20724 东坡论书管窥［J］/李杰//淮南师范学院学报，2005（2）

20725 关于《苏轼几件作品的年代考释》［J］/丁正//浙江艺术职业学院学报，2005（2）

20726 黄庭坚的书法艺术观［J］/由兴波//九江学院学报，2005（2）

20727 苏轼《前赤壁赋》残损部分原貌探究［J］/程渤//书法赏评，2005（2）

20728 苏轼书法美学思想述略［J］/陈晓春//四川大学学报（哲学社会科学版），2005（2）

20729 由“三大行书”看创作主体的悲情意识［J］/马亚//解放军艺术学院学报，2005（2）

20730 禅宗与宋人“尚意”的书法思想［J］/宋斌//山东行政学院·山东省经济管理干部学院学报，2005（3）

20731 此去淮南第一州：苏轼与宿州［J］/杨洪军//江淮文史，2005（3）

20732 论北宋尚意书风的法度意涵［J］/ 庄千慧 // 南师语教学报，2005（3）

20733 苏东坡爱砚［J］/ 赵文楷 // 中华活页文选（成人版），2005（3）

20734 苏轼尚“意”书法艺术观探讨［J］/ 由兴波，孟伟 // 唐都学刊，2005（3）

20735 中国历代书法家：苏轼［J］/ 万方 // 书屋，2005（4）

20736 论《赤壁赋》的情和意［J］/ 傅煜 // 文学教育，2005（5）

20737 宋 苏轼《前赤壁赋》［J］/ 不详 // 青少年书法（上半月），2005（5）

20738 苏轼的书法艺术观［J］/ 由兴波，邓子勉 // 天府新论，2005（5）

20739 苏东坡与楚颂贴［J］/ 周惠成 // 知识窗，2005（6）

20740 苏轼《黄州寒食诗帖》记事［J］/ 赵文楷 // 中华活页文选（成人版），2005（8）

20741 苏轼《一夜帖》临习体会［J］/ 何朝波 // 中国钢笔书法，2005（8）

20742 我临《一夜帖》［J］/ 邓兴书 // 中国钢笔书法，2005（8）

20743 小楷苏轼词《水调歌头》与木版画苏轼《水调歌头》词意图［J］/ 韦斯琴 // 青少年书法，2005（9）

20744 中国历代书法家：黄庭坚［J］/ 万方 // 书屋，2005（10）

20745 苏轼墨迹传千古 二赋长卷故事多［J］/ 闫立群 // 收藏界，2005（12）

20746 出新意于法度中：苏轼书法理论小议［J］/ 吕书炜 // 东方艺术，2005（14）

20747 书道与禅机的妙合 读黄庭坚草书《诸上座帖》卷［J］/ 华宁 // 紫禁城，2005（S1）

20748 从《西楼苏帖》看苏轼书法［C］/ 蔡鸿茹，蔡鸿茹 // 全国首届碑帖学术研讨会论文集 / 呼和浩特市人民政府．—北京：文物出版社，2005

20749 东坡苏公帖碑研究［C］/ 胡海帆 // 全国首届碑帖学术研讨会论文集 / 呼和浩特市人民政府．—北京：文物出版社，2005

20750 苏轼书法艺术研究［D］/ 廖学隆．—台湾师范大学（博士论文），2005

20751 一件曾被误指为伪作的重要墨迹［N］/ 黄君 // 书法报，2006-04-12

20752 苏轼黄州时期书法创作心理研究［J］/ 杨疾超 // 黄冈师范学院学报，2006（1）

20753 东坡苏公帖碑研究［J］/ 胡海帆 // 故宫博物院院刊，2006（4）

20754 论东坡体由“应”向“非应”的飞跃［J］/ 木斋 // 吉林大学社会科学学报，2006（4）

20755 清高邮《秦邮帖》所刻苏轼书迹考评［J］/ 程渤 // 书法赏评，2006（5）

20756 苏东坡曾草书醉翁亭记［J］/ 雪涅 // 书法，2006（6）

20757 想起了米元章［J］/ 秘锡林 // 中国书画，2006（6）

20758 书无意于佳乃佳尔：苏轼《黄州寒食诗帖》鉴赏［J］/ 张国宏 // 秘书，2006（8）

20759 望湖楼醉书［J］/ 丁强烽 // 小学生时空，2006（10）

20760 尚“淡”：苏轼书学思想再认识［D］/ 曹银虎．—南京师范大学（硕士论文），2006

20761 诗法与书法：宋代“书法四大家”诗学思想与书法理论比较研究［D］/ 由兴波．—复旦大学（博士论文），2006

20762 苏东坡书法美学研究［D］/ 李志刚．—西安交通大学（硕士论文），2006

20763 苏轼及其书学［D］/ 赵太顺．—中国文化大学（博士论文），2006

20764 苏东坡草书《醉翁亭记》碑石与明代拓

本［N］/何家治//中国文物报，2007-03-21

20765 丰乐亭记碑：欧阳修撰文苏轼楷书［N］/不详//扬州晚报，2007-07-28

20766 聚龙洞内毛笔字疑为苏轼留墨宝［N］/曹国厂//新民晚报，2007-10-07

20767 曲阳发现毛笔字疑为苏轼墨宝［N］/不详//台州商报，2007-10-07

20768 聚龙洞内毛笔字疑为苏轼留墨宝［N］/不详//皖江晚报，2007-10-08

20769 苏东坡真迹？［N］/不详//兰州日报，2007-10-08

20770 流泉空谷飞雪关山：苏轼诗书双璧的《梅花诗帖》赏析［N］/蔡永胜//华北电力大学报，2007-10-22

20771 苏轼传世杰作《径山客》诗书碑［N］/谢水火//城乡导报，2007-11-29

20772 杭州惊现苏轼中堂大轴草书《春风》［N］/不详//光明日报，2007-12-24

20773 “苏轼大手笔草书”面世？［N］/不详//华商报，2007-12-27

20774 “苏轼大手笔草书”现世？［N］/葛熔金//贵阳日报，2007-12-28

20775 定州任上的苏轼手迹石刻［J］/苏文珠//河北画报，2007(1)

20776 论苏轼对蔡襄书法的推重：兼与曹宝麟教授商榷［J］/于军民//四川教育学院学报，2007(1)

20777 苏轼《表忠观碑》历史沿革考述［J］/金平//东方博物，2007(1)

20778 苏轼的书法美学思想及其当代意义［J］/黄鸿琼//泉州师范学院学报，2007(1)

20779 苏轼与米芾书学思想的比较研究［J］/于军民//绵阳师范学院学报，2007(1)

20780 读苏东坡书《杜甫桤木诗卷帖》［J］/何家治//杜甫研究学刊，2007(2)

20781 浅谈尚意书风和文人画之间的关系［J］/赵书英，王湘川//书画艺术，2007(2)

20782 苏轼书法创作观略论［J］/马一博//乐山师范学院学报，2007(2)

20783 无意之意：苏轼“尚意”书风新论［J］/许外芳//南京艺术学院学报（美术与设计版），2007(2)

20784 重谈苏轼的书法美学思想［J］/张树天//书法研究，2007(3)

20785 浅析蔡襄的书法艺术［J］/罗小利//美与时代，2007(3)

20786 黄庭坚“醉草”艺术［J］/陶国华//中国校外教育·美术，2007(4)

20787 浅析蔡襄的书法艺术之楷书［J］/罗小利//科教文汇（上旬刊），2007(4)

20788 试析苏轼的书法艺术及书论［J］/李玉琨//艺术广角，2007(4)

20789 苏轼书法功能与风格论［J］/李志刚//长沙大学学报，2007(4)

20790 性功两见，词翰双绝：细读天下第三行书：苏轼《黄州寒食诗二首》墨迹［J］/刘宝光//名作欣赏（文学鉴赏版），2007(4)

20791 浅论苏轼的书法美学观［J］/左国华//美与时代（下半月），2007(5)

20792 苏轼书《醉翁亭记》刻石［J］/张献哲//中国书画，2007(5)

20793 苏轼书法尚意性探微［J］/陈党//中山大学学报论丛，2007(5)

20794 丹青难写是精神 黄慎东坡赏砚图 苏武牧羊图赏析［J］/何洪源//收藏家，2007(6)

20795 多样的书风 坎坷的人生：试谈苏轼书法风格的演变与人生境遇［J］/蒋高军//美与时代，2007(6)

20796 浅析苏东坡书法艺术［J］/刘虹//科协论坛（下半月），2007(6)

20797 曲阳苏轼手迹考［J］/ 苏文珠 // 社会科学论坛（学术研究卷），2007（6）

20798 曹秉峰《行书苏轼〈题宝墨亭〉》［J］/ 不详 // 中国书画，2007（8）

20799 何绍基的“东坡情结”［J］/ 王贞华 // 中国书画，2007（8）

20800 略论苏黄交游对黄庭坚书法的影响［J］/ 杨频 // 当代文化与教育研究，2007（9）

20801 从尚意到无意：品读苏轼《黄州寒食帖》［J］/ 张金波 // 青少年书法，2007（12）

20802 宋・苏轼《归安丘园帖》等［J］/ 不详 // 青少年书法（少年版），2007（12）

20803 有关质量：苏东坡的《寒食诗帖》［J］/ 不详 // 生活周刊，2007（12）

20804 浅析禅宗对北宋书论的影响［J］/ 袁剑侠 // 青少年书法，2007（16）

20805 书法家跨越时空之相遇：略论苏轼对翁方纲及金正喜之影响［J］/ 赵太顺 // 屏东教育大学学报（人文社会类），2007（27）

20806 苏轼书法的美学思想［J］/ 左国华 // 新西部（理论版），2007（4X）

20807 苏轼书法研究：“尚肥”的历程［J］/ 李志刚 // 中国教师，2007（S2）

20808 北宋社会背景视角下的苏轼书法嬗变［D］/ 李水泳 .—东北师范大学（硕士论文），2007

20809 从苏轼书论和创作实践看苏轼的书法审美理想［D］/ 许纪峰 .—中国人民大学（硕士论文），2007

20810 明代书坛对苏轼书法的接受研究：以“吴门书家”为例［D］/ 张维红 .—首都师范大学（硕士论文），2007

20811 苏东坡书法形质与神韵之美学研究［D］/ 刘佩贞 .—高雄师范大学（硕士论文），2007

20812 苏轼书法思想研究［D］/ 李放 .—首都师范大学（硕士论文），2007

20813 苏轼书法艺术评价研究［D］/ 张永 .—山东大学（硕士论文），2007

20814 苏轼书学思想研究［D］/ 吴彩虹 .—辽宁师范大学（硕士论文），2007

20815 《春风》为苏轼第一大草书：著名书画鉴赏家徐启雄确认为真迹［N］/ 苏晓春 // 浙江日报，2008-01-04

20816 书苏轼《梅花诗》［N］/ 不详 // 澳门日报，2008-02-13

20817 苏轼的《望湖楼醉书五绝》（之一）［N］/ 不详 // 京江晚报，2008-03-24

20818 苏轼书法杰作现身［N］/ 不详 // 北京晨报，2008-04-16

20819 “千万级”苏轼诗帖［N］/ 不详 // 豫北新闻，2008-04-23

20820 “千万级”苏轼诗帖亮相春拍［N］/ 不详 // 今日安报，2008-04-23

20821 苏轼《游虎跑泉诗帖》在京亮相［N］/ 不详 // 西安晚报，2008-04-23

20822 苏轼诗帖价值千万:《游虎跑泉诗帖》经明代书法大家陈继儒、著名收藏家王己千等鉴赏收藏［N］/ 不详 // 东江时报，2008-04-23

20823 苏轼诗帖将亮相春拍［N］/ 不详 // 晶报，2008-04-23

20824 苏轼书法现身长风（拍品赏析）［N］/ 不详 // 市场报，2008-04-25

20825 苏轼诗帖亮相春拍 价值不低于千万人民币［N］/ 不详 // 扬州日报，2008-04-26

20826 书法：苏轼词一首［N］/ 不详 // 人民日报（海外版），2008-06-23

20827 吴普心收藏的一件苏东坡墨迹［N］/ 傅晓燕 // 山东商报，2008-08-25

20828 苏东坡：墨宝遗赠乾明寺［N］/ 张相政，

葛广彦 // 商丘日报，2008-10-19

20829 苏东坡名帖千年漂流记［N］/ 不详 // 滕州日报，2008-11-11

20830 宋朝苏轼《黄州寒食诗帖》(1082 年)［N］/ 不详 // 人民日报(海外版)，2008-12-04

20831 释“无意于佳乃佳”［J］/ 杨疾超 // 黄冈师范学院学报，2008(1)

20832 西园雅集系年考［J］/ 魏平柱 // 襄樊学院学报，2008(1)

20833 黄庭坚书法艺术创作分期初论［J］/ 杨频 // 邢台职业技术学院学报，2008(2)

20834 我书意造本无法 点画信手烦推求：苏东坡书法《赤壁赋》欣赏［J］/ 文闲武疏 // 中国钢笔书法，2008(2)

20835 关于苏轼《阳羡帖》有关问题的考证［J］/ 房学惠 // 博物馆研究，2008(3)

20836 苏轼《阳羡帖》［J］/ 不详 // 博物馆研究，2008(3)

20837 宋四家书法学习观比较论略［J］/ 何晓云 // 书法赏评，2008(4)

20838 苏轼《寒食诗卷》黄庭坚跋语析义［J］/ 李郁周 // 书画艺术学刊，2008(4)

20839 东坡书中第一碑：柳州柳侯祠《荔子碑》［J］/ 覃溥 // 中国文化遗产，2008(5)

20840 入世精神与苏轼书法守成性特征的形成［J］/ 于军民，王建平 // 黄冈师范学院学报，2008(5)

20841 宋・苏轼《黄州寒食帖》［J］/ 不详 // 青少年书法(青年版)，2008(5)

20842 试论党争与苏轼的后期诗学思想［J］/ 宋皓琨 // 理论观察，2008(6)

20843 宋代书法中的形、神、逸［J］/ 蔡显良 // 中国书画，2008(6)

20844 宋四家“尚意轻法”的书法艺术［J］/ 朱浩云 // 收藏界，2008(6)

20845 寄妙理于豪放外 出新意于法度中：苏轼《治平帖》、《新岁展庆帖》、《归安丘园帖》［J］/ 白立献 // 青少年书法(青年版)，2008(7)

20846 翩若惊鸿 婉若游龙［J］/ 曹言礼 // 青少年书法(少年版)，2008(7)

20847 试比较苏轼和辛弃疾的豪放词［J］/ 王艳芳 // 兰州学刊，2008(7)

20848 苏轼《梅花诗贴》所蕴之孤愤与旷达［J］/ 张金波 // 新闻爱好者(理论版)，2008(7)

20849 禅道与苏轼的书法美学思想［J］/ 徐白 // 中国书法，2008(9)

20850 浅析苏轼早期书法风格［J］/ 张金波 // 青少年书法(青年版)，2008(9)

20851 论苏轼《黄州寒食诗帖》的艺术风格［J］/ 袁剑侠 // 新闻爱好者(理论版)，2008(12)

20852 从《黄州寒食诗帖》看苏轼书法创作观［J］/ 李永辉 // 今日科苑，2008(14)

20853 从视觉效果观点研析颜鲁公行草书空间之美以《祭侄文稿》为考察物件［J］/ 陈静琪 // 高雄师范大学学报，2008(25)

20854 论晋韵对苏轼“尚意”书风的影响［J］/ 周欣 // 考试周刊，2008(35)

20855 论苏轼《黄州寒食诗帖》的艺术风格［J］/ 袁剑侠 // 新闻爱好者，2008(12B)

20856 散论苏轼书法美学思想对当代室内设计的启示［C］/ 刘晓荣，张超 // 中国建筑学会室内设计分会 2008 年郑州年会暨国际学术交流会论文集 / 中国建筑学会室内设计分会，2008

20857 尚逸：宋代书法的重要审美趋向［D］/ 张岩 .—中央美术学院(硕士论文)，2008

20858 苏东坡书风研究［D］/ 张文绮 .—高雄师范大学(硕士论文)，2008

20859 苏轼行书艺术之研究［D］/ 郑清尧 .—高雄师范大学(硕士论文)，2008

20860 苏轼书法理论的伦理思想研究［D］/ 杨祖涛 . —西南大学（硕士论文），2008

20861 “尚意”大家苏东坡：中国书法之美之十四［N］/ 卢方祥 // 咸宁日报，2009-05-14

20862 苏轼诗一首：草书赵千民书［N］/ 裴川石 // 黄河晨报，2009-05-16

20863 祁门发现苏东坡书法字帖［N］/ 周建飞 // 皖江晚报，2009-09-15

20864 苏东坡法帖［N］/ 晓云，吴敏 // 合肥晚报，2009-10-10

20865 论书法“势”的美学内涵［J］/ 徐志兴 // 徐州工程学院学报（社会科学版），2009（1）

20866 苏轼尺牍五首作年考［J］/ 何江南 // 文史，2009（1）

20867 苏轼的“尚意”书法与《集归去来辞诗》刻石［J］/ 路远 // 文博，2009（1）

20868 苏轼“寓意”书法观与宋代“尚意”书风［J］/ 庄桂森 // 商丘师范学院学报，2009（1）

20869 从《寒食帖》探究苏轼的书法境界［J］/ 曲晓飞 // 学理论（下），2009（2）

20870 吴门代表书家对苏轼书法接受探讨［J］/ 张维红 // 书画世界，2009（2）

20871 纵横挥洒 绝险奇崛：试论黄庭坚的书法艺术和书法理论［J］/ 朱洪云 // 创作评谭，2009（2）

20872 出新意于法度之中寄妙理于豪放之外［J］/ 刘银鹏 // 青少年书法（青年版），2009（4）

20873 读《黄州寒食诗帖》的体会［J］/ 翁寒春 // 苏轼研究，2009（4）

20874 浅析《秦邮帖》拓本［J］/ 万波 // 苏轼研究，2009（4）

20875 苏轼《迭辱书教帖》考［J］/ 吴健 // 文史，2009（4）

20876 苏轼对晋唐书法“传统”的阐释与构建［J］/ 李放 // 郑州大学学报（哲学社会科学版），2009（4）

20877 自出新意 不践古人：苏轼《黄州寒食诗帖》简论［J］/ 张永锋 // 书法赏评，2009（4）

20878 寄妙理于豪放外 出新意于法度中［J］/ 白立献 // 青少年书法（少年版），2009（5）

20879 试论苏轼对婉约词的开拓与创新［J］/ 李园园 // 池州学院学报，2009（5）

20880 百衲《昼锦堂记》（外一篇）［J］/ 张晓林 // 牡丹，2009（6）

20881 悲吟江湖寒食帖：苏东坡书法故事［J］/ 吴克敬 // 紫禁城，2009（6）

20882 试论苏轼的书法作品构成观［J］/ 李放 // 首都师范大学学报（社会科学版），2009（6）

20883 苏轼：书法界的一朵奇葩［J］/ 樊秋霞 // 大众文艺 · 理论，2009（6）

20884 苏东坡名帖千年漂流记［J］/ 纪子 // 法制博览，2009（7）

20885 出新意于法度之中 寄妙理于豪放之外：苏轼书法艺术解读［J］/ 刘银鹏 // 青少年书法，2009（8）

20886 苏轼“难为贵”书法评判标准之当代启示［J］/ 杨加深 // 山东社会科学，2009（8）

20887 北宋 · 苏轼表忠观碑［J］/ 方爱龙 // 杭州师范大学学报（社会科学版），2009（9）

20888 苏轼论书法：以《东坡题跋》为本之考察［J］/ 陈晓华 // 中国书法，2009（9）

20889 论苏轼书法思想的主体性思维［J］/ 刘若斌，娄峰，吕文明 // 科教导刊，2009（18）

20890 论苏轼的书法美学［J］/ 刘莉莉 // 电影

评介，2009(24)

20891　苏东坡诗(行书)[J]/宋文京//青岛文学，2009(A1)

20892　浅谈苏轼书法艺术的禅宗意蕴[J]/张建华，南岩//碑林集刊，2009

20893　苏轼尺牍书法艺术特色[D]/郝晓萍.—首都师范大学(硕士论文)，2009

20894　苏东坡谪居海南仙踪六帖[N]/李景新//海南日报，2010-01-11

20895　苏东坡书《醉翁亭记》拓片现身南昌[N]/不详//上饶晚报，2010-01-04

20896　苏轼《阳羡帖》五一亮相旅博[N]/不详//新商报，2010-04-29

20897　留槎洲：东坡墨香今犹在[N]/不详//处州晚报，2010-05-14

20898　苏东坡颍州名作《祈雨帖》[N]/曹炯//阜阳日报，2010-07-21

20899　苏东坡失意写就《寒食帖》[N]/不详//辽沈晚报，2010-09-19

20900　苏东坡赠马立券[N]/不详//闽南日报，2010-12-01

20901　"东坡遗韵"全国书法名家作品移交市博物馆收藏[N]/不详//黄冈日报，2010-12-02

20902　大小错落，变化多端：临写黄庭坚《诸上座帖》的感悟[J]/向东磊//中国钢笔书法，2010(1)

20903　黄庭坚"尚意"书法思想与实践[J]/赵海芳，王爱莲//山西广播电视大学学报，2010(1)

20904　从《黄州寒食诗帖》体悟苏轼黄州时的精神世界[J]/张培//山东文学(下半月)，2010(2)

20905　论黄庭坚对苏轼书法美学思想的批判性继承[J]/李厚琼，邓国军//前沿，2010(2)

20906　论"书初无意于佳乃佳"[J]/房彬//吉林省教育学院学报(学科版)，2010(2)

20907　论书绝句(二)[J]/于庆霁//艺术广角，2010(2)

20908　漫谈苏轼书法[J]/杨江帆//苏轼研究，2010(2)

20909　苏、黄的书法与诗法[J]/张毅//文学遗产，2010(2)

20910　苏轼《黄州寒食诗帖》的技法[J]/张启善//书法赏评，2010(2)

20911　书法艺术应用于服装设计：以黄州寒食诗帖为中心[J]/吴文芸//华冈纺织刊，2010(3)

20912　苏轼《黄州寒食诗帖》的美学意义[J]/张启善//绥化学院学报，2010(3)

20913　我看苏轼的书学观[J]/付瑞杰，位素娟//安徽文学(下半月)，2010(3)

20914　颜真卿与宋代"尚意"书风[J]/刘志超//书法赏评，2010(4)

20915　从"寒食帖"看苏轼诗书相通的审美追求[J]/张瑞君//中国书法，2010(6)

20916　苏东坡草书《醉翁亭记》碑拓流源与书法价值[J]/王永涛，翟向前//档案管理，2010(6)

20917　从苏轼题跋《书〈黄泥阪词〉后》解读出的宋人世界[J]/毛雪//名作欣赏(中旬)，2010(7)

20918　苏轼《黄州寒食诗帖》临习心得[J]/薛宏亮//青少年书法(少年版)，2010(8)

20919　宋代文人书法技法的个性化阐释[J]/王峰//湖北第二师范学院学报，2010(9)

20920　纵横挥写天地魂：书法艺术欣赏(三)[J]/蔡友//全国新书目，2010(9)

20921　变化万千成大观：苏轼和他的《黄州寒食诗帖》[J]/韩明廉//金秋，2010(10)

20922　苏东坡《桤木诗帖》[J]/不详//中国钢笔书法，2010(10)

20923 圆珠笔临苏轼《人来得书帖》[J]/ 吴丙年 // 中国钢笔书法，2010（10）

20924 从视觉空间的观点研析苏轼《黄州寒食诗》帖表现形式之美[J]/ 陈静琪 // 国文学报，2010（11）

20925 管窥宋初"文道之争"中的书法批评[J]/ 刘春雨 // 学术理论与探索，2010（11）

20926 寄妙理于豪放外 出新意于法度中：苏轼《治平帖》、《新岁展庆帖》、《归安丘园帖》赏析[J]/ 白立献 // 青少年书法，2010（11）

20927 与友人欣议书法艺术赋[J]/ 张勃兴 // 金秋，2010（12）

20928 植根二王 继往开来："宋四家"书法艺术赏析[J]/ 朱浩云 // 中外文化交流，2010（12）

20929 北宋革新派书法批评研究[D]/ 余涛．—山西师范大学（硕士论文），2010

20930 苏轼《集归去来辞诗》刻石与清人的苏轼接受史[J]/ 傅清音 // 碑林集刊，2010

20931 苏仙岭《三绝碑》探秘[J]/ 刘专可 // 湖南省博物馆馆刊，2010

20932 行云流水：苏轼《与谢民师推官书》的散文与书法艺术[C]/ 衣若芬 //2010 武夷山 中国古代散文国际学术研讨会论文集 / 中国古代散文学会、福建省文学学会、福建师范大学文学院，2010

20933 重读东坡《醉翁亭记》碑感言[N]/ 王龙海 // 眉山日报，2011-02-01

20934 苏东坡赠马书卷[N]/ 屠焕平 // 韶关日报，2011-03-12

20935 苏轼行书亮相春拍[N]/ 刘冕 // 北京日报，2011-06-13

20936 惠州博物馆馆藏东坡寓惠诗文名家书法作品简介[N]/ 不详 // 惠州日报，2011-07-15

20937 另类画家苏东坡[N]/ 不详 // 揭阳日报，2011-08-10

20938 "善国讲坛"品评苏轼人生和书法《海归海归》火热开机[N]/ 王超 // 滕州日报，2011-12-26

20939 苏轼《寒食诗帖》[J]/ 明泉 // 老年教育・书画艺术，2011（1）

20940 从黄庭坚题跋论苏轼书风形成的历史渊源[J]/ 周善超 // 书法赏评，2011（2）

20941 迈往凌云:《米芾书法全集》诞生始末[J]/ 程同根 // 紫禁城，2011（2）

20942 苏轼书法美学中的佛教观[J]/ 刘晓陶 // 美术研究，2011（2）

20943 文徵明书法的"苏"、"黄"两体[J]/ 曹淦源 // 收藏界，2011（2）

20944 苏东坡论书语[J]/ 周鸿图 // 中国钢笔书法（书画教育），2011（3）

20945 苏东坡与"春蚓秋蛇"：书学批评意象谈丛[J]/ 韩立平 // 文化艺术研究，2011（3）

20946 苏轼早、中、晚期书法作品之比较[J]/ 夏威夷 // 翠苑，2011（3）

20947 书初无意于佳乃佳：浅议苏轼的书论[J]/ 李东，胡又红 // 北京电力高等专科学校学报（社会科学版），2011（4）

20948 苏东坡书写"元丰通宝""元祐通宝"之谜[J]/ 许继胜 // 东方收藏，2011（4）

20949 苏轼黄州书迹的文化记忆[J]/ 戚荣金 // 理论观察，2011（4）

20950 心中之书：从笔迹心理学角度浅析苏轼的书法艺术[J]/ 王文影 // 大众文艺，2011（4）

20951 蝶恋花・晚步黄州遗爱湖苏轼寒食帖碑[J]/ 南东求 // 东坡赤壁诗词，2011（5）

20952 苏轼《寒食诗帖》[J]/ 不详 // 中国钢笔书法，2011（5）

20953 我书造意本无法：苏轼[J]/ 不详 // 青

春健康·人口文化，2011(5)

20954 宋代书迹题跋的价值[J]/高秀清//中国书画，2011(6)

20955 苏东坡书法艺术[J]/罗洪涛//青少年书法(青年版)，2011(6)

20956 苏轼《寒食帖》诗书交融的苍凉意境[J]/张卫清//文艺争鸣(下半月)，2011(6)

20957 苏轼书法特点分析[J]/宋廷位//青少年书法(青年版)，2011(6)

20958 苏轼书论节选[J]/不详//青少年书法(青年版)，2011(6)

20959 苏轼《黄州寒食帖》创作心境探微[J]/朱谊宾//散文百家·学术百家，2011(7)

20960 苏轼(宋)·水调歌头(书法)[J]/凌延龙//老同志之友，2011(7)

20961 苏轼书法审美观念浅论[J]/刘波//剑南文学·经典阅读，2011(7)

20962 天真烂漫是吾师：苏轼《黄州寒食诗帖》墨迹门外谈[J]/黄晴//美术教育研究，2011(8)

20963 文人书法与"宋四大家"刍议[J]/李积健//大众文艺，2011(9)

20964 花气熏人欲破禅：赏黄庭坚的《花气熏人帖》[J]/秦渊//艺术市场，2011(10)

20965 苏轼经典楷书之《杏花碑》[J]/胡俊乐//青少年书法(少年版)，2011(11)

20966 苏轼、米芾尺牍书法比度[J]/杨吉平//青少年书法(青年版)，2011(12)

20967 从苏轼的"书体说"看书法艺术流程[J]/孙晓玲//名作欣赏，2011(17)

20968 学者书法与书卷气[J]/于雷鸣//青少年书法，2011(20)

20969 寓高妙于平和中：研习苏轼书法艺术的思考[J]/魏信孟//大众文艺，2011(20)

20970 北宋书法家：苏轼[J]/不详//初中生辅导，2011(31)

20971 从《宝月帖》到《李白仙诗卷》看苏轼的书风转变[J]/吴彩虹，汪萍，王彩虹//华章，2011(33)

20972 苏东坡《寒食帖》自东瀛回归台北故宫之经过[J]/陈阶晋//典藏古美术，2011(229)

20973 浅谈苏轼的书法思想[J]/高娃//中国校外教育(理论)，2011(Z3)

20974 论苏轼书法思想中的"道"[D]/刘春雨.山东大学(硕士论文)，2011

20975 苏东坡词与书法研究[D]/陈元魁.—明道大学(硕士论文)，2011

20976 "苏轼竹弈"砚简析[C]/晋王平//第二届中华砚文化高峰论坛论文集/中华砚文化发展联合会，2011

20977 苏东坡为什么不写草书[N]/不详//北京青年报，2012-05-05

20978 苏东坡为何很少写草书？[N]/不详//鲁中晨刊，2012-05-09

20979 苏轼行书题王诜诗帖页[N]/不详//宿迁晚报，2012-05-28

20980 苏东坡"四大名碑"[N]/不详//郑州日报，2012-06-05

20981 苏东坡题写《读书堂》碑记[N]/不详//平原时讯，2012-06-08

20982 苏轼与"天下第三行书"[N]/不详//牛城晚报，2012-06-20

20983 《中国书法三千年》剧组探寻东坡文化[N]/梅卓慧，冯扬//黄冈日报，2012-07-14

20984 苏东坡"四大名碑"[N]/刘扬//河南科技报，2012-07-27

20985 苏东坡为张掞故居题写《读书堂》碑[N]/张广峰//德州晚报，2012-08-16

20986 珍贵石碑揭秘苏东坡与长清不解之缘

［N］/ 不详 // 济南时报，2012-09-18

20987 苏轼《黄州寒食帖》［N］/ 张克强 // 武进日报，2012-11-22

20988 性灵激荡的一瞬间［J］/ 胡海迪 // 艺术广角，2012（1）

20989 从书写姿态透视苏米二家书风的对立差异［J］/ 林晓光 // 书法，2012（2）

20990 痴狂米芾 人狂字更狂（上）［J］/ 刘倩 // 老年教育（书画艺术），2012（2）

20991 关于蓬莱阁珍藏的苏轼《海市诗》碑刻研究［J］/ 范惠泉 // 神州，2012（2）

20992 浅谈苏轼在书法艺术上的成就［J］/ 刘媛 // 青春岁月，2012（2）

20993 徐浩"遭遇"苏轼"不认师"现象之历史考察与探因［J］/ 周善超 // 书画世界，2012（2）

20994 苏东坡书法美学思想［J］/ 陆林深 // 乐山师范学院学报，2012（3）

20995 日藏苏轼书太白仙诗卷考［J］/ 李剑锋 // 中国书法，2012（4）

20996 浅谈苏轼书法思想中的尚意性［J］/ 程玉良 // 东京文学，2012（5）

20997 苏轼诗词题跋中的书法美学观［J］/ 李志刚 // 吉林艺术学院学报，2012（5）

20998 苏轼碑文漫赏［J］/ 董乃斌 // 文史知识，2012（6）

20999 苏轼书法创作思想述略［J］/ 曹银虎 // 名作欣赏（下旬），2012（6）

21000 关于苏轼尺牍书法的两个问题：以苏轼《渡海帖》为例［J］/ 李明桓 // 书法，2012（7）

21001 宋代毛笔形制的变迁与苏、黄的书风［J］/ 朱友舟 // 书法，2012（7）

21002 苏东坡北归书法创作之考论［J］/ 李景新 // 乐山师范学院学报，2012（8）

21003 影响苏轼书法在南宋传播的原因探析［J］/ 张怡，杨东建 // 新余学院学报，2012（8）

21004 陈希亮：苏轼专为他做碑文［J］/ 邹净宇，欧欣欣 // 当代检察官，2012（9）

21005 黄庭坚被贬荆州、益州时用笔考证［J］/ 刘丽文 // 北方文学（下半月），2012（9）

21006 宋禅对"尚意书风"的影响［J］/ 张英俊 // 中国书画，2012（10）

21007 苏轼及其书法之气［J］/ 连超 // 艺术教育，2012（10）

21008 意从韵生：苏轼对王羲之书法的继承与创新［J］/ 王航 // 大众文艺，2012（11）

21009 从苏轼评蔡襄书法论到其"尚法"思想［J］/ 李剑锋 // 文艺研究，2012（12）

21010 韩愈书法理论的意义［J］/ 张瑞君 // 书法，2012（12）

21011 观影片《经过》浅谈书法艺术的时空性：以苏东坡《黄州寒食贴》为例［J］/ 李亦扬 // 电影评介，2012（16）

21012 韩愈苏轼看张旭草书［J］/ 资成都 // 问学，2012（16）

21013 论苏轼的书法艺术成就［J］/ 于晓倩 // 大众文艺，2012（16）

21014 书法情感文论：苏轼书法中的情感因素及其现在指向性［J］/ 颜姗姗，韩彬 // 大众文艺，2012（22）

21015 苏轼书论试探［J］/ 宋丘龙 // 中山学报，2012（32）

21016 苏轼尚意书风的形成［D］/ 周晓梅 .—淮北师范大学（硕士论文），2012

21017 苏轼书法思想概论［D］/ 刘波 .—辽宁大学（硕士论文），2012

21018 苏轼书法在宋代的传播与接受［D］/ 张怡 .—南京艺术学院（硕士论文），2012

21019 赏东坡书法［N］/ 高斯敏 // 广东工业大学报，2013-10-09

21020 宋苏轼书《赤壁赋》帖：千古名帖，千

年一误[N]/姜舜源//中国文物报，2013-11-06

21021 苏东坡墨迹又现京城[N]/蓝灵轲//人民政协报，2013-11-14

21022 苏东坡的《功甫帖》回家[N]/吴玲珑//都市快报，2013-12-19

21023 苏轼《功甫帖》拍出5000多万元流失多年终回家[N]/不详//铜仁日报，2013-12-21

21024 苏轼书法《功甫帖》被指“伪本”：上海博物馆书画研究部即将公布研究成果[N]/乐梦融//新民晚报，2013-12-21

21025 明5037万元苏轼《功甫帖》假的：经上海博物馆书画研究部鉴定为“双钩廓填”伪本[N]/不详//汕头特区晚报，2013-12-22

21026 “苏东坡《功甫帖》”被证系赝品：中国商人5037万元人民币在美购得[N]/不详//东南早报，2013-12-22

21027 苏东坡《功甫帖》真伪存争议：上海博物馆和苏富比各执一词[N]/诸葛漪//解放日报，2013-12-22

21028 苏东坡天价书法被指清代“伪本”:《功甫帖》曾以5037万元成交[N]/不详//海峡都市报，2013-12-22

21029 苏轼《功甫帖》[N]/不详//三峡晚报，2013-12-22

21030 苏轼《功甫帖》被证系伪作[N]/不详//海口晚报，2013-12-22

21031 苏轼《功甫帖》被证系伪作商人花5037万从美拍得[N]/不详//云南信息报，2013-12-22

21032 苏轼《功甫帖》被指“伪本”[N]/不详//扬州晚报，2013-12-22

21033 苏轼《功甫帖》被指系伪本[N]/不详//福州晚报，2013-12-22

21034 苏轼《功甫帖》是赝品？这事现在还真说不准[N]/不详//城市商报，2013-12-22

21035 苏轼书法《功甫帖》被指伪本[N]/钟禾今//福州晚报，2013-12-22

21036 苏轼书法帖被指伪本[N]/不详//楚天金报，2013-12-22

21037 五千万买下的苏轼书法假的：上博三名研究员考证认定其为清朝仿制品[N]/不详//安徽商报，2013-12-22

21038 走眼了？苏轼《功甫帖》被指伪本[N]/高磊//新闻晨报，2013-12-22

21039 拍品苏轼《功甫帖》被指伪作[N]/不详//太仓日报，2013-12-23

21040 苏轼《功甫帖》被指为“伪作”[N]/刘益谦//宿迁晚报，2013-12-23

21041 苏轼《功甫帖》被指为“伪作”[N]/孙丽萍//广州日报，2013-12-23

21042 苏轼《功甫帖》被指伪作：曾拍出5000余万[N]/不详//北部湾晨报，2013-12-23

21043 苏轼《功甫帖》真假尚难辨？[N]/不详//北京晨报，2013-12-23

21044 苏轼《功甫帖》真伪尚无定论(图)[N]/不详//每日新报，2013-12-23

21045 苏轼《功甫帖》真伪尚无眉目：曾以5037万元人民币天价竞拍被指是“伪作”[N]/不详//青岛早报，2013-12-23

21046 苏轼《功甫帖》真伪引发热议[N]/不详//深圳商报，2013-12-23

21047 苏轼天价拍品陷入真伪之争[N]/孙丽萍//新华每日电讯，2013-12-23

21048 天价拍品苏轼《功甫帖》被指“伪作”：最终真假结论尚无眉目[N]/不详//北京日报，2013-12-23

21049 天价拍品苏轼《功甫帖》被指为“伪作”[N]/不详//淄博财经新报，2013-12-23

21050 天价拍品苏轼《功甫帖》被指为“伪作”：藏家期待最终甄别结果[N]/不详//现代金报，2013-12-23

21051 天价拍品苏轼《功甫帖》被指为“伪作”：成交价5037万元人民币最终真假结论尚无眉目[N]/不详//大众日报，2013-12-23

21052 天价拍品苏轼《功甫帖》被指为“伪作”：新华社记者求证：最终真假结论尚无眉目[N]/不详//金陵晚报，2013-12-23

21053 天价拍品苏轼《功甫帖》被指为“伪作”：最终真假结论尚无眉目[N]/孙丽萍//天津日报，2013-12-23

21054 天价拍品苏轼《功甫帖》被指为伪作[N]/不详//辽宁日报，2013-12-23

21055 天价苏轼《功甫帖》被指伪作：买家称如是赝品必退货[N]/王卓瑜//城报，2013-12-23

21056 天价苏轼《功甫帖》是“伪作”？：上海博物馆书画专家提出质疑[N]/不详//江门日报，2013-12-23

21057 天价苏轼《功甫帖》系赝品 上博：是“双钩廓填”伪本 藏家：如不是真品就退货[N]/不详//西安日报，2013-12-23

21058 天价苏轼书法拍品被指“伪作”：上博书画研究部与苏富比各执一词[N]/王兴王//天天新报，2013-12-23

21059 天价苏轼帖被指伪作最终真假结论尚无眉目[N]/不详//北京娱乐信报，2013-12-23

21060 五千万买来苏轼功甫帖是假的？[N]/不详//绵阳晚报，2013-12-23

21061 五千万拍回的苏轼书法被指为伪本：藏家称如所有专家认同或将退货[N]/不详//浙江法制报，2013-12-23

21062 五千万苏轼《功甫帖》系赝品？[N]/不详//乌鲁木齐晚报，2013-12-23

21063 苏富比坚称《功甫帖》是苏轼“真迹”[N]/不详//绍兴县报，2013-12-24

21064 苏轼《功甫帖》竟是“伪作”？[N]/不详//福建日报，2013-12-24

21065 苏轼《功甫帖》是伪本？[N]/不详//西安晚报，2013-12-24

21066 苏富比拍卖行发声明:《功甫帖》是苏轼“真迹”[N]/不详//海峡都市报，2013-12-25

21067 苏轼“功甫帖”被疑是伪本：买家催促公布研究报告[N]/不详//茂名晚报，2013-12-25

21068 苏轼《功甫帖》真伪风波白热化：上海博物馆将公开完整“证伪”报告[N]/李昶伟//南方都市报，2013-12-25

21069 苏轼《功甫帖》真伪风波白热化：上海博物馆将公开完整“证伪”报告拍卖行苏富比坚称为真品[N]/李昶伟//江淮晨报，2013-12-25

21070 苏轼《功甫帖》真赝引各方争议：截至今天中午[N]/乐梦融，陈梦泽//新民晚报美国版，2013-12-25

21071 苏轼行书帖卷明亮相上博[N]/李谧欧//解放日报，2013-12-25

21072 苏轼《功甫帖》真伪难辨[N]/不详//赣州晚报，2013-12-26

21073 苏轼行书帖卷今日上博展出[N]/楼乘震//深圳商报，2013-12-26

21074 上海博物馆展出苏轼行书[N]/乐梦融//新民晚报，2013-12-27

21075 苏轼《功甫帖》真伪争议起风波[N]/朱绍杰//羊城晚报，2013-12-28

21076 苏轼那些有名的书帖[N]/卓滢//劳动报，2013-12-29

21077 东坡书法的启示：书是心中所发[N]/孔玉//东方早报，2013-12-30

21078 关于东坡书风与“《功甫帖》事件”的札记[N]/不详//东方早报，2013-12-30

21079 略谈苏轼墨迹《定惠院寓居月夜偶出二首》[N]/不详//东方早报，2013-12-30

21080 苏轼《二赋》真迹藏身长春[N]/不详//城市晚报，2013-01-13

21081 王舍人庄：东坡手书“读书堂”[N]/陈巨慧，宋艳丽，张颖//大众日报，2013-01-22

21082 无意于佳乃佳：苏轼《太白仙诗卷》[N]/剑锋//中国文化报，20130407，2013-04-07

21083 东坡谈书法及其他[N]/不详//美术报，2013-04-20

21084 从“寒食帖”走近东坡[N]/不详//东方早报，2013-06-17

21085 这帧巨幅墨竹图出自苏东坡之手？：焦山碑林所藏清代“澄鉴堂石刻”疑源自“墨竹图”[N]/不详//京江晚报，2013-07-26

21086 苏东坡《寒食帖》[N]/不详//廊坊日报，2013-08-03

21087 苏东坡的《楚颂帖》与宜兴柑桔[N]/不详//长白山日报，2013-08-09

21088 苏轼、米芾、玄奘书法遗影亮相晴川阁：西安碑林名碑名拓来汉展出[N]/不详//楚天金报，2013-09-06

21089 这是苏东坡在杭州写的9字分手帖[N]/不详//钱江晚报，2013-09-21

21090 苏轼《功甫帖》经“拍卖”回国(附照片)[N]/不详//文汇报(上海)，2013-09-22

21091 苏轼《功甫帖》纽约出手：中国藏家八百余万美元拍得[N]/不详//深圳晚报，2013-09-23

21092 苏轼《功甫帖》，纽约亚洲周上中秋回归[N]/方翔//21世纪经济报道，2013-09-23

21093 苏轼《功甫帖》[N]/不详//江海晚报，2013-09-24

21094 苏轼《功甫帖》纽约出手被中国买家购得[N]/不详//西安日报，2013-09-24

21095 苏轼《功甫帖》[N]/不详//晶报，2013-09-25

21096 苏轼《功甫帖》9个字拍出5000万[N]/不详//长江日报，2013-09-25

21097 苏轼《功甫帖》拍出5000多万元[N]/不详//天中晚报，2013-09-25

21098 苏轼《功甫帖》拍出5000万[N]/不详//长江商报，2013-09-25

21099 苏轼《功甫帖》踏上回家路[N]/王传军//光明日报，2013-09-25

21100 中国藏家海外拍得苏轼《功甫帖》[N]/不详//济南日报，2013-09-25

21101 苏轼九字《功甫帖》拍出5000万[N]/不详//赣州晚报，2013-09-26

21102 东坡墨宝回归难[N]/不详//新华日报，2013-09-27

21103 苏轼《功甫帖》，国宝将回国[N]/不详//解放日报，2013-09-27

21104 苏轼《功甫帖》归国[N]/不详//黄河口晚刊，2013-09-27

21105 苏轼与宣城文房四宝[N]/邢少山，莫砺锋//皖南晨刊，2013-09-28

21106 从逸格、观韵说起：序《黄庭坚书法全集》[J]/沈鹏//中华书画家，2013(1)

21107 黄庭坚书法历代评论选辑[J]/不详//中华书画家，2013(1)

21108 禅思书意：浅析禅宗思想与苏轼“尚意”书法美学[J]/张洁//世界文学研究，2013(2)

21109 黄庭坚草书及创作历程[J]/黄君//中国书法，2013(2)

21110 黄庭坚的书法与书论［J］/ 中田勇次郎，梁少膺 // 中国书法，2013（2）
21111 宋·苏轼《念奴娇·赤壁怀古》（草书）［J］/ 杨乃瑞 // 青岛文学，2013（2）
21112 浅论苏轼“以才学为诗”［J］/ 张国荣 // 乐山师范学院学报，2013（3）
21113 苏轼《后赤壁赋》（书法）［J］/ 卞传忠 // 四川文学，2013（3）
21114 苏轼“无为”的书法美学观［J］/ 马云 // 文艺研究，2013（3）
21115 观赏苏轼《黄州寒食诗》的形和神［J］/ 李兴臣 // 中国地名，2013（4）
21116 试解苏轼书论中的“新意”与“法度”［J］/ 闵健 // 美术界，2013（4）
21117 试论苏轼“无为”的书法美学观［J］/ 李巍 // 陕西广播电视大学学报，2013（4）
21118 欣赏经典 品味艺术 领略魅力：观赏苏轼《黄州寒食诗》的形和神［J］/ 李兴臣 // 中国地名，2013（4）
21119 行书三大帖的美学认识［J］/ 杨树明 // 玉溪师范学院学报，2013（5）
21120 试论苏轼书法的开宗立派［J］/ 刘春菲，辛纪者 // 书法赏评，2013（5）
21121 《六月二十七日望湖楼醉书》教学实录及评析［J］/ 杨永 // 七彩语文·教师论坛，2013（6）
21122 冥悟笔法 微变体势：刘墉学书思想研究［J］/ 范作升 // 名作欣赏（下旬刊），2013（6）
21123 清刻苏轼书《四十二章经并跋》考辨［J］/ 李剑锋 // 中国书法，2013（6）
21124 王羲之与苏轼生命意识比较：《兰亭集序》《赤壁赋》探究［J］/ 黄智平 // 文学与人生，2013（6）
21125 北宋笔制与书风嬗变［J］/ 陈志平 // 中国书画，2013（7）
21126 不及东坡［J］/ 且庵 // 书法，2013（7）
21127 想起了米元章［J］/ 秘锡林 // 老年教育（书画艺术），2013（7）
21128 碑帖技法讲座（三十七）：祝允明草书《前后赤壁赋》（一）［J］/ 朱友舟 // 书法，2013（8）
21129 浅谈书法中的“气”［J］/ 芦荻 // 中华书画家，2013（8）
21130 初探苏轼《功甫帖》［J］/ 张荣德 // 文物天地，2013（9）
21131 北宋“尚意”书家的性格与其书风之关系［J］/ 钟旖旎 // 乐山师范学院学报，2013（10）
21132 笔走龙蛇，一纸流传［J］/ 维文 // 读者欣赏，2013（10）
21133 赏析苏轼《黄州寒食诗帖》［J］/ 李建强，蒋传存 // 锦绣，2013（10）
21134 石压蛤蟆之字［J］/ 介子平 // 名作欣赏，2013（10）
21135 北宋 苏轼 行书洞庭春色赋卷（部分）［J］/ 不详 // 中国书法，2013（11）
21136 纽约亚洲艺术周：青铜器、苏轼《功甫帖》先声夺人［J］/ 不详 // 收藏（拍卖），2013（11）
21137 苏轼与《寒食帖》［J］/ 杨帆 // 国企，2013（11）
21138 苏轼与《寒食帖》东坡文情尽在二赋；而在书法，《寒食帖》占尽风流［J］/ 杨帆 // 国企，2013（11）
21139 苏轼《洞庭春色赋中山松醪赋》三题［J］/ 张眠溪 // 中国书画，2013（12）
21140 苏轼“无为”的书法观［J］/ 李巍 // 艺术品鉴，2013（12）
21141 儒、释、道思想对苏轼尚意书风之影响［J］/ 赵太顺 // 书画艺术学刊，2013（15）
21142 《六月二十七日望湖楼醉书》教学实录［J］/ 臧松刚 // 小学教学设计，2013（16）
21143 苏轼“黄州寒食诗帖”山谷题跋析义

[J]/衣若芬//台北教育大学语文集刊，2013(23)

21144 浅析“自是一家”的苏轼词[J]/李茉妍//青春岁月，2013(24)

21145 试谈苏轼对宋词的革新[J]/王豪菁//教育教学论坛，2013(33)

21146 从《兰亭集序》到《前赤壁赋》：古代士人精神的传承与升华[J]/和平//课程教育研究，2013(36)

21147 笔意：从寒食帖看苏轼受杨凝式的影响[J]/高明一//故宫文物月刊，2013(364)

21148 故书〇〇一：苏轼渡海帖[J]/何炎泉//故宫文物月刊，2013(368)

21149 诗意与笔意：毛泽东与苏东坡诗词、书法对比研究[J]/张光文//吉首大学学报(社会科学版)，2013(Z2)

21150 苏轼尚意书法美学思想简论[D]/张欣.—西北大学(硕士论文)，2013

21151 苏轼书《宸奎阁碑》研究[D]/贺维豪.—中国美术学院(硕士论文)，2013

21152 苏轼书法尚自然思想研究[D]/徐敬春.—山东师范大学(硕士论文)，2013

21153 苏轼《功甫帖》辨析[N]/单国霖//中国文物报，2014-01-01

21154 上博研究员论文：拓本对比结合苏轼笔性，《功甫帖》非真迹[N]/江村，朱洁树//东方早报，2014-01-02

21155 苏轼《功甫帖》辨析成果公布：形体相似气韵不畅恐系伪作[N]/不详//华商报，2014-01-02

21156 价值5000万元苏轼作品被指伪作[N]/不详//天中晚报，2014-01-03

21157 价值5千万苏轼作品被指伪作专家公布研究报告[N]/不详//铜仁日报，2014-01-03

21158 苏富比关于苏轼《功甫帖》的研究报告(摘要)[N]/不详//中国文物报，2014-01-15

21159 苏富比回应质疑坚称苏轼《功甫帖》是真迹：苏富比报告反响：“作辅的印章资料成了主菜”[N]/不详//郑州晚报，2014-01-15

21160 解密苏轼《功甫帖》真伪迷云[N]/不详//山西晚报，2014-01-24

21161 北京苏轼《功甫帖》亮相高科技证非伪本[N]/不详//文汇报(香港)，2014-02-19

21162 上海龙美术馆坚称《功甫帖》为苏轼名迹[N]/不详//宁波日报，2014-02-19

21163 苏轼《功甫帖》原件现场验真身[N]/不详//南宁晚报，2014-02-19

21164 苏轼《功甫帖》原件在京公开亮相：藏家运用高科技手段为《功甫帖》做“体检”[N]/王兴王//天天新报，2014-02-19

21165 苏轼《功甫帖》原件昨北京首次亮相：主办方晒50倍影像驳“清仿说”[N]/不详//华商报，2014-02-19

21166 苏轼名迹《功甫帖》原件现真容[N]/不详//宁波晚报，2014-02-19

21167 苏轼《功甫帖》非“双钩廓填”[N]/不详//黑龙江日报，2014-02-20

21168 苏轼《功甫帖》迷局仍未解[N]/不详//滨海时报，2014-02-20

21169 苏轼《功甫帖》真伪迷局再起波澜[N]/不详//临川晚报，2014-02-20

21170 万象灵犀：苏轼《功甫帖》迷局凸显中国古画鉴定之困[N]/不详//文汇报(香港)，2014-02-27

21171 寻迹苏东坡的手书巽寮[N]/王童//惠州日报，2014-04-13

21172 题过所画枯木竹石三首·其三(北宋)苏轼[N]/不详//鹤壁日报，2014-04-

17
21173 有关《也说宋苏轼书〈赤壁赋帖〉》问题的附议[N]/姜舜源//中国文物报，2014-04-23
21174 苏轼《功甫帖》书写在当涂[N]/不详//新安晚报，2014-05-29
21175 苏轼《功甫帖》：引起行业专家质疑[N]/不详//鄂尔多斯晚报，2014-07-08
21176 《功甫帖》，苏轼写在当涂的一张便条[N]/不详//江淮时报，2014-07-22
21177 苏轼《寒食帖》赴日展出 曾被日本藏家收藏[N]/不详//深圳商报，2014-07-29
21178 苏轼寒食帖[N]/不详//文汇报(香港)，2014-07-29
21179 苏轼《寒食帖》赴日展出：曾被日本藏家冒死抢救[N]/不详//汴梁晚报，2014-07-30
21180 苏轼最好作品《寒食帖》赴日展出[N]/不详//汕头特区晚报，2014-07-31
21181 文艺大讲堂将讲苏轼书法[N]/毕馨月//长春日报，2014-09-26
21182 苏东坡的《啜茶帖》[N]/王雪婷//皖西日报，2014-10-15
21183 自我来黄州：苏东坡《寒食帖》[N]/不详//大河报，2014-10-28
21184 东坡书法特色及对后世的影响[N]/邓思华//鄂东晚报，2014-11-01
21185 苏东坡:《渡海帖》[N]/不详//大河报，2014-11-04
21186 苏轼:《江上帖》[N]/不详//大河报，2014-11-18
21187 七星岩"崧台第一洞"为苏轼所书[N]/不详//西江日报，2014-12-04
21188 发现：苏轼题刻？[N]/陈明红，周婷婷，伍曼娜//西江日报，2014-12-05
21189 东坡墨宝"崧台第一洞"现端州？：若考证为真可能是目前省内发现唯一现存苏轼题刻[N]/于敢勇//广州日报，2014-12-07
21190 七星岩苏轼手书石刻发现记[N]/李如喜//西江日报，2014-12-16
21191 北宋苏轼《黄州寒食帖》[N]/不详//拂晓报，2014-12-19
21192 苏轼《功甫帖》文本性质探微[N]/李全德//中国文物报，2014-12-30
21193 论苏轼书法之韵律美[J]/黄苏//中国文房四宝，2014(1)
21194 苏轼"顶峰论"书法史观的建构与超越[J]/刘立士//贵州大学学报(艺术版)，2014(1)
21195 苏轼《功甫帖》真伪风波白热化[J]/不详//文史杂志·收藏参考，2014(1)
21196 苏轼书法批评的审美倾向[J]/徐文娟//北方文学(中旬刊)，2014(1)
21197 谈谈苏轼的执笔法[J]/陈伟彬//青少年书法，2014(1)
21198 游寒食林读《东坡黄州寒食诗帖》有感[J]/李建江//东坡赤壁诗词，2014(1)
21199 苏富比关于苏轼《功甫帖》的研究报告[J]/本刊编辑部//文史杂志·收藏参考，2014(2)
21200 苏轼《功甫帖》真伪引质疑[J]/不详//文物鉴定与鉴赏，2014(2)
21201 苏轼《寒食诗帖》与黄州地理空间所孕育的美学意涵[J]/李秀华//安徽大学学报(哲学社会科学版)，2014，38(2)
21202 苏轼真迹又如何：由苏轼《功甫帖》所引起的诸多思索[J]/不详//文史杂志·收藏参考，2014(2)
21203 浅析苏轼"尚意"书法观[J]/宋词//中国文房四宝，2014(3)
21204 苏轼《功甫帖》单字倾斜和书写章法的

统计与比较[J]/李跃林//中国美术，2014(3)

21205　苏轼《功甫帖》形式小议[J]/赵华//中华书画家，2014(3)

21206　苏轼《功甫帖》真伪之争[J]/本刊编辑部//中华书画家，2014(3)

21207　适意无异逍遥游：论道家思想对苏轼书法的影响[J]/王金辉//大众文艺，2014(4)

21208　苏东坡《功甫帖》漩涡：民间收藏家VS上海博物馆[J]/不详//南方人物周刊，2014(4)

21209　苏轼《功甫帖》赏析[J]/翁志飞//书法赏评，2014(4)

21210　书文双绝的艺术珍品：苏轼草书《醉翁亭记》刻石[J]/汪培梓//理财·收藏，2014(5)

21211　苏轼《题西林壁》(草书)[J]/郭强//青岛文学，2014(5)

21212　王羲之和苏东坡[J]/李廷华//书屋，2014(5)

21213　文人书法传统与当代书法创作的缺失[J]/王雨//书法赏评，2014(5)

21214　北宋时代表书家在汴京的雅集研究：以苏轼黄庭坚贡举考校时的唱和为例[J]/杨军//艺术百家，2014(6)

21215　黄庭坚行书风格简述[J]/刘永胜//艺术科技，2014(6)

21216　浅谈苏东坡的书法“意”趣[J]/张傲//美与时代(中旬)，2014(6)

21217　浅析苏轼的书法美学[J]/赵思月//美与时代(下)，2014(6)

21218　苏轼“书如其人”的书法品鉴观[J]/彭辉//书法赏评，2014(6)

21219　三苏祠藏沈为书法立轴[J]/万波//收藏，2014(7)

21220　清明时节品“寒食”：苏轼《黄山寒食诗帖》特质赏析[J]/彩墨//明日风尚，2014(8)

21221　苏轼与黄庭坚的书法调侃 蛇与蛤蟆[J]/杨加深//明日风尚，2014(8)

21222　王羲之和苏东坡(上)[J]/李廷华//书法，2014(8)

21223　苏轼的书法思想[J]/姚志军//环球市场信息导报(理论)，2014(9)

21224　王羲之和苏东坡(中)[J]/李廷华//书法，2014(9)

21225　自谓不必能：学苏心印笔记[J]/徐建融//书法，2014(9)

21226　从苏轼《黄州寒食诗》墨迹看诗文与书法之关系[J]/邓宝剑//文史知识，2014(10)

21227　观妙各有得 共赋泛颍诗：苏轼知颍州时书迹考[J]/张朝阳//书法，2014(10)

21228　汲古得新 苏黄合璧：苏轼、黄庭坚行书临摹解析[J]/薛元明//青少年书法(青年版)，2014(10)

21229　命运的交响:《黄州寒食诗帖》赏析[J]/李剑锋//中国书法，2014(10)

21230　三寒食的那一场春雨：记苏轼与《黄州寒食诗帖》[J]/于乐//中国书法，2014(10)

21231　苏黄合璧：苏轼、黄庭坚行书临摹解析[J]/薛元明//青少年书法(青年版)，2014(10)

21232　苏轼《黄州寒食诗帖》临习[J]/于明诠//中国书法，2014(10)

21233　苏轼《黄州寒食诗帖》选字解析[J]/李长钰//中国书法，2014(10)

21234　苏轼获见帖[J]/不详//书法，2014(10)

21235　王羲之和苏东坡(下)[J]/李廷华//书法，2014(10)

21236 自成一家始逼真：苏轼黄州时期的书法创作及其成就［J］/李剑锋//中国书法，2014（10）

21237 崇尚自然：苏轼书法美学思想的核心［J］/胡代林，刘英琼//中国钢笔书法，2014（11）

21238 草书苏轼潮州韩文公庙碑中堂［J］/贾岩//中国书法，2014（12）

21239 苏轼的“寓意”书法观略论［J］/楼纪洋//中国书法，2014（13）

21240 苏轼《黄州寒食诗帖》与米芾《苕溪诗帖》之美学比较［J］/刘英俊//芒种，2014（19）

21241 苏黄米字形结构探微［J］/杨晓军//大众文艺，2014（20）

21242 北宋文化对苏轼书论创作的外部滋养［J］/刘永丰//黑龙江史志，2014（21）

21243 苏轼在文学书法上的“玄学”思想［J］/孙晓光//青年文学家，2014（27）

21244 苏轼及其书学［J］/赵太顺//史学汇刊，2014（33）

21245 回归晋唐，自成一家：试论苏轼晚年书法风格［J］/罗红胜，彭辉//商，2014（38）

21246 奇茶妙墨说东坡［J］/林桔//中国书法，2014（5B）

21247 学苑文萃：苏轼的“寓意”书法观略论［J］/楼纪洋//中国书法，2014（7A）

21248 浅析苏轼尚意书风［J］/张雯钧//吉首大学学报（社会科学版），2014（Z1）

21249 苏轼草书笔法理论辨正［C］/王万洪//长江流域区域文化的交融与发展：第二届巴蜀·湖湘文化论坛论文集/四川大学、湖南大学、湘潭大学、西南民族大学；徐希平主编.—成都：四川大学出版社，2014

21250 苏轼草书笔法理论发微［J］/王万洪//宋代文化研究，2014

21251 苏轼黄州时期书艺探析［D］/黄寿耀.—中国美术学院（硕士论文），2014

21252 苏轼书法艺术引入初中美术教学的研究［D］/张荣.—黄冈师范学院（硕士论文），2014

21253 苏轼与黄庭坚行书审美比较［D］/全美菁.—福建师范大学（硕士论文），2014

21254 我书意造本无法：试论苏轼书法风格构建［D］/亓文奎.—曲阜师范大学（硕士论文），2014

21255 苏东坡：我书意造本无法［N］/张华东//阜阳日报，2015-01-16

21256 宋苏轼长卷［N］/不详//北京晚报，2015-01-23

21257 苏轼曾为“读书堂”题诗［N］/王倩//生活日报，2015-01-24

21258 北宋苏轼《新岁展庆帖》行书手卷［N］/不详//北京晚报，2015-02-13

21259 焦山碑林赏读苏轼墨宝［N］/沈伯素//京江晚报，2015-03-22

21260 留槎阁乃苏轼酒后题名［N］/不详//处州晚报，2015-05-04

21261 《寒食帖》与“不合时宜”的苏轼［N］/李子木//中国产经新闻，2015-05-09

21262 东坡不写大草，但我喜欢他！［N］/王宏草//湖南日报，2015-11-27

21263 苏东坡与赵孟頫［N］/孙稼阜//美术报，2015-11-28

21264 苏东坡的寒食诗帖［N］/不详//文摘报，2015-12-10

21265 苏轼寒食帖往事何堪哀［N］/不详//北京晚报，2015-12-02

21266 苏轼尺牍校勘记［J］/刘奇晋//蜀学，2015（00）

21267 苏轼与临济宗禅僧尺牍考辨［J］/朱刚//

新国学，2015（1）

21268 山谷行书和东坡草书《赤壁怀古》词石刻的真伪及文献价值［J］/王兆鹏//岭南学报，2015（1/2）

21269 苏轼书法“自然天趣”观初探［J］/贺超，马亚//乐山师范学院学报，2015（2）

21270 黄庭坚对苏轼书法的评价［J］/于景禄//辽宁教育行政学院学报，2015（3）

21271 明代文人阶层的变动与诗画关系［J］/徐菁菁//国画家，2015（3）

21272 浅析苏轼书法在元末明初被冷落的原因［J］/孙建华//金田，2015（3）

21273 苏轼《欧阳少师令赋所蓄石屏》［J］/刘恒//大众书法，2015（3）

21274 书法“宋四家”之苏东坡［J］/不详//党的建设，2015（4）

21275 苏诗代表宋诗最高水平苏词开创了中国豪放词风苏字居宋代四大书法家之首 四川眉山苏东坡故里观“三苏”祠游“三苏”湖学“三苏”文化［J］/翟军//中国地名，2015（4）

21276 苏轼《洞庭春色赋》［J］/龙开胜//大众书法，2015（4）

21277 苏轼《后赤壁赋》［J］/刘月卯//大众书法，2015（4）

21278 苏轼《天际乌云帖》诠解［J］/衣若芬//文学评论，2015（4）

21279 苏轼书论与书法艺术中的佛教思想探析［J］/胡鹏//嘉应学院学报，2015（4）

21280 苏轼与黄庭坚书法研究综述［J］/陈曦//湖北函授大学学报，2015（4）

21281 小议中国书法的西方解读［J］/黎妮，李冬//艺术教育，2015（4）

21282 从《黄州寒食诗帖》看苏轼尚意书风的书法审美追求［J］/何云洪，白微萍//文摘版（教育），2015（5）

21283 从《黄州寒食帖》看苏轼的诗歌观与书法观［J］/由兴波//中华书画家，2015（5）

21284 点画信手烦推求：略论苏轼的书法观［J］/李厚琼//中华文化论坛，2015（5）

21285 论宋代书法的“达意”与“真趣”［J］/赵方//美与时代（下），2015（5）

21286 醉笔书赤壁 豪情付大江：苏轼《赤壁怀古》帖赏析［J］/胡耀超//老年教育·书画艺术，2015（5）

21287 草书竖幅苏轼诗［J］/华同旭//广州文艺，2015（6）

21288 六一清风今不孤：苏轼书写《醉翁亭记》的时空背景考察［J］/汤威，陈振耀//寻根，2015（6）

21289 论苏轼书法的“尚意”精神［J］/韦可//旅游纵览（下半月），2015（6）

21290 苏轼与黄庭坚的书风研究［J］/陈曦//文艺生活·文海艺苑，2015（6）

21291 文化深度决定书法高度［J］/王岳川//冶金企业文化，2015（6）

21292 论苏轼谪居海南间及北归后的书法创作［J］/刘亮，徐莹//名作欣赏（下旬刊），2015（7）

21293 北宋后期颜真卿书法品评的高潮［J］/贺文彬//艺海，2015（11）

21294 诗书双璧 意炳千秋：读苏轼《黄州寒食诗帖》［J］/李述善//老年教育·书画艺术，2015（11）

21295 黄庭坚《松风阁诗帖》书法之美［J］/王彧浓//美与时代（中），2015（12）

21296 黄庭坚：自成一家始逼真［J］/介子平//读者欣赏，2015（12）

21297 宋四家之“蔡”说考：由苏黄米蔡法帖题跋论起［J］/尼志强//学理论，2015（14）

21298 从题跋文中看苏轼的书法审美观［J］/

杨秋蓉 // 青春岁月，2015（16）

21299 苏轼《表忠观碑》[J]/ 刘雄波 // 创作与评论，2015（17）

21300 自成一家说在北宋的形成与发展[J]/ 罗春清 // 美术教育研究，2015（17）

21301 《苏氏一门法书册》祖帖面目的复原[J]/ 李跃林 // 书画艺术学刊，2015（18）

21302 山谷行书和东坡草书《赤壁怀古》词石刻的真伪及文献价值[J]/ 王兆鹏 // 岭南学报，2015（Z1）

21303 论文学对书法的渗透：以苏轼、黄庭坚代表作品为论述中心[D]/ 马建军．—安徽大学（硕士论文），2015

21304 《祭黄几道文卷》："苏轼法书之首"[N]/ 金叶 // 广州日报，2016-03-13

21305 苏轼书写《心经》楷中兼行不见草率只道虔诚[N]/ 韩帮文 // 新快报，2016-03-20

21306 苏东坡书法的意义[N]/ 不详 // 科技鑫报，2016-04-19

21307 雄健苏轼楷书:《祭黄几道文卷》赏析[N]/ 佚名 // 临汾日报晚报版，2016-04-19

21308 "东坡遗韵"书法展已完成布展：5 市书法家同写"东坡"[N]/ 不详 // 鄂东晚报，2016-09-01

21309 东坡遗韵书法展、千年黄州摄影展举行：刘雪荣即兴客串"讲解员"[N]/ 不详 // 鄂东晚报，2016-09-08

21310 拍场槌音苏轼行草书《兴龙节》近二千万港元成交[N]/ 不详 // 文汇报（香港），2016-09-22

21311 苏轼书法审美观在书法教学创作中的应用[N]/ 孟迎霞 // 发展导报，2016-10-14

21312 苏轼为何不写草书？[N]/ 佚名 // 临汾日报晚报版，2016-11-01

21313 《四库全书》编纂官钱樾所临苏轼《获见帖》纸本现身兰州古玩城[N]/ 李辉 // 兰州晨报，2016-11-14

21314 《走进苏东坡》书法讲座邀您听讲[N]/ 不详 // 苏州日报，2016-12-14

21315 东坡碑林[J]/ 耕夫 // 东坡赤壁诗词，2016（1）

21316 黄庭坚书法鉴赏[J]/ 张国宏 // 秘书，2016（1）

21317 论苏轼诗学思想与书法理论的互通与互补[J]/ 由兴波 // 中国苏轼研究，2016（1）

21318 苏轼《次韵秦太虚见戏耳聋诗帖》书法之美[J]/ 王彧浓 // 美与时代（中），2016（1）

21319 苏、黄的书法与诗法[J]/ 张毅 // 中国书法，2016（2）

21320 苏轼楷书《怀素自叙》真伪考[J]/ 陈书国 // 荣宝斋，2016（3）

21321 苏轼书法鉴赏[J]/ 张国宏 // 秘书，2016（3）

21322 草书苏轼词[J]/ 陈师超 // 中国书画，2016（4）

21323 对苏轼书法中自然思想的探究[J]/ 柳文臣 // 艺术品鉴，2016（4）

21324 浩然听笔之所之：苏轼《黄州寒食诗帖》赏析[J]/ 张天弓 // 书法，2016（4）

21325 论散卓笔制与苏轼书风之形成[J]/ 刘镇 // 书法研究，2016（4）

21326 论苏轼在黄州间书法创作的情感精神：以《前赤壁赋》和《黄州寒食帖》为例进行分析[J]/ 胡玉敏 // 书法赏评，2016（4）

21327 苏轼的书法艺术赏析[J]/ 石人月 // 美与时代（中），2016（4）

21328 学养与书画[J]/ 张公者 // 老年教育·书画艺术，2016（4）

21329 浅谈苏轼书法艺术特征[J]/耿晏//艺术品鉴，2016(5)

21330 尚意书风与苏轼“自出新意”的书法观[J]/黄志强，杨渊斓//泉州师范学院学报，2016(5)

21331 宋代“尚意”书风的意、法之辨与法度创新[J]/李祥俊//衡水学院学报，2016(5)

21332 宋书尚意：苏轼与《黄州寒食帖》[J]/梁少膺//书法，2016(5)

21333 苏轼“《春秋》书法”观及其理论基础[J]/杨金平//中华文化论坛，2016(5)

21334 苏轼《新岁展庆帖》年代考[J]/陈锴生//美术学报，2016(5)

21335 艺术与人生：论苏轼性格境遇对其书法风格的影响[J]/高鸿萍//宁夏大学学报(人文社会科学版)，2016(5)

21336 碑帖之外的视觉革命：“画学书”研究[J]/张亚圣//中国书法，2016(6)

21337 初探“无意于佳乃佳”在艺术中的体现[J]/李新//语文学刊，2016(6)

21338 书法史唐宋转型中的毛笔形质变化及其意义[J]/何学森//书画世界，2016(6)

21339 苏轼《黄州寒食帖》的文学价值与审美价值[J]/刘亚娇//艺术科技，2016(6)

21340 苏东坡书法批评思想之管窥[J]/余涛//书法，2016(7)

21341 宋人书论小札(二)书家苏轼[J]/周勋君//东方艺术，2016(8)

21342 苏轼“二赋”的鉴藏传奇浅谈：吉林省博物院藏《洞庭春色赋》和《中山松醪赋》流传始末[J]/赵新//文物鉴定与鉴赏，2016(8)

21343 美在咸酸外，趣发拗涩中：苏轼书法刍议(上)[J]/陈海良//书法，2016(9)

21344 浅谈苏轼行书从临摹到创作的要点[J]/武盼龙//青少年书法(青年版)，2016(9)

21345 诗中有笔，笔中有诗：苏轼《黄州寒食诗帖》赏析[J]/李思敏//名作欣赏·文学研究(下旬)，2016(9)

21346 苏轼与元祐书风的形成及展开[J]/梁培先//中国书法，2016(9)

21347 论信笔：以苏东坡书法为例[J]/肖鹏//艺术科技，2016(10)

21348 美在咸酸外，趣发拗涩中：苏轼书法刍议(下)[J]/陈海良//书法，2016(10)

21349 宋代的《郡斋刻帖》[J]/施安昌//中国书法，2016(10)

21350 明 董其昌 行书苏轼重九词轴[J]/不详//中国书法，2016(11)

21351 苏轼的书法作品构成与特征分析[J]/刘超//美与时代(中)，2016(11)

21352 多元因素影响下的草书陈述：苏轼草书认识的几个维度[J]/徐晓洪//中国书法，2016(12)

21353 黄庭坚对“二王”书脉的发现与构建[J]/王碧凤//中国书法，2016(12)

21354 赵学敏书法作品 苏轼《题西林壁》[J]/赵学敏//旅游纵览，2016(12)

21355 苏轼《黄州寒食诗帖》生成因素探析[J]/曹辉//明日风尚，2016(13)

21356 山谷题跋的文化意蕴及题跋书法[J]/楚默//中国书法，2016(16)

21357 苏轼《齐州长清县真相院释迦舍利塔铭并序》刻石[J]/付欣//青年时代，2016(16)

21358 苏轼·书晁补之所藏与可画竹三首[J]/卿三彬//东方艺术，2016(16)

21359 从苏轼看“文人书法”的当代意义[J]/张宇迪//明日风尚，2016(19)

21360 苏轼《黄州寒食诗帖》艺术分析[J]/王樱璇//美术教育研究，2016(19)

21361 苏轼书法尚自然思想的分析[J]/王琪//

南风，2016(20)

21362 北宋元祐年间苏轼书法交游研究[D]/黄晓青. —山东大学(硕士论文)，2016

21363 河南郏县三苏墓祠书法石刻浅论[D]/梁楠楠. —贵州师范大学(硕士论文)，2016

21364 苏轼的书法和他的时代[D]/王义军. —中国美术学院(博士论文)，2016

21365 苏轼书法很难学[N]/胡竹峰//长江日报，2017-06-27

21366 论王羲之对苏轼尚意书风形成的影响[J]/李永敬//工业设计，2017(2)

21367 艺理与诗情：论苏轼书法理论的美学观[J]/胡玉敏//书法赏评，2017(2)

21368 苏轼次辩才韵诗帖(上)[J]/苏轼//书法，2017(3)

21369 魏晋遗韵 唐宋风流：苏轼《人来得书帖》《新岁展庆帖》赏评[J]/窦永锋//书法赏评，2017(3)

21370 “意”与“法”的统一：从《东坡题跋》看苏轼的书法思想[J]/吴伟//书画艺术，2017(3)

21371 从苏轼到赵孟頫：中国艺术史上转折的关键点[J]/马啸//中国艺术，2017(4)

21372 器蕴乾坤 合而道生：苏轼书法创作载体论[J]/张锦辉//文艺研究，2017(4)

21373 苏轼《不获再会帖》考论：兼及苏轼与章楶之诗词酬唱与交游[J]/刘镇//文艺研究，2017(4)

21374 苏轼次辩才韵诗帖(下)[J]/不详//书法，2017(4)

21375 苏轼《黄州寒食诗帖》艺术风格浅析[J]/刘军//书画世界，2017(4)

21376 蓬莱阁苏轼《海市诗》文学及书法研究[J]/范惠泉//乐山师范学院学报，2017(5)

21377 苏轼《寒食诗帖》的文化意蕴及艺术价值[J]/马得瑜//甘肃广播电视大学学报，2017(6)

21378 卓：论苏轼《新岁展庆帖》[J]/王彧浓//美与时代(中)，2017(6)

21379 清新雄健 豪迈奔放：苏轼《新岁展庆帖》欣赏[J]/朱燕楠//老年教育·书画艺术，2017(7)

21380 苏轼归安丘园帖[J]/不详//书法，2017(8)

21381 探析苏轼黄州时期文学思想和书法创作[J]/唐炜//安徽文学(下半月)，2017(8)

21382 《苏轼罗汉赞》书法[J]/髡残//中国文艺评论，2017(9)

21383 略论苏轼与米芾的交往及对米芾书风丕变的影响[J]/陈凯//文物鉴定与鉴赏，2017(9)

21384 对苏轼书法中自然思想的探究[J]/罗永春//大众文艺，2017(11)

21385 乐山凌云山苏轼梅兰竹菊图石刻考证[J]/何艳//中华文化论坛，2017(11)

21386 宋代书法 看苏轼一字千金[J]/逸欣//中国拍卖，2017(11)

21387 唐坰书法及其对苏轼影响考述[J]/谷重//中国书法，2017(14)

21388 苏轼·跋嵇康养生论后[J]/陈明之//东方艺术，2017(16)

21389 论苏轼文学作品与书法作品的情感表达[J]/于唯德，白军芳//中国书法，2017(20)

21390 瞬息万变雨亦奇：苏轼《六月二十七日望湖楼醉书》赏析[J]/褚礼文//课外语文，2017(20)

21391 书法“工”“拙”与道德的遇见：从苏轼评述“君子”“小人”“工”“拙”与书法的关系来看[J]/胡鹏//中国书法，

2017（22）

21392 贬谪黄州与苏轼书风的转变［J］/ 周再新，王希俊 // 中国书法，2017（24）

21393 被盗的苏轼《天际乌云帖》［J］/ 袁家勇 // 新教育，2017（30）

21394 论日常书写与苏轼的书学思想及实践［D］/ 张刘洋 .—曲阜师范大学（硕士论文），2017

绘画研究

21395 题东坡墨竹卷子［J］/ 乙庵 // 扶风月报，1914（2）

21396 苏轼的画论［J］/ 朱应鹏 // 艺术评论，1923（17）

21397 苏轼的画论（续）［J］/ 朱应鹏 // 艺术评论，1923（18）

21398 画史馨香录（二十二）：宋代名人：苏轼（子过附）［J］/ 黄宾虹 // 国学周刊，1924（59）

21399 苏东坡小像：图［J］/ 民众文学 // 民众文学，1927（18）

21400 苏东坡赤壁夜游图［J］/ 张荻寒 // 民众文学，1927（21）

21401 题画朱竹：昔年东坡写朱竹……：［诗词多首］［J］/ 水竹邨人 // 艺林旬刊，1929（48）

21402 苏东坡墨竹水石［J］/ 不详 // 三民半月刊，1930，3（11）

21403 宋苏轼画竹墨宝:［画图］［J］/ 不详 // 东方画报，1930，29（4）

21404 苏东坡（轼）画竹:［画图］［J］/ 青棠主人 // 天津商报画刊，1936，16（26）

21405 东坡先生写竹:［画图］［J］/ 不详 // 金石书画，1937（74）

21406 试论苏东坡和倪云林：兼论文人画［J］/ 孙奇峰 // 美术杂志，1959（4）

21407 文人画画家介绍：苏轼、米芾、米友仁［J］/ 王静 // 美术杂志，1959（9）

21408 记苏轼枯木竹石文同墨竹合卷［J］/ 夏玉琛 // 文物，1965（8）

21409 宋苏轼《万竿烟雨图轴》［J］/ 不详 // 艺坛，1968（1）

21410 宋苏东坡《万竿烟雨图轴》［J］/ 念圣楼主 // 艺坛，1968（2）

21411 苏东坡论文同画竹［J］/ 花庵 // 古今谈，1972（90）

21412 苏东坡论写竹［N］/ 叔明 // 台湾新生报，1973-03-15，16

21413 批判苏轼的文人画理论［J］/ 马鸿增 // 美术学报，1975（1）

21414 评介苏珊·布什的《中国文人论画：苏轼（1037—1101）到董其昌（1555—1636）》［J］/ 石守谦 // 食货，1976，6（3）

21415 苏轼的国画及其画论［J］/ 江正诚 // 艺文志，1976（132/133）

21416 苏东坡的墨竹［N］/ 王仲章 // 台湾新闻报，1978-04-18

21417 苏轼和宋代文人画［J］/ 王逊 // 美术研究，1979（1）

21418 暗室说诗：苏轼题《杨妃痛齿图》［J］/ 不详 // 星星诗刊，1980（2）

21419 苏轼《李覃六马图赞》译解（古文撷英）［J］/ 闻虞 // 语文战线，1980（4）

21420 从“先得成竹”谈起：读苏轼的一则画论［J］/ 彭骏 // 广州文艺，1980（8）

21421 苏轼论画［J］/ 颜中其 // 学术月刊，1980（11）

21422 文人画浅论：兼谈诗、书、画的结合［J］/ 徐斌，张尚志 // 殷都学刊，1981（1）

21423 浅谈苏轼绘画中的形神说［J］/ 吴晓玲 //

福建师范大学学报，1981（3）

21424 人间遗墨若南金：记邓拓原藏苏轼《潇湘竹石图》［N］/杨仁恺等//光明日报，1982-01-03

21425 诗画本一律，天工与清新：苏轼艺术观的再认识［J］/孙克//美术研究，1982（1）

21426 苏东坡作画与论画［J］/徐书城//美术史论，1982（2）

21427 苏东坡作画与论画（附录：形式美问题的通信）［J］/徐书城//美术史论，1982（2）

21428 文人画的滥觞及早期发展［J］/施阑//美术研究，1982（2）

21429 早期文人写意三题：兼谈苏轼的绘画美学思想［J］/郎绍君//文艺研究，1982（3）

21430 宋画的诗意：兼谈苏轼"画中诗"主张［J］/郎绍君//朵云，1982（4）

21431 苏轼的绘画思想［J］/徐书城//朵云，1982（4）

21432 谈苏轼的绘画观［J］/屈彦//黄冈师专学报，1983（1）

21433 苏东坡画竹作字［J］/不详//青年文摘（红版），1983（3）

21434 苏轼的文人画观论辨［J］/阮璞//美术研究，1983（3）

21435 苏轼的文人画观论辩（续）［J］/阮璞//美术研究，1983（4）

21436 随物赋形 姿态横生［J］/艾治平//语文教学与研究，1983（12）

21437 苏东坡诗和崔白双喜图：论宋画阔绢狭绢问题［J］/李霖灿//故宫学术季刊，1984（1）

21438 苏轼题画诗跋所表现的绘画理论［J］/程伯安//咸宁师专学报，1984（1）

21439 中国写意画散论［J］/李巍//吉林艺术学院学报，1984（2）

21440 苏轼题画诗跋所表现的绘画理论［J］/程伯安//复印报刊资料·造型艺术研究，1984（11）

21441 中国山水画的意境美［J］/程大利//南京艺术学院学报（美术与设计版），1985（1）

21442 苏轼与画［J］/何满子//中学语文教学，1985（2）

21443 苏东坡画论［J］/石叔明//故宫文物月刊，1986，4（3）

21444 苏轼画论二篇［J］/默//新美术，1986（1）

21445 诗画本一律 天工与清新：论苏轼的绘画美学思想［J］/侗瘮//美术史论，1986（4）

21446 苏东坡论画［J］/邢星//老人，1986（5）

21447 读《戴嵩画牛》所想到的［J］/薛和斌//新闻知识，1986（6）

21448 苏轼画论的启迪［J］/吴家荣//学语文，1986（6）

21449 苏轼与文人画［J］/亚娉//造型艺术研究，1986（7）

21450 苏轼、文同论观竹、绘竹与寓竹［J］/黄鸣奋//厦门大学学报（哲学社会科学版），1987（1）

21451 象形篇：读中国画论札记［J］/杨身源//艺苑，1987（1）

21452 传统再发现的投射：郭熙、苏轼与"画中有诗"［J］/李亮//学术月刊，1987（3）

21453 郭熙、苏轼绘画思想的同一性：兼谈北京后期绘画美学的时代特征［J］/马鸿增//美术，1987（5）

21454 苏轼绘画思想的同一性：兼谈北宋后绘画美学的时代特征［J］/马鸿增，郭熙//美术杂志，1987（5）

21455 苏轼“常理”新解［J］/余立蒙//学术月刊，1987（6）

21456 从苏轼看文学对绘画的影响（兼论苏轼与莱辛的方法）［J］/葛岩//复印报刊资料·造型艺术研究，1987（9）

21457 浅析宋代花鸟画的审美特征［J］/张丁亚//贵州民族学院学报（哲学社会科学版），1988（1）

21458 文人画审美意识的价值取向［J］/徐建融//美术研究，1988（1）

21459 苏轼的绘画艺术［J］/朱郁华//四川文物，1988（2）

21460 欣赏·再现·表现：说苏轼《韩幹画马赞》［J］/吴小平//名作欣赏，1988（3）

21461 东坡遗风 板桥墨意［J］/潘红星//中国花卉盆景，1988（8）

21462 诗画一律的内涵与外延：苏轼与中国绘画美学［J］/郎绍君//中国美术，1988（9）

21463 毕克官提出中国写意画新见解［J］/陶音//杭州师范学院学报（社会科学版），1989（2）

21464 从苏轼的几首题画诗看唐代绘画［J］/朱禹惠//淮阴教育学院学报（文科版），1989（2-3）

21465 东方文化思想与苏轼绘画理论［J］/刘蒂，陈因//成都教育学院学报（综合版），1989（3）

21466 苏轼文人写意画创作的美学特征［J］/朱郁华//江南大学学报，1989（3）

21467 论苏轼的绘画观［J］/刘道广//民族艺术，1991（1）

21468 文人画源流初探［J］/李欣//河西学院学报，1991（1）

21469 文人画源流初探［J］/李欣//张掖师专学报（综合版），1991（1）

21470 《潇湘竹石图卷》为苏东坡真迹考［J］/赵永康//乐山师范学院学报，1992（1）

21471 文人画的分与阶段新论［J］/张强//艺术探索，1992（2）

21472 也谈文人画［J］/周志龙//艺术探索，1992（2）

21473 苏轼《偃松图》卷与《古析图》卷［J］/徐邦达//故宫博物院院刊，1992（3）

21474 杨慎题苏轼《潇湘竹石图卷》考［J］/赵永康//成都大学学报（自然科学版），1992（3）

21475 谈传世苏轼墨迹中的三件伪书［J］/赵志成//书法丛刊，1992（4）

21476 苏东坡画竹［J］/蒋星煜//上海小说，1992（6）

21477 苏轼的诗与唐代绘画［J］/朱禹惠//文史知识，1993（3）

21478 文人画散论［J］/王丹//中州大学学报，1994（1）

21479 北宋文人画论的二律背反［J］/王小慎//美术杂志，1994（2）

21480 苏轼论画信牧童［J］/徐中玉//大地，1994（2）

21481 艺林名著 鉴赏先河：米芾《画史》［J］/胡建//收藏家，1994（2）

21482 文人画的号角：苏轼画论［J］/朱绛//枣庄师专学报，1994（3）

21483 说狂（续）：漫谈中国绘画史上的痴狂风格［J］/周怡//齐鲁艺苑，1995（1）

21484 东坡《月梅》图赏析［J］/刘应宗//黄冈师范学院学报，1995（2）

21485 苏轼画论浅格［J］/蔡方//上海教育学院学报（社会科学版），1995（2）

21486 中国文人画的前期状况［J］/江松//华侨大学学报（哲学社会科学版），1995（2）

21487 苏轼绘画思想演变管窥［J］/陈见东，葛雷//镇江师专学报（社会科学版），

1995（4）

21488　从戴嵩画牛谈起［J］/ 刘伯杰 // 语文知识，1996（10）

21489　苏东坡留在黄州的两幅画［J］/ 詹丽霞，余瑀 // 风景名胜，1996（11）

21490　苏轼画论对文学欣赏的启示［J］/ 何玉兰 // 乐山师范学院学报，1997（2）

21491　苏轼绘画与宋画的转机初探：绘画的沉思与沉思的绘画之三［J］/ 赵本嘉 // 乐山师专学报（社会科学版），1997（2）

21492　皑如山上雪，皎若云间月：简说罗朗的风景油画［J］/ 淅雨 // 艺术界，1997（5）

21493　苏轼西园雅集考辨［J］/ 杨钟基 // 中国文化研究所学报，1997（6）

21494　一桩历史的公案："西园雅集"［J］/ 衣若芬 // 中国文哲研究集刊，1997（10）

21495　牛尾·象牙与苏东坡的批评［J］/ 郑荣基 // 美与时代，1997（12）

21496　再谈"苏东坡犯了错误吗？"：答张玉庭先生［J］/ 林坤成 // 美与时代，1997（12）

21497　创作灵感的出现与捕捉：从苏轼的《文与可画竹》得到的启示［J］/ 韩书文 // 北京成人教育，1997（C1）

21498　浅谈文人画艺术特点的形成发展及代表画家［J］/ 尹居平 // 潍坊教育学院学报，1998（3）

21499　苏轼画论与宋画中的迷局：绘画的沉思与沉思的绘画之四［J］/ 赵本嘉 // 乐山师范学院学报，1998（3）

21500　高踞分水岭上的巨人：试论苏轼与文人画的发展［J］/ 王玉芳 // 美苑，1998（5）

21501　宋代花鸟画赏析（续）［J］/ 张劲 // 中国美术教育，1998（5）

21502　谈诗论画　议论精深：读苏轼《书鄢陵王主簿所画折枝》诗［J］/ 邝文 // 语文月刊，1998（5）

21503　高踞分水岭上的巨人：试论苏轼与文人画的发展［J］/ 王玉芳 // 西北师范大学学报（社会科学版），1998（6）

21504　苏轼与文人画［J］/ 张劲 // 剧影月报，1998（6）

21505　"东坡朱竹"的启示：中国画色彩观试仪［D］/ 邵晓峰 .—南京师范大学（硕士论文），1998

21506　高踞分水岭上的巨人（续）：试论苏轼与文人画的发展［J］/ 王玉芳 // 西北师范大学学报（社会科学版），1999（1）

21507　笔墨论稿［J］/ 郎绍君 // 文艺研究，1999（3）

21508　略说苏轼的传神论［J］/ 周先慎 // 中国典籍与文化，1999（3）

21509　宋代绘画文人倾向的转变［J］/ 李孝弟 // 上海艺术家，1999（3）

21510　苏轼画论的功过辨正［J］/ 章平 // 淮阴师范学院学报（哲学社会科学版），1999（5）

21511　苏轼净因院画记的常理研究［D］/ 刘怡明 .—成功大学（硕士论文），1999

21512　超时代的创举；苏轼对士人画的首倡［J］/ 刘晓路 // 北方美术，2000（1）

21513　论苏东坡元祐时期绘画艺术观［J］/ 曾瑞雯 // 受业集，2000（1）

21514　论苏轼的文人画观［J］/ 舒士俊 // 南京艺术学院学报（美术及设计版），2000（1）

21515　苏轼画论浅探［J］/ 杨疾超 // 黄冈师范学院学报，2000（1）

21516　神圣背后的误导：浅谈苏轼绘画理论的负面效应［J］/ 陈杰 // 书画艺术，2000（2）

21517　苏轼与文人画理论的兴起［J］/ 张亚平 // 中华文化论坛，2000（2）

21518　乾隆不却故人情：读钱维城，苏轼舣

舟亭图卷［J］/ 赵榆，孙鸿月 // 收藏家，2000（3）

21519 苏轼审美标准探析［J］/ 才彦平 // 吉林艺术学院学报，2000（3）

21520 苏学士宜任何职［J］/ 冯士彦 // 前进论坛，2000（4）

21521 乾隆不却故人情：读钱维城“苏轼舣舟亭图卷”有感［J］/ 赵榆，孙鸿月 // 典藏艺术，2000（90）

21522 阅读风景：苏轼与《潇湘八景图》的兴起［C］/ 衣若芬 // 千古风流：东坡逝世九百年纪念学术研讨会论文集 / 台北辅仁大学，2000

21523 艺林片叶：漫谈“画竹”［J］/ 张满如 // 书画艺术，2001（2）

21524 杜甫、苏轼绘画美学的分歧：“骨”与“肉”的价值评定［J］/ 刘朝谦 // 杜甫研究学刊，2001（3）

21525 战火与清游：赤壁图题咏论析［J］/ 衣若芬 // 故宫学术季刊，2001，18（4）

21526 从社会学、心理学角度谈苏轼文人画观［J］/ 林源源 // 东南大学学报（哲学社会科学版），2001（S2）

21527 孙克弘绘“东坡笠屐图”［J］/ 张淑兰 // 历史博物馆馆刊·历史文物，2002：12（1）

21528 苏轼绘画艺术管窥［J］/ 陈晓春 // 四川大学学（哲学社会科学版），2002（3）

21529 文人画思潮对元代青绿山水画发展的影响［J］/ 宋力 // 南京艺术学院学报（美术与设计版），2002（4）

21530 苏轼绘画艺术管窥［J］/ 陈晓春 // 复印报刊资料·造型艺术，2002（5）

21531 小议宋代文人画观［J］/ 翁晓瑜 // 内江师范学院学报，2002（5）

21532 诗画本一律：谈中国山水诗与山水画的异形同神［J］/ 何淑贞 // 玄奘人文学报，2003（1）

21533 苏轼绘画观的价值与负面影响［J］/ 李开荣 // 新疆艺术学院学报，2003（1）

21534 论苏轼“不求形似”的艺术观［J］/ 曹洞颇 // 河南师范大学学报（哲学社会科学版），2003（2）

21535 苏轼追求神仙长生的心态探析［J］/ 贾喜鹏 // 晋东南师范专科学校学报，2003（4）

21536 苏轼的“传神论”小议［J］/ 王玉芳 // 国画家，2003（5）

21537 意韵：中国写意花鸟画杂想［J］/ 宋洪峰 // 美术大观，2003（5）

21538 中国画诗情渗透之散见［J］/ 孙恩道 // 美术大观，2003（8）

21539 苏轼评画［J］/ 心源，青禾 // 小作家选刊（小学生版），2003（9）

21540 从王庭筠《墨竹枯槎图》看宋金及元初苏轼体系墨竹的传承［D］/ 谈生广 .—南京师范大学（硕士论文），2003

21541 略论苏轼的绘画美学思想［D］/ 马骏 .—武汉大学（硕士论文），2003

21542 一则书论的背面［N］/ 黄寿耀 // 美术报，2004-05-22

21543 台北故宫博物院藏画选［J］/ 王伯敏 // 荣宝斋，2004（1）

21544 幽芳丘壑 简淡清奇［J］/ 蒋平畴 // 福建艺术，2004（1）

21545 东坡时序诗意图［J］/ 田也 // 当代学生，2004（2）

21546 中国画符号语言的现代性解读［J］/ 张永山 // 国画家，2004（2）

21547 苏轼的“离形得似”与宋代文人画［J］/ 霍然 // 天府新论，2004（4）

21548 苏轼画论的影响浅探［J］/ 何毅，张涤 // 河北大学成人教育学院学报，2004（4）

21549 苏轼绘画“形神”观及其与佛教的关

系［J］/ 陈中浙 // 江苏行政学院学报，2004（5）

21550 中国传统文化思想与苏轼文人画理论［J］/ 陈因 // 西南民族大学学报（人文社会科学版），2004（7）

21551 一幅名画引发的思考［J］/ 姚金红 // 初中生世界，2004（34）

21552 诗中有画，画中有诗：简述苏轼诗画交融的绘画理论［J］/ 高娃 // 内蒙古科技与经济，2004（11 下）

21553 苏东坡《寿星图》上“德寿殿宝”初义考［N］/ 王琳祥 // 中国文物报，2005-03-23

21554 苏轼与《西园雅集》［N］/ 不详 // 人民日报（海外版），2005-11-26

21555 《历代名画诗画对读集》即将出版［J］/ 张幼良 // 苏州大学学报（哲学社会科学版），2005（1）

21556 苏轼论画［J］/ 卜寿珊，毕斐 // 湖北美术学院学报，2005（1）

21557 苏轼的性格对其绘画思想的影响［J］/ 张岩 // 陕西师范大学学报（哲学社会科学版），2005（2）

21558 苏轼与“湖州竹派”［J］/ 马青云 // 湖州职业技术学院学报，2005（3）

21559 也说“胸无成竹”：兼论表现技法程序化对中国传统绘画创作构思活动的影响［J］/ 李放 // 信阳师范学院学报（哲学社会科学版），2005（4）

21560 诗画本一律 天工与清新：苏轼的绘画理论［J］/ 张冲 // 平原大学学报，2005（5）

21561 苏轼绘画理论分析［J］/ 吕书炜 // 东方艺术，2005（8）

21562 天下第三行书：苏东坡《黄州寒食诗帖》沉浮记［J］/ 王琳祥 // 中国书画，2005（11）

21563 一次为苏轼平反的宫廷书画合作：在马和之画、宋高宗题《后赤壁赋图》卷的背后［J］/ 余辉 // 紫禁城，2005（A1）

21564 诗画相涵翰墨珍［N］/ 苏晓晗 // 美术报，2006-10-21

21565 第一讲 画作真会［J］/ 吴企明 // 古典文学知识，2006（1）

21566 品读苏轼的《蝶恋花》：参悟《蝶恋花》的哲理意味［J］/ 罗小美 // 财经界（下半月），2006（2）

21567 诗画本一律 天工与清新：谈苏轼的绘画［J］/ 白晓剑，王娜 // 赣南师范学院学报，2006（2）

21568 形随心移［J］/ 翟东奇 // 国画家，2006（2）

21569 诗画本一律，天工与清新：浅析苏轼的美学思想［J］/ 侯薇薇 // 延安文学，2006（3）

21570 试析苏轼画的审美精神［J］/ 周梅雪 // 活力，2006（3）

21571 宋代绘画和工艺作品中的赤壁图［J］/ 板仓圣哲，张毅 // 上海文博论丛，2006（3）

21572 文人画的兴起［J］/ 李永林 // 解放军艺术学院学报，2006（3）

21573 论苏东坡画意涉“逸品”之格［J］/ 林海钟 // 国画家，2006（4）

21574 宋代文人画思潮和李公麟人物画的审美取向［J］/ 樊波 // 荣宝斋，2006（4）

21575 论中国古代绘画的重“神”思想［J］/ 马汉钦，张艳霞 // 内蒙古师范大学学报（哲学社会科学版），2006（6）

21576 略论游戏三昧在苏轼绘画观中的渗透［J］/ 李朝霞 // 中共郑州市委党校学报，2006（6）

21577 中国画的根源与流向［J］/ 袁学军 // 中国书画，2006（6）

21578 文人画：戾家抑或行家？：论文人画戾行关系的演变[J]/周雨//文艺研究，2006(9)

21579 再议文人画[J]/王飞//美术大观，2006(12)

21580 苏东坡荐画[J]/不详//江门文艺，2006(17)

21581 论北宋山水画风格的转向：从文化史的角度探讨郭熙和苏轼的绘画理论与实践[D]/解舒舒.—中国人民大学(硕士论文)，2006

21582 苏轼的绘画谱系观[J]/胡懿勋//历史博物馆馆刊·历史文物，2007，17(2)

21583 绘画性绘画到书法性绘画的转变：从笔墨风格角度谈文同的影响[J]/陈开颖//沧桑，2007(1)

21584 论宋代文人画与李公麟绘画中的文人士气[J]/秦宏//美术大观，2007(1)

21585 文人画琐谈[J]/张丽波//美术大观，2007(1)

21586 试论文人画的特点及在当代的意义[J]/郭文光//理论与创作，2007(3)

21587 戏墨犹堪绝后尘：关于苏轼《潇湘竹石图》卷的考识[J]/苏晓晗，王艺雯//浙江艺术职业学院学报，2007(3)

21588 中国绘画重“神”传统的当代考察：由两则经典画论引发的思索[J]/程淑彩//时代文学(双月版)，2007(3)

21589 传神、写意、入理：苏轼的绘画理论[J]/张建军//齐鲁艺苑，2007(4)

21590 技法程序化对中国传统绘画艺术创作的影响：也说“胸有成竹”与“胸无成竹”[J]/李放//首都师范大学学报(社会科学版)，2007(5)

21591 水墨丹青话苏轼[J]/汪月清//东方美术，2007(5)

21592 文人画在北宋的形成和两个标志人物[J]/赵亭人//美术观察，2007(6)

21593 秦少游的字谜画[J]/不详//小作家选刊(小学生版)，2007(9)

21594 黄庭坚与墨竹[J]/陈志平//中国书画，2007(12)

21595 天下第三行书:《黄州寒食诗帖》[J]/刘波//历史教学，2007(12)

21596 从莱辛、苏轼诗画观探析中西不同诗画观的必然性[D]/胡秀芬.—西南大学(硕士论文)，2007

21597 中国文人画中的惆怅美[D]/曹英慧.—河北师范大学(硕士论文)，2007

21598 苏东坡《古木怪石图》[N]/张德宁//新民晚报，2008-02-02

21599 苏轼《思堂记》与苏州桃花坞[N]/不详//苏州日报，2008-03-18

21600 宋代绘画鉴赏论概览[J]/樊波//荣宝斋，2008(1)

21601 苏轼绘画理论评析[J]/李颖，张颖//艺术研究，2008(1)

21602 传统艺术精神对苏轼画论的影响[J]/李颖//艺术探索，2008(2)

21603 顾恺之传神论与苏轼传神论比较分析[J]/马筱//商丘师范学院学报，2008(2)

21604 苏轼大字草书《春风》解[J]/徐启雄//文化财富，2008(2)

21605 浅谈赵佶与苏轼绘画观的相通性[J]/郑翠丽//当代艺术，2008(3)

21606 试论苏轼画论形成与魏晋玄学之关系[J]/胡军//衡水学院学报，2008(3)

21607 文人身份及文人画种的新审视[J]/张其凤//中国书画，2008(4)

21608 苏东坡评文同：看中国文人画之“德、文、诗、书、画、比、兴”[J]/傅强//福建高教研究，2008(6)

21609 本于立意而归乎用笔：中国画创作中的

"心""手"关系［J］/ 樊波 // 美术观察，2008（8）

21610 提倡写"一点红"等［J］/ 尹贤 // 中华诗词，2008（10）

21611 探物理 求物情 具物态：论中国花鸟画的创作［J］/ 马小杰 // 才智，2008（13）

21612 北宋蜀学与文人画意识的兴起［D］/ 寿勤泽 .—浙江大学（博士论文），2008

21613 论苏轼文人画思想的审美取向［D］/ 郭智芳 .—陕西师范大学（硕士论文），2008

21614《书蒲永升画后》的解读：苏轼艺术创作思想探微［J］/ 王庆 // 地方文化研究辑刊，2008

21615 邓拓与苏东坡《潇湘竹石图》（图）［N］/ 不详 // 每日新报，2009-01-14

21616 邓拓与苏东坡《潇湘竹石图》［N］/ 不详 // 潍坊晚报，2009-12-25

21617 法则中的逾矩 逾矩中的创新：苏轼画风的美学阐释［J］/ 高兰英，和钰 // 语文学刊，2009（1）

21618 鸿鹄落志 点墨襟怀：中国古代写意花鸟欣赏［J］/ 孔永军 // 时代文学（双月上半月），2009（3）

21619 苏轼与北宋新党人林希交游考略［J］/ 田颖 // 今日科苑，2009（3）

21620 中国传统文人书画教育中的审美倾向［J］/ 徐永斌 // 美术观察，2009（3）

21621 从苏轼评吴道子看他的绘画理论［J］/ 冯惠 // 海南师范大学学报（社会科学版），2009（4）

21622 重提"论画以形似，见与儿童邻"：苏轼的绘画理念及其它［J］/ 张友宪 // 中国花鸟画，2009（4）

21623 浅析《丛篁古木图》［J］/ 刘宬一 // 中国美术，2009（5）

21624 试论北宋文人画思想的价值取向［J］/ 寿勤泽 // 绍兴文理学院学报（哲学社会科学版），2009（5）

21625 管窥宋代"文人画"的形成［J］/ 郭娓 // 山东文学，2009（6）

21626 论清代画家王原祁的"平中求奇"说［J］/ 蒋志琴 // 南京艺术学院学报（美术与设计版），2009（6）

21627 苏轼与宋代绘画［J］/ 李悠 // 当代教育理论与实践，2009（6）

21628 中国画论与盆景（十三）［J］/ 张鲁归 // 园林，2009（6）

21629 从《题西林壁》谈苏轼绘画观［J］/ 李斯斌 // 大学（上半月刊），2009（8）

21630 浅论苏轼文人画之形、神、理［J］/ 何春蓬 // 美与时代（下半月），2009（8）

21631 工笔划色彩失落原因探析［J］/ 赵德聪，文俊鸿 // 美术大观，2009（9）

21632 中国画造型之辨析［J］/ 丁厚祥 // 文艺研究，2009（9）

21633 苏东坡其人其画［J］/ 伊明 // 老年教育・书画艺术，2009（10）

21634 浅议两宋院体山水画的诗意化倾向［J］/ 邓晶晶 // 美与时代（中旬），2009（11）

21635 东坡梦虎图［J］/ 方修 // 古今故事报，2009（15）

21636 一次为苏轼平反的宫廷书画合作：在马和之画、宋高宗题《后赤壁赋图》卷的背后［J］/ 余辉 // 紫禁城，2009（S1）

21637 苏轼画论中的自我意识［D］/ 柏颖 .—河南大学（硕士论文），2009

21638 苏轼文人画思想研究［D］/ 侯中淑 .—河北大学（硕士论文），2009

21639 浅论黄慎画苏东坡赏砚图及其草书入画［J］/ 陈源麟 // 艺术欣赏，2010，6（2）

21640 苏东坡以联画像［N］/ 陈永坤 // 郑州日报，2010-04-22

21641 苏东坡画石[J]/不详//语文教学与研究·读写天地，2010(1)

21642 表现主义画派与苏轼文人画思潮之主张比较[J]/易春莉//郑州轻工业学院学报(社会科学版)，2010(2)

21643 浅谈"论画以形似，见与儿童邻"[J]/汪沁，赵青//景德镇陶瓷，2010(2)

21644 浅析苏轼与文人画[J]/张俊，张本敏//时代文学(理论学术版)，2010(2)

21645 一蓑烟雨任平生：东坡笠屐图赏析[J]/不详//文史杂志，2010(2)

21646 从《枯木竹石图》管窥苏轼的"诗画本一律"[J]/李翠萍//洛阳师范学院学报，2010(3)

21647 苏东坡画中游[J]/不详//新作文(小学456年级版)，2010(3)

21648 立象以尽意：从苏轼《枯木怪石图》浅析中国艺术创作的规律[J]/傅施黎//大舞台·教学与艺术，2010(4)

21649 南宋梁楷画风的转变[J]/陈琳娜//景德镇高专学报，2010(4)

21650 文人画的重新厘定[J]/刘阿宝//上海艺术家，2010(6)

21651 文人画知音论[J]/张建涌//美与时代(中)，2010(6)

21652 也说丘壑于心：写意画创作心得[J]/青华//美术大观，2010(6)

21653 从绘画思想论苏轼之别于陶渊明[J]/万颖//文学教育，2010(9)

21654 苏东坡画朱竹[J]/不详//少儿书画，2010(9)

21655 苏东坡画朱竹[J]/吴望之//少儿书画(综合版)，2010(9)

21656 苏轼之综合性绘画美学思想概述[J]/迟慧//科技信息，2010(11)

21657 自由的区别：从绘画思想论苏轼之别于陶渊明[J]/万颖//科技信息，2010(28)

21658 乘夫天理 各安其性：苏轼《净因院画记》之常形常理探微[D]/高临.—西安美术学院(硕士论文)，2010

21659 "枯木竹石"题材的历史：以后世画家对苏轼绘画艺术的阐释为线索[D]/唐小伟.—中国美术学院(硕士论文)，2010

21660 元祐文人圈与文人画的发展[D]/胡建君.—中国美术学院(博士论文)，2010

21661 《苏轼舣舟亭图》就这样，与常州擦肩而过……[N]/倪露江//常州日报，2011-01-24

21662 邓拓慧眼识东坡珍宝重现天下[N]/李辉//淮河晨刊，2011-03-07

21663 苏轼《偃松图》卷辨析[N]/黄柏林//美术报，2011-03-26

21664 苏轼孤本《潇湘竹石图》的历史传奇[N]/佳音//中山日报，2011-04-24

21665 东坡画为何多怪石枯木[N]/陶梦清//羊城晚报，2011-07-20

21666 东坡画扇[N]/不详//厦门日报，2011-11-12

21667 浅析苏轼文人画论及其对中国绘画发展的影响[J]/姜丽//大众文艺(理论版)，2011(1)

21668 苏轼对文人画的贡献[J]/霍方超//学术理论与探索，2011(1)

21669 浅析苏轼文人画论及其对中国绘画发展的影响[J]/姜丽//大众文艺，2011(2)

21670 试论北宋文人画"以书入画"的美学价值[J]/赵书英//美术教育研究，2011(3)

21671 邓拓与苏东坡《潇湘竹石图》[J]/郑重//中国拍卖，2011(4)

21672 逆境中文人画家之心理探微[J]/邢澄//

管理工程师，2011（4）

21673 再议北宋文人画兼及书法的影响［J］/赵书英//美术教育研究，2011（4）

21674 苏东坡为何爱画枯木怪石？［J］/不详//环球花雨·探秘之旅号，2011（5）

21675 苏轼画作孤本《潇湘竹石图》的历史传奇［J］/佳音//文史参考，2011（5）

21676 画中之“丑”蕴含的意义［J］/张嘉珊//商业文化（上半月），2011（6）

21677 形似·神似：论苏轼的“论画与形似，见于儿童邻”［J］/冯干，王怿兰//魅力中国，2011（6）

21678 王维与苏轼的文人画理论［J］/杨娜//美术观察，2011（7）

21679 邓拓慧眼识珠天价收藏苏轼《潇湘竹石图》［J］/佳音//东方收藏，2011（8）

21680 邓拓慧眼识珠天价收藏苏轼《潇湘竹石图》：他将此孤本捐中国美术馆［J］/佳音//东方收藏，2011（8）

21681 试论宋代书画合流对中国画发展的影响［J］/黄剑斌//美术界，2011（9）

21682 苏轼与北宋文人画的历史解读［J］/王东辉//兰台世界，2011（9）

21683 从苏轼的题画诗看其绘画美学观［J］/汤志刚//作家，2011（12）

21684 《西园雅集图》中女性形象的图像学研究［J］/田丽//名作欣赏，2011（15）

21685 苏轼“士人画”论研究［D］/麦满堂.—北京师范大学（博士论文），2011

21686 苏轼“游戏笔墨”绘画创作观的研究［D］/孙晓君.—云南师范大学（硕士论文），2011

21687 邓拓捐赠古画特展开幕，中国美术馆展示140余件作品苏轼《潇湘竹石图卷》亮相［N］/不详//新京报，2012-01-17

21688 邓拓捐赠中国古代绘画珍品特展昨揭幕［N］/孙佳音//新民晚报，2012-01-17

21689 苏轼传世珍品首次公开露脸［N］/孙佳音//新民晚报美国版，2012-01-17

21690 邓拓140余件中国古代绘画藏品首次悉数亮相中国美术馆国内唯一［N］/陈涛//北京日报，2012-01-18

21691 东坡画为何多怪石枯木：两块石头几丛竹子［N］/不详//赣西晚报，2012-01-18

21692 苏轼《潇湘竹石图卷》亮相［N］/不详//济南时报，2012-01-18

21693 邓拓捐赠古代绘画展苏轼孤本书画首现［N］/不详//侨报，2012-02-06

21694 苏轼墨迹至宝:《洞庭春色·中山松醪二赋卷》［N］/闫立群//吉林日报，2012-02-21

21695 东坡画扇［N］/不详//颍州晚报，2012-10-12

21696 诗中有画，画中有诗：从苏轼的诗画观看诗与画的关系［J］/刘敏//长安学刊（哲学社会科学版），2012（1）

21697 天下第三行书《黄州寒食诗帖》解读［J］/熊泽文//名作欣赏（文学研究版），2012（1）

21698 寄兴感怀的宋代文人画［J］/刘倩兮//中华魂，2012（2）

21699 聊寓其心，画以适意：论苏轼文人画观［J］/李文文//大众文艺，2012（2）

21700 绘画不可言［J］/孙欣//中国美术馆，2012（3）

21701 绘画创作体验的诗意思考［J］/姚涛//美术观察，2012（4）

21702 浅议文人画思想在苏轼画论中的体现［J］/肖文静//金田，2012（4）

21703 苏轼对文人画创作的影响［J］/何景磊//作家（下半月），2012（4）

21704 形似·神似：论苏轼的“论画与形似，见于儿童邻”［J］/邵艳辉//文艺生

活·文艺理论，2012(4)

21705 北宋米芾书画鉴藏生涯管窥[J]/吕友者//荣宝斋，2012(6)

21706 笔墨天下：宋代书画家[J]/阳扬//红豆，2012(6)

21707 身为物主不为奴：邓拓与苏东坡《潇湘竹石图》[J]/邓壮//中国政协，2012(7)

21708 苏轼引发的"文人画"风波[J]/唐彬//文艺生活·艺术中国，2012(8)

21709 苏轼题兰竹画诗词札记[J]/苗贵松//美与时代(下)，2012(11)

21710 苏轼与彭城竹派[J]/夏媛圆//中华儿女(海外版·书画名家)，2012(11)

21711 刍议苏轼的几种绘画理论[J]/李婷//美术界，2012(12)

21712 浅议表现主义画派与苏轼文人画的客观图式[J]/易春莉//美与时代(中)，2012(12)

21713 以艺进道：文人水墨画之表里[J]/王铁飞，李凌//大舞台，2012(12)

21714 有向即乖(无法为法)：苏轼《枯木怪石图》[J]/林谷芳//艺术家，2012(441)

21715 续说"东坡画派"春秋笔墨缅东坡：中央美术学院王其钧教授国画作品赏析[J]/刘牧云//西部广播电视，2012(Z3)

21716 《赤壁赋图》绘画母题的黄金时代[D]/丰旻.—上海师范大学(硕士论文)，2012

21717 《大江东去》版本读解与演唱诠释[D]/罗琪娜.—浙江师范大学(硕士论文)，2012

21718 从"物性"向"心性"的转移：关于苏轼画学理论的探究[D]/田芳.—内蒙古师范大学(硕士论文)，2012

21719 分离与融合：莱辛、苏轼诗画观比较研究[D]/徐若冰.—西南大学(硕士论文)，2012

21720 解读《宣和画谱》：北宋绘画的演变[D]/刘科军.—曲阜师范大学(硕士论文)，2012

21721 苏轼绘画理论美学思想探析[D]/韩玲.—内蒙古师范大学(硕士论文)，2012

21722 超越"常形"之外 攫取"常理"于内：论苏轼"常理"论述与文人画系之联结关系与发展[J]/徐永贤//艺术学报，2013(1)

21723 苏东坡墨竹图[N]/潘康宁//凉山日报，2013-02-23

21724 苏东坡诗意画展今日武侯祠开幕[N]/王嘉//成都日报，2013-04-03

21725 东坡画扇[N]/不详//武汉科技报少年科普，2013-05-07

21726 苏东坡的个性绘画[N]/王吴军//四川政协报，2013-08-17

21727 "收藏控"米芾作伪画掉包遭苏东坡嘲讽[N]/不详//三晋都市报，2013-09-01

21728 凤翔碑廊镶上吴道子苏轼画作[N]/巨侃//宝鸡日报，2013-10-18

21729 东坡画扇[N]/不详//莱西市情，2013-11-07

21730 苏轼《四季图》碑刻[N]/张青//三峡晚报，2013-12-15

21731 邓拓不惜血本换苏东坡名画[N]/杨飞//湖南工人报，2013-12-25

21732 从传统文人画看苏轼绘画艺术中的"真"[J]/熊雯//当代艺术，2013(1)

21733 画坛新典范的树立：以苏轼"士人画"概念为中心[J]/唐卫萍//文化与诗学，2013(1)

21734 寄至味于澹泊：略论宋代绘画的"平淡"审美现象[J]/邓维明//艺术评论，2013(1)

21735 苏轼画作孤本《潇湘竹石图》的历史传奇 梅花图［J］/ 吴昌硕 // 大阅读（高中版），2013（1）

21736 概述苏轼《文与可画筼筜谷偃竹记》中的绘画美学思想［J］/ 王碧霄 // 剑南文学·经典教苑，2013（2）

21737 雪中芭蕉：唐人禅画的时空观及中国禅画的基本线索［J］/ 邢文 // 民族艺术，2013（2）

21738 再看“论画以形似，见与儿童邻”［J］/ 王威威 // 剑南文学·经典教苑，2013（3）

21739 追寻“真苏轼”：从《一本书读懂中国美术史》说起［J］/ 刘尚荣 // 琼州学院学报，2013（4）

21740 苏轼画论在浅绛彩瓷绘上的体现［J］/ 仇赟 // 美术界，2013（5）

21741 出新意于法度之中 寄妙理于豪放之外：苏轼的文风之于文人画的影响［J］/ 沈其旺 // 文艺研究，2013（7）

21742 从苏轼“饮酒诗”观其处世情感［J］/ 高默涵 // 天津政协，2013（7）

21743 论文人画的兴起及介入对艺术发展的影响［J］/ 秦萌萌 // 艺术时尚，2013（7）

21744 苏轼画扇［J］/ 郑凛 // 七彩语文：写字与书法，2013（7）

21745 论中国文人对中国古典绘画的影响：以苏轼为案例［J］/ 段晓月 // 公关世界（上半月），2013（9）

21746 《潇湘竹石图卷》潇散简远之境［J］/ 黄苏 // 文艺生活·文艺理论，2013（12）

21747 浅析苏轼对中国文人画的贡献［J］/ 张光辉 // 文教资料，2013（14）

21748 从武元直《赤壁图》看北宋山水画的影响［J］/ 魏玉洁 // 美术教育研究，2013（15）

21749 黄庭坚题跋美学思想研究［D］/ 吕锦．—内蒙古师范大学（硕士论文），2013

21750 绘画中的“淡泊”：读苏轼的文人画［D］/ 王珅．—中央美术学院（硕士论文），2013

21751 东坡不拘一格画红竹［N］/ 不详 // 四川日报，2014-03-04

21752 东坡孤山探梅图轴［N］/ 不详 // 慈溪日报，2014-12-31

21753 道家思想对苏轼绘画的影响［J］/ 方迪盛 // 电子设计技术，2014（1）

21754 论苏轼“性与画会”“神与物交”的山水画理论观［J］/ 李学更 // 品牌，2014（1）

21755 千年孕育 意由文生：论宋代绘画的写意性［J］/ 李永强 // 荣宝斋，2014（2）

21756 浅析苏轼的绘画特征及其艺术思想的形成［J］/ 毛婧 // 西江月（下旬），2014（2）

21757 宋代画院与古代绘画的“诗画合一”传统［J］/ 李方红 // 中国书画，2014（2）

21758 天下第三行书《黄州寒食诗稿》［J］/ 张和勇 // 三月风，2014（3）

21759 苏轼《文与可画筼筜谷偃竹记》绘画思想管窥［J］/ 杨海英 // 语文学刊（高等教育版），2014（4）

21760 寓意高远 运笔空灵：苏轼绘画观探析［J］/ 陶金鸿，// 美苑，2014（4）

21761 追寻“真苏轼”：从《一本书读懂中国美术史》说起［J］/ 刘尚荣 // 琼州学院学报，2014（4）

21762 北宋文人画思潮管窥［J］/ 许祖良 // 美术，2014（5）

21763 顾恺之、苏轼关于“传神论”三体方面的比较［J］/ 钟雪薇 // 北方文学（中旬刊），2014（5）

21764 苏轼绘画的思想内涵及其创作观浅析［J］/ 枕斌 // 短篇小说（原创版），2014（5）

21765 小议宋文治画竹［J］/ 黄辉 // 书画艺术，

2014(5)
21766 邓拓不惜血本换苏东坡名画[J]/杨飞//民间故事选刊(下),2014(9)
21767 苏轼《古木怪石图》[J]/不详//书法,2014(10)
21768 绘画作品中的朴素美[J]/王海滨//美术,2014(11)
21769 苏东坡画扇[J]/何蓮//初中生世界(初二),2014(11)
21770 浅谈苏轼的绘画形神观[J]/张科科//文艺生活·文海艺苑,2014(12)
21771 浅谈“论画以形似,见与儿童邻”[J]/李凯//科学导报,2014(18)
21772 苏轼在绘画上的“玄学”理念[J]/孙晓光//科技风,2014(18)
21773 树石意象在苏轼文人画和郭熙院体画中表现形式的差异及成因:以苏轼《枯木竹石图》和郭熙《窠石平远图》为例[J]/赵鸿儒//科技视界(学术刊),2014(32)
21774 《德隅斋画品》研究[D]/王道杰.—中国美术学院(硕士论文),2014
21775 苏轼文人画意境论[D]/黄苏.—云南师范大学(硕士论文),2014
21776 东坡老梅[N]/凌丹//黄冈日报,2015-08-08
21777 北宋乔仲常《后赤壁赋图》再考[J]/冯鸣阳,华雯//美术界,2015(1)
21778 文本与绘画的关系:以中日《赤壁图》的构成元素为例[J]/郭薇//文艺争鸣,2015(2)
21779 题东坡夜游赤壁图[J]/苟君//诗刊,2015(3)
21780 诗、画的悖与同:苏轼《王维吴道子画》赏析[J]/姚华//古典文学知识,2015(4)
21781 朝鲜诗人成《题苏东坡墨竹十绝》的诗情画意[J]/曹春茹//国画家,2015(6)
21782 浅析苏轼绘画中诗书入画的艺术特点[J]/沐秋梅//鸭绿江(下半月版),2015(8)
21783 苏轼绘画艺术思想中的人生论美学意蕴[J]/林李龙//消费导刊,2015(10)
21784 浅谈“竹”文化对文人画发展的影响[J]/崔莹莹//科学导报,2015(12)
21785 试论苏轼画论中“意”与“道”[J]/李文华//美术教育研究,2015(20)
21786 功到自然成[J]/张勇//思维与智慧,2015(21)
21787 观“潇湘竹石图”[D]/邵莉.—中国艺术研究院(硕士论文),2015
21788 画苏轼[N]/韩羽//河北日报,2016-02-19
21789 东坡其人其画[N]/不详//海东时报,2016-02-29
21790 东坡人生海南叙事[N]/不详//海南日报,2016-03-14
21791 画笔酣畅写意东坡[N]/不详//海南日报,2016-03-14
21792 画苏轼[N]/不详//东方早报,2016-05-25
21793 苏轼《佛寿图》[N]/冯扬//黄冈日报,2016-10-29
21794 苏轼《月梅》图联[N]/不详//黄冈日报,2016-11-05
21795 东坡老梅[N]/冯扬//黄冈日报,2016-12-03
21796 苏东坡作画断案[N]/不详//大江晚报,2016-12-04
21797 《宣和画谱》宣和二年成书补证[J]/韩刚//美术学报,2016(2)
21798 苏轼的绘画作品《枯木怪石图》评析[J]/闫琨骜//科技风,2016(3)
21799 苏轼画扇[J]/佚名//老年教育·书画

艺术，2016（4）

21800 论以苏轼为代表的文人写意画美学［J］/ 王长鹏 // 大观，2016（5）

21801 略论苏轼“意气”重于“得理”的审美追求［J］/ 黄莉莉 // 现代装饰·理论，2016（5）

21802 苏轼：绘画算是一个自己建构的精神堡垒［J］/ 白江峰 // 东方艺术，2016（5）

21803 崔子忠《苏轼留带图》［J］/ 不详 // 老年教育·书画艺术，2016（7）

21804 浅谈“论画以形似，见与儿童邻”［J］/ 廖玉洁，郭影，刘黎 // 艺术品鉴，2016（8）

21805 苏轼山水画美学思想探微［J］/ 管莨 // 中华文化论坛，2016（8）

21806 一曲松风万古传：黄庭坚《松风阁》墨迹赏析［J］/ 陈志平 // 书法，2016（11）

21807 论宋代文人画的日常生活审美化特征［J］/ 朱国芳 // 美术教育研究，2016（14）

21808 诗魂书骨，尚纯戒驳：苏轼与米芾，北宋文人画的“雅”与“逸”［J］/ 王一开 // 大众文艺，2016（14）

21809 分析苏轼的书风在绘画中的体现［J］/ 郑星 // 戏剧之家，2016（15）

21810 苏轼《潇湘竹石图》真伪新考［J］/ 熊言安 // 南京艺术学院学报·美术与设计，2017（3）

21811 论意境美在苏轼绘画中的表现［J］/ 陈小志 // 美术大观，2017（6）

21812 论苏轼绘画审美观：以“论画以形似，见与儿童邻”为例［J］/ 冯帆 // 今传媒，2017（9）

21813 从苏轼文人画思想看中华文化之传承［J］/ 薛磊 // 四川戏剧，2017（11）

21814 苏轼绘画理论三题研究［D］/ 汪瑶琳．—江苏师范大学（硕士论文），2017

苏辙研究

总 论

21815 苏辙佚著辑考[J]/刘尚荣//文学遗产，1984(3)

21816 苏辙《诗集传》孤本影印出版[J]/殷梦霞//文献，1991(1)

21817 新版《苏辙集》问世[J]/木冉//古籍整理出版情况简报，1991(239)

21818 苏辙诗集传评介[J]/赵制阳//孔孟学报，1996(71)

21819 苏辙《老子解》版本述略[J]/李进//古籍整理研究学刊，1999(1)

21820 苏辙《古史》版刻考述[J]/桑海风//宋代文化研究，2000

21821 苏辙研究综述[J]/李冬梅//许昌师专学报，2002(3)

21822 苏辙佚文二篇:《诗说》、《春秋说》辑考[J]/舒大刚，李冬梅//文学遗产，2004(1)

21823 苏辙佚文两篇疏证[J]/顾永新//江西社会科学，2004(7)

21824 苏辙《诗集传》文字校勘举例九则[J]/于昕//诗经研究丛刊，2007(2)

21825 苏辙佚诗辨伪[J]/胡建升，杨茜//古籍整理研究学刊，2009(5)

21826 苏辙诗文辑佚考辨[C]/蒋宗许//中国训诂学研究会2010年学术年会论文摘要集/中国训诂学研究会秘书处、厦门大学中文系、国家语言资源监测与研究中心教育教材语言分中心.—2010

21827 苏辙研究三题[D]/李月嬿.—南京大学(硕士论文)，2010

21828 《南轩记》非苏辙所作考辨[J]/蒋宗许，胡俊俊//社会科学研究，2011(3)

21829 全国首届苏辙学术研讨会昨日举行[N]/刘寅//眉山日报，2012-11-17

21830 试论古籍整理之径改底本：以中华书局《苏辙集》为例[J]/胡琼，胡俊俊//乐山师范学院学报，2016(5)

21831 明嘉靖二十年蜀藩朱让栩刻九十六卷本：苏辙《栾城集》[J]/陈楠，王可航//吉林画报，2016(9)

家世、生平、社会活动研究

21832 苏辙像(南熏殿历代圣贤名人像之一)：[画图][J]/不详//故宫周刊，1933(237)

21833 历代川籍史部作家考略(陈寿、常璩、苏辙、范祖禹、王当等)[J]/李寰//四川文献，1967(57)

21834 颍滨遗老苏子由［J］/ 张朴民 // 反攻，1974（389）

21835 苏辙的生平及作品［J］/ 陈宗敏 // 书和人，1977（318、319）

21836 苏辙在齐州［J］/ 张传实 // 山东师范大学学报（社会科学版），1982（4）

21837 苏辙在筠州［J］/ 刘洪元 // 历史知识，1983（1）

21838 宋代枢密院吏人升迁制度初探［J］/ 陶绪 // 湘潭师范学院学报（社会科学版），1992（1）

21839 《苏辙评传》、《集镇建设与发展》［J］/ 不详 // 四川大学学报（哲学社会科学版），1996（1）

21840 苏辙之仕宦及其政绩［J］/ 吴武雄 // 兴大中文学报，1996（9）

21841 苏辙的齐鲁情结［J］/ 刘乃昌 // 东岳论丛，2001（5）

21842 我年十九识君翁：苏辙与欧阳修的交谊［J］/ 王素琴 // 中国文化月刊，2001（257）

21843 话说新编《苏辙年谱》［J］/ 冉休丹 // 书品，2002（1）

21844 苏辙与李贽《老子解》的对比研究［J］/ 佐藤錬太郎 // 首都师范大学学报（社会科学版），2002（6）

21845 苏辙与古文运动［J］/ 吴武雄 // 人文社会学报，2003（2）

21846 苏辙在济南［J］/ 王慧 // 文史杂志，2003（6）

21847 说说苏宁［J］/ 陈履生 // 东方艺术，2004（S3）

21848 北宋诗人眼中的辽境地理与社会生活［J］/ 孙冬虎 // 北方论丛，2005（3）

21849 苏辙使辽始末［J］/ 蒋武雄 // 东吴历史学报，2005（13）

21850 造物真有意，俾公以后凋：苏辙晚年事迹考辨［J］/ 朱刚 // 中华文史论丛，2005（80）

21851 苏辙后裔的心声［J］/ 苏鹤孙 // 苏轼研究，2006（2）

21852 苏辙墓志铭发现经过［J］/ 刘继增 // 苏轼研究，2006（2）

21853 苏辙龙川生活与龙川略志别志［J］/ 陈正雄 // 崇右学报，2006（12）

21854 苏辙一生闹“房荒”［N］/ 不详 // 郑州晚报，2007-02-03

21855 苏辙买房记［N］/ 李开周 // 城市快报，2007-02-19

21856 苏辙后裔苏森生平考［J］/ 马石丁 // 山东文学（下半月），2007（11）

21857 苏辙初仕大名府［N］/ 不详 // 邯郸日报，2008-05-17

21858 苏辙在元祐党争中的角色与影响［J］/ 涂美云 // 兴大中文学报，2008（23）

21859 苏辙的为人及其在散文中的体现［D］/ 裴小军. —山西大学（硕士论文），2008

21860 苏辙后人的爱与哀愁［N］/ 不详 // 郑州晚报，2009-06-09

21861 苏辙与章淳在雷州遭遇异同［N］/ 谢清科 // 湛江日报，2009-11-16

21862 宋朝如何与契丹人走亲戚［J］/ 许石林 // 环境经济，2009（11）

21863 唐宋高官也蜗居：苏辙从“蜗居”熬到“房奴”［N］/ 不详 // 银川晚报，2010-09-22

21864 苏辙：从蜗居到房奴［N］/ 不详 // 汕头都市报，2011-01-17

21865 苏轼的弟弟嫁女儿乎倾家荡产［N］/ 不详 // 双鸭山日报，2011-03-17

21866 吴复古与苏辙的交游［N］/ 达亮 // 潮州日报，2011-09-29

21867 苏辙、苏适父子都曾在淮阳做官［N］/

不详 // 周口晚报，2011-12-26

21868 苏辙后裔在武城[N]/ 不详 // 德州日报，2011-12-30

21869 论苏辙宦游生涯中的思乡情结[J]/ 王新立 // 河西学院学报，2011(4)

21870 苏辙、苏适父子都曾在淮阳做官[J]/ 范景恩 // 周口人文，2011(12)

21871 苏辙池州行[N]/ 任刚 // 池州日报，2012-11-02

21872 苏辙早年蜗居买房耗尽积蓄[N]/ 朱上坚 // 南方农村报，2012-12-20

21873 苏辙买房耗尽积蓄[N]/ 不详 // 河南法制报，2012-12-26

21874 苏辙在绩溪[J]/ 邵本武 // 志苑，2012(1)

21875 苏辙在济南的交游唱和活动及其文化意蕴[J]/ 马银华 // 工会论坛(山东省工会管理干部学院学报)，2012(3)

21876 苏辙被贬龙川期间的文学与思想研究[D]/ 罗春娜.—暨南大学(硕士论文)，2012

21877 荣辱不惊话苏辙[N]/ 张春生，田殷华 // 湛江日报，2013-09-09

21878 苏辙与宋仁宗的一段“佳话”[N]/ 不详 // 沈阳晚报，2013-11-11

21879 苏寨:“三苏”遗泽于斯民[N]/ 不详 // 郑州晚报，2013-11-22

21880 当宋仁宗遇上谣言[J]/ 吴钩 // 学习博览，2013(10)

21881 1061 年，苏辙诽谤了宋仁宗[J]/ 刘十九 // 书摘，2013(11)

21882 古代名人买房趣闻[J]/ 杭东 // 上海房地，2013(11)

21883 苏辙的青年和老年：唐宋八大家札记(二)[J]/ 陈占敏 // 名作欣赏(鉴赏版·上旬)，2013(11)

21884 苏辙与商丘的情缘[N]/ 马学庆 // 睢阳，2014-12-02

21885 《苏辙年谱》“申屠子足被刑”解[J]/ 袁津琥 // 中华文史论丛，2014(1)

21886 苏辙在龙川：兼谈苏辙对龙川的文化影响[J]/ 罗春娜 // 岭南文史，2014(3)

21887 古人也愁房：苏辙蜗居买房耗尽积蓄[J]/ 朱上坚 // 今日文摘，2014(4)

21888 论苏辙两谪筠州的交游及其变化[J]/ 喻世华 // 乐山师范学院学报，2014(4)

21889 苏辙流寓雷州行迹探析[J]/ 彭洁莹，张学松 // 湛江师范学院学报，2014(4)

21890 论苏辙对储光羲的发现与推尊[J]/ 刘蔚 // 社会科学战线，2014(11)

21891 陈州教授苏辙[J]/ 董素芝 // 黄河黄土黄种人，2014(16)

21892 苏辙在江西的活动与诗文创作[D]/ 柴巧燕.—南昌大学(硕士论文)，2014

21893 苏籀及其《双溪集》研究[D]/ 李永芳.—兰州大学(硕士论文)，2014

21894 苏辙的齐州三年[N]/ 吕玉华 // 济南时报，2015-01-09

21895 直须便作乡关看，莫起天涯万里心：苏辙与循州[N]/ 彭洁莹，张学松 // 中国社会科学报，2015-01-30

21896 吴复古与苏辙[N]/ 孙淑彦 // 揭阳日报，2015-07-26

21897 苏辙考上“公务员”[N]/ 龙振昼 // 红河日报，2015-12-05

21898 一个了不起的配角：小议苏辙[J]/ 赵允芳 // 中国作家，2015(10)

21899 苏辙的颍州情缘[N]/ 陆志成 // 颍州晚报，2016-06-23

21900 苏辙的为官之道[N]/ 张玉 // 眉山日报，2016-07-31

21901 政事、政争与政局：北宋元祐吏额事件发微[J]/ 王化雨 // 史林，2016(1)

思想、文化研究

21902 宋苏辙：古史［J］/ 吕嘉 // 图书馆学刊，1976（3）

21903 台湾大学图书馆善本书提要：苏辙：古史［J］/ 吕嘉 // 图书馆学刊，1976（3）

21904 宋初川峡地区的茶法与“贩茶失职”［J］/ 胡昭曦 // 四川大学学报（哲学社会科学版），1980（3）

21905 最早诬蔑王安石弃地的不是邵伯温而是苏辙［J］/ 李之勤 // 西北大学学报（哲学社会科学版），1980（3）

21906 苏辙卖酒高安市［J］/ 刘洪元 // 知识窗，1982（4）

21907 苏辙“三教合一”哲学思想述评［J］/ 舒大刚 // 西华师范大学学报（哲学社会科学版），1987（4）

21908 苏辙役法主张述评［J］/ 李俊清 // 晋阳学刊，1988（2）

21909 从“养气”说看苏辙的文艺思想［J］/ 杨隽 // 四川师范学院学报（社会科学版），1989（1）

21910 论苏辙的养气说［J］/ 陆德阳 // 华东师范大学学报（哲学社会科学版），1990（1）

21911 苏辙前期的革新思想［J］/ 李俊清 // 晋阳学刊，1990（5）

21912 从三苏墓祠谈到苏辙的儒家思想［J］/ 王煜 // 哲学与文化，1991，18（8）

21913 苏辙的养气说［J］/ 张静二 // 中外文学，1992，21（1）

21914 苏辙留下的笑柄［J］/ 徐乘 // 新闻知识，1992（3）

21915 苏辙治学［J］/ 不详 // 学习与人，1992（春季号）

21916 苏辙《为兄轼下狱上书》赏析［J］/ 张文其 // 秘书，1993（5）

21917 宋代名人养生法拾趣［J］/ 李霖 // 中老年保健，1994（6）

21918 苏辙年少自奋励［J］/ 志逖 // 人才，1995（7）

21919 苏辙《古史》中的历史思想［D］/ 王治平．—新竹清华大学（硕士论文），1996

21920 苏辙的变法思想及其实践［J］/ 吴晓萍 // 高等学校文科学报文摘，1997（5）

21921 苏辙《〈老子〉解》研究［D］/ 李进．—湖北大学（硕士论文），1997

21922 从人学价值到诗学价值：论苏辙“养气说”的深层含蕴［J］/ 李春青 // 社会科学辑刊，1998（3）

21923 苏辙论“去冗”［J］/ 洪锋 // 林业财务与会计，1998（7）

21924 苏辙离开变法阵营的原因［J］/ 吴琳 // 社会科学研究，1999（3）

21925 北宋儒家学派的《老子》诠释与时代精神［J］/ 刘固盛 // 西北大学学报（哲学社会科学版），2001（3）

21926 宋元老学中的佛禅旨趣［J］/ 刘固盛 // 人文杂志，2001（6）

21927 苏辙《老子解》义理内蕴探析：兼论“儒道交涉”的老学视域［J］/ 江淑君 // 中文学报，2001（7）

21928 论苏辙的佛家思想［J］/ 王煜 // 韶关学院学报，2001（8）

21929 苏辙崇道思想及其文论［J］/ 林秀珍 // 人文及社会学科教学通讯，2002（1）

21930 苏辙之养生观及其实践：从《服茯苓赋》

谈起[J]/谢凯蒂//景女学报，2002(2)

21931 北宋官方对民间出版的管制[J]/周宝荣//中南民族大学学报(人文社会科学版)，2002(6)

21932 论苏辙立足老子的哲学思想[J]/程梅花//阜阳师范学院学报(社会科学版)，2002(6)

21933 苏辙的佛、道思想[J]/涂美云//东吴中文研究集刊，2002(9)

21934 苏辙“历代论”的历史诠释与意义建构[J]/陈秉贞//人文及社会学科教学通讯，2003，13(6)

21935 苏辙与《古史》[J]/张伟//史学史研究，2003(3)

21936 评苏辙对熙丰变法的态度[J]/陈安丽//江西社会科学，2003(5)

21937 苏辙《历代论》的历史诠释与意义建构[J]/陈秉贞//思辨集，2003(6)

21938 苏辙《论语拾遗》试探[J]/陈升辉//问学集，2003(12)

21939 北宋老学初探[D]/詹刚.—南京大学(硕士论文)，2003

21940 苏辙《老子解》研究[D]/林静慧.—中国文化大学(硕士论文)，2003

21941 苏辙与其《春秋》学[D]/丁美霞.—南京大学(硕士论文)，2003

21942 妙笔可言：苏辙与“仁宗时代”[N]/沈燕//文汇报，2004-10-20

21943 苏辙《论语拾遗》探讨[J]/吴武雄//中台学报：人文社会卷，2004，15(1)

21944 苏辙《孟子解二十四章》研析[J]/吴武雄//台中技术学院学报，2004(5)

21945 苏辙改对显才华[J]/不详//小作家选刊(小学生版)，2004(12)

21946 苏辙经学成就研究[D]/郑婕.—华东师范大学(硕士论文)，2004

21947 苏辙学术研究[D]/谷建.—北京大学(博士论文)，2004

21948 豆棚闲话：苏辙笔下的杨令公[N]/不详//文汇报(香港)，2005-09-13

21949 苏辙疗疾用茯苓[J]/不详//中医药学刊，2005(1)

21950 刘安世《门下侍郎苏公墓志铭》辨证[J]/曾枣庄//中国典籍与文化，2005(4)

21951 论苏辙《春秋》学的特点[J]/葛焕礼//孔子研究，2005(6)

21952 苏辙的虚伪[J]/杨强//语文教学与研究·读写天地，2005(7)

21953 苏辙学术思想研究[D]/吴叔桦.—高雄师范大学(博士论文)，2005

21954 苏辙改对显才华[J]/不详//新作文(小学456年级版)，2006(3)

21955 苏辙与佛教[J]/张煜//宗教学研究，2006(3)

21956 苏辙《春秋集解》浅论[J]/杜敬勇//哈尔滨学院学报，2006(12)

21957 苏辙的人格与吏治[J]/陈正雄//崇右学报，2006(12)

21958 苏辙改对显才华[J]/周大兴//故事世界，2006(19)

21959 论苏辙的禅悦诗[J]/黄俊桑//漳州师范学院学报(哲学社会科学版)，2007(1)

21960 论苏辙卜葬郏县的矛盾心态[J]/张天星//兰州学刊，2007(3)

21961 苏辙《春秋集解》以史传经初探[J]/张高评//南京师范大学文学院学报，2007(3)

21962 苏辙《应诏集》制衡尽想考辨[J]/陈磊//时代文学(理论学术版)，2007(6)

21963 苏辙买房记[J]/李开周//法制博览·名家讲坛，2007(8)

21964 析苏辙《老子解》的核心概念：“性”

［J］/ 陈文苑 // 文教资料，2007（11）
21965 苏辙《栾城应诏集》论革思想丛考［J］/ 陈磊 // 科教文汇，2007（24）
21966 北宋中叶的尊孟思潮：苏辙《孟子解》解读［J］/ 徐庆根 // 儒藏论坛，2007
21967 苏辙的《春秋》学与《诗经》学［D］/ 刘茜．—浙江大学（博士论文），2007
21968 从苏辙《服茯苓赋》说起［J］/ 傅维康 // 上海中医药杂志，2008（1）
21969 论苏辙的茶税观［J］/ 施由明 // 农业考古，2008（2）
21970 析苏辙《老子解》的核心概念："性"［J］/ 陈文苑 // 乐山师范学院学报，2008（3）
21971 苏辙《春秋集解》思想解读［J］/ 文廷海，丁光洋 // 求索，2008（7）
21972 从"先忧后乐"到"箪食瓢饮"：北宋士大夫心态之转变［J］/ 朱刚 // 文学遗产，2009（2）
21973 苏辙的心性之学［J］/ 李进，李潺 // 求索，2009（6）
21974 尊非孔孟乎：论苏辙《论语拾遗》、《孟子解》之深层义蕴［J］/ 吴叔桦 // 国文学报，2009（9）
21975 苏辙史事评论略析［J］/ 唐晶 // 四川职业技术学院学报，2010（1）
21976 苏辙"奇气"说的内涵及其影响［J］/ 张振谦 // 中南民族大学学报（人文社会科学版），2010（2）
21977 苏辙从"蜗居"熬到"房奴"［J］/ 不详 // 民间传奇故事（A 卷），2010（7）
21978 苏辙盖屋：古代公务员退休后的房奴生涯［J］/ 西风盈袖 // 女人坊，2010（7）
21979 唐宋高官也蜗居：苏辙从蜗居到房奴的窘状［J］/ 本刊编辑部 // 旧闻新知，2010（12）
21980 试论苏辙的"尊孟"与"非孟"：以《孟子解》为中心［J］/ 谷建 // 儒家典籍与思想研究，2010
21981 苏辙《古史》及其经世思想研究［D］/ 牟乃霞．—山东大学（硕士论文），2010
21982 苏辙《老子解》哲学思想研究［D］/ 李可心．—北京大学（硕士论文），2010
21983 苏辙在绩溪［N］/ 缪兴旺，陈文苑 // 皖南晨刊，2011-03-24
21984 苏辙《冻合帖》考［J］/ 吴健 // 苏轼研究，2011（1）
21985 宁知风雨夜 复此对床眠：从兄弟唱和看苏辙的人生态度［J］/ 陈婷婷 // 乐山师范学院学报，2011（2）
21986 苏辙藏拙读书亭［J］/ 蔡州一布衣 // 周口人文，2011（9）
21987 苏辙的陶渊明情结［J］/ 杨忠伟 // 语文教学通讯 · D 刊（学术刊），2011（11）
21988 苏辙《老子解》中的思想三论［J］/ 林俊宏 // 政治科学论丛，2011（49）
21989 苏辙孟学研究：以《孟子解》为主［D］/ 郑国娟．—陕西师范大学（硕士论文），2011
21990 苏辙与茯苓［N］/ 不详 // 当代健康报，2012-02-09
21991 苏辙为啥偏偏独爱补肾脾的茯苓［N］/ 不详 // 兰州晨报，2012-02-19
21992 苏辙养生用茯苓［N］/ 不详 // 江苏科技报，2012-02-23
21993 苏辙疗疾用茯苓［N］/ 于效利 // 当代健康报，2012-05-17
21994 苏辙疗疾用茯苓［N］/ 不详 // 广东科技报健康养生周刊，2012-07-10
21995 苏辙的茯苓养生法［N］/ 不详 // 青岛日报，2012-10-23
21996 古人也愁房：苏辙早年蜗居买房耗尽积蓄［N］/ 不详 // 淄博财经新报，2012-

12-21

21997 苏辙《道德真经注》“心性说”探微[J]/杨晴//安阳师范学院学报，2012(1)

21998 宋代道教传奇刍议[J]/唐瑛//西南交通大学学报(社会科学版)，2012(2)

21999 苏辙晚年寓居史料初探[J]/马春玲//档案管理，2012(3)

22000 从“省之又省”到圆融三教：党争及贬谪与苏辙的思想蜕变[J]/吴增辉//西华师范大学学报(哲学社会科学版)，2012(4)

22001 苏辙嫁女为何嫁得倾家荡产[J]/刘典//法律与生活，2012(4)

22002 浅论苏辙“养气说”的生命教育内涵[J]/胡晓虹//中华活页文选(教师版)，2012(12)

22003 苏辙疗疾用茯苓[N]/不详//北京商报，2013-05-22

22004 苏辙《论语拾遗》中的道德修养观[N]/唐明贵//聊城大学报，2013-08-27

22005 论苏辙《老子解》的三家融合思想[J]/王伟倩，何莲//邢台学院学报，2013(1)

22006 苏辙《论语拾遗》的诠释特色[J]/唐明贵//中国哲学史，2013(1)

22007 苏辙《古史》略论[J]/曹鹏程//兰台世界(下旬)，2013(5)

22008 爱深而行精虑：苏辙教育观之管窥[J]/杨岚//哈尔滨职业技术学院学报，2013(6)

22009 苏辙筠州修学禅宗述论[J]/达亮//宜春学院学报，2013(11)

22010 苏辙历史学说研究[J]/秦文//社科纵横，2013(11)

22011 苏辙《老子解》心性思想研究[J]/林裕学//国文学报，2013(17)

22012 苏辙诽谤了皇帝[J]/刘十九//视野，2013(23)

22013 苏辙佛道会通思想研究[D]/张璐．—中央民族大学(硕士论文)，2013

22014 苏辙沉疴茯苓除[N]/不详//快乐老人报，2014-03-06

22015 陈州教授苏辙[N]/董素芝//周口晚报，2014-07-22

22016 苏辙与茯苓[N]/欧阳军//21世纪药店，2014-09-22

22017 苏辙强身用茯苓[J]/本刊编辑部//保健与生活，2014(1)

22018 苏辙养生修道简论[J]/沈如泉//乐山师范学院学报，2014(2)

22019 论苏辙评价历史人物[J]/李哲//许昌学院学报，2014(6)

22020 苏辙童蒙教育思想及其当代价值[J]/陈建锋//乐山师范学院学报，2014(7)

22021 论析苏辙的商业思想[J]/杨忠伟//商业研究，2014(12)

22022 论苏辙《老子注》对儒、道的融合[J]/刘海霞，刘庆友，衣抚生//黑龙江史志，2014(21)

22023 池州有幸迎苏辙[N]/吴汉卿//池州日报，2015-04-17

22024 苏辙与绩溪[N]/耿培炳//皖南晨刊，2015-08-03

22025 苏辙的茯苓养生法[N]/不详//江南保健报，2015-12-31

22026 苏辙《春秋集解》对啖氏师徒《春秋》学思想的继承与发展[J]/刘茜//哲学研究，2015(10)

22027 苏辙肺病诗医案价值探析[J]/王水香，陈洁琼//湖南科技学院学报，2015(11)

22028 苏辙改诗显才华[J]/不详//天天爱学习(六年级)，2015(13)

22029 苏辙《春秋集解》研究[D]/祝莉莉．—山东师范大学(硕士论文)，2015

22030 苏辙为何“年年最后饮屠苏”［N］/ 不详 // 奉化日报，2016-02-06

22031 古人是如何读经的看看苏辙曾国藩怎么做［N］/ 不详 // 大江晚报，2016-09-12

22032 苏辙《古史》初探［J］/ 李哲 // 史学理论与史学史学刊，2016（1）

22033 苏辙对司马迁的史学批评［J］/ 娄梦然 // 华中师范大学研究生学报，2016（2）

22034 论苏辙“记”文与水之关系［J］/ 罗杏芬 // 六盘水师范学院学报，2016（3）

22035 苏辙与临城王适的翁婿诗话［J］/ 米丽宏 // 炎黄纵横，2016（4）

22036 苏辙的财政思想［N］/ 方宝璋 // 学习时报，2017-11-03

22037 重“学”与重“道”：关于苏辙道德文章的考察［J］/ 杨胜宽 // 西华大学学报（哲学社会科学版），2017（6）

22038 韩琦：为苏辙推迟考试时间的北宋名臣［J］/ 刘隆有 // 文史天地，2017（8）

22039 苏辙与《龙川略志》及《龙川别志》［J］/ 王瑞琪 // 黑龙江工业学院学报（综合版），2017（10）

22040 苏辙：气节高直，睿智务实［J］/ 刘隆有 // 文史天地，2017（12）

22041 苏辙《春秋集解》研究［D］/ 祝莉莉 . —山东师范大学（硕士论文），2015

文学、文艺学研究

22042 苏辙对北宋文学的贡献［J］/ 曾枣庄 // 四川师范大学学报（社会科学版），1984（4）

22043 苏辙晚年文学创作心态研究［D］/ 李黎 . —广西大学（硕士论文），2009

22044 千年学宫忆苏辙：有源长生［N］/ 不详 // 宜春日报，2014-10-31

22045 苏辙晚期创作心态研究［D］/ 杨岚 . —兰州大学（硕士论文），2014

22046 苏辙的文艺思想［J］/ 曾枣庄 // 文艺理论研究，1986（1）

22047 苏辙的文艺观［J］/ 李凯 // 内江师范学院学报，1995（3）

22048 苏辙文论的价值及地位：兼论古代“文气”说［J］/ 李凯 // 社会科学研究，1997（1）

22049 苏辙文章论［J］/ 周楚汉 // 长沙大学学报，1998（1）

22050 北宋党争对苏辙文学创作的影响［D］/ 李佩如 . —台湾政治大学（硕士论文），2004

22051 苏辙文艺思想研究［D］/ 王彩梅 . —河北大学（博士论文），2010

22052 苏辙“文气”说论析［J］/ 王彩梅，冯瑞珍 // 河北学刊，2011（4）

22053 苏辙两谪筠州考论：从生活、艺术、审美角度分析［J］/ 喻世华 // 同济大学学报（社会科学版），2013，24（6）

22054 苏辙与宋代士大夫的学术精神［J］/ 李天保 // 兰州学刊，2015（5）

22055 苏辙“文气说”初论［J］/ 厉秀昀 // 中国苏轼研究，2016（1）

22056 苏辙文风与性情论说［J］/ 王艳 // 青年文学家，2016（24）

22057 话说《苏辙集》［J］/ 木冉 // 书品，1991（1）

22058 宋板《类编增广颍滨先生大全文集》读后［J］/ 李伟国 // 古籍整理研究学刊，1991（2）

22059 苏辙筠州诗文研究［D］/ 邱文豪 . —赣

南师范学院（硕士论文），2012
22060 苏辙诗歌之风格与价值［D］/ 林秀珍．—高雄师范大学（博士论文），2002
22061 浅论苏辙《诗集传》解《诗》纲领［J］/ 杨金花 // 诗经研究丛刊，2011（1）
22062 试论苏辙对于杜诗的艺术批评与接受［J］/ 李新，李韩喆 // 乐山师范学院学报，2016（7）
22063 苏辙史论散文的舒缓平和之美［J］/ 徐正英 // 殷都学刊，1988（2）
22064 苏辙诗集传研究［D］/ 陈明义．—东吴大学（硕士论文），1993
22065 苏辙论杜［J］/ 李凯 // 内江师范学院学报，1996（3）
22066 苏辙的一首政治诗:《八玺》［J］/ 孔凡礼 // 文史知识，1999（1）
22067 欧阳修与苏辙《诗》学研究比较论［J］/ 郝桂敏 // 辽宁大学学报（哲学社会科学版），2001（3）
22068 苏辙《诗集传》的成书及版本考［J］/ 李冬梅 // 乐山师范学院学报，2002（2）
22069 苏辙关于《诗经》诗篇命名的分析［J］/ 李冬梅 // 宋代文化研究，2002
22070 苏辙和他的《诗集传》［J］/ 向熹 // 乐山师范学院学报，2003（5）
22071 苏辙《诗集传》的指导思想［J］/ 李冬梅 // 宋代文化研究，2003
22072 论苏辙的奉使诗［J］/ 诸葛忆兵 // 江海学刊，2005（3）
22073 论苏辙晚年诗［J］/ 朱刚 // 文学遗产，2005（3）
22074 苏辙两谪筠州的心态与文风［J］/ 廖文华，陈小芒 // 江西社会科学，2005（10）
22075 《全宋诗·苏辙》考辨二则［J］/ 王新霞 // 名作欣赏，2006（20）
22076 苏辙“二周说”述评［J］/ 李冬梅 // 宋代文化研究，2006
22077 韩驹：苏辙心目中的“储光羲”［N］/ 程宏亮 // 光明日报，2007-12-31
22078 论苏辙的赠和诗［J］/ 薛爱华 // 忻州师范学院学报，2007（1）
22079 苏辙《诗集传》之经世思想探析［J］/ 吴叔桦 // 诗经研究丛刊，2007（1）
22080 苏辙《诗集传》对《小序》的取舍及原因［J］/ 郝桂敏 // 时代文学（下半月），2007（10）
22081 苏辙与朱熹《诗经》诠释之比较［J］/ 吴叔桦 // 诗经研究丛刊，2009（2）
22082 北宋诗人笔下的齐州泉水名胜［J］/ 马银华 // 理论学刊，2009（5）
22083 论苏辙诗的“淡静有味”［J］/ 刘介 // 绵阳师范学院学报，2009（10）
22084 苏辙《诗集传》训诂特点［J］/ 魏明明 // 淮北职业技术学院学报，2010（2）
22085 试论苏辙《诗病五事》思想［J］/ 袁玉鹏，徐超 // 时代文学，2011（15）
22086 苏辙两次赴筠及其诗歌创作［J］/ 李萃茂，邱文豪 // 群文天地，2011（18）
22087 《四书章句集注》苏氏考［J］/ 陈可人 // 文学教育（下），2012（11）
22088 苏辙及和陶诗研究［J］/ 陈可人 // 文学教育（上、下旬刊），2012（22）
22089 苏辙的诗论及其诗歌创作［J］/ 蒽琼，李天保 // 广西大学学报（哲学社会科学版），2013，35（1）
22090 雅适中见深醇：从《和文与可洋州园亭三十咏》看苏辙诗的艺术特色［J］/ 张晓杰 // 安康学院学报，2013（1）
22091 夜雨何时听萧瑟：论苏辙诗歌的兄弟情结［J］/ 喻世华 // 乐山师范学院学报，2013（1）
22092 论苏辙的使辽诗［J］/ 王文科 // 河南大学学报（社会科学版），2015（2）
22093 温雅高妙 淡静有味：试论苏辙的诗歌

[J]/袁津琥//文史知识，2015(4)

22094 苏辙《诗集传》并非“不采《诗序》续申之辞”[J]/程建，王宏蕊//文艺评论，2015(8)

22095 苏辙诗歌浅论[J]/蒋信//宋代文化研究，2015

22096 苏辙芜湖怀古题诗[N]/不详//大江晚报，2016-08-14

22097 韩驹：苏辙心目中的“储光羲”[N]/张玉//眉山日报，2016-10-09

22098 苏辙《诗集传》以史为据的阐释特征[J]/刘茜//浙江学刊，2016(1)

22099 苏辙的七律诗风与北宋元祐诗坛[J]/张立荣//江西社会科学，2016(7)

22100 苏辙诗歌渊源考[J]/訾希坤//乐山师范学院学报，2016(7)

22101 论苏辙的山水诗[J]/程磊//平顶山学院学报，2017(1)

22102 一个北宋退居士大夫的日常化写作：以苏辙晚年诗歌为中心[J]/林岩//华东师范大学学报(哲学社会科学版)，2017(6)

22103 苏辙送别诗研究[D]/王婷婷.—中国矿业大学(硕士论文)，2017

22104 《栾城集》考[J]/李俊清//古籍整理研究学刊，1991(2)

22105 苏辙题灵岩寺诗碑考[J]/韩明祥//龙语文物艺术，1992(14)

22106 《燕山早春》赏析[J]/秋心//满族研究，1994(4)

22107 苏辙的鱼钓枕屏诗[J]/祝书民//中国钓鱼，1995(4)

22108 苏辙和文与可洋州园亭三十咏析论[J]/张健//明道文艺，1995(235)

22109 苏辙著《诗集传》攻《序》的内容和特点[C]/于昕//第四届诗经国际学术研讨会论文集/中国诗经学会、山东大学.—1999

22110 忧深思广：读苏辙《买炭》[J]/孔凡礼//文史知识，2000(8)

22111 苏辙《诗集传》研究[D]/谷建.—北京大学(硕士论文)，2001

22112 苏辙题画诗研究[J]/林秀珍//中国古典文学研究，2002(7)

22113 淡静有味苏辙诗[J]/詹刚//古典文学知识，2003(4)

22114 苏辙《诗集传》新探[D]/李冬梅.—四川大学(硕士论文)，2003

22115 苏辙绍圣以后诗歌的文本分析[D]/林伟星.—福建师范大学(硕士论文)，2004

22116 苏辙《栾城集》命名心态试析[J]/段学红//社会科学论坛B，2005(6)

22117 苏辙《诗病五事》评析[C]/陆德阳//古代文学理论研究(第二十四辑)：中国文论的常与变/中国古代文学理论学会，2005

22118 苏辙诗歌之审美意向[J]/林秀珍//新竹教育大学学报，2006(22)

22119 苏辙《诗集传》文字校勘举例九则[C]/于昕//第七届《诗经》国际学术研讨会论文集(二)/中国诗经学会，2006

22120 苏辙《诗集传》之经世思想探析[C]/吴叔桦//第七届《诗经》国际学术研讨会论文集(一)/中国诗经学会，2006

22121 苏辙晚年诗歌研究[D]/赵文雅.—辽宁大学(硕士论文)，2006

22122 忧郁心绪与赤子情怀[J]/刘青山//现代语文(文学研究)，2007(8)

22123 论苏辙诗文创作与北宋党争[D]/訾希坤.—陕西师范大学(硕士论文)，2007

22124 苏辙诗歌赏析举隅[J]/陈正雄//崇右学报，2008，14(2)

22125　浅论苏辙送别诗中的情感世界［J］/潘玉洁//东京文学，2008（11）

22126　浅论苏辙送别诗中的情感世界［J］/潘玉洁//西江月，2010（2）

22127　读苏辙诗发微［D］/谭勤．—西南科技大学（硕士论文），2010

22128　苏辙诗用典研究［D］/刘介．—西南科技大学（硕士论文），2010

22129　从苏辙《诗集传》看其"人情说"［J］/王彩梅，冯瑞//名作欣赏，2011（6）

22130　苏辙《诗集传》诗训研究［D］/魏明明．—淮北师范大学（硕士论文），2011

22131　苏辙闲居颍昌时期诗歌的研究［D］/熊光红．—闽南师范大学（硕士论文），2013

22132　苏辙、朱熹《诗集传·关雎》观点比较研究［J］/彭睿//牡丹江师范学院学报（哲学社会科学版），2014（2）

22133　留得枯荷听雨声：苏辙晚年诗歌心解［J］/高红梅//内蒙古财经大学学报，2014（6）

22134　苏辙被贬筠州时所作记体文研究［J］/牛丽娟//钦州学院学报，2014（7）

22135　苏辙流寓岭南的情感状态：从《书白乐天集后二首》（其一）说开去［N］/彭洁莹//中国社会科学报，2015-03-18

22136　《苏辙筠州诗文系年》读后述怀［J］/胡三元//老友，2015（1）

22137　苏辙题画诗探析［J］/訾希坤//天中学刊，2015（4）

22138　苏辙《诗集传》解诗研究［D］/付亚云．—河北大学（硕士论文），2016

22139　苏辙次韵诗研究［D］/孟文晴．—河北师范大学（硕士论文），2016

22140　苏辙所撰青词考［J］/姜游//北方论丛，2013（3）

22141　深沉曲折归隐心田：苏辙《水调歌头·徐州中秋》赏读［J］/张小霞//语文月刊，2008（4）

22142　此处"小大"不"小"［J］/崔巍嵩//学语文，2014（5）

22143　苏辙古文研究［D］/王素琴．—台湾政治大学（硕士论文），1995

22144　苏辙与古文运动［J］/吴武雄//台中技术学院人文社会学报，2003（2）

22145　浅论苏辙散文的演变和特色［J］/陈德福//福建论坛（人文社会科学版），2006（A1）

22146　苏辙散文的基本风格与晚年变化［C］/朱刚//第六届宋代文学国际研讨会论文集/中国宋代文学学会．—2009

22147　触处成春，修然超妙：苏辙记叙文浅析［J］/金成礼//成都大学学报（社会科学版），1986（1）

22148　苏辙散文简评［J］/沈惠乐//上海教育学院学报，1991（1）

22149　浩然之气 一以贯之：苏辙散文特色略论［J］/唐骥//求索，1997（5）

22150　论苏辙和他的散文［J］/孙虹//江南学院学报，1999（1）

22151　论苏辙的辞赋创作［J］/刘培//成都理工大学学报（社会科学版），2005（2）

22152　妙手凭"虚"著华章：读苏辙《黄州快哉亭记》［J］/李弗不//语数外学习（高中版高一年级），2007（11）

22153　苏辙元祐时期的骈体表状：兼论苏辙同一时期的散体奏议［J］/沙红兵//文教资料，2007（15）

22154　中国古代散文之苏辙［J］/不详//散文选刊，2010（3）

22155　苏辙散文理论及其创作［D］/蒽琼．—西北师范大学（硕士论文），2010

22156　苏辙散文批评的审视及风格论说［J］/阮忠//文学与文化，2011（2）

22157 别具一格 自成一家：浅论苏辙散文创作［J］/张珊珊//安徽文学（下半月），2011（9）

22158 从《文心雕龙》“六观”看苏辙的记体散文［J］/吕武志，陈凤秋//静宜中文学报，2012（2）

22159 试说苏辙散文中的“水喻”［J］/杨忠伟//学术交流，2012（10）

22160 苏辙散传叙事艺术探微［J］/吴琼，李贺//安徽文学（下半月），2014（3）

22161 苏辙在散文史上的地位及影响［J］/蒽琼//长江大学学报（社会科学版），2014（11）

22162 苏辙散文以“水”为喻及与苏轼同类文之比较和意义［J］/张国荣//乐山师范学院学报，2015（5）

22163 苏辙的散文观及其创作实绩［J］/蒽琼//长江大学学报（社会科学版），2016（11）

22164 擒住题面 畅加洗发：苏辙《黄州快哉亭记》赏析［J］/何伍修//名作欣赏，1984（1）

22165 心胸旷达，何适不快：苏辙《黄州快哉亭记》［J］/颜玲//中文自学指导，1985（8）

22166 心胸旷达 何适不快：苏辙“黄州快哉亭记”赏析［J］/步武尘//散文，1985（11）

22167 苏辙《超然台赋》赏析［J］/乐牛//名作欣赏，1989（3）

22168 苏辙《黄州快哉亭记》［J］/江举谦//明道文艺，1992（200）

22169 苏辙《黄州快哉亭记》等文情景描写论［J］/杨鸿铭//孔孟月刊，1994，32（12）

22170 苏辙“应诏集”试析［J］/吴武雄//兴大中文学报，1998（11）

22171 苏辙“上枢密韩太尉书”的养气说［J］/黄惠君//国文天地，2001，17（4）

22172 苏辙《黄州快哉亭记》结构分析［J］/陈佳君//国文天地，2001，17（7）

22173 苏辙《墨竹赋》及其论文同绘竹之理境（1）［J］/刘淑娟//中国语文，2002，90（4）

22174 苏辙《墨竹赋》及其论文同绘竹之理境（2）［J］/刘淑娟//中国语文，2002，90（6）

22175 苏辙《墨竹赋》及其论文同绘竹之理境（3）［J］/刘淑娟//中国语文，2002，91（1）

22176 苏辙《上书密韩太尉书》五奇［J］/霹雳//现代语文·初中版文章，2003（2）

22177 准确把握“气”的不同内涵：“气盛言宜”与“养气为文”二说比较［J］/俞水生//柳州职业技术学院学报，2004（4）

22178 文同与苏辙《超然台赋》比较研究［J］/张博钧//思辨集，2005（8）

22179 苏辙及其辞赋研究［D］/钟玫琳．—彰化师范大学（硕士论文），2006

22180 苏辙《巢谷传》内蕴探赏［J］/刘汾//文学教育（上半月），2007（3）

22181 从《黄楼赋》看苏辙散文的另类风格［J］/刘汾//阅读与鉴赏（教研版），2008（4）

22182 从苏辙散文《书白乐天集后二首（之一）》看古代读后感的写法［J］/刘汾//阅读与鉴赏（教研版），2008（5）

22183 苏辙《快哉亭记》赏析［J］/黄肇基//中国语文，2010，106（2）

22184 巢谷传［J］/王雪墨//中学生阅读（高中版），2010（4）

22185 苏辙与秦观《黄楼赋》艺术价值比较［J］/高雪艳//西江月（中旬），2013（11）

22186 苏辙辞赋创作研究[J]/李天保//贵州社会科学，2014(3)

22187 苏辙传体文研究[D]/吴琼.—山西师范大学(硕士论文)，2014

22188 从刘勰的三准法试析苏辙《黄州快哉亭记》[J]/江雅萍//中国语文，2015，117(4)

22189 苏辙《巢古传》的艺术价值[J]/林尔//文学教育(中旬版)，2015(1)

22190 苏辙与《黄州快哉亭记》[N]/史智鹏//鄂东晚报，2016-06-23

22191 苏辙《六国论》读后[J]/周次吉//文海，1963，1(2)

22192 古文欣赏：苏洵《管仲论》[J]/刘中和//中国语文，1964，15(6)

22193 宋·苏洵致提举监丞尺牍(行书)[J]/不详//中央月刊，1972，4(8)

22194 苏辙《六国论》评点[J]/柴敦仁//语文教学通讯，1982(6)

22195 析苏辙《上枢密韩太尉书》[J]/顾伟列//语文学习，1984(5)

22196 李斯《谏逐客书》及苏洵《六国论》立意论[J]/杨鸿铭//孔孟月刊，1987，25(11)

22197 苏辙上枢密韩太尉书伏笔论[J]/杨鸿铭//孔孟月刊，1987，25(12)

22198 不卑不亢 不骄不纵：苏辙“上枢密韩太尉书”是一封绝妙的自荐信[J]/林鸿荣，吴奎信//秘书之友，1988(1)

22199 说苏洵的“六国论”[J]/黄进德//国文天地，1989，5(2)

22200 苏辙《六国论》略说[J]/李芳成//现代中学生(高中学习版)，1992(7)

22201 存亡之道：苏洵的“六国论”[J]/戴朝福//中国语文，1995，77(4)

22202 青春之美文：读《上枢密韩太尉书》[J]/吴斧平//福建广播电视大学学报，1998(1)

22203 苏辙《上枢密韩太尉书》的养气说;[J]/黄惠君//国文天地，2001，17(4)

22204 小说家的苏辙和他的小说[J]/萧相恺//学海，2002(4)

22205 《上枢密韩太尉书》教学方案设计方案一[J]/李林//语文教学通讯，2002(12)

22206 苏辙史论散文研究[D]/吴叔桦.—台湾政治大学(硕士论文)，2002

22207 苏辙史论文研究[D]/郭宗南.—成功大学(硕士论文)，2002

22208 苏辙《上枢密韩太尉书》五奇[J]/陈金强//现代语文，2003(3)

22209 《上枢密韩太尉书》导读设计[J]/崔培莲//山西教育，2003(8)

22210 《上枢密韩太尉书》解读[J]/汪茂吾//现代语文(高中读写版)，2003(9)

22211 振宕有致 曲表衷肠:《望洞庭湖赠张丞相》与《上枢密韩太尉书》的构思艺术[J]/赵恒仁//语文天地，2003(20)

22212 神在意外，气宇轩昂:《上枢密韩太尉书》解读[J]/杜芳//语文教学之友，2004(4)

22213 论苏辙《新论》旨趣[J]/吴武雄//台中技术学院人文社会学报，2005(4)

22214 读苏辙《上韩太尉书》[J]/马玉娟//语文天地，2005(10)

22215 《上枢密韩太尉书》的含蓄美[J]/李旭东//学语文，2007(3)

22216 《上枢密韩太尉书》思想不可取[J]/吴开红//语文教学与研究·读写天地，2007(5)

22217 析苏辙《上枢密韩太尉书》[J]/不详//今日中国教研，2008(10)

22218 苏辙史论文研究[D]/熊继龙.—汕头大学(硕士论文)，2010

22219　自荐：李白 PK 苏辙：《与韩荆州书》和《上枢密韩太尉书》比较［J］/ 王栾生 // 中国大学生就业，2011（6）

22220　读苏辙二篇：名著浅读［N］/ 躲斋 // 新民晚报美国版，2012-09-06

22221　读苏辙的《欧阳文忠公薛氏墓志铭》［J］/ 林尔 // 文艺生活·文海艺苑，2014（4）

22222　欲君必纳 欲臣必谏：读苏洵《谏论》有感［J］/ 夏海 // 金融世界，2014（6）

22223　严如熤《论六国》赏读：兼与苏辙《六国论》比较［J］/ 唐景珏，王丽芳 // 语文学刊，2015（12）

22224　论苏辙碑诔文的艺术成就［J］/ 董宝玉 // 北方文学，2016（27）

22225　苏辙“记体散文”研究［D］/ 于志忠 .— 内蒙古民族大学（硕士论文），2011

22226　宋苏辙尺牍（附手稿）［J］/ 不详 // 故宫书画集，1911（36）

22227　宋苏辙书（宋人法书之一）:［书法］［J］/ 不详 // 故宫周刊，1930（49）

22228　苏辙之后苏位东：书法搞怪是掩饰空虚［N］/ 蔡震 // 扬子晚报，2014-02-22

三苏题材文学作品

22229 新兴粤曲集：东坡戏妹[J]/白驹荣，吕丈成//新兴粤曲集，1911(4)

22230 题东坡画像[J]/定一//壬丁，1917(1)

22231 清刘墉书苏东坡诗[J]/(清)刘墉//故宫周刊，1932(188)

22232 题东坡像二首:[题词][J]/遯庐//新天津画报，1937(179)

22233 苏东坡水调歌头[J]/高齐贤//同声月刊，1940(1)

22234 诗：东坡楼[J]/不详//文教丛刊，1946，1(5)

22235 题东坡朱竹图即仿东坡体:[诗词][J]/陈小翠//美，1947(9)

22236 苏东坡和美国人何其有缘？：林语堂之后姚克又把它写成剧本[J]/雅珀//电影周报，1948(5)

22237 东坡鱼(相声垫话)[J]/祥林//曲艺，1961(5)

22238 文学家故事：夜访苏东坡[J]/张水金//幼狮少年，1979(27)

22239 苏东坡写扇(川剧·高腔)[J]/郗伯明//四川群众文艺，1980(6)

22240 读古典喜剧《狮吼记》[J]/曹炳建//河南师范大学学报(哲学社会科学版)，1981(6)

22241 东坡泪[J]/李廷华//长安，1982(10)

22242 万世不挂眼双松无世情：任伯年“东坡操琴”赏析[J]/高千惠//雄狮美术，1982(142)

22243 爱才与识才：谈《惜兮飞》中苏东坡形象的塑造[J]/李尧坤//戏文，1983(1)

22244 一次新的探索：看电视片《苏东坡月夜访石钟》[J]/吴小如//电视月刊，1983(4)

22245 苏东坡与佛印和尚[J]/侯宝林整理//欢天喜地，1984(2)

22246 苏东坡与佛印和尚(传统单口相声)[J]/侯宝林，整理//通俗文学选刊，1984(4)

22247 杂感四首 猝读元杂剧《东坡梦》即兴[J]/于汀//惠阳师专学报，1984(S1)

22248 四首我国近现代创作歌曲分析[J]/石惟正//音乐学习与研究，1985(2)

22249 苏东坡交友(历史小说)[J]/温靖邦//人间，1985(10)

22250 乔仲常后赤壁赋图卷赏析[J]/王克文//美术杂志，1987(4)

22251 三苏：小生姓高[J]/柳苏//读书杂志，1988(4)

22252 又见苏东坡[J]/董敏//幼狮文艺，1989，70(3)

22253 电视剧《苏东坡》拍摄散记[J]/刘凡//电视与戏剧，1989(6)

22254 任伯年的《东坡玩砚图》：天津人民美术出版社藏画评介[J]/李毅峰//迎春花，1990(1)

22255 杨慎题苏轼“萧湘竹石图”考[J]/赵永康//国文天地，1992，8(6)

22256 东坡三折［J］/ 陈韩星 // 南粤剧作，1994（2）

22257 苏东坡：新编历史剧［J］/ 牛冠力 // 河南戏剧，1995（1）

22258 苏东坡选载之（一）［J］/ 徐棻，羽军 // 四川戏剧，1995（1）

22259 评梁爱冰作《东坡行吟图》［J］/ 尹沧海 // 中国书画报，1995（2）

22260 题黄冈东坡赤壁（二首）［J］/ 杜道生 // 岷峨诗稿，1995（2）

22261 《苏东坡》看后联想［N］/ 董务本 // 余杭报，1996-08-16

22262 儋州中和民歌《鹧鸪鸡》与“东坡遗风”［J］/ 符美霞 // 音乐学习与研究，1997（2）

22263 慧眼识舟 匠心独运［J］/ 赫灿仁 // 语文教学与研究，1997（11）

22264 历史是一面镜子［N］/ 陈羽鹤 // 中国文化报，1999-09-08

22265 千古风流入史诗［N］/ 黄昌华 // 中国文化报，1999-09-08

22266 是萤石，总会发光［N］/ 钟艺兵 // 文艺报，1999-10-21

22267 张弼及其行书《苏轼太白仙诗》卷［J］/ 郑华 // 书法丛刊，1999（2）

22268 得力的支持 巨大的鼓舞：我省琼剧重点创作剧目《苏东坡在海南》演出成功［J］/ 不详 // 海南政报，1999（3）

22269 东坡梦［J］/ 陈健秋 // 新剧本，1999（4）

22270 载酒劝学千古扬：看琼剧《苏东坡在海南》［J］/ 谢成驹 // 戏曲艺术，1999（4）

22271 千古风流入史诗：试谈新编历史琼剧《苏东坡在海南》的艺术特色［J］/ 黄昌华 // 中国文化报，1999（8）

22272 别开生面处 正是击节时：从《苏东坡在海南》谈传统琼剧改革［J］/ 郑行顺 // 今日海南，1999（9）

22273 唤来清风消烦闷：《苏东坡在海南》创作札记［J］/ 李放 // 文艺报，1999（9）

22274 一蓑烟雨任平生：琼剧《苏东坡在海南》［J］/ 林毓熙 // 文艺报，1999（14）

22275 壮哉，海南苏东坡！：喜看琼剧《苏东坡在海南》［J］/ 康式昭 // 文艺报，1999（14）

22276 是萤石，总会发光：看琼剧《苏东坡在海南》［J］/ 钟艺兵 // 文艺报，1999（21）

22277 “东坡馆”随想［N］/ 张雨生 // 光明日报，2000-08-10

22278 一次新的攀登：琼剧《苏东坡在海南》导演的话［J］/ 周冰 // 戏曲艺术，2000（2）

22279 《苏东坡》巨鼎现幕前［N］/ 不详 // 文汇报，2001-01-16

22280 凝固的“千古绝唱”：黄花梨木雕《赤壁泛舟》［J］/ 东流 // 钟山风雨，2001（4）

22281 历史沧桑与人生情怀的诗意展绘：评琼剧《苏东坡在海南》中苏东坡形象的塑造［J］/ 何志钧 // 戏文，2001（6）

22282 杂论东坡剧［J］/ 刘黎明 // 西南民族学院学报（哲学社会科学版），2001（12）

22283 乔仲常《后赤壁赋图卷》研究：兼论苏轼形象与李公麟白描风格的发展［D］/ 范如君．—台湾师范大学（硕士论文），2001

22284 感受东坡［N］/ 闲章 // 滕州日报，2002-02-26

22285 穆怀虎“大话”苏东坡［N］/ 不详 // 北京青年报，2002-10-01

22286 历史话剧《苏东坡》意在鞭策今人［N］/ 不详 // 人民日报，2002-10-08

22287 感受苏东坡［N］/ 翁敏华 // 上海师大报，2002-11-10

22288 秋游石钟山［J］/ 潘忠庭 // 老友，2002（1）

22289 儒佛思想的冲突与整合：试论《东坡梦》杂剧的独特价值兼谈其禅宗文化意

义[J]/艾立中//艺术百家，2002(3)

22290 话语重构的历史：元代东坡杂剧解读[J]/徐蔚//嘉应学院学报，2003(5)

22291 《苏东坡》展现文豪一生[N]/刘春燕//重庆晚报，2004-09-24

22292 电视连续剧《苏东坡》即将投拍[N]/不详//吐哈石油报，2004-12-03

22293 苏东坡效应[N]/不详//北京科技报，2004-12-21

22294 画苏轼诗意并题[J]/韩羽//书屋，2004(1)

22295 东坡不是教唆犯：从"河东狮吼"演剧所感[J]/李汝舟//戏剧之家，2004(6)

22296 秋临石钟山[J]/曾灿//作文世界(高中)，2004(9)

22297 妙笔可言：闲话说东坡[N]/顾艳//文汇报(香港)，2005-01-11

22298 村言俚句可警世：京剧《东坡宴》赏析[J]/沈祖安//中国京剧，2005(2)

22299 记一副对联 学十点知识[J]/张国学//思维与智慧，2005(5)

22300 "青山夜雨"吊三苏(旅行一瞥)[N]/杨成铁//人民日报海外版，2006-05-22

22301 东坡印象[N]/不详//国家电网报，2006-08-12

22302 给苏东坡做生日[N]/牧之//钱江晚报，2006-12-19

22303 晚明传统士人的人格范型:《狮吼记》中苏轼形象的解读[J]/郑小雅//福建教育学院学报，2006(4)

22304 寻找一种亲近感：以《三言》中的苏轼形象为例[J]/梁巧燕//慈济技术学院学报，2006(9)

22305 融诗词歌赋于一剧的《醉写〈赤壁赋〉》[J]/刘佳宁，胥洪泉//戏剧文学，2006(10)

22306 元明杂剧中的前代文学图景：以文学家题材剧为中心[D]/王琰琰．—北京大学(硕士论文)，2006

22307 感悟苏轼[N]/赵本威//大河报，2007-03-19

22308 再读东坡[N]/杨红军//今日德清，2007-04-30

22309 《东坡与朝云》招考舞蹈演员[N]/不详//惠州日报，2007-06-18

22310 《东坡与朝云》招考舞者[N]/不详//东江时报，2007-06-18

22311 《东坡与朝云》70名演员敲定[N]/不详//信息时报，2007-06-22

22312 《苏东坡》开拍[N]/不详//绍兴日报，2007-08-30

22313 电视剧《苏东坡》开拍[N]/不详//石家庄日报，2007-08-30

22314 《苏东坡》"偶像"当家[N]/不详//北京青年报，2007-09-15

22315 歌舞剧《东坡与朝云》定角[N]/林旭，唐嘉婧，于晓雾//东江时报，2007-09-16

22316 《东坡与朝云》将亮相艺术节：区第三届文化艺术节11月28日至12月30日举行[N]/不详//惠州日报，2007-10-10

22317 纪念苏东坡大型舞剧下月亮相[N]/周进学，蒋麟//成都商报，2007-10-29

22318 《千古东坡》五个"最"要饱眼福需等待[N]/蒋麟，朱丽//眉山日报，2007-11-06

22319 《千古东坡》盛装亮相[N]/不详//大河报，2007-11-20

22320 歌舞剧《东坡与朝云》开始排练[N]/温舒//惠州日报，2007-11-25

22321 《东坡与朝云》昨晚试演：将亮相惠城区第三届文化艺术节[N]/董智媛//惠州日报，2007-11-29

22322 《东坡与朝云》明日正式上演[N]/不

详 // 东江时报，2007-12-07

22323 《苏东坡》在禹州热拍［N］/ 不详 // 河南日报（农村版），2007-12-08

22324 《东坡与朝云》首次公演：惠城区第三届文化艺术节开幕［N］/ 朱如丹，邹新燕 // 东江时报，2007-12-09

22325 《苏东坡》横店扫尾［N］/ 陈乙炳 // 绍兴晚报，2007-12-09

22326 苏东坡（三）［N］/ 刘小川 // 眉山日报，2007-12-11

22327 《东坡与朝云》：惠州一张文化名片：在惠城区第三届文化艺术节首次公演［N］/ 不详 // 惠州日报，2007-12-12

22328 《千年英雄苏东坡图传》第六章：《徐州抗洪》［N］/ 不详 // 彭城晚报，2007-12-16

22329 苏东坡（四）［N］/ 刘小川 // 眉山日报，2007-12-18

22330 阳光东坡［N］/ 戴逸如 // 新民晚报，2007-12-22

22331 湛谷生与《苏东坡赤壁夜游舫》榄雕［J］/ 罗雨林 // 文史纵横，2007（4）

22332 《狮吼记》中男性族群与女性族群的角力［J］/ 蔡欣欣 // 中华艺术论丛，2007

22333 苏东坡（五）［N］/ 刘小川 // 眉山日报，2008-01-01

22334 苏东坡（六）［N］/ 刘小川 // 眉山日报，2008-01-08

22335 苏东坡（七）［N］/ 刘小川 // 眉山日报，2008-01-15

22336 《东坡与朝云》应成为惠州一张名片：惠城区委宣传部召开座谈会［N］/ 不详 // 惠州日报，2008-01-20

22337 苏东坡（八）［N］/ 刘小川 // 眉山日报，2008-01-22

22338 苏东坡（九）［N］/ 刘小川 // 眉山日报，2008-01-29

22339 苏东坡（十）［N］/ 刘小川 // 眉山日报，2008-02-05

22340 爱读苏东坡，别无理由［N］/ 不详 // 萧山日报，2008-02-15

22341 苏东坡（十一）［N］/ 刘小川 // 眉山日报，2008-02-26

22342 苏东坡（十二）［N］/ 刘小川 // 眉山日报，2008-03-04

22343 苏东坡（十三）［N］/ 刘小川 // 眉山日报，2008-03-11

22344 苏东坡（十四）［N］/ 刘小川 // 眉山日报，2008-03-18

22345 苏东坡（十五）［N］/ 刘小川 // 眉山日报，2008-03-25

22346 苏东坡（十六）［N］/ 刘小川 // 眉山日报，2008-04-01

22347 苏东坡（十七）［N］/ 刘小川 // 眉山日报，2008-04-08

22348 苏东坡（十九）［N］/ 刘小川 // 眉山日报，2008-04-22

22349 苏东坡（二十）［N］/ 刘小川 // 眉山日报，2008-04-29

22350 苏东坡（二十一）［N］/ 刘小川 // 眉山日报，2008-05-06

22351 遥想东坡［N］/ 朱炜 // 今日德清，2008-05-06

22352 我和苏东坡有个约［N］/ 不详 // 钱江晚报，2008-05-13

22353 粤剧《东坡与朝云》有望年底搬上舞台：剧本完成初稿［N］/ 陈河清，李郁英 // 惠州日报，2008-05-14

22354 苏东坡（二十四）［N］/ 刘小川 // 眉山日报，2008-06-03

22355 东坡拾瓦砾［N］/ 不详 // 竞报，2008-06-16

22356 与东坡先生合影［N］/ 吴垠康 // 安庆日报，2008-07-27

22357 历史大戏《苏东坡》[N]/皇甫振明，王之元//三秦都市报，2008-08-31

22358 千古才子铮铮骨：简评凤翔县人民剧团新排秦腔古典剧《苏轼平冤》[N]/不详//宝鸡日报，2008-09-16

22359 《东坡与朝云》昨日开排：再现苏东坡寓惠岁月[N]/不详//南方日报，2008-09-17

22360 粤剧《东坡与朝云》排练[N]/陈志凌，王高财//广州日报，2008-09-17

22361 再现苏东坡岭南激情岁月：大型新编粤剧《东坡与朝云》将亮相第十届广东省艺术节[N]/肖执缨，梁彦兰//羊城晚报，2008-09-17

22362 粤剧《东坡与朝云》昨日开始排练[N]/陈志凌//广州日报，2008-09-18

22363 粤剧版《东坡与朝云》开始排练：由广东粤剧院国家一级演员丁凡蒋文端主演[N]/不详//惠州日报，2008-09-21

22364 电视剧《苏东坡》受好评[N]/廖翊//潍坊日报，2008-10-05

22365 颂你，苏轼[N]/不详//扬州时报，2008-10-13

22366 北宋皇城遗址怀苏东坡[N]/徐天一//新民晚报，2008-10-20

22367 《东坡与朝云》主创、主演人员[N]/不详//惠州日报，2008-11-12

22368 粤剧《东坡与朝云》：重义更重情：名角大腕云集[N]/不详//惠州日报，2008-11-12

22369 粤剧《东坡与朝云》16日在惠首演[N]/李郁英，董智媛//惠州日报，2008-11-12

22370 反映东坡寓惠作品丰富多彩：粤剧《东坡与朝云》专题报道大型原创民俗歌舞剧《东坡与朝云》成为我市文化名片[N]/不详//惠州日报，2008-11-13

22371 粤剧《东坡与朝云》周日惠州首演：主创、演员阵容强大西湖大剧院盛装以待[N]/不详//东江时报，2008-11-14

22372 演至朝云病逝观众东坡同哭：大型新编粤剧《东坡与朝云》昨西湖大剧院首演[N]/不详//东江时报，2008-11-17

22373 《东坡与朝云》惠州首演：陈绍基出席首演式[N]/不详//南方日报，2008-11-18

22374 《东坡与朝云》首演[N]/不详//南方都市报，2008-11-18

22375 《东坡与朝云》首演：陈绍基朱振中出席首演式[N]/黄蓉芳，沈学，赖南辉//广州日报，2008-11-18

22376 《东坡与朝云》在惠州首演：陈绍基出席首演式[N]/沈学，赖南辉，许琛//羊城晚报，2008-11-18

22377 粤剧《东坡与朝云》第二场演出座无虚席[N]/董智媛，周觅//惠州日报，2008-11-18

22378 试析早期中国艺术歌曲《大江东去》的艺术创作手法[J]/刘也愚//苏州科技学院学报（社会科学版），2008(2)

22379 念奴娇 情寄东坡：题赠东坡国际文化节，皆与同辈共勉！[J]/不详//苏轼研究，2008(4)

22380 秦金根《行书苏轼〈游白水书付过札记〉》[J]/不详//中国书画，2008(5)

22381 苏轼题材戏曲演变综论[J]/邵敏//四川戏剧，2008(5)

22382 关注苍生社稷 传播诗词薪火：读2008年《东坡赤壁诗词》1—4期有感[J]/郭杏芳//东坡赤壁诗词，2008(6)

22383 东坡像前[N]/张雷//石家庄日报，2009-01-13

22384 歌舞剧《东坡与朝云》将连演3场：市区居民可持身份证免费领票观看后两场

［N］/ 范海波 // 惠州日报，2009-02-07

22385 夜读苏东坡［N］/ 不详 // 兰州晚报，2009-03-10

22386 何不学学苏东坡［N］/ 不详 // 绵阳晚报，2009-03-22

22387 读东坡品人生［N］/ 毛卿任 // 金华晚报，2009-04-15

22388 《东坡与朝云》参加全国地方戏优秀剧目展演［N］/ 沈远安 // 广州日报，2009-05-15

22389 粤剧《东坡与朝云》杭州竞演［N］/ 谢奕娟 // 信息时报，2009-05-19

22390 《东坡与朝云》相聚西湖畔［N］/ 不详 // 羊城晚报，2009-05-20

22391 《东坡与朝云》参加全国展演［N］/ 郭珊，梁彦兰 // 南方日报，2009-05-21

22392 我与苏东坡［N］/ 高韵依 // 城乡导报，2009-05-22

22393 粤剧《东坡与朝云》：再述大文豪与杭州佳人凄美爱情［N］/ 不详 // 青年时报，2009-05-24

22394 粤剧《东坡与朝云》杭州受好评［N］/ 不详 // 羊城晚报，2009-05-25

22395 粤剧《东坡与朝云》会越剧观众［N］/ 沈远安 // 广州日报，2009-05-25

22396 拜读苏东坡［N］/ 不详 // 安庆晚报，2009-07-27

22397 怀想苏轼［N］/ 青丝 // 温州都市报，2009-08-08

22398 赤壁之下怀东坡［N］/ 不详 // 昭通日报，2009-09-15

22399 我读懂了苏轼［N］/ 王涵 // 芜湖日报，2009-10-30

22400 说苏轼［N］/ 不详 // 泰安日报，2009-11-25

22401 赤壁怀东坡［N］/ 张卫民 // 赣南日报，2009-12-25

22402 感受苏东坡［N］/ 孙乃臣 // 中国政法大学，2009-12-29

22403 元明戏曲小说中的苏轼形象［J］/ 张媛 // 安庆师范学院学报（社会科学版），2009（2）

22404 题东坡临江图［J］/ 盛茂柏 // 长江文艺，2009（5）

22405 我见到了“苏东坡”［N］/ 李秋振 // 保定日报，2010-01-10

22406 苏轼的春梦［N］/ 孟晖 // 文汇报（上海），2010-01-12

22407 梦东坡［N］/ 胡建君 // 新民晚报，2010-02-18

22408 东坡十梦意蕴长：李展强新作《苏东坡十梦朝云》以浪漫主义手法描绘东坡朝云凄美爱情［N］/ 不详 // 惠州日报，2010-03-20

22409 “人生如梦”话东坡［N］/ 不详 // 佛山日报，2010-04-03

22410 砸碎“苏轼”去赚钱［N］/ 李传玺 // 江淮晨报，2010-05-14

22411 忆东坡［N］/ 不详 // 长江周刊，2010-05-07

22412 东坡印象［N］/ 刘崇凌 // 皖南晨刊，2010-06-24

22413 夜读苏轼［N］/ 马亚伟 // 颍州晚报，2010-07-25

22414 与东坡对话［N］/ 新立 // 武进日报，2010-08-23

22415 苏东坡效应：当局者迷［N］/ 王世珍 // 大众卫生报，2010-08-03

22416 李宏巧“剪”苏轼游宦历程：35 幅剪纸作品中有 12 幅以徐州苏轼历史遗迹为题材［N］/ 周庄 // 徐州日报，2010-09-27

22417 和苏轼相遇［N］/ 姚俊杰 // 城乡导报，2010-10-20

22418 苏东坡形象首入黄梅戏[N]/胡祥修，范步，孔祥福//湖北日报，2010-10-26
22419 遥想东坡[N]/不详//黄冈日报，2010-11-15
22420 《东坡九歌》：长歌九曲颂东坡[N]/不详//海南日报，2010-12-20
22421 浅论黄慎画“苏东坡赏砚图”及其草书入画[J]/陈源麟//艺术欣赏，2010(2)
22422 沁园春·敬怀苏东坡等[J]/不详//东坡赤壁诗词，2010(3)
22423 宋代苏轼题材小说初探[J]/钱俊//语文学刊(上半月刊)，2010(4)
22424 苏轼：老翁的点拨让他幡然醒悟[J]/不详//老年学习生活，2010(4)
22425 宋孝宗与文学[J]/赵润金//南华大学学报(社会科学版)，2010(5)
22426 咏苏轼[J]/不详//中华诗词，2010(5)
22427 郏城吊三苏[J]/李树喜//诗刊，2010(15)
22428 苏轼题材小说研究[D]/钱俊.—浙江工业大学(硕士论文)，2010
22429 元明戏曲小说中的文人形象研究：以陶渊明、李白、苏轼、柳永为中心[D]/张媛.—陕西理工学院(硕士论文)，2010
22430 元明戏曲中的苏轼造型研究[D]/张莉.—安徽大学(硕士论文)，2010
22431 悲情苏东坡[N]/不详//牛城晚报，2011-01-12
22432 寻找生命的“东坡”[N]/不详//中国石化报，2011-03-03
22433 读东坡(上)[N]/王雅各布//眉山日报，2011-03-08
22434 读东坡(下)[N]/王雅各布//眉山日报，2011-03-15
22435 我与苏东坡[N]/宋子伟//无锡日报，2011-03-20
22436 卜算子忆东坡[N]/刘浪//都市晨报，2011-04-09
22437 石床静思徐州情深——马奉信先生国画《东坡卧石》赏析[N]/王继光//徐州矿工报，2011-04-26
22438 《东坡》将登台国家大剧院[N]/梅卓慧//黄冈日报，2011-07-01
22439 黄梅戏《东坡》展现苏轼逆境人生[N]/不详//海南日报，2011-07-06
22440 爱读东坡[N]/臧竹韵//柳州日报，2011-07-19
22441 夜读东坡[N]/不详//安庆晚报，2011-08-19
22442 盛名之下的虞平斋刻本“东坡诗集”[N]/韩进//华东师范大学报，2011-09-27
22443 不朽的苏东坡[N]/周传训//鲁中晨刊，2011-10-21
22444 东坡之光[N]/枫舟//温州晚报，2011-10-25
22445 博观而约取厚积而薄发:《苏东坡》四分钟的关注[J]/郑崇趁//国民教育，2011，52(1)
22446 受邀赴“东坡文化国际论坛”即兴[J]/李新//东坡赤壁诗词，2011(1)
22447 应似飞鸿踏雪泥[J]/陈时羽//中学生阅读(高中版，下半月)，2011(1)
22448 贺黄梅戏《东坡》演出成功[J]/李明波//东坡赤壁诗词，2011(2)
22449 贺新郎·东坡赤壁怀古[J]/邓世广//中华诗词，2011(3)
22450 戏曲中苏轼形象的多维透视[J]/赵超//民族文学研究，2011(3)
22451 咏苏东坡[J]/钱立珊//东坡赤壁诗词，2011(5)
22452 东坡赤壁的戏曲传播[J]/邵敏//四川戏剧，2011(6)

22453 苏轼《水调歌头》歌曲研究［D］/ 杨玲．—南京艺术学院（硕士论文），2011

22454 苏轼题材戏曲作品研究［D］/ 刘春玉．—西北师范大学（硕士论文），2011

22455 苏轼题材小说与戏曲之比较研究［D］/ 夏小菲．—安徽师范大学（硕士论文），2011

22456 《李四光》《东坡》进京成功演出［N］/ 不详 // 黄冈日报，2012-01-12

22457 雪夜东坡［N］/ 张宗子 // 安庆晚报，2012-01-23

22458 一轮明月照东坡［N］/ 王文娟 // 日照日报，2012-02-25

22459 我读苏东坡［N］/ 不详 // 四川日报，2012-04-13

22460 剧作家徐棻首写历史小说《苏东坡和他的大宋朝》首发［N］/ 不详 // 成都晚报，2012-04-15

22461 唱东坡［N］/ 王宏 // 眉山日报，2012-04-17

22462 苏轼的光芒［N］/ 张静 // 淮北日报，2012-05-11

22463 元曲里的苏东坡［N］/ 刘朝湘 // 内江日报，2012-05-13

22464 感怀东坡［N］/ 罗龙 // 纳雍报，2012-05-18

22465 说不尽的苏东坡，说不尽的大宋朝［N］/ 李鲆 // 中国图书商报，2012-05-22

22466 我省黄梅戏东坡在中央党校上演［N］/ 李新龙，柯立 // 湖北日报，2012-05-23

22467 湖北黄梅戏《东坡》中央党校上演［N］/ 不详 // 光明日报，2012-05-24

22468 说不尽的苏东坡［N］/ 阿来 // 北京晨报，2012-05-27

22469 和苏东坡一块儿咳嗽［N］/ 冯杰 // 晶报，2012-06-12

22470 苏轼，苏轼［N］/ 马亚伟 // 北海日报，2012-07-14

22471 苏东坡强大生命力的本质和境界：读刘小川新著《苏东坡》后王影聪［N］/ 不详 // 眉山日报，2012-07-17

22472 东坡无人逾越的高度［N］/ 吴勇聪 // 眉山日报，2012-07-24

22473 赤壁怀东坡［N］/ 姚林宝 // 鄂东晚报，2012-08-22

22474 云锦秋光读苏轼［N］/ 魏玉庚 // 淄博日报，2012-09-14

22475 寻东坡足迹踏泉海轻涛［N］/ 不详 // 羊城晚报，2012-09-26

22476 东坡二题［N］/ 不详 // 文汇报（香港），2012-10-06

22477 《苏东坡》“解禁”今亮相［N］/ 顾伟 // 福州晚报，2012-10-07

22478 《苏东坡》今日开播：陆毅林心如剧中再恋爱［N］/ 不详 // 梅州日报，2012-10-07

22479 《苏东坡》历时 8 年终播出［N］/ 不详 // 周口晚报，2012-10-09

22480 《苏东坡》首播获好评：首播获好评［N］/ 余文 // 羊城晚报，2012-10-10

22481 《苏东坡》：虽有风雨终见晴［N］/ 不详 // 德州晚报，2012-10-13

22482 《苏东坡》正剧照样惹来争议［N］/ 不详 // 北京晚报，2012-10-15

22483 《苏东坡》引戏说争议［N］/ 轩召强 // 新闻晚报，2012-10-17

22484 《苏东坡》戏说之余勿忘精神［N］/ 韩浩月 // 南方农村报，2012-10-18

22485 闲来读苏轼［N］/ 喻云 // 北海日报，2012-12-16

22486 黄冈东坡论坛喜逢台湾江澄格教授有赠［J］/ 李新 // 东坡赤壁诗词，2012（2）

22487 沙孟海临苏轼寒食诗帖册页［J］/ 沙孟海 // 中国钢笔书法，2012（4）

22488 以情动人：谈谈木偶剧《东坡问月》苏东坡的塑造［J］/ 黄周华 // 南国红豆，2012（4）

22489 希望《东坡岭南情》拍成影视剧：申平执笔的文学剧本四易其稿［N］/ 不详 // 惠州日报，2013-01-07

22490 忆苏轼［N］/ 柳宗宣 // 南国都市报，2013-02-24

22491 当朱自清路遇苏轼［N］/ 毛凤 // 洛阳商报，2013-02-01

22492 幸福着的苏东坡（图）［N］/ 刘诚龙 // 每日新报，2013-03-04

22493 独行千里拜东坡［N］/ 不详 // 扬州日报，2013-03-14

22494 苏轼的春天［N］/ 颖子 // 开封日报，2013-03-15

22495 东坡情怀［N］/ 曹宗国 // 三峡晚报，2013-03-18

22496 风情百样苏东坡［N］/ 王伟 // 拉萨晚报，2013-03-27

22497 我市李叙彬音乐剧《东坡与佛印》荣获第八届全国戏剧文化奖剧本银奖［N］/ 不详 // 京江晚报，2013-03-27

22498 独坐东坡亭［N］/ 刘宏伟 // 北海日报，2013-04-13

22499 电视文学剧本《东坡岭南情》研讨会举行［N］/ 袁畅 // 惠州日报，2013-05-20

22500 苏轼寓惠经历有望搬上银幕：电视文学剧本《东坡岭南情》正广泛征求专家意见［N］/ 钱小敏 // 南方日报，2013-05-21

22501 我读苏东坡［N］/ 黄丽维 // 潍坊学院报，2013-05-24

22502 悲情苏东坡［N］/ 朱月贤 // 茂名日报，2013-06-07

22503 感动于苏东坡［N］/ 萧语 // 湖北医药学院报，2013-06-18

22504 千年苏轼［N］/ 于增光 // 山东科大报，2013-09-01

22505 专家评《东坡》：千古江涛颂明月［N］/ 不详 // 黄冈日报，2013-09-14

22506 榜样要学苏东坡［N］/ 周刚 // 鄂东晚报，2013-10-18

22507 苏东坡若听必点 1 万个赞［N］/ 不详 // 侨报，2013-10-24

22508 苏东坡听了必点 1 万个赞：豪迈版《但愿人长久》网络爆红［N］/ 不详 // 现代快报，2013-10-24

22509 东坡印象［N］/ 李晓远 // 湖北大学报，2013-10-28

22510 悲情苏东坡［N］/ 不详 // 大江晚报，2013-11-14

22511 恋东坡［N］/ 袁泉 // 眉山日报，2013-12-02

22512 雾里看东坡［N］/ 孙行之 // 第一财经日报，2013-12-23

22513 和苏轼对饮（外二首）［N］/ 何玉忠 // 昆山日报，2013-12-31

22514 乔仲常《后赤壁赋图》新探［J］/ 冯鸣阳 // 国画家，2013（1）

22515 清代翁方纲的“尚苏”情结［J］/ 刘佳，樊庆彦 // 荣宝斋，2013（1）

22516 古装黄梅戏《东坡》的音乐创作特点：以《明月几时有》和《赏不够黄州美景花烂漫》为例［J］/ 祝林，金白颖 // 都市家教（上半月），2013（4）

22517 知识分子的“文化突围”：论秦岭雪的诗歌《苏东坡》［J］/ 周聚群 // 河南教育学院学报（哲学社会科学版），2013，32（4）

22518 观电视连续剧《苏东坡》感怀［J］/ 傅祖民 // 东坡赤壁诗词，2013（5）

22519 清平乐·黄州忆苏轼［J］/ 苏者聪 // 东坡赤壁诗词，2013（5）

22520 苏东坡由“故我”向“今我”的转型：评

古装黄梅戏《东坡赤壁》[J]/徐玉莲//四川戏剧，2013(5)

22521 咏苏东坡[J]/郝心沛//东坡赤壁诗词，2013(5)

22522 莅黄州怀苏东坡[J]/李白超//东坡赤壁诗词，2013(6)

22523 黄州遗爱湖公园怀苏东坡[J]/雷于怀//中华诗词，2013(12)

22524 清杨守敬行书东坡诗轴[J]/万波//收藏，2013(15)

22525 寒夜里，想起苏东坡[N]/陈丽娟，陈丽娟//黄冈日报，2014-01-04

22526 “我们都是爱书人”之书韵：一蓑烟雨任平生 品读苏轼[N]/毛小芳//山西市场导报，2014-04-24

22527 《大学士苏东坡》将在苏开拍[N]/张颉颉//城市商报，2014-06-29

22528 电视连续剧《大学士苏东坡》要向“传统文化致敬”[N]/不详//姑苏晚报，2014-06-29

22529 《大学士苏东坡》即将在苏开拍[N]/王乃芹//城市早8点，2014-07-01

22530 东坡赞[N]/董玉萍//定州日报，2014-07-18

22531 《赤壁图》：苏东坡孤冷旷达之作的恬淡解读[N]/金叶//广州日报，2014-09-14

22532 赤壁：苏东坡“倾荡磊落”之肝胆[N]/陈世旭//哈尔滨日报，2014-09-25

22533 《东坡笠屐图》首创者是琼州人[N]/林冠群//海南日报，2014-10-27

22534 寓居惠州近十年自扮自画苏东坡：7旬油画家侯邦琪主创的《苏东坡在惠州》系列油画[N]/郭秋成//南方都市报，2014-11-25

22535 和王德虎《苏东坡》[J]/王青松//东坡赤壁诗词，2014(1)

22536 苏东坡黄冈赶考[J]/本刊编辑部//作文大王(幽默版)，2014(1)

22537 元杂剧中的苏东坡[J]/夏杰//新余学院学报，2014(2)

22538 浣溪沙·次韵苏轼[J]/不详//中华诗词，2014(3)

22539 寄赠《东坡赤壁诗词》[J]/蒋康佳//东坡赤壁诗词，2014(3)

22540 元代有关苏轼贬谪生涯剧作简论[J]/庆振轩，牛思仁//乐山师范学院学报，2014(4)

22541 咏苏东坡[J]/童芳勉//东坡赤壁诗词，2014(5)

22542 黄梅飘香自东坡：黄梅戏《苏东坡》创作的成就与缺失[C]/周玉娟//中国戏剧史国际学术研讨会暨中国古代戏曲学会2014年年会论文集(上)/中国古代戏曲学会，2014

22543 遇见苏轼[N]/不详//西藏法制报，2015-01-31

22544 遇见苏轼[N]/韩凤平//九江日报，2015-02-03

22545 读东坡[N]/徐小//南京航空航天大学报，2015-04-10

22546 我读苏轼[N]/薛田//天津工业大学报，2015-04-20

22547 《东坡》：戏里戏外的故事[N]/陈春保，雷电，周勇，李晨光//湖北日报，2015-04-29

22548 与东坡一起吟唱[N]/吴春萍//齐齐哈尔日报，2015-05-26

22549 《苏轼三进马耳山》诸城开机[N]/不详//潍坊晚报，2015-07-30

22550 “三苏”高富帅吗[N]/陈群歆//汕头日报，2015-08-27

22551 我市名人文化大戏《苏轼三进马耳山》举行开机仪式[N]/不详//今日诸城，

2015-08-02

22552 闲话苏东坡[N]/陈曼山//福建日报，2015-09-13

22553 夜读苏轼[N]/廖文//山西市场导报，2015-09-17

22554 与东坡对话[N]/马孜彦//市场星报，2015-10-21

22555 苏轼的春天[N]/潘颖//南京大学报，2015-11-10

22556《苏轼三进马耳山》通过国家广电总局审批备案[N]/张泽青//今日诸城，2015-12-07

22557 我读苏轼[N]/尹士程//射阳日报，2015-12-17

22558 纪录片《苏东坡》举行开机仪式[N]/陈雪娇//楚天时报，2015-12-18

22559 清廉东坡[N]/常兴胜//马鞍山日报，2015-12-20

22560 从东坡剧看元代文人的矛盾心态[J]/王成芳//濮阳职业技术学院学报，2015(1)

22561 黄州遗爱湖怀苏轼[J]/星汉//东坡赤壁诗词，2015(1)

22562 由电视剧《苏东坡》看现代影像中的苏轼形象[J]/王凡//克拉玛依学刊，2015(1)

22563 再现与接受：文图关系视野下的乔仲常《后赤壁赋图》[J]/李征宇//南京艺术学院学报(美术与设计版)，2015(1)

22564 黄梅戏《苏东坡》的音乐创作特色[J]/何淑芳//大舞台，2015(4)

22565 谈黄梅戏丑角的音乐塑造：以《东坡》唱段《到黄州贬黄州》为例[J]/何淑芳//黄冈师范学院学报，2015(4)

22566 圆：读苏轼《水调歌头》有感[J]/郭强//音乐创作，2015(4)

22567 东坡先生[J]/隆学义//剧本，2015(5)

22568 书法:《苏东坡词》(张艳春)、《舞》(常静)[J]/张艳春，常静//人民公交，2015(7)

22569 一曲黄梅戏 牵动两岸情：大型古装黄梅戏《东坡》赴台演出成功[J]/罗伟//戏剧之家，2015(10)

22570 黄梅飘香自东坡：黄梅戏《东坡》创作的成就与缺失[J]/周玉娟//大舞台，2015(12)

22571 石涛《东坡诗意图册》研究[D]/李有容.—台湾大学(硕士论文)，2015

22572 元曲中的苏轼形象[D]/陈蕾.—青海师范大学(硕士论文)，2015

22573 应李居明邀请任《情话苏东坡》导演陈少梅赞港演员执生艺能强[N]/不详//文汇报(香港)，2016-01-12

22574《苏轼三进马耳山》举行首映仪式[N]/王哲//今日诸城，2016-02-19

22575 想起苏东坡[N]/不详//南国都市报，2016-03-03

22576 寻觅苏东坡[N]/宋建国//拂晓报，2016-03-23

22577 漫步苏堤怀东坡[N]/宫元生//忻州日报文化旅游周刊，2016-04-03

22578 东坡朝云饰演者选定夫妻搭档:《千年之约》10日起公演3天[N]/谢菁菁，苏生//惠州日报，2016-05-03

22579 千名观众昨夜喜会“东坡”“朝云”：《千年之约》在鹅城大剧院举行惠民公演[N]/谢菁菁，苏生//惠州日报，2016-05-12

22580 再读东坡(组诗)[N]/钱钟龄//滁州日报，2016-05-14

22581《东坡海南》本月海口惠民首演：下月将首次走进国家大剧院展演[N]/彭桐//海口日报，2016-07-03

22582《东坡海南》入选国家艺术基金项目

[N]/不详//海口日报，2016-07-06

22583 千年英雄苏东坡[N]/张玉//眉山日报，2016-07-10

22584 《东坡海南》椰城上演[N]/不详//国际旅游岛商报，2016-07-12

22585 以舞之美展现东坡海南情怀[N]/不详//海南日报，2016-07-12

22586 《东坡海南》上演答谢海口“双创”[N]/不详//国际旅游岛商报，2016-07-18

22587 《东坡海南》今明两天在天津上演[N]/不详//海南日报，2016-08-10

22588 《东坡海南》舞出大剧风范[N]/曹嵩博//每日新报，2016-08-11

22589 东坡琼韵京津“有味”[N]/不详//海南日报，2016-08-12

22590 东坡舞剧苏诗为魂[N]/蔡葩//海南日报，2016-08-14

22591 舞剧《东坡海南》亮相首都舞台[N]/不详//中国文化报，2016-08-18

22592 舞剧《东坡海南》入选国家艺术基金立项资助[N]/尤梦瑜//海南日报，2016-08-24

22593 《东坡海南》舞动中外观众心[N]/不详//海南日报，2016-08-06

22594 原创舞剧《东坡海南》亮相国家大剧院[N]/伦兵//北京青年报，2016-08-07

22595 《东坡海南》舞出黎汉一家史诗[N]/不详//北京日报，2016-08-08

22596 《东坡海南》：舞出东坡魂：海南精品舞剧来津演出部分市民可免费观看[N]/谢云深//城市快报，2016-08-09

22597 《东坡海南》明日登陆津门[N]/不详//渤海早报，2016-08-09

22598 舞剧《东坡海南》津门献艺[N]/张帆//天津日报，2016-08-09

22599 原创舞剧《东坡海南》来津演出：今晚报读者俱乐部赠您11日演出门票[N]/不详//今晚报，2016-08-09

22600 我看苏东坡[N]/张志宏//牛城晚报，2016-09-21

22601 千年宋词：苏轼与辛弃疾的巅峰对决[N]/不详//资阳日报，2016-09-26

22602 平视东坡[N]/不详//太原晚报，2016-10-19

22603 我读苏轼[N]/李德斌//安阳日报，2016-10-26

22604 舞剧《东坡海南》9日到儋州巡演[N]/易帆//南国都市报，2016-11-03

22605 读东坡[N]/叶剑秀//平顶山日报，2016-12-06

22606 每个彩瓷碟盛着一个苏东坡故事：刘汉新创作的《东坡寓惠》彩瓷系列获国内版权界最高奖项金慧奖[N]/不详//惠州日报，2016-12-15

22607 陪中国苏轼研究学会三位会长诸城仰苏有感[J]/乔云峰//中华诗词，2016(3)

22608 清明祭奠苏东坡[J]/涂普生//东坡赤壁诗词，2016(3)

22609 《苏轼留带图》[J]/崔子忠//老年教育·书画艺术，2016(7)

22610 好巧啊苏轼[J]/小咩//当代小说，2016(11)

22611 清代顾印愚集东坡句联[J]/万波//收藏，2016(11)

22612 宋词与我国宋代艺术歌曲创作特色[J]/范凌云//语文建设，2016(21)

22613 苏轼：旷达的文豪[J]/刘思源，桑德//小学时代，2016(36)

22614 应似飞鸿踏雪泥[J]/周语思//学生之友·最作文，2016(C2)

22615 在黄州，苏轼变成了苏东坡[N]/张松林//鄂东晚报，2017-07-20

22616 苏轼故事在明代通俗小说中的流变[J]/张国培//平顶山学院学报，2017(6)

苏学界

22617　苏东坡研究院在京成立［N］/ 文一 // 人民日报，1995-08-11

22618　我市成立苏东坡研究会［N］/ 不详 // 靖江日报，2002-12-20

22619　余光中的苏轼情结及其影响［J］/ 蔡菁 // 沧州师范专科学校学报，2004（1）

22620　苏东坡昨日诞辰 968 周年：全国苏轼研究学会正式迁眉挂牌［N］/ 李成 // 眉山日报，2005-01-29

22621　弘扬东坡文化展诗书城风采［N］/ 余斌 // 眉山日报，2005-06-07

22622　云龙湖风景区成全国最大苏轼文化旅游区：明年初徐州市将成立市苏轼研究会［N］/ 不详 // 彭城晚报，2007-12-16

22623　苏东坡中国画研究院昨日成立［N］/ 不详 // 眉山日报，2008-01-19

22624　苏东坡中国画研究院成立［N］/ 不详 // 华西都市报，2008-01-22

22625　徐州市苏轼文化研究会成立［N］/ 不详 // 彭城晚报，2008-03-16

22626　徐州市苏轼文化研究会成立我市拥有 60 多处相关景点［N］/ 马志仁，孙潇潇 // 彭城晚报，2008-03-16

22627　徐州苏轼文化研究会昨成立［N］/ 朱静 // 都市晨报，2008-03-16

22628　昨天，徐州市苏轼文化研究会成立［N］/ 不详 // 彭城晚报，2008-03-16

22629　徐州市苏轼文化研究会揭牌了［N］/ 不详 // 彭城晚报，2008-03-17

22630　弘扬苏轼文化传承历史文脉：徐州市苏轼文化研究会成立徐鸣庄华平为研究会揭牌王希龙致辞［N］/ 宋桂昌 // 徐州日报，2008-03-18

22631　东坡书画艺术协会成立十年硕果累累［N］/ 梅卓慧 // 黄冈日报，2008-12-23

22632　徐州苏学研究的发展战略与使命［J］/ 孟昭全 // 苏轼研究，2008（1）

22633　“五通”集大成［N］/ 韩晓东 // 中华读书报，2010-09-15

22634　定州市成立苏轼文化研究会［N］/ 不详 // 保定日报，2010-12-24

22635　定州市苏轼文化研究会成立［N］/ 不详 // 保定晚报，2010-12-28

22636　苏研重镇是这样炼成的［J］/ 方永江 // 苏轼研究，2010（4）

22637　访《东坡赤壁诗词》杂志社［J］/ 肖干才 // 东坡赤壁诗词，2010（5）

22638　中国矿大苏轼研究院揭牌：苏轼研究高峰论坛同时举行［N］/ 郑敏芝 // 徐州日报，2011-05-29

22639　矿大苏轼研究院成立［N］/ 张敏玲 // 都市晨报，2011-05-30

22640　高校首家苏轼研究院揭牌［N］/ 不详 // 新华日报，2011-06-02

22641　中国矿业大学苏轼研究院成立［N］/ 刘尊旭 // 江苏教育报，2011-06-02

22642　东坡书画研究院在四川省艺术院成立［N］/ 朱学才 // 精神文明报，2013-12-

13

22643 东坡书画研究院正式成立［N］/不详//四川工人日报，2013-12-13

22644 市三苏文化研究会成立［N］/温书功，沙星海//平顶山日报，2013-12-19

22645 市东坡书协举行成立十五周年庆祝会［N］/范小翠//黄冈日报，2013-12-24

22646 主流文化南北界限的消失：以耶律楚材、陈时可与东坡铁柱杖为题（提要）［C］/刘迎胜//“10—19世纪中国制度变迁与社会演进”国际学术研讨会论文集/北京师范大学历史学院中古史研究中心主办，2013

22647 成立“中国苏轼研究学会”［N］/不详//中国妇女报，2014-03-11

22648 海南省苏东坡文化研究会成立：将设立东坡文化奖［N］/彭桐//海口晚报，2014-11-18

22649 杭州东坡画院成立［N］/不详//美术报，2016-01-16

22650 惠州市东坡艺术团成立［N］/杨熠，刘巧朋//惠州日报，2016-01-25

22651 演东坡戏唱东坡歌讲东坡话做东坡事：惠州市东坡艺术团成立［N］/不详//东江时报，2016-01-27

22652 遂溪县双村农民成立东坡诗社［N］/陈连//湛江晚报，2016-11-23

22653 市苏东坡学术研究会庆祝成立15周年［N］/不详//江阴日报，2016-12-20

22654 一心要学苏东坡的萨孟武教授［J］/张达人//艺文志，1975（118）

22655 林语堂与苏东坡［J］/曾虚白//中华文艺，1976，16（1）

22656 林语堂与苏东坡：晨曦漫步触感［J］/曾虚白//自由谈，1978，27（6）

22657 雷简夫与“三苏”［J］/李悦现，邹念宗//文史哲，1990（2）

22658 读饶学刚的苏东坡研究论文［J］/朱靖华//黄冈师范学院学报，1993（1）

22659 古典文学研究应走求实、创新之路：读饶学刚的苏轼研究论文［J］/朱靖华//语文学刊，1993（1）

22660 情系神州寻“东坡”：记台湾大学中文系副教授王保珍女士常州访古［J］/赵世平//华人时刊，1995（6）

22661 东坡文化重现辉煌：漫评朱靖华《苏轼论》的历史贡献［J］/饶学刚//惠州大学学报（社会科学版），1998（3）

22662 痴迷三苏文化的人：记眉山市政协副主席、苏学专家张忠全［J］/林梅//四川统一战线，2002（1）

22663 林语堂与苏东坡［J］/王兆胜//东方文化，2002（1）

22664 徐进漫画名家喜读苏轼［N］/金涛//中国邮政报，2005-09-24

22665 异代文人，心灵共鸣：林语堂的苏东坡情结［J］/陈睿//前沿，2005（4）

22666 孔凡礼：与“三苏”为伴［N］/石钟扬//光明日报，2006-05-30

22667 惠光启：从官员到学者［N］/曹学海//大众科技报，2006-07-06

22668 异代文人 心灵共鸣：试论苏东坡复杂个性以及林语堂的“东坡情结”［D］/陈睿．—内蒙古大学（硕士论文），2006

22669 贾平凹真是东坡第二吗？［N］/陈鲁民//郑州日报，2007-12-18

22670 贾平凹是东坡第二？［N］/陈鲁民//西部晨风，2007-12-21

22671 东坡世家［J］/林语堂//中华活页文选（高一版），2007（7）

22672 贾平凹与苏东坡齐飞？［N］/齐人//重庆晚报，2008-03-12

22673 苏轼文艺美学精髓——水：惠州学院教

授王启鹏著书论苏东坡文艺创作[N]/不详//惠州日报，2008-04-12

22674 父子接力研究东坡文化：梁大和梁力文先后出版有关东坡研究著作和画册多部(册)[N]/不详//惠州日报，2008-06-01

22675 王希龙当选中国苏轼研究学会副会长[N]/朱静，韩伟//都市晨报，2008-06-03

22676 吴仕端(1911—1987)铁笔叙文史 半生研东坡[N]/不详//南方都市报，2008-08-28

22677 贾平凹为什么喜欢苏轼[N]/不详//南方日报，2008-11-02

22678 莫砺锋周日讲“不朽的苏东坡”[N]/莫砺锋//江南时报，2008-11-06

22679 康震周六书城评说苏东坡[N]/不详//青岛早报，2008-11-07

22680 王德明：与苏轼一起寻找快乐的理由[N]/杨力叶//桂林日报，2008-12-08

22681 情系云龙山水 魂牵东坡遗愿[J]/曹学海//苏轼研究，2008(1)

22682 沉痛悼念朱靖华先生[J]/不详//苏轼研究，2008(2)

22683 一个美国学者的三苏情结[J]/《苏轼研究》编//苏轼研究，2008(4)

22684 王刚与他的“眉州东坡”[J]/不详//三联生活周刊，2008(5)

22685 从《苏东坡传》看林语堂其人[J]/周燕//南通航运职业技术学院学报，2008(12)

22686 我所了解的朱棣文：永远的苏东坡[N]/不详//姑苏晚报，2009-01-14

22687 传统文化是民族的根基：莫砺锋苏州讲述唐诗、苏东坡[N]/不详//苏州日报，2009-01-19

22688 苏东坡肯定对苏州心存美好：访南京大学文学院教授莫砺锋[N]/不详//姑苏晚报，2009-01-19

22689 李时英与他的东坡缘[N]/刘思远，向吟吟//衡阳日报，2009-03-16

22690 苏东坡遇到林语堂[N]/荆墨//人民公安报，2009-03-21

22691 把东坡文化学到骨子里：知名学者、北京师范大学教授康震专访[N]/不详//眉山日报，2009-08-06

22692 康震与苏学专家学者“品东坡”[N]/不详//眉山日报，2009-08-06

22693 莫砺锋教授解读苏东坡的世界[N]/不详//东南大学报，2009-12-20

22694 走入苏海：杨胜宽先生的苏轼研究道路[J]/何晓苇//苏轼研究，2009(3)

22695 苏海畅游情甚笃[J]/王诗波，王霞//苏轼研究，2009(4)

22696 王刚：续写东坡传奇[J]/邱国军，曹雪风//餐饮世界，2009(7)

22697 王之道：苏轼的继承者[N]/不详//巢湖晨刊，2010-03-15

22698 三苏漫话：“兴衰无不本于闺门”：曾枣庄教授访谈录[N]/计亚男，柳霞//中华读书报，2010-04-14

22699 永远的苏东坡：听莫励锋教授的讲座有感[N]/张英曾//包头晚报，2010-06-22

22700 东坡诗词中的人生境界：吴江青年读者汪晨烨解读苏东坡的诗词人生 6 [N]/不详//吴江日报，2010-07-01

22701 东坡是个可爱的生命，惠州是其重要的驿站：余秋雨昨接受本报记者专访纵论现代理性思维和国际视野[N]/不详//惠州日报，2010-07-07

22702 莫砺锋：苏东坡曾十来扬州[N]/不详//扬州晚报，2010-07-18

22703 胸有东坡百卷书：悼著名学者孔凡礼先

生［N］/ 不详 // 安庆日报，2010-08-28

22704 提升群众对苏东坡的认知度：苏东坡研究专家刘小川［N］/ 不详 // 惠州日报，2010-12-16

22705 出本雅俗共赏的东坡寓惠传记：苏东坡研究专家刘小川［N］/ 不详 // 惠州日报，2010-12-17

22706 中国苏轼研究学会理事韩国强［N］/ 李关平 // 海南日报，2010-12-17

22707 我与“苏学”［J］/ 王文龙 // 苏轼研究，2010（1）

22708 无冕学者，苏学大家：孔凡礼苏学研究概述［J］/ 不详 // 苏轼研究，2010（1）

22709 走近东坡五十年：饶学刚先生的苏轼研究之路［J］/ 白水 // 苏轼研究，2010（2）

22710 潜心研究，独出奇谈：赖正和先生研究苏东坡的艰辛历程［J］/ 柳絮 // 苏轼研究，2010（4）

22711 海外苏学专家剪影［J］/ 徐丽 // 苏轼研究，2010（9）

22712 莫砺锋教授演讲“千古东坡面面观”许启彬［N］/ 不详 // 东南大学报，2011-01-01

22713 余秋雨与苏东坡［N］/ 孙玉祥 // 西安晚报，2011-03-22

22714 不能仅从文学角度研究苏东坡［N］/ 谭琳，刘丽葵 // 东江时报，2011-07-18

22715 莫砺锋再登“市民大讲堂”多面立体解读大家苏东坡［N］/ 不详 // 京江晚报，2011-08-28

22716 苏东坡的歌者［N］/ 张建平 // 潍坊日报，2011-12-30

22717 熊朝东的三苏情怀［J］/ 宋明刚 // 苏轼研究，2011（1）

22718 王友胜教授的治学与成就［J］/ 向二香，吴春秋 // 苏轼研究，2011（2）

22719 情系东坡：苏灿学习研究东坡文化记事［J］/ 宋明刚 // 苏轼研究，2011（4）

22720 东坡突围［J］/ 余秋雨 // 新语文学习（高中），2011（9）

22721 东坡书画［J］/ 林语堂 // 中学生阅读（高中版：上半月），2011（C1）

22722 徐棻新长篇小说写苏东坡［N］/ 王嘉 // 成都日报，2012-04-15

22723 徐棻：我心里有一个自己的苏东坡［N］/ 不详 // 四川日报，2012-05-25

22724 徐棻 17 年写下苏东坡与南京不解缘她笔下的大文豪还吸引了陈道明［N］/ 不详 // 金陵晚报，2012-06-02

22725 高晓声论苏东坡［N］/ 不详 // 武进日报，2012-08-20

22726 敢立潮头亲浪花：赖正和先生苏学研究述评［J］/ 孙开中 // 苏轼研究，2012（2）

22727 专精独诣 卓然名家 文史互证 洞幽发微：台湾中山大学刘昭明的苏轼研究［J］/ 彭文良 // 天中学刊，2012（3）

22728 张之洞的东坡情结探索［J］/ 秦进才，赵云耕 // 河北师范大学学报（哲学社会科学版），2012（5）

22729 林语堂与苏东坡［J］/ 顾彬 // 书屋，2012（11）

22730 大陆学者眼中的苏学研究名家：罗海贤将军［J］/ 不详 // 大海洋诗杂志，2012（85）

22731 他用画重现苏东坡眼中的惠州：梁力文近 10 年创作了百余幅东坡诗意画得到专业人士认可［N］/ 不详 // 惠州日报，2013-02-04

22732 苏东坡的才情林语堂的才华［N］/ 叟君 // 今日临安，2013-02-07

22733 独卧儋州话东坡：海南作家李盛华侧记［N］/ 不详 // 国际旅游岛商报，2013-05-06

22734 弘扬东坡文化 周华君变“周西坡”

[N]/徐礼华//四川日报，2013-10-14

22735 刘小川乐山“品东坡”[N]/许金，波郑旭//乐山日报，2013-11-03

22736 从《苏东坡传》看林语堂叙述者身份的丢失[J]/郭有婧//甘肃高师学报，2013(1)

22737 走进木斋的课堂：台湾中山大学《东坡词》课程中报告精选：学会整体的、流变的方法论：木斋先生的学术研究历程[J]/余行//天中学刊，2013(1)

22738 王夫之为何贬低苏东坡[N]/不详//齐鲁晚报，2014-01-15

22739 推崇苏东坡的潘恩元[N]/白本//江海晚报，2014-02-11

22740 名家笔下的苏东坡[N]/张光茫//承德晚报，2014-03-26

22741 曾枣庄：“三苏”内外学问人生[N]/杜羽//光明日报，2014-07-04

22742 析苏轼论诗诗[N]/曾枣庄//中国人民大学校报，2014-09-08

22743 刘小川与苏东坡[N]/蒋子龙//新民晚报(美国版)，2014-11-04

22744 读了14年史料写就《苏东坡传》[N]/不详//成都商报，2014-11-10

22745 琴台客聚：三苏与倪匡[N]/不详//文汇报(香港)，2014-11-11

22746 清风两袖何惆怅意足东坡伴此生：挖掘“苏东坡居儋州故事”韩国强当作一生的使命[N]/不详//国际旅游岛商报，2014-12-19

22747 读刘雪荣同志《东坡逸事说遗爱》有感[J]/欧阳宏//东坡赤壁诗词，2014(2)

22748 林语堂与苏东坡[J]/邓一笑//闽南风，2014(10)

22749 推崇苏东坡的潘恩元(上)[N]/阮汝林//如皋日报，2015-02-05

22750 推崇苏东坡的潘恩元(下)[N]/阮汝林//如皋日报，2015-02-11

22751 贾平凹：“苏轼是文的太阳！”[N]/张玉//眉山日报，2015-09-06

22752 对余秋雨笔下苏轼形象的分析[J]/袁梓珂//青年与社会(下)，2015(12)

22753 浙江学者常熟开讲苏东坡[N]/不详//苏州日报，2016-04-24

22754 聆听当代大家谈东坡透过时代风云辨经典：著名作家蒋子龙在《东坡文化名家讲堂》开讲纪实[N]/不详//眉山日报，2016-06-19

22755 莫砺锋：我是苏东坡的粉丝[N]/不详//扬州晚报，2016-07-11

22756 周啸天做客道德讲堂详解苏轼[N]/不详//成都晚报，2016-08-29

22757 熊召政周裕锴同台妙论苏东坡[N]/星星，周勇//湖北日报，2016-09-08

22758 问墨故乡 情载东坡[N]/刘克宁//徐州日报，2016-11-11

22759 周汝昌谈东坡词(图)[N]/周伦玲//天津日报，2016-12-23

22760 毛泽东毕生读苏轼[J]/涂武生//黄冈职业技术学院学报，2017(4)

22761 “三苏研究”一大家：写在《曾枣庄三苏研究丛刊》出版之际[J]/陶武先//文史杂志，2017(6)

22762 苏海探赜四十年:《曾枣庄三苏研究丛刊》序[J]/谢桃坊//文史杂志，2017(6)

22763 崔铭：研究苏轼是幸运也是享受[J]/周彩丽//教育家，2017(28)

22764 刘川眉：“三苏”仰之敬之，文化传之扬之[J]/周彩丽//教育家，2017(28)

三苏文化建设

22765　黄石斋七斫苏东坡墨妙亭诗残石砚（附沈塘跋）[J]/不详//国粹学报，1908（40）

22766　徐州苏东坡黄楼摄影[照片][J]/不详//小说月报（上海），1913，4（8）

22767　貂裘换酒（凌云山东坡读书楼）[J]/圣游//娱闲录，1914（5）

22768　赤壁所刻东坡文字[J]/欧阳溥存//大中华，1915，1（3）

22769　重游东坡阁记[J]/容肇祖//学生，1915，2（7）

22770　四川旧嘉定府凌云山顶之东坡读书楼[J]/鲁文辉//图画时报，1927（341）

22771　宋苏东坡故宅中手植之槐其旁为东坡所建之雪浪斋（在今四川眉山县）[照片][J]/不详//北京画报，1929，2（54）

22772　花间四友东坡梦杂剧（元曲叙录）[J]/宾芬//小说月报（上海），1930，21（9）

22773　游迹：惠城东坡亭[J]/不详//游历，1930（1）

22774　苏东坡手植之古槐：在徐州女子中学内[照片][J]/侃//江苏画报，1930（14）

22775　苏轼庙在湖北黄州城外[照片][J]/王品梅//图画时报，1931（731）

22776　苏东坡故居[照片][J]/奇峰//北洋画报，1933，18（887）

22777　三苏祠联[J]/思齐//国货月报（上海），1934，1（7）

22778　苏东坡题名石刻[石刻][J]/不详//河北月刊，1934，2（3）

22779　海南岛之风景与古迹：海南第一楼苏东坡眨居古迹[照片][J]/陈昺德//大众画报，1934（13）

22780　东坡楼[J]/周仲眉//中行生活，1934（29）

22781　东坡遗迹：武进杂记之四（附照片）[J]/许英//京沪沪杭甬铁路日刊，1934（1026）

22782　刘主席视察郏县在小峨嵋山三苏祠前与民众合影[照片][J]/不详//河南政治，1935，5（4）

22783　烟霞洞苏东坡石像[照片][J]/君炯//天津商报画刊，1935，14（28）

22784　主席在郏县三苏祠内留影[照片][J]/不详//出巡汇刊，1935（4）

22785　乙亥东坡生日青溪社友柬有字韵索诗今岁距坡公丙子生年十五甲子为九百岁也不可无诗[J]/杨圻云史//文艺捃华，1936，3（2）

22786　定县宋苏东坡寿星图石刻[石刻][J]/不详//河北月刊，1936，4（8）

22787　蜀道所见：嘉定东坡楼[照片][J]/不详//申报每周增刊，1936（30）

22788　东坡读书楼[J]/不详//四川教育，1937，1（2）

22789　嘉定记游：大佛顶上东坡楼下[照片][J]/不详//新世界，1937，10（11）

22790　嘉定记游：东坡读书楼及测候所王君夫

妇[照片][J]/不详//新世界，1937，10(11)

22791 东坡故居游记[J]/叶庸庵//旅行杂志，1937，11(8)

22792 海南岛古迹之一：为苏东坡读书之处[照片][J]/不详//东方画刊，1938，1(9)

22793 东坡雪浪石[J]/幽兰//新命(南京)，1939(7)

22794 三苏故里的眉山[J]/商倩若//旅行杂志，1941，15(6)

22795 文艺：眉山三苏祠[J]/李思纯//国立四川大学校刊，1941(12)

22796 上海的园林：东坡诗[J]/丁谛//大上海，1943(3)

22797 灵璧苏东坡祠记[J]/张江裁//同声月刊，1944(3)

22798 三苏祠[J]/无梦//本行通讯，1945(100)

22799 东坡楼[J]/不详//文教丛刊，1946(1)

22800 鹃城、苏东坡的一笔龙……[J]/刘楚冰//茶话，1948(27)

22801 东坡故里眉山三苏公园(附照片)[J]/不详//寰球，1948(31)

22802 东坡书院[二幅照片][J]/林逸修//永安月刊，1948(104)

22803 东坡资料展[N]/林宣生//台湾"中央日报"，1960-02-06

22804 访"三苏"故居[N]/裴玉章//光明日报，1962-03-02

22805 "东坡赤壁"行[N]/江天//天津日报，1961-09-17

22806 凌云·大佛·苏东坡[J]/李伏伽//四川文学，1962(4)

22807 革命洪流，势不可挡：批判《凌云·大佛·苏东坡》[J]/范农//四川文学，1966(6)

22808 东坡洞仙歌的考证[J]/张惠康//中华诗学，1970，3(6)

22809 复辟派的"誓言"靠不住[N]/黄刚//湖北日报，1976-06-03

22810 千古文章三苏祠[N]/熊朝东//四川日报，1978-09-03

22811 汉文系研究生班举行苏轼讨论会[J]/不详//西华师范大学学报(哲学社会科学版)，1980(4)

22812 东坡书院纪事[J]/吴之//随笔，1980(8)

22813 三苏故居[J]/刘少泉//旅行家，1981(3)

22814 苏轼爱种树 留诗教后人[J]/李广联//中国林业，1981(3)

22815 史的赤壁与诗的赤壁[J]/石见//语文教学与研究，1981(4)

22816 苏东坡的故居三苏祠[J]/徐康//文化娱乐，1981(4)

22817 访眉山三苏故居[J]/裴玉章//旅游，1981(5)

22818 东坡赤壁[J]/不详//黄冈师范学院学报，1982(3)

22819 东坡赤壁[J]/王佳//辽宁群众文艺，1982(3)

22820 东坡赤壁[J]/陈瑞生//文物天地，1982(5)

22821 三苏祠[J]/不详//语文学习，1982(5)

22822 愿勿"径改"[J]/余某//读书，1982(7)

22823 水调歌头：访三苏祠[N]/蔡若虹//人民日报，1983-04-21

22824 东坡赤壁天下闻[J]/彭卿云//文史知识，1983(1)

22825 东坡塑像(外一首)[J]/徐康//天涯，1983(1)

22826 文史古迹 东坡赤壁天下闻[J]/彭卿云//文史知识，1983(1)

22827 东坡赤壁展新颜［J］/ 涂普生 // 中国建设，1983（3）

22828 东坡赤壁［J］/ 吉士 // 地名知识，1983（4）

22829 谜在诗情画意中：漫谈象形体灯谜 最长的谜面 苏东坡妙语吃狗肉 灯谜选注 谜苑简讯［J］/ 不详 // 知识窗，1983（4）

22830 东坡赤壁游踪考［J］/ 饶学刚 // 黄冈师范学院学报，1984（1）

22831 东坡书院［J］/ 符启文 // 天涯，1984（1）

22832 关于《东坡楼的传说》之类［J］/ 不详 // 乐山市志资料，1984（1/2）

22833 关于东坡楼的一副匾对［J］/ 不详 // 乐山市志资料，1984（1/2）

22834 黄冈东坡研究所成立［J］/ 华宣 // 黄冈师范学院学报，1984（2）

22835 苏洵 苏轼 苏辙与木假山［J］/ 张应之 // 旅游，1984（4）

22836 三苏的故乡：眉山［J］/ 刘少泉 // 旅游天府，1984（5）

22837 东坡书院（外一首）［J］/ 石太瑞 // 边疆文艺，1984（7）

22838 东坡纪念馆的创建和影响［J］/ 吴定贤 // 惠州学院学报，1984（A1）

22839 曾被康生窃取的国宝今归原主：苏东坡后人捧护稀世古砚献给国家［N］/ 不详 // 宁波日报，1985-01-14

22840 东坡与载酒堂［J］/ 朱玉书 // 旅行家，1985（1）

22841 黄冈东坡研究所举行首届学术汇报会［J］/ 梅大圣 // 黄冈师范学院学报，1985（2）

22842 在苏东坡叹息过的地方［J］/ 肖良泰 // 中国林业，1985（2）

22843 东坡与东坡赤壁［J］/ 周剑 // 语文园地，1985（4）

22844 东坡赤壁览胜［J］/ 陈凯文 // 长江文艺，1985（11）

22845 东坡像［国画］［J］/ 蒋兆和 // 文史杂志，1986（1）

22846 东坡书院盛开友谊花［J］/ 林开鸿 // 儋县修志通讯，1986（2）

22847 东坡书院重修第二工程竣工喜咏［J］/ 林芝畅 // 儋县修志通讯，1986（2）

22848 载酒堂考［J］/ 朱玉书 // 岭南文史，1986（2）

22849 眉山三苏祠［J］/ 达文，殿英 // 知识窗，1986（6）

22850 丙寅中秋次日游乐山登东坡楼感赋［J］/ 王开涥 // 乐山史志资料，1986（1/4）

22851 小峨眉山与三苏坟［J］/ 孙根生 // 旅游，1987（2）

22852 对《三苏祠楹联》注译的商榷［J］/ 庚灵 // 文史杂志，1987（4）

22853 东坡赤壁一瞥［J］/ 谌梦异 // 森林与人类，1987（6）

22854 对东坡亭苏轼诗碑的校正［J］/ 黄家蕃 // 珠乡史志，1988（1）

22855 三苏天下奇［J］/ 汤士安 // 城乡建设，1988（2）

22856 三苏祠［J］/ 陈桥 // 紫禁城，1988（4）

22857 东坡馆里访东坡［J］/ 文武斌 // 中学语文，1988（8）

22858 访苏轼终老地［J］/ 高维晞 // 散文，1988（10）

22859 纪念苏轼贬儋八百九十周年［J］/ 杨应彬，吴景清，羊德光，等 // 儋县修志通讯，1988（专辑）

22860 纪念苏轼贬儋八百九十周年专辑［J］/ 不详 // 儋县修志通讯，1988（专辑）

22861 三苏祠的回响［N］/ 陆泰 // 光明日报，1989-04-23

22862 杭州建苏东坡纪念馆［N］/ 曹银康 // 人民日报，1989-07-17

22863 想起了苏东坡[J]/赵健生//中国建设，1989(3)
22864 访惠州东坡纪念馆有感(二首)[J]/曾理//同舟共进，1990(1)
22865 惠州·苏东坡[J]/林行婆，刘凡//芒种，1990(5)
22866 突出特点做规划 抓住重点搞建设：三苏故乡眉山县城规划与建设回顾[J]/李正光//城市规划，1990(6)
22867 旅台乡亲杨年耀先生、黄冈县东坡书画会书画联展在黄州揭幕[J]/不详//中国博物馆通讯，1990(11)
22868 惠州西湖朝云墓[J]/叶广良//岭南文史，1991(1)
22869 让更多的西方人士了解苏东坡[J]/张帆//演讲与口才，1991(8)
22870 羊肉·蛇汤·三苏坟[J]/杨羽仪//作品，1991(9)
22871 话说欧阳修慧眼识“三苏”[J]/招鸿//东镇侨刊，1991(26)
22872 中岩东坡遗踪[J]/鲁树泉//西南旅游，1992(6)
22873 让更多的西方人士了解苏东坡[J]/张帆//三馆论坛，1993(1)
22874 漾江流域苏氏移民文化的三次变迁[J]/李洪文//云南师范大学学报(哲学社会科学版)，1993(2)
22875 文人与话本叙事典范化[J]/杨义//天津社会科学，1993(3)
22876 访东坡书院[J]/丹晨//飞天，1993(7)
22877 人间仙境话中岩[J]/唐一哲//山西老年，1994(2)
22878 西湖苏东坡诗刻辑述[J]/陈汉民，洪尚之//三馆论坛，1994(2)
22879 赤壁矶头翰墨香[J]/一帆//风景名胜，1994(3)
22880 雷州东坡井的趣闻[J]/许和达//湛江乡情，1994(3)
22881 东坡赤壁一日游[J]/马繁恒//龙门阵，1994(5)
22882 一门父子三祠客 千古文章四大家：三苏祠风光一瞥[J]/岳斐//森林与人类，1994(5)
22883 喜欢苏东坡[J]/方方//新华文摘，1994(11)
22884 世界苏氏宗亲总会[J]/张新斌//寻根，1995(1)
22885 苏轼“禁书外流”与东北亚文化交流[J]/王水照//东方文化，1995(1)
22886 载酒堂续考[J]/雷学军//海南师范学院学报，1995(1)
22887 三苏祠记游[J]/沈运良//当代建设，1995(2)
22888 石钟山命名三说[J]/张美材//湖北教育，1995(3)
22889 媲美西楼动晚香[J]/贺飞白//美术之友，1995(5)
22890 三苏祠觅踪[J]/姚毓青//江苏交通，1995(5)
22891 东坡书院散记[J]/陈圣勇//椰城，1995(5/6)
22892 三苏博物馆是怎样实施爱国主义教育的[J]/袁大可//中国博物馆通讯，1995(10)
22893 三苏祠[J]/胡明远//少年月刊，1995(12)
22894 东坡赤壁调寄菩萨蛮[N]/不详//人民日报，1996-01-07
22895 疑君前身“碧玉椽”：论东坡的修竹情缘[J]/赵梅//苏州大学学报(哲学社会科学版)，1996(1)
22896 赤壁亭东坡新记：中国亭文化记之三[J]/吴继路//东方文化，1996(3)
22897 苏轼唊榧思钱塘[J]/石侣琼//古今谈，

1996（3）
22898 饮三苏系列酒：如日中天的四川省眉山三苏酒厂 领东坡居士情［J］/ 不详 // 经贸世界，1996（3）
22899 废祠访古［J］/ 陈肃 // 当代杂志，1996（4）
22900 惠州文化述略［J］/ 蓝天照 // 广东史志，1996（4）
22901 东坡赤壁游［J］/ 陈淀国 // 绿叶，1996（6）
22902 苏东坡与古代科技［J］/ 丁凤书 // 科学大观园，1996（7）
22903 我国古代以“四”字概括的文化名人简录［J］/ 刘建伟 // 语文知识，1996（10）
22904 杭州高丽寺遗址出土苏东坡护法像考释［J］/ 鲍志成 // 韩国学论文集，1996
22905 苏东坡与透瓶泉［N］/ 王清毅 // 宁波日报，1997-06-23
22906 东坡赤壁［J］/ 丁永淮 // 湖北文史资料，1997（3）
22907 东坡到处有西湖［J］/ 黄建萍 // 江苏政协，1997（3）
22908 东坡故里断想［J］/ 田旭中 // 西南旅游，1997（5）
22909 一门父子三词客 千古文章八大家：眉山三苏祠揽胜［J］/ 唐一哲 // 山西老年，1997（5）
22910 蜀中名园三苏祠［J］/ 黄山人 // 四川统一战线，1997（6）
22911 坏了名节：古代公文写作趣闻杂谈［J］/ 眭达明 // 秘书，1997（8）
22912 文物之宝库 园林的典型［J］/ 岳春恩 // 四川林勘设计，1998（3）
22913 三苏祠与苏东坡［J］/ 杨式澣 // 旅游纵览，1998（5）
22914 与苏东坡对话［J］/ 解永敏 // 当代小说，1998（5）
22915 中国家谱中的“欧苏法式”探讨［J］/ 安国楼 // 郑州大学学报（哲学社会科学版），1998（5）
22916 追回失落的名人：兼谈徐州旅游人文资源开发［J］/ 孟庆华，赵彭城 // 江苏政协，1998（10）
22917 东坡中岩留佳话［J］/ 雷建民 // 西南旅游，1999（1）
22918 东坡书院［J］/ 不详 // 旅游天地，1999（4）
22919 三苏文化与眉山精神［J］/ 三苏文化与眉山地区现代化研究课题组 // 中共四川省委党校学报，1999（4）
22920 东坡赤壁游［J］/ 丁梅春 // 语文天地，1999（6）
22921 坡亭史迹考索［J］/ 徐晓星 // 岭南文史，1999（S1）
22922 永远的东坡亭［N］/ 廖德全 // 人民政协报，2000-08-03
22923 河北栾城兴建苏轼纪念馆［N］/ 李新民 // 人民日报（海外版），2000-09-11
22924 初访东坡赤壁［J］/ 吴亚卿 // 东坡赤壁诗词，2000（1）
22925 东坡赤壁游兴［J］/ 马元邪 // 东坡赤壁诗词，2000（1）
22926 泉州“三苏”［J］/ 许在全 // 炎黄纵横，2000（1）
22927 三苏祠的木假山堂［J］/ 徐丽 // 文史杂志，2000（1）
22928 从栖禅寺到东坡纪念馆［J］/ 吴定贤 // 政协工作通讯，2000（2）
22929 当苏东坡遇见达文西：东西文化大展台北会师［J］/ 蔡文婷 // 光华，2000，25（5）
22930 想起苏东坡［J］/ 徐康 // 文学自由谈，2000（5）
22931 徐州东坡文化资源初探［J］/ 朱伟 // 淮

海文汇，2000(5)

22932 找苏轼比诗文[J]/唐谟金//山海经，2000(6)

22933 也谈“神游故国”[J]/汪承庆//中学语文教学，2000(8)

22934 故宫苏东坡逝世900年纪念展[J]/陈文芬//新朝华人艺术杂志，2000(23)

22935 从仕宦经历论戏曲中的苏轼形象[C]/游宗蓉//千古风流：东坡逝世九百年纪念学术研讨会论文集/台北辅仁大学，2000

22936 当苏东坡遇见达文西：东西文化大展台北会师[J]/蔡文婷//光华，2001，25(5)

22937 山西发现苏轼《玉论》刻石[N]/杨荣，王丽峰//光明日报，2001-06-03

22938 小游三苏祠[N]/刘昶//人民日报(海外版)，2001-07-31

22939 三州东坡馆[N]/张雨生//解放军报，2001-08-03

22940 梦苏轼归来(外一章)[J]/王尔碑//散文，2001(1)

22941 诗情词意入画来：东坡赤壁风景名胜区规划评析[J]/郑光中，邓卫//规划师，2001(1)

22942 宋代眉山苏氏家族祭祀生活探析：以三苏时代为中心[J]/马斗成//文史杂志，2001(1)

22943 也谈东坡雪浪石[J]/刘国华//收藏，2001(1)

22944 自然与人文辉映 文化与经贸联姻：从黄冈首届东坡赤壁文化旅游节说开去[J]/饶晓明//黄冈职业技术学院学报，2001(1)

22945 纪念苏轼逝世900周年(1101—2001)[J]/不详//美术大观，2001(2)

22946 西方人眼中的苏东坡[J]/马为民//科技文萃，2001(2)

22947 载酒堂考[J]/雷学军//海南师范学院学报(人文社会科学版)，2001(2)

22948 也说苏东坡与罗浮山[J]/梁大和//惠州大学学报，2001(3)

22949 东坡书院[J]/詹武//新东方，2001(4)

22950 西湖·苏堤·话东坡[J]/王者悦//中国保健杂志，2001(9)

22951 东坡赤壁的记忆[J]/谷笛//乡音，2001(10)

22952 纪念苏轼逝世900周年暨中国第十三届苏轼学术研讨会召开[J]/不详//文史知识，2001(10)

22953 我读苏轼[J]/孟邻//中学语文教学参考，2001(11)

22954 拓展徐州历史文化旅游的一张名片：东坡文化[C]/章备福//中国古都研究(第十七辑)：中国古都学会2000年学术年会暨中华古都徐州历史文化资源开发研讨会论文集/中国古都学会，徐州古都学会.—西安：三秦出版社，2001

22955 合浦东坡亭[N]/不详//中国建设报，2002-07-05

22956 六榕寺与苏东坡[N]/姚德荣//中国旅游报，2002-12-30

22957 畅游东坡赤壁[J]/陈淀国//海内与海外，2002(1)

22958 东坡泊舟处[J]/李国明//鹤山乡讯，2002(2)

22959 宋代乐山私家藏书与地方文化发展探微[J]/王黎//图书馆理论与实践，2002(2)

22960 题东坡亭二首[J]/李鸿烈//鹤山乡讯，2002(2)

22961 访东坡书院[J]/王万金//四川文学，2002(3)

22962 千古风流三苏祠[J]/王许林//古典文

学知识，2002（3）
22963 传承苏轼文化精神 重塑云龙山水形象［J］/惠光启//淮海文汇，2002（6）
22964 写给苏轼：记苏轼与他的鹰［J］/何萍//中学语文，2002（6）
22965 苏东坡要什么［N］/不详//北京青年报，2003-03-07
22966 苏东坡纪念馆［N］/不详//文汇报，2003-11-04
22967 千古夜话说到今：赣州"苏阳夜话亭"考释［J］/周建华//乐山师范学院学报，2003（2）
22968 三州"东坡馆"［J］/张雨生//文明大观，2003（2）
22969 赏析眉州东坡宴［J］/名雯//中国烹饪，2003（2）
22970 苏东坡与华东旅游的渊源［J］/匡健//无锡商业职业技术学院学报，2003（2）
22971 伊秉绶与"东坡砚"［J］/冬儿//炎黄纵横，2003（3）
22972 眉山三苏博物馆［J］/潘素梅//中国博物馆通讯，2003（4）
22973 北宋古典园林风翔东湖［J］/刘先寿//花木盆景（花卉园艺版），2003（5）
22974 浑函光芒三苏祠［J］/不详//西南航空，2003（5）
22975 清代苏诗研究的繁盛局面及其文化成因［J］/王友胜//湖南大学学报（社会科学版），2003（5）
22976 浅谈西湖申报世界自然与文化双遗产：关于苏白两堤及其它［J］/欧阳薇荪//杭州科技，2003（6）
22977 月夜忆苏子［J］/王燕//师范教育，2003（9）
22978 四川三苏祠联的"四大家"［J］/王爋//对联·民间对联故事，2003（12）
22979 访三苏祠［J］/陈锐锋//初中生辅导，2003（14）
22980 祭苏轼三地同唱《江城子》［N］/不详//华西都市报，2004-04-05
22981 "三苏文化"凸显特色［N］/吴梁红//四川政协报，2004-04-06
22982 苏东坡：为惠州文化"点睛"［N］/不详//南方日报，2004-04-12
22983 三苏祠"新衣"遍绣东坡诗词［N］/不详//华西都市报，2004-04-30
22984 听！东坡诗词回荡三苏祠［N］/不详//华西都市报，2004-05-09
22985 东坡书院行者的寂寞家园［N］/陈超//海南日报，2004-06-16
22986 靖江苏东坡诗意画展在马洲书院展出［N］/不详//靖江日报，2004-07-29
22987 重新选择苏东坡［N］/伍松乔//四川日报，2004-11-12
22988 弘扬东坡文化建设"中国诗书城"［N］/余斌//四川经济日报，2004-11-17
22989 访重修后东坡书院［J］/邓君曙//江苏政协，2004（3）
22990 我凭什么不能喜欢苏东坡［J］/不详//青年文摘：人物版，2004（3）
22991 东坡惠州两相成：东坡寓惠文化及其现代利用［J］/汤岳辉//惠州学院学报，2004（4）
22992 湖州 苏轼心中的"世外桃源"［J］/陈云琴//中国地名，2004（4）
22993 兹游奇绝冠平生：绝句之旅［J］/李元洛//海燕，2004（5）
22994 拜谒苏东坡故居［J］/甘艾丹//文化交流，2004（6）
22995 再见苏轼：癸未八月二十九日夜记梦［J］/沈丽丽//语文新圃，2004（6）
22996 儋州东坡书院记［J］/王哲士//今日海南，2004（8）
22997 嫁人要嫁苏轼那样的人［J］/不详//法

制博览（下半月），2004（12）

22998 千古风流三苏祠［J］/ 胡文彬 // 旅游纵览，2004（12）

22999 以资源共享的观点建构数字文史工具书的方法：以苏轼诗典故网站为例［J］/ 罗凤珠 // 汉学研究通讯，2005，24（2）

23000 惠州家宴初一日东坡修书建博罗言史［N］/ 不详 // 南方周末，2005-02-19

23001 从杨振宁说到苏东坡［N］/ 不详 // 成都理工大学报，2005-03-15

23002 三苏祠小记［N］/ 不详 // 人民日报（海外版），2005-07-12

23003 伊秉绶与“东坡砚”［J］/ 连允东 // 科学与文化，2005（1）

23004 缅怀苏轼等［J］/ 陈朝葵 // 东坡赤壁诗词，2005（2）

23005 叙述的快意与保养文字的乐趣［J］/ 魏心宏 // 小说界，2005（2）

23006 以资源共享的观点建构数字文史工具书的方法：以苏轼诗典故网站为例［J］/ 罗凤珠，蔡宛纯 // 汉学研究通讯，2005（2）

23007 风景名胜区开发建设中的景观影响评价：以东坡赤壁为例［J］/ 刘玲 // 安徽师范大学学报（自然科学版），2005（4）

23008 弘扬三苏文化 建设中国诗书城［J］/ 政协眉山市委员会课题组 // 天府新论，2005（5）

23009 游三苏祠［J］/ 金石 // 神州，2005（5）

23010 东坡书院［J］/ 李纪镜 // 语文学习，2005（6）

23011 惠州西湖与东坡文化［J］/ 王挚平，高小舟 // 规划师，2005（6）

23012 东坡书院［J］/ 不详 // 西部旅游·中国乡土地理，2005（7）

23013 南州胜迹三苏祠［J］/ 不详 // 两岸关系，2005（7）

23014 石钟山 缘何而名？［J］/ 关耳 // 职业技术，2005（7）

23015 苏游杂记［J］/ 叶果 // 创新作文（初中版），2005（7）

23016 我读苏轼［J］/ 鹿以霞 // 作文周刊（高中版），2005（8）

23017 过三苏祠［J］/ 张苑 // 优秀作文选评（初中版），2005（9）

23018 与苏轼对话［J］/ 殷鹏程 // 新作文（初中版），2005（12）

23019 东坡赤壁风景名胜区创新项目景观影响评价［C］/ 刘玲 // 全国第 19 届旅游地学年会暨韶关市旅游发展战略研讨会论文集 / 华东师范大学资源与环境科学学院，2005

23020 锻造东坡文化品牌［N］/ 苏彤晖 // 徐州日报，2006-02-07

23021 苏东坡与定州大秧歌［N］/ 谢美生 // 保定日报，2006-03-12

23022 三苏祠的规划建设要经得起历史检验［N］/ 马莉 // 眉山日报，2006-03-17

23023 苏轼泛舟岩修复［N］/ 不详 // 泉州晚报海外版，2006-05-27

23024 东坡赤壁荣升“全国重点文物保护单位”［N］/ 彭景涛 // 黄冈日报，2006-06-12

23025 三苏祠的保护建设要让人民满意［N］/ 刘敏 // 眉山日报，2006-10-01

23026 苏轼的端砚轰动杭州市［N］/ 不详 // 西江日报，2006-10-16

23027 三苏祠保护工程暨文物精品馆奠基［N］/ 汪开成 // 眉山日报，2006-11-07

23028 苏东坡终老地牵动总理心［N］/ 不详 // 现代快报，2006-11-21

23029 苏东坡与城市名牌［N］/ 方言 // 中国文化报，2006-12-05

23030 安徽尹小玲同学寄给苏轼的明信片

[J]/不详//苏轼研究，2006(2)
23031 河南苏氏后人苏青龙先生等：倡议纪念苏洵诞生一千周年 并复建苏辙、苏过许昌旧居[J]/苏永祁//苏轼研究，2006(2)
23032 略论三苏祠匾额[J]/何家治//苏轼研究，2006(2)
23033 挽留苏东坡[J]/唐长寿//苏轼研究，2006(2)
23034 文徵明与苏轼[J]/凌利中//上海文博论丛，2006(2)
23035 到惠州随东坡先生行吟[J]/弹琵琶//科学之友，2006(3)
23036 六榕寺长记苏东坡[J]/佚名//源流，2006(3)
23037 东坡赤壁风景名胜区旅游发展的景观评价研究[J]/吕君，刘丽梅//内蒙古农业大学学报(社会科学版)，2006(4)
23038 记高岛义彦游苏祠[J]/何家治//苏轼研究，2006(4)
23039 眉山苏洵墓新发现民国时期“老翁泉”[J]/何家治//苏轼研究，2006(4)
23040 三苏祠“改宅为祠”历史纪年诌议[J]/河流//苏轼研究，2006(4)
23041 神驰东坡楼[J]/岩溪//老人世界，2006(4)
23042 世界苏姓宗亲总会代表团第二次赴陕祭祖[J]/河流//苏轼研究，2006(4)
23043 与白娘子苏东坡相约金山[J]/张受祜//风景名胜，2006(4)
23044 楼外楼做足“东坡文章”[J]/吴流生//文化交流，2006(5)
23045 话题作文“心境与人生”导写[J]/刘玉真//青春男女生·少年作家，2006(6)
23046 享誉中外的文人故里：三苏祠[J]/不详//四川党的建设(农村版)，2006(8)
23047 峨眉山何来“三苏祠”？[J]/辜良仲，辜荷花//语文月刊，2006(10)
23048 莫把苏轼当孔子[J]/张秉忱//咬文嚼字，2006(10)
23049 寻访东坡足迹：兰亭揽胜[J]/蒋程思//少先队小干部，2006(10)
23050 磁州窑瓷枕上书写的苏东坡词[J]/马小青//收藏界，2006(11)
23051 人道是黄州东坡赤壁[J]/黄东成//雨花，2006(11)
23052 松风竹炉 提壶相呼：东坡提梁壶[J]/不详//大观周刊，2006(21)
23053 眉山酒业与苏东坡[J]/千士//中国西部，2006(C1)
23054 弘扬东坡精神 加强中学生人文精神的培养[D]/徐文杰.—辽宁师范大学(硕士论文)，2006
23055 北宋·刻东坡像端砚[N]/罗谷//新民晚报，2007-03-17
23056 保护建设三苏祠悄悄在“变脸”[N]/廖文凯//眉山日报，2007-04-19
23057 为苏轼贺寿纪念作品多多[N]/方永江，丁伟//华西都市报，2007-04-19
23058 “苏轼战韩寒”不必太当真[N]/赵志疆//华商报，2007-05-10
23059 可惜苏轼不上网[N]/赵志疆//青年报，2007-05-10
23060 “东坡初恋地”算什么“历史文化牌”[N]/李知雅//青年报，2007-06-15
23061 苏东坡的初恋在这个地方……[N]/不详//信息时报，2007-06-15
23062 徐州筹办苏东坡艺术节[N]/不详//扬子晚报，2007-06-15
23063 想听东坡故事快拨热线报名：周日首讲请出杭州地方史研究专家王其煌[N]/杨晓政//钱江晚报，2007-06-16
23064 “东坡初恋”中的“傍”与“轻薄”[N]/卢荻秋//中国民航报，2007-06-18

23065 “苏东坡初恋地”竟成县城名片［N］/ 不详 // 扬州晚报，2007-06-19

23066 东坡文化大有文章可做［N］/ 不详 // 惠州日报，2007-06-19

23067 必须重视东坡文化的产权保护［N］/ 不详 // 惠州日报，2007-06-27

23068 走遍十省追寻东坡足迹［N］/ 不详 // 成都商报，2007-07-02

23069 东坡之魂永驻眉山［N］/ 张潇潇 // 四川政协报，2007-07-26

23070 到苏东坡老家感受东坡文化［N］/ 原鼎 // 大众科技报，2007-08-12

23071 苏轼故里将办东坡文化节［N］/ 不详 // 今晚报，2007-08-20

23072 西湖东坡园明年 5 月建成开放：分为文化休闲区等 5 个功能区［N］/ 不详 // 惠州日报，2007-08-30

23073 西湖东坡园昨动工［N］/ 不详 // 东江时报，2007-08-30

23074 惠能包拯苏东坡入选首批南粤先贤：黄飞鸿蔡李佛等暂无缘南粤先贤馆［N］/ 周乐瑞，越宣，周贤丽 // 羊城晚报，2007-09-06

23075 苏东坡入馆黄飞鸿落选［N］/ 曾卫，康越宣 // 广州日报，2007-09-06

23076 江城子·仿苏东坡哀英语考试［N］/ 不详 // 武汉晚报，2007-09-11

23077 南合文斗：苏东坡也是原创歌手［N］/ 马健 // 郑州晚报，2007-09-20

23078 东坡赤壁风景如画［N］/ 不详 // 三峡晚报，2007-09-28

23079 探千年古道观寻东坡读书楼［N］/ 不详 // 华西都市报，2007-10-11

23080 三苏遗迹遗址游眉山盛装待客［N］/ 朱丽 // 眉山日报，2007-11-16

23081 苏东坡诞辰 970 周年：四川眉山端出文化盛宴［N］/ 李伟，王青山 // 四川日报，2007-11-19

23082 大力挖掘开发东坡寓惠文化［N］/ 李郁英 // 惠州日报，2007-11-20

23083 三苏纪念馆昨日开馆［N］/ 席涓 // 眉山日报，2007-11-20

23084 苏东坡不是络腮胡［N］/ 不详 // 华西都市报，2007-11-20

23085 借助东坡李白打造文化品牌［N］/ 不详 // 惠州日报，2007-11-27

23086 “东坡朝云”下月亮相：大型历史民俗歌舞剧《东坡与朝云》昨彩排［N］/ 张艺明 // 东江时报，2007-11-29

23087 仰望苏东坡［N］/ 方人 // 焦作日报，2007-12-01

23088 “苏东坡”盛赞壶口瀑布真美！真壮观！［N］/ 不详 // 山西晚报，2007-12-03

23089 图文：苏东坡泛舟“核”上［N］/ 不详 // 楚天都市报，2007-12-07

23090 微雕核舟价值 30 万元，再现苏东坡夜游赤壁［N］/ 不详 // 福州晚报，2007-12-09

23091 借助旅游推介《东坡与朝云》［N］/ 石页 // 惠州日报，2007-12-14

23092 在惠州怀想苏东坡［N］/ 洪兆惠 // 辽宁日报，2007-12-14

23093 学习苏东坡［N］/ 不详 // 大众日报，2007-12-18

23094 苏轼故里［J］/ 刘以林 // 旅游，2007（2）

23095 苏轼作品研究性教学的一次尝试［J］/ 吴惠芳 // 学语文，2007（3）

23096 心中遥远的绝响［J］/ 张浩 // 青春男女生·少年作家，2007（3）

23097 赵孟頫书苏东坡《后赤壁赋》［J］/ 不详 // 中国钢笔书法，2007（3）

23098 园之理法 法无定法：三苏祠造园艺术简论［J］/ 蒋侃迅 // 乐山师范学院学报，2007（4）

23099 惠州西湖的东坡气息［J］/朱古力//旅游界，2007（5）

23100 让苏东坡为黄冈旅游做"主"：知名策划人张渐秋对话本刊主编许奔流［J］/廖萍，陈锐光//商界名家，2007（5）

23101 苏轼·我·赤壁［J］/胭脂水粉//读与写（高中版），2007（5）

23102 东坡赤壁［J］/不详//商界名家，2007（6）

23103 韩寒"压倒"苏轼，文学的悲哀？［J］/不详//新闻世界，2007（6）

23104 我心目中的苏轼［J］/许心//中学语文园地（高中版），2007（6）

23105 小眉山下三苏园［J］/叶克强//翠苑，2007（6）

23106 砚铭之妙［J］/饶武//中国工会财会，2007（6）

23107 压倒苏轼又何妨？［J］/阿华//黄金时代，2007（7）

23108 古人的光环何以成为今日的名片？［J］/刘松林//中国报道，2007（8）

23109 想起了苏东坡［J］/快乐大叔//党课，2007（8）

23110 张伟生《草书苏轼〈水调歌头〉》［J］/不详//中国书画，2007（8）

23111 我奉王安石与苏轼为师［J］/海笑//南方杂志，2007（9）

23112 东坡书院［J］/不详//社会工作，2007（10）

23113 我气死了苏轼［J］/八百万像素//聊吧，2007（11）

23114 东坡赤壁［J］/吴彬才//年轻人（B版），2007（12）

23115 换个视角来看"韩寒压倒苏轼"［J］/谢涛//成才之路，2007（17）

23116 用英文念苏轼的《江城子》［J］/张宏//中学生百科，2007（35）

23117 瞻仰三苏祠［J］/苏兴良//台湾源流，2007（38）

23118 苏东坡三书"不波亭"［N］/不详//铜陵日报，2008-01-04

23119 能否拍一部《朝云墓与东坡亭》？［N］/徐宇芝//东江时报，2008-01-10

23120 惠州东坡文化还可再深挖［N］/不详//东江时报，2008-01-16

23121 康震坦言"评说苏东坡"写作过程漫长而艰苦［N］/王洪波//中华读书报，2008-01-30

23122 "百家讲坛"主讲人感性打磨苏东坡［N］/不详//中国新闻出版报，2008-01-31

23123 东坡诗词映断桥［N］/章晴//钱江晚报，2008-03-05

23124 苏东坡纪念馆将全新改造［N］/不详//广州日报，2008-03-05

23125 苏轼的出现绝不是偶然：眉山文化气质的追踪与思考（上）［N］/吴晓斌//眉山日报，2008-03-11

23126 背东坡诗能解放思想吗？［N］/不详//青年报，2008-03-13

23127 断桥映射东坡诗词［N］/章晴//新民晚报，2008-03-18

23128 畅游东坡赤壁感受东坡文化［N］/贺正，徐钰//黄冈日报，2008-03-24

23129 千载诗书城谁人识东坡［N］/不详//成都商报，2008-04-01

23130 傅其伦篆刻苏轼《赤壁怀古》词集评［N］/不详//美术报，2008-04-26

23131 西湖东坡园9月底建成［N］/不详//惠州日报，2008-05-01

23132 在惠州"遇见"苏东坡［N］/谢有顺//惠州日报，2008-05-03

23133 在惠州遇见苏东坡［N］/不详//北京晚报，2008-05-09

23134 惠州，祥云跟着东坡走［N］/不详//楚

天都市报，2008-05-10

23135　惠州站圣火传递沿苏东坡足迹绕“水”而行［N］/ 王攀，陈先锋 // 闽西日报，2008-05-10

23136　沿苏东坡足迹绕“水”而行［N］/ 不详 // 山东商报，2008-05-10

23137　杭州与小楼里的东坡［N］/ 吴晓卿 // 铜都晨刊，2008-05-19

23138　西湖东坡园啖荔亭完工［N］/ 不详 // 惠州日报，2008-06-05

23139　惠州人的包容发端于此桥东孕育了东坡文化和东江文化，而一些古迹如今已难再寻觅［N］/ 不详 // 南方都市报，2008-06-11

23140　康震给苏轼画像“纠错”［N］/ 不详 // 扬州晚报，2008-06-15

23141　一枚鸵鸟蛋刻下东坡“念奴娇”：蛋雕艺术爱好者骆志平计划年内创作“四东文化”系列作品［N］/ 不详 // 惠州日报，2008-06-22

23142　观苏东坡纪念馆［N］/ 不详 // 石家庄日报，2008-07-08

23143　游赤壁：走进黄州东坡赤壁［N］/ 不详 // 东楚晚报，2008-07-11

23144　山东诸城市重建“苏东坡超然台”［N］/ 孟庆琪，雷蕾 // 人民政协报，2008-07-18

23145　西湖东坡园初现端倪［N］/ 李小杨，卢绍勇 // 东江时报，2008-07-23

23146　别让苏东坡千古郁闷［N］/ 不详 // 湖北日报，2008-08-21

23147　苏东坡爱情故事登上舞台［N］/ 不详 // 南方日报，2008-09-17

23148　苏东坡肖像承传记［N］/ 王琳祥 // 中国文物报，2008-09-17

23149　漫话苏轼与广安［N］/ 邱秋 // 广安日报，2008-09-21

23150　苏东坡啥模样去三苏祠一睹尊容［N］/ 不详 // 眉山日报，2008-09-29

23151　再游赤壁又东坡［N］/ 不详 // 解放日报，2008-10-20

23152　东坡赤壁诗社、市诗词学会社（会）员代表大会召开［N］/ 周锋刚 // 黄冈日报，2008-10-31

23153　擦亮“东坡寓惠”文化名片［N］/ 评论员 // 惠州日报，2008-11-12

23154　“呵呵”一语绝非苏东坡首创［N］/ 不详 // 先驱报，2008-11-13

23155　听故事，游黄楼《国学讲坛》周六再谈苏东坡［N］/ 不详 // 彭城晚报，2008-11-13

23156　曾给苏东坡做秘书的高俅一次踢球攀上权贵作恶不少知恩图报［N］/ 王吴军 // 大河报，2008-11-14

23157　惠州有效发掘保护东坡文化遗产：东坡寓惠文化对我市文化社会发展产生深远影响［N］/ 王剑桥 // 惠州日报，2008-11-14

23158　闭幕式首演粤剧《东坡与朝云》：市政协副主席、市委统战部部长林惠纯接受本报采访［N］/ 不详 // 东江时报，2008-11-15

23159　“百家讲坛”昨日开讲作家赖正和讲述苏东坡［N］/ 不详 // 三江都市报，2008-12-08

23160　苏轼抗洪雕塑矗立通惠河边［N］/ 赵会 // 眉山日报，2008-12-09

23161　东坡赤壁诗社举办“中华诗词进校园”座谈会［N］/ 不详 // 黄冈日报，2008-12-21

23162　西湖悄悄地变美了：西湖美化工程进展顺利，东坡园、丰渚园等项目明年国庆开放［N］/ 不详 // 南方都市报，2008-12-25

23163 坐上纸船划向苏东坡初恋的地方［N］/不详 // 成都商报，2008-12-25

23164 苏轼文化十八城旅游博览会明年举办江山，全国第十六届苏轼文化研讨会、全国苏轼文化十八城暨海内外名家仰苏书画精品展将同期举行［N］/ 朱静 // 都市晨报，2008-12-30

23165 弘扬苏轼文化 为徐州经济文化建设服务［J］/ 王希龙 // 苏轼研究，2008（1）

23166 努力提升苏轼文化遗产的价值［J］/ 李荣启 // 苏轼研究，2008（1）

23167 喜欢苏东坡［J］/ 方方 // 文苑，2008（1）

23168 徐州的东坡情结［J］/ 蔡心华 // 苏轼研究，2008（1）

23169 苏轼作文经验谈对作文教学的启示［J］/ 张春福 // 小学语文教师，2008（2）

23170 关于"东坡精神"的研究报告［J］/ 眉山市政协"东坡精神"研究课题组 // 苏轼研究，2008（3）

23171 千古东坡西湖情［J］/ 于文 // 文化交流，2008（3）

23172 三苏故地：眉山三苏祠［J］/ 不详 // 中文信息·行游数码，2008（3）

23173 苏氏后裔情系苏宅古祠堂：三苏祠［J］/ 眉山市三苏文化研究院 // 苏轼研究，2008（3）

23174 挖掘苏轼文化 发展徐州经济［J］/ 蒋新会，王海伟 // 苏轼研究，2008（3）

23175 夜读苏东坡［J］/ 许思仿 // 审计月刊，2008（3）

23176 夜读苏轼［J］/ 郭思晨 // 满分阅读（高中版），2008（3）

23177 改革开放三十年东坡文化现象的回顾与思考［J］/ 苏灿 // 苏轼研究，2008（4）

23178 眉州远景楼记［J］/ 不详 // 苏轼研究，2008（4）

23179 诗书城赋［J］/ 愚翁 // 苏轼研究，2008（4）

23180 苏轼给我第二青春［J］/ 孟昭全 // 苏轼研究，2008（4）

23181 巴蜀园林欣赏（五）：三苏祠［J］/ 刘庭风 // 园林，2008（5）

23182 苏轼的"拥趸"［J］/ 陶琦 // 意林，2008（5）

23183 三苏园纪行［J］/ 鲁峡 // 牡丹，2008（6）

23184 学科与生活：苏东坡曾遭遇 UFO?［J］/ 王若谷 // 中考金刊，2008（6）

23185 东坡书院三鞠躬［J］/ 苏炜 // 美文，2008（7）

23186 绚烂之极归于平淡：谈苏东坡的写作指导策略［J］/ 李景新 // 写作，2008（7）

23187 三苏祠［J］/ 不详 // 国学，2008（9）

23188 苏东坡，我想对你说［J］/ 林丽花，张世英 // 青少年日记，2008（10）

23189 苏轼的"寄生"故乡观［J］/ 冯小禄 // 文史知识，2008（10）

23190 眉山三苏祠游［J］/ 李俊主 // 文化月刊，2008（11）

23191 三苏坟前［J］/ 张晓玲 // 安徽文学，2008（11）

23192 与东坡先生合影［J］/ 季康 // 杂文选刊（职场版），2008（11）

23193 怀苏轼［J］/ 莫冰 // 优秀作文选评（高中版），2008（12）

23194 三州寻墨说东坡［J］/ 蔡常维 // 梅县侨声，2008（96 复刊）

23195 《赤壁》：以苏轼的豪放与诗情笑谈三国［N］/ 孔令飞 // 春城晚报，2009-01-19

23196 冷落了苏东坡［N］/ 不详 // 中国环境报，2009-02-05

23197 "东坡朝云"金奖归来更出彩：历史歌舞剧《东坡与朝云》下周末上演［N］/ 徐杨，张苏蓉，翟鑫琪 // 东江时报，2009-02-08

23198 打造苏轼文化标志性名山："放鹤亭""招鹤楼"建设工程被列入2009年前期推进项目［N］/刘苏//徐州日报，2009-02-20

23199 让"老市长"苏东坡走近老百姓：东坡路社区与苏东坡纪念馆共建"东坡文化园"［N］/刘伟//杭州日报，2009-02-28

23200 当年东坡咏梅处如今梅树又成林：罗浮山管委会着力恢复梅花山生态人文景观［N］/黄礼琪，邓东方，李晓敏//羊城晚报，2009-03-02

23201 《东坡赤壁诗词》出版发行一百期硕果累累［N］/梅卓慧//黄冈日报，2009-03-10

23202 读东坡赤壁诗词（外一首）［N］/不详//宿迁晚报，2009-03-10

23203 醴陵北城谢氏属东晋谢安后裔，族谱中惊现苏轼、文天祥等赠序［N］/不详//株洲日报，2009-03-19

23204 西湖将增3座东坡主题雕像［N］/不详//东江时报，2009-03-26

23205 昔东坡为民造福今人为东坡"造福"：《造福》《知音》《豪情》等3座东坡雕塑将安居西湖［N］/不详//东江时报，2009-03-26

23206 惠州西湖畔又添东坡像：新增《造福》《知音》《豪情》三座雕塑［N］/黄礼琪，匡湘鄂//羊城晚报，2009-03-29

23207 合江楼朱楼蕴涵东坡之魂［N］/不详//东江时报，2009-03-30

23208 出个苏东坡又如何［N］/不详//苏州日报，2009-04-02

23209 苏轼茶府隆重开业［N］/不详//西藏商报，2009-04-08

23210 惠州的东坡旧迹［N］/不详//长沙晚报，2009-04-09

23211 苏轼《赤壁赋》现身武汉？：专家称书画鉴别技巧多［N］/李泽玲//武汉晨报，2009-04-21

23212 苏东坡留在海安古港边的题词［N］/朱浩//湛江日报，2009-05-25

23213 古天乐自称是苏东坡粉丝［N］/不详//成都商报，2009-06-11

23214 古天乐：我是苏东坡的粉丝［N］/不详//三江都市报，2009-06-12

23215 东坡赤壁的文化底蕴［N］/郭万盛//人民日报（海外版），2009-06-17

23216 东坡与韶州府"政宾堂"［N］/李振林//韶关日报，2009-07-05

23217 大收藏家季羡林高价买苏东坡"御书颂"［N］/不详//都市晨刊，2009-07-15

23218 季羡林生前不惜高价买苏东坡《御书颂》［N］/不详//桂林日报，2009-07-15

23219 宜兴太湖阳光度假村：全力打造东坡文化［N］/不详//宜兴日报，2009-07-17

23220 文成坝与东坡公园［N］/熊大海，邵雅//常州日报，2009-08-04

23221 石佛寺·苏东坡·布袋和尚［N］/陈正宽//潍坊日报，2009-08-12

23222 三苏父子当"代言"：眉山名片网友力推三苏祠［N］/不详//天府早报，2009-08-17

23223 东坡书院［N］/朱秀坤//潮州日报，2009-09-01

23224 打苏轼牌，唱东坡戏，做宋文章［N］/张瑾//彭城晚报，2009-09-07

23225 苏轼文化景点建设记要［N］/不详//彭城晚报，2009-09-07

23226 关于东坡［N］/不详//天水晚报，2009-09-08

23227 苏轼遗址地缔结文化旅游联盟的战略构想［N］/方永江//眉山日报，2009-09-08

23228　全国苏轼遗址景区馆园应结成旅游发展联合体共同申报世界文化遗产［N］/孙天胜//眉山日报，2009-09-22

23229　苏东坡居地临皋亭遗址究竟在哪里？［N］/何学善//黄冈日报，2009-09-23

23230　苏东坡“黄金周”里写下名作［N］/不详//浙江法制报，2009-09-30

23231　从庚子山到苏东坡［N］/不详//澳门日报，2009-10-13

23232　惠州新增景点黄金周很抢眼丰渚园、东坡园等国庆节正式开放，共接待近20万人次［N］/不详//南方都市报，2009-10-14

23233　东坡书院读东坡［N］/龚立华//益阳日报，2009-10-31

23234　与三苏同行［N］/林凤鸣//眉山日报，2009-11-03

23235　东坡书院上了“国家名片”［N］/彭桐，陈媛//海口晚报，2009-11-16

23236　打造东坡品牌建设文化强市［N］/梅卓慧//黄冈日报，2009-12-02

23237　佐证东坡、西坡与雪堂故址［N］/不详//黄冈日报，2009-12-02

23238　东坡行踪图标识有错？网友称图中所标“新疆”一处应为现在的青海［N］/不详//东江时报，2009-12-16

23239　市诗词学会东坡赤壁诗社召开工作会议［N］/梅卓慧//黄冈日报，2009-12-16

23240　“东坡行踪图”东坡八成看不懂［N］/不详//南方都市报，2009-12-18

23241　东坡文化重现辉煌：从黄州“遗爱湖公园”建设工程起动说开去［J］/饶学刚//黄冈职业技术学院学报，2009（2）

23242　加入东坡赤壁诗社有感［J］/郝心沛//东坡赤壁诗词，2009（2）

23243　数年如一 常读常新：我与《东坡赤壁诗词》［J］/杨光金//东坡赤壁诗词，2009（2）

23244　我和《东坡赤壁诗词》［J］/张其俊//东坡赤壁诗词，2009（2）

23245　一剪梅·读《东坡赤壁诗词》抒怀等［J］/不详//东坡赤壁诗词，2009（2）

23246　贺《东坡赤壁诗词》出刊百期［J］/朱兴乔//东坡赤壁诗词，2009（3）

23247　加入东坡赤壁诗社感言［J］/吴启金//东坡赤壁诗词，2009（3）

23248　临江仙·《东坡赤壁诗词》百期纪念［J］/何勋//东坡赤壁诗词，2009（3）

23249　苏祠听雨［J］/澍萌//红豆，2009（3）

23250　延续历史文脉 凸显苏轼文化：云龙湖风景区文化资源现状及提升对策［J］/李云岘//中国城市林业，2009（3）

23251　也探三苏故居［J］/赖正和//苏轼研究，2009（3）

23252　一座饱读诗书的古城（外一首）［J］/李永才//星星诗刊（上半月刊），2009（3）

23253　东坡小歇图（中国画）［J］/田黎明//秘书，2009（4）

23254　广东惠州西湖东坡主题公园建设中的文化设计［J］/邓琼新//中南林业调查规划，2009（4）

23255　东坡园［J］/洪勄颉//新高考（高二版），2009（5）

23256　功能语言学视角下的旅游手册翻译研究：以东坡赤壁旅游手册为例［J］/江玉娥//湖州师范学院学报，2009（5）

23257　杨慎“并州故乡”观的内涵及成因：与苏轼故乡观的比较［J］/冯小禄，张欢//云南师范大学学报（哲学社会科学版），2009，41（5）

23258　张胜九《行书苏轼〈浣溪沙〉词》［J］/张胜九，矫红本//中国书画，2009（5）

23259　三苏祠古树名木资源调查与养护管理研究［J］/陈善波，杨文渊，陈善均//黑

龙江农业科学，2009(6)

23260 享受苏东坡：一个山区语文教师一天的生活[J]/陈智峰//中国教师，2009(6)

23261 三苏祠园林赏析[J]/万培正//园林，2009(7)

23262 一代文章三父子 千秋殂豆两峨眉：郏县三苏书画院成立并举行名家作品展[J]/徐军峰//协商论坛，2009(7)

23263 海南读史杂记[J]/张森奉//文史春秋，2009(9)

23264 苏轼的超级“粉丝”[J]/王东峰//传奇文学选刊·女人100，2009(9)

23265 我和东坡词[J]/季羡林//大阅读·中学生综合文摘，2009(10)

23266 儋州：将举办东坡国际文化节[J]/不详//今日海南，2009(11)

23267 寻找汤泉，寻找苏东坡[J]/杨乃运，张永龄//旅游，2009(11)

23268 赤壁风清 西山云淡[J]/浦杰//作文新天地(高中版)，2009(12)

23269 苏轼的超级“粉丝”[J]/王东峰//优秀作文选评(高中版)，2009(Z2)

23270 东坡故事的流变及其文化意蕴[D]/郭茜.—南开大学(博士论文)，2009

23271 海南文化圣地：东坡书院[N]/不详//南国都市报，2010-01-08

23272 载酒堂与苏东坡[N]/解志维//石家庄日报，2010-01-09

23273 惠州西湖，探寻苏东坡的足迹[N]/不详//侨报，2010-01-16

23274 舣舟亭：东坡泊舟登岸处[N]/仲亚文//常州晚报，2010-01-21

23275 在东坡雕像前沉思[N]/仲亚文//常州晚报，2010-01-21

23276 苏东坡和“天远堂”[N]/不详//扬子晚报，2010-01-26

23277 东坡魂留大佛寺[N]/魏奕雄//乐山日报，2010-01-29

23278 雪泥鸿爪觅东坡[N]/张伟//信息时报，2010-01-31

23279 文笔塔和东坡洗砚池的传说[N]/不详//扬子晚报，2010-02-04

23280 白居易租房苏东坡借房古代房地产也疯狂[N]/戎丹妍//洛阳晚报，2010-02-27

23281 游玄德：用东坡文化引领黄州旅游经济发展[N]/罗玉蓉//黄冈日报，2010-03-06

23282 市中心最大的生态景观公园：华厦生态公园全面建成 十六大景观多数和苏轼有关，很多掌故并不广为人知 苏轼最早在徐州发现煤矿[N]/崔强//彭城晚报，2010-03-10

23283 白居易苏东坡如何买房[N]/不详//绵阳晚报，2010-03-13

23284 在西部市县打造东坡文化品牌[N]/不详//海南日报，2010-03-23

23285 东坡书院寻东坡遗风[N]/李关平，郭树护//海南日报，2010-03-26

23286 春夜思东坡[N]/不详//黄冈日报，2010-03-29

23287 苏轼与黄州[N]/丁国强//青岛日报，2010-03-29

23288 倾听苏轼[N]/不详//工学周报，2010-04-08

23289 游东坡赤壁[N]/不详//襄樊日报，2010-04-12

23290 瞻仰赤壁苏东坡塑像[N]/不详//黄冈日报，2010-04-14

23291 丹棱石桥乡苏轼曾在此留下墨宝?[N]/易可可//眉山日报，2010-04-27

23292 东坡亭[N]/范翔宇//北海日报，2010-05-06

23293 东坡文化与惠州精神大体一致:《东坡

寓惠文化》作者之一吴定球［N］/朱金赞//东江时报，2010-05-27

23294 惠杭二城皆因西湖和东坡结缘："东坡文化万里行"昨到达第一站杭州［N］/严艺超//东江时报，2010-05-28

23295 以东坡寓惠文化为纽带开展东坡文化交流：市委常委、宣传部长黄雁行在启动仪式上致辞［N］/不详//惠州日报，2010-05-28

23296 唤鱼池畔千人颂东坡［N］/巨源//眉山日报，2010-06-01

23297 荔枝红时忆东坡［N］/朱文杰//西江日报，2010-06-01

23298 东坡书院可觅巨人当年风范："东坡文化万里行"昨日抵达第五站儋州［N］/不详//东江时报，2010-06-03

23299 发挥政协优势打造东坡文化品牌［N］/杨剑辉//惠州日报，2010-06-04

23300 惠州市政协开展"东坡文化万里行"活动［N］/黄小华//人民政协报，2010-06-09

23301 钱王传说苏东坡传说候选国家级非遗名录［N］/宋铁辉//杭州日报，2010-06-09

23302 东坡以雕塑的形象永生［N］/不详//东江时报，2010-06-10

23303 风尘九昼夜万里寻东坡："东坡文化万里行"活动在9省（区）15市掀起"东坡文化效应"［N］/不详//惠州日报，2010-06-11

23304 仰慕三苏［N］/夏文冰//巴中日报，2010-06-14

23305 唤鱼池畔唤东坡［N］/田胜强//潮州日报，2010-06-22

23306 游东坡书院［N］/不详//南岛晚报，2010-06-24

23307 东坡赤壁感怀［N］/黄东成//人民日报（海外版），2010-07-28

23308 山明和水秀都不及你有看头［N］/毛玺玺//平顶山日报，2010-07-28

23309 "苏东坡后人"来相亲，却不知祖先是四川人［N］/不详//华西都市报，2010-07-29

23310 阜阳有个西湖曾让苏轼流连赋诗：颍州西湖积极重建欲恢复美景PK杭州西湖［N］/沈兰，祝亮//市场星报，2010-08-02

23311 阜阳有个西湖曾让苏轼流连赋诗——颍州西湖积极重建欲恢复美景PK杭州西湖［N］/沈兰，祝亮//安徽市场报，2010-08-02

23312 "三苏杯"全国诗歌大赛在平顶山颁奖［N］/武翩翩//文艺报（周三版），2010-08-06

23313 寻访苏轼［N］/王馨一//南京日报，2010-08-13

23314 "今夜不平凡"和"东坡与朝云"［N］/不详//澳门日报，2010-08-16

23315 弥足珍贵的苏东坡亭亟待保护［N］/不详//江门日报，2010-08-16

23316 900年前，苏东坡已是微博达人［N］/不详//辽沈晚报，2010-08-29

23317 亭台里的苏轼［N］/陆琴华//泰州日报，2010-09-03

23318 弘扬苏轼文化，从小学生抓起［N］/箫文//彭城晚报，2010-09-06

23319 万里瞻天东坡亭［N］/黄先//北海日报，2010-09-17

23320 "东坡"坐惠州花车游羊城：东江时报记者直击2010世界旅游日全球主会场庆典暨中国广东国际旅游文化节［N］/不详//东江时报，2010-09-27

23321 东坡赤壁文化丛书出版［N］/不详//黄冈日报，2010-09-27

23322 东坡文化国际论坛各项准备工作有序进行[N]/姜宽//黄冈日报，2010-10-15

23323 “非遗”传人开讲“苏东坡传说”[N]/边晓丹，贾保倩//杭州日报，2010-10-15

23324 黄冈办论坛研讨苏轼文学创作[N]/不详//光明日报，2010-10-21

23325 博罗藏家收藏东坡用过砚台[N]/不详//惠州日报，2010-10-24

23326 纪念苏轼来黄州930周年书画展开展[N]/不详//黄冈日报，2010-10-25

23327 三苏祠申报“国保”的背后[N]/王晋川//眉山日报，2010-10-26

23328 苏东坡，您好！[N]/詹昕烨//今日椒江，2010-11-01

23329 《新狮吼记》戏说苏东坡[N]/和璐璐//北京晨报，2010-11-08

23330 利国镇创建中国苏轼文化名镇[N]/朱静//都市晨报，2010-11-19

23331 东坡书院：古韵缈缈奏清音[N]/不详//海南日报，2010-12-10

23332 沉睡东坡醒激情儋州燃[N]/不详//海南日报，2010-12-17

23333 惠州：东坡把最美的文字留在西湖[N]/不详//海南日报，2010-12-18

23334 “苏迷”聚集探讨东坡文化[N]/李关平，谢振安//海南日报，2010-12-20

23335 苏研重镇是这样炼成的[N]/方永江//眉山日报，2010-12-21

23336 初一课本苏轼大作被删引争议 调查显示：上海初中语文教材文言文比例未达标[N]/不详//天天新报，2010-12-23

23337 贺黄冈市东坡文化研究会成立[J]/不详//东坡赤壁诗词，2010(1)

23338 黄冈市东坡文化研究会成立大会[J]/不详//东坡赤壁诗词，2010(1)

23339 黄冈市东坡文化研究会成立志庆[J]/吴振安//东坡赤壁诗词，2010(1)

23340 惠州苏堤揽月怀苏轼[J]/董培伦//扬子江诗刊，2010(1)

23341 三苏遗迹考略一二[J]/乔建功//苏轼研究，2010(1)

23342 西湖·苏堤·话东坡[J]/不详//老来乐，2010(1)

23343 贺东坡文化研究会成立[J]/胡庆宏//东坡赤壁诗词，2010(2)

23344 黄冈市东坡文化研究会成立感赋[J]/涂普生//东坡赤壁诗词，2010(2)

23345 论河南省境内苏东坡名人文化旅游资源的整合与开发[J]/陈康，王瑞瑞//传承(学术理论版)，2010(2)

23346 河南苏东坡文化旅游资源开发意义与措施初探[J]/陈康，王瑞瑞//河南理工大学学报(社会科学版)，2010(3)

23347 弘扬东坡创新精神 继续推进苏轼研究[J]/苏灿//苏轼研究，2010(3)

23348 黄冈市东坡文化研究会成立[J]/陈文//东坡赤壁诗词，2010(3)

23349 苏祠再谒东坡塑像[J]/张贵全//中华诗词，2010(3)

23350 赤壁何须问出处：中日韩赤壁之游[J]/曾枣庄//苏轼研究，2010(4)

23351 黄冈“东坡文化国际论坛”总结报告[J]/涂普生//苏轼研究，2010(4)

23352 黄冈人如何读东坡[J]/饶学刚//黄冈职业技术学院学报，2010(4)

23353 黄州，东坡亭文化之奇葩[J]/吴继路//苏轼研究，2010(4)

23354 纪念苏东坡来黄州930周年[J]/王少轩//东坡赤壁诗词，2010(4)

23355 纪念苏东坡来黄州930周年感赋[J]/涂普生//东坡赤壁诗词，2010(4)

23356 纪念苏轼贬黄930周年[J]/白战存//东坡赤壁诗词，2010(4)

23357 纪念苏轼贬谪黄州930周年[J]/张蕃//

东坡赤壁诗词，2010（4）

23358 纪念苏轼来黄州930周年［J］/陈泽民//东坡赤壁诗词，2010（4）

23359 纪念苏轼来黄州930周年［J］/吴振安//东坡赤壁诗词，2010（4）

23360 纪念苏轼南贬黄州930周年（用苏轼《初到黄州》韵）［J］/黄耀武//东坡赤壁诗词，2010（4）

23361 三苏祠［J］/沈荣均//四川文学，2010（4）

23362 我和苏轼兄弟［J］/章曼//作文之友·快乐作文与阅读（高年级版），2010（4）

23363 走进东坡书院［J］/不详//东方艺术，2010（4）

23364 东坡书院［J］/仲子//老人春秋，2010（4上）

23365 纪念苏东坡来黄州930周年［J］/陈远超//东坡赤壁诗词，2010（5）

23366 纪念苏轼来黄州930周年［J］/邱东方//东坡赤壁诗词，2010（5）

23367 纪念苏轼谪居黄州930周年［J］/龚德超//东坡赤壁诗词，2010（5）

23368 临江仙·赴东坡赤壁诗社学习感赋［J］/张玉权//东坡赤壁诗词，2010（5）

23369 临江仙·游黄州东坡赤壁公园［J］/不详//东坡赤壁诗词，2010（5）

23370 千古风流名寰宇 一蓑烟雨任平生：三苏祠馆藏《东坡笠屐图》研究［J］/徐晓洪//黄冈职业技术学院学报，2010（5）

23371 浅谈中学生身上的“苏东坡效应”［J］/穆小艳//教育研究与实验·教师教育，2010（5）

23372 浅议黄冈旅游资源中的东坡文化开发［J］/郭杏芳//黄冈职业技术学院学报，2010（5）

23373 苏东坡寓惠数据库的建设与实践评价：以惠州学院叶竹君图书馆为例［J］/李文//情报探索，2010（5）

23374 佳人该嫁什么样的才子［J］/姜少勇//晚报文萃，2010（6）

23375 临江仙·黄冈东坡文化国际论坛［J］/吴振安//东坡赤壁诗词，2010（6）

23376 三苏文化在旅游目的地形象塑造中的作用［J］/张彬//文科爱好者（教育教学版），2010（6）

23377 永远的东坡亭［J］/廖德全//今日南国，2010（6）

23378 站在水中的苏轼［J］/木剑流风//中国诗歌，2010（6）

23379 向苏轼学写作［J］/王晓莉//小学生作文辅导（今天写什么·习作素材版），2010（7）

23380 高山仰止拜苏公：记四川眉山三苏祠［J］/谭南周//基础教育参考，2010（8）

23381 黄冈：对接大武汉的“东坡之地”［J］/李靖，刘奔//中外管理，2010（8）

23382 一方古代眉纹砚：一个不能不说的故事［J］/瞻砚居//文艺生活·艺术中国，2010（9）

23383 学苏东坡写高考作文［J］/晴子//作文素材，2010（10）

23384 伊秉绶铭夔龙纹端砚与东坡砚［J］/瑞霖//东方收藏，2010（10）

23385 中华点校本《苏轼诗集》校误［J］/胡宪丽//图书馆理论与实践，2010（10）

23386 弘扬东坡文化 促进共同发展［J］/刘亚锋//决策探索（下半月），2010（11）

23387 弘扬东坡文化，后裔义不容辞［J］/苏群//中国教育导刊，2010（11）

23388 再读东坡［J］/杨红军//牡丹，2010（11）

23389 传承东坡文化打造文化名城［J］/不详//今日湖北，2010（12）

23390 高阳台·三苏祠拜东坡露天塑像［J］/

孙中林 // 诗刊，2010（15）
23391 谒苏轼雕像［J］/ 张明昭 // 诗刊，2010（15）
23392 柏风似雨三苏园［J］/ 单菲 // 诗刊，2010（16）
23393 致苏轼［J］/ 一地雪 // 诗刊，2010（16）
23394 弘扬东坡文化促进共同发展［J］/ 刘亚锋 // 决策探索，2010（22）
23395 伊秉绶与“东坡砚”［J］/ 隔山 // 党课，2010（23）
23396 谒苏公祠［J］/ 蔡华先 // 山东教育，2010（25）
23397 我眼中的苏轼［J］/ 李真夫 // 法制与社会，2010（26）
23398 罗浮山之东坡遗韵［J］/ 邵鹏 // 凤凰周刊，2010（33）
23399 站着读苏轼［J］/ 徐忱安 // 中学生优秀作文（高中版），2010（C1）
23400 千年回响苏东坡［N］/ 王启鹏 // 惠州日报，2011-01-16
23401 “用王朝云说苏东坡”这个主意不错［N］/ 吴志毅 // 南方日报，2011-01-18
23402 于惠州西湖寻迹苏轼［N］/ 不详 // 中山日报，2011-01-25
23403 苏轼孤本画作《潇湘竹石图》亮相中国美术馆“50 年捐赠作品大展”800 余藏品亮相［N］/ 不详 // 新京报，2011-01-27
23404 三苏园里听风雨［N］/ 不详 // 河南电力报，2011-01-29
23405 《东坡啖荔》雕塑赏析［N］/ 不详 // 广州日报，2011-02-08
23406 专家：或为东坡遗址物证［N］/ 不详 // 武汉晚报，2011-02-15
23407 正月十五听“东坡忆元宵”［N］/ 边晓丹 // 杭州日报，2011-02-16
23408 苏东坡在故乡［N］/ 吕翔昊 // 常州晚报，2011-02-19
23409 邓拓：情有独钟苏东坡［N］/ 不详 // 人民日报，2011-02-20
23410 东坡也曾买不起房［N］/ 雪涅 // 阜阳日报，2011-03-03
23411 苏东坡的超级粉丝：因为读苏轼集入迷而休妻［N］/ 不详 // 铁岭日报，2011-03-05
23412 女大学生创作动画《东坡 · 山人》由 20 个故事组成，意在通过历史名人推广宣传徐州［N］/ 不详 // 都市晨报，2011-03-11
23413 苏东坡的超级粉丝：因读《眉山集》入迷而休妻［N］/ 不详 // 汕头特区晚报，2011-03-11
23414 《东坡泛舟赤壁》核雕［N］/ 不详 // 宝钢日报，2011-03-12
23415 东坡夜游笔筒［N］/ 丁正元 // 泰州晚报，2011-03-13
23416 古钱里的东坡墨迹女性藏家撑半边天［N］/ 不详 // 滕州日报，2011-03-17
23417 东坡赤壁景区规划草案出台［N］/ 熊庆萍 // 武汉晚报，2011-03-22
23418 理清思路明确方向谱写赤壁新华章［N］/ 梅卓慧 // 黄冈日报，2011-03-23
23419 东坡赤壁新亮点艰苦创业实干兴业携手同心闯难关［N］/ 梅卓慧 // 黄冈日报，2011-03-24
23420 宋词遭植入广告苏轼《江城子》网上引来混搭高潮［N］/ 李真 // 济南时报，2011-03-25
23421 东坡赏竹图［N］/ 陈冬至 // 今晚报，2011-04-01
23422 苏轼生平“1037–1101”享年 66 岁？：市民认为小南湖苏公岛碑刻文字有误［N］/ 不详 // 彭城晚报，2011-05-03
23423 苏轼享年 64 岁还是 66 岁？市民质疑小南湖“苏公足迹图”介绍苏轼生平有误

［N］/ 陈羿帆 // 都市晨报，2011-05-03

23424 我市扎实开展“东坡文化进校园”活动［N］/ 梅卓慧 // 黄冈日报，2011-05-05

23425 仰慕苏东坡［N］/ 溆磬 // 宝鸡日报，2011-05-06

23426 这是黄慎《东坡玩砚图》？［N］/ 不详 // 扬州时报，2011-05-23

23427 苏轼行书亮相海士德春拍［N］/ 王大鸣 // 北京娱乐信报，2011-06-13

23428 苏东坡传说究竟是什么［N］/ 蒋岳峻，滕昶 // 青年时报，2011-06-20

23429 大美惠州东坡情：第六届惠州旅游节第二届东坡节开幕［N］/ 不详 // 东江时报，2011-07-16

23430 东坡诗千古颂 黄梅戏来助兴：第六届惠州国际旅游节第二届东坡节昨开幕［N］/ 不详 // 东江时报，2011-07-16

23431 擦亮东坡文化品牌［N］/ 不详 // 光明日报，2011-07-17

23432 重建苏东坡故居乡村风格才像样［N］/ 陈雁茹，严艺超 // 东江时报，2011-07-18

23433 文人荟萃论东坡文化与旅游开发［N］/ 吴志毅 // 南方日报，2011-07-19

23434 打响“苏东坡”这一品牌［N］/ 彭明霞 // 四川政协报，2011-07-23

23435 丁蜀镇开设“东坡讲堂”［N］/ 不详 // 宜兴日报，2011-07-29

23436 东坡书院获评国家 3A 级旅游景区［N］/ 李关平，郭树护 // 海南日报，2011-07-31

23437 荒唐，苏轼竟成了《醉翁亭记》作者［N］/ 林巧芬，张慧宇，胡昊 // 市场星报，2011-07-31

23438 三苏祠荔枝飘香告慰东坡［N］/ 不详 // 华西都市报，2011-08-03

23439 弘扬东坡文化打造黄冈名片［N］/ 不详 // 黄冈日报，2011-08-10

23440 千古赤壁翰墨飘香《东坡赤壁文化丛书》出版暨学术座谈会在黄州召开［N］/ 不详 // 黄冈日报，2011-08-10

23441 文明书院［N］/ 应麒 // 中国社会科学报，2011-08-23

23442 东坡我的月亮［N］/ 王晋川 // 眉山日报，2011-08-27

23443 纪念苏轼仙逝常州 910 周年 去藤花旧馆看书画藏品展［N］/ 吴燕翎 // 常州晚报，2011-08-30

23444 苏东坡藤花旧馆办名家书画藏品展［N］/ 包立本，马奔 // 扬子晚报，2011-09-01

23445 当年东坡月复照超然台：记者探访苏东坡《水调歌头 明月几时有》写作地诸城超然台［N］/ 不详 // 半岛都市报，2011-09-08

23446 香火鼎盛的东坡天后宫［N］/ 不详 // 湄洲日报，2011-09-15

23447 当苏东坡听到“互联网”［N］/ 不详 // 半岛晨报，2011-09-16

23448 “深闺”东坡亭［N］/ 夏庆 // 西湖报，2011-09-20

23449 苏东坡与眉山影响力［N］/ 刘寅 // 眉山日报，2011-09-20

23450 常州你好！东坡先生：别来无恙乎？［N］/ 苏俊七 // 人民政协报，2011-09-22

23451 东坡亭［N］/ 杨华春 // 北海日报，2011-09-23

23452 台 50 年前航片送大陆东坡遗址考证添新证［N］/ 不详 // 侨报，2011-09-24

23453 我们的主题公园缘何屡屡跑题？——东坡公园没“东坡”的痕迹，飞鹅岭公园联想不到飞鹅传说，惠州主题公园集体“沦陷”［N］/ 符芳晓，陈伟斌 // 南方都

市报，2011-09-27

23454 东坡书院记游［N］/姚法臣//青岛日报，2011-10-24

23455 “东坡”情结：记苏建国和他的东坡文化城［N］/徐菊萍，黄智平//常州日报，2011-11-08

23456 苏东坡谪居黄州宋城遗址得到考古论证［N］/朱俊英，吕建国//中国文物报，2011-11-18

23457 苏东坡用过的古琴市值逾亿［N］/不详//华商晨报，2011-11-21

23458 重庆展出古琴原苏东坡所有［N］/不详//克拉玛依日报，2011-11-21

23459 苏东坡唐伯虎曾用过古琴市值逾亿［N］/不详//鄂尔多斯晚报，2011-11-22

23460 苏东坡与琪林苏井［N］/不详//老人报，2011-11-23

23461 湖北妙乐寺好有钱女方丈捐资1亿恢复“东坡名胜”［N］/不详//贵州都市报，2011-12-09

23462 难得《东坡行吟图》［N］/不详//新民晚报，2011-12-10

23463 岷州铁城：一座走入苏轼笔下的洮河古城［N］/不详//兰州晨报，2011-12-14

23464 古驿文化苏轼文化钢铁文化“文化利国”彰显滨湖名镇底蕴［N］/王正喜//徐州日报，2011-12-17

23465 浅谈在文化立市中弘扬东坡文化［N］/余志强//眉山日报，2011-12-17

23466 苏轼的词江南的调西洋的乐器交响乐版《西湖》，很穿越很时尚［N］/陈宇浩//钱江晚报，2011-12-28

23467 儋州：倾力打造东坡文化节品牌［J］/不详//今日海南，2011（1）

23468 东坡雪堂故址考［J］/王琳祥//黄冈职业技术学院学报，2011（1）

23469 贺黄冈东坡文化国际论坛［J］/吴振安//东坡赤壁诗词，2011（1）

23470 且在东坡说东坡：中国·黄冈东坡文化国际论坛综述［J］/涂普生，姜宽，陈晓明//东坡赤壁诗词，2011（1）

23471 雪夜东坡［J］/张宗子//社会学家茶座，2011（1）

23472 游东坡赤壁怀苏子［J］/李文朝//东坡赤壁诗词，2011（1）

23473 古人买房趣谈［J］/闵利平//华夏文化，2011（2）

23474 浣溪沙·寄东坡赤壁诗社［J］/黄诚之//东坡赤壁诗词，2011（2）

23475 黄冈市诗词学会·市东坡文化研究会元宵诗会留影［J］/不详//东坡赤壁诗词，2011（2）

23476 千载东坡，故址在何？苏东坡黄州遗址考之一［J］/梁敢雄//黄冈师范学院学报，2011（2）

23477 三苏，一次欣悦的千年旅途［J］/孙文华//绿城文学，2011（2）

23478 苏东坡与美好女性：辛卯年五月“三苏文化沙龙”综述［J］/廖文凯//苏轼研究，2011（2）

23479 苏轼遗址地合作机制研究［J］/课题组//苏轼研究，2011（2）

23480 在眉山三苏祠诗二首［J］/龚学敏//苏轼研究，2011（2）

23481 传承东坡文化，争创特色学校［J］/彭秋环//苏轼研究，2011（3）

23482 东坡精神传千古，苏轼小学谱新歌［J］/刘光浩//苏轼研究，2011（3）

23483 东坡精神代代传：“东坡文化”学校教育实践经验点滴［J］/吴开荣//苏轼研究，2011（3）

23484 东坡书院与东坡小学［J］/勇辉，胡惠明//苏轼研究，2011（3）

23485 喝火令·游黄冈雨中瞻仰苏轼塑像［J］/陈裕华//东坡赤壁诗词，2011（3）

23486 弘扬东坡文化，培育有为人才：眉山一中校园文化建设介绍［J］/李树明，汤琪君//苏轼研究，2011（3）

23487 惠州市东坡小学学生作文2篇［J］/许雅迪，赵衍凯//苏轼研究，2011（3）

23488 纪念苏东坡来黄州九百三十周年［J］/罗爱德//东坡赤壁诗词，2011（3）

23489 磨剑十年，再攀新高［J］/王敏//苏轼研究，2011（3）

23490 凝练东坡文化，营造书香校园［J］/肖伶俐//苏轼，2011（3）

23491 千古高士一东坡，眉州名校一苏祠：秉承苏轼精神的苏祠人［J］/岳家军，邓湘娟//苏轼研究，2011（3）

23492 浅论东坡文化对于学校教育理念的启示［J］/李新//苏轼研究，2011（3）

23493 让东坡精神传递不息：开掘东坡资源进行文化建设的实践［J］/夷浩方//苏轼研究，2011（3）

23494 诗书孕蓄，泮池苔花［J］/周琴//苏轼研究，2011（3）

23495 苏东坡在黄州的三处寓所及所游快哉亭故址考［J］/梁敢雄//黄冈职业技术学院学报，2011（3）

23496 我爱苏东坡［J］/杨建英//苏轼研究，2011（3）

23497 校本教材《千年夜话聊至今：苏东坡夜话趣谈》构想［J］/曾春英//苏轼研究，2011（3）

23498 学承东坡，道臻至善［J］/周吉群//苏轼研究，2011（3）

23499 植根东坡，浑涵光芒：谈学校文化建设如何凸显东坡文化［J］/何卫东//苏轼研究，2011（3）

23500 植根东坡文化，孕蓄写作兴趣［J］/李艳萍//苏轼研究，2011（3）

23501 从《清明上河图》：看三苏在京城的寓所、宅院和府邸［J］/刘继增//苏轼研究，2011（4）

23502 全球化时代的学校文化建构：四川眉山中学打造东坡故里教育文化［J］/张成刚//心事（教育策划与管理），2011（4）

23503 苏东坡的儋州地名情结［J］/不详//中国地名，2011（4）

23504 苏东坡与眉山影响力：品三苏中秋沙龙活动掠影［J］/刘寅//苏轼研究，2011（4）

23505 刘会彬瓷话两篇：瓷绘中苏轼形象的文化含义［J］/刘会彬//雪莲，2011（5）

23506 应邀加入东坡赤壁诗社有感［J］/张拥军//东坡赤壁诗词，2011（5）

23507 媒婆、苏轼与视图［J］/蒋平均//初中全科导学，2011（6）

23508 游常州东坡遗迹有感［J］/李新//东坡赤壁诗词，2011（6）

23509 月光长照金樽里：中秋夜致东坡［J］/陈墨//安徽文学，2011（6）

23510 东坡赤壁煮茶香［J］/不详//茶博览，2011（7）

23511 中和镇上寻东坡［J］/李林青//城际生活圈，2011（7）

23512 拜谒苏东坡［J］/梅玉荣//老年教育·书画艺术，2011（8）

23513 邓拓慧眼识珠天价收藏苏轼《潇湘竹石图》［J］/不详//东方收藏，2011（8）

23514 满庭芳·访东坡书院［J］/黄昌振//中华诗词，2011（8）

23515 西湖贵人苏东坡［J］/陈诗淼//时代人物，2011（8）

23516 千山动鳞甲，万谷酣笙钟：苏轼《行琼儋间，肩舆坐睡，梦中得句……》［J］/陶文鹏//文史知识，2011（9）

23517 清光依旧满人寰：读曾鲸《苏文忠公笠屐图》[J]/应一平//收藏，2011(9)

23518 苏祠看园人[J]/叶茂//廉政瞭望，2011(9)

23519 《三苏苑专题学习网站》的建设与应用研究[J]/罗文平//新课程学习(上)，2011(10)

23520 儋州之恋：儋州东坡文化节主题曲[J]/石顺义，韩蕗，刘跃强//歌曲，2011(11)

23521 浅谈黄州东坡文化的表现形式[J]/刘红星//文学教育(上)，2011(11)

23522 我眼中的苏轼[J]/陈秋池//语文世界(初中版)，2011(11)

23523 朱熹父子与苏轼的《昆阳城赋》[J]/张进//名作欣赏(鉴赏版)，2011(11)

23524 迷恋"苏词"休发妻[J]/不详//文史天地，2011(12)

23525 至大至小苏东坡[J]/刘艳琴//作文之友·快乐作文与阅读(高年级版)，2011(12)

23526 三苏祠拜竹[J]/王久辛//西部，2011(13)

23527 东坡书院[J]/不详//学苑教育，2011(18)

23528 古人们的英文名[J]/袁丽君//小学教学设计，2011(24)

23529 杭州西湖苏东坡纪念馆[J]/依达//戏曲品味，2011(128)

23530 东坡文化在眉山市园林景观中的运用研究[D]/熊玲.—四川农业大学(硕士论文)，2011

23531 中学禅意诗歌的教学：以王维和苏轼为例[D]/张琼.—华中师范大学(硕士论文)，2011

23532 地方党政各级领导高度重视东坡及禅宗文化建设[N]/不详//中国民族报，2012-01-03

23533 市东坡文化研究会举行迎春座谈会[N]/梅卓慧//黄冈日报，2012-01-11

23534 寻访东坡书院[N]/韦良秀//西湖报，2012-01-13

23535 修谱热中发现好多"秘闻"柳宗元苏东坡均有后人在江阴[N]/宋超//江南晚报，2012-01-30

23536 苏轼的成就与生活：莫砺锋教授做客市民课堂[N]/不详//常州日报，2012-02-05

23537 仰慕苏东坡[N]/上宫吉庆//陕西日报，2012-02-19

23538 初探"东坡文化城"[N]/朱海涛，高纯林//常州高新区报，2012-02-28

23539 苏东坡知味下马古荔树至今婆娑(中国最美古村)[N]/郑雅之//人民日报(海外版)，2012-03-23

23540 宋代泉州出了个驸马爷苏东坡作赋曰"泉人许珏"专家称此人或是晋江许后裔[N]/许珏//晋江经济报，2012-03-25

23541 本周起可到东坡公园赏牡丹[N]/曹菲//武进日报，2012-04-11

23542 东坡赤壁诗社获省文联系统先进集体[N]/梅卓慧//黄冈日报，2012-04-12

23543 市苏轼文化研究会赴河南郏县考察[N]/王建强//定州日报，2012-04-28

23544 杜甫很忙还替苏轼写词[N]/不详//海峡都市报，2012-05-16

23545 济南文化墙苏轼词配杜甫标准像：网友调侃"杜甫真很忙"[N]/不详//茂名晚报，2012-05-16

23546 济南文化墙现雷人景象苏轼词配杜甫标准像[N]/不详//新晚报，2012-05-16

23547 "三苏园"景区忆东坡：我市苏轼文化研究会成员赴河南郏县考察印象记

［N］/ 王建强 // 定州日报，2012-05-21

23548 一塔有碑留博士 六榕无树记东坡［N］/ 廖靖文 // 广州日报，2012-05-21

23549 《爱上苏东坡》社区专场文艺晚会举行［N］/ 申小青 // 黄冈日报，2012-05-30

23550 价值百万巨型檀木雕“东坡舣舟亭图”惊现常州［N］/ 不详 // 江南时报，2012-06-10

23551 打造“东坡文化”标志性工程［N］/ 不详 // 黄冈日报，2012-06-14

23552 “东坡赤壁碑廊”喜迎游客［N］/ 梅卓慧，冯扬 // 黄冈日报，2012-07-07

23553 东坡寻幽会仙遗迹今犹在：粤之旅力推罗浮山养生之旅［N］/ 不详 // 惠州日报，2012-07-16

23554 苏东坡黄州遗址遗迹今何在？专家已论证东坡、临皋亭、定惠院三处［N］/ 熊庆萍，周星明，王思齐 // 鄂东晚报，2012-07-19

23555 苏东坡黄州遗址遗迹专家论证会召开［N］/ 梅卓慧 // 黄冈日报，2012-07-19

23556 苏东坡黄州遗址遗迹有新说法：黄州东坡文化研究会：东坡、临皋亭遗址在今青砖湖辖区［N］/ 熊庆萍，王思齐 // 鄂东晚报，2012-07-20

23557 利国镇成为全国首家“中国苏轼文化名镇”：张彤苏灿授牌丁维和李燕段雄出席授牌仪式［N］/ 范海杰 // 徐州日报，2012-07-22

23558 利国镇荣膺“苏轼文化名镇”：这是国内唯一一个苏轼文化名镇［N］/ 张元涛 // 彭城晚报，2012-07-23

23559 利国扛起苏轼文化大旗［N］/ 范海杰 // 徐州日报，2012-07-24

23560 苏东坡黄州遗址遗迹专家论证会专家组意见［N］/ 不详 // 黄冈日报，2012-07-26

23561 最爱东坡洗砚池［N］/ 李业文 // 常州日报，2012-07-30

23562 海南东坡笠渐式微［N］/ 蒙钟德 // 澳门日报，2012-08-07

23563 利国苏轼文化第一镇［N］/ 不详 // 徐州日报，2012-08-07

23564 根雕《苏东坡》被浙江美术馆收藏［N］/ 不详 // 浙江老年报，2012-08-08

23565 阴沉木雕《苏东坡》被浙江美术馆收藏［N］/ 不详 // 温州日报，2012-08-08

23566 东坡赤壁将重放光彩［N］/ 方琛，杨柳 // 鄂东晚报，2012-08-20

23567 文史爱好者激辩“苏东坡游圭峰”：新会重建《苏东坡先生游圭峰碑记》石碑引发争论［N］/ 兴乐，黄少玮 // 南方日报，2012-08-21

23568 该如何制造和消费“苏东坡”？［N］/ 诗茗 // 南方都市报，2012-08-31

23569 惠州东坡胜迹白鹤峰有望重现［N］/ 秦仲阳 // 广州日报，2012-08-31

23570 东坡遗迹此处寻［N］/ 不详 // 西江日报，2012-09-03

23571 去惠州西湖聆听东坡故事［N］/ 不详 // 中山日报，2012-09-04

23572 东坡赤壁启用新门票［N］/ 梅卓慧 // 黄冈日报，2012-09-20

23573 扬东坡文化时代精神树千年黄州古韵新风：对“东坡外滩”项目文化内涵和商业运作的解读［N］/ 不详 // 黄冈日报，2012-09-21

23574 书城周日赏读苏轼词画：［N］/ 不详 // 青岛日报，2012-09-26

23575 苏东坡肖像承传记三谈［N］/ 王琳祥 // 中国文物报，2012-09-26

23576 东坡赤壁给游客节日三惊喜［N］/ 不详 // 鄂东晚报，2012-09-29

23577 唱响“宋词雅韵”弘扬东坡文化［N］/

文铭权 // 四川日报，2012-10-16

23578 东坡文化旅游区一期工程昨动工：儋州市委副书记、市长严朝君出席开工仪式并讲话预计 2014 年投入运营［N］/ 不详 // 国际旅游岛商报，2012-10-19

23579 仰望苏轼［N］/ 不详 // 湘声报，2012-10-26

23580 听康震老师讲“全民偶像”苏轼的那些事［N］/ 不详 // 东方今报，2012-10-30

23581 三苏祠怀东坡［N］/ 不详 // 四川师大报，2012-11-08

23582 以东坡文化为灵魂打造 5A 景区［N］/ 不详 // 国际旅游岛商报，2012-11-09

23583 东坡塘的记忆［N］/ 周鸿 // 国际旅游岛商报，2012-11-19

23584 亲，苏东坡都给“好评”的哦！［N］/ 不详 // 现代快报，2012-11-19

23585 寂寞时读东坡［N］/ 谢青春 // 邢台日报，2012-12-08

23586 东坡书院［N］/ 朱安 // 新民晚报社区版，2012-12-19

23587 苏轼被戏称“微博之祖”到哪儿都爱写上一段［N］/ 不详 // 皖南晨刊，2012-12-20

23588 东坡文化元素应融入公园设计：我市选出的全国、省人大代表为金山湖片区规划建设和潼湖湿地保护建言献策［N］/ 不详 // 惠州日报，2012-12-21

23589 东坡文化旅游区开工将成华人精神家园［N］/ 不详 // 侨报，2012-12-29

23590 怀苏东坡等［J］/ 于景俯 // 东坡赤壁诗词，2012(1)

23591 利用东坡文化资源，建设学校特色文化［J］/ 周吉群 // 苏轼研究，2012(1)

23592 文化环境与自然环境：在眉山文化讲堂的演讲［J］/ 张炜 // 苏轼研究，2012(1)

23593 云龙山上忆苏轼［J］/ 石延顺 // 心潮诗词，2012(1)

23594 重塑东坡文化情结 眉州东坡三苏祠店［J］/ 不详 // 餐饮世界，2012(2)

23595 传扬东坡遗韵 出彩儋耳风情：海南省历史文化名镇儋州中和镇保护规划的理念和方法［J］/ 吴小平，黄天其 // 城乡规划（城市地理学术版），2012(2)

23596 东坡赤壁问鹤亭［J］/ 邓思华 // 东坡赤壁诗词，2012(2)

23597 难忘眉山［J］/ 任蒙 // 青年作家，2012(2)

23598 让文化自觉意识走进语文课堂：以苏轼文学作品交流课为例［J］/ 胡晓虹 // 语文月刊，2012(2)

23599 游儋州东坡书院［J］/ 吴健生 // 东坡赤壁诗词，2012(2)

23600 在眉山三苏祠，读水调歌头［J］/ 郁葱 // 诗探索，2012(2)

23601 择胜亭与就花居［J］/ 孟晖 // 中华手工，2012(2)

23602 保护历史遗存，传承东坡文化：浅析常州市东坡公园之文化再塑造［J］/ 林凌 // 农业科技与信息·现代园林，2012(3)

23603 西子湖畔东坡性情［J］/ 李量 // 深交所，2012(3)

23604 东坡赤壁的整合营销传播策略［J］/ 王新梅 // 东南传播，2012(4)

23605 浣溪沙·东坡赤壁诗社荣获湖北省文联先进集体［J］/ 吴振安 // 东坡赤壁诗词，2012(4)

23606 题惠州苏东坡塑像［J］/ 黄玉奎 // 东坡赤壁诗词，2012(4)

23607 一个小城的名人文化：以苏轼在诸城为例［J］/ 王晓磊 // 华夏文化，2012(4)

23608 浣溪沙·迎接中国黄冈第三届东坡文化节［J］/ 熊熊 // 东坡赤壁诗词，2012(5)

23609 黄州郊外故营地上的东坡及雪堂遗址

考：从苏轼诗文有异文、异说时应以何者为准说起[J]/梁敢雄//黄冈师范学院学报，2012(5)

23610 满庭芳·重游东坡赤壁公园有感[J]/李国桥//东坡赤壁诗词，2012(5)

23611 苏轼的画像和雕像[J]/不详//新语文学习·中学教学，2012(5)

23612 游东坡赤壁感赋[J]/梅玉荣//东坡赤壁诗词，2012(6)

23613 曾为天涯沦落人：苏轼故居[J]/解维汉//对联·民间对联故事(下半月)，2012(7)

23614 东坡老家 快乐眉山[J]/不详//旅游四川，2012(7)

23615 三苏文化游[J]/不详//旅游四川，2012(7)

23616 山川良是昔人非：定州东坡遗踪[J]/陈才智//中华文化画报，2012(8)

23617 题东坡赤壁[J]/王静平//中华诗词，2012(9)

23618 赤壁的心[J]/何金剑//写作，2012(10)

23619 黄冈巧卖"东坡文化"[J]/本刊编辑部//楚商，2012(10)

23620 我读苏轼[J]/梁岚嵩//语文世界(初中版)，2012(10)

23621 彰显黄州东坡文化特色之研究[J]/刘红星//文学教育(上)，2012(10)

23622 岷州铁城：走入苏轼笔下的一座洮河古城[J]/王文元//丝绸之路，2012(11)

23623 一名中学生眼中的苏东坡[J]/余剑雨//考试·新语文，2012(11)

23624 黄州赤壁谒东坡[J]/任蒙//岁月，2012(12)

23625 我爱苏东坡[J]/连清川//廉政瞭望，2012(22)

23626 语文课上和苏轼一道过中秋[J]/杨有涛//语文周报(高中教研版)，2012(24)

23627 心中的东坡[J]/汪雨龙//初中生辅导，2012(Z1)

23628 根雕艺人何国良的"东坡情怀"[N]/何国良//国际旅游岛商报，2013-01-26

23629 苏东坡黄公望朱耷张大千穿越900多年历史的"富阳诗会"[N]/不详//富阳日报，2013-01-26

23630 东坡文化旅游区将建5A级度假区[N]/不详//海南日报，2013-01-29

23631 惠州苏东坡故居能否复活？[N]/黄礼琪，罗匡//羊城晚报，2013-01-30

23632 《东坡遗韵》等多件参展作品获奖[N]/不详//鄂东晚报，2013-02-01

23633 中和悟东坡[N]/梁思奇//绵阳晚报，2013-02-02

23634 东坡书画协会与东坡外滩联办书画展[N]/不详//鄂东晚报，2013-02-07

23635 海阔天空：东坡遗迹满惠州[N]/苏狄嘉//文汇报(香港)，2013-02-07

23636 "苏东坡若在，非气死不可"[N]/不详//天府早报，2013-02-20

23637 东坡赤壁诗社举行元宵诗会[N]/汪秀玲//黄冈日报，2013-02-25

23638 与东坡书院打了个照面[N]/不详//宜兴日报，2013-03-04

23639 《中国作家》影视版全文刊登我市作家作品《东坡岭南情》[N]/黄桃//惠州日报，2013-03-14

23640 东坡书画展亮相武侯祠[N]/不详//华西都市报，2013-04-03

23641 带着苏东坡搬家[N]/不详//图书馆报，2013-04-05

23642 苏东坡的赤壁山水[N]/不详//陇南日报，2013-04-16

23643 扬州宋版《注东坡先生诗》台北展出：

堪称“第一神品”［N］/ 不详 // 扬州晚报，2013-04-27

23644 纪念苏轼“遇赦北归”913周年本土书画家挥毫泼墨［N］/ 刘寅 // 眉山日报，2013-05-09

23645 东坡八景［N］/ 不详 // 四川日报，2013-05-22

23646 惠州将高标准重建东坡祠　学者：标准够高［N］/ 钱小敏 // 南方日报，2013-05-24

23647 郭福彬作品《苏轼故事选》参选第十二届河北省文艺振兴奖评选［N］/ 李飞，庞佳艺 // 定州日报，2013-07-03

23648 跟着传说寻访苏东坡遗迹：边走边玩［N］/ 不详 // 惠州日报，2013-07-15

23649 我市苏学专家为东坡赤壁建设建言献策［N］/ 梅卓慧 // 黄冈日报，2013-07-15

23650 拜谒东坡书院［N］/ 林贻文 // 中国邮政报，2013-07-20

23651 三潭印月最早是苏东坡所立［N］/ 不详 // 姑苏晚报，2013-07-31

23652 东坡祠景区复原工程听取意见［N］/ 不详 // 惠州日报，2013-08-05

23653 惠州重修苏东坡祠规划草案出炉：方案表示将力现原貌［N］/ 黄礼琪，罗匡 // 羊城晚报，2013-08-06

23654 东坡楼的塑像［N］/ 不详 // 三江都市报，2013-08-17

23655 东坡赤壁引南航学子关注［N］/ 不详 // 鄂东晚报，2013-08-20

23656 苏东坡、郑成功是被热死的？［N］/ 不详 // 皖江晚报，2013-08-27

23657 东坡书院炫起“最萌东坡风”［N］/ 不详 // 海南日报，2013-09-14

23658 苏轼被后人戏称“微博之祖”［N］/ 不详 // 兰州日报，2013-09-24

23659 苏轼九字拍出5000万：回归成难题［N］/ 不详 // 合肥晚报，2013-09-25

23660 苏轼作品拍得5000万元回归国内成难题［N］/ 不详 // 浔阳晚报，2013-09-25

23661 儋耳千载东坡风［N］/ 不详 // 海南日报，2013-09-30

23662 让“东坡故里”成为“绿海明珠”［N］/ 彭明霞 // 四川政协报，2013-10-22

23663 千人齐聚万景·东坡外滩共享东坡文化［N］/ 徐敏 // 鄂东晚报，2013-10-24

23664 东坡文化盛大绽放万景·东坡外滩［N］/ 徐敏 // 黄冈日报，2013-10-25

23665 鹅城初想象　苏东坡是第一名片［N］/ 钱小敏 // 南方日报，2013-11-20

23666 海南代言人是海瑞、苏东坡［N］/ 不详 // 南岛晚报，2013-11-23

23667 海南人最认可海瑞苏东坡［N］/ 不详 // 海南特区报，2013-11-23

23668 苏东坡青铜雕像全新亮相［N］/ 不详 // 海南日报，2013-11-23

23669 东坡躬耕地风流看今朝：黄州区实施“双强双兴”战略走笔［N］/ 吴国茂，刘富中，龚丽君，等 // 黄冈日报，2013-11-28

23670 苏东坡与松江华藏寺［N］/ 王莉茹 // 眉山日报，2013-11-29

23671 我市召开第六届“苏东坡文艺奖”颁奖大会［N］/ 卫琳霞 // 眉山日报，2013-11-30

23672 东坡赤壁的新发展［N］/ 梅卓慧 // 黄冈日报，2013-12-23

23673 天价成交苏轼手迹上博专家疑为赝品（图）［N］/ 不详 // 城市快报，2013-12-23

23674 天价拍出苏轼作品被指“伪作”：最终真假结论尚无眉目［N］/ 不详 // 汕头都市报，2013-12-23

23675 五千万拍出苏轼作品竟是赝品？买家称

如果是伪本或退货［N］/ 不详 // 寿光日报，2013-12-23

23676 惠州西湖美 东坡写不够［N］/ 不详 // 厦门日报，2013-12-27

23677 苏东坡故居将原址重修：我市昨日启动东坡祠遗址试掘清表工作［N］/ 不详 // 惠州日报，2013-12-28

23678 黄冈市东坡文化研究的兴起、发展及其影响［J］/ 涂普生 // 黄冈职业技术学院学报，2013（1）

23679 临江仙 · 黄冈东坡文化国际论坛［J］/ 袁修钧 // 中华诗词，2013（1）

23680 西夏“东坡巾”初探［J］/ 魏亚丽，杨浣 // 西夏学，2013（1）

23681 许伯建批校题跋本《经进东坡文集事略》［J］/ 刘方方 // 重庆图情研究，2013（1）

23682 一剪梅 · 黄州东坡文化碑廊［J］/ 袁修钧 // 东坡赤壁诗词，2013（1）

23683 瞻东坡赤壁公园二赋堂［J］/ 王飞 // 东坡赤壁诗词，2013（1）

23684 醉花阴 · 东坡外滩［J］/ 涂普生 // 东坡赤壁诗词，2013（1）

23685 管中窥豹：透过苏词读苏轼［J］/ 王东 // 当代教育教学杂志，2013（2）

23686 贺东坡赤壁女子诗社成立［J］/ 陈幼安 // 东坡赤壁诗词，2013（3）

23687 布列塔尼孔子学院成功举办“苏轼及其艺术、哲学思想”专题讲座［J］/ 不详 // 海外华文教育动态，2013（4）

23688 贺《中国当代诗词精品库》出版发行兼致“东坡赤壁诗词”杂志社［J］/ 胡颂扬 // 东坡赤壁诗词，2013（4）

23689 郏县政协举行第四届清明节公祭三苏仪式［J］/ 李金星 // 协商论坛，2013（4）

23690 民国时期对三苏祠的保护［J］/ 王影聪 // 文史杂志，2013（4）

23691 谒“三苏”墓［J］/ 范文章 // 党的生活（河南），2013（4）

23692 东坡文化书画艺术展开展［J］/ 王建明 // 东坡赤壁诗词，2013（5）

23693 贺东坡赤壁诗社成立三十周年［J］/ 陈卓生 // 东坡赤壁诗词，2013（5）

23694 三苏园祭东坡（组诗）［J］/ 杨克 // 鸭绿江，2013（5）

23695 东坡赤壁诗社“而立”华诞献辞［J］/ 不详 // 东坡赤壁诗词，2013（6）

23696 东坡赤壁诗社 30 年社庆感赋［J］/ 王琼 // 东坡赤壁诗词，2013（6）

23697 东坡赤壁诗社成立 30 周年志庆［J］/ 廖伟 // 东坡赤壁诗词，2013（6）

23698 行香子 · 贺《东坡赤壁诗词》创刊 30 周年［J］/ 张其俊 // 东坡赤壁诗词，2013（6）

23699 喝火令 · 贺《东坡赤壁诗词》创利 30 周年［J］/ 向进青 // 东坡赤壁诗词，2013（6）

23700 贺《东坡赤壁诗词》创刊 30 年［J］/ 方世焜 // 东坡赤壁诗词，2013（6）

23701 贺《东坡赤壁诗词》创刊 30 周年［J］/ 田幸云 // 东坡赤壁诗词，2013（6）

23702 贺《东坡赤壁诗词》创刊 30 周年［J］/ 邢协宇 // 东坡赤壁诗词，2013（6）

23703 贺东坡赤壁诗社 30 年［J］/ 涂普生 // 东坡赤壁诗词，2013（6）

23704 贺东坡赤壁诗社 30 年社庆等［J］/ 梅洪，刘少民，罗运涛 // 东坡赤壁诗词，2013（6）

23705 贺东坡赤壁诗社成立 30 周年［J］/ 陈凯文 // 东坡赤壁诗词，2013（6）

23706 贺东坡赤壁诗社成立 30 周年［J］/ 郭亚军 // 东坡赤壁诗词，2013（6）

23707 贺东坡赤壁诗社成立 30 周年［J］/ 李明 // 东坡赤壁诗词，2013（6）

23708 贺东坡赤壁诗社成立30周年[J]/卢敬万//东坡赤壁诗词，2013(6)

23709 贺东坡赤壁诗社成立30周年[J]/骆锦元//东坡赤壁诗词，2013(6)

23710 贺东坡赤壁诗社成立30周年[J]/南策英//东坡赤壁诗词，2013(6)

23711 贺东坡赤壁诗社成立30周年[J]/彭玉光//东坡赤壁诗词，2013(6)

23712 贺东坡赤壁诗社成立30周年[J]/王少轩//东坡赤壁诗词，2013(6)

23713 贺东坡赤壁诗社成立30周年[J]/熊振英//东坡赤壁诗词，2013(6)

23714 贺东坡赤壁诗社成立30周年[J]/杨新民//东坡赤壁诗词，2013(6)

23715 贺东坡赤壁诗社成立30周年[J]/袁善楚//东坡赤壁诗词，2013(6)

23716 贺东坡赤壁诗社成立30周年[J]/袁修钧//东坡赤壁诗词，2013(6)

23717 贺东坡赤壁诗社成立30周年[J]/袁彰俊//东坡赤壁诗词，2013(6)

23718 贺东坡赤壁诗社成立30周年[J]/詹强//东坡赤壁诗词，2013(6)

23719 贺东坡赤壁诗社成立30周年等[J]/李明波，周笃文，星汉//东坡赤壁诗词，2013(6)

23720 贺东坡赤壁诗社成立30周年等[J]/彭玉光，郭亚军，王少轩//东坡赤壁诗词，2013(6)

23721 贺东坡赤壁诗社建社30周年[J]/罗运涛//东坡赤壁诗词，2013(6)

23722 贺东坡赤壁诗社成立30周年[J]/李明波//东坡赤壁诗词，2013(6)

23723 贺东坡赤壁诗社建社30周年兼致吴洪激主编[J]/陈亚萍//东坡赤壁诗词，2013(6)

23724 贺黄冈东坡赤壁诗社成立30周年[J]/李辉耀//东坡赤壁诗词，2013(6)

23725 弘扬东坡文化 打造城市景观 遗爱湖公园十二景区征联启事[J]/不详//东坡赤壁诗词，2013(6)

23726 欢庆东坡赤壁诗社30华诞[J]/陈幼安//东坡赤壁诗词，2013(6)

23727 纪念《东坡赤壁诗词》创刊30周年[J]/叶贤恩//东坡赤壁诗词，2013(6)

23728 临江仙·贺《东坡赤壁诗词》创刊30周年[J]/伍锡学//东坡赤壁诗词，2013(6)

23729 论东坡转世故事之流变及其文化意蕴[J]/郭茜//河南师范大学学报(哲学社会科学版)，2013(6)

23730 满江红·贺《东坡赤壁诗词》30华诞等[J]/潘泓，李辉耀，雷于怀//东坡赤壁诗词，2013(6)

23731 满江红·贺《东坡赤壁诗词》创刊30周年[J]/熊文祥//东坡赤壁诗词，2013(6)

23732 满园花·东坡赤壁诗社30周年[J]/童怀章//东坡赤壁诗词，2013(6)

23733 曲玉管·东坡赤壁诗社30周年[J]/雷于怀//东坡赤壁诗词，2013(6)

23734 三苏文化的多元化特征[J]/杨胜宽//西华大学学报(哲学社会科学版)，2013(6)

23735 喜庆东坡赤壁诗社30华诞[J]/张拥军//东坡赤壁诗词，2013(6)

23736 小重山·东坡赤壁诗社成立30周年[J]/程菊仙//东坡赤壁诗词，2013(6)

23737 一剪梅·东坡赤壁诗社成立30周年[J]/何斌然//东坡赤壁诗词，2013(6)

23738 游东坡赤壁，和前诗韵以赠李志强[J]/张行//东坡赤壁诗词，2013(6)

23739 游黄州东坡赤壁等[J]/姜涵雪，舒华栋，吴业珠//东坡赤壁诗词，2013(6)

23740 赞《东坡赤壁诗词》[J]/万远骧//东坡

赤壁诗词，2013（6）
23741 跟苏东坡做邻居［J］/ 陆槃 // 晚霞，2013（7）
23742 黄冈东坡文化及其文化旅游发展路径SWOT分析［J］/ 许林 // 中国外资（下半月），2013（7）
23743 名人谈医应加警戒：刺苏东坡［J］/ 柴中元 // 家庭中医药，2013（7）
23744 浣溪沙·访东坡书院［J］/ 赖家仁 // 中华诗词，2013（10）
23745 用“苏洵诱子读书”的方法吸引孩子课外阅读［J］/ 樊亮 // 新课程（小学），2013（10）
23746 我读苏轼［J］/ 凌佳蓉 // 初中生优秀作文，2013（11）
23747 苏园行［J］/ 李劲 // 金融博览，2013（12）
23748 题东坡书院［J］/ 齐炳元 // 中华诗词，2013（12）
23749 闲痴二字［J］/ 介子平 // 名作欣赏，2013（16）
23750 效果历史与文本重译：以苏东坡词英译为例［J］/ 郝巧亚 // 青年文学家，2013（16）
23751 高还是矮：“东坡帽”小考［J］/ 王建生 // 兰台世界，2013（29）
23752 在苏祠邻里引领学生走近苏轼［J］/ 李松 // 语文教学通讯，2013（32）
23753 海南苏东坡［N］/ 不详 // 海南农垦报，2014-01-10
23754 倾情履职奉献共建美好东坡［N］/ 不详 // 四川政协报，2014-01-11
23755 本周日，到图书馆听“苏轼的山水”［N］/ 吴海霞 // 鄞州日报，2014-01-14
23756 东坡赤壁去年接待游客4万余人次［N］/ 不详 // 鄂东晚报，2014-01-15
23757 东坡书院客流涌［N］/ 杨勇 // 海南日报，2014-02-04
23758 东坡赤壁接待游客约3400人［N］/ 不详 // 鄂东晚报，2014-02-08
23759 万景归一：东坡文化显张力——北京眉州东坡万景之黄冈东坡外滩印象［N］/ 蔡志勇 // 黄冈日报，2014-02-15
23760 市东坡赤壁诗社举行元宵诗会［N］/ 梅卓慧 // 黄冈日报，2014-02-16
23761 东坡与南华寺“苏程庵”［N］/ 李振林 // 韶关日报，2014-02-22
23762 李白、苏轼“撞脸”谁在角色扮演？合肥学院图书馆宣传画闹“乌龙”［N］/ 朱成方，周坤 // 江淮晨报，2014-02-27
23763 重游东坡赤壁［N］/ 吕文艺 // 黄冈日报，2014-03-01
23764 苏东坡成孩子眼中的“奥特曼”［N］/ 莫松荫，苏碧银，谢碧霞，骆国和 // 湛江晚报，2014-03-23
23765 苏东坡吟马赞马［N］/ 王影聪 // 眉山日报，2014-03-24
23766 日本“东坡迷”向东坡书院捐赠纪念物［N］/ 不详 // 宜兴日报，2014-04-08
23767 东坡祠要重建了 工程拟10月动工［N］/ 钱小敏 // 南方日报，2014-04-17
23768 东坡祠遗址考古发现宋代铜钱：白鹤峰四周见有明清时期遗物和建筑构件［N］/ 不详 // 惠州日报，2014-04-17
23769 广州粤剧院请来香港著名编剧“情话”苏东坡［N］/ 郑迅 // 羊城晚报，2014-04-18
23770 东坡书院来了东瀛客［N］/ 宜站 // 江南晚报，2014-04-21
23771 我市将恢复苏东坡时期历史景观八角井［N］/ 王建强，李梦楠 // 定州日报，2014-05-09
23772 苏东坡：余生欲老海南村［N］/ 不详 // 三亚日报，2014-05-11

23773 本周六到图书馆听苏东坡的茶道[N]/柯黎//三峡晚报，2014-05-16

23774 寻找苏轼住过的地方[N]/笑咱//开封日报，2014-05-20

23775 本期人物：大诗人苏东坡[N]/不详//中国技术市场报，2014-05-27

23776 “王馆”举办王安石与苏轼连环画故事展[N]/纪丽波//临川晚报，2014-06-04

23777 全国著名作家采风团走进东坡外滩[N]/不详//鄂东晚报，2014-06-05

23778 文同苏轼《墨竹卷》4255万成交：名家题跋让拍品增值[N]/不详//京华时报，2014-06-05

23779 倾慕东坡[N]/不详//江西中医学院报，2014-06-20

23780 漫步东坡赤壁[N]/冯扬//鄂东晚报，2014-06-24

23781 苏东坡放生池为何不修复？谈故说新[N]/不详//东江时报，2014-06-29

23782 东坡祠景区复原安置补偿将听证：周四开听证会[N]/李立君//南方都市报，2014-07-01

23783 成语英雄80后超级“苏轼迷”[N]/李新//莲池周刊，2014-07-04

23784 偶遇苏东坡[N]/不详//金陵晚报，2014-07-06

23785 东坡的儋州[N]/李幸璜摄//海南日报，2014-07-10

23786 晚清广府壁画之《东坡听琴》[N]/不详//广州日报，2014-07-19

23787 东坡书院印象[N]/梁路//三亚日报，2014-07-21

23788 跟着苏东坡去旅行[N]/段然//人民日报(海外版)，2014-08-01

23789 龙陵启动东坡森林公园建设[N]/张耀辉//云南经济日报，2014-08-11

23790 东坡赤壁赋[N]/张卫生//鄂东晚报，2014-08-14

23791 东坡流韵翘学人：品读《东坡赤壁赋》[N]/不详//黄冈日报，2014-08-23

23792 惠州重建东坡祠[N]/秦仲阳//广州日报，2014-08-26

23793 按历史原貌复原东坡祠：专家把脉东坡祠景区设计方案[N]/不详//东江时报，2014-08-27

23794 东坡祠复原您希望它啥样：3个备选设计方案公示征集意见专家认为景区复原工程尊重历史为首要条件[N]/不详//东江时报，2014-08-27

23795 苏东坡“高考作文”铤而走险得高分[N]/不详//义乌商报，2014-08-29

23796 仪征千年天宁寺将异地重建苏东坡曾在寺中写经沏茶：落户枣林湾旅游度假区[N]/不详//扬州晚报，2014-08-29

23797 东坡流韵翘学人：品读《东坡赤壁赋》[N]/余彦文//鄂东晚报，2014-09-09

23798 《儒林外史》中的进士范进不知苏东坡是谁[N]/不详//皖江晚报，2014-09-14

23799 《东坡赤壁赋》后话心声[N]/张卫生//鄂东晚报，2014-09-22

23800 六吊桥缘起苏东坡秦桧的家在望仙桥边上“杭州古桥传说”入选市非遗名录[N]/不详//每日商报，2014-10-01

23801 打造东坡文化品牌提升惠州文化软实力[N]/徐乐乐//南方日报，2014-10-13

23802 东坡是世界认识惠州的窗口[N]/不详//惠州日报，2014-10-13

23803 东坡祠重建拟用第一设计方案：主题为“隐于鹤峰显之故祠”[N]/徐乐乐//南方日报，2014-10-16

23804 苏轼对今天的三点启示：三亚国际诗歌节有感[N]/吴思敬//光明日报，2014-10-24

23805 惠州该如何打造“东坡文化”？［N］/徐乐乐//南方日报，2014-10-28

23806 东坡祠复原工程拟后年底竣工［N］/杨剑辉，袁光//惠州日报，2014-10-30

23807 海南——有东坡之悠然无东坡之不便：且趁闲身未老［N］/不详//济南时报，2014-11-13

23808 南宋惠州画家笔下苏东坡这模样［N］/不详//东江时报，2014-11-18

23809 纪念苏东坡寓惠油画展明日启动［N］/张斐//惠州日报，2014-11-21

23810 苏东坡黄州遗址遗迹之我见［N］/王琳祥//黄冈日报，2014-11-22

23811 纪念苏东坡公益慈善活动启动［N］/张斐//惠州日报，2014-11-23

23812 东坡书院［N］/胡天曙//三亚日报，2014-11-24

23813 东坡书院修缮重现古风古韵［N］/不详//海南日报，2014-11-28

23814 肇庆七星岩发现苏轼题刻［N］/不详//西江日报，2014-12-04

23815 东坡赤壁诗社30周年社庆［J］/饶惠熙//东坡赤壁诗词，2014（1）

23816 贺《东坡赤壁诗词》创刊30周年［J］/张脉峰//东坡赤壁诗词，2014（1）

23817 贺东坡赤壁诗社成立30周年［J］/张卫生//东坡赤壁诗词，2014（1）

23818 欢迎中华诗词之市验收专家组并纪念东坡赤壁诗社成立30周年［J］/宋自重//东坡赤壁诗词，2014（1）

23819 黄州怀苏东坡［J］/李白超//东坡赤壁诗词，2014（1）

23820 砚屏：遮不住的雅趣［J］/孙迎庆//东方收藏，2014（1）

23821 谒儋州东坡书院有感［J］/刘友竹//诗词月刊，2014（1）

23822 浣溪沙·东坡赤壁社甲午元宵诗会［J］/吴振安//东坡赤壁诗词，2014（2）

23823 临江仙 再瞻三苏祠［J］/张昌寰//石油政工研究，2014（2）

23824 一方珍奇的东坡砚［J］/蒋瑾琦//文艺生活（艺术中国），2014（2）

23825 寨儿令·贺东坡赤壁女子诗词研究会成立［J］/丁芒//东坡赤壁诗词，2014（2）

23826 东坡故里 天府眉山［J］/不详//时事报告，2014（3）

23827 端午节：下河抢鸭子纪念苏东坡夫妇［J］/雨眠//神州民俗（通俗版），2014（3）

23828 贺黄冈市东坡书画艺术协会成立15周年［J］/汪济民//东坡赤壁诗词，2014（3）

23829 临江仙·缅怀苏轼［J］/刘文芳//东坡赤壁诗词，2014（3）

23830 题东坡赤壁“二赋堂”［J］/李新//东坡赤壁诗词，2014（3）

23831 一湖引领古城春 取舍进退民为先：来自湖北黄冈遗爱湖的故事［J］/魏昊星，柳洁//世纪行，2014（3）

23832 致《东坡赤壁诗词》杂志［J］/王锡纯//东坡赤壁诗词，2014（3）

23833 行香子·读《东坡赤壁诗词》［J］/蔡大坤//东坡赤壁诗词，2014（4）

23834 贺《东坡赤壁女子诗词研究》创刊［J］/苏者聪//东坡赤壁诗词，2014（4）

23835 拜谒三苏园［J］/王剑冰//中华活页文选（高一版），2014（5）

23836 东坡海棠［J］/不详//国土绿化，2014（6）

23837 纪念苏东坡别离黄州930周年学术研讨会在我校隆重举行［J］/不详//黄冈职业技术学院学报，2014（6）

23838 满庭芳·黄州东坡外滩［J］/白战存//东坡赤壁诗词，2014（6）

23839 假如李白遇见苏轼［J］/ 孙伊凡 // 初中生世界（七年级），2014（7）

23840 寻访来苏渡［J］/ 幸昌盛 // 审计与理财，2014（8）

23841 三苏祠建筑与景观特色初探［J］/ 王祎 // 中华民居（下旬刊），2014（9）

23842 以彼无限景 寓我有限年：惠州东坡纪念馆游记［J］/ 黄小龙 // 中国书法，2014（10）

23843 我心目中的苏轼［J］/ 苑惟彬 // 初中生阅读世界，2014（11）

23844 儋州旅游新名片：2014 第五届（儋州）东坡文化节暨第二届海南雪茄文化旅游节［J］/ 不详 // 今日海南，2014（12）

23845 东坡赤壁谒东坡塑像［J］/ 李葆国 // 老友，2014（12）

23846 跟苏轼喝酒、烧墨、逗老和尚［J］/ 不详 // 壹读，2014（15）

23847 找一个不喜欢苏轼的理由［J］/ 张和勇 // 中外文摘，2014（23）

23848 徐州苏轼文化遗迹考略［J］/ 孟子寻，贾晓光 // 中国科技博览，2014（29）

23849 向苏轼学习，如何当铁杆“粉丝”［J］/ 韩雪梅 // 小区，2014（32）

23850 张东明行书苏轼词［J］/ 不详 // 中国书画，2014（9Z）

23851 临高县苏来村：东坡遗风今犹在［C］/ 李佳飞，吴孝俊 //2014 年民俗非遗研讨会论文集 / 广东省民俗文化研究会，2014

23852 人物纪念园规划设计探讨：以眉山苏洵公园规划设计为例［D］/ 黄哲姣 . —北京林业大学（硕士论文），2014

23853 东坡祠重修项目顺利推进［N］/ 张斐 // 惠州日报，2015-01-05

23854 东坡祠重修项目顺利推进：市领导赴港拜会国学大师饶宗颐听取东坡祠重修意见建议［N］/ 张斐 // 惠州日报，2015-01-05

23855 《东江时报》独家披露东坡祠山门旧照：东坡祠主体建筑上半年动工将据图复原山门［N］/ 不详 // 东江时报，2015-01-08

23856 背诵诗词免费游东坡书院：儋州将启动东坡文化体验之旅［N］/ 不详 // 海口晚报，2015-01-09

23857 背东坡诗词赢百万大奖［N］/ 钟节华 // 海南日报，2015-01-12

23858 我市举行纪念苏轼知密州 940 周年座谈会［N］/ 孔繁亮 // 今日诸城，2015-01-12

23859 东坡祠复建选用“最复古”方案：东坡井被确证为宋井［N］/ 罗锐，邹仕乔，黄小华，等 // 南方日报，2015-01-14

23860 东坡祠复原工程增设游客服务中心［N］/ 不详 // 东江时报，2015-01-14

23861 东坡祠重修有序推进 市文广新局高质量办结 18 件提案［N］/ 不详 // 惠州日报，2015-01-14

23862 东乡一古民居惊现《苏东坡回乡图》壁画［N］/ 不详 // 抚州日报，2015-01-14

23863 惠州东坡祠复建工程上半年动工［N］/ 罗锐，邹仕乔 // 广东建设报，2015-01-15

23864 雕塑东坡［N］/ 不详 // 常州日报，2015-01-19

23865 书画名家挥毫泼墨“东坡怀古”［N］/ 不详 // 鄂东晚报，2015-02-03

23866 东坡书院新妆迎客［N］/ 苏晓杰 // 海南日报，2015-02-04

23867 海南东坡书院感怀［N］/ 钱汉东 // 新民晚报，2015-02-07

23868 《习近平用典》：常提儒家名言苏轼名句最多［N］/ 不详 // 洛阳日报，2015-

03-02

23869 东坡祠宾兴馆项目年内开工：宾兴馆抢修明年5月前完工［N］/ 不详 // 惠州日报，2015-03-05

23870 东坡祠计划6月前开始复原：宾兴馆拟9月前动工修复29户居民或将入住公租房［N］/ 不详 // 东江时报，2015-03-05

23871 《论语》引用最多，对苏东坡最青睐［N］/ 刘瑛 // 楚天金报，2015-03-05

23872 《习近平用典》苏轼名句最多［N］/ 不详 // 华商报，2015-03-05

23873 苏东坡，你还好吗？［N］/ 张瑜娟 // 陕西日报，2015-03-08

23874 习近平用典常提儒家名言苏轼名句最多：习近平用典有何偏好？儒家名言最常提［N］/ 不详 // 城市晚报，2015-03-08

23875 苏东坡诗词听写（朗诵）大赛决赛隆重举行［N］/ 不详 // 常州日报，2015-03-12

23876 参访东坡书院（下）［N］/ 不详 // 遵义晚报，2015-03-18

23877 东坡墨池［N］/ 汪翔 // 黄石日报，2015-03-19

23878 怀想东坡赤壁［N］/ 胡靖 // 黄冈日报，2015-03-21

23879 参访东坡书院［N］/ 不详 // 遵义晚报，2015-03-25

23880 东坡祠重修有望上半年开工［N］/ 邱若蓉，刘淑瑜 // 惠州日报，2015-04-02

23881 魅力东坡：依山傍水美如画［N］/ 柴锦玉，何东升，刘俊华 // 三门峡日报，2015-04-03

23882 清明怀东坡［N］/ 秦勇 // 平潭时报，2015-04-07

23883 走近东坡文化：我市“东坡文化进校园”活动侧记［N］/ 王桑 // 鄂东晚报，2015-04-18

23884 庆“五一”东坡书画展［N］/ 夏超一 // 美术报，2015-04-25

23885 背诵东坡诗词获取免费门票［N］/ 不详 // 国际旅游岛商报，2015-05-04

23886 品味儋州香粽品读东坡诗意［N］/ 易宗平 // 海南日报，2015-05-05

23887 苏东坡作记远景楼扬名［N］/ 袁丽霞，文铭权 // 四川日报，2015-05-05

23888 《习近平用典》与苏东坡［N］/ 涂普生 // 黄冈日报，2015-05-09

23889 背东坡诗词赢书院门票［N］/ 易宗平，谢振安 // 海南日报，2015-05-11

23890 在海南，遇见苏东坡［N］/ 杨凯 // 广西师范大学校报，2015-05-20

23891 韩愈的大红大紫和苏轼的“刷屏”［N］/ 不详 // 处州晚报，2015-05-22

23892 梦回东坡寻乡愁［N］/ 范小翠 // 黄冈日报，2015-05-30

23893 韩愈的大红大紫离不开苏轼的推荐和“刷屏”［N］/ 不详 // 长白山日报，2015-06-01

23894 东坡祠宾兴馆重修抢修推进会召开［N］/ 黄晓娜 // 惠州日报，2015-06-05

23895 “跟着苏东坡游惠州”：多位外地旅游业内人士为推介惠州旅游品牌支招［N］/ 不详 // 惠州日报，2015-06-08

23896 谷林堂的苏东坡蜡像服饰“玩穿越”？网友吐槽是戏曲服装［N］/ 不详 // 扬州时报，2015-06-16

23897 东坡祠重修工程9月动工［N］/ 龚妍，张宁 // 惠州日报，2015-07-16

23898 东坡赏荔亭八联［N］/ 龚声茂 // 增城日报，2015-07-21

23899 东坡祠复原工程年底前动工：力争一期工程明年底完工［N］/ 不详 // 东江时报，2015-08-20

23900 用东坡文化滋润儋耳大地：“东坡文化体验之旅”开始以来［N］/ 不详 // 海南

日报，2015-09-11

23901 东坡赤壁文物区整体修缮加快[N]/梅卓慧，冯扬//黄冈日报，2015-09-15

23902 与苏轼一起过中秋[N]/艾兴君//西部商报，2015-09-20

23903 浓墨重彩，遥想东坡[N]/郑琳//钱江晚报，2015-09-21

23904 把酒颂儋耳穿越会东坡[N]/不详//海南日报，2015-09-22

23905 明月美酒话东坡[N]/谢云飞//华夏酒报，2015-09-22

23906 东坡赤壁跻身4A景区[N]/不详//鄂东晚报，2015-09-24

23907 伴苏轼对月欢饮[N]/不详//中国石油报，2015-09-26

23908 假如苏东坡吃了3D打印月饼[N]/张培元//北京青年报，2015-09-28

23909 金山怀苏轼[N]/于美云//姜堰日报(教育周刊)，2015-09-29

23910 中国(武汉)园博会东坡文化频获点赞[N]/马艳明//鄂东晚报，2015-10-08

23911 “东坡好课堂”宜兴教学论坛开幕[N]/不详//宜兴日报，2015-10-26

23912 “东坡朝云”下月上演《千年之约》：惠州首台大型历史音乐剧即将公演[N]/不详//惠州日报，2015-11-09

23913 东坡与朝云《千年之约》12月走起：2016年起计划每周六在西湖大剧院演出一场[N]/王晓//东江时报，2015-11-20

23914 一瓷一墨一画皆有东坡味：三场“寓惠东坡”主题文化展开展[N]/不详//东江时报，2015-11-29

23915 日本普通民众对苏东坡不太熟 然而很多城市风景里有着西湖中的苏堤[N]/骆阳//青年时报，2015-11-30

23916 东坡祠景区复原工程正式动工[N]/徐乐乐//南方日报，2015-12-02

23917 惠杭共同打造东坡文化品牌：两地交换共建协议文本[N]/不详//惠州日报，2015-12-02

23918 惠州东坡祠复原工程昨动工：饶宗颐题祠名总投资约5.3亿元首期主体工程建设一年[N]/不详//东江时报，2015-12-02

23919 苏东坡祠昨动工重修：项目位于桥东历史城区[N]/不详//惠州日报，2015-12-02

23920 “寓意东坡”主题系列活动开幕[N]/龚妍//惠州日报，2015-12-03

23921 广东惠州斥资逾5亿重修东坡祠[N]/不详//深圳特区报，2015-12-03

23922 广东惠州弘扬东坡文化办双节打造旅游盛会[N]/不详//文汇报(香港)，2015-12-03

23923 赏画吟诗品东坡文化盛宴[N]/不详//东江时报，2015-12-03

23924 惠州东坡文化邀客畅游[N]/陈熠瑶//中国旅游报，2015-12-07

23925 重修苏东坡祠功在当下：陈奕威率队拜访国学大师饶宗颐教授[N]/谢超平//惠州日报，2015-12-07

23926 “东坡情”书画展展出作品116件[N]/不详//海口日报，2015-12-21

23927 市东坡书协举办迎春书画展[N]/不详//鄂东晚报，2015-12-24

23928 苏轼城雕是否可以有[N]/不详//潍坊晚报，2015-12-24

23929 在安溪想到苏东坡[N]/王必胜//文学报，2015-12-24

23930 东坡井王朝云墓入选省文保单位[N]/不详//南方日报，2015-12-25

23931 题黄冈东坡赤壁[J]/胡鉴明//当代诗词，2015(2)

23932 郑权篆书《苏轼词二首》[J]/郑权//青少年书法（青年版），2015(2)

23933 黄州东坡文化资源在动画创作中的运用研究：谈“黄州东坡”角色形象的设计方法[J]/邵照坡//美术大观，2015(3)

23934 苏轼的粉丝很疯狂[J]/岳晓东//传奇故事·百家讲坛（下旬），2015(3)

23935 再访东坡书院饮钦帅泉报髯苏[J]/不详//诗词月刊，2015(3)

23936 东坡赤壁贼[J]/张卫生//东坡赤壁诗词，2015(4)

23937 习近平引用典故最多的名人是苏轼[J]/不详//语文教学与研究·教研天地，2015(4)

23938 游黄州东坡赤壁[J]/蔡正辉//东坡赤壁诗词，2015(4)

23939 苏轼海南文学创作中的旅游文化价值[J]/周俊//辽宁农业职业技术学院学报，2015(5)

23940 弘扬东坡文化，促进黄冈文化旅游发展[J]/晏俊//青年时代，2015(6)

23941 惠州西湖苏轼像前怀谪仙[J]/周仁政//东坡赤壁诗词，2015(6)

23942 密州东坡文化与超然思想[J]/王增强//乐山师范学院学报，2015(6)

23943 我的《东坡赤壁赋》研讨会侧记[J]/张卫生//东坡赤壁诗词，2015(6)

23944 徐州苏堤怀苏轼[J]/石延顺//东坡赤壁诗词，2015(6)

23945 徐州苏提怀苏轼[J]/石延顺//东坡赤壁诗词，2015(6)

23946 依然形胜扼荆襄：话说黄州东坡赤壁[J]/万雍曼//中外建筑，2015(6)

23947 以“东坡文化”为核心的学校文化创建理论与实践[J]/勇辉，吴发亮//华人时刊（校长版），2015(7)

23948 合浦苏轼像[J]/孟远烘//美术界，2015(8)

23949 再读苏轼[J]/陶小龙//中华活页文选（初三），2015(8)

23950 东坡赤壁忆苏轼[J]/王祖远//老人世界，2015(10)

23951 海南东坡书院感怀[J]/钱汉东//新读写，2015(11)

23952 致苏轼先生[J]/李纳米//初中生辅导，2015(33)

23953 苏教版中学语文教材中苏轼作品教学研究[D]/张一帜．—南京师范大学（硕士论文），2015

23954 评张友宪《东坡赤壁》[N]/不详//江苏经济报，2016-01-15

23955 永远的苏东坡[N]/不详//京江晚报，2016-01-21

23956 在惠州，遇见苏东坡[N]/陈世旭//中国艺术报，2016-01-25

23957 海南儋州东坡书院春展《东坡魂》[N]/不详//西南商报，2016-02-19

23958 拜师苏东坡[N]/不详//广元日报，2016-02-21

23959 市诗词学会东坡赤壁诗社举办元宵诗会[N]/胡辉//黄冈日报，2016-02-27

23960 在海南想起苏东坡[N]/不详//羊城晚报，2016-03-08

23961 东坡遗泽千载润 古郡神韵万代扬[N]/易宗平//海南日报，2016-03-10

23962 苏东坡此处登岸游罗浮？博罗园洲3处古码头遗址出土[N]/不详//东江时报，2016-03-10

23963 百万年薪海选“东坡朝云”报名20日截止[N]/谢菁菁，郑国瑞//惠州日报，2016-03-16

23964 百万年薪海选“东坡朝云”[N]/卢慧，苏生//南方日报，2016-03-17

23965 东坡祠重修工程一期或年内完工 惠州

扎实推进文化遗产保护跻身国家历史文化名城[N]/不详//惠州日报，2016-03-22

23966 走进东坡赤壁[N]/钱汉东//松江报，2016-03-29

23967 东坡海棠花正艳[N]/不详//宜兴日报，2016-03-30

23968 海南专家学者清明祭拜苏东坡[N]/彭桐//海口日报，2016-04-05

23969 “东坡桥”重建接近尾声[N]/陈咏怀，黄振生，石建华//南方日报，2016-04-21

23970 三苏祠“4·20”灾后抢救保护工程竣工并开馆[N]/川文//中国文物报，2016-04-26

23971 东坡情系苍生，朝云忠贞善良：配合西湖创建国家5A级旅游景区[N]/不详//惠州日报，2016-05-14

23972 品读东坡赤壁[N]/不详//黄冈日报，2016-05-23

23973 背东坡诗词免费游东坡书院[N]/张琳//海南日报，2016-05-25

23974 东坡文化旅游区书画创作交易中心揭牌：首批推出名作逾百件[N]/易宗平，张琳//海南日报，2016-06-01

23975 与苏轼一起过端午[N]/荆墨//来宾日报，2016-06-06

23976 东坡祠复修工程一期年内或完成：桥东成为广东“互联网+”小镇八个备选之一[N]/李立君//南方都市报，2016-06-07

23977 韩国传奇诗人高银参加“西湖诗会”他为杭州写的诗致敬苏东坡名句[N]/不详//都市快报，2016-06-10

23978 假如苏东坡住在南山郡[N]/严瑾漪//金华晚报，2016-07-21

23979 东坡祠和宾兴馆项目完成征地：主体工程均预计明年底完成[N]/不详//东江时报，2016-07-30

23980 东坡祠主体工程力争明年底完成[N]/龚妍//惠州日报，2016-07-30

23981 东坡祠植物园项目完成征拆：惠城区“征地拆迁攻坚年”100宗任务完成76宗[N]/谢菁菁，周文媚//惠州日报，2016-08-11

23982 在北海遇见东坡[N]/于兰//湛江日报，2016-08-14

23983 郭朝祚与东坡赤壁门联[N]/周伟摄//黄冈日报，2016-09-03

23984 饱蘸东坡文墨，绘就家园文明[N]/不详//黄冈日报，2016-09-06

23985 “还原最本真的苏东坡”：纪录片《苏东坡》执行总导演杨光照谈创作历程[N]/陈艳//黄冈日报，2016-09-08

23986 东坡赤壁诗社简介[N]/不详//黄冈日报，2016-09-08

23987 本周六，来云龙书院听苏轼的故事[N]/徐晓旭//都市晨报，2016-09-22

23988 背东坡诗词免费游东坡书院[N]/陆胜//海南日报，2016-10-02

23989 听国学讲座看东坡诗意画：西湖惠民文化节将持续至7日[N]/不详//东江时报，2016-10-03

23990 “东坡”巡演第一站[N]/赵汶//国际旅游岛商报，2016-11-03

23991 原创舞剧《东坡海南》巡演启动：首站将于9日走进儋州东坡书院[N]/不详//海口日报，2016-11-03

23992 “东坡”回家舞越千年[N]/不详//海南日报，2016-11-10

23993 惠州东坡祠主体工程计划年底完工[N]/徐乐乐，魏军//南方日报，2016-11-11

23994 文明书院：东坡遗迹已斑驳[N]/林艳

芳，殷翊展 // 湛江晚报，2016-11-17

23995 黄州谒东坡［N］/ 姚远 // 宁波日报，2016-12-02

23996 420 年前归善地图现东坡故居概貌：古地图展示白鹤峰地理形势或是惠州史上最早城市格局地图［N］/ 不详 // 东江时报，2016-12-09

23997 我市喜获“湖北东坡文化之乡”称号［N］/ 梅卓慧 // 黄冈日报，2016-12-19

23998 浣溪沙·黄冈市委常委会听取东坡赤壁诗社换届工作汇报感赋［J］/ 王建明 // 东坡赤壁诗词，2016（1）

23999 黄冈市诗词学会（东坡赤壁诗社）圆满换届［J］/ 不详 // 东坡赤壁诗词，2016（1）

24000 黄冈市诗词学会第四届东坡赤壁诗社（第七届）社员代表大会在黄州圆满召开［J］/ 不详 // 东坡赤壁诗词，2016（1）

24001 临江仙·东坡赤壁诗社七代会有寄［J］/ 黄耀武 // 东坡赤壁诗词，2016（1）

24002 眉山入微雨，访三苏不遇［J］/ 霍宁宇 // 散文诗世界，2016（1）

24003 省社科普及基地北宋“三苏”故居四川眉山三苏祠即将重新开馆［J］/ 不详 // 四川社科界，2016（1）

24004 我心目中的苏轼形象［J］/ 谭半半 // 语文月刊，2016（1）

24005 写作实践范文选萃：我心目中的苏轼形象［J］/ 谭半半，盖英俊 // 语文月刊，2016（1）

24006 东坡赤壁雪景［J］/ 赵祝萱 // 东坡赤壁诗词，2016（2）

24007 早期《赤壁图》的视觉表达［J］/ 郁文韬 // 荣宝斋，2016（2）

24008 致东坡先生［J］/ 仲达 // 东坡赤壁诗词，2016（2）

24009 家何在？因君问我，归梦绕松杉 眉州三苏祠：苏轼一生遥望的故园［J］/ 毛若苓 // 国家人文历史，2016（3）

24010 儋州东坡书院［J］/ 孙丕任 // 诗词月刊，2016（4）

24011 苏祠重光：三苏祠灾后维修记［J］/ 洪厚甜 // 艺术品，2016（4）

24012 博物馆文创产品开发的理念与原则：以四川三苏祠博物馆为例［J］/ 潘雪梅，万汉 // 绿色包装，2016（5）

24013 苏轼塑像［J］/ 邓小刚 // 文史杂志，2016（5）

24014 心系苏祠［J］/ 王影聪 // 四川统一战线，2016（5）

24015 东坡海棠［J］/ 葛芳 // 阅读，2016（7）

24016 儋州东坡书院现状及开发建议［J］/ 孙爱丽 // 旅游纵览（行业版），2016（8）

24017 东坡雪堂［J］/ 邵照坡 // 美术观察，2016（8）

24018 我心目中的苏轼［J］/ 刘姝燕 // 作文成功之路（上），2016（8）

24019 拜东坡祠［J］/ 伍永恒 // 星星（下半月），2016（9）

24020 徐康《苏祠重光：三苏祠灾后维修记》［J］/ 洪厚甜 // 晚霞，2016（15）

24021 黄州东坡文化美术课程资源的开发［D］/ 周珺黛 . —黄冈师范学院（硕士论文），2016

24022 中学语文教材中苏轼作品教学研究［D］/ 宋婷 . —延安大学（硕士论文），2016

24023 “图史并传”：品读一种独特的苏轼图像［J］/ 李制 // 艺术百家，2017（2）

24024 开发“苏轼在徐州”校本课程［J］/ 金建明，李洁 // 教育家，2017（28）

第二部分

三苏文化研究图书目录

三苏研究

0001 三苏策论：十二卷六册全[M]/(宋)苏洵，苏轼，苏辙著.—上海：上海会文堂，1914

0002 三苏全集：200卷[M]/(宋)苏洵，苏轼，苏辙著.—上海：扫叶山房，1921

0003 三苏文集：乐城应诏集 卷1—2[M]/(宋)苏洵撰.—不详：会文堂书局，1925

0004 三苏文集：乐城集卷1—6[M]/(宋)苏洵撰.—不详：会文堂书局，1925

0005 三苏文[M]/叶玉麟选注.—上海：商务印书馆，1931

0006 宋词举：全1册[M]/陈匪石编著.—南京：正中书局，1937

0007 宋词面目[M]/冯都良选注.—上海：珠林书店，1939

0008 宋词三百首笺[M]/朱古微.—上海：神州国光社，1947

0009 宋词三百首笺注[M]/上彊村民重编；唐圭璋笺注.—北京：中华书局，1958

0010 三苏文选评解[M]/陈雄勋编著.—上海：世界书局，1967

0011 三苏文选[M]/苏文等编.—台北：信威书局，1973

0012 唐宋词百首译注[M]/徐荣街，朱宏恢译注.—徐州：徐州师范学院，1978

0013 宋词三百首笺注[M]/上彊村民重编；唐圭璋笺注.—上海：上海古籍出版社，1979

0014 唐宋词百首浅释[M]/谭蔚注释.—香港：万里书店有限公司，1979(古典文学初步读物)

0015 宋词散论[M]/詹安泰著.—广州：广东人民出版社，1980

0016 宋词赏析[M]/沈祖棻著.—上海：上海古籍出版社，1980

0017 唐宋词欣赏[M]/夏承焘著.—天津：百花文艺出版社，1980

0018 宋词小札[M]/刘逸生选释.—广州：广东人民出版社，1981

0019 唐宋词简释[M]/唐圭璋选释.—上海：上海古籍出版社，1981

0020 唐五代两宋词简析[M]/刘永济选释.—上海：上海古籍出版社，1981

0021 词学研究论文集：1949—1979年[M]/华东师范大学中文系古典文学研究室编.—上海：上海古籍出版社，1982

0022 宋词纪事[M]/唐圭璋编著.—上海：上海古籍出版社，1982

0023 唐宋词百首浅析[M]/张健雄，易扬编注.—长沙：湖南教育出版社，1982(中学生课外读物)

0024 唐宋词百首详解[M]/靳极苍编著.—太原：山西人民出版社，1982

0025 词学：第2辑[M]/《词学》编辑委员会编辑.—上海：华东师范大学出版社，1983

0026 三苏文选[M]/牛宝彤选注.—成都：

四川人民出版社，1983（古典文学研究丛书）

0027 宋词举［M］/ 陈匪石编著 . —南京：金陵书画社，1983

0028 唐宋词鉴赏集［M］/ 人民文学出版社编辑部编 . —北京：人民文学出版社，1983（中国古典文学鉴赏丛刊）

0029 宋词百首译释［M］/ 陶尔夫编著 . —哈尔滨：黑龙江人民出版社，1984

0030 宋词名篇赏析［M］/ 臧维熙著 . —合肥：安徽人民出版社，1984

0031 唐宋词赏析［M］/ 王方俊，张曾峒著 . —济南：山东文艺出版社，1984（中国古典文学赏析丛书）

0032 读点唐宋词［M］/ 杨磊 . —太原：希望出版社，1985

0033 三苏祠楹联［M］/ 刘少泉，胡惠芬编 . —重庆：重庆出版社，1985

0034 宋词的花朵：宋词名篇赏析［M］/ 艾治平著 . —北京：北京出版社，1985（中国古典文学名著名篇赏析丛书）

0035 宋词通论［M］/ 薛砺若著 . —上海：上海书店出版社，1985

0036 唐宋词九十首［M］/ 王延龄选注 . —天津：新蕾出版社，1985（诗文背诵小丛书）

0037 唐宋词通论［M］/ 吴熊和著 . —杭州：浙江古籍出版社，1985

0038 唐宋词学论集［M］/ 唐圭璋，潘君昭著 . —济南：齐鲁书社，1985

0039 中华宋词精粹［M］/ 陈铭编著 . —北京：社会科学文献出版社，1985

0040 北宋词坛［M］/ 陶尔夫著 . —太原：山西人民出版社，1986（中国文学史进修丛书）

0041 词学：第 4 辑［M］/《词学》编辑委员会编辑 . —上海：华东师范大学出版社，1986

0042 词学论丛［M］/ 唐圭璋著 . —上海：上海古籍出版社，1986

0043 词学论稿［M］/ 华东师范大学中文系中国古典文学研究室编 . —上海：华东师范大学出版社，1986

0044 全宋词简编［M］/ 唐圭璋选编 . —上海：上海古籍出版社，1986

0045 三苏坟资料汇编［M］/ 郏县档案馆编 . —郑州：河南大学出版社，1986

0046 宋词故事：第 1 集［M］/ 栗斯编著 . —北京：中国工人出版社，1986

0047 宋词名篇赏析［M］/ 臧维熙著 . —合肥：安徽人民出版社，1986（中国古代诗歌鉴赏丛书）

0048 唐宋词风格论［M］/ 杨海明编 . —上海：上海社会科学院出版社，1986

0049 唐宋词鉴赏辞典［M］/ 唐圭璋主编 . —南京：江苏古籍出版社，1986

0050 中国历代文学名篇欣赏：唐宋词［M］/ 云南、陕西人民广播电台编 . —贵阳：贵州人民出版社，1986

0051 三苏散论：纪念苏东坡诞辰九百五十周年［M］/ 四川省眉山三苏博物馆，四川师范大学学报编辑部编 . —成都：四川师范大学学报丛刊，1987（四川师范大学学报丛刊第十三辑）

0052 宋词精赏［M］/ 王双启 . —天津：百花文艺出版社，1987

0053 宋词三百首注析［M］/ 朱孝藏选辑；汪中注析 . —长沙：岳麓书社，1987

0054 宋词纵谈［M］/ 陈迩冬编著 . —北京：人民文学出版社，1987（文学爱好者丛书）

0055 唐宋词史［M］/ 杨海明著 . —南京：江苏古籍出版社，1987

0056 唐宋词小令精华［M］/ 徐培均评注 . —郑州：中州古籍出版社，1987

0057 唐五代北宋词研究［M］/（日）村上哲见

著；杨铁婴译．—西安：陕西人民出版社，1987

0058 宋词精华新解［M］/ 喻朝刚编著．—长春：吉林大学出版社，1988

0059 宋词三百首今译［M］/ 弓保安编著．—西安：陕西人民出版社，1988

0060 唐宋词论稿［M］/ 杨海明著．—杭州：浙江古籍出版社，1988

0061 百家唐宋词新话［M］/ 傅庚生，傅光编．—成都：四川文艺出版社，1989

0062 宋词百讲［M］/ 陈铭著．—广州：广州文化出版社，1989（中国传统文化百讲书库）

0063 宋词通论［M］/《民国丛书》编辑委员会编．—上海：上海书店出版社，1989（民国丛书）

0064 宋词研究之路［M］/ 刘扬忠编著．—天津：天津教育出版社，1989（学术研究指南丛书）

0065 宋人所撰三苏年谱汇刊［M］/ 王水照编．—上海：上海古籍出版社，1989

0066 唐宋词名篇解析［M］/ 吴积才，姜宗伦等．—昆明：云南人民出版社，1989

0067 唐宋词十七讲［M］/ 叶嘉莹著．—长沙：岳麓书社，1989

0068 唐宋词通论［M］/ 吴熊和著．—杭州：浙江古籍出版社，1989

0069 词学杂俎［M］/ 罗怀烈著．—成都：巴蜀书社，1990

0070 宋词名篇鉴赏［M］/ 刘继才等著．—沈阳：辽宁教育出版社，1990

0071 宋词名篇赏析［M］/ 韩之山，夏亚平编著．—哈尔滨：黑龙江少年儿童出版社，1990

0072 宋词译评［M］/ 李振国主编．—北京：光明日报出版社，1990

0073 唐宋词集序跋汇编［M］/ 金启华等编．—南京：江苏教育出版社，1990

0074 全宋词典故考释辞典［M］/ 金启华主编；赵洪林责任编辑．—长春：吉林文史出版社，1991

0075 日本学者中国词学论文集［M］/ 王水照，（日）保苅佳昭编选；邵毅平译．—上海：上海古籍出版社，1991

0076 三苏及其散文之研究［M］/ 陈雄勋著．—台北：文史哲出版社，1991（文史哲学集成）

0077 宋词三百首详析［M］/ 郭伯勋编著．—武汉：华中理工大学出版社，1991

0078 唐宋词精华［M］/ 倪木兴选注．—北京：人民文学出版社，1991（中国古典文学精华丛书）

0079 唐宋词名作选［M］/ 黄瑞云选注．—郑州：中州古籍出版社，1991（古籍文学小丛书）

0080 唐宋词一百首钢笔行书字帖［M］/ 刘大卫书．—北京：中国广播电视出版社，1991

0081 北宋文化史述论稿［M］/ 陈植锷，邓广铭著．—北京：中国社会科学出版社，1992

0082 全宋词佳句精编［M］/ 谢钧祥编著．—郑州：中州古籍出版社，1992

0083 三苏字号趣谈［M］/ 刘少泉，胡惠芬编著．—成都：四川人民出版社，1992

0084 宋词：白话解说［M］/ 陆林编注．—北京：北京师范大学出版社，1992

0085 唐宋词小令精华［M］/ 徐培均评注．—郑州：中州古籍出版社，1992

0086 词学研究书目（1912—1992）：上［M］/ 黄文吉主编．—台北：文津出版社，1993（彰化师范大学国文学系研究丛刊）

0087 词学研究书目（1912—1992）：下［M］/ 黄文吉编．—台北：文津出版社，1993（彰化师范大学国文学系研究丛刊）

0088 千古风流人物［M］/ 吴子厚选析．—台

北：开今文化事业有限公司，1993

0089 三苏的成才与为人：三苏故里话三苏［M］/ 彭泽良著．—成都：西南交通大学出版社，1993

0090 三苏选集［M］/ 曾枣庄，曾涛选注．—哈尔滨：黑龙江人民出版社，1993

0091 宋词故事 70 则［M］/ 王铁军，赵风选编．—北京：金盾出版社，1993（旅途文化小丛书）

0092 宋词入门［M］/ 陈振寰，沙灵娜编．—贵阳：贵州人民出版社，1993（中国传统文化入门丛书）

0093 《宋词三百首》精华赏析［M］/ 孟庆文主编．—海口：南海出版公司，1993

0094 唐宋词集序跋汇编［M］/ 金启华，张惠民，王恒展，等编．—台北：商务印书馆股份有限公司，1993

0095 新版宋词［M］/ 李杰编．—北京：北京邮电学院出版社，1993

0096 敷扬文教平生业 和吟诗简手足情：北宋大文学家苏轼、苏辙［M］/ 李小松，陈泽弘编．—广州：广东人民出版社，1994

0097 启蒙宋词［M］/ 萧鸣心选注．—北京：现代出版社，1994（亲子启蒙宝库）

0098 十大宋词［M］/ 刘谦编写．—北京：中国和平出版社，1994（家家必备丛书）

0099 宋词精华分类品汇［M］/ 程自信，许宗元主编．—北京：中国青年出版社，1994

0100 宋词名篇精选［M］/ 李放鸣，黄平书写．—成都：成都科技大学出版社，1994（中国传统文化丛书）

0101 宋词三百首新编［M］/ 刘乃昌选注．—长沙：岳麓书社，1994（韵文三百首系列）

0102 宋词选萃［M］/ 杨再春书；谢振杰选编．—北京：北京体育学院出版社，1994（中国钢笔行书字帖大系）

0103 唐诗宋词元曲经典［M］/ 郝世峰，陈洪主编．—大连：大连出版社，1994（求知・博学・读书・成才文库）

0104 中国词学批评史［M］/ 方智范等著．—北京：中国社会科学出版社，1994

0105 竹窗簃：词学论稿［M］/ 沈家庄著．—桂林：广西师范大学出版社，1994

0106 古典诗词精品手册：宋词三百首［M］/ 上彊村民选编．—广州：广州出版社，1995

0107 顾仲安宋词精选五体钢笔字帖［M］/ 顾仲安书．珍藏本．—北京：华龄出版社，1995

0108 胡适选唐宋词三百首［M］/ 胡适选絜絜注．—北京：东方出版社，1995（中国古典文学精品名家选本）

0109 全宋词精华：1［M］/ 俞朝刚，周航主编．—沈阳：辽宁古籍出版社，1995

0110 三苏后代研究［M］/ 舒大刚著．—成都：巴蜀书社，1995（宋代文化研究丛书）

0111 三苏文艺思想［M］/ 曾枣庄选释．—成都：四川文艺出版社，1995

0112 宋词风流佳话：宋词本事研究［M］/ 萧延恕著．—长沙：岳麓书社，1995（中国古典诗词佳话系列）

0113 宋词精华［M］/ 顾易生等主编．—成都：巴蜀书社，1995（中国古典文学精华丛书）

0114 宋词三百首赏析［M］/ 李索主编．—石家庄：河北人民出版社，1995

0115 宋词三百首注译［M］/ 黄武松等注译．—南宁：广西民族出版社，1995（中国古典名著注译丛书）

0116 唐诗宋词六百首［M］/ 吴鸣编．合订插图本．—贵阳：贵州人民出版社，1995（中国古代名著丛书）

0117 唐宋词研究［M］/（日）青山宏著；程郁

缀译．—北京：北京大学出版社，1995

0118 幼学宋词100首［M］/ 松鹤，少民编著．—北京：中国书店，1995

0119 词曲荟萃：唐宋词一百首［M］/ 本社编；胡云翼选注．—上海：上海古籍出版社，1996（中国古典文学作品选读丛书）

0120 今评新注宋词三百首［M］/（清）上彊村民选编；杨光治评注．—长沙：湖南文艺出版社，1996（今评新注古典文学珍丛）

0121 三苏传：理想与现实［M］/ 曾枣庄著．—台北：学海出版社，1996

0122 宋词三百首笺注［M］/ 上彊村民重编；唐圭璋笺注．—上海：上海古籍出版社，1996

0123 宋词小令精华［M］/ 王德明，邓义昌编著．—桂林：广西师范大学出版社，1996（诗词曲小品精华丛书）

0124 宋词正体［M］/ 施议对．—澳门：澳门大学出版社，1996（施议对词学论集）

0125 宋代五大文豪［M］/ 郭正忠著．—上海：上海古籍出版社，1996

0126 唐宋词［M］/ 熊礼汇主编．—武汉：长江文艺出版社，1996（学友文库·中国古典文学作品精选）

0127 唐宋词华章便览［M］/ 刘建勋编著．—厦门：厦门大学出版社，1996

0128 唐宋词评译［M］/ 木斋著．—桂林：广西师范大学出版社，1996（国学丛书）

0129 唐宋词三百首今译赏析［M］/ 杨光治译析．—南昌：江西人民出版社，1996

0130 三苏文选校注评析新编［M］/ 陈雄勋编著．—台北：文史哲出版社，1997

0131 宋词故事［M］/ 姜勇主编．—乌鲁木齐：新疆青少年出版社，1997

0132 宋词三百首译析［M］/ 赵乃增编著．—长春：吉林文史出版社，1997（中国古代名著今译丛书）

0133 苏洵苏辙散文选集［M］/（宋）苏洵，（宋）苏辙著；沈惠乐编撰．—上海：上海古籍出版社；三联书店（香港）有限公司，1997（唐宋八大家散文选集）

0134 唐诗宋词概说［M］/ 陈新璋编著．—广州：广东人民出版社，1997

0135 唐诗宋词名篇注评［M］/ 陈新璋主编．—广州：广东人民出版社，1997

0136 唐宋八大家全集：苏洵集［M］/ 启功等主编．—北京：国际文化出版公司，1997

0137 唐宋词鉴赏举隅［M］/ 蔡厚示著．—北京：紫禁城出版社，1997

0138 唐宋词流变［M］/ 木斋著．—北京：京华出版社，1997（中华传统文化精品丛书）

0139 唐宋词名家论稿［M］/ 叶嘉莹著．—石家庄：河北教育出版社，1997

0140 唐宋词三百首译析［M］/ 李星，朱南编著．修订版．—长春：北方妇女儿童出版社，1997（中华历代诗词精品译析）

0141 唐宋词四百首注释赏析［M］/ 刘方成，李瑜增主编．—北京：中国工人出版社，1997

0142 唐宋词研究［M］/ 郑福田著．—呼和浩特：内蒙古大学出版社，1997

0143 唐宋词一百首［M］/ 吴熊和等注译．—上海：上海古籍出版社，1997（诗词曲精选系列）

0144 文采风流唐宋词［M］/ 张惠民，张晓云著．—汕头：汕头大学出版社，1997（红枫叶丛书）

0145 詹安泰词学论集［M］/ 詹伯慧编．—汕头：汕头大学出版社，1997（20世纪潮人文化萃英）

0146 插图本宋词故事［M］/ 周明著．—福州：福建少年儿童出版社，1998

0147 花间晚照：唐宋词品读［M］/ 马建东编

著；邵宁宁，黄强主编．—兰州：甘肃教育出版社，1998（精美诗文品读丛书）
0148 教你了解宋词［M］/ 迟赵娥，李绪兰编著．—北京：中国少年儿童出版社，1998（小学生实用丛书）
0149 眉山三苏［M］/ 陈书良选注．—长沙：岳麓书社，1998（鹿鸣丛书）
0150 宋词故事［M］/ 李杰，李天舒，赵果等编写．—沈阳：辽宁人民出版社，1998
0151 宋词观止［M］/ 杨恩成主编．—西安：陕西人民教育出版社，1998（中国古典文学观止丛书）
0152 宋词三百首评注［M］/（清）上彊村民编选；刘乃昌评注．—济南：齐鲁书社，1998（中国古典名著普及丛书）
0153 宋词三百首译注评［M］/ 毕宝魁著．—沈阳：辽海出版社，1998（中国古典诗词译注评丛书）
0154 宋词小札［M］/ 刘逸生著．—广州：广州出版社，1998（刘逸生小札系列）
0155 宋词吟诵［M］/ 冉休丹编写．—北京：中华书局，1998（萤火虫丛书）
0156 苏洵苏辙散文选集［M］/ 沈惠乐编撰．—上海：上海古籍出版社，1998
0157 苏洵苏辙诗文选［M］/（宋）苏洵，（宋）苏辙著．—西宁：青海人民出版社，1998（精注详析唐宋八大家诗文选）
0158 唐宋词史［M］/ 杨海明著．—天津：天津古籍出版社，1998（著名学者与中国传统文化丛书）
0159 旷世伯乐：雷简夫荐三苏［M］/ 邓剑，李克明编．—渭南：雷简夫荐三苏纪念会，1999
0160 名家解读宋词［M］/ 刘扬忠选编．—济南：山东人民出版社，1999（名家解读古典文学名著丛书）
0161 三苏文化与眉山现代化［M］/ 严文清主编．—成都：四川人民出版社，1999
0162 三苏研究［M］/ 曾枣庄著．—成都：巴蜀书社，1999（宋代文化研究专辑）
0163 宋词辨［M］/ 谢桃坊著．—上海：上海古籍出版社，1999
0164 宋词故事［M］/ 陶冶主编．—呼和浩特：远方出版社，1999（中国少儿经典故事丛书）
0165 宋词经典［M］/ 施蛰存，陈如江主编．—上海：上海书店出版社，1999（古典之门）
0166 宋词配画故事［M］/ 唐家兴编．—北京：人民中国出版社，1999
0167 宋词三百首 上［M］/ 李淼注释．—长春：吉林文史出版社，1999（历代诗词精品鉴赏书系）
0168 宋词三百首译评［M］/ 冯能保，朱良志编著．—青岛：青岛海洋大学出版社，1999
0169 宋词研究述略［M］/ 崔海正著．—台北：洪叶文化事业有限公司，1999（国学精粹丛书）
0170 苏洵、苏辙、曾巩文选［M］/ 刘以林主编；颜成图选编．—北京：中国社会出版社，1999（中华万有文库：综合卷·学校传世藏书）
0171 唐宋八大家散文：广选·新注·集评，苏洵卷［M］/ 朱明伦主编．—沈阳：辽宁人民出版社，1999
0172 唐宋词鉴赏辞典［M］/ 唐圭璋主编．—南京：江苏古籍出版社，1999
0173 唐宋词流派史［M］/ 刘扬忠著．—福州：福建人民出版社，1999
0174 唐宋词三百首［M］/ 盖国梁编选；赵昌平等注评．图文本．—上海：上海古籍出版社，1999
0175 唐宋词一百首［M］/ 俞浣萍，罗仲鼎选

注．—杭州：浙江古籍出版社，1999（古代诗歌一百首系列）

0176 吴熊和词学论集：词学研究集成［M］/吴熊和著．—杭州：杭州大学出版社，1999（词学研究集成）

0177 春江花月夜：宋词主体意象的文化诠解［M］/许兴宝著．—北京：中国文联出版社，2000

0178 词学研究年鉴［M］/中国社会科学院文学研究所，湖北大学人文学院主办．—武汉：武汉出版社，2000

0179 多功能唐宋词钢笔字帖［M］/任平书．—杭州：杭州出版社，2000（多功能钢笔字帖丛书）

0180 宋词：花间的细诉［M］/蔡志忠编绘．—北京：生活·读书·新知三联书店，2000（蔡志忠中国古籍经典漫画）

0181 宋词百首选讲［M］/宋建民编著．—北京：中国盲文出版社，2000（国学普及小丛书）

0182 宋词故事［M］/陶冶主编．—北京：商务印书馆国际有限公司，2000（中国少儿经典故事丛书）

0183 宋词故事［M］/毕宝魁编著．—沈阳：沈阳出版社，2000

0184 宋词名篇赏析［M］/臧维熙著．—合肥：安徽文艺出版社，2000（中华古诗文赏析丛书）

0185 宋词浅说［M］/张兵著．—上海：东方出版中心，2000

0186 宋词三百首今译［M］/沙灵娜译注．—贵阳：贵州人民出版社，2000（中国诗词赋经典）

0187 宋词三百首赏译［M］/范晓燕著．—长沙：湖南人民出版社，2000

0188 宋词三百首：下［M］/王晖，宋友文主编．—北京：中国社会科学出版社，2000（老私塾）

0189 宋词三百首新译［M］/陶文鹏等译注．—北京：北京出版社，2000

0190 宋词三百首译解［M］/张国荣编著．—北京：中国文联出版社，2000

0191 宋词硬笔行书字帖［M］/王玉孝主编．—北京：知识出版社，2000（中国硬笔书法百科书系）

0192 苏词汇评［M］/曾枣庄著．—成都：四川文艺出版社，2000

0193 苏味道、李峤年谱［M］/靳占信，杨梅山编．—北京：中央文献出版社，2000（《苏味道与三苏研究》丛书）

0194 苏味道三苏与栾城［M］/靳占信，杨梅山编．—北京：中央文献出版社，2000（《苏味道与三苏研究》丛书）

0195 苏味道诗译注［M］/靳占信，信梅山编．—北京：中央文献出版社，2000（《苏味道与三苏研究》丛书）

0196 苏味道与三苏足迹考察万里行［M］/靳占信，信梅山编．—北京：中央文献出版社，2000（《苏味道与三苏研究》丛书）

0197 唐宋词鉴赏辞典［M］/唐圭璋，钟振振主编．—合肥：安徽文艺出版社，2000

0198 唐宋词名家论稿［M］/叶嘉莹著．—石家庄：河北教育出版社，2000（迦陵著作集）

0199 唐宋词名篇［M］/刘永济，俞平伯选注．—沈阳：辽宁人民出版社，2000（名家选注唐宋名篇）

0200 唐宋词赏析·诵诗偶记［M］/沈祖棻著；张春晓编．—石家庄：河北教育出版社，2000（沈祖棻全集）

0201 唐宋词十七讲［M］/叶嘉莹著．—石家庄：河北教育出版社，2000（迦陵著文集）

0202 唐宋词史论［M］/王兆鹏著．—北京：

人民文学出版社，2000（中国古典文学研究丛书）

0203 银汉神韵：唐诗宋词经典吟诵［M］/ 王群，曹可凡著；孙道临等吟诵．—上海：上海人民出版社，2000

0204 白香词谱：学词入门第一书［M］/（清）舒梦兰撰；丁如明评订．—上海：上海古籍出版社，2001

0205 全宋词典故辞典：上［M］/ 范之麟主编．—武汉：湖北辞书出版社，2001（典诠丛书）

0206 全宋词名篇精注佳句索引［M］/ 胡昭著，罗淑珍主编．—北京：当代中国出版社，2001

0207 三苏全书：全 20 册［M］/ 曾枣庄，舒大刚主编．—北京：语文出版社，2001

0208 三苏先生文粹：七十卷［M］/（宋）苏洵，苏辙，苏轼著．—济南：齐鲁出版社，2001

0209 宋词故事集：中国作家协会［M］/ 王曙著．—北京：北京工业大学出版社，2001

0210 宋词观止：中［M］/ 喻朝刚，周航主编．—北京：大众文艺出版社，2001

0211 宋词观止：注释 解说 集评［M］/ 喻朝刚，周航主编．—北京：大众文艺出版社，2001

0212 宋词观止：下［M］/ 喻朝刚，周航主编．—北京：大众文艺出版社，2001

0213 宋词精粹［M］/ 岳珍，刘真伦编著．—成都：四川辞书出版社，2001

0214 宋词精品［M］/ 诸葛忆兵选评．—哈尔滨：哈尔滨出版社，2001

0215 宋词评点［M］/ 高建中评点．—南宁：广西教育出版社，2001（同龄鸟）

0216 宋词清赏·上，北宋篇［M］/ 陈友冰，王德寿著．—：正中书局，2001

0217 宋词清赏：下，南宋篇［M］/ 陈友冰，王德寿著．—：正中书局，2001

0218 宋词三百首简注［M］/ 武玉成，顾丛龙注．—北京：人民文学出版社，2001

0219 宋词三百首今评新注［M］/（清）上彊村民选编；杨光治评注．—长沙：湖南文艺出版社，2001（今评新注）

0220 宋词三百首详注［M］/ 杨宗义评注．—成都：四川大学出版社，2001（中国古诗词精品）

0221 宋词诵读［M］/ 韦伟主编；刘高社编著．—北京：知识出版社，2001

0222 宋词新选［M］/ 罗漫主编．—武汉：湖北教育出版社，2001（历代诗文名著新选）

0223 宋词研究［M］/ 薛亚康编．—洛阳：中国人民解放军外国语学院二系，2001

0224 宋词意译百首［M］/ 包杰著．—上海：学林出版社，2001

0225 宋词注评［M］/ 何锐注评．—成都：巴蜀书社，2001（中国古代文化小丛书）

0226 宋词综论［M］/ 金诤著．—成都：巴蜀书社，2001（中国古典文献学研究丛书）

0227 唐诗宋词元曲三百首注析［M］/ 税啸尘编著．—成都：四川人民出版社，2001

0228 唐宋词［M］/ 高建中编著．—广州：广东人民出版社，2001（中国古典文学精品选注汇评文库）

0229 唐宋词名篇鉴赏辞典［M］/ 天人主编．—呼和浩特：内蒙古人民出版社，2001（中国经典名句鉴赏丛书）

0230 唐宋词实用分类图典［M］/ 商韬选注．—上海：上海远东出版社，2001

0231 唐宋词吟诵［M］/ 徐培均主编．—上海：汉语大词典出版社，2001（古典文学普及丛书）

0232 图说宋词［M］/ 李雷编著．—北京：中国文联出版社，2001

0233 北宋词史［M］/ 陶尔夫，诸葛忆兵著．

—哈尔滨：黑龙江教育出版社，2002

0234 戴敦邦图说唐诗宋词[M]/戴敦邦绘画撰文.—上海：上海辞书出版社，2002

0235 古典诗歌基本解读：古诗观止[M]/北京师联教育科学研究所编.—北京：人民武警出版社，2002(古典文学基本解读)

0236 精选精编《唐诗宋词》：第2卷[M]/田晓娜主编.图文版.—西宁：青海人民出版社，2002

0237 全宋词鉴赏辞典：1[M]/贺新辉主编，第2版.—北京：中国妇女出版社，2002

0238 全图本名家新注汇评宋词三百首[M]/(清)上彊村民编选；傅璇琮等注评.—沈阳：辽海出版社，2002

0239 三苏生平简介[M]/重苏主编.—眉山：三苏博物馆编印，2002

0240 三苏传[M]/洪柏昭著.—广州：广东高等教育出版社，2002

0241 宋词故事[M]/贺伟编著.—济南：齐鲁书社，2002

0242 宋词鉴赏辞典[M]/缪钺等撰.—上海：上海辞书出版社，2002

0243 宋词鉴赏大典：上[M]/高磊，张艳玲主编.—北京：中国画报出版社，2002(图文版唐诗宋词鉴赏大典)

0244 宋词鉴赏大典：下[M]/高磊，张艳玲主编.—北京：中国画报出版社，2002(图文版唐诗宋词鉴赏大典)

0245 宋词精品·附历代词精品[M]/吴熊和主编.—长春：时代文艺出版社，2002(中国古典文学大系)

0246 宋词流花苑[M]/王于飞，微微编著.—上海：汉语大词典出版社，2002(竹外桃花丛书)

0247 宋词三百首详注[M]/李华编著.—南昌：百花洲文艺出版社，2002

0248 宋词雅化的发展与嬗变：以柳、周、姜、吴为探究中心[M]/黄雅莉著.—北京：文津出版社，2002(博士文库)

0249 宋词艺术论[M]/张廷杰著.—北京：研究出版社，2002

0250 宋韵：宋词人文精神与审美形态探论[M]/孙维城著.—合肥：安徽大学出版社，2002

0251 唐宋词百首详解[M]/靳极苍著.—太原：山西古籍出版社，2002(注释学系列丛书)

0252 唐宋词概说[M]/丁放，余恕诚著.—合肥：安徽教育出版社，2002(中国古代文学知识丛书)

0253 唐宋词精选[M]/吴熊和，萧瑞峰编选.—南京：江苏古籍出版社，2002(名家视角)

0254 唐宋词欣赏[M]/夏承焘著.—北京：北京出版社，2002(大家小书)

0255 唐宋词研究[M]/刘维治著.修订本.—大连：辽宁师范大学出版社，2002

0256 唐宋词与人生[M]/杨海明著.—石家庄：河北人民出版社，2002

0257 文化视域中的宋词意象[M]/许兴宝著.—北京：中国青年出版社，2002

0258 中国诗学史：词学卷[M]/陈伯海，蒋哲伦主编；蒋哲伦，傅蓉蓉著.—厦门：鹭江出版社，2002

0259 走出古典：唐宋词体与宋诗的演进[M]/木斋著.—北京：中国社会科学出版社，2002

0260 北宋三苏[M]/卢武智著.—西安：三秦出版社，2003(千古数风流丛书)

0261 杜学与苏学[M]/杨胜宽著.—成都：巴蜀书社，2003

0262 古诗词经典：唐诗·宋词[M]/李哲编译.—西宁：青海人民出版社，2003(中国经典文化导读)

0263 经典宋词［M］/ 都文主编．—通辽：内蒙古少年儿童出版社，2003

0264 三苏先生文粹［M］/ 全国高校古籍整理研究工作委员会编．—北京：线装书局，2003

0265 宋词鉴赏［M］/ 冯国超主编．彩图版．—北京：光明日报出版社，2003（中国古典名著鉴赏）

0266 宋词鉴赏辞典：上［M］/ 周汝昌，宛敏灏，万云骏，等撰．—上海：上海辞书出版社，2003（文学鉴赏辞典系列）

0267 宋词鉴赏辞典：下［M］/ 周汝昌，宛敏灏，万云骏，等撰．—上海：上海辞书出版社，2003（文学鉴赏辞典系列）

0268 宋词三百首今译［M］/ 姚敏杰等注译．—西安：三秦出版社，2003（传统文化经典读本）

0269 宋词赏析［M］/ 沈祖棻著．—北京：北京出版社，2003（大家小书）

0270 宋词诵读经典百首［M］/ 王春涛选注．—长春：东北师范大学出版社，2003

0271 宋词寻故［M］/ 王定璋著．—成都：四川教育出版社，2003（中国古典文学拾珠丛书）

0272 宋词与唐诗之对应研究［M］/ 王伟勇著．—台北：文史哲出版社，2003（文史哲学集成）

0273 苏洵、苏辙、曾巩文选［M］/ 刘以林主编，颜成图选编．—呼和浩特：内蒙古人民出版社，2003

0274 苏洵集 苏轼集 苏辙集 王安石集［M］/（宋）苏洵等著．—呼和浩特：远方出版社，2003（中国古典名著百部）

0275 《唐诗宋词》导读［M］/ 隋慧娟编著．—北京：北京大学出版社，2003（培育部人才培养模式改革和教育试点教材）

0276 唐诗宋词十五讲［M］/ 葛晓音著．—北京：北京大学出版社，2003（名家通识讲座书系）

0277 唐诗宋词元曲菁华［M］/ 梁鸿编．—长春：时代文艺出版社，2003（世界文学名著）

0278 唐诗宋词专题作品选［M］/ 张明非主编．—北京：高等教育出版社，2003

0279 唐宋词讲录［M］/ 王强著．—北京：昆仑出版社，2003（当代大学生人文艺术必读）

0280 唐宋词论［M］/ 孙连仲，钟声著．—西安：三秦出版社，2003

0281 唐宋词三百首评注［M］/ 许建平选编；叶志衡，徐小林评析；许建平注释．全图本．—杭州：浙江古籍出版社，2003

0282 唐宋词通论［M］/ 吴熊和著．—北京：商务印书馆，2003（浙大学术精品文丛）

0283 唐宋词欣赏［M］/ 夏承焘著．—杭州：浙江古籍出版社，2003（古典文学名师讲座丛书）

0284 精神家园：唐诗宋词的人文情怀［M］/ 刘明华，余立新主编．—成都：天地出版社，2004（课外文学名篇解读与中学生的人文素养）

0285 名家品诗坊：宋词［M］/ 文学鉴赏辞典编纂中心编；夏承焘，宛敏灏，周汝昌，周振甫，钟振振等撰．—上海：上海辞书出版社，2004（文学鉴赏辞典精品集萃）

0286 名家书画宋词精萃［M］/ 迟乃义主编．—北京：中华书局，2004

0287 三苏年谱：全 4 册［M］/ 孔凡礼撰．—北京：北京古籍出版社，2004

0288 三苏先生文粹 七十卷［M］/（宋）苏洵，苏轼，苏辙著．—北京：北京图书馆出版社，2004（中华再造善本）

0289 宋词百阕［M］/ 杨敏如选释．—北京：

中国青年出版社，2004（中国古典名著时尚读本）

0290 宋词精粹［M］/张楠，陈彩虹译注.第2版.—广州：广州出版社，2004（中国古典名著译注丛书）

0291 宋词精粹解读［M］/蔡义江编著.—北京：中华书局，2004（中学生文化素质提高丛书）

0292 宋词精华［M］/林方直，王志民主编.—呼和浩特：内蒙古人民出版社，2004（中华古典文学精粹珍藏）

0293 宋词三百首精华赏析［M］/孟庆文主编.—海口：南海出版公司，2004

0294 唐圭璋推荐唐宋词［M］/钟振振注释.—扬州：广陵书社，2004（大家推荐大家读丛书）

0295 唐诗宋词百话［M］/李剑冰著.—上海：汉语大词典出版社，2004（百话丛书）

0296 唐宋词流派研究［M］/余传棚著.—武汉：武汉大学出版社，2004（武汉大学人文社会科学文库）

0297 唐宋词与商业文化关系研究［M］/王晓骊著.—北京：中国社会科学出版社，2004（中国社会科学博士论文文库）

0298 唐宋词综论［M］/刘尊明著.—北京：中国社会科学出版社，2004（中国古代文学研究丛书）

0299 晓风残月：宋词赏析［M］/段立超编著.—长春：吉林文史出版社，2004（中国古典文学赏析精选）

0300 玉盘珠响：唐宋词精品赏析［M］/邱崇丙编著.—北京：中国社会出版社，2004

0301 北宋词史［M］/陶尔夫，诸葛忆兵著.—杭州：浙江人民出版社，2005

0302 传世藏书：宋词精选，上［M］/李艳编.—呼和浩特：远方出版社，2005（传世藏书）

0303 词学廿论［M］/邓乔彬著.—上海：上海古籍出版社，2005

0304 古宛新歌：唐宋词新品［M］/张学淳著.—成都：四川民族出版社，2005（四川文学丛书）

0305 画说宋词［M］/朱建毅选注.—西安：太白文艺出版社，2005（国学画库）

0306 两宋词史［M］/史仲文著.—北京：中国社会出版社，2005

0307 两宋词作［M］/范松义选注.—北京：中国社会出版社，2005

0308 名家读唐宋词［M］/西渡编.—北京：中国计划出版社，2005（草之家书屋）

0309 情天真有返魂香：宋词阅读笔记［M］/洪亮著.—济南：济南出版社，2005（经典阅读笔记丛书）

0310 三苏文化与中国诗书城［M］/严文清主编.—成都：四川大学出版社，2005

0311 谁是宋词：宋词秘密挖挖哇！！！［M］/席鸿泥主编；武晔岚插图绘画.—北京：中国戏剧出版社，2005（国学密码）

0312 宋词的文化定位［M］/沈家庄著.—长沙：湖南人民出版社，2005

0313 宋词灯谜［M］/林春增编著.—北京：学苑出版社，2005（谜语学苑）

0314 宋词感悟［M］/勾承益编著.—成都：巴蜀书社，2005（传统文化现代感悟书系）

0315 宋词故事百篇精选［M］/邵勋潜编写.—海口：南海出版公司，2005（少儿古诗词故事精选丛书）

0316 宋词绝唱100首：注音·散文·鉴赏·故事［M］/洪波编著.—上海：上海大学出版社，2005（学生必备诵读宝典）

0317 宋词三百［M］/吴伟，高菊园编写.—长春：吉林人民出版社，2005（中华传世名著精华本）

0318 宋词三百首：插图·赏析·注释·译意

［M］/（清）上彊村民编；吴兆基编译．—北京：京华出版社，2005（中国古典文化文库）

0319 宋词三百首笺注［M］/（清）上彊村民重编；唐圭璋笺注．—北京：人民文学出版社，2005（名家名选丛书）

0320 宋词三百首赏译［M］/ 范晓燕编著．—长沙：湖南人民出版社，2005

0321 宋词三百首详析［M］/ 郭伯勋编著．—北京：中华书局，2005

0322 宋词三百首译析［M］/ 李淼译注．—长春：吉林文史出版社，2005（双色绘图诗词三百首系列）

0323 宋词三百首注评［M］/ 康学伟，张立华著．—西安：太白文艺出版社，2005（中华文化精粹丛书）

0324 宋词三百首注评［M］/ 上彊村民选编；王兆鹏，黄崇浩注评．—南京：凤凰出版社，2005

0325 宋词赏析［M］/ 沈祖棻著．—西安：陕西师范大学出版社，2005

0326 苏洵、苏轼、苏辙文集［M］/ 秦明月，鲁月主编．—乌鲁木齐：新疆青少年出版社，2005（中华文学名著百部）

0327 唐诗宋词研究［M］/ 冷成金著．—北京：中国人民大学出版社，2005（21世纪通识教育系列教材）

0328 唐诗宋词元曲名篇赏析［M］/ 刘维俊著．—香港：凌天出版社，2005（政协之友丛书）

0329 唐宋词名篇导读［M］/ 谭新红，王兆鹏著．—武汉：长江文艺出版社，2005

0330 唐宋词抒情美探幽［M］/ 吴小英著．—杭州：浙江大学出版社，2005

0331 叶嘉莹教授八十华诞暨国际词学研讨会纪念文集［M］/ 张红主编．—天津：南开大学出版社，2005

0332 中国古典词学理论史［M］/ 方智范等著．修订版．—上海：华东师范大学出版社，2005（中国各体文学理论史丛书）

0333 中国抒情传统的转变：姜夔与南宋词［M］/（美）林顺夫著；张宏生译．—上海：上海古籍出版社，2005

0334 北宋词研究史稿［M］/ 崔海正主编；刘靖渊，崔海正著．—济南：齐鲁书社，2006（中国历代词研究史稿）

0335 词学：第16辑［M］/ 马兴荣等主编．—上海：华东师范大学出版社，2006

0336 千秋一寸心：周汝昌讲唐诗宋词［M］/ 周汝昌著．—北京：中华书局，2006

0337 诗情画意：当代名家书画宋词三百首［M］/ 齐义农编．—北京：人民美术出版社，2006

0338 宋词的历史：赏读宋词100首［M］/ 钱发平著．彩图经典藏本．—重庆：重庆出版社，2006（阅读新姿态丛书）

0339 宋词故事［M］/ 阿袁著．—北京：九州出版社，2006

0340 宋词画谱［M］/ 綦维整理．—济南：山东画报出版社，2006

0341 宋词名篇解读：两宋名词的微观研究［M］/ 阮忠著．—海口：南海出版公司，2006

0342 宋词十大名家［M］/ 张冠湘编著．—呼和浩特：内蒙古人民出版社，2006

0343 宋词双峰：苏轼 辛弃疾［M］/ 丁华民，志敏主编．—长春：吉林文史出版社，2006（青少年成才宝典）

0344 苏洵 苏辙［M］/ 于华民，孟玉婷主编．—长春：吉林文史出版社，2006

0345 唐诗宋词选读［M］/．—南京：江苏教育出版社，2006

0346 唐宋词［M］/ 林冠夫改编．—北京：中国少年儿童出版社，2006（中华古典名

著文库少年版：珍藏本）

0347 唐宋词鉴赏［M］/ 王步高主编．—南京：南京大学出版社，2006（普通高等学校文化素质教育（人文社科类）系列教材）

0348 唐宋词名篇讲演录［M］/ 王兆鹏著．—桂林：广西师范大学出版社，2006（大学名师讲课实录）

0349 唐宋词评译［M］/ 杨鸿儒编著．—北京：华文出版社，2006（金玉小丛书成长书系：诗词卷）

0350 唐宋词史论稿［M］/ 黄昭寅，张士献著．—济南：山东大学出版社，2006（大学生素质教育系列教材）

0351 唐宋词新读［M］/ 杨柳编著．—北京：中国青年出版社，2006（学生图书馆）

0352 我愿意活在宋朝：宋词的三十七种读法［M］/ 唐欣主编．—北京：光明日报出版社，2006

0353 袖珍词学［M］/ 张丽珠著．—台北：里仁书局，2006

0354 有一种美叫感伤：不可不读的五十首唐宋词［M］/ 吴淡如编著．—西安：陕西人民出版社，2006

0355 原来宋词可以这样读［M］/ 辛然著．图文版．—西安：陕西师范大学出版社，2006

0356 重广眉山三苏先生文集［M］/（宋）苏洵，（宋）苏轼，（宋）苏辙撰．—北京：北京图书馆出版社，2006（中华再造善本）

0357 词学：第18辑［M］/ 邓乔彬等主编．—上海：华东师范大学出版社，2007

0358 宋词名篇赏析 2卷［M］/ 贺新辉主编．—北京：中国妇女出版社，2007

0359 三苏诗选［M］/ 刘万煌选注．—北京：金盾出版社，2007

0360 宋词鉴赏［M］/ 赵小文编著．—西安：陕西旅游出版社，2007（古诗文鉴赏宝库）

0361 宋词名篇赏析：第1册［M］/ 贺新辉主编．—北京：中国妇女出版社，2007

0362 宋词三百首全解［M］/ 上彊村民编；蔡义江解．—上海：复旦大学出版社，2007

0363 宋词三百首新编［M］/ 王友胜选注．—上海：百家出版社，2007（新课标学生课外阅读书库）

0364 宋词题材构成及其文化解读［M］/ 许伯卿著．—香港：东亚文化出版社，2007（东亚俗文化丛书）

0365 宋词题材研究［M］/ 许伯卿著．—北京：中华书局，2007（中华文史新刊）

0366 苏洵苏辙集［M］/ 王琳，邢培顺编选．—南京：凤凰出版社，2007（历代名家精选集）

0367 苏洵苏辙集［M］/ 邢培顺，王琳编选．—南京：凤凰出版社，2007

0368 唐诗宋词鉴赏：文白对照［M］/ 言鼎编著．—西安：陕西旅游出版社，2007（中国古典文化鉴赏宝库）

0369 唐诗宋词选编［M］/ 张琪编．—呼和浩特：内蒙古人民出版社，2007（文学鉴赏精编家藏书系）

0370 唐宋词［M］/ 傅璇琮主编．—济南：泰山出版社，2007（阅读经典）

0371 唐宋词别论［M］/ 许兴宝著．—成都：巴蜀书社，2007

0372 唐宋词分类选讲［M］/ 王兆鹏主编．—北京：高等教育出版社，2007

0373 唐宋词流派史［M］/ 刘扬忠著．第2版．—北京：中国社会科学出版社，2007（中国社会科学院文库）

0374 唐五代北宋词学思想史论［M］/ 徐安琪著．—北京：人民文学出版社，2007（中国古典文学研究丛书）

0375 唐五代两宋词简析：微睇室说词［M］/ 刘永济著．—北京：中华书局，2007（刘

永济集）

0376 词学：第二十辑［M］/ 马兴荣等主编．—上海：华东师范大学出版社，2008

0377 词学抉微［M］/ 钟锦著．—上海：华东师范大学出版社，2008

0378 落花香残人独立：唐宋词里缓缓而吟的才子佳人［M］/ 向文凯著．—长春：吉林人民出版社，2008

0379 明月几时有：品宋词，数千古风流人物［M］/ 李蓉蓉编著．—上海：上海锦绣文章出版社，2008（锦绣文库・历史人文书系）

0380 沈祖棻赏析唐宋词［M］/ 沈祖棻著．—武汉：长江文艺出版社，2008

0381 谁道闲情抛弃久：消逝在傍晚的宋词情［M］/ 俊运著．—天津：天津教育出版社，2008

0382 宋词纪事［M］/ 唐圭璋编著．—北京：中华书局，2008（中国文学研究典籍丛刊）

0383 宋词解读［M］/ 诸葛忆兵编著．—北京：中国人民大学出版社，2008（国学经典解读系列教材）

0384 宋词入门［M］/ 诸葛忆兵著．—南京：凤凰出版社，2008（唐诗宋词入门丛书）

0385 宋词三百首全解［M］/ 上彊村民编，蔡义江解．—上海：复旦大学出版社，2008

0386 宋词赏析［M］/ 沈祖棻著．—北京：中华书局，2008

0387 宋词体演变史［M］/ 木斋著．—北京：中华书局，2008

0388 宋词通论［M］/ 薛砺若著．—南京：江苏文艺出版社，2008（北斗丛书）

0389 宋词小札［M］/ 刘逸生著．—广州：岭南美术出版社，2008（逸堂四品）

0390 宋词意译新探［M］/ 包杰著．—上海：学林出版社，2008

0391 宋词与理学［M］/ 张春义著．—杭州：浙江大学出版社，2008

0392 唐诗宋词名篇精选精讲［M］/ 李敬一编著．—武汉：武汉大学出版社，2008（21世纪高等学校通识教育系列教材）

0393 唐诗宋词赏析［M］/ 秋坪著．—南京：凤凰出版社，2008

0394 唐诗宋词元曲导读［M］/ 滕振国著．—上海：上海大学出版社，2008

0395 唐宋词百首拔萃赏析［M］/ 冯好勤，朱金娥主编．—石家庄：河北教育出版社，2008

0396 唐宋词审美谈［M］/ 张福庆著．—北京：世界知识出版社，2008

0397 王兰馨赏析唐宋词［M］/ 王兰馨著．—武汉：长江文艺出版社，2008

0398 唐诗宋词元曲鉴赏［M］/ 徐寒主编．—北京：大众文艺出版社，2008（中国古典精品书系）

0399 中华宋词鉴赏辞典［M］/ 中华书局编辑部编．—北京：中华书局，2008

0400 百科图说宋词三百首：上［M］/ 刘杨忠主编．—北京：中国大百科全书出版社，2009

0401 北宋词风嬗变与文学思潮［M］/ 孙虹著．—上海：上海古籍出版社，2009（文史哲研究丛刊）

0402 词学的星空：20世纪词学名家传［M］/ 曾大兴著．—石家庄：河北人民出版社，2009

0403 古典诗歌研究汇刊：第6辑 第16册，北宋新旧党争与词学 上［M］/ 王璧宁著；龚鹏程主编．—台北：花木兰文化出版社，2009（古典诗歌研究汇刊）

0404 国人必知的2300个宋词鉴赏常识：上［M］/ 周晓孟，沈智主编．—沈阳：万卷出版公司，2009（国人必知）

0405 国人必知的2300个宋词鉴赏常识：下

[M]/沈智著.—沈阳：万卷出版公司，2009(国人必知)

0406 几度夕阳人倚楼：宋词经典解读[M]/施江主编.—上海：上海百家出版社，2009

0407 绝妙宋词[M]/李星译评.—长春：吉林文史出版社，2009(国学一本通)

0408 论三苏的经学活动[M]/金生杨著.—上海：华东师范大学出版社，2009

0409 全宋词审稿笔记[M]/王仲闻撰；唐圭璋批注.—北京：中华书局，2009

0410 伤高怀远几时穷：最美的宋词三百首[M]/彦如选编.—济南：山东文艺出版社，2009(99经典文库)

0411 宋词的文学质性研究[M]/许兴宝著.—成都：巴蜀书社，2009

0412 宋词故事[M]/丁世鑫编写.—杭州：浙江少年儿童出版社，2009(中国少年儿童启蒙经典)

0413 宋词鉴赏[M]/王兆鹏主编；郭红欣副主编.—武汉：长江文艺出版社，2009(传世经典鉴赏丛书)

0414 宋词鉴赏大典：第1卷[M]/王德先主编.—长春：吉林大学出版社，2009(理想藏书系列)

0415 探寻词苑的艺术与人生：唐宋词鉴赏讲演录[M]/王步高著.—福州：福建教育出版社，2009(名家讲坛)

0416 唐诗宋词的江湖[M]/李康化著.—上海：上海交通大学出版社，2009(艺术人文丛书)

0417 唐诗宋词鉴赏大全集[M]/李静等选编.珍藏本.—北京：华文出版社，2009

0418 唐诗宋词名篇导读[M]/刘怀荣，王海燕，张晓明等著.—北京：中国社会科学出版社，2009

0419 唐宋词传播方式研究[M]/钱锡生著.—上海：复旦大学出版社，2009

0420 唐宋词欣赏[M]/夏承焘著.—北京：北京出版社，2009(大家小书)

0421 文采风流唐宋词[M]/张小云著.—合肥：安徽人民出版社，2009

0422 一生最爱宋词[M]/贺静著.—沈阳：沈阳出版社，2009(含章行文)

0423 悦读悦美：歌不尽的风情[M]/侯皓元著.—西安：陕西人民出版社，2009

0424 词学抉微[M]/钟锦著.—上海：华东师范大学出版社，2010

0425 酒暖回忆思念瘦：唐宋词里的风花雪月[M]/陈清华著.—北京：电子工业出版社，2010

0426 每天读点宋词鉴赏常识[M]/詹衡宇主编.—沈阳：万卷出版公司，2010(每天读点系列)

0427 明代苏文研究史[M]/江枰著.—南昌：江西人民出版社，2010

0428 品宋词[M]/傅德岷，卢晋著.—上海：上海科学技术文献出版社，2010

0429 三苏[M]/周裕锴，宁智锋，李熙，李栋辉编著.—北京：中华书局，2010(璀璨星空)

0430 社会信息传播视野下的唐诗宋词[M]/彭军辉著.—北京：中国社会科学出版社，2010

0431 宋词背后的故事[M]/周晓虎编.—长春：吉林人民出版社，2010(青少年求知文库)

0432 宋词比较研究[M]/房日晰著.—合肥：安徽大学出版社，2010(中国诗学论丛)

0433 宋词管窥[M]/高明泉著.—银川：宁夏人民出版社，2010

0434 宋词鉴赏大全集[M]/《宋词鉴赏大全集》编委会编著.超值白金版.—北京：中国华侨出版社，2010(大全集)

0435 宋词密码［M］/常华著．—南京：江苏文艺出版社，2010

0436 宋词品鉴［M］/诸葛忆兵编著．插图本．—北京：中国人民大学出版社，2010（大众阅读系列）

0437 宋词三百首注评［M］/黄崇浩注评．—武汉：湖北人民出版社，2010

0438 宋词三百首新注［M］/杨海明著．—镇江：江苏大学出版社，2010（杨海明词学文集）

0439 宋词是黄昏的窗棂［M］/侯皓元著．—西安：陕西人民出版社，2010

0440 宋词是一朵情花［M］/李会诗著．—北京：石油工业出版社，2010（阅读大中国）

0441 宋词：天风海涛曲 幽怨缥缈音［M］/季南编著．—合肥：黄山书社，2010（国学杂谭）

0442 宋词通论［M］/朱自清著．—北京：中国三峡出版社，2010（四为书系）

0443 宋词与禅［M］/刘晓珍著．—北京：人民文学出版社，2010

0444 唐诗三百首·宋词三百首·元曲三百首大全集［M］/（清）蘅塘退士等选编．—北京：高等教育出版社，2010（国民人文素养大全集）

0445 唐诗宋词经典导读［M］/张海鸥编著．—广州：中山大学出版社，2010

0446 唐诗宋词名家鉴赏大全集［M］/张傲飞编．—北京：高等教育出版社，2010（国民人文素养大全集）

0447 唐宋词风格论·张炎词研究［M］/杨海明著．—镇江：江苏大学出版社，2010（杨海明词学文集）

0448 唐宋词简释［M］/唐圭璋著．—北京：人民文学出版社，2010

0449 唐宋词拾玉：以篇章结构分析为轴心［M］/陈满铭著；中华章法学会主编．—台北：万卷楼图书股份有限公司，2010（文学类）

0450 唐宋词通论［M］/吴熊和著．—上海：上海古籍出版社，2010（历代词通论）

0451 唐宋词艺术发展史［M］/邓乔彬著．—石家庄：河北人民出版社，2010

0452 问君能有几多愁：唐宋词里的风花雪月［M］/陈清华著．—北京：电子工业出版社，2010

0453 吴淡如新说：不可不读的50首唐宋词［M］/吴淡如著．—北京：中国广播电视出版社，2010（我的启蒙书）

0454 烟月不知人事改：宋词中的悲欢离合［M］/白落梅著．—长春：吉林出版集团有限责任公司，2010

0455 簪花的少年郎：宋词里的爱情与年华［M］/王芳芳著．—福州：福建人民出版社，2010

0456 最美的唐诗和宋词［M］/贾浓铀编著．—天津：天津古籍出版社，2010（百科大讲堂）

0457 20世纪词学名家研究［M］/曾大兴著．—北京：中华书局，2011（中华文史新刊）

0458 白香词谱：学词入门第一书［M］/舒梦兰著．—北京：人民文学出版社，2011（恋上古诗词）

0459 宋词三百首［M］/《传统国学典藏》编委会编著．—北京：中国画报出版社，2011（传统国学典藏）

0460 词学图录：第1册［M］/魏新河编著．—合肥：黄山书社，2011

0461 国学传世经典：唐诗宋词鉴赏［M］/邹斌．精编插图典藏版．—长春：北方妇女儿童出版社，2011

0462 经典宋词［M］/王值西选编．—杭州：浙江少年儿童出版社，2011（我的第一

套成长必读书）
0463 精选宋词与宋画［M］/（西）皮拉尔·贡萨雷斯译．—北京：五洲传播出版社，2011（中国传统文化精粹书系）
0464 全宋词评注：全10卷［M］/周笃文；马兴荣主编．—北京：学苑出版社，2011
0465 宋词管窥：1［M］/高明泉著．—银川：宁夏人民出版社，2011
0466 宋词管窥：2［M］/高明泉著．—银川：宁夏人民出版社，2011
0467 宋词管窥：3［M］/高明泉著．—银川：宁夏人民出版社，2011
0468 宋词鉴赏辞典［M］/唐圭璋，钟振振主编．—北京：商务印书馆国际有限公司，2011（中国古典诗词曲赋鉴赏系列工具书）
0469 宋词鉴赏大辞典［M］/刘石主编；清华大学《宋词鉴赏大辞典》编写组编．—北京：中华书局，2011
0470 宋词鉴赏一本通［M］/王禹翰编著．超值白金版．—沈阳：万卷出版公司，2011
0471 宋词讲读［M］/黎孟德著．现代插图版．—上海：上海科学技术文献出版社，2011（国学讲读）
0472 宋词名家名篇鉴赏［M］/李志敏编著．超值珍藏版．—北京：京华出版社，2011
0473 宋词名篇赏析［M］/段立超编著．—长春：吉林文史出版社，2011（中华文学经典必读丛书）
0474 宋词素描：在最美的宋词里浅唱低吟［M］/曾冬编．—长沙：湖南文艺出版社，2011（风尚听读图文典藏）
0475 宋词小札［M］/刘逸生著．—北京：中国青年出版社，2011（名家品经典）
0476 宋词原来可以这样读［M］/赵明华编著．—哈尔滨：黑龙江科学技术出版社，2011
0477 苏学发展学初探［M］/孟昭全编著．—眉山：苏轼文化研究会，2011
0478 唐诗宋词鉴赏辞典［M］/程帆主编．学生版．—长沙：湖南教育出版社，2011
0479 唐诗宋词全集［M］/武士明，许海杰编著．—北京：西苑出版社，2011
0480 唐诗宋词全鉴［M］/张志英著．—北京：中国纺织出版社，2011
0481 唐诗宋词研究［M］/戴伟华著．—广州：广东高等教育出版社，2011（高等学校特色专业建设点教材）
0482 唐诗宋词疑难解释［M］/胡昭选注．—北京：中国文史出版社，2011
0483 唐宋词鉴赏［M］/李永田编著．—北京：商务印书馆，2011
0484 唐宋词名句考论［M］/许兴宝著．—银川：宁夏人民出版社，2011
0485 唐宋词欣赏［M］/夏承焘著．—北京：北京出版社，2011（大家小书）
0486 一生必读的宋词三百首［M］/崔钟雷主编；（清）上彊村民编．—长春：吉林美术出版社，2011（小学生经典书架）
0487 词学档案［M］/谭新红主编．—武汉：武汉大学出版社，2012（中国学术档案大系）
0488 词学新视野：李清照辛弃疾暨词学国际学术研讨会论文集［M］/中国李清照辛弃疾学会编．—上海：上海古籍出版社，2012
0489 唐诗宋词 上［M］/思履主编．—北京：中国华侨出版社，2012（典藏经典）
0490 唐诗宋词 下［M］/思履主编．—北京：中国华侨出版社，2012（典藏经典）
0491 蒋勋说宋词［M］/蒋勋著．—北京：中信出版社，2012
0492 康震评说唐宋八大家：三苏［M］/康震著．—北京：中华书局，2012

0493 临水照花人：宋词的美丽与哀愁［M］/傅林著．—北京：中国华侨出版社，2012

0494 慢读宋词：珍爱源自生活的深情［M］/琹涵著．—北京：商务印书馆，2012（慢读书系）

0495 散落在唐诗宋词里的爱情［M］/兰泊宁著．—哈尔滨：黑龙江教育出版社，2012

0496 宋词大鉴赏［M］/姜钧编．—北京：外文出版社，2012

0497 宋词：花间的细诉［M］/蔡志忠编绘．—北京：生活·读书·新知三联书店，2012（蔡志忠中国古籍经典漫画）

0498 宋词鉴赏辞典［M］/兰东辉著．—北京：中国书籍出版社，2012

0499 宋词鉴赏大全集：上［M］/刘默，陈思思，黄桂月编著．—北京：中国华侨出版社，2012（中国人必读、必备的传世经典）

0500 宋词鉴赏大全集：下［M］/刘默，陈思思，黄桂月编著．—北京：中国华侨出版社，2012（中国人必读、必备的传世经典）

0501 宋词名篇100讲［M］/艾治平编．—天津：百花文艺出版社，2012

0502 宋词名篇赏析［M］/傅德岷，卢晋等编著．—成都：巴蜀书社，2012（传统文化名篇赏析丛书）

0503 宋词排行榜［M］/王兆鹏，郁玉英，郭红欣著．—北京：中华书局，2012

0504 宋词三百首［M］/（清）上彊村民选编．—哈尔滨：哈尔滨出版社，2012（知书达礼典藏）

0505 宋词三百首［M］/（清）上彊村民编；刘文兰注译．—武汉：崇文书局，2012（崇文国学经典文库）

0506 宋词三百首［M］/孙学堂，陈光新注析．—济南：山东画报出版社，2012（国学经典读本丛书）

0507 宋词三百首评注［M］/王水照等评注；上彊村民编选．—上海：上海远东出版社，2012（远东经典）

0508 宋词三百首全解详注［M］/（清）上彊村民编；王景略解．—北京：中国华侨出版社，2012

0509 宋词三百首赏析［M］/李秀艳编著．—延吉：延边大学出版社，2012（“博识教育”泛读文库）

0510 宋词赏析［M］/古典文学编辑组编注．—北京：中国财政经济出版社，2012

0511 唐诗说·悲欢的歌者 宋词说·花间的细诉［M］/蔡志忠编绘．—北京：生活·读书·新知三联书店，2012（蔡志忠古典漫画）

0512 唐诗宋词鉴赏［M］/华文兄弟文化公司主编．—长沙：湖南人民出版社，2012（中国文化经典珍藏本）

0513 唐诗宋词鉴赏辞典：无障碍阅读学生版［M］/程帆主编；段其民，王彦芳副主编．—长沙：湖南教育出版社，2012

0514 唐诗宋词元曲大鉴赏［M］/杨永胜，何红英主编．—北京：外文出版社，2012

0515 唐宋词的魅力：基于古典诗词曲之比较研究［M］/潘裕民著．—桂林：广西师范大学出版社，2012

0516 唐宋词经典：杨雨如是说［M］/杨雨著．—北京：商务印书馆国际有限公司，2012

0517 唐宋词深度导读［M］/丁凤来著．—苏州：苏州大学出版社，2012（中华经典深度导读丛书）

0518 唐宋词十八讲［M］/曾大兴编．—广州：中山大学出版社，2012

0519 唐宋词欣赏［M］/夏承焘著．—杭州：浙江古籍出版社，2012（诗文雅韵入门

小丛书）
0520 最美的宋词［M］/ 布谷鸟编．—北京：新星出版社，2012
0521 春江花月夜：宋词主体意象研究［M］/ 许兴宝著．—银川：宁夏人民出版社，2013
0522 词学：第 30 辑［M］/ 马兴荣，邓乔彬，方智范，高建中，等主编．—上海：华东师范大学出版社，2013（词学丛书）
0523 大写三苏［M］/ 熊朝东著．—北京：中国文史出版社，2013
0524 邓乔彬学术文集：第 4 卷 唐宋词艺术发展史，上［M］/ 邓乔彬著．—合肥：安徽师范大学出版社，2013
0525 邓乔彬学术文集：第 7 卷 词学论文集［M］/ 邓乔彬著．—合肥：安徽师范大学出版社，2013
0526 画里画外话宋词［M］/ 沙金，安之卿，昆兰著．—石家庄：河北教育出版社，2013（走进国学・现代释读丛书）
0527 黎教授教你读宋词［M］/ 黎孟德编著．—成都：巴蜀书社，2013（国学名师课堂）
0528 名家讲宋词［M］/《文史知识》编辑部编．—北京：中华书局，2013（《文史知识》主题精华本）
0529 那情 那人 那诗：唐诗宋词里的美丽与哀愁［M］/ 王子居编．—北京：中国言实出版社，2013
0530 宋词［M］/ 郭英，雷鸿昌编著．—兰州：兰州大学出版社，2013（故事里的文学经典）
0531 宋词基础百科［M］/ 黄勇编．—南宁：广西美术出版社，2013
0532 宋词经典［M］/ 黄勇主编．—汕头：汕头大学出版社，2013
0533 宋词经典品读［M］/ 杨庆存著．—北京：蓝天出版社，2013（国学普及丛书）
0534 宋词精选［M］/ 赵霞主编．—兰州：甘肃少年儿童出版社，2013（少儿注音读物系列）
0535 宋词精选全解［M］/ 蔡义江著．—北京：龙门书局，2013
0536 宋词名家名篇鉴赏［M］/《经典读库》编委会编著．—南京：江苏美术出版社，2013（经典读库）
0537 宋词三百首［M］/ 徐峙编著．彩图版．—北京：北京联合出版公司，2013（传世经典）
0538 宋词三百首大师导读［M］/ 华夏国学书院主编．—北京：石油工业出版社，2013（阅读大中国）
0539 宋词三百首笺注［M］/ 唐圭璋笺注．—北京：人民文学出版社，2013（名家名选典藏）
0540 宋词三百首简注［M］/ 萧希凤注．—北京：对外经济贸易大学出版社，2013（经典中国：国学系列丛书）
0541 宋词三百首全解［M］/（清）上彊邨民编．—北京：中国华侨出版社，2013
0542 宋词三百首全解［M］/（清）朱孝臧编选；王思熠主编．—北京：中国华侨出版社，2013
0543 宋词三百首注释［M］/（清）朱祖谋编；季南注释．—上海：上海三联书店，2013（中国古典文化大系）
0544 宋词赏析［M］/ 沈祖棻著．—北京：北京出版社，2013（大家小书）
0545 宋词通史［M］/ 肖鹏著．—南京：凤凰出版社，2013
0546 宋代文学四大家研究［M］/ 欧明俊著．—北京：人民出版社，2013
0547 宋词选读［M］/ 毛文琦编．—杭州：浙江古籍出版社，2013（国学基本教材）
0548 宋词：中国文化长廊的璀璨明珠［M］/“青少年成长必读经典书系”编委

会主编．—郑州：河南科学技术出版社，2013（青少年成长必读经典书系）

0549 唐诗宋词简明读本［M］/姜夕吉著．—北京：国家行政学院出版社，2013（智慧知识书系）

0550 唐诗宋词研究［M］/冷成金著．—北京：中国人民大学出版社，2013（21世纪通才教育系列教材）

0551 唐诗宋词元曲［M］/啄言主编．—北京：中国华侨出版社，2013（国学典藏）

0552 唐宋词名家论稿［M］/叶嘉莹著．—台北：大块文化出版股份有限公司，2013（叶嘉莹作品集）

0553 唐宋词名篇新探［M］/李明，袁海霞著．—天津：天津大学出版社，2013

0554 唐宋词十七讲［M］/叶嘉莹著．—台北：大块文化出版股份有限公司，2013（叶嘉莹作品集）

0555 在最美宋词里邂逅最美的爱情［M］/宋默著．—北京：中国华侨出版社，2013

0556 北宋词史：上［M］/陶尔夫，诸葛忆兵著．—哈尔滨：北方文艺出版社，2014

0557 北宋词政治抒情研究［M］/李世忠著．—北京：中国社会科学出版社，2014

0558 重编三苏《南行集》［M］/张忠全主编．—北京：中国文联出版社，2014

0559 纪光明行草书宋词鉴赏［M］/卢晓华编．—广州：暨南大学出版社，2014（国粹鉴赏系列）

0560 蒋勋说宋词［M］/蒋勋著．—北京：中信出版社，2014（中国文学之美系列）

0561 两宋词律集萃［M］/姚康铃著．—成都：巴蜀书社，2014

0562 人生自是有情痴：宋词之美［M］/马银华著．—郑州：海燕出版社，2014（华夏文库）

0563 三苏集：苏洵 苏轼 苏辙词品读［M］/（宋）苏洵，苏轼，苏辙著．—沈阳：万卷出版公司，2014（国学枕边书）

0564 三苏集选注［M］/（宋）苏洵，苏轼，苏辙著．—合肥：黄山书社，2014（国学枕边书）

0565 宋词比较论［M］/龚鹏程主编；房日晰著．—台北：花木兰文化出版社，2014（古典诗歌研究汇刊）

0566 宋词风光［M］/田源源著．—贵阳：贵州教育出版社，2014

0567 宋词：花间的细诉［M］/蔡志忠编绘．彩版．—济南：山东人民出版社，2014（漫画中国经典系列）

0568 宋词名家集评［M］/蔡骏编著．—合肥：合肥工业大学出版社，2014

0569 宋词三百首导读［M］/上官紫微编著．—北京：中国纺织出版社，2014

0570 宋词三百首译析［M］/上彊邨民编；李淼译注．—长春：吉林文史出版社，2014（双色线描绘图韵文系列）

0571 宋词是一杯清酒：2：李清照词传［M］/淡淡流年著．—北京：时事出版社，2014

0572 宋词通论［M］/薛砺若著．—上海：上海三联书店，2014（民国沪上初版书）

0573 宋词之美：情愫深深在词间［M］/简墨著．—北京：当代中国出版社，2014（中国文化之美）

0574 宋词纵谈［M］/陈迩冬著．—北京：生活·读书·新知三联书店，2014（中学图书馆文库）

0575 苏门词人群体概论［M］/陈中林，徐胜利著．—武汉：湖北人民出版社，2014

0576 唐宋词举要［M］/彭玉平撰．—北京：商务印书馆，2014

0577 唐宋词拾玉：以篇章结构分析为轴心［M］/陈满铭著．—台北：万卷楼图书股

份有限公司，2014（辞章章法学体系建构丛书）

0578 浮世清歌：宋词三百首精选 12 宋词观止 上［M］/ 南山编著．—北京：中国文联出版社，2015

0579 两宋词集的传播与接受史研究［M］/ 邓子勉著．—上海：华东师范大学出版社，2015

0580 莫问归处：藏在宋词中的缱绻往事［M］/ 云葭著．—北京：机械工业出版社，2015

0581 浅酌低唱：宋词背后的故事［M］/ 刘继保编著．—合肥：黄山书社，2015（古典新读）

0582 清代常州派四部词选评点唐宋词研究：上［M］/ 徐秀菁著．—台北：花木兰文化出版社，2015（古典诗歌研究丛刊）

0583 宋词藏情录：缓步微吟，勾起四十幅心底深处的和煦光景［M］/ 栞涵著．—：日出，2015（翻玩古典）

0584 宋词风光［M］/ 田源源著．—贵阳：贵州教育出版社，2015（星光丛书）

0585 宋词鉴赏大全［M］/ 墨香斋译评．—北京：中国纺织出版社，2015

0586 宋词里的大宋［M］/ 彭娇妍著．—北京：线装书局，2015

0587 宋词论集：上［M］/ 谢桃坊著．—台北：花木兰文化出版社，2015（古典诗歌研究丛刊）

0588 宋词三百首［M］/（清）上彊村民选编．—武汉：崇文书局，2015（崇文国学经典普及文库）

0589 宋词三百首［M］/（清）上彊村民编；齐红编译．—合肥：黄山书社，2015（国绘·绽放惊艳的古典诗词）

0590 宋词三百首鉴赏辞典［M］/ 何光顺，周密主编．—武汉：崇文书局，2015（崇文馆中华诗文鉴赏典丛）

0591 宋词三百首注释［M］/（清）朱祖谋编著；季南注释．—北京：联合出版公司，2015

0592 宋词史话［M］/ 傅宇斌著．—北京：社会科学文献出版社，2015（中国史话）

0593 宋词通论［M］/ 薛砺若著．—北京：北京联合出版公司，2015（民国大师文库）

0594 宋词选读［M］/ 秋霞圃书院，毛文琦著．—上海：华东师范大学出版社，2015（国学基本教材）

0595 宋词纵谈［M］/ 陈迩冬著．—北京：生活·读书·新知三联书店，2015（三联·精选阅读文库）

0596 苏门诗人贬谪诗歌研究［M］/ 石蓬勃著．—北京：人民出版社，2015

0597 踏梦犹唱蝶恋花：荡漾在宋词里的风流雅韵［M］/ 徐昌才著．—太原：北岳文艺出版社，2015

0598 唐宋词百品［M］/ 苏若获编著．—北京：经济科学出版社，2015（品读诗词中国）

0599 温和地走进宋词的凉夜［M］/ 夏昆著．—厦门：鹭江出版社，2015（中国最美语文系列）

0600 休闲宋词鉴赏辞典［M］/ 刘尊明，朱崇才编著．—北京：商务印书馆，2015

0601 中国宋词［M］/ 吴颐人书．—上海：上海科学技术文献出版社，2015（吴颐人汉简书法）

0602 走进古诗词：宋词里的悲欢离合［M］/ 吕远洋著．—苏州：苏州大学出版社，2015

0603 最美宋词［M］/ 陶妙如主编．—长沙：湖南教育出版社，2015（中华最美诗文选）

0604 最美宋词鉴赏［M］/《微经典》编委会编著．—南京：江苏美术出版社，2015（微经典）

0605 最相思莫如宋词［M］/随园散人著．—南昌：百花洲文艺出版社，2015（博采雅集重温经典国学丛书）

0606 北宋词境浅说［M］/人文学术编辑部．—北京：北京出版社，2016（大家小书）

0607 不忆相逢 与君同梦：俞平伯点评唐宋词［M］/俞平伯著．—北京：北京联合出版公司，2016

0608 词学胜境［M］/唐圭璋著．纪念典藏本．—北京：中华书局，2016

0609 花千树：宋词是一朵情花（全新增订本）［M］/李会诗著．—北京：中国人民大学出版社，2016

0610 两宋词境浅说［M］/俞陛云著．—北京：北京出版社，2016

0611 名家讲宋词［M］/《文史知识》编辑部编．插图本．—北京：中华书局，2016

0612 启功给你讲宋词［M］/启功选注；吕立人整理．—北京：中华书局，2016

0613 千秋一寸心：周汝昌讲唐诗宋词［M］/周汝昌著．插图典藏本．—北京：中华书局，2016

0614 三苏评传［M］/曾枣庄著．—上海：上海书店出版社，2016

0615 宋词背后的秘密［M］/林玉玫著．—北京：北京联合出版公司，2016

0616 宋词概论［M］/谢桃坊著．—成都：四川文艺出版社，2016

0617 宋词：换一个角度欣赏［M］/夏爱江著．—北京：现代出版社，2016

0618 宋词三百首赏译［M］/范晓燕编著．—北京：中国人民大学出版社，2016

0619 宋词三百首详注［M］/谷玉婷编著．—北京：中国华侨出版社，2016

0620 宋词赏析［M］/沈祖棻著．—北京：北京出版社，2016（大家小书）

0621 宋词是一朵情花［M］/玉裁，鲁丹著．超值全彩白金版．—北京：北京联合出版公司，2016

0622 宋词小札［M］/刘逸生著．—北京：中国青年出版社，2016（名家品经典）

0623 宋词与中医［M］/胡献国，胡熙曦主编．—武汉：湖北科学技术出版社，2016（趣味中医丛书）

0624 唐诗宋词鉴赏辞典［M］/乐云，黄鸣主编．—武汉：崇文书局，2016（中华诗文鉴赏典丛）

0625 唐诗与宋词［M］/莫砺锋著．—南京：南京大学出版社，2016（南京大学孔子新汉学）

0626 唐宋词对六朝文学的接受［M］/郑虹霓著．—合肥：黄山书社，2016

0627 唐宋词鉴赏辞典［M］/吴中胜，黄鸣主编．—武汉：崇文书局，2016（中华诗文鉴赏典丛）

0628 唐宋词名篇评析［M］/党圣元编著．—北京：商务印书馆，2016（文津名家诗词赏析）

0629 唐宋词启蒙［M］/李霁野著．—北京：北京出版社，2016（大家小书）

0630 唐宋词欣赏［M］/夏承焘著．—北京：北京出版社，2016

0631 唐宋词小令精华［M］/徐培均评注．—合肥：黄山书社，2016（经典宋词）

0632 图解宋词三百首［M］/上疆村民编选；崇贤书院释译．—合肥：黄山书社，2016（经典传家系列丛书）

0633 薛砺若宋词通论［M］/薛砺若著．—长春：吉林出版集团有限责任公司，2016（中国学术名著丛书）

0634 一眼抵过万千爱：流转在宋词里的风情雅韵［M］/徐昌才著．—北京：文化发展出版社，2016

0635 吟赏烟霞：唐宋词名篇导读［M］/王兆

鹏著．—北京：群言出版社，2016

0636 管士光文存：第6卷 唐诗精选 宋词精选［M］/管士光著．—北京：人民出版社，2017

0637 回首萧瑟处：探寻宋词背后的历史尘烟［M］/文浩著．—西安：陕西师范大学出版社，2017

0638 名家读唐宋词［M］/西渡著．—北京：京华出版社，2017（名家领读系列）

0639 品宋词：习典故［M］/常华．—南京：江苏文艺出版社，2017（诗词里的中国）

0640 瞿髯论词绝句：跟大师学诗词［M］/夏承焘著；吴无闻注．典藏本．—北京：中华书局，2017

0641 世间最美的宋词［M］/陈写意编著．—上海：文汇出版社，2017

0642 世间最美的遇见：宋词21讲［M］/霍明琨著．—石家庄：花山文艺出版社，2017

0643 宋词诞生的地方［M］/李振华，丁慧琴编．—济南：山东画报出版社，2017

0644 宋词鉴赏［M］/笠翁编．珍藏本．—北京：中国华侨出版社，2017

0645 宋词鉴赏［M］/贾太宏编译．足本原著无障碍．—天津：天津人民出版社，2017

0646 宋词三百首笺注［M］/唐圭璋笺注．—北京：人民文学出版社，2017

0647 宋词三百首详注［M］/李华编著．—南昌：百花洲文艺出版社，2017（国学基础读本）

0648 宋词三百首译注评［M］/毕宝魁著．—北京：现代出版社，2017

0649 宋词中的旅游［M］/李金早著．—北京：中国旅游出版社，2017（中华旅游诗词曲赋丛书·第一辑）

0650 踏梦犹唱蝶恋花：荡漾在宋词里的风流雅韵［M］/徐昌才著．—太原：北岳文艺出版社，2017

0651 唐诗宋词嘉年华［M］/崔勇主编．—济南：山东科学技术出版社，2017

0652 唐诗宋词鉴赏：释义+解词+拼音［M］/刘敬余著．—北京：北京教育出版社，2017（经典名著）

0653 唐诗宋词新构［M］/南岸著．—武汉：长江文艺出版社，2017

0654 唐诗宋词元曲［M］/思履主编．—北京：红旗出版社，2017

0655 唐诗与宋词［M］/莫砺锋著．—南京：南京大学出版社，2017

0656 唐宋词简释［M］/唐圭璋选释．—北京：人民文学出版社，2017

0657 唐宋词鉴赏［M］/王钟陵编著．—成都：四川辞书出版社，2017

0658 唐宋词鉴赏［M］/程建忠主编．—成都：电子科技大学出版社，2017

0659 唐宋词绝唱［M］/谭新红，柯贞金编著．—北京：中华书局，2017

0660 唐宋词名篇精赏［M］/宋恪震著．—郑州：海燕出版社，2017

0661 唐宋词心解［M］/谷卿著．—北京：北京联合出版公司，2017（“至元集林”丛书）

0662 唐宋词与士林文化研究［M］/范晓燕著．—北京：中国社会科学出版社，2017（深圳学派建设丛书）

0663 相思莫相负：品味宋词的极致之美［M］/蔡多著．—北京：华龄出版社，2017

0664 相忘于江湖：宋词里的旖旎与哀愁［M］/李暮著．—武汉：长江文艺出版社，2017（浪漫古典行·唯美卷）

0665 域外汉籍传播与中韩词学交流［M］/杨焄著．—上海：上海古籍出版社，2017

0666 只有香如故：宋词十三星宿背后的故事［M］/独秀山著．—深圳：海天出版社，2017

苏轼研究

0667 苏文忠天际乌云帖真迹[M]/(宋)苏轼书.—上海：商务印书馆，1915

0668 东坡居士养生论墨宝：清内府藏[M]/(宋)苏轼书.—上海：有正书局，1919

0669 东坡逸事[M]/沈宗元编.—上海：商务印书馆，1919

0670 东坡逸事续编[M]/沈宗元编.—上海：商务印书馆，1920

0671 东坡居士洞庭春色赋墨迹：清内府藏[M]/(宋)苏轼书.—上海：有正书局，1922

0672 东坡墨迹三种合册[M]/(宋)苏轼书.—上海：有正书局，1922

0673 苏东坡诗集注32卷：附年谱1卷[M]/(宋)王十朋纂辑.—上海：扫叶山房，1922

0674 东坡和陶合笺：4卷[M]/(清)温汝能签注.—上海：扫叶山房，1925

0675 三苏文集：东坡集 卷1—10[M]/(宋)苏洵撰.—不详：会文堂书局，1925

0676 东坡赤壁集：6卷[M]/汪燊辑.—武昌：武昌正信印务馆，1926

0677 苏东坡尺牍[M]/(宋)苏东坡，黄庭坚著；陶乐勤标点.—不详：大中书局，1926

0678 苏东坡尺牍卷：上[M]/文明书局编.—上海：文明书局，1926(唐宋十大家尺牍)

0679 苏东坡尺牍卷：下[M]/文明书局编.—上海：文明书局，1926(唐宋十大家尺牍)

0680 苏辛词[M]/叶绍钧选注.—上海：商务印书馆，1927

0681 东坡乐府：2卷[M]/(宋)苏轼著.—上海：上海商务印书馆，1929

0682 东坡生活[M]/胡怀琛编著.—上海：世界书局，1929(生活丛书)

0683 苏东坡书醉翁亭记[M]/(宋)苏轼书.—上海：文明书局，1930

0684 苏轼诗[M]/(宋)苏轼著；严既澄选注.—上海：商务印书馆，1931

0685 音注苏东坡诗[M]/(清)王士禛选；王文濡音注.—上海：文明书局，1932

0686 黄山谷苏东坡尺牍合璧[M]/薛恨生标点.—上海：新文化书社，1933

0687 东坡生活[M]/胡怀琛编著.—上海：世界书局，1934

0688 苏东坡 黄山谷尺牍[M]/陈伯陶标点；潘公昭校阅.—大连：大连图书供应社，1934

0689 苏东坡·欧阳修·王安石话体诗选[M]/陶乐勤选注.—上海：民智书店，1934

0690 苏文忠公海外集：第1卷[M]/(宋)苏轼著.—海口：海南书局，1934

0691 东坡大楷醉翁亭记精华[M]/(宋)欧阳修;(宋)苏轼书.—上海：世界书局，1935

0692 苏东坡尺牍[M]/(宋)苏轼著；储菊人校订.—不详：中央书店，1935

0693 苏东坡文选：详注国学读本[M]/(宋)苏轼著；吴瑞书编；储菊人校订.—不详：中央书店，1935

0694 苏轼诗选[M]/(宋)苏轼著；王学正编.—上海：经纬书局，1935

0695 东坡和陶诗[M]/(宋)苏轼著.—上海：国学整理社，1936

0696 东坡乐府笺：上[M]/(宋)苏轼著；龙榆生校笺.—北京：商务印书馆，1936

0697 东坡乐府笺：下[M]/(宋)苏轼著；龙榆生校笺.—北京：商务印书馆，1936

0698 东坡题跋：1[M]/(宋)苏轼著.—北京：商务印书馆，1936

0699 东坡题跋：2[M]/(宋)苏轼著.—北京：商务印书馆，1936

0700 苏东坡笔记：名人笔记说部[M]/(宋)苏轼著；周去病标点.—不详：大达图书供应社，1936

0701 苏东坡黄山谷尺牍合璧[M]/黄始辑；薛恨生标点.—不详：新文化书社，1936

0702 苏东坡全集[M]/(宋)苏轼著.—上海：世界书局，1936

0703 苏东坡文：下[M]/储同人选编.—上海：中华书局，1936

0704 吴礼部诗话：杂说 附东坡诗话录[M]/吴师道撰；王云五主编.—上海：商务印书馆，1936

0705 音注苏东坡文[M]/(宋)苏轼著；储同人选，中华书局辑注.—上海：中华书局，1936(中国文学精华)

0706 东坡文谈录：及其他二种[M]/王云五主编.—北京：商务印书馆，1937

0707 东坡文谈录[M]/王世贞著.—北京：商务印书馆，1937

0708 苏东坡[M]/周景濂编著.—南京：正中书局，1937

0709 苏东坡全集：1—16集[M]/(宋)苏轼著；崔龙编.—不详：大东书局，1937

0710 音注苏东坡诗[M]/(宋)苏轼著；王渔洋选；中华书局辑注.—上海：中华书局，1937(中国文学精华)

0711 东坡乌台诗案[M]/朋九万编.—北京：商务印书馆，1939(丛书集成初编)

0712 苏东坡词[M]/(宋)苏轼著.—上海：中华书局，1941(中国文学精华)

0713 苏东坡文：上[M]/储同人选编.—北京：中华书局，1941

0714 音注苏东坡诗[M]/(宋)苏轼著；中华书局辑注.—上海：中华书局，1941(中国文学精华)

0715 音注苏东坡文：上[M]/(宋)苏轼著；中华书局辑注.—上海：中华书局，1941(中国文学精华)

0716 音注苏东坡文：下[M]/(宋)苏轼著；中华书局辑注.—上海：中华书局，1941(中国文学精华)

0717 苏东坡[M]/章衣平编.—上海：儿童书局，1946

0718 东坡禅学诗文要解[M]/(宋)苏轼著；江谦注解.—上海：灵峰正眼印经会，1947(阳复斋丛刊)

0719 东坡乐府[M]/(宋)苏轼著.—上海：古典文学出版社，1957

0720 苏轼诗选[M]/(宋)苏轼著；陈迩冬选注.—北京：人民文学出版社，1957

0721 东坡乐府笺：3卷[M]/(宋)苏轼著；龙榆生校笺.—北京：商务印书馆，1958

0722 苏东坡全集索引[M]/(日)佐伯富编.—上海：汇文堂书店，1958

0723 东坡乐府：1[M]/(宋)苏轼著.—北京：中华书局，1959

0724 东坡乐府：2［M］/（宋）苏轼著．—北京：中华书局，1959
0725 苏东坡诗词选［M］/（宋）苏轼著；陈迩冬选注．—北京：人民文学出版社，1960（文学小丛书）
0726 文同·苏轼［M］/于风编著．—上海：上海人民美术出版社出版，1960
0727 宋苏轼墨迹：上［M］/台北故宫博物院编辑委员会编辑．—台北：故宫博物院，1963
0728 宋苏轼墨迹：下［M］/台北故宫博物院编辑委员会编辑．—台北：故宫博物院，1963
0729 苏轼丰乐亭记［M］/（宋）苏轼书；辽宁省博物馆编．—沈阳：辽宁美术出版社，1963
0730 苏东坡丰乐亭记字帖［M］/朱宏达，朱磊著．—不详：朵云轩，1964
0731 苏东坡墨迹选［M］/（宋）苏轼书．—上海：上海古籍书店，1965
0732 东坡南迁词考辨［M］/薛瑞生著．—成都：四川大学出版社，1966
0733 苏轼与道家道教［M］/钟来因著．—台北：台湾学生出版社，1968
0734 苏东坡全集［M］/（宋）苏轼著．—上海：世界书局，1969
0735 增补苏东坡年谱会证［M］/屈万里，许倬云主编．—台北：台湾大学文学院，1969（台湾大学文史丛刊）
0736 苏东坡传［M］/林语堂著；宋碧云译．—北京：远景出版事业公司，1970
0737 苏东坡词选［M］/叶绍钧选注．—台北：信成书局，1973
0738 苏文忠天际乌云帖真迹［M］/宝苏室收藏．—北京：商务印书馆，1973
0739 宋苏轼治平帖［M］/（宋）苏轼书；故宫博物院编．—北京：文物出版社，1977
0740 苏东坡墨记选［M］/上海古籍出版社编辑部编．—上海：上海古籍出版社，1978
0741 东坡乐府［M］/（宋）苏轼著．—上海：上海古籍出版社，1979（词林集珍）
0742 苏东坡诗词选注［M］/陈迩冬选注．—香港：万里书店，1979
0743 苏文忠公诗编注集成：1—6册［M］/王文诰著．—台湾：台湾学生书局，1979
0744 沈尹默行书墨迹：录苏东坡题跋语［M］/沈尹默书．—上海：上海书画出版社，1980
0745 苏东坡年谱［M］/古柏著．—眉山：四川省眉山三苏文管所，1980
0746 苏轼选集［M］/（宋）苏轼著；张志烈，张晓蕾选注．—北京：人民文学出版社，1980
0747 苏轼研究专集［M］/四川大学学报编辑部．四川大学中文系唐宋文学研究室编辑．—成都：四川人民出版社，1980
0748 苏辛词比较研究［M］/陈满铭著．—台北：文津出版社，1980
0749 东坡小品［M］/（宋）苏轼著；陈迩冬，郭隽杰选注．—南昌：江西人民出版社，1981（百花洲文库）
0750 东坡志林［M］/（宋）苏轼著；王松龄点校．—北京：中华书局，1981（唐宋史料笔记丛刊）
0751 论苏轼的创作经验［M］/徐中玉著．—上海：华东师范大学出版社，1981
0752 三难苏东坡［M］/白木编．—长春：吉林人民出版社，1981（古代故事选）
0753 苏东坡［M］/颜中其著．—哈尔滨：黑龙江人民出版社，1981
0754 苏东坡词选释［M］/（宋）苏轼著；曾凡礼选释．—呼和浩特：内蒙古人民出版社，1981
0755 苏东坡在海南［M］/儋县文化馆编辑．

—儋县：儋县文化馆，1981

0756 苏东坡字帖［M］/（宋）苏轼书．—成都：四川人民出版社，1981

0757 苏轼［M］/ 王水照著．—上海：上海古籍出版社，1981

0758 苏轼评传［M］/ 曾枣庄著．—成都：四川人民出版社，1981

0759 苏轼书欧阳永叔醉翁亭记［M］/（宋）苏轼书．—郑州：中州书画社，1981

0760 苏轼选集［M］/ 刘乃昌选注．—济南：齐鲁书社，1981

0761 东坡词论丛：第 1 辑［M］/（宋）苏轼著研究会编．—成都：四川人民出版社，1982

0762 东坡词论丛：第 2 辑［M］/（宋）苏轼著研究会编．—成都：四川人民出版社，1982

0763 东坡词论丛：第 4 辑［M］/（宋）苏轼著研究会编．—成都：四川人民出版社，1982

0764 何绍基书苏东坡诗［M］/（清）何绍基书．—武汉：武汉市古籍书店，1982

0765 苏东坡的故事：石钟山探奇［M］/ 李泽儒编．—北京：中国旅游出版社，1982

0766 苏东坡诗词新译［M］/（宋）苏轼著；许渊冲译．—香港：商业出版社有限公司，1982

0767 苏东坡诗词选［M］/（宋）苏东坡；陈迩冬选注．—北京：人民文学出版社，1982（文学小丛书）

0768 苏东坡外传［M］/ 杨涛著．—台北：世界文物出版社，1982

0769 苏轼诗集 1—8 册［M］/（宋）苏轼著；（清）孔凡礼点校；（清）王文诰辑注．—北京：中华书局，1982

0770 苏轼诗选注［M］/（宋）苏轼著；吴鹭山等编注．—天津：百花文艺出版社，1982

0771 苏轼文学论集［M］/ 王永昌编．—济南：齐鲁书社，1982

0772 苏轼研究论文集：第 1 辑 东坡词论丛［M］/ 苏轼研究学会编．—成都：四川人民出版社，1982

0773 苏轼与惠州［M］/ 惠阳地区文联，惠阳地区文化局，惠州市文联编．—惠州：惠州市印刷厂（内部发行），1982

0774 传记·掌故·趣闻：5 苏东坡外传［M］/ 杨涛著．—台北：世界文物出版社，1982

0775 东坡赤壁的传说［M］/ 王金海主编．—黄冈：湖北省黄冈地区群众艺术馆，1983（民间文学选编）

0776 东坡林志池笔记［M］/ 本社注．—上海：华东师范大学出版社，1983

0777 东坡诗论丛［M］/ 苏轼研究学会编．—成都：四川人民出版社，1983

0778 东坡志林［M］/（宋）苏轼著；华东师范大学古籍研究所点校注释．—上海：华东师范大学出版社，1983

0779 宋人笔记小说：东坡志林 仇池笔记［M］/ 华东师范大学古籍研究所点校注释．—上海：华东师范大学出版社，1983

0780 苏东坡词［M］/ 曹树铭校编．—台北：台湾商务印书馆，1983

0781 苏东坡新传：上［M］/ 李一冰著．—台北：联经出版事业公司，1983

0782 苏东坡新传：下［M］/ 李一冰著．—台北：联经出版事业公司，1983

0783 苏轼关于散文创作的理论及实践［M］/ 柯大课著．—北京：中国社会科学出版社，1983

0784 苏轼黄州劳作诗析［M］/ 饶学刚著．—成都：四川人民出版社，1983

0785 苏轼毗陵易传的哲学思想［M］/ 孔繁著．—北京：三联书店，1983

0786 苏轼书醉翁亭记［M］/（宋）苏轼书．无缺字本．—北京：中国书店，1983

0787 苏轼新论［M］/朱靖华著．—济南：齐鲁书社，1983

0788 天才诗人：苏东坡传记［M］/（日）横田辉俊著；谭继山译．—台北：大万盛出版有限公司，1983

0789 东坡禅喜集 平等阁笔记［M］/蓝吉富主编．—台北：弥勒出版社，1984（现代佛学大系）

0790 东坡赤壁诗词选［M］/丁永淮，吴闻章选注．—武汉：湖北人民出版社，1984

0791 东坡纪念馆［M］/吴定贤编写．—广州：广东旅游出版社，1984

0792 东坡判案［M］/李光羽，竺干华改编；高云等绘画．—上海：少年儿童出版社，1984（中国古代画家故事）

0793 苏东坡草书醉翁亭记［M］/（宋）苏轼书；王瑞五收藏．—成都：四川人民出版社，1984

0794 苏东坡词选［M］/于培杰，孙言庄注译．—石家庄：花山文艺出版社，1984

0795 苏东坡的故事［M］/丁永淮，熊文祥著．—武汉：长江文艺出版社，1984

0796 苏东坡诗词文译释［M］/（宋）苏轼著；郑孟彤编著．—哈尔滨：黑龙江人民出版社，1984

0797 苏东坡轶事汇编［M］/颜中其编注．—长沙：岳麓书社，1984

0798 苏轼豪放词派的涵义和评价问题［M］/王水照著．—上海：上海古籍出版社，1984

0799 苏轼及其作品［M］/丛鉴，柯大课著．—长春：吉林人民出版社，1984

0800 苏轼评传［M］/曾枣庄著．修订本．—成都：四川人民出版社，1984

0801 苏轼文艺理论研究［M］/刘国珺著．—天津：南开大学出版社，1984

0802 苏轼选集［M］/（宋）苏轼著；王水照选注．—上海：上海古籍出版社，1984

0803 元鲜于枢书苏轼海棠诗［M］/《历代碑帖法书选》编辑组编．—北京：文物出版社，1984

0804 东坡胜迹诗联选［M］/朱玉书选编．—海口：海南人民出版社，1985

0805 东坡诗话录［M］/（元）陈秀民编．—北京：中华书局，1985（丛书集成初编）

0806 东坡题跋：1—2册［M］/（宋）苏轼著．—北京：中华书局，1985（丛书集成初编）

0807 东坡文谈录［M］/（元）陈秀民编．—北京：中华书局，1985（丛书集成初编）

0808 东坡乌台诗案［M］/朋九万撰．—北京：中华书局，1985

0809 东坡先生艾子杂说 渔樵闲话［M］/（宋）苏轼著；江盈科撰．—郑州：天一出版社，1985

0810 东坡选集［M］/（宋）苏轼著；曹慕樊，徐永年主编；西南师范大学中文系古典文学教研室选注．—成都：四川人民出版社，1985

0811 宋苏东坡书天际乌云帖真迹昆阳城赋墨迹合册［M］/苏东坡书．—成都：成都古籍书店，1985

0812 苏东坡［M］/陈华昌著．—北京：中华书局，1985

0813 苏东坡的传说［M］/李秀春，程景林编．—郑州：黄河文艺出版社，1985

0814 苏东坡的故事［M］/冯进著．—成都：四川少年儿童出版社，1985

0815 苏东坡洞庭春色赋 中山松醪卷墨迹［M］/（宋）苏东坡书；吉林美术出版社编辑．—长春：吉林美术出版社，1985

0816 苏东坡和杭州［M］/莫高著．—杭州：浙江人民出版社，1985（浙江历史小丛书）

0817 苏东坡书醉翁亭记[M]/苏东坡著.—武汉:武汉古籍书店影印,1985

0818 苏东坡与三苏祠[M]/彭宗林著.—成都:四川人民出版社,1985

0819 苏轼论文艺[M]/颜中其著.—北京:北京出版社,1985

0820 苏轼全集[M]/(宋)苏轼著.—北京:中国书店,1985

0821 苏轼书罗池庙迎享送神诗碑[M]/(宋)苏轼书.—郑州:河南美术出版社,1985

0822 苏文忠公海外集[M]/(宋)苏轼著.—海口:海南师专图书馆,1985

0823 苏文忠公诗编注集成总案[M]/(清)王文诰撰.—成都:巴蜀书社,1985

0824 一代文豪苏东坡[M]/孙耀武编.—郑州:河南人民出版社,1985(历史小故事丛书)

0825 东坡文论丛[M]/苏轼研究学会编.—成都:四川文艺出版社,1986

0826 东坡研究论丛[M]/苏轼研究学会编.—成都:四川文艺出版社,1986

0827 桄榔庵东坡书院楹联选:附东坡书院简介[M]/儋县东坡书院管理处编.—儋县:儋县东坡书院管理处,1986

0828 论苏轼岭南诗及其他:苏轼研究学会全国第三次学术讨论会论文集[M]/苏轼研究学会编.—广州:广东人民出版社,1986

0829 欧阳修苏轼辞赋之比较研究[M]/陈韵竹著.—台北:文史哲出版社,1986

0830 千古风流苏东坡[M]/姜涛主;陈桂芬著.—台北:庄严出版社,1986(中国文学艺术家传记第1册)

0831 苏东坡的传说[M]/丁永淮,熊文祥著.—北京:中国文联出版公司,1986

0832 苏东坡洞庭春色赋 中山松醪卷墨迹[M]/(宋)苏东坡书.—武汉:武汉市古籍书店,1986

0833 苏东坡丰乐亭记[M]/苏东坡书著.—上海:上海书店出版社,1986

0834 苏东坡书丰乐亭记[M]/(宋)苏轼书.—上海:上海书店出版社,1986

0835 苏东坡外传:传记 掌故 趣闻[M]/杨涛著.—台北:世界文物出版社,1986

0836 苏东坡传[M]/林语堂编著.—台北:金兰文化出版社,1986(林语堂经典名著)

0837 苏轼的故事[M]/王元明编著.—北京:新华出版社,1986

0838 苏轼的故事[M]/铁平著.—上海:少年儿童出版社,1986

0839 苏轼文集篇目索引[M]/刘尚荣编.—北京:中华书局,1986

0840 苏轼文集:全文册[M]/(宋)苏轼撰,孔凡礼点校.—北京:中华书局,1986

0841 苏轼研究论文集:第2辑 东坡文论丛[M]/苏轼研究学会编.—成都:四川文艺出版社,1986

0842 苏轼研究论文集:第3辑 东坡文论丛[M]/苏轼研究学会编.—成都:四川文艺出版社,1986

0843 苏轼研究论文集:第4辑 东坡文论丛[M]/苏轼研究学会编.—成都:四川文艺出版社,1986

0844 东坡诗意:周华君画选[M]/周华君绘;李颜华编辑.—北京:紫禁城出版社,1987

0845 东坡选集[M]/曹慕樊,徐永年主编.—成都:四川人民出版社,1987

0846 论苏轼的文艺心理观[M]/黄鸣奋著.—福州:海峡文艺出版社,1987

0847 苏东坡出山[M]/曹正文著.—成都:四川文艺出版社,1987(中外传奇丛丛书)

0848 苏东坡外传［M］/杨涛著.第6版.—台北：世界文物出版社，1987

0849 苏轼诗词研究：纪念苏东坡诞辰九百五十周年［M］/四川师范大学学报编辑部，四川省眉山三苏博物馆编.—成都：四川师范大学学报丛刊，1987

0850 苏轼诗选［M］/（宋）苏轼著；刘逸生主编.—广州：广东人民出版社，1987

0851 苏轼诗研究［M］/谢桃坊著.—成都：巴蜀书社，1987

0852 苏轼思想探讨：纪念苏东坡诞辰九百五十周年［M］/四川省眉山三苏博物馆，四川师范大学学报编辑部编.—成都：四川师范大学学报丛刊，1987（四川师范大学学报丛刊第十二辑）

0853 苏轼作品赏析［M］/吴子厚著.—南宁：广西教育出版社，1987

0854 东坡书传二十卷［M］/宋（宋）苏轼著.—上海：世界书局，1988

0855 钢笔临写苏东坡行书字帖［M］/（宋）苏东坡书；西泠印社编.—杭州：西泠印社出版社，1988 宋苏东坡赤壁赋［M］/（宋）苏轼书.—上海：上海书画出版社，1988

0856 苏东坡书武昌西山诗［M］/苏东坡著.—武汉：武汉古籍书店，1988

0857 苏东坡行书字帖［M］/西泠印社编.—杭州：西泠印社出版社，1988

0858 苏东坡传［M］/林语堂著；张振玉译.—长春：时代文艺出版社，1988（拿来参考丛书）

0859 苏轼［M］/张维著.—成都：四川巴蜀书社，1988

0860 苏轼论书画史料［M］/李福顺编著.—上海：上海人民美术出版社，1988

0861 苏轼论书选注［M］/（宋）苏轼著；李裕康注.—南京：江苏美术出版社，1988

0862 苏轼诗文词选译［M］/（宋）苏轼著；曾枣庄，曾弢译注.—成都：巴蜀书社，1988

0863 苏轼著作版本论丛［M］/刘尚荣著.—成都：巴蜀书社，1988

0864 东坡词新论与选释［M］/李庆皋著.—哈尔滨：黑龙江教育出版社，1989

0865 东坡趣话［M］/潘宝余编著.—沈阳：辽宁人民出版社，1989

0866 东坡新论［M］/王国炎著.—南昌：江西人民出版社，1989

0867 东坡易传［M］/（宋）苏轼著.—上海：上海古籍出版社，1989（四库易学丛刊）

0868 宋苏轼书爱酒歌真迹［M］/（宋）苏轼书.影印本.—天津：天津市古籍书店，1989

0869 苏东坡［M］/熊朝东著.—成都：四川人民出版社，1989

0870 苏东坡传奇［M］/熊朝东著.—成都：四川人民出版社，1989

0871 苏东坡寓言评注［M］/朱靖华著.—重庆：重庆出版社，1989

0872 苏东坡传［M］/林语堂著.—上海：上海书店出版社，1989（林语堂小说集）

0873 苏轼［M］/王兆彤，郭向群著.—南京：江苏古籍出版社，1989

0874 苏轼的书法艺术［M］/陈振濂编著.—北京：人民美术出版社，1989

0875 苏轼的思想及创作新探［M］/阎笑非著.—哈尔滨：黑龙江教育出版社，1989

0876 苏轼文选［M］/（宋）苏轼著；石声淮，唐玲玲选注.—上海：上海古籍出版社，1989

0877 烟雨任平生：苏轼黄州词注评［M］/黄海鹏注评；湖北黄冈旅游局编.—武昌：武汉大学出版社，1989

0878 东坡乐府编年笺注［M］/（宋）苏轼著；

石声淮，唐玲玲笺注．—武汉：华中师范大学出版社，1990

0879 东坡在词风上的承继与创新［M］/ 郭美美著．—台北：文津出版社，1990（文史哲大系）

0880 宋元明清：苏轼诗文词选译［M］/ 曾弢译注．—成都：巴蜀书社，1990

0881 苏东坡［M］/ 程云鹤，王介贤编剧．—黄冈：湖北省黄冈地区文学艺术界联合会，1990

0882 苏东坡金刚经字帖［M］/（后秦）鸠摩罗什译；（宋）苏东坡书；（民国）黄昆山注释．—海口：南海出版公司，1990

0883 苏东坡文集导读［M］/ 徐中玉著．—成都：巴蜀书社，1990（中华文化要籍导读丛书）

0884 苏轼《寒食诗帖》［M］/（宋）苏轼书．—南京：江苏教育出版社，1990

0885 苏轼《毗陵易传》的哲学思想［M］/ 孔繁著．—北京：北京师范大学出版社，1990

0886 苏轼海南诗文选注［M］/ 海南师范学院古籍研究室编；范会俊，朱逸辉选注．—北京：北京师范大学出版社，1990

0887 苏轼散文选注［M］/（宋）苏轼著；王水照，王宜瑗注．—上海：上海古籍出版社，1990

0888 苏轼诗词选注［M］/ 王水照，王宜瑗选注．—上海：上海古籍出版社，1990

0889 苏轼诗文词选译［M］/ 曾枣庄译注．—成都：巴蜀书社，1990（古代文史名著选译丛书）

0890 苏轼文选注［M］/（宋）苏轼著；周慧珍注评．—太原：山西教育出版社，1990

0891 苏轼游览诗注译［M］/ 刘自献主编．—北京：中国商业出版社，1990

0892 苏轼与朱震的《易》学［M］/ 戴君仁著．—北京：北京师范大学出版社，1990

0893 纪念苏轼贬儋八百九十周年学术讨论集［M］/ 苏轼研究学会，儋县人民政府编．—成都：四川大学出版社，1991

0894 纪念苏轼贬儋八百九十周年：征鸿诗选［M］/ 征鸿编委会．—广州：暨南大学出版社，1991

0895 浪迹东坡路［M］/ 史良昭著．—南京：江苏古籍出版社，北京：中华书局，1991

0896 苏东坡笔记［M］/（宋）苏东坡著；萧屏东校注．—长沙：湖南文艺出版社，1991

0897 苏东坡书表忠观记：大楷［M］/（宋）苏轼著并书．—天津：天津市古籍书店，1991

0898 苏东坡书宸奎阁碑［M］/（宋）苏轼书．—上海：上海书店出版社，1991

0899 苏东坡西楼帖［M］/（宋）苏轼书；北京市文物商店编．—北京：北京燕山出版社，1991（燕山书法丛书）

0900 苏轼词选［M］/（宋）苏轼著；陈迩冬选注．—北京：人民文学出版社，1991

0901 苏轼临颜真卿争坐位法帖［M］/（宋）苏轼书．—合肥：安徽美术出版社，1991

0902 苏轼墨迹大观［M］/（宋）苏轼著；朱仲岳选编．—上海：上海人民美术出版社，1991

0903 苏轼文学散文选［M］/（宋）苏轼；孙育华评注．—太原：山西高校联合出版社，1991

0904 苏轼行书墨迹八种［M］/（宋）苏轼书．—天津：天津古籍出版社，1991

0905 陶诗及东坡和陶诗评注［M］/ 王运生纂辑．—昆明：云南教育出版社，1991

0906 东坡词［M］/（宋）苏轼著；刘乃昌，崔海正选注．—杭州：浙江古籍出版社，1992（两宋名家词选注丛书）

0907 东坡词研究［M］/ 王保珍著．—北京：中国长安出版社，1992

0908 东坡词研究［M］/ 崔海正著．—济南：山东大学出版社，1992

0909 东坡事类［M］/（清）梁廷楠著；汤开建，陈文源点校．—广州：暨南大学出版社，1992（岭南丛书）

0910 孔子儒学对苏轼思想的影响［M］/ 周伟民著．—上海：上海三联书店，1992

0911 苏东坡尺牍墨迹九种［M］/（宋）苏轼书．—北京：北京美术摄影出版社，1992（历代书法选萃）

0912 苏东坡洞庭春色赋中山松醪赋［M］/（宋）苏轼书;《翰墨林影印历代丛帖》编辑组编．—武汉：武汉古籍书店，1992（翰墨林影印历代丛帖）

0913 苏东坡楷书习字帖［M］/（宋）苏轼书；路同等选辑．—北京：中国工人出版社，1992（历代名家楷书字帖）

0914 苏东坡书法选［M］/（宋）苏轼书；中国历代书法名作系列丛书编辑组编．—深圳：海天出版社，1992（中国历代书法名作系列丛书）

0915 苏东坡行书［M］/（宋）苏轼书．—北京：中国书籍出版社，1992

0916 苏东坡行书至宝［M］/（宋）苏轼书；君如等编．—北京：国际文化出版公司，1992

0917 苏东坡传［M］/ 林语堂著；宋碧云译．—海口：海南出版社，1992

0918 苏轼词研究［M］/ 刘石著．—台北：文津出版社，1992

0919 苏轼黄州诗文评注［M］/（宋）苏轼著；梅大圣选评．—武汉：华中师范大学出版社，1992

0920 苏轼诗词名篇详析［M］/ 张福庆著．—北京：北京师范大学出版社，1992

0921 苏轼行书字帖［M］/（宋）苏轼书；王成觉，萧里群选辑．—北京：北京出版社，1992

0922 苏轼寓惠诗意画黄澄钦画选［M］/ 黄澄钦绘．—广州：岭南美术出版社，1992

0923 新编东坡海外集［M］/（宋）苏轼著．—海口：海南出版社，1992

0924 赤壁赋墨迹精华［M］/ 孙宝文编．—沈阳：辽宁美术出版社，1993

0925 东坡菜与东坡小吃［M］/ 丁永淮编．—北京：中国妇女出版社，1993（希望丛书）

0926 东坡词索引［M］/ 周启富，仇永明，张丽水编．—上海：东华师范大学出版社，1993

0927 东坡画传［M］/ 吴定贤编文；胡冕绘画．—广州：岭南美术出版社，1993

0928 东坡小品［M］/（宋）苏轼著；陈迩冬，郭隽杰选注．—南昌：百花洲文艺出版社，1993

0929 东坡遗迹楹联辑注［M］/ 金实秋编．—南京：江苏文艺出版社，1993

0930 东坡乐府研究［M］/ 唐玲玲著．—成都：巴蜀书社，1993（宋代文学研究丛书）

0931 放逐与回归：苏东坡及其同时代人［M］/ 洪亮著．—南昌：百花洲文艺出版社，1993

0932 傅幹注坡词［M］/（宋）傅幹注．—成都：巴蜀书社，1993

0933 千古风流人物：苏东坡作品赏析［M］/ 吴子厚选析．—台北：开今文化事业有限公司，1993（中国文学走廊）

0934 儒道佛美学的融合：苏轼文艺美学思想研究［M］/ 王世德著．—重庆：重庆出版社，1993

0935 苏东坡诗词精华［M］/（宋）苏东坡著；伍峰，李研尘编．—贵阳：贵州人民出版社，1993（中国古典文学名著选译）

0936 苏东坡书法精选［M］/（宋）苏东坡书；

路鹏等选辑．—北京：当代中国出版社，1993（历代名家书法荟萃）

0937 苏东坡行书钢笔临本［M］/ 史小波临摹．—北京：北京语言学院出版社，1993（中国名帖钢笔临本系列）

0938 苏东坡在海南岛［M］/ 朱玉书著．—广州：广东人民出版社，1993

0939 苏轼［M］/ 王双启著．—天津：新蕾出版社，1993

0940 苏轼法书集［M］/（宋）苏轼著．—上海：上海书画出版社，1993

0941 苏轼诗歌研究［M］/ 王洪著．—北京：朝华出版社，1993

0942 苏轼书丰乐亭记［M］/（宋）苏轼书．—北京：中国书店，1993

0943 苏轼新评［M］/ 朱靖华著．—北京：中国文学出版社，1993

0944 苏轼谪琼诗选注［M］/ 周济夫选注．—海口：海南出版社，1993

0945 东坡居士佛印禅师语录问答：觅灯因话 神明公案［M］/《古本小说集成》编委会编；（明）邵景詹纂录．—上海：上海古籍出版社，1994（古本小说集成）

0946 风流学士：苏东坡［M］/ 丁永淮，熊文祥著．—武汉：武汉大学出版社；台北：台湾汉欣文化事业有限公司，1994

0947 苏东坡的人生哲学：旷达人生［M］/ 范军著．—台北：扬智文化事业股份有限公司，1994

0948 苏东坡民俗诗解［M］/ 程伯安编．—北京：中国书籍出版社，1994

0949 苏东坡诗［M］/ 扬再春著．—武汉：长江文艺出版社，1994

0950 苏东坡书表忠观碑［M］/（宋）苏轼书．—上海：上海书店出版社，1994

0951 苏东坡传［M］/ 林语堂英文原著；张振玉译．—长春：东北师范大学出版社，1994（林语堂名著全集）

0952 苏轼的朴素辩证法思想［M］/ 吴雪涛著．—呼和浩特：内蒙古教育出版社，1994

0953 苏轼考论稿［M］/ 吴雪涛著．—呼和浩特：内蒙古教育出版社，1994

0954 苏轼人格研究［M］/ 杨胜宽著．—成都：四川大学出版社，1994

0955 苏轼认识论初探［M］/ 吴雪涛著．—呼和浩特：内蒙古教育出版社，1994

0956 苏轼散文赏析集［M］/ 周先慎著．—成都：巴蜀书社，1994

0957 苏轼书法全集［M］/（宋）苏轼书．—北京：群言出版社，1994

0958 苏轼书醉翁亭记［M］/（宋）苏轼书．—北京：中国书籍出版社，1994

0959《苏轼佚文汇编》疵瑕举要［M］/ 吴雪涛著．—呼和浩特：内蒙古教育出版社，1994

0960 苏轼与河北关系考［M］/ 吴雪涛著．—呼和浩特：内蒙古教育出版社，1994

0961 苏轼资料汇编［M］/ 四川大学中文系唐宋文学研究室编．—北京：中华书局，1994

0962 中国墨宝极品王羲之、欧阳询、苏轼、黄庭坚、米芾等行书字帖［M］/ 云青编．—郑州：河南美术出版社，1994

0963 东坡赋译注［M］/ 孙民著．—成都：巴蜀书社，1995

0964 东坡先生物类相感志：十八卷［M］/（宋）释赞宁撰．—济南：齐鲁书社，1995

0965 风流学士：苏轼［M］/ 陈显泗主编．—海南：海南国际新闻出版中心，1995

0966 神·鬼·人：苏东坡传［M］/ 林语堂著．—海口：海南国际新闻出版中心，1995（林语堂经典名著）

0967 苏东坡演义［M］/ 宁业高，宁耘编著．

—北京：东方出版社，1995

0968 苏东坡养生艺术［M］/钟来茵著．—南京：江苏文艺出版社，1995

0969 苏东坡传 武则天正传［M］/林语堂著；张振玉译．—北京：作家出版社，1995（林语堂文集）

0970 苏轼禅诗研究［M］/朴永焕著．—北京：中国社会科学出版社，1995

0971 苏轼黄庭坚诗词精选 200 首［M］/（宋）苏轼，（宋）黄庭坚著；霍松林，吴言生选注．—太原：山西古籍出版社，1995

0972 苏轼散文精品选：原文·注释·译文·赏析［M］/姜光斗编著．—西安：陕西人民出版社，1995

0973 苏轼散文选集［M］/（宋）苏轼著；崔承运编．—天津：百花文艺出版社，1995

0974 苏轼诗词［M］/（宋）苏轼著；张德杰编著．插图本．—济南：济南出版社，1995

0975 苏轼诗选注［M］/（宋）苏轼著；王宇九选注．—乌鲁木齐：新疆人民出版社，1995

0976 苏轼在密州［M］/李增坡主编．—济南：齐鲁书社，1995

0977 唐宋八大名家：6 苏轼经典作品选［M］/鹤鸣编选．—重庆：西南师范大学出版社，1995

0978 文坛巨擘 风流学士：苏轼［M］/狄志红编．—海口：海南国际新闻出版中心，1995

0979 从《接受美学》看苏轼对韩愈诗歌的评价［M］/陈新璋著．—郑州：中州古籍出版社，1996

0980 东坡诗话全编笺评［M］/（宋）苏轼著；王文龙编撰．—重庆：西南师范大学出版社，1996

0981 东坡题跋［M］/（宋）苏轼著；屠友祥校注．—上海：上海远东出版社，1996（宋明清小品文集辑注）

0982 东坡音影入《红楼》［M］/朱玉书著．—成都：四川大学出版社，1996

0983 风流才子苏东坡［M］/梁大和著．—惠州：惠州教育编辑部，1996

0984 郭沫若与苏东坡［M］/王锦厚著．—成都：四川文艺出版社，1996

0985 寄我无穷境：苏轼贬儋期间的生命体验［M］/唐玲玲著．—成都：四川大学出版社，1996

0986 酒趣，诗心：从苏轼的饮酒看其文化性格［M］/刘扬忠著．—成都：四川大学出版社，1996

0987 论苏轼的人生幽默及其文化内蕴［M］/刘尊明著．—成都：四川大学出版社，1996

0988 论苏轼反映汉黎关系的诗篇［M］/韩国强著．—成都：四川大学出版社，1996

0989 全国第八次苏轼研讨会论文集：1995 儋州［M］/儋州市政府，苏轼著学会编．—成都：四川大学出版社，1996

0990 如何临习行书：苏东坡行书 石恪维摩赞 鱼忱冠颂 笔法举要［M］/孔墨丁编．—西安：陕西旅游出版社，1996（书法普及教育系列丛书）

0991 苏东坡法帖［M］/（宋）苏轼书；肖岚主编．—深圳：海天出版社，1996

0992 苏东坡丰乐亭记楷书字帖［M］/乐泉编．—南京：江苏美术出版社，1996（历代名碑名帖选字本）

0993 苏东坡黄州作品全编［M］/（宋）苏轼著；丁永淮等编注．—武汉：武汉出版社，1996

0994 苏东坡全集：苏东坡诗集 1—6［M］/苏东坡著．—珠海：珠海出版社，1996

0995 苏东坡全集：上、中、下［M］/苏东坡编．—北京：中国书店，1996

0996 苏轼［M］/ 本丛书编委会 . 修订版 . —北京：中国和平出版社，1996（中外名人传记故事丛书）

0997 苏轼［M］/ 于红霞编著 . —北京：中国国际广播出版社，1996

0998 苏轼［M］/ 许庆龙，劳斌主编 . —北京：团结出版社，1996

0999 苏轼［M］/ 柳郁著 . —北京：中国和平出版社，1996

1000 苏轼词赏析集［M］/（宋）苏轼著；王思宇编著 . —成都：巴蜀出版社，1996

1001 苏轼的"闲适之乐"［M］/ 杨胜宽著 . —成都：四川大学出版社，1996

1002 苏轼的为父之道［M］/ 孙民著 . —成都：四川大学出版社，1996

1003 苏轼居儋散文的艺术风格［M］/ 钟平著 . —成都：四川大学出版社，1996

1004 苏轼散文全集：全三册［M］/（宋）苏轼著；今日中国出版社编 . —北京：今日中国出版社，1996（唐宋八大家教文全集）

1005 苏轼试论［M］/ 王季思著 . —广州：广东高等教育出版社，1996

1006 苏轼书法选［M］/（宋）苏轼书；程朗天编 . —广州：广州出版社，1996

1007 苏轼思想研究［M］/ 唐玲玲，周伟民著 . —台北：文史哲出版社，1996

1008 苏轼行书习字帖：旁注楷书［M］/（宋）苏轼书；杨璐主编 . —北京：中国书店，1996

1009 苏轼悬案揭秘［M］/ 袁能先，杨隆高著 . —成都：四川大学出版社，1996

1010 苏轼与文章之法［M］/ 毕熙燕著 . —成都：四川大学出版社，1996

1011 苏轼中楷：司马温公神道碑［M］/ 徐中敏选编 . —长沙：湖南美术出版社，1996

1012 新编《苏轼年谱》评介［M］/ 刘尚荣著 . —成都：四川大学出版社，1996

1013 寻访东坡踪迹［M］/ 韩国强著 . —海口：南海出版公司，1996

1014 直抒胸臆，纯任自然：从东坡的诗文词看东坡的人格［M］/ 郑向恒著 . —成都：四川大学出版社，1996

1015 白居易 苏轼［M］/ 杨志贤，陈节著 . —深圳：海天出版社，1997

1016 超越人生的文学:《苏轼文集》导读［M］/ 方笑一编著 . —成都：四川教育出版社，1997

1017 重编东坡先生外集八十六卷［M］/（宋）苏轼著;（明）毛九苞编 . —济南：齐鲁书社，1997

1018 东坡禅喜集十四卷［M］/（宋）苏轼著;（明）冯梦祯批点;（明）凌蒙初辑;（清）丁丙跋 . —济南：齐鲁书社，1997

1019 东坡词［M］/（宋）苏轼著 . —北京：中国书店，1997（宋名家词十种）

1020 东坡诗话录：三卷［M］/（元）陈秀民编 . —济南：齐鲁书社，1997

1021 东坡文谈录：一卷［M］/（元）陈秀民编 . —济南：齐鲁书社，1997

1022 东坡养生集十二卷［M］/（宋）苏轼著;（清）王如锡辑 . —济南：齐鲁书社，1997

1023 家有画像，饮食必祝：贤太守苏轼［M］/ 朱宏达著 . —杭州：浙江人民出版社，1997

1024 颇富学术价值的《新编东坡海外集》［M］/ 朱靖华著 . —北京：京华出版社，1997

1025 千古一人：苏东坡［M］/ 方志远编 . —南昌：二十一世纪出版社，1997

1026 书法教程：苏东坡行书 石恪维摩赞 鱼枕冠颂［M］/ 孔墨丁编 . —西安：陕西旅游出版社，1997

1027 苏东坡［M］/ 绍卿著 .—北京：人民文学出版社，1997

1028 苏东坡：上、中、下［M］/ 易照峰编 .—西宁：青海人民出版社，1997

1029 苏东坡到余杭［M］/ 卓介庚著 .—杭州：杭州大学出版社，1997

1030 苏东坡的故事［M］/ 王元明著 .—台北：尚阳文化事业有限公司，1997

1031 苏东坡全集：上、中、下［M］/（宋）苏轼著；邓立勋编校 .—合肥：黄山书社，1997

1032 苏东坡书法精选［M］/ 吴波编著 .—延吉：延边人民出版社，1997

1033 苏东坡小传［M］/ 郭梅，郭羽编著 .—广州：广东旅游出版社，1997（中外名人小传第 3 辑）

1034 苏东坡小品［M］/（宋）苏轼著；张毅，孙艳君选注 .—北京：文化艺术出版社，1997（唐宋小品十家）

1035 苏东坡行书字帖［M］/（宋）苏东坡书 .—延吉：延边人民出版社，1997（古今墨宝集锦）

1036 苏东坡逸事［M］/ 潘宝余编 .—台北：林郁文化事业公司，1997

1037 苏东坡在江苏［M］/ 苏泽民著 .—南京：江苏人民出版社，1997

1038 苏轼［M］/ 毛健华编著 .—成都：四川少年儿童出版社，1997（中外著名文学家故事）

1039 苏轼［M］/ 刘纳新编著 .—海口：海南出版社，1997

1040 苏轼的性无善恶论［M］/ 姜国柱，朱葵菊著 .—郑州：河南人民出版社，1997

1041 苏轼法书字典［M］/ 李志贤等编著 .—上海：上海书画出版社，1997

1042 苏轼集［M］/（宋）苏轼著 .—长春：吉林文史出版社，1997

1043 苏轼论［M］/ 朱靖华著 .—北京：京华出版社，1997

1044 苏轼密州作品赏析［M］/ 李增坡主编 .—济南：齐鲁书社，1997

1045 苏轼诗文选［M］/ 周兴俊，张圣洁编 .—北京：国际文化出版公司，1997（百家书）

1046 苏轼诗选［M］/（宋）苏轼著；王克俭主编 .—海南：海南国际新闻出版中心，1997

1047 苏轼书法精选：行书［M］/（宋）苏轼书；子良等编 .—北京：中国画报出版社，1997

1048 苏轼思想探讨［M］/ 凌琴如著 .—台北：台湾中华书局，1997

1049 苏文忠公胶西集四卷［M］/（宋）苏轼著；（明）阎士选等评释 .—济南：齐鲁书社，1997

1050 唐宋八大家名篇赏析与译注：苏轼卷［M］/ 王彬主编；崔国政副主编 .—北京：经济日报出版社，1997

1051 唐宋八大家全集：苏轼集 三册［M］/ 启功等主编 .—北京：国际文化出版公司，1997

1052 唐宋八大家文集：苏轼文 上、下［M］/ 郭预衡编 .—北京：人民日报出版社，1997

1053 唐宋诗词赏析：苏东坡诗词赏析［M］/ 韩结根选注 .—海口：海南出版社，1997（火凤凰青少年文库）

1054 文豪父子苏轼世家［M］/ 吴维中著 .—长春：吉林人民出版社，1997

1055 新选新注·唐宋八大家书系：苏轼卷［M］/ 王水照，聂安福选注 .—北京：中国工人出版社，1997

1056 怎样临摹苏轼黄州寒食诗［M］/ 薛龙春编著 .—南京：江苏古籍出版社，1997

1057 中国诗苑英华：苏轼卷[M]/徐培均选注.—济南：山东大学出版社，1997

1058 北宋文人与党争[M]/沈松勤著.—北京：人民出版社，1998

1059 东坡词编年笺证[M]/（宋）苏轼著；薛瑞生笺证.—西安：三秦出版社，1998（文学经典）

1060 东坡轶事撷趣[M]/王文蔚编写.—兰州：兰州大学出版社，1998

1061 千古风流人物：苏东坡全传[M]/李庆皋，王桂芝著.—长春：长春出版社，1998（中国历代才子传丛书）

1062 宋林逋行书自书诗并苏轼行书和诗[M]/（宋）林逋，苏轼书；故宫博物院《历代碑帖墨迹选》编辑组编辑.—北京：紫禁城出版社，1998

1063 宋苏轼行书治平帖[M]/（宋）苏轼书；故宫博物院《历代碑帖墨迹选》编辑组编辑.—北京：紫禁城出版社，1998

1064 苏东坡传奇[M]/李世俊，李学文著.—北京：中国华侨出版社，1998

1065 苏东坡的故事[M]/吴风华编著.—汕头：汕头大学出版社，1998

1066 苏东坡论[M]/邓立勋著.—长沙：中南工业大学出版社，1998（中共湖南省委党校学术著作丛书）

1067 苏东坡全集：注译本[M]/段书伟，杨嘉仁主编.—北京：北京燕山出版社，1998

1068 苏东坡全集：卷1—10[M]/（宋）苏东坡著；毛德富等主编.—北京：北京燕山出版社，1998

1069 苏东坡全传[M]/李庆皋，王桂芝著.—长春：长春出版社，1998（中国名人全传）

1070 苏东坡书法精品选[M]/（宋）苏东坡书；肖岸主编.—北京：华龄出版社，1998（中国古代书法经典丛书）

1071 苏东坡新传[M]/木斋，邱黎著.—北京：京华出版社，1998（中国历史风云人物传记丛书）

1072 苏东坡研究[M]/木斋著.—桂林：广西师范大学出版社，1998（国学丛书）

1073 苏东坡寓言大全诠释[M]/朱靖华著.—北京：京华出版社，1998（中华传统文化精品丛书）

1074 苏轼[M]/颜邦逸，张晶著.—长春：吉林文史出版社，1998

1075 苏轼[M]/（宋）苏轼著；李真瑜，田南池选注.—大连：大连出版社，1998

1076 苏轼赤壁赋[M]/（宋）苏轼书.—杭州：浙江古籍出版社，1998

1077 苏轼及其作品选[M]/王水照，王宜瑗选编.—上海：上海古籍出版社，1998

1078 苏轼年谱[M]/孔凡礼撰.—北京：中华书局，1998

1079 苏轼:《前赤壁赋》[M]/（宋）苏轼著；杨文涛.—杭州：中国美术学院出版社，1998

1080 苏轼散文精选[M]/（宋）苏轼著；王水照，聂安福选注.—上海：东方出版中心，1998

1081 苏轼诗文选：全八册[M]/（宋）苏轼著.—西宁：青海人民出版社，1998

1082 苏轼书醉翁亭记[M]/（宋）苏轼书.—杭州：西泠印社出版社，1998

1083 苏轼文选[M]/陈韵如，吴佳伦选编.—西宁：青海人民出版社，1998（唐宋八大家文选）

1084 苏轼“以赋为诗”研究[M]/郑幸朱著.—台北：文津出版社，1998

1085 苏轼与《前赤壁赋》：宋元的书法艺术[M]/张伟生著.—上海：上海人民美术出版社，1998

1086 苏轼传[M]/颜邦逸，张晶著.—长春：

吉林文史出版社，1998

1087 唐宋八大家文钞校注集评：东坡文钞［M］/高海夫主编.—西安：三秦出版社，1998

1088 一蓑烟雨任平生：苏轼精品词鉴赏［M］/张旭泉编著.—大连：大连理工大学出版社，1998

1089 中国古代十大词人精品全集：苏轼［M］/邓绍基，周秀才，侯光复编.—大连：大连出版社，1998

1090 中国历代书法八大家：3 黄庭坚 苏东坡［M］/李翰恭编.—北京：中国世界语出版社，1998

1091 东坡词［M］/（宋）苏轼著.—北京：中国文史出版社，1999

1092 东坡纪年录［M］/宋傅藻撰；傅增湘跋.—北京：北京图书馆出版社，1999

1093 东坡绝句选析［M］/杨明洁著.—呼和浩特：内蒙古人民出版社，1999

1094 东坡先生年表［M］/（宋）王宗稷编；（清）查慎行补编.—北京：北京图书馆出版社，1999

1095 东游寻梦：苏轼传［M］/郑熙亭，王钟陵著.—北京：东方出版社，1999

1096 郏县文史资料：第7辑 苏东坡与郏县［M］/王星聚，刘继增，张福才编.—郏县：非正式出版（内部资料），1999

1097 南宋苏轼著述刊刻考略［M］/曾枣庄著.—成都：巴蜀书社，1999

1098 宋苏轼人来得书新岁展庆帖［M］/（宋）苏轼书；《历代碑帖法书选》编辑组编.—北京：文物出版社，1999

1099 苏东坡黄州寒食诗卷［M］/（宋）苏东坡书.—杭州：西泠印社出版社，1999（西泠印社法帖丛编）

1100 苏东坡黄州寒食诗帖及其笔法［M］/朱艳萍编著.—杭州：西泠印社出版社，1999

1101 苏东坡楷书表忠观碑［M］/《中国历代书法艺术碑帖珍品》编辑组.—西安：三秦出版社，1999（中国历代书法艺术碑帖珍品）

1102 苏东坡三部曲［M］/钟来茵著.—上海：文汇出版社，1999

1103 苏东坡寓惠探幽［M］/王启鹏著.—西安：太白文艺出版社，1999

1104 苏东坡在黄州［M］/饶学刚著.—北京：京华出版社，1999（中华传统文化精品丛书）

1105 苏东坡 祝允明 文征明赤壁赋三种［M］/苏东坡等书.—杭州：西泠印社出版社，1999（西泠印社法帖丛编）

1106 苏东坡醉翁亭记［M］/（宋）苏东坡书；梁金保，梁琳选编.—南昌：江西美术出版社，1999（中国古代名家名帖）

1107 苏轼［M］/莫砺锋，童强著.—沈阳：春风文艺出版社，1999

1108 苏轼［M］/钱志熙著.—北京：北京大学出版社，1999

1109 苏轼诗词选［M］/（宋）苏轼著；徐培均选注.—济南：山东大学出版社，1999

1110 苏轼诗词选［M］/（宋）苏轼著；中国文学出版社编.汉英对照绘图本.—北京：中国文学出版社，1999

1111 苏轼诗词选汉英对照［M］/（宋）苏轼著；杨宪益，戴乃迭译.—北京：中国文学出版社，1999

1112 苏轼研究［M］/王水照著.—石家庄：河北教育出版社，1999

1113 苏轼：一个人生与艺术的结构文本［M］/程义伟著.—沈阳：辽宁美术出版社，1999

1114 苏轼著述生前编刻情况考略［M］/曾枣庄著.—成都：巴蜀书社，1999

1115 苏辛词传：苏轼、辛弃疾［M］/傅承洲

著．—长春：吉林人民出版社，1999

1116 唐宋八大家散文：广选·新注·集评 苏轼卷[M]/朱明伦主编．—沈阳：辽宁人民出版社，1999

1117 陶靖节集注：附东坡和陶诗[M]/(宋)苏轼著，(晋)陶潜撰；(清)詹夔锡辑；陶澍注．—上海：世界书局，1999

1118 峡诗品鉴：李白 杜甫 白居易 苏轼 陆游[M]/广州市文学艺术界联合会编．—广州：岭南美术出版社，1999

1119 增订注释苏轼词[M]/朱德才主编；唐玲玲注释．—北京：文化艺术出版社，1999

1120 中国第十届苏轼研讨会论文集[M]/中共诸城市委员会；诸城市人民政府；中国苏轼研究学会编．—济南：齐鲁书社，1999

1121 词圣苏轼[M]/李继学，王洪林著．—成都：四川少年儿童出版社，2000

1122 东坡志林[M]/(宋)苏轼著．—北京：京华出版社，2000(中国古典名著选)

1123 东坡志林[M]/(宋)苏轼著；刘文忠评注．—北京：学苑出版社，2000(历代笔记小说小品丛刊)

1124 鹤兮归来：苏东坡在徐州[M]/董治祥，刘玉芝著．—北京：中国戏剧出版社，2000

1125 宋苏东坡蔡襄等钢笔字帖[M]/卢前编写．—上海：上海大学出版社，2000

1126 苏东坡：旷达人生[M]/范军编著．—武汉：长江文艺出版社，2000(中国圣贤人生大系)

1127 《苏东坡在海南》作品评论资料集[M]/谢成驹主编．—香港：中华文化出版社，2000

1128 苏东坡传[M]/吴高飞著．—北京：中国人事出版社，2000

1129 苏轼词选注[M]/(宋)苏轼著；韩格平选注．—长春：吉林文史出版社，2000

1130 苏轼寒食帖 行书[M]/(宋)苏轼书；雷志雄主编．—武汉：湖北美术出版社，2000

1131 苏轼 陆游合集[M]/(宋)苏轼，(南宋)陆游著．—长春：时代文艺出版社，2000

1132 苏轼全集[M]/(宋)苏轼著；朱怀春校点．—上海：上海古籍出版社，2000

1133 苏轼全集[M]/(宋)苏轼著；傅成，穆俦标点．—上海：上海古籍出版社，2000

1134 苏轼史论散文研究[M]/谢敏玲著．—台北：万卷楼图书公司，2000

1135 苏轼文集[M]/(宋)苏轼著；齐豫生，夏于全主编．—乌鲁木齐：新疆青少年出版社，2000

1136 苏轼文集：全二册[M]/(宋)苏轼著；顾之川校点．—长沙：岳麓书社，2000(集部经典丛刊)

1137 苏轼文艺美学思想[M]/汤岳辉著．—西安：太白文艺出版社，2000

1138 苏轼传：智者在苦难中的超越[M]/王水照，崔铭著．—天津：天津人民出版社，2000

1139 推明上古之绝学的《东坡书传》[M]/舒大刚著．—成都：巴蜀书社，2000

1140 雪泥鸿爪：苏东坡诗词文选[M]/张敬校订；朱昆槐选注．—台北：时报文化出版社，2000

1141 智者在苦难中的超越：苏轼传[M]/王水照，崔铭著．—天津：天津人民出版社，2000

1142 北宋新旧党争与文学[M]/萧庆伟著．—北京：人民文学出版社，2001

1143 赤壁漫游与西园雅集：苏轼研究论集[M]/衣若芬著．—北京：线装书局，2001

1144 东坡编年诗［M］/（宋）苏轼著；（清）纪昀编．—北京：北京图书馆出版社，2001

1145 东坡鸟语［M］/ 王定天著．—成都：四川文艺出版社，2001

1146 东坡鸟语卷［M］/ 王定天，任兆祥绘图．—成都：四川文艺出版社，2001（绘图中国幽默读本）

1147 纪昀评点东坡编年诗［M］/（宋）苏东坡著；（清）纪昀评点．—北京：北京图书馆出版社，2001

1148 历代苏轼年谱、词集苏词一览表［M］/（日）保苅佳昭编．—北京：线装书局，2001

1149 柳永、苏轼、秦观与宋代文化［M］/ 黎活仁等编．—台北：大安出版社，2001

1150 明月几时有：苏轼诗词文精选赏析［M］/ 熊朝东著．—成都：四川文艺出版社，2001

1151 宋东坡苏公帖：西楼苏帖［M］/ 启功主编．—武汉：湖北美术出版社，2001

1152 宋傅幹注坡词：十二卷［M］/（宋）傅幹注．—北京：北京图书出版社，2001

1153 苏东坡的故事［M］/ 王晋川，宋奔，沈俊著．—成都：四川文艺出版社，2001

1154 苏东坡书画艺术两种［M］/ 杨梁相著．—成都：四川文艺出版社，2001

1155 苏东坡外传［M］/ 林郁编著．—不详：国际少年村，2001

1156 苏东坡艺术人生［M］/ 王影聪著．—成都：四川文艺出版社，2001

1157 苏东坡传记故事［M］/ 马宪臣著．—沈阳：辽宁少年儿童出版社，2001

1158 苏轼［M］/ 张少康主编；郭鹏选编．—北京：中国少年儿童出版社，2001（古词名家诵读本）

1159 苏轼交游传［M］/ 吴雪涛，吴剑琴辑录．—石家庄：河北教育出版社，2001

1160 苏轼楷书笔法［M］/ 周鼎等编著．—西安：未来出版社，2001

1161 苏轼米芾行书集联［M］/ 赵熊，岐岖编．—西安：陕西人民美术出版社，2001

1162 苏轼墨迹选［M］/ 上海书画出版社编．—上海：上海书画出版社，2001

1163 苏轼全集：全 23 册［M］/（宋）苏轼著；（清）王文诰注；于宏明点校．—长春：时代文艺出版社，2001

1164 苏轼散文［M］/ 伊堃编著．—乌鲁木齐：新疆青少年出版社，2001

1165 苏轼散文研读［M］/ 王更生编著．—台北：文史哲出版社，2001

1166 苏轼诗词艺术论［M］/ 陶文鹏著．—上海：上海古籍出版社，2001

1167 苏轼诗集合注［M］/（宋）苏轼著；（清）冯应榴辑注；黄任轲，朱怀春校点．—上海：上海古籍出版社，2001

1168 苏轼诗学研究［M］/ 刘朝谦著．—成都：四川文艺出版社，2001

1169 苏轼书司马公神道碑［M］/ 刘文哲编．—太原：山西人民出版社，2001

1170 苏轼：叙述一种［M］/ 刘小川著．—成都：四川文艺出版社，2001

1171 苏轼研究史：纪念苏轼逝世九百周年［M］/ 曾枣庄等著．—南京：江苏教育出版社，2001

1172 苏轼与北宋政治变革［M］/ 赖正和著．—成都：四川文艺出版社，2001

1173 苏轼与苏门人士文学概观［M］/ 杨胜宽著．—成都：四川文艺出版社，2001

1174 唐宋八大家名篇注译：5 苏轼散文［M］/ 伊坤编著．—乌鲁木齐：新疆青少年出版社，2001

1175 唐宋八大家：苏轼［M］/ 乔万民，吴永哲主编．—天津：天津人民出版社，2001

1176 天涯芳草：东坡足迹行[M]/宋明刚，夏叶著．—成都：四川文艺出版社，2001(三苏文化丛书)

1177 万古风流苏东坡：问题少年 上、下[M]/龙吟著．—北京：光明日报出版社，2001

1178 潇洒人生：苏轼与佛禅[M]/李赓扬，李勃洋著．—郑州：河南人民出版社，2001

1179 新概念字帖：新实用对联 苏轼洞庭春色赋[M]/枕石，建军编著．—上海：上海画报出版社，2001

1180 新概念字帖：集字古诗 苏轼行书墨迹[M]/王学良编著．—上海：上海画报出版社，2001

1181 硬笔临写古代法书名帖：苏轼[M]/张锡庚编著．—苏州：古吴轩，2001

1182 中国古典名著百部：说典 东坡志林[M]/远方出版社编辑．—呼和浩特：远方出版社，2001

1183 东坡后集[M]/全国高校古籍整理研究工作委员会编．—北京：线装书局，2002(日本宫内厅书陵部藏宋元版汉籍影印丛书．第一辑)

1184 东坡诗文选：中英对照[M]/(宋)苏东坡著；林语堂译．—天津：百花文艺出版社，2002(林语堂中英对照丛书)

1185 东坡养生集[M]/(明)王如锡编．—北京：中华书局，2002

1186 东坡易传[M]/(宋)苏轼著；龙吟点评．—长春：吉林文史出版社，2002

1187 东坡易传论《道》与《性》：兼论其中儒道佛三家关系问题[M]/陈仁仁著．—长沙：湖北教育出版社，2002

1188 东坡乐府[M]/(宋)苏轼著．—南京：江苏古籍出版社，2002

1189 东坡志林[M]/(宋)苏轼著；乔丽华点评．—青岛：青岛出版社，2002(案头枕边珍品系列)

1190 李白 苏轼 鲁迅[M]/枫叶主编；李洁蓉编写．—长春：吉林摄影出版社，2002

1191 论苏轼对儒佛道三家思想的吸收与融合[M]/周先慎著．—北京：北京大学出版社，2002

1192 漫话苏东坡[M]/马龙一编著．—不详：不详，2002

1193 苏东坡表忠观碑[M]/(宋)苏东坡书．—杭州：浙江古籍出版社，2002

1194 苏东坡黄州寒食首结体[M]/张大卫著．—上海：上海书画出版社，2002

1195 苏东坡黄州寒食帖基本笔画[M]/(宋)苏东坡书．—上海：上海书画出版社，2002

1196 苏东坡黄州寒食帖通篇摹写[M]/(宋)苏东坡书．—上海：上海书画出版社，2002

1197 苏东坡论[M]/颜中其著．—长春：时代文艺出版社，2002(枫叶谷文丛)

1198 苏东坡在儋州[M]/韩国强著．—北京：华夏出版社，2002

1199 苏东坡在中原[M]/白立凡，刘继增编著．—香港：天马图书有限公司，2002

1200 苏东坡谪惠州[M]/徐观瑜著．—北京：作家出版社，2002

1201 苏轼[M]/由兴波著．—长春：北方妇女儿童出版社，2002

1202 苏轼词选[M]/(宋)苏轼著；刘石注评．—上海：上海古籍出版社，2002

1203 苏轼洞庭春色赋[M]/(宋)苏轼书．—上海：上海书画出版社，2002

1204 苏轼《洞庭春色赋 中山松醪赋》[M]/黄斌编．—济南：山东美术出版社，2002

1205 苏轼集[M]/(宋)苏轼著；宋长琨编著．

—长春：时代文艺出版社，2002

1206 苏轼诗词圣手［M］/由兴波著．—北京：北方妇女儿童出版社，2002

1207 苏轼诗词选［M］/吕庆业，吕岗选编；李淼解说．—长春：吉林文史出版社，2002

1208 苏轼诗钢笔楷书字帖［M］/柳长忠书．—成都：天地出版社，2002

1209 苏轼诗选［M］/（宋）苏轼著．—长春：吉林文史出版社，2002

1210 苏轼书法全集［M］/（宋）苏轼书；刘成刚，张弘苑主编．—北京：中国画报出版社，2002

1211 苏轼：文化巨人［M］/若寒编著．—延边：延边人民出版社，2002

1212 苏轼文集导读［M］/王恒著．—海南：海南出版社，2002（百部文学名著导读）

1213 苏轼小传［M］/郭梅，郭羽编著．—广州：广东旅游出版社，2002

1214 苏轼选集［M］/张志烈，张晓蕾选注．—北京：人民文学出版社，2002（大学生必读）

1215 苏轼研究［M］/谭玉良著．—成都：电子科技大学出版社，2002

1216 《苏氏易传》研究［M］/金生杨著．—成都：巴蜀书社，2002

1217 苏轼传［M］/胡明刚著．—北京：京华出版社，2002

1218 苏轼作品集萃［M］/不详．—杭州：浙江古籍出版社，2002

1219 唐宋八大家文集：苏轼文集［M］/《唐宋八大家文集》编委会．—北京：中央民族大学出版社，2002

1220 王安石三难苏东坡：文人故事［M］/本书编写组编．—北京：京华出版社，2002

1221 文白对照唐宋八大文钞：第四册 苏轼 东坡文钞［M］/郭预衡主编；徐志奇注译；胥洪泉等注译．—广州：广东教育出版社，2002

1222 一代词家苏轼［M］/王丕震著．—台北：大步文化公司，2002

1223 增刊校正王状元集注分类东坡先生诗 二十五卷［M］/（宋）苏轼著;（宋）王十朋注．—北京：北京大学图书馆，2002

1224 张有清简书苏东坡《石钟山记》［M］/张有清书．—北京：北京体育大学出版社，2002

1225 中国第十二届苏轼学术研讨会论文集［M］/中共栾城县委员会，栾城县人民政府，中国苏轼研究学会编．—北京：中央文献出版社，2002

1226 中国法帖全集：6 东坡苏公帖［M］/启功，王靖宪主编；中国法帖全集编辑委员会编．—武汉：湖北美术出版社，2002（中国美术分类全集）

1227 中国历代名家墨迹精粹：宋·苏轼［M］/（宋）苏轼书．—上海：上海人民美术出版社，2002

1228 重游东坡阁记［M］/容肇祖著．—北京：线装书局，2003

1229 大江东去：配乐朗诵苏轼作品（附朗育赏析文本）［M］/鲍国安朗诵；晨沙赏析．—长沙：湖南电子音像出版社，2003

1230 道家思想与苏轼美学［M］/杨存昌著．—济南：济南出版社，2003

1231 东坡词［M］/（宋）苏轼著．—兰州：兰州大学出版社，2003

1232 东坡词［M］/迪志文化公司编．—台北：迪志文化出版有限公司，2003

1233 东坡集［M］/（宋）苏轼著．—北京：北京图书馆出版社，2003（中华再造善本）

1234 东坡志林［M］/（宋）苏轼著；赵学智校注．—西安：三秦出版社，2003（历代名

家小品文集）

1235 芳草天涯路：影响苏轼一生的六位女性[M]/熊朝东著.—成都：巴蜀书社，2003

1236 豪放词宗：苏东坡[M]/李庆皋，王桂芝著.—长春：长春出版社，2003

1237 书韵楼丛刊：第10函 东坡乐府 1[M]/上海古籍出版社编.—上海：上海古籍出版社，2003

1238 书韵楼丛刊：第10函 东坡乐府 2[M]/上海古籍出版社编.—上海：上海古籍出版社，2003

1239 宋苏轼行书答谢民师帖卷[M]/(宋)苏轼书.—上海：上海书画出版社，2003

1240 苏东坡传奇[M]/邹辉责任编辑.—天津：新蕾出版社，2003

1241《苏东坡集》诠释与解读[M]/杨抱朴编著.—北京：中国少年儿童出版社，2003（"我与中外文学名著对话"系列丛书）

1242 苏东坡论[M]/王捷三著；王捷三遗著编辑委员会编.—西安：西安地质矿产研究所，2003

1243 苏轼的哲学观及文艺观[M]/冷成金著.—北京：学苑出版社，2003

1244 苏轼及苏门诗人诗传[M]/郭鹏著.—长春：吉林人民出版社，2003

1245 苏轼墨迹二种[M]/(宋)苏轼书.—南京：江苏古籍出版社，2003

1246 苏轼诗词选注[M]/戴俊安编.—眉山：东坡诗社，2003

1247 苏轼书法荟萃[M]/(宋)苏轼书；安林等选辑.—北京：金盾出版社，2003

1248 苏轼作品量词研究[M]/陈颖著.—成都：巴蜀书社，2003

1249 苏辛词论稿[M]/陈满铭著.—台北：文津出版社，2003

1250 万古风流苏东坡：人伦[M]/龙吟著.—长春：吉林文史出版社，2003

1251 万古风流苏东坡：人望[M]/龙吟著.—长春：吉林文史出版社，2003

1252 一蓑烟雨任平生：苏轼卷[M]/陶文鹏编著.—郑州：河南文艺出版社，2003

1253 东坡禅喜集[M]/(宋)苏轼著;(明)冯梦祯评点;(明)凌蒙初辑.—南京：南京大学出版社，2004

1254 东坡集[M]/(宋)苏轼著.—北京：线装书局，2004

1255 东坡酒经[M]/陈国勇主编.—南宁：广西民族出版社，2004（中华古典文学丛书）

1256 东坡先生翰墨尺牍[M]/(宋)苏轼著.—北京：线装书局，2004

1257 东坡乐府[M]/(宋)苏轼著.—北京：线装书局，2004

1258 欧阳修苏轼颍州诗词详注辑评[M]/王秋生辑注.—合肥：黄山书社，2004

1259 千古文豪苏东坡[M]/杨雪真著.—北京：中国电影出版社，2004（杨雪真小说集）

1260 施顾注东坡先生诗[M]/(宋)苏轼著；(宋)施元之，(宋)顾禧注.—北京：北京图书馆出版社，2004

1261 士气文心：苏轼文化人格与文艺思想[M]/张惠民，张进著.—北京：人民文学出版社，2004

1262 宋苏轼黄州寒食诗[M]/(宋)苏轼著.—北京：中国言实出版社，2004

1263 宋苏轼黄州寒食诗帖[M]/(宋)苏轼著.—上海：上海书画出版社，2004

1264 宋苏轼书《归去来兮辞》等墨迹八种[M]/(宋)苏轼书.—天津：天津杨柳青画社，2004

1265 苏东坡创业记[M]/吉祥河著.—北京：九州出版社，2004(成功书系)

1266 苏东坡创业记[M]/皮皮著.—北京：当代世界出版社，2004
1267 苏东坡故事精选[M]/王晋川主编.—成都：四川文艺出版社，2004
1268 苏东坡与惠州[M]/袁光主编.—惠州：中国人民政治协商会议惠州市委员会，2004
1269 苏东坡与西湖[M]/朱宏达，朱磊著.—杭州：杭州出版社，2004（西湖全书）
1270 苏氏易传[M]/金生杨著.—成都：巴蜀书社，2004
1271 苏轼[M]/（宋）苏轼著；邓魁英编.—长春：吉林文史出版社，2004
1272 苏轼集字作品五十幅[M]/（宋）苏轼著；沈乐平编著.—杭州：浙江古籍出版社，2004
1273 苏轼诗词文选评[M]/王水照，朱刚撰.—上海：上海古籍出版社，2004
1274 苏轼书法鉴赏[M]/张弘主编.—呼和浩特：远方出版社，2004
1275 苏轼书画艺术与佛教[M]/陈中浙著.—北京：商务印书馆，2004
1276 苏轼天际乌云帖[M]/（宋）苏轼书；方传鑫编.—上海：上海书画出版社，2004
1277 苏轼文学论集[M]/刘乃昌编.—济南：齐鲁书社，2004
1278 苏轼与登州[M]/臧伟腾，周恩惠编著.—天津：天津大学出版社，2004
1279 苏轼与山东[M]/刘乃昌著.—济南：山东文艺出版社，2004
1280 唐宋八大家散文鉴赏辞典：第10卷 苏轼[M]/吕晴飞主编.—北京：中国妇女出版社，2004
1281 唐宋八大家散文鉴赏辞典：第11卷 苏轼[M]/吕晴飞主编.—北京：中国妇女出版社，2004
1282 唐宋八大家散文鉴赏辞典：第12卷 苏轼[M]/吕晴飞主编.—北京：中国妇女出版社，2004
1283 万古风流苏东坡：人杰[M]/龙吟著.—长春：吉林文史出版社，2004
1284 万斛泉源·唐宋八大家之苏轼散文集[M]/堵军主编.—延边：延边人民出版社，2004
1285 王荆公与东坡老的文章公案[M]/齐豫生，夏于全著.—长春：吉林摄影出版社，2004
1286 王状王集百家注分类东坡先生诗[M]/（宋）苏轼著；（宋）王十朋纂集.—北京：北京图书馆出版社，2004（中华再造善本）
1287 文人的理想品格：从陶渊明到苏轼[M]/张亚新著.—济南：济南出版社，2004
1288 中国书法家全集：苏轼[M]/赵权利编.—石家庄：河北教育出版社，2004
1289 中国苏轼研究：第1辑[M]/中国人民大学中文系编.—北京：学苑出版社，2004
1290 注东坡先生诗[M]/（宋）苏轼著；（宋）施元之，（宋）顾禧注.—北京：北京图书馆出版社，2004（中华再造善本）
1291 注东坡先生诗[M]/（宋）顾禧，（宋）施宿，（宋）施元之注.—北京：线装书局，2004
1292 东坡词[M]/（宋）苏轼著；何怀远，贾歆，孙梦魁编.—呼和浩特：远方出版社，2005（四库精华）
1293 东坡词 秦观词[M]/秦明月，鲁岳主编.—乌鲁木齐：新疆青少年出版社，2005（中华文学名著百部第12部）
1294 东坡词意象论述[M]/钟巧灵著.—哈尔滨：黑龙江教育出版社，2005
1295 东坡词注[M]/（宋）苏轼著；吕观仁注.

—长沙：岳麓书社，2005

1296 东坡先生往还尺牍［M］/（宋）苏轼著．—北京：北京图书馆出版社，2005（中华再造善本）

1297 东坡乐府［M］/（宋）苏轼著．—北京：北京图书馆出版社，2005（中华再造善本）

1298 东坡竹［M］/ 齐荣景著．—北京：中国言实出版社，2005（十色堇文丛）

1299 历代书法家墨迹：宋·苏轼［M］/ 唐华伟著．—北京：中国民族摄影艺术出版社，2005

1300 宋苏东坡书法艺术［M］/ 姚建杭主编．—北京：中国和平出版社，2005（书法碑帖·原拓墨迹精印）

1301 宋拓西楼苏帖：苏轼［M］/ 蒋崇无等编．—杭州：西泠印社出版社，2005

1302 苏东坡［M］/ 秦永龙主编；杨频编著．—太原：山西教育出版社，2005

1303 苏东坡书法艺术［M］/ 姚建杭主编．—北京：中国和平出版社，2005

1304 苏东坡说禅［M］/ 师雅绘；（清）担当禅师插图．彩色图文本．—北京：国际文化出版公司，2005

1305 苏东坡：行书［M］/（宋）苏东坡书；（日）栗原芦水编；林怀秋译．—长沙：湖南美术出版社，2005（书法技法讲座）

1306 苏东坡养生谈［M］/ 熊朝东著；广州东坡纪念馆，眉山三苏祠博物馆主编．—成都：四川文艺出版社，2005

1307 苏东坡传［M］/ 林语堂著；张振玉译．—西安：陕西师范大学出版社，2005（林语堂文集）

1308 苏轼［M］/ 董森，杨哲编著．—北京：五洲传播出版社，2005

1309 苏轼词［M］/ 刘石评注．—北京：人民文学出版社，2005

1310 苏轼集：全4册［M］/（宋）苏轼著．—哈尔滨：黑龙江人民出版社，2005

1311 唐宋士风与词风研究：以白居易、苏轼为中心［M］/ 张再林著．—北京：人民文学出版社，2005（唐宋诗词名家精品类编）

1312 天涯孤鸿苏东坡［M］/ 李景新著．—北京：中国文史出版社，2005

1313 万古风流苏东坡：人民［M］/ 龙吟著．—长春：吉林文史出版社，2005

1314 中国古典诗词精品赏读：苏轼［M］/ 董森，杨哲编著．—北京：五洲传播出版社，2005

1315 走近东坡［M］/ 赵晓明，李金廷主编．—成都：四川教育出版社，2005

1316 出处死生：苏轼贬谪岭南文学作品主题研究［M］/ 郑芳祥著．—成都：巴蜀书社，2006

1317 词豪苏东坡品赏［M］/ 史良昭选评；于友善绘；胡考书．—上海：上海古籍出版社，2006（三味屋·词书画品赏系列）

1318 从临摹到创作：苏轼［M］/ 周冬军著．—上海：上海书画出版社，2006

1319 东坡志林 诗品［M］/ 王玉芬主编．—呼和浩特：远方出版社，2006（中国古典文学名著）

1320 会通与适变：东坡以诗为词论题新诠［M］/ 刘少雄著．—台北：里仁书局，2006

1321 解读苏东坡：女性·情感［M］/ 东方龙吟著．—南京：江苏文艺出版社，2006

1322 千古风流苏东坡［M］/ 梁大和著．—北京：中国文联出版社，2006

1323 少年苏东坡［M］/ 张忠全著；四川省眉山三苏祠博物馆，共青团眉山市委编．—成都：巴蜀书社，2006

1324 沈尹默行书苏东坡诗册［M］/ 沈尹默著．

—杭州：西泠印社出版社，2006

1325 沈尹默行书苏东坡诗册［M］/ 林鹏程著．—北京：世界图书出版公司，2006

1326 宋词双峰：苏轼 辛弃疾［M］/ 丁华民著．—长春：吉林文史出版社，2006（青少年成才宝典）

1327 苏东坡［M］/ 李时英著．—北京：昆仑出版社，2006

1328 苏东坡：悲歌为黎元［M］/ 陈慧君著．—北京：新华出版社，2006

1329 苏东坡大传［M］/（台湾）李一冰著．—北京：九州出版社，2006

1330 苏东坡的创造力与静坐［M］/ 黄俊仁撰．—台北：文津出版社有限公司，2006（英彦丛刊）

1331 苏东坡《黄州寒食帖》《赤壁赋》《祭黄几道文》［M］/ 季琳主编．—杭州：浙江古籍出版社，2006

1332 苏东坡叙论［M］/ 朱东润著．—北京：人民文学出版社，2006

1333 苏东坡游传：宋朝第一玩家的别致人生 像古人一样生活［M］/ 聂作平著．—上海：上海社会科学院出版社，2006

1334 苏轼［M］/ 吴永哲，乔万民选注．—天津：天津人民出版社，2006

1335 苏轼［M］/ 陈从玉编著．—合肥：安徽人民出版社，2006

1336 苏轼［M］/ 郭梅著．—杭州：浙江少年儿童出版社，2006

1337 苏轼出滕王阁诗序·滕王阁序印谱［M］/ 南昌滕王阁管理处编．—南京：江西人民出版社，2006

1338 苏轼墨迹选：1—2册［M］/（宋）苏轼书；孙宝文编．—长春：吉林文史出版社，2006

1339 苏轼书法珍品集粹与拾遗［M］/ 于景俯主编．—沈阳：辽海出版社，2006

1340 苏轼图传［M］/ 曾枣庄著．—石家庄：河北人民出版社，2006

1341 苏轼行楷书五种［M］/ 田辉，杏林主编．—北京：朝华出版社，2006

1342 苏轼行书部首一百法［M］/ 季琳主编．—杭州：浙江古籍出版社，2006

1343 苏轼行书集唐诗［M］/ 于魁荣编集．—北京：中国书店，2006

1344 唐宋八大家精品欣赏：苏轼散文［M］/ 马炳玉，申梅芳编．—北京：远方出版社，2006

1345 文豪书系：第18卷 苏轼［M］/ 丁华民编．—长春：吉林文史出版社，2006

1346 文同·苏轼［M］/（宋）文同绘，（宋）苏轼绘；王金山著．—石家庄：河北教育出版社，2006

1347 西湖太守苏东坡［M］/ 赵遵生著．—上海：上海人民出版社，2006

1348 行书经典：王羲之 颜真卿 苏轼 赵孟頫 唐寅［M］/ 马建农，张仁德主编．—北京：中国书店，2006

1349 扬州太守苏东坡［M］/ 韩月波著．—北京：大众文艺出版社，2006（大众文学丛书）

1350 宜兴传奇：第1册 苏轼与宜兴［M］/ 储传能，陆肖梅编．—上海：上海科学普及出版社，2006

1351 传世名家书法：苏轼卷［M］/ 李松晨编．—北京：中共党史出版社，2007

1352 丹梯幽意：关于李白、苏轼与青城山研究［M］/ 刘俊林，刘友竹著．—成都：巴蜀书社，2007

1353 古典诗歌研究汇刊：第2辑 第11册 东坡词的风格与技巧研究［M］/ 刘曼丽著．—台北：花木兰文化出版社，2007

1354 纪文达公评本苏文忠公诗集［M］/（清）香岩手批；（清）纪昀点评．—成都：四

川大学出版社，2007

1355 千年英雄：苏东坡图传［M］/苏灿主编；中国人民政治协商会议眉山市委员会编著.—成都：四川人民出版社，2007

1356 书艺珍品赏析 第4辑：书法名家·北宋 苏轼［M］/卢廷清编.—长沙：湖南美术出版社，2007

1357 说苏轼［M］/黄玉峰著.—上海：上海辞书出版社，2007

1358 中国书法经典导读：行书类 黄州寒食诗 洞庭春色赋 中山松醪赋［M］/江吟主编；绍南文化编.—杭州：西泠印社出版社，2007

1359 宋四家墨迹经典 苏轼、黄庭坚、米芾、蔡襄［M］/陈敏杰，彭兴林主编.—北京：中国书店，2007

1360 苏东坡词全编：汇评本［M］/曾枣庄主编.—成都：四川文艺出版社，2007

1361 苏东坡的千年人生智慧［M］/叶飞著.—北京：中国纺织出版社，2007

1362 苏东坡论书二章［M］/房弘毅书写；赵宏注释.—北京：中国书店，2007（历代书论释译楷书丛帖）

1363 苏东坡，你在说什么［M］/王心慈，黄建中绘.—长沙：湖南少年儿童出版社，2007（中华智者丛书）

1364 苏东坡研究［M］/陈弼，苏慎，钱璱之主编.—珠海：珠海出版社，2007

1365 苏东坡传［M］/林语堂著；张振玉译.—北京：现代教育出版社，2007（林语堂经典著作）

1366 苏轼［M］/竞游主编.—呼和浩特：内蒙古人民出版社，2007

1367 苏轼［M］/陈节编著.—深圳：海天出版社，2007

1368 苏轼［M］/若寒编著.—长春：北方妇女儿童出版社，2007

1369 苏轼词赏读［M］/沈耀峰，陆爱英著.—北京：线装书局，2007

1370 苏轼词新释辑评［M］/朱靖华，饶学刚，王文龙编著.—北京：中国书店，2007

1371 苏轼东坡词写意［M］/史良昭选评；于友善绘画；胡考书法.—上海：上海古籍出版社，2007

1372 苏轼《寒食帖》［M］/江吟主编.—杭州：西泠印社出版社，2007

1373 苏轼名篇名句赏读［M］/赵艺杰编.—呼和浩特：远方出版社，2007

1374 苏轼墨迹［M］/薛龙春编著.—苏州：古吴轩，2007

1375 苏轼诗词选［M］/邱健注评.—合肥：黄山书社，2007

1376 苏轼诗词选［M］/（宋）苏轼著；许渊冲译.—长沙：湖南人民出版社，2007

1377 苏轼诗研究［M］/林翼勋著.—香港：中港语文教育学会，2007

1378 苏轼书法大字典［M］/李志贤主编.—郑州：河南美术出版社，2007

1379 苏轼书法精选［M］/白马，陈宗明编选.—郑州：河南美术出版社，2007

1380 苏轼文艺美论［M］/王启鹏著.—广州：中山大学出版社，2007

1381 苏轼行书解析［M］/董正夫著.—北京：中国书店，2007

1382 苏轼行书速成教程［M］/司惠国，王玉孝主编.—北京：北京体育大学出版社，2007

1383 苏轼隐逸情结论［M］/贾喜鹏著.—北京：大众文艺出版社，2007

1384 苏轼与朱熹［M］/张毅著.—天津：天津教育出版社，2007

1385 我看东坡本色：一个在校大学生的读书札记［M］/谢非著.—北京：东方出版社，2007

1386 中国苏轼研究：第3辑[M]/朱靖华，刘尚荣，冷成金编.—北京：学苑出版社，2007

1387 东坡词研究新思维[M]/饶晓明著.—桂林：广西师范大学出版社，2008

1388 东坡集[M]/（宋）苏轼著.插图本.—沈阳：万卷出版公司，2008（品读国学经典家藏四库丛书）

1389 东坡诗文选[M]/苏东坡著；林语堂译.—台北：正中书局股份有限公司，2008（华语经典 林语堂中英对照）

1390 东坡拾瓦砾：苏东坡这个人[M]/孙涛著.—天津：天津教育出版社，2008（弘文文学馆）

1391 东坡题跋[M]/许伟东主编.—北京：人民美术出版社，2008

1392 东坡先生和陶渊明诗[M]/（宋）苏轼著.—北京：中国书店，2008

1393 东坡宴[M]/杨治明编著.—上海：上海科学普及出版社，2008

1394 东坡之诗：苏轼诗词文选译[M]/任治稷著.—上海：复旦大学出版社，2008

1395 跟苏东坡们学养生[M]/方子徒著.—广州：南方日报出版社，2008

1396 韩愈刺潮与苏轼寓惠比较研究[M]/杨子怡著.—成都：巴蜀书社，2008

1397 郏县文史资料：第13辑 苏东坡轶闻集[M]/郏县政协学习文史委员会编.—郏县：非正式出版（内部资料），2008

1398 漫话东坡[M]/莫砺锋著.—南京：凤凰出版社，2008

1399 眉山文史资料：第4辑 东坡足迹万里行[M]/中国人民政治协商会议眉山市委员会编.—眉山：政治协商会议眉山市委员会编印，2008

1400 评说苏东坡[M]/康震著.—北京：中华书局，2008（百家讲坛）

1401 千古风流：东坡胜迹诗联选[M]/朱玉书编注.—广州：花城出版社，2008

1402 苏东坡的杂耍人生：吴越品苏轼[M]/吴越组著.—北京：东方出版社，2008

1403 苏东坡旷达人生[M]/蔡景仙主编.—呼和浩特：内蒙古人民出版社，2008（传世名家经典文丛）

1404 苏东坡论书二章 黄庭坚论书法[M]/房弘毅书；赵宏注释.—武汉：湖北美术出版社，2008（历代书论释译楷书丛帖）

1405 苏东坡诗词精选钢笔字帖[M]/冯宝佳书.—广州：羊城晚报出版社，2008（当代名家精品系列）

1406 苏东坡与平顶山[M]/平顶山市政协《苏东坡与平顶山》编委会编著.—开封：河南大学出版社，2008

1407 苏东坡·醉翁亭记[M]/李放鸣，龙文井主编.—哈尔滨：黑龙江美术出版社，2008

1408 苏轼[M]/刘春主编；宁建玺编著.—北京：昆仑出版社，2008

1409 苏轼·1081年[M]/徐育珍著.—北京：少年儿童出版社，2008

1410 苏轼法书选：行书祭黄几道文等帖[M]/（宋）苏轼书.—合肥：黄山书社，2008

1411 苏轼丰乐亭记[M]/上海书画出版社编.—上海：上海书画出版社，2008

1412 苏轼集[M]/何鸿编.—南昌：江西美术出版社，2008

1413 苏轼墨迹[M]/邹方斌选编.—长沙：湖南美术出版社，2008

1414 苏轼：任是洒脱也多情[M]/宋东波著.—北京：中国发展出版社，2008

1415 苏轼诗词选[M]/（宋）苏轼著；迟乃鹏选注.—成都：巴蜀书社，2008

1416 苏轼行书[M]/魏文源编.—哈尔滨：

黑龙江美术出版社，2008

1417 苏轼行书描红系列：共7册[M]/北京市书法教育研究会编．—北京：文物出版社，2008

1418 苏轼与书画文献集[M]/李福顺编著．—北京：荣宝斋出版社，2008

1419 苏轼与宜兴[M]/宜兴市政协学习和文史委编．—西安：西安地图出版社，2008

1420 苏辛词精萃[M]/中山大学中文系主编．—广州：花城出版社，2008

1421 天风海雨吟啸行：东坡词的智慧人生[M]/周新华著．—保定：河北大学出版社，2008（走近古典丛书）

1422 天涯守望：苏东坡晚年的海南岁月[M]/阮忠著．—海口：海南出版社，南方出版社，2008

1423 文人的理想品格：从陶渊明到苏轼[M]/张亚新著．—济南：济南出版社，2008

1424 中国古典诗歌研究汇刊：第4辑 第14册 东坡环州诗研究[M]/林采海著．—台北：花木兰文化出版社，2008

1425 中国苏轼研究：第4辑[M]/朱靖华，刘尚荣，冷成金编．—北京：学苑出版社，2008

1426 祝允明楷书东坡记游卷墨迹[M]/（明）祝允明书；刘远山编．—杭州：西泠印社出版社，2008

1427 祝允明书东坡记游[M]/金木选编．—长春：吉林摄影出版社，2008（中国名碑海外遗珍）

1428 走近苏东坡[M]/李国文著．—上海：东方出版中心，2008

1429 东坡[M]/子金山著．—北京：国际文化出版公司，2009（子金山侃史）

1430 东坡文化产业发展概论[M]/课题组编．—成都：四川师范大学电子出版社，2009

1431 东坡乐府笺[M]/（宋）苏轼著；龙榆生校笺．—上海：上海古籍出版社，2009（中国古典文学丛书）

1432 何绍基醉笔东坡诗[M]/本社编．—杭州：西泠印社出版社，2009

1433 陆游传 苏东坡传[M]/朱东润，林语堂，张振玉等著．—西安：陕西师范大学出版社，2009

1434 千古风流：苏东坡在黄州[M]/吴有元著．—武汉：湖北人民出版社，2009

1435 千古一人苏东坡[M]/方志远著．—北京：中国社会出版社，2009

1436 生命之光：千年英雄苏东坡[M]/熊朝东著．—成都：四川人民出版社，2009

1437 苏东坡毛笔字帖[M]/吴波编．—延吉：延边人民出版社，2009

1438 苏东坡美食笔记[M]/伊俊编著．—北京：中国华侨出版社，2009

1439 苏东坡全集：珍藏本 全6册 豪华精装[M]/苏东坡著．—北京：北京燕山出版社，2009

1440 苏东坡诗词名篇译解[M]/（宋）苏轼著；李宝岑译解．—镇江：江苏大学出版社，2009

1441 苏东坡文集导读[M]/徐中玉编著．—北京：中国国际广播出版社，2009（国学大讲堂）

1442 苏东坡与佛教[M]/达亮著．—成都：四川大学出版社，2009

1443 苏东坡这个人[M]/史钧著．—南京：江苏文艺出版社，2009

1444 苏东坡传[M]/林语堂著；张振玉译．—北京：东方出版社，2009（名人名传系列）

1445 苏东坡传[M]/林语堂著．—北京：外语教学与研究出版社，2009（林语堂英

文作品集）
1446 苏东坡传［M］/ 林语堂著．—北京：群言出版社，2009（林语堂文集）
1447 苏东坡传［M］/ 林语堂著．—武汉：长江文艺出版社，2009（林语堂精品书系）
1448 苏东坡传［M］/ 林语堂著；张振玉译．—西安：陕西师范大学出版社，2009
1449 苏轼散文选集［M］/（宋）苏轼著；崔承运，徐柏容主编．—天津：百花文艺出版社，2009
1450 苏轼诗［M］/（宋）苏轼著；严既澄选注．—北京：中国图书馆学会高校分会委托中献拓方电子制印公司复印，2009
1451 苏轼诗词选［M］/ 孔凡礼，刘尚荣选注．—北京：中华书局，2009
1452 苏轼学术研究［M］/ 谷建著．—北京：光明日报出版社，2009
1453 我要笑傲人生：苏东坡［M］/ 康桥，王坤著．—上海：上海远东，2009（古人口述自传）
1454 闲聊东坡话古今［M］/ 陶汝建著．—北京：大众文艺出版社，2009（百合花文艺丛书）
1455 叶梦得与苏轼［M］/ 潘殊闲著．—成都：巴蜀书社，2009
1456 一蓑烟雨任平生：东坡词赏读［M］/ 陈如江著．—北京：人民文学出版社，2009（"恋上古诗词"书系经典文库）
1457 祝允明书东坡记游［M］/ 于二辉选编．—长春：吉林人民出版社，2009（中国古代书法大家碑帖精选）
1458 从佛禅思想看苏轼评黄庭坚的"三反"［M］/ 陈志平撰．—南京：南京大学出版社，2010
1459 东坡禅喜集［M］/（宋）苏轼著．—合肥：黄山书社，2010
1460 东坡词［M］/（宋）苏轼著．—南京：江苏广陵书社有限公司，2010（文华丛书）
1461 东坡词［M］/（宋）苏轼著．—扬州：广陵书社，2010
1462 东坡词研究［M］/ 郑园著．—北京：北京大学出版社，2010
1463 东坡符号与产业创意［M］/ 周成仕主编．—成都：四川大学出版社，2010
1464 东坡黄州五年间［M］/ 涂普生主编．—武汉：武汉大学出版社，2010
1465 东坡志林：天才的游戏之笔［M］/ 王连文编著．—合肥：黄山书社，2010（国学杂谭）
1466 能事毕矣：苏轼文艺观的基础抑或是理解北宋书法史的关键词［M］/ 梁寒云撰．—南京：南京大学出版社，2010
1467 如果苏东坡考上 EMBA［M］/ 林子铭著．—北京：金城出版社，2010
1468 诗词圣手苏轼［M］/ 由兴波编著．—长春：北方妇女儿童出版社，2010
1469 宋苏轼书黄州寒食帖［M］/ 顾云清，张玮编．—北京：文物出版社，2010
1470 苏东坡词全编［M］/ 曾枣庄主编．—成都：四川文艺出版社，2010
1471 苏东坡及其同时代人：放逐与回归［M］/ 洪亮著．—南昌：百花洲文艺出版社，2010
1472 苏东坡人生突围［M］/ 何浃虑编著．—北京：中国城市出版社，2010
1473 苏东坡书法鉴赏［M］/ 李元秀编著．—北京：北京燕山出版社，2010（中国历代书法精粹）
1474 苏东坡、辛弃疾词［M］/ 刘永升主编．—北京：大众文艺出版社，2010（青少年必读知识文丛）
1475 苏东坡谪居黄州［M］/ 王琳祥著．—武汉：华中师范大学出版社，2010（东坡赤壁文化丛书）

1476 苏东坡传［M］/ 林语堂著 . —天津：百花文艺出版社，2010

1477 苏东坡传［M］/ 林语堂著 . —北京：群言出版社，2010（林语堂文集）

1478 苏诗研究史稿（修订版）［M］/ 王友胜著 . —北京：中华书局，2010

1479 苏轼［M］/ 童强著 . —南京：南京大学，2010

1480 苏轼集［M］/（宋）苏轼著；于景祥，徐桂秋，郭醒编 . —太原：山西古籍出版社，2010

1481 苏轼讲周易：白话东坡易传［M］/ 杨军编译 . —长春：长春出版社，2010

1482 硬笔描摹苏东坡行书字帖［M］/ 魏秋芳主编 . —北京：金盾出版社，2010

1483 东坡禅话［M］/ 李勃洋著 . —北京：中华书局，2011（禅的智慧）

1484 东坡题跋校注［M］/（宋）苏轼著；屠友祥校注 . —上海：上海远东出版社，2011

1485 东坡先生和陶渊明诗［M］/（宋）苏轼著 . —杭州：西泠印社出版社，2011

1486 东坡养生集［M］/（明）王如锡辑 . —北京：中华书局，2011（中华养生经典）

1487 东坡咏物：东坡谈艺录 外编［M］/ 蔡国黄编著 . —香港：天马出版有限公司，2011

1488 古典诗歌研究汇刊：第 9 辑 第 14 册 东坡辞赋研究［M］/ 龚鹏程主编；李燕新著 . —台北：花木兰文化出版社，2011

1489 古典诗歌研究汇刊：第 9 辑 第 15 册 东坡辞赋研究［M］/ 龚鹏程主编；李燕新著 . —台北：花木兰文化出版社，2011

1490 关于苏轼的两篇佚文：兼论《重编东坡先生外集》对苏文研究的价值［M］/ 江枰著 . —南京：凤凰出版社，2011

1491 集句·集联·集唐诗：苏轼行书雅集［M］/ 李志平编著 . —南京：江苏美术出版社，2011

1492 集苏轼书春联：行书［M］/ 鄢建强编著 . —南昌：江西美术出版社，2011

1493 旷世奇才苏东坡［M］/ 张文亮著 . —贵阳：贵州教育出版社，2011（中华历史人物经典读本）

1494 柳永·李清照婉约词·苏东坡·辛弃疾豪放词经典大合集［M］/（宋）柳永等著；杨芳云编译 . —太原：希望出版社，2011

1495 论苏轼史论散文的文化价值［M］/ 关四平著 . —南京：凤凰出版社，2011

1496 千古风流苏东坡［M］/ 魏斌编著 . —长春：吉林人民出版社，2011（中华爱国人物故事）

1497 千年东坡［M］/ 曹勃良主编 . —海口：南方人民出版社，2011

1498 宋苏东坡书法精选［M］/ 曹彦伟编 . —北京：北京工艺美术出版社，2011（历代碑帖精粹 第 7 辑 ）

1499 宋苏轼齐州长清真相院舍利塔铭［M］/ 郭瑛主编 . —济南：山东美术出版社，2011（正楷名碑名帖导临）

1500 苏东坡的帽子［M］/ 萧耘春编 . —杭州：浙江古籍出版社，2011

1501 苏东坡黄州寒食诗［M］/ 王佑贵著 . —福州：福建美术出版社，2011（行书技法宝典）

1502 苏东坡散记［M］/ 何润身编 . —郑州：大象出版社，2011

1503 苏东坡文集［M］/ 徐中玉著 . —北京：中国国际广播出版社，2011（国学经典导读）

1504 苏东坡行书集字与创作［M］/ 故宫博物院编 . —北京：紫禁城出版社，2011（故宫珍藏历代法书碑帖集字系列）

1505 苏东坡行书与创作［M］/ 故宫博物院编．—北京：紫禁城出版社，2011（故宫珍藏历代法书碑帖集字系列）

1506 苏东坡政治主张探究［M］/ 赖正和著．—成都：巴蜀书社，2011

1507 苏轼［M］/ 梁归智著．—昆明：云南教育出版社，2011（大家精要）

1508 苏轼尺牍楷书怀素自叙［M］/ 西泠印社编．—杭州：西泠印社出版社，2011（西泠印社精选历代碑帖）

1509 苏轼词全集：汇编汇评汇校［M］/ 谭新红编著．—武汉：崇文书局，2011（中国古典文学全集典藏）

1510 苏轼寒食诗前赤壁赋［M］/ 西泠印社编．—杭州：西泠印社出版社，2011（西泠印社精选历代碑帖）

1511 苏轼寒食帖［M］/ 雷志雄主编．—武汉：湖北美术出版社，2011（历代书法名迹技法选讲）

1512 苏轼、黄庭坚行书［M］/ 黄开贵编著．—南宁：广西美术出版社，2011（历代名家书法真品通解系列）

1513 苏轼黄州寒食诗［M］/ 江吟主编．—杭州：西泠印社出版社，2011（碑帖导临）

1514 苏轼黄州寒食诗帖［M］/ 魏文源编．—南京：江苏美术出版社，2011（历代名家经典墨迹）

1515 苏轼及其时代［M］/ 杨东声著．—长春：吉林大学出版社，2011

1516 苏轼墨迹选：1［M］/ 吉林文史出版社编．—长春：吉林文史出版社，2011（新中国历代名家墨宝）

1517 苏轼墨迹选：2［M］/（宋）苏轼书．—长春：吉林文史出版社，2011（中国历代名家墨宝）

1518 苏轼评传［M］/ 王水照，朱刚著．—南京：南京大学出版社，2011（中国思想家评传丛书）

1519 苏轼评传：上［M］/ 匡亚明主编；王水照，朱刚著．—南京：南京大学出版社，2011（中国思想家评传丛书）

1520 苏轼评传：下［M］/ 匡亚明主编；王水照，朱刚著．—南京：南京大学出版社，2011（中国思想家评传丛书）

1521 苏轼楷木诗次辩才韵诗祭黄几道文［M］/ 贺维豪等编．—杭州：西泠印社出版社，2011（西泠印社精选历代碑帖）

1522 苏轼诗词文选评［M］/ 王水照，朱刚撰．—上海：上海古籍出版社，2011（中国古代文史经典读本）

1523 苏轼诗词选注［M］/ 徐培均注．—上海：上海远东出版社，2011（远东经典）

1524 苏轼诗文鉴赏辞典［M］/ 上海辞书出版社文学鉴赏辞典编纂中心编．—上海：上海辞书出版社，2011（名家鉴赏系列）

1525 苏轼诗文选［M］/ 闫晓东注析．—海口：南海出版公司，2011（中国文学经典）

1526 苏轼诗文选译［M］/ 曾枣庄，曾弢译注．修订版．—南京：凤凰出版社，2011（古代文史名著选译丛书）

1527 苏轼书法精选［M］/ 本社编．—南昌：江西美术出版社，2011（中国古代书家法帖精选）

1528 苏轼书寒食帖赤壁赋［M］/ 孙宝文编．—上海：上海辞书出版社，2011（彩色放大本中国著名碑帖）

1529 苏轼文集：全 6 册［M］/（宋）苏轼著．—北京：中华书局，2011（中国古典文学基本丛书）

1530 苏轼文集编年笺注［M］/（宋）苏轼著；李之亮编注．—成都：巴蜀书社，2011

1531 苏轼与章惇关系考：兼论相关诗文与史事［M］/ 刘昭明著．—台北：新文丰出版股份有限公司，2011（博雅集林：文学）

1532 苏辛词借鉴杜诗之研究：苏辛词传[M]/吴秀兰著.—台北：花木兰文化出版社，2011(古典诗歌研究汇刊)

1533 王安石与苏轼[M]/冯梦龙著.—北京：连环画出版社，2011(古代故事画库)

1534 文坛全才 苏轼[M]/金开诚主编.—长春：吉林文史出版社，2011(中国文化知识读本)

1535 行云流水：苏轼《与谢民师推官书》的散文与书法艺术[M]/衣若芬著.—南京：凤凰出版社，2011

1536 选堂临碑十二种：第7册 临东坡桤木诗[M]/饶宗颐著.—深圳：海天出版社，2011(饶宗颐书画册页丛刊)

1537 阅读苏轼[M]/朱刚编.—南京：南京大学出版社，2011(走近中学语文课本里的作家)

1538 赵孟頫书苏轼烟江叠嶂诗[M]/贺维豪等编.—杭州：西泠印社出版社，2011(西泠印社精选历代碑帖)

1539 东坡词[M]/(宋)苏轼著.—北京：中国书店出版社，2012

1540 东坡画论[M]/(宋)苏轼著；王其和校注.—济南：山东画报出版社，2012

1541 东坡诗文选：汉英对照[M]/(宋)苏东坡著；林语堂译.—合肥：安徽科学技术出版社，2012(林语堂英译精品)

1542 东坡谈艺录[M]/蔡国黄编著.—上海：复旦大学出版社，2012

1543 读点经典：第3辑 豪放词圣苏东坡 辛弃疾名词名句[M]/《读点经典》编委会.—南京：凤凰江苏古籍出版社，2012

1544 风情百样苏东坡[M]/王伟编著.—北京：中国社会出版社，2012(走进先贤普及读本)

1545 寒食帖 北宋苏轼[M]/《中国十大名帖》编写组编.—北京：同心出版社，2012(中国十大名帖)

1546 经典碑帖导学教程：苏轼寒食帖[M]/庆旭主编.—苏州：苏州大学出版社，2012

1547 精神家园的诗学探寻：苏轼和陶诗与陶渊明诗歌之比较研究[M]/杨松冀著.—北京：人民出版社，2012

1548 孔子 屈原 苏轼[M]/张美翔等编著.—北京：光明日报出版社，2012(中外名人传记)

1549 历代名家碑帖精选集：6 苏轼[M]/书法编辑组编.—武汉：湖北美术出版社，2012(历代名家碑帖精选集)

1550 论苏轼的艺术哲学[M]/许外芳著.—广州：暨南大学出版社，2012

1551 牧羊告雁：苏轼[M]/张志诚，耿天丽著.—呼和浩特：内蒙古人民出版社，2012(大漠碑铭)

1552 千古风流人物：黄玉峰说苏轼[M]/黄玉峰著.—上海：复旦大学出版社，2012(中学生必读的五位中国大诗人)

1553 乾隆御临苏轼书三种[M]/(清)乾隆书.—北京：中国书店，2012

1554 人间有味是清欢：苏轼的词与情[M]/西坡著.—北京：石油工业出版社，2012(阅读大中国)

1555 宋苏轼次辩才韵诗[M]/(宋)苏轼著.—苏州：古吴轩出版社，2012(历代名帖宣纸高清大图)

1556 宋苏轼黄州寒食诗帖[M]/古吴轩出版社编辑.—苏州：古吴轩出版社，2012

1557 宋苏轼《天际乌云帖》结构揭秘[M]/俞天祥著.—南京：江苏美术出版社，2012

1558 宋张樗寮书苏文忠公谢翰林学士表真迹[M]/本社编.—北京：中国书店出版社，2012

1559 苏东坡词今译[M]/薛玉峰著.—北京：

中国文联出版社，2012
1560 苏东坡断案传奇：黄州篇［M］/ 张旭军著 .—昆明：云南人民出版社，2012
1561 苏东坡断案传奇：湖州篇［M］/ 张旭军著 .—昆明：云南人民出版社，2012
1562 苏东坡断案传奇：密州篇［M］/ 张旭军著 .—昆明：云南人民出版社，2012
1563 苏东坡官场笔记［M］/ 桂园著 .—郑州：河南文艺出版社，2012
1564 苏东坡 辛弃疾名词名句［M］/（宋）苏轼著 .—北京：高等教育出版社，2012（中华豪放词圣）
1565 苏东坡和他的大宋朝［M］/ 徐棻著 .—成都：成都时代出版社，2012（长篇小说）
1566 苏东坡行书集字与创作［M］/ 魏文源编 .—上海：上海辞书出版社，2012（历代法书碑帖集字系列）
1567 苏东坡传：中文版［M］/ 林语堂著 .—北京：外语教学与研究出版社，2012
1568 苏东坡传［M］/ 林语堂著；张振玉译 .—西安：陕西师范大学出版社，2012
1569 苏东坡传［M］/ 刘小川著 .—广州：广东人民出版社，2012
1570 苏东坡传［M］/ 林语堂著 .—武汉：长江文艺出版社，2012（二十世纪四大传记）
1571 苏东坡传［M］/ 林语堂著；张振玉译 .—长沙：湖南文艺出版社，2012（林语堂传记系列）
1572 苏东坡醉翁亭记［M］/ 李放鸣，龙文井主编 .—哈尔滨：黑龙江美术出版社，2012（历代名家书法经典字谱第二辑）
1573 苏轼［M］/ 于景祥著 .—沈阳：辽海出版社，2012（中外巨人传）
1574 苏轼［M］/ 童一秋编著 .—长春：吉林文史出版社，2012（中国十大文豪）
1575 苏轼［M］/ 文景主编 .—北京：中国人口出版社，2012（青少年健康人格教育丛书）
1576 苏轼［M］/ 杨东胜编 .—南昌：江西美术出版社，2012（历代书法名家大图范本）
1577 苏轼［M］/ 王冬梅主编 .—北京：中国书店出版社，2012（历代名家书法经典）
1578 苏轼传世书法赏析［M］/ 郭豫斌主编 .—北京：北京出版社，2012（跟大家学书法丛书）
1579 苏轼词百首［M］/ 中国书店编 .—北京：中国书店，2012
1580 苏轼词编年校注［M］/ 邹同庆，王宗堂校注 .—北京：中华书局，2012（中国古典文学基本丛书）
1581 苏轼：大江东去［M］/ 刘思源著 .—北京：海豚出版社，2012
1582 苏轼黄州寒食诗帖［M］/ 何灿波编 .—南昌：江西美术出版社，2012（中国历代经典碑帖辑选）
1583 苏轼黄州寒食诗帖［M］/ 许晓俊，袁卫民主编 .—北京：大众文艺出版社，2012（中国历代碑帖技法导学集成）
1584 苏轼黄州寒食诗帖［M］/ 杨建民编 .—北京：大众文艺出版社，2012（中国历代碑帖技法导学集成）
1585 苏轼黄州寒食帖 赤壁赋［M］/ 上海书画出版社编 .—上海：上海书画出版社，2012（中国碑帖名品）
1586 苏轼：旷达的文豪［M］/（宋）苏轼著原著 . 绘本 .—北京：海豚出版社，2012（经典少年游）
1587 苏轼门人：晁补之传［M］/ 潘守皎著 .—天津：天津古籍出版社，2012（历史文化名人丛书）
1588 苏轼全集校注：全 20 册［M］/（宋）苏轼著；张志烈，马德富，周裕锴主编 .

—石家庄：河北人民出版社，2012

1589 苏轼诗词选［M］/（宋）苏轼著；许渊冲译．图文典藏本．—石家庄：河北人民出版社，2012

1590 苏轼诗词选评［M］/王水照，朱刚撰．—上海：上海古籍出版社，2012（中国古代文史经典读本）

1591 苏轼书赤壁：答谢民师帖 历代名家墨迹选 33［M］/（宋）苏轼书；申新仁编．—长春：吉林文史出版社，2012

1592 苏轼书洞庭春色赋［M］/孙宝文编．—上海：上海辞书出版社，2012（彩色放大本中国著名碑帖）

1593 苏轼书法技法［M］/书华编．—昆明：云南美术出版社，2012（中国名家书法技法）

1594 苏轼题画诗选评笺释［M］/葛泽溥选评笺释．—郑州：河南大学出版社，2012

1595 苏轼文集编年笺注［M］/柳斌杰，邬书林．—成都：巴蜀书社，2012

1596 苏轼行书集字千字文［M］/季琳编．—上海：上海书画出版社，2012（名家集字千字文系列）

1597 苏轼行书技法要诀［M］/张敏著．—长沙：湖南文艺出版社，2012（历代大家书法经典技法要诀丛帖）

1598 苏轼行书习字帖［M］/路振平编著．—杭州：浙江人民美术出版社，2012（中国书法教程）

1599 苏轼行书字帖［M］/（宋）苏轼书；王成觉，萧里群选辑．—北京：北京出版社，2012

1600 苏轼：一蓑烟雨任平生［M］/桃花潭水著．—哈尔滨：哈尔滨出版社，2012（走近宋词品人生系列）

1601 苏轼易学研究［M］/邢春华著．—西安：三秦出版社，2012

1602 苏文忠公诗编注集成总案［M］/（清）王文诰撰．—海口：海南出版社，2012

1603 蓑雨人生：苏轼［M］/宁建编．—北京：企业管理出版社，2012（品读古代文化巨人）

1604 传媒与真相：苏轼及其周围士大夫的文学［M］/（日）内山精也著；朱刚等译．—上海：上海古籍出版社，2013（日本宋学研究六人集）

1605 词解苏轼［M］/周丛林著．—北京：中央广播电视大学出版社，2013（诗词馆）

1606 从王维到苏轼：诗歌与禅学交会的黄金时代［M］/萧丽华著．—天津：天津教育出版社，2013（海外名家学术文库）

1607 丁申阳草书苏轼词卷［M］/丁申阳著．—上海：上海锦绣文章出版社，2013

1608 东坡集：插图本［M］/（宋）苏轼著．增订版．—南京：凤凰出版社，2013（品读国学经典：家藏四库系列）

1609 东坡文化德育读本［M］/陶秀琪主编．—武汉：湖北教育出版社，2013

1610 东坡文化诗词读本［M］/陶秀琪主编．—武汉：湖北教育出版社，2013

1611 东坡养生集［M］/（宋）苏轼著；（明）王如锡编；吴文清，张志斌点校．—福州：福建科学技术出版社，2013（中医养生名著精选）

1612 东坡遗风［M］/韩国强主编．—海口：海南出版社，2013

1613 东坡之我本儋耳人［M］/李盛华著．—海口：海南出版社，2013

1614 高处不胜寒：诗人苏东坡［M］/李时英著．—北京：昆仑出版社，2013

1615 黄庭坚《松风阁》《苏轼寒食诗跋》技法精讲［M］/施建锋编写．—北京：故宫出版社，2013（故宫珍藏历代名家墨迹技法精讲系列）

1616 名碑名帖·完全大观·苏轼黄州寒食诗［M］/ 臧定禄，吴小琴编著．—南昌：江西美术出版社，2013

1617 品读东坡［M］/ 韩国强主编．—海口：海南出版社，2013

1618 千年英雄苏东坡［M］/ 熊朝东著．—成都：四川人民出版社，2013

1619 人生无处不青山：东坡行走地图［M］/ 柳白著．—北京：化学工业出版社，2013

1620 瑞峰龙舟·东坡［M］/ 李正安著．—成都：四川美术出版社，2013

1621 诗人与造物：苏轼论考［M］/ 山本和义著；张剑译．—北京：中国社会科学出版社，2013

1622 诗意地筑造：苏轼诗学思想的生存论阐释［M］/ 孟宪浦著．—上海：学林出版社，2013

1623 淑世与超旷：苏轼仕杭时期活动与创作评析［M］/ 周晓音著．—杭州：浙江工商大学出版社，2013（当代浙江学术文库）

1624 宋苏轼洞庭春色赋：中山松醪赋［M］/ 古吴轩出版社编．—苏州：古吴轩出版社，2013（历代名帖宣纸高清大图）

1625 宋苏轼书前赤壁赋［M］/ 邹宗绪主编．—南京：江苏美术出版社，2013

1626 宋苏轼醉翁亭记·丰乐亭记［M］/ 邹宗绪主编．—南京：江苏美术出版社，2013

1627 苏东坡别传［M］/ 刘敬堂著．—北京：中国纺织出版社，2013

1628 苏东坡《黄州寒食帖》学习方案［M］/ 马启雄著．—福州：福建美术出版社，2013（无师自通）

1629 苏东坡黄州名篇赏析［M］/ 饶晓明，方星移，朱靖华，饶学刚著．—武汉：华中师范大学出版社，2013（东坡赤壁文化丛书）

1630 苏东坡流放岭南［M］/ 马宪臣著．—沈阳：辽宁教育出版社，2013

1631 苏东坡书表忠观碑［M］/ 杭州图书馆编．—杭州：西泠印社出版社，2013

1632 苏东坡与湖州［M］/ 余方德著．—北京：中国文联出版社，2013

1633 苏东坡在定州［M］/ 李占才著．—保定：河北大学出版社，2013

1634 苏东坡传［M］/ 林语堂著．—武汉：武汉出版社，2013（含章文库）

1635 苏东坡传［M］/ 林语堂著．—长沙：湖南人民出版社，2013

1636 苏东坡传［M］/ 林语堂著．—北京：北京联合出版社，2013（林语堂作品集）

1637 苏东坡传 武则天传 张居正大传［M］/ 林语堂，吴晗，朱东润等著．—武汉：武汉出版社，2013（名人名传典藏五种）

1638 苏东坡传：套装共 2 册［M］/ 李一冰著．—南京：江苏文艺出版社，2013

1639 苏东坡传：最新修订典藏本［M］/ 林语堂著．—沈阳：万卷出版公司，2013（含章文库）

1640 苏东坡醉翁亭记［M］/ 李放鸣著．放大版．—成都：四川美术出版社，2013（历代名家碑帖技法精解）

1641 苏轼［M］/ 洪亮主编．—南昌：江西美术出版社，2013（历代名家书心经）

1642 苏轼［M］/ 罗文娟著．—北京：团结出版社，2013

1643 苏轼《赤壁赋》［M］/ 宗家顺编著．—北京：中央广播电视大学出版社，2013（中国书法大讲堂）

1644 苏轼《赤壁赋》技法精讲［M］/ 郑家禾编写．—北京：故宫出版社，2013（故宫珍藏历代名家墨迹技法精讲系列）

1645 苏轼洞庭春色赋、中山松醪赋［M］/ 路振平编．—杭州：浙江人民美术出版社，2013（中国经典碑帖荟萃）

1646 苏轼洞庭春色赋·中山松醪赋[M]/杨汉卿编.—南京：江苏美术出版社，2013

1647 苏轼《洞庭春色赋》、《中山松醪赋》技法精讲[M]/卢心东编写.—北京：紫禁城出版社，2013（故宫珍藏历代名家墨迹技法系列）

1648 苏轼洞庭中山二赋[M]/本社编.—南昌：江西美术出版社，2013（中国历代碑帖选字临本）

1649 苏轼故事[M]/李丽著.—长春：长春出版社，2013（唐宋八大家故事丛书）

1650 苏轼《寒食诗帖》[M]/（宋）苏轼书.—上海：上海书画出版社，2013

1651 苏轼寒食诗帖 次辩才韵赋试[M]/上海书画出版社著.—上海：上海书画出版社，2013（书法经典放大 墨迹系列）

1652 苏轼“和陶诗”考论：兼及韩国“和陶诗”[M]/（韩）金甫暻著.—上海：复旦大学出版社，2013（复旦宋代文学研究书系）

1653 苏轼黄州寒食诗卷、赤壁赋[M]/路振平编.—杭州：浙江人民美术出版社，2013（中国经典碑帖荟萃）

1654 苏轼黄州寒食诗帖[M]/吉林文史出版社编.—长春：吉林文史出版社，2013（天下墨宝）

1655 苏轼《黄州寒食诗帖》[M]/李毅峰，杨惠东主编.—天津：天津人民美术出版社，2013

1656 苏轼黄州寒食帖[M]/徐硕，张耀天，朱建习主编.—长春：吉林美术出版社，2013（中国历代名家名帖）

1657 苏轼黄州寒食帖[M]/周岩著编.—南昌：江西美术出版社，2013（历代书法经典放大系列）

1658 苏轼《念奴娇·赤壁怀古》：外一篇[M]/房弘毅书.—北京：北京体育大学出版社，2013（大楷名文名篇）

1659 苏轼诗词赏析[M]/马玮主编.—北京：商务印书馆国际有限公司，2013（中国古典诗词名家菁华赏析）

1660 苏轼诗词写意[M]/刘清泉著；杨再琪插图.—北京：中华书局，2013（四川省哲学社会科学普及规划2013年度项目）

1661 苏轼书法临习[M]/胡峡江主编.—北京：北京燕山出版社，2013（历代名家书法临习大全）

1662 苏轼《新岁展庆帖》《人来得书帖》技法精讲[M]/姚建杭著.—北京：故宫出版社，2013

1663 苏轼行草书集字帖[M]/于魁荣，周阳编.—北京：荣宝斋出版社，2013

1664 苏轼行书技法[M]/雅风斋主编.—北京：金盾出版社，2013（青少年书法入门与提高）

1665 苏轼行书教与学[M]/杨红春编著.—成都：巴蜀书社，2013（中国书法名作教与学中小学书法教育指导丛书）

1666 苏轼：叙述一种[M]/刘小川著.—北京：作家出版社，2013

1667 苏轼与《周易》[M]/徐建芳著.—北京：中国社会科学出版社，2013

1668 苏轼仲尼梦奠帖[M]/朱建习，徐硕，张耀天主编.—长春：吉林美术出版社，2013（中国历代名家名帖）

1669 苏轼传[M]/胡明刚著.—北京：北京联合出版公司，2013（中国名人大传）

1670 苏轼传[M]/王水照，崔铭著.—天津：天津人民出版社，2013

1671 唐宋八大家散文总集：卷6 苏轼 1[M]/郭预衡，郭英德主编.—石家庄：河北人民出版社，2013

1672 唐宋八大家散文总集：卷7 苏轼 2[M]/郭预衡，郭英德主编.—石家庄：

河北人民出版社，2013

1673 唐宋八大家散文总集：卷 8 苏轼 3［M］/ 郭预衡，郭英德主编．—石家庄：河北人民出版社，2013

1674 唐宋八大家散文总集：卷 9 苏轼 4［M］/ 郭预衡，郭英德主编．—石家庄：河北人民出版社，2013

1675 新兴与传统：苏轼词论述［M］/（日）保苅佳昭著．—上海：上海古籍出版社，2013（日本宋学研究六人集）

1676 信仰的力量：苏轼［M］/ 陈泽华编．—长春：吉林教育出版社，2013

1677 许渊冲经典英译诗歌 1000 首：苏轼诗词 汉英对照［M］/ 许渊冲编译．—北京：海豚出版社，2013

1678 寻找苏轼［M］/ 王志艳著．—延吉：延边大学出版社，2013

1679 中国法书选：46 苏轼集［M］/（宋）苏轼著．—不详：二玄社，2013

1680 中国法帖粹编：苏轼卷［M］/ 舒晨，路振平主编．—杭州：浙江人民美术出版社，2013

1681 中国历代碑帖选字临本：第 1 辑 苏轼洞庭中山二赋［M］/ 江西美术出版社编．—南昌：江西美术出版社，2013

1682 沧海寄余生：苏东坡传［M］/ 邓凌原著．—北京：中国华侨出版社，2014（中国文脉系列）

1683 草书集字东坡词［M］/ 于剑波编著．—济南：齐鲁书社，2014

1684 东坡海外集今译［M］/ 林冠群，林志向译注．—海口：海南出版社，2014

1685 东坡魅力之光［M］/ 胡静，文镜铮编著．—成都：四川大学出版社，2014

1686 东坡诗词书画精选［M］/ 胡建辉著．—扬州：广陵书社，2014

1687 东坡书画艺术纵论［M］/ 胡丰，涂普生主编．—武汉：长江出版社，2014

1688 东坡与我们［M］/ 张慧玲主编．—广州：广东教育出版社，2014

1689 东坡志林［M］/（宋）苏轼著，刘文忠编．插图本．—北京：中华书局，2014（中华经典随笔）

1690 《东坡志林》百篇赏析［M］/ 徐康著．—北京：中国文史出版社，2014

1691 豪放洒脱的苏轼［M］/ 张泉主编．—福州：福建教育出版社，2014

1692 进退舍得：有一种境界叫苏东坡［M］/ 冷成金著．—北京：北京联合出版公司，2014

1693 李后主词苏辛词周姜词［M］/ 戴景素，叶绍钧选注．—武汉：崇文书局，2014

1694 漫话苏东坡［M］/ 赖正和著．—北京：中国文史出版社，2014

1695 秋雨合集：19 苏轼译写［M］/ 余秋雨著．—济南：山东教育出版社，2014

1696 融通三教：师法自然 苏轼自然观［M］/ 李赓扬著．—深圳：海天出版社，2014（自然国学丛书）

1697 诗情儒学：苏轼儒家思想与文艺创作之关系［M］/ 王堃著．—长春：吉林人民出版社，2014

1698 宋词是一杯清酒：3 苏东坡词传［M］/ 苏凌著．—北京：时事出版社，2014

1699 宋·苏轼黄州寒食诗帖［M］/ 胡紫桂主编．—长沙：湖南美术出版社，2014

1700 苏东坡词历代传播与接受专题研究论稿［M］/ 陈景周著．—苏州：苏州大学出版社，2014

1701 苏东坡的幸福人生［M］/ 刘翔平著．—南京：江苏教育出版社，2014（积极心理学丛书）

1702 苏东坡黄州寒食诗帖及其笔法［M］/ 朱艳萍编著．—杭州：西泠印社出版社，2014

1703 苏东坡黄州书法集[M]/张龙飞主编.—北京:中国文史出版社,2014

1704 苏东坡诗词选读[M]/周吉华主编.—北京:中国电影出版社,2014

1705 苏东坡手书养生论[M]/(三国)嵇康著.—北京:中国书店,2014

1706 苏东坡与西园雅集[M]/徐丽著.—北京:中国文史出版社,2014

1707 苏东坡与中原文化[M]/陈康著.—郑州:郑州大学出版社,2014(卓越学术文库)

1708 苏东坡寓惠传[M]/王启鹏著.—广州:广东经济出版社,2014

1709 苏东坡寓惠传奇[M]/申平著.—北京:中国言实出版社,2014

1710 苏东坡传[M]/林语堂著.—杭州:浙江文艺出版社,2014(名家·名人传)

1711 苏东坡传[M]/林语堂著.—南京:江苏人民出版社,2014(含章文库)

1712 苏东坡传[M]/林语堂著.—北京:外语教学与研究出版社,2014(林语堂英文作品集)

1713 苏东坡传[M]/林语堂著.—北京:群言出版社,2014(中小学生必读丛书)

1714 苏东坡传[M]/林语堂著.—北京:北京联合出版公司,2014(新课标必读丛书)

1715 苏轼[M]/(宋)苏轼著.放大版.—成都:四川美术出版社,2014(中国好书法·大师尺牍精品)

1716 苏轼尺牍名品[M]/上海书画出版社编.—上海:上海书画出版社,2014(中国碑帖名品)

1717 苏轼词[M]/姜红雨,马大勇选注.—北京:中华书局,2014(中华传统诗词经典)

1718 苏轼词集[M]/(宋)苏轼著.—上海:上海古籍出版社,2014

1719 苏轼的人生境界及其文化底蕴[M]/阮延俊著.—广州:世界图书出版公司,2014

1720 苏轼洞庭春色赋·中山松醪赋[M]/吉林文史出版社编.—长春:吉林文史出版社,2014(天下墨宝)

1721 苏轼黄州寒食诗 赤壁赋[M]/路振平,赵国勇,郭强主编.—杭州:浙江人民美术出版社,2014(翰墨字帖)

1722 苏轼黄州寒食诗帖[M]/柳敏夏主编.—长春:吉林文史出版社,2014

1723 苏轼《黄州寒食诗帖》[M]/张海主编.—郑州:河南美术出版社,2014(中国最具代表性书法作品)

1724 苏轼·黄州寒食诗帖[M]/江西美术出版社编辑.—南昌:江西美术出版社,2014

1725 苏轼集[M]/陶文鹏,郑园编选.—南京:凤凰出版社,2014

1726 苏轼九章[M]/周纲著.—成都:四川文艺出版社,2014(乐山文丛)

1727 苏轼楷书入门[M]/柯国富,华骏铭编著.—上海:上海大学出版社,2014(书法自学丛帖)

1728 苏轼墨迹选 2[M]/吉林文史出版社编.—长春:吉林文史出版社,2014(天下墨宝)

1729 苏轼审美人生与欧王关系[M]/木斋,刘森,张昶著.—高雄:台湾丽文文化公司,2014(木斋研究丛书)

1730 苏轼诗词[M]/(宋)苏轼著;李兆禄编.—济南:济南出版社,2014(唐宋诗词十大家丛书)

1731 苏轼诗文鉴赏辞典[M]/上海辞书出版社文学鉴赏辞典编纂中心编.—上海:上海辞书出版社,2014

1732 苏轼书法精选［M］/ 邱振中，陈政主编．—南昌：江西美术出版社，2014（中国古代碑帖经典彩色放大系列）

1733 苏轼书法研究［M］/ 曹士东著．—合肥：合肥工业大学出版社，2014

1734 苏轼：率性本真总不移［M］/ 范晓佩，张昊苏著．—济南：济南出版社，2014（文化中国永恒的话题）

1735 苏轼行书掇英［M］/ 路振平，赵国勇，郭强主编．—杭州：浙江人民美术出版社，2014

1736 苏轼行书技法［M］/ 王少凡著．—北京：中国书店，2014

1737 苏轼行书临习《黄州寒食诗帖》《邂逅帖》《前赤壁赋》［M］/ 马守国编．—西安：三秦出版社，2014

1738 苏轼行书入门［M］/ 柯国富，华骏铭编著．—上海：上海大学出版社，2014（书法自学丛帖）

1739 苏轼徐州诗文辑注［M］/ 管仁福主编．—徐州：中国矿业大学出版社，2014

1740 苏轼选集［M］/ 王水照选注．—上海：上海古籍出版社，2014（中国古典文学名家选集丛书）

1741 苏轼译写［M］/ 余秋雨著．—长沙：岳麓书社，2014

1742 苏轼与朱熹［M］/ 张毅著．—南昌：江西人民出版社，2014（学人文库）

1743 苏轼哲学思想研究［M］/ 刘燕飞著．—北京：人民出版社，2014

1744 探秘苏东坡［M］/ 刘寅著．—北京：中国文史出版社，2014

1745 郗伯康东坡剧作选［M］/ 郗伯康著．—北京：中国文史出版社，2014

1746 一蓑烟雨任平生：东坡词［M］/ 陈如江编注．—济南：山东文艺出版社，2014（古词坊系列）

1747 余秋雨书法：第5卷 苏轼译写［M］/ 余秋雨编著．—南昌：江西美术出版社，2014

1748 与苏东坡分享创造力［M］/ 张花氏著．—成都：四川大学出版社，2014

1749 不合时宜：东坡人文地图［M］/ 王文正编．—杭州：杭州出版社，2015

1750 大江东去浪淘尽：在诗文中找寻东坡一生的足迹［M］/ 吕宁著．—北京：北京工业大学出版社，2015

1751 大宋风月：苏轼［M］/ 高有鹏著．—上海：东方出版中心，2015

1752 儋阳东坡遗泽颂［M］/ 林冠群编注．—郑州：中州古籍出版社，2015

1753 东坡笔意：英、汉［M］/ 林语堂著．—北京：外语教学与研究出版社，2015（林语堂英译诗文选）

1754 东坡先生和陶渊明诗［M］/（宋）苏轼著．—北京：中国书店出版社，2015

1755 东坡志林［M］/（宋）苏轼著；梁树风，王晋光导读译注．—北京：中信出版社，2015（中信国学大典）

1756 海角论诗：全国第28届中华诗词研讨会暨苏轼王佐诗词研讨会论文选编［M］/ 易行，钱志熙主编．—北京：线装书局，2015

1757 集苏轼行书唐人绝句百首［M］/ 于魁荣编撰．—北京：文物出版社，2015

1758 景宋东坡先生和陶渊明诗［M］/（宋）苏轼著．—天津：天津古籍出版社，2015

1759 孔子 玄奘 苏轼［M］/ 余耀东著．—合肥：黄山书社，2015（中华人物故事）

1760 历代碑帖精粹：宋 苏轼寒食帖 赤壁赋［M］/ 薛元明主编．—合肥：安徽美术出版社，2015

1761 人生智者苏东坡［M］/ 王开林著．—北京：中华书局，2015（大名人小故事）

1762 宋刻东坡集［M］/（宋）苏轼著 .—扬州：广陵书社，2015

1763 宋苏轼洞庭春色赋中山松醪赋［M］/ 班志铭编 .—哈尔滨：黑龙江美术出版社，2015（中国历代碑帖经典）

1764 宋行书：苏轼黄州寒食诗帖［M］/ 张鹏涛编著 .—武汉：湖北教育出版社，2015（中国好字帖）

1765 苏东坡［M］/ 吴晨主编 .—杭州：杭州出版社，2015（杭州名人小丛书）

1766 苏东坡传说［M］/ 陈杰，倪灵玲编 .—杭州：浙江摄影出版社，2015（浙江省非物质文化遗产代表作丛书）

1767 苏东坡黄州寒食帖［M］/ 欧键汶主编 .—福州：福建美术出版社，2015（临帖达人）

1768 苏东坡诗联巧吟妙对故事［M］/ 刘永清编著 .—北京：金盾出版社，2015

1769 苏东坡 · 辛弃疾词［M］/（宋）苏东坡，（宋）辛弃疾著 .—长春：吉林出版集团有限责任公司，2015（全民阅读 · 经典小丛书）

1770 苏东坡与青神［M］/ 邵永义著 .—沈阳：白山出版社，2015

1771 苏东坡传［M］/ 林语堂著 .—北京：新世界出版社，2015（纪念林语堂诞辰 127 周年私藏本）

1772 苏东坡传［M］/ 林语堂著 .—南京：江苏人民出版社，2015（经典名人传记系列）

1773 苏轼［M］/ 余志慧编著 .—合肥：黄山书社，2015（中外名人传记）

1774 苏轼［M］/ 孙毓修编 . 文白对照本 .—北京：团结出版社，2015（民国大师写给青少年的中外名大型系列传记丛书）

1775 苏轼［M］/ 普慧主编 .—西安：世界图书西安出版公司，2015（历代名家书心经）

1776 苏轼［M］/ 王明晖著 .—北京：北京体育大学出版社，2015（传世墨迹解析与欣赏）

1777 苏轼［M］/ 童强著 .—南京：南京大学出版社，2015（《中国思想家评传》简明读本）

1778 苏轼成语漫话［M］/ 向加富著 .—成都：四川大学出版社，2015

1779 苏轼词全集：汇校汇注汇评［M］/ 谭新红，萧兴国，王林森编著 .—武汉：崇文书局，2015（崇文馆中国古典诗词校注评丛书）

1780 苏轼词选［M］/（宋）苏轼著；李之亮注析 .—郑州：中州古籍出版社，2015（家藏文库）

1781 苏轼定州诗文评注［M］/ 周新华，刘艳云，李增寿编著 .—保定：河北大学出版社，2015

1782 苏轼丰乐亭记［M］/ 班志铭，班正编 .—哈尔滨：黑龙江美术出版社，2015（中国历代名碑名帖放大本系列）

1783 苏轼 寒食帖 美的字［M］/ 浙江古籍出版社编 .—杭州：浙江古籍出版社，2015（大家墨宝）

1784 苏轼黄州寒食诗、前赤壁赋［M］/（宋）苏轼书 .—武汉：湖北美术出版社，2015（中国经典书画丛书）

1785 苏轼黄州寒食诗帖［M］/ 尚天潇编 .—南昌：江西美术出版社，2015（中国历代书家墨迹辑录）

1786 苏轼 黄州寒食诗帖［M］/ 李放鸣编 .—南京：江苏美术出版社，2015（历代名家名帖书法经典）

1787 苏轼《黄州寒食诗帖》［M］/ 张海主编 .—郑州：河南美术出版社，2015（中国最具代表性书法作品）

1788 苏轼黄州寒食诗帖［M］/ 胡紫桂主编．—长沙：湖南美术出版社，2015（历代传世碑帖精粹）

1789 苏轼教育思想研究［M］/ 张帆著．—成都：四川大学出版社，2015

1790 苏轼书法集［M］/（宋）苏轼书．—汕头：汕头大学出版社，2015（中国书画大系）

1791 苏轼书法经典鉴赏［M］/ 周世闻著．—成都：四川美术出版社，2015

1792 苏轼书金刚般若波罗蜜经［M］/（宋）苏轼书．—杭州：西泠印社出版社，2015

1793 苏轼书欧阳永叔醉翁亭记［M］/ 张霆主编．—郑州：中州古籍出版社，2015

1794 苏轼王安石的哲学建构与佛道思想［M］/ 胡金旺著．—北京：中央编译出版社，2015（当代中国学术文库）

1795 苏轼行草书《心经》［M］/ 释永信主编．—郑州：河南美术出版社，2015（中国历代书法名家写心经放大本系列）

1796 苏轼行书技法解析［M］/ 李冬，黎妮著．—北京：北京希望电子出版社，2015

1797 苏轼行书入门基础教程［M］/ 杨红春编．—上海：上海科学技术文献出版社，2015（中国书法·名家名帖）

1798 苏轼行书《心经》［M］/ 释永信主编；杨海蛟编．—郑州：河南美术出版社，2015（中国历代书法名家写心经放大本系列）

1799 苏轼与谢民师书［M］/ 上海博物馆编．—北京：中国书画出版社，2015

1800 苏轼醉翁亭记［M］/ 班志铭，班正编．—哈尔滨：黑龙江美术出版社，2015（中国历代名碑名帖放大本系列墨客书法系列丛书历代碑帖经典）

1801 苏辛词说［M］/ 顾随著；陈均校．—北京北京出版社，2015

1802 唐宋八大家故事集：百代楷模苏轼［M］/ 东方慧子主编．—武汉：武汉大学出版社，2015（唐宋八大家故事集）

1803 王水照说苏东坡［M］/ 王水照著．—北京：中华书局，2015（中华聚珍讲堂）

1804 王水照苏轼研究四种：宋人所撰三苏年谱汇刊［M］/ 王水照著．—北京：中华书局，2015

1805 王水照苏轼研究四种：苏轼选集修订本［M］/ 王水照选注．—北京：中华书局，2015

1806 王水照苏轼研究四种：苏轼研究［M］/ 王水照著．—北京：中华书局，2015

1807 王水照苏轼研究四种：苏轼传稿［M］/ 王水照著．—北京：中华书局，2015

1808 惟有朝云能识我：苏东坡和王朝云的故事［M］/ 陈志群著．—南京：凤凰出版社，2015

1809 我本海南民 兹游冠平生：流寓儋州的苏东坡［M］/ 李雯，王松著．—海口：南方出版社，2015（海南历史文化名人丛书）

1810 我书意造本无法：苏轼书画艺术与佛教［M］/ 陈中浙著．—北京：商务印书馆，2015

1811 写给儿童的名人故事：14 苏东坡［M］/ 章衣萍著．—北京：团结出版社，2015

1812 新编东坡海外集［M］/ 林冠群编注．—郑州：中州古籍出版社，2015

1813 新编苏轼《赤壁赋》集联［M］/ 谭文亮编．—郑州：河南美术出版社，2015（中国历代经典碑帖集联系列）

1814 一蓑烟雨任平生：苏轼集［M］/ 陈祖美主编．—郑州：河南文艺出版社，2015（唐宋诗词名家精品类编）

1815 仲向阳书东坡词［M］/ 仲向阳书．—南京：江苏凤凰美术出版社，2015

1816 最美的字：苏轼《寒食帖》［M］/ 本社

编．—杭州：浙江古籍出版社，2015

1817 北宋苏轼小楷精选［M］/李剑锋编．—南昌：江西美术出版社，2016（中国古代书家小楷精选）

1818 东坡画论［M］/（宋）苏轼著；邵大箴校注．—石家庄：河北教育出版社，2016

1819 东坡题跋［M］/（宋）苏轼著．—杭州：浙江人民美术出版社，2016

1820 东坡先生和陶渊明诗［M］/（宋）苏轼著．—北京：社会科学文献出版社，2016

1821 东坡乐府笺［M］/（宋）苏轼著；龙榆生校笺．—上海：上海古籍出版社，2016

1822 东坡之豪放与真诚［M］/胡静，文镜铮编．—成都：四川大学出版社，2016

1823 东坡志林：精装典藏本［M］/（宋）苏轼著．—沈阳：万卷出版公司，2016

1824 奇才：苏轼［M］/杜萌著．—太原：山西教育出版社，2016

1825 诗意人生苏轼［M］/姜正成主编．—北京：中国财富出版社，2016（中华圣贤传奇系列）

1826 宋苏轼念奴娇·赤壁怀古．满庭芳三十三年［M］/班志铭编．—哈尔滨：黑龙江美术出版社，2016（中国历代碑帖经典）

1827 宋苏轼书黄州寒食诗帖［M］/《历代碑帖法书选》编辑组编著．—北京：文物出版社，2016（历代碑帖法书精品选）

1828 苏东坡的爱情传奇［M］/陈乐山著．—南昌：百花洲文艺出版社，2016

1829 苏东坡前后赤壁赋［M］/陆康编．—上海：上海文化出版社，2016（当代名家墨迹系列）

1830 苏东坡 辛弃疾词［M］/冯慧娟主编．—乌鲁木齐：新疆美术摄影出版社，2016（全民阅读国学普及读本）

1831 苏轼［M］/行书撷英编委会编．—杭州：浙江人民美术出版社，2016（行书撷英）

1832 苏轼［M］/（宋）苏轼著．—成都：四川美术出版社，2016（顶级书画名家杰作复制精选）

1833 苏轼 赤壁赋 新版［M］/宗家顺著．—北京：中央广播电视大学出版社，2016（行书四大家）

1834 苏轼词编年校注［M］/邹同庆，王宗堂校注．—北京：中华书局，2016（中国古典文学基本丛书）

1835 苏轼改门联：中英对照精装版［M］/赵镇琬著．—北京：新世界出版社，2016（幼学启蒙丛书）

1836 苏轼改门联［M］/赵镇琬主编．—北京：新世界出版社，2016

1837 苏轼寒食帖［M］/墨点字帖编．—武汉：湖北美术出版社，2016（历代经典碑帖高清放大对照本）

1838 苏轼寒食帖 赤壁赋［M］/中华书局编辑部编．—北京：中华书局，2016（中华经典碑帖彩色放大本）

1839 苏轼和陶诗编年校注［M］/杨松冀校注．—北京：人民文学出版社，2016

1840 苏轼黄州寒食诗帖［M］/孔项编．—长春：吉林文史出版社，2016（中国历代名家名品集萃）

1841 苏轼楷书司马温公神道碑［M］/易新生著．—武汉：湖北美术有限公司，2016（中华传世名碑）

1842 苏轼名篇名句赏读［M］/罗剑平主编．—银川：阳光出版社，2016

1843 苏轼 前赤壁赋［M］/张海主编．—郑州：河南美术出版社，2016（中国最具代表性书法作品放大本系列）

1844 苏轼诗词英译对比研究：基于和合翻译理论的视角［M］/戴玉霞著．—西安：西安电子科技大学出版社，2016

1845 苏轼书法集［M］/（宋）苏轼书．—汕头：汕头大学出版社，2016

1846 苏轼新岁展庆帖：人来得书帖 中国历代名家名品集萃［M］/孔项编．—长春：吉林文史出版社，2016

1847 苏轼行书［M］/周世闻编著．—郑州：中州古籍出版社，2016（临习技法精解）

1848 苏轼行书集字对联［M］/李群辉，郑晓华编．—上海：上海辞书出版社，2016（集字字帖系列）

1849 苏轼行书集字古诗［M］/郑晓华，李群辉编．—上海：上海辞书出版社，2016（集字字帖系列）

1850 苏轼著述考［M］/卿三祥，李景焉著．—成都：四川大学出版社，2016

1851 味道东坡：美食人生的快乐密码［M］/沙爽著．—太原：山西教育出版社，2016（诗词江湖）

1852 小食神：5 夺回东坡肉［M］/许培育著．—南京：江苏少年儿童出版社，2016

1853 行书掇英：苏轼［M］/路振平，赵国勇，郭强主编．—杭州：浙江人民美术出版社，2016

1854 与苏轼一起抄写《金刚经》［M］/（宋）苏轼著；曾孜荣主编．—北京：中信出版社，2016

1855 中国苏轼研究：第 6 辑［M］/中国人民大学主办．—北京：学苑出版社，2016

1856 中国苏轼研究：第 5 辑［M］/冷成金主编．—北京：学苑出版社，2016

1857 祝允明 东坡记游 洛神赋［M］/王冬梅主编．—北京：中国书店，2016（历代名家碑帖经典）

1858 做人做官苏东坡［M］/沙爽著．—北京：中国方正出版社，2016

1859 中国书法全集 33 宋辽金编 苏轼卷 1［M］/刘正成主编．—北京：荣宝斋出版社，2017

1860 中国书法全集 34 宋辽金编 苏轼卷 2［M］/刘正成主编．—北京：荣宝斋出版社，2017

1861 中国苏轼研究：第 7 辑［M］/中国人民大学主办．—北京：学苑出版社，2017

1862 苏东坡导读［M］/不详．—北京：中国国际广播出版社，不详

苏洵研究

1863 苏洵言论及其文学之研究[M]/谢武雄著.—台北：文史哲出版社，1981(文史哲学集成)

1864 苏洵评传[M]/曾枣庄著.—成都：四川人民出版社，1983

1865 苏洵[M]/金国永著.—北京：中华书局，1984(中国文学史知识丛书)

1866 苏洵及其政论[M]/徐琬章著.—台北：文泽出版社，1984

1867 苏洵[M]/舒大刚著.—成都：巴蜀书社，1988

1868 苏洵散文精品选：原文·注释·译文·赏析[M]/周振甫编著.—西安：陕西人民出版社，1995(唐宋八大家散文精品丛书)

1869 唐宋八大家名篇赏析与译注：苏洵卷[M]/王彬主编；崔国政副主编.—北京：经济日报出版社，1997

1870 新选新注·唐宋八大家书系：苏洵卷[M]/王水照，罗立刚选注.—北京：中国工人出版社，1997

1871 苏洵散文精选[M]/(宋)苏洵著；王水照，罗立刚选注.—上海：东方出版中心，1998(唐宋八大家散文精选丛书)

1872 苏洵文选[M]/倪建设选编.—西宁：青海人民出版社，1998(唐宋八大家文选)

1873 苏洵等文集[M]/齐豫生等主编.—延吉：延边人民出版社，1999

1874 苏洵集[M]/(宋)苏洵著；邱少华点校.—北京：中国书店，2000

1875 苏洵文[M]/郭预衡主编.—北京：人民日报出版社，2000

1876 苏洵易学浅论[M]/金生杨，四川大学古籍整理研究所编.—成都：巴蜀书社，2000

1877 苏洵全集[M]/张玉霞著.—长春：时代文艺出版社，2001

1878 唐宋八大家名篇注译：7 苏洵散文[M]/伊坤编著.—乌鲁木齐：新疆青少年出版社，2001

1879 官道：苏洵官场不败十大方略[M]/(宋)苏洵原著；博文编译.—呼和浩特：内蒙古人民出版社，2002(中国古代谋略智慧库)

1880 唐宋八大家文集：苏洵文集[M]/《唐宋八大家文集》编委会编.—北京：中央民族大学出版社，2002

1881 唐宋十大文豪：苏洵[M]/朱卫军，陈建华主编.—长春：吉林摄影出版社，2002

1882 文白对照唐宋八大文钞：第三册 苏洵 老泉文钞[M]/郭预衡主编；熊宪光注译.—广州：广东教育出版社，2002

1883 苏洵全集[M]/北京辉煌前程图书发行有限公司编.—北京：学苑音像出版社，2004

1884 苏洵[M]/乔万民，吴永哲译注.—天

津：天津古籍出版社，2005（唐宋八大家）

1885 苏洵[M]/丁华民编．—长春：吉林文史出版社，2006(文豪书系)

1886 苏洵散文[M]/邱瑞祥，房开江编著．—乌鲁木齐：新疆青少年出版社，2006（唐宋八大家名篇注译）

1887 苏洵散文选[M]/周振甫选编．—南京：江苏教育出版社，2006

1888 苏洵图传[M]/曾枣庄著．—石家庄：河北人民出版社，2006

1889 唐宋八大家精品欣赏：苏洵散文[M]/马炳玉，申梅芳编．—呼和浩特：远方出版社，2006(中小学生课外阅读系列)

1890 新译苏洵文选[M]/罗立刚注译．—台北：三民书局股份有限公司，2006（古籍今注新译丛书）

1891 论苏洵“风水相遭”的文学思想[M]/杜文博著．—徐州：中国矿业大学出版社，2012

1892 唐宋八大家故事丛书：苏洵故事[M]/张桂琴著．—长春：长春出版社，2013（唐宋八大家故事丛书）

1893 一代才臣苏洵[M]/东方慧子主编．—武汉：武汉大学出版社，2015（唐宋八大家故事集）

1894 唐宋八大家：苏洵[M]/吴永喆，乔万民编．—天津：天津古籍出版社，2016

苏辙研究

1895 苏辙年谱[M]/曾枣庄著.—西安：陕西人民出版社，1986(中国古代作家研究丛书)

1896 苏辙[M]/金国永著.—北京：中华书局，1990(中国文学史知识丛书)

1897 苏辙集：卷1—4[M]/(宋)苏轼著；高秀芳，陈宏天点校.—北京：中华书局，1990

1898 苏辙评传[M]/曾枣庄著.—台北：五南图书出版有限公司，1995

1899 苏辙散文精品选：原文·注释·译文·赏析[M]/(宋)苏辙著；王拾遗，唐骥编著.—西安：陕西人民出版社，1995(唐宋八大家散文精品丛书)

1900 苏辙散文全集[M]/苏辙著.—北京：今日中国出版社，1996(唐宋八大家散文全集)

1901 苏辙的善恶非性论[M]/姜国柱，朱葵菊著.—郑州：河南人民出版社，1997

1902 苏辙散文选[M]/王克俭主编.—海口：海南国际新闻出版中心，1997(中国文学百家精品文库)

1903 唐宋八大家名篇赏析与译注：苏辙卷[M]/王彬主编；崔国政副主编.—北京：经济日报出版社，1997

1904 唐宋八大家全集：苏辙集[M]/启功等主编.—北京：国际文化出版公司，1997

1905 苏辙文选[M]/谢国荣，梁金荣选编.—西宁：青海人民出版社，1998(唐宋八大家文选)

1906 苏辙传[M]/蒋立文著.—长春：吉林文史出版社，1998

1907 苏辙集：共4册[M]/高秀芳编.—北京：中华书局，1999(中国古典文学基本丛书)

1908 苏辙散文精选[M]/(宋)苏辙著；郑麦选注.—上海：东方出版中心，1999(唐宋八大家散文精选丛书)

1909 唐宋八大家散文：广选·新注·集评 苏辙卷[M]/朱明伦主编.—沈阳：辽宁人民出版社，1999

1910 苏辙学术思想述评[M]/陈正雄著.—台北：文史哲出版社，2000

1911 苏辙年谱[M]/孔凡礼撰.—北京：学苑出版社，2001

1912 苏辙散文[M]/谌芬编著.—乌鲁木齐：新疆青少年出版社，2001(唐宋八大家名篇注译)

1913 唐宋八大家：苏辙[M]/吴永哲，乔万民主编.—天津：天津人民出版社，2001

1914 苏辙集[M]/(宋)苏辙著；彭施琅选编.—北京：中国戏剧出版社，2002(中国古典文学名著百部)

1915 苏辙文集[M]/《唐宋八大家文集》编委会编.—北京：中央民族大学出版社，2002(唐宋八大家文集)

1916 秋水织锦·唐宋八大家之苏辙散文集[M]/堵军主编.—延吉：延边人民出版

社，2004（传世散文精品库）

1917 苏辙集：卷 1—4［M］/（宋）苏轼著；高秀芳，陈宏天点校．—北京：中华书局，2004

1918 苏辙集：卷 1—4［M］/ 方正编．—北京：华雅士书店，2004

1919 苏辙全集［M］/ 张美霞编．—长春：时代文艺出版社，2004

1920 苏辙诗文集［M］/ 李娈摇主编．—北京：学苑音像出版社，2004

1921 唐宋八大家散文鉴赏辞典：第 13 卷 苏辙［M］/ 吕晴飞主编．—北京：中国妇女出版社，2004

1922 苏辙［M］/ 吴永哲，乔万民译注．—天津：天津古籍出版社，2005（唐宋八大家）

1923 苏辙散文选集［M］/（宋）苏辙著；孙虹选注．—天津：百花文艺出版社，2005（百花散文书系）

1924 张海行草书佳作解析：苏辙·黄州快哉亭记［M］/ 张海书写；刘艺等解析，张建才编．—郑州：河南美术出版社，2005

1925 苏辙散文选集［M］/ 徐柏容，郑法清主编；孙虹选注．—天津：百花文艺出版社，2006（百花散文书系）

1926 苏辙《诗集传》新探［M］/ 李冬梅著．—成都：四川大学出版社，2006

1927 苏辙图传［M］/ 曾枣庄著．—石家庄：河北人民出版社，2006（三苏图传）

1928 唐宋八大家精品欣赏：苏辙散文［M］/ 马炳玉，申梅芳编．—呼和浩特：远方出版社，2006（中小学生课外阅读系列）

1929 唐宋八大家名篇著译：苏辙散文［M］/ 邱瑞祥等编著．—乌鲁木齐：新疆青少年出版社，2008

1930 苏辙学术研究［M］/ 谷建著．—北京：光明日报出版社，2009（高校社科文库）

1931 唐宋名家文集：苏辙集［M］/ 何新所注译．—郑州：中州古籍出版社，2010（国学经典）

1932 宋苏辙黄州快哉亭记：草书卷［M］/ 龙开胜编．—北京：中国书店出版社，2011

1933 吃透道德经：苏辙《老子解》和王弼《道德经注》的首个白话全译本［M］/ 老子，苏辙，王弼著；李蒙洲编译．—北京：新世界出版社，2012（佛学大师心灵修养系列）

1934 苏辙研究：全国首届苏辙学术研讨会论文集［M］/ 方永江，刘清泉主编．—成都：四川大学出版社，2012

1935 苏辙故事［M］/ 卢燕平著．—长春：长春出版社，2013（唐宋八大家故事丛书）

1936 苏辙的筠州岁月［M］/ 戴佳臻编著．—南昌：江西人民出版社，2014

1937 儒雅学士苏辙［M］/ 东方慧子主编．—武汉：武汉大学出版社，2015（唐宋八大家故事集）

后　记

2002年底，为迎接于次年（2003年）进行的四川省高校图书馆数字化、自动化建设评估工作，我校积极参与CALIS二期高校图书馆特色数据库子项目建设。在学校党政的高度重视，特别是在当时分管图书馆工作的副校长杨胜宽教授的大力支持下，由时任图书馆馆长于天乐带领，举全馆精粹之力，启动了“郭沫若研究数据库”“三苏文化研究数据库”“乐山旅游文化研究数据库”（后因收录和建设内容扩展，改为“四川旅游文化研究数据库”）三个兼具地方文化特色和我校学科研究特色的数据库建设工作。

本索引是一项集体工程，在图书馆先后4任分管校领导杨胜宽（2002—2009）、罗国荣（2009—2013）、陈晓春（2013—2016）、杜学元（2016—）的高度重视和直接关心下，在图书馆5届领导班子一如既往的支持下，特别是在图书馆近几年人员紧张和岗位变动较大的情况下，仍然协调、调动馆（校）内人员（资源）积极参与、投入这项工作，从启动历经资料收集、数据库建库、数据析出标引编排、通稿校对、招标出版、付印成书，跨度整整18年，所以说这是乐山师范学院图书馆集体智慧和劳动的成果。

从2002年启动时的题录数据库到后来的全文数据库建设，再到2017年底开始进行的本索引编排与出版工作，除了参与建设、编排的各位主编、副主编、编委外，主要离不开以下两位学术顾问和领路人的持续支持和倾力建设。国内著名“苏学”研究专家杨胜宽教授在2002年该项工作启动时，是分管图书馆工作的副校长，后来又相继任学校党委副书记、书记，每次到图书馆调研、指导图书馆工作时，都会关心该数据库的建设进展和服务“三苏”文化研究的情况。他在数据库建设核心基础工作（制定资料搜集原则、栏目设置、编制分类法等）中亲力亲为，给予了具体的指导意见，作为该索引的学术顾问欣然为本索引撰写前言。副校长杜学元教授从2016年春季学期开始分管图书馆工作。在他的直接关心、指导和督促下，本索引的编排、出版计划得以有序进行，并最终在书目编辑出版和图书馆学专业出版两方面深得学界认可的国家图书馆出版社出版。

为弘扬三苏文化，推动三苏文化研究，服务地方文化和经济建设，在建设“三苏文化研究数据库”期间，我校在2010—2011年间曾与眉山市三苏文化研究院以横向合作项目的形式，为眉山市三苏文化研究院提供数据库使用和文献传递服务，同时接受了眉山市三苏文化研究院提供的部分资料及2万元的建设服务经费支持。虽然2012年项目结题已结束，但我们将持续为地方文化建设提供服务，在此也向眉山市三苏文化研究院以及时任领导、诸位专家和老师的支持与指导，致以衷心的感谢。

本索引的成书以及“三苏文化研究数据库”在内的我馆建设与发展，不仅得到了学校党政领导的关心和支持，还得到了省图书馆学会、省高校图工委、武汉大学图书馆等诸多省内外业界领导、专家、学者、同行的指导与帮助，你们的提携与厚爱，难以用我们的只言片语表达，在此请让我们代表本书编委会和我馆同人向你们致以衷心的感谢！

于天乐　张　静

二〇二〇年四月于乐山